Baedeker
Allianz  Reiseführer

Frankreich

www.baedeker.com

Verlag Karl Baedeker

TOP-REISEZIELE ★ ★

Die Zahl der Sehenswürdigkeiten in Frankreich ist fast unübersehbar, und verborgene Schönheiten gibt es überall. Für einen ersten Überblick haben wir hier die wichtigsten – Landschaften und Städte, die in diesem Band mit einem eigenen Stichwort vertreten sind – zusammengefasst.

1 ★★ Elsass
Sanfte Weinberge und romantische Dörfer, dazu die wunderbare Liaison deutscher und französischer Kultur ▸ Seite 386

2 ★★ Straßburg
Von der Freien Reichsstadt zum lebhaften Schnittpunkt Europas ▸ Seite 762

3 ★★ Colmar
Elsässische Bilderbuchstadt mit großartigen Kunstschätzen ▸ Seite 347

4 ★★ Nancy
Wo sich Barock und Jugendstil aufs Schönste vereinen ▸ Seite 560

5 ★★ Reims
In der herrlichen Kathedrale der Hauptstadt der Champagne wurden jahrhundertelang die französischen Könige gekrönt.
▸ Seite 728

6 ★★ Troyes
Außer mit der schönen Altstadt mit Fachwerkhäusern und Kathedrale lockt Troyes als Einkaufsparadies. ▸ Seite 786

7 ★★ Ile de France
St-Denis, Fontainebleau, Chantilly, St-Germain-en-Laye … auch heute besitzen die alten Kronlande ein besonderes Flair.
▸ Seite 427

Das Loire-Tal, ein Paradies auch für Fahrradurlauber – hier beim Schloss Ussé

► Top-Reiseziele

8 ✱✱ Paris
Über die faszinierende Hauptstadt Frankreichs braucht man eigentlich kein Wort zu verlieren. ► Seite 611

9 ✱✱ Versailles
Der Sonnenkönig hat sich hier sein grandioses Denkmal gesetzt.
► Seite 801

10 ✱✱ Lille
Vor kurzem noch Industriemetropole, heute Kunststadt mit Lebensart
► Seite 466

11 ✱✱ Amiens
Die Kathedrale ist der klassische Musterbau der französischen Gotik.
► Seite 205

12 ✱✱ Rouen
Reizvolle alte Metropole des unteren Seine-Tals ► Seite 739

13 ✱✱ Normandie
Geschichtsträchtiges Land der Normannen zwischen dramatischen Felsküsten und ländlicher Idylle ► Seite 583

14 ✱✱ Mont St-Michel
Der Mystik des Klosterbergs nachspüren, die herrliche Szenerie bei Sonnenuntergang genießen ► Seite 553

15 ✱✱ St-Malo
Die alte Seefahrerstadt, eine steinerne Bastion am Meer, dazu ein beliebter Badeort ► Seite 746

16 ★★ Bretagne
Pittoreske Felsküsten und Sandstrände, ein bäuerliches grünes Hinterland, dazu eine lebendige alte Kultur ▸ **Seite 267**

17 ★★ Chartres
Himmelstrebende Gotik und herrliche Glasmalereien in einer der berühmtesten Kathedralen Frankreichs ▸ **Seite 339**

18 ★★ Bourges
Auch die Kathedrale von Bourges ist für Kunstfreunde unverzichtbar ▸ **Seite 286**

19 ★★ Loire-Tal
Legendärer »Garten Frankreichs« und »Spielwiese der Könige« – mit über 600 Märchenschlössern ▸ **Seite 482**

20 ★★ Nantes
Ehemalige Hauptstadt der Bretagne mit Herzogsschloss und klassizistischen Reederhäusern ▸ **Seite 565**

21 ★★ Poitou-Vendée
Urlaubsinseln und Strände am Atlantik, malerischer Marais, Austern, poitevinische Romanik und noch mehr ▸ **Seite 683**

22 ★★ Burgund
Weltberühmte Weine, wohltuende Landschaften, ein reiches romanisches Architekturerbe und kulinarische Genüsse ▸ **Seite 286**

23 ★★ Dijon
Große Kunstschätze in der historischen Residenzstadt der burgundischen Herzöge ▸ **Seite 380**

24 ★★ Lyon
Renaissance-Altstadt, Bouchons und lebhafte urbane Atmosphäre unter dem Hügel des römischen Lugdunum ▸ **Seite 522**

25 ★★ Auvergne
Eine der eigentümlichsten Landschaften Europas: grüne Vulkankegel, traditionsreiche Thermalkurorte und auvergnatische Romanik ▸ **Seite 227**

26 ★★ Périgord · Dordogne
Das Tal der Dordogne ist für Kenner einer der schönsten Landstriche Frankreichs: La Douce France in Reinform.
▸ **Seite 649**

27 ★★ Lot-Tal
Das pittoreske Tal im Süden steht den Reizen der Dordogne nur wenig nach.
▸ **Seite 504**

28 ★★ Bordeaux
Seit Jahrhunderten renommierte Stadt des Weinhandels, Zentrum berühmter Weinbaugebiete ▸ **Seite 251**

29 ★★ Franche-Comté
Von der Burgundischen Pforte über die Weinberge von Arbois zu den vielfältigen Naturschönheiten des Juras
▸ **Seite 406**

30 ★★ Savoyen
Herrliche Berglandschaften zwischen Genfer See und Montblanc, zwischen Lac d'Annecy und Col d'Iséran ▸ **Seite 752**

Strandurlaub
Das Casino im normannischen Houlgate

Top-Reiseziele

31 ✶✶ Chamonix · Montblanc
Berühmter Sommer- und Wintersportort am höchsten Gebirgsmassiv Europas
▸ Seite 326

32 ✶✶ Dauphiné
Ob an der Route des Grandes Alpes oder in den Schluchten des Vercors, die Dauphiné geizt nicht mit alpinen Reizen.
▸ Seite 372

33 ✶✶ Provence
Kristallklares Licht, Duft nach Lavendel und Rosmarin, alte Bergdörfer, Zeugen römischer Zeit und asketische Klöster
▸ Seite 698

34 ✶✶ Avignon
Mit dem Papstpalast und dem Theaterfestival die prominenteste Stadt der Provence ▸ Seite 237

35 ✶✶ Arles
Römisches Amphitheater, romanische Kathedrale und eine charmante Altstadt zwischen der Camargue und den Alpilles
▸ Seite 220

36 ✶✶ Aix-en-Provence
Italienischer Barock prägt die Hauptstadt der Provence. ▸ Seite 195

37 ✶✶ Marseille
Seit seiner Gründung ein Schmelztiegel der Völker und Kulturen ▸ Seite 529

38 ✶✶ Côte d'Azur
Küste der Provence, Küste der Schönen und Reichen ▸ Seite 351

39 ✶✶ Nizza
Wetteifert mit Cannes um den Titel des glamourösesten Orts der Côte d'Azur.
▸ Seite 577

40 ✶✶ Monaco
Ein Zwergstaat, der immer noch höher hinauswill. ▸ Seite 543

Arles
Man trifft sich auf der Place du Forum.

41 ✶✶ Nîmes
Stierkampf in der Arena, ein hervorragendes Kunstmuseum und in der Nähe der Pont du Gard ▸ Seite 570

42 ✶✶ Albi
Stadt der Katharer mit einer ungewöhnlichen Kathedrale ▸ Seite 200

43 ✶✶ Toulouse
Die »Ville rose« ist das kulturelle und wirtschaftliche Zentrum des Südwestens.
▸ Seite 775

44 ✶✶ Carcassonne
Absolut beeindruckend: die größte Festungsstadt Europas ▸ Seite 314

45 ✶✶ Pyrenäen
Abwechslungsreiche Gebirgsszenerien zwischen Baskenland und Roussillon
▸ Seite 713

46 ✶✶ Lourdes
Ort der Hoffnung ▸ Seite 519

DIE BESTEN BAEDEKER-TIPPS

Aus den vielen Tipps in diesem Band haben wir hier besonders interessante zusammengestellt – erleben Sie Frankreich von seiner schönsten Seite.

! Café des Deux Garçons
Ein 1792 gegründetes Café, Treffpunkt von Künstlern wie Cézanne
▶ Seite 197

! Mekka für Genießer
Exzellente, berühmte Hotelrestaurants mit wunderbarem Ambiente in der Umgebung von Les Baux ▶ Seite 227

! Brunch auf dem Papstpalast
Durch die geheimen Gänge der Papstburg zum Frühstück auf der Terrasse der Hohen Würdenträger ▶ Seite 241

! Loire aus der Vogelschau
Erleben Sie die Landschaft des Loire-Tals aus dem Heißluftballon, dem Sportflugzeug oder Helikopter.
▶ Seite 251

! Gregorianik in Vézelay
In der Basilika von Vézelay sind bei den Gottesdiensten wunderbare Choräle zu hören. ▶ Seite 291

! Tripes à la mode de Caen
Bei Gourmands berühmt sind die traditionellen Kutteln von Caen.
▶ Seite 305

! Süße Auvergne-Vulkane
Trüffel-»Volcanias« und andere Leckereien in einem herrlichen Jugendstil-Laden ▶ Seite 346

! Provenzalische Bahnabenteuer
Pinienzapfenzug und Tenda-Bahn: gemütliche Expedition in die Bergwelt von Haute Provence und Seealpen
▶ Seite 364

! Chartreuse
Der legendäre Kräuterlikör, gebraut nach geheimen Rezepturen ▶ Seite 378

! Moutarde & Pain d'Epice
Traditionelle Produkte von Dijon, dargeboten in schönem Rahmen
▶ Seite 384

! Musik und Romanik
Konzerte machen die Kirchen an der Romanischen Straße im Elsass noch erlebenswerter. ▶ Seite 391

! Fermes-auberges
Handfeste Genüsse und schlichtes Nachtlager in der ländlichen Idylle der Vogesen ▶ Seite 400

! Jura-Wein
Kennen Sie die Weine des Juras? In Arbois haben Sie Gelegenheit, Entdeckungen zu machen. ▶ Seite 413

! Pflaumen von Agen
Herrlich, was man alles aus den süßen Früchtchen macht. ▶ Seite 420

! Musik im Park
Entspannung nach einem Tag in Paris: Sommerabende im Park von Sceaux bei klassischer Musik ▶ Seite 436

! Café de la Paix
Eine herrliche Brasserie der Belle Époque ▶ Seite 456

! Braderie de Lille
200 km Gehsteige mit Trödel und edlen Antiquitäten – dafür stärkt man sich mit »moules frites«. ▶ Seite 468

Königliche Tomaten
Botanische und kulinarische Raritäten im Loire-Schloss ▶ Seite 496

Villandry im Kerzenschein
Tausende von Kerzen und Barockmusik verzaubern die Schlossgärten. ▶ Seite 497

Saumur Brut
Es muss nicht immer Champagner sein! ▶ Seite 503

Laguiole
Edle Taschenmesser und eine aufregend moderne Hotellerie in beeindruckender Landschaft ▶ Seite 509

Modernes Montpellier
Sightseeing mit der ultramodernen Trambahn ▶ Seite 552

Jugendstil in Nancy
»Art Nouveau« in einem großartigen Museum erleben ▶ Seite 564

Die schönste Brasserie der Welt
Prüfen Sie selbst, ob dieser Titel übertrieben ist! ▶ Seite 569

Windiger Spaß
Am Strand von Dieppe tanzen bunte Drachen in der steifen Meeresbrise. ▶ Seite 587

Offene Türen
Wollen Sie wissen, wie die mächtigsten Männer Frankreichs – Staatspräsident und Premierminister – residieren? ▶ Seite 629

Kathedralen des Luxus
Einkaufen oder auch nur ein wenig träumen in den schönsten Pariser Kaufhäusern ▶ Seite 631

Train Bleu
Luxuriöse Atmosphäre des Reisens vergangener Tage ▶ Seite 636

Savon de Marseille
In Salon hat die Tradition handwerklicher Seifenproduktion überlebt. ▶ Seite 708

Casals-Festival
Konzerte in alten Abteien der Ostpyrenäen erinnern an das Wirken des großen Cello-Virtuosen ▶ Seite 717

La Cigale in Nantes
Die ganze Pracht der Belle Époque entfaltet sich in der 1895 eröffneten Brasserie.

Champagner in Reims
Lernen Sie die preziöse Welt des edlen Schäumers kennen. ▶ Seite 732

Factory-Outlets
Selbst Pariser kommen in Scharen nach Troyes, um günstig einzukaufen. ▶ Seite 786

Feste in Versailles
Wollen Sie einmal ein Gartenfest feiern wie der Sonnenkönig? ▶ Seite 806

*Frankreich, eine Seefahrernation:
Großes Fest der Windjammer
im bretonischen Douarnenez*
▶ **Seite 278**

HINTERGRUND

14 Savoir vivre
18 Fakten
19 Natur und Umwelt
23 Klima
25 Pflanzen und Tiere
27 Bevölkerung
30 Staat und Verwaltung
37 Bildungswesen
38 Wirtschaft
46 Geschichte
47 Vorgeschichte und Antike
48 Merowinger und Karolinger
49 Vom Vertrag von Verdun
   zum Absolutismus
54 Vom Absolutismus zur Revolution
57 Die Französische Revolution
59 Aufstieg und Fall
   Napoléon Bonapartes
60 Von der Restauration
   zum Ersten Weltkrieg
63 Erster Weltkrieg und
   Zwischenkriegszeit
64 Vom Zweiten Weltkrieg
   zur Vierten Republik
67 Die Fünfte Republik
72 Kunst und Kultur
73 Kunstgeschichte
89 Traditionen
**94 Berühmte
   Persönlichkeiten**

PRAKTISCHE INFORMATIONEN VON A BIS Z

106 Anreise · Reiseplanung
109 Auskunft
111 Mit Behinderung unterwegs
112 Bootstourismus
112 Elektrizität
113 Essen und Trinken
122 Fahrradurlaub
124 Feiertage, Feste und Events
127 Geld
128 Gesundheit
129 Jugendreisen
129 Kleiner Knigge
130 Landkarten
130 Literaturempfehlungen
132 Museen und Schlösser
132 Naturschutzgebiete

- 134 Notrufe
- 134 Post und Telekommunikation
- 136 Preise und Vergünstigungen
- 137 Reisezeit
- 138 Shopping
- 140 Sicherheit
- 140 Soldatenfriedhöfe
- 140 Son et Lumiere
- 141 Sprache
- 147 Strände
- 149 Übernachten
- 153 Urlaub aktiv
- 159 Verkehr
- **160** *Special: Das große Sommerspektakel*
- 168 Wandern und Bergsteigen
- 169 Wellness
- 170 Wintersport
- 171 Zeit
- 171 Zeitungen und Zeitschriften

TOUREN

- 175 Unterwegs in Frankreich
- 176 Tour 1: Der Norden
- 179 Tour 2: Burgund-Rundfahrt
- 182 Tour 3: Von Paris zum Atlantik
- 185 Tour 4: Durch die Auvergne in die Pyrenäen
- 188 Tour 5: Route des Grandes Alpes
- **190** *Special: Frankreich mit Tempo zehn*

REISEZIELE VON A BIS Z

- 195 Aix-en-Provence
- 200 Albi
- 203 Amboise
- 205 Amiens
- 209 Andorra
- 213 Angers
- 217 Antibes
- 220 Arles
- 227 Auvergne
- 237 Avignon
- **242** *3 D: Papstpalast*
- 245 Besançon
- 248 Blois
- 251 Bordeaux

»La Gioconda« oder »Mona Lisa«, der große Besuchermagnet im Pariser Louvre
▶ **Seite 625**

260 Bourges	367 Côte Basque
264 Brest	372 Dauphiné
267 Bretagne	380 Dijon
284 *Special: Rätsel aus der Steinzeit*	385 Disneyland
	386 Elsass und Vogesen
286 Burgund	406 Franche-Comté
303 Caen	417 Gascogne
306 Camargue	424 Grenoble
311 Cannes	427 Ile de France
314 Carcassonne	440 Languedoc-Roussillon
319 Cevennen	**450 *Special: Befreite Seelen***
326 Chamonix	452 La Rochelle
330 Champagne	456 Le Havre
336 *Special: Wein der Könige, König der Weine*	459 Le Mans
	462 Le Puy-en-Velay
339 Chartres	466 Lille
343 Clermont-Ferrand	470 Limoges
347 Colmar	473 Limousin
351 Côte d'Azur	482 Loire-Tal

Was wäre eine Frankreichfahrt ohne Erkundungen in Sachen Wein?
Der »Rosacker« von Hunawihr gehört zu den Grands Crus des Elsass.
▸ **Seite 386**

Das klare, heitere Licht der Provence: Séguret
▶ **Seite 698**

- **492** *3 D: Schloss Chambord*
- 504 Lot-Tal
- 510 Lothringen
- **514** *Special: Kostspielige Fehlplanung*
- 519 Lourdes
- 522 Lyon
- 529 Marseille
- 540 Metz
- 543 Monaco
- 549 Montpellier
- 553 Mont St-Michel
- **554** *3 D: Abtei St-Michel*
- 557 Mülhausen · Mulhouse
- 560 Nancy
- 565 Nantes
- 570 Nîmes
- 577 Nizza · Nice
- 583 Normandie
- **598** *Special: Unternehmen Overlord*
- 603 Orange
- 607 Orléans
- 611 Paris
- **622** *3 D: Notre-Dame de Paris*
- 649 Périgord · Dordogne-Tal
- 659 Périgueux
- **660** *Special: Steinzeitliche Kunstgalerie*
- 663 Perpignan
- 666 Picardie · Nord-Pas-de-Calais
- 679 Poitiers
- 683 Poitou-Vendee-Charentes
- 698 Provence
- 713 Pyrenäen
- 728 Reims
- 733 Rennes
- 739 Rouen
- 744 Saint-Étienne
- 746 Saint-Malo
- **750** *Special: Atmung des Meeres*
- 752 Savoyen
- 762 Straßburg · Strasbourg
- 772 Toulon
- 775 Toulouse
- 781 Tours
- 786 Troyes
- **790** *Special: Pilgerstab und Jakobsmuschel*
- 792 Valence
- 794 Vendôme
- 796 Verdun
- 801 Versailles
- **802** *3 D: Schloss Versailles*
- 807 Vienne
- 810 Register
- 826 Verzeichnis der Karten
- 827 Bildnachweis
- 829 Impressum
- 829 atmosfair

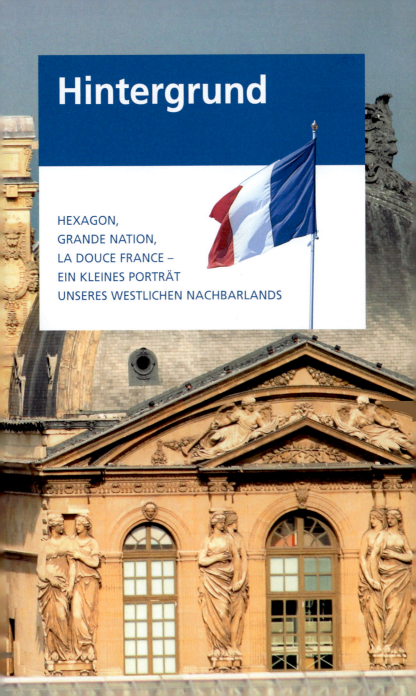

Hintergrund

HEXAGON,
GRANDE NATION,
LA DOUCE FRANCE –
EIN KLEINES PORTRÄT
UNSERES WESTLICHEN NACHBARLANDS

SAVOIR VIVRE

Ein großes Land mit einer großen Geschichte, herrlichen Landschaften und einer sprichwörtlich gewordenen Kultur – »Leben wie Gott in Frankreich«, könnte es für die schönsten Wochen des Jahres ein besseres Motto geben?

»Faszinierende Vielfalt«, lautet die spontane Antwort vieler Frankreich-Besucher auf die Frage nach dem hervorstechendsten Merkmal unseres westlichen Nachbarlands. Staatspräsident Charles de Gaulle bemerkte einmal augenzwinkernd und bezeichnenderweise mit einer kulinarischen Anspielung: »Wie soll man ein Land regieren, das mehr als 370 verschiedene Käsesorten produziert?« Die landschaftlichen Unterschiede sind in der Tat riesig. Das von zwei Meeren und zwei eindrucksvollen Gebirgszügen begrenzte zweitgrößte Land Europas gehört geografisch zu Westeuropa, tatsächlich sind hier aber vielfältige Naturräume vereint, gleichsam West-, Mittel- und Südeuropa in einem.

Paris
Das elegante Herz Frankreichs – ein ewiger Mythos

Das Hexagon

Das französische Festland – zu Frankreich gehören noch die Mittelmeerinsel Korsika und die Überseeterritorien, die in diesem Führer aus praktischen Gründen nicht enthalten sind – ähnelt einem Sechseck, weshalb es auch als »Hexagon« bezeichnet wird. Seine 535 285 km² Fläche dehnen sich zwischen Dunkerque am Ärmelkanal im Norden und der Coma Negra bei Prats de Mollo in den Pyrenäen, zwischen der Pointe de Corsen in der Bretagne und Lauterbourg bei Karlsruhe aus. In Nord-Süd-Richtung misst es damit 973 km, in Ost-West-Richtung 945 km. In diesem Sechseck finden sich fast unendlich weite Ebenen, beschaulich strömende Flüsse, Seen und Sümpfe, Hügelregionen mit tiefen Wäldern, erloschene Vulkane, schroffe Gebirge mit schneebedeckten Gipfeln ebenso wie kilometerlange flache Sandstrände, senkrecht aufragende Kreideklippen und versteckte Buchten an sonnenreichen oder sturmumtosten, wilden oder sanften Küsten. Noch bedeutender ist die kulturelle Vielfalt – die älteste Nation Europas entstand erst in einer langen, kriegerischen Geschichte aus eigenständigen Regionen, und noch immer (oder besser heute wieder) pflegt die »Provinz« ihr Selbst-

▶ Savoir vivre **FAKTEN** 15

Adelssitze
Die Aristokratie hat Frankreich geprägt wie kaum ein anderes Land. Davon zeugen Tausende prächtiger Schlösser wie Vaux-le-Vicomte in der Ile-de-France.

Essen & trinken
Ob in einem schlichten Dorfgasthaus oder in einem besternten Gourmetrestaurant, den leiblichen Genüssen wird viel Aufmerksamkeit geschenkt.

Pointe-du-Raz
Ein schier unerschöpfliches Kaleidoskop eindrucksvoller Landschaften erwartet den Besucher, von den Felsklippen der Bretagne (wie hier) bis zu den Weinbergen des Elsass.

Institution Strandurlaub
An den Stränden Frankreichs fühlt man sich immer noch ein wenig an die »Ferien des Monsieur Hulot« erinnert.

Refugium und Logenplatz
Was wäre Frankreich ohne seine Cafés wie das Deux Magots in Paris?

Windsurfen am Cap d'Antibes
Für sportliche Betätigung bietet das Hexagon alles, was das Herz begehrt.

bewusstsein: Viele fühlen sich in erster Linie als Bretone, Provenzale, Gascogner oder Elsässer, dann erst als Franzose, und die angestammten Sprachen sind zum Teil noch heute lebendig.

La Douce France

Und doch haben alle etwas gemeinsam: die »typisch französische« Lebensart, eine gewisse Leichtigkeit des Seins, verbunden mit einer großen Aufmerksamkeit für all die Dinge, die das Leben schöner machen – im Land spricht man gern von »Douce France«. Nicht zufällig ist Paris das Mekka der Haute Couture, nicht zufällig ist das Angebot an frischen Viktualien überall exzellent, ob auf dem Markt oder im Supermarkt. Im Zentrum französischer Kultur stehen – Klischee hin oder her – Essen und Trinken; viel Enthusiasmus wird auch in Zeiten des Fastfood auf Einkauf, Zubereitung und Genuss verwendet. Französische Zivilisation ist vor allem in den Zeugen der glanzvollen Geschichte verkörpert, die überall im Land zu finden sind: Burgen und Schlösser, Klöster und Kathedralen, historische Städte – viele Baudenkmäler, von Meistern geschaffen, gehören zu den berühmtesten der Welt. Paris ist natürlich eine Klasse für sich, nicht nur für den Liebhaber großstädtischen Lebens. Wer sich für Kunst, Museen und Festivals interessiert, wird in Frankreich ebenso fündig wie derjenige, der in einem familiären oder mondänen Badeort ausspannen will, sich nach ländlicher Idylle sehnt oder sich sportlich betätigen will – zu Lande, zu Wasser oder in der Luft. Allerdings hat die »faszinierende Vielfalt« auch ihren Preis: Nicht nur etwa 80 Millionen ausländische Touristen kommen im Jahr nach Frankreich (darunter ca. 13 Mio. deutsche), auch die Franzosen halten ihre Heimat für ein so schönes Urlaubsland, dass es sie kaum woanders hinzieht. So ist in der Hochsaison – in den Monaten Juli und August, wenn ganz Frankreich Urlaub macht – vor allem an der Atlantik- und Mittelmeerküste, aber auch in den Alpen und Pyrenäen mit großem Gedränge zu rechnen. Wer in dieser Zeit berühmte »Großattraktionen« wie die Schlösser im Loire-Tal, den Mont St-Michel, den Eiffelturm in Paris oder das Schloss in Versailles besuchen will, muss sich mit Geduld wappnen. Wer dagegen individuelle Betreuung, Ruhe und Abgeschiedenheit schätzt, wird ebenfalls auf seine Kosten kommen – auf alle Fälle im Landesinnern, mit etwas Glück aber auch an den Küsten.

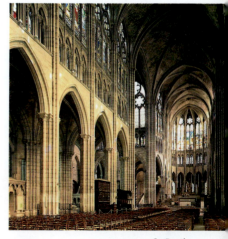

St-Denis
Die Wiege der Gotik stand in Nordfrankreich

Fakten

Was ist und wo liegt das Massif Central? Was hat es mit dem Mistral auf sich, wie lautet der Text der »Marseillaise«, und was ist mit der »cohabitation« von Staats- und Ministerpräsident gemeint? Wissenswertes über Land und Leute, Wirtschaft und Politik, Gesellschaft und Alltagsleben.

Natur und Umwelt

Frankreichs Festland verfügt, abgesehen von etwa 3120 km Küste, über drei große Landschaftstypen: große, fast ebene Beckenlandschaften (Pariser Becken, Aquitanisches Becken bzw. Garonne-Becken und Rhône-Saône-Senke), alte, stark abgetragene Mittelgebirge (Zentralmassiv, Vogesen, Ardennen) und junge Hochgebirge (Pyrenäen, Alpen, Jura). Diese Landschaften bilden ein Mosaik von Becken, Plateaus, Gebirgsschwellen und Hochgebirgszügen.

Großräumliche Gliederung

Die Kernlandschaft Frankreichs – und zwar ebenso im geografischen Sinn wie im historischen und ökonomischen – ist das Pariser Becken (Seine-Becken) mit der Hauptstadt im Zentrum, eine weite Schichtstufenlandschaft, zu der die Ile de France, Champagne, Lothringen, Burgund, Picardie und östliche Normandie gehören. Das Aquitanische bzw. Garonne-Becken mit seinen Kalksteinplateaus und fruchtbaren Tälern liegt im Südwesten des Landes. Die dritte Senke, die Rhône-Saône-Furche, die sich über ca. 450 km von Dijon südlich bis zum Mittelmeer erstreckt, ist Teil des kontinentalen Grabensystems, das über die Burgundische Pforte und den Oberrheingraben bis nach Skandinavien reicht.

Beckenlandschaften

Das Pariser Becken ist von vier alten Gebirgen umgeben: Vogesen, Ardennen, Zentralmassiv und Armorika. Den Abschluss im Osten gegen die Rheintalfurche bilden die waldreichen Vogesen mit dem Grand Ballon (Großer Belchen, 1424 m). Die Ausläufer der auf belgischem Gebiet liegenden Ardennen (ein Teil des Rheinischen Schiefergebirges) reichen nach Frankreich hinein. Im Süden liegt das wenig bewaldete Zentralmassiv, ein ehemaliges Vulkangebiet mit charakteristischen Bergkegeln (Puy de Sancy 1886 m) und durch zahlreiche Flusstäler zerschnittenen Plateaus. Es umfasst mit ca. 90 000 km² ein Sechstel der Fläche Frankreichs, hier entspringen alle Flüsse zwischen Loire im Norden und Tarn/Garonne im Süden. Im Nordwesten erreichen die Bergzüge des Armorikanischen Massivs (Bretagne, Halbinsel Cotentin, Teile von Normandie, Maine, Anjou, Vendée) nur noch knapp 400 m Höhe (Mont St-Michel, 391 m). Die zerklüfteten Felsklippen und die vielen vorgelagerten Inseln der Bretagne zeugen von der Wucht der Brandung.

Alte Gebirgsmassive

Im Südwesten und im Südosten wird Frankreich durch Hochgebirge gegen seine Nachbarn abgeschlossen: gegen Schweiz und Italien – zwischen Genfer See und provenzalischer Küste – durch die Westalpen mit dem Montblanc, Europas höchstem Gipfel (nach Messungen 2004 ist der Felsgipfel 4792 m hoch, der Eisgipfel 4808 m), gegen Spanien durch die Pyrenäen, eine 430 km lange und bis 3404 m

Alpen und Pyrenäen

← *Mit militärischem Pomp wird in Paris der Nationalfeiertag begangen.*

Spektrum der französischen Landschaften: von den Cantal-Bergen der Auvergne ...

(Pico de Aneto, auf spanischem Gebiet) hohe Bergkette. Eine Vorstufe zu den Alpen bildet der Jura, ein Faltengebirge, das im Crêt de la Neige bei Genf 1717 m Höhe erreicht.

Entstehungsgeschichte Ein kleiner Blick in die Geologie, um das Landschaftsbild Frankreichs verständlich zu machen. In den Eiszeiten waren die höheren Gebirge vereist, die Gletscher und ihre Ablagerungen drangen jedoch nirgendwo weiter ins Land vor. Die skandinavischen Eismassen haben den französischen Raum nicht mehr erreicht. Die alten Bergmassive (Armorikanisches Massiv, Zentralmassiv, Vogesen und Ardennen) wurden im Erdaltertum vor 600 Mio. Jahren gebildet; später zerbrachen sie und wurden angehoben bzw. gekippt. Sie sind Teile des spätpaläozoischen Variskisch-Armorikanischen Gebirges. Zwischen diesen Massiven liegen große Beckenlandschaften, deren Sedimente ab der Trias bis ins Tertiär vor etwa 225 bis 60 Mio. Jahren abgelagert wurden und später nur sehr wenig gefaltet und gekippt wurden. Sie sind daher flach oder wenig geneigt; so ist der Übergang vom Pariser Becken zum Aquitanischen bzw. Garonne-Becken kaum mehr spürbar. In Letzterem lagerten sich in gewaltigen Fächern die Schuttmassen aus den Pyrenäen ab, die wie die Alpen im Tertiär aufgefaltet wurden. Die Küstenlandschaften Süd- und Südwestfrankreichs stellen die geologisch jüngsten Teile des Landes dar. Verfrachtung durch Flüsse und Meeresströmungen bildeten die Schwemmland- und Lagunenküste der Gascogne am Atlantik (Landes) und des Languedoc am Mittelmeer sowie die Camargue im Rhône-Delta.

Bodenschätze

Die großen Senken zwischen den alten Massiven und den jungen Faltengebirgen waren für die Wirtschaft von großer Bedeutung, denn hier bildeten sich wertvolle Rohstofflagerstätten. Am Rand und im Innern des Variskischen Gebirges wurden Steinkohle und Erze abgelagert. Auf diesen Vorkommen basierten die alten Industriegebiete wie das nordfranzösische Artois (Kohle) und das ostfranzösische Lothringen (Kohle, Eisenerz). Die Industrien von St-Etienne und Le Creusot am Rand des Zentralmassivs waren ebenfalls an Kohlevorkommen geknüpft. Südlich von Caen wurden in kleinerem Umfang die Erze des Armorikanischen Massivs abgebaut. Im Garonne-Becken gab es günstige Voraussetzungen für die Bildung von Erdgas- und Erdöllagerstätten; der überwiegende Teil der französischen Produktion kommt vom Fuß der Pyrenäen, v. a. Lacq (Gas), St-Marcet (Gas) und Parentis (Öl). Auch im Pariser Becken wird Erdöl gefördert (Coulommes, Chailly, Chateaurenard u. a.). Die Ausbeutung der Uranlagerstätten (v. a. Vendée, Limousin, Forez) hatte in sonst industrieschwachen Gebieten eine gewisse wirtschaftliche Bedeutung.

Flüsse

Die großen Flüsse verlaufen in Frankreich radial, ausgehend v. a. vom Zentralmassiv. Der längste und historisch bedeutendste Fluss ist die Loire (1020 km), die in den Cevennen entspringt, gefolgt von Seine (775 km) im Norden, Garonne (650 km, aus den Pyrenäen mit den Zentralmassiv-Nebenflüssen Tarn, Lot und Dordogne) und dem System Saône-Rhône; die 482 km lange Saône kommt aus den Voge-

… bis zur Ile de Batz vor der Küste der Bretagne

Frankreich Landschaften

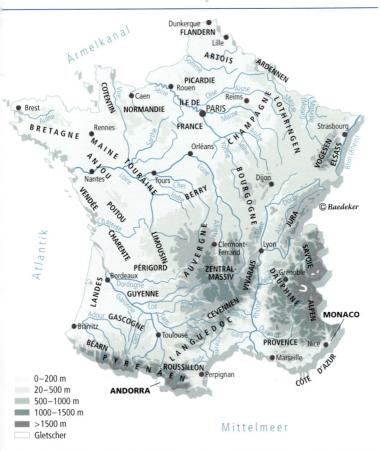

sen, die 812 km lange Rhône (davon 522 km auf französischem Gebiet) aus den Alpen. Über etwa 200 km bildet der Rhein im Elsass die Ostgrenze. Abgesehen von der Loire sind die Täler der kleineren Flüsse besonders reizvoll. Zu nennen sind v. a. Lot und Dordogne, Allier und Ardèche, Meuse und Tarn, Aude und Indre, Saône und Aisne. Nicht zu vergessen die beeindruckenden Mündungslandschaften einiger Flüsse, z. B. Rhône mit der Camargue und Garonne/Dordogne mit der Gironde. Neben den natürlichen Wasserläufen verfügt Frankreich über ein großes Netz von Kanälen, die einst wirtschaftlich sehr wichtig waren und heute wegen ihrer idyllischen Landschaftsbilder sehr beliebte Urlaubsreviere sind (▶Baedeker Special S. 190).

Klima

Klimabereiche

Durch seine Lage zwischen Mittelmeer und Atlantik bzw. Nordsee ist das Klima Frankreichs überwiegend ausgeglichen und mild. Weder die extreme Hitze des südlichen Mittelmeerraums noch die Winterkälte von Nordeuropa sind typisch. Die drei Klimabereiche (maritim, kontinental und mediterran) treffen im Zentralmassiv mit seinem Mittelgebirgsklima aufeinander.

Rein maritim und daher sehr ausgeglichen ist das Klima in der Bretagne und an der Atlantikküste. Reichlich Niederschläge zu allen Jahreszeiten mit einem Maximum im Herbst, dazu gemäßigte Temperaturen und ein fast ständig wehender Wind zeichnen diese Gebiete aus. In einem schmalen Küstensaum in der Bretagne ist unter dem Einfluss des Golfstroms der Winter so mild wie am Mittelmeer. Landeinwärts wird das Klima rasch kontinentaler. Schon im Pariser Becken sind die Temperaturgegensätze zwischen Sommer und Winter deutlich größer, der August ist in Paris der regenreichste Monat. Die Gebiete südlich und südöstlich des Zentralmassivs sind mediterran geprägt, was sich in der starken Sonneneinstrahlung und den sommertrockenen Landschaften der Provence, des südlichen Rhône-Tals und des Languedoc widerspiegelt. In Frühjahr und Herbst weht hier der feucht-warme Marin vom Mittelmeer her, der beim Auftreffen auf die Südhänge der Cevennen und des Zentralmassivs gefürchtete Starkniederschläge (»averses cévenoles«) auslösen kann.

Niederschläge und Sonnenschein

Typisch für das Wetter in Nordfrankreich ist ein Mix aus Sonne und Wolken mit durchziehenden Regengebieten oder einzelnen Schauern. Frühjahr und Sommer sind dort die regenärmste Zeit des Jahres, in Südfrankreich der Sommer. Hier sorgt ein Keil des Azorenhochs von Mai bis Oktober für anhaltend sonniges und trockenes Wetter. Die Niederschläge fallen in den meernahen Randgebieten konzentriert in Spätherbst und Winter, im Landesinneren sind sie über das Jahr hinweg ziemlich ausgeglichen. Die sonnigsten Regionen sind die bretonische Südküste (2000 Std./Jahr), La Rochelle und Ile de Re (2300 Std.), Südfrankreich (2500 Std.) und die Côte d'Azur (2700–2800 Std.). Zum Vergleich: In Kassel scheint die Sonne 1600 Std./Jahr.

Temperaturen

Der Sommer (Juni–August) ist an den Küsten der Bretagne mit mittleren Tageswerten um 20 °C am kühlsten. An der südlichen Atlantikküste werden meist 22–24 °C erreicht, während im Binnenland 23–25 °C die Regel sind. In Südfrankreich am Mittelmeer klettert das Thermometer zwischen Juni und August auf 26–29 °C. In Küstennähe wird die Sommerhitze durch den Seewind gemildert. Hitzewellen, die durch die globale Erwärmung immer intensiver werden, können das Quecksilber – wie im Jahrhundertsommer 2003 – auf über 40 °C treiben. Der Herbst ist in Südfrankreich und am Mittelmeer spätsommerlich warm; Mitte Oktober werden i. A. noch

24 FAKTEN ▶ Klima

Frankreich Klimastationen

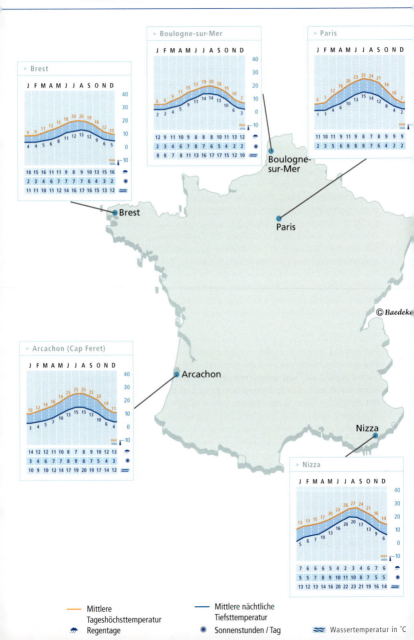

23 °C gemessen. Mit durchschnittlich 12 – 14 °C sind die Wintertage an der Côte d'Azur besonders mild. Trotzdem können Schneefälle die Palmen von Nizza kurzzeitig in ein weißes Kleid hüllen.

Ein wichtiger Klimafaktor im Rhône-Tal ist der Mistral, ein äußerst heftiger, oft Sturmstärke erreichender kalter Nordwind. Er tritt zu allen Jahreszeiten auf (besonders im Frühjahr), wenn über dem Golfe du Lion ein Tiefdruckgebiet liegt. Kalte Luft aus dem Zentralmassiv und den Alpen strömt dann wie durch eine Düse durch das Rhône-Tal zwischen Cevennen und Alpen nach Süden. Im Einflussbereich des Mistrals hat die Vegetation Probleme; Baumreihen und Hecken sollen den Boden und die Pflanzungen schützen. Gelegentlich erreicht im Sommer auch der heiße afrikanische Schirokko die Provence und macht sich im Rhône-Tal bis Lyon hinauf bemerkbar.

Mistral

In den Mittel- und Hochgebirgen des nördlichen Frankreichs (Vogesen, Jura, Alpen, Zentralmassiv), hängen die Temperatur- und Niederschlagsverhältnisse von der Höhe und der Lage in Luv (niederschlagsreich) oder Lee des Gebirges ab (trocken). In den Alpen leben die Wintersportorte von der langen Schneesaison, im Zentralmassiv und in den Pyrenäen kann Schnee bis in den Mai hinein liegen.

Gebirgsregionen

Ende April wird das Wetter überall deutlich sonniger und wärmer. Das gilt auch für die Urlaubsziele am Mittelmeer, die bis dahin noch überraschend kühl und regenreich sind. Am Atlantik tun sich die Temperaturen durch das kühle Wasser bis Juni schwer. Im Hochsommer sorgt hier die ständige Luftbewegung für sehr angenehme Verhältnisse. Anders in den windschwachen Tälern Südfrankreichs und am Mittelmeer, wo es sehr heiß und schwül werden kann. Der Herbst macht sich mit unbeständigem Wetter und kühlen Temperaturen zuerst am Atlantik bemerkbar. Zwischen La Rochelle und Biarritz endet die Badesaison deshalb schon in der zweiten Septemberhälfte (Wassertemperaturen etwa 19 °C), am Mittelmeer spätestens Mitte Oktober (Wassertemperaturen um 20 °C). Die beste Reisezeit für das ganze Land sind Frühjahr/Frühsommer und der September, an der Atlantikküste auch der Hochsommer.

Reisewetter

Pflanzen und Tiere

Entsprechend der Größe, den topografischen und klimatischen Bedingungen des Landes sind die Vegetationsformen vielgestaltig. Menschliche Eingriffe, v. a. Landwirtschaft, Abholzung für Schiffsbau und Energiebedarf, Trockenlegung von Feuchtgebieten sowie Umweltverschmutzung, haben das Land nachhaltig umgestaltet. Dichte Wälder, mit denen Frankreich einst bedeckt war, machen noch etwa

Pflanzen

In der provenzalischen Landschaft setzen Lavendelfelder kräftige Akzente.

30 % der Fläche aus. Die berühmten Wälder der Ile-de-France konnten als adlige Jagdreviere der Abholzung entgehen; die Landes in der Gascogne, das größte Waldgebiet Frankreichs, entstanden hingegen erst im 19. Jh. aus Sumpf- und Heideflächen und sind von ihrer Maximalausdehnung 1939 mit ca. 0,9 Mio. ha wieder auf 0,5 Mio. ha geschrumpft. In den Landschaften des Nordens, in Bretagne und Normandie, sind überwiegend Eichenwälder sowie Heide- und Ginsterdickichte (Landes, Bruyère) zu finden. Landeinwärts folgen Laubmischwälder mit Birken, Weißbuchen, Linden oder Eschen. In den Gebirgslagen wandelt sich die Vegetation entsprechend der Höhenstufen, der Laubwald geht in Nadelwald und dieser ab etwa 1700 m in Matten über. Im aquitanischen Klima treten bereits mediterrane Pflanzen wie Steineichen und Strandpinien auf. Im mediterranen Süden finden sich immergrüne Eichen- und Pinienwälder, die in den Bergen durch Edelkastanien- und Kiefernwälder abgelöst werden.

Auch der Ölbaum, der vor 2500 Jahren von den Griechen aus dem östlichen Mittelmeerraum eingeführt wurde und sich bis weit hinauf ins Rhône-Tal verbreitet hat, ist eine der typischen mediterranen Pflanzen. Charakteristisch sind weiterhin die der Trockenheit angepassten Hartlaubgewächse, die Pflanzengemeinschaften der Macchia und Garrigue. Die Macchia (frz. Maquis), ein etwa 2 m hohes Dickicht aus Bäumen und Sträuchern, ist auf Silikatböden beheimatet. Sie entwickelte sich meist anstelle der durch Abholzung und Beweidung zerstörten Eichenwälder. Man findet Stein- und Kermeseichen, Ginsterarten, Judasbaum, Myrten und Baumheide. Außerdem wachsen aromatisch duftende Sträucher und Kräuter wie Rosmarin, Thymian, Mäusedorn, Erika und andere. Die Garrigue, meist auf felsigem Kalkboden, ist ein kaum über 50 cm hohes dorniges Gestrüpp mit Buchsbaum, Disteln, Kermeseichen, Stechginster und aromatischen Pflanzen wie Thymian, Lavendel, Salbei und Rosmarin sowie Hyazinthen, Schwertlilien, Tulpen und Orchideenarten.

Die Fauna entspricht im Wesentlichen der in Mitteleuropa heim- **Tiere**
ischen. Da es in Frankreich viele leidenschaftliche Angler und Jäger
gibt, ist der Bestand an jagdbaren Tieren recht gering. In schwieriger
zugänglichem Gelände sind Reptilien und Insekten zahlreich, v. a. in
Südfrankreich; hier trifft man u. a. auf Schildkröten, Eidechsen, Ge-
ckos, Nattern und Vipern. Begehrtes Wassergetier sind Forellen,
Hechte, Barsche und Flusskrebse; an den Meeresküsten gibt es Muscheln, Weich- und Krustentiere sowie allerlei Fische. Allerdings sind
die Bestände im Mittelmeer durch den intensiven Fang und die Ge-
wässerverschmutzung stark dezimiert. In der Camargue leben halb-
wilde Pferde und Flamingokolonien.

In sechs Nationalparks (Cevennen, Écrins, Mercantour, Port-Cros, **National- und**
Pyrenäen und Vanoise), die mit 1,03 Mio. ha etwa 2 % der Fläche **Naturparks**
Frankreichs ausmachen, versucht man seltene Pflanzen und Tiere zu
erhalten. Darüber hinaus gibt es 43 regionale Naturparks mit weiteren 6,8 Mio. ha, mit denen man für den Tourismus attraktive Öko-
systeme schonend nützt und damit auch die regionale Wirtschaft
fördert (▶Praktische Informationen, Naturschutzgebiete).

In Frankreich sind eine ganze Reihe großer Umweltsünden zu regis- **Umwelt**
trieren, so etwa gigantische Industrieanlagen, die starke Zersiedlung
der Mittelmeerküste, die Zerstörung von Biotopen (z. B. Camargue
und Crau) durch die Landwirtschaft oder die Nutzung als Müllkippe,
Verbauung ganzer Alpentäler mit Industrieanlagen, die Anlage riesiger Staustufen und die hemmungslose Nutzung der Kernenergie.
Dennoch verfügt Frankreich aufgrund seiner großen dünn besiedel-
ten Teile und der überwiegend ländlichen Struktur weithin über eine
relativ intakte Natur.

Bevölkerung

Nach der Fortschreibung der Volkszählung von 1999 leben 62,2 Mio. **Besiedelung**
Festlandsfranzosen (ca. 9 % der europäischen Bevölkerung) auf einer
Fläche von 535 282 km². Mit 116 Einw./km² besitzt Frankreich eine
wesentlich geringere Bevölkerungsdichte als Deutschland (231
Einw./km²). Die Siedlungsstruktur ist stark polarisiert: Ca. 75 % der
Franzosen leben in Städten, von diesen verfügen jedoch nur 37 über
mehr als 100 000 und davon wiederum nur 7 über mehr als 250 000
Einwohner (84 bzw. 35 in Deutschland). Die vier größten Ballungs-
räume des Landes – Paris mit ca. 11,6 Mio. Einw., Lyon 1,6 Mio.,
Marseille 1,5 Mio., Lille Métropole 1,2 Mio. – vereinen 25 % der Ge-
samtbevölkerung und damit mehr als der ganze Südwesten des
Landes. Etwa 78 % aller Gemeinden zählen weniger als 1000 Einwohner und beherbergen dabei 17 % der Bevölkerung (Deutschland

36 %). Die am dünnsten besiedelte Region (nach Korsika, 35 Einw./km²) ist das Limousin (44), die bevölkerungsärmsten Départements sind – außerhalb der Alpen – Lozère (15), Creuse (22) und Cantal (26). Ländliche und kleinstädtische Züge bestimmen somit über weite Bereiche das Bild des Landes.

Wachstum und Ausländeranteil

Von 1800 bis 1866 stieg die Einwohnerzahl von 27,5 auf 38 Mio., danach veränderte sie sich bis 1950 (41,6 Mio.) nicht wesentlich; die großen Kriegsverluste wurden durch Einwanderung ausgeglichen. Erst nach dem Zweiten Weltkrieg wuchs die Bevölkerung rasch und beträchtlich durch eine hohe Geburtenrate, die Repatriierung französischer Bürger aus den Kolonien in Indochina und Nordafrika (1,5 Mio.) sowie den Zuzug ausländischer Arbeitskräfte. Gegenwärtig sind rund 6,2 Mio. (10 %) Ausländer und Immigranten gemeldet, hinzu kommen noch über eine Million, die sich illegal im Land aufhalten (»sans papiers«). In diesen Zahlen sind allerdings nicht die bereits als französische Bürger anerkannten Ausländer enthalten. Fast jeder 6. Einwohner (14 %) ist Immigrant oder hat mindestens einen ausländischen Elternteil. Unter den Einwanderern 2006 waren je ca. 13 % Algerier und Marokkaner, 11 % Portugiesen, 6 % Italiener und 5 % Spanier, dazu 128 500 Deutsche. Besonders hoch ist der Anteil der Ausländer, die hauptsächlich in der Bauwirtschaft und in der Autoindustrie arbeiten, in den industriellen Ballungsräumen.

Kleiner Plausch in einem südfranzösischen Dorf

Konfessionen

Die Verfassung garantiert die Religionsfreiheit. Über 80 % der Franzosen sind katholisch getauft, doch die Bedeutung der katholischen Kirche schwindet: Nur etwa 65 % bezeichnen sich als katholisch, weniger als 10 % können einigermaßen als praktizierende Katholiken gelten, und nur 60 % der Neugeborenen werden getauft. In der Revolution verlor die katholische Kirche Besitz und Privilegien, seit 1905 sind Kirche und Staat getrennt (damals wurden die meisten Kirchenbauten dem Staat übertragen). Seitdem finanziert sich die Kirche über Spenden, ihren Großgrundbesitz, der ihr durch Stiftungen wieder übereignet wurde, und eigene Wirtschaftsunternehmen. Es gibt weder einen staatlichen Kirchensteuereinzug noch einen Religionsunterricht an staatlichen Schulen. Jedoch ist die katholische Kirche der Hauptträger der in Frankreich überaus bedeutenden privaten Schulen. In den Départements Haut-Rhin, Bas-Rhin und Moselle, dem einst deutschen Elsass-Lothringen, hat die Kirche eine Sonderstellung; hier gilt das Konkordat von 1801, die Priester werden vom Staat besoldet, an den Staatsschulen gibt es Religionsunterricht und in Straßburg staatliche theologische Fakultäten. Die zweitgrößte Konfession bilden die (geschätzt) 4–7 Mio. Muslime, meist Einwanderer aus Nordafrika. Neben den Juden stellen sie das Hauptangriffsziel der rechten Gruppierungen dar. In jüngerer Zeit wird auch ein »neuer« Antisemitismus verzeichnet, der von Muslimen und Farbigen ausgeht. Die anderen Glaubensrichtungen spielen eine untergeordnete Rolle: ca. 1,2 Mio. Protestanten, 600 000 Juden und 300 000 Orthodoxe.

> **? WUSSTEN SIE SCHON …?**
>
> - Die gut 60 Millionen Franzosen tragen nur etwa 250 000 verschiedene Familiennamen. Sprichwörtlich ist der »Monsieur Dupont«, der jedoch erst an 19. Stelle steht; am häufigsten ist »Martin«. Sehr verbreitet sind auch die Varianten von »Lefèvre«, was mit »Schmidt« zu übersetzen wäre.

Hochsprache

Die französische Hochsprache ist eine Weiterentwicklung des Vulgärlateins, das nach der römischen Eroberung von den unterworfenen keltischen Galliern angenommen wurde; zahlreiche Wörter keltischen und germanischen Ursprungs blieben jedoch erhalten. Das heutige Französisch entstand in Paris und in der Ile-de-France (Langue d'oïl) als Sprache des Königs und seines Hofs. Seine Verbreitung in den übrigen Regionen des Hexagons war mit der Jahrhunderte dauernden Eroberung und Zentralisierung durch die Krone verbunden. Mit dem Edikt von Villers-Cotterêts wurde im Jahr 1539 Französisch als Amtssprache vorgeschrieben. Die Französische Revolution und Napoleon vollendeten diesen Prozess der Nationalisierung. Jahrhundertelang war Französisch in ganz Europa die wichtigste, im diplomatischen Verkehr und von den Gebildeten gesprochene Sprache; heute ist es in 35 Ländern die Hauptsprache.

Regionalsprachen

Die verschiedenen Volksgruppen, die in der »Provinz«, d. h. außerhalb der Ile-de-France, beheimatet sind, besitzen eigene Sprachen, die trotz der jahrhundertelangen Verbotspolitik überlebt haben: in der Südhälfte Frankreichs die Langue d'oc (Okzitanisch oder Provenzalisch; Sprecherzahl schwer zu beziffern); im äußersten Westen Bretonisch (Brezhoneg, ca. 0,25 Mio.); in Französisch-Flandern Flämisch (20 000); im Roussillon Katalanisch (125 000); in Elsass und Teilen Lothringens das alemannische Elsässerditsch (ca. 0,7 Mio.); auf Korsika Korsisch, ein italienischer Dialekt (ca. 130 000). Das Baskische (Euzkara), eine nicht-indogermanische Sprache, wird noch von etwa 50 000 Franzosen gesprochen; im spanischen Baskenland, einer autonomen Region, ist es Amtssprache (600 000 Sprecher).
Der Wiederbelebung der Regionalsprachen, die mit der Förderung lokaler und regionaler kultureller Traditionen insgesamt einherging, haben sich seit den 1970er-Jahren v. a. Pädagogen, Schüler und Literaten angenommen. Der Anspruch auf eine vom Französischen ab-

weichende Regionalsprache verbindet sich dabei mit der Forderung nach stärkerer politischer und kultureller Unabhängigkeit der Regionen von der Pariser Zentrale. In einzelnen Gruppen ist sogar die Forderung nach politischer Autonomie stark, v. a. auf Korsika, aber auch im Baskenland und in der Bretagne.

Staat und Verwaltung

Staatsform Frankreich ist eine demokratisch-parlamentarische Republik mit starker Stellung des Staatspräsidenten, wie es in der durch Volksabstimmung am 6. Oktober 1958 in Kraft getretenen und mehrmals (zuletzt 1998) geänderten Verfassung der Fünften Republik niedergelegt ist. Das aktive Wahlalter ist 18, das passive 23 Jahre. Gewählt wird zur Nationalversammlung im Mehrheitswahlrecht, zu den Regionalparlamenten im Verhältniswahlrecht.

Staatswappen Ein Staatswappen im eigentlichen Sinn hat Frankreich seit 1870 nicht mehr. Das heute benutzte Emblem besteht aus Symbolen der Französischen Revolution, umgeben von der großen Kette des Ordens der Ehrenlegion. Auf dem Band steht »Liberté, Égalité, Fraternité« (»Freiheit, Gleichheit, Brüderlichkeit«).

Nationalhymne Die Nationalhymne, die Marseillaise, wurde von C.-J. Rouget de Lisle 1792 in Straßburg verfasst und 1795 zur Nationalhymne bestimmt.

Allons enfants de la patrie! / Le jour de gloire est arrivé.
Contre nous de la tyrannie / L'étendard sanglant est levé.
Entendez-vous dans les campagnes / Mugir ces féroces soldats?
Ils viennent jusque dans nos bras, / Egorger vos fils, vos compagnes!
Aux armes citoyens! / Formez vos bataillons,
Marchons, marchons! / Qu'un sang impur abreuve nos sillons.

Auf, Kinder des Vaterlands! Der Tag des Ruhms ist da.
Gegen uns wurde der Tyrannei blutiges Banner erhoben.
Hört ihr im Land das Brüllen der grausamen Krieger?
Sie rücken uns auf den Leib, eure Söhne, eure Frauen zu köpfen.
Zu den Waffen, Bürger! Schließt die Reihen,
Marschieren wir! Das unreine Blut tränke unserer Äcker Furchen!

Nationale Merkdaten Als Beginn der Geschichte der französischen Nation werden zwei Ereignisse genannt: die Teilung des Frankenreichs im Vertrag von Verdun im Jahr 843 und die Krönung von Hugo Capet am 3. Juli 987 zum ersten französischen König. Die Erste Republik wurde 1792, 1870 die Dritte Republik ausgerufen. Der 14. Juli, der Tag des Sturms auf die Bastille 1789, wird als Nationalfeiertag gefeiert.

▶ Staat und Verwaltung **FAKTEN** 31

Zahlen und Fakten Frankreich

Lage
▶ in Westeuropa, zwischen Atlantik und Mittelmeer
▶ zwischen 42° und 51° nördl. Breite sowie 5° westl. und 8° östl. Länge

Fläche und Staatsgebiet
▶ Festland 535 285 km²
Korsika 8680 km²
Übersee-Territorien 88 869 km²
▶ Anrainerstaaten: Belgien, Luxemburg, Deutschland, Schweiz, Italien, Spanien, Andorra. Enklave: Monaco

Bevölkerung
▶ 62,2 Mio. (Festland ohne Korsika)
DOM-TOM ca. 1,8 Mio.
Bevölkerungsdichte (Festland ohne Korsika) 116 Einw./km²
▶ Größte Ballungsräume: Paris (11,6 Mio.), Lyon (1,6 Mio.), Marseille (1,5 Mio.), Lille Metropole (1,2 Mio.)

Deutschland im Vergleich
▶ Fläche: 357 093 km²
▶ Einwohner: 82,4 Mio.
Bevölkerungsdichte: 231 Einw./km²

Staat und Verwaltung
▶ Repräsentativ-präsidiale Demokratie
▶ Staatspräsident: N. Sarkozy (seit 2007)
▶ Parlament:
Nationalversammlung und Senat
▶ Verwaltungsgliederung:
22 Regionen mit 96 Départements

Wirtschaft
▶ Bruttoinlandsprodukt: 29 600 €/Einw.
▶ Anteil am BIP: Dienstleistungen 54 %, Industrie 15 %, Bau 5 %, Landwirtschaft 2 %, sonstige 24 %
▶ Haupthandelsparter: Deutschland, Belgien, Italien, China, Spanien, USA
▶ Hauptausfuhrprodukte: Maschinen, Fahrzeuge und Transportzubehör, chemische und landwirtschaftliche Erzeugnisse (besonders Wein)
▶ Tourismus: ca. 80 Mio. ausländische Gäste im Jahr, Umsatz 2007: 39 Mrd. €

Nationalflagge
▶ Die blau-weiß-rote Flagge, die Trikolore, ist die erste und bekannteste Nationalflagge der Welt. 1789 bildeten die Mitglieder der Pariser Wahlversammlungen eine neue »Munizipalität« mit

eigener Bürgermiliz unter Leitung des Marquis de Lafayette. Auf der Armbinde dieser Miliz waren die Farben der Stadt Paris, Blau-Rot, mit dem Weiß des königlichen Lilienbanners vereint.
Die blau-weiß-rote Kokarde wurde zum Symbol der Revolution und zum Vorbild für die französische Nationalflagge.

Frankreich Verwaltung

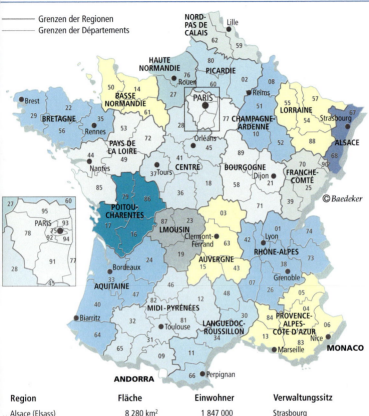

— Grenzen der Regionen
— Grenzen der Départements

© Baedeker

Region	Fläche	Einwohner	Verwaltungssitz
Alsace (Elsass)	8 280 km²	1 847 000	Strasbourg
Aquitaine	41 308 km²	3 200 000	Bordeaux
Auvergne	26 013 km²	1 343 000	Clermont-Ferrand
Bourgogne (Burgund)	31 582 km²	1 637 000	Dijon
Bretagne	27 208 km²	3 163 000	Rennes
Centre	39 151 km²	2 544 000	Orléans
Champagne-Ardenne	25 606 km²	1 336 000	Châlons-en-Champagne
Franche-Comté	16 202 km²	1 168 000	Besançon
Île-de-France	12 012 km²	11 746 000	Paris
Languedoc-Roussillon	27 376 km²	2 616 000	Montpellier
Limousin	16 942 km²	741 000	Limoges
Lorraine (Lothringen)	23 547 km²	2 342 000	Metz
Midi-Pyrénées	45 348 km²	2 865 000	Toulouse
Nord-Pas-de-Calais	12 414 km²	4 022 000	Lille
Basse-Normandie	17 589 km²	1 467 000	Caen
Haute-Normandie	12 317 km²	1 822 000	Rouen
Pays de la Loire	32 082 km²	3 538 000	Nantes
Picardie	19 399 km²	1 906 000	Amiens
Poitou-Charentes	25 810 km²	1 759 000	Poitiers
Provence-Alpes-Côte d'Azur	31 400 km²	4 940 000	Marseille
Rhône-Alpes	43 698 km²	6 160 000	Lyon

Staatsoberhaupt

Der Präsident der Republik wird auf fünf Jahre direkt gewählt und kann einmal wiedergewählt werden. Er ist nicht abrufbar, kann aber seinerseits das Parlament auflösen (so geschehen 1962, 1968, 1981, 1988 und 1997). Er ernennt den Ministerpräsidenten, bestätigt bzw. weist Gesetze zurück und ist Oberbefehlshaber der Streitkräfte (incl. der Atomwaffen); im Falle eines Staatsnotstands hat er die Alleinentscheidung (Notverordnungsrecht). Die Exekutivbefugnisse werden vom Präsidenten und dem Ministerkabinett geteilt, dem ein Premierminister vorangeht, der dem Parlament verantwortlich, in der Praxis aber dem Präsidenten untergeordnet ist. Wie es zuletzt 1997–2002 der Fall war, kann eine »cohabitation« eintreten, d. h. Präsident und Premier gehören nicht derselben Partei an. Dann bestimmt der Premierminister die Politik, während der Präsident in Außenpolitik und Verteidigung ein Mitspracherecht hat.

Parlament

Das Parlament besteht aus zwei Kammern, der Nationalversammlung (Assemblée Nationale) und dem Senat (Senate). Die 577 Abgeordneten der Nationalversammlung werden für fünf Jahre direkt gewählt. Erhält ein Kandidat im ersten Wahlgang keine absolute Mehrheit, so entscheidet – wie bei der Wahl des Staatspräsidenten – in einem zweiten Wahlgang die relative Mehrheit. Die 331 Mitglieder des wenig bedeutenden Senats werden durch Wahlmänner für sechs Jahre gewählt. Alle drei Jahre wird ein Drittel der Senatoren ausgetauscht. An der Gesetzgebung haben beide Kammern Anteil, die Nationalversammlung hat aber die letzte Entscheidungsbefugnis. Sie kann auch (über ein Misstrauensvotum) die Regierung stürzen.

Verwaltungsgliederung

Das europäische Frankreich gliedert sich seit 1972 in 22 Régions, die in 96 Départements mit einer gewählten Versammlung aufgeteilt sind, die wichtigsten Gebietskörperschaften zwischen der Zentralverwaltung und den Gemeinden. Die Départements sind alphabetisch nummeriert, diese Nummer bildete die letzten Ziffern des bisherigen Kfz-Kennzeichens und die beiden ersten Ziffern der Postleitzahl. Die Départements, denen ein Präfekt (Préfet) vorangeht, sind in Arrondissements (Sous-Préfectures, 330), diese in Cantons (3883) und Gemeinden (Communes, 36 569) unterteilt.

Dezentralisierung

Seit dem Mittelalter entwickelte sich eine zentralistische Struktur, wobei der König die »gouvernements« durch regionale Adlige und später die »provinces« durch Intendanten verwalten ließ. Unter Napoleon wurde die Befehlsstruktur durch die Präfekten als Statthalter in den Départements perfektioniert. Bis 1981 hatte der französische Zentralstaat mit Sitz in Paris die politische und die finanzielle Macht. Die Regionen (Régions, vergleichbar mit den deutschen Bundesländern) hatten so gut wie keine eigenen Kompetenzen. Den Départements (Verwaltungsbezirk, mit den deutschen Regierungsbezirken vergleichbar) und den Kommunen standen für ihre wachsenden Aufgaben nur ungenügende Mittel zur Verfügung. Angesichts dringender

Die Assemblée Nationale (Nationalversammlung) tagt im Pariser Palais Bourbon.

Probleme – Schaffung einer modernen Infrastruktur für die Gemeinden, Korrektur von Monostrukturen in Industriegebieten wie Lothringen, Landflucht und Bodenerosion im Zentralmassiv, Wiederbelebung regionaler Kulturtraditionen wie im Elsass, in der Bretagne, in Südfrankreich und Korsika – wurde 1981 unter der Regierung Mitterrand die Dezentralisierung in Angriff genommen, indem die Region als eigenständige Gebietskörperschaft aufgewertet (gewähltes Regionalparlament) und die Kompetenzen zwischen Zentrale, Region, Département und Kommune neu verteilt wurden.

Recht Die Rechtsprechung gründete bis 1958 hauptsächlich auf dem Code Napoléon von 1810 mit dem Code Civil und dem Code Pénal, die im Lauf der Zeit wichtige Reformen erfahren haben (u. a. wurden die 1792 eingeführte Ehescheidung 1816 aufgehoben und 1884 wieder eingeführt, 1981 die Todesstrafe abgeschafft). Das Napoleonische Strafrecht wurde zum 1. März 1994 umfassend reformiert.

Parteien In Frankreich haben die politischen Parteien nicht die verfassungsmäßige Stellung, wie sie ihnen das Grundgesetz der Bundesrepublik Deutschland einräumt. Aus Misstrauen gegenüber einem Parteienstaat gab es bis 1988 keine staatliche Wahlkampffinanzierung, und nur Kommunisten, z. T. auch die Sozialisten und Gaullisten, sind mit deutschen Mitgliederparteien vergleichbar. Wenn Frankreich auch seit jeher durch ein Vielparteiensystem gekennzeichnet ist, so hat doch das Mehrheitswahlrecht die Entstehung von zwei etwa gleich starken Lagern begünstigt: auf der Rechten sind das die liberal-konservative Union pour la Démocratie Française (UDF), auf der Linken die Sozialistische Partei (Parti Socialiste, PS) und die Kommunistische Partei Frankreichs (Parti Communiste Français, PCF). 2002 schlossen sich RPR, UDF und die konservativ-liberale Démocratie Liberale zur Union pour un Mouvement Populaire (UMP) zusammen. Hinzu kommen wenig bedeutende Parteien wie die Radikalen (Parti Radical, 1901 gegründet, die älteste noch existierende Partei Frankreichs), das rechtskonservative Mouvement pour la France und das linke, europakritische Mouvement Républicain et Citoyen.

Der 1972 von Jean-Marie Le Pen gegründete rechtsradikale Front National (FN) erzielte seinen Durchbruch bei den Parlamentswahlen 1986. In den Regionalwahlen 1998 kam er im Elsass auf 20 %, in Provence-Alpes-Côte d'Azur auf 29 %. Nach Stimmenrückgang bei den nationalen Wahlen 2007 erreichte der FN in den Regionalwahlen 2010 in 12 Regionen durchschnittlich 17,8 % (Provence-Alpes-Côte d'Azur 22,8, Nord-Pas-de-Calais 22,2 %). Mit den Themen Einwanderung, Arbeitslosigkeit, Kriminalität und europäische Einigung wird die Angst vor dem gesellschaftlichen Umbruch mobilisiert. **Front National**

Die französischen Grünen (Les Verts, Confédération Écologiste), die 1989 gleich neun Vertreter ins Europaparlament schickten (in der BRD 8), konnten bei den Parlamentswahlen lange keine vergleichbaren Erfolge aufweisen. Zum einen ist die Ökologiebewegung zersplittert, zum anderen werden in Frankreich »grüne« Themen wie der schonende Umgang mit den natürlichen Ressourcen und der Kernenergie anders gesehen, z. B. gelten die 21 Kernkraftwerke und das Arsenal von Atomwaffen weithin immer noch als Symbol der nationalen Unabhängigkeit; ein weiterer Faktor ist sicher die elitär-technokratische Denkweise der Managerkaste in Wirtschaft und Politik. Die Wahlerfolge der Grünen zeugen indes von wachsenden Interesse für Umweltfragen, ebenso wächst die Opposition gegen umweltzerstörende Prestigeobjekte, und 1997 wurde eine Grüne Ministerin für Umweltschutz. Trotzdem wurde im selben Jahr der Anbau von gentechnisch verändertem Mais genehmigt. Bei den Wahlen zur Nationalversammlung 2007 bekamen die Grünen 3,25 %. **Les Verts**

Die französischen Gewerkschaften sind nicht unter einem Dachverband zusammengeschlossen, sondern konkurrieren als Richtungsgewerkschaften miteinander. Die wichtigsten Organisationen sind die kommunistische CGT (Confédération Générale du Travail, 1885 gegründet), die antikommunistische FO (Force Ouvrière, 1947 von der CGT abgespalten), die christliche CFTC (Confédération Française des Travailleurs Chrétiens, 1919 gegründet) sowie die sozialistische CFDT (Confédération Française Démocratique du Travail, 1964 von der CFTC abgespalten). Alle Gewerkschaften sind branchenübergreifend. Berufsständische Interessenvertretungen sind die CGC (Con- **Gewerkschaften** fédération Générale des Cadres, 1944 gegründet), die Führungskräfte aller Ebenen vertritt, sowie die FEN (Fédération de l'Education Nationale, die 1947 gegründete Einheitsgewerkschaft der Lehrer). Der öffentliche Einfluss der Gewerkschaften ist groß, wie etwa die Streiks 2010 etwa bei der SNCF oder der Pariser Métro zeigen, im Bereich von Industrie und Handel (auch in den staatlichen Firmen) eher gering. Der Organisationsgrad der Arbeitnehmer ist einer der geringsten in der EU (etwa 10 %). Auf Arbeitgeberseite vertritt der Conseil National du Patronat Français (CNFP, 1946 gegründet) die Interessen von ca. 1,5 Mio. Mitgliedern.

▶ **Arbeitgebervertretung**

Außenpolitik

Frankreich ist seiner internationalen Bedeutung entsprechend Mitglied folgender Organisationen: UN und Unterorganisationen, EU, WEU, Europarat, OECD, GATT, IMF. Den Rang Frankreichs in der Weltpolitik dokumentiert die ständige Mitgliedschaft im UN-Weltsicherheitsrat (mit Vetorecht). Paris ist Sitz internationaler Organisationen wie der UNESCO und der OECD.

Von Anfang an ist Frankreich auch Mitglied der NATO, seine Außenpolitik ist jedoch von traditionellen Weltmachtansprüchen geprägt, so dass es sich hier in Konkurrenz zur USA sieht. Nach der politischen und wirtschaftlichen Stabilisierung Frankreichs nach großen Problemen (Dekolonisation, Indochina- und Algerienkrieg) präsentierte de Gaulle Ende der 1950er-Jahre das Programm, Frankreich zu einer »unabhängigen Weltmacht« zu machen, was den Aufbau einer eigenen Atommacht (»force de frappe«) und den Austritt Frankreichs aus der Befehlshoheit der NATO 1966 nach sich zog. Nach dem Zusammenbruch des Warschauer Pakts fand eine Annäherung an die NATO statt, an der Neubestimmung ihrer Aufgaben beteiligt sich sich auch Frankreich. Aufgrund der veränderten Aufgaben einer Armee wurde die Wehrpflicht 2001 abgeschafft. Nationale Unabhängigkeit ist oberstes Ziel der französischen Außenpolitik. Dies drückt sich u. a. darin aus, dass Frankreich seit den Zeiten de Gaulles und Adenauers ein Motor der europäischen Einigung war, um ein unabhängiges Europa zu gewährleisten, die supranationale Lösung eines europäischen Bundesstaates aber ablehnte. Die europäische Einigung (Maastrichter Vertrag 1992, Wirtschafts- und Währungsunion 2002) ist mit dem Anspruch auf nationale Größe und wirtschaftliche Unabhängigkeit jedoch nicht mehr zu vereinbaren. Zu den Staaten der Dritten Welt unterhält Frankreich aufgrund seines früheren Kolonialbesitzes vielfältige Beziehungen, v. a. in Afrika und im Mittelmeerraum drückt sich dies auch in militärischer Präsenz aus.

Deutsch-Französische Freundschaft

Das deutsch-französische Verhältnis wurde seit 1870 dreimal durch große Kriege mit unermesslichem Leid belastet. Umso höher ist die Aussöhnung zwischen beiden Ländern zu bewerten, die durch die Einbettung in die europäische Einigung unterstützt wurde. 1963 begründete der Deutsch-Französische Freundschaftsvertrag (»Élysée-Vertrag«) die Zusammenarbeit in Politik, Wirtschaft und Kultur.

Bildungswesen

Das Bildungswesen wird zentral verwaltet, Lehrpläne werden zentral bestimmt, der Lehrkörper genießt Beamtenstatus. Das Schulwesen ist in Stufen gegliedert. Seit 1959 besteht Schulpflicht bis zum 16. Lebensjahr, die staatlichen Grund- und weiterführenden Schulen sind kostenfrei und konfessionslos. Das gesamte Schulwesen, angefangen vom Kindergarten bis zu den Abschlussklassen, ist als Ganztagesschule organisiert. Etwa 18 % aller Schüler besuchen die zu 90 % katholischen Privatschulen (in der Sekundarstufe II sind es über 20 %); ihre große Bedeutung bekommen sie als Bildungsinstitut für Kinder aus bürgerlich-konservativen Kreisen. Auch für die Gehälter an Privatschulen sowie einen Teil der sonstigen Kosten kommt der Staat auf, so dass das Schulgeld relativ gering ist.

Vorschule und Grundschule

In die École maternelle werden 3 bis 6 Jahre alte Kinder aufgenommen. Der Besuch ist freiwillig. 99 % der Dreijährigen und 100 % der Vier- und Fünfjährigen besuchen diese staatliche Einrichtung, deren ErzieherInnen wie Grundschullehrer ausgebildet und besoldet werden. Für unter zweijährige Kinder gibt es Krippen und ein staatlich organisiertes Tagesmuttersystem. Der Besuch der Grundschule (École primaire oder élémentaire) dauert vom 6. bis zum 11. Lebensjahr.

Sekundarstufe I

Das Collège ist als Gesamtschule angelegt und dauert vom 11. bis zum 15. Lebensjahr. Zu den Grundschulfächern kommen Geistes-, Wirtschafts- und Naturwissenschaften. Für Schüler, die die Schule nach Ende der Schulpflicht mit 16 Jahren verlassen wollen, werden berufsvorbereitende Fächer angeboten, außerden ist der Wechsel an berufsbildende Schulen möglich (Centres de formation d'apprentis).

Sekundarstufe II

Hier teilt sich das Schulsystem in einen allgemeinbildenden (Lycée, dreijährig) und einen berufsvorbereitenden Zweig (Lycée Professionel, zweijährig). Das Lycée ist in verschiedenen Zügen (z. B. sozial- oder naturwissenschaftlich) mit einem spezifischen Abitur (Baccalauréat, kurz »Bac«) organisiert. Dabei wird streng zensiert, die Durchfallquote ist relativ hoch (ca. 25 %).

Hochschulen

Die Hochschulen sind seit 1968 autonom. Es gibt 84 Universitäten, 67 berufsorientierte Fachhochschulen (Instituts Universitaires de Technologie) und 140 Grandes Écoles. Die Gesamtzahl der Studierenden liegt derzeit bei etwa 2 Millionen. Zulassungsbedingung ist nur das Baccalauréat. Bei den studienbegleitenden Prüfungen wird dafür kräftig gesiebt (die Zwischenprüfung nach ein bzw. zwei Jahren schaffen nur 30–50 %). In weiteren zwei Jahren werden die Licence und die Maîtrise erworben, die berufsqualifizierend sind, letztere ist Voraussetzung für höhere akademische Weihen bis zum Doctorat (entspricht der Habilitation).

Grandes Écoles Am angesehensten sind die nichtuniversitären Elitehochschulen, die Grandes Écoles, für eine Reihe von Fächern von der Landwirtschaft bis zur bildenden Kunst. Nach dem Abitur, dem Besuch von ein- bis zweijährigen Classes préparatoires und einem sehr selektiven Zulassungsverfahren bereiten sich dort ca. 6 % aller Studenten auf Laufbahnen in Verwaltung, Politik, Militär, Industrie und Handel vor. Die renommiertesten sind die École Nationale d'Administration (ENA) für absolute Spitzenpositionen in Wirtschaft und Politik, die vier Écoles Normales Supérieures, die École Polytechnique und das Institut d'Etudes Politiques. Allerdings sehen sie sich wachsender Kritik ausgesetzt, v. a. wegen ihrer Rolle, die Privilegien einer schmalen Kaste zu sichern (etwa Dreiviertel der Topmanager der 200 größten französischen Firmen besuchten eine Grande École).

Wirtschaft

Allgemeine Daten Frankreich ist, gemessen am Bruttoinlandsprodukt, die sechstgrößte Wirtschaftsnation der Erde. Die wichtigsten Industriezweige sind die Automobilindustrie (ca. 6 Mio. Fahrzeuge jährlich, viertgrößter Exporteur der Welt), Agrar- und Nahrungsmittelindustrie (größter Produzent und Exporteur in der EU), Telekommunikation, Luft- und Raumfahrtindustrie (nach den USA an 2. Stelle), Metallindustrie (drittgrößter Exporteur weltweit), Chemie (viertgrößter Exporteur weltweit) sowie Textil- und Bekleidungsindustrie. Der Dienstleistungsbereich (Banken, Versicherungen, Tourismus usw.) ist der größte Sektor der französischen Wirtschaft. Seit ca. 2000 zeigen sich im Außenhandel große Schwächen, 2008 verzeichnete man ein Rekorddefizit von 56 Mrd. Euro. Ursachen sind ein relativ schwacher Mittelstand, hohe Lohnkosten und eine kleine Angebotspalette. Nach einem Tiefstand 2008 mit ca. 7,2 % Arbeitslosen ist deren Zahl bis Anfang 2010 auf 9,5 % gestiegen. Frankreich und Deutschland sind gegenseitig die wichtigsten Handelspartner.

Strukturwandel Nach dem Zweiten Weltkrieg war die Wirtschaft durch schnelles Wachstum und einen tiefgreifenden Strukturwandel von einem Agrarland zu einer führenden Industrienation gekennzeichnet. Staatliche Wirtschaftslenkung (Verstaatlichung von Großbetrieben v. a. in den Bereichen Verkehr, Energie, Banken/Versicherungen und Automobilindustrie; »Planification« mit Fünfjahresplänen als Orientierungsrahmen), eine gezielte Förderung der Konzentration und Modernisierung von Unternehmen sowie von Zukunftstechnologien gehörten zu den wichtigsten Merkmalen der Entwicklung. Seit den 1970er-Jahren geht es außerdem um die Verwirklichung des europäischen Wirtschaftsraums. In der Verteilung der Erwerbstätigen schlug sich der Strukturwandel v. a. im Rückgang der Zahl der Beschäftigten

Moderne Produktionsweisen prägen die französische Landwirtschaft.

in der Landwirtschaft (1946: 40 %, 2008: 3,3 %) sowie in der erheblichen Zunahme bei Dienstleistungen, Handel und Verkehr sowie im Öffentlichen Dienst nieder.

Landwirtschaft und Fischerei

Die Landwirtschaft (mit Forstwirtschaft und Fischerei) ist trotz der geringen Wertschöpfung (2 % des Bruttoinlandsprodukts) von großer Bedeutung. Hinzu kommen 1,8 % aus der Lebensmittelindustrie. 50 % der Festlandsfläche werden landwirtschaftlich genutzt, davon 58 % für Ackerbau, 37 % als Weideland und 5 % für Obst- und Weinbau. Mit rund 15 Mio. ha (30 % der Gesamtfläche) ist der französische Waldbestand der größte in der EU. Frankreich ist nach den USA der zweitgrößte Agrarexporteur der Welt und der größte in der EU; in der Getreideproduktion steht er weltweit an 5. Stelle. Zwei Drittel der Agrarexporte, v. a. Getreide, Milchprodukte, Obst, Gemüse und Wein, gehen in die EU-Länder (Deutschland 16 %). Der Strukturwandel in der Landwirtschaft – Mechanisierung und Automatisierung, verbesserte Anbaumethoden, Flurbereinigung – mit kräftigem Produktivitätsanstieg führte zu einer bis heute anhaltenden Landflucht und Betriebskonzentration (von 1970 bis 2007 ein Rückgang von ca. 1,5 Mio. auf ca. 545 000 Betriebe mit weniger als der Hälfte der Arbeitskräfte).

Allgemeine Daten

Geografische Lage, Bodenbeschaffenheit und Klimaverhältnisse bedingen die reiche Vielfalt der Agrarprodukte. Der Norden produziert mit mittelgroßen Betrieben v. a. Weizen, Gerste, Hafer, Mais, Kartoffeln und Zuckerrüben. Auf nur 15 % der Nutzfläche werden hier über 40 % des Weizens und Hafers sowie über 90 % der Zuckerrüben produziert, auch die Milch- und Fleischproduktion ist beachtlich. In der westlichen Normandie, der Bretagne, Vendée und südlich

Produkte

bis an den Rand des Zentralmassivs wird Futter angebaut und Viehwirtschaft betrieben. In dieser Landschaft herrscht der sog. Bocage vor, ein Netz von Hecken, den schleswig-holsteinischen Knicks vergleichbar, die seit alter Zeit nicht nur den Wind abhalten, sondern auch den Besitz abgrenzen. Das Pariser Becken ist durch Getreide- und Maisanbau in Großbetrieben (meist über 200 ha) gekennzeichnet (als »campagne« bezeichnete offene Ackerlandschaften). Eine eigene Art der Bodennutzung entwickelte sich im aquitanischen und mediterranen Süden, zunächst mit Wein, Getreide und Ölbäumen, später durch Obst-, Gemüse- und Blumenanbau sowie Tabak und Reis ergänzt. Außerdem wird hier und in den Gebirgen Viehzucht (Rinder, Schafe) betrieben, häufig im Wechsel von Winter- und Sommerweiden bzw. sommerlichem Almbetrieb und winterlicher Stallhaltung. Die Almwirtschaft in Alpen und Pyrenäen geht ständig zurück, so dass viele Höhenweiden veröden.

Weinbau Im Allgemeinen ist Frankreich mit ca. 53 Mio. hl pro Jahr nach Italien das zweitgrößte Weinerzeugerland der Welt; qualitativ gilt es trotz heftiger Konkurrenz immer noch als führend. Hauptanbaugebiete sind Burgund, das Bordelais, das Rhône- und das Loire-Tal, der Mittelmeerraum, die Champagne und das Elsass. Extrem auf den Weinbau spezialisiert ist das Languedoc-Roussillon.

Fischerei Frankreich besitzt zwar Fischereirechte in ausgedehnten Gebieten, nimmt aber bei den Fangmengen weltweit nur den 27. und europaweit den 7. Rang ein. Der Schwerpunkt liegt an der Atlantik- und Kanalküste; ein Drittel aller Kutter sind in der Bretagne registriert. Die wichtigsten Fischerhäfen sind (nach Fangmenge) Concarneau, Cherbourg, Boulogne-sur-Mer, Sète, Lorient, Marennes/Oléron, Les Sables d'Olonne, Caen und La Rochelle. Wachsende Bedeutung hat

Ein normales Bild: Kernkraftwerk in ländlicher Idylle (Chinon an der Loire)

die Austern- und Muschelzucht, die fast ein Viertel des gesamten Umsatzes im Fischereisektor erzielt.

Energie und Bodenschätze

Allgemeines

Frankreich ist aufgrund seiner Geologie arm an konventionellen Energiequellen. Die hohen Ausgaben für Energieimporte und die Abhängigkeit vom Ausland (u. a. die Erfahrungen der Ölkrise 1973) führten zu einem massiven Ausbau der Kernenergie. Im Jahr 2008 verteilte sich der Energieverbrauch so: 43 % Atomkraft, 33 % Erdöl, 15 % Erdgas, Kohle 4 % und 5 % erneuerbare Energien, der Grad der Selbstversorgung betrug 50 %. Frankreich kann ca. 30 % mehr Strom erzeugen, als es selbst benötigt.

Fossile Rohstoffe

Die Kohleförderung hat die Konkurrenz mit der wesentlich billigeren ausländischen Kohle (v. a. aus Australien, den USA und Südafrika) sowie mit Erdöl und Erdgas verloren. Die produktivsten Steinkohlebergwerke befanden sich in Lothringen, wo 2004 die letzte Mine – und damit die letzte des Landes – schloss. Erdöl- und Erdgasförderung sind vernachlässigbar gering. Deshalb intensiviert die Gesellschaft Total (umsatzmäßig das größte französische Unternehmen, ihre Geschichte ist mit Bestechungs- und anderen Skandalen gespickt) ihre Auslandsaktivitäten und forcieren Off-shore-Bohrungen. Das importierte Öl wird in den Hafengebieten raffiniert und durch ein großes Pipelinenetz in die Industriegebiete Europas geleitet.

Weitere Bodenschätze

Frankreich verfügt über Eisenerzlager in Lothringen und der Normandie, es war einmal einer der größten Eisenproduzenten der Welt. Aufgrund hoher Kosten und weltweiter Konkurrenz ging der Abbau rapide zurück; die letzte Mine wurde 1997 geschlossen. Das Aluminiumerz Bauxit, 1821 bei Les Baux in der Provence entdeckt, ist unbedeutend. Die zahlreichen Uranlagerstätten (Vendée, Limousin, Forez) waren für die Entstehung der französischen Atomwirtschaft bedeutend; der Abbau wurde 2001 eingestellt. Nennenswerte Bodenschätze sind außerdem Salz, Kali, Flussspat sowie Gold und Silber.

Atomenergie

Bis zur Ölkrise 1973 deckte Frankreich seinen Energiebedarf zu 77 % mit importiertem Erdöl. Dann wurde – begünstigt durch die französischen Uranvorkommen – das Nuklearprogramm der Electricité de France (EDF) begonnen, die mit rund 96 % das Monopol in der Energiewirtschaft des Landes hat. Gegenwärtig kommen ca. 78 % des in Frankreich erzeugten Stroms aus den 21 Kernkraftwerken mit 59 Reaktoren. Frankreich kann ca. 30 % mehr Strom erzeugen, als es selbst benötigt, ca. 60 Mrd. kWh umfasst der Exportüberschuss, wichtigste Abnehmer sind die Großbritannien, Italien, Deutschland und die Schweiz. In Cadarache bei Manosque in der Provence wird der Kernfusions-Forschungsreaktor Iter gebaut, der 2019 in Betrieb gehen soll; als Baukosten werden bisher 5 Mrd. € genannt.

Gegenwärtig gibt es zwei Wiederaufarbeitungsanlagen in Frankreich, die erste (UP 1) entstand 1958 in Marcoule bei Avignon, die zweite (UP 2) wurde 1966 in La Hague (Bretagne) in Betrieb genommen, das in der Folgezeit wesentlich ausgebaut wurde. Um die hochverschuldete Elektrizitätswirtschaft zu entlasten, werden Wiederaufbereitungsleistungen verkauft; in La Hague werden 80 % der in der westlichen Welt anfallenden Brennelemente aufgearbeitet. Das Unbehagen an der Atomindustrie ist inzwischen auch in Frankreich gewachsen; so wurde 1998 der Schnelle Brüter Superphénix stillgelegt, und »Störfälle« sind häufiger, als hierzulande bekannt ist.

Weitere Energiequellen Klassische Wärmekraftwerke liefern etwa 10 % des Strombedarfs, ca. 14 % kommen aus erneuerbaren Energien (4 % aus Wasserkraft). Wasserkraftwerke liegen v. a. in den Alpen und Pyrenäen sowie an den Staustufen der großen Flüsse wie Rhône, Loire, Durance, Dordogne und Garonne.

Industrie

Allgemeine Daten Frankreich ist einer der bedeutendsten Industriestaaten der Erde. Gegenwärtig erwirtschaftet die Industrie rund 15 % des Bruttoinlandsprodukts.

Entwicklung nach 1945 Die Entwicklung der französischen Wirtschaft seit dem Zweiten Weltkrieg zu einem der führenden Industrieländer der Welt geschah durch starke staatliche Eingriffe, durch Verstaatlichungen (»nationalisations«), eine intensive Wirtschaftsplanung (»planification«) und durch gezielte Förderung mit öffentlichen Mitteln. Eine Besonderheit der französischen Wirtschaftsplanung sind die Fünfjahrespläne (»plans quinquennaux«), die vom staatlichen Planungskommissariat (»Commissariat au plan«) ausgearbeitet werden. Da sie für die staatlichen Betriebe verbindlich und für die Privatwirtschaft richtungweisend sind, kam und kommt ihnen eine große Bedeutung zu. Die höchsten Wachstumsraten wiesen die Investitionsgüterindustrie (Maschinenbau, Automobil- und Elektroindustrie) und langlebige Konsumgüter auf. Begünstigt durch Förderung von Fusionen wurde die Vorherrschaft der kleinen und mittleren Familienunternehmen – lange Zeit charakteristisch für die Wirtschaft Frankreichs – abgelöst von Großunternehmen und riesigen, z. T. staatlich subventionierten Konzernen (1990 erzielten die Betriebe mit über 500 Beschäftigten – das waren 2,4 % – mit 46 % der in der Industrie Tätigen 56,8 % des Umsatzes). In den 1990er-Jahren war wieder ein deutlicher Trend zugunsten kleinerer Betriebe zu beobachten, der v. a. auf die wachsende Spezialisierung zurückzuführen ist.

Wirtschaftsraum Paris Rund drei Viertel der Industriebetriebe haben ihren Sitz im Großraum Paris / Ile-de-France, 21 % der Erwerbstätigen leben hier und erwirtschaften 24 % des Bruttoinlandsprodukts. Zu Beginn des

19. Jh.s waren hier u. a. 65 Tapetenfabriken, 70 Kunsttischlereien, 166 Uhrmacher, 108 Parfümfabriken und 72 Manufakturen für künstliche Blumen angesiedelt. Heute ist Paris Frankreichs größter Produzent und Verbraucher mit einer Konzentration moderner Technik (Elektronik, Elektrotechnik, Flugzeug-, Fahrzeugbau) und Dienstleistung (Banken, Großhandel, Versicherungen). Viele Unternehmen, von Konfektion, Modeschmuck, Druck- und Verlagswesen, Parfüm bis zu Lederwaren, sind auf die Hauptstadt konzentriert.

Weitere Wirtschaftsräume

Wichtige Standorte der Chemie-, Textil- und Maschinenbauindustrie liegen Nordfrankreich. Die Industriezentren Lyon, St-Etienne und Clermont-Ferrand sind für die Kraftfahrzeugindustrie wichtig, die Zulieferindustrie, v. a. für den Automobilsektor, ist in Elsass und Lothringen angesiedelt. Toulouse ist der zweitgrößte Standort der Luft- und Raumfahrtindustrie der Welt. Die Côte d'Azur hat sich zu einem bedeutenden Standortfür Elektronik- und Computerindustrie sowie Chemie und Biotechnologie entwickelt.

Verstaatlichung und Privatisierung

Eine Besonderheit der französischen Wirtschaft nach 1945 ist die Existenz von Staatsbetrieben, die auf der Idee der staatlichen Wirtschaftslenkung beruht und teils antikapitalistisch, teils strukturpolitisch motiviert ist. So waren die Kampagnen zur Verstaatlichung oder Privatisierung von der jeweiligen Regierung abhängig. Die erste Nationalisierungswelle 1945 – 1948 umfasste Banken (z. B. Banque de France, Crédit Lyonnais, BNP), Versicherungen, Verkehrsbetriebe (SNCF, Air France), Energieversorgung (EDF, GDF u. a.) und Industriebetriebe wie Renault und SNECMA (Flugzeugbau). In der

Ein europäisches Erfolgsprodukt ist der Airbus. Hier die Montage in Toulouse.

zweiten Welle nach 1981 folgten fast der ganze Rest der Banken, weitere Versicherungen und Großbetriebe der Eisen-, Stahl-, Rüstungs- und Elektronikbranche (Usinor, Bull, Thomson, Dassault). Nach 1986 wurde unter der Regierung Chirac ein großer Teil der Unternehmen (über 1100 mit über 0,5 Mio. Beschäftigten) reprivatisiert, wobei die bis dahin mit öffentlichen Geldern durchgeführten Rationalisierungen und Umstrukturierungen die Betriebe für private Investoren attraktiv machten. 1988 stoppten die Sozialisten diese Kampagne zum Teil; staatlich-private Mischformen wurden zugelassen. Seit 1993 privatisierten die konservativen Regierungen bedeutende Unternehmen wie Crédit Lyonnais, Air France, Elf-Aquitaine (heute Total), Aérospatiale, Thomson, Rhône-Poulenc und zuletzt France Telecom. Mit dem Erlös sollten und sollen die versprochenen Steuererleichterungen und Arbeitsbeschaffungsmaßnahmen bezahlt sowie die öffentlichen Schulden verringert werden.

Nach Chiracs Präsidentschaftsantritt 1995 wandte man sich von der staatlichen Wirtschaftslenkung ab, wobei auch die europäische Einigung eine große Rolle spielt; der Vertrag von Maastricht verbietet staatliche Eingriffe, was aber den nationalen Protektionismus keineswegs beendet hat. Allmählich wird auch klar, dass keiner dieser Wege das Zaubermittel darstellt, die Probleme der französischen Gesellschaft – stagnierende Wirtschaft, Haushaltsdefizit, Arbeitslosigkeit, Immigration und soziale Destabilisierung – zu bewältigen.

Verkehr und Tourismus

Allgemeines Das weiträumige, relativ dünn besiedelte Frankreich verfügt über ein gut ausgebautes Straßen- und Eisenbahnnetz, das stark auf Paris ausgerichtet ist – ein Erbe der Geschichte. Besonders belastet sind die Ballungsräume, v. a. Paris, und während der Ferien die großen Nord-Süd-Verbindungen. Die Franzosen haben das Auto ebenso gern wie die Deutschen; pro Jahr werden etwa 2 Mio. Kraftfahrzeuge neu zugelassen. Im Jahr 2006 war die Motorisierungsdichte 595 Pkws je 1000 Einwohner; zum Vergleich: In Deutschland lag sie bei 597, in den USA bei 813.

Straßennetz Das französische Straßennetz ist eines der besten der Welt, auch die kleinen Straßen auf dem Land sind ausgezeichnet. Es umfasste 2007 insgesamt ca. 1 080 000 km. Die Relation von 17 km pro 1000 Einwohner – fast doppelt so viel wie in Deutschland – spiegelt die dünne Besiedlung großer Teile des Landes wider. Die 8629 km Autobahnen sind meist gebührenpflichtig.

Eisenbahn Das französische Eisenbahnnetz der Société Nationale des Chemins de Fer Français (SNCF) gehört zu den modernsten Eisenbahnen der Welt und passt sich mit Komfort und steigenden Geschwindigkeiten
TGV ▶ den Bedürfnissen an. Stolz der französischen Bahn ist der TGV (Train à Grande Vitesse, Hochgeschwindigkeitszug), der Paris mit al-

len Landesteilen verbindet. Mit Geschwindigkeiten bis 300 km/h hat er große Auswirkungen auf die Wirtschaftsgeografie. Zum Beispiel sind Amiens, Rouen und Orléans von Paris in einer Stunde zu erreichen, weniger als viele in der Hauptstadt für den Weg zur Arbeit brauchen. Eine weitere Aufwertung der Regionen bringen die entstehenden Querverbindungen unter Umgehung von Paris. Außerdem ist das Schnellbahnnetz, zu dem auch die Züge »Eurostar« und »Thalys« gehören, mit London (Eurotunnel) sowie mit Köln, Frankfurt a. M., Stuttgart/München und der Schweiz verbunden.

Schifffahrt

Frankreich verfügt über 3120 km Küste mit einer großen Zahl wichtiger Häfen. Militärhäfen sind Cherbourg, Brest, Lorient und Toulon, als Fährhäfen sind Calais, Toulon und Marseille bedeutend, als Fischereihäfen Boulogne, Lorient, Concarneau und La Rochelle.
Die Handelsflotte umfasste 2007 212 Einheiten mit ca. 4,7 Mio. BRT (an 28. Stelle in der Welt) und transportierte 340 Mio. t Güter. Größter Seehafen ist Marseille (95,5 Mio. t Umschlag; viertgrößter Hafen Europas, wichtigster Erdölhafen am Mittelmeer), es folgen Le Havre, Dunkerque, Nantes-St-Nazaire, Rouen, Calais und Bordeaux.

Binnenschifffahrt

Im 18. Jh. setzte in Frankreich ein echter Kanalbauboom ein. Es entstand ein einzigartiges Wasserstraßennetz, das längste in Westeuropa und auch heute noch länger als die französischen Autobahnen. Von den ca. 13 200 km schiffbarer Wasserstraßen werden noch 6500 km genutzt, davon gut 2600 km Flüsse und 3900 km Kanäle. Die wichtigsten sind die Seine unterhalb von Paris, die Rhône unterhalb von Lyon und der elsässische Teil der Rhein-Rhône-Verbindung. Der bedeutendste Binnenhafen ist Paris, gefolgt von Straßburg und Rouen.

Luftfahrt

Die französische Luftfahrt wird im Wesentlichen von der Air France bestritten, die 2004 mit der niederländischen KLM fusionierte (größte Gesellschaft Europas mit über 600 Flugzeugen). In Frankreich registrierte Maschinen transportieren im Jahr etwa 160 Mio. Passagiere und 4,8 Mrd. Tonnenkilometer Fracht. Die wichtigsten nationalen und internationalen Flughäfen sind Paris (Charles de Gaulle, Orly), Lyon (St-Exupéry), Marseille (Marignane) und Nizza (Côte d'Azur).

Tourismus

Frankreich zählt weltweit die meisten ausländischen Gäste. Nach zügigem Wachstum (1992: 60 Mio., 2002: 76 Mio., 2007: 82 Mio. Ausländer) ist auch hier die Rezession zu spüren (2009: 74 Mio.). Echte Urlauber machen ca. 70 % aus; hinzu kommen noch ca. 115 Mio. Tagesgäste. Das stärkste Kontingent stellen Großbritannien und Irland, dahinter liegt Deutschland (18 bzw. 16 %). Der Tourismus ist der wichtigste Wirtschaftszweig im Dienstleistungsbereich und der größte Devisenbringer vor Landwirtschaft und Automobilindustrie; er sichert direkt ca. 1 Mio. Arbeitsplätze. 30 % dieser Jobs sind dabei auf Paris und die Ile-de-France konzentriert, die nächstwichtige Region ist Provence/Côte d'Azur mit gut 10 %.

Geschichte

Fast wäre Frankreich einmal englisch geworden – wäre Jeanne d'Arc nicht auf den Plan getreten. Stationen der Entwicklung der Nation, von den Höhlenmalereien der Steinzeit über die Römer zu Karl dem Großen, von Hugo Capet über Ludwig XIV. zur Revolution, von Napoleon zu Nicolas Sarkozy.

Vorgeschichte und Antike

Ab 30 000 v. Chr.	Höhlenmalereien in Südfrankreich
ab 5000 v. Chr.	Megalithkultur
8. Jh. v. Chr.	Einwanderung der Kelten
600 v. Chr.	Griechen gründen Marseille
58–51 v. Chr.	Caesar erobert Gallien

Vorgeschichte

Das Hexagon war schon in vorgeschichtlicher Zeit besiedelt. 400 000 Jahre alt sind die Siedlungsreste von Terra Amata (heute Stadtteil von Nizza). Aus der Steinzeit sind viele hervorragende Zeugnisse erhalten. Zur Jüngeren Altsteinzeit gehören die Skelette von Neanderthaler und Homo sapiens sowie die weltberühmten Malereien, die man in Höhlen in Südfrankreich fand (▶Baedeker Special S. 660). Nicht weniger bekannt ist die Megalithkultur der Bretagne; gegen Ende der Jungsteinzeit und zu Beginn der Bronzezeit werden dort monumentale Steinsetzungen errichtet, die immer noch nicht sicher gedeutet sind (▶Baedeker Special S. 284).

Keltische Besiedelung

Ab etwa 1500 v. Chr. dringen Kelten von Osten ein. Um 300 v. Chr. lassen sich die Parisier auf einer Seine-Insel nieder, woraus später Paris entsteht. Im Süden bleiben nördlich der Pyrenäen die Iberer unabhängig, an der Mittelmeerküste die Ligurer.

Griechische Kolonie

Um 600 v. Chr. gründen Phokäer, also Griechen aus Kleinasien, die Kolonie Massilia (Marseille). In der Nähe entstehen Handelsstützpunkte, z. B. um 350 v. Chr. Nikaia Polis (Nizza).

Römische Kolonisierung

Die Römer gründen 121 v. Chr. zur Sicherung der Landverbindung zwischen Italien und Spanien die Provincia Gallia Narbonensis, die den Südteil des Hexagons zwischen Genfer See und Toulouse einnimmt; Hauptort wird das 118 gegründete Narbo (Narbonne). Wenig später fallen die germanischen Kimbern und Teutonen in der Provence ein (109 v. Chr.); der römische Feldherr Marius besiegt die Teutonen 102 v. Chr. bei Aquae Sextiae (Aix-en-Provence). Durch die Siege über den Sueben-Fürsten Ariovist (58 und 52 v. Chr.) und die Gallier unter Vercingetorix bei Alesia (52 v. Chr.) besiegelt Caesar die Eroberung Galliens. In der gallorömischen Zeit übernehmen die Bewohner die Kultur und die Sprache der Sieger, aus der später das Altfranzösische hervorgeht. Städte und ein Netz befestigter Straßen entstehen, Steinbauten lösen Holzhütten ab. Wirtschaftliche und kulturelle Blüte bis ins 3. Jh. n. Chr. Bedeutende Bauten sind z. B. in Nîmes, Orange und Arles erhalten. Schon Anfang des 2. Jh. n. Chr.

← *Napoleon Bonaparte überquert am 20. Mai 1800 den Großen Sankt Bernhard. Diese heroische Darstellung stammt von J. L. David.*

▶ Geschichte

Vercingetorix, der Held von Alesia, wurde im 19. Jh. zum ersten Widerstandskämpfer verklärt.

setzt die Christianisierung Galliens ein. Um 300 n. Chr erhalten die Städte neue Befestigungen; zeitweilig residieren römische Kaiser in Lutetia (Paris).

Um 250 n. Chr. wird Gallien von der Völkerwanderung erfasst. Alemannen, Franken, Vandalen, Burgunder und Goten dringen in immer neuen Wellen ein. Von 418 bis 507 n. Chr. existiert das Reich der Westgoten in Südgallien (Hauptstadt Tolosa/Toulouse); sie werden dann von den Franken nach Spanien abgedrängt. 443 n. Chr. gründen die Burgunder, am Mittelrhein von den Hunnen besiegt, unter römischem Schutz ein Reich im Rhône-Raum (Burgund). Aus Britannien vertriebene Kelten weichen 449 nach Gallien aus und siedeln sich in der nach ihnen benannten Bretagne an. In der Schlacht auf den Katalaunischen Feldern bei Troyes im Jahr 451 werden die Hunnen unter Attila vom römischen Feldherrn Aëtius besiegt und ziehen sich nach Ungarn zurück.

Das Reich der Merowinger und Karolinger

482–751	Herrschaft der Merowinger
751–887	Herrschaft der Karolinger

Entstehung des Frankenreichs Die Gründung des Fränkischen Reichs ist die Basis für die politische, soziale und kulturelle Entwicklung der Territorien, die später zu Frankreich und Deutschland werden. Die Franken – ein Bund von germanischen Stämmen, die sich im Niederrheingebiet angesiedelt hatten – dringen ab etwa 250 immer wieder nach Gallien bis zur Seine und Loire vor. Der Merowingerkönig Chlodwig (franz. Clovis, reg. 482–511), Enkel des Königs Merowech (von ihm ist der Name »Merowinger« abgeleitet), einigt die Franken, erobert Gallien und wird damit zum Begründer des Frankenreichs. 496 besiegen die Franken die Alamannen, nehmen das Christentum an und erhalten die Unterstützung der Kirche.

Nach dem Tod Chlodwigs 511 entstehen durch wiederholte Erbteilung drei Teilreiche: das germanische Austrasien mit der Hauptstadt Reims (später Metz), das romanische Neustrien mit Paris sowie Burgund mit Orléans. Innere und äußere Konflikte schwächen die Macht der Merowinger; sie wird allmählich von aufgestiegenen Dienstmannen, den »Hausmeiern«, übernommen.

Merowingerreich

Pippin der Mittlere, Hausmeier von Austrasien, regiert ab 687 als Majordomus im fränkischen Gesamtreich. In der Schlacht von Tours und Poitiers 732 besiegt sein Sohn Karl Martell (»Hammer«) die aus Spanien vordringenden Araber. Pippin der Jüngere lässt sich 751 von einer Reichsversammlung in Soissons zum König erheben und wird – damit beginnt die für Frankreich höchst bedeutsame Verbindung von weltlicher und päpstlicher Macht, zudem die Stilisierung zum »König von Gottes Gnaden« – vom päpstlichen Legaten, dem hl. Bonifatius (»Apostel der Deutschen«) gesalbt, nachdem Papst Zacharias der Absetzung des letzten Merowingerkönigs zugestimmt hat. Im Gegenzug bittet Papst Stephan II. im Jahr 754 Pippin gegen die Langobarden um Hilfe. Als Dank erhalten die Karolinger den Titel »Patricius Romanorum« (Schutzherr der Römer).

Aufstieg der Karolinger

Karl der Große (franz. Charlemagne, reg. 768–814) vergrößert mit Waffengewalt das Reich der nach ihm benannten Karolinger um Oberitalien und die Gebiete der westgermanischen Stämme (Sachsen, Bayern). Das Reich wird in Grafschaften gegliedert und nach außen mit Grenzmarken gesichert. Kaiserpfalzen und Klöster werden zu wirtschaftlichen und kulturellen Zentren; die kulturelle Blüte in Anknüpfung an antike Traditionen ist als »Karolingische Renaissance« bekannt. Die Krönung Karls zum Kaiser im Jahr 800 durch den Papst in Rom bestätigt seine Macht.

Karl der Große

Vom Vertrag von Verdun zum Absolutismus

843	Vertrag von Verdun: Teilung des Frankenreichs
987	Hugo Capet erster »französischer« König
ab 1209	»Kreuzzug« gegen die Katharer in Südfrankreich. Annexion des Languedoc durch die Krone
1339–1453	Hundertjähriger Krieg gegen England. 1429–1431 Wirken der Jeanne d'Arc
1562–1598	Religionskriege zwischen Katholiken und Hugenotten

Die Herrschaft der Könige Frankreichs, die sich auf die Kirche und die Städte stützt, festigt sich allmählich. Einerseits setzt sich das Königtum gegenüber zahlreichen selbstständigen Fürstentümern als Erbmonarchie durch, andererseits werden die Engländer in ihrer Expansion gestoppt und schließlich vertrieben.

Reichsteilung — Im Vertrag von Verdun 843 wird das Frankenreich geteilt: Karl II. der Kahle erhält den romanischen Westen, dessen Ostgrenzen im Wesentlichen bis ins späte Mittelalter die Grenzen zwischen Frankreich und Deutschland bleiben. Letzter karolingischer König, gleichzeitig König des Gesamtreichs, ist bis 887 Karl III. der Dicke.

Normannen — Ab dem 7. Jh. dringen die Normannen auf ihren Raubzügen in das Westfrankenreich ein; 845 plündern sie Paris. Sie lassen sich allmählich nieder, und 911 überlässt Karl III. ihnen die Normandie als Herzogtum. 1066 siegt Herzog Wilhelm von der Normandie in der Schlacht von Hastings und gewinnt damit die Herrschaft in England.

Der Weg zu den Kapetingern — Das Fehlen einer starken Zentralmacht führt zur Herausbildung von großen Fürstentümern: Francia (der Kern des späteren Königreichs), Champagne, Aquitanien, Gascogne, Toulouse, Gothien, Katalonien, Bretagne, Normandie und Flandern. Ihre Herren wählen sich aus den eigenen Reihen den König. Im Jahr 987 wird Hugo Capet (von »cappa«, d. h. »Mäntelchen«) erster »französischer« König. Als Hausmacht besitzt er das Herzogtum Francia, also das Gebiet um Paris und Orléans. In direkter Linie herrschen die Kapetinger bis 1328, in Nebenlinien (außer 1792–1814) sogar bis 1848. Die königliche Macht ist gegenüber den Regionalfürsten gering, sie gewinnt jedoch die Kirche als Verbündeten; auch gelingt es den Kapetingern – zunächst durch Bestimmung eines Sohns zum Mitkönig –, die Erblichkeit der Krone wieder einzuführen. Das im 11. Jh. einsetzende Schrifttum zeigt schon Unterschiede zwischen dem fränkisch geprägten Norden (Langue d'oil) und dem Süden (Langue d'oc), der dem Keltoromanischen näher geblieben ist.

Im »Teppich von Bayeux« wird die Eroberung Englands durch den Normannenherzog Wilhelm dargestellt.

Kreuzzüge und Klöster — Die Kreuzzüge erhalten ihren Hauptantrieb in Frankreich. Führer sind französische Fürsten und Adlige, geistige Wegbereiter die Mönchs- und Klerikerorden. 1095 ruft der aus Frankreich stammende Papst Urban II. in Clermont zum Ersten Kreuzzug (1096 bis 1099) auf. Ideen zu einer Kloster- und Kirchenreform gehen von der Abtei Cluny (gestiftet 910) in Burgund aus. Der Einsiedlerorden der Kartäuser wird von Bruno von Köln 1084 bei Grenoble gegründet (Grande Chartreuse). Der Zisterzienser-Orden, der aus dem Kloster Citeaux (1098) hervorgeht, fördert sowohl Wissenschaft und Baukunst als auch die Christianisierung und Kolonisierung des deutschen Ostens. Der Zisterzienser-Abt Bernhard von Clairvaux ist einer der bedeutendsten Gelehrten seiner Zeit, zudem Motor des Zweiten Kreuzzugs. Die Eroberungsexpeditionen in den Orient und die damit verbundenen Kontakte mit der hochentwickelten Kultur des Islams ermöglichen den politischen, wirtschaftlichen und kulturellen Aufstieg Frankreichs im 12. Jh.; der französische Adel wird zum Vorbild des europäischen Rittertums. Der 7. und letzte Kreuzzug endet 1270 mit dem Tod König Ludwigs IX. vor Tunis. Zur selben Zeit entwickeln sich gotische Baukunst und französische Ritterdichtung, die in ganz Europa Wirkung entfalten.

Erster französisch-englischer Konflikt

Eleonore, die Erbin Aquitaniens, heiratet 1137 König Ludwig VII. (1137–1180) und nach der Scheidung 1152 Heinrich Plantagenêt, Graf von Anjou und Herzog der Normandie, der 1154 englischer König wird. Zusammen mit Aquitanien ist nun über die Hälfte des Hexagons englisch. Ab ca. 1160 offener Konflikt zwischen Heinrich und Ludwig. Nach 1202 erobert König Philipp II. (1180–1223) den Besitz des englischen Königs in Frankreich mit Ausnahme der Guyenne (Poitou, Gascogne, Agenais). Der glänzende Sieg Philipps 1214 bei Bouvines über die Engländer und den mit diesen verbündeten deutschen Kaiser Otto IV. stärkt die Stellung des Königs innen- wie außenpolitisch bedeutend; Philipp erhält den Beinamen »Augustus«.

Eleonore von Aquitanien war eine der bedeutendsten Frauenfiguren des Mittelalters (Grabmal in Fontevraud).

Katharer-Kreuzzüge

Mit der Eroberung von Béziers und der Ermordung seiner Einwohner 1209 beginnt der grausame Krieg gegen die Albigenser (Katharer). Da der König durch seinen Krieg mit England gebunden ist, führt ihn zunächst der Adlige Simon de Montfort. 1226 erobert Ludwig VIII. (1223–1226) dann das Languedoc außer Toulouse.

Die »Sorbonne«

Um 1215 entsteht die Pariser Universität, und 1253 wird das theologische Seminar La Sorbonne gegründet, das sich zur hochberühmten Theologischen Fakultät entwickelt und später der Universität ihren Namen gibt.

Konsolidierung der Königsmacht

Mit Ludwig VIII. setzt sich die Erbmonarchie durch; Krönungsstadt ist (seit 988) Reims. Unter Ludwig IX. dem Heiligen (1226–1270) erlebt Frankreich seine glänzendste Zeit im Mittelalter (»siècle de St-Louis«). 1248 fällt das Languedoc endgültig an die Krone, die provenzalische Kultur wird in der Folge unterdrückt. Im Frieden von Paris 1258 verliert der englische König Heinrich III. alle Festlandsbesitzungen nördlich der Charente und leistet für die Guyenne den Lehnseid. In Paris wird ein oberstes Hofgericht etabliert, das »Parlement«, dessen Urteile in ganzen Land maßgebend werden. Philipp IV. der Schöne (1285–1314) erwirbt die Grafschaft Champagne und das Erzbistum Lyon. 1328 fällt die Königswürde an das Haus Valois, eine Nebenlinie der Kapetinger (bis 1498).

Päpste in Avignon
Machtkonflikte zwischen dem Papsttum und dem französischen König entscheidet Letzterer für sich, weshalb 1309–1377 die Päpste in Avignon residieren (»Babylonische Gefangenschaft der Kirche«).

Hundertjähriger Krieg
Mit der Konfiskation der Guyenne 1337 durch Philipp VI. beginnt der Hundertjährige Krieg zwischen Frankreich und England (bis 1453). Kostspielige Feldzüge, verheerende Niederlagen gegen die zahlenmäßig weit unterlegenen Engländer, die Pest (1347–1349), Konflikte zwischen Adel und Bürgertum sowie Bauernaufstände erschüttern die Stellung des Königs. Der englische König Eduard III. hatte als Enkel Philipps des Schönen schon 1328 Ansprüche auf den französischen Thron angemeldet. Erste katastrophale Niederlage der Franzosen bei Crécy 1346. 1356 siegt der Sohn Eduards, der »Schwarze Prinz«, bei Maupertuis südöstlich von Poitiers über Johann II. den Guten. Im Frieden von Brétigny 1360 erhält Eduard III. die Souveränität über den Südwesten Frankreichs, dazu Calais, das bis 1559 englisch bleibt; dafür verzichtet er auf die französische Krone. Karl V. der Weise eröffnet 1369 erneut den Kampf gegen die Engländer, die auf wenige Stützpunkte zurückgedrängt werden. 1415 landet Heinrich V. von England in Honfleur und schlägt das französische Ritterheer bei Azincourt. Von Burgund unterstützt, besetzen die Engländer bis 1420 ganz Nordfrankreich inklusive Paris (Heinrich VI. wird 1430 in Notre-Dame zum französischen König gekrönt!). Fast wäre das Hexagon englisch geworden, wäre nicht Jeanne d'Arc auf den Plan getreten: Im Bewusstsein göttlicher Sendung kann sie das französische Heer motivieren und durchbricht 1429 die englische Belagerung von Orléans. Sie führt Karl VII. zur Salbung nach Reims. Beim Versuch, Paris zu erobern, gerät sie 1430 in burgundische Gefangenschaft und wird den Engländern ausgeliefert. Nach Verhör und Folter unter der Leitung des Beauvaiser Bischofs stirbt sie am 30. Mai 1431 in Rouen auf dem Scheiterhaufen; der König unternimmt nichts zu ihrer Rettung. (1920 wird »La Pucelle« heiliggesprochen.) Die 1439 eingeführte »taille royale«, ein neues Steuersystem, ermöglicht die Bildung eines stehenden Heers. Bis 1453 verlieren dann die Engländer ihren Festlandsbesitz bis auf Calais.

Ausweitung des Königreichs
Durch Kauf gewinnt Philipp VI. 1349 die Dauphiné, die in der Folge jeweils den Thronfolgern zu Lehen gegeben wird; sie nennen sich daher fortan »Dauphin«. Johann II. überlässt 1363 seinem Sohn Philipp

dem Kühnen das Herzogtum Burgund, das sich in wenigen Jahrzehnten zu einer glanzvollen Großmacht entwickelt. Die »Pragmatische Sanktion« 1438 sichert die Autonomie der französischen Kirche gegenüber dem Papsttum; die »Gallikanische Nationalkirche« entsteht. Nach dem Tod des burgundischen Herzogs Karl der Kühne in der Schlacht bei Nancy 1477 fallen Burgund und Picardie an die Krone, während seine übrigen Besitzungen (Niederlande, Flandern, Franche-Comté) an den Habsburger Maximilian I. kommen – der Beginn des französisch-habsburgischen Konflikts, der sich mit verlustreichen Kriegen bis 1559 hinzieht. Weitere Erwerbungen sind Anjou (1480), Provence (1481) und Bretagne (1491).

Karl VIII. (1483 – 1498) beansprucht als Erbe der Anjou das Königreich Neapel. Ab 1494 Feldzug gegen italienische Stadtstaaten, die sich mit Habsburg, Aragon und dem Papst zur Heiligen Liga verbünden; aus Neapel muss sich Karl schon 1495 wieder zurückziehen. Ludwig XII. erobert 1500 das Herzogtum Mailand, unterliegt aber bei Novara 1513. 1515 gewinnt Franz I. Mailand durch den Sieg bei Marignano über die Schweizer Eidgenossen wieder zurück. 1519 bemüht sich Franz I. um die Kaiserkrone des Heiligen Römischen Reichs (Nachfolge von Maximilian I.), bleibt aber trotz päpstlicher Unterstützung erfolglos. Gegen die spanisch-habsburgische Übermacht Kaiser Karls V. führt Franz I. (1521 – 1544) vier Kriege; sie haben den Verlust Mailands und den Rückzug der französischen Politik aus Italien zur Folge. Im Zug der italienischen Unternehmungen gelangen die Ideen der Renaissance nach Frankreich, der kulturelle Import auf allen Gebieten ist beträchtlich, von der Küche über die Philosophie bis zu Kunst und Technik. Franz I. lässt grandiose Schlösser errichten und ausstatten (Fontainebleau, Louvre in Paris, Chantilly); Leonardo da Vinci holt er nach Amboise. Heinrich II. (1547 – 1559), seit 1533 mit Katharina von Medici verheiratet, führt ab 1556 noch einmal Krieg gegen Spanien-Habsburg. Gegen Kaiser Karl V. hilft er deutschen Fürsten, die ihm dafür 1552 die Bistümer Metz, Toul und Verdun überlassen. Im Frieden von Cateau-Cambrésis 1559 verzichtet er auf Flandern-Artois, Franche-Comté und die italienischen Ansprüche, kann aber Calais von den Engländern erwerben.

Der Krieg mit Habsburg

Die Reformation in Form des Calvinismus erfasst breite Schichten des wohlhabenden Bürgertums und Teile des Adels. Zwischen 1562 und 1598 (Edikt von Nantes) zählt man acht Kriegszüge, die das Land ins Chaos stürzen und im Verein mit Hunger und Pest über eine Million Menschen das Leben kosten. Der religiöse Konflikt ist dabei nur ein Faktor, im Grund geht es um die unterschiedlichsten Interessengegensätze zwischen Adelsparteien, Territorialfürsten, Königshaus und aufstrebendem Bürgertum, das Ganze verkompliziert durch ausländische Einflussnahme. Die katholische Partei wird durch die Brüder von Guise (zwei Herzöge und ein Kardinal) angeführt, die der Protestanten durch die Bourbonen. Bei der Hochzeit

Die Religionskriege

Heinrichs von Navarra (später König Heinrich IV.) mit Margarete von Valois am 24. August 1572 lässt deren Mutter, Katharina von Medici, über 3000 Hugenotten mit ihrem Führer Admiral de Coligny ermorden (»Bartholomäusnacht«, »Pariser Bluthochzeit«). Mit Heinrich IV. (1589–1610) gelangen die Bourbonen auf den Thron (bis 1792). Um das Land zu befrieden, tritt Heinrich IV. 1593 zum Katholizismus über (»Paris ist eine Messe wert«). Er stellt die königliche Gewalt wieder her: Der Adel darf keine Truppen unterhalten, die Verwaltung wird stark zentralisiert, die Finanzen werden geordnet, die Wirtschaft erholt sich. Im Edikt von Nantes 1598 gewährt er den Hugenotten weitgehende Religionsfreiheit und staatsbürgerliche Gleichberechtigung; in ca. 150 »Sicherheitsplätzen« wohnen 1,2 Mio. Protestanten, fast 10 % der französischen Bevölkerung.

Kanada In Kanada entsteht ab 1603 die erste französische Kolonie, nachdem Jacques Cartier 1534 das Land für Frankreich in Besitz nahm.

Vom Absolutismus zur Revolution

1643–1715	»Sonnenkönig« Ludwig XIV.; Frankreich wird Großmacht. 1682 zieht der Hof nach Versailles.
1685	Aufhebung des Edikts von Nantes
1789	Abbé Sieyès, »Qu'est-ce que le Tiers État?«

Die Zeit des Absolutismus ist der Höhepunkt der königlichen Staatsgewalt, zugleich aber zerfällt die ständische Ordnung infolge der wirtschaftlichen und sozialen Veränderungen. Die Gedanken der Aufklärung, die die Französische Revolution durchsetzen will, führen noch nicht zu einer dauerhaften Staatsordnung in Frankreich, werden aber richtungweisend für das Europa des 19. Jahrhunderts.

Richelieu Kardinal Richelieu (1585–1642) übernimmt 1624 für den schwachen Ludwig XIII. (1610–1643) die Leitung des Staats. Seine Ziele, die er rücksichtslos verfolgt, sind die absolute Macht des Königs (gegen Protestanten und Adel) und die Hegemonie Frankreichs in Europa, v. a. gegen Spanien-Habsburg. Nach der Einnahme von La Rochelle 1628 beseitigt er die politische Sonderstellung der Hugenotten, jedoch nicht die Glaubensfreiheit. Er unterdrückt die Opposition des Hochadels und richtet für eine straffe Provinzverwaltung ein. Auf seine Initiative wird 1635 die »Académie Française« zur Förderung von Kunst und Wissenschaft gegründet. Im selben Jahr tritt Frankreich offen in den Dreißigjährigen Krieg ein; bis dahin unterstützte es die reformierten (!) Schweden.

1643–1660 Für den noch unmündigen Ludwig XIV. (*1638) übernehmen seine Mutter Anna und Kardinal Mazarin die Staatsgeschäfte. 1648 erhebt sich die Fronde (Parlement und Bevölkerung von Paris, denen sich

Höfischer Prunk: Ludwig XIV. veranstaltet 1662 in den Tuilerien ein »Grand Carrousel«, ein Reiterspiel mit über 1000 Teilnehmern und 15 000 Zuschauern.

der Hochadel anschließt) gegen die Königsgewalt, d. h. dessen Zentralisierung der Verwaltung und Steuerpolitik (1653 unterdrückt). Zweifacher Triumph über Habsburg: Im Westfälischen Frieden 1648 erhält Frankreich dessen Besitzungen im Elsaß; der Pyrenäenfrieden 1659 beendet den Krieg mit Spanien, dessen Macht gebrochen ist. Große Landgewinne im Süden (Roussillon etc.) und im Nordosten, Frankreich steigt zur europäischen Großmacht auf. 1660 heiratet Ludwig XIV. die spanische Infantin Maria Theresia.

Nach dem Tod Mazarins 1661 herrscht der »Sonnenkönig« Ludwig XIV. allein. Unter ihm erreicht der Absolutismus seine höchste Machtentfaltung. Der Hof in Versailles wird zum Vorbild der aristokratischen Gesellschaft Europas. Kunst und Architektur des Barocks, die klassische Literatur (Corneille, Racine, Molière, La Fontaine), Philosophie (Descartes, Pascal) und Malerei (Poussin, Watteau) erleben eine Hochblüte. Die Finanz- und Wirtschaftspolitik (Merkantilismus) unter Colbert und die Reorganisation des Heereswesens durch Louvois schaffen die Voraussetzungen für Eroberungskriege, meist unter dem Vorwand unhaltbarer Erbansprüche.

Herrschaft des Sonnenkönigs

1664 wird die Französisch-Westindische Kompanie gegründet, 1682 Louisana in Besitz genommen. 1667–1668 »Devolutionskrieg« gegen die spanischen Niederlande. 1672–1678 Krieg gegen Holland; im Frieden von Nimwegen erhält Frankreich die Freigrafschaft Burgund und Grenzgebiete in Flandern. Gewaltsame Annexion (»reunion«) elsässischer Orte ab 1679; 1681 Besetzung von Straßburg. Die Aufhebung des Edikts von Nantes 1685 veranlaßt eine halbe Million Hugenotten zur Flucht. Verfolgung der Jansenisten. Im Pfälzischen Erbfolgekrieg (1688–1697) wird die Pfalz verwüstet. Im Frieden von Rijswijk muss Frankreich auf die rechtsrheinischen, pfälzischen und lothringischen Ansprüche verzichten. Im Spanischen Erbfolgekrieg 1701–1714 erleidet Ludwig schwere Niederlagen gegen die Große Allianz mit Kaiser und Reichsfürsten, Spanien, Schweden, England, Holland und Savoyen. Im Frieden von Utrecht (1713/1714) wird Philipp V., der Enkel Ludwigs XIV., als König von Spanien anerkannt; die beiden Länder dürfen jedoch nie vereint werden, außerdem verliert Frankreich große Teile seiner Kolonien an England. 1715 stirbt Ludwig XIV.; die ständigen Kriege und die verschwenderische Hofhaltung haben den wirtschaftlichen Ruin zur Folge (riesige Staatsverschuldung, Verarmung der Bauern).

Auf dem Weg zur Revolution Die Schwächen des absolutistischen Systems, das den Anforderungen der Zeit nicht mehr entspricht, forcieren den Verfall des Ancien Régime. Der Autoritätsverlust der Krone unter dem unfähigen Ludwig XV., außenpolitische Misserfolge und Verschwendung bei katastrophalen finanziellen Verhältnissen provozieren grundsätzliche Kritik. Die Feudalordnung (u. a. Steuerfreiheit des Adels und des Klerus) ist Hauptursache für die sozialen Spannungen unter den Ständen. Das reiche Bürgertum, das entsprechend seiner wirtschaftlichen Bedeutung mehr politische Rechte verlangt (Abbé Sieyès, »Qu'est-ce que le Tiers État?«), übernimmt die Führung im Kampf gegen König, Adel und Kirche. Wirtschaftskrisen mit großer Arbeitslosigkeit und Hungerepidemien aufgrund von Missernten führen zur Verarmung der kleinbürgerlichen und bäuerlichen Bevölkerung. Die Kritik am Ancien Régime wird auch von den Ideen der Aufklärung (Enzyklopädisten; Voltaire, Montesquieu, Rousseau u. a.) und den Unabhängigkeitskriegen in Nordamerika gefördert.

Unter Ludwig XV. (* 1710, reg. 1723–1774) versucht der Schotte John Law, die Finanznot durch Währungsspekulationen zu beheben; der Zusammenbruch des Bank- und Geldsystems 1720 halbiert die Staatsschulden und heizt die Inflation an. Durch lange Friedenszeiten nehmen Handel und Gewerbe Aufschwung, während die arbeitende Bevölkerung, insbesondere auf dem Land, unter der Inflation leidet. Die Unterstützung im Polnischen Thronfolgekrieg 1733–1738 bringt Frankreich die Anwartschaft auf Lothringen, das 1766 nach dem Tod von Stanisław Leszczyński, dem vertriebenen polnischen König und letzten Lothringer Herzog, französisch wird. Zwischen 1745 und 1774 haben die Mätressen Ludwigs XV. (Pompadour, Dubarry) großen Einfluss auf seine Politik. Im französisch-britischen Kolonialkrieg 1754–1763 und im Siebenjährigen Krieg 1756–1763 verliert Frankreich seine Kolonien in Nordamerika sowie fast alle Stützpunkte in Süd- und Ostindien.

Unter Ludwig XVI. (1774–1789) eskalieren die Finanzprobleme. Die Reformversuche seiner Finanzminister scheitern am massiven Widerstand der privilegierten Stände Adel und Klerus. Offenkundig wird jedoch erstmals die tatsächliche Zerrüttung der Staatsfinanzen. Um Maßnahmen zur Beseitigung des Defizits einzuleiten, ruft Ludwig XVI. im August 1788 die Generalstände für den Mai 1789 ein; am 16. August wird der Staatsbankrott erklärt.

Die Französische Revolution

14.7.1789	Sturm auf die Bastille
3.9.1789	Konstitutionelle Monarchie
10.8.1792	Gefangennahme der Königsfamilie
21.1.1793	Enthauptung Ludwigs XVI.
6.4.1793	Wohlfahrtsausschuss: Schreckensherrschaft
23.9.1795	Direktorium

Die Generalstände treten am 5. Mai 1789 in Versailles zusammen. Der Dritte Stand (Bürgertum) erklärt sich am 17. Juni zur Nationalversammlung und schwört am 20. Juni im Ballhaus, erst auseinanderzugehen, wenn der König eine Verfassung angenommen hat. Lebensmittelknappheit, die Entlassung des populären Finanzministers Necker und Gerüchte über eine Auflösung der Nationalversammlung führen zum Sturm der Bastille am 14. Juli (die in den folgenden Monaten abgetragen wird). Emigration von Adligen, darunter der Brüder Ludwigs XVI. (später Ludwig XVIII. und Karl X.). In Juli/August

Errichtung der konstitutionellen Monarchie

Der Sturm auf die Bastille (Lithografie, um 1840)

»Grande Peur«: Bauern plündern Herrensitze und zerstören die Dokumente über ihre Abgabenlasten. Die Nationalversammlung hebt am 4./5. Aug. die Feudalrechte inklusive des Kirchenzehnten auf und proklamiert am 26. Aug. die Bürger- und Menschenrechte. Das Pariser Volk zwingt Ludwig XVI. am 5. Okt. zur Übersiedlung nach Paris in die Tuilerien, die Nationalversammlung folgt. Politische Klubs entstehen: radikale Jakobiner (Robespierre, Saint-Just), radikale Cordeliers (Danton, Desmoulins, Marat), gemäßigte Feuillants (Bailly, Lafayette) u. a. Die Kirchengüter werden am 2. Nov. eingezogen. Die Gesetzgebende Versammlung steht unter einer Mehrheit der gemäßigten »Girondisten«. Durch den Fluchtversuch Ludwigs XVI. 1791 (am 20. Juni in Varennes entdeckt) und die Niederschießung einer Kundgebung auf dem Marsfeld durch Lafayette zunehmende Radikalisierung. Die Verfassung vom 3. Sept. verkündet die konstitutionelle Monarchie. Mit der Kriegserklärung an Österreich im April 1792 beginnen die sog. Revolutionskriege.

Herrschaft des Konvents und »Terreur«
Aufgrund der Bedrohung durch die Heere der europäischen Fürsten stürmt das Volk die Tuilerien; am 10. Aug. 1792 wird die königliche Familie gefangengesetzt und damit die Monarchie gestürzt. Die Agitation Dantons und Marats löst Selbstjustiz an ca. 1200 Gefangenen aus (Septembermorde). Am 22. Sept. 1792 Ausrufung der Ersten Republik durch den Konvent mit radikaler Mehrheit (Robespierre, Danton u. a.). Nach der Kanonade von Valmy (20. Sept.) Rückzug des preußischen Heers; die Revolutionsarmee erobert Belgien und besetzt das linke Rheinufer. Prozess gegen den »Bürger Capet« (Ludwig XVI.) ab 11. Dez., das Todesurteil wird am 21. Jan. 1793 durch die Guillotine vollstreckt. Royalistische Aufstände in der Vendée, der Bretagne und in großen Städten werden im Frühjahr 1793 mit Hunderttausenden von Opfern niedergeworfen. Weitere Radikalisierung: Girondisten werden hingerichtet, am 6. April 1793 wird der »Wohlfahrtsausschuss« unter Robespierre geschaffen. Schreckensherrschaft (»Terreur«); ein Revolutionstribunal lässt Tausende Verdächtige hinrichten, auch Königin Marie-Antoinette. In den Provinzen schreckliche Strafaktionen durch die Konventskommissare, u. a. in Nantes und Lyon. Einführung von Höchstpreisen für Grundnahrungsmittel, Ersatz des Christentums durch den »Kult der Vernunft«. Nach militärischen Niederlagen stellt Carnot ein Volksheer auf (ab 23. Aug. Wehrpflicht, »levée en masse«). Mit dem Sturz und der Hinrichtung Robespierres im Juli 1794 endet die Schreckensherrschaft. Im Konvent gewinnen gemäßigte Republikaner wieder die Oberhand.

Direktorium
Im Sept. 1795 wird die Direktorialverfassung verkündet, der Konvent löst sich auf. Ein Zensus-Wahlrecht sichert die Macht des reichen Bürgertums. Das Direktorium mit 5 Mitgliedern ist zu schwach, um die Wirtschafts- und Finanzkrise zu lösen (Staatsbankrott im Sept. 1797); Aufstände von rechts (Royalisten) und links (Sansculotten, Babeuf) werden durch Carnot niedergeschlagen.

Aufstieg und Fall Napoléon Bonapartes

1796	Bonaparte wird General der Italien-Armee
1799	Staatsstreich, Erster Konsul
1804	Kaiser Napoleon I.
1814	Abdankung, Exil auf Elba
1815	»Hundert Tage«, Verbannung nach St. Helena

Der aus Korsika stammende General Napoléon Bonaparte, ab März 1796 Kommandeur der Italien-Armee, besiegt die Österreicher und erobert die Lombardei (Frieden von Campo Formio im Okt. 1797). Die Cisalpinische Republik (Mailand) und die Ligurische Republik (Genua) werden errichtet, 1798 die Schweiz zur Helvetischen Republik erklärt, der Kirchenstaat zur Römischen Republik und Neapel zur Parthenopäischen Republik. In der »Ägyptischen Expedition«, die gegen England gerichtet ist, besiegt Bonaparte die Mamelucken bei den Pyramiden; die französische Flotte wird aber 1798 bei Abukir von der britischen unter Admiral Nelson vernichtend geschlagen. **Erste Koalition gegen Frankreich**

Nach abenteuerlicher Flucht aus Ägypten löst Bonaparte in einem Staatsstreich 1799 das Direktorium auf – »Die Revolution ist zu Ende« – und wird durch Plebiszit zum Ersten Konsul auf zehn Jahre ernannt. Er zentralisiert die Verwaltung, ermöglicht die Rückkehr der Emigranten und bindet die katholische Kirche durch ein Konkordat (1801) an den Staat. **Staatsstreich**

Nach Niederlagen am Oberrhein 1799 und in Oberitalien siegt Frankreich 1800 in den Schlachten von Marengo und Hohenlinden. 1801 Friede von Lunéville zwischen Frankreich und Österreich: Das linke Rheinufer bleibt französisch, die französischen Tochterrepubliken in Italien werden anerkannt. Im Frieden von Amiens zwischen Frankreich und Großbritannien 1802 verzichten die Briten auf den größten Teil der überseeischen Eroberungen (außer Ceylon und Trinidad), die Franzosen räumen Ägypten. Eine Volksabstimmung verlängert das Konsulat Bonapartes auf Lebenszeit. Am 2. Dez. 1804 krönt er sich in Gegenwart des Papstes zum Kaiser Napoleon I. Das Recht wird im Code Civil (Code Napoléon) vereinheitlicht. 1805 krönt sich Napoleon in Mailand zum König von Italien. **Zweite Koalition gegen Frankreich**

◄ Kaiserkrönung

Der britische Admiral Nelson vernichtet 1805 die französische Flotte bei Trafalgar, was die britische Übermacht auf den Weltmeeren sichert und Pläne Napoleons zu einer Eroberung der Insel vereitelt. Teils durch Interessengegensätze im europäischen Umfeld motiviert, in erster Linie aber aufgrund seiner krankhaften Machtgier führt Napoleon bis 1815 Eroberungsfeldzüge fast gegen ganz Europa. Nach spektakulären Erfolgen richtet er abhängige Staaten ein, meist unter **Eroberung Festlandeuropas**

der Herrschaft seiner Brüder, Schwäger oder Generäle. Trotz der Einführung einer modernen Verwaltung kann er kein dauerhaftes politisches System etablieren; dazu kommt die wirtschaftliche Erschöpfung durch die Kriegskosten. Nationale Aufstände münden in die »Freiheitskriege«, in denen Napoleon schließlich vertrieben wird.
Erster großer Sieg Napoleons über Russen und Österreicher bei Austerlitz im Dez. 1805. Unter seinem Protektorat wird 1806 der Rheinbund gegründet. Nach einem Ultimatum Preußens schlägt Napoleon dieses 1806 in der Doppelschlacht bei Jena und Auerstedt. Von Berlin aus verfügt er die Kontinentalsperre gegen Großbritannien. 1807 Sieg über die Russen bei Friedland. Bildung des Königreichs Westphalen unter seinem Bruder Jérôme und des Großherzogtums Warschau. Ab 1808 Aufstände in Spanien, 1809 Erhebung Österreichs. Volkskrieg der Tiroler unter Andreas Hofer gegen Franzosen und Bayern. 1810 heiratet Napoleon (nach Scheidung der kinderlos gebliebenen Ehe mit Joséphine de Beauharnais) die österreichische Kaisertochter Marie Louise. Der Russlandfeldzug 1812 bringt die Wende: Er scheitert nach dem Brand Moskaus im früh einsetzenden Winter unter entsetzlichen Verlusten.
Die Freiheitskriege gegen die Napoleonische Fremdherrschaft kulminieren 1813 mit seiner Niederlage in der Völkerschlacht bei Leipzig. 1814 marschieren die Verbündeten in Paris ein. Am 6. April 1814 dankt Napoleon ab; er erhält Elba als Fürstentum. Mit Ludwig XVIII. kehren die Bourbonen auf den Königsthron zurück. Im Wiener Kongress (Sept. 1814 – Juni 1815) versuchen die europäischen Fürsten, den Stand vor der Revolution wiederherzustellen; sie ordnen die Territorien neu und unterdrücken freiheitliche Bestrebungen. Der Erste Pariser Frieden beschränkt Frankreich auf die Grenzen von 1792.

Hundert Tage Napoleon kehrt 1815 nach Frankreich zurück (»Herrschaft der Hundert Tage«). Er verliert die Schlacht bei Waterloo (bei Brüssel) gegen die Preußen und Briten und wird auf die britische Südatlantikinsel St. Helena verbannt, wo er 1821 stirbt. Im Zweiten Pariser Frieden (Nov. 1815) wird Frankreich auf die Grenzen von 1790 reduziert.

Von der Restauration zum Ersten Weltkrieg

1814–1848	Restauration der Monarchie. Nach der Julirevolution 1830 regiert der Bürgerkönig Louis-Philippe.
1848–1870	Februarrevolution 1848 Louis Napoleon Präsident der Zweiten Republik 1851 Staatsstreich. Zweites Kaiserreich unter Napoleon III. bis 1870
1870/1871	Deutsch-Französischer Krieg
1870–1914	Ausrufung der Dritten Republik (bis 1940) Pariser Weltausstellung 1889: Eiffelturm 1894–1906 Affäre Dreyfus

▶ Geschichte

Im 19. Jh. wird die Geschichte Frankreichs durch die Auswirkungen der Revolution und die umwälzenden Fortschritte von Technik und Industrie bestimmt. Von den Revolutionen der Jahre 1830 und 1848 gehen Bewegungen aus, die auch die politischen Verhältnisse der meisten europäischen Länder verändern. Nach 1850 verfolgt der französische Staat dieselbe imperialistisch-kolonialistische Politik wie die anderen Großmächte.

Restauration

Die Zeit der Restauration bis 1830 ist durch den Konflikt zwischen den Anhängern des Ancien Régime, den Verteidigern der revolutionären Errungenschaften und der zunehmend radikaleren Arbeiter- bzw. Unterschicht geprägt. Ludwig XVIII. (1814–1824) erlässt 1814 die Charte Constitutionelle (Verfassung), die auf Ausgleich bedacht ist, aber auch die Privilegien des Adels und der Besitzenden sichert. Verfolgung der Jakobiner und Bonapartisten im »terreur blanche« (1815). Karl X. setzt die zunehmend reaktionäre Politik fort; 1825 entschädigt er die Emigranten. Die Aufhebung der Pressefreiheit, die Auflösung der Kammer und eine Wahlrechtsänderung führen 1830 zur Julirevolution, Karl dankt ab. Der liberal-großbürgerliche Herzog Louis-Philippe von Orléans wird zum König gewählt (»Bürgerkönig«). Mit der wachsenden Armut des Proletariats breiten sich sozialistische Ideen aus (Fourier, Proudhon, Blanc, Blanqui); von 1843 bis 1848 lebt Karl Marx in Paris. Die Eroberung Algeriens 1830 bis 1847 kann von den Problemen im Inneren nicht ablenken. Zusammen mit der Unzufriedenheit über das Zensuswahlrecht führen sie 1848 in Paris zur Februarrevolution, Louis-Philippe geht ins Exil, Frankreich wird Republik (Zweite Republik). Erste allgemeine Wahl zur Nationalversammlung. Die Schließung der Nationalwerkstätten führt zum Arbeiteraufstand in Paris, der blutig niedergeworfen wird (Juni 1848). Prinz Louis Napoléon, der Neffe Napoleon Bonapartes, wird zum Präsidenten der Republik gewählt.

◀ Julimonarchie

◀ Zweite Republik

Zweites Empire

Staatsstreich Louis Napoléons im Dez. 1851. Zunächst Präsident auf 10 Jahre, lässt er sich ein Jahr später durch Volksabstimmung als Kaiser Napoleon III. bestätigen (»plebiszitärer Cäsarismus«). Gestützt auf Armee und katholische Kirche, fördert er industrielle Entwicklung und Sozialpolitik (Schwerindustrie, Eisenbahnbau, Städtebauprogramme, Neugestaltung von Paris unter dem Präfekten Haussmann ab 1853) und unterstützt die nationalen Einigungsbewegungen in Italien, Deutschland und auf dem Balkan.

Nach außen versucht Frankreich eine Großmachtpolitik, mit gemischtem Erfolg. Im Krimkrieg 1854–1856 gegen Russland gewinnt Frankreich Prestige als Führungsmacht. Der Krieg 1859 mit Sardinien-Piemont gegen Österreich bringt trotz Gewinn der Schlachten von Magenta und Solferino kaum etwas, Frankreich erhält Nizza und Savoyen (1860), Piemont die Lombardei. 1859–1867 wird der Kolonialbesitz in Südostasien vergrößert, 1859–1869 mit französischer Förderung der Suezkanal durch F. de Lesseps gebaut. Im Desaster endet die »Mexikanische Expedition« 1861–1867: Der 1864 von Napoleon III. eingesetzte Kaiser Maximilian, ein Bruder des österreichischen Kaisers Franz Joseph I., scheitert am Widerstand unter Juarez und am Ultimatum der USA, 1867 wird er erschossen.

Deutsch-Französischer Krieg

Der Konflikt um eine hohenzollerische Thronkandidatur in Spanien führt zum Deutsch-Französischen Krieg 1870–1871. Als Napoleon III. nach der Niederlage bei Sedan (1. Sept. 1870) in deutsche Gefangenschaft gerät, wird in Paris die Dritte Republik ausgerufen. Das ausgehungerte Paris ergibt sich am 28. Jan. 1871; schon am 18. Jan. war in Versailles das deutsche Kaiserreich proklamiert worden. Der Aufstand der Pariser Commune wird im Mai unter den Augen der deutschen Besatzer von Mac-Mahon niedergeschlagen; ca. 30 000 Einwohner kommen dabei um. Im Frieden von Frankfurt verliert Frankreich Elsass-Lothringen an das Deutsche Reich.

Dritte Republik

Die Dritte Republik (1870–1940) ist bis zum Ersten Weltkrieg durch wirtschaftliche Konsolidierung (»Belle Époque«), Entstehung von Arbeiterorganisationen, Fortführung der Kolonialpolitik, wachsenden Nationalismus (Vergeltung für 1871) und eine diffizile Bündnispolitik zur Sicherung der auswärtigen Interessen gekennzeichnet. In Paris finden Weltausstellungen statt, zur Hundertjahrfeier der Revolution 1889 errichtet man als Eiffelturm. Der jüdische Offizier Dreyfus wird 1896 der Spionage für Deutschland bezichtigt, aufgrund gefälschter Dokumente verurteilt und erst 1906 rehabilitiert. Diese »Affäre Dreyfus« stärkt jedoch den »Bloc républicain« gegen die nationalistisch-klerikal-konservative Opposition, der 1905 auch das Gesetz über die Trennung von Staat und Kirche durchsetzen kann. Blériot überfliegt 1909 als Erster den Ärmelkanal.

Außenpolitik

Der Kolonialbesitz wird ausgeweitet: Zentralafrika (1879–1894), Tunis (1881), Indochina (ab 1887) und Madagaskar (1896). Im Faschoda-Konflikt mit Großbritannien 1898/1899 muss Frankreich die Ausdehnung der nordafrikanischen Kolonie bis an den oberen Nil aufgeben; in der »Entente cordiale« 1904 wird die Herrschaft Großbritanniens in Ägypten und Frankreichs in Marokko anerkannt. Erste Marokko-Krise 1905/1906: Das Deutsche Reich protestiert gegen das französische Eindringen in Marokko. 1907 Erweiterung der Entente zur britisch-russisch-französischen Tripel-Entente. 1911 Zweite Marokkokrise; gegen Entschädigung in Kamerun erkennt die deutsche Regierung das französische Protektorat über Marokko an.

Arbeiterorganisationen

1879 wird die Französische Arbeiterpartei unter marxistischer Führung gegründet, 1889 die Zweite Internationale (Arbeiterassoziation) – der 1. Mai wird international zum Arbeiterfeiertag – und 1895 der Allgemeine Gewerkschaftsbund. 1905 Zusammenschluss der Sozialisten unter der Bezeichnung SFIO (Parti Socialiste, Section Française de l'Internationale Ouvrière).

Erster Weltkrieg und Zwischenkriegszeit

1914–1918	Erster Weltkrieg
1919	Vertrag von Versailles
1925	Verträge von Locarno
1930	Frankreich räumt das Rheinland
1938	Münchner Abkommen

Frankreich ist in beiden Weltkriegen ein Hauptschauplatz. Nach dem Versailler Vertrag tragen das Sicherheitsbedürfnis Frankreichs und nationale Eigeninteressen der anderen Länder dazu bei, dass eine tragfähige Neuordnung Europas nicht zustande kommt.

Auslöser ist die Ermordung des österreichischen Thronfolgerpaars in Sarajewo am 28. Juni 1914, Ursachen sind Machtgegensätze im europäischen Staatensystem (in Frankreich besonders der Anspruch auf Elsass-Lothringen), nationaler Größenwahn auf allen Seiten mit dem entsprechenden Rüstungswettlauf, Konflikte im österreichisch-ungarischen Vielvölkerstaat, Russlands Balkanpolitik sowie blind überstürzte Mobilmachungen und Ultimaten. Am 3. Aug. 1914 erklärt das Deutsche Reich Frankreich den Krieg. In der Marne-Schlacht im Sept. hält ein französischer Gegenangriff den Vorstoß der Deutschen auf; Übergang vom Bewegungs- zum Stellungskrieg. Von Febr. bis Juli und noch einmal von Okt. bis Dez. 1916 tobt die Schlacht bei Verdun, die auf beiden Seiten je ca. 400 000 Tote fordert. Im Juli 1918 beginnt die Gegenoffensive unter Marschall Foch; im Nov. wird in Compiègne der Waffenstillstand unterzeichnet.

Erster Weltkrieg 1914–1918

Die Schäden, die Frankreich erlitten hat, sind gewaltig: über 1,3 Mio. Tote, 3 Mio. Invalide, ganze Landstriche verwüstet, riesige Auslandsschulden, zerstörte Industrieanlagen und Infrastruktur. Im Friedensvertrag von Versailles am 28. Juni 1919 erhält Frankreich zwar den Hauptanteil an den deutschen Reparationen, Elsass-Lothringen, die Wirtschaftshoheit über das Saargebiet und die befristete Besetzung des Rheinlands; doch wird dies als unzureichend empfunden (»L'Allemagne payera«). Die Außenpolitik unter Clemenceau und Poincaré fährt daher gegenüber Deutschland die harte Linie: 1921 Festsetzung der Reparationen auf absurde 132 Mrd. Goldmark; Besetzung des Ruhrgebiets 1923, um die Zahlungen zu beschleunigen. Demgegenüber setzen die USA unter Präsident Wilson auf einen »vernünftigen« Frieden (»14 Punkte«), auf seine Initiative wird 1919 der Völkerbund gegründet, dem auch Frankreich angehört. Mit der Räumung des Ruhrgebiets 1925 beginnt unter den Außenministern Aristide Briand und Gustav Stresemann eine kurze Epoche der französisch-deutschen Verständigung. In den Verträgen von Locarno 1925 garantiert Deutschland die Unverletzlichkeit der französischen Ostgrenze, 1926

Versailles und danach

wird Deutschland in den Völkerbund aufgenommen, 1930 räumt Frankreich das Rheinland vorzeitig und stimmt der Herabsetzung der deutschen Reparationen zu (Young-Plan). Dennoch wird 1929 mit dem Ausbau der Maginot-Linie begonnen (▶ Baedeker Special S. 514). Hitler kommt 1933 an die Macht und marschiert 1936 in das entmilitarisierte Rheinland ein, was weder französische noch britische Militäraktionen auslöst. Im Münchner Abkommen 1938 stimmt Ministerpräsident Daladier, um den Frieden zu retten, der Abtretung der sudetendeutschen Gebiete der Tschechoslowakei – die mit Frankreich verbündet ist – an Deutschland zu.

Frankreich im Inneren
Die Wirtschaft erlebt aufgrund der hohen Nachfrage einen Boom, 1924 hat die industrielle Produktion wieder den Stand von 1913 erreicht. Als die großen Kriegsgewinnler gelten die »200 Familien«, die 200 größten Aktionäre der französischen Staatsbank. Auch Frankreich erlebt seine »Roaring Twenties«, insbesondere in Paris mit seiner intellektuellen Avantgarde und seiner freigeistigen Atmosphäre, vom Jazz bis zu Josefine Baker. Der Ausfall eines großen Teils der Männer hat zur Folge, dass viele Frauen arbeiten und größere Unabhängigkeit gewinnen; Versuche, die Frauen zur Produktion von Nachwuchs zu veranlassen (u. a. Gesetze gegen Verhütungsmittel und Abtreibung), fruchten wenig; immerhin erhalten die Frauen 1938 die gesetzliche Mündigkeit (das Wahlrecht erst 1945). Bis 1940 zählt man 40 Regierungen unterschiedlichster Koalitionen. Bei den Parlamentswahlen 1936 siegt die »Volksfront« aus Radikalsozialisten, Kommunisten und Sozialisten, die Regierung Léon Blum erlässt fortschrittliche Sozialgesetze (u. a. 40-Stunden-Woche, bezahlter Urlaub – der Beginn des Massentourismus), muss aber wegen der Wirtschaftsprobleme 1938 zurücktreten.

Vom Zweiten Weltkrieg zur Vierten Republik

1940	Deutsche Truppen besetzen Frankreich.
1944	Landung der Alliierten in der Normandie
1945	Deutsche Kapitulation. De Gaulle Regierungschef
1946–1958	Vierte Republik
ab 1954	Algerienkrieg (Unabhängigkeit Algeriens 1962)

Zweiter Weltkrieg 1939–1945
Nach dem deutschen Überfall auf Polen erklärt Frankreich, das mit Großbritannien im März eine Garantieerklärung abgegeben hatte, am 3. Sept. 1939 Deutschland den Krieg. Doch erst ab 10. Mai 1940 (»drôle de guerre«) stoßen deutsche Panzertruppen – die Maginot-Linie umgehend – durch Belgien vor, kesseln die Alliierten in Dünkirchen ein und besetzen am 14. Juni Paris, das kampflos übergeben wird. Waffenstillstand in Compiègne (22. Juni); Frankreich wird in ein besetztes (Norden, Westen) und ein unbesetztes Gebiet geteilt.

Landung der Alliierten in der Normandie im Juni 1944

Die mit dem Dritten Reich »kollaborierende« Regierung des Verdun-Helden Pétain nimmt im Juli ihren Sitz in Vichy. In London bildet General de Gaulle eine Exilregierung und die Forces Françaises Libres; in Frankreich kämpfen Widerstandsgruppen (Résistance) gegen Besatzer und Kollaborateure. Im reaktionär-antirepublikanischen Vichy-Regime kommt der traditionelle französische Antisemitismus zum Tragen; ohne deutschen Druck werden Juden Repressalien ausgesetzt, in Lagern interniert und an die Nazis ausgeliefert. Elsass und Lothringen werden deutsche Gaue und »nazifiziert«, die Männer eingezogen – nicht nur an die Ostfront, sondern auch zum Einsatz in Frankreich. Als im Nov. 1942 die Alliierten in Nordafrika landen, besetzen deutsche Truppen auch Vichy-Frankreich. Am 6. Juni 1944 landen die Alliierten in der Normandie, am 15. Aug. in Südfrankreich. Die Alliierten gewähren de Gaulle die Ehre, am 25. August im Triumphzug in Paris einzumarschieren. Am 7. Mai 1945 wird im alliierten Hauptquartier in Reims die Kapitulation unterzeichnet. Am 16. Mai wird Frankreich Mitglied im Sicherheitsrat der UNO.

De Gaulle wird in der Stabilisierung der Verhältnisse zur großen Integrationsfigur. Im September 1944 bildet er, ohne förmliche Legitimation, mit dem ganzen Spektrum von der konservativen Rechten bis zu den Kommunisten eine »Regierung der Einmütigkeit«. Die Rache an Kollaborateuren und Vichy-Anhängern (»épuration«), die in den ersten Monaten ohne Urteil hingerichtet werden, wird in legale Bahnen gelenkt; etwa 10 000 Todesurteile werden vollstreckt. Die wirtschaftliche Situation ist katastrophal; die deutschen Besatzer ha-

Erste Regierung De Gaulle

ben das Land für ihre Kriegsmaschinerie ausgebeutet, Infrastruktur wie Brücken und Bahnstrecken, Zigtausende Häuser und Fabriken sind zerstört. Im Oktober 1945 geht die Linke als Sieger aus den Wahlen zu einer verfassunggebenden Versammlung hervor (der ersten, an der Frauen teilnehmen). De Gaulle wird Regierungschef; er tritt allerdings im Januar 1946 zurück, da das Parlament seine Vorstellungen von einer zentralen Rolle des Staatspräsidenten ablehnt.

Aussöhnung mit Deutschland Schon 1945 tritt de Gaulle nach Reisen durch die französische Besatzungszone dafür ein, »etwas Neues aufleben zu lassen«, und reicht deutschen Repräsentanten demonstrativ die Hand. Neben dem Gedanken der deutsch-französischen Aussöhnung ist die eigene Sicherheit ein wesentlicher Faktor der französischen Politik; beides versucht man durch die Schaffung eines europäischen Systems zu vereinen (1949 Europarat, 1951 Europäische Gemeinschaft für Kohle und Stahl, 1957 Europäische Wirtschaftsgemeinschaft). Große Verdienste erwerben sich in diesem schwierigen Prozess v. a. Robert Schuman, Jean Monnet und Pierre Pflimlin, so wie die jeweiligen Staatspräsident und Bundeskanzler – de Gaulle/Adenauer, Pompidou/Brandt, Giscard d'Estaing/Schmidt und Mitterrand/Kohl – symbolische Meilensteine der Freundschaft setzen. 1963 wird der »Élysée-Vertrag« geschlossen, der eine enge politische, wirtschaftliche und gesellschaftliche Partnerschaft begründet.

Vierte Republik 1946–1958 Im Okt. 1946 wird in einem Referendum eine neue Verfassung angenommen: Vierte Republik. Aufgrund des Verhältniswahlrechts und der Zerstrittenheit der Blöcke und Koalitionen – Kommunisten, Sozialisten, katholische Volksrepublikaner u. a. – in der Nationalversammlung verzeichnet die Vierte Republik in 13 Jahren 25 Kabinette; die großen Themen sind Wirtschaftspolitik, Schulwesen und Kolonien. Banken, Versicherungen, Autobauer und Energieunternehmen werden verstaatlicht, fortschrittliche soziale Sicherungen eingeführt. 1947 gründet de Gaulle die rechtsorientierte Sammlungsbewegung Rassemblement du Peuple Français (RPF). 1948 erhält Frankreich Hilfe aus dem Marshallplan im Gegenzug für die Öffnung des Markts für US-Produkte. 1949 Beitritt zur NATO und zum Europarat. Allmählich fasst die Wirtschaft Fuß, der Wiederaufbau schreitet rasch voran; in den 1950er-Jahren beginnt der Boom, der bis zur Ölkrise 1974 anhält. In großem Maßstab wird in Produktionsanlagen investiert, die Geburtenrate steigt steil an, nach der Konsolidierung der Schwerindustrie auch der private Konsum. 1957 Mitgliedschaft in Montanunion, EWG und EURATOM.

Kolonien In den 1950er-Jahren sieht sich Frankreich gezwungen, sein Kolonialreich aufzugeben. Die Verfassung von 1946 versucht noch, mit einer »Französischen Union« nach dem Vorbild des Commonwealth den Unabhängigkeitsbestrebungen Rechnung zu tragen. Der Indochinakrieg ab 1946, mit dem Frankreich nach der Kapitulation

Japans die Herrschaft wiedergewinnen will, endet 1954 mit der vernichtenden Niederlage von Dien Bien Phu und dem Rückzug. 1956 werden Tunesien und Marokko unabhängig, bis 1960 die restlichen Gebiete in Afrika mit Ausnahme Algeriens.

Seit 1830 in französischem Besitz, zählt Algerien unter 9 Mio. Einwohnern etwa 1 Mio. Europäer, die eine etablierte Ober- und Mittelschicht bilden und sich dort zu Hause fühlen. Die politischen Parteien im Mutterland sind nicht imstande, die überaus ernsten Probleme der Dekolonialisierung zu lösen. Ab 1954 eskalieren die Gewalttaten der algerischen Befreiungsfront FLN, es entwickelt sich ein schmutziger, grausamer Krieg, der ca. 20 000 Franzosen und Hunderttausende muslimischer Algerier das Leben kostet. 1956 beteiligt sich Frankreich mit Großbritannien und Israel am kläglich fehlschlagenden Suezkrieg gegen Ägypten, teils unter dem Vorwand, dass es die algerischen Rebellen unterstütze. Im Mai 1958 übernehmen rechte Kolonisten und die Armee in Algier die Macht. Nach Ausrufung des Notstands ernennt Präsident Coty am 29. Mai de Gaulle zum Regierungschef mit besonderen Vollmachten. Im Sept. billigt ein Volksentscheid eine neue Verfassung: Fünfte Republik.

Algerienkrieg

Die Fünfte Republik

ab 1958	Fünfte Republik unter Staatspräsident Charles de Gaulle
1966	Austritt Frankreichs aus der NATO
Mai 1968	Studentenunruhen und Generalstreik
1969–1974	Staatspräsident Georges Pompidou. »Modernisierung« Frankreichs
1973/1974	Ölkrise
1981–1994	Staatspräsident François Mitterrand
1994–2007	Staatspräsident Jacques Chirac
seit 2007	Staatspräsident Nicolas Sarkozy

Mit der Verfassung von 1958 und der Direktwahl des Staatspräsidenten, die de Gaulle 1962 durchdrückt, sind die politischen Strukturen geschaffen, die bis heute gelten (▶ S. 33). Die zunächst auf die Persönlichkeit de Gaulles zugeschnittene Mischung aus präsidialem und parlamentarischem System wird von seinen Nachfolgern bis heute beibehalten. Die ungebrochene Tendenz, Personen anstelle von Programmen zu wählen, setzt die ebenso ungebrochene Bewunderung für Napoleon fort; die »grandeur« der Nation und ihres obersten Repräsentanten ist bis heute ein wesentlicher Faktor des Selbstverständnisses und der praktischen Politik. Das Nebeneinander von Staats- und Ministerpräsident, die separat bestimmt werden, führt zusammen mit der unübersichtlichen Parteienlandschaft (▶ S. 34 f.)

Politische Grundstrukturen

Charles de Gaulle und Konrad Adenauer vor dem Élysée-Palast (9. Februar 1961)

zu einer komplizierten Parlamentsgeschichte, wobei sich die Konstellationen rasch ändern, bis hin zur »cohabitation«, bei der Staats- und Ministerpräsident gegensätzlichen Lagern angehören.

Wirtschaftlich-gesellschaftliche Entwicklung

Ein Wirtschaftswunder aufgrund des Wiederaufbaus und des wachsenden Konsums hält von 1945 etwa bis zur Ölkrise 1974 an (»Trente Glorieuses«). Dieser Boom bringt vielen mehr oder weniger großen Wohlstand, hat aber auch Verlierer, die Lebensbedingungen »ganz unten« sind bedrückend. Die Modernisierung der Landwirtschaft lässt Millionen Arbeitskräfte in die Industrie abwandern, ebenso zieht das Wachstum viele Einwanderer an, die geringe Löhne akzeptieren. Die Studentenunruhen und der Generalstreik 1968 machen handfest auf die Probleme des gesellschaftlichen Wandels aufmerksam, denen die etablierte Politik nicht gerecht wird. Mitte der 1970er-Jahre kündigt sich das Ende der Wachstumsgesellschaft an; der Kampf gegen die Rezession beginnt, der unter den diversen Regierungen mit den unterschiedlichsten Mitteln geführt wird. Der gewaltige Produktivitätszuwachs durch Automatisierung und Computertechnik einerseits und der Niedergang der Schwerindustrie andererseits lassen die Arbeitslosenzahl auf 10 % und mehr steigen. Das Wachsen des Bevölkerungsanteils, der über immer weniger Geld verfügt, wird durch die Globalisierung der Wirtschaft weiter verschärft und setzt eine negative Entwicklung in Gang, deren Auswirkungen noch nicht abzusehen sind.

Charles de Gaulle 1958–1969

De Gaulle setzt trotz des gewalttätigen Widerstands der rechten Kolonisten (1961 Militärputsch, Organisation de l'Armée Secrète OAS) die Unabhängigkeit Algeriens durch (Vertrag von Evian 1962), was in einem Referendum mit überwältigender Mehrheit gutgeheißen wird. Etwa 800 000 »pieds noirs« siedeln nach Frankreich um. Außen- und sicherheitspolitisch verfolgt de Gaulle, ohne Rücksicht auf einen Affront, die Linie der »Grande Nation«, die gegenüber den USA und UdSSR sowie den anderen europäischen Staaten ein Eigengewicht behauptet: 1960 wird in der Sahara die erste französische Atombombe gezündet, eine Atomstreitmacht (»force de frappe«) wird aufgebaut, 1966 entzieht Frankreich seine Truppen der NATO, 1963 und 1967 verhindert de Gaulle die Aufnahme Großbritanniens in die EWG. Sein Modell für Europa ist das »Europa der Vaterländer«, die bei Wahrung ihrer Souveränität wirtschaftlich zusammenarbeiten. Die Studentenrevolte im Mai 1968, v. a. in Paris, weitet sich, provoziert durch die brutale Reaktion der Polizei, zu einer schweren politischen Krise aus; 10 Mio. Beschäftigte treten in den Generalstreik. De Gaulle kann dank seines Ansehens die Situation entschärfen, Premierminister Pompidou besänftigt die Arbeiter durch Lohnerhöhung, Anhebung des Mindestlohns und weitere Reformen, in den Parlamentswahlen erringen die Gaullisten die absolute Mehrheit. Dennoch tritt de Gaulle im Zusammenhang mit der Ablehnung einer Regionalreform im April 1969 zurück; er stirbt 1970.

Georges Pompidou 1969–1974

Sein Nachfolger Pompidou hat das Ziel, das Land zu einer führenden Industrienation zu machen: Ehrgeizige Investitionsprogramme fördern – unter Stärkung regionaler Kompetenzen – Luft- und Raumfahrt (Concorde), Telekommunikation, Atomenergie, Erölraffinerien und Tourismus (u. a. La Grande Motte am Mittelmeer). Unter seiner Ägide wird die architektonische Modernisierung von Paris begonnen (u. a. Verlagerung der Halles, Centre Pompidou, La Défense). Außenpolitisch setzt Pompidou mehr auf Annäherung und eine Stärkung Europas; insbesondere stimmt er 1972 dem Beitritt Großbritanniens zur EWG zu. Die Ölkrise ab Ende 1973 trifft auch Frankreich hart; Arbeitslosigkeit, Inflation und soziale Unsicherheit wachsen. Am 2. April 1974 stirbt Pompidou.

Valéry Giscard d'Estaing 1974–1981

Giscard d'Estaing hat mit der Rezession ebenso zu kämpfen wie mit dem Fast-Patt in der Nationalversammlung: einerseits Gaullisten (seit 1976 RPR) und Parteien der Liberalen, Mitte und gemäßigten Rechten (seit 1978 UDF), andererseits Sozialisten, Kommunisten usw. Er führt eine Reihe von Reformen durch, v. a. im Ausbau weiterführender Schulen und in der Gleichberechtigung: Frauen dürfen ohne Einwilligung des Ehemanns ein Bankkonto eröffnen, sie müssen denselben Lohn wie Männer erhalten.

François Mitterrand 1981–1995

Die Machtübernahme durch die Sozialisten wird mit großen Hoffnungen begrüßt. Umfangreiche: Anhebung von Mindestlohn, Renten, Wohngeld etc., Verkürzung der Arbeitszeit auf 39 Std., fünfte bezahlte Urlaubswoche, Abschaffung der Todesstrafe; außerdem weitere Dezentralisierung (Einrichtung der Regionen). In Paris werden gigantische Bauprojekte begonnen, u. a. Grande Arche, Opéra Bastille, Umbau des Louvre. 1981 wird die TGV-Strecke Paris–Lyon eröffnet. Der Ernst der wirtschaftlichen Lage wird jedoch unterschätzt; die keynesianische Politik und Steuererhöhungen können die Staatsausgaben ebensowenig finanzieren wie die Verstaatlichung von Industriekonzernen (u. a. Stahlgruppen Usinor und Sacilor-Sollac), Banken und Finanzholdings. Schon 1982 muss der Kurs rigoros auf Sparen und die Bekämpfung der zweistelligen Inflationsrate geändert werden. Der Versuch, die katholischen Privatschulen in das öffentliche Schulwesen einzubeziehen, löst 1984 massiven Widerstand und die größte Kundgebung der französischen Geschichte mit über 1 Mio. Teilnehmern aus. Nach den Parlamentswahlen 1986 regiert mit Mitterrand erstmals ein sozialistischer Staatspräsident mit einem gaullistischen Premierminister (Chirac) und einer Parlamentsmehrheit der Opposition. Zur Stärkung der Wirtschaft wird die Reprivatisierung von 65 Staatsunternehmen angegangen, darunter 41 Banken, Industrie- und Rüstungskonzerne und der Erdölkonzern Elf-Aquitaine. 1992 votieren nur 51,5 % der Franzosen für den Vertrag von Maastricht, der eine europäische Währung schaffen soll. Die Banque Nationale de Paris (BNP) wird privatisiert.

Jacques Chirac 1995–2007

Im Mai 1995 wird der Neogaullist Jacques Chirac Staatspräsident. Im Juli löst die Ankündigung der Wiederaufnahme der Atomwaffenversuche im Mururoa-Atoll in und außerhalb Frankreichs Empörung aus. Sein Versuch, die Staatsausgaben durch Verkleinerung des aufgeblähten öffentlichen Sektors zu verringern, stößt auf massiven Widerstand. Vor dem Hintergrund hoher Arbeitslosigkeit und sich verschärfender sozialer Probleme werden ein neues Einwanderungsrecht verabschiedet und die 35-Stunden-Woche eingeführt. Am 1. Januar 2002 ersetzt der Euro den Franc. Die Hitze des Sommers 2003 kostet etwa 15 000 Menschen das Leben, was große Mängel im Gesundheitswesen aufdeckt. Im Juni 2004, zum 60. Jahrestag der Invasion in der Normandie, nimmt mit Gerhard Schröder zum ersten Mal ein deutscher Bundeskanzler an den Gedenkfeiern teil.

Sarkozy besucht 2008 mit Carla Bruni – Ex-Model, Sängerin und seine dritte Frau – Südafrika. Rechts der südafrikanische Staatspräsident Thabo Mbeki.

Nicolas Sarkozy seit 2007

Die Präsidentschaftswahlen im Mai 2007 gewinnt Nicolas Sarkozy, Kandidat der konservativen gaullistischen UMP. Der 1955 geborene Sohn eines ungarischen Kleinadligen und Rechtsanwalt hat eine steile Karriere hinter sich: Von 1983 bis 2002 war er Bürgermeister von Neuilly-sur-Seine, einem feinen Vorort von Paris, 1993 – 1995 Haushaltsminister der Regierung Balladur, 2002 – 2004 Innenminister unter Raffarin und im selben Jahr einige Monate Superminister für Wirtschaft, Finanzen und Industrie. Konnte er, u. a. mit dem Slogan »Alles wird möglich«, die sozialistische Konkurrentin Ségolène Royal knapp schlagen, so sind nur ein Jahr später zwei Drittel der Franzosen mit ihm unzufrieden. Dies allerdings weniger wegen seiner Law-and-order-Gesinnung – 2005 äußert er die Ansicht, man müsse die Kriminalität in den Pariser Banlieues mit dem Kärcher-Hochdruckreiniger angehen. Negativ vermerkt wird sein persönlich wie politisch wenig stilvolles Auftreten, das die Würde des Präsidentenamts beschädige (er wurde schon »Président Bling-Bling« getauft, d. h. etwa »Proll-Präsident«), und dass seine forschen Reformen und vollmundigen Versprechungen, etwa die einer höheren Kaufkraft, nicht die erhofften Effekte haben. Für die hohe Staatsverschuldung, die große Jugendarbeitslosigkeit und das geringe Wachstum präsentieren die Regionalwahlen im Frühjahr 2010 die Rechnung: Von 22 Regionalparlamenten des Festlands wird nur noch das Elsass von Sarkozys Regierungspartei UMP regiert. Selbst im eigenen Lager ist er nicht mehr unangefochten. Im Herbst 2010 wird die Anhebung des gesetzlichen Renteneintrittsalters um zwei auf 62 Jahre von z. T. gewalttätigen Demonstrationen und der wochenlangen Blockade der Treibstoffversorgung begleitet. Im November 2010 versucht Sarkozy, durch eine Regierungsumbildung das Vertrauen der Wähler zurückzugewinnen; Verteidigungsminister wird Ex-Premier Alain Juppé, der 2004 wegen illegaler Parteienfinanzierung abgeurteilt worden war.

Kunst und Kultur

Frankreich ist ein Kulturland par excellence. Großartige alte und neue Bauten prägen das Bild von Städten und Dörfern oder liefern herrliche Kontrapunkte zur Landschaft. Weltberühmte Museen dokumentieren die überragende Rolle Frankreichs in der Kunstgeschichte. Und nicht zuletzt sind die Traditionen der vielfältigen Volkskultur überall lebendig.

Kunstgeschichte

Vor- und Frühgeschichte

Höhlenmalereien

Die Wurzeln der Kunst, die in ihren frühen Stufen zugleich Ausdruck religiöser und mythischer Vorstellungen ist, reichen in Frankreich weit zurück. Sie sind in Höhlen belegt, in denen die Menschen der Altsteinzeit um 30 000 v. Chr. Tiere in Malereien und Ritzzeichnungen darstellten (▶ Baedeker Special S. 660). Das Périgord mit dem Tal der Vézère besitzt mehrere solche Höhlen, u. a. die 1940 entdeckte Grotte von Lascaux (heute kann eine Nachbildung besichtigt werden); »in natura« kann man in Font-de-Gaume, in Niaux bei Tarascon-sur-Ariège, in Pech Merle bei Cabrerets, in Cougnac und in Mas d'Azil diese frühesten Zeugnisse der Darstellungskunst bewundern.

Megalithkultur

Überwiegend in der Jungsteinzeit (ab 7000 v. Chr.) entstanden die Steinsetzungen der Bretagne, v. a. um Carnac (▶ Baedeker Special S. 284). Auch in den Cevennen gibt es Zeugnisse einer Megalithkultur, die von den Ligurern zu Beginn der Metallzeit angelegt wurden.

Keltische Kunst

Aus keltischer Zeit sind – v. a. aus den Ausgrabungen von Bibracte – schön gestaltete Gebrauchsgegenstände mit abstrakter Ornamentik erhalten. Für die vorrömische Kunst ist das Musée des Antiquités Nationales in St-Germain-en-Laye die große Schatzkammer.

Römisches Erbe

Ab dem 2. Jh. v. Chr. drangen die Römer über Massilia (Marseille) nach Frankreich vor. Bis zur Völkerwanderung im 5./6. Jh. prägten römische Verwaltung und Zivilisation das Land, die – außer in der Sprache – ihre Spur in vielen Bauwerken hinterlassen haben. Das Schwergewicht liegt naturgemäß in der Provence, der römischen »Provincia«, mit den Arenen von Arles und Nîmes, den Ehrenbögen von Orange und St-Rémy, den Tempeln von Nîmes und Vienne, dem Pont du Gard. Auch im Pyrenäenvorland und in nördlicheren Regionen stößt man auf beachtliche Zeugnisse, etwa in Toulouse, Besançon, Reims und Bordeaux. In den Thermen von Aix-les-Bains und Plombières (Vogesen) kann man noch heute baden. Das bedeutendste »römische« Museum ist der Pariser Louvre; in Arles, Nîmes und Vienne bestehen Lapidarien, auch das Musée des Beaux-Arts in Lyon besitzt beachtliche Skulpturen und Mosaiken.

Karolingische Kunst

Sakralbauten

Zur Römerzeit kam über Italien das Christentum nach Frankreich; die frühesten erhaltenen Kirchenbauten sind in Lyon und Vienne erhalten. Häufig wandelte man bestehende Tempel in christliche Stät-

← *Die Kathedrale von Rouen, ein Meisterwerk der französischen Gotik*

▶ Kunstgeschichte

ten um, z. B. in Nîmes. Als älteste französische Kirche gilt St-Pierre-aux-Nonnains in Metz (7. Jh.), deren Fundamente ins 4. Jh. zurückgehen; in der Gotik wurde sie völlig umgebaut. Einige Gotteshäuser bekamen eine weihevoll-düstere Krypta, die mehrere Funktionen erfüllte, vom Gemeinderaum bis zum Mausoleum für die Reliquien des Kirchenpatrons. Beispiele aus dem 7. Jh. finden sich in der Abtei von Jouarre (bei Meaux) und in St-Laurent in Grenoble. Große Bedeutung hatte auch das Baptisterium, der Taufraum, wie er sich in St-Jean von Poitiers findet (Ende 7. Jh.). Hauptentwicklung der Zeit war die Herauslösung eines Teilraums der Kirche in der Vierung, der zum geistigen und religiösen Mittelpunkt wurde. Die Kirche von Vignory an der Marne wurde zwar erst 1052 geweiht, zeigt aber diese

Das goldene Reliquiar der hl. Fides aus dem 9. Jahrhundert in Conques

Entwicklung besonders deutlich. Sie war verbunden mit der Betonung der zum Altar führenden Längsachse, indem Pfeiler oder durchbrochene Wände den Kirchenraum einengten. Außer Vignory sind dafür die Kirchen in Tournus und Nevers charakteristisch.

Klosterbauten In der Zeit der Karolinger von Mitte des 8. bis Ende des 9. Jh.s entstanden bedeutende Klöster. Die Bauten wurden jedoch in den folgenden Jahrhunderten oft erneuert, so dass nur Mauerreste den Ursprung verraten. Am schönsten lässt der 806 geweihte Zentralbau von Germigny-des-Prés an der Loire die ursprüngliche Gestalt erkennen, zudem besitzt sie herrlichen Mosaiken, ein Musterbeispiel für die karolingische Dekoration, sofern sie über die typischen Bandflechtornamente hinausging.

Romanik

Grundzüge der Architektur Von Beginn des 11. Jh.s bis zur Mitte des 12. Jh.s entwickelte sich die Romanik, der erste monumentale Baustil seit der Antike, in dem das christliche Abendland architektonisch als Einheit erscheint. Romanisch wird dieser Stil genannt, weil das Formenrepertoire der Bauelemente auf römisch-spätantike und byzantinisch-orientalische Vorbildern zurückging. Der romanische Stil hat sich nicht überall in gleicher Weise entfaltet; in der Raumgestaltung, in der Entwicklung der Fassade und der Anlage der Portale erfuhr er in Frankreich vielfältige

Abwandlungen. Die unterschiedlichen Ausprägungen zeigen sich nicht so sehr in den »großen« Baudenkmälern, weil sie voneinander lernten und sich daher annähern. So bilden die Kirchen St-Etienne und Ste-Trinité in Caen, St-Sernin in Toulouse, St-Gilles im gleichnamigen Ort in der Camargue und Ste-Foy in Conques eine Gemeinschaft mit überregionalen Zügen. Demgegenüber verraten kleine Landkirchen mehr von den Vorstellungen ihrer Urheber.

Bauformen

Romanische Bauten sind durch Elemente gekennzeichnet, die aus dem Quadrat bzw. Kubus und aus dem Kreis bzw. der Kugel abgeleitet sind: solide gemauerte Wandflächen, Rundbögen und Kalotten, Tonnen- und Kreuzgratgewölbe. Elemente mit diesen Grundproportionen gruppieren sich pyramidenförmig um den beherrschenden Vierungsturm und gliedern den Raum in vielfach abgestufte Bauteile. Das Schlicht-Monumentale, das dem romanischen Bau bei aller Komplexität eignet, wird durch verschiedenartige Ornamentfriese an Wänden, Portalen und Fenstern kontrapunktiert, vor allem aber durch einen Kapitellschmuck von einzigartiger Vielfalt (s. u.)

Burgund

Ihr Zentrum hat die Romanik unstreitig in Burgund. Hier vollendet sich das Doppelgesicht der mittelalterlichen Kunst: mönchische Askese und Weltentsagung, dies jedoch in kultivierter Verfeinerung und verbunden mit Machtausübung und festen Lebensformen. Aus dieser Haltung wurden die Cluniazenser zur führenden Kraft. In Burgund zeigt sich der romanische Stil mit der »straffsten Zentralisierung des Baues im Vierungsturm und in gruppierten Chorkapellen, in der

Um 1100 entstand die Kirche Ste-Madeleine im burgundischen Vézelay.

zwingendsten Steil- und Längsform der Schiffe, der einheitlichsten Gliederung der Wände und dem strengsten Zusammenschluss durch das Tonnengewölbe« (Hamann). Südlich und westlich von Burgund, in Richtung Poitiers, entwickelte sich die Hallenkirche, bei der Mittel- und Seitenschiffe gleich hoch sind.

Normandie, Périgord, Aquitanien und Provence

Die in der Normandie (St-Etienne in Caen) straff durchgebildete Gliederung der Wände in Emporen, Laufgänge vor den Obergaden und Dienste entsprach bereits gotischen Baugedanken. Im Périgord und in Aquitanien werden byzantinische Vorbilder deutlich. St-Front in Périgueux (im 19. Jh. stark verändert) stellt eine Nachbildung der Markuskirche in Venedig dar, die ihrerseits die Apostelkirche von Konstantinopel zum Vorbild hatte. Die Kathedrale von Angoulême dokumentiert den aquitanischen Typ der einschiffigen Kuppelreihen-Kirche, wobei die Kuppel vor dem Chor wieder deutlich als Zentrum hervorgehoben ist. Noch weiter südlich, in der Provence, wird der feierliche Kuppelraum durch einen beinahe weltlich wirkenden Versammlungsraum der Gemeinde ersetzt: Rom statt Byzanz. Ein gutes Beispiel dafür ist die Kapelle St-Gabriel (12. Jh.) südöstlich von Tarascon. Bedeutende Schöpfungen der Romanik sind auch die zahlreichen Kreuzgänge, zu den Höhepunkten zählen die in Moissac und Arles (St-Trophime).

Cluny

Romanischer Stil in Frankreich bedeutet zugleich die Durchsetzung der Reform von Cluny (Burgund). Schon die 981 geweihte Kirche Cluny II weicht von der bisherigen Basilika ab. Das Querhaus wird stark betont und erhält einen Vierungsturm, die Seitenschiffe werden als Seitenkapellen des Chors nach Osten verlängert, im Westen wird aus dem Atrium eine Vorhalle. An Cluny II orientierten sich die Sakralbauten in Paray-le-Monial, La Charité-sur-Loire und Fleury, aber auch Kirchen der Normandie wie Jumièges und Bernay. Der ab 1088 errichtete Bau von Cluny III – die größte und großartigste romanische Kirche überhaupt, wäre sie nach der Französischen Revolution nicht abgetragen worden – sprengte mit ihrer Massierung von Bauteilen (Doppelturmfront mit großer Vorkirche, fünf Schiffe, zwei Querhäuser mit Vierungstürmen, Staffelchor mit vielen Kapellen) alle bisherigen Dimensionen.

Zisterzienser

Einen eigenen, starken Klostertyp entwickeln die Zisterzienser mit ihrem kompromisslos asketischen Ansatz. Vor allem in Burgund (Fontenay, Pontigny) und in der Provence (Senanque, Le Thoronet, Silvacane) entstehen fern jeder Zivilisation strenge, schmucklose Bauten mit turmlosen Kirchen über kreuzförmigem Grundriss.

Skulptur

Dieselbe plastische Kraft, mit der der Baukörper durchgeformt wurde, erneuerte auch die Bildhauerkunst. Vorherrschend war die Kleinplastik. Im Figurenkapitell erscheinen Menschen, Tiere, Fabelwesen und Pflanzen auf kleinstem Raum zu drastisch-dramatischen Szenen

Das Königsportal der Kathedrale von Chartres

verschmolzen. Weitere Hauptschöpfungen sind die Tympanonreliefs und Gewändefiguren der Portale. In St-Denis und Chartres (Königsportal) erhielten sie schon die Form der Säulenfigur, womit die Grundlage für die gotische Figur geschaffen war. Im burgundischen Raum illustrieren die langgestreckten Tiergestalten und Figuren die Vorstellungen von Tugend und Laster, Himmel und Hölle. Der Süden neigt demgegenüber zur Darstellung von Christus und seinen Jüngern. Eine typische Übergangsform erscheint in Moissac, wo sich der burgundische Einfluss stärker bemerkbar macht (Christus als Weltenrichter). Die Himmelfahrt Christi wird an den Fassaden im Poitou und Languedoc zum beherrschenden Thema. Die archaische Plastik des Südens ist stärker der Antike verwandt, wie man es etwa in Toulouse sehen kann. Noch klarer tritt dies in der Provence hervor: Die Fassade von St-Gilles, zweifellos die bedeutendste künstlerische Leistung im Süden, verzichtet auf das Wunder; sie berichtet eine Historie, bei der die Himmelfahrt weniger wichtig ist als die Passion.

Malerei In der Romanik dominiert die Wandmalerei. Die Kirchen wurden von Wanderkünstlern mit Szenen aus dem Alten und Neuen Testament sowie Heiligenlegenden ausgemalt. Gesteigerte Expressivität bei strenger Stilisierung manifestieren die Fresken der um 1080 begonnenen Kirche von St-Savin-sur-Gartempe bei Poitiers, die Wände und Tonnengewölbe bedecken. Für die Glasmalerei sind in erster Linie die Fenster der Kathedralen von Le Mans, Poitiers, Angers, St-Denis und Chartres zu nennen, deren mystische Leuchtkraft bis heute einzigartig ist. Im Bereich der Bildteppiche gilt der von Bayeux als hervorragendes kulturgeschichtliches Zeugnis (▶Abb. S. 50).

Gotik

Grundzüge Italienische Künstler und Kunsthistoriker der Renaissance (G. Vasari) prägten den Begriff »Gotik« als Schimpfwort für eine Stilform, die sie nicht verstanden. »Gotico« war einfach eine »barbarische« Kunst. Noch bis ins 18. Jh. hinein glaubte man tatsächlich, die Gotik sei von den Goten erfunden und nach Frankreich gebracht worden. Französische Kunsthistoriker bezeichnen diese vor 1150 in Nordfrankreich ausgebildete Stilrichtung gern als »Style français«. Den geistigen Hintergrund bildete (als Gegenbewegung zur Scholastik) die Mystik mit ihrem Streben zum Jenseits. Die Fruchtbarkeit des Mittelalters in Architektur, Plastik und Malerei wäre aber auch nicht denkbar ohne die Frömmigkeit der Menschen und die Wirtschaftskraft der aufstrebenden Städte mit ihrem an Macht und Selbstbewusstsein gewinnenden Bürgertum. Man schätzt, dass der Bau von Notre-Dame in Paris 120 Millionen Goldfrancs verschlang, eine horrende Summe. Als erster frühgotischer Bau gilt die Abteikirche St-Denis nördlich von Paris. Annähernd vier Jahrhunderte blieb die Gotik in Frankreich lebendig, ihren Höhepunkt hatte sie im 13. Jh., als die meisten großen Kathedralen des Nordens entstanden (Chartres, Reims, Amiens, Beauvais, Ste-Chapelle in Paris). Den besten Eindruck vom Charakter der französischen Gotik – in der Gestaltung des Außenbaus ebenso wie des Innenraums – vermittelt ohne Zweifel Chartres. Auch das Burgund und die Champagne besitzen bedeutende Kirchen (Dijon, Nevers, Auxerre, Semur-en-Auxois, Troyes). Im Anjou erfuhr der gotische Stil eine Abwandlung, hier verband sich die romanische Kuppel byzantinischer Herkunft mit der Kreuzrippe, wie in der Kathedrale von Angers zu sehen. In den Süden drang die Gotik, die eng mit dem Königtum verbunden war, kaum vor; zu nennen sind hier die Kathedralen von Clermont-Ferrand, Albi, Narbonne und St-Maximin-la-Ste-Baume. Das Schwergewicht liegt im Süden auf festungsähnlichen Profanbauten, von denen Carcassonne, der Papstpalast in Avignon und Aigues-Mortes die bekanntesten Beispiele sind.

Bauformen

Die Gotik schuf ein neuartiges Bausystem und damit ein neues Raumgefühl: Die Massen lasten nicht mehr, sondern streben in ferne Höhen. Die architektonischen Mittel dazu boten drei Elemente: der Spitzbogen, das Kreuzrippengewölbe und der Strebepfeiler. Ihre Verbindung ergab eine in der romanischen Architektur unerreichbare Leichtigkeit; Last und Stütze konnten voneinander getrennt werden. Das Kreuzrippengewölbe leitet die Last nach außen ab, die von einem (offenen) Strebewerk aufgenommen wird; die Wandflächen werden in ein steinernes Gerüst aufgelöst, das die großzügige Verwendung leuchtender Glasfenster erlaubt. Eng stehende Bündelpfeiler und Dienste (Halbsäulen) gliedern die Wand und ziehen den Blick empor in die immer höheren Gewölbe (im unvollendeten Bau von Beauvais fast 50 m hoch!). Zudem gibt die bunte Verglasung dem Innern eine geradezu magische Aura. Markantestes Beispiel ist die Fensterrose in den Fassaden, zugleich eines der sinnfälligsten Merkmale des neuen Stils. Natürlich tritt auch der Außenbau mit demonstrativer Pracht auf, wobei durchaus berücksichtigt wurde, dass eine umfassende Sicht auf die Kirche aus den Gassen der eng um sie gescharten Häuser versperrt war: Der Gläubige sollte sie nicht als Gesamtheit aufnehmen, sondern von ihren himmelstrebenden Linien beeindruckt werden. Die reich gegliederte Hauptfassade, meist im Westen, erhält gleich zwei mächtige Türme und bildet so als Ganzes ein monumentales Eingangstor.

Phasen

Für Frankreich lassen sich vier Abschnitte gotischer Kunst unterscheiden. In der ersten Periode entstehen die großartigen Kathedralen von Laon, Paris, Amiens, Reims, Chartres, Bourges, Straßburg und Beauvais, die sogleich einen Höhepunkt gotischer Formensprache darstellen. Dieser Abschnitt umfasst sowohl die Bauten der Frühgotik (etwa 2. Hälfte des 12. Jh.s – mit deutlichen romanisch-gotischen Mischformen – bis zum 1. Viertel des 13. Jh.s) wie der eigentlichen Hochgotik (bis Ende des 13. Jh.s), die einen nach Höhe und Tiefe gegliederten, nach Leichtigkeit strebenden Raum entstehen ließen, dessen Teile vom Betrachter nacheinander erlebt werden. Das 15. Jh. setzt mit dem »Style rayonnant« (Strahlende Gotik) die Entwicklung fort; die Pfeiler werden zu Säulen, die ihrerseits mit den Bögen verschmelzen, wobei die Kapitelle verschwinden. Die Spätgotik des 16. Jh.s gestaltet den Raum als ruhendes Ganzes, das mit einem Blick zu erfassen ist, weshalb man die Hallenkirche der Basilika vorzieht. Ein weiteres Kennzeichen ist der späte »Style flamboyant« mit seinem flammenähnlich züngelnden Maßwerk. Die Kirchen von Brou bei Bourg-en-Bresse, der Justizpalast von Rouen, der Chor der Kathedrale von Albi und die Seitenfassaden der Kathedralen von Senlis, Beauvais, Sens und Limoges gehören in diese vierte Epoche.

Profanbauten

Der zunehmende Reichtum des Adels und der Aufschwung des Stadtbürgertums zeigen sich im ganzen Land durch die große Zahl von Burgen und Schlössern, Rathäusern, Justizpalästen, Hospizen und Wohnhäusern. Im Süden Frankreichs sind mit Aigues-Mortes und Carcassonne nahezu unversehrte (respektive restaurierte) mittelalterliche Städte erhalten.

Skulptur Ihre Bedeutung erhalten die Kirchenportale besonders durch die Statuen, die nun – zwar immer noch mit der Architektur verbunden – frei im Raum stehen. Die Frauengestalt tritt in den Vordergrund, wie es sich u. a. in Reims, Paris und Amiens ablesen lässt; die Madonna wird zur Dame, die lächelnd Würde ausstrahlt. Leider hat die Französische Revolution die Figuren der Pariser Kathedrale zerschlagen (Reste im Musée de Cluny). Andere typische Portale mit ihrer Figurenfülle finden sich an den Kirchen von Amiens, Bourges, Auxerre, Le Mans, Rouen und – wenn auch aus späterer Zeit (ab 1400) – in Straßburg. Besonders deutlich wird der Stil in Chartres, wenn man die steif wirkenden romanischen Figuren der Westfassade mit den ab 1200 entstandenen Querhausfronten vergleicht. Der größte Meister der Spätzeit ist der Bretone Michel Colombe, sein Hauptwerk das Grabmal in der Kathedrale in Nantes. Ebenfalls bedeutend sind die Elfenbeinskulpturen und die Goldschmiedekunst, Beispiele finden sich in allen größeren Museen und Kirchenschätzen. Die Enclos paroissiaux (Kirchhöfe) der Bretagne, die zwischen 1450 und 1650 entstehen, weisen neben Triumphtor, Kirche, Beinhaus und Friedhof einen über und über mit Skulpturen »bevölkerten« Kalvarienberg auf.

Monatsbild April in den »Très Riches Heures« des Herzogs von Berry (Musée Condé, Chantilly)

Malerei Zeugnisse der gotischen Malerei sind v. a. die Altarmalerei des 15. Jh.s (z. B. im Pariser Louvre und in Beaune zusammengetragen) und die herrliche Buchmalerei in den im 14./15. Jh. beliebten »Stundenbüchern« (Gebetsbücher), an denen niederländische Meister arbeiteten (Brüder Limburg u. a.). Großartige Beispiele finden sich in der Pariser Nationalbibliothek und im Musée Condé von Chantilly. Auch bei den Bildteppichen leistete die Gotik Großes; im Louvre und in der Kathedrale von Angers (»Tenture de l'Apocalypse«, 14. Jh.) lassen sich Beispiele eines erstaunlichen Realismus bewundern.

Renaissance

Grundzüge

Die »Wiedergeburt« der Antike im 16. Jh., von Humanismus, Reformation und den großen Entdeckungen zu Beginn der Neuzeit geprägt, äußert sich in Frankreich nicht mehr in erster Linie in Sakralbauten, sondern in weltlicher Architektur, insbesondere Schlössern. Der große Kunstmäzen der Zeit war König Franz I., der nicht nur die unter Karl VIII. begonnenen Schlösser Chaumont, Langeais und Amboise vollendete, sondern auch Châteaudun, Chenonceaux, Blois, Chambord und Azay-le-Rideau in Auftrag gab. Er zog namhafte italienische Künstler, so den genialen Leonardo da Vinci, an seinen Hof. In St-Denis ließ er sich von Philippe de l'Orme ein Grabmal im Stil eines römischen Triumphbogens setzen.

Merkmale

Mit der Renaissance weicht der gotische Spitzbogen dem Rund- und dem Korbbogen, das Kreuzrippengewölbe der Kassettendecke. Den Durchbruch brachte das 16. Jh. mit der Rückbesinnung auf antike Vorbilder (Vitruv); der dominierende Einfluss Italiens, der u. a. bei der Treppengestaltung Vorbild wurde, provozierte die Herausbildung eigener Traditionen und eines neuen Nationalbewusstseins. Die meisten Renaissance-Schlösser werden um einen rechteckigen Hof angelegt; die Gebäudeflügel sind an den Enden mit Pavillons versehen, die Dächer hochgezogen. Wichtigste Zeugnisse sind die Loire-Schlösser mit ihren klaren Linien und Pierre Lescots Neubau des Pariser Louvre (dessen heutige Gestalt freilich erst im Laufe zweier

Nach dem Vorbild der italienischen Renaissance gestaltet: Hôtel Gouin in Tours

Jahrhunderte entstand), begonnen 1546 mit dem Teil an der Seine und dem westlich anschließenden Halbflügel. In der Umgebung von Paris entstanden die Schlösser von St-Germain-en-Laye und Fontainebleau. Als geschlossene Stadtarchitektur verdient das unter Heinrich IV. angelegte Marais in Paris mit der schönen Place des Vosges Beachtung, bevorzugtes Wohngebiet des Adels.

Barockzeit und Klassizismus

Architektur Während in Italien und Deutschland der Weg von der Renaissance zu den bewegten Formen des Barocks ging, entschied sich Frankreich für eine Wiederaufnahme »klassischer« Formen der griechischen und römischen Antike, die sich in verschiedenen Ausprägungen vom »classicisme« des 17. Jh.s über den Klassizismus im engeren Sinn, die Revolutionsarchitektur und das Empire bis in den Historismus des späten 19. Jh.s hinzieht – ein Zeitraum von über 200 Jahren. Regency und Rokoko bilden nur kurze Zwischenspiele, die sich zudem auf die Gestaltung der Innenräume beschränkten.

Ein früher Vorläufer war das Palais du Luxembourg in Paris, erbaut bis 1621 für Maria von Medici. Um die Mitte des Jahrhunderts entstand eine Reihe von Adelsschlössern, das berühmteste ist Vaux-le-Vicomte (1661), dessen Gestalter – den Architekten Le Vau, den Maler Le Brun und den Gartengestalter Le Notre – Ludwig XIV. für seinen Prunkbau Versailles engagierte (ab 1661). Etwa zur selben Zeit bekam der Louvre seine Ostfassade, für die Ludwig XIV. zunächst Lorenzo Bernini berief, den berühmtesten Baumeister Europas; doch man entschied sich gegen den römischen Barock, nach dem Plan von C. Perrault entstand bis 1674 eine mächtige Säulenhalle. Damit hatte sich der an Vitruv und Palladio orientierte Klassizismus etabliert. Nur in den Innenräumen triumphierte »barocke« Pracht, wie sie Le Brun in den Prunkräumen von Versailles zelebrierte. Nach dem Tod von Ludwig XIV. (1715) räumte Robert de Cotte mit dem schweren Louis-Quatorze auf, weiße Wände bekamen eine leichte Dekoration (Régence). Dies setzte sich fort im Rokoko des Louis-Quinze mit asymmetrischen, muschelähnlichen Ornamenten (»rocaille«, »Muschelwerk«); Hauptbeispiele sind der Ovale Salon im Pariser Hôtel de Soubise und die Innengestaltung des Petit Trianon in Versailles. Das einzige große Rokoko-Ensemble Frankreichs, die wunderbare Place Stanislas in Nancy (um 1755), hatte einen an deutscher Kunst orientierten Auftraggeber; die französische Lösung veranschaulicht die Place de la Concorde in Paris (A.-J. Gabriel, 1763).

Um 1765 wurde mit dem antikisierenden Louis-Seize der eigentliche Klassizismus dominierend (in Paris z. B. St-Sulpice, Pantheon, in Versailles Petit Trianon). Die Vertreter der sog. Revolutionsarchitektur (C.-N. Ledoux, E.-L. Boullée) entwickelten, ausgehend von strengen Formen der Antike, visionäre Projekte, die auf reinen geometrischen Elementen (Würfel, Kugel, Kegel) beruhen. Die unruhigen Zeiten Napoleons I. waren für ihre Realisierung jedoch nicht günstig.

Französischer Barock: Rathaus in Rennes (um 1740) von Ange-Jacques Gabriel

Malerei

Im 17. Jh. bestimmen der ab 1624 in Rom lebende Nicolas Poussin mit historischen Darstellungen und Claude Lorrain mit Landschaftsbildern den klassizistisch-heroischen Charakter der französischen Malerei. Einen Kontrapunkt dazu bilden der sich an Caravaggio anlehnende Realismus der Brüder Nain und der »mystische Realismus« von George de La Tour. Im Bereich der Wandmalerei wird Charles Le Brun stilbildend (Apollogalerie im Louvre; Versailles). Das Rokoko wird vorzüglich von Jean-Antoine Watteau repräsentiert, der mit der »niederen« Bildgattung der Genremalerei einen anmutigen Spiegel seiner Zeit liefert. Daneben bedeutend sind François Boucher, der »Maler der Pompadour« und Schöpfer großartiger Bildteppiche, Simon Chardin und der Nachzügler Honoré Fragonard. Als Begründer und Hauptmeister des französischen Klassizismus gilt Jacques-Louis David, der die Sittenstrenge des alten Roms wiederzubeleben sucht und damit auch zum offiziellen Maler des Nationalkonvents und der Kaiserzeit wird. (Im späten 19. Jh. wurde, ähnlich wie in Deutschland durch Marées, durch Puvis de Chavannes der Monumentalstil des Klassizismus wiederbelebt; seine Fresken schmücken Reihe großer Museen, v. a. aber das Panthéon in Paris.)

Das 19. Jahrhundert

Architektur

»Empire« hieß der Stil der Zeit Napoleons. Sein Betätigungsfeld war hauptsächlich die Innenausstattung, die von ägyptisch-pompejanischen Erinnerungen geprägt ist. Ihre Leichtigkeit ist allerdings in den Bauten der Zeit nicht zu finden, die sich antiker Formen bedienten: in Paris v. a. der riesige Arc de Triomphe de l'Etoile, der Arc du Carrousel vor dem Louvre, die Kirche Madeleine, die Börse. Die Orientierung an alten Stilen weitete sich zum Historismus aus. Große Beispiele sind in Paris die Opéra im Stil der Renaissance von Charles Garnier und die neobyzantinische Sacré-Cœur auf dem Montmartre, weiterhin etwa die Kirchen Notre-Dame-de-la-Garde in Marseille und Notre-Dame-de-la-Fourvière in Lyon. Umwälzend war die Neugestaltung von Paris durch G.-E. Haussmann ab 1853. Unter Zerstörung des weitgehend mittelalterlichen Stadtbilds wurden breite Boulevards, Plätze mit radial von ihnen ausgehenden Straßenzügen und Parkanlagen geschaffen. Um die Mitte des Jahrhunderts übernahm man aus England die industrielle Technik der Eisenkonstruktion. Bekannt sind in Paris die Bibliothèque Ste-Geneviève und der zur Weltausstellung 1889 erbaute Eiffelturm, beeindruckende Beispiele sind aber auch die Bahnhofshallen (Gare du Nord, de l'Est u. a.).

Wiedergeburt der Gotik Dem Klassizismus trat eine romantische Strömung entgegen, die sich für den nun als französische Schöpfung erkannten gotischen Stil begeisterte. Das hatte zur Folge, dass wieder »gotisch« gebaut werden sollte, was aber keine Werke von Wert hervorbrachte; die Restaurierung mittelalterlicher Bauten – bei der sich Prosper Mérimée (1803 bis 1870) als Inspektor der historischen Denkmäler und Eugène-Emmanuel Viollet-le-Duc (1814–1879) als Baumeister große Verdienste erwarben – tat so manches Mal zuviel des Guten.

In seinem »Ball im Moulin de la Galette« von 1876 hat Auguste Renoir ein bezauberndes Lichterspiel eingefangen.

Vom Klassizismus zum Realismus

J.-L. David überhöhte mit Themen der Antike die Idee der Französischen Revolution; die Strenge der Klassik verlässt er aber, wenn er die Krönung Napoleons (Louvre) im Riesenformat darstellt. Darüber hinaus war David ein hervorragender Porträtist. Sein Schüler J.-D. Ingres übertraf ihn noch an Ruhm (Museum in seiner Heimatstadt Montauban); auch bei ihm stehen mythologische und religiöse Motive neben Frauenbildnissen. Die Romantik gewann in der Malerei trotz hervorragender Leistungen nicht dieselbe Bedeutung wie in Deutschland. Aus Spanien verbannt, kam Francisco Goya nach Frankreich (Museum in Castres). Hauptvertreter in der ersten Hälfte des 19. Jahrhunderts war Eugène Delacroix, der, an Rubens geschult, mit breitem Pinsel und leuchtenden Farben ausdrucksvoll-leidenschaftliche Werke schuf (»Die Freiheit auf den Barrikaden«, Louvre). Sachliche Wirklichkeitstreue lag ihm allerdings ebenso fern wie dem Klassizismus. Gestalterisch stand ihm ein Künstler nahe, der – obwohl auch als Maler bedeutend – als Karikaturist berühmt wurde: Honoré Daumier. Für seine Lithografien entdeckte er ein neues Thema, das Volk, das er ebenso mitfühlend wie sarkastisch porträtierte. Der Romantik folgte ein Realismus, der diese Thematik aufnimmt; viele Werke gelten den arbeitenden Menschen in Stadt und Land. Die Landschaften und Mädchenbilder von Camille Corot schlagen die Brücke vom 18. zum 19. Jahrhundert. Jean-François Millet – wie Corot einer der Künstler, die in Barbizon arbeiten – verklärt bäuerliche Realität zum Bild sentimentaler Frömmigkeit. Gustave Courbet, der Bauer aus dem Jura und Hauptvertreter des französischen Realismus, stellt dem eine rücksichtslose Wirklichkeitstreue entgegen. Seine Farben sind allerdings vom Licht im Atelier bestimmt.

Impressionismus

Hier setzt die nächste Generation der französischen Maler an, die bei der Arbeit im Freien die große Veränderbarkeit der Farben je nach Beleuchtung und Umgebung entdeckt; festgehalten wird die subjektive Wahrnehmung, der Eindruck (franz. »impression«). Claude Monet etwa malt die Kathedrale von Rouen 28-mal vom selben Standpunkt aus, um die verschiedenen Stimmungen einzufangen. Außer Monet sind Edouard Manet, Edgar Degas, Auguste Renoir, Camille Pissarro und Alfred Sisley die großen Namen. Dem Impressionismus nahe standen Paul Cézanne, Vincent van Gogh und Henri de Toulouse-Lautrec, der Maler der Bohème, der v. a. der Plakatkunst wichtige Anregungen gab (Museum in Albi). Eine Steigerung erfuhr der Impressionismus mit der Farbzerlegung und Mischung der Farben nach wissenschaftlichen Gesichtspunkten. Was bereits bei Pissarro mit hingetupften Farben begonnen hatte, wurde von Georges Seurat und Paul Signac als Pointillismus fortgesetzt: Hier erzeugt das Zusammenspiel der Farbpunkte (franz. »point«) die Impression.

Nach dem Impressionismus

Die Gruppe der Nabis (Sérusier, Bonnard, Vuillard) stellten der impressionistischen Formauflösung klare Vorstellungsbilder entgegen, wobei die Farbe ein Eigengewicht erhält. Bei den Symbolisten, zu denen Gauguin, Doré, Moreau u. a. gehören, begegnet man irrationalen Themen und fantastischen Visionen im Hell-Dunkel-Kontrast. Paul Cézanne erreicht durch die Identifizierung von Darstellungsgegenstand und Farbe eine eigengesetzliche Bildordnung und neue Wirklichkeit. Cézannes Impulse für die moderne Kunst wirken auch auf Gauguin, der die Farbe noch stärker triumphieren lässt. Die Porträts und Landschaftsbilder des ihm nahestehenden Vincent van Gogh bestechen durch ihre kraftvollen Farben.

Skulptur Im Bereich der Skulptur überragen zwei Namen, wenngleich sie mit ihrem Schaffen bereits ins 20. Jahrhundert hinüberleiten: Auguste Rodin und Aristide Maillol. Rodin, dessen packendes Œuvre in Paris zusammengefasst ist (Musée Rodin), verkörpert einen Höhepunkt französischer Kunst; zu Recht sagte man, dass er als einziger Meister des 19. Jh.s neben einem Michelangelo bestehen kann. Maillol prägte insbesondere mit weiblichen Skulpturen eine neue Klassik.

Jugendstil Gegen Ende des 19. Jh.s setzt sich der Jugendstil – in Frankreich »Art Nouveau« – gegen den Historismus mit fließenden Formen zur Wehr, die der Natur, insbesondere Pflanzen, abgeschaut werden. Außer Paris, z. B. mit den Métro-Eingängen von H. Guimard, ist Nancy die französische Stadt des Jugendstils (Musée de l'École de Nancy).

Das 20. Jahrhundert

Les Fauves Neue bildnerische Mittel entwickelten zu Beginn des 20. Jh.s der Fauvismus und der Kubismus. Im Pariser Herbstsalon 1905 stellte eine Malergruppe aus, die von einem Kritiker »Les Fauves« (Die Wilden) genannt wurde. Zu dieser Gruppe, die stark von Gauguin und van Gogh beeinflusst war, zählten Matisse, Rouault, Vlaminck, Derain, Dufy und Braque; sie legten bei der Wiedergabe von Natureindrücken das Gewicht auf die reine Farbe. Als die zentrale und schöpferische Figur dieser Bewegung gilt Matisse. Der Fauvismus erwies sich als sehr einflussreich, v. a. in der Entstehung des deutschen Expressionismus.

Kubismus Französische, spanische und russische Maler entwickelten den Kubismus, der Gegenstände und andere Elemente der Realität in einfache Formen (Kubus, Kreis etc.) zerbricht und die Fragmente multiperspektivisch neu zusammensetzt. Vorreiter waren Georges Braque und Pablo Picasso, später schlossen sich Juan Gris und Fernand Léger an. Der aus Spanien stammende Maler, Bildhauer, Grafiker und Keramiker Picasso, wohl der bedeutendste Künstler des 20. Jh.s, prägte acht Jahrzehnte mit immer wieder neuen Gestaltungsweisen die Kunst dieses Jahrhunderts.

Surrealismus Diese von Literaten wie Breton und Apollinaire ausgehende Bewegung übernahm Anregungen vom Dadaismus. Alltägliche Realitäten

► Kunstgeschichte

Die »Demoiselles d'Avignon« von Pablo Picasso (1907) gelten als das erste kubistische Gemälde.

werden ebenso wie Träume und tiefenpsychologische Vorstellungen – teils in altmeisterlicher Manier gemalt – zu frappierenden Bildwelten umgebaut. Prominente Vertreter waren F. Picabia, M. Duchamp, A. Masson, Y. Tanguy, H. Arp, R. Magritte, M. Ernst und S. Dalí.

Unter wachsender internationaler Beteiligung wurde Paris nach 1920 die »Welthauptstadt der Kunst«, Zentrum des Surrealismus, Konstruktivismus und nach 1931 der Gruppe »Abstraction-Création«, die sich nach 1945 als »Informel« endgültig durchsetzte und u. a. zur Op-Art überleitete. Um 1950 wurde die »École de Paris« zum Mittelpunkt der informellen Kunst, besonders des Tachismus (franz. »tache«, Fleck). Künstler wie Jean Dubuffet, Jean Fautrier, Hans Hartung, Wols und Henri Michaux stehen für diesen Neuentwurf.

Um 1960 entstand, auch als Gegenbewegung zum Informel, der »Nouveau Réalisme«, eine Parallelerscheinung zur englisch-amerikanischen Pop-Art ist. Das Gemeinsame dieser Bewegung ist eine neue Einstellung zur Wirklichkeit (Y. Klein, B. Vautier). Banale Alltagsgegenstände ersetzen Farbe, Leinwand und Pinsel (Arman, César).

Nouveau Réalisme

In den 1980er-Jahren setzte sich eine den Neuen Wilden Italiens und Deutschlands vergleichbare Richtung durch, die »Figuration libre«, auch Neoexpressionismus genannt (R. Combas, Hervé di Rosa, J.-C. Blais). Zu den wichtigsten Künstlern gehören Boltanski und Daniel Buren (Place du Palais Royal in Paris). Die bedeutendsten Museen für die Kunst der Moderne sind in Paris (Musée d'Art Moderne, Musée Picasso, Musée National d'Art Moderne), Bordeaux, Calais, Céret, Le Havre, Lille, Metz, Nizza, St-Etienne und Straßburg zu finden.

1980er-Jahre

In der Architektur setzt sich nach dem Ersten Weltkrieg die neuzeitliche Bauweise unter Verwendung von Stahl, Beton und Glas durch. Epochemachend sind die Industriebauten von Tony Garnier (v. a. Lyon). Die Entwicklung setzt sich über den »Stahlbeton-Papst« Auguste Perret (Wiederaufbau von Le Havre u. a.) und Eugène Freyssi-

Architektur

net (Brücken, Luftschiffhallen) fort. Eine weltweit prägende Figur wurde der Schweizer Le Corbusier (Ch.-E. Jeanneret); sein auf wenige Stützen beschränktes statisches System machte tragende und umschließende Mauern entbehrlich und ermöglichte freie Grundrisslösungen. Die Kirche in Ronchamp, die »Unité d'Habitation« in Marseille oder die Arbeitersiedlung Firminy bei St-Etienne lassen seine eigenwillige, meist nüchtern-rationalistische Architektursprache und seine städtebaulichen Visionen erkennen. Mit den »Villes Nouvelles« in der Umgebung von Paris Mitte der 1960er-Jahre begann die Neubelebung staatlicher Baupolitik. Wichtige Beispiele sind La Défense an der westlichen Peripherie von Paris oder Marne-la-Vallée (Bofill). Nicht weniger frappieren in Paris das Centre Pompidou (Rogers und Piano, 1977) und der Wissenschaftspark La Villette (1989). Weitere »Grands Projets« der Ära Mitterrand sind die gläserne Pyramide und der Umbau des Louvre durch I. M. Pei, die Opéra de la Bastille (1989), die Bibliothèque de France (1995) und das Finanzministerium in Bercy (1997). Auch im übrigen Frankreich, in Arles, Clermont-Ferrand, Evry, Les Eyzies-de-Tayac, Lille, Lyon, Nîmes, Straßburg und anderen Städten werden zahlreiche Bauten in die Architekturgeschichte eingehen.

La Défense in Paris, Ikone der modernen französischen Architektur

Traditionen

In Frankreich ist eine große Zahl regionaler Traditionen lebendig – Bräuche, Trachten, Feste, Musik –, denn immer noch fühlen sich viele ethnische Gruppen erst als »Bretonen« oder »Provenzalen«, dann erst als Franzosen. Die Liste der regionalen Feste ist schier endlos; einige wichtige Beispiele der Volkskultur seien vorgestellt.

Weihnachten

Obwohl man größtenteils katholisch ist, spielen die kirchlichen Feste eine weit geringere Rolle als etwa in Spanien oder Italien. Zu Weihnachten (Noël) ist im Elsass und in Lothringen sowie Teilen Nordfrankreichs der Weihnachtsbaum verbreitet; in der Provence ist dafür die oft festlich geschmückte Krippe mit »santons« typisch, bemalten Krippenfiguren aus Steingut, Holz oder Metall. Die provenzalische Weihnacht wird von jahrhundertealten Liedern begleitet und hat einen Rest von Mysterium bewahrt. Dies trifft auch auf die alemannischen Teile Ostfrankreichs zu. Ansonsten ist Weihnachten eher ein ausgelassenes Familienfest, zu dem ein großes Essen (réveillon) ebenso gehört wie Wein und Champagner, Musik und Tanz. Die Kinder werden meist am 6. Dezember (St-Nicolas) oder am 6. Januar (Les Rois Mages, Dreikönigstag) beschert. Im Elsass kommt das Christkind, anderswo gibt es an Heiligabend nur Süßigkeiten. Mit Réveillons und Geschenken wird auch Neujahr (Jour de l'An) gefeiert.

Karneval

Der Karneval (carnaval) war in vergangenen Jahrhunderten von der Obrigkeit verpönt, ja verboten, da er als Symbol der Auflehnung galt. Traditioneller Karneval wird selten gefeiert, doch ist wachsendes Interesse festzustellen. Im Elsass gibt es eine Fastnacht nach alemannischer Art, meist jedoch zu einem späteren Termin als in Deutschland. Ausgelassen wird in einigen Dörfern des Languedoc gefeiert, so in Cournonterral bei Montpellier, wo mit Schlamm bedeckte maskierte Gestalten (pailhasses) Jagd auf die sauberen »blancs« machen. Berühmt ist der Karneval im Norden (z. B. Lille, Dunkerque) und Nizza mit Umzügen, riesigen Figuren, Konfettischlacht und Feuerwerk. In Châlons-sur-Saône wird eine Puppe in den Fluss geworfen, in Limoux verulken »goudils« das Publikum, in Romans und Dünkirchen sind die Matrosenfeste bekannt.

Ostern

Nach Weihnachten ist Ostern (pâques) das zweitwichtigste Kirchenfest. Der Osterhase ist nur im Elsass bekannt. Große Prozessionen finden in der Karwoche in Perpignan und Saugues (Haute-Loire) statt, z. T. werden noch mittelalterliche Passionsspiele aufgeführt.

Religiöse Feste

Viele religiöse Feste und Wallfahrten haben sich zu folkloristischen Veranstaltungen gewandelt; v. a. in kleinen, abgelegenen Gemeinden ist ihr ursprünglicher Charakter noch zu spüren. Dies gilt besonders auch für die bretonischen Wallfahrten (pardons). Einige französische

Großer Pardon in La Clarté-Tregastel

Wallfahrtsorte sind hochberühmt, wie Lourdes, Lisieux, Chartres und Le Puy; in vielen Dörfern werden Feste des Ortsheiligen gefeiert und Prozessionen zu abgelegenen Kapellen abgehalten.

Historische Feste Unter den weltlichen Festen ragen der 1. Mai (Tag der Arbeit) und der 14. Juli (Quatorze Juillet) heraus, der Nationalfeiertag. Am 1. Mai kauft und verschenkt man Maiglöckchen. Der Nationalfeiertag erinnert an die Erstürmung der Bastille im Jahr 1789, ein Ereignis, das bis heute in allen Bevölkerungsgruppen »verehrt« wird; allerdings ist vom revolutionären Hintergrund nicht mehr viel zu erkennen, allenthalben herrschen harmlose Freude, in den Straßen der meisten Städte und Dörfer gibt es Paraden, Musik und Tanz.

Sonstige Feste Feste werden aus allen möglichen Anlässen gefeiert. Das reicht vom Winzer- und Weinfest (z. B. »Trois Glorieuses« in Burgund, Cidre-Fest in der Normandie) bis zum Trüffel- oder Lavendel-Fest in der Provence, vom Fest der Zitronenblüte bis zum Tag des Käses (Cantal, Champagne, Roquefort u. a.), vom Austern-Fest zum Nougat-, Kirschen- (Cantal) oder Sauerkrautfest (Elsass), letztlich alles Grund zur Ausgelassenheit bei gutem Essen, Trinken und Musik.

Stierkämpfe und -spiele Eine Sonderstellung nehmen in Süd- und Südwestfrankreich die Stierkämpfe und Stierspiele ein. Neben dem blutigen Stierkampf, der in den Hochburgen (Nîmes, Arles, Bayonne, Fréjus, Béziers, Dax, Beaucaire) nach allen spanischen Regeln und mit berühmten Toreros ausgeübt wird, ist die »course à la cocarde« beliebt. Junge Männer, die »razeteurs«, versuchen, dem Stier einen zwischen den Hörnern befestigten Faden mit bunten Anhängseln zu entreißen. Die besten Stiere sind angesehen wie Rennpferde, die Lokalpresse berichtet ausführlich über den Erfolg der Razeteurs und der Stiere. Für Amateure, meist Jugendliche und Touristen, findet mancherorts die Course in abgeschwächter Form statt, mit Kälbern oder jungen Kühen, deren Hörner gepolstert oder sonstwie entschärft sind. Außer diesen Stierspielen sind im Süden und Südwesten rodeoartige Veranstaltungen verbreitet. Charakteristisch für die Camargue z. B. sind die »ferrades« (Kennzeichnung des Viehs) und die »concours de Manades« (Wettbewerbe mit Stier- und Reiterspielen). Beim »abrivado« werden Stiere von berittenen »gardians« (Viehhütern) im Galopp durch die Straßen getrieben. Das »bandido« entspricht dem spanischen »encierro«, d. h. Stiere werden in der Stadtmitte losgelassen, und jeder kann sich nach Lust und Laune auf die Hörner nehmen lassen.

In Stes-Maries-de-la-Mer wird jedes Jahr Ende Mai das Fest der Marie Jacobé und im Oktober das Fest der Marie Salomé gefeiert, wozu aus allen Ländern Europas Sinti und Roma anreisen, die ihrer Schutzpatronin Sara la Noire huldigen, deren Gebeine angeblich in der Krypta der Kirche von Stes-Maries aufbewahrt werden. Die Männer tragen ihre Gardian-Tracht, Mädchen und Frauen – sofern sie nicht Sinti oder Roma sind – legen das herrliche, aufwendige Kostüm der Arlésienne an. Verbreitet sind auch die Mireille-Trachten mit buntgemusterten (meist gelben) Röcken.

Camargue

Das Fest der Gardians in Arles gilt vor allem den schönen Frauen der Stadt.

Fröhliche Tänzer im elsässischen Hunspach

Arles In Arles und Umgebung wird der Kult der Arlésiennes gepflegt, der vielbesungenen schönen Frauen von Arles, die u. a. Vincent van Gogh und Georges Bizet zu Werken inspiriert haben. Am 1. Mai wird beim Fest der Gardians in Arles die »Königin« der Stadt gewählt, die dem traditionellen Schönheitsideal entsprechen und die Tracht mit besonderer Anmut tragen muss. Schöne Arlésienne-Trachten kann man auch im Museon Arlaten in Arles bewundern.

Trachten Auch in anderen Gegenden Frankreichs, besonders auf dem Land und in Regionen mit ethnischen Minderheiten, werden zu festlichen Anlässen Trachten getragen und die alten Lieder gesungen. Im Elsass tragen die Mädchen einen roten Rock mit schwarzer Schürze und die Männer zur schwarzen Hose rote Westen und weiße Hemden; in der Auvergne legen die Mädchen bunte weite Röcke an, oft mehrere übereinander; im Roussillon sind die Espadrilles (bunte Stoffsandalen mit geflochtener Sohle) und rote Zipfelmützen sowie Hüfttücher Bestandteil der Tracht. Die Frauen der Bretagne tragen dunkle Trachten mit kunstvoll verzierten Schürzen und Hauben, die manchmal gewaltige Ausmaße annehmen und mit einer Halskrause verbunden sind. Charakteristisch für die baskischen Männertrachten ist die Baskenmütze, die bei festlichen Anlässen meist rot ist.

Volkslied und Volkstanz

In allen Regionen gibt es jahrhundertealte traditionelle Tänze und Lieder, die heute zum Kulturleben gehören; auf Volksfesten und zu familiären und religiösen Anlässen werden die alten Weisen gesungen und gespielt. Auch die Popmusik hat sie – als Teil der Rückbesinnung auf die regionale Identität – für sich entdeckt und aufgenommen.

Elsass — Die elsässische Blasmusik klingt deutschen Ohren durchaus vertraut. Dialekt-Liedermacher setzen sich mit den Problemen, die die Stellung des Elsass zwischen zwei großen Kulturräumen mit sich bringt, und anderen aktuellen Themen auseinander.

Languedoc — Unter den Liedern des Languedoc, die höfischen oder ländlichen Ursprungs sein können, nehmen die »pastorelles« (Hirtenlieder) eine Sonderstellung ein. Meist berichten sie über Liebesabenteuer eines Hirtenmädchens mit einem Ritter oder, öfter noch, über die Standhaftigkeit eines Mädchens gegenüber dem ritterlichen Verführer, der meist zu den Truppen des Königs von Frankreich gehört. Aus der Gegend von Albi ist das »Lou Bouie« überliefert, eine Art Partisanenlied der Katharer. Die fünf Vokale, die rasch aufgesagt werden, kontrastieren mit einer musikalischen Phrase aus vorgregorianischer Zeit. Durch Vertauschen der Vokale wurde ein Geheimcode gebildet, mit dem sich die unterdrückte Bevölkerung verständigen konnte.

Provence — Die fröhlichen Lieder der Provence werden meist von kleinen Flöten (Galoubet) und dem Tambourin, einer Trommelart, begleitet. Der beliebteste Tanz ist hier die Farandole, ein rascher Reigentanz. Viele Folkloregruppen pflegen die okzitanische Volksmusik, Chansonniers singen Lieder mit politischem Hintergrund.

Roussillon — Im Roussillon ist wie in Katalonien die »Sardana« verbreitet. Dieser Rundtanz aus der Cerdagne, vermutlich griechischen Ursprungs, wird von der Cobla begleitet, einer in der Regel 11- bis 15-köpfigen Kapelle mit höchst originellen Instrumenten. Im Sommer sind Coblas in vielen Orten zu hören, besonders in Perpignan (vor der Loge de Mer). Katalanische Chansonniers singen traditionelle und moderne Lieder, oft mit politischen Texten.

Baskenland — Das Baskenland ist berühmt für seine schönen, wehmütigen Chorlieder. Die Tänze gehören mit ihren akrobatischen Figuren zu den spektakulärsten in Europa. Dabei stoßen die Männer gellende Schreie aus, dem Krähen eines Hahnes nicht unähnlich. Typische Instrumente sind das Ttun Ttun, eine Art Tambourin, und die Xirula (Txistu), eine kleine Flöte mit drei Löchern. Zu festlichen Anlässen beleben Bandas die Straßen der Orte. Das Lied »Guernikako arbola«, in dem die Fueros – die alten baskischen Sonderrechte – besungen werden, ist in allen sieben Baskenprovinzen diesseits und jenseits der Grenze eine Art Nationalhymne.

Bretagne — In der Bretagne kann man nahezu alle Formen keltischer Volksmusik antreffen. Mit den ausgelassenen Festen und nächtlichen Tänzen (Fest Noz) pflegt man die Verbindung mit den anderen keltischen Regionen (Irland, Cornwall, Wales, Schottland, Galizien). Zahlreiche Cercles celtiques pflegen die Volksmusik, zu deren typischen Instrumenten der Dudelsack und die keltische Harfe gehören.

Berühmte Persönlichkeiten

Wer steckte hinter dem Foucaultschen Pendel, und wer machte die erste Fotografie? Was verbindet Ludwig XIV. mit Napoleon, de Gaulle und Mitterrand? In Kunst und Wissenschaft, Geschichte und Politik haben französische Frauen und Männer entscheidende Entwicklungen in Gang gesetzt.

André Marie Ampère (1775–1836)

Der Mathematiker und Physiker A. M. Ampère, gebürtiger Lyoner, entwickelte die Theorie des Elektromagnetismus, baute einen Telegrafen und bestimmte die Ausrichtung des Magnetfelds, das einen stromdurchflossenen Leiter umgibt. Die Einheit für die Stromstärke ist nach ihm benannt.

Begründer der Elektrotechnik

Antoine Henri Becquerel (1852–1908)

Der gebürtige Pariser war ab 1892 Professor am Pariser Musée d'Histoire Naturelle, ab 1895 an der dortigen École Polytechnique. Er fand 1896 heraus, dass Uransalze Strahlen aussenden, die den Röntgenstrahlen ähneln; drei Jahre später gelang es ihm, die elektrische Ablenkbarkeit eines Teils dieser Strahlen (Betastrahlen) fotografisch nachzuweisen. Nach dem Physiker, der 1903 den Nobelpreis erhielt, ist die Einheit der Aktivität radioaktiver Substanzen benannt (Bq).

Entdecker der Radioaktivität

Bernhard von Clairvaux (um 1090–1153)

Der burgundischem Adel entstammende Mönch, Abt und Kirchenlehrer wurde als Reformer des Benediktinerordens im 12. Jh. eine der großen Figuren seiner Zeit. Nachdem er 1112 in das Mutterkloster der Zisterzienser Cîteaux eingetreten war, wurde er 1115 als Abt mit der Gründung eines Klosters in Clairvaux betraut. Mit außerordentlicher Willens- und Glaubenskraft, mit großer Intelligenz und Beredsamkeit initiierte zahlreiche Klostergründungen; zudem rief er im Auftrag von Papst Eugen III. zum Zweiten Kreuzzug auf. Im 15. Jh. gab man ihm den Beinamen »doctor mellifluus« (lat., »honigfließender Lehrer«); daher wird der 1830 zum Kirchenlehrer Erhobene u. a. mit Bienenkorb dargestellt.

Erneuerer des europäischen Klosterwesens

Louis Blériot (1872–1936)

Der Pilot Louis Blériot vollbrachte eine Pioniertat in der Geschichte der Fliegerei: Er überquerte am 25. Juli 1909 als erster den Ärmelkanal zwischen Calais und Dover. Er flog mit dem »Monoplan Blériot«, Type XI, einem Eindecker mit 25 PS.

Flugpionier

← *Ludwig XIV., Le Roi Soleil, porträtiert 1701 von Hyacinthe Rigaud.*

▶ **Berühmte Persönlichkeiten**

Jean-François Champollion (1790–1832)

Dem aus Figeac in der Gegend des Lot-Tals stammende J.-F. Champollion, Teilnehmer der Ägyptischen Expedition Napoleons, gelang es 1822 nach Jahren intensiver Forschung, die ägyptischen Hieroglyphen als Buchstabenschrift zu identifizieren. Entscheidend für diese Leistung war der »Stein von Rosette« (arabisch Raschid, eine ägyptische Hafenstadt), der eine dreisprachige Inschrift von 196 v. Chr. trägt. Ab 1831 lehrte Champollion am Collège de France, wo für ihn der erste ägyptologische Lehrstuhl eingerichtet wurde. In Figeac gedenkt man des Sohns der Stadt mit einer riesigen Nachbildung der Rosette-Inschriften.

Place des Ecritures in Figeac

Jean Cocteau (1889–1963)

Künstlerisches Multitalent

Jean Cocteau, aus Milly-la-Forêt gebürtig, war als Romanschriftsteller und Lyriker, als Filmregisseur (»La Belle et la Bête«), als Drehbuchautor (»Les Enfants du Paradis«), Dramatiker (»Orphée«), Maler, Choreograf und Librettist (seine Libretti für Opern und Ballette wurden u. a. von Honegger, Strawinski und Milhaud vertont) erfolgreich. Vor allem verkörperte in besonderem Maße, was man im Ausland an Franzosen bewundert: die Leichtigkeit, Schärfe und Brillanz des französischen Esprit. Sein Werk umfasst futuristische und dadaistische Versuche, lässt sich aber am ehesten dem späten Surrealismus zuordnen. 1955 wurde Cocteau Mitglied der Académie Française.

Louis Jacques Mandé Daguerre (1789–1851)

Erfinder der Fotografie

Der aus Cormeilles stammende L. J. M. Daguerre war Maler und erfand das nach ihm benannte fotografische Verfahren der Daguerreotypie. 1822 entwickelte er das Diorama, ein »Durchschaubild« vor einem Rundhorizont. Sein Ziel war aber, das Bild, das eine Camera obscura liefert, chemisch zu fixieren. Erst nach seiner Arbeit mit dem auf demselben Gebiet tätigen J. N. Niepce gelang es ihm 1838, mit Joddampf behandelte Silberplatten zu belichten und zu fixieren. Die französische Regierung honorierte seine Erfindung mit einer Pension von 6000 Francs jährlich.

Alexandre Gustave Eiffel (1832–1923)

Mit dem berühmten Turm in Paris, der 1889 zur Weltausstellung eingeweiht wurde, schuf Eiffel das Wahrzeichen der Seinemetropole, wenn nicht Frankreichs überhaupt. Der in Dijon geborene Ingenieur gründete ein landesweit tätiges Metallbauunternehmen (u. a. Truyère-Brücke bei Garabit). Idee und Konstruktion des Eiffelturms verdankte er seinen Ingenieuren M. Koechlin und E. Nougier. Eiffels Begeisterung erwachte jedoch erst, als der Architekt Stephen Sauvestre den Turm durch die Dreiteilung und die Rundbogen im unteren Teil harmonischer gestaltete. Für die Freiheitsstatue in New York konstruierte Eiffel das tragende Eisengerüst. Ab 1903 befasste er sich intensiv mit aerodynamischen Problemen. 1923 starb er in Paris.

Genialer Konstrukteur

Léon Foucault (1819–1868)

Der gebürtige Pariser Léon Foucault wurde 1845 Wissenschaftsredakteur, 1855 Physiker an der Pariser Sternwarte, 1862 Mitglied des Bureau des Longitudes und 1865 der Académie des Sciences in Paris. 1850 erfand er das Drehspiegelverfahren zur Messung der Lichtgeschwindigkeit; 1862 verhalf er der Wellentheorie des Lichts zum Durchbruch. Berühmt wurde er durch seinen 1850/1851 in Paris durchgeführten Pendelversuch, mit dem er die Erdrotation nachweisen konnte. Darüber hinaus leistete der Physiker wichtige Beiträge in den Gebieten der Elektrizitäts- und Wärmelehre.

Bedeutender Experimentator

Jean Gabin (1904–1976)

Der berühmte Filmschauspieler (eigentlich Jean-Alexis Moncorgé) aus Neuilly-sur-Seine hat von den 1930er-Jahren bis kurz vor seinem Tod in vielen Filmen mitgewirkt. Meist stellte er einfachere Menschen und sozial Benachteiligte dar, in späteren Jahren auch reife, etablierte Männerfiguren; von 1957 an prägte er zudem die Rolle des Kommissars Maigret in den Kriminalfilmen nach Georges Simenons Romanen. Häufig stellte Gabin vom Leben gezeichnete oder aber positive Figuren dar, deren bärbeißig-charmanter Habitus die Sympathien der Zuschauer auf sich zog. Zu seinen bekanntesten Filmen zählen »Pépé le Moko – Im Hafen von Algier« (1936), »Hafen im Nebel« (1938) und »Die Affaire Dominici« (1973).

Ikone des französischen Films

Jean Gabin in »Die Katze« (1970)

Charles de Gaulle (1890–1970)

Symbolfigur des Widerstands und des Wiederaufbaus

Der aus Lille stammende General und Politiker Charles de Gaulle hat Frankreichs Geschicke seit dem Zweiten Weltkrieg, genauer seit 1940, nachhaltig bestimmt. Er nahm am Ersten Weltkrieg teil, wurde 1921 Dozent für Militärgeschichte in St-Cyr und gehörte ab 1925 dem Obersten Kriegsrat an. In den 1930er-Jahren legte er seine politischen und militärischen Konzepte in einer Reihe von theoretischen Schriften nieder. Zum Brigadegeneral befördert, wurde er 1940 Unterstaatssekretär für nationale Verteidigung, forderte Frankreich von London aus (Radioansprache 18. Juni 1940) auf, den Krieg gegen die Achsenmächte zusammen mit Großbritannien fortzusetzen, und trat an die Spitze der französischen Résistance. Er erklärte sich zum Inhaber der französischen Staatsgewalt und zum Chef der Freien Franzosen (»Nous, Général de Gaulle, Chef des Français Libres«). Für seine Bewegung Freies Frankreich baute er eigene politische und militärische Organisationen auf. Mit diesen im Hintergrund trat er 1944 seine provisorische Regierung in Paris und 1945 im November das Amt des Ministerpräsidenten und vorläufigen Staatspräsidenten an, schied jedoch im Januar 1946 für zwölf Jahre aus der aktiven Politik aus, da er die Erweiterung seiner präsidialen Befugnisse nicht durchsetzen konnte. 1958 dann zum Präsidenten der Fünften Republik gewählt, verfolgte er die Unabhängigkeit der »Grande Nation« durch die Aufgabe der französischen Kolonien, die Stärkung der Atomstreitmacht und den Austritt Frankreichs aus der NATO. Aufgrund zunehmender innenpolitischer Spannungen trat der heftig umstrittene Patriot mit dem Gebaren eines absoluten Monarchen im Jahre 1969 endgültig zurück.

Heinrich IV. (1553–1610)

Der Gute König

Heinrich IV. (Henri IV), noch heute »le Bon Roi Henri« genannt, wurde 1562 als Heinrich III. König von Navarra und 1581 Führer der Hugenotten. Durch seine Heirat mit Margarete von Valois, der Schwester Karls IX., suchte er die Aussöhnung mit der katholischen Partei. Dieser Plan wurde jedoch durch die Bartholomäusnacht (Pariser Bluthochzeit) verhindert: In der Nacht zum 24.8.1572 wurden die Anführer des hugenottischen Adels, die zu seiner Hochzeit nach Paris gekommen waren, mit Tausenden von Glaubensgenossen ermordet. Den Befehl dazu hatte die Königinmutter Katharina von Medici gegeben. Heinrich IV. selbst konnte sich nur retten, indem er seinem Glauben abschwor. Bis zu seiner Flucht 1576 war er Gefangener des Hofs. Nach dem Tod König Heinrichs III. (1589) beanspruchte Heinrich die Krone, doch erst 1594 – nach langen Auseinandersetzungen und nach seinem Übertritt zum katholischen Glauben (»Paris ist eine Messe wert«) – wurde er als erster König aus dem Hause Bourbon gekrönt. Als Herrscher war Heinrich IV. bemüht, die Auswirkungen des Bürgerkriegs zu überwinden, Frankreich religiös zu befrieden, indem er Gleichberechtigung der Religionen und Glaubensfreiheit verkündete (Edikt von Nantes 1598), die Staatsfinanzen zu sanieren und sein Land durch den Ausbau der Verkehrswege zu erschließen. Der Legende nach äußerte er den Wunsch, in seinem Königreich sollte jeder Bauer am Sonntag ein Huhn im Kochtopf haben. In seine Regierungszeit fällt der Beginn der Kolonialisierung Kanadas (Gründung von Québec 1668), und mit der Wiederherstellung der königlichen Zentralgewalt bereitete er dem absolutistischen Staat den Boden. 1610 fiel Heinrich IV. einem Attentat zum Opfer.

Jeanne d'Arc (um 1410–1431)

Jeanne d'Arc, die Nationalheldin der Franzosen, war die Tochter von Bauern in den Vogesen. Streng gläubig erzogen, fühlte sie sich durch »Stimmen« dazu berufen, Frankreich von den Engländern zu befreien, die im Hundertjährigen Krieg (seit 1339) versuchten, ihren Anspruch auf den französischen Thron durchzusetzen. Jeanne d'Arc bewegte in Chinon und Sully-sur-Loire den Dauphin dazu, sich zum König krönen zu lassen (Karl VII.). Ihr bedeutendster militärischer Erfolg war der Entsatz der von den Engländern belagerten Stadt Orléans (8. Mai 1429), der die Wende im Krieg einleitete. Im weiteren Verlauf der Kämpfe geriet sie in die Gefangenschaft der Burgunder, die sie den verbündeten Engländern auslieferten. Man stellte sie vor ein kirchliches Tribunal, und am 30. Mai 1431 wurde sie in Rouen lebendig verbrannt. Der König hingegen, dem sie die Macht zurückgegeben hatte, war froh, eine lästige Sektiererin und nicht standesgemäße »Konkurrenz« loszuwerden. Mit ihrer Heiligsprechung (1920) wurde sie zur zweiten Patronin Frankreichs erklärt.

Befreierin Frankreichs

Ludwig XIV. (1638–1715)

Ludwig XIV, geboren im Schloss von St-Germain-en-Laye und »le Roi Soleil« (»Sonnenkönig«) genannt, war der Inbegriff des absolutistischen Prinzips schlechthin (»L'Etat c'est moi«, »Der Staat bin ich«). Um die Einheit des Landes zu wahren, hob er 1685 das Edikt von Nantes auf und ging auch gegen andere religiöse Reformbestrebungen vor. Andererseits verteidigte er die Sonderstellung, die der gallikanische Katholizismus genoss, auch gegenüber dem Papst. Den Hegemonieanspruch Frankreichs in Europa konnte er trotz politischer und militärischer Erfolge nicht durchsetzen.

Der Sonnenkönig

François Mitterrand (1916–1996)

Auch heute haftet den französischen Staatsoberhäuptern – egal welcher Couleur – noch etwas Autokratisches, im positiven Fall Aristokratisches an. Das galt auch für den Sozialisten François Mitterrand, der das Frankreich der 1980er-, 1990er-Jahre prägte. Er kam 1916 in

Der heimliche Monarch

Jarnac (Dép. Charente) als Sohn eines Bahnhofsvorstehers auf die Welt. Als Student schloss er sich in Paris nationalistischen Kreisen an. Nach seiner Flucht aus deutscher Kriegsgefangenschaft 1941 war er Beamter des Vichy-Régimes, nahm aber bald an der Résistance teil. Erst als er 1943 mit de Gaulle zusammentraf, schlug sich Mitterrand auf die Seite der Sozialisten, da zwischen den beiden vom ersten Augenblick an tiefe Abneigung herrschte. Nach 1945 durchlief er viele Stationen linker Politik. Elfmal war er Minister in wechselnden Kabinetten der Fünften Republik. Dreimal kandidierte er für das höchste Staatsamt, in das er 1981 das erste Mal und 1988 wieder gewählt wurde. Zu den Erfolgen seiner Amtszeit gehören die Abschaffung der Todesstrafe, die Regionalisierung Frankreichs, die Liberalisierung der Medien, die Aussöhnung mit Deutschland und die Vorbereitung des vereinten Europas. In Paris setzte er sich mit spektakulären Bauten Denkmäler, von der Louvre-Pyramide bis zur neuen Nationalbibliothek. Andererseits war seine Amtszeit nicht frei von Skandalen, vom Anschlag auf das Greenpeace-Schiff »Rainbow Warrior« über die Affären um illegale Geldbeschaffung der Sozialisten bis zur illegalen Telefonüberwachung tausender Bürger. Zweimal missbilligten die Franzosen seine Politik und bescherten ihm eine konservative Regierung. In dieser Zeit zeigte Mitterand seine große Integrationskraft und trug dazu bei, die Spaltung der Nation in zwei politische Lager zu mildern und Frankreich toleranter zu machen.

Mitterrand nach seiner Wiederwahl 1988

Brüder Montgolfier (18./19. Jh.)

Die ersten Ballonfahrer

Michel-Joseph (1740–1810) und Etienne-Jacques (1745–1799) de Montgolfier aus Vidalon-lés-Annonay begannen 1782, in der Papierfabrik ihres Vaters rauchgefüllte Stoffbeutel aufsteigen zu lassen. Am 5. Juni 1783 ließen sie ihren unbemannten Heißluftballon, die Montgolfière, erstmals öffentlich aufsteigen. Die Luft in dem papiergefütterten Leinwandballon wurde durch glühende Holzkohle erwärmt. Noch im selben Jahr, am 21. Novembe 1783, fand die erste bemannte Fahrt in der Nähe von Paris statt, mit J.-F. Pilâtre de Rozier und F.-L. Marquis d'Arlandes als Passagieren.

Napoléon Bonaparte (1769–1821)

Napoléon Bonaparte, aus einer Patrizierfamilie in Korsika gebürtig, machte in der französischen Revolutionsarmee schnell Karriere. Mit 24 Jahren Brigadegeneral, wenig später Oberbefehlshaber im Italien- und Ägypten-Feldzug, errang er die Machtstellung, das Direktorium (das nach der Schreckensherrschaft Robespierres regierende Staatsorgan) zu stürzen und als Erster Konsul die Macht in Frankreich ergreifen zu können. Auf eine Volksabstimmung gestützt, rief er sich 1802 zum Konsul auf Lebenszeit aus, 1804 zum ersten Kaiser der Franzosen (Napoleon I.). Die Erbfeindschaft mit England veranlasste ihn zu Kriegen gegen die von England geführte Große Koalition, in denen er Österreich und Preußen niederwarf. Er ließ Portugal und Spanien besetzen, um durch eine Kontinentalsperre – den ersten umfassenden Wirtschaftskrieg in der Geschichte – England in die Knie zu zwingen. Schließlich strebte er durch den Krieg gegen Russland die Herrschaft über ganz Europa an. Das Scheitern des Russlandfeldzugs, die Niederlage in der Völkerschlacht von Leipzig (1813) und die Besetzung von Paris durch die Alliierten zwangen Napoleon zur Abdankung (1814) und zum Exil auf Elba. Im Jahre 1815 versuchte er in den berühmten »100 Tagen« noch einmal die Herrschaft zurückzugewinnen, doch wurden seine Truppen in der Schlacht bei Waterloo (Belgien) endgültig geschlagen. Er wurde auf die britische Insel St. Helena im Südatlantik verbannt, wo er 1821 starb. 1840 wurden seine Gebeine feierlich nach Paris überführt und im Invalidendom beigesetzt. Napoleon blieb, obwohl sein skrupelloser Ehrgeiz über Millionen Menschen Leid und Tod brachte, immer als Heros im Gedächtnis der Franzosen lebendig, sein Mythos unzerstörbar. Sein Bild als Retter der Revolution wurde von der Romantik (v. a. von Victor Hugo) verklärt. Tatsächlich hat der von Napoleon 1804 geschaffene Code Civil, das erste bürgerliche Gesetzbuch, die grundsätzlichen Errungenschaften der Revolution, nämlich die bürgerlichen Besitz- und Wirtschaftsverhältnisse, festgeschrieben.

Eroberer und Diktator

Napoléon I. von J. L. David, 1812

Louis Pasteur (1822–1895)

Der Chemiker, Biologe und Mediziner Louis Pasteur aus Dôle in der Franche-Comté war von 1848 an Professor in Dijon, Straßburg und Lille und seit 1857 in Paris. Er entwickelte das nach ihm benannte Verfahren zur Konservierung gärender Getränke (Milch, Bier, Wein) durch Erhitzung auf Temperaturen unter 100 °C. Dadurch werden die gärungserregenden Hefepilze abgetötet. Seine grundlegende Ent-

Erforscher der alkoholischen Gärung

deckung war, dass Mikroorganismen erst durch (z. B.) Luft in vorher keimfreie Stoffe eindringen. Dadurch wurde er zum Mitbegründer der Bakteriologie und Sterilisationstechnik überhaupt. Auf medizinischem Gebiet machte er sich entscheidend um die Volksgesundheit verdient, indem er verschiedene Impfstoffe entdeckte, von denen der gegen die von Hunden übertragene Tollwut der bedeutendste ist (Entstehung von Pasteur-Instituten im In- und Ausland nach dem Vorbild des Pariser »Institut Pasteur« zur Herstellung und Verteilung des Impfstoffs). Louis Pasteur wurden mehrere Denkmäler gesetzt, zwei davon in Paris, in dessen Nähe er auch starb.

Marquise de Pompadour (1721–1764)

Mächtige Königsmätresse Die Marquise de Pompadour, geboren als Jeanne Antoinette Poisson, gehört zu den Frauen, die als Geliebte von Herrschern Geschichte machten. Sehr zielstrebig und mit guter Erziehung ausgestattet, die ihr der Liebhaber ihrer Mutter angedeihen ließ, fand sie Zugang zu König Ludwig XV., der sie 1745 am Hof von Versailles einführte. Verheiratet mit dem Unterfinanzpächter Le Normand d'Etiolles, wurde sie die offizielle Geliebte des Königs. Daneben widmete sie sich zunächst der Förderung von Kunst und Wissenschaft: So ließ sie etwa, angestachelt vom Erfolg des Meißner Porzellans, die Manufaktur von Sèvres einrichten. Als Ludwig XV. nach einigen Jahren das Interesse an ihr verlor, war ihre Stellung mächtig genug, um weiterhin Einfluss auf ihn zu haben; sie konnte ihn auch auf seine Ministerien ausweiten. So soll sie maßgeblich an dem 1756 getroffenen Bündnis Frankreichs mit Österreich gegen Preußen und England beteiligt gewesen sein und im Siebenjährigen Krieg sogar die Befugnis gehabt haben, die Heerführer zu ernennen.

Jean-Paul Sartre (1905–1980)

Philosoph des Nichts Der existenzialistische Schriftsteller und Philosoph Jean-Paul Sartre wurde als Sohn einer bürgerlichen Familie in Paris geboren, wo er auch seine Schul- und Studienzeit verbrachte. In den 1930er-Jahren war er als Professor für Philosophie in Le Havre und Berlin tätig. Während des Zweiten Weltkriegs wurde er nach der Kriegsgefangenschaft 1940/1941 Mitglied der Résistance. 1945 gründete die Zeitschrift »Les Temps modernes«, 1973 wurde er Mitbegründer der Zeitung »Libération«. Seiner Anlehnung an die französische KP folgte 1956 der Austritt aufgrund der sowjetischen Intervention in Ungarn, die er heftig kritisierte. Sein politisches Engagement verstärkte sich Ende der 1960er-Jahre, v. a. als Agitator gegen das Vorgehen des Warschauer Pakts 1968 in der CSSR, als Vorsitzender des von Bertrand Russell initiierten Vietnam-Tribunals und als Verteidiger linker Bewegungen. Seine 1943 veröffentlichte Abhandlung »L'être et le néant« (»Das Sein und das Nichts«) gilt als grundlegendes Werk des französischen Existenzialismus. Ausgehend von Kierkegaard, Husserl,

Heidegger, Hegel und Jaspers entwickelte er darin die atheistische, alle transzendenten Vorstellungen negierende Grundidee, dass die Existenz der Essenz vorausgehe. Demnach existiert der Mensch in einer an sich sinnlosen Welt, in der er nach einer Essenz strebt. In voller Eigenverantwortung entwickelt er dabei seine Freiheit. Im bewussten Handeln, das Sartre als »engagierte Freiheit« für ein bestimmtes Ziel definiert, manifestiert sich die Suche nach einem illusionslosen Humanismus. In seinem zweiten philosophischen Hauptwerk, »La Critique de la raison dialectique« (Kritik der dialektischen Vernunft; 1. Bd. 1960) erweiterte Sartre die individuelle Freiheit durch das Kollektivbewusstsein und das politische Engagement, dem er eine modifizierte marxistische Dialektik zugrundelegt. Die Auseinandersetzung mit philosophisch-existenzialistischen Fragestellungen, v.a. mit dem Problem der Freiheit, kennzeichnet auch Sartres literarische Produktion (»Littérature engagée«).

J.-P. Sartre mit seiner Lebensgefährtin Simone de Beauvoir 1970

Jules Verne (1828–1905)

Der aus Nantes stammende Schriftsteller Jules Verne wurde durch seine zahlreichen Abenteuerromane bekannt. Zunächst jedoch gingen seine Interessen in verschiedene andere Richtungen: So studierte er in Paris Jura und schrieb Opernlibretti und Dramen, bevor er sich 1863 dem technischen, exotischen und utopischen Roman zuwandte. Mit seinen »Forschungsreisen« auf und unter der Erde wurde er einer der ersten Schriftsteller, die in populärwissenschaftlicher Manier schrieben und den technischen Fortschritt des Industriezeitalters ins Utopische steigerten. Lange Zeit galten Jules Vernes spannende Romane als Lektüre für Jugendliche, bei denen sie sich in der Tat großer Beliebtheit erfreuten und immer noch erfreuen. Im Zug der Aufwertung von Sciencefiction-Literatur wird sein Werk heute jedoch auch von »seriösen« Literaturkritikern gewürdigt. Die bekanntesten Romane sind »Vingt mille lieues sous les mers« (»20 000 Meilen unterm Meer«; 1869/1870) und »Le tour du monde en 80 jours« (»Die Reise um die Erde in 80 Tagen«).

Erfinder der Zukunft

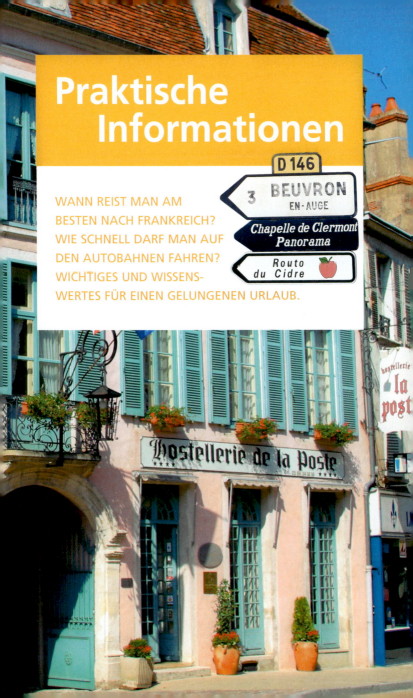

Praktische Informationen

WANN REIST MAN AM BESTEN NACH FRANKREICH? WIE SCHNELL DARF MAN AUF DEN AUTOBAHNEN FAHREN? WICHTIGES UND WISSENSWERTES FÜR EINEN GELUNGENEN URLAUB.

Anreise · Reiseplanung

Anreise

Mit dem Auto Aus dem Norden Deutschlands führt die schnellste Autobahnverbindung über Aachen–Belgien zur A 1 (Autoroute du Nord), die Lille mit Paris verbindet, bzw. über Trier–Luxemburg–Thionville zur A 4 Metz–Paris oder zur A 31 nach Dijon. Aus Süddeutschland und Österreich erreicht man über Straßburg die A 4 (Autoroute de l'Est), die über Nancy, Metz und Reims nach Paris bringt; alternativ von Mülhausen (A 36) über Dijon nach Paris. Aus der Schweiz kommt man über Dôle oder Genf zur A 6 / A 7 (Autoroute du Soleil), die Paris über Lyon mit Marseille verbindet. Die Benützung der französischen Autobahnen ist meist gebührenpflichtig. Weiteres ►S. 159.

Mit dem Bus Die Eurolines, ein Zusammenschluss von über 30 europäischen Busunternehmen, verbinden durch die DB-Tochterfirma Deutsche Touring auch Deutschland mit Frankreich. Für Radurlauber bieten spezialisierte Unternehmen Busreisen an (►Fahrradreisen).

Mit der Eisenbahn Bei einer Bahnreise bietet sich oft Paris als Zwischenziel an, da die Hauptstrecken der SNCF incl. des TGV radial von der Hauptstadt ausgehen (►Verkehr, S. 164). Der TGV verbindet auch einige deutsche und Schweizer Städte mit Paris (►S. 166).
Die DB bietet im Sommer **Autoreisezüge** nach Südfrankreich an: von April bis Oktober von Hamburg, Berlin und Hildesheim nach Avignon, ganzjährig von Düsseldorf, Hamburg, Hildesheim und Neu Isenburg nach Narbonne. Autoreisezüge der SNCF fahren von Paris über Lyon und Avignon nach Marseille, Toulon und Nizza, über Toulouse nach Narbonne sowie über Bordeaux nach Biarritz. Die Autoverfrachtung mit der SNCF hat den Vorteil, dass die Passagiere mit jedem beliebigen Verkehrsmittel reisen können (www.voyages-sncf.com; ►Verkehr, S. 167).

▶ BUSSE UND BAHNEN

▶ **Touring / Eurolines**
Deutschland: (0 69) 79 03-5 01
www.touring.de
Frankreich: Tel. 0892 89 90 91
www.eurolines.fr

▶ **Bahnunternehmen**
Deutsche Bahn Reiseservice
Tel. 0180 5 99 66 33 (14 ct/Min.)
www.bahn.de

Österreichische Bundesbahn
www.oebb.at
Schweizerische Bundesbahnen
www.sbb.ch
SNCF/Rail Europe
►S. 167

▶ **DB AutoZug**
Tel. 0180 5 996 633 »Autozug«
www.dbautozug.de

Mit dem Flugzeug

Viele französische Städte sind von Deutschland, Österreich und der Schweiz aus direkt oder mit Zwischenlandung erreichen. **Hauptdrehscheibe** ist der Pariser Flughafen Charles de Gaulle (CDG 2) bei Roissy 23 km nördlich des Zentrums; weitere wichtige Umsteigehäfen sind Paris Orly, Straßburg und Lyon. Die Air France fliegt von Berlin, Bremen, Düsseldorf, Frankfurt a. M., Hamburg, Hannover, Leipzig, München, Nürnberg und Stuttgart, von Wien sowie von Zürich, Bern und Genf nach Paris; von Düsseldorf, Hamburg, München, Stuttgart und Wien nach Lyon; von Genf auch nach Biarritz, Bordeaus und Nizza. Wechselt man in Paris CDG 2 die Air-France-Maschine für den Weiterflug in die Provinz, braucht man nicht aus- und neu einzuchecken, das Gepäck wird zur Anschlussmaschine gebracht. Die Lufthansa fliegt Paris, Lyon, Marseille, Nizza, Straßburg und Toulouse an, die AUA (von Wien aus) Paris, Basel, Lyon und Nizza. Die SWISS unterhält Verbindungen zwischen Zürich mit Paris und Nizza sowie zwischen Genf und Paris. Über die aktuellen Angebote der Billigflieger kann man sich in Reisebüros und im Internet informieren. Weiteres zum Flugverkehr ▶S. 164.

Ein- und Ausreisebestimmungen

Zur Einreise nach Frankreich benötigen Bürger der EU und der Schweiz einen gültigen Personalausweis oder Reisepass. Für Kinder unter 16 Jahren ist ein Kinderausweis oder ein Eintrag im Elternpass erforderlich. **Personalpapiere**

Der nationale Führerschein und der Kraftfahrzeugschein sind mitzuführen. Die Mitnahme der grünen Internationalen Versicherungskarte ist ratsam. Kraftfahrzeuge ohne EU-Kennzeichen müssen das ovale Nationalitätenkennzeichen tragen. **Fahrzeugpapiere**

Wer Haustiere mitnehmen möchte, benötigt für sie den Heimtierpass der EU. Das Tier muss zur Identifizierung eine Tätowierung oder einen Mikrochip tragen. Die letzte Tollwutimpfung muss zwischen 30 Tage und 12 Monate alt sein. **Haustiere**

Für den Fall, dass Papiere verloren gehen, sind Fotokopien sehr hilfreich, um der Polizei den Verlust zu melden und beim Konsulat provisorische Papiere zu bekommen. Die Kopien sind getrennt von anderen Dokumenten aufzubewahren; es ist auch sinnvoll, einen Satz Kopien bei einer Vertrauensperson zu Hause zu deponieren. **Kopien**

Innerhalb der EU, zu der auch Frankreich, Deutschland und Österreich gehören, ist der Warenverkehr für private Zwecke weitgehend zollfrei. Zur Abgrenzung zwischen privater und gewerblicher Verwendung gelten folgende Richtmengen: 800 Zigaretten, 400 Zigarillos, 200 Zigarren, 1 kg Rauchtabak; 10 l Spirituosen, 20 l Zwischenerzeugnisse, 90 l Wein (davon maximal 60 l Schaumwein) und 110 l **EU-Binnenmarkt**

Bier. Bei einer Kontrolle ist glaubhaft zu machen, dass die Waren nur für den privaten Verbrauch bestimmt sind.

Einreise nach Frankreich aus der Schweiz

Für Reisende aus Nicht-EU-Ländern (Schweizer Staatsbürger) liegen die Freigrenzen für Personen über 17 Jahre bei 200 Zigaretten oder 100 Zigarillos oder 50 Zigarren oder 250 g Rauchtabak, ferner bei 4 l Wein und 2 l Schaumwein oder 1 l Spirituosen mit über 22 Vol.-% Alkoholgehalt oder 2 l alkoholische Getränke mit maximal 22 Vol.-% Alkohol, 500 g Kaffee oder 200 g Kaffeeauszüge, 100 g Tee oder 40 g Tee-Extrakt, 50 g Parfüm oder 0,25 l Eau de Toilette. Zollfrei sind außerdem andere Waren bis zu einem Wert von 300 €.

Wiedereinreise in die Schweiz

Abgabenfrei für Personen ab 17 Jahre sind 200 Zigaretten oder 50 Zigarren oder 250 g Tabak, an alkoholischen Getränken 2 l mit bis zu 15 Vol.-% Alkoholgehalt und 1 l mit über 15 Vol.-% Alkoholgehalt, ferner andere Waren; der Gesamtwert darf 300 CHF nicht überschreiten. Auskunft gibt die Eidgenössische Oberzolldirektion, Monbijoustr. 40, 3000 Bern, Tel. (031) 322 61 11, www.ezv.admin.ch.

Transit

Da die Schweiz nicht zur EU gehört, sind beim Transit Waren für den privaten Gebrauch anzumelden, wenn man mehr dabei hat als die für die Schweiz geltenden Freimengen an Alkohol, Tabak und Fleischwaren (s. o.) oder wenn die Waren über 1000 CHF wert sind. Für Waren, die das Limit überschreiten, muss eine Kaution in CHF hinterlegt werden, die bei der Wiederausfuhr erstattet wird.

Devisenbestimmungen

▶Geld

Reiseversicherung

Krankenversicherung

Die Anspruchsbescheinigung E 111 der gesetzlichen Krankenkassen wurde durch die Europäische Krankenversichertenkarte (European Health Insurance Card, EHIC) ersetzt. Sie ist nur gültig für die Versorgung bei Notfällen und chronischen Krankheiten. Sie gilt nicht, wenn sich jemand bewusst für eine Behandlung im Ausland anstatt in Deutschland entscheidet.
Die EHIC-Karte ist beim Arzt oder Krankenhaus in Frankreich vorzulegen. Die medizinischen Leistungen im Frankreich werden wie bisher nach dem dort gültigen Recht behandelt. In vielen Fällen sind Zuzahlungen zu leisten. Wird die EHIC nicht akzeptiert, sind die Rechnungen zu bezahlen und zur Erstattung der Krankenkasse vorzulegen. Aus den quittierten Rechnungen müssen die erbrachten Leistungen hervorgehen. Privat Versicherte reichen zur Kostenerstattung die französischen Unterlagen ein. Schweizer Staatsbürger müssen ihre Krankheitskosten selbst tragen.
Der Abschluss einer privaten Auslandsreisekrankenversicherung ist weiterhin empfehlenswert, da auch eine Rückholung von den gesetzlichen Krankenkassen nicht bezahlt werden darf.

Auskunft

Fremdenverkehrsämter

Die Französische Zentrale für Tourismus »Atout France« (früher Maison de la France) bietet einen vielfältigen Service, in erster Linie mit Informationen und Prospekten aus den Regionen und Départements bezüglich Unterkunft, Verkehrsmittel, Sehenswürdigkeiten, Sportmöglichkeiten u. v. m. Reichhaltiges Material bieten die Tourismuszentren der Regionen (Comité Régional de Tourisme, CRT) und der Départements (Comité Départemental de Tourisme, CDT). Ihren Prospekten können die Adressen der lokalen Tourismusbüros (Office de Tourisme, OdT) entnommen werden, die in Detailfragen – z. B. Restaurant- und Unterkunftsverzeichnisse (auch Reservierung, meist gegen eine geringe Gebühr), Aktivitäten aller Art, Veranstaltungen, Museen, Naturparks etc. – weiterhelfen. Im Teil »Reiseziele von A bis Z« werden die Adressen des jeweils zuständigen örtlichen Office de Tourisme oder ggf. Comité Régional / Départemental de Tourisme genannt.

Atout France

Internet

Das Internet ist auch für Frankreich eine überaus reiche Quelle für Informationen aller Art, über Orte, Regionen, Sehenswürdigkeiten, Verkehrsmittel, Reiseveranstalter, Hotels und andere Unterkunft, Museen, Sport, Veranstaltungen usw. Eine Recherche mit einer der bekannten Suchmaschinen ergibt immer eine große Zahl von Treffern. Im Teil »Reiseziele von A bis Z« sind gegebenenfalls wichtige Adressen vermerkt, im folgenden Kasten sind einige Websites genannt, die für ganz Frankreich hilfreich sind.

ADRESSEN AUSKUNFT

ATOUT FRANCE

▶ **In Deutschland**
Zeppelinallee 37
60325 Frankfurt a. M.
Tel. 09001 57 00 25 (0,49 €/Min.)
www.franceguide.com

▶ **In Österreich**
Lugeck 1/1/7
1010 Wien
Tel. 0900 25 00 15 (0,68 €/Min.)
Fax 01 / 503 28 72

▶ **In der Schweiz**
Rennweg 42, Postfach 3376
8021 Zürich
Tel. 044 217 46 00

SNCF Rail Europe
Rue de Lausanne 11
1201 Genève
Tel. 08 40 844 842

FRANZÖSISCHE BOTSCHAFTEN

In Deutschland
Pariser Platz 5, 10117 Berlin
Tel. (0 30) 590 03 90 00
Fax (0 30) 590 03 92 41
www.botschaft-frankreich.de

In Österreich
Technikerstraße 2, 1040 Wien
Tel. 01 / 50 27 50 - 0
www.ambafrance-at.org

In der Schweiz
Schosshaldenstrasse 46, 3006 Bern
Tel. 031 3 59 21 - 11
www.ambafrance-ch.org

BOTSCHAFTEN IN FRANKREICH

Deutsche Botschaft
13/15 Avenue F. Roosevelt
75008 Paris
Tel. 01 53 83 45 00
Fax 01 43 59 74 18
www.paris.diplo.de

Österreichische Botschaft
6 Rue Fabert, 75007 Paris
Tel. 01 40 63 30 63
Fax 01 45 55 63 65
www.amb-autriche.fr

Schweizer Botschaft
142 Rue de Grenelle, 75007 Paris
Tel. 01 49 55 67 00
www.eda.admin.ch/paris

INTERNET

www.franceguide.com
Site des französischen Tourismuszentrums Atout France. Inhaltsreich, aber unübersichtlich.

www.tourisme.fr
Nur knappste Info, dafür Adressen und Links zu (fast) allen Orten. Wichtige Links in »Prepare your trip« (Hotels, Transport etc.).

www.frankreich-links.de
Linksammlung, meist zu Tourismusbüros und anderen Einrichtungen des Fremdenverkehrs.

www.botschaft-frankreich.de
Französische Botschaft in Deutschland.

www.diplomatie.gouv.fr/de
Französisches Außenministerium: Frankreich im Überblick (in deutscher Sprache).

www.institut-francais.fr
Umfassende Info über Tätigkeit und Veranstaltungen der Kulturabteilung der französischen Botschaft und der 23 französischen Kulturinstitute in Deutschland.

www.deutschland-frankreich.diplo.de
Website der Beauftragten für deutsch-französische Zusammenarbeit.

www.frankreich-info.de
Gute Website mit Nachrichten, Veranstaltungskalender und vielen kommentierten Links zu touristischen, politischen und kulturellen Themen.

www.fplusd.de
Portal des deutschen und des französischen Außenministeriums in Zusammenarbeit mit den Instituts Français, den Goethe-Instituten u. a., v. a. für junge Leute, rund um die Themen Französisch lernen, Schule und Studium in Frankreich, Arbeit, Jobs und Praktika, Kultur und Alltagsleben.

www.culture.gouv.fr
Interessante, überaus reichhaltige Site zu den kulturell bedeutenden Stätten und Veranstaltungen.

- **www.monum.fr**
  Das Centre des Monuments Nationaux informiert über die großen Schätze der Nation.

- **www.frankreich.de**
  Linksammlung, nicht auf Reisen beschränkt.

- **www.tripadvisor.de**
  Tourismus-Website mit jeder Menge Informationen über Frankreich. Besonders wertvoll sind die Zeitungsartikel und die Erfahrungsberichte.

- **www.linternaute.com**
  Ausgezeichnetes Infoportal: Aktuelles, Veranstaltungen, Restaurantbewertungen, Einkaufen …

- **www.concertandco.com**
  Infos zu populärer Musik aller Art mit Konzertterminen, Ticketadressen etc.

- **www.plusbeauxdetours.com**
  Über 100 besonders hübsche kleinere Orte, vorgestellt von der Vereinigung der »Schönsten Umwege in Frankreich«.

- **www.liberation.fr
  www.lemonde.fr
  www.lefigaro.fr
  www.leparisien.fr
  www.humanite.fr
  www.lexpress.fr
  www.lesechos.fr**
  Die großen französischen Zeitungen und Zeitschriften.

Mit Behinderung unterwegs

Die französischen Tourismusbüros versorgen auch mit Informationen aller Art für Behinderte. Touristische Einrichtungen, die sich auf Behinderte eingestellt haben, können das Label »Tourisme et Handicap« tragen (Info unter www.franceguide.com). Die Zeitschrift »Faire Face« der Association des Paralysés de France gibt jährlich als Sondernummer einen »Guide Vacances« heraus. Auch über Hotels und Restaurants für Rollstuhlfahrer informiert die APF. Um auf den Parkplätzen für Behinderte parken zu dürfen, muss man seinen (internationalen) Behinderten-Parkausweis vorweisen können.

INFORMATIONEN FÜR BEHINDERTE

- **Bundesarbeitsgemeinschaft der Clubs Behinderter und ihrer Freunde**
  Langenmarckweg 21
  51465 Bergisch Gladbach
  Tel. (0 22 02) 9 89 98-11
  www.bagcbf.de

- **BSK Reiseservice**
  Altkrautheimer Straße 20
  74238 Krautheim
  Tel. (0 62 94) 42 81-50
  Fax (0 62 94) 42 81-59
  www.bsk-ev.de
  Der BSK Reiseservice gibt Infor-

mationen, organisiert Reisen und bietet umfassende Hilfen an.

▶ **Mobility International Schweiz**
Froburgstrasse 4, 4600 Olten
Tel. (0 62) 206 88 35
www.mis-ch.ch

▶ **Verband aller Körperbehinderten Österreichs**
Schottenfeldgasse 29, 1070 Wien
Tel. (01) 9 14 55 62

▶ **Association des Paralysés de France (APF)**
17 Boulevard Auguste Blanqui
75013 Paris
Tel. 01 40 78 69 00
www.apf.asso.fr

▶ **Tourisme & Handicaps**
43 Rue Marx Dormoy
75018 Paris
www.tourisme-handicaps.org

Bootstourismus

Sehr beliebt sind Bootsreisen auf den rund 8500 km langen Kanälen und Flüssen Frankreichs (▶Baedeker Special S. 190). Zahlreiche Unternehmen, auch mit Sitz außerhalb Frankreichs, bieten Hausboote und Tourenarrangements an. Möglich sind Hin-und-zurück-Fahrten oder Einwegmieten, teils auch mit dem Service, dass das Auto an den Zielort gebracht wird. Informationen geben Reisebüros, die regionalen und lokalen Tourismusbüros sowie Atout France.

Technisches Verliehen werden Boote mit 2–12 Schlafplätzen und 5,50–11 m Länge, die leicht zu steuern sind; ein Bootsführerschein ist nicht nötig (Einweisung durch den Vermieter). Sie sind mit Kabinen, Küche, Kühlschrank, Heizung, Nasszelle und Toilette ausgestattet. Meist können Fahrräder gemietet werden, was die Beweglichkeit, z. B. für Ausflüge, Besichtigungen und Einkäufe, bedeutend erhöht. Pro Tag kann man 20–25 km zurücklegen, in einer Woche ca. 150 km. Vorsicht ist in Küstennähe geboten, wo die Gezeiten des Atlantiks Pegel und Strömungen der Binnengewässer bestimmen.

Motorboote Wer an den Küsten oder auf den Binnengewässern mit einem Motorboot fahren will, muss den Bootsführerschein besitzen, der im Heimatland zum Befahren solcher Gewässer vorgeschrieben ist.

Elektrizität

In Frankreich ist die Netzspannung 220 Volt. Flachstecker (Eurostecker) passen in alle französischen Steckdosen, für Schukostecker braucht man einen Adapter (frz. *adaptateur*).

Essen und Trinken

Die französische Küche ist weltberühmt – nicht zufällig hat die UNESCO sie 2010 zum »immateriellen Welterbe« erklärt. Das Essen ist ein wichtiger Bereich des täglichen Lebens und die Pflege der Küche ein unverzichtbarer Bestandteil der Kultur. In der Renaissance kam durch Katharina von Medici, Gemahlin König Heinrichs II., die Freude am guten Essen aus Italien an den französischen Hof und nahm von dort ihren Weg in die Küchen der Bürger. Heinrich IV. wünschte jedem Bauern sein sonntägliches Huhn im Topf. Die Französische Revolution brachte neben den bürgerlichen Freiheiten auch die Ausbreitung gehobener Essgewohnheiten. Jean-Anthelme Brillat-Savarin veröffentlichte 1825 seine »Physiologie des Geschmacks«, die noch heute als philosophische Untermauerung der Freude am Essen gilt, und 1986 wurde im Château du Vivier in Ecully eine Kochuniversität gegründet, wo die berühmtesten Küchenchefs Frankreichs in die hohe Kunst des Kochens einführen. Doch auch Frankreich hat die üblichen neuzeitlichen Essgewohnheiten entwickelt – der Verfall der allgemeinen Esskultur wird vielfach beschrieben –, wovon u. a. die große Zahl von Fastfood-Lokalen, Pizzerien etc. und das große Angebot von Fertiggerichten in Supermärkten zeugt. Zudem haben viele französische Familien die Sitte des Essengehens drastisch eingeschränkt, weil sich für viele die Schere zwischen den Preisen und dem frei verfügbaren Einkommen immer weiter öffnet. Eine junge Erscheinung sind die Restaurants, Burgerketten und (Super-)Märkte, deren Angebot muslimischen Vorschriften entspricht (»halal«).

Französische Esskultur

Trüffeln satt: Die schwarzen Diamanten sind eine Spezialität des Restaurants »Chez Bruno« im provenzalischen Lorgues.

Wie isst man wann?

Das französische Frühstück (*petit déjeuner*) ist eher als karg zu bezeichnen. Es besteht zumeist aus einer Tasse Kaffee, in der Regel Milchkaffee (*café au lait*), Tee oder Schokolade, einem *croissant* (Hörnchen), einem *brioche* (Hefebrötchen) oder einem Stück *baguette* mit Butter und Marmelade. Dem Essen mittags und abends wird jedoch große Bedeutung beigemessen; in der Regel isst man zweimal am Tag warm. Zum Mittagessen (*déjeuner*) zwischen 12.00 und 14.30 Uhr und Abendessen (*dîner, souper*) zwischen 19.00 und 22.30 Uhr werden drei bis fünf, sechs Gänge serviert.

Die arbeitende Bevölkerung begnügt sich mittags normalerweise mit einer Kleinigkeit: Meist wird im Bistro schnell ein *steak frites* (Steak mit Pommes) oder ein *baguette crudités* (mit Salat und rohem Gemüse belegtes Baguette) verzehrt. Abends speist man gerne reichlich und lange – zwei Stunden und mehr. Ein großes Menü ist etwa so aufgebaut: *amuse geule* (Appetitanreger), *hors d'œuvre* (auch *entrée*, Vorspeise), Zwischengericht, *menu principal* (Hauptgang), *fromage* (Käse), *dessert* (Nachtisch). Beispiel für ein solches Menü: Als Aperitif (*apéro*) Pastis, ein mit Wasser verdünnter Anisschnaps, oder Kir, ein weißer Burgunder mit einem Schuss *crème de cassis* (Johannisbeerlikör). Als Hors d'œuvre eine Suppe, ein Salat (z. B. *salade niçoise*), Omelett, Pastete oder eine regionale Wurstspezialität (*charcuterie*); als Hauptgericht Fleisch (*viande*) oder Fisch (*poisson*) mit einer Gemüsebeilage. Der Käsegang hat große Bedeutung, immerhin gibt es in Frankreich an die 400 Sorten Hart- und Weichkäse. Als Dessert wird gern *mousse au chocolat*, *crème caramel*, ein Eis oder eine *tarte* (z. B. *tarte Tatin*, gestürzter Apfelkuchen) serviert. Als *digestif* trinkt man Cognac, Armagnac, Calvados oder einen regionalen Obstschnaps. Den Abschluss bildet ein kleiner schwarzer Kaffee (*café noir, café exprès*). Zum Essen wird Weißbrot gereicht, das von langen knusprigen *baguettes* geschnitten wird. Zu einem mehrgängigen Menü trinkt man am liebsten Wein, zuweilen mit Wasser verdünnt (Wein wird übrigens fast ausschließlich zum Essen getrunken).

Küche der Regionen

Frankreich ist ein Land der Regionen, was sich besonders auch in der Küche zeigt. Hier ein kleiner kulinarischer Streifzug.

Nord – Pas de Calais

Im äußersten Norden ist die flämische Küche zu Hause. Fleisch, Fisch und Meeresfrüchte, Kartoffeln, Gemüse, Käse, Äpfel sowie feine Confiserie zählen zu den Spezialitäten. In fast jedem Restaurant gibt es die auch in Belgien und den Niederlanden beliebten *moules frites* (Muscheln mit Pommes Frites).

Picardie

Mit ihrem Gemüse, wie Lauch, Karotten, Erbsen und Grünen Bohnen, ist die Picardie ein Schlaraffenland für Vegetarier. Es gibt wohl kaum eine Gegend, wo Chicorée in so zahlreichen Varianten zubereitet wird. Eine picardische Spezialität ist die *ficelle* (mit Schinken und

Champignons gefüllter Pfannkuchen). Weitere Delikatessen sind die Enten- und Gänseleberpasteten, die oft als Vorspeise auf den Tisch kommen, und Käsesorten wie der *maroilles*, ein sehr würziger Rotschmiere-Weichkäse (häufig mit Marmelade!).

Für die Freunde von erstklassigem frischem Fisch aus Meer und Süßwasser, von Meeresfrüchten und Krebstieren ist die Bretagne ein Paradies. Wer *fruits de mer* (Krusten- und Schalentiere) mag, dem sei ein *plateau* davon empfohlen, ein Teller mit Fleisch von Seespinnen (*araignées*), Krebsen (*crabes*), Taschenkrebsen (*tourteaux*), Seeigeln (*oursins*), Miesmuscheln (*moules*), Venusmuscheln (*palourdes* bzw. *praires*, wenn sie kleiner sind), Garnelen (*crevettes*), Hummer (*homard*) und Langusten (*langoustes*). Eine Delikatesse ist auch die Jakobsmuschel (*coquille St-Jacques*). Hummer und Austern (*huîtres*) sind durchaus erschwinglich. Die besten Austern soll es in Cancale, Riec-sur-Belon und in der Bucht von Quiberon geben. Bretonische Fleischspezialitäten sind *kig ha fars* (ein kräftiger Eintopf aus Gemüse, Rindfleisch und Schweinshaxe), *andouille* (Kuttelwurst), *saucisse aux choux* (Brühwurst aus Schweinefleisch mit Weißkraut) und *rillettes* (Schmalzfleisch vom Schwein). Wem derlei zu deftig ist, kann sich für *canard nantais* (gebratene Nantaiser Ente) oder das nach dem Staatsmann und Schriftsteller benannte Chateaubriand entscheiden (doppeltes Filetsteak mit Sauce Béarnaise). Berühmt ist das *agneau pré-salé*, das Lamm von den Salzwiesen um den Mont St-

Meeresfrüchte werden an Frankreichs Küsten in den köstlichsten Varianten zubereitet.

Michel. Von dem reichen Gemüseangebot verdienen die Artischocken besondere Erwähnung, schließlich liefert die Bretagne den Großteil der Edeldisteln. Als bretonisches Nationalgericht schlechthin gelten *crêpes* und *galettes*, dünne Pfannkuchen in verschiedensten Geschmacksrichtungen: pikant mit Schinken, Käse, Muscheln oder Krabben, süß mit Marmelade, Obst, Eis oder einfach Zucker. Die typischste Süßspeise ist der *far breton*, ein Eierkuchen mit Vanillearoma und eingebackenen Pflaumen oder Rosinen.

Diese einst königliche Region wartet mit vielen Spezialitäten auf: Wild wie Fasan, Perlhuhn, Reh und Wildschwein, Flussfische wie Karpfen, Barsch und Forelle, Obst und Gemüse, unter denen Spargel und Erdbeeren einen Spitzenplatz einnehmen, aber auch vielfältige Confiserie und Desserts wie die *tarte tatin* (gestürzter Apfelkuchen).

Aquitanien Steinpilze und Nüsse werden im Herbst in Hülle und Fülle gesammelt, und es gibt auch Trüffel (*truffes*), die »schwarzen Diamanten«. Foie gras, Gänse- und Entenstopfleber – in einer Sauce aus Jurançon, einem natursüßen Weißwein aus dem Béarn, oder als Pastete auf gerösteten Bauernbrot – ist die Spezialität der Region. Auch das Baskenland wartet mit vielen Delikatessen auf, z. B. mit *zikiro*, am Spieß gegrilltes Hammelfleisch, oder *urraburua*, Goldbrasse gegrillt mit Knoblauch. Das Nationalgewürz des Baskenlandes ist übrigens die sanft scharfe Chilischote.

Zur Foie gras trinkt man klassisch einen Süßwein wie Monbazillac.

In den Ardennen schätzt man Rustikales: luftgetrockneten Schinken, die weiße Schweinswurst aus Rethel (*boudin blanc*) und den Zuckerkuchen (*tarte au sucre ardennaise*) sowie Truthahn, Kaninchen, Wildschwein, aber auch Kalb und Rind sind vielfach vertreten.

Elsass Die elsässische Küche liebt Deftiges aus heimischen Produkten: *choucroute garni* (Schlachtplatte mit Sauerkraut), *chou au lard* (Weißkraut mit Speck), *tarte à l'oignon* (Zwiebelkuchen), den berühmten Flammkuchen (*tarte flambée*), *baeckeoffe* (Eintopf aus Fleisch, Kartoffeln, Zwiebeln und Weißwein), Schweinehaxen, Fleischpasteten, Kassler und Käse aus Munster.

Burgund Moutarde de Dijon (Senf aus Dijon, der Haupstadt Burgunds), *bœuf bourguignon*, *pot au feu* (Schmorfleisch mit Gemüse), *jambon persillé* (Schinken in Petersilaspik), *kir* – alles bekannte Spezialitäten, die ihren Ursprung in Burgund haben. Vor allem das Fleisch der heimischen weißen Charolais-Rinder und der aromatischen Bresse-Hühner kommt hier oft auf den Tisch, zubereitet in der traditionellen Sahne- oder einer Senfsauce. Der Kir entstand übrigens aus einer Verlegenheit: Weil er Weißwein pur nicht vertrug, mischte ihn der Bürgermeister von Dijon Felix Kir (1876–1968) mit dem Johannisbeerlikör Cassis. Cassis mit Champagner ergibt den Kir Royal.

Atlantikküste, Charente Meeresgetier aller Art steht hier in fast jedem Restaurant auf der Karte. Besondere Spezialität ist *mouclade*, Miesmuscheln in einem Sud aus Weißwein, Lorbeerblättern und Zwiebeln, verfeinert mit Crème fraîche, Eigelb und Curry. Genießer, die sich nicht so sehr an Fisch und Meeresfrüchten erfreuen, können sich mit *daube des Charentes* anfreunden, einem mit Wein und Cognac geschmorten Rindsragout, oder mit *gigot d'agneau*, einer mit Knoblauch gespickten Lammkeule, zu der weiße Bohnen (*mohettes*) serviert werden.

Eine besondere Stellung nimmt die provenzalische Küche ein. Im Gegensatz zur französischen Küche bevorzugt sie Olivenöl und Tomaten. Wichtigste Gewürze sind Knoblauch und Zwiebeln, ferner Rosmarin, Thymian, Basilikum, Salbei und Safran. Die bekanntesten Spezialitäten: *bouillabaisse* (gehaltvolle Fischsuppe mit Knoblauch und Safran), *ratatouille* (mit Tomaten geschmortes Gemüse) und *salade niçoise* (grüner Salat mit Thunfisch, Ei, Zwiebel, Oliven u. a.).

Provence

Deftige Speisen aus den Bergen wie das Kartoffelgericht *aligot*, Innereien wie *tripes à l'alésienne* (Kutteln) gehören zu den Delikatessen der Region. Weitere Spezialitäten sind *tapenade*, eine Paste aus Oliven und Sardellen, die zu Vorspeisen gericht wird, und *brandade*, ein Stockfischpüree. Im Küstenbereich kommt natürlich Meeresgetier auf den Tisch, etwa Austern und Muscheln oder die *zarzuela*, ein spanisches Ragout aus Fisch und Meeresfrüchten.

Languedoc-Roussillon

Spezialitäten der größten französischen Region sind: das berühmte *cassoulet*, ein Bohneneintopf, der mit Gans oder Ente, Schinken, Schweinshaxe, Knoblauchwurst und Speck angereichert ist; rund um Figeac *estofinado*, ein Fischpüree; Spießkuchen, der über Holzfeuer an einem Spieß gebacken wird. Die Cevennen sind die Heimat des bekannten Roquefort, eines Blauschimmelkäses aus Schafsmilch.

Midi-Pyrenées

Getränke

Zu den Mahlzeiten gehört fast selbstverständlich französischer Wein (▶ S. 118). Im Allgemeinen ist der offene Tischwein (*un petit blanc, un petit rouge*) durchaus zu empfehlen, von dem man *une carafe* (etwa 0,5 l) oder *un carafon* (etwa 0,25 l) bestellt. Bei der Wahl von Flaschenweinen, als ganze (*entière bouteille*) oder halbe Flaschen (*demie bouteille*), lasse man sich vom Ober beraten.

Wein

Gut und beliebt sind die Biere aus dem Elsass (Pêcheur, Kronenbourg, Kanterbräu, Mutzig), aus Lothringen (Champigneulles, Vézélise), aber auch aus der Region Nord-Pas-de-Calais, in der zwei Drittel aller Brauereien des Landes ansässig sind. Man unterscheidet zwischen Flaschenbier (*anette*) und Bier vom Fass (*bière pression*). Ein kleines Glas vom Fass (0,3 l) wird als *demi* bezeichnet, eine Halbe (0,5 l) meist als *véritable*, der Liter als *formidable*.

Bier

Das Essen wird häufig mit einem starken, schwarzen Kaffee abgeschlossen. Wer einen *café* bestellt, erhält einen kleinen Espresso. Wünscht man einen Milchkaffee, verlangt man *café crème*, *grand crème* oder *café au lait*. Dem Freund von Tee (*thé*) seien auch die beliebten Kräutertees empfohlen (*tisane, infusion*).

Kaffee und Tee

Mineralwasser

Mineralwasser gibt es still (*eau minérale*, *plat*) oder mit Kohlensäure (*gazeuse*). In ganz Frankreich verbreitet sind Perrier, Vichy, Evian, Vittel und Contrexéville.

Regionale Spezialitäten

In der Normandie und anderen Obstanbaugebieten wird der *cidre* (Apfelwein) sehr geschätzt, und zwar *doux* (süß), *brut* (herb), *demi-sec* (leicht süß), *sec* (trocken) etc. Aus Cidre wird der Calvados gebrannt, der in der Normandie gern während der Mahlzeit genossen wird, eine Sitte, die man als *trou normand* (»normannisches Loch«) bezeichnet. Aus den Charentes stammt der Cognac, der in Eichenfässern reift und so berühmte Namen trägt wie Hennessy, Martell oder Rémy Martin. Die Gascogne ist die Heimat des Armagnac, eines weichen Weinbrands, den viele noch dem Cognac vorziehen. In Südwestfrankreich ist der Pineau verbreitet, ein Mix aus Traubensaft und Weinbrand. Hervorragend sind die meist aus kleineren Brennereien stammenden klaren Obstwässer aus dem Elsass, berühmt die Liköre wie der Cointreau und der Chartreuse, ein Kräuterlikör, der in der Dauphiné von Mönchen gebraut wird. Nicht nur in der Provence schätzt man Pastis (Anisette), einen Anislikör, der mit Eiswasser verdünnt als Apéritif genossen wird.

Pouilly Fumé von der oberen Loire, ein eleganter Sauvignon Blanc

Wein

Ältestes Weinanbaugebiet Frankreichs ist die Provence, hier gediehen schon Reben, als griechische Händler 600 v. Chr. aus Kleinasien in der von Phöniziern gegründeten Stadt Massalia (Marseille) ankamen. Heute werden in ganz Frankreich auf rund einer Million Hektar – fast 10 % des gesamten landwirtschaftlich genützten Bodens – rund ein Fünftel der Weine der Welt hergestellt. Die Spitzenregionen sind Bordeaux, Burgund, Champagne, Loire und Rhône. Größte Weinregion ist der Midi (Languedoc, Roussillon), von hier kommen rund 40 % aller französischen Weine. Nur der Schaumwein aus der Champagne, der nach festgelegtem Verfahren hergestellt ist, darf sich »Champagner« nennen; Schaumweine aus anderen Teilen Frankreichs heißen »Vin Mousseux« oder »Crémant«. Werden sie nach dem klassischen Champagner-Verfahren erzeugt, wird dies mit dem Hinweis »Méthode traditionelle« vermerkt. In den Weinregionen und -orten informieren die Tourismusbüros über Kellereien (Besichtigung, Verkostung), Seminare, geführte Wanderungen etc.

Die meisten Weinbaugebiete besitzen eine (mehrere) Appellation(s) d'Origine Protégée (AOP, bis 2009 AOC), die vom Institut National de l'Origine et de la Qualité (INAO) vergeben wird. Derzeit gibt es ca. 400 Appellationen, die rund 50 % der Gesamtproduktion ausmachen. Die AOP garantiert Herkunft und Herstellungsmethode, Rebsorten und Produktionsmengen. Weine, die den Vorschriften der AOP nicht entsprechen – das tun auch einige hochklassige, teure Tropfen –, tragen die Bezeichnung VDQS (Vin Délimité de Qualité Supérieure). Der Vin de Pays (Landwein) wurde zur Indication Géographique Protégée (IGP) aufgewertet und strenger reglementiert, das Etikett Vin de Table durch Vin sans IG (Wein ohne Herkunftsbezeichnung) bzw. Vin de France ersetzt.

Appellationen

Darüber hinaus gibt es weitere regionale Herkunfts- und Klassifizierungsbezeichnungen: Cru Classé (Premier Cru, Deuxième Cru usw.) und Cru Bourgeois in Bordeaux, Grand Cru und Premier Cru in Burgund; in der Champagne sind Orte als Grand Cru oder Premier Cru eingestuft, im Elsass gilt das Prädikat Grand Cru für bestimmte Weinberge bzw. Lagen. Manche Regionen haben auch ihre typischen Flaschenformen und -farben.

Wichtige Weinbegriffe

Appellation d'Origine Protégée	Geschützte Ursprungsbezeichnung
Blanc de Noirs / de Blancs	Weißwein (auch Schaumwein) aus roten / weißen Trauben
Cave / Caveau	Weinkeller(ei)
Cépage	Rebsorte
Château	Weingut
Clos	Lage, Weinberg
Cuvée	Verschnitt
Domaine	Weingut
Indication Géographique Protégée	Geschützte geografische Bezeichnung
Méthode traditionelle	Flaschengärung (bei Schaumwein)
Mis(e) en bouteille	Abgefüllt bei …
Nouveau	Junger Wein
Vendange tardive	Spätlese
Vin délimité de qualité supérieure (VDQS)	Qualitätswein bestimmter Anbaugebiete

Weinliteratur Burtschy, B., Guide Malesan des Vins de France. Solar, Paris 2004 (letzte Ausgabe). Ca. 300 preiswerte Weine.
Duijker, H., Weinstraßen Frankreichs. Hallwag, Bern/Stuttgart 1992
Hachette Encyclopédie Touristique des Vins de France. Paris 2010. Wein-Reiseführer mit 37 Routen.
Guide Hachette des Vins. Berühmtes Nachschlagewerk mit über 35 000 Weinen. Erscheint jährlich.
Jefford, A., Lowe. J., Weinlandschaft Frankreich. Gräfe & Unzer, München 2003
Johnson, H., Duijker, H., Atlas der französischen Weine. Hallwag, Bern/Stuttgart ^{5}1998
Pibéreau-Gayon, P., Atlas Hachette des Vins de France. Paris 2000
Schrader, H., Weingüter in Frankreich. Gerlingen 2005. Hervorragender Führer zu kaum bekannten, aber sehr guten Winzern.

Essen gehen

Was gibt es wo? In Frankreich gibt es Restaurants jeder Art in Hülle und Fülle: Tempel der Haute Cuisine ebenso wie familiäre Lokale mit traditionellen Spezialitäten der Regionen oder mit Gerichten aus aller Herren Län-

Maison des Graves in La Brède, ein typisches ländliches Restaurant

der. Auch Fastfood-Lokale und Pizzerien findet man wie in ganz Europa zuhauf. Billig isst man in Selbstbedienungsrestaurants und (Tipp!) in den Cafeterias und Restaurants der Universitäten, die meist auch Nichtstudenten offen stehen. In »richtigen« Restaurants sind kleine Mahlzeiten zu moderatem Preis kaum zu erhalten; dafür geht man in ein Bistro oder eine Brasserie.

Menüs

Die meisten Restaurants bieten zwei bis drei Menüs zu festem Preis an (Vorspeise, Hauptgericht, Dessert; ohne Getränke). Oder man isst à la carte, d. h. man stellt sich die Speisenfolge selbst zusammen, doch das ist um einiges teurer. In manchen Restaurants kann man auch zwischen einem *plat du jour* (Tagesgericht ohne Vor-, meist aber mit Nachspeise), der *formule* (Hauptgericht und wahlweise Vorspeise oder Dessert) oder *menu du jour* (drei Gänge) wählen, das üppigste und teuerste ist ein *menu gastronomique / menu dégustation*. Viele edle Restaurants bieten mittags preiswertere Menüs an; wer bei schmälerem Geldbeutel einmal »prassen« will, sollte also mittags essen gehen. Meiden sollte man – v. a. in Großstädten – das *menu touristique*, hier bezahlt man für das Gebotene meist zuviel.

> ### ℹ️ Preiskategorien
>
> Die in den Empfehlungen des Teils »Reiseziele von A bis Z« verwendeten Kategorien beziehen sich auf ein Menü mit drei Gängen, zu festem Preis oder à la carte.
>
> - Preiswert: bis 25 €
> - Erschwinglich: bis 45 €
> - Fein & teuer: über 45 €

Getränke

Spätestens am Abend trinkt man gern einen guten Wein zum Essen, wobei es nicht üblich ist, nur ein Glas zu bestellen. In den meisten Restaurants wird offener Wein angeboten, der im *pichet* (Krug, ab einem Viertelliter) serviert wird. Wer Flaschenwein bevorzugt, muss nicht gleich eine ganze *bouteille* bestellen, oft sind auch halbe Flaschen erhältlich. In Frankreich wird viel Wasser zum Essen getrunken, Mineralwasser mit Kohlensäure (*eau gazeuse*) oder ohne (*eau naturelle*); auch kann man kostenloses Leitungswasser (*une carafe d'eau, de l'eau plate*) bestellen. Den Abschluss eines Essens bilden meist ein kleiner schwarzer Kaffee und/oder ein *digestif* in Form eines Cognac, Armagnac oder Calvados.

Kleiner Restaurant-Knigge

Mittags haben die Restaurants zwischen 12.00 und 14.30 Uhr geöffnet, abends zwischen 19.00 und 22.30 Uhr. In frequentierten Orten sollte man frühzeitig einen Tisch bestellen. Nach dem Betreten des Lokals wird der Gast normalerweise an einen Tisch geführt; natürlich kann man auch eigene Wünsche äußern. In kleineren, informellen gastronomischen Einrichtungen sucht man sich selbst einen Platz; unüblich ist es allerdings immer, sich an einen Tisch mit anderen Gästen zu setzen. Kellnerin und Kellner werden nicht mit »Garçon!«, sondern mit »Madame!« bzw. »Monsieur!« oder »S'il vous plaît« gerufen. Getrennte Rechnungen sind in Frankreich nicht üb-

Für viele fast ein zweites Zuhause: die Bar

lich. Das eigentliche Bedienungsgeld ist in den Preisen inbegriffen (*service compris*), als Trinkgeld hinterlässt man 5 – 10 %, bei Bezahlung mit Kreditkarte in bar.

Weitere gastronomische Einrichtungen
Die Bar ist keine Nachtbar, sondern eine Mischung aus Café und Kneipe, oft bekommt man hier auch Zigaretten, Briefmarken und Telefonkarten. Das Bistro (Bistrot) ist ursprünglich vergleichbar mit einer Bar bzw. einem Café, kann heute aber auch ein echtes Restaurant sein. Die Cafés konzentrieren sich auf Kaffee und andere Getränke, servieren aber auch kleine Imbisse wie belegtes Baguette oder Croque-Monsieur (Toast mit Schinken und Käse). Ein Café nach deutscher oder österreichischer Art heißt in Frankreich Salon de Thé. Die Brasserie, ein Bierlokal, vereinigt Café und Restaurant; es kann schlicht, aber auch edel sein und ist von morgens bis spät abends geöffnet. Die Relais Routiers sind preisgünstige Fernfahrerlokale, die nicht nur von den »Kapitänen der Landstraße« gern aufgesucht werden (▶Übernachten).

Fahrradurlaub

Radreisen in Frankreich sind sehr beliebt. Das Loire-Tal und die Bretagne sind große Magneten, Flußläufe wie die Dordogne oder die Treidelpfade an den alten Kanälen bieten geradezu paradiesische Bedingungen. Sportlichere Naturen finden in den Alpen und den Pyrenäen, im Massif Central oder der Provence schweißtreibende Reviere, für das Rennrad wie für das Mountainbike (*vélo tout-terrain*, VTT). Neben dem großen Netz wenig befahrener ländlicher Straßen stehen über 3000 Kilometer Radwege zur Verfügung. Unter dem

Titel Voies Vertes (www.voiesvertes.com) entsteht ein Netz von Fernradwegen. Die regionalen und örtlichen Tourismusbüros haben reizvolle kurze und lange Radtouren erarbeitet, die Hotellerie hat sich auf Radurlauber eingestellt; u. a. bieten zahlreiche Gîtes d'Etape preiswerte Unterkunft (▶Übernachten). Ausgezeichnete Quellen für Informationen rund um den Radurlaub in Frankreich sind die Websites des ADFC und der FUBicy. Für Hobby-Radsportler sind die Fédération Française de Cyclisme und die Fédération Française de Cyclotourisme zuständig. **Beachten:** Außerhalb geschlossener Ortschaften müssen Radfahrer tagsüber bei schlechter Sicht sowie nachts eine reflektierende **Sicherheitsweste** tragen.

Organisierte Radtouren

Eine große Zahl deutscher und französischer Veranstalter bietet alles vom Tourenvorschlag bis zur All-inclusive-Reise. Informationen geben die Reisebüros und Atout France (▶Auskunft). Eine Reihe von Veranstaltern gibt zusammen mit dem ADFC einen Katalog heraus, zu beziehen über Rückenwind-Reisen.

Anreise mit Bahn oder Bus

Etwas umständlich, insgesamt aber problemlos ist die Mitnahme des Fahrrads im Zug, auch im TGV (▶ Verkehr). Spezialunternehmen wie Natours bieten eine bequeme An- und Rückreise mit dem Bus.

Fahrradverleih

Die SNCF bieten an einer Reihe von Bahnhöfen Fahrräder an, die man ausleihen und an einem anderen Bahnhof wieder abgeben kann. Das Gleiche gilt für die RER in Paris und Umgebung. Praktisch an allen touristisch interessanten Orten und Plätzen, z. B. auch in Schlossparks wie Versailles, gibt es Verleihe.

▶ INFORMATIONEN FÜR RADFAHRER

▶ **Allgemeiner Deutscher Fahrradclub (ADFC)**
Postfach 10 77 47, 28077 Bremen
Tel. (04 21) 34 62 90
www.adfc.de

▶ **Rückenwind-Reisen**
Am Patentbusch 14
26125 Oldenburg
Tel. (04 41) 4 85 97-0
www.rueckenwind.de

▶ **Natours Reisen**
Untere Eschstraße 15
49179 Ostercappeln
Tel. (0 54 73) 9 22 90
www.natours.de

▶ **Fédération Française de Cyclisme**
5 Rue de Rome
93561 Rosny-sous-Bois
Fax 01 48 94 09 97, www.ffc.fr

▶ **Fédération Française de Cyclotourisme**
12 Rue Louis Bertrand
94207 Ivry-sur-Seine Cedex
Fax 01 56 20 88 99
www.ffct.org

▶ **Fédération Française des Usagers de la Bicyclette (FUBicy)**
12 Rue des Bouchers
67000 Strasbourg, www.fubicy.org

Feiertage, Feste und Events

Allgemeines Frankreich ist überreich an Festivals, kleinen und großen, regionalen und internationalen. Klassische und moderne Musik, Chanson, Theater, Kino und Tanz sind die wichtigsten Themen. Dazu kommen eine unübersehbare Zahl von traditionellen Festen, Wein- und Gastrofesten, Sportveranstaltungen, Antiquitätenmessen und vieles mehr. Informationen geben Atout France (▶ Auskunft) und die diversen Tourismusbüros.

FESTE FEIERTAGE

- 1. Januar: Neujahr (Jour de l'An)
- 1. Mai: Tag der Arbeit (Fête du Travail)
- 8. Mai: Tag des Waffenstillstands 1945 (Armistice 1945)
- 14. Juli: Nationalfeiertag (Fête Nationale, zum Gedenken an den Sturm auf die Bastille 1789)
- 15. August: Mariä Himmelfahrt (Assomption)
- 1. November: Allerheiligen (Toussaint)
- 11. November: Tag des Waffenstillstands 1918
- 25. Dezember: 1. Weihnachtsfeiertag (Noël)

BEWEGLICHE FEIERTAGE

Ostermontag (Lundi de Pâques)
Christi Himmelfahrt (Ascension)
(Der Pfingstmontag ist seit 2004 kein Feiertag mehr.)

ZUSÄTZLICHE FEIERTAGE IM ELSASS

Karfreitag (Vendredi Saint)
26. Dezember: 2. Weihnachtsfeiertag

FEIERTAGE IN MONACO

Fronleichnam (Fête-Dieu)
19. November: Nationalfeiertag
8. Dezember: Mariä Empfängnis

VERANSTALTUNGSKALENDER

▶ **Januar**
Paris: Start der Rallye Paris-Dakar.
Angoulême: Internationales Comic-Festival (um den 20.1.).
Clermont-Ferrand: Internationales Festival des Kurzfilms (Ende Jan.).
Gérardmer: Fantastic'Arts (Festival des Fantasy-Films, Ende Jan.).

▶ **Februar**
Ile d'Oléron: Fête des Mimosas (Mimosenfest) in St-Trojan-les-Bains.
Menton: Zitrusfrüchte-Fest.

▶ **Ende Januar – Mitte März**
Côte d'Azur: An vielen Orten Karneval, der schönste in Nizza: zwölf Tage lang mit Höhepunkt am Faschingsdienstag mit Feuerwerk, Konfettiregen und großer Blumenschlacht.
Nord-Pas-de-Calais: An vielen Orten Karneval, besonders eindrucksvoll in Dunkerque.

▶ **März**
Cognac: Festival des Kriminalfilms

▶ **März / April**
Perpignan: Karfreitagsprozession: Die Bruderschaft des Heiligen Kreuzes, mit spitzen roten Hüten und in Kutten gehüllt, holt das

Kreuz »Dévot Christ« aus der Kapelle der Kathedrale St-Jean und trägt es feierlich durch die Stadt.

April
Carnac: Ende April Katamaran-Wettbewerb.
Fahrradrennen Paris–Roubaix.

April/Mai
Orléans: 29. April und 7./8. Mai Fest der Jeanne d'Arc.

Mai
Zum 1. Mai schenkt man sich Maiglöckchen.
Arles: Fêtes des Gardians (Fest der Pferdehirten). Bei der Messe in provenzalischer Sprache werden Pferde gesegnet. Es finden auch Stierkämpfe statt.
Cannes: Internationales Filmfestival (Mitte–Ende Mai).
Chaumont (Loire): Internationales Gartenfestival (Mitte Mai bis Mitte Okt.).
La Rochelle: Internationale Segelwoche.
Monaco: Gran Prix der Formel 1 (um den 20. Mai).
Stes-Maries-de-la-Mer: 24./25. Mai Pèlerinage des Gitans (Wallfahrt der Sinti): Sinti aus ganz Europa feiern ihre Schutzpatronin, die schwarze Sara. In einer farbenprächtigen Prozession wird ihre Statue zur Segnung ins Meer hinausgetragen. Abends Fest mit Musik, Stierspielen und provenzalischen Tänzen.
Nîmes: Eine Woche vor Pfingsten Beginn der 2-wöchigen Féria mit Stierkampf, Theater, Folklore, Jazz.

Mai – September
In der Bretagne finden Volksfeste und die Pardons statt, Prozessionen zu Ehren eines Ortsheiligen. Der größte wird am 25./26. Juli in Ste-Anne-d'Auray begangen (am 25. Lichterprozession, am 26. große Ste-Anne-Prozession).

Das elsässische Obernai feiert am Wochenende nach dem 14. Juli das große Volksfest »Hans em Schnokeloch«, das durch ein altes Lied inspiriert ist.

Im bretonischen Douarnenez treffen sich allle geraden Jahre Ende Juli Hunderte herrlicher alter Segelschiffe.

▶ **Juni**

Le Mans: Mitte Juni 24-Stunden-Autorennen.

Tarascon: Am letzten Wochenende viertägiges Fest der Tarasque mit alten Bräuchen der Provence.

21. Juni: Fête de la Musique, eingeführt 1982 von Kulturminister Jack Lang und fast so wichtig wie der Tag der Bastille: Im ganzen Land wird Musik gemacht.

Paris: French Open im Tennis (Stade Roland-Garros, Ende Juni).

▶ **Juli**

Tour de France (▶Baedeker Special S. 160).

Magny-Cours: Anfang Juli Grand Prix der Formel 1.

Avignon: Anfang Juli bis Anfang August Festival d'Art Dramatique: Theater, Tanz, Konzerte, Ballett, Straßentheater, Klassische und Avantgarde-Kunst.

Aix-en-Provence: Anfang Juli bis Anfang August Festival International d'Art Lyrique et de Musique (Musik und Oper).

Locronan: 2. Juli-Sonntag kleine Troménie (Kombination von Pardon und Volksfest); alle sechs Jahre findet eine große Troménie statt (wieder 2013).

14. Juli: Den Nationalfeiertag feiert man überall – besonders prächtig in Paris mit Paraden, Tanz und Feuerwerk.

Quimper: In der Woche vor dem 3. Sonntag Festival de Cornouaille, ein großes Folklorefest mit Teilnehmern aus allen keltischen Gebieten Europas.

Salon-de-Provence: 3. Juliwoche Festival de Jazz.
Beaucaire: 21.–28. Juli Festival (100 Stiere toben durch den Ort, begleitet von Gardians).
Orange: Mitte Juli – Anf. Aug. Chorégies (Oper, Theater und Konzerte im Römischen Theater).

▶ August
15. August (Mariä Himmelfahrt); überall Volksfeste mit Umzug, Blumenkorso und Feuerwerk.

▶ September
Deauville: 11-tägiges Festival des amerikanischen Films. Viele Hollywoodstars sind präsent.

▶ Oktober
Toulouse und Umgebung: Jazz sur Son 31: Konzerte internationaler Jazzgrößen – nicht einmal New York hat ein größeres Angebot. Auch: Zirkusfestival.

▶ November
Unter den vielen Weinfesten in Frankreich ragen die »Trois Glorieuses« (Die Drei Glorreichen) in Burgund heraus. Am 3. Novembersamstag veranstaltet die Bruderschaft der Chevaliers du Tastevin im Château Clos-de-Vougeot bei Nuits-St-Georges ein Festbankett mit Weinprobe. Am folgenden Sonntag werden im Hospiz von Beaune die Weine des neuen Jahrgangs versteigert. Am Montag endet das von der Bevölkerung mitgefeierte Fest mit der »Paulée«, einem großen Gelage in Meursault.
Paris: Am 11. November (Tag des Waffenstillstands 1918) große Militärzeremonie am Arc de Triomphe.

▶ Dezember
Marseille: Letzter Novembersonntag – 31. Dezember Foire aux Santons (Markt für Krippenfiguren aus Ton).
Weihnachtsmärkte in vielen Orten, besonders traditionsreich und schön in Elsass und Lothringen.

Geld

Euro
Der Euro ist in Frankreich ebenso wie in Deutschland und Österreich Zahlungsmittel (1 CHF = ca. 0,70 €). Die nationalen Seiten der französischen Münzen zeigen auf den Ein- und Zwei-€-Stücken einen Lebensbaum, umgeben vom Motto »Liberté, Egalité, Fraternité«, auf den Münzen zu 10, 20 und 50 Cent die von den alten Franc-Stücken bekannte Säerin in neuer Gestaltung, auf den Münzen zu 1, 2 und 5 Cent die »Marianne«.
Beachten: Da das Wort »cent« auch »hundert« bedeutet, benützt man für die Cent-Beträge meist das alte »centime«.

Devisenbestimmungen
Die Ein- und Ausfuhr in- und ausländischer Zahlungsmittel nach Frankreich unterliegt keinen Beschränkungen. Beträge über 10 000 € sind bei Ein- und Ausreise zu deklarieren.

Öffnungszeiten Banken — Die Banken haben Mo.–Fr. oder Di.–Sa. von 8.00/9.00 bis 12.00/13.00 Uhr und von 14.00 bis 16.30/17.00 Uhr geöffnet, in Großstädten z. T. auch durchgehend. Vor einem Feiertag ist in der Regel schon ab 12.00 Uhr geschlossen.

Geldautomaten — Überall kann man mit Bank-/Kreditkarte und Geheimnummer Geld an Geldautomaten (distributeur automatique de billets, point d'argent) abheben (Gebühr).

Kreditkarten — In Frankreich wird sehr häufig mit der Kreditkarte bezahlt, sei es im Hotel, im Restaurant, an der Tankstelle oder im Supermarkt. Das bedeutet, dass auf große Scheine häufig nicht herausgegeben werden kann und man immer kleine Scheine dabei haben sollte. Auch viele Einzelhandelsgeschäfte akzeptieren Kreditkarten. Achtung: Mit einer heimischen Bankkarte kann man nur selten bezahlen!

Kartenverlust — Eine verlorengegangene Bank- oder Kreditkarte lasse man umgehend unter der deutschen Telefonnummer (00 49) 116 116 sperren. Dazu unbedingt vor der Reise Bankleitzahl, Kontonummer, Kartennummer und Gültigkeitsende notieren. Auch Handys und Krankenversicherungskarten können unter dieser Nummer gesperrt werden.
Weitere Sperr-Rufnummern aus dem Ausland:
Visa: Tel. 800 819 014 (gebührenfrei, nur aus dem Festnetz)
Mastercard: Tel. 800 870 866
American Express: Tel. 00 49 69 97 97 20 00

Autobahngebühren — Autobahngebühren können mit Bargeld oder den gebräuchlichen Kreditkarten wie Mastercard und Visa bezahlt werden, jedoch nicht mit Maestro-Bankkarten.

Gesundheit

Ärzte — Die Adressen der Ärzte (médecins) und Zahnärzte (dentistes) findet man in den »Pages Jaunes« (Gelbe Seiten) des örtlichen Telefonbuchs. Die Tourismusbüros verfügen oft über Listen von Ärzten mit Fremdsprachenkenntnissen (meist Englisch). Auch die Hotelrezeptionen und die Polizei helfen bei der Suche nach einem Arzt. Der Bereitschaftsdienst der Ärzte wird in der Lokalpresse veröffentlicht.

Apotheken — Apotheken (Pharmacie) werden durch ein grünes Kreuz signalisiert. Öffnungszeiten: 9.00–12.00, 14.00–18.30 Uhr. Welche Apotheke nachts und am Wochenende Dienst hat, wird an den Türen der Apotheken und in der Lokalpresse angezeigt.

Krankenversicherung — ▶Anreise
Notrufe — ▶dort

Jugendreisen

Frankreich ist ein klassisches Jugendreiseland. Die Schulferien werden bevorzugt am Meer, auf dem Land, in anderen Städten mit vielfältigen Aktivitäten verbracht. Dementsprechend gut organisiert und umfangreich sind die Angebote der Tourismuseinrichtungen für junge Leute. Atout France (▶Auskunft) hält eine Broschüre »Frankreich – Reiseziel für junge Leute« bereit, die über alles Wichtige und Interessante informiert: Verkehrsmittel (Ermäßigungen, Mitfahrzentralen), Unterkunft (von Jugendherbergen bis zu den Zentren für Internationale Begegnung und Studentenwohnheimen), Aktivurlaub (Sprachkurse, Sport, kulturelle Arbeit, auch Jobs) und die notwendigen technischen Dinge. Jugendherbergen ▶Übernachten.

ORGANISATIONEN FÜR JUGENDLICHE

▶ **Accueil des Jeunes en France**
119 Rue St-Martin, 75004 Paris
Tel. 01 42 77 87 80
www.paris.org/Accueil/Foyers

▶ **Éthic Étapes**
27 Rue de Turbigo, 75002 Paris
Tel. 01 40 26 57 64
www.ethic-etapes.fr

Knigge

Gute Umgangsformen

Man grüßt nicht einfach mit »Bonjour«, sondern höflich mit »Bonjour Madame/Monsieur«. Eine Anrede sollte man auch nicht bei Bitte oder Dank vergessen: »S'il vous plaît/Merci, Madame/Monsieur«. Muss man sich einen Weg bahnen oder rempelt man jemanden an, entschuldigt man sich mit einem »Pardon« oder »Excusez-moi«. Männer begrüßen sich mit Handschlag, Frauen mit (einer unterschiedlichen Zahl) von angedeuteten Küsschen links und rechts.

Trinkgeld

Im Allgemeinen wird ein Trinkgeld (*pourboire*) bei denselben Gelegenheiten und in ähnlicher Höhe gegeben wie von zu Hause gewohnt. In Hotels, Restaurants und Cafés ist das eigentliche Bedienungsgeld fast immer im Rechnungsbetrag enthalten (*service compris*). Dennoch gibt man ggf. – zum Dank für gute Bedienung – etwa 5 bis 10 % des Rechnungsbetrags. Wer mit Bank- oder Kreditkarte zahlt, sollte den entsprechenden Betrag in bar zurücklassen. In Cafés und Bars lässt man einfach das Geld auf dem Tellerchen liegen. Auch Taxifahrer (0,50 – 1 €), Fremdenführer (1 – 2 €), Toilettenfrauen und der Zimmerservice freuen sich über ein Trinkgeld.

Rauchverbot In Frankreich gilt für alle öffentlichen Gebäude – d. h. für den Touristen Museen, Kinos, Verkehrsmittel, Restaurants, Cafés, Hotels und überdachten Plätze – ein absolutes Rauchverbot.

Landkarten

Außer der zu diesem Band gehörenden Reisekarte sind Karten mit kleinerem Maßstab zu empfehlen. Französische Karten können auch zu Hause über jede Buchhandlung bezogen werden, sind in Frankreich jedoch deutlich billiger.

Straßenkarten Marco Polo Karten Frankreich 1 : 300 000, 1 : 200 000
Kümmerly + Frey Regionalkarten Frankreich 1 : 180 000
Michelin: Régional (1 : 200 000), Départements (1 : 150 000), Zoom (diverse größere Maßstäbe); Straßen- und Reiseatlas 1 : 200 000 (2 Formate) mit Stadtplänen
IGN Cartes Routières 1 : 250 000 und diverse größere Maßstäbe

Wanderkarten Das französische Institut Géographique National (IGN) gibt hervorragende Kartenwerke verschiedener Maßstäbe heraus:
Cartes Tourisme et Découverte TOP 100: Straßen- und Wanderkarten 1 : 100 000 mit touristischen Informationen
Série Orange 1 : 50 000
TOP 25 / Serie Bleue 1 : 25 000: Wanderkarten als Sonderausgaben der Topografischen Karten für touristische Gebiete.

Fahrradkarten Für Radwanderer sind die Michelin Straßenkarten Régional in Kombination mit der IGN TOP 100 für Details zu empfehlen.

Literaturempfehlungen

Landeskunde und Geschichte **Ardagh, J., Jones, C.:** Bildatlas der Weltkulturen Frankreich. München 1992 / Augsburg 1997. Eine Landeskunde in Bild und Text.
Jones, C.: Frankreich: Eine illustrierte Geschichte. Frankfurt a. M. 1995 (Original: The Cambridge Illustrated History of France). Französische Geschichte wird hier »anschaulich« gemacht.
Haensch, G., Fischer, P.: Kleines Frankreich Lexikon. Beck'sche Reihe Länder. Wissenswertes über Frankreich und seine Menschen.
Harpprecht, Klaus: Mein Frankreich. Reinbek 2000. Eine Analyse der politischen Geschichte Frankreichs, voller geistreicher und hintersinniger Beobachtungen.
Koeppen, Wolfgang: Reisen nach Frankreich (mehrere Ausgaben). Die Reiseberichte des 1996 verstorbenen Schriftstellers glänzen durch die präzise, sensible Beobachtung von Land und Leuten.

Ulrich, K., Lesbros, D.: Zeit für Paris: Metropole für Entdecker und Genießer. München 2007. Wer einen genaueren Einblick in die faszinierende Stadt gewinnen will, in ihre lebendige Geschichte, ihre Schönheiten und Stimmungen, findet hier jede Menge »Stoff«.
Wickert, Ulrich: Frankreich. Die wunderbare Illusion. Hamburg 1989. Der frühere Pariser ARD-Korrespondent und »halbe Franzose« über unsere Nachbarn, ein vielschichtiges Porträt Frankreichs.

Balzac, Honoré de: Die Chouans oder die Bretagne im Jahre 1799. **Belletristik** Die Liebe zwischen einer Republikanerin und einem Aristokraten während der Kämpfe der bretonischen Königstreuen gegen die Parteigänger der Französischen Revolution.
Benjamin, Walter: Marseille (1929). In: Städtebilder. Frankfurt a. M. 1963. Die Stadt am Mittelmeer in den 1920er-Jahren.
Carrière, Jean: Der Sperber von Maheux. Heidelberg 1980. Roman über eine Köhlerfamilie in der Einsamkeit der südfranzösischen Cevennen, die mit der Zivilisation konfrontiert wird. Ausgezeichnet mit dem »Prix Goncourt«.
Charef, Mehdi: Tee im Harem des Archimedes (1983). Schräge Schilderung des Lebens junger Leute mit »Migrationshintergrund« in den Betonvorstädten von Paris. 1985 verfilmt.
Colette: Mein Elternhaus (1922). Roman mit autobiographischen Zügen, der u. a. in Burgund spielt.
Feuchtwanger, Lion: Der Teufel in Frankreich. Tagebuchaufzeichnungen und Briefe des jüdischen Schriftstellers, geschrieben 1940 während der Gefangenschaft in einem französischen Internierungslager und nach der Flucht 1941.
Flaubert, G.: Madame Bovary (1857). Roman über die Affäre einer Landarztfrau mit herrlichen Schilderungen der Normandie.
Giono, Jean: Der Husar auf dem Dach (1955). Liebesgeschichte zwischen dem italienischen Husar Angelo und der Marquise von Théus in der ländlichen Welt der Provence.
Harig, Ludwig: Gauguins Bretagne. Ein Tagebuch. Hamburg 1998
Pagnol, Marcel: Marcel – Eine Kindheit in der Provence (1957). Einfühlsame, witzige Schilderung des Lebens einer liebenswerten Chaotenfamilie in und um Aubagne, eine Hymne an die Provence.
Proust, Marcel: Eine Liebe von Swann (1913). Der Untergang der Belle Époque in Paris.
Rabelais, François: Pantagruel und Gargantua (1532–1534). Satirisch-fantastischer Roman mit Beschreibungen der Loire-Landschaften.
Rouaud, Jean: Die Felder der Ehre. München 1993. Familiensaga über drei Generationen mit Porträt der Landschaft und ihrer Bewohner an der Loire-Mündung.
Sagan, Françoise: Stehendes Gewitter (1983). Liebesgeschichte, die das Leben in der Charente schildert.
Sieburg, Friedrich: Unsere schönsten Jahre (1950). Erlebnisse des deutschen Schriftstellers in Frankreich.
Soupault, Ré (Hrsg.): Bretonische Märchen. Diederichs Verlag 1959

Tucholsky, Kurt: Ein Pyrenäenbuch. Reinbek 1962. Reiseschilderung des Satirikers aus dem ersten Drittel des 20. Jahrhunderts.
Zola, Émile: Germinal (1885). Das Epos beschreibt das Milieu der Bergarbeiter Nordfrankreichs in der 2. Hälfte des 19. Jh.s und den Kampf der Kumpel um mehr Rechte.Mit G. Dépardieu verfilmt.

Museen und Schlösser

Öffnungszeiten Die städtischen Museen haben meist am Montag geschlossen, die Nationalmuseen meist am Dienstag. Zur Hauptreisezeit haben wichtige Häuser meist keinen Ruhetag. Im Winter, etwa Nov – März oder April, haben manche Museen und Schlösser geschlossen oder schränken ihre Öffnungszeiten stark ein. Beachten: **Letzter Zutritt** ist häufig eine halbe bis eine ganze Stunde vor Schließung!

Eintritt Die Nationalmuseen und staatlich verwalteten Baudenkmäler – außer denen in Versailles – sowie viele städtische Museen sind am ersten So. des Monats gratis zugänglich, an den anderen Sonntagen gilt ein reduzierter Tarif. Für Jugendliche bis 18 Jahre und Studenten (Ausweis) ist der Eintritt meist gratis, auf jeden Fall in den staatlichen Musées Nationaux. Häufig werden lokale und regionale Museumspässe angeboten, die den Zutritt zu den meisten Institutionen einschließen, teils auch die Benützung des ÖPNV. Nicht immer ist damit eine pekuniäre Ersparnis verbunden, da man in der zur Verfügung stehenden Zeit nur einen kleinen Teil der Sehenswürdigkeiten besuchen kann; von Vorteil ist aber auf jeden Fall, den Schlangen an den Kassen zu entgehen.

Naturschutzgebiete

Gegenwärtig gibt es auf dem französischen Festland sechs Nationalparks (**Parc National**, www.parcsnationaux-fr.com), die ca. 2 % der Landesfläche umfassen. Geplant ist, die Calanques östlich von Marseille zum Nationalpark zu erklären, um die touristische Belastung der einzigartigen Landschaft zu beschranken. Die 43 Regionalen Naturparks (**Parc Naturel Régional**, http://parcs-naturels-regionaux.fr) des Festlands stellen weitere 12 % der Landesfläche. Mit Ausnahme von Port-Cros und den Cevennen liegen die Nationalparks im Hochgebirge, die Naturparks sind gleichmäßig im Land verteilt.
Alle Nationalsparks im Sommer gut besucht. In den unbewohnten Kernzonen sind Fahrzeuge, Hunde und Jagd nicht zugelassen, das Campen stark reglementiert; Orte, touristische Infrastruktur, Skigebiete etc. sind in den peripheren Zonen angesiedelt. Die Regionalen Naturparks – die sich in ländlichen Problemgebieten mit starker Ab-

NATIONALPARKS

▶ Parc National des Calanques
Groupement d'Intérêt Public
des Calanques, Le Paradou Bât A4,
13009 Marseille
Kernzone: 112 km² (Land),
780 km² (Meer)
Senkrechte Kalkwände an schmalen, tief einschnittenen Buchten.

▶ Parc National des Cévennes
6 bis Place du Palais
48400 Florac
Tel. 04 66 49 53 01
www.cevennes-parcnational.fr
Kernzone: 935 km²
Karge Kalkhochebenen mit spärlicher, interessanter Vegetation.

▶ Parc National des Ecrins
Domaine de Charance, 05000 Gap
Tel. 04 92 40 20 10
www.ecrins-parcnational.fr
Kernzone: 918 km²
Départements Isère und Hautes-Alpes mit dem Jagdreservat Pelvoux, in 800 bis 4102 m Höhe.

▶ Parc National du Mercantour
23 Rue d'Italie, BP 1316
06006 Nice, www.mercantour.eu
Kernzone: 685 km²
Nördlich von St-Martin-Vésubie, in den Hochalpen entlang der italienischen Grenze.

▶ Parc National de Port-Cros
Castel Ste-Claire, Rue Ste-Claire
83418 Hyères Cedex
Tel. 04 94 12 82 30
www.portcrosparcnational.fr
6,5 km² Land, 13 km² Meer
Ile de Port-Cros mit dem umgebenden Meeresboden.

▶ Parc National des Pyrénées
2 Rue du IV Septembre, 65007
Tarbes, Tel. 05 62 54 16 40
www.parc-pyrenees.com
Kernzone: 457 km²
Südwestlich von Tarbes nahe der spanischen Grenze, in 1100 bis 3300 m Höhe.

▶ Parc National de la Vanoise
135 Rue Dr Julliand, BP 705
73007 Chambéry Cedex
Tel. 04 79 62 30 54
www.parcnational-vanoise.fr
Kernzone: 528 km²
In Savoyen zwischen den Hochtälern der Isère und des Arc, in 1250 bis 3850 m Höhe.

---

wanderung befinden – sollen die Erhaltung eines intakten Ökosystems mit der wirtschaftlichen Entwicklung und dem Tourismus in Einklang bringen. Einige Naturparks unterhalten interessante Freilichtmuseen (*ecomusée*).

Informationen aller Art – auch zu den vielen möglichen Aktivitäten wie Bergwandern, Klettern, Skitouren, MTB, Parasailing, Segelfliegen, Rafting, Kajakfahren, Angeln, Reiten etc. – geben die Verwaltungen der National- und Naturparks sowie die lokalen und regionalen Tourismusbüros. Auf den reichhaltigen Websites der Parks kann man auch Unterkunft, geführte Touren etc. buchen.

Informationen

Notrufe

IN FRANKREICH

Polizei, Notarzt und Feuerwehr können von öffentlichen Telefonen aus ohne Münzen oder Télécarte gerufen werden.

▶ **Allgemeiner Notruf**
Polizei, Notarzt, Feuerwehr: 112

▶ **Polizei**
Police de secours Tel. 17

▶ **Krankenwagen / Notarzt**
SAMU Tel. 15 (auch in Englisch)

▶ **Feuerwehr**
Sapeurs pompiers Tel. 18

▶ **ADAC-Notrufzentrale Lyon**
Tel. 0825 800 822

▶ **Pannenhilfe**
AIT Assistance
Tel. 0800 08 92 22 (0–24 Uhr)
Deutschsprachig, zuständig für alle Straßen außer Autobahnen.

ZU HAUSE

▶ **ACE-Notruf (0–24 Uhr)**
Tel. 00 49 / 18 02 34 35 36
Fahrzeug- und Krankenrückholdienst

▶ **ADAC-Notruf (0–24 Uhr)**
Tel. 00 49 / 89 / 76 76 76
Medizinische Beratung und Rückholdienst
Tel. 00 49 / 89 / 22 22 22
Beratung bei Pannen, Unfällen, Verlust von Dokumenten etc.

▶ **Deutsche Rettungsflugwacht**
Tel. 00 49 / 7 11 / 70 10 70

▶ **DRK-Flugdienst Bonn**
Tel. 00 49 / 2 28 / 23 00 23

▶ **ÖAMTC Wien**
Tel. 00 43 1 251 20 00

▶ **Schweizerische Rettungsflugwacht**
Tel. 00 41 333 333 333

Post und Telekommunikation

Postämter Die Postämter erkennt man am gelben Schild »La Poste«. Manchmal weisen noch alte PTT-Schilder den Weg. Außer Briefe, Pakete und Telegramme aufgeben kann man dort telefonieren, häufig auch faxen und ins Internet gehen. Zu bestimmten Zeiten muss man Schlange stehen, da auch Bankgeschäfte hier erledigt werden.
An alle Postämter lassen sich postlagernde Briefe und Päckchen schicken. Neben dem Postamt muss auch der Vermerk »Poste restante« neben der Adresse stehen. Nicht abgeholte Sendungen werden nach 15 Tagen zum Absender zurückgeschickt.

Öffnungszeiten
In größeren Städten haben die Postämter Mo.– Fr. durchgehend von 8.30 bis 18.00/19.00 Uhr geöffnet (sonst von 9.00 bis 12.00 und von 14.00 bis 17.00/18.00 Uhr), am Samstag bis 12.00 Uhr.

Porto
Briefmarken (timbre) erhält man einzeln oder in Heftchen (carnets) zu zehn Stück in Postämtern, Tabakläden (tabac) und manchen Bars. Postkarten und Briefe (bis 20 g) nach Deutschland, Österreich und in die Schweiz sind mit 0,70 € (prioritaire) zu frankieren.

Briefkästen
Die Briefkästen in Frankreich sind gelb und haben in der Regel zwei Einwurfschlitze: einen für das Département, in dem man sich befindet, den anderen für den Rest der Welt (Autres destinations).

Telefonzellen
Die Telefonzellen sind nur mit Telefonkarten (Télécarte mit Chip, Ticket Téléphone mit Code zum Freirubbeln) zu benützen, die bei der Post, in Orange-Filialen, Tabakläden, SNCF- und Metrostationen erhältlich sind. In Cafés, Bistros und Postämtern kann man noch mit Münzen telefonieren. In vielen Telefonzellen kann man sich auch anrufen lassen, ihre Nummer ist nicht zu übersehen.

Mobiltelefon
Das französische Mobiltelefonnetz wird von drei Betreibern versorgt: Bouygues, Orange und SFR. Informieren Sie sich bei Ihrem Provider über die (hohen) Roaming-Kosten. Viel billiger ist es, sich eine französische SIM-Card auf Prepaid-Basis zu besorgen, in den Filialen der französischen Betreiber, in Supermärkten, Tabakläden, FNAC-Filialen und bei der Post.

Internetzugang
In vielen Postämtern in ganz Frankreich kann man ins Internet gehen (Cyberposte, Informationen unter www.cyberposte.com). Man kauft dafür am Schalter eine Chipcard mit unterschiedlichem Guthaben. Komfortabler, aber teurer ist es in einem der vielen Internetcafés; manche rechnen nach Minuten ab, was günstiger sein kann. Wer seinen eigenen Computer nützen will, sollte sich vor der Reise ein internationales Adapterset besorgen. Viele Hotels bieten einen kostenlosen WLAN- Zugang (»WiFi gratuit«).

LÄNDERVORWAHLEN

▶ **Nach Frankreich**
00 33
Die führende Null der zehnstelligen Teilnehmernummer entfällt.

▶ **Von Frankreich**
nach Deutschland 00 49
nach Österreich 00 43
in die Schweiz 00 41
Die führende Null der Ortsvorwahl entfällt.

▶ **Nach Monaco**
00 377
Von Monaco ins Ausland (auch nach Frankreich – das kann die andere Straßenseite sein!) sind die üblichen Ländervorwahlen zu verwenden.

TELEFONAUSKUNFT

national 12
international 3212

Preise und Vergünstigungen

Preisniveau   Das Preisniveau ist i. A. vergleichbar mit dem in Deutschland. Als Untergrenze für das tägliche Budget – ohne Fahrtkosten, für zwei Menschen, die sich ein Zimmer teilen – darf etwa 75 € pro Nase glten. Paris ist deultich teurer als die Provinz, wobei jedoch die Preise je nach Lage des Hotels/Restaurants (und Nähe der großen Sehenswürdigkeiten) stark variieren, so dass man auch hier den Geldbeutel nicht übermäßig strapazieren muss. Häufige Museumsbesuche können erheblich zu Buche schlagen; bedeutende Einrichtungen verlangen für Erwachsene 8 – 10 €, manche in der Hochsaison noch mehr.

Möglichkeiten zum Sparen   Es ist vorteilhaft, wenn man die Reise in die Nebensaison legen kann; in Feriengebieten sind die Hochsaisonpreise deutlich höher. Allerdings kann man in »untouristischen« Gebieten gerade dann preiswert urlauben. Sehr günstig, wenn auch nicht »urlaubsmäßig«, nächtigt man in den Formule-1-Hotels. Zum Tanken steuert man am besten die großen Supermärkte (Hypermarchés) an. Viele Städte bieten Arrangements incl. Hotel, ÖPNV, Museen, Rundfahrten etc. an. Regionale und lokale Gästekarten für ÖPNV und Museen sind ebenso gang und gäbe wie reine Museumspässe bzw. Sammelkarten. Viele Museen verlangen am ersten Sonntag des Monats keine oder eine ermäßigte Eintrittsgebühr. In Cafés bezahlt man am wenigsten an der Bar, am Tisch sowie draußen kostet es mehr. Will man »richtig speisen«, ohne seinen Geldbeutel allzu sehr zu belasten, tue man das mittags unter der Woche. Nicht nur zum Sparen, sondern weil's Spaß macht, kann man sich in einem Supermarkt oder bei einem *traiteur* (Feinkostgeschäft mit fertigen Speisen) wunderbar versorgen.

 WAS KOSTET WIE VIEL?

Einfaches Doppelzimmer
ab 50 €

Einfache Mahlzeit
ab 8 €

Drei-Gänge-Menü
ab 18 €

1 Liter Superbenzin
1,30 – 1,40 €

1 Tasse Café au lait
3,00 – 3,50 €

Orangenlimonade oder Cola
3,00 – 4,00 €

Reisezeit

In den Sommerferien, die etwa von Anfang Juli bis Mitte September dauern, ist das wirtschaftliche und politische Leben im ganzen Land auf das Notwendigste reduziert, viele Betriebe und öffentliche Einrichtungen schließen: Frankreich nimmt seinen Jahresurlaub (*congé annuel*). Hauptreisezeit ist Mitte Juli – Ende August. Die Großstädte – auch Paris – leeren sich; in Orten und Gebieten, die keine wichtigen Urlaubsziele sind, haben viele Restaurants, Hotels, Geschäfte etc. geschlossen. Dafür sind dann die Ferienorte und Campingplätze am Meer, im Gebirge und sonstigen schönen Punkten des Landes überfüllt. Auf jeden Fall vermeiden sollte man Autobahnen und wichtige Nationalstraßen am 1. Juli- und am 1. August-Wochenende. Ähnliches gilt für die Wintersportorte der Alpen und Pyrenäen in den Winterferien, die von Mitte Dezember bis Anfang Januar und etwa vom 10. Februar bis 10. März dauern. Unterkunft in den beliebten Regionen ist für diese Zeiten frühzeitig zu reservieren; in anderen Monaten kommt man meist deutlich billiger unter.

Schulferien

Die besten Zeiten für ganz Frankreich – abgesehen von regionalen Besonderheiten – sind Mai/Juni und September/Oktober. Im späten Frühling lohnt eine Fahrt ins Elsass, zu den Schlössern der Loire, in die Provence oder an die Côte d'Azur; in der Normandie blühen dann die Obstbäume. Der Sommer ist richtig für die Mittel- und Hochgebirge wie Vogesen, Jura, Auvergne, Cevennen und Tarn-Schluchten, Pyrenäen und Alpen, natürlich auch für die Küsten an Ärmelkanal, Atlantik und Mittelmeer – Spaß an Trubel und Highlife muss man allerdings mitbringen. Im Herbst empfiehlt sich vor allem ein Besuch der vielen schönen Städte mit ihren Kunstschätzen sowie der großen Weinregionen, vom Elsass über Burgund und die Loire bis zum Bordelais; doch kann man auch in allen anderen Landschaften herrliche Tage verbringen. Im Winter locken die Mittel- und Hochgebirge, v. a. Alpen und Pyrenäen, aber auch Jura und Auvergne mit ihren Skigebieten und Thermalkurorten. Klima ▶S. 23.

Frühling

Sommer

Herbst

Winter

Paris ist zu jeder Jahreszeit ein attraktives Reiseziel. Im Winter erstrahlt es im Glanz seiner Lichter, und die Theater- und Konzertsaison bietet vielfältige Abwechslung (die Anzahl der Regentage ist nicht größer als sonst). In Frühjahr und Herbst sind die Stadt und ihre Umgebung am farbenprächtigsten, die Temperaturen angenehm und die Besucherströme relativ gering. Ein Tipp: Die Schönwetterphase des »Mittfrühlings« (um den 22. April) nützen! Im Sommer fährt halb Paris in die Ferien, weshalb es dann besonders ruhig ist; viele Geschäfte und Restaurants haben aber im August geschlossen, die Hauptsehenswürdigkeiten verzeichnen großen Besucherandrang. Die Hitze und Schwüle können in Paris sehr unangenehm werden – dann macht man an der Seine das Beste draus (»Paris Plage«).

Paris

Petrossian in Paris (18 Boulevard de Latour Maubourg), eine legendäre Adresse für Feinkost. Wer gleich probieren will, kann das im Restaurant im ersten Stock tun.

Shopping

Einkaufsmöglichkeiten In jedem Dorf gibt es eine *boulangerie* (Bäckerei) und eine *boucherie* (Metzgerei) und in der Regel auch eine *epicerie* oder *alimentation*, d. h. einen kleinen Lebensmittelladen. Am Rand größerer Orte findet man die *supermarchés* (Supermarkt), die meist auch ein großes, ausgezeichnetes Angebot an feineren Dingen haben (und eine billige Tankstelle). Größere Städte verfügen über autofreie Einkaufsstraßen mit Kaufhäusern und Geschäften aller Art.

Märkte Ein Vergnügen ist der Besuch einer der bunten, an Düften reichen Märkte: Obst-, Gemüse- und Blumenmärkte, auf denen oft auch Käse, Wurst und andere Delikatessen, Kleidung, Küchenutensilien, CDs etc. feilgeboten werden; Fischmärkte an der Küste; Kunstgewerbe-, Antiquitäten-, Floh-, Briefmarken- und Buchmärkte. Eine Besonderheit sind die lebhaften Fischauktionen (Criées) in Hafenstädten; allerdings muss man für dieses Erlebnis sehr früh aufstehen. Auskunft geben die örtlichen Tourismusbüros.

Öffnungszeiten Frankreich hat kein verbindliches Ladenschlussgesetz. Deshalb sind die folgenden Angaben nur Anhaltspunkte. Besonders zu beachten: Haupttreisemonate sind Juli und August, in denen – außer in Feriengebieten – viele Geschäfte schließen oder die Öffnungszeiten einschränken.

Einzelhandel ▶ Einzelhandelsgeschäfte haben meist von 9 oder 10 Uhr bis 19 oder 20 Uhr geöffnet. Lebensmittelläden und Bäckereien öffnen meist sehr früh, die kleineren schließen meist mittags etwa von 12.30 bis 16.00 Uhr und stehen dafür abends länger zur Verfügung. Normalerweise ist nur der Sonntag Ruhetag; Bäckereien, Metzgereien, Weinhandlungen und Blumengeschäfte sind jedoch bis 12.00 oder 13.00 Uhr geöffnet. Am Sonntag offene Betriebe haben Mo., bisweilen auch Mi., Ruhetag. Die Kaufhäuser und viele größere Geschäfte sind werktags von 9.30 bis 18.30 Uhr geöffnet. Die großen Einkaufszentren (Centres commerciaux, Supermarchés) haben Mo. bis Sa. von 9.00 bis 19.00 Uhr, teils auch bis 20.00 oder 21.00 Uhr offen, einige schließen dafür Montag vormittags.

◂ Kaufhäuser, Einkaufszentren

Im Bereich des Kunsthandwerks haben viele Regionen schöne Erzeugnisse zu bieten. Zu nennen sind u. a.: Fayencen, Spitzen, mundgeblasene Gläser und Töpferwaren aus der Bretagne; Korbwaren, Keramik und Steingut aus Burgund; Korbwaren, Porzellan und Email aus dem Limousin; Leder, Fayencen und verzierte Holzschuhe aus den Pyrenäen; Spitzen aus der Normandie; Töpfer- und Goldschmiedearbeiten, Möbel und mundgeblasenes Glas aus der Picardie; Stoffe, die u. a. zu Halstüchern und Taschen verarbeitet werden, sowie Parfüm und Duftessenzen aus der Provence. In den Läden für Schiffszubehör und Seekleidung in den Hafenorten findet man wetterfeste Kleidung für den Urlaub an der Küste sowie Seemannspullover, Matrosenhemden und Fischermützen als Mitbringsel.

Souvenirs

Luxus in der Pariser Rue Faubourg St-Honoré

Frankreich ist ein Füllhorn kulinarischer Spezialitäten, die auch konserviert zu bekommen sind. Neben den regionalen Käsesorten und Süßigkeiten seien nur nur einige Produkte genannt: Buttergebäck und Andouille (Kuttelwurst) aus der Bretagne, Senf aus Dijon, Honig aus den Bergen der Provence, Olivenöl aus dem Languedoc-Roussillon, Essig, Rillons und Rillettes (Schmalzfleisch von Schwein, Gans oder Ente) sowie Quittengelee aus dem Tal der Loire, Herbes de Provence (aromatische Kräuter), Foie gras (Stopfleber von Gans oder Ente) aus Südwestfrankreich.

Delikatessen

Wer seinen heimischen Weinkeller bereichern will, lasse sich beim Winzer, in einer Cave Coopérative (Genossenschaftskellerei) oder einer Maison du Vin beraten (▶ S. 118). Höchstmengen für die Einfuhr ▶ S. 107/108. Spirituosen sind in Frankreich hoch besteuert und daher nicht preisgünstiger als zu Hause.

Getränke

Sicherheit

Diebstahl In Großstädten und in touristischen Regionen – insbesondere in der Provence und an der Côte d'Azur – besteht die Gefahr, bestohlen zu werden, sei es durch Taschendiebe oder Autoeinbrecher. Man sollte daher die immer sinnvollen Vorsichtsmaßnahmen beachten: Papiere, Bargeld, Bankkarten und dergleichen weder in der rückwärtigen Hosentasche noch in Handtasche oder Rucksack verstauen. Gegenstände aller Art, nicht nur Wertsachen, auf keinen Fall im Fahrzeug lassen. Kopien aller Dokumente – vom Personalausweis über Führerschein und Kreditkarte bis zum Flugticket – bewahre man separat auf; es ist auch sinnvoll, einen Satz Kopien bei einer Vertrauensperson zu Hause zu deponieren. Caravan- und Wohnmobilurlauber sollten nicht außerhalb von Campingplätzen oder an abgelegenen Stellen übernachten. An der Côte d'Azur sind Überfälle auf Autofahrer auf Parkplätzen und an roten Ampeln nicht selten.

Waldbrand Während der sommerlichen Trockenzeit besteht überall, besonders natürlich im Süden, große Waldbrandgefahr. Es ist daher streng verboten, im Wald und innerhalb eines Sicherheitsabstands von 200 m Feuer zu entfachen, im Wald zu rauchen oder Zigarettenkippen oder leicht entzündbare Gegenstände ins Gelände zu werfen. Campen ist nur an dafür ausdrücklich vorgesehenen Plätzen erlaubt.

Soldatenfriedhöfe

Auskunft über die zahlreichen Soldatenfriedhöfe in Frankreich aus dem Ersten und Zweiten Weltkrieg gibt der Volksbund Deutsche Kriegsgräberfürsorge (Werner-Hilpert-Str. 2, 34112 Kassel, Tel. 0180 570 09 99, www.volksbund.de). Er führt auch Reisen durch, z. B. nach Verdun, in die Normandie oder durch Südfrankreich.

Son et Lumière

Sehr beliebt sind die aufwändig gestalteten »Spectacles Son et Lumière« (»Klang-und-Licht-Schauspiele«), die in der Sommersaison an touristisch besonders attraktiven Plätzen, vor allem Schlössern, Kathedralen und Altstadtvierteln, meist ab 20.00 – 22.00 Uhr veranstaltet werden. Mit grandiosen Beleuchtungseffekten – teils mit farbigem Laser –, Musik und teils auch historisch gewandeten Personen werden dem Besucher Szenen aus der Vergangenheit nahe gebracht. Ob man derlei als Kitsch empfindet oder nicht, sprich ob sich gegebenenfalls die Eintrittsgebühren lohnen, mag jeder selbst beurteilen.

Sprache

Auch wenn an den höheren Schulen in Frankreich Deutsch gelehrt wird, kann man sich nur sehr selten auf Deutsch verständlich machen; viel eher wird Englisch gesprochen. Wer nicht einigermaßen gut Französisch spricht, sollte daher ein Wörterbuch und einen Sprachführer mitnehmen. Sprachkurse ▶Urlaub aktiv.

SPRACHFÜHRER FRANZÖSISCH

Das Wichtigste

Ja / Nein	Oui / Non
Vielleicht	Peut-être
Bitte	S'il vous plaît (s. v. p.)
Danke	Merci
Gern geschehen.	De rien.
Entschuldigen Sie!	Excusez-moi !
Wie bitte?	Comment ?
Ich verstehe nicht.	Je ne comprends pas.
Ich spreche nur wenig Französisch.	Je parle un tout petit peu français.
Können Sie mir bitte helfen?	Vous pouvez m'aider, s. v. p.?
Sprechen Sie Deutsch / Englisch?	Vous parlez allemand / anglais ?
Ich möchte / würde gerne …	J'aimerais …
Das gefällt mir nicht.	Ça ne me plaît pas.
Haben Sie … ?	Vous avez … ?
Wieviel kostet das?	Ça coûte combien ?
Wieviel Uhr ist es?	Quelle heure est-il ?

Grüßen

Guten Morgen / Tag!	Bonjour !
Guten Abend!	Bonsoir !
Hallo / Grüß dich!	Salut !
Wie heißen Sie?	Comment vous appelez-vous ?
Wie heißt du?	Comment t'appelles-tu ?
Wie geht es Ihnen / dir?	Comment allez-vous / vas-tu ?
Auf Wiedersehen!	Au revoir !
Tschüs!	Salut!

Unterwegs

links / rechts	à gauche / à droite
geradeaus	tout droit
nah / weit	près / loin
Verzeihung, wo ist … ?	Pardon, où se trouve … , s. v. p.?

Wieviele Kilometer sind das?	C'est à combien de kilomètres d'ici?
Was ist der kürzeste Weg nach …?	Quel est le chemin le plus court pour aller à …?

Tanken

Wo ist die nächste Tankstelle?	Où est la station-service la plus proche?
Ich möchte … Liter …	Je voudrais … litres …, s'il vous plaît.
… Super	… du super
… Diesel	… du diesel
… bleifrei / mit … Oktan	… du sans-plomb / … octanes.
Volltanken, bitte	(Faites) Le plein, s. v. p.

Panne

Ich habe eine Panne.	Je suis en panne.
Können Sie mir einen Abschleppwagen schicken?	Est-ce que vous pouvez m'envoyer une dépanneuse?
Gibt es hier in der Nähe eine Werkstatt?	Est-ce qu'il y a un garage près d'ici?
… ist defekt.	… est défectueux.

Unfall

Hilfe!	Au secours!
Achtung! Vorsicht!	Attention!
Rufen Sie bitte schnell …	Appelez vite …
… einen Krankenwagen.	… une ambulance.
… die Polizei.	… la police.

Essen gehen

Wo gibt es hier …	Pourriez vous m'indiquer …
… ein gutes Restaurant?	… un bon restaurant?
… ein nicht zu teures Restaurant?	… un restaurant pas trop cher?
Gibt es hier ein nettes Café (Bistro)?	Y-a-t'il un café (bistrot) sympa?
Reservieren Sie uns bitte für heute Abend einen Tisch für 4 Personen.	Je voudrais réserver une table pour ce soir, pour quatre personnes.
Wo ist bitte die Toilette?	Où sont les toilettes, s. v. p.?
Auf ihr Wohl!	A votre santé! / A la vôtre!
Die Rechnung bitte.	L'addition, s. v. p.
C'etait bon?	Hat es geschmeckt?
Das Essen war ausgezeichnet.	Le repas était excellent.

Übernachtung

Können Sie mir bitte … empfehlen?	Pourriez-vous m'indiquer …?
… ein gutes Hotel	… un bon hôtel
… eine Pension	… une pension de famille

Haben Sie noch … frei?	Est-ce que vous avez encore …?
… ein Einzelzimmer	… une chambre pour une personne
… ein Doppelzimmer	… une chambre pour deux personnes
… mit Bad	… avec salle de bains
… für eine Nacht	… pour une nuit
… für eine Woche	… pour une semaine
Was kostet ein Zimmer mit …	Quel est le prix de la chambre …
… Frühstück?	… petit déjeuner compris?
… Halbpension?	… en demi-pension?

Arzt

Können Sie mir einen guten Arzt empfehlen?	Pourriez-vous me recommander un bon médecin, s. v. p.?
Ich habe hier Schmerzen.	J'ai mal ici.
Où est la pharmacie la plus proche?	Wo ist die nächste Apotheke?

Post

Was kostet …	Quel est le tarif pour affranchir
… ein Brief	… une lettre
… eine Postkarte	… une carte postale
… nach Deutschland?	… pour l'Allemagne?

Zahlen

0	zéro	1	un, une
2	deux	3	trois
4	quatre	5	cinq
6	six	7	sept
8	huit	9	neuf
10	dix	11	onze
12	douze	13	treize
14	quatorze	15	quinze
16	seize	17	dix-sept
18	dix-huit	19	dix-neuf
20	vingt	21	vingt-et-un, une
22	vingt-deux	23	vingt-trois
30	trente	40	quarante
50	cinquante	60	soixante
70	soixante-dix	80	quatre-vingts
90	quatre-vingt-dix	100	cent
200	deuxcents	1000	mille
2000	deuxmille	10 000	dixmille
1/2	undemi	1/4	unquart

Petit déjeuner / Frühstück

café noir	schwarzer Kaffee
café au lait	Kaffee mit Milch
décaféiné	koffeinfreier Kaffee
thé au lait / au citron	Tee mit Milch / Zitrone
tisane	Kräutertee
chocolat (chaud)	(heiße) Schokolade
jus de fruit	Fruchtsaft
œuf mollet	weiches Ei
œufs brouillés	Rührei
œufs au plat avec du lard	Spiegeleier mit Speck
pain / petits pains / toasts	Brot / Brötchen / Toast
croissant	Hörnchen
beurre	Butter
fromage	Käse
charcuterie	Wurst und Schinken
jambon	Schinken
miel	Honig
confiture	Marmelade
yaourt	Joghurt

Soupes et hors-d'œuvres / Suppen und Vorspeisen

bisque d'écrevisses	Krebssuppe
bouchées à la reine	Königinpastetchen
bouillabaisse	südfranzösische Fischsuppe
consommé de poulet	Hühnerbrühe
crudités	verschiedene Gemüse, roh oder blanchiert
galette	Crêpe aus Buchweizenmehl
pâté de campagne	Bauernpastete
pâte de foie	Leberpastete
salade lyonnaise	grüner Salat mit gebratenen Speckwürfeln und Croûtons
salade niçoise	grüner Salat mit Tomaten, Ei, Oliven und Thunfisch
saumon fumé	Räucherlachs
soupe à l'oignon	Zwiebelsuppe
soupe de poisson	Fischsuppe

Vlandes / Fleisch

agneau / gigot d'agneau	Lamm / Lammkeule
bifteck	Steak
bœuf	Rindfleisch
cassoulet	Fleisch und weiße Bohnen aus dem Ofen
confit	eingemachtes Fleisch
côte de bœuf	Ochsenkotelett
crépinette	kleine Frikadelle im Netzmantel

filet de bœuf	Rinderfilet
foie gras	Gänse-/Entenstopfleber
foie	Leber
grillades	Grillplatte
mouton	Hammel
porc	Schwein
rognons	Nieren
rôti	Braten
sauté de veau	Kalbsragout
steak tatare	Tatar
tripes	Kuttteln
saignant	blutig
à point / medium	medium / halb gar
bien cuit	durchgebraten

Volailles et gibier / Geflügel und Wild

canard à l'orange	Ente mit Orange
cerf	Hirsch
cuissot de chevreuil	Rehkeule
coq au vin	Hahn mit Rotwein
faisan	Fasan
lapin chasseur	Kaninchen nach Jägerart
oie	Gans
poulet rôti	Brathähnchen
sanglier	Wildschwein

Poissons et crustacés / Fisch und Krustentiere

cabillaud	Kabeljau
calmar frit	gebackener Tintenfisch
daurade	Goldbrasse
lotte	Seeteufel
loup de mer	Seewolf
maquereau	Makrele
morue	Stockfisch
omble chevalier	Saibling
perche	Barsch
petite friture	gebackene kleine Fische
rouget	Rotbarbe
sandre	Zander
sole au gratin	überbackene Seezunge
truite meunière	Forelle Müllerin
turbot	Steinbutt
coquilles Saint-Jacques	Jakobsmuscheln
crevettes	Garnelen, Shrimps
homard	Hummer
huîtres	Austern

| moules | Miesmuscheln |
| plateau de fruits de mer | Meeresfrüchteteller |

Légumes, pâtés, riz / Gemüse, Teigwaren, Reis

artichaut	Artischocke
choucroute	Sauerkraut
épinards	Spinat
fenouil	Fenchel
haricots (verts)	(grüne) Bohnen
nouilles	Nudeln
oignons	Zwiebeln
petits pois	Erbsen
poivrons	Paprikaschoten
pommes dauphine / pommes duchesse	Kartoffelkroketten
pommes de terre	Kartoffeln
pommes de terre nature	Salzkartoffeln
pommes de terre sautées	Bratkartoffeln
riz au curry	Curryreis
tomates	Tomaten

Desserts / Nachspeisen

charlotte	Süßspeise aus Löffelbiskuits, Früchten und Vanillecreme
crème brûlée	Sahnepudding mit Karamell
gâteau	Kuchen
glace	Speiseeis
pâtisserie maison	hausgemachtes Feingebäck
profiteroles	kleine Windbeutel mit Creme- oder Sahnefüllung
sabayon	Weinschaumcreme
tarte aux pommes	Apfelkuchen
tarte Tatin	gestürzter karamellisierter Apfelkuchen

Fruits / Obst

abricots	Aprikosen
cerises	Kirschen
fraises	Erdbeeren
framboises	Himbeeren
macédoine	Fruchtsalat
pêches	Pfirsiche
poires	Birnen
pommes	Äpfel
prunes	Pflaumen
raisins	Trauben

Liste des consommations / Getränkekarte

coca	Cola
eau minérale	Mineralwasser
bière	Bier
bière blonde	helles Bier
bière brune	dunkles Bier
bière pression	Bier vom Fass
bière bouteille	Flaschenbier
bière sans alcool	alkoholfreies Bier
vin	Wein
café arrosé	Kaffee mit Schuss
café exprès	Espresso
un (verre de vin) rouge	ein Glas Rotwein
un quart de vin blanc	ein Viertel Weißwein
jus de fruit	Fruchtsaft
jus d'orange / jus de pamplemousse	Orangen- / Grapefruitsaft
lait	Milch
limonade	Limonade

Strände

Kanalküste

Breite feinsandige Strände, mit nur wenigen Steilabbrüchen, ziehen sich von Dünkirchen bis über die Somme-Mündung hinaus nach Südwesten, berühmt ist insbesondere ihr Mittelteil, die Côte d'Opale. Zwischen den Mündungen von Authie und Somme erstreckt sich das größte Dünengebiet Nordfrankreichs, die Marquenterre: feiner Sand, bis zu 30 m hoch aufgetürmt. Weiter südlich, bei Ault und Mers-les-Bains, ist der Sandstrand von Kieseln bedeckt und von imposanten Felsabbrüchen gesäumt. Die lange Küste der Normandie hat viele Gesichter: dramatische Kreideklippen und Kiesstrände an der Côte d'Albâtre, flache, breite, gelb-feinsandige Badestrände an der Côte Fleurie, flache Sand- und Kiesstrände an der Côte de Nâcre.

Atlantik

Auch die Küsten der Bretagne bieten ein buntes Bild: breite Sandstrände und große Wattflächen, kleine geschützte Sand- und Kiesbuchten auch im Westen, wo sich das Meer von seiner wilden Seite zeigt. Die Gezeitenunterschiede sind sehr groß, bei Hochwasser werden die Sandstrände großenteils überspült. In den Regionen Pays de la Loire, Poitou-Charentes und Aquitaine trifft man auf kleine feinsandige Buchten, die von hohen Klippen eingerahmt sind, auf endlos lange Strände mit weißem Sand und lange, von Pinienwäldern gesäumte Dünen. Geschätzt werden die fast endlosen flachen Sandstrände der »Landes« zwischen der Mündung der Gironde und der spanischen Grenze, wo man auch viele einsame Abschnitte findet.

Mittelmeer — Im Languedoc-Roussillon mit seinem kilometerlangen flachen, feinsandigen Stränden (ohne Gezeiten) zwischen Montpellier und Perpignan entstanden große Ferienzentren. An der Côte d'Azur stößt man auf lange Sand- oder Kiesstrände sowie kleine Sand- oder Kiesbuchten, die von weißen oder roten Felsen eingefasst werden.

Wasserqualität — An der Atlantikküste ist das Wasser, bedingt durch den ständigen Austausch und die Gezeitenströmungen, gut. Die Küste des Ärmelkanals und die bretonischen Strände sind durch die nahen Tankerrouten der Gefahr einer Ölverschmutzung ausgesetzt. Auch an der Mittelmeerküste ist die Wasserqualität i. A. gut, jedoch ist im Bereich der Industriezonen und größeren Orte die Belastung durch Abwässer hoch. Das französische Umweltministerium lässt die Wasserqualität an der Küste und an Binnengewässern überprüfen, die aktuellen Ergebnisse müssen am Rathaus sowie an den offiziellen Badestränden aushängen. Der ADAC-Sommerservice informiert über die Wasserqualität an Frankreichs Mittelmeerküste.

Strandwache — Die bedeutenderen Badestrände werden überwacht. Ein Warndienst signalisiert, ob Wind, Wetter und Strömungsverhältnisse gefahrloses Baden zulassen. Die Information erfolgt durch farbige Wimpel:
grün: Baden uneingeschränkt möglich
orange: Baden gefährlich
rot: Baden verboten (Überwachung wird eingestellt!)
violett: Wegen Wasserverschmutzung nicht baden.

An der Atlantikküste, wie hier bei Mimizan, locken viele Kilometer lange Sandstrände.

Vor allem am Atlantik gibt es auch bei Windstille oft heftigen Wellengang. Der im Bereich des Ärmelkanals beträchtliche Tidenhub (am Mont St-Michel z. B. bis 14 m) verlangt besondere Vorsicht.

An allen Stränden ist »oben ohne« verbreitet, FKK ist nur an offiziell zugelassenen Strandabschnitten und Buchten abseits des großen Rummels gestattet. Informationen darüber und die beliebten FKK-Zentren (»Domaines naturistes«) geben Atout France und die Fédération Française du Naturisme (www.ffn-naturisme.com).

FKK

Übernachten

Hotels

Hotels werden vom Comité Régional du Tourisme nach Komfort und Service klassifiziert, in fünf Kategorien von einem Stern bis vier Sterne mit dem Zusatz L (Luxushotels). Diese Hotels sind durch ein sechseckiges blaues Schild mit dem weißen Buchstaben »H« und den Sternen gekennzeichnet. Für die Hauptreisezeiten ist frühzeitige Buchung unabdingbar. In der Regel wird sie per Kreditkarte oder mit einer Vorauszahlung (*arrhes*) vorgenommen. Auch in fast allen Tourismusbüros kann man, meist gegen geringe Gebühr, eine Unterkunft buchen. Die Preise müssen am Eingang des Hotels und im Zimmer aushängen. In Orten mit ausgeprägten Reisezeiten sind sie in der Nebensaison deutlich niedriger (ca. 25 – 30 %) als in der Hochsaison. Einzelzimmer sind nur selten verfügbar; die Benützung eines Doppelzimmers durch eine Person kostet nur manchmal etwas weniger. Zu etwa 30 % Aufpreis kann meist auch ein drittes Bett zur Verfügung gestellt werden. In vielen touristisch bedeutenderen Orten wird eine Kurtaxe in Höhe von 0,50 – 1,50 € erhoben.

Klassifizierung und Preise

Die meisten Zimmer sind mit einem »französischen« Doppelbett mit einteiliger Matratze und einer gemeinsamen Bettdecke ausgestattet. Zieht man getrennte Betten vor, frage man nach »deux lits« oder »des lits séparés«.

> ### *i* Preiskategorien
>
> ■ Die in den Empfehlungen des Teils »Reiseziele von A bis Z« verwendeten Kategorien beziehen sich auf eine Übernachtung für zwei Personen im Doppelzimmer mit Bad, ohne Frühstück.
>
> ■ Günstig: bis 80 €
> Komfortabel: bis 150 €
> Luxus: über 150 €

In der Fédération Logis de France haben sich ca. 3000 kleinere und mittlere Hotels zusammengeschlossen, die als Familienbetrieb geführt werden und zu mäßigen Preisen persönliche Atmosphäre, zeitgemäßen Komfort und gute regionale Küche bieten. Sie sind am grünen Schild (oder braunen für ein »Logis d'Exception«) mit stilisier-

Logis de France

tem Kaminzu erkennen. Eine Reihe von Häusern stellt sich besonders auf Familien, Wanderer, Radwanderer, Angler, Wintersportler, Weinfreunde etc. ein; sehr interessant sind die »Logis de Caractère« in historischen Häusern. Das Verzeichnis erscheint jährlich und ist in den Buchhandlungen sowie bei Logis de France erhältlich.

Im »Schloss« wohnen
Die in den »Relais & Châteaux« zusammengeschlossenen gehobenen Häuser bieten ein besonders stilvolles Ambiente, meist verfügen sie auch über ausgezeichnete Restaurants. Hotels und Restaurants in über 500 besonderen Häusern verschiedener Kategorien, meist in privilegierter Lage, haben sich in der »Châteaux & Hôtels Collection« zusammengeschlossen. Die »Grandes Étapes de France« sind eine kleine Gruppe von noblen Schlössern und Herrenhäusern.

Relais Routiers
Die besonders preiswerten Relais Routiers an den Hauptstraßen werden hauptsächlich von Fernfahrern benützt und sind meist einfach, aber gut. Der Guide des Relais Routiers ist in französischen Buchhandlungen zu erwerben (www.relais-routiers.com).

Informationen
Verzeichnisse der genannten Organisationen sowie zahlreicher verbreiteter Hotelketten (darunter besonders preiswerte wie Etap, Fasthotel, Formule 1) sind auch bei Atout France, den Tourismusbüros (▶Auskunft) und im Buchhandel erhältlich. Auch die örtlichen Tourismusbüros geben Hotelverzeichnisse heraus.

Ferien auf dem Land · Ferienwohnungen

Tourisme rural
Der Begriff »Tourisme rural« vereint verschiedene Möglichkeiten für Ferien auf dem Land. Die Fédération Française des Gîtes de France bietet preiswerte Wohnmöglichkeiten an, vom Hotel über einfache Landgasthöfe (Ferme-auberge), Ferienwohnungen und -häuser (Gîte rural), Unterkünfte an Wanderwegen (Gîte d'etape) bis zum Camping auf dem Bauernhof (Camping à la ferme). Verzeichnisse sind bei Tourismusbüros (▶Auskunft) sowie bei Gîtes de France zu bekommen. Gîtes de France gibt auch die Verzeichnisse »Chambres et tables d'hôtes«, »Gîtes de charme«, »Chalets, campings et campings à la ferme« und »Gîtes d' etape« heraus. Darüber hinaus vermitteln eine große Zahl privater Unternehmen Ferienhäuser und -wohnungen.

Privatzimmer · Bed & Breakfast

Privatzimmer Bed & Breakfast
Ein Aufenthalt bei Privatvermietern bietet ein besonders persönliches Frankreich-Erlebnis, meist ist er auch preiswerter als ein vergleichbares Hotel. Die französischen Begriffe dafür sind *chambre d'hôte* (Zimmer mit Frühstück) und *table d'hôte* (mit Essen). Man beachte die grünen Schilder, die an den Durchgangsstraßen auf abseits gelegene Häuser aufmerksam machen. Zimmer (Meublés) und Appartements bei Privatvermietern sind in vielen Orten zu finden (meist für

mindestens eine Woche vermietet). Verzeichnisse sind bei Gîtes de France (▶ S. 152), bei Clévacances und den örtlichen Tourismusbüros zu haben. Rund 700 Häuser stellt der Führer Bed & Breakfast Frankreich aus dem Verlag Busche (Dortmund) vor.

Nicht verwunderlich, dass im schlösserreichen Frankreich viele Eigentümer stilvoller alter Gemäuer – ob ländlich-schlicht oder äußerst nobel – Gäste willkommen heißen. Die Preise sind, gemessen am Gebotenen, meist moderat. Die Association Bienvenue au Château (www.bienvenue-au-chateau.com) gibt bisher ein Verzeichnis für Nordwestfrankreich mit über 130 Adressen heraus.

Bed & Breakfast im Schloss

Camping

Camping spielt in Frankreich eine große Rolle. Praktisch jeder Ort von nur einigem touristischem Interesse besitzt einen, nicht selten auch über mehrere Campingplätze (*terrains de camping*), gemeindeeigene oder private. Je nach Komfort werden sie mit einem bis vier Sternen klassifiziert. Ein Stern bedeutet einfacher Standard (z. B. nur mit Kaltwasserduschen), vier Sterne weisen auf luxuriöse Ausstattung hin. Zur Hauptreisezeit sind die Plätze entlang der großen Urlaubsrouten meist belegt, doch findet man in der Regel etwas abseits im Hinterland fast immer noch Platz. Wildes Zelten (*camping sauvage*) ist nur mit Genehmigung des Grundstückseigentümers erlaubt, außerdem auf den sehr billigen, kleinen *aires naturelles de camping*, naturbelassenen Plätzen meist ohne Warmwasser- und Stromanschluss; an Stränden und in geschützten Gebieten ist es ganz untersagt. Außerhalb der Saison, d. h. Okt.–Mai, sind die meisten Campingplätze geschlossen. Nützlich ist der Internationale Campingausweis, den man bei den nationalen Campingclubs erhält.

Campingplätze

◀ Wildes Zelten

◀ Campingausweis

Auch Camper-Stellplätze gibt es in großer Zahl, von einfachen nur mit den notwendigsten Ver- und Entsorgungseinrichtungen bis zu komfortablen Anlagen mit Laden, Sanitärblock, Pool und Aufenthaltsraum. Sie liegen am Ortsrand oder auch im Ort und sind oft gratis, manche kosten 5 – 10 € pro Nacht.

Camper-Stellplätze

Immer beliebter wird das Camping à la ferme, das Campieren auf dem Bauernhof (▶ Ferien auf dem Land). Zur Verfügung stehen meist nur wenige Stellplätze, und der Komfort ist eher bescheiden, dafür ist der Kontakt mit Land und Leuten besonders eng. Eine Besonderheit sind die Castel Campings, 4-Sterne-Campingplätze auf dem Gelände bzw. in den Parks von Landschlössern und Adelssitzen in wunderbarer Umgebung (Les Castels).

Camping à la ferme

Die Fédération Française de Camping et de Caravaning (FFCC) gibt umfassende Verzeichnisse heraus, die Zeitschrift »Camping Car Magazine« den »Guide Officiel Camping Caravaning« (jährlich), die Fé-

Informationen

dération Française des Associations et Clubs de Camping-Cars (FFACC) den »Guide National des Aires de Services Camping-cars« für Campingmobile; darüber hinaus halten Buchhandlungen und Zeitungskioske viele regionale Führer bereit. Eine große Auswahl geprüfter Campingplätze beschreiben der ADAC Camping-Führer Südeuropa (jährlich) und der Führer »Camping France« von Michelin. Informationen geben auch regionale und lokale Tourismusbüros.

Jugendherbergen

Die Jugendherbergen (Auberges de Jeunesse) der Organisationen FUAJ und LFAJ kann jeder nützen, der einen internationalen Jugendherbergsausweis besitzt, erhältlich bei der Organisation des Heimatlandes. Für die Hauptreisezeiten ist eine frühzeitige Anmeldung erforderlich; die Aufenthaltsdauer ist in dieser Zeit auf drei Übernachtungen beschränkt. Das Internationale Jugendherbergsverzeichnis ist bei den Mitgliedsorganisationen und im Buchhandel zu bekommen.

ADRESSEN ÜBERNACHTEN

HOTELS

▶ **Logis de France**
83 Avenue d'Italie, 75013 Paris
Tel. 01 45 84 83 84
www.logishotels.com

▶ **Relais & Châteaux**
in Deutschland / Österreich /
Schweiz Tel. 00800 2000 0002
in Frankreich Tel. 08 25 32 32 32
www.relaischateaux.com

▶ **Châteaux & Hôtels de France**
84 Avenue Victor Cresson
92441 Issy-les-Moulineaux
Tel. 01 72 72 92 02
www.chateauxhotels.com

▶ **Grandes Étapes de France**
21 Square St-Charles, 75012 Paris
Tel. 01 40 02 99 99
www.grandesetapes.com

PRIVATZIMMER
BED & BREAKFAST

▶ **Gîtes de France**
siehe rechts

▶ **Bienvenue au Château**
Les Alizés, La Rigourdière
35510 Cesson Sevigne
www.bienvenue-au-chateau.com

▶ **Weitere Webportale**
www.bedbreak.com
www.bbfrance.com

FERIENHÄUSER

▶ **Gîtes de France**
59 Rue Saint-Lazare
75439 Paris Cedex 09
Fax 01 42 81 28 53
www.gites-de-france.com

▶ **Interchalet**
Heinrich-von-Stephan-Str. 25
79100 Freiburg
Tel. (07 61) 21 00 77
www.interchalet.com

▶ **Interhome**
Hoeschplatz 5
52349 Düren
Tel. (0 24 21) 12 2-0
www.interhome.de

▶ **Frantour**
Postfach 2991, 1211 Genf 2
Tel. (0 22) 906 4100
www.frantour.ch

▶ **Clévacances**
BP 52166, 31022 Toulouse Cedex
www.clevacances.com

CAMPING & CARAVANING

▶ **Fédération Française de Camping et de Caravaning**
78 Rue de Rivoli, 75004 Paris
Fax 01 42 72 70 21
www.ffcc.fr

▶ **Les Castels**
Manoir de Terre-Rouge
35270 Bonnemain
Fax 02 23 16 03 23
www.les-castels.com

JUGENDHERBERGEN

▶ **Deutsches Jugendherbergswerk · DJH Service**
Bismarckstr. 8, 32756 Detmold
Tel. (0 52 31) 74 01 - 0
www.djh.de

▶ **Österreicher Jugendherbergsverband**
Schottenring 28, 1010 Wien
Tel. (01) 533 53 53
www.oejhv.or.at

▶ **Schweizer Jugendherbergen**
Schaffhauserstrasse 14
8042 Zürich
Tel. (01) 3 60 14 00
www.youthhostel.ch

▶ **Fédération Unie des Auberges de Jeunesse (FUAJ)**
27 Rue Pajol, 75018 Paris
Fax 01 44 89 87 49
www.fuaj.org

▶ **Ligue Française pour les Auberges de Jeunesse (LFAJ)**
67 Rue Vergniaud, 75013 Paris
www.auberges-de-jeunesse.com
Fax 01 44 16 78 80

▶ **Éthic Étapes**
Organisation für Jugendferien mit 25 Häusern in Nordfrankreich,
▶S. 129

Urlaub aktiv

Sportbegeisterte finden in Frankreich ein wahres Paradies vor. Viele Zuschauersportarten werden gepflegt, etwa Tennis, Fußball, Pferderennen und Segeln, das ganze Jahr über finden Turniere, Regatten und Grand-Prix-Rennen statt. Auch Aktivsportler kommen auf ihre Kosten. Wassersport wie Segeln, Surfen, Tauchen, Kajakfahren und Rafting steht hoch im Kurs – kein Wunder bei der einige tausend Kilometer langen Küste sowie unzähligen Flüssen und Kanälen. Auch für Landsportarten wie Reiten, Golf und Wandern gibt es zahllose Möglichkeiten. Einige Segelflugreviere genießen Weltruf, sehr beliebt sind Drachen- und Gleitschirmfliegen. Die Ausrüstung kann man häufig mieten, selbstverständlich gehört Unterricht zum Angebot. Man kann auch Lehrgänge inkl. Unterkunft und Verpflegung bu-

Rau geht's beim Rugby zu, dem zweiten nationalen Rasensport Frankreichs

chen. Informationen geben Atout France und die örtlichen Tourismusbüros (▶Auskunft).

Zuschauersport

Fußball und Rugby
Fußball ist in Frankreich ebenso beliebt wie in Deutschland und Rugby ebenso wie in Großbritannien. In Paris sind die beiden größten Stadien des Landes zu finden: das Stade de France (80 000 Plätze, in St-Denis), in dem Frankreich 1998 Weltmeister wurde, und der Parc des Princes (48 000 Plätze, 16. Arr.). Karten für Veranstaltungen wie »Coupe de France« (Fußball-Pokalmeisterschaften) oder den »Grand Tournoi« (Fünf-Nationen-Turnier im Rugby) sind u. a. in FNAC-Filialen, Virgin Megastores und unter www.francebillet.com zu bekommen.

Pferderennen
Pferderennen und -wetten gehören zu den großen Leidenschaften der Franzosen. In Paris gibt es unzählige Pferderennen, und in keiner anderen Stadt der Welt kann man so viele Rennwetten wie in der Seine-Metropole abschließen. Am ersten Oktober-Sonntag wird im Hippodrome de Longchamp in Paris – dem »französischen Ascot« – beim wichtigsten Pferderennen der Welt der »Prix de l'Arc de Triomphe« verliehen. Info: www.france-galop.com.

Radrennen
Im Juli findet die dreiwöchige Tour de France statt, die auf den Champs-Elysées in Paris endet (▶Baedeker Special S. 160) Weitere berühmte Klassiker sind Paris – Roubaix und Paris – Tours (Termine ▶Feiertage, Feste und Events). Ausführlich informieren das monatliche »Vélo-Magazine« und die Sport-Tageszeitung »L'Equipe«.

Zu den bekanntesten Tennisturnieren der Welt gehören die French Open (Internationale Tennismeisterschaften von Frankreich) im Pariser Stade Roland-Garros (Ende Mai, www.fft.fr/rolandgarros). **Tennis**

In manchen Regionen werden noch traditionelle Sportarten gepflegt. In der Bretagne sind es Kraftsportarten, die man auf vielen keltischen Festen erleben kann, wie Ringkampf, Baumstamm- oder Diskuswerfen, Tauziehen und Tire-bâton, bei dem die Wettkämpfer sich gegenseitig mit einem Pfahl hochheben. Die bekannteste baskische Sportart ist Pelota, ein rasantes Ballspiel für zwei Mannschaften mit bis zu zehn Spielern, bei dem ein Lederball an eine Mauer (*fronton*) geschleudert und wieder aufgefangen wird. Typisch für das Baskenland ist auch das Kräftemessen in Disziplinen aus der bäuerlichen Arbeit: Tauziehen (*soka tira*), Strohballenschleppen (*lasto altxari*), Holzsägen (*arpana*) und Schubkarrenlupfen (*orga jokoa*). Erleben kann man diese archaische Welt auf den »Festivals de la Force Basque«. **Traditionelle Sportarten**

Der Stierkampf nach spanischem Muster (*corrida*), der immer tödlich endet, und zwar meist für das Tier, ist im Languedoc-Roussillon und Südwestfrankreich sehr beliebt. Große Arenen gibt es in Nîmes, Bordeaux, Dax und Bayonne. Auch bei der *Course landaise* der Gascogne stehen sich Mensch und Stier gegenüber, doch fordert dieser Stierkampf »nur« Mut und Geschicklichkeit: Der *écarteur* bzw. *sauteur* stellt sich dem Stier ohne Schutz und muss dem Tier ausweichen (*écarter*) oder in einem kühnen Sprung über ihn hinwegsetzen (*sauter*). Eine Jury bewertet die akrobatischen Leistungen. **Stierkampf**

◂ Course landaise

Sport & Fun

Das Angeln ist in Frankreich ein beliebter Zeitvertreib. Zahlreiche Bäche, Seen und Flüsse sind Reviere für das Grund-, Spinn- und Fliegenfischen. Man unterscheidet Gewässer der 1. Kategorie (vorwiegend Salmoniden) und der 2. Kategorie (vorwiegend andere Arten). Für die zweite genügt eine Grundmarke (*timbre de base*), für erstere benötigt man eine Steuermarke (*supplément*). Reglementierungen und Verbotszeiten hängen von Gegend und Gewässerkategorie ab. Für öffentliche Gewässer (*eaux libres*) braucht den Erlaubnisschein der zuständigen Société de Pêche, für private Gewässer (*eaux closes*) die Erlaubnis des Besitzers bzw. Pächters. Das Angeln im Meer ist vom Ufer aus mit maximal zwei Ruten erlaubt; doch informiere man sich über Sperrgebiete. Für den Fang vom Boot aus oder mit Netzen gelten andere Regelungen. **Angeln**

▸ Wandern und Bergsteigen **Bergwandern**

Boule oder Pétanque ist ein Nationalsport, v. a. im Süden. Zwei Mannschaften spielen auf einer festen Sand- oder Kiesbahn. Bis zu 12 Metallkugeln mit 70 – 80 mm Durchmesser dürfen im Spiel sein. **Boule**

Gewonnen hat die Mannschaft, deren Kugeln der 6–10 m entfernten Zielkugel aus Holz (*cochon*) am nächsten gekommen sind.

Flugsport Motor-, Segel-, Drachen- und Gleitschirmfliegen kann man an vielen Orten lernen. Einige Segelflugreviere wie Gap in der Dauphiné haben Weltruf. In vielen Regionen werden Fallschirmspringen und Heißluftballonfahrten angeboten, z. B. an der Loire oder im Elsass.

Golf Was das Golfen angeht, ist Frankreich immer noch ein Geheimtipp – wunderbare Plätze in allen Landesteilen, die (mit wenigen Ausnahmen wie an der Côte d'Azur) nicht überlaufen sind. Als vielleicht großartigster Platz gilt Les Bordes südöstlich von Beaugency an der Loire. Auch wenn der Sport rasch ein breiteres Publikum anspricht, hat er doch seinen distinguierten Charakter bewahrt. Es gibt über 550 Golfplätze, ca. 140 haben sich zum »Club France Golf International« zusammengeschlossen, der sich um ausländische Gäste bemüht. Besonders interessant sind Pässe unterschiedlicher Gültigkeitsdauer, die es erlauben, auf den Plätzen einer ganzen Region zu spielen; für eine Reihe von Plätzen gewährt der Pass Formule Golf preisgünstigen Zugang (www.formule-golf.com). Bei Atout France (▶Auskunft) ist die Broschüre »Golf in Frankreich« mit den Daten der Plätze zu bekommen. Infos geben auch die regionalen Tourismusbüros und die Fédération Française de Golf.

Kanu, Kajak, Rafting Neben langen gemütlichen Flussstrecken sind in ganz Frankreich zahlreiche Wildwasserreviere zu finden, die ein hohes Maß an Kondition und Erfahrung verlangen.

Radfahren ▶Fahrradurlaub

Reiten Möglichkeiten zum Reiten sind praktisch im ganzen Land zu finden. Zahlreiche Organisationen bieten Unterricht und Arrangements für mehrtägige Touren an.

Segeln Segeln kann man auf den Binnenseen und an der Küste, insbesondere am Mittelmeer. Bootsverleih, Segelklubs und -schulen findet man in vielen Orten.

Strandsegeln An den Küsten, vor allem an Atlantik und Ärmelkanal – laden kilometerlange, breite Strände mit hartem Sand zum Strandsegeln mit dreirädrigen Segelwagen ein (*char à voile*). Dabei werden Geschwindigkeiten von 100 km/h und mehr erreicht.

Surfen und Windsurfen Hauptrevier des »echten« Wellenreitens ist die Atlantikküste zwischen der Gironde-Mündung und der spanischen Grenze, da sich nur hier bei auflaufender Flut die notwendigen Wellen aufbauen. Windsurfen wird fast überall betrieben, aufgrund der Windverhältnisse bevorzugt in Aquitanien und der Bretagne. Das (Wind-)Surfen

Die Vulkane der Auvergne aus der Vogelperspektive erleben

lernen und ein Brett ausleihen kann man bei vielen Clubs und Schulen. Die besten Windverhältnisse verzeichnet man im Frühjahr und ab September.

Tauchen

Frankreich ist traditionell in Tauchsport, Meeresforschung und Unterwasserarchäologie eine führende Nation. Noch immer gehört die Mittelmeerküste zu den geschätzten Gebieten, auch wenn in die Fauna durch Wasserverschmutzung und Überfischung gelitten hat. Für die Unterwasserjagd ist eine Lizenz erforderlich.

Wandern

▶dort

Tennis

Praktisch alle größeren Orte, die Ferienregionen und gehobene Hotels verfügen über Tennisanlagen. Informationen über Tennisferien und Kurse verschiedener Anbieter geben die Tourismusbüros.

Wintersport

▶dort

Weitere Aktivitäten

Sprachkurse

Eine ganze Reihe deutscher und französischer Veranstalter bieten Sprachkurse in Frankreich an, teils mit Unterbringung bei französischen Familien. Neben Ferienkursen von zwei bis vier Wochen gibt es wenige Tage dauernde Intensivkurse und Langzeitaufenthalte. Spezielle Angebote wenden sich an Schüler und Jugendliche. Schulen gibt es in ganz Frankreich, besonders zahlreich in Paris und im Süden. Informationen bei Atout France (▶Auskunft) und bei den französischen Kulturinstituten (die 23 Institute in Deutschland sind unter www.institut-francais.fr zu erreichen).

Weinseminare Kurse zum Thema Wein – über Anbaugebiet, Rebbau, Kellertechnik, Verkostung, Geschichte etc. – werden von den den Zentralorganisationen der jeweiligen Anbaugebiete angeboten. Die renommierteste Institution ist die Ecole du Vin des CIVB in Bordeaux.

Kochkurse Ein weltbekanntes Institut für Profis und ambitionierte Amateure ist die 1895 gegründete Kochschule Le Cordon Bleu in Paris. Auch im berühmten Hotel Ritz oder im Unternehmen des legendären Konditors Gaston Lenôtre (in Paris und in Cannes) kann man sein Talent vervollkommnen. Natürlich sind im ganzen Land gute Kochschulen in großer Zahl zu finden. Adressen und weitere kulinarische Info unter www.goosto.fr/guide.

ADRESSEN AKTIVURLAUB

▶ **Union Nationale pour la Pêche**
17 Rue Bergère
75009 Paris
Fax 01 48 01 00 65
www.federationpeche.fr

▶ **Fédération Nationale Aéronautique**
155 Avenue Wagram
75017 Paris
Fax 01 44 29 92 01
www.ff-aero.fr

▶ **Fédération Française de Vol Libre**
4 Rue de Suisse, 06000 Nice
Fax 04 97 03 82 83
www.ffvl.fr

▶ **Fédération Française de Golf**
68 Rue Anatole France
92309 Levallois-Perret Cedex
Fax 01 41 49 77 01
www.ffgolf.org

▶ **Fédération Française de Canoë-Kayak**
87 Quai de la Marne
94340 Joinville-Le Pont
Fax 01 48 86 13 25
www.ffck.org

▶ **AN Rafting**
Les Iles de Macot
73210 Aime-la-Plagne
Fax 04 79 55 61 63
www.an-rafting.com

▶ **Fédération Française d'Equitation – Tourisme**
Parc Equestre
41600 Lamotte
Fax 02 54 94 46 81
www.ffe.com

▶ **Fédération Française de Voile**
17 Rue H. Bocquillon
75015 Paris
Fax 01 40 60 37 37
www.ffvoile.org

▶ **Fédération Française de Surf**
Plage Nord, BP 28
40150 Hossegor
Fax 05 58 43 60 57
www.surfingfrance.com

▶ **Fédération Française d'Etudes et de Sports Sous-marins**
24 Quai de Rive-Neuve
13284 Marseille Cedex
Fax 04 91 54 77 43
www.ffessm.fr

- ▶ **Ô Chateau**
  Mehrere Probenlokale in Paris, in hübscher Lage (1., 11., 15. Arr.).
  Tel. aus Frkr. 0800 80 11 48
  Tel. aus Ausland 01 44 73 97 80
  www.o-chateau.com

- ▶ **École du Vin de Paris**
  48 Rue Baron Le Roy
  75012 Paris
  Tel. 01 43 41 33 94
  www.ecole-du-vin.fr

- ▶ **L'École du Vin CIVB**
  1–3 Cours du 30 Juillet
  33075 Bordeaux Cedex
  Tel. 05 56 00 22 85
  http://ecole.vins-bordeaux.fr

- ▶ **Le Cordon Bleu Paris**
  8 Rue L. Delhomme
  75015 Paris
  Tel. 01 53 68 22 50
  www.cordonbleu.net

- ▶ **École Ritz Escoffier**
  15 Place Vendôme
  (Kurse: 38 Rue Cambon)
  75001 Paris
  Tel. 01 43 16 30 50
  www.ritzparis.com

- ▶ **Lenôtre**
  Pavillon Elysée
  10 Avenue des Champs Elysées
  75008 Paris
  Tel. 01 42 65 97 60

  63 Rue d'Antibes
  06400 Cannes
  Tel. 04 97 06 67 62
  www.lenotre.fr

Verkehr

Straßenverkehr

Die Autobahnen (*autoroutes*, A) sind durch blau-weiße Wegweiser markiert. Sie sind meist gebührenpflichtig (*péage*); keine Gebühren werden v. a. auf Zubringern und Verbindungen in der Umgebung größerer Städte erhoben, außerdem auf den vierspurigen Schnellstraßen im Elsass und in der Bretagne (offiziell keine Autobahnen). Die Gebühren (7–8 € pro 100 km) können am Kassenhäuschen bar oder am »CB«-Schalter mit einer Kreditkarte, aber nicht mit einer Maestro-Bankkarte bezahlt werden. Unter www.autoroutes.fr ist ein Gebührenrechner zu finden.

Autobahnen

Hauptträger des Fernverkehrs sind die vorzüglich ausgebauten Nationalstraßen (*routes nationales*, N), die den deutschen Bundesstraßen entsprechen. Sie sind durch grün-weiße Wegweiser und rot-weiße Kilometersteine gekennzeichnet. Die Verkehrsdichte ist meist recht gering; zu langen Staus kann es jedoch auf den Hauptstrecken in der Urlaubszeit (Anfang Juli und Anfang August) kommen. Zur Zeit werden viele Abschnitte den Départements unterstellt, sodass sie von

Nationalstraßen

◀ weiter auf S. 162

DAS GROSSE SOMMERSPEKTAKEL

Der legendäre Staatspräsident de Gaulle formulierte es so: »Im Juli, wenn die Tour rollt, ist in Frankreich keine Politik zu machen. Es hört sowieso niemand zu. Sogar eine Revolution würde zu diesem Zeitpunkt keinen interessieren.«

Denn wenn das gigantische Spektakel drei ganze Wochen durch Frankreich zieht, absorbiert es die Aufmerksamkeit unserer Nachbarn, und auch in der restlichen Welt findet die »Grande boucle« überproportionales Medieninteresse. Kein Wunder, denn nach Olympia und Fußball-WM ist die Tour de France das drittgrößte Sportereignis der Welt. Darüber hinaus ist im Leben eines Radsportlers ein Sieg bei der Tour das Allerhöchste, noch vor dem Weltmeistertitel.

Wie alles anfing

Anfang 1900 wütete in der französischen Sportpresse ein erbitterter Kampf um die Leser. Marktführer mit 80 % war »Le Vélo«, die restlichen 20 % teilten vier Journale. Seinen Erfolg verdankte »Le Vélo« vor allem dem Engagement als Veranstalter von Fernfahrten wie Paris–Brest–Paris und Bordeaux–Paris. Die Verwicklung in die Dreyfus-Affäre kostete den Verlag deutlich Leser. Zur selben Zeit startete auch der Reifenhersteller Clément eine Offensive zur Schaffung einer Werbeplattform. Zusammen mit Henri Desgranges, dem Stundenweltrekordler, und Victor Goddet, dem Vater des späteren Tourdirektors Jacques Goddet, entwickelten sie ein neues Sportblatt und nannten es »L'Auto«. Nun brauchten sie Ideen, um ihrem Projekt Schwung zu geben. Die lieferte der junge Sportjournalist Geo Lefèvre. 1902 stellte er sein Konzept vor: »Wenn wir uns von den anderen abheben wollen, müssen wir unbedingt ein Etappenrennen über sechs volle Tage quer durch Frankreich einführen.« »Das ist wie eine Einladung zum Selbstmord«, antwortete der verblüffte Desgranges. Doch schon am 1. Juli 1903 startete die erste Tour, die erste Etappe führte über 467 km (!) von Paris nach Lyon, und mit Ausnahme von 1915–1918 und 1940–1946 wurde und wird sie seitdem jährlich durchgeführt.

Heute ist die »Societé du Tour de France« weltweit die Nummer eins in Sachen Radrennveranstaltungen, ja sogar die Rallye Paris–Dakar geht auf eine Initiative des Konzerns zurück. Die Tour diente bald auch als Vorbild für eine ganze Reihe von Radrennen in anderen Ländern, etwa

Lance Armstrong und Jan Ullrich – hier in den Pyrenäen – lieferten sich 2003 einen der spannendsten Zweikämpfe in der Geschichte der Tour de France.

die Ronde van Belgie (seit 1908), Giro d'Italia (1909), Deutschlandrundfahrt (1911), Tour de Suisse (1933) und Vuelta a Espagna (1935). Eine Plakette erinnert an das historische Treffen in der Gaststätte »Zimmer« in der Rue du Faubourg-Montmartre in Paris (später in »Madrid« und »Friday's« umbenannt). Auch in Montgeron südlich von Paris, wo sich im Sommer 1903 todesmutige Radsportler zum großen Abenteuer versammelten, findet sich am Giebel der Gaststätte »Le Réveil Matin« eine Gedenktafel.

Wo, wie, wieviel

Startort und Streckenverlauf der Tour – um die 3500 km – werden jedes Jahr neu festgelegt. Auch Nachbarländer werden einbezogen, so startete die Tour 1998 in Dublin. Während des Rennens trägt der Spitzenreiter der Einzelwertung das 1919 eingeführte Gelbe Trikot. Darüber hinaus wurden 1933 der Bergpreis für den Gewinner der meisten Bergprämien und 1953 das Grüne Trikot für den Gewinner der Punktewertung eingeführt. Ein ganz besonderes Erlebnis ist das Finale, das traditionell auf den Champs-Elysées in Paris stattfindet. Insgesamt wurden 2008 3,25 Mio. € Preisgelder vergeben, der Gesamtsieger erhielt 450 000 €. Termine und Etappenplan veröffentlichen praktisch alle größeren Zeitungen und die französischen Sportzeitungen »L'Equipe« und »Vélo-Magazine«. Allerdings: Die Tour muss – nach mehreren Dopingskandalen – in den nächsten Jahren beweisen, dass sie sauber ist.

Königsetappen

Um das Rennen schwieriger zu machen, war Desgranges auf die Idee gekommen, die Pyrenäen (1910) und die Alpen (1911) in die Route aufzunehmen. Heute sind die Bergetappen unverzichtbar. Ein echter Held ist, wer die 14 bis 20 km langen Anstiege mit Steigungen von bis zu 17 % als Erster meistert. In den Alpen sind die Pässe Galibier (2646 m) und Izoard (2360 m) sowie die Auffahrt nach Alpe d'Huez (1860 m) die berühmtesten. In der Provence ist der Mont Ventoux (1909 m) das Ziel Tausender Radfans. Nahe dem Gipfel erinnert ein Denkmal an Tom Simpson, den englischen Favoriten, der hier 1967 eine Herzstillstand erlitt.

Wer die weite Fahrt in die Pyrenäen nicht scheut, sollte sich die Passage über die Pässe Tourmalet (2115 m) und Aubisque (1709 m) auf keinen Fall entgehen lassen. Das Wissen, dass hier schon die besten Rennfahrer der Welt – wie Coppi, Kübler, Anquetil, Merckx, Hinault, Lemond, Indurain, Armstrong und Ullrich – um den Sieg gekämpft haben, macht die Reise zu einem unvergesslichen Erlebnis.

Routes Nationales zu Routes Départementales (s. u.) werden und eine D-Nummer erhalten.

Landstraßen Die Landstraßen (*routes départementales*) sind durch gelb-weiße Kilometersteine mit Nummer (z. B. D 555) markiert. Wichtige Streckenabschnitte stehen den Nationalstraßen qualitativ nicht nach.

Informationen für Autofahrer Der AvD (▶ S. 167) gibt auf seiner Website Informationen für Auslandsreisen, u. a. zu den Verkehrsregeln. Infos (auch auf Englisch) rund um die Benützung der Autobahnen bekommt man unter www.autoroutes.fr, Verkehrshinweise, z. B. über Staus und Ausweichmöglichkeiten, unter www.bison-fute.equipement.gouv.fr. Auf UKW 107,7 MHz (Autoroute FM) werden Verkehrshinweise ausgestrahlt: viertelstündlich auf Französisch, halbstündlich auch auf Englisch.

Fahrzeugpapiere ▶Anreise

Verkehrsregeln Die französischen Verkehrsregeln entsprechen denen im deutschsprachigen Raum. Vorfahrt hat das von rechts kommende Fahrzeug (Beschilderung »Priorité à droite«); im Kreisverkehr dagegen müssen in den Kreis Einfahrende warten. Vorfahrtsstraßen sind durch das Schild »Passage protégé« vor Kreuzungen gekennzeichnet. Das Anlegen der Sicherheitsgurte ist obligatorisch, auch für Beifahrer; Kinder unter 10 Jahren müssen hinten sitzen und gesichert sein. Motorradfahrer müssen einen Sturzhelm tragen und tagsüber mit Abblendlicht fahren. Telefonieren ist nur mit Freisprecheinrichtung erlaubt.

Zum Ferienbeginn staut sich's vor allem auf den Autobahnen gen Süden.

Nachts dürfen Warnsignale nur mit der Lichthupe gegeben werden. Eine Warnweste und ein Warndreieck müssen griffbereit mitgeführt werden. Damit bei Unfällen die Polizei tätig wird, muss ein Personenschaden vorliegen. Vorsicht: Damit sich die Autofahrer an das Tempolimit in Ortschaften halten, sind an Ortseinfahrten häufig Bodenschwellen in die Straße eingelassen.

Höchstgeschwindigkeiten für Kfz: innerorts 50 km/h, National- und Landstraßen 90 km/h (bei Nässe 80 km/h), Autobahnen 130 km/h (bei Nässe 110 km/h), autobahnähnliche Schnellstraßen 110 km/h (bei Nässe 100 km/h). Viele Franzosen fahren zügig, man kann auch sagen halsbrecherisch, trotz häufiger Radarkontrollen. Schon geringe Tempoüberschreitungen sind teuer – zwischen 90 und 1500 € –, und sofort zu bezahlen, sonst kann das Fahrzeug beschlagnahmt werden. **Geschwindigkeitsbeschränkungen**

Alkohol am Steuer wird in Frankreich streng geahndet! Das Fahren nach dem Genuss von Alkohol (Grenze 0,5 Promille) ist ein Vergehen, noch größerer Alkoholkonsum auch ohne Verletzung der Straßenverkehrsordnung ein strafbares Delikt. **Alkohol am Steuer**

Bei den Hauptsehenswürdigkeiten stehen im Allgemeinen genügend Parkplätze (meist gebührenpflichtig, manchmal bewacht) zur Verfügung. In Frankreich darf auch auf der linken Straßenseite geparkt werden (weiß gestrichelte Markierung). Oft wechselt die zum Parken freigegebene Straßenseite täglich oder halbmonatlich (*stationnement alterné*). Gelbe Linien am Fahrbahnrand bedeuten Parkverbot. Die Polizei geht scharf gegen Falschparker vor. Abgeschleppte oder mit Parkkralle festgesetzte Autos auszulösen ist kostspielig, ganz zu schweigen vom Aufwand. Im Bereich der Innenstädte gibt es die *zone bleue* (Blaue Zone), in der die Verwendung einer Parkscheibe (*disque*) obligatorisch ist. Neben konventionellen Parkuhren gibt es *horodateurs*, **Parkscheinautomaten**, die auf Parkflächen zentral aufgestellt sind. Viele Parkplätze, besonders in Stadtzentren und an den Küstenstraßen, sind **für Wohnmobile gesperrt** (Abschrankung in 1,90 – 2 m Höhe an der Einfahrt). **Parken**

Am billigsten tankt man bei den großen Supermärkten. Auf dem Land ist damit zu rechnen, dass am Wochenende, an Feiertagen und nachts die Tankstellen geschlossen sind. Mit Kreditkarten kann man an den automatischen Zapfsäulen von Supermärkten tanken, jedoch nur, wenn sei einen Mikrochip besitzen; Kreditkarten mit Magnetstreifen können von den Automaten nicht gelesen werden. **Tanken**

Das Fahrzeug auf der Standspur abstellen, Warnblinker einschalten, Warnweste anlegen. Für den Hilferuf nur die orangefarbenen Notrufsäulen benützen, nicht das Mobiltelefon. Die Preise für Hilfeleistung durch konzessionierte Unternehmen sind festgelegt und in den Einsatzfahrzeugen nachzulesen. Notrufe ▶dort. **Panne auf der Autobahn**

Mietwagen

Vorzuweisen sind Personalausweis, ein Führerschein, der mindestens ein Jahr alt sein muss, sowie eine der internationalen Kreditkarten. Das Mindestalter ist meist 21 Jahre. Haftpflichtversicherung ist inklusive, gegen zusätzliche Gebühr sind Insassenunfall-, Vollkasko- und andere Versicherungen möglich. Es gibt nationale und internationale Vermietungen, die meisten sind in allen größeren Orten – teils auch mehrfach (Flughafen, Bahnhof, Innenstadt) – vertreten. Örtliche Anbieter sind manchmal preisgünstiger als internationale Unternehmen, die dafür Freizügigkeit in puncto Rückgabe bieten. Wochenend- und Wochenpauschalen sind üblich, meist mit unbegrenzter Kilometerzahl. Man kann bereits von zu Haus aus buchen. Empfehlenswert ist die Buchung im Paket mit Flug (Fly & Drive) oder Bahnfahrt. An 194 Bahnhöfen der SNCF ist Avis vertreten, die den Bahnkunden Sonderkonditionen gewährt.

Taxi

Nicht immer lassen sich Taxis in den Großstädten auf der Straße anhalten (bei leeren ist das Taxizeichen auf dem Dach erleuchtet). Nur in Ausnahmefällen darf man auf dem Beifahrersitz Platz nehmen. Viele Taxifahrer weigern sich, mehr als drei Personen zu befördern. Der Fahrpreis besteht aus Grund- (PC) und Kilometer-/Zeitgebühr. Für Fahrten zu Pferderennbahnen, Bahnhöfen, Flughäfen sowie für Gepäck werden Zuschläge berechnet. Der Tagestarif (A, 0,70 – 0,90 €/km) gilt außerhalb Paris Mo.– Sa. 7.00 – 19.00 Uhr, in Paris 10.00 Uhr bis 17.00 Uhr; sonst gelten der Nachttarif B, bei Fahrten außerhalb der Stadtgrenze die ca. doppelt so teuren Tarife C bzw. D. Taxifahrer erwarten ein Trinkgeld von 15 %. Information über die Taxigebühren unter www.taxis-de-france.com und www.artisan-taxi.com.

Flugzeug

Drehscheibe Paris

Den Inlandsverkehr besorgen außer der Air France Firmen wie Airlinair, Brit Air, CCM, KLM und Regional. Angeflogen werden von Paris Charles de Gaulle 2 und Orly sowie von Lyon aus 24 weitere Flughäfen des Festlands. Kommt man mit Air France in Paris CDG 2 an, muss man nicht neu einchecken. Paris CDG hat TGV-Anschluss, sonst kalkuliere man für den Übergang nach Orly bzw. zu den Pariser Bahnhöfen mindestens 2.30 Std. ein. Für den Transfer kann man die Air-France-Busse oder (schneller) die Züge des RER nehmen.

Eisenbahn

SNCF

Das Eisenbahnnetz der staatlichen SNCF (Société Nationale des Chemins de Fer Français) ist hervorragend, neben der Schweiz darf sich Frankreich als das Land mit dem besten Bahnwesen Europas rüh-

Der »Eurostar« verbindet Paris rasch und komfortabel mit Calais und London.

men. Auf den Hauptstrecken mit Zentrum in Paris verkehren Fern- und Schnellzüge (z. B. Eurostar, Thalys) sowie – meist auf eigenen Trassen – der TGV (Train à Grande Vitesse, s. u.).

Informationen

Informationen sind außerhalb Frankreichs an den Fahrkartenschaltern der nationalen Unternehmen und in Reisebüros zu bekommen. Die SNCF (Rail Europe) haben in Deutschland ein Büro in Köln; die eigentlich für Reiseunternehmen gedachte Website ist eine gute Info-Quelle. Das deutschsprachige Callcenter der SNCF in Straßburg gibt Infos und liefert Fahrkarten nach Hause. Das Rail-Europe-Büro in Genf bietet den Service eines französischen Fahrkartenschalters. Die Website der SNCF (www.voyages-sncf.com) gibt, nur auf Französisch, detaillierte Informationen rund ums Bahnfahren (Züge, Tarife, Ermäßigungen, Reservierung usw.).

Spezialtarife

Die SNCF bietet eine große Zahl von Sondertarifen an, für bestimmte Personenkreise (Jugendliche, Familien, Senioren etc.), Regionen, Zeiträume usw.

Fahrkarten und Reservierungen

Außerhalb Frankreichs sind Fahr- und Platzkarten an allen Fahrkartenschaltern und in Reisebüros erhältlich. Bestellungen können zwei Monate vor dem Abreisedatum vorgenommen werden, schriftliche Bestellungen sogar bis zu sechs Monaten vorher. Unbedingt zu empfehlen ist die frühzeitige Buchung für den TGV und die Autoreisezüge. Eine Reservierung für den TGV kann jedoch auch noch wenige Minuten vor der Abfahrt vorgenommen werden. Fahrkarten lassen sich online bestellen und per Kreditkarte bezahlen, man kann sie dann an einem französischen Bahnhof unter Nennung des Bestätigungscodes und Vorlage der Kreditkarte abholen.

Stempeln	Fahrkarten müssen vor dem Einsteigen in den Zug gestempelt werden. Man achte auf die gelben Kästen am Bahnsteig mit der Aufschrift »Compostage de billets«. Hat man das Abstempeln vergessen, wende man sich umgehend an den Zugschaffner.
Mitnahme von Fahrrädern	In vielen Zügen, auch im TGV/Thalys, können Fahrräder kostenlos mitgenommen werden. In Zügen mit einem Fahrradsymbol müssen Fahrräder selbst ein- und ausgeladen werden. In bestimmten Zügen, so im TGV und im Thalys, kann man das Rad nur zusammengelegt und verpackt (Transportsack, max. 120 × 90 cm) wie normales Gepäck mitnehmen, man muss es selbst im Zug verstauen. Die Reservierung von Stauraum für nicht zusammengelegte Räder ist kostenpflichtig. Detaillierte Informationen auf der Website des ADFC (▶ Fahrradurlaub), bei SNCF/Rail Europe (»Fahrgastservices«) sowie der DB (Bahn & Bike), gute Infos haben auch http://troisv.amis-nature.org und http://fubicy.org (Letztere auch auf Englisch)
TGV und andere Hochgeschwindigkeitszüge	Mit dem **Train à Grande Vitesse** (www.tgv.com) besitzt Frankreich den schnellsten fahrplanmäßigen Zug der Welt (bis 300 km/h), der häufig schneller und billiger ist als ein Flug. Der TGV Sud-Est verbindet Paris Gare de Lyon mit Dijon (Zürich, Lausanne), Lyon (Genf, Grenoble), Avignon und Montpellier/Perpignan bzw. Marseille/Nizza/Ventimiglia. Zwischen Bordeaux und Toulouse gibt es eine Direktverbindung. Der TGV Atlantique fährt von Paris Montparnasse in die Bretagne (Le Mans, Rennes, Brest, Quimper, Nantes) und zum Atlantik (La Rochelle, Bordeaux, Biarritz). Der TGV Nord fährt von Paris Gare du Nord nach Lille (Brüssel) und Calais. Von Paris Est fährt der TGV POS nach Mannheim/Frankfurt a. M., Straßburg/Stuttgart/München sowie nach Basel/Zürich. Der **Eurostar** verbindet durch den Kanaltunnel Paris Nord, Lille, Calais und Brüssel mit London St. Pancras. Köln ist durch den **Thalys** mit Paris und saisonal (unter Umgehung von Paris, nächster Bahnhof ist Roissy) mit Avignon/Aix-en-Provence/Marseille verbunden (www.thalys.com).
Eurotunnel	Durch den Kanaltunnel zwischen Calais-Coquelles und Folkestone werden mit dem Pendelzug »Eurotunnel Shuttle« rund um die Uhr 1–5-mal pro Stunde Passagiere und Kraftfahrzeuge transportiert. Die Fahrzeit beträgt 35 Minuten (www.eurotunnel.com).

Buslinien

Regionale Linien	Neben den Flughäfen und den Bahnhöfen liegt meist gleich ein Busbahnhof (*gare routière*). Busse der SNCF-TER sowie regionaler, kommunaler und privater Unternehmen ergänzen das Schienennetz. Die Fahrgäste sind hauptsächlich Schulkinder und Berufspendler; daher berücksichtigen die Fahrpläne eher deren Bedürfnisse als die des Touristen. Auf dem Land fahren die Busse oft nur morgens, mittags und abends. Um etwas über die Fahrpläne zu erfahren, kann man

seine Suche bei den Portalen www.lokomotive.de (»Nahverkehrswegweiser«) und www.transbus.org beginnen.

Auch in Frankreich verkehren – mit Zentrum in Paris – Busse der Eurolines (▶Anreise). Darüber hinaus gibt es viele private Busunternehmen, in Deutschland wie in Frankreich, die Reisen bzw. Ausflüge zu Touristenattraktionen anbieten.

Überregionale Linien

 INFORMATIONEN VERKEHR

AUTOMOBILCLUBS

▶ **ADAC**
Infoservice Tel. 01805 10 11 12
www.adac.de

▶ **AvD**
Zentrale Tel. (0 69) 66 06 – 0
www.avd.de

MIETWAGEN

▶ **Avis**
www.avis.de, www.avis fr
Tel. 01805 21 77 02 (Deutschland)
Tel. 0821 23 07 60 (Frankreich)

▶ **Europcar**
www.europcar.de, www.europcar.fr
Tel. 01805 8000 (D)
Tel. 0825 358 358 (F)

▶ **Hertz**
www.hertz.com, www.hertz.fr
Tel. 01805 33 35 35 (D)
Tel. 01 39 38 38 38 (F)

▶ **Sixt**
www.sixt.de, www.e-sixt.com
Tel. 01805 23 22 22(D)
Tel. 0820 00 74 98 (F)

FLUGLINIEN

▶ **Air France**
Deutschland: Tel. 01805 830 830
Österreich: Tel. (01) 502 222 400
Schweiz: Tel. 0848 747 100
Frankreich: Tel. 36 54
www.airfrance.com

▶ **Deutsche Lufthansa**
Deutschland: Tel. 0185 805 805
01805 83 84 26
Paris CDG 1: Tel. 0 892 231 690
www.lufthansa.com

▶ **Austrian Airlines**
Österreich: Tel. 05 1766 1000
Paris CDG 2: Tel. 0820 816 816
www.aua.com

▶ **SWISS**
Schweiz: Tel. 0848 700 700
Paris CDG 1: Tel. 01 41 84 68 00
www.swiss.com

▶ **Weitere Gesellschaften**
www.airberlin.com
www.easyjet.com

SNCF

▶ **SNCF / Rail Europe Deutschland**
Bahnhofsvorplatz 1, 50667 Köln
Tel. 0180 5 00 90 73
www.tgv-europe.de
www.voyages-sncf.com
www.ter-sncf.com

▶ **SNCF Callcenter Straßburg**
Tel. 00 33 892 35 35 36 (auch auf Deutsch, tägl. außer Feiertag 7.00 – 22.00 Uhr)

▶ **SNCF / Rail Europe Suisse**
Rue de Lausanne 11 – 15, CP 2034
1211 Genève 1
Tel. 0840 844 842 (CHF 0,08/Min)

Wandern und Bergsteigen

Wanderwege   Frankreich ist von einem gut ausgebauten Netz von Wanderwegen durchzogen. Auf den Grandes Randonnées (GR, Fernwanderwege; rot-weiß markiert) kann man ganze Landesteile erleben, auf den Petites Randonnées (PR, gelb markiert) kleine Rundtouren von max. 1 Tag Länge machen; die GR de Pays (rot-gelb markiert) sind Rundtouren, die eine Region (z. B. die Ile de France) erschließen.

Unterkunft   Zum Übernachten gibt es an den Wanderstrecken Gîtes d'etape (Herbergen) in ausreichender Zahl (▶ Übernachten). Komfortabler sind die Hotels, die sich auf die Bedürfnisse von Wanderern eingestellt haben, wie die Rand'hotels (www.rando-accueil.com) und die Reihe der Logis de France.

Wanderführer   Die Fédération Française de la Randonnée Pédestre kümmert sich um den Ausbau und die Pflege des Wegenetzes. Sie gibt mehrere Reihen von empfehlenswerten Wanderführern heraus (Topo Guides, auf Französisch): »Grande Randonnée« (GR mit Anreise-, Übernachtungs- und Einkaufsmöglichkeiten), »Promenade et randonnée« für kurze Touren, »A pied en famille« (Wandern mit der Familie), »Sentiers des patrimoines« (für Kulturinteressierte) u. a. Ihre Website enthält wertvolle Ratschläge und Links. Auch deutschsprachige Verlage haben gute Wanderführer im Programm (Karten ▶ Landkarten). Die **Jakobswege** in Frankreich wurden in das UNESCO-Welterbe aufgenommen (▶ Baedeker Special S. 790). Die informative Broschüre »Jakobswege in Südwestfrankreich« von Atout France (▶ Auskunft) enthält Info-Adressen, Literaturtipps sowie Adressen von Reiseveranstaltern.

Für **Bergwanderer und Kletterer** sind natürlich die Hochgebirgsregionen der Alpen und der Pyrenäen herausragende Reviere, aber auch die Mittelgebirge wie der Jura, das Zentralmassiv und die Cevennen bieten viele lohnende Unternehmungen. Einschlägige Literatur ist im Buchhandel zu bekommen. Die Fédération des Clubs Alpins Français unterhält Sektionen in zahlreichen Städten.

Auf dem Weg durch die Pyrenäen

INFORMATIONEN

▶ **Fédération Française
de la Randonnée Pédestre**
64 Rue du Dessous des Berges
75013 Paris
Tel. 01 44 89 93 93
Fax 01 40 35 85 67
www.ffrandonnee.fr
www.gr-infos.com

▶ **Fédération des
Clubs Alpins Français**
24 Avenue Laumière
75019 Paris
Tel. 01 53 72 87 00
Fax 01 42 03 55 00
www.ffcam.fr

▶ **Fédération Française de
la Montagne et de l'Escalade**
8–10 Quai de la Marne
75019 Paris
Tel. 01 40 18 75 50
Fax 01 40 18 75 59
www.ffme.fr

Wellness

Schon die Römer nutzten Frankreichs Thermalquellen und Mineralquellen, heute sprudeln in etwa 100 Heilbädern – deren Name oft den Zusatz »les Bains« aufweist – an die 1200 Quellen zur Linderung oder Heilung der verschiedensten Krankheiten. Viele Badeorte, die häufig zu beliebten Ferienzentren mutierten, haben sich das nostalgische Bild aus ihrer großen Zeit im 19. Jh. bewahrt. Heilbäder

»Thalassa« hieß bei den antiken Griechen das Meer, und sie wussten, wie heilsam das Salzwasser für den Körper ist. Im 19. Jh. entdeckte man die Heilwirkung des Salzwassers neu, und heute gibt es an den Küsten viele Thalassotherapiezentren (Bäder mit Meerwasserkuren). Mit unterschiedlich temperierten Bädern, Algen- und Schlammpackungen, Hydromassage, Sprudelbädern, Gymnastik im Meerwasserpool, Spaziergängen in jodhaltiger Luft sowie Diät, Entspannungs- und Fitnessprogrammen werden u. a. Rheuma, Arthrosen, Kreislaufstörungen, Störungen des Stoffwechsels und des vegetativen Nervensystems und Verletzungsfolgen bekämpft, aber auch Stress und Erschöpfung. Auch die die Thalasso-Institute haben sich heute zu gediegenen bis luxuriöse Erlebnisbädern entwickelt, die auch von einer betuchten Klientel ohne akute Beschwerden, aber z. B. zu großen Fettpolstern aufgesucht wird. Thalassotherapie

Informationen geben die regionalen und lokalen Tourismusbüros. Einige exklusive Wellness-Hotels sind in der Broschüre »Wellness in Frankreich« von Atout France (▶ Auskunft) verzeichnet, mehr enthält die Website von Atout France. Auskunft

Herrliche Abfahrten bietet der Brevent bei Chamonix: mit Blick auf den Montblanc.

Wintersport

Auch im Winter ist Frankreich attraktiv, allerdings teuer: Für einen 6-Tage-Skipass muss man 200 – 250 € rechnen. Die Auswahl an Wintersportgebieten ist groß: Alpen, Jura, Vogesen, Zentralmassiv und Pyrenäen. Da erst in den 1960er-Jahren mit dem Ausbau der Infrastruktur begonnen wurde, sind von den über 400 Wintersportplätzen mit 3500 Seilbahnen und Liften (nur Österreich besitzt mehr) in den schneesicheren Gebieten mit ihren riesigen Skiarealen viele in dieser Zeit entstanden. Man hat die Wahl zwischen »Reißbrettgründungen« (z. B. Lac de Tignes), gigantischen Skimetropolen wie La Plagne, das über 40 000 Urlauber aufnehmen kann, traditionsreichen, aus alten Siedlungen entstandenen Wintersportorten wie das mondäne Megève oder Chamonix und einer Anzahl bescheidener, überwiegend am Wochenende aufgesuchter Skistationen. Trotz der langen Anreise werden auch die Pisten zwischen dem Genfer See und der Côte d'Azur immer beliebter, v. a. wegen der Weiträumigkeit der Reviere, der Schneesicherheit, der kurzen Wartezeiten an den Liften und der südlichen Sonne, besonders in den Seealpen. Wesentlich weniger frequentiert als die Alpen sind die Pyrenäen, obwohl auch sie gute Skigebiete besitzen, z. B. Font-Romeu, Bagnères oder Cauterets.

Vor allem in den Vogesen, im Jura und im Vercors ermöglicht eine große Zahl von Loipen lange Touren abseits der großen Massen. — **Langlauf**

Detaillierte Informationen über die Skigebiete in den Alpen gibt der bewährte DSV-Skiatlas. Kurze Beschreibungen aller französischen Skigebiete (mit Links), auch in den Pyrenäen und im Zentralmassiv, sind unter www.skifrance.fr und www.goski.com zu finden. Letztere Website, in den USA beheimatet, enthält auch ungeschminkte Erfahrungsberichte für einige frequentiertere Orte. — **Informationen**

Zeit

In Frankreich gilt wie in Deutschland, Österreich und der Schweiz die Mitteleuropäische Zeit (MEZ) bzw. mit denselben Anfangs- und Endterminen die Sommerzeit (MEZ + 1 Std.).

Zeitungen und Zeitschriften

Zeitungen und Zeitschriften sind in der »Maison de la Presse«, die es in jeder größeren Stadt gibt, in Papierwarengeschäften, Buchhandlungen, Tabakläden, Kiosken und Bahnhöfen erhältlich. Deutschsprachige Zeitungen und Illustrierte findet man in größeren Ferienorten und Städten, in der Regel einen Tag nach Erscheinen.

Die wohl einflussreichste Tageszeitung ist die liberale »Le Monde«. Nachmittags ab 15.00 Uhr ist die Zeitung des folgenden Tages zu bekommen. Beilagen gibt es Di. (Wirtschaft), Mi. (Kultur) und Fr. (Literatur). Eine andere große Tageszeitung ist der konservative »Figaro«. Samstags enthält er die Beilagen »Figaro Magazine« und »Figaro Madame«, Mi. erscheint er mit dem »Figaroscope«, dem wöchentlichen Veranstaltungskalender. Die Tageszeitung »France-Soir« gehört zum selben Haus wie »Le Figaro«. »L'Humanité« ist das Sprachrohr der kommunistischen Partei Frankreichs, »Libération«, einst ein extrem linkes Blatt, hat sich zur Lieblingszeitung des linksliberalen Mittelstands entwickelt. Mittwochs kommt das berühmte Blatt »Le Canard Enchaîné« heraus, das politische und gesellschaftliche Ereignisse satirisch aufs Korn nimmt. Internetadressen ►S. 110. — **Überregionale Zeitungen**

Donnerstags erscheinen drei Nachrichtenmagazine: »Le Nouvel Observateur« (politisch Mitte-Links) sowie »L'Express« und »Le Point« (beide eher Mitte-Rechts). Für Unterhaltung im französischen Zeitschriftenwald sorgt vor allem das Klatschblatt »Paris Match«. — **Überregionale Zeitschriften**

Touren

WOLLEN SIE DEN NORDEN FRANKREICHS KENNENLERNEN ODER DIE AUVERGNE? DAS ROMANTISCHE TAL DER LOIRE ODER DIE MÄCHTIGEN ALPEN? VORSCHLÄGE FÜR ERLEBNIS- UND GENUSSREICHE WEGE DURCH FRANKREICH.

TOUREN DURCH FRANKREICH

Sie wissen noch nicht, wo es langgehen soll? Einige Vorschläge für klassische und weniger bekannte Routen durch das Hexagon sollen Ihnen die Wahl erleichtern.

TOUR 1 **Der Norden**
Nancy, das Moseltal, Verdun, Lille, die Kanalküste, das untere Seine-Tal – das sind nur einige der Highlights einer Reise durch den »unbekannten« Norden. ▸ **Seite 176**

TOUR 2 **Burgund-Rundfahrt**
Sanfte Weinberge mit berühmten Produkten, schöne romanische Kirchen, Charolais-Rinder auf fetten Weiden und die Zeugnisse des mächtigen Herzogtums Burgund ▸ **Seite 179**

TOUR 3 **Von Paris an den Atlantik**
Warum nicht einen Besuch der Hauptstadt mit ein paar Tagen am Strand verbinden? Vor allem, wenn man dabei noch die Juwelen des Loire-Tals besuchen kann. ▸ **Seite 182**

TOUR 4 **Durch die Auvergne in die Pyrenäen**
Die grünen Vulkanberge des Zentralmassivs und die herrliche Gebirgsszenerie der Pyrenäen, dazwischen große und kleine Städte mit Atmosphäre und Kultur. ▸ **Seite 185**

TOUR 5 **Route des Grandes Alpes**
Ein Genuss für Freunde von Hochgebirgslandschaften und Passfahrten. Alte Festungsstädte und malerische Dörfer bieten sich für den Halt unterwegs an. ▸ **Seite 188**

← *S. 172/173: La Roque-Gageac an der Dordogne*

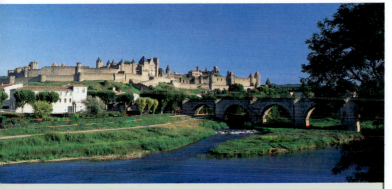

Von Toulouse aus lohnt sich ein Abstecher nach Carcassonne.

▶ Unterwegs in Frankreich **TOUREN** 175

Unterwegs in Frankreich

Genauso vielfältig wie die Landschaften Frankreichs sind die Möglichkeiten, seinen Urlaub dort zu gestalten. Lieber am Strand faulenzen, städtische Lebensart genießen oder sich in der Natur sportlich betätigen? Lieber eine Region kennen lernen oder ein ganzes Kaleidoskop an Eindrücken sammeln? Alles ist möglich, und das Beste daran ist, dass man Verschiedenes problemlos kombinieren kann.

Das Verkehrsmittel der ersten Wahl ist in unseren Zeiten der eigene fahrbare Untersatz, ob Auto, Campingmobil oder Motorrad. Damit ist man sowohl für einen »nomadischen« Urlaub wie für Ausflüge und Erkundungen von einem Standort aus bestens gerüstet. Für eine

Welches Verkehrsmittel?

rasche Anfahrt sind die Autobahnen optimal; die Gebühren sind zwar recht hoch, aber es fährt sich – mit Ausnahme des französischen Ferienbeginns und -endes – sehr entspannt, da das Verkehrsaufkommen meist niedrig ist. Für die Anreise sollte man aber auch den Zug und das Flugzeug in Betracht ziehen, vor allem für eine Städtereise oder einen Strandaufenthalt. Das Eisenbahnnetz ist sehr gut ausgebaut, und durch den TGV sind alle Landesteile komfortabel und in wenigen Stunden zu erreichen; ebenso dicht ist das Netz der Regionalflugplätze, die von Paris aus zu erreichen sind. In ländlichen Gegenden stellen Buslinien die regionalen Verbindungen her; ein eigenes Fahrzeug ist dort jedoch fast unumgänglich.

Wo nächtigen? Hier hat man die Qual der großen Wahl! Hotels unterschiedlichsten Zuschnitts, von schlicht bis absoluter Luxus, sind überall zu finden, auch in relativ abgelegenen Gegenden. Dasselbe gilt aber auch für Ferienhäuser/-wohnungen und Campingplätze. Camping ist in Frankreich höchst populär, und so gibt es Tausende von Plätzen, privat oder in Gemeindebesitz, ob in großen Städten oder kleinen Dörfern und oft in sehr schöner Umgebung. Für lange Familienferien sind Ferienhäuser/-wohnungen die beste Wahl, am Strand ebenso wie auf dem Land, viele davon in hübschen alten Bauernhäusern oder Adelsvillen. Besonders sei auf die *chambres d'hôte* hingewiesen, Zimmer bei privaten Vermietern, eine gute Möglichkeit, Frankreich auf individuelle Weise kennen zu lernen.

Tour 1 Der Norden

Start P 4

Länge: ca. 1950 km **Dauer:** 2 Wochen

Der Norden Frankreichs ist eines der weniger populären Reiseziele Frankreichs, zu Unrecht: wohltuende Landschaften, würdige, geschichtsträchtige Städte mit Flair und hervorragenden Kunstwerken, dazu eine windzerzauste Küste mit Sandstränden und Kalkklippen sorgen für vielfältige Eindrücke.

Von ❶ ★★ **Straßburg** aus, der wunderbaren Hauptstadt des Elsass, durchquert man die waldreichen Vogesen. In Schirmeck (an der D 1420) nimmt man die schöne Bergstrecke der D 392 über den Col du Donon und hinunter nach Raon-l'Etape. Über Lunéville mit seinem Schloss erreicht man ❷ ★★ **Nancy**, einst Zentrum des Herzogtums Lothringen, die der polnische Exilkönig Stanisław Leszczyński zu einer der schönsten Barockstädte Europas machte. Nun folgt man der Mosel durch industriereiches Gebiet nach ❸ ★ **Metz**, der Hauptstadt Lothringens, mit hübschen Altstadtwinkeln an den Moselarmen und einer für ihre Glasmalereien berühmten Kathedrale.

► Tour 1 **TOUREN** 177

Nächstes Ziel ist das westlich gelegene ❹ ✱✱ **Verdun**, die alte Festungsstadt am einst wichtigsten Übergang über die Meuse (Maas). Zahlreiche Mahnmale, Stellungsreste und Soldatenfriedhöfe erinnern hier an die mörderische Schlacht des Ersten Weltkriegs. Die Voie

Die barocke Place Stanislas in Nancy ist einzigartig in Frankreich.

Wimereux, einer der traditionsreichen Badeorte an der Côte Opale

Rouen – hier im Bild zu sehen –, Reims, Amiens: Der Norden Frankreichs ist reich an großartigen Kathedralen

Sacrée, die 1916 den französischen Zugang zur Festung bildete, weist den Weg nach Châlons-en-Champagne; von dort an der Marne entlang nach Épernay. Von hier bis Reims erstreckt sich die Montagne de Reims, an deren Rändern die Reben für den weltberühmten Champagner wachsen. ❺ ✶✶ **Reims** ist sicher ein Höhepunkt der Fahrt: Hier wurden, meist in der herrlichen gotischen Kathedrale, über Jahrhunderte die französischen Könige gekrönt, unabdingbar ist ein Besuch einer der namhaften Champagnerfirmen.

Von der 80 km nordöstlich gelegenen Doppelstadt ❻ **Charleville-Mézières** bieten sich Ausflüge nach ✶ **Sedan** – dessen Festung zu den größten in Europa gehört – und ins reizvolle ✶ **Vallée de Meuse** (Maas-Tal) an; der Fluss hat sich hier in vielen Windungen in die Ardennen gegraben. Über das Festungsstädtchen ✶ **Rocroi** und Hirson gelangt man in die Picardie nach St-Quentin (für Kunstfreunde Abstecher nach Laon). Auf der D 1043 / 1044 fährt man über Cambrai nach ✶ **Douai** (mit hohem mittelalterlichem Wachtturm und dem Bergwerksmuseum Lewarde) und dann nach ❼ ✶✶ **Lille**, der unumstrittenen Metropole des Nordens. Lille erlebte eine wahre Renaissance und lohnt mit der lebhaften Altstadt und einem hervorragenden Kunstmuseum ganz besonders.

Über das atmosphärereiche Städtchen ✶ **Cassel** geht es an die Nordseeküste nach ❽ ✶ **Calais**, das an der schmalsten Stelle des Ärmelkanals liegt; der Eurotunnel verbindet hier Frankreich mit Großbritannien. An der ✶ **Côte Opale** passiert man eine Reihe beliebter Badeorte wie Wimereux, Le Touquet und Berck-sur-Mer; den Abstecher zum ✶ **Cap Griz Nez** sollte man nicht versäumen. Der wichtige Fischerhafen ✶ **Boulogne-sur-Mer** besitzt ein besuchenswertes Meereszentrum und eine ummauerte Oberstadt. Bei St-Valéry-sur-Somme mündet die Somme in den Ärmelkanal; die endlosen Sandstrände dort gehören fast ausschließlich einer interessanten Vogelwelt. Flussaufwärts geht es nach ❾ ✶✶ **Amiens**, der Hauptstadt der Picardie mit ihrer berühmten gotischen Kathedrale und den Hortillonages, von Kanälen durchzogenen Gärten. In Le Tréport erreicht man wieder die Küste, jetzt in der Normandie. Zwischen ✶ **Dieppe** und Le Havre erstreckt sich die ✶✶ **Côte d'Albâtre** (Alabasterküste) mit spektakulären Kalkklippen, besonders bei Etretat. Bis ❿ **Le Havre** passiert man weitere frequentierte Badeorte.

Die Route folgt nun dem ✶ **Seine-Tal** flussaufwärts über Rouen nach Paris. Die großen Schleifen der Seine bilden eine idyllische Landschaft, die mit alten Abteien, Burgen und Städtchen aufwartet. ⓫ ✶✶ **Rouen**, die Hauptstadt der Normandie, beeindruckt mit ihrer »Fachwerk-Altstadt« und der gotischen Kathedrale. Von den Attraktionen zwischen Rouen und der Hauptstadt ⓬ ✶✶ **Paris** sind Les Andelys mit dem Château Gaillard und Giverny hervorzuheben, wo Claude Monet über 40 Jahre lebte und arbeitete.

Tour 2 Burgund-Rundfahrt

Start N 5

Länge: ca. 630 km   **Dauer:** 1 Woche

Burgund gilt mit reizvollen Landschaften, großartigen Baudenkmälern und Kunstschätzen, weltbekannten Weinen und erlesenen Restaurants als ein Genießerland par excellence.

Die historische Provinz Burgund ist als Durchgangsland zwischen Rhein, Seine, Loire und Rhône sowie aufgrund ihrer glanzvollen Geschichte kulturgeschichtlich besonders interessant. Der Herzogspalast in ihrer Hauptstadt ❶∗∗ **Dijon** beherbergt ein Kunstmuseum, das zu den wertvollsten in Frankreich zählt. Von Dijon geht es nordwestlich auf der D 971 zur Quelle der Seine bei St-Seine-l'Abbaye. Nun wechselt man auf die parallele D 10, die zum Schloss Bussy-Rabutin (16./17. Jh.) und nach Alise-Ste-Reine führt; auf dem Mont Auxois erinnert eine riesige Statue an die Niederlage des Keltenfürsten Vercingetorix gegen die Truppen Caesars im Jahr 52 v. Chr. Auch das nahe ∗ **Flavigny-sur-Ozerain** ist einen Blick wert. Bei Marmagne kurz vor Montbard biegt man auf die D 32, die zur ehemaligen Zisterzienserabtei ∗∗ **Abbaye de Fontenay** bringt. Auf der D 980 erreicht man ❷∗∗ **Châtillon-sur-Seine**, das für seinen »Trésor de Vix« berühmt ist, den wertvollen Fund aus dem Grab einer keltischen Prinzessin. An der D 965 kurz vor ∗ **Tonnerre** steht das schöne Renaissance-Wasserschloss ∗ **Tanlay**; im Tal des Armançon zwischen Montbard und Tonnerre ist das Schloss ∗ **Ancy-le-Franc** interessant. Von Tonnerre westlich ist es nicht weit zum berühmten Weinort Chablis. Nächstes Etappenziel ist die an der Yonne gelegene Handels- und Départementshauptstadt ❸∗ **Auxerre**.

Von Auxerre folgt man der D 606 südöstlich durch das Cure-Tal – einer der landschaftlichen Höhepunkte in Niederburgund – nach ❹∗∗ **Vézelay**, dem berühmten Wallfahrtort, der von der mächtigen romanischen Abteikirche Ste-

Das Hôtel de Vogüé in Dijon, einer der schönen Renaissancebauten der Stadt

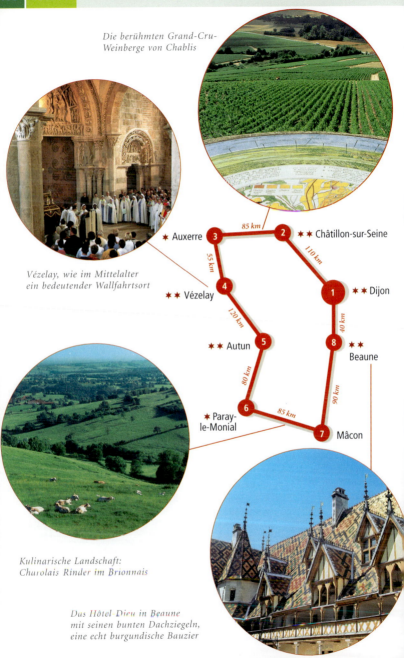

Die berühmten Grand-Cru-Weinberge von Chablis

Vézelay, wie im Mittelalter ein bedeutender Wallfahrtsort

Kulinarische Landschaft: Charolais Rinder im Brionnais

Das Hôtel Dieu in Beaune mit seinen bunten Dachziegeln, eine echt burgundische Bauzier

Madeleine bekrönt wird. Für die Fahrt südlich durch die Hügel- und Berglandschaft des ★ **Morvan**, eines Ausläufers des Zentralmassivs, gibt es viele Möglichkeiten; sehr hübsch ist die Strecke über Pierre-Perthuis, Bazoches (mit dem Schloss des berühmten Festungsbaumeisters Vauban) und Lormes, vorbei am Stausee Pannesière-Chaumard, nach Château-Chinon. Das östlich gelegene ❺ ★★ **Autun** ist ein weiterer Höhepunkt in Burgund: Außer Zeugnissen der über zweitausendjährigen Stadtgeschichte besitzt es mit der Kathedrale einen besonderen Schatz romanischer Bau- und Bildhauerkunst.

Eine andere Seite Burgunds lernt man auf der Weiterfahrt nach Süden kennen: Le Creusot und Montceau-les-Mines sind die Zentren der burgundischen Kohle- und Stahlindustrie. Ein bedeutendes Werk der Romanik hingegen ist in ❻ ★ **Paray-le-Monial** mit der Abteikirche Sacré-Cœur zu bewundern. Nun nach Osten durch das Viehzuchtgebiet der Monts du Charolais; in Charolles werden die berühmten weißen Charolais-Rinder vermarktet. Nächstes Ziel ist ★ **Cluny** mit den Resten einer Abteikirche, die einmal das größte christliche Gotteshaus war. In Berzé-la-Ville sind in der ★ **Chapelle aux Moines** hervorragende Fresken aus dem 12. Jh. erhalten, Berzé-le-Châtel besitzt eine beeindruckende Burg. Und etwas weiter südlich signalisieren die markanten ★ **Felsen von Solutré** und Vergisson das renommierte Weinbaugebiet um Pouilly-Fuissé. Weiter in östlicher Richtung erreicht man bald ❼ ★ **Mâcon**, Geburtsstadt des Dichters Lamartine und Zentrum des Weinbaugebiets Mâconnais. Hat man Zeit und Interesse, sollte man sich in Bourg-en-Bresse (35 km östlich) – dem Zentrum der für ihr hochwertiges Geflügel bekannten Gegend – die Klosterkirche von ★ **Brou** ansehen, ein Juwel der Spätgotik bzw. Renaissance.

Von Mâcon geht's wieder nach Norden. In Tournus ist die mächtige romanische Kirche mit dem Reliquienschrein des hl. Philibert zu beachten; westlich der Stadt, in den Monts du Mâconnais, liegen viele romanische Kirchen und romantische Ortschaften verstreut, wie das mittelalterliche ★ **Brancion**, Chapaize oder ★ **Cormatin** mit einem prachtvoll ausgestatteten Renaissance-Schloss. Von Cormatin nimmt man am besten die D 981, die an Chalon-sur-Saône vorbei durch die sanften Weinberge der Côte Chalonnaise führt. Hinter Chagny beginnt die Côte de Beaune mit berühmten Weinorten wie Puligny-Montrachet und Meursault. Dann kommt ❽ ★ **Beaune**, das Weinhandelszentrum Burgunds mit schönem mittelalterlichem Stadtbild und dem beeindruckenden Hôtel-Dieu. Nördlich von Beaune beginnt schließlich vollends das Paradies des Burgunderfans: an der ★ **Côte de Nuits** reihen sich hochberühmte Weinorte wie Perlen aneinander, darunter auch das Clos de Vougeot mit ummauertem Weinberg. Von Nuits-St-Georges bietet sich ein Abstecher östlich zur Abtei Cîteaux an, dem Mutterkloster des Zisterzienserordens, bevor man zum Ausgangspunkt der Tour Dijon zurückkehrt.

Tour 3 Von Paris zum Atlantik

Start K 4

Länge: ca. 420 km **Dauer:** 7–10 Tage

Die Kombination eines Paris-Aufenthalts mit einem Strandurlaub ist besonders reizvoll, umso mehr, wenn man unterwegs so wunderbare Dinge »mitnehmen« kann wie das untere Loire-Tal und die Touraine mit ihren berühmten Schlössern und Abteien, wie Chartres mit seiner großartigen Kathedrale oder Bordeaux, das noble Zentrum des renommiertesten Weinbaugebiets der Erde.

Die Hauptstadt ❶ ✶✶ **Paris** verlässt man nach Südwesten. Wer sich Zeit lassen will, wählt die D 906 und legt in Rambouillet und Maintenon Zwischenstopps ein. Obligatorisch ist aber der Besuch von ❷ ✶✶ **Chartres**, dessen Kathedrale als eines der bedeutendsten und schönsten gotischen Baudenkmäler Frankreichs gilt. Für den Weg zur Loire kann man dann die N 154 nach Orléans nehmen oder die N 10 über ✶ **Châteaudun** und ✶ **Vendôme**, zwei sehr sehenswerte kleine Städte. Die Loire erreicht man dann in ❸ ✶✶ **Blois**, sein prächtiges Schloss war Residenz der Könige Ludwig XII. und Franz I. und vereint Gotik und Renaissance. Um Blois – an der Loire und südlich im Bereich der Flüsse Cher und Indre – liegen auf kleinem Raum viele verschwenderisch ausgestattete Adelssitze und malerische Orte, so dass man keine Route festlegen kann; man wähle nach Lust und Laune, was man sehen will. Über Amboise könnte man dann an der Loire entlang nach ❹ ✶ **Tours** fahren, der Stadt des hl. Martin, die über eine schöne Atmosphäre und sehenswerte Bauwerke verfügt. Weiter geht es mit dem Füllhorn von Attraktionen, etwa der Festung von ✶ **Chinon**, dem Schloss ✶✶ **Azay-le-Rideau** und der Abtei ✶✶ **Fontevraud**, bevor man ❺ ✶ **Saumur** erreicht. Auch Saumur besitzt ein Bilderbuchschloss, überdies ist es bekannt für hervorragenden Schaumwein und als »Pferdestadt«, hier haben die französische Kavallerieschule und die Nationale Reitschule ihren Sitz.

Von Saumur steuert man zunächst das südwestlich gelegene Loudun an und fährt auf der schnurgeraden D 347 Richtung Poitiers. In Neuville-de-Poitou wendet man sich bei Interesse auf der D 62 nach Osten, um bei Jaunay-Clan das ✶ **Futuroscope** zu besuchen, einen gigantischen Kino- und Vergnügungskomplex, und das Schloss Vayres (14./15. Jh.) mit einem riesigen Taubenhaus. In ❻ ✶✶ **Poitiers**, der ehemaligen Hauptstadt des Poitou, sind hervorragende sakrale Bauwerke zu sehen, so die Kirche Notre-Dame-la-Grande, das schönste Beispiel der poitevinischen Romanik, und den ältesten erhaltenen christlichen Kultbau Frankreichs. In der Umgebung von Poitiers könnte man den Besuch der Abteien Ligugé – die älteste Frankreichs – und Nouaillé-Maupertuis anschließen.

► Tour 3

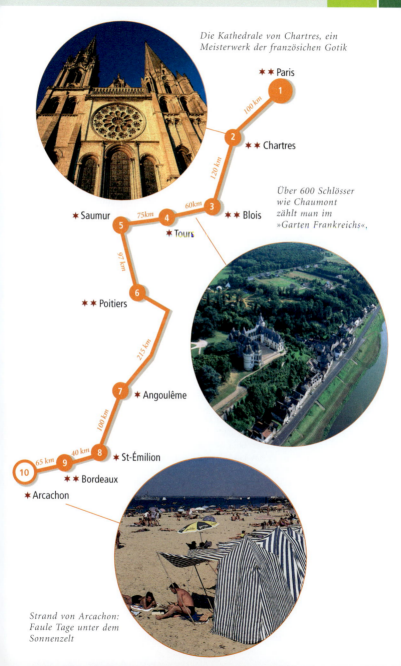

Die Kathedrale von Chartres, ein Meisterwerk der französichen Gotik

★★ Paris
1
100 km
2
★★ Chartres
120 km
60 km
★ Saumur 75 km 4 3 ★★ Blois
5
★ Tours

Über 600 Schlösser wie Chaumont zählt man im »Garten Frankreichs«,

97 km

6
★★ Poitiers

215 km

7 ★ Angoulême

100 km

65 km 40 km 8 ★ St-Émilion
10 9
★★ Bordeaux
★ Arcachon

Strand von Arcachon: Faule Tage unter dem Sonnenzelt

Von Poitiers fährt man auf der D 951 nach Osten. Man passiert ∗ **Chauvigny** (mit fünf Burgen und berühmten Kapitellen in der Kirche St-Pierre) und gelangt nach ∗∗ **St-Savin-sur-Gartempe**, dessen Kirche aus dem 11. Jh. über großartige romanische Fresken verfügt. Nun durch das idyllische Gartempe-Tal nach Süden; zu beachten sind dort an sakralen und weltlichen Bauten die Wandmalereien des 16. Jh.s (u. a. in Antigny und Jouhet). Von Montmorillon fährt man südlich auf der D 54 über Lathus (westlich die Portes d'Enfer, eine schöne Schlucht der Gartempe) nach ∗ **Le Dorat**, das schon im Limousin liegt und eine großartige romanische Kirche besitzt, und Bellac. Von dort wäre ein kleiner Umweg nach Süden zum Besuch von ∗ **Oradour-sur-Glane** angezeigt, Mahnmal für den Nazi-Terror im Zweiten Weltkrieg, über St-Junien gelangt man zur N 141 (dann westlich). Sonst fährt man direkt auf der D 951 zum hübsch an der Vienne gelegene Confolens in der Charente und über das berühmte Schloss La Rochefoucauld nach ❼ ∗ **Angoulême**, der schön über der Charente gelegenen Hauptstadt des Angoumois (Kathedrale mit großartiger romanischer Fassade).

Eine Variante zur vorgeschlagenen Hauptroute: Westlich von Angoulême fließt die Charente durch das hügelige Weinbaugebiet der Grande Champagne. Besuchenswert sind hier Cognac, die berühmte Stadt des Weinbrands, und ∗ **Saintes**. Von hier kann man weiter an den Atlantik fahren nach Rochefort, Marennes oder Royan am Mündungstrichter der Gironde, der ∗ **Côte de Beauté**.

Unsere Route führt hingegen von Angoulême weiter auf der D 674 über Montmoreau-St-Cybard nach La Roche-Chalais. (Ein weiterer empfehlenswerter Umweg wäre, vor Montmoreau die D 10 südlich nach Aubeterre zu nehmen, einem alten Städtchen in einer tief eingeschnittenen Schleife der Dronne mit beeindruckender Felsenkirche; dann über St-Aulaye nach La Roche-Chalais.) Südlich von La Roche biegt man auf die D 21 ab, überquert vor St-Médard die Isle und gelangt dann in das Libournais, das Weinbaugebiet mit weltberühmten Namen wie Pomerol und St-Émilion. Über Lussac und Montagne bzw. Puisseguin erreicht man ❽ ∗ **St-Émilion**, das hübsche, traditionsreiche Weinstädtchen. Über die alte Hafen- und Weinhandelsstadt Libourne an der breiten Dordogne fährt man auf der N 89 nach ❾ ∗∗ **Bordeaux** hinein, wobei man mit dem Blick auf die Flussfront auf dem Pont de Pierre die Garonne überquert. Noble klassizistische Bauten geben Bordeaux des besondere Flair. Nach dem Besuch der Weinstadt und einem Ausflug in das Médoc mit seinen in aller Welt bekannten Châteaus locken die viele Kilometer langen Sandstrande der Côte d'Argent. ❿ ∗ **Arcachon** mit seinem für die Austernzucht genützten Bassin, dem gegenüber gelegenen Cap Ferret und der Düne von Pilat, der höchsten Europas, ist hier der attraktivste Ferienort. Wer noch mehr Platz um sich braucht, findet ihn an den Stränden von Biscarosse und Mimizan weiter im Süden.

Tour 4 Durch die Auvergne in die Pyrenäen

Start M 6

Länge: ca. 700 km   **Dauer:** 1–2 Wochen

Zwei der beeindruckenden Berglandschaften Frankreichs sind auf dieser Tour das Hauptthema. Aber auch dazwischen sind viele Dinge zu entdecken: das malerische Lot-Tal, erlebenswerte Städte wie Albi und Toulouse, die berühmte Abteikirche in Conques, die genussfreudige Gascogne mit ihren Bastiden.

Von ❶ * **Paray-le-Monial** (▶ Tour 2) steuert man zunächst den äußersten Norden der Auvergne an: in ❷ **Moulins** ist das Triptychon des »Meisters von Moulins« unbedingt sehenswert. Im südlich gelegenen ❸ * **Vichy** kann man den nostalgischen Charme des alten Kurorts genießen. Für die Fahrt nach Clermont-Ferrand ist der Umweg durch die * **Gorges de la Sioule** zu empfehlen, die hinter Ebreuil beginnen (westlich von Vichy). Man folgt dort der D 915 / D 109 nach Châteauneuf-les-Bains. Dann über * **St-Gervais**, unter dem Viaduc des Fades hindurch nach Les Ancizes, nun nach Osten (D 19 / 227) nach Châtel-Guyon, ein beliebtes Thermalbad. Über * **Mozac** mit bedeutender romanischer Kirche gelangt man nach Riom, einst Hauptstadt der Auvergne. Nach Clermont-Ferrand fährt man am besten über Volvic mit seinen bekannten Mineralquellen und dem Château de Tournoël, einer der schönsten Schlossruinen in der Auvergne. Von dort 4 km westlich, dann auf der D 943 – mit Blick auf die von den Monts du Forez begrenzte Ebene der Limagne – nach ❹ **Clermont-Ferrand** mit seiner »schwarzen« Kathedrale.

Von Clermont geht es über das elegante Thermalbad Royat zum ** **Puy de Dôme**, dem höchsten Berg der Monts Dômes. Dann südwestlich nach * **Orcival** mit einer der bedeutendsten Kirchen der Auvergne und weiter nach Le Mont-Dore, dem von den Monts-Dore umgebenen Thermalbad und Wintersportort (Seilbahn auf den ** **Puy de Sancy**, den höchsten Gipfel des Zentralmassivs).
Wer Zeit hat, sollte die ca. 75 km lange Runde um den Puy de Sancy nicht auslassen: Col de la Croix St-Robert – Besse – Lac Pavin – Latour-d'Auvergne – Gorges d'Avèze – La Bourboule – Le Mont-Dore.
Von Le Mont-Dore nimmt man die D 996 östlich am Lac Chambon vorbei nach Murol im Tal der Couze. Bevor man südlich nach Besse fährt, sollte man sich das reizvoll gelegene * **St-Nectaire** mit bedeutender romanischer Kirche ansehen. Im mittelalterlich anmutenden Städtchen Besse-en-Chandesse sind die Rue de la Boucherie, die Kirche St-André und ein Skimuseum sehenswert. Nach einer Pause am Lac Pavin, dem schönsten Kratersee der Auvergne, fährt man auf der D 978 nach ❺ **Condat** im Tal der Rhue.

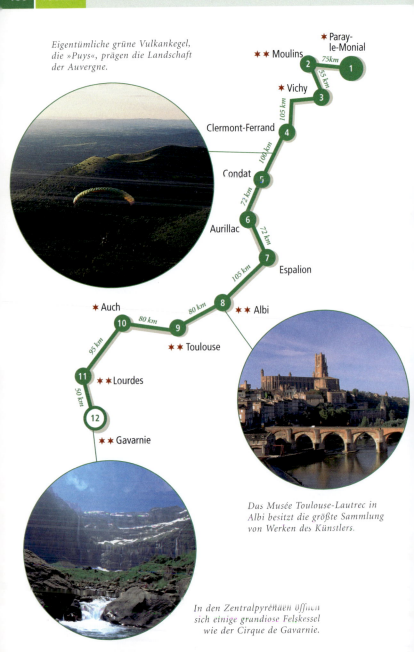

Von Condat zum Pas de Peyrol (1588 m), dem höchsten Pass der Auvergne im Zentrum der Monts du Cantal, kann man über St-Amandin (D 678) und Riom-es-Montagnes (Kirche 11./12. Jh.) sowie durch das Vallee de Cheylade (D 62) nach Süden fahren. Von der Passhöhe aus sollte man den ★★ **Puy Mary** erklimmen. Dann auf der D 17 südwestlich nach Süden (mit Blick in den herrlichen Cirque du Falgoux) ins Tal der Jordanne und nach ❻ **Aurillac**.

Von Aurillac führt die D 920 südlich auf dem welligen Granitplateau der Châtaigneraie, die ihren Namen den Kastanienwäldern verdankt, über Montsalvy zum hübschen alten Ort Entraygues im herrlichen Tal des ★★ **Lot**. Interessant ist hier ein Abstecher nach Norden in die Gorges de la Truyère, unverzichtbar aber der Ausflug westlich nach ★★ **Conques**, der berühmten Abtei am Jakobsweg. Von Entraygues fährt man auf der D 920 durch die ★ **Gorges du Lot** zum hübschen alten Ort ❼ **Espalion**. Hier wendet man sich nach Südwesten und nimmt die D 920 / D 988 nach Bozouls, das über dem »Trou de Bozouls« liegt, dem Canyon des Dourdou, und nach Rodez, der Hauptstadt des Départements de l'Aveyron.

Von Rodez geht es auf der N 88 weiter in südwestlicher Richtung. Vor Tanus überwindet man das tief eingeschnittene Tal des Viaur (flussaufwärts der Viaduc du Viaur von Ende des 19. Jh.s). Über Carmaux erreicht man ❽ ★★ **Albi**, die alte Stadt der Katharer mit wuchtigen mittelalterlichen Backsteinbauten. Im fruchtbaren Vorland der Pyrenäen fährt man am Tarn entlang über das Weinstädtchen Gaillac nach ❾ ★★ **Toulouse**, dem kulturellen und wirtschaftlichen Mittelpunkt Südfrankreichs.

Südwestlich von Toulouse breitet sich flachhügelige Landschaft der Gascogne mit vielen mittelalterlichen Bastiden aus. Ein schönes Beispiel ist Gimont (50 km westlich). In ❿ ★ **Auch** ist in der Kathedrale ein grandioses Chorgestühl zu bewundern; schön ist der Blick auf die Kette der Pyrenäen. Über ★ **Mirande**, ein weiteres Musterbeispiel einer Bastide, steuert man auf der N 21 Tarbes an, die Hauptstadt der Landschaft Bigorre. Von hier lohnt sich auch ein Abstecher nach ★ **Pau**. 20 km südlich liegt ⓫ ★★ **Lourdes**, wohl der berühmteste Wallfahrtsort katholischer Christen. Lourdes ist auch Tor zum großartigsten Teil der Pyrenäen. Über den Kurort Argelès-Gazost und durch das enge Tal der Gave de Gavarnie erreicht man ⓬ **Gavarnie**, hinter dem sich der ★★ **Cirque de Gavarnie** öffnet, der auch Kenner alpiner Szenerien beeindruckt. Wer über Bergerfahrung verfügt, sollte die Wanderung zur sagenumwobenen Brèche de Roland unternehmen. Um das Kaleidoskop der Gebirgserlebnisse zu vollenden, nimmt man für den Rückweg von Luz-St-Sauveur den Col du Tourmalet, von La Mongie kann man sich von der Seilbahn auf den ★★ **Pic du Midi de Bigorre** (2872 m) bringen und den Ausblick auf sich wirken lassen.

Tour 5 Route des Grandes Alpes

Start O 6

Länge: 650/690 km **Dauer:** 3–4 Tage

Die großartigste Straßenverbindung durch die französischen Alpen. Von den sanften Ufern des Genfer Sees führt sie durch die savoyischen Vorberge in die Gletscherwelt des Montblanc, überwindet einige der höchsten Alpenpässe und bringt durch die engen Täler der provenzalischen Seealpen zum Mittelmeer.

Von ❶** **Genf** folgt man dem Ufer des herrlichen Genfer Sees zum renommierten Kurort ❷**Thonon** und dann dem Tal der Dranse nach Süden, vorbei an den Skiorten Morzine und Les Gets, nach Cluses im Arve-Tal. Von St-Gervais-les-Bains aus macht man den Abstecher zum berühmten Wintersportort ❸** **Chamonix** am

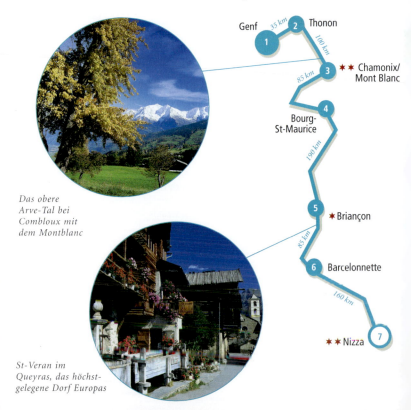

Das obere Arve-Tal bei Combloux mit dem Montblanc

St-Veran im Queyras, das höchstgelegene Dorf Europas

Montblanc (wer anschließend abkürzen will, fährt durch den Montblanc-Tunnel nach Courmayeur und über den Kleinen St. Bernhard nach Bourg-St-Maurice). Von St-Gervais beschreibt die Route des Grandes Alpes eine große Schleife über Megève, Albertville und Moûtiers nach Bourg-St-Maurice. Schöner, aber kurvenreicher ist die »Abkürzung« von Flumet aus über den Col des Saisies ins ✶ **Beaufortin** mit dem hübschen Städtchen Beaufort und über den Pass Cormet de Roselend (1962 m) nach ❹**Bourg-St-Maurice**.
Im Tal der Isère, vorbei an den Skigebieten von Tignes und Val d'Isère, steigt die Straße zum ✶✶ **Col de l'Iseran** an, dem mit 2770 m zweithöchsten Alpenpass. In der herrlichen Szenerie der Grajischen Alpen fährt man auf der anderen Seite hinunter zum Bilderbuchort ✶ **Bonneval** im oberen Arc-Tal. Nun dem Arc folgend über Lanslebourg nach Modane (kurz zuvor passiert man das Fort de l'Esseillon) und St-Michel-de-Maurienne. Dann wird's wieder alpiner: durch das Hochtal von Valloire hinauf zum ✶✶ **Col du Galibier** (2646 m) mit herrlichem Blick nach Süden auf die Pelvoux-Gruppe. Vom Col du Lautaret (2058 m) geht es im Tal der Guisane weiter nach ❺ ✶ **Briançon**, der über 1200 m hoch gelegenen Festungsstadt. Die nächste Bergetappe ist der ✶ **Col d'Izoard** (2360 m); jenseits der Passhöhe fährt

Ein echter »Höhepunkt« der Grande Route des Alpes: Col du Galibier

man durch die wüstenhafte Casse Déserte und die enge Combe du Queyras nach Guillestre (unterwegs lohnt der Abstecher in das Queyras mit dem pittoresken Städtchen Château-Queyras und dem schönen Dorf St-Véran in 2042 m Höhe). Von Guillestre kurvt man hinauf ins Hochtal der Chagne und zum Col de Vars (2111 m), dann in das Ubaye-Tal nach ❻**Barcelonnette**; hier hat man die (Haute) Provence erreicht.
Die Schlussetappe ans Mittelmeer führt zunächst durch die Gorges du Bachelard zum kahlen ✶ **Col de la Cayolle** (2326 m, herrliches Panorama) und am Oberlauf des Var nach Guillaumes. Es folgen die ✶ **Gorges du Daluis**, eine grandiose Schlucht mit 400 m hohen Porphyr-Felswänden, und Entrevaux mit seinen mächtigen Befestigungen. Nun immer dem Var-Tal folgend, vorbei an Puget-Théniers, zum Pont de la Mescla; in der Défilé du Chaudan wird es noch einmal eng, bevor man ❼ ✶✶ **Nizza** erreicht.

FRANKREICH MIT TEMPO ZEHN

»Man sieht das Land besser als von der Postkutsche aus«, schwärmte schon Stendhal. Die Fahrt in einem Hausboot ist eine der reizvollsten Möglichkeiten, Frankreich kennenzulernen, und sicher die geruhsamste.

Wie in Zeitlupe gleitet man an Wiesen, Feldern, Wäldern und Dörfern vorbei, durch tiefe Täler oder weite Weinberge, unter Brücken hindurch und auch durch dunkle Tunnels. Man sieht Enten und Reiher, am Ufer Kühe und Pferde, Spaziergänger auf dem Treidelpfad und meditierende Angler, während Pappeln und Platanen, Zypressen und Pinien für angenehme Kühle sorgen.

All hands on deck

Vielleicht hat man anfangs noch etwas Herzklopfen beim Gedanken an die erste Schleuse oder an das erste Anlegemanöver. Zwar hat der Vermieter erklärt, wie man sein Schiff lenkt (vorwärts, rückwärts, Gas, mehr gibt es nicht), wie man eine Schleuse passiert und welche Handgriffe nötig sind, um die »pénichette«, das Hausboot, sicher anzulegen; auch ist man mit umfangreichem Infomaterial in deutscher Sprache ausgestattet, in dem alle Brücken, Schleusen und Anlegestellen verzeichnet sind. Doch nun ist man seinem Schicksal überlassen und tuckert los. Die Hausboote sind nur 10 km/h »schnell«. Mit Gedränge ist, außer in der Hochsaison, nicht zu rechnen, und dann sind es nur andere Hausboote, denn die meisten Kanäle und Flüsse werden nicht mehr kommerziell genutzt. Die Boote lassen sich leicht manövrieren, nur Pénichettes mit flachem Boden, wie sie im seichten Saar-Kohle-Kanal verkehren, sind etwas diffiziler zu steuern. An den Schiffen kann man auch nicht viel kaputtmachen: Sie dürfen ruhig mal an der Schleusenwand entlangscheuern, denn rundherum sind sie mit Gummifendern geschützt. Etwas Muskelkraft benötigt man bei einer Bootstour auch, d. h. die Équipe sollte ruhig mit anpacken – bei den Schleusen, die von Hand bedient werden. Jedes der beiden Schleusentore muss auf- und wieder zugekurbelt werden, eine nicht zu unterschätzende Anstrengung. Natürlich gibt es immer einen »éclusier«, einen Schleusenwärter, der die Kurbelei auch selber bewerkstelligt. Aber die meisten Wärter – und nicht nur diejenigen, die in der Hochsaison über 200 Boote pro Tag durchschleusen müssen – freuen sich, wenn ihnen ein Freizeitkapitän zur Hand geht.

Die Passage einer Schleuse wie hier am Canal du Midi wird gern zum Austausch von Tipps genützt.

Gegen eine freundliche Plauderei ist auch niemand abgeneigt. Außerdem erfährt man einiges über Land und Leute und erhält nicht selten Tipps für gute Lokale (Französischkenntnisse sind immer von Vorteil). Heute versorgen viele Ehefrauen von Eclusiers die Schleusen, während ihre Männer anderswo das Baguette verdienen, denn außer dass das Schleuserhäuschen mietfrei ist, wird diese Arbeit schlecht entlohnt.

Komfort und Idylle

Die Boote für 2 bis 12 Personen sind mit allem ausgestattet, was man von einer komfortablen Unterkunft erwarten darf: eine komplette Küche, geräumige Schlafkabinen, Dusche und WC. Versorgen können sich die Hausboot-Urlauber in den Dörfern unterwegs. Dabei sind (an den Bootsbasen zu mietende) Fahrräder sehr hilfreich. An den meisten Schleusen kann Wasser nachgefüllt werden, oft verkaufen die Schleusenwärter auch Gemüse und Salat aus dem eigenen Garten oder andere Produkte wie Honig oder Wein. Bei vielen Anbietern, darunter auch deutsche Unternehmen, kann man Einweg-Touren buchen, d. h. das Auto vom Vermieter an den Zielort bringen lassen.

Langeweile kommt nie auf. Dafür sorgen schon die Schleusen, die An- und Ablegemanöver, die täglichen Besorgungen oder die Angler, die bereits von weitem gestikulieren, damit man einen Bogen um ihre Angeln fährt. Man kann Ausflüge unternehmen, auf den Treidelpfaden joggen oder radeln, während ein anderes Besatzungsmitglied das Boot fährt, und sich darüber Gedanken machen, ob man für die nächste Nacht den Komfort einer Anlegestelle mit benachbartem Restaurant in Anspruch nehmen möchte oder ein romantisches Plätzchen am Busen der Natur vorzieht. Kleinkinder haben allerdings nicht viel von der Fahrt auf einer Pénichette; die Boote bieten zu wenig Platz zum Herumtollen.

Insgesamt stehen ca. 8000 km Kanäle und Flüsse zur Verfügung, die – bis auf die Bergregionen – praktisch das ganze Land durchziehen. Als schönster Wasserweg gilt der 240 km lange Canal du Midi, der den Atlantik mit dem Mittelmeer verbindet. Doch hat jede Landschaft ihren eigenen Reiz: die sanften Weinberge Burgunds und der Champagne, die blühenden Obstgärten Aquitaniens, die malerischen Dörfer, Burgen und Schlösser an der Loire, an der Dordogne, am Lot. Und da und dort gibt es auch Technik zu bestaunen, wie die schöne Kanalbrücke, die in Briare über die Loire führt, oder die »Schiefe Ebene« von Arzviller, die einen Höhenunterschied von 45 m überwindet.

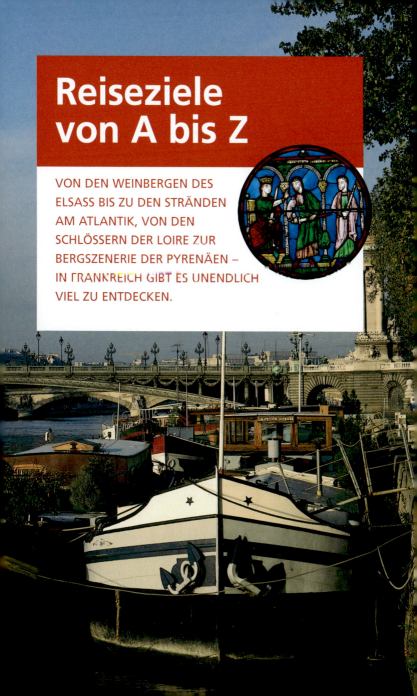

Reiseziele von A bis Z

VON DEN WEINBERGEN DES ELSASS BIS ZU DEN STRÄNDEN AM ATLANTIK, VON DEN SCHLÖSSERN DER LOIRE ZUR BERGSZENERIE DER PYRENÄEN – IN FRANKREICH GIBT ES UNENDLICH VIEL ZU ENTDECKEN.

Aix-en-Provence

Région: Provence – Alpes – Côte d'Azur
Département: Bouches-du-Rhône
Höhe: 177 m ü. d. M.
Einwohnerzahl: 143 400

Aix, die alte Hauptstadt der ▶Provence, gilt als eine der schönsten Städte Frankreichs: elegante Paläste in italienischem Barock, majestätische Alleen und eine lebhafte junge Atmosphäre.

Nach der Zerstörung des keltischen Oppidums 122 v. Chr. wurde Aquae Sextiae Saluviorum als erste römische Siedlung in Gallien angelegt. Als Hauptort der Grafschaft Provence wurde Aix (gesprochen »ex«) unter René von Anjou (»der Gute König«, 1409 – 1480) zu einem Mittelpunkt provenzalischer Dichtung, 1409 wurde die Universität gegründet. Die rege Bautätigkeit im 17./18. Jh. prägte die Stadt mit den »hôtels particuliers« in italienischem Barock. Ein Sohn der Stadt war der Maler Paul Cézanne (1839 – 1906), der hier auch lebte; mit Bronzeplaketten sind die Stätten seines Wirkens markiert. Aix, das im Jahr 300 Sonnentage zählt, ist auch bei 30 000 Studenten beliebt, unter ihnen viele aus dem Ausland. Allerdings gilt Aix nach Paris als die teuerste Stadt in Frankreich.

Aix gestern und heute

Sehenswertes in Aix-en-Provence

Den Cours Mirabeau, eine prächtige Platanenallee, säumen eindrucksvolle Häuser des 17./18. Jh.s; in der Mitte die Fontaine Chaude mit 34 °C warmem Thermalwasser, westlich die **Fontaine des 9 Canons** (1691), östlich die Fontaine du Roi René (1819) mit einer Statue des Guten Königs von David d'Angers. Die Place de Gaulle im Westen wird von der Fontaine de la Rotonde (1860) geziert.

Cours Mirabeau

Das Naturkundemuseum (tägl. geöffnet) im Hôtel Boyer d'Eguilles (1675) ist berühmt für die **Dinosaurier-Eier** aus dem Bassin von Aix. In der Kirche Ste-Marie-Madeleine (1691 – 1703 rekonstruiert, Fassade 1855) ist das Mittelstück eines Triptychons von 1444 (Mariä Verkündigung) aus der Malerschule von Avignon zu beachten.

Muséum d'Histoire Naturelle Ste-Marie-Madeleine

Den Rathausplatz zieren das Postamt – einst der Getreidespeicher (1761), dessen Giebelskulpturen Vater Rhône und Mutter Durance symbolisieren –, das Hôtel de Ville in italienischem Barock (1668) und die **Tour de l'Horloge**, ein 1510 auf römischen Fundamenten erbautes Stadttor (astronomische Uhr von 1661). In der von hier nach Norden führenden Rue Gaston-de-Saporta stehen alte Adelspaläste, im Hôtel d'Estienne-de-St-Jean aus dem späten 17. Jh. (Nr. 17, Mo. geschl.) ist das **Musée du Vieil Aix** untergebracht (Mo. geschl.).

Place de l'Hôtel de Ville

← *Der lebhafte Rathausplatz in Aix-en-Provence*

St-Sauveur

An der Kathedrale St-Sauveur wurde vom 5. bis zum 18. Jh. gebaut, das meiste entstand im 12./13. Jh. Die schönen geschnitzten Nussbaumtüren von J. Guiramand (1510) im Portal sind meist hinter Läden verborgen, ebenso das herrliche **Triptychon »Maria im brennenden Dornbusch«** von N. Froment (15. Jh.), in dessen linkem Flügel König René abgebildet ist. Hinter dem Hochaltar öffnet sich die Chapelle de St-Mitre (5. Jh.), aus dem 6. Jh. stammt das Baptisterium, sogar noch aus dem 4. Jh. das Taufbecken. Zu sehen sind auch flandrische Gobelins mit Szenen aus dem Marienleben und der Passion (1511). Südlich schließt ein eleganter romanischer Kreuzgang (11. Jh.) an. Das benachbarte **Erzbischöfliche Palais** (1648) beherbergt das Musée des Tapisseries mit Gobelins aus Beauvais (Di. geschl.).

Musée des Tapisseries ▶

Thermes Sextius

Erholung in wunderschönem Rahmen bietet das neu gestaltete Thermalbad, das im 18. Jh. auf den Resten römischer Thermen (2. Jh.)

Aix-en-Provence *Orientierung*

1 Fondation Vasarély
2 Montagne Ste-Victoire

Essen
① Clos de la Violette
② Le Passage

Übernachten
① Mas d'Entremont
② Augustins

Der Kreuzgang von St-Sauveur mit zierlichen Säulen und schönen Kapitellen

entstand (tägl. geöffnet, www.thermes-sextius.com). Außerhalb der damaligen Stadtmauern wurde das Palais für den Duc de Vendôme erbaut (1667, Möbel und Gemälde aus dem 17./18. Jh.).

Pavillon de Vendôme

Das letzte Atelier des großen Impressionisten ist 1,5 km nördlich außerhalb der Altstadt (Av. Paul Cézanne 9, tägl. geöffnet) zu sehen. Gezeigt wird außer Erinnerungsstücken eine Audiovisionsschau.

Atelier Paul Cézanne

Auf Initiative von Michel Mazarin, Erzbischof von Aix und Bruder des berühmten Kardinals und Politikers, wurden 1646–1653 der Cours Mirabeau und das südlich anschließende Viertel angelegt. Mittelpunkt ist die **Place des Quatre Dauphins** (Brunnen 1667). Zu den schönsten Palais des Viertels gehört das Hôtel d'Arbaud (18. Jh.) mit dem Musée Arbaud (provenzalische Fayencen, Gemälde, Bibliothek). Das Musée Granet zeigt in der Malteserkomturei von 1671 keltoligurische Skulpturen aus dem Oppidum d'Entremont, griechische Reliefs, römische Fragmente, mittelalterliche Plastiken und Werke bedeutender Maler wie Holbein d. J., Rubens, Rembrandt, Cézanne (geöffnet Di.–So. 11.00–19.00, Okt.–Mai 12.00–18.00 Uhr).

Quartier Mazarin

◄ Musée Paul Arbaud

★

◄ Musée Granet

Im westlichen Vorort Jas de Bouffan (Avenue Marcel Pagnol) fällt ein großes, eigenwillig schwarz und weiß gestaltetes Gebäude auf, die ★**Fondation Vasarely**. Das Werk von Victor Vasarely (1908–1997), dem aus Ungarn stammenden Hauptvertreter des Op-Art, wird hier umfassend vor Augen geführt (Mo. geschlossen).

! *Baedeker* TIPP

Café des Deux Garçons

Das berühmte, schon 1792 gegründete Café des Deux Garçons am Cours Mirabeau (Nr. 53 bis), einst Treffpunkt von Künstlern und Schriftstellern wie Cézanne, ist der richtige Platz zum Sehen und Gesehen-Werden. Gehobene Preise.

Oppidum d'Entremont

Die wenig aufregenden Ausgrabungen des keltoligurischen Oppidums liegen 3 km nördlich von Aix (Zufahrt über D 14, Di. geschl.). Hervorzuheben sind ein Mosaikfußboden und Reste von sog. Beinhäusern. Schöner Blick auf Aix und den Ste-Victoire.

Umgebung von Aix-en-Provence

Ventabren

Ventabren, ein von einer Burgruine überragtes »Village perché«, liegt 15 km westlich von Aix über dem Tal des Arc. Von der Burgruine hat man einen prachtvollen Ausblick über den Etang de Berre. Südlich von Ventabren überquert der Canal de Marseille das Tal des Arc auf einer Nachbildung des Pont du Gard (1847). Obwohl deutlich größer (83 m hoch, 375 m lang) als dieser, hat er nicht dessen Wirkung. Östlich vom ihm durchquert die TGV-Brücke das Tal.

Aqueduc de Roquefavour ▶

Les Milles

In der Ziegelei von Les Milles (ca. 6 km südwestlich von Aix, Sa./So. geschl.) waren von Sept. 1939 bis Mitte 1940 bis zu 3000 deutsche

▶ AIX-EN-PROVENCE ERLEBEN

AUSKUNFT

Office de Tourisme
2 Place du Gén. de Gaulle
13100 Aix-en-Provence
Tel. 04 42 16 11 61
www.aixenprovencetourism.com

FESTE & EVENTS

Juli: Festival International d'Art Lyrique (Oper). Info u. Karten: Tel. 04 34 08 02 17 (vom Ausland), Fax 04 42 63 13 74, www.festival-aix.com.
Juni/Juli: Nuits d'Été (Konzerte).
Sept: Weihe der Calissons, Fête Mistralienne. Mitte Dez.: Bravade Calendale. Aktuelle Veranstaltungstermine im kostenlosen »Mois à Aix«.

ESSEN

▶ Fein & teuer

① *Clos de la Violette*
10 Avenue de la Violette
Tel. 04 42 23 30 71, So./Mo. geschl.
Eines der besten Restaurant der Stadt. In einer eleganten Villa pflegt man eine moderne provenzalische Küche. Preiswerteres Mittagsmenü.

▶ Preiswert / Erschwinglich

② *Le Passage*
6 Rue Mazarine, Tel. 04 42 37 09 00
In der modern umgestalteten alten Schokoladenfabrik wird einfallsreich südfranzösisch gekocht. Lebhafte Atmosphäre, mit Vinothek und Café.

ÜBERNACHTEN

▶ Luxus

Mas d'Entremont
① Célony, D 7 n, Tel. 04 42 17 42 42
www.masdentremont.com
Stilvoller ehemaliger Bauernhof 3 km nordwestlich von Aix, mit Park und Pool. Rustikal-antikes Ambiente, die Bungalows sind moderner. Restaurant mit klassischer Küche.

▶ Komfortabel

② *Des Augustins*
3 Rue Masse, Tel. 04 42 27 28 59
www.hotel-augustins.com
Ehemaliges Kloster aus dem 12. Jh. in einer ruhigen Nebenstraße. Große, luxuriös und individuell ausgestattete Zimmer. Kein Restaurant.

Flüchtlinge interniert, darunter bedeutende Künstler und Wissenschaftler. 1942 wurden ca. 2000 Juden von der Vichy-Regierung in die deutschen Vernichtungslager verfrachtet. Ein Viehwaggon ist als Museum eingerichtet, eine Gedenkstätte ist der ehemalige Speisesaal der Wachoffiziere mit Wandmalereien von internierten Künstlern.

Vauvenargues

Die D 10 führt von Aix östlich durch die reizvolle Landschaft am Stausee von Bimont; eindrucksvoll ist hier der Blick auf die **Montagne Ste-Victoire**. Nach 12 km folgt Vauvenargues, in dessen Schloss (17. Jh.) Picasso ab 1958 wohnte; im Park sind Picasso und Jacqueline Roque, seine zweite Frau, begraben (Führungen Juli – Sept., Anm. Tel. 04 42 38 11 91 oder www.chateau-vauvenargues.com).

✶✶ Croix de la Provence

Südlich des Tals steigt der Bergrücken der Montagne Ste-Victoire an. Von Les Cabassols führt ein schöner Weg zur Croix de la Provence hinauf (945 m; hin und zurück 3.30 Std., feste Schuhe nötig). Auf 900 m Höhe die Ruine des Priorats N.-D.-de-Ste-Victoire von 1656. Herrlicher Blick von der Camargue im Westen über das Massif de la Ste-Baume und das Massif des Maures bis zu den Alpen im Osten.

Saint-Maximin-la-Sainte-Baume

St-Maximin, ein Landstädtchen 40 km östlich von Aix, ist berühmt für seine gotische Kirche (1295 – um 1530). Nachdem man hier 1279 die »echten« Gebeine der hl. Maria Magdalena gefunden hatte (wobei die in Vézelay befindlichen schon früher verehrt wurden), errichtete man zwischen 1295 und 1532 die für die Provence ungewöhnliche, 79 m lange Kirche. Ein geplanter Turm wurde nicht gebaut. Unter der prunkvollen Ausstattung hervorzuheben sind der Hauptaltar von Ende das 17. Jh.s, das Chorgestühl (1692), der **Passionsaltar von Fran-çois Ronzen** (1520) und die Orgel von Isnard (1773); ausgestellt ist auch das Pluviale von König Ludwig IX. (Ende 13. Jh.). In der Krypta aus dem 4./5. Jh. vier ebenso alte Sarkophage, die die Gebeine der Maria Magdalena und der hll. Maximin, Sidonius, Marcella und Susanne bergen. Der Konvent ist heute ein stilvolles Hotel (Le Couvent Royal).

Ste-Madeleine in St-Maximin, der größte und bedeutendste gotische Kirchenbau der Provence

Wie eine Burg überragt die Kathedrale Albi und den Tarn.

Albi

K 9

Région: Midi-Pyrénées
Département: Tarn

Höhe: 174 m ü. d. M.
Einwohnerzahl: 49 000

Eine Symphonie in Rot ist das aus Ziegeln erbaute Albi, die Stadt der Katharer, die westlich der Cevennen am Tarn liegt. Die großen Attraktionen sind die Kathedrale und das Museum, das Henri de Toulouse-Lautrec gewidmet ist, dem berühmten Sohn der Stadt.

Geschichte Zwischen dem 11. und 13. Jh. breitete sich die Lehre der Katharer aus, die u. a. Fegefeuer und Ablass verwarf und damit kirchlichen Lehrmeinungen widersprach. Einer der vier Katharer-Bischöfe war in Albi ansässig, weshalb die Anhänger dieser Lehre auch **Albigenser** genannt wurden. Zwei »Kreuzzüge« gegen die Katharer (1209–1229) und die Verfolgung durch die Inquisition des hl. Dominikus – bei der über 200 wohlhabende Bürger von Albi verbrannt wurden – endeten 1271 mit der Annexion der ganzen Grafschaft Toulouse durch die französische Krone. Dies bedeutete auch die Zerstörung der provenzalischen Kultur (▶Baedeker Special S. 450).

Sehenswertes in Albi

★★
Ste-Cécile

Das Stadtbild wird – besonders schön vom Pont Vieux (1035) – von den mächtigen Bauten der Kathedrale und des Bischofspalastes geprägt, errichtet nach den Albigenserkriegen als Demonstration der Königsmacht. Die ca. 130 m lange und 50 m breite Kathedrale Ste-Cécile (ab 1282, geweiht 1480, beendet 1512) ist höchst ungewöhnlich konstruiert. Die an den Außenwänden sichtbaren gliedernden Rundungen gehören zu Rundtürmen zwischen 5 m dicken Mauern – eine echte Festung. Dieselbe Bauweise zeigt der 78 m hohe Turm (Obergeschoße 1485–1492). Durch das Südportal mit dem »Baldachin« in Flamboyantgotik (1520) betritt man die Kathedrale. Der einschiffige, 99 m lange, 19 m breite und 30 m hohe Innenraum wird durch einen filigranen Lettner (um 1480) geteilt, dessen 96 Statuen in der Revolution fast alle verloren gingen; erhalten sind neben dem Kruzifix: Maria, Johannes der Täufer, Adam und Eva. Die **Ausmalung** ist hervorragend: Gewölbe und Kapellen von Künstlern aus Bologna (um 1512), Jüngstes Gericht (20 × 15 m) an der Westwand von einem burgundischen Maler (spätes 15. Jh., 1693 beschädigt). Die grandiose Orgel datiert von 1736. Die reich gestalteten Chorschranken sind mit Engelsfiguren und außen mit Gestalten des Alten und Neuen Testaments geschmückt, die burgundischen Einfluss zeigen. Aus dem 14. Jh. stammen die Glasfenster der Apsis.

Das **Palais de la Berbie** (von okzitanisch »bisbe«, Bischof) wurde ab 1265 als Festung gegen die Stadt erbaut; nach dem Edikt von Nantes 1598 wurden Teile der Anlage abgetragen. Das Musée Toulouse-Lautrec zeigt hier über 500 Werke des Künstlers sowie von Zeitgenossen wie Degas, Rodin und Matisse (geöffnet Juli/Aug. 9.00–18.00, Juni/Sept. 9.00–12.00, 14.00–18.00, April/Mai 10.00–12.00, 14.00 bis 18.00, sonst Mi.–Mo. 10.00 bis 12.00, 14.00–17.00 Uhr).

★★ **Musée Toulouse-Lautrec**

Weiteres Sehenswerte in Albi

Die Kollegiatkirche St-Salvy wurde auf Fundamenten einer karolingischen Kirche im 11. Jh. begonnen und nach den Albigenserkriegen im 13. Jh. vollendet. Die Rue Mariès führt vorbei an einem Fachwerkhaus aus dem 15. Jh. zur Rue Timbal, hier die Pharmacie des Pénitents, ein für Albi typischer Bau des 16. Jh.s, und das Hôtel Reynès, ein schönes Renaissance-Palais von 1530, mit Büsten von Franz I. und Eleonore von Österreich. Lebhafter Mittelpunkt der Stadt ist die Place du Vigan. Südlich der Kathedrale ein Viertel mit schönen alten Häusern, u. a. dem Hôtel de Séré de Rivières (15. Jh.), der Maison du Vieil Alby und dem Hôtel Decazes.

Albi Orientierung

1 Pharmacie des Pénitents

Essen
① La Table du Sommelier

Übernachten
① Hostellerie St-Antoine

ALBI ERLEBEN

AUSKUNFT
Office de Tourisme
Palais de la Berbie, 81000 Albi
Tel. 05 63 36 36 00
www.mairie-albi.fr

EVENTS
Mai: Jazzfestival. Juli: Musikfestival (Klassik, Oper, Jazz)

ESSEN
▶ **Preiswert / Erschwinglich**
① *La Table du Sommelier*
20 Rue Porta, Tel. 05 63 46 20 10
So./Mo. geschl. Gemütlich-informelles Bistro mit Terrasse im Grünen. Handfest-feine Küche; gute Weinauswahl, Ausschank auch glasweise.

ÜBERNACHTEN
▶ **Komfortabel / Luxus**
① *Hostellerie Saint-Antoine*
17 Rue St-Antoine, Tel. 05 63 54 04 04, www.hotel-saint-antoine-albi.com
Noble Herberge in einem Gebäude von 1734 mit Garten. Pool und Tennisplätze gibt es im ebenso feinen Schwesterhotel La Réserve 3 km außerhalb (Route de Cordes, Tel. 05 63 60 80 80, Nov.–April geschl.).

Nebenan die Maison Lapérouse mit einem Wachsfigurenmuseum und das Hôtel du Bosc (18. Jh.), in dem Henri de Toulouse-Lautrec (1864–1901) geboren wurde (Juli/Aug. tägl.; sonst Mo. geschl.).

Umgebung von Albi

Lescure Ca. 5 km nordöstlich steht an einer Tarn-Schleife auf dem Friedhof von Lescure die im 11. Jh. von Benediktinern erbaute Kirche St-Michel mit einem schönen romanischen Portal (12. Jh.).

★ **Cordes-sur-Ciel** Cordes-sur-Ciel (1000 Einw.), 25 km nordwestlich von Albi, ist ein Juwel: 1222 auf einem Hügel im Tal des Cérou gegründet, hat es sein mittelalterliches Stadtbild mit fünf Mauerringen bewahrt. Großartige gotische Paläste lassen den durch Tuch- und Lederindustrie erworbenen Reichtum erkennen. Die beeindruckende **Maison du Grand Fauconnier** beherbergt das Rathaus und ein Museum mit Werken von Yves Brayer; im Keller ein Museum für Stickmaschinen. Nördlich gegenüber die Markthalle mit Pfeilern von 1352. Aus dem 13. Jh. stammen Chor und Querschiff der barockisierten Kirche St-Michel am höchsten Punkt der Stadt. An der Grand'Rue weiter östlich liegen die Maison Prunet mit einem Zuckerbäckermuseum, weiter unten das Portal Peint und das Musée d'Art et d'Histoire (Ortsmuseum). Der Grand Fruyer, der Palast des Oberstallmeisters (Monument Historique), ist heute ein herrliches Hotel des »gastronomischen Konzerns« von Yves Thuriès (www.thuries.fr, Tel. 05 63 53 79 50, Fax 05 63 53 79 51), der eine Konditorenschule, das Zuckerbäckermuseum und zwei weitere schöne, für das Gebotene preiswerte Hotels betreibt (Hotel de la Cité, Hostellerie du Vieux Cordes).

Amboise an der Loire, Residenz des Renaissance-Königs Franz I.

✱ Amboise

H 5

Région: Centre
Département: Indre-et-Loire

Höhe: 60 m ü. d. M.
Einwohnerzahl: 12 500

Amboise, zwischen Blois und Tours am Südufer der ▶Loire gelegen, war im ausgehenden Mittelalter eine prächtige Königsresidenz. Das angenehme Städtchen ist ein guter Ausgangspunkt für den Besuch berühmter Schlösser wie Chenonceau oder Chaumont.

Der in römischer Zeit bezeugte Vicus Ambaciensis kam im 12. Jh. an die Grafen von Anjou. Ihr Schloss wurde 1434 von der Krone konfisziert; unter König Ludwig XI. begann der Umbau zur Residenz, den sein Sohn Karl VIII. fortführte. Karl brachte von seinem Feldzug gegen Neapel 1494/1495 italienische Künstler an die Loire, womit die Renaissance nach Frankreich gelangte. Franz I., ab 1515 König, baute das Schloss prächtig aus und holte nach seinem Feldzug gegen Mailand 1516 den genialen Techniker und Künstler Leonardo da Vinci nach Amboise, der bis zu seinem Tod 1519 hier lebte.

Aus der Geschichte

Sehenswertes in Amboise

Das Schloss (tägl. geöffnet) war einst viermal so groß; 1806–1810 wurde vieles, da aus Geldmangel nicht restaurierbar, abgerissen. Auf der Flussseite erhebt sich über wuchtigen Mauern die reich gegliederte Fassade, flankiert von der Tour des Minimes, die über eine Rampe

✱ **Schloss**

St-Hubert ▶ zu Pferd und mit Wagen zugänglich war. Die Chapelle St-Hubert, 1491 von Karl VIII. und seiner Gattin Anne de Bretagne gestiftet, bezaubert durch feinen Flamboyant. Der berühmte **Portalsturz** zeigt ein Relief mit der Hubertus-Legende (links hl. Christophorus), das Tympanon eine Madonna zwischen den Stifterfiguren (19. Jh.) An der Nordseite der Terrasse stehen die beiden erhaltenen Flügel des **Logis du Roi** ▶ Logis du Roi (Wohnung des Königs). Der Flügel Karls VIII. parallel zum Fluss ist gotisch, der Flügel Ludwigs XII. / Franz' I. aus der Renaissance. Im Schloss sind Rüstungen, Gobelins aus Aubusson sowie originales Mobiliar zu sehen. Wunderbarer Blick auf Stadt und Fluss.

Clos-Lucé Im hübschen Herrenhaus Clos Lucé (1477) südöstlich des Schlosses (Rue V.-Hugo) lebte und starb **Leonardo da Vinci**. Im Park und in den »Halles« sind Modelle ausgestellt, die nach Zeichnungen des Malers, Architekten, Ingenieurs, Mathematikers und Musikers gebaut wurden; eine Audiovisionsschau führt in die Welt Leonardos ein.

Sehenswürdigkeiten in der Stadt Am Zugang zur Stadt von der Loire her steht das einstige Rathaus (um 1500) mit kleinem Museum. Gegenüber die Kirche St-Florentin (1484) mit Renaissance-Turmhelm. Von hier führt die Rue Nationale nach Südwesten; nach wenigen Schritten die Tour de l'Horloge, der Rest eines Stadttors (1497). Etwa 600 m weiter die Kirche St-Denis **St-Denis** ▶ (um 1110), die auf eine Gründung des hl. Martin zurückgeht, ein gutes Beispiel der Anjou-Gotik; innen bemerkenswert die romanischen

▶ AMBOISE ERLEBEN

AUSKUNFT
Office de Tourisme du Val d'Amboise
Quai du Général de Gaulle
37400 Amboise
Tel. 02 47 57 09 28, Fax 02 47 57 14 35
www.amboise-valdeloire.com

EVENTS
Ostern und Mitte August: Weinmesse.
Sommer: Festival Estival.

ESSEN
▶ Günstig
Caveau des Vignerons d'Amboise
Place M. Debré, geöffnet Mitte März bis Mitte Nov, tägl. 10.00 – 19.00 Uhr
Unterhalb des Schlosses kann man die feinen Weine und Crémants der Loire verkosten und einen leckeren Imbiss zu sich nehmen.

ÜBERNACHTEN
▶ Komfortabel / Luxus
Château de Pray
37530 Chargé, Tel. 02 47 57 23 67
http://praycastel.online.fr
Schloss aus dem 13./17. Jh. in einem Park hoch über der Loire 2 km östlich von Amboise. Prachtvoll antik eingerichtete Zimmer, z. T. herrlicher Blick auf den Fluss, schöne Terrasse.

▶ Günstig
Le Blason
11 Place Richelieu, Amboise
Tel. 02 47 23 22 41, www.leblason.fr
Das hübsche gotische Haus aus dem 15. Jh. im Stadtzentrum besitzt charmant restaurierte Zimmer mit Balkendecke. Preiswerte, angenehme Restaurants in der Nähe.

Kapitelle, eine Grablegung und ein Marmorgrabmal (beides 16. Jh.) mit der nackten Figur einer Ertrunkenen, die die »schöne Babou«, eine Geliebte Franz' I., darstellen soll. Von der Brücke zur Ile St-Jean schöner Blick auf Schloss und Stadt. Am Loire-Deich steht ein origineller Brunnen von Max Ernst (1968), der im nahen Huismes lebte. Im Nordosten der Stadt sind an der Loire die Greniers de César interessant, in den Tuff gehauene Kornspeicher (16. Jh.).

Greniers

Umgebung von Amboise

Ein skurriler Bau ist die 44 m hohe Pagode von Chanteloup im Forêt d'Amboise südlich der Stadt (nahe der D 31), 1773 – 1778 errichtet. Sie ist der einzige nennenswerte Rest einer barocken Schlossanlage, die nach 1760 vom Herzog von Choiseul, Außenminister Ludwigs XV., erweitert und 1823 – 1825 abgetragen wurde.

Pagode von Chanteloup

Amiens

K 3

Région: Picardie
Département: Somme

Höhe: 27 m ü. d. M.
Einwohnerzahl: 134 800

Amiens, die alte Hauptstadt der ▶Picardie, ist mit ihrer herrlichen Kathedrale und ihrer würdigen Atmosphäre eine der sehenswertesten Städte im Norden Frankreichs.

Amiens, etwa 120 km nördlich von Paris an der Somme gelegen, ist administratives, wirtschaftliches und kulturelles Zentrum der Region und Universitätsstadt. Im Mittelalter entwickelte sich die Leinen-, Woll-, Baumwoll- und Juteindustrie, und auch heute sind die seit dem 17. Jh. hergestellten Samtstoffe (»velours d'Amiens«) ein Begriff. 1802 wurde hier der Frieden zwischen Napoleon und England unterzeichnet. Im Ersten Weltkrieg tobte die Schlacht an der Somme nur wenige Kilometer vor Amiens, 1944 wurde die Stadt weitgehend zerstört und nach dem Krieg geschickt wieder aufgebaut. Zu den berühmten Bürgern gehörten Pierre Choderlos de Laclos (1741 –1803), Autor der »Gefährlichen Liebschaften«, und Jules Verne (1828 bis 1905), der hier viele Romane schrieb und auch starb.

Amiens gestern und heute

Kathedrale Notre-Dame

Die Kathedrale Notre-Dame (Welterbe der UNESCO) gilt als der klassische Musterbau der französischen Gotik; mit einer Bauzeit von 1220 bis 1288 steht sie zwischen den Kathedralen von Reims und Beauvais. Außerdem ist sie ist die **größte Kirche Frankreichs**: 145 m lang, das Mittelschiff ist 42,3 m hoch und 14,6 m breit, das Querhaus fast 70 m. Der südliche (65 m) der unvollendeten Türme datiert von

Einige Daten

Zwischen himmelstrebenden Pfeilerbündeln ein grandioses Chorgestühl

1366, der nördliche (66 m) von Anfang des 15. Jh.s. Der 112,7 m hohe Vierungsturm aus bleiverkleidetem Kastanienholz wurde 1529 hinzugefügt. Nicht weniger als 3600 Figuren sind innen und außen am Bau zu zählen. In den 1850er-Jahren wurde die Kathedrale von Viollet-le-Duc restauriert, im Zweiten Weltkrieg blieb sie unversehrt.

Außenbau Die drei Portale der deutlich von Notre-Dame in Paris beeinflussten Westfassade, die meist Szenen aus der Bibel darstellen, gehören zu den frühesten Großwerken gotischer Kathedralplastik. Besonders schön ist der segnende Christus am Mittelpfeiler des Hauptportals (**Beau Dieu d'Amiens**, um 1240); zu beiden Seiten Apostel und Propheten, im Giebelfeld das Jüngste Gericht. Das rechte Portal ist Maria gewidmet, das linke dem hl. Firmin, dem Schutzheiligen der Picardie; er brachte das Christentum in die Region und war erster Bischof von Amiens. Am Firmin-Portal ist der »Kalender der Picardie« mit den Tierkreiszeichen und Monatsarbeiten zu beachten. Bei der Restauration der Portale wurden Reste der originalen Bemalung freigelegt (Mitte Juni – Mitte Sept. und Dez. wird abends per Projektion dieser Zustand demonstriert). Über den Portalen liegt die Galerie mit 22 Statuen französischer Könige, dar-

Kathedrale Orientierung

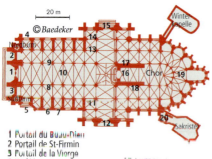

1 Portail du Beau-Dieu
2 Portail de St-Firmin
3 Portail de la Vierge
4 Karl V.
5 Christophorus
6 Mariä Verkündigung
7 Zwei Weinhändler
8 Geoffroy d'Eu
9 Evrard de Fouilloy
10 Labyrinth
11 Jakobus d. Ä. bezwingt den Zauberer Hermogenes
12 Südportal
13 Jesus und die Händler
14 Bocken (1180)
15 Nordportal
16 Chorgestühl
17 Johannes d. T.
18 St-Firmin
19 Weinender Engel
20 Schatzkammer

über eine feine Rose von 11 m Durchmesser. Prächtig ist auch das Portal des südlichen Querschiffs, das v. a. das Leben des hl. Honoré schildert; den Mittelpfeiler schmückt die berühmte, ehemals vergoldete Vierge Dorée.

Das Innere zeigt das hochgotische System Nordfrankreichs in Vollendung. Im Mittelschiff sind die Grabmäler der Bischöfe Evrard de Fouilloy († 1222) und seines Nachfolgers Geoffroy d'Eu († 1236) zu sehen (beide 13. Jh.). Im Chor, der durch ein prunkvolles **schmiedeeisernes Gitter** (18. Jh.) abgeschlossen wird, ein wunderbares Gestühl (1508–1519); 3650 Figuren stellen etwa 400 Szenen aus dem religiösen und weltlichen Leben dar. Im Chorumgang bemalte und vergoldete Reliefs u. a. mit dem Leben des hl. Firmin (1488) und Johannes des Täufers (1531). Hinter dem Hochaltar neigt sich der berühmte **weinende Engel**, ein barocker Putto von 1628 – im Ersten Weltkrieg beliebtes Motiv auf Feldpostkarten –, über das Grabmal

Inneres

Amiens *Orientierung*

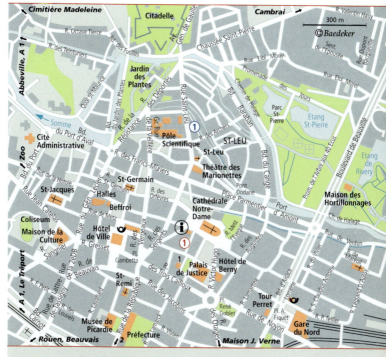

1 Maison du Sagittaire
2 Cirque Jules Verne

Essen
① La Couronne

Übernachten
① Prieuré

AMIENS ERLEBEN

AUSKUNFT

Office de Tourisme
40 Place Notre-Dame, 80000 Amiens
Tel. 03 22 71 60 50, www.amiens.fr
www.amiens-tourisme.com

ESSEN

▶ **Preiswert / Erschwinglich**
① *La Couronne*
64 Rue St-Leu, Tel. 03 22 91 88 57
Beliebtes Lokal mit klassischer Küche. Mittags trifft sich hier die Geschäftswelt. Preisgünstige Mittagsmenüs.

ÜBERNACHTEN

▶ **Günstig**
① *Prieuré*
17 Rue Porion, Tel. 03 22 71 16 71
www.hotel-prieure-amiens.com
In einer ruhigen malerischen Straße gelegen, mit dem Charme alter Herbergen.

FESTE & EVENTS

3. Juni-Wochenende: Stadtfest, Marché sur l'eau (Markt auf dem Wasser). Mitte Sept.: Fete au bord de l'eau.

---

des Kanonikers Lucas. Der Mäander im Boden des Mittelschiffs (rekonstruiert) wurde einst von Pilgern auf Knien zurückgelegt. Die Orgel datiert von 1442. Zum Kirchenschatz gehört eine Reliquie (ein Teil des Kopfes) von Johannes dem Täufer, die 1206 nach dem Vierten Kreuzzug nach Frankreich kam.

Weitere Sehenswürdigkeiten in Amiens

Musée de l'Hôtel de Berny — Das 1633 erbaute Hôtel de Berny beherbergt ein Museum für Kunst und Kultur von Amiens und Umgebung (bis 2012 geschl.). Gegenüber dem Justizpalast sind Patrizierhäuser aus dem 16. Jh. erhalten, u. a. das Logis du Roi und die Maison du Sagittaire.

★ Musée de Picardie — Das in einem prächtigen Bau des Second Empire untergebrachte Musée de Picardie (So.vormittag/Mo. geschl.) dokumentiert die Kulturgeschichte der Region. Schwerpunkte sind lokale Archäologie und bildende Kunst vom Mittelalter bis zum 20. Jahrhundert.

Tour Perret — Die Tour Perret, ein 104 m hohes, 26-stöckiges Hochhaus, wurde von Auguste Perret (1874–1954) entworfen, ebenso der Bahnhof.

★ St-Leu — Auf der Place Parmentier findet am Samstag der Gemüse- und Blumenmarkt statt. Jenseits der Somme lädt das hübsche Viertel St Leu zu einem Bummel ein. Im Wohnhaus von **Jules Verne** (Blvd. Jules Verne) ist noch sein Arbeitsplatz zu sehen; begraben ist Verne auf dem romantischen Friedhof Madeleine nordwestlich der Stadt.

★ Hortillonnages — Am nordöstlichen Rand der Altstadt dehnt sich ein 300 ha großes, seit Jahrhunderten für den Anbau von Gemüse und Obst verwendetes Sumpfland aus. Es wird von 55 km langen Kanälen und Gräben (»rieux«) durchzogen, die durch den Abbau von Torf entstanden. Heute sind nur noch wenige Hortillons tätig. Kahn fahren kann man April – Okt., von der Maison des Hortillonages aus.

Umgebung von Amiens

Der südöstliche Vorort St-Acheul gab dem Acheuléen, einer Epoche der Altsteinzeit, den Namen. Im Jardin archéologique lernt man die Archäologie und Geologie der Gegend kennen. Der Archäologiepark Samara 10 km nordwestlich von Amiens illustriert die Geschichte des Menschen von der Altsteinzeit bis zur gallorömischen Epoche. **St-Acheul**

Parc Samara

Im alten Dorf Naours 14 km nördlich von Amiens ist ein weitläufiges Netz von »grottes-refuges«, auch »muches« genannten Höhlen zu finden, eine veritable Stadt, die seit dem 11. Jh. in die Erde gegraben wurde und als Zufluchtsstätte diente (Museum). **Naours**

Andorra

J 10

Fläche: 468 km
Höhe: 840 – 2946 m ü. d. M.
Staatsbürger: 29 500
Einwohner: 81 200

Der Kleinstaat Andorra in den östlichen Pyrenäen zeigt zwei gegensätzliche Gesichter: das Steuer- und Einkaufsparadies mit allen Attributen neuzeitlicher »Lebensart« und das Dorado für naturverbundene Menschen, die Abgeschiedenheit suchen.

Zu erreichen ist das Fürstentum Andorra (katalanisch Principat d'Andorra, französisch Principauté d'Andorre) von Spanien aus seit 1913 über eine Passstraße von Seo de Urgel, von Frankreich seit 1931 über den Port d'Envalira (2408 m) und durch den 2002 fertiggestellten, 2820 m langen Tunnel d'Envalira (Gebühr) von Ax-les-Thermes bzw. Font-Romeu. Die wichtigsten Orte verteilen sich entlang der Täler, die der Fluss Valira und seine beiden Quellflüsse Valira d'Orient und Valira del Nord bilden.

Staatsflagge

Andorra ist ein unabhängiger Staat mit demokratischer Verfassung. Staatsoberhäupter sind der spanische Bischof von Urgel und der französische Staatspräsident, die Souveränität liegt jedoch beim Volk, d. h. beim Einkammerparlament. Allerdings besitzt nur ein gutes Drittel der Einwohner die Staatsbürgerschaft und damit das Wahlrecht, die übrigen sind meist Spanier, gefolgt von Franzosen und Portugiesen. Amtssprache ist Katalanisch, daneben werden Spanisch und Französisch gesprochen. Zahlungsmittel ist der Euro, und wie andere Kleinstaaten hat Andorra den Ruf einer Steueroase. **Staat und Verwaltung**

Geschichte Die Hochtäler von Andorra waren schon in der Eisen- und Bronzezeit besiedelt. Der Sage nach soll Andorra von Karl dem Großen gegründet worden sein, erstmals erwähnt wurde es 839. 1133 fiel Andorra an den Bischof von Urgel, später durch Heirat an die französischen Grafen von Foix. Ein langer Streit über die Zugehörigkeit endete mit der Unterzeichnung der »Pareatges« 1278, seither teilt sich der Bischof von Urgel die repräsentative Macht mit dem Grafen von Foix bzw. dessen Rechtsnachfolger, dem französischen Staatspräsidenten. 1993 gab sich Andorra eine Verfassung.

Tourismus in Andorra Wo vor ein paar Jahrzehnten noch Kühe weideten und Getreide oder Tabak wuchs, haben sich Hotels und Restaurants, Discountläden und klotzige Supermärkte breit gemacht, in denen jährlich über 10 Mio. Touristen einkaufen. Winters wie sommers quälen sich die Autokolonnen der Schnäppchenjäger durch das schmale Tal. Schmuck, Elektronikzubehör, Tabakwaren, Alkoholika und billiger Sprit sind die Schlager. Seitdem die Steuersätze allmählich angeglichen werden und die Umsätze stagnieren, versucht sich Andorra mit seinen knapp 3000 m hohen Bergen als Reiseland zu profilieren. Hier liegen die besten Skistationen der Pyrenäen – Skifahren ist populär und für die Schulkinder Pflichtfach –, darüber hinaus bietet Andorra herrliche Routen für Bergwanderer und Radfahrer, und in den Bergbächen und -seen finden Angler einen reichen Fischbestand vor.

> **AUSKUNFT ANDORRA**
>
> Oficina Nacional de Turismo
> C/ Doctor Vilanova 13
> Andorra la Vella AD500
> Tel. (00376) 820 214
> www.andorra.ad
> www.andorramania.com

Sehenswertes in Andorra

Andorra la Vella Die Hauptstadt Andorra la Vella (1029 m, 22 800 Einwohner) liegt schön am Fuß des Pic d'Enclar (2317 m). Zentraler Platz ist die Plaça del Poble, zugleich das Dach der Administratio Govern d'Andorra (Verwaltung). Historisches Herz und bedeutendster Bau ist die **Casa de la Vall** (um 1580), ein ehemaliges Herrenhaus, das als Regierungssitz dient. Der Gerichtssaal war einmal Pferdestall, der große, mit Malereien aus dem 16. Jh. geschmückte Saal im 1. Stock diente als Speisesaal; daneben die große Küche, die einen Einblick in das Alltagsleben des 16. Jh.s gibt. Im getäfelten Sitzungssaal steht ein berühmter Schrank, der nur mit sieben Schlüsseln zu öffnen ist, wobei jeder Schlüssel eine der sieben Gemeinden des Landes symbolisiert und vom jeweiligen Vertreter verwahrt wird. Das Ratszimmer geht in die Capilla Sant Ermengol über, in der die Räte vor jeder Sitzung eine Andacht hielten. **Sant Esteve**, die Hauptkirche von La Vella (12. Jh., 1969 vergrößert), besitzt hübsche Schnitzarbeiten.

Casa de la Vall ▶

► Andorra

Östlich schließt sich der Ort Escaldes-Engordany (1105 m) an. Das bizarre Glasgebäude dort ist das **Thermalbad Caldea**, ein opulent ausgestatteter Wasservergnügungspark (1994), der 68 °C warmes Quellwasser nutzt. Ein kurvenreiches Sträßchen führt zur wahrscheinlich aus dem 11. Jh. stammenden Capilla de Sant Miquel d'Engolasters hinauf. Von hier kann man einen Ausflug zum Stausee Estany d'Engolasters unternehmen. Sehenswert sind die Ruine der Capilla Sant Romà, die Brücke Pont dels Escalls und ein Museum mit Werken des katalanischen Bildhauers Josep Villadomat.

Das Dorf **Encamp** (1315 m) besitzt eine romanische Pfarrkirche. Für Autofreunde interessant ist das Museu Nacional de l'Automòbil

Casa de la Vall, Sitz des Parlaments

mit über 200 alten Autos, Motor- und Fahrrädern. Nördlich von Encamp, rechter Hand auf der Höhe, liegt das Nationalheiligtum Andorras, die Kapelle der Heiligen Jungfrau von Meritxell (Ricard Bofill, 1976), die seit 1873 Schutzpatronin des Kleinstaats ist.

◄ Wallfahrtskirche Meritxell

Nördlich des altertümlichen Dörfchens Canillo steht die romanische Kapelle Sant Joan de Caselles (12. Jh.) mit einem Retabel von Jahr 1525 (»Apostel Johannes und die Apokalypse«), schön sind auch das Chorgitter und die romanische Stuckfigur des Gekreuzigten.

Sant Joan de Caselles

Bei Andorra La Vella beginnt die Straße durch das Tal der Valira del Nord. An der mittelalterlichen Brücke Pont de Sant Antoni vorbei gelangt man in das malerische Dorf Anyòs mit der Capilla de Sant Cristofor. Hauptort des Tals ist Ordino (1305 m). Hier lohnt die **Casa d'Areny Plandolit** einen Besuch, 1633 erbaut und Mitte des 19. Jh.s von einem Baron von Senaller umgestaltet. In dem Haus mit herrlichem schmiedeeisernen Balkon (1843) sind eine Kopie des Schranks der sieben Schlüssel, die mit dem Wappen der Barone von Senaller geschmückten Speiseservices aus Limoges und Sèvres (Letzteres ein Geschenk des österreichischen Kaiserhauses) und eine Kopie der Urfassung der Nationalhymne zu bewundern. Das Postmuseum zeigt u. a. andorranische Briefmarken, eine wichtige Einnahmequelle des Fürstentums. Im von Tabakfeldern umgebenen La Cortinada findet man die Kirche Sant Martí de La Cortinada mit romanischen Fresken, ein Beinhaus und ein schönes altes Taubenhaus.

Valira del Nord

◄ Anyòs
Ordino

◄ Museu Postal

◄ La Cortinada

El Serrat Die Straße endet im schön gelegenen Ort El Serrat 1540 m über dem Meer.

Riu Madriu Das Tal des Riu Madriu östlich von La Vella, das letzte große in Andorra, das nicht durch eine Straße »erschlossen« ist, stellt eine besondere **Kulturlandschaft** dar und wurde 2004 als UNESCO-Welterbe klassifiziert. Am Weg (GR 7) trifft man auf alte Formen bzw. Reste der Weidewirtschaft, Eisenverhüttung und Stromgewinnung.

Santa Coloma Rechts der Straße nach Spanien steht in Santa Coloma die gleichnamige romanische Kirche mit ihrem runden, dreistöckigen Turm. In ihr wird die Statue der Jungfrau von Coloma (12. Jh.) verehrt. Der Eingangsbogen ist mit mozarabischen Fresken bemalt, zu beachten ist auch ein mittelalterlicher Taufstein. Über dem Dorf erhebt sich die Burg Sant Vicenç, erbaut im 12. Jh. vom Grafen von Foix.

Sant Julià de Lòria Die Straße führt weiter an der romanischen Brücke Pont de La Margineda vorbei nach Sant Julià de Lòria (939 m) mit einem Tabakmuseum. Die Kirche verfügt über einen romanischen Glockenturm, eine Plastik der Gottesmutter aus derselben Zeit und ein Kruzifix aus dem 17. Jahrhundert. Von hier windet sich ein Sträßchen zur romanischen Kirche Sant Cerní de Nagol hinauf (schöne Fresken).

Ein archaisches Bild: Sant Miquel d'Engolasters

Angers

Région: Pays de Loire
Département: Maine-et-Loire
Höhe: 41 m ü. d. M.
Einwohnerzahl: 151 000

Angers, die Hauptstadt der historischen Landschaft Anjou an der Loire, wartet mit einem imposanten Schloss, einer hübschen Altstadt und beeindruckenden Kunstschätzen auf.

Das Anjou, die Landschaft am Unterlauf der ▶Loire, ist eine sonnenreiche Gegend, in der Gemüse, Früchte und gute Weine gedeihen. Angers liegt ca. 4 km nördlich der Loire an der Maine, die nördlich der Stadt aus Mayenne, Sarthe und Loir entsteht. Mit dem Aufstieg der Fulkonen – den Ahnen des mächtigen Hauses Anjou – begann für die Stadt eine Blütezeit, v. a. unter Foulques Nerra (972–1040). Als erster führte Gottfried V. (1113–1151) den Beinamen Plantagenêt, nach seiner Helmzier, einem stilisierten Ginsterzweig; sein Sohn heiratete Eleonore von Aquitanien und wurde als Heinrich II. englischer König. Die wohl bekannteste Gestalt in der Geschichte von Angers ist René le Bon, der »Gute König« (1409–1480; ▶Tarascon, S. 225). Er war politisch glücklos und verlor die bei Anjou verbliebenen italienischen Gebiete, doch als gebildeter Förderer der Künste machte er seine Residenzen zu großartigen Kulturzentren.

Alte Hauptstadt des Anjou

Angers Orientierung

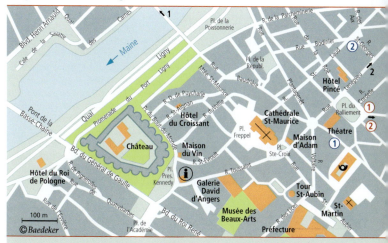

1 Musée Lurçat
2 Jardin des Plantes

Essen
① L'Entr'acte
② Le Grandgousier

Übernachten
① Saint-Julien
② Hôtel du Mail

Burg und Kathedrale dominieren die schöne Partie an der Maine.

Sehenswertes in Angers

★
Château

Über der Maine ragt die trutzige Burg (geöffnet Mai – Anfang Sept. 9.30 – 18.30, sonst 10.00 – 17.30 Uhr) auf, die 1228 – 1238 von Ludwig IX. neu erbaut wurde; die Mauern aus Schiefer- und Kalksteinschichten mit 17 Rundtürmen sind noch 40 – 60 m hoch. Im Schlosshof stehen die Chapelle Royale, das Logis Royal und das Logis du Gouverneur (um 1400). In einer modernen Glasgalerie ist ein kostbarer Schatz mittelalterlicher Gobelinkunst zu sehen, die **Tenture de l'Apocalypse**. Der 6 m breite Teppichzyklus, gefertigt 1373 – 1380 von dem Pariser Weber N. Bataille nach Zeichnungen von Hennequin de Bruges, bestand ursprünglich aus sieben Teilen mit 168 m Länge, erhalten sind noch sechs Teile (106 m) mit 74 Szenen. Ihr Thema ist die Offenbarung des Johannes. Neben der Komposition beeindrucken die Detailfreude und die Dramatik des Ausdrucks.

★★
Gobelins der Apokalypse ▶

★
St-Maurice

Durch die schmale Rue St-Aignan mit Fachwerkhäusern und dem Hôtel du Croissant (1448) erreicht man die Kathedrale St-Maurice (ca. 1150 – 1280). Das Portal (ca. 1150) zeigt eine Majestas Domini mit Evangelistensymbolen und im Gewände alttestamentliche Figuren. Überragt wird die Fassade von drei Türmen, deren mittlerer in der Renaissance (1540) erneuert wurde. Das 90 m lange und 26 m hohe Innere besitzt ein ausgeprägtes **Anjou-Gewölbe** (steil hochgezogene Gewölbe), prachtvolle Glasfenster (12., 13. und 15. Jh.), Bildteppiche und ein Rokoko-Orgelgehäuse (1748). Der Hauptaltar entstand 1759, das Chorgestühl um 1780, die prunkvolle Kanzel 1855.

Hinter dem Chor der Kathedrale steht die Maison d'Adam, ein prächtiges Fachwerkhaus (15./16. Jh.), dessen Schnitzereien man sich genauer ansehen sollte.

Maison d'Adam

Durch die Rue Toussaint – mit Resten der gallorömischen Stadtmauer – gelangt man zur Eglise Toussaint (13. Jh.), in der, teils in Kopien, Werke des klassizistischen Bildhauers **P.-J. David d'Angers** (1788–1856) ausgestellt sind. An der Place Kennedy lohnt sich ein Besuch der Maison du Vin de l'Anjou, die Verkostung, Verkauf, Information und Exkursionen in die Region bietet (Jan./Febr. geschl.).

Galerie David d'Angers

Maison du Vin

Im Logis Barrault (1487) ist das Kunstmuseum untergebracht (mittelalterliche Tafelbilder und Kunsthandwerk; Werke u. a. von Pisano, Murillo, Watteau, Boucher, Fragonard, David, Delacroix, Corot). Von der einstigen **Abtei St-Aubin** (11./12. Jh.) zeugt noch der 54 m hohe Turm; die anderen Teile wurden in der Präfektur verwendet: im Hof der Kreuzgang, das Refektorium wurde zum Festsaal.

★

Musée des Beaux-Arts

ANGERS ERLEBEN

AUSKUNFT
Office de Tourisme
7 Place Kennedy, 49000 Angers
Tel. 02 41 23 50 00, Fax 02 41 23 50 09
www.angersloiretourisme.com

ANGERS CITY PASS
Pass (1–3 Tage) für Schloss, Museen und diverse Vergünstigungen.

FESTE & EVENTS
Sa. Markt. Anfang Febr.: Foire des Vins de Loire. Juni/Juli: Festival d'Anjou (zweitgrößtes Theaterfestival in Frankreich, Freilichtaufführungen in den Schlössern des Anjou). Juli/Aug.: Festspiele (Theater, Musik).

ESSEN
▶ **Preiswert**
① *L'Entr'acte*
9 Rue Louis de Romain
Tel. 02 41 87 71 82, So. geschl.
Die traditionelle Brasserie hinter dem Stadttheater bietet Hausmannskost in wunderbarem Ambiente von 1953.

② *Le Grandgousier*
7 Rue St-Laud, Tel. 02 41 87 81 47
Bodenständige Küche der Region in einem Saal aus dem 16. Jh., Fleisch vom Holzkohlengrill, große Karte preisgünstiger Weine. Im Sommer speist man auf der Terrasse.

ÜBERNACHTEN
▶ **Günstig**
① *Saint-Julien*
9 Place Ralliement, Tel. 02 41 88 41 62
www.hotelsaintjulien.com
Zentral gelegen, schallisolierte Zimmer; preiswert, dennoch gediegen. Ausgezeichnetes Restaurant »Provence Caffé« nebenan (reservieren, Tel. 02 41 87 44 15, So./Mo. geschl.).

② *Hotel du Mail*
8 Rue des Ursules, Tel. 02 41 25 05 25
www.hotel-du-mail.com
Der noble Konvent aus dem 17. Jh. bietet Ruhe im quirligen Stadtzentrum. Große, geschmackvolle Zimmer. Parkplatz im Hof.

▶ Angers

Genau ansehen: die Maison d'Adam

Das **Hôtel Pincé**, erbaut von 1523 bis 1530 für den Bürgermeister Jean de Pincé, ist der schönste Privatpalast der Stadt. Im Musée Turpin de Crissé sind hier antikes und mittelalterliches Kunsthandwerk sowie Ostasiatica zu sehen (u. a. Holzschnitte von Hiroshige und Hokusai; z. Z. geschlossen).

Außerhalb der mittelalterlichen Stadtmauern, in der Avenue M. Talet, ist die Kirche **St-Serge** zu beachten. Der Chor von 1220 gilt als das schönste und reifste Beispiel des Anjou-Stils. Das Langhaus datiert von 1445–1466, der Vierungsturm von 1480. Kostbarkeiten der Ausstattung sind die drei originalen Grisaille-Fenster im Chor sowie die schönen Konsolen und Schlusssteine.

La Doutre Jenseits der Maine liegt das Viertel La Doutre (von »d'outre-Maine«). Über den Pont de Verdun und durch die Rue Beaurepaire – man beachte besonders die Nr. 67, das Haus eines Apothekers von 1582 – gelangt man zur **Place de la Laiterie** mit herrlichen Fachwerkhäusern **La Trinité** ▶ des 16. Jh.s und der romanischen Kirche La Trinité (1080), die zur Abtei Notre-Dame-de-Ronceray (gegründet 940) gehörte. Die École des Arts et Métiers in den Konventsgebäuden ist nicht zugänglich.

Hôpital St-Jean Nördlich der Place de la Laiterie ist das Hôpital St-Jean (gegr. 1174, **Musée Lurçat** Krankenhaus bis 1854) zu finden; hier werden Werke des als Erneuerer der Gobelinweberei bekannten Malers **Jean Lurçat** (1892–1966) ausgestellt (geöffnet Juni–Sept. tägl., sonst Mo. geschl.). Im gotischen Krankensaal mit schöner Apotheke aus dem 17. Jh. hängt der Zyklus von zehn in Aubusson gewebten Bildteppichen »Le Chant du Monde« (begonnen 1957), der die Gegenwartsprobleme der Menschheit darstellt und auf die Gobelins der Apokalypse (▶ S. 214) antwortet. Westlich des Hospitals steht der zugehörige Speicher (**Anciens Greniers**, Ende des 12. Jh.s) mit Ausstellungen, nördlich das Centre Régional d'Art Textile. In Führungen kann man hier die Kunst der Teppichweberei kennenlernen.

! **Baedeker TIPP**

Rue St-Laud

Eine besonders hübsche Atmosphäre besitzt die Rue St-Laud – von der Kathedrale nach Nordosten verlaufend – mit alten Fachwerkhäusern und Cafés, dem einstigen Jugendstil-Tanzpalast »Alcazar« und guten Restaurants.

Umgebung von Angers

Im Vorort St-Barthélemy-d'Anjou (3 km östlich) ist die bekannte, 1849 gegründete **Likördestillerie** beheimatet (Führungen, Museum). Das **Château de Pignerolle** östlich von St-Barthélemy, im 18. Jh. nach dem Kleinen Trianon in ▶ Versailles erbaut, war im Zweiten Weltkrieg bedeutsam: 1939/1940 hatte hier der polnische Exilpräsident seinen Sitz, dann das Kommandozentrum der »U-Boote West« unter Dönitz (11 Bunker) und nach dem Krieg der US-General Patton. Heute ist hier ein Museum für die Entwicklung der Kommunikationstechnik untergebracht (April – Sept. tägl., sonst Sa./So.).

St-Barthélemy-d'Anjou

Das 24 km östlich (D 347 bis Mazé) gelegene Schloss wurde 1772 bis 1777 für L.-G.-E. de Contades, Feldmarschall und Statthalter von Straßburg, erbaut, und ist bis ins letzte Detail original erhalten. Bemerkenswert sind Küche, Kapelle und Ställe (Kutschensammlung).

Château de Montgeoffroy

Ein echtes **Wasserschloss** ist Le Plessis-Bourré (20 km nördlich von Angers), das trotz später Entstehung (1468 –1473) einen mittelalterlichen Eindruck macht. Bemerkenswert sind die mit altem Mobiliar eingerichteten Räume, eine Sammlung von Fächern aus dem 18. Jh. und im Gardesaal eine prächtige Holzdecke mit allegorischen, teils saftig-obszönen Darstellungen (Ende 15. Jh.). Weitere sehr interessante Wasserschlösser sind **Plessis-Macé** (15 km nordwestlich von Angers, 15. Jh.; Michaelskapelle von 1472 mit wunderbarer hölzerner Emporenwand) und **Serrant** (18 km südwestlich von Angers), ein prunkvoller Renaissancebau des 16.– 18. Jh.s mit schönem Park.

Le Plessis-Bourré

Antibes · Juan-les-Pins

P 9

Région: Provence – Alpes – Côte d'Azur
Département: Alpes-Maritimes

Meereshöhe
Einwohnerzahl: 75 000

Mit seinen Bade- und Villenvororten Juan-les-Pins und Cap d'Antibes ist Antibes einer der »Hotspots« an der ▶Côte d'Azur. Bekannt und beliebt ist es seit Anfang des 20. Jahrhunderts für die Sandstrände und das intensive Nachtleben.

Das antike Antipolis – der Name bedeutet »die Stadt gegenüber von Nikaia Polis (Nizza)« – wurde von Massalia (Marseille) aus im 5. Jh. v. Chr. gegründet. 1388 kam das benachbarte Nizza an Savoyen, weshalb Antibes zur Grenzfeste ausgebaut wurde. 1550 – 1578 entstand das Fort Carré nördlich des Hafens, das wie die Stadtbefestigung im 17. Jh. durch den Festungsbaumeister Ludwigs XIV. Vauban erweitert wurde. Ein bedeutender Wirtschaftszweig ist die Blumenzucht mit etwa 3 km² Treibhäusern. Im Hinterland liegt der 1972 gegrün-

Antibes gestern und heute

Die Altstadt von Antibes mit der Grimaldi-Burg

dete Technologiepark Sophia Antipolis mit Forschungs- und Fertigungseinrichtungen, v. a. in den Bereichen Elektronik, Chemie, Biotechnologie und Umwelt.

Sehenswertes in Antibes

Place Nationale Zentrum der lebhaften Altstadt südlich des Vieux Port ist dieser hübsche, typisch provenzalische Platz. Hier zeigt das Musée Peynet Zeichnungen des »Malers der Verliebten«. Weiter östlich liegen der Cours Massena mit der Markthalle (19. Jh.) und am Meer das **Grimaldi-Schloss** (13./16. Jh.), in dem Picasso 1946 arbeitete. Das Musée Picasso (geöffnet Di. – So. Mitte Juni – Mitte Sept. 10.00 – 18.00, sonst 10.00 – 12.00, 14.00 – 18.00 Uhr) zeigt hier entstandene Arbeiten, außerdem Werke bedeutender Zeitgenossen wie Ernst, Miró, Calder, Léger, Modigliani, Alechinsky. Schöne Terrasse zum Meer.

Musée Picasso ▶

Kathedrale Die nördlich anschließende ehemalige Kathedrale (12. Jh., Fassade 17. Jh.) besitzt ein Eichenholzportal von 1710, ein Polyptychon von Ludovico Brea (1515) sowie eine Christusfigur von 1447. In der Tour Gilli südlich der Markthalle ist ein Volkskundemuseum untergebracht. Die Promenade verläuft südlich zur Bastion St-André, ebenfalls ein Rest der Vaubanschen Befestigung; hier dokumentiert das Archäologische Museum die griechische Vergangenheit (So. geschl.).

Tour Gilli

Musée d'Archéologie

Sehenswertes in Cap d'Antibes

Plateau de la Garoupe Villen und Gärten nehmen die 4 km lange Halbinsel Garoupe südlich von Antibes ein (die Küste ist weitgehend in Privatbesitz und daher unzugänglich). Vom höchsten Punkt, dem Plateau de la Garoupe

(Leuchtturm), hat man einen schönen Ausbllick. Die Wallfahrtskapelle Notre-Dame-de-la-Garoupe (13./16. Jh.) besitzt Votivtafeln, Fresken und eine Ikone aus Sewastopol (14. Jh.). Westlich des Plateaus begann 1856 der Botaniker G. Thuret auf 4 ha exotische Bäume anzupflanzen, darunter zum ersten Mal australischen Eukalyptus; heute beherbergt der Botanische Garten ca. 3000 Arten. An der Südwestspitze des Kaps ist in der Batterie du Grillon ein Marine- und Napoleon-Museum untergebracht. Südlich schließt der Hotelpalast **Eden Roc** (1870) an, eine exklusive Herberge, die F. Scott Fitzgerald in seinem Roman »Tender is the Night« (1934) verewigte.

◀ Jardin Thuret

◀ Musée Naval et Napoléonien

Umgebung von Antibes

Der einst mondäne Villenort Juan-les-Pins ist ein frequentiertes, familiäres Seebad mit einem 2 km langen, allerdings wenig begeisternden Sandstrand (private Badeanstalten). Die berühmtesten Hotels sind das Belles-Rives und das Juana aus den 1920er-/1930er-Jahren, im Schloss über dem Hafen hielt Rodolfo Valentino Hof. Das notorisch intensive Nachtleben kulminiert im **Jazzfestival** in der Pinède Gould. Hübsch ist der Gang entlang der Küste nach Golfe-Juan.

Juan-les-Pins

ANTIBES ERLEBEN

AUSKUNFT
Office de Tourisme
11 Place de Gaulle, 06600 Antibes
Tel. 04 97 23 11 11, Fax 04 97 23 11 12
www.antibesjuanlespins.com

EVENTS
Juli: Jazzfestival »Jazz á Juan«. Karten bei den Offices du Tourisme Antibes und Juan-les-Pins.

ESSEN
▶ Erschwinglich / Fein & teuer
Les Vieux Murs
Antibes, Av. Amiral de Grasse
Tel. 04 93 34 06 73
Beste provenzalisch-marine Küche bietet das Restaurant in der Stadtmauer. Schöne Terrasse zum Meer.

ÜBERNACHTEN
▶ Luxus
Belles Rives
Juan-les-Pins, 33 Blvd. E. Baudoin
Geöffnet Mitte März – Dez., Tel. 04 93 61 02 79, www.bellesrives.com
Ehemaliger Art-déco-Palazzo des Schriftstellers Scott Fitzgerald: luxuriöses Ambiente am Meer mit prachtvollem Blick über den Golfe Juan, zwei Restaurants. Mit Privatstrand und Anlegebrücke.

▶ Komfortabel
Le Pré Catelan
Juan-les-Pins, 22 Av. des Palmiers
Tel. 04 93 61 05 11
Ruhig im Park gelegene alte Villa, schön gestaltete Zimmer, z. T. mit Terrasse. 200 m zum Strand.

▶ Günstig / Komfortabel
Relais du Postillon
Antibes, 8 Rue Championnet
Tel. 04 93 34 20 77
www.relaisdupostillon.com
Hübsches Hotel in der Altstadt nahe der Place des Martyrs de la Résistance.

Biot

Biot (gesprochen »biót«, 9000 Einw.) ist ein »Nest« von Kunsthandwerkern. In der Kirche Ste-Madeleine (12./15. Jh.) schöne Altarbilder aus der Schule von Nizza und eine großartige Rosenkranzmadonna von Ludovico Brea. 20 Gehminuten südöstlich liegt das Musée Fernand-Léger (von der D 4 beschildert, Di. geschl.), das ca. 350 Werke zeigt. Seine Front ziert ein Mosaik (1948) des Künstlers, das für das Niedersachsenstadion in Hannover gedacht war.

★

Léger-Museum ▸

★ ★ Arles

M 9

Région: Provence – Alpes – Côte d'Azur
Département: Bouches-du-Rhône
Höhe: 10 m ü. d. M.
Einwohnerzahl: 52 000

Das schöne alte Arles ist das Tor zur ▸Camargue. Von seiner großen Vergangenheit zeugen beeindruckende römische und mittelalterliche Bauten, die zum Welterbe der UNESCO zählen. Vincent van Gogh schuf hier viele seiner bekanntesten Bilder.

Arles gestern und heute

Bevor die Rhône ins Mittelmeer fließt, teilt sie sich in den Grand Rhône (östlich) und den Petit Rhône (westlich), die die Camargue umschließen. Unweit südlich dieses Punkts liegt Arles, die mit 770 km² flächenmäßig **größte Gemeinde Frankreichs** (Paris: 105 km²). Das keltoligurische Arlath – der Name bedeutet »Stadt im Sumpf« – war ab 46 v. Chr. römische Kolonie und löste Massilia (Marseille) als wichtigsten Hafen der Region ab. 395 wurde die Stadt Sitz der römischen Zivilverwaltung von Gallien, Spanien und Britannien. Ab dem 10. Jh. gehörte sie zum Königreich Burgund (Arelate) und ab 1032 zum Heiligen Römischen Reich, 1481 fiel sie mit der Provence an Frankreich.

Vincent van Gogh lebte 1888/1889 in Arles; in dieser Zeit porträtierte er Stadt und Umgebung in über 300 Werken, doch nur Weniges erinnert noch an ihn. Sein »Gelbes Haus« an der Place Lamartine wurde im Zweiten Weltkrieg zerstört, auch ist in Arles kein Bild von ihm vorhanden.

Café an den Arènes

Arles *Orientierung*

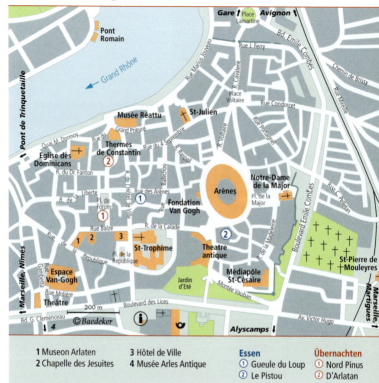

1 Museon Arlaten
2 Chapelle des Jesuites
3 Hôtel de Ville
4 Musée Arles Antique

Essen
① Gueule du Loup
② Le Pistou

Übernachten
① Nord Pinus
② D'Arlatan

Sehenswertes in Arles

Die römische Arena, um 90 n. Chr. erbaut, bot im 136 × 107 m großen Oval ca. 20 000 Zuschauern Platz. Im Mittelalter wurde sie zu einer Festung ausgebaut, wovon noch drei Viereckstürme (12. Jh.) und die Vermauerung der Arkaden zeugen; die dritte Arkadenreihe ist verschwunden, die Bebauung wurde um 1830 entfernt. Von oben herrlicher Ausblick über Altstadt und Umgebung. Bis zu 12 000 Zuschauer bilden von Ostern bis September die begeisterte Kulisse für **Stierkämpfe** nach spanischer (»mise à mort«) und nach Camarguaiser Art (»courses camarguaises«). Geöffnet Mai – Sept. 9.00 – 19.00, März, April, Okt. bis 18.00, Nov. – Febr. 10.00 – 17.00 Uhr.

Arènes

Das antike Theater – um 25 v. Chr. unter Augustus erbaut, mit 8000 Sitzplätzen auf 33 Stufen – wurde schon im frühen Mittelalter als Steinbruch genützt. Zu sehen sind noch Reste der Bühne, der Or-

Théâtre Antique

► Arles

Kreuzgang von St-Trophime

chestergraben und das Zuschauerhalbrund. Im Sommer ist es Rahmen für kulturelle Veranstaltungen und Filmvorführungen.

Weiter westlich die **Place de la République** mit einem 15 m hohen ägyptischen Obelisken, der im Amphitheater gefunden und 1676 hier aufgestellt wurde. An der Nordseite das 1673–1675 nach Plänen von J. Hardouin-Mansart, einm Baumeister von Versailles, erbaute **Rathaus**; zu beachten das Gewölbe im Erdgeschoß, das heute noch als schulmäßiges Beispiel Ziel von Maurergesellen ist. Der Glockenturm wurde 1543–1553 nach dem Vorbild des Mausoleums in Glanum (►S. 226) errichtet.

★★ **St-Trophime**

Trophimus, ein griechischer Apostel, christianisierte die Provence und war erster Bischof von Arles. Ein Meisterwerk provenzalischer Plastik ist das **Portal** der Kathedrale St-Trophime (um 1190): im Tympanon der Christus des Jüngsten Gerichts und die Evangelistensymbole; der Türsturz zeigt die Apostel, das Fries links die Seligen, dasjenige rechts die Verdammten. Die beiden Seitenportale sind kleiner als das Hauptportal und wurden im 17. Jh. eingefügt. Die Basilika mit 20 m hohem Mittelschiff entstand 1152–1180 am Übergang von der Romanik zur Gotik. Im ebenfalls romanisch-gotischen Kreuzgang (Öffnungszeiten wie Arènes) wechseln sich Pfeiler und gekoppelte Säulen ab, die fein gearbeiteten Kapitelle zeigen biblische Szenen. Im Kapitelsaal sind schöne Gobelins ausgestellt.

★★ **Kreuzgang** ►

Museon Arlaten

Das Museum von Arles im Palais de Laval-Castellane (16. Jh.) wurde 1896 von dem provenzalischen Dichter **Frédéric Mistral**, Literatur-Nobelpreisträger von 1904, gegründet und verfügt über die bedeutendste Sammlung zur provenzalischen Volkskunde (bis 2013 geschl.). Von der ehemaligen Chapelle des Jesuites (17. Jh.) aus ist der Kryptoportikus zu erreichen, ein teils unterirdischer, 89 × 59 m großer Bogengang (um 40 v. Chr.) des antiken Forums.

Kryptoportikus

Espace Van-Gogh

Vincent van Gogh verbrachte mehrere Monate in diesem Hospital aus dem 16. Jh. mit stimmungsvollem Innenhof, das er auch malte; heute ist es ein Kulturzentrum mit Buchhandlung und Café.

★ **Place du Forum**

Das charmante Herz der Altstadt mit einem Mistral-Standbild, Resten des römischen Forums und dem berühmten Hotel Nord Pinus.

Die kleine Place du Forum: Hier trifft man sich.

Von der römischen Thermen des 4. Jh.s n. Chr., einer 98 × 45 m großen Anlage, sind noch das Caldarium (Warmbad) sowie Teile der Hypokausten (Fußbodenheizung) und des Tepidariums (Warmluftraum) erhalten. Das Museum in der benachbarten Malteserkomturei (15./16. Jh.; Mo. und Nov./Dez. geschl.) zeigt Gemälde und Zeichnungen der Provenzalischen Schule (18./19. Jh.), moderne Kunst (u. a. wunderbare Zeichnungen von Picasso, Gemälde von J. Réattu und Skulpturen von O. Zadkine) sowie Fotos berühmter Fotografen. **Thermes de Constantin** **Musée Réattu**

Jenseits des Boulevard des Lices, der platanenbestandenen Flaniermeile der Stadt – am Samstag ist hier Markt –, erstrecken sich die Alyscamps (Elysische Felder), eine römische Begräbnisstätte, die später christlicher Friedhof wurde und im Mittelalter weithin berühmt war. Später wurden die kostbaren Sarkophage verschenkt, verkauft oder zerstört, einige stehen im Antikenmuseum. An der Allée des Tombeaux sind nur noch schmucklose frühmittelalterliche Särge zu sehen; sie endet bei den Resten der Kirche St-Honorat (12. Jh.). **Alyscamps**

Das 1995 eröffnete Antikenmuseum, ein kühnes, riesiges gläsernes Dreieck ca. 1 km südwestlich der Altstadt, verfügt über eine hervorragende **Sammlung zur römischen Geschichte** Südfrankreichs (hochbedeutend die Sarkophage). Geöffnet Mi. – Mo. 10.00 – 18.00 Uhr. **Musée Arles Antique**

Die durch Gemälde Van Goghs berühmte Zugbrücke existiert nicht mehr. Diejenige an der Montcalde-Schleuse (3 km südlich, D 35), die von der Tourismusindustrie als solche »verkauft« wird, wurde 1960 von Fos-sur-Mer hierher versetzt. Die echte lag ca. 800 m entfernt. **Pont de Langlois**

ARLES ERLEBEN

AUSKUNFT
Office de Tourisme
Boulevard des Lices, 13200 Arles
Tel. 04 90 18 41 20, www.ville-arles.fr
www.arles-tourisme.com

FESTE & EVENTS
Ostern: Féria de Pâques. 1. Mai: Fêtes des Gardians (Fest der Hirten der Camargue), mit Stierkämpfen und Wahl der »Königin von Arles«, Ende Mai – Anf. Juli: Fêtes d'Arles (Trachten, Traditionen). Juli/Aug. Mi./Fr Stierkämpfe (Karten: Tel. 08 91 70 03 70). Juli: Les Suds (Musik der Welt).

VERGÜNSTIGUNGEN
Die Pässe Monuments Arelate, Liberté (1 Monat gültig) und Avantage umfassen den Eintritt in eine Reihe bzw. alle Museen und Sehenswürdigkeiten.

ESSEN
▶ Erschwinglich
① *La Gueule du Loup*
39 Rue des Arènes, Tel. 04 90 96 96 69
Kleines, persönlich geführtes Restaurant mit gemütlicher rustikaler Atmosphäre. Traditionelle Küche, u. a. Filet vom Stier, exzellente Desserts. Gutes Preis-Leistungs-Verhältnis.

▶ Preiswert
② *Le Pistou*
30 bis Rond-point des Arènes
Tel. 04 90 18 20 92, www.lepistou.com
Solide Küche zu vernünftigen Preisen. Man sitzt unter einem uralten Tonnengewölbe oder auf der Terrasse.

ÜBERNACHTEN
▶ Komfortabel / Luxus
① *Nord Pinus*
14 Place du Forum, Tel. 04 90 93 44 44, www.nord-pinus.com
Traditionsreiches, edles und intimes Hotel am berühmtesten Platz der Stadt. Mit Brasserie und Restaurant.

▶ Komfortabel
② *D'Arlatan*
26 Rue Sauvage, Tel. 04 90 93 56 66, www.hotel-arlatan.fr
Ruhig und zentral gelegenes altes Stadtpalais mit Innenhof. Zimmer mit Renaissancekamin und provenzalischen Bauernmöbeln, sehr angenehme Atmosphäre.

Umgebung von Arles

Camargue Arles ist der ideale Ausgangspunkt für eine Tour durch die Camargue, nach St-Gilles und Stes-Maries de la Mer (▶Camargue).

Plaine de la Crau »Crau« heißt die aus den Schotterablagerungen der Durance gebildete Ebene südöstlich von Arles zwischen Alpilles, Grand Rhône und Etang de Berre. Auf den ersten Blick ist sie vegetationslos und unfruchtbar, bei näherem Hinsehen enthüllt sich jedoch ein faszinierender Lebensraum für **seltene Tiere und Pflanzen**. Im Spätwinter bis in den Juni ist sie Weideland für Schafe. Bedroht ist die Crau durch Obstanbau (über 60 % werden bewässert) und Industrie, als Müllplatz Marseilles etc., durch die Jagd und »naturliebende« Touristen. In St-Martin-de-Crau informiert das Ecomusée de la Crau.

Rundfahrt durch die Alpilles

Weithin sichtbar thront die Ruine der im 10. Jh. gegründeten Benediktinerabtei auf einem Felsrücken, der etwa 5 km nordöstlich von Arles aus der einst sumpfigen Ebene ragt. Im Mittelalter war sie ein bedeutendes Wallfahrtsziel; die Klosterbauten, deren Reste zu sehen sind, entstanden im 12.–14. und im 18. Jahrhundert. Vom Donjon (1369) sieht man bis zu den Cevennen. Unvollendet blieb der riesige Barockkomplex (1703–1736).Tägl., Okt.–März Mo. geschlossen.

★
Abbaye de Montmajour

Am Ostufer der Rhône, 18 km nördlich von Arles, liegt Tarascon (13 200 Einw.), Handelszentrum für den Gemüse- und Obstanbau der Gegend. Blickfang ist das Château du Roi René an der Rhône, nach 1400 erbaut durch Ludwig II. von Anjou; sein Sohn René, Herzog von Anjou (der **»Gute König René«**), ließ es 1447–1449 zu seiner Residenz ausbauen, die das Zentrum provenzalischer Kultur wurde. Von der Terrasse großartige Aussicht auf die Alpilles, Rhône, Beaucaire und Tarascon. Beim Schloss steht die Kirche Ste-Marthe (12. und 14./15. Jh.) mit bemerkenswertem Südportal. Innen sind zahlreiche Gemälde (Mignard, Van Loo, Parrocel u. a.) zu sehen sowie in der Krypta von 1197 der Sarkophag der hl. Martha. Östlich des Schlosses (Rue du Château) steht das elegante Rathaus (17. Jh.); die anschließende **Rue des Halles** säumen hübsche Arkadenhäuser aus dem 15. Jh. Interessant die Maison de Tartarin (Blvd. Itam 55), benannt nach Daudets Romanfigur »Tartarin von Tarascon«, dem französischen Münchhausen, und das Musée Souléïado (v. a. wunderbare provenzalische Stoffe).

Tarascon

★
◀ Schloss

> **!** *Baedeker* TIPP
>
> **Tarasque**
> Der Sage nach hauste in der Rhône die Tarasque, ein menschenfressender Drache, der von der hl. Martha eingefangen werden konnte. Dem Wappentier von Tarascon ist ein viertägiges Fest am letzten Juni-Wochenende gewidmet, das seit den Zeiten des Königs René gefeiert wird.

Auf der anderen Seite der Rhône, im Languedoc, liegt Beaucaire, das einst für die seit 1464 bestehende Messe berühmt war. Sie wird heute noch (21.–28. Juli) mit einem historischen Umzug, Konzerten und Stierspielen begangen. Außer der Ruine der Burg (11.–13. Jh.; Museum, schöne Aussicht) sind die Kirche N.-D. des Pommiers (1744) mit einem romanischen Passionsfries (östliche Außenwand) und das Rathaus (J. Hardouin-Mansart, 1683) interessant.

Beaucaire

In dem reizvollen Städtchen (10 200 Einw.) am Fuß der Alpilles 16 km östlich von Tarascon kam 1503 **Nostradamus** zur Welt. Zu sehen sind die Kirche St-Martin (14. Jh./1821; schöne, renommierte Orgel), wenige Schritte südlich das Geburtshaus von Nostradamus, das Hôtel d'Estrine (18. Jh.) mit einem Van-Gogh-Zentrum, das Hôtel de Sade (15./16. Jh.) mit einem Lapidarium und das Musée

Saint-Rémy-de-Provence

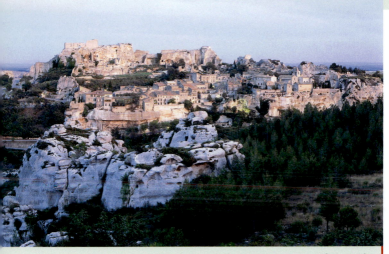

Einst Burgstadt kultivierter Ritter: Les Baux auf seinem Felsen

St-Paul-de-Mausole ▶

des Alpilles im Hôtel Mistral de Mondragon (ebenfalls Renaissance). Ca. 1,5 km südlich der Stadt steht das einstige Kloster St-Paul-de-Mausole mit Kirche und kleinem Kreuzgang (12. Jh.), das heute wie 1889/1890, als **van Gogh** hier Patient war, psychiatrisches Krankenhaus ist. Der Kreuzgang und eine Rekonstruktion seines Zimmers sind tägl. zugänglich. Sehenswert sind die Reste der griechisch-römischen Stadt Glanum Livii (2. Jh. v. Chr./1.–3. Jh. n. Chr.) südlich von St-Paul. An der Straße ein 8,6 m hoher Stadtgründungsbogen und das 18 m hohe Denkmal, das Augustus für seine Enkel und Adoptivsöhne Gaius und Lucius errichten ließ (nach 4 n. Chr.).

★ Glanum ▶

★ **Alpilles**

Das Kalkmassiv der Alpilles (»Kleine Alpen«) zwischen St-Rémy und Les Baux ist mit seinen scharf gezackten weißen Felsen ein beliebtes Wander- und Klettergebiet. Von der höchsten Erhebung La Caume (387 m, Fahrweg von der D 5) hat man einen herrlichen Rundblick, von der Rhône-Mündung und der Camargue im Westen zum Mont Ventoux im Nordosten und zum Durance-Tal im Osten.

★★ **Los Baux**

Les Baux (provenzal. Li Baus, »die Felsen«), die berühmte, seit langem in Ruinen liegende Stadt auf dem Kamm der Alpilles, war im 12./13. Jh. Hauptstadt einer Grafschaft und zählte über 3000 Einwohner, heute sind es 370. Berühmt war der **»Liebeshof«**, Sammelpunkt der Troubadoure und Zentrum höfischer Dichtkunst. 1632 wurde es unter Ludwig XIII. als Hugenottenhochburg zerstört. 1822 entdeckte man in der Umgebung Aluminiumerz, das nach dem Fundort Bauxit benannt wurde. In der **Unterstadt** (viele Souvenirläden und Restaurants) mit Häusern aus dem 14.–16. Jh. die Kirche St-Vincent (10.–15. Jh.; Fenster von Max Ingrand, 1962). Das benachbarte Hôtel des Porcelets (16. Jh.) beherbergt Werke des Malers Yves Brayer (1907–1990). Im Hôtel de Manville (16. Jh.) ist das Bürgermeisteramt und ein Museum mit moderner Kunst untergebracht. Die **Oberstadt** (feste Schuhe anziehen!) betritt man durch die Tour du Brau (Musée d'Histoire). Vom kahlen Felsplateau hat man einen großartigen Blick über das Rhône-Tal, die Crau und die Alpilles. Vom Schloss sind nur wenige Reste erhalten. Wohl unvermeidlich, dass die Stätte mit Belagerungsmaschinen (Vorführung von April bis Sept. alle 2 Std.) und durch mittelalterliche Spektakel (Anfang Juni sowie Ende Sept.) für den Touristen animiert wird. Die Burg ist ab 9.00 Uhr zugänglich, März–Juni bis 18.30, Juli/Aug. bis 20.30, Sept.–Nov. bis 18.00, Dez.–Febr. bis 17.00 Uhr. Wer den Besuchermassen im Sommer entgehen will, kommt am frühen Morgen oder Abend hierher.

> ! *Baedeker* TIPP
>
> **Kleines Paradies**
>
> Die Umgebung von Les Baux ist ein Mekka für Genießer. Die Zahl exzellenter, berühmter Hotelrestaurants ist ungewöhnlich: allen voran das Oustaù de Baumanière, aber auch das Riboto de Taven, das Cabro d'Or, das Régalido und das Mas d'Aigret brauchen sich nicht zu verstecken. Sein Haupt bettet man in diesen Häusern und den anderen Hotels in wunderbarem Ambiente. Informationen: Office du Tourisme, Maison du Roy, 13520 Les Baux, Tel. 04 90 54 34 39, Fax 04 90 54 51 15, www.lesbauxdeprovence.com.

Ca. 6 km südwestlich von Les Baux, bei Fontvieille, liegt ein »Wallfahrtsort« der Provence, die Moulin de Daudet. Sie wurde berühmt durch Alphonse Daudets »Briefe aus meiner Mühle« (1869), die jedoch in Paris entstanden. In der Mühle ein kleines Daudet-Museum (tägl. geöffnet, Jan. geschl.). Herrlicher Blick bis zur Rhône.

Fontvieille

* * Auvergne

K–L 7

Die grünen Vulkankegel der Auvergne bilden eine der ungewöhnlichsten Landschaften Europas. Die ländlich geprägte Bergregion bietet jede Menge eindrucksvoller Natur, aber auch romantische alte Orte mit Thermalquellen und Sakralbauten im typischen Stil.

Mit ihren erloschenen Vulkanen, den bis ca. 1900 m hohen »Puys«, nimmt die Auvergne den Kern des Zentralmassivs (Massif Central) ein. Lange Zeit schwer zugänglich, gehört sie zu den wirtschaftlichen Problemgebieten Frankreichs, besonders die Départements Allier und Cantal sind stark von Landflucht betroffen. Die weitgehend abgeholzte, bergige Landschaft, karge Böden und ein raues Klima lassen nur extensive Landwirtschaft zu, v. a. Milchwirtschaft; berühmt sind Käse wie Fourme d'Ambert, Cantal und St-Nectaire. In den wenigen größeren Städten wie ▶Clermont-Ferrand, ▶Le Puy, Moulins, Montluçon und Aurillac hat sich z. T. bedeutende Industrie angesiedelt.

Natur- und Ferienlandschaft

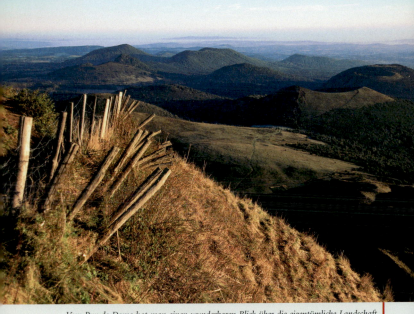

Vom Puy-de-Dome hat man einen wunderbaren Blick über die eigentümliche Landschaft.

Großgeschrieben werden in der Auvergne Aktivitäten wie Wandern, Radfahren, Kajakfahren und Gleitschirmfliegen, ein großes Angebot an Gîtes Ruraux und Gîtes d'Etape liefert die passende Infrastuktur.

Geschichte Unter den gallischen Stämmen spielten die Arverner eine wichtige Rolle; ihr Fürst Vercingetorix führte die Gallier im Freiheitskampf gegen Caesar (Schlacht von Gergovia, 52 v. Chr.). In Clermont rief Papst Urban II. im Jahr 1095 zum Ersten Kreuzzug auf. In den »Grands Jours d'Auvergne« 1665 / 1666 ging Ludwig XIV. gegen allzu brutale Feudalherren vor. 1940 wurde Vichy Sitz der mit Nazi-Deutschland kollaborierenden Regierung des Marschalls Pétain.

Landschaftliche Gliederung Westlich von Clermont-Ferrand beginnt mit den Monts Dômes die »eigentliche« Auvergne, die ca. 100 km nach Süden reichende Kette der Vulkankegel); sie umfasst noch die Monts Dore und die Monts du Cantal. Ganz im Süden schließt sich zwischen den Tälern von Truyère und Lot die Basaltdeckenlandschaft der Monts d'Aubrac an. Östlich des Allier liegen das Livradois und die Monts du Forez, nördlich von ihr das vom Allier durchflossene Becken der Limagne, dessen fruchtbare Böden für den Anbau von Getreide, Zuckerrüben, Sonnenblumen und Mais genutzt werden. Ganz im Norden liegt das Bourbonnais, eine sanfte Bocage-Landschaft, mit dem schönen Tal der Sioule; berühmt sind die Weinfässer aus den Eichen des Tronçais. In dieser Reihenfolge werden auch die Reiseziele beschrieben.

Naturparks

Der Parc Naturel Régional des Volcans d'Auvergne, mit 3950 km² der größte Naturpark Frankreichs, umfasst die drei Massive der Puys; Informationszentren gibt es in Aurillac, auf dem Puy de Dôme und in Issoire. Östlich des Allier liegt der 3000 km² große Parc Naturel Régional Livradois-Forez (Zentrum in St-Gervais-sous-Meymont).

Reiseziele in der Auvergne

✶✶ Puy de Dôme

Die Monts Dômes, eine etwa 30 km lange Kette von über 100 Vulkanen, ist das jüngste Vulkanmassiv (Quartär) der Auvergne, ihr Blickfang der Puy de Dôme (1465 m) westlich von ▶Clermont-Ferrand, der das Plateau um 500 m überragt. Sowohl die Gallier als auch die Römer betrachteten ihn als heilig; 1872 stieß man auf die Reste eines Merkur-Tempels. Vom hübschen Kurort Royat führt die Mautstraße hinauf. Vom 1078 m hohen Col de Ceyssat an seiner Südseite (an der D 68) erreicht man den Gipfel zu Fuß in 1 Stunde. Der **fantastische Ausblick** reicht bei entsprechendem Wetter bis zum Montblanc.

Vulcania

Nördlich des Puy de Dôme, an der D 941 B zwischen Orcines und Pontgibaud, ragt ein anderer »Vulkan« aus der grünen Umgebung, das von dem Wiener Architekten Hans Hollein gestaltete Vulcania mit Multivisionsschau zum Vulkanismus (geöffnet 20. März – Aug. tägl., sonst Mo./Di. sowie Mitte Nov. – 19. März geschl.).

✶ Orcival

Orcival (400 Einw.), 23 km südwestlich von Royat in herrlicher Landschaft gelegen, ist einen ausgiebigen Stopp wert, vor allem (aber nicht nur) wegen der im 12. Jh. aus Vulkangestein erbauten Wallfahrtskirche **Notre-Dame**, die zu den schönsten Beispielen der auvergnatischen Romanik gehört (Foto nächste Seite). Typisch für diese sind der stufenförmige Aufbau der Chorpartie, die »auvergnatische Pyramide«, und das hohe, den »auvergnatischen Riegel« bilden-

---

Highlights *Auvergne*

Puy de Dôme
Der erste Eindruck von der Vulkan-Auvergne ist auch einer der schönsten.
▶ Seite 229

St-Nectaire
Auvergnatische Romanik in Reinform, dazu ein herrlicher Kirchenschatz
▶ Seite 231

Puy Mary
Der Balkon der südlichen »Chaîne des Puys«, Rest eines gigantischen Vulkans
▶ Seite 232

La Chaise-Dieu
Die Klosterkirche St-Robert ließ sich Papst Clemens VI. als seine Grablege erbauen.
▶ Seite 234

Vichy
Leicht verblichener Glanz der Belle Époque ist in dem berühmten Kurort zu erleben.
▶ Seite 235

Mont Mézenc
Ganz Südostfrankreich liegt einem hier zu Füßen.
▶ Seite 465

de Querschiff mit abgeschrägten Schultern, die zum oktogonalen Vierungsturm überleiten. Im Chor steht das Gnadenbild, die berühmte Statue der thronenden Madonna aus dem 14. Jahrhundert.

Le Mont-Dore

Die Monts Dore sind ein 3 Mio. Jahre altes Vulkanmassiv, das durch eiszeitliche Erosion geformt wurde. Der Kur- und Wintersportort Le Mont-Dore (1050 m, 2000 Einw.) besitzt ein prachtvolles **Kurhaus** (1817) mit Resten römischer Thermen. Auf den Salon du Capucin führt eine wunderbare Standseilbahn von 1898. Vom Puy de Sancy, dem höchsten Punkt des Zentralmassivs (1886 m; Kabinenbahn plus 20 Min. zu Fuß) zeigt sich das Gebirge mit seinen Seen wohl am schönsten. Hier entspringt auch der Fluss Dordogne.

✶ ✶
◄ Puy de Sancy

Nicht auslassen sollte man die Rundfahrt um den Puy de Sancy (ca. 85 km) mit folgenden Stationen: Pass Col de la Croix-St-Robert, 1426 m; Vallée de Chaudefour mit interessanten Granit- und Lavaformationen; Besse-en-Chandesse, ein altes, befestigtes Städtchen mit reizvollen Gassen und Häusern aus schwarzer Lava (Kirche St-André, 12. Jh., schönes Chorgestühl); Lac Pavin (1197 m), einer der schönsten Vulkanseen der Auvergne (Spazierweg um den See); Lac Chauvet; Chastreix (Kirche 14. Jh.); La Tour d'Auvergne (990 m) mit einem auf Basaltprismen liegenden Platz.

Fahrt um den Puy de Sancy

Das 7 km westlich von Le Mont-Dore gelegene La Bourboule ist ein beliebter (Kinder-)Kurort, der heute auch Mountainbiker anzieht. Das Plateau de Charlannes (1250 m) ist mit einer Seilbahn zu erreichen. Großartige Eindrücke vermittelt ein Ausflug auf den **Banne d'Ordanche** nördlich des Tals, einen 1512 m hohen Basaltstock (vom Parkplatz 1 Std. hin und zurück).

La Bourboule

Von Le Mont-Dore gelangt man am reizvollen Lac Chambon und Murol mit seiner Burg (13./15. Jh.) vorbei nach St-Nectaire. Der kleine Ort (660 Einw.) besteht aus dem Thermalbad im Tal und dem höher liegenden alten Dorf. Letzteres wird von der um 1160 erbauten Kirche St-Nectaire überragt, einer der schönsten der Auvergne (Restaurierungsarbeiten im Gang). Sie besitzt über **100 farbig gefasste Kapitelle** (Szenen aus dem Alten und Neuen Testament) und einen herrlichen **Kirchenschatz** mit der Goldbüste des hl. Baudime (12. Jh.) und dem Armreliquiar des hl. Nectaire (15. Jh.). Die Maison du St-Nectaire informiert über den bekannten Käse.

✶
Saint-Nectaire

Im Westen der Auvergne liegt das Städtchen Bort (4200 Einw.) sehr schön im Tal der Dordogne. Bei der Kirche (12.–15. Jh.) sind noch Reste der alten Umwallung erhalten. Westlich des Orts sind die **Orgues** (»Orgelpfeifen«) zu sehen, mächtige Phonolithsäulen vulkanischen Ursprungs von 8–10 m Durchmesser und 80–100 m Höhe. Die Barrage de Bort (1 km nördlich) staut das Wasser der Dordogne

✶
Bort-lesOrgues

← *Aus dem Bilderbuch der Auvergne: Notre-Dame in Orcival*

AUVERGNE ERLEBEN

AUSKUNFT

CRT Auvergne
7 Allee P. de Fermat
63178 Aubière Cedex
Tel. 04 73 29 49 66
Tel. aus Frankreich: 0810 827 828
www.auvergne-tourisme.info

ÜBERNACHTEN

▶ Günstig / Komfortabel
Splendid Hotel
Châtelguyon, 5/7 Rue d'Angleterre
Tel. 04 73 86 04 80, www.splendid-hotel-chatel-guyon.federal-hotel.com
Der Kurort Châtelguyon bei Riom ist von herrlicher Landschaft umgeben. Das traditionsreiche Hotel im Thermenpark bietet komfortable Zimmer, ein prächtiges Restaurant und vielfältige Kur- und Wellnessanwendungen.

▶ Günstig
Arverna Hôtel
Vichy, 12 Rue Desbrest
Tel. 04 70 31 31 19
www.hotels-vichy.com
Ruhig im Zentrum des berühmten Kurorts gelegen, ausgezeichneter Komfort. Frühstück im schönen Aufenthaltsraum oder im hübschen Innengarten. Ohne Restaurant.

ESSEN

▶ Preiswert
La Brasserie du Casino
Vichy, 4 Rue du Casino, Tel. 04 70 98 23 06, Di.abend/Mi. geschl.
Prachtvolle Brasserie aus dem Jahr 1920. Damals trafen sich hier die Opernsänger nach ihrem Auftritt. Große Auswahl klassischer Gerichte.

Château de Val und ihrer Zuflüsse. Am Ufer steht das Château de Val (15. Jh.), das durch die Anlage des Sees seine pittoreske Lage erhielt. Bort ist auch ein guter Ausgangspunkt für eine Fahrt durch die **Schluchten der Dordogne** (ca. 85 km): D 127 nach St-Nazaire, D 20 zur Barrage de Marèges, D 20 E zur Route des Ajustants, D 982 zum Pont de St-Projet, dann D 682 / 105 zur Barrage de l'Aigle. Fortsetzung ▶Périgord.

Gorges de la Dordogne ▶

Salers Auf einem Basaltplateau an der Westflanke der Monts du Cantal liegt dieser malerische mittelalterliche Ort (951 m, 440 Einw.) mit Festungswällen und alten Häusern, v. a. an der Grande Place, die als einer der schönsten Plätze Frankreichs gilt. In der Kirche St-Matthieu (15. Jh.; Vorhalle 12. Jh.) sind Wandteppiche aus Aubusson (17. Jh.) und eine großartige Grablegung von 1495 zu sehen.

Monts du Cantal Die Monts du Cantal mit den Hauptgipfeln Puy Mary (1787 m), Puy Griou (1694 m) und Plomb du Cantal (1855 m) sind der Rest eines riesigen, rund 20 Mio. Jahre alten und einst 3000 m hohen Vulkans, der seine Lava 70 km weit schleuderte. Sie liefert den Untergrund für fruchtbares Weideland, auf dem die roten Salers-Rinder grasen. Von Salers schöne Strecke über der Maronne und durch den Cirque du Falgoux zum **Pas de Peyrol**, dem mit 1582 m höchsten Pass der Auvergne. Von hier zu Fuß in 30 Min. auf den Puy Mary, der eine herrliche Aussicht über das ganze strahlenförmige Massiv bietet. Zwi-

Puy Mary ▶

schen Murat und Le Lioran sind die Gorges de l'Alagnon sehenswert. Vom Wintersportort Super-Lioran sind der Plomb du Cantal (Seilbahn plus 30 Min. zu Fuß) und der Puy Griou (2.30 Std. Aufstieg) zu erreichen, die ein großartiges Panorama bieten.

◀ Plomb du Cantal
Puy Griou

Die Strecke nach Aurillac verläuft durch das angenehme Tal der oberen Jordanne. Alternativ kann man hinter Mandailles rechts auf die D 46/D 35 abbiegen, die auf dem Kamm zwischen Jordanne- und Authre-Tal entlang führt.

Vallée de Mandailles

Die alte Hauptstadt der Auvergne, heute des Départements Cantal (33 000 Einw.), ist bekannt für die Produktion von Regenschirmen und ihre malerische Altstadt am Jordanne. Aus der Schule der Abtei St-Géraud kam Gerbert, Gelehrter und Erzieher des späteren Kaisers Otto II. sowie erster französischer Papst (Silvester II., 999–1003). Die Abteikirche wurde nach der Zerstörung 1569 durch die Protestanten neu erbaut. In der Kirche Notre-Dame-aux-Neiges (14./17. Jh.) ist eine schwarze Madonna (17. Jh.) sehenswert, im Château St-Etienne (19. Jh., Turm 13. Jh.) das Muséum des Volcans (Museum zum Vulkanismus und zur Naturkunde des Cantal). Im Westen der Altstadt (Place des Carmes) informiert das Musée d'Art et d'Archéologie über Volkskunde und Archäologie der Region.

Aurillac

Östlich der Monts du Cantal liegt die Festungsstadt (7400 Einw.) beeindruckend auf einem Basaltplateau über dem Fluss Ander. In der 1400–1466 aus Basalt erbauten Kathedrale St-Pierre-et-St-Flour ist ein mächtiger **schwarzer Kruzifixus** (13. Jh., »Beau Dieu Noir«) zu sehen. Neben der Kathedrale der Bischofspalast (17. Jh.), heute Musée de la Haute-Auvergne. Auf der anderen Seite der Kathedrale die hübsche, arkadengesäumte Place d'Armes mit der Maison Consulaire (14.–16. Jh.), weiter westlich das Musée Postal d'Auvergne.

Saint-Flour

Südlich von St-Flour führt eine 564 m lange Eisenbahnbrücke über die gestaute Truyère, eine schlichte Stahlkonstruktion, die Gustave Eiffel 1881–1884 erbaute. Die hier gemachten Erfahrungen nützte man beim Bau des Pariser Eiffelturms. Über dem Westufer des Truyère-Stausees (D 40/48) liegt die wohl schönste Burgruine der Auvergne (13. Jh., 1405 zerstört). Im weiteren Verlauf bis zu ihrer Mündung in den ▶Lot bildet die Truyère eindrucksvolle Schluchten und Stauseen, die aber nur punktuell über Straßen erreichbar sind.

Truyère-Tal
◀ Viaduc de Garabit
★
◀ Château d'Alleuze

Brioude (7200 Einw.), östlich der A 75 in der Ebene des Allier gelegen, verfügt mit der Basilique St-Julien über die **größte romanische Kirche der Auvergne** (74 m lang; Vorhalle 1060, Chor 1180). Das polychrome Mauerwerk aus weichem Tuffstein, die Fresken in der Vorhalle und im Inneren, reich verzierte Kapitelle sowie viele Statuen aus Holz oder Stein machen sie auch zu einer der schönsten. Außer alten Häusern hat das Städtchen ein Museum für Klöppelspitzen und

★
Brioude

Ein 26 m langer »Totentanz« ist das Glanzstück von St-Robert in La Chaise-Dieu.

die Maison du Saumon aufzuweisen, das den selten gewordenen Allier-Lachsen gewidmet ist (Aquarium).

La Chaise-Dieu Der berühmteste Kirchenbau der Auvergne ist in La Chaise-Dieu (lat. »casa Dei«, »Haus Gottes«) zu sehen, das ca. 40 km östlich von Brioude liegt. Im Jahr 1043 wurde hier, in 1080 m Höhe, ein Kloster gegründet, das rasch zu einem der bedeutendsten Frankreichs wurde. Die Kirche St-Robert, erbaut durch Papst Clemens VI. 1344–1352, wird durch einen spätgotischen **Lettner** (15. Jh.; Kruzifix 1603) unterteilt; dahinter das prächtige **Chorgestühl** aus Eiche (15. Jh.) mit dem Grabmal Clemens' VI. (die 44 Marmorstatuen wurden 1562 von den Hugenotten zerstört), Wandteppiche aus Brüssel und Arras (16. Jh.) sowie ein 26 m langes, dreiteiliges Sgraffito »Totentanz« (15. Jh.). Seit 1965 findet in der Kirche in der zweiten Augusthälfte ein hochkarätiges **Musikfestival** statt (www.chaise-dieu.com).

Issoire Die Kirche St-Austremoine (12. Jh.) in der Industriestadt Issoire (15 500 Einw.) 30 km südöstlich von Clermont-Ferrand ist ein vorzügliches Beispiel auvergnatischer Romanik. In Chor und Querhaus sind die Kapitelle zu beachten; die farbige Fassung ist ein Werk des 19. Jh.s. Sehenswert ist auch die Krypta.

Clermont-Ferrand ►dort. Auch das Plateau de Gergovie (Gergovia) ist dort erwähnt.

Riom Das nördlich von Clermont am Westrand der fruchtbaren Limagne gelegene Riom (19 000 Einw.) war seit dem Mittelalter wohlhabende Hauptstadt des Herzogtums Auvergne und ab 1531 ein bedeutender Gerichtssitz, wovon noch eine Reihe schöner Bauten zeugen, v. a. an der Rue de l'Hôtel de Ville, der Hauptstraße der Stadt. Das Palais de

Justice nimmt den Platz der Burg der Herzöge von Berry ein, von der noch die Ste-Chapelle erhalten ist (1388; schöne Fenster, 15. Jh., und herrliche Wandteppiche, 17. Jh.). Westlich davon das Musée Régional d'Auvergne. Die Basilika St-Amable zeigt in Langhaus und Querschiff auvergnatische Romanik (12. Jh.), im Chor frühgotische Formen (13. Jh.). In der Kirche Notre-Dame-du Marthuret im Süden der Altstadt (14./15. Jh.) sind schöne Fenster (15./16. Jh.) sowie die »Madonna mit dem Vogel« bemerkenswert, ein Werk der Bildhauer des Herzogs Jean de Berry (14. Jh.). Der westliche Vorort Mozac verfügt über eine **bedeutende Abteikirche** im auvergnatisch-romanischen Stil (12. Jh.; Krypta und Turmbasis vorromanisch). Außer den Kapitellen und einem merkwürdigen Kruzifix (14. Jh.) ist der Schrein mit den Reliquien des hl. Calminius (1168) bemerkenswert.

◀ Mozac

Ca. 30–40 km nordwestlich von Riom hat sich die Sioule ein malerisches enges Tal in das Granitplateau gegraben. Vom Kurort Châteauneuf-les-Bains bis Ebreuil (Abteikirche St-Léger, 10./13. Jh., mit Fresken aus dem 12./15. Jh.) führt die D 109 / 915 nahe am Fluss entlang. Von St-Gervais-d'Auvergne aus sind Staudamm und Flussschleife von Queuille sowie der Viaduc des Fadeszu erreichen, die **höchste Eisenbahnbrücke Frankreichs** (132 m, erbaut 1901–1909; Verkehr im Jahr 2007 eingestellt).

Gorges de la Sioule

Das berühmte Heilbad Vichy (260 m, 27 000 Einw.) liegt am Nordrand der Auvergne am Allier. Die schon den Römern bekannten Quellen sind alkalische Sauerbrunnen von 16–43 °C, die v. a. bei Krankheiten des Verdauungstrakts helfen sollen. In der großen Zeit vom 17. bis Mitte des 20. Jh.s kamen Berühmtheiten und gekrönte Häupter hierher. Zwischen 1940 und 1944 war der Ort, der sich mit

Vichy

Das Casino, Mittelpunkt des gesellschaftlichen Lebens von Vichy

seinen über 300 Hotels dafür gut eignete, Sitz der Regierung des Marschalls Pétain. Auch heute ist in diesem **größten Kurort Frankreichs** noch etwas vom alten Glanz zu spüren, auch wenn die Klientel überwiegend aus Rentnern und Pensionären besteht (entsprechend niedrig ist daher das Preisniveau). Mittelpunkt ist der von gusseisernen Wandelhallen (1889) umgebene Parc des Sources. Im Süden das Grand Casino (1865/1903) mit der prächtigen Opéra, den nördlichen Abschluss bildet die Halle des Sources (Trinkhalle). Nördlich der Halle des Sources die Galerie Napoléon III (1858) sowie das Centre Thermal des Dômes im islamischen Stil (1903), die größte derartige Anlage Europas. Im **Kurviertel** sind großartige Hotelpaläste und Villen zu sehen, so die Châlets am Allier, die um 1865 für Napoleon III. erbaut wurden. Im Westen und Süden erstrecken sich die schönen Parcs de l'Allier, jenseits des Flusses der Parc Omnisports mit 18-Loch-Golfplatz und Pferderennbahn. In der Altstadt südlich des Quellenparks sehenswert die Tour de l'Horloge, der Rest einer Burg Ludwigs II. (15. Jh.). In der Maison du Bailliage (16. Jh.) ein Museum mit lokalgeschichtlichen und volkskundlichen Stücken.

Montluçon

Das schön am Cher gelegene Montluçon (44 000 Einw., ca. 90 km nordwestlich von Clermont-Ferrand) hat eine sehenswerte Altstadt mit dem Alten Schloss der Bourbonen; darin das Regionalmuseum und ein **Drehleiermuseum**. Die Kirche St-Pierre (12./13. Jh.) enthält Kunstwerke aus dem 15./16. Jh., darunter eine als wundertätig verehrte Maria Magdalena im Stil der schwarzen Madonnen.

Moulins

Moulins (20 300 Einw., ca. 60 km nördlich von Vichy) verdankt seinen Namen den Mühlen, die es hier am Allier zahlreich gab. Seit dem frühen Mittelalter war Moulins Hauptort des Bourbonnais, dessen Herren, das Haus Bourbon, 1327 zu Herzögen erhoben wurden und acht Könige stellten. Mittelpunkt der malerischen Altstadt ist der Rathausplatz mit dem Uhrturm (Jacquemart) von 1455. Im Musée de Folklore et du Vieux Moulins sind alte Handwerksgeräte, Trachten und Möbel zu sehen. Der Chor der **Kathedrale Notre-Dame** entstand 1474–1507, das Langhaus ab 1852. Im Chorumgang schöne Glasmalereien (15./16. Jh.), die neben religiösen Themen Angehörige des Hauses Bourbon zeigen. In der Schatzkammer (geöffnet tägl. 9.00–12.00, 14.00–18.00 Uhr) ist das berühmte Triptychon (1499) des Meisters von Moulins zu sehen, der als der Niederländer **Jean Hay** identifiziert wurde. Gegenüber der Kathedrale steht die Tour Mal-Coiffée, die wie der Pavillon der Anne de Beaujeu zum Schloss gehörte. Im Pavillon (1497–1503), das als **erstes Bauwerk im Stil der italienischen Renaissance** in Frankreich gilt, ist ein interessantes Kunst- und Archäologiemuseum untergebracht. Nordöstlich der Kathedrale (Rue de Paris) ist in der Chapelle de la Visitation das überwältigende Mausoleum des Herzogs Heinrich II. von Montmorency zu sehen, 1648 bis 1653 von den Brüdern Anguier im Florentiner Stil geschaffen.

★ ★
Triptychon des
Meisters von
Moulins ▶

★ ★

Mausoleum
Heinrichs II. von
Montmorency ▶

Pont St-Bénézet und Papstpalast über der Rhône, die Wahrzeichen von Avignon

★★ Avignon

M 9

Région: Provence – Alpes – Côte d'Azur **Höhe:** 19 m ü. d. M.
Département: Vaucluse **Einwohnerzahl:** 91 300

Die Provence und Avignon, das gehört zusammen. Die eindrucksvollen Bauten und Schätze der einstigen Papstresidenz, die zum Welterbe der UNESCO zähle, und das renommierte Theaterfestival sind die großen Attraktionen der Stadt an der unteren Rhône.

Während des »Babylonischen Exils« der Kirche 1309–1376 residierten in Avignon – um den Machtkämpfen in Rom zu entgehen – sieben Päpste, in der folgenden Zeit des Schismas bis 1403 zwei Gegenpäpste. In dieser ganzen Zeit war die Stadt ein blühendes Kunstzentrum, allerdings auch ein Sumpf des hemmungslosen Luxus und Lasters, so dass Petrarca sie als eine »Kloake« bezeichnete, in der »der Unrat des gesamten Universums zusammengeflossen zu sein scheint«. Auf die für die Päpste tätigen italienischen Künstler, v. a. Simone Martini aus Siena, geht die bedeutende Malerschule von Avignon zurück. Die Stadt blieb mit dem Comtat Venaissin im Besitz des Papstes, bis die Französische Revolution sie 1791 mit Frankreich vereinigte. Im Sommer ist die Hauptstadt des Départements Vaucluse höchst frequentiert, v. a. im Juli während des Festivals.

Ein wenig Geschichte

Sehenswertes in Avignon

Stadtmauer ✱ Die Altstadt ist ganz von einem 4,3 km langen Mauerring mit acht Toren und 39 Türmen umgeben, der 1350–1368 unter Papst Innozenz VI. angelegt wurde; die Restaurierung im 19. Jh. unter Viollet-le-Duc hat ihn unvorteilhaft verändert. Am interessantesten ist der Abschnitt zwischen dem Pont St-Bénézet und der Place Crillon.

Pont St-Bénézet ✱ Vom Park auf dem Rocher des Doms hat man einen herrlichen Blick auf die wohl berühmteste Brücke Frankreichs, den Pont St-Bénézet (»Sur le pont d'Avignon ...«), der nach Villeneuve-lès-Avignon hinüberführte. Im 13./14. Jh. erbaut, wurde sie 1668 wegen der schweren Schäden durch Kriege und Überschwemmungen aufgegeben.

▶ AVIGNON ERLEBEN

AUSKUNFT
Office de Tourisme
41 Cours Jean Jaurès, 84000 Avignon
Tel. 04 32 74 32 74, Fax 04 90 82 95 03
www.ot-avignon.fr
www.mairie-avignon.fr

FESTE & EVENTS
Juli: Festival d'Avignon (Theater und Musik, v. a. im Hof des Papstpalasts). Info und Karten: Tel. 04 90 14 14 14, www.festival-avignon.com. Gleichzeitig Festival Off mit 500 Veranstaltungen, Festival Provençal und Marché. Ende Juli Jazzfestival.

AVIGNON PASS'ION
Mit diesem kostenlosen Pass, den man beim ersten Besuch einer Sehenswürdigkeit bekommt, gibt es Ermäßigung in allen weiteren sowie in den Stadtbussen.

ESSEN
▶ Fein & teuer
① *Christian Etienne*
10 Rue de Mons, Tel. 04 90 86 16 50
So./Mo. geschl. Eines der besten und schönsten Restaurants der Stadt in einem noblen Palais aus dem 14. Jh., modern gestaltet. Regionale Küche.

▶ Erschwinglich
② *Fourchette*
17 Rue Racine, Tel. 04 90 85 20 93
Sa./So. sowie ca. 5.–30. Aug. geschl.
Bistro mit provenzalischer Küche. Auch bei Einheimischen beliebt (reservieren!), ausgezeichnetes Preis-Leistungs-Verhältnis.

ÜBERNACHTEN
▶ Luxus
① *Europe*
12 Place Crillon, Tel. 04 90 14 76 76
www.heurope.com
Herrschaftliche Herberge in einem Adelspalais von 1580 mit Interieur aus der Zeit Napoleons (der schon hier weilte). Erstklassiges Restaurant, dessen Kreationen man in dem wunderbaren Innenhof genießen kann. Mit eigener Garage.

▶ Günstig / Komfortabel
② *Blauvac*
11 Rue de la Bancasse
Tel. 04 90 86 34 11
www.hotel-blauvac.com
Charmantes, schön restauriertes Adelshaus aus dem 17. Jh. in einer ruhigen Seitenstraße mitten in der Altstadt. Zimmer z. T. mit Empore.

Avignon *Orientierung*

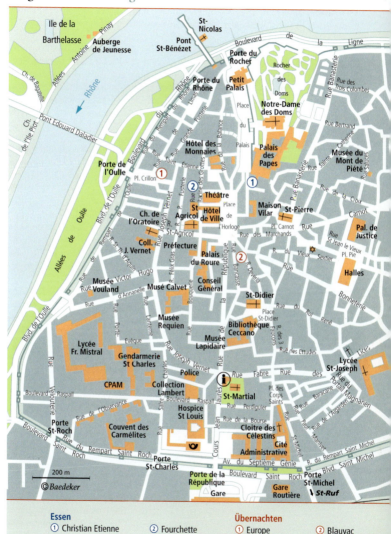

Essen
① Christian Etienne
② Fourchette

Übernachten
① Europe
② Blauvac

Musée du Petit Palais

★ An der Nordseite der Place du Palais steht das Petit Palais, ein gotischer Wehrbau (um 1320, Fassade Ende 15. Jh.), der als Bischofssitz diente; zu sehen sind hier Gemälde italienischer Meister des 13.–15. Jh.s und Werke der Malerschule von Avignon (Di. geschl.).

Hôtel des Monnaies

Das Hôtel des Monnaies (Münze, 17. Jh.) ist heute Konservatorium. Die Fassade trägt das Wappen des Papstes Paul V., der aus dem Haus Borghese stammte. Unmittelbar südlich des Papstpalastes führt die Rue Peyrollerie (Straße der Kesselflicker) zur Rue Banasterie (Straße der Weidenflechter); an ihrem Südende die spätgotische Kirche St-Pierre (1356/15. Jh.) mit geschnitzten Renaissance-Türen von 1550 sowie einer prachtvollen Chorausstattung (17. Jh.).

Rue Banasterie St-Pierre

Palais des Papes
★★
Öffnungszeiten: s. S. 242

Der Papstpalast, eines der großartigsten Zeugnisse gotischer Architektur, entstand aus dem Palast des Bischofs von Avignon. Der von Benedikt XII. (1334–1342) in Auftrag gegebene Ost- und Nordostbau (Palais Vieux) sowie der unter Clemens VI. (1342–1352) fertiggestellte Westbau (Palais Nouveau) bestimmen noch heute seine Gestalt. Zehn bis zu 50 m hohe Türme unterstreichen den wehrhaften Eindruck. Die Innenausstattung ist bis auf einige Reste von Fresken und Skulpturen verloren gegangen. Der Rundgang beginnt in der Grande Trésorerie, der Schatzkammer; hier und im folgenden Konsistoriumssaal illustriert das **Musée de l'Œuvre** die Geschichte des Palastes und seine architektonisch-künstlerische Bedeutung. Im Konsistoriumssaal sind Fresken von Simone Martini aus der Kathedrale Notre-Dame-des-Doms, in der Chapelle St-Jean Fresken (1348) von Matteo Giovanetti aus Viterbo zu sehen. An die Galerie über dem Kreuzgang Benedikts XII. (1339) stößt der Große Festsaal (Grand Tinel). Von der Küche hat man einen schönen Blick über die Stadt. Über die Loggia mit dem »Fenster der Sündenvergebung« – von dem aus der Papst das Volk im Hof segnete – folgt man der überwölbten Treppe in das Erdgeschoß; hier liegt die Grande Audience, der zweischiffige Saal des päpstlichen Gerichts. Durch das Corps du Garde (Wandgemälde 17. Jh.) gelangt man zurück zum Eingangsportal.

Der Rathausplatz, ein angenehmer Ort für eine Pause

Eine großzügige Freitreppe führt hinauf zur romanischen Kathedrale **Notre-Dame-des-Doms** (12. Jh., im 14.–16. Jh. erweitert). Am Portal sind Fresken von Simone Martini erhalten. Im barockisierten Inneren interessant die romanische Kuppel, der italienische Bischofsthron aus Marmor (12. Jh.) und das spätgotische Grabmal Papst Johannes' XXII. Die Marienfigur auf dem Turm (um 1430, Erdgeschoß früher) wurde 1859 aufgesetzt.

> ! *Baedeker* TIPP
>
> **Päpstliche Genüsse**
>
> Im Papstpalast – von der Place de la Mirande auch direkt zugänglich – kann man die Weine der Côte-du-Rhône kennenlernen. Von Mitte Sept. bis Mai werden Sa./So. Führungen durch die geheimen Gänge und Zimmer des Palastes veranstaltet, gekrönt von einem Brunch auf der Terrasse der Hohen Würdenträger (»Palais Secret«, Anmeldung Tel. 04 90 27 50 00).

Place de l'Horloge

Mittelpunkt der Altstadt mit viel Atmosphäre ist die Place de l'Horloge mit Theater und Rathaus (1845). Am Uhrturm (14. Jh.) schlagen »Jacquemarts« die Stunden. Östlich des Platzes die Maison Vilar, Sitz der Organisation des Festivals mit Ausstellung zu seiner Geschichte. Der Theaterregisseur Jean Vilar (1912–1971) rief 1947 das Festival ins Leben und leitete es bis zu seinem Tod.

St-Agricol

In der unter Papst Johannes XXII. entstandenen Kirche St-Agricol (1326) sind Gemälde von Mignard und Parrocel zu beachten. Wenige Schritte östlich beherbergt das Palais du Roure (1469) ein Institut zur Förderung provenzalischer Kultur. Weiter westlich die hübsche **Rue Joseph Vernet** mit guten Läden, Restaurants und barocken Palästen (Nr. 58, 83, 87). Im Hôtel Villeneuve-Martignan (Nr. 65, um 1750) ist das Musée Calvet untergebracht, das bedeutendste Museum Avignons mit Skulpturen und Gemälden (Di. geschl.). Nebenan das **Muséum Requien** (So./Mo. geschl.) mit geologischen und botanischen Sammlungen.

Palais du Roure

★

◄ Musée Calvet

St-Didier

In der Kirche St-Didier (provenzalische Romanik, 14. Jh.; spätgotische Fassade) bemerkenswert die Figurengruppe »Kreuztragung« (1481) des Italieners Francesco Laurana, eines der frühesten Renaissance-Kunstwerke. Die Wandmalereien (14. Jh.) in der Taufkapelle werden einer Florentiner Werkstatt zugeschrieben.

Rue du Roi René, Rue des Teinturiers

Von St-Didier sollte man die Rue du Roi René nach Osten gehen, an der das Haus des Königs René und prächtige Paläste des 17./18. Jh.s stehen. Dann rechts in die Rue des Teinturiers; in diesem romantischen Sträßchen entlang der Sorgue (mit Wasserrädern) wurden bis Ende des 19. Jh.s die »Indiennes«-Stoffe hergestellt.

Musée Angladon, Musée Lapidaire

In einem Palais des 17. Jh.s zeigt das Musée Anglados (Mo., im Winter auch Di. geschl.) Gemälde aus Impressionismus und klassischer Moderne (Cézanne, Dégas, Van Gogh, Picasso). Im Musée Lapidaire (Di. geschl.) in der barocken Jesuitenkirche (1620–1661) besonders

PALAIS DES PAPES

★★ **Für ein Jahrhundert war Avignon das Zentrum der katholischen Kirche. Ihre – wenn auch nicht unangefochtene – Macht demonstrierten die Päpste mit dieser wehrhaften, prächtig ausgestalteten Burg.**

🕑 Öffnungszeiten:
1.–14. März 9.00–18.30, 15. März–30. Juni/16. Sept.–1. Nov. 9.00–19.00, Juli/1.–15. Sept. 9.00–20.00, Aug. 9.00–21.00, 2. Nov.–28 Febr. 9.30–17.45 Uhr. Letzter Einlass 1 Std. vor Schließung. Info: www.palais-des-papes.com

① Palais Nouveau
Die mächtige Fassade des Neuen Palastes Clemens' VI. ist im unteren Teil durch große Spitzbogen gegliedert. Zwei oktogonale Türmchen kennzeichnen das Eingangsportal (Porte des Champeaux).

② Palais Vieux
Der Alte Palast Benedikts XII. mit der Tour de la Campane und der Tour de Trouillas (hinten). Der Kamin vor Letzterer kennzeichnet die Küche.

③ Grande Trésorerie
In der Schatzkammer im Untergeschoß der Tour des Anges wurden die mobilen Reichtümer der Päpste, die Grundlage des ganzen Unternehmens, verwahrt und verwaltet. Der Kämmerer war der höchste Würdenträger des Papsthofes.

④ Tour des Anges
Der 1335 vollendete, mit Spitzbogen gegliederte Turm der Engel (Papstturm) zeigt die Merkmale eines Bergfrieds: fensterlose Untergeschoße, Zinnen und Pechnasen. Im Turm liegt das Schlafzimmer der Päpste, das um 1336 mit einem Geflecht aus Weinranken und Eichenblättern auf blauem Grund ausgemalt wurde.

⑤ Chambre du Cerf
Das mit hübschen Tier- und Jagdszenen ausgestaltete Hirschzimmer im 4. Stock der Tour de la Garde-Robe, am Übergang vom Alten zum Neuen Palast, war das Arbeitszimmer von Papst Clemens VI. Die Bodenfliesen wurden 1963 nach den original erhaltenen Fliesen im Arbeitszimmer Benedikts XII. angefertigt.

⑥ Grande Chapelle
In der 52 m langen, 15 m breiten und 20 m hohen Großen Kapelle (Chapelle Clémentine) über der Grande Audience fanden die Messen und sonstigen liturgischen Zeremonien statt, am prächtigsten waren die Papstkrönungen.

Im Konsistoriumssaal wickelten der Papst und sein Hof die geistlichen und weltlichen Geschäfte ab, auch Fürsten und Gesandte wurden hier empfangen. Der Papst saß an der Südwand, die Kardinäle auf Holzbänken. Hier sind auch Reste einiger Fresken von Simone Martini aus der Kathedrale Notre-Dame-des-Doms ausgestellt.

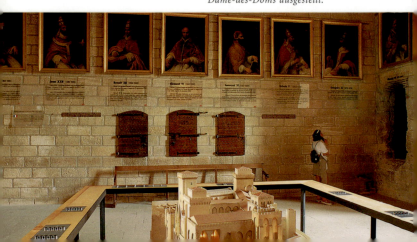

▶ Papstpalast ZIELE 243

Im Großen Festsaal (Grand Tinel) fanden die großen Bankette statt, mit denen die Kardinalserhebungen und Papstkrönungen gefeiert wurden. Das 1413 durch Feuer zerstörte Holzgewölbe wurde rekonstruiert. Im Erdgeschoß darunter liegt der Konsistoriumssaal (Foto links unten).

Matteo Giovanetti aus Viterbo malte die Chapelle St-Martial in der Tour St-Jean 1344–1346 aus. In 42 Bildern wird mit bemerkenswerter Detailfreude die Legende des hl. Martial erzählt.

Die zweischiffige Grande Audience, mit denselben Abmessungen wie die Grande Chapelle darüber, beherbergte das päpstliche Gericht. Bis zu 8000 Briefe und 10 000 Streitfälle wurden hier im Jahr bearbeitet. Fresken von Matteo Giovanetti (1352) stellen Propheten des Alten Testaments dar.

In der Nordsakristei – im Winkel zwischen Ost- und Südflügel – kleidete sich der Papst während der Zeremonien in der Grande Chapelle um. Zu sehen sind hier Figuren (Gipsabgüsse), die hohe Gäste des Palastes darstellen.

© Baedeker

Musée Vouland zu beachten die keltische Steinfigur einer Tarasque aus Noves (3. Jh. v. Chr.). Im Westen der Altstadt, nahe der Porte St-Dominique (Rue V. Hugo), zeigt das Musée Louis Vouland französisches Mobiliar aus dem 18. Jh. sowie Gemälde, Gobelins und Keramik (Mo. geschl.). Kunst der 1960er- bis 1990er-Jahre – Cy Twombly, Sol LeWitt, Anselm Kiefer u. a. – hat im **Hôtel de Caumont** (18. Jh., Rue Violette) ihren Platz gefunden (außer Juli/Aug. Mo. geschl.).

Collection Lambert

Umgebung von Avignon

Villeneuve-lès-Avignon Eine Brücke führt über die Insel Barthelasse nach Villeneuve-lès-Avignon (12 600 Einw.; Région Languedoc-Roussillon), das Ende des 13. Jh.s von Philipp dem Schönen als Grenzfeste gegen die zum Heiligen Römischen Reich gehörende Provence angelegt wurde. Zur Zeit der Päpste bewohnten hier viele Kardinäle herrliche Paläste, auch heute ist das ruhige Städtchen ein guter Standort. Am Rhône-Ufer sicherte ein Bollwerk das Nordende des Pont St-Bénézet; davon erhalten die Tour Philippe-le-Bel (1293 bis 1307). Im mächtigen **Fort St-André**, bis 1368 von Johann dem Guten und Karl V. angelegt, Reste eines Benediktinerklosters und eine romanische Kapelle. Von beiden Wehranlagen schöner Blick auf Villeneuve, Avignon, das Ventoux-Massiv sowie den Lubéron und die Alpilles. Unbedingt ansehen sollte man sich das Musée Pierre-de-Luxembourg (Rue de la République, Mo. geschl.) mit dem Gemälde **»Krönung der Jungfrau Maria« von Enguerrand Quarton** (1453) und Werken von Nicolas Mignard (Mitte 17. Jh.). Auch in der südlich benachbarten Kirche Notre-Dame (1333) sind einige Kunstwerke und der Kirchenschatz interessant. Beeindruckend ist die weiter nördlich gelegene **Chartreuse du Val de Bénédiction**, die 1356 von Papst Innozenz VI. gegründet wurde (erweitert im 17./18. Jh.). Sie besitzt drei Kreuzgänge und in der Kirche (14. Jh.) das prächtige Grab des Papstes; ein Mönchshaus wurde originalgetreu hergerichtet, so dass man die Lebensweise in der Kartause gut nachvollziehen kann. Heute ist das Kloster ein Kulturzentrum, in dem sommers Ausstellungen, Konzerte, Lesungen etc. stattfinden; Juni – Sept. hat das herrliche Terrassenrestaurant geöffnet.

Saint-Michel-de-Frigolet In der kräuterduftenden Montagnette, ca. 12 km südwestlich von Avignon, versteckt sich die im 10. Jh. gegründete Abtei St-Michel-de-Frigolet. Nach 1858 wurde sie durch die Prämonstratenser in mittelalterlicher Manier neu gebaut. In der neogotischen Kirche ist noch die Chapelle de Notre-Dame-du-Bon-Remède (11. Jh.) erhalten. Darin ist die **vergoldete Holztäfelung** mit Gemälden aus der Werkstatt von Nicolas Mignard (1606 – 1670) interessant, ein großzügiges Geschenk der Anna von Österreich, die hier (und anderswo) um einen Nachkommen gebetet hatte – das Ergebnis war Ludwig XIV., der Sonnenkönig. Außerdem sind in einem Klosterflügel schöne Santons (Krippenfiguren) aus Olivenholz zu sehen.

▶ Besançon ZIELE 245

Besançon

Région: Franche-Comté **Höhe:** 250 m ü. d. M.
Département: Doubs **Einwohnerzahl:** 117 800

O 5

Besançon, die Hauptstadt der ▶Franche-Comté, ist Mittelpunkt der französischen Uhrenindustrie: Seine beeindruckende Altstadt liegt sehr schön in einer Schleife des Doubs, bewacht von einer mächtigen Zitadelle des berühmten Baumeisters Vauban.

Im Altertum war Vesontio Hauptstadt der gallischen Sequaner, vom Mittelalter an war Besançon lange Zeit Hauptort der Franche-Comté (Freigrafschaft Burgund). 1032 / 1034 gelangte es an die deutschen Könige, 1157 hielt Kaiser Friedrich Barbarossa hier einen Reichstag ab. Ab dem 13. Jh. war »Bisanz« Reichsstadt, im Frieden von Nimwegen 1678 wurde es französisch. Damals erhielt die Stadt ihren heutigen Charakter: Sébastien de Vauban, der Festungsbaumeister Ludwigs XIV., ließ die Oberstadt mit der Kathedrale abreißen, um für die Zitadelle Platz zu schaffen. Die Uhrenindustrie wurde während der Französischen Revolution von Einwanderern aus dem

Besançon gestern und heute

Besançon Orientierung

1 Porte Rivotte
2 Porte Noire
3 Maison Natale des Frères Lumières
4 Maison Natale de Victor Hugo
5 Bibliothèque Municipale
6 Palais de Justice
7 Musée Comtois
8 Espace Vauban
9 Noctuarium
10 Musee de la Résistance
11 Climatorium, Insectarium
12 Aquarium

Essen
① Le Chaland

Übernachten
① Nord

Schweizer Jura begründet; an sie schließt die moderne Mikro- und Präzisionstechnik an. In Besançon geboren wurden der Schriftsteller **Victor Hugo** (1802 – 1885) und die Brüder Auguste und Louis Lumière (1862/1864), die Erfinder des Kinos. Zum »jungen« Klima der Stadt trägt besonders die Universität mit ihren 23 000 Studenten bei.

Sehenswertes in Besançon

Zitadelle

Die Schmalstelle der Flussschleife südlich der Altstadt wird von der 1674 – 1711 erbauten, gut 100 m über dem Doubs gelegenen Zitadelle gesichert. Sie beherbergt sehenswerte **Museen** (Ostern – Okt. tägl. geöffnet, sonst Di. geschl.): Espace Vauban (Geschichte der Zitadelle), Musée Comtois (regionale Volkskunde, mit großer Marionettensammlung) und Musée de la Résistance et de la Déportation (Zweiter Weltkrieg, Vichy-Regierung). Außerdem kann man eine naturkundliche Schau mit Aquarium, Zoo und Nachttiergehege besuchen. Schöner Blick auf die Altstadt und den Fluss, auch von der Terrasse des Restaurants (im Sommer den Sonnenuntergang genießen!).

Im Osten gelangt man durch die Porte Rivotte, einem Teil der Stadtbefestigung (16. Jh.), in die Altstadt. Bei der Kathedrale steht die Porte Noire, ein um 175 n. Chr. zu Ehren von Mark Aurel errichteter Bogen. Die Kathedrale St-Jean (12./13. Jh.) besitzt einen Ost- und einen **Westchor**, was vermutlich auf karolingische Zeiten zurückgeht. Der 1729 barock aufgebaute Ostchor enthält wertvolle Gemälde (Van Loo, Natoire u. a.), neben der Orgel die »Madonna mit Jesuskind und Heiligen« von Fra Bartolomeo (1512). Die astronomische Uhr im Turm fertigte A.-L. Vérité um 1860 aus rund 30 000 Teilen.

St-Jean

Besançon in der Doubs-Schleife, den »Flaschenhals« bewacht die Zitadelle.

Hauptachse der Stadt ist seit der Antike die Grande Rue. Das nüchterne Äußere der Häuser, Ergebnis der Baunormen Vaubans, wird durch die fantasievolle Gestaltung der Hofeingänge und Treppenhäuser belebt (besonders an Nr. 67). Das prächtige Zentrum der Altstadt bildet das **Palais Granvelle**, erbaut 1534–1542 für Kardinal Nicolas de Granvelle, Kanzler König Karls V.; hier führt das Musée du Temps in die Mysterien der Zeit und die Geschichte ihrer Messung ein (Mo. geschl.). Das Théâtre von 1778 (Rue Mégévand) ist ein Werk des Revolutionsarchitekten Ledoux (▶ Franche-Comté, S. 413). An das schöne Rathaus (1573) schließt sich der Palais de Justice an (16. Jh.), einst Gerichtssitz (Parlement) der Franche-Comté.

★ **Grande Rue**

In einem Kornspeicher (1843) nahe dem Doubs ist das Musée des Beaux-Arts et d'Archéologie untergebracht, das älteste in Frankreich, begründet 1694. Zu sehen sind archäologische Funde, v. a. aus gallo-römischer Zeit, sowie Gemälde von L. Cranach d. Ä., Bronzino, Tintoretto, Rubens, Goya, Courbet, Picasso u. a. (Di. geschl.).

★ **Musée des Beaux-Arts et d'Archéologie**

Vom Pont Battant blickt man zurück auf die eindrucksvoll geschlossene Front des Quai Vauban (16. Jh.). Am rechten Ufer des Doubs liegt das hübsche **Quartier de Battant**, einst Viertel der Winzer, die an den Hängen Wein anbauten. An sie erinnern nur noch die großen Kellertüren an den Häusern. Von der Promenade de Micaud weiter östlich – einem der Parks, die den Doubs begleiten – hat man einen schönen Blick auf die Zitadelle.

Quartier de Battant

Der beste Blick auf Besançon und die Jurahöhen bis zu den Vogesen bietet sich vom 460 m hohen Hügel Notre-Dame-de-la-Liberation (3 km südöstlich, mit Marienstatue von 1945) und vom Belvédère de Montfaucon (617 m, weitere 2 km nordöstlich).

Aussichtspunkte

▶ BESANÇON ERLEBEN

AUSKUNFT

Office du Tourisme
2 Place de la 1re Armée Française
25000 Besançon
Tel. 03 81 80 92 55, www.besancon.fr,
www.besancon-tourisme.com

ESSEN

▶ **Erschwinglich**

① *Le Chaland*
Pont Bregille / Parc Micaud
Tel. 03 81 80 61 61
Ein besonderer Platz zum Dinieren ist der alte Lastkahn. Regionale Küche.

ÜBERNACHTEN

▶ **Günstig**

① *Hotel du Nord*
8 Rue Moncey, Tel. 03 81 81 34 56
www.hotel-du-nord-besancon.com
Haus aus dem 19. Jh. im Stadtzentrum. Komfortable Zimmer, freundlicher Service. Sehr gutes Preis-Leistungs-Verhältnis.

FESTE & EVENTS

Von Mai bis Sept. diverse Musik-, Jazz- und andere Festivals. Im Advent Weihnachtsmarkt.

Prachtvolles Schloss Blois mit Treppenturm in italienisierender Renaissance

★ ★ Blois

J 5

Région: Centre **Höhe:** 72 m ü. d. M.
Département: Loir-et-Cher **Einwohnerzahl:** 47 800

Blois, malerisch am nördlichen Ufer der ▶Loire zwischen Orléans und Tours gelegen, war im 15./16. Jahrhundert königliche Residenz. Die hübsche, verwinkelte Altstadt wird noch heute vom prächtigen Schloss und der Kathedrale überragt.

Aus der Geschichte
Im 11./12. Jh. gehörten die Grafen von Blois zu den mächtigsten Feudalherren Frankreichs. 1391 wurde die Grafschaft an Ludwig von Orléans verkauft, dessen Sohn Karl 1440 mit dem Um- bzw. Neubau des Schlosses begann. Dessen Sohn wiederum wurde 1498 als Ludwig XII. König und machte Blois zu seiner Residenz; auch unter seinem Schwiegersohn Franz I. wurde der Bau glanzvoll fortgesetzt.

Sehenswertes in Blois

★ ★ Schloss
Die Place du Château wird vom Schloss, genauer vom Flügel Ludwigs XII. (1498 – 1503) beherrscht, einem Bau der Flamboyant-Gotik aus Ziegel- und Werkstein (geöffnet April – Juni, Sept. 9.00 – 18.30, Juli/Aug. 9.00 – 19.00, Okt. – Anf. Nov. 9.00 – 18.30, sonst 9.00 bis 12.30, 13.30 – 17.30 Uhr). Über den Torbögen ist das bekrönte **Stachelschwein** zu sehen, das Emblem Ludwigs XII., über dem großen Portal die Reiterstatue Ludwigs (Kopie, 1857). Innen stützt sich der

Trakt auf einen von Treppentürmen eingefasten Arkadengang. Rechts folgt die Salle des Etats (Ständesaal), Rest der mittelalterlichen Burg (13. Jh.); daran schließt der **Flügel Franz' I.** (Frührenaissance, 1515–1524) an mit dem berühmten achteckigen Treppenturm (der Salamander und das »F« sind die Zeichen von Franz). Gegenüber dem Eingang liegt der für Gaston d'Orléans, den Bruder Ludwigs XIII., 1635–1638 erbaute Südwestflügel, eines der frühesten Werke des klassizistischen französischen Barocks, mit Bibliothek und städtischem Festsaal. Im Südosten wird der **Flügel Ludwigs XII.** von der Galerie Charles d'Orléans mit der Schlosskapelle St-Calais abgeschlossen. Von der Terrasse an der mittelalterlichen Tour de Foix hat man einen schönen Ausblick auf die Stadt.

Der Flügel Franz I. umfasst eine Reihe prunkvoller Räume, ihre Ausstattung stammt jedoch meist aus dem romantisierenden 19. Jahrhundert. Im 1. Stock beeindruckt der mächtige Kamin mit den Emblemen Franz' I. (Salamander) und der Anne de Bretagne (Hermelin). Daran schließen sich die Gemächer der Katharina von Medici an; am interessantesten das ganz mit Holz (237 unterschiedliche Felder) verkleidete **Kabinett mit Geheimfächern**, in denen sie, nach Dumas d. Ä., auch Gift versteckt haben soll. Die Salle des Etats-Généraux (30 × 18 m, 12 m hoch), in der sich 1576 und 1588 die Generalstände versammelten, wurde um 1870 neu gestaltet. Die riesigen Gobelins aus dem 17./18. Jh. mit Szenen aus dem Leben Ludwigs XIV. und Konstantins des Großen entwarf Rubens. Im Obergeschoß des Ludwig-Flügels ist das Musée des Beaux-Arts mit Gemälden aus dem 16.–19. Jh. untergebracht (u. a. Boucher, Ingres, David und Fromentin), außerdem Keramik und Musikinstrumente. Die Schlosskapelle wurde 1508 geweiht; Fassade und Inneres sind Ergebnis der Restaurierung im 19. Jh., die Glasfenster stammen von M. Ingrand.

◄ Flügel Franz I.

◄ Musée des Beaux-Arts

◄ Kapelle St-Calais

Blois Orientierung

1 Pavillon Anne de Bretagne
2 Couvent des Jacobins
3 Marché
4 Hôtel d'Alluye
5 Maison des Acrobates
6 Maison Papin
7 Maison de la Magie
8 Haras National

Essen
① Rendez-vous des Pêcheurs
② Au Triboulet

Übernachten
① Hotel de France
② Le Savoie

Pavillon Anne de Bretagne An der Place Victor-Hugo und dem Jardin du Roi, Rest der Gartenanlagen Ludwigs XII., stehen die Jesuitenkirche St-Vincent-de-Paul (1655) und der Pavillon Anne de Bretagne (um 1500). Hier hat man die eindrucksvolle **Loggienfassade** des Schlosses vor sich, die König Franz I. nach dem Vorbild der italienischen Renaissance vor die mittelalterliche Burg bauen ließ.

St-Nicolas

Jakobinerkonvent Zwischen Schloss, Kathedrale und Loire dehnt sich die sehenswerte Altstadt mit interessanten Bürgerhäusern aus. Südlich des Schlosses die Benediktinerkirche St-Nicolas (12.–14. Jh.) im Anjou-Stil; zu beachten die Kapitele im Chor und der Altaraufsatz (15. Jh.). Neben der Markthalle steht der **Couvent des Jacobins** (15./16. Jh.), heute Museum für sakrale Kunst und naturkundliches Museum. Von hier sind es wenige Schritte bis zum Loire-Quai, der einen schönen Blick auf den Pont J. Gabriel bietet.

Kathedrale St-Louis

Hôtel de Ville Vorbei an der Fontaine Louis-XII gelangt man zur hoch gelegenen Kathedrale St-Louis, die zu großen Teilen nach der Zerstörung durch einen Orkan 1678–1702 in gotischem Stil wieder aufgebaut wurde. Die Krypta datiert noch aus dem 10./11. Jahrhundert. An die Apsis schließt sich der Bischofspalast an (18. Jh., Rathaus). Herrlicher Ausblick vom großen Garten östlich des Palastes.

▶ BLOIS ERLEBEN

AUSKUNFT
Office de Tourisme
23 Place du Château, 41006 Blois
Tel. 02 54 90 41 41
www.bloispaysdechambord.com

FESTE & EVENTS
Mitte April – 20. Sept.: tägl. abends Son et Lumière im Schlosshof (Mi. auf Engl.). Juli/Aug.: Musik in den Straßen. Juni – Sept.: Fêtes de Louis XII (im Schloss). 2. So. im Monat Flohmarkt.

ESSEN
▶ **Erschwinglich / Fein**
① *Au Rendez-vous des Pêcheurs*
27 Rue Foix, Tel. 02 54 74 67 48
So./Mo.mittag geschl.
Ein wunderbares kleines Bistro mit raffinierter, dabei bodenständiger Küche (Schwerpunkt auf Fisch).

▶ **Preiswert**
② *Le Triboulet*
18 Pl. du Château, Tel. 02 54 74 11 23
So./Mo. geschl. (außer Juli/Aug.)
Kleines, gemütliches Lokal mit regionalen Spezialitäten, im Sommer speist man auf der Terrasse am Schlossplatz.

ÜBERNACHTEN
▶ **Günstig**
① *Hotel de France et de Guise*
3 Rue Gallois, Tel. 02 54 78 00 53
www.franceetguise.com
Älterer kleiner Hotelpalast (50 Z.) gegenüber dem Schloss. Geboten werden Einzel- bis Familienzimmer.

② *Le Savoie*
6 Rue Ducoux, Tel. 02 54 74 32 21
www.hotel-blois.com
Freundliches kleines Hotel abseits des Touristenrummels.

Von den schönen Häusern aus Mittelalter und Renaissance seien genannt: die gotische Maison Denis Papin; die Maison des Acrobates, benannt nach den geschnitzten Figuren (15. Jh.); Hôtel d'Alluye, 1508 für Florimond Robertet erbaut, Schatzmeister dreier Könige, der sich in Italien für die Renaissance begeisterte (Arkaden-Innenhof). In der Maison de la Magie Robert-Houdin am Schlossplatz kann man in die Welt der Illusion und Magie eintauchen.

Pferdefreunde lassen sich das seit 1806 bestehende **Nationalgestüt** nicht entgehen (Haras National, 62 Avenue Maunoury; So. geschl.).

Weiteres Sehenswertes

> ! *Baedeker* TIPP
>
> **Loire von oben**
> Noch schöner ist die sanfte Landschaft des Loire-Tals aus der Vogelperspektive, aus dem Heißluftballon, aus einem Sportflugzeug oder dem Helikopter. Allerdings ist der Spaß nicht ganz billig, je nach »Fahrzeug« und Dauer muss man 50 – 250 € rechnen. Informationen bekommt man bei den Tourismusbüros des Loire-Tals.

∗ Bordeaux

F 8

Région: Aquitaine
Département: Gironde

Höhe: 5 m ü. d. M.
Einwohner: 235 000

Bordeaux, das Zentrum des berühmtesten Weinbaugebiets der Welt, beeindruckt mit seiner klassizistischen Grandeur des 18. Jahrhunderts. Als bedeutende Hafen- und Universitätsstadt besitzt es auch eine besondere Atmosphäre.

Am linken Ufer der etwa 500 m breiten Garonne gelegen – die sich 20 km stromabwärts mit der Dordogne zur Gironde vereint –, ist Bordeaux der sechstwichtigste Hafen Frankreichs und Zentrum des Bordelais, dessen Weine in der ganzen Welt begehrt sind. Handel und Weinbau waren schon für das römische Burdigala die Haupteinnahmequellen. Nachdem Eleonore von Aquitanien 1152 Heinrich Plantagenêt geheiratet hatte, gehörte die Stadt drei Jahrhunderte, von 1154 bis 1451/1453, zu England; in dieser Zeit und nochmals im 18. Jh. erlangte es durch den Weinhandel mit Großbritannien große wirtschaftliche und kulturelle Bedeutung. Im 18. Jh. wurde Bordeaux tiefgreifend umgestaltet, wobei es sein heutiges Bild erhielt – das in jüngster Zeit kräftig aufgefrischt wurde. Im Deutsch-Französischen Krieg 1870/1871, im Ersten Weltkrieg sowie für zwei Wochen im Jahr 1940 war Bordeaux Hauptstadt Frankreichs. Im Rahmen des Jakobswegs (▶Baedeker Special S. 790) zählen die Kathedrale St-André sowie die Basiliken St-Seurin und St-Michel zum **UNESCO-Welterbe**. Neben dem Weinhandel spielen im Großraum mit seinen 735 000 Einwohnern Schiffsbau, chemische und Nahrungsmittelindustrie sowie die Erdölverarbeitung eine große Rolle.

Alte Stadt des Weinhandels

Pont de Pierre mit dem herrlichen Panorama

Sehenswertes in Bordeaux

Pont de Pierre ★ Das beste Entrée verschafft man sich von Osten über den 486 m langen Pont de Pierre (1821): Hier hat man die über 1 km lange, vom zweithöchsten Kirchturm Frankreichs akzentuierte Häuserfront vor sich, ein großartiges Beispiel städtischer Architektur des 18. Jh.s. Am Eingang zur Innenstadt die imperiale Porte de Bourgogne (1755).

Quartier St-Pierre Nördlich der Porte de Bourgogne haben sich Teile eines alten Viertels erhalten. In der spätgotischen **Porte Cailhau** (1494) erfährt man etwas über die Geschichte der Stadt, außerdem hat man einen guten Ausblick. Bei St-Pierre (14./15. Jh.) findet Do.vormittag ein Gemüsemarkt statt. Die schöne **Place du Parlement** war einmal der königliche Marktplatz. Zur Garonne öffnet sich die Place de la Bourse, die 1728–1755 nach Plänen von Vater und Sohn Gabriel angelegt wurde, mit der Börse (Palais de la Bourse, 1749) und dem Hôtel des Fermes du Roi (Museum des französischen Zollwesens; Mo. geschl.).

Place de la Bourse ▶ ★

Place de la Comédie Wo früher das römische Forum war, steht das **Grand Théâtre** (1780), ein äußerlich wenig attraktiver Bau; innen gipfelt der Prunk im großen Saal mit riesigem Kristalllüster (Besichtigung). Gegenüber wartet der spektakuläre Laden L'Intendant des Handelshauses Duclot mit einem gigantischen Angebot von Bordeauxweinen auf. Gegenüber dem Tourismusbüro residiert in der **Maison du Vin de Bordeaux** der Conseil Interprofessionel du Vin de Bordeaux (CIVB); er hält Informationen bereit und veranstaltet Weinseminare (auch auf Deutsch) sowie Exkursionen ins Bordelais (www.bordeaux.com).

L'Intendant ▶ ★

Elegantestes Viertel der Stadt mit schicken Boutiquen, Delikatessenläden und Bistros ist das **Goldene Dreieck** um die Place des Grands Hommes, gebildet von Cours de l'Intendance, Cours Clemenceau und Allées de Tourny. Auch die Rue Ste-Catherine und die Rue Porte Dijeaux sind bevorzugte Einkaufsstraßen; auf ihre Kreuzung mündet die prächtige Galerie Bordelaise (19. Jh.). Am Cours de l'Intendance (Nr. 57) wohnte der spanische Maler Goya von 1824 bis zu seinem Tod 1828 (zugänglich). Die Kirche Notre-Dame entstand 1684–1707 nach dem Vorbild von Il Gesú in Rom. Auf der **Place des Grands Hommes** der gläserne »Fresstempel« des Marché des Grands Hommes (▶ Foto S. 256). Schließlich zur wunderbaren **Place Gambetta** im Louis-Quinze-Stil. Die Porte Dijeaux entstand 1748.

Triangle d'Or

Südlich der Place Gambetta zeigt im Hôtel de Lalande (1779) das Kunstgewerbemuseum Möbel, Schmuck, Keramik, Gebrauchs- und Luxusgegenstände des 16.–18. Jh.s (Di. geschl.).

Musée des Arts Décoratifs

Weiter südlich das große Ensemble der Place Pey-Berland/Place Rohan mit Palais Rohan (Rathaus, einst Erzbischofspalast, 1781) und Kathedrale. Das Palais Rohan beherbergt das **Kunstmuseum** (geöffnet Mi.–Mo. 11.00–18.00 Uhr) mit bedeutenden Werken des 15.–20. Jh.s, u. a. Tizian, Perugino, Veronese, Van Dyck, Brueghel, Rubens, Delacroix (das berühmte »Griechenland auf den Trümmern von Missolunghi«), Renoir, Corot und Skulpturen von Rodin.

Hôtel de Ville

◀ *Musée des Beaux-Arts*

Die prächtige Kathedrale St-André erinnert nicht nur von den Ausmaßen (124 × 44 m) an Notre-Dame in Paris. Beim Neubau im 14./15. Jh. wurden nur Querschiff und Chor fertig. Das Langhaus von 1096 – in dem König Ludwig VII. und Eleonore von Aquitanien getraut wurden – konnte aus Geldmangel nicht ersetzt werden; im 13. und 15. Jh. erhielt es Strebebögen und Kreuzrippengewölbe. Die Westfassade ist schlicht, da sie zu nahe an der Stadtmauer lag; Schau-

Kathedrale St-André

Highlights *Bordeaux*

Musée des Beaux-Arts
Große Namen wie Tizian, Rubens, Renoir und Rodin vereint das Kunstmuseum.
▶ Seite 253

Große Weinkunde
Alles über den Wein erfährt man in der Maison du Vin de Bordeaux und im Weinladen L'Intendant.
▶ Seite 252

St-André
Die »Notre-Dame von Bordeaux« sah 1096 die Hochzeit Ludwigs VII. mit Eleonore von Aquitanien.
▶ Seite 253

Triangle d'Or
Schönstes französisches Savoir vivre erlebt man um den Marché des Grands Hommes.
▶ Seite 253

Médoc
Wo einige der größten Weine der Welt herkommen
▶ Seite 257

Tour Pey Berland

seite ist die Nordseite mit dem Hauptportal und der Porte Royale (13. Jh.), über Letzterer eine Bischofsgalerie. Vor dem Chor der Kathedrale steht die 47 m hohe Tour Pey Berland (1446), die eine Madonna von 1863 trägt und erklommen werden kann.

Musée d'Aquitaine

★ Das hervorragende archäologisch-volkskundliche Museum dokumentiert die Geschichte der Region von der Vorzeit bis ins 19. Jh. (20 Cours Pasteur, Mo. geschl.). Am Cours V. Hugo erhebt sich das mächtige Stadttor **Grosse Cloche** (»Dicke Glocke«, 15. Jh.).

Basilique St-Michel

Weiter östlich nahe dem Fluss signalisiert der 114 m hohe Turm (1492) – aus 47 m Höhe hat man einen ausgezeichneten Blick über die Stadt – die Basilika (14./15. Jh.; moderne Glasfenster von Max Ingrand). Am Wochenende findet auf dem Platz ein Flohmarkt statt.

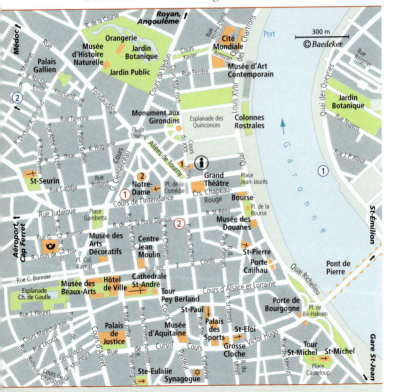

Bordeaux Orientierung

1 Maison du Vin de Bordeaux
2 Marché des Grands Hommes

Essen
① L'Estacade
② Auberg'Inn

Übernachten
① Continental
② Hotel de la Presse

Beliebter Treffpunkt ist die Place du Parlement im Stil des Louis-Quinze.

Esplanade des Quinconces

Am Nordrand der Altstadt öffnet sich der 1818–1828 angelegte größte Platz Europas (12,6 ha). Ein fast 50 m hohes **Denkmal** (1902) feiert die 1793 in Bordeaux hingerichteten **Girondisten**; seine Bronzefiguren wurden 1943 von den Deutschen eingeschmolzen und bis 1983 wieder rekonstruiert. Standbilder von Montaigne und Montesquieu, die in Bordeaux studierten, zieren den Platz. Nordwestlich der schöne Stadtpark mit Botanischem Garten und Naturwissenschaftlichem Museum. Westlich des Jardin Public sind die einzigen Reste des **antiken Burdigala** erhalten, der imposante Torbau eines Amphitheaters aus dem 3. Jh., das 15 000 Zuschauer fasste.

◄ Jardin Public

◄ Palais Gallien

Les Chartrons

Nördlich der Esplanade des Quinconces liegt das Viertel Les Chartrons, das nach einem seit dem 14. Jh. existierenden Kartäuserkloster benannt ist. Hier, außerhalb der Stadtmauern, siedelten sich im 17. Jh. v. a. protestantische Kaufleute aus Deutschland, Holland und England an, die bald den Kolonial- und Weinhandel beherrschten. Heute ist es ein ruhiges Wohnviertel mit schmucken Bürgerhäusern und Einkaufsstraßen (besonders Rue Notre-Dame mit Antiquitätenläden). Das **Entrepôt Lainé** (Rue Ferrère), ein Kolonialwaren-Lagerhaus von 1824, wurde zum architektonisch wie künstlerisch bedeutenden Museum für zeitgenössische Kunst umgestaltet (CAPC; Mo. geschl., gutes Restaurant). Weiter nördlich (41 Rue Borie) ein prächtiges Weinhandelshaus von 1720 mit Lagerräumen, das als Museum zugänglich ist (So./Mo. geschl.).

◄ Musée d'Art Contemporain

◄ Musée des Chartrons

Ca. 500 m nordwestlich der Place Gambetta ist die Kirche St-Seurin sehenswert (12.–15. Jh., Fassade 19. Jh.). Ihre Vorhalle stammt von einem Bau des 11. Jh.s (interessante Kapitelle), an der Südseite ein

St-Seurin

BORDEAUX ERLEBEN

AUSKUNFT
Office de Tourisme
12 Cours du 30 Juillet, 33080 Bordeaux
Tel. 05 56 00 66 00
www.bordeaux.fr
www.bordeaux-tourisme.com

Maison du Vin de Bordeaux
3 Cours du 30 Juillet, 33075 Bordeaux
Tel. 05 56 00 22 66
www.vins-bordeaux.fr

VERKEHR
Gare St-Jean 1,5 km südöstlich des Zentrums (Tram C und Bus Liane 16 zur Pl. Quinconces). Flughafen Merignac 10 km westlich, Bus Liane 1 zur Place Gambetta und Place Quincon-

ces. Busse und Tram der TBC, Infobüros: Gare St-Jean, Pl. Gambetta, Cours du 30 Juillet; Zeitkarte (»Tickarte«) für 1/7 Tage, inkl. Parc-Relais-Gebühr. Ausflugsschiffe legen vom Quai Richelieu (Pont de Pierre) ab.

FESTE & EVENTS
Ende Juni, gerade Jahre: 4-tägige Fête le Vin, eine gigantische »Weinstube« mit Konzerten, Umzug der Weinbruderschaften, Feuerwerk u. v. m. Ende Juni, ungerade Jahre: 4-tägige Fête le Fleuve (u. a. Großsegler). 2. Juni-Hälfte, ungerade Jahre: Vinexpo. Juli/Aug.: Estivales de Bordeaux mit allerlei Zerstreuungen. Okt.: Fête du Vin Nouveau. Aktuelle Termine in »Sectaculaire« und »Bordeaux Plus«.

MUSEEN
Die sieben städtischen Museen verlangen für ihre Dauerausstellungen keine Eintrittsgebühr.

ESSEN
► **Erschwinglich / Fein & teuer**
① *L'Estacade*
Quai des Queyries, Tel. 05 57 54 02 50
Speisen mit prachtvollem Ausblick: Elegant-informelles Restaurant, auf Pfählen in den Fluss gebaut. Fisch und regionale Küche, gute Weinkarte.

► **Preiswert / Erschwinglich**
② *Auberg'Inn*
245 Rue de Turenne
Tel. 05 56 81 97 86, Sa./So. geschl.
Ausgezeichnete, zeitgemäße französische Küche in frischem rustikalmodernem Ambiente, schöne begrünte Terrasse. Im Viertel Croix Blanche nordwestlich des Zentrums.

ÜBERNACHTEN
► **Komfortabel**
① *Continental*
10 Rue Montesquieu, Tel. 05 56 52 66 00, www.hotel-le-continental.com
Liebevoll restauriertes Palais des 18. Jh.s, gutes Preis-Leistungs-Verhältnis (aber besser woanders frühstücken).

► **Günstig**
② *Hotel de la Presse*
6 Rue Porte Dijeaux, Tel. 05 56 48 53 88, www.hoteldelapresse.com
In einer Fußgängerzone gelegenes kleines, gepflegtes Hotel. Zimmer 320 und 207 haben Blick auf das Théâtre; ruhiger sind die Zimmer zum Hof.

reiches Figurenportal (13./14. Jh.). Innen am Chor links ein steinerner Bischofssitz (14. Jh.), rechts beeindruckt die große spätgotische Altarwand mit zwölf Alabasterreliefs (Leben des St-Seurin) und einer Madonna (14. Jh.). In der Krypta (11. Jh.; frühchristliche Spolien) sind Reliquienschreine und Sarkophage des 6./7. Jh.s zu sehen.

Umgebung von Bordeaux

Das Bordelais gilt – wenngleich nicht unangefochten – als renommiertestes Weinbaugebiet der Welt, seine Spitzenprodukte erzielen astronomische Preise: eine Flasche 2000er-Mouton-Rothschild kostet gegenwärtig ca. 500 €, ein 2000er-Pétrus ca. 2000 €. 1855 wurde anlässlich der Pariser Weltausstellung das **Classement** für die Weine des Médoc aufgestellt, das in fünf Stufen 60 beste Lagen (Grands Crus) festlegt. Diese Klassifizierung blieb bis heute fast unverändert (1973 wurde Mouton-Rothschild zum Premier Cru geadelt), allerdings ist sie keineswegs unumstritten. Winzer, die nicht zu dieser »Crème« gehörten, haben 1932 das System des Cru Bourgeois geschaffen, in dem die höheren Stufen Cru Supérieur und Cru Exceptionnel heißen. Die anderen Hauptanbaugebiete des Bordelais haben ihre eigene Klassifizierung. Viele der »Château« genannten Weingüter gehen auf Adelsfamilien des 17. und 18. Jh.s zurück; mittlerweile haben branchenfremde Unternehmen und Finanziers viele Domänen erworben.

Weinbau im Bordelais

Die Weinberge beginnen im westlichen und südlichen Stadtbereich von Bordeaux, in der Tat sind große Teile der Graves heute überbaut. Eine Übersicht über die Hauptbereiche, ihre Weine und Hauptrebsorten, dazu einige wichtige Erzeuger (ausgehend von Bordeaux):
Südliches Gironde-Ufer: Haut-Médoc, Médoc (rot: Cabernet Sauvignon, Cabernet Franc, Merlot; z. B. Lafite, Latour, Margaux).
Südliches Garonne-Ufer: Pessac-Léognan, Graves (weiß: Sémillon, Sauvignon Blanc; rot: Cabernet Franc, Cabernet Sauvignon; z. B. Haut-Brion, Domaine de Chevalier, Fieuzal, Rahoul); Barsac, Sauternes (Süßwein aus Sémillon, Sauvignon Blanc und Muscadelle; z. B. Climens, Yquem, Rieussec, Raymond-Lafon).
Südöstlich (zwischen Garonne und Dordogne): Entre-Deux-Mers mit einer Reihe von Appellationen wie Côtes de Bordeaux, Cadillac, Loupiac (meist frische Weißweine guter Qualität).
Nördliches Dordogne-Ufer: Fronsac, Pomerol, St-Emilion (rot: Merlot, etwas Cabernet Sauvignon und Malbec; z. B. Pétrus, Trotanoy, Evangile, Latour-Pomerol; Ausone, Gaffelière, Angélus).
Nördliches Gironde-Ufer: Côtes de Bourg, Côtes de Blaye (rot: Merlot; weiß: Sauvignon, Colombard).

Appellationen und Châteaus

Eine Fahrt auf der D 2/D 204 nach Norden führt durch eine Reihe berühmter Weinorte. Die meisten **Weingüter** sind allerdings nicht zugänglich. Zu besuchen (nach Anmeldung) sind z. B. die Châteaus Mouton-Rothschild, Lafite-Rothschild, Beychevelle, Kirwan, Mar-

Médoc

Eines der berühmtesten und teuersten Weingüter der Welt: Château Lafite-Rothschild. Es geht ins 17. Jh. zurück und ist seit 1868 im Besitz der Rothschilds.

gaux und Palmer. Das Tourismusbüro und die Maison du Vin in Bordeaux sowie die Maison du Tourisme in Pauillac geben Informationen (Landkarten, Besuchszeiten etc.) und führen Exkursionen zu den Châteaus durch (auf Französisch und Englisch). Sonst sind hervorzuheben das Château Siran (schöne Ausstattung), Château Maucaillou (mit Weinmuseum), das Fort Médoc (1689 von Vauban errichtet) und der Ort Vertheuil (romanische Kirche, 11./15. Jh., mit schönem Portal).

Côte d'Argent (Nordteil)

Die Atlantikküste bildet zwischen der Pointe de Grave an der Garonne-Mündung im Norden und Biarritz im Süden eine ca. 250 km lange, fast schnurgerade Flachküste, die Côte d'Argent, mit breiten, weißen Sandstränden, die von Kiefernwäldern und Strandseen begleitet werden – eine einzigartige Landschaft, die bei den Franzosen als Urlaubsziel sehr beliebt ist. Sehr frequentiert sind die Badeorte wie Soulac-sur-Mer, Montalivet und Lacanau. Viele Campingplätze und eine unendliche Zahl von Ferienhäusern bilden die sonstige touristische Infrastruktur. Hier wird der Nordteil der Côte d'Argent von der Pointe de Grave bis zum Cap Ferret gegenüber von Arcachon beschrieben; für den Südteil ►Gascogne und ►Côte Basque.

Pointe de Grave

Die Nordspitze des Médoc wird von der Pointe de Grave gebildet, wo auch der moderne Hafen **Verdon-sur-Mer** (Fähre nach Royan, ► S. 695) mit einer Festung liegt. Im Leuchtturm – von hier schöner Ausblick – informiert ein kleines Museum über die Phare de Cordouan, den 66 m hohen Renaissance-Leuchtturm 9 km westlich vor der Pointe, der Ende des 16. Jh.s errichtet und 1788 umgestaltet wurde. Bootsausflüge dorthin organisiert das Tourismusbüro in Verdon.

Phare de Cordouan ►

Soulac ► Der angenehme Badeort Soulac (2800 Einw.) besitzt eine schöne Kirche in poitevinischer Romanik, Notre-Dame-de-la-Fin-de-Terres

(10. Jh.), die Mitte des 18. Jh.s ganz unter Sand verschwunden war, und ein archäologisches Museum (hier lag das antike Noviomagus). Le Gurp und Montalivet sind FKK-Badeorte. Lacanau-Océan, ebenfalls höchst frequentiert, ist ein Surfparadies (Austragungsort von Weltmeisterschaften). Die Küste läuft in der gut 20 km langen, flachen Halbinsel Cap Ferret aus, mit ihren endlosen Sandstränden an Atlantik und **Bassin d'Arcachon** (▶Côte d'Argent, S. 423) eine riesige Ferienkolonie. An der Pointe de Cap Ferret wacht ein 53 m hoher Leuchtturm (herrliche Aussicht).

Lacanau-Océan

◀ Cap Ferret

Dieses sehr reizvolle, wegen seines Rotweins weltberühmte Städtchen (2100 Einw., UNESCO-Welterbe) liegt ca. 40 km östlich von Bordeaux an einem Hang über dem Tal der Dordogne und ist noch von Mauern aus dem 13.–15. Jh. umgeben. Besonders hübsch ist die Place du Marché mit Cafés und der **Eglise Monolithe**, einer Felsenkirche aus dem 8.–12. Jh. (Portal 14. Jh.; Führungen). Über der Kirche ragt der romanisch-gotische Turm auf (12./15. Jh.; zugänglich). Nordwestlich des Marktplatzes die hochgelegene Kollegiatkirche (12.–15. Jh.) mit schönem Nordportal (»Jüngstes Gericht«), Wandmalereien (12. Jh.) und Chorgestühl; der Kreuzgang ist durch das Tourismusbüro zugänglich. Von seiner Südseite herrlicher Blick über die Stadt. Unterhalb der Porte de la Cadène (15. Jh.) liegen die Ruinen des Franziskanerklosters (14. Jh.), in dessen Kellern Crémant de Bordeaux hergestellt wird (Verkostung). Im Südwesten steht das **Château du Roi**, eine im 13. Jh. von Heinrich III. Plantagenêt begründete Burg mit 32 m hohem Donjon, von dem die Jurade de St-Emilion den Beginn der Weinlese verkündet. Weinläden gibt es natürlich zahlreich; einen guten Überblick über Weinbau und -güter gibt die Maison du Vin bei der Kollegiatkirche (tägl. geöffnet).

★ **Saint-Emilion**

Schön sitzt man auf der Place du Marché unter der 1848 gepflanzten Akazie.

Blasimon	Von St-Emilion aus (25 km südlich) sollte man sich die Ruinen des Benediktinerklosters Blasimon (12./13. Jh.) ansehen, das beeindruckenden Skulpturenschmuck besitzt, v. a. am Portal.
Château La Brède	15 km südlich von Bordeaux liegt in schöner Umgebung das Wasserschloss La Brède (12.–15. Jh.), in dem im Jahr 1689 Charles de Segondat, Baron Montesquieu, geboren wurde. Hier schrieb er u. a. seinen »Esprit des Lois« (»Vom Geist der Gesetze«).
Cadillac	Für edlen Süßwein bekannt ist Cadillac (ca. 30 km südöstlich von Bordeaux) am rechten Garonne-Ufer, eine 1280 gegründete Bastide. Im Château des Ducs d'Epernon (16./17. Jh., mit riesigen Kaminen) haben die Maison du Vin und eine Weinbruderschaft ihren Sitz. Vom 15 km südlich liegenden Langon aus sind zwei Sehenswürdigkeiten zu erreichen. Das weltberühmte **Château d'Yquem** bei Sauternes produziert den wohl besten Süßwein der Welt (der Park ist Mo.–Sa. zugänglich). Für die klimatischen Bedingungen zur Entstehung der Edelfäule, die herbstlichen Morgennebel, sorgt das Flüsschen Ciron. 7 km südlich von Langon liegt die mächtige Burg Roquetaillade, errichtet bis 1306 für den Kardinal de la Mothe.
Château Roquetaillade ▶	

★★ Bourges

K 5

Région: Centre
Département: Cher

Höhe: 130 m ü. d. M.
Einwohnerzahl: 71 200

Die alte Herzogsstadt Bourges ist Zentrum der Landschaft Berry, der »Kornkammer« im Herzen Frankreichs. Sie besitzt eine hübsche Altstadt und mit ihrer Kathedrale eines der bedeutendsten Bauwerke der französischen Hochgotik.

Die Mitte Frankreichs	Der große Bogen, den der Mittellauf der Loire macht, schließt die fruchtbare Landschaft Berry ein. Ihr Zentrum ist Bourges, Hauptstadt des Départements Cher mit Universität und bedeutender Industrie: Luftfahrt und Rüstung (Aérospatiale), Maschinen- und Fahrzeugbau, Reifen (Michelin). Ab 1360 war Bourges Residenz der Herzöge von Berry, denen die Stadt ihre Blüte sowie die im Jahre 1463 gegründete Universität verdankte, an der ab 1530 Jean Caulvin, bekannt als der Reformator Johannes Calvin, studierte. Herzog Jean (1340–1416), Bruder König Karls V., machte sich als Mäzen einen Namen; unter vielem anderen gab er das berühmte Stundenbuch der Brüder Limburg in Auftrag (»Les Très Riches Heures«, ▶S. 80, 231). König Karl VII. verlagerte nach 1422 seinen Hof hierher, da große Teile der Kronlande von England und Burgund besetzt waren (»König von Bourges«); mit Hilfe von Jeanne d'Arc und Jacques Cœur (▶ S. 263) gelang es ihm, sich offiziell zum König krönen zu lassen.

Kathedrale St-Étienne, eine der großartigsten gotischen Kirchen Frankreichs

Sehenswertes in Bourges

Auf einem Hügel liegt die Altstadt mit ihrem Wahrzeichen, der Kathedrale St-Étienne, die zum UNESCO-Welterbe gehört. 1198–1215 entstand der Chor, bis 1266 wurden Langhaus und Hauptfassade errichtet, die Weihe war 1324. Die grandiose, von mächtigen Türmen flankierte Westfassade öffnet sich in fünf tiefen, figurenreichen Portalen. Im Tympanon des mittleren Portals eine wunderbare Darstellung des Jüngsten Gerichts (um 1250). Der 65 m hohe Nordturm wurde nach dem Einsturz 1506 wie die beiden linken Portale im Flamboyant-Stil neu errichtet; von oben herrliche Aussicht. Über dem Südportal beachte man eine Maiestas Domini, umgeben von den Evangelistensymbolen, und am Mittelpfeiler den segnenden Christus (13. Jh.). Der 124 m lange und 41 m breite, querhauslose Raum ist in ein 37 m hohes Hauptschiff und je zwei niedrigere Seitenschiffe gegliedert, die sich im doppelten Chorumgang fortsetzen. Großartig sind die **Glasmalereien** von 1215–1225 im Kapellenkranz des Chors (Fernglas!); die anderen Fenster stammen aus dem 12.–17. Jahrhundert. Vor der mittleren Chorkapelle die Figuren des Herzogs Jean de Berry und seiner Frau, angefertigt um 1425 von Jean de Cambrai; bemerkenswert sind auch die Madonna aus Marmor (Ende 14. Jh.), die astronomische Uhr (1424) und die Orgel (17. Jh.).

In der oberirdischen gotischen Krypta von 1200 sind u. a. Teile des Lettners und das **Marmorgrabmal des Herzogs Jean de Berry** (Jean de Cambrai, 1422–1438) sehenswert. Im Fußboden eingeritzt ist die Bauzeichnung für die Rose der Hauptfassade, die hier entstand.

Südlich der Kathedrale steht der Bischofspalast von 1680, später Rathaus und heute u. a. Museum für Handwerkskunst. Anschließend

★★ **Kathedrale St-Étienne**

◀ Inneres

◀ Krypta

Bischofspalast

BOURGES ERLEBEN

AUSKUNFT
Office de Tourisme
21 Rue Victor Hugo, 18000 Bourges
Tel. 02 48 23 02 60, Fax 02 48 23 02 69
www.ville-bourges.fr
www.bourgestourisme.com

FESTE & EVENTS
Ab Mitte April: Printemps de Bourges (6-tägiges Stadtfest mit hochkarätigem Pop und Jazz; frühzeitige Hotelreservierung notwendig). 1. Sept.-Wochenende: Fête des Marais.

ESSEN
▶ **Erschwinglich**
① *Le Jacques-Cœur*
3 Place Jacques-Cœur, Tel. 02 48 26 53 01; So., Sa.-/Mo.mittag geschl.
Schlicht-elegantes Ambiente und traditionelle französische Küche.

▶ **Preiswert**
② *D'Antan Sancerrois*
50 Rue Bourbonnoux
Tel. 02 48 65 96 26
Sehr gepflegtes Lokal in modern gestaltetem mittelalterlichem Ambiente. Geboten werden »cuisine du terroir« und Weine von der oberen Loire (Sancerre, Menetou, Pouilly).

ÜBERNACHTEN
▶ **Komfortabel / Luxus**
① *Hotel de Bourbon*
Blvd. de la République (am Carrefour de Verdun), Tel. 02 48 70 70 00
www.hoteldebourbon.fr
Ein Kloster aus dem 17. Jh. wurde mit modernem Komfort umgestaltet. Feines Restaurant Abbaye St-Ambroix (Tel. 02 48 70 80 00) in der ehemaligen Kirche, mit traditioneller Küche.

---

der hübsche, wohl von Le Nôtre (17. Jh.) angelegte Park (Jardins de l'Archevêché); besonders eindrucksvoller Blick auf die Kathedrale. Am Sonntagnachmittag trifft man sich hier zum Tanz.

Maison de la Culture An der Place du 8 Mai 1945 signalisiert eine Plastik von Alexander Calder die Maison de la Culture (Ausstellungen, Konzerte, Theater); sein Café ist ein beliebter Treff.

Hôtel Lallemant Das schöne Kaufmannshaus von Ende des 15. Jh.s beherbergt das Musée des Arts Décoratifs (Möbel, Gobelins und Gemälde v. a. aus dem 17. Jh.; Mo. geschl.). Prachtvoll sind die bemalten Kassettendecken. An den Kaminen die Embleme von Ludwig XII. und Anne de Bretagne, Stachelschwein bzw. Hermelin. Das Hôtel Cujas, ein

Hôtel Cujas schöner Renaissancebau von 1515, beherbergt das **Musée du Berry** (Di. geschl.) mit Funden aus vorgeschichtlicher und römischer Zeit, volkskundlichen Exponaten und Marmorstatuetten (»Pleurants«) vom Grabmal des Herzogs Jean de Berry.

** Palais Jacques-Cœur Das Palais Jacques-Cœur entstand 1443–1453 auf den Resten der gallorömischen Stadtmauer. Der um einen Arkadenhof gruppierte Kontor- und Wohnkomplex ist eines der großartigsten Beispiele eines großbürgerlichen gotischen Stadtschlosses (tägl. geöffnet). **Jacques Cœur**, 1395 als Sohn eines Pelzhändlers geboren, stieg zum mächtigen Unternehmer in Bergwerken, Schiffsbau und Handel sowie 1440 zum Finanzminister König Karls VII. auf. Wegen einer Intrige floh er nach Rom, wurde Befehlshaber einer Flottenexpedition gegen die Türken und starb 1456 auf der griechischen Insel Chios. Sei Wappen – Herz und Jakobsmuschel (»cœur«, »coquille Saint-Jacques«) – und die Devise »A vaillan cœur rien impossible« (»Dem tapferen Herz ist nichts unmöglich«) kehren als Ornament am ganzen Bau wieder. In der herrlichen Hauskapelle sind farbenprächtige Deckenfresken von 1488 zu sehen (Engelschor vor Sternenhimmel).

Das Hôtel des Echevins (Di. geschl.), bis 1489 für den Bürgermeister und seine Beigeordneten errichtet, glänzt mit schönem Hof, Treppenturm im Flamboyant-Stil und Renaissance-Galerie. Hier sind Gemälde und Graphik des 20. Jh.s ausgestellt, insbesondere interessante Werke des Malers M. Estève (1904–2001). Ein hübscher Spaziergang führt in den Marais, die kanalisierten Sümpfe des Yèvre östlich der Stadt mit ihren Schrebergärten.

Weitere Sehenswürdigkeiten

◂ Marais

Umgebung von Bourges

In der Umgebung des 43 km südlich von Bourges gelegenen Städtchens St-Amand-Montrond (13 000 Einw.) werden die bekannten

Saint-Amand-Montrond

Bourges *Orientierung*

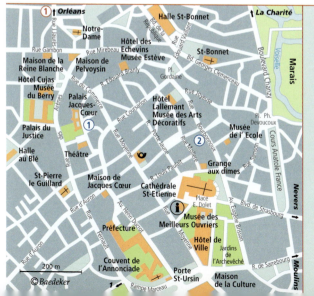

Noirlac ▶

weißen **Charolais-Rinder** gezüchtet. Beachtenswert ist die romanische Kirche St-Amand (12. Jh.). 3 km nordwestlich steht am Cher das 1150 gegründete Zisterzienserkloster Noirlac, ein hervorragendes Beispiel für die schlichte, aber perfekte Architektur dieses Ordens. In der Kirche werden Konzerte veranstaltet.

Château de Meillant

7 km nördlich von St-Amand-Montrond ist das Château de Meillant einen Besuch wert, das den Loire-Schlössern vergleichbar und wertvoll ausgestattet ist. Mitten im idyllischen Bruère-Allichamps(6 km westlich von Meillant) steht ein römischer Meilenstein, der die **Mitte Frankreichs** markiert. (Diese Ehre beanspruchen allerdings auch Saulzais-le-Potier und Vesdun 20 bzw. 30 km weiter südlich.)

Nohant

Etwa 50 km südwestlich von St-Amand liegt La Châtre, und 6 km nördlich davon das Dorf Nohant mit dem Schlösschen von 1760, in dem die Schriftstellerin **Georges Sand** (Aurore Dupin, 1804–1876) aufwuchs, lange lebte und auch starb. Das Schloss ist als Museum eingerichtet, im Park der Familienfriedhof mit ihrem Grab.

Brest

C 4

Région: Bretagne
Département: Finistère

Höhe: 35 m ü. d. M.
Einwohner: 156 000

Brest, im äußersten Nordwesten Frankreichs gelegen, hat eine große Geschichte als Hafenstadt, wurde nach dem Zweiten Weltkrieg aber nicht sehr attraktiv wieder aufgebaut. Die herrliche Lage und die marine Atmosphäre machen aber einen Besuch lohnend.

Traditionsreiche Hafenstadt

Die zweitgrößte Stadt der Bretagne besitzt den (nach Toulon) zweitgrößten französischen Kriegshafen und einen Handelshafen mit großen Werften. Die **Rade de Brest**, die durch einen 1,8 km breiten Kanal (Goulet) vom Atlantik getrennt ist, bildet einen ausgezeichneten Naturhafen, was die strategische Bedeutung von Brest und seine bewegte Vergangenheit erklärt.
Schon die Römer nutzten im 3. Jh. »Beg Rest« (bretonisch, »Rand des Walds«) als Stützpunkt. 1342 nahmen die Engländer die Burg ein, und 1532 ging sie in den Besitz der französischen Krone über. 1631 begann unter Richelieu der Ausbau zum Kriegshafen. Unter Colbert entstand das berüchtigte, bis ins 19. Jh. existierende **Bagno**, ein Gefängnis mit bis zu 3000 Häftlingen. Ab 1683 gab der Festungsbaumeister Vauban der Stadt ein neues Erscheinungsbild. Im Zweiten Weltkrieg wurde Brest von der deutschen Wehrmacht besetzt und im Sommer 1944 durch alliierte Bomben bis auf die Festung in Schutt und Asche gelegt. Der Wiederaufbau bis 1961 verpasste der Stadt eine wenig einladende regelmäßige Anlage mit viel Beton.

Seit Jahrhunderten strategisch bedeutend: Zitadelle und Marinehafen von Brest

Sehenswertes in Brest

Hauptachse der Stadt ist die Rue de Siam, die von der Place de la Liberté (Rathaus) zur Recouvrance-Brücke führt. Ein Muss ist der Besuch des Musée des Beaux-Arts (Place Sadi Carnot) mit Gemälden niederländischer, italienischer und französischer Künstler des 17. bis 20. Jh.s, darunter Werke der **Schule von Pont-Aven** und Impressionisten (geöffnet Di.–Sa. 10.00–12.00, 14.00–18.00, So. 14.00 bis 18.00 Uhr). Den besten Blick auf den Handelshafen (Port de Commerce), zur Halbinsel Plougastel und zur Pointe des Espagnols hat man vom **Cours Dajot** (Orientierungstafel vor der Präfektur).

Rue de Siam

★

◀ Musée des Beaux-Arts

Die beeindruckende Festung an der Mündung des Penfeld entstand im 15./16. Jh. auf den Grundmauern des römischen Castrums. Das Marinemuseum im Donjon beschäftigt sich mit der Geschichte des Arsenals, der französischen Kriegsflotte und des Hafens (geöffnet April–Sept. 10.00–18.30, sonst 13.30–18.30 Uhr; Jan. geschl.). Von der Tour Madeleine schöner Blick über die Brester Bucht.

★
Château

Die 1954 erbaute, 22 m hohe und 87 m lange Recouvrance-Brücke über den Penfeld ist mit 530 t Gewicht die **größte Hebebrücke Europas**. Guter Blick auf die Festung, die Penfeld-Mündung und den Marinehafen. Zur Stadtbefestigung gehörte der **Turm Motte-Tanguy** (14. Jh., Stadtmuseum). Westlich der Penfeld-Mündung erstreckt sich der

Pont de Recouvrance

BREST ERLEBEN

AUSKUNFT

Office de Tourisme
Pl. de la Liberté, 29200 Brest
Tel. 02 98 44 24 96, Fax 02 98 44 53 73
www.mairie-brest.fr

SCHIFFSVERKEHR

Ausflugsboote und Fähren nach Molène und Ouessant sowie zur Crozon-Halbinsel (Le Fret, Camaret) legen am Port de Commerce und z. T. am Jachthafen (Océanopolis) ab.

FESTE & EVENTS

Mitte Juli – Ende Aug.: Do. abends »Jeudis du Port« (Musik, Straßentheater etc.). Alle 4 Jahre (wieder 2012) treffen sich auf der Rade de Brest um die 2000 alte Segelschiffe.

ESSEN

▶ Preiswert

① *La Pensée Sauvage*
13 Rue Aboville, Tel. 02 98 46 36 65
Eine Institution in Brest: herzhafte ländliche Küche Frankreichs in schlichter, freundlicher Atmosphäre. Bestes Preis-Leistungs-Verhältnis; Reservieren ist angezeigt.

ÜBERNACHTEN

▶ Günstig / Komfortabel

① *Hotel de la Corniche*
1 Rue Amiral Nicol, Tel. 02 98 45 12 42, www.hotel-la-corniche.com
Hübsches kleines Haus im alten bretonischen Stil, westlich des Penfeld nahe dem Marinehafen und den Spazierwegen an der Küste gelegen.

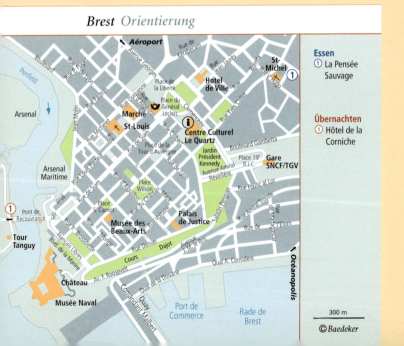

Brest Orientierung

Marinehafen über 4 km bis zur alten deutschen U-Boot-Basis. Besichtigung nur für EU-Bürger (Personalausweis nötig) 15. – 30. Juni und 1. – 15. Sept. 14.30/15.00, Juli/Aug. 13.45 – 15.30 Uhr.

◄ Marinehafen

Eine der größten Attraktionen der Bretagne ist das am Port de Plaisance Moulin-Blanc (3 km östlich) gelegene Océanopolis, ein Forschungszentrum mit einem der größten Aquarien Europas. Hier wird die wissenschaftliche, technische und industrielle Beschäftigung mit dem Meer anschaulich gemacht. Faszinierend: Von einer simulierten Kommandobrücke aus kann man Modellschiffe navigieren. Geöffnet Mai/Juni 9.00 – 18.00, Juli/Aug. 9.00 – 19.00 Uhr, sonst 10.00 – 17.00/18.00 Uhr, außerhalb der Schulferien Mo. geschl.).

★★ **Océanopolis**

Bretagne

C – E 4/5

Dramatische Felsküsten und feinsandige Strände, alte Fischerstädtchen, ein einsames Hinterland mit Weiden und Hecken, Zeugnisse der rätselhaften Megalith-Kultur und lebendige keltische Traditionen machen den Reiz der Bretagne aus – für viele die schönste Halbinsel und eines der beliebtesten Urlaubsziele Frankreichs.

Die Bretagne, die im Nordwesten des Landes weit in den Atlantik vorspringt, besitzt zwei Gesichter. »Ar Mor«, »Land am Meer«, nannten die Gallier den Küstenstreifen. Fast überall beherrscht felsige Steilküste das Bild, unterbrochen von Sandbuchten, pittoresken Fischerstädtchen und Badeorten, die auch wegen des milden Klimas und der jodhaltigen Luft beliebt sind. »Argoat«, »Land der Wälder«, heißt dagegen das Binnenland, das einmal aus einsamen Heideflächen, Mooren und Wäldern bestand und heute in »Land der Wiesen und Hecken« umgetauft werden müsste. Durchzogen wird die Halbinsel vom Armorikanischen Gebirge, das in den Monts d'Arrée 384 m (Roc Trévézel), auf der Crozon-Halbinsel 330 m (Ménez-Hom) und in den Montagnes Noires 326 m (Roc de Toullaëron) erreicht. Hauptstadt ist ▶Rennes, die historische Hauptstadt ▶Nantes wurde 1981 der Région Pays de la Loire angegliedert. Nach der Côte d'Azur ist die Bretagne die beliebteste Urlaubsregion Frankreichs. Die meisten zieht es an die Küste, darüber hinaus kommen Wanderfreunde, Hausbooturlauber und Thalasso-Kurgäste auf ihre Kosten.

Faszinierende Küste und interessantes Hinterland

Nicht vergessen ist der reiche **Sagenschatz** der Region, mit Parzival und dem Heiligen Gral, dem Zauberer Merlin und der Fee Viviane, der im Meer versunkenen Stadt Is, dem Drama von Tristan und Isolde, das Richard Wagner zu seiner Oper inspirierte. Die Verbindung dieser Mythenwelt mit dem Christentum ergab eine innige **Heiligenverehrung**: Mit 7777 Heiligen und Schutzpatronen ist der bretonische Festkalender sehr lang. Zu den Höhepunkten gehören die »par-

Bretonische Kultur

Bretonische Trachten und Musik auf dem Festival de Cornouaille in Quimper

dons« zu Ehren der Lokalheiligen, die zwischen Mai und September stattfinden (Termine bei den Tourismusbüros). Schauplatz der Heiligenfeste sind meist die **Enclos paroissiaux** (Pfarr- oder Kirchhöfe), die aus einer Kirche oder Kapelle, Beinhaus (Ossuaire), Friedhof, Triumphtor, Kalvarienberg (Calvaire) und einer Umfassungsmauer bestehen. Den Mittelpunkt bildet der Kalvarienberg; sein Thema ist das Leben und die Passion Christi, daneben finden sich Szenen aus dem Marienleben und der Ortsgeschichte. Die bekanntesten Enclos sind in Tronoën, Pleyben, Guimiliau und St-Thégonnec zu finden. Ein weiterer Beleg für die Lebendigkeit der regionalen Kultur ist die Pflege der bretonischen Sprache, derzeit sprechen rund 250 000 Einwohner das Brezhoneg als erste oder zweite Sprache. Das ganze Jahr über finden unzählige Musik-, Tanz- und Folklorefeste statt.

Geschichte Die eindrucksvollen Überbleibsel der **Megalithkultur**, einer bis heute weitgehend mysteriösen Zivilisation, stammen aus der Jungsteinzeit (ca. 5000–1800 v. Chr.; ▶Baedeker Special S. 284). Um 500 v. Chr. ließen sich die Kelten in der Bretagne nieder. Mit dem Sieg Caesars im Golf von Morbihan 56 v. Chr. begann die Romanisierung. Um 450 n. Chr. trafen auf der Flucht vor heidnischen Angelsachsen christliche **Kelten** aus Irland und Britannien ein, die ihr neues Land Bretagne (Kleinbritannien) nannten. Die Einwanderung, die bis ins 7. Jh. anhielt, sorgte für die Christianisierung des Landes und die Wiederbelebung der keltischen Sprache, die mit dem Gälischen verwandt ist. 799 fiel die Bretagne an das Frankenreich Karls des Großen, blieb jedoch relativ selbstständig, teils als Herzogtum (ab 826) oder Königtum (ab 851), teils unter normannischer oder englischer Lehnshoheit. 1491 musste Anne de Bretagne, Tochter und Erbin des letzten bretonischen Herzogs, den französischen König Karl VIII.

heiraten, 1532 fiel das Herzogtum endgültig an die Krone. Im 16. und 17. Jh. erlebte die Bretagne ihren größten Wohlstand, vor allem der Tuchhandel und die Handelsschifffahrt profitierten vom Anschluss. Damals entstanden die **Enclos paroissiaux** (Pfarrhöfe) als Ausdruck der großen Volksfrömmigkeit. 1675 wurde die sog. Stempelpapier-Revolte, eine Erhebung der Armen gegen die Ständegesellschaft, brutal niedergeschlagen. Die Französische Revolution rief in der Bretagne zunächst Begeisterung hervor, doch dachten die republikanischen Machthaber nicht daran, der Provinz die politische Selbstbestimmung zu gewähren. Stattdessen wurden die Halbinsel in fünf Départements aufgeteilt und die bretonische Sprache verboten. Ab 1793 wehrten sich die königstreuen **Chouans** verzweifelt gegen die Zentralregierung in Paris; 1804 wurde ihr Führer, Georges Cadoudal, erschossen. Im 19. Jh. lag die Bretagne politisch und wirtschaftlich im Abseits; die einsetzende Industrialisierung ließ die Region aus, viele Arbeitskräfte wanderten ab. Erst in den frühen 1960er-Jahren unternahm die Regierung Schritte, die Bretagne aus der Isolation zu führen. Seither wurde die Industrialisierung vorangetrieben (neben Schiffsbau, Elektro- und Autoindustrie spielt die Nahrungsmittelverarbeitung eine bedeutende Rolle), die Infrastruktur modernisiert (u. a. Anschluss an das TGV-Netz) und die Landwirtschaft modernisiert. Heute ist die Halbinsel mit über 50 % der Fangmenge das **Zentrum der französischen Fischerei** und eine bedeutende Agrarregion (Rinder- und Schweinezucht, Milch und Käse, Gemüse). Aus der Bretagne kommen ca. 30 % der Austern- und 25 % der nationalen Miesmuschelproduktion. Die ertragreichste Branche ist jedoch der Fremdenverkehr.

Highlights *Bretagne*

Côte du Granit Rose
Sandstrände zwischen mächtigen, gerundeten Felsen aus rosa Granit
▶ Seite 272

Dinard
Die Atmosphäre eines alten, »britischen« Badeortes genießen
▶ Seite 271

Festival de Cornouaille
Das älteste und bedeutendste Fest bretonischer Kultur findet in Quimper statt.
▶ Seite 279

Carnac
Die mächtigen Steinsetzungen der Bretagne geben immer noch Rätsel auf.
▶ Seite 281

Concarneau
Wehrhafte Altstadt auf einer Insel und schöne Strände an der Südküste
▶ Seite 280

Kalvarienberge
Steingewordene Szenen aus dem Leben und der Passion Christi
▶ Seite 275, 278

Côte des Abers
Grandiose Felsküste und tief ins Land reichende Flussmündungen
▶ Seite 277

Le Folgoët
Ein Höhepunkt bretonischer Steinmetzkunst ist der Lettner aus rotem Granit.
▶ Selte 277

BRETAGNE ERLEBEN

AUSKUNFT
CRT Bretagne
1 Rue R. Ponchon, 35069 Rennes
Tel. 02 99 28 44 30, Fax 02 99 28 44 40
www.tourismebretagne.com
www.bretagne-reisen.de

ESSEN

▶ Fein & teuer
Relais Gourmand Roellinger
Cancale, 1 Rue Duguesclin
Tel. 02 99 89 64 76, www.maisons-de-bricourt.com, Mi./Do. geschl.
Eines der besten Restaurants der Bretagne in prachtvollem Haus. Nächtigen kann man im Schloss Richeux, im Gästehaus Les Rimains (beide am Wasser) und in Gîtes Marins (sehr schöne Ferienwohnungen).

▶ Erschwinglich
La Côte
Carnac-Kermario
Tel. 02 97 52 02 80, Mo. geschl.
Fein-rustikales kleines Haus bei den Menhiren von Kermario, mit Veranda. Fantasievolle Küche. Reservieren.

▶ Preiswert / Erschwinglich
Auberge des Terres Neuvas
Dinan, 25 Rue du Quai
Tel. 02 96 39 86 45, Mi. u. So.abend geschl. (außer Juli/Aug.). An der Rance genießt man Fisch und Meeresfrüchte in gemütlich-noblem Rahmen. Mit hübscher Terrasse.

Chez Philippe
Camaret-sur-Mer, 22 Quai Toudouze
Tel. 02 98 27 90 41. Ausgezeichnetes Fischrestaurant am Hafen.

ÜBERNACHTEN

▶ Luxus
Villa Reine Hortense
Dinard, 19 Rue Malouine
Tel. 02 99 46 54 31, www.villa-reine-hortense.com. Elegante Villa der Belle Époque, herrlich am Strand gelegen.

Château de Bordenéo
Belle-Ile, Le Palais
Tel. 02 97 31 80 77
www.chateau-bordeneo.fr
Herrenhaus von 1876 mit freundlich-lichter Atmosphäre, in schönem Park am nordwestlichen Ortsrand. Mit Pool, ohne Restaurant.

▶ Komfortabel / Luxus
Hostellerie de la Pointe St-Mathieu
Plougonvelin, Tel. 02 98 89 00 19
www.pointe-saint-mathieu.com
An einem einzigartigen Platz (▶S. 277) steht dieses sehr schön modernisierte Haus aus dem 14. Jh. mit feinem Restaurant, Bar und Pool.

▶ Komfortabel
Le d'Avaugour
Dinan, 1 Place du Champ,
Tel. 02 96 39 07 49, www.avaugourhotel.com. Beste Adresse der Stadt, über der Stadtmauer gelegen, mit schönem Blumengarten. Schicke Zimmer, Frühstück auf der Terrasse.

St-Christophe
La Baule, Place Notre-Dame
www.st-christophe.com, Tel. 02 40 62 40 00 (Juli/Aug. nur HP/VP). Zauberhafte privat-familiäre Atmosphäre strahlen die drei Villen von Anfang des 19. Jh.s aus. 100 m zum Strand.

▶ Günstig / Komfortabel
Armoric
Bénodet, 3 Rue Penfoul
Tel. 02 98 57 04 03, www.armoricbenodet.com. Zwischen den Stränden und dem Jachthafen gelegen. Mit Restaurant und Pool.

Reiseziele in der Bretagne

Die Beschreibung der Reiseziele folgt einer Rundreise um die Halbinsel vom ▶Mont St-Michel aus entgegen dem Uhrzeigersinn.

In dem lebhaften Ort (4800 Einw.) an der N 176 ist die **Kathedrale** St-Samson einen Blick wert, ein riesiger wehrhafter Granitbau in normannischer Gotik (13./14. Jh.); die schönsten Teile seiner Ausstattung sind die Glasfenster (13. Jh.) und das Chorgestühl (14. Jh.) sowie das Grabmal des Bischofs Th. James, geschaffen von den Florentinern Antoine und Jean Juste (16. Jh.). Lohnende Ausflüge zum 65 m hohen Hügel Mont-Dol (2 km nördlich) und zum 9,5 m hohen Menhir de Champ-Dolent (2 km südlich).

Dol-de-Bretagne

Das hübsche, 5300 Einwohner zählende Fischerstädtchen und Seebad Cancale liegt 15 km östlich von ▶St-Malo an der Bucht des Mont St-Michel. Seit dem 17. Jh. ist es Zentrum der Austernzucht. Besuchenswert sind die am südlichen Stadtrand gelegenen St-Kerber-Austernparks mit einem Austernmuseum (Route de Corniche).

Cancale

▶dort

St-Malo

Die fast 2 km breite Rance-Mündung auf dem Damm des **Gezeitenkraftwerks** (Usine Marémotrice, ▶Baedeker Special S. 750) überquerend erreicht man Dinard (10 600 Einw.), eines der elegantesten Seebäder der Bretagne. Der Golfstrom lässt hier Mimosen und Kamelien blühen. Im Norden erstreckt sich die Grande Plage, ein schöner Badestrand mit Casino und Luxushotels; nahe dem Südende der »Mondscheinpromenade« liegt die Villa Eugenie (1868) mit dem Musée du Site Balnéaire (z. Z. geschl.). Sehr reizvoll ist eine Schiffsfahrt auf der fjordartigen Rance hinauf nach Dinan.

★ **Dinard**

Die noch von Mauern umgebene Stadt Dinan (12 800 Einw.). liegt auf einer Höhe über dem linken Ufer der Rance. Die Altstadt mit Häusern aus dem 15./16. Jh., v. a. in der Rue du Jerzual, und das Schloss der Herzogin Anne de Bretagne mit dem wehrhaften Turm (14. Jh.) und dem Historischen Museum geben ein reizvolles Kolorit. Die Basilika St-Sauveur (12./16. Jh.) ist einen Besuch wert; unweit westlich die Tour d'Horloge (15. Jh.), von der aus man das schöne Panorama genießen kann.

★ **Dinan**

An der »Smaragdküste« zwischen der Pointe du Grouin nördlich von Cancale und St-Brieuc liegen zahlreiche hübsche Badeorte. Zu den Höhepunkten gehören ca. 40 km westlich von Dinard die mittelalterliche Festung Fort La Latte und das 5 km entfernte, auf einem Küstenweg erreichbare Cap Fréhel, dessen Felsen 72 m über dem Meer aufragen (Leuchtturm, herrlicher Ausblick). Von St-Malo und Dinard aus kann man auch mit dem Schiff zum Kap fahren.

★ **Côte d'Emeraude**

★ ★
◀ Cap Fréhel

Saint-Brieuc Die etwa 4 km hinter der Küste über den tief eingeschnittenen, von Viadukten überspannten Tälern von Gouët und Gouëdic gelegene Stadt geht auf eine Klostergründung des hl. Brieuc im 6. Jh. zurück. An der Place du Général de Gaulle steht die gotische Kathedrale St-Etienne, erbaut 1170–1248 und später mehrfach als Wehrkirche verstärkt. Die Baie de St-Brieuc ist für ihre **Jakobsmuscheln** berühmt. Haupthäfen sind St-Brieuc, St-Quay-Portrieux und Erquy.

★
Quintin Im 17. und 19. Jh. brachte es das 18 km südwestlich von St-Brieuc gelegene Städtchen Quintin mit seiner Tuchindustrie zu Wohlstand. Daran erinnern schöne alte Fachwerkhäuser und Stadtpalais, besonders bunt geht es hier dienstags zu, wenn Markt gehalten wird.

Guingamp Guingamp (7700 Einw.) knapp 30 km westlich von St-Brieuc liegt zwischen dem bretonischen Westen und dem gallischen Osten der Bretagne. Die sehr sehenswerte dreitürmige Basilika Notre-Dame-de-Bon-Secours (13./1535) ist ein bedeutendes Wallfahrtsziel. Beim **Pardon** am 1. Juli-Samstag wird die Schwarze Madonna in einer nächtlichen Prozession durch die Stadt getragen. In der 1. Augusthälfte geht es beim **Festival de la Danse Bretonne** fröhlich zu.

★
Côte du Goëlo Von St-Brieuc verläuft die etwa 50 km lange, höchst abwechslungsreiche Côte du Goëlo zur Ile de Bréhat im Nordwesten: bis 70 m hohe Felsklippen, geschützte Sandbuchten, schöne Flussmündungen. Bis 1935 lebten die Küstenbewohner v. a. von der Fischerei vor Neufundland und Island, heute spielen Muschelzucht und in einigen Badeorten wie Binic oder St-Quay-Portrieux der Fremdenverkehr eine wichtige Rolle. Ein lohnender Abstecher führt zur Chapelle de Ker-
Kermaria ▶ maria-an-Isquit (4 km westlich von Plouha) mit beeindruckendem Totentanz-Fresko (15. Jh.). 8 km westlich von Kermaria steht in dem
Lanleff ▶ kleinen Weiler Lanleff eine kreisförmige Ruine (**Temple de Lanleff**, 11. Jh.), vermutlich ein Nachbau der Grabeskirche in Jerusalem.

Paimpol Um eine tief eingeschnittene Bucht gruppiert sich die kleine Hafenstadt Paimpol, die von schönen Reederhäusern und mediterraner Vegetation geprägt ist. Ihre hohe Zeit erlebte sie 1852–1935 als Hafen für die Islandfischerei. Bei den sechs Monate dauernden Fahrten verloren über 2000 Paimpolais ihr Leben, »Perdu en mer« steht auf vielen Gedenktafeln. Die Altstadt und zwei Museen lassen noch die Atmosphäre vergangener Zeiten spüren.

★
Ile de Bréhat Über Ploubazlanec erreicht man die Spitze der Pointe de l'Arcouest. Von hier setzen Boote in 15 Min. zur Ile de Bréhat über, die wegen ihrer subtropischen Pracht auch »Blumeninsel« genannt wird.

★★
Côte du Granit Rose Von der Pointe de l'Arcouest erstreckt sich westlich bis St-Michel-en-Grève die »Granitküste«. Mit ihren Felsen aus rötlichem Granit, dem mildem Klima, weiten Sandstränden und zahlreichen Badeorten

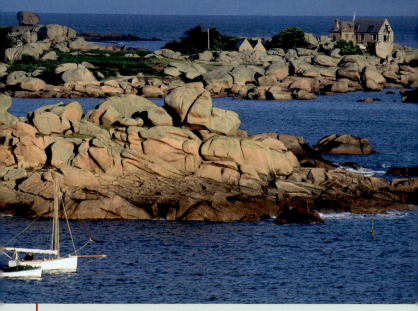

Schöne Farbkontraste an der Côte du Granit Rosé

gehört sie zu den schönsten Küstenlandschaften der Bretagne. Die Steinkolosse, auf man auch im Hinterland trifft, entstanden vor rund 300 Mio. Jahren, als flüssige Magma aus dem Erdinnern emporstieg. Besonders eindrucksvoll sind die Pointe du Château nördlich von Tréguier und die Küste westlich von Perros-Guirec.

Tréguier

Das einstige Bischofsstädtchen liegt 15 km westlich von Paimpol auf einem Hügel am Zusammenfluss von Jaudy und Guidy. 1253 kam in der Nähe der **heilige Yves** zur Welt, einer der großen Schutzpatrone der Bretagne; am dritten Maisonntag findet zu seinen Ehren einer der bedeutendsten Pardons statt. Die im 14./15. Jh. aus Caen-Stein erbaute dreitürmige Kathedrale gehört zu den schönsten der Bretagne. Zu beachten sind hier die geschnitzte Gruppe »Hl. Yves zwischen einem Armen und einem Reichen«, das Mausoleum des Herzogs Jean V. und der Kreuzgang aus dem 15. Jahrhundert.

Plougrescant

In Plougrescant 7 km nördlich von Tréguier signalisiert ein schiefer Glockenturm die Chapelle St-Gonéry, deren Holzgewölbe mit farbenfrohen, fantasievollen Malereien (Ende 15. Jh.) geschmückt ist. 3 km nördlich liegt die Pointe du Château, wo die Brandung eine tiefe Spalte in das Felsengewirr gegraben hat.

◂ Pointe du Château

Perros-Guirec

Das auf einer Halbinsel gelegene Städtchen ist mit dem banachbarten Ploumanac'h einer der beliebtesten Ferienorte der Nordbretagne mit schönen Sandstränden, gezeitenunabhängigem Jachthafen und Casi-

Ploumanac'h

no. Ausflüge zu den vorgelagerten Sept-Iles. Der ca. 6 km lange Zöllnerpfad, »ein Weg zwischen Meer und Wolken«, verbindet Perros mit Ploumanac'h. In und um diesen kleinen Hafenort liegen die wohl bizarrsten Steinkolosse. Das auf einer Insel stehende **Schloss Costaéres** (1892) sah illustre Gäste; so soll hier Henryk Sienkiewicz seinen berühmten Roman »Quo vadis« geschrieben haben.

★
Corniche Bretonne

In Perros-Guirec beginnt die Corniche Bretonne, die an der Côte de Granit Rose entlang nach Trébeurden führt und prächtige Ausblicke bietet. **Trégastel**, ein weiterer beliebter Badeort, ist für seine Felsformationen, ein Dutzend Sandstrände, einen großen Thermalkomplex und sein Aquarium bekannt. Schon von weitem erkennt man Pleumeur-Bodou an der weißen Kuppel des Raumfahrt-Telekommunikationszentrums (interessantes Museum »Cité des télécoms«). Einen Abstecher (von Penvern D 21 südöstlich) wert ist der 8,1 m hohe **Menhir de St-Uzec**, der zwischen 4500 und 2000 v. Chr. hier aufgestellt wurde. Trébeurden ist ein gut besuchter Badeort (Meeresfrüchte isst man hier am besten im Bistro Le Goéland); einen schönen Ausblick hat man von der Landzunge Castel und der Pointe de Bihit.

Pleumeur-Bodou ▶

Trébeurden ▶

Lannion

Das alte, typisch bretonische Städtchen (18 300 Einw.) – mit dem IT-**Technologiepark Anticipia** – besitzt eine hübsche Partie am Léguer und ebensolche mittelalterliche Fachwerkhäuser, besonders an der Place du Gén. Leclerc. 142 Stufen führen hinauf zur Eglise de Brélévenez, erbaut um 1200 von den Tempelrittern; schöner Ausblick.

★
Corniche d'Armorique

Die Küste zwischen St-Michel-en-Grève und Roscoff wird wegen ihrer bedeutenden Landwirtschaft (v. a. **Artischocken**) »Ceinture Dorée« (Goldener Gürtel) genannt. Besonders reizvoll ist die 13 km lange Corniche d'Armorique zwischen den Badeorten St-Michel-en-Grève und Locquirec, in dessen Kirche Malereien aus dem 18. Jh. und ein schönes geschnitztes Retabel aus dem 16. Jh. zu sehen sind.

St-Jean-du-Doigt

★

Enclos Paroissial ▶

Der kleine Ort bei Plougasnou verdankt seinen Namen einer Fingerreliquie von Johannes dem Täufer, die seit dem 15. Jh. in der im Flamboyant-Stil erbauten Kirche verehrt wird. Den Pfarrhof mit schönem Renaissance-Brunnen, Kapelle (1577) und zwei Beinhäusern ist am letzten Juni-Sonntag Stätte eines großen Pardons. Über den Badeort Primel-Trégastel erreicht man die 48 m hoch aufragende Pointe de Primel, ein rötlich schimmerndes Felsenmeer.

★★
Cairn de Barnenez

Der etwa 7000 Jahre alte Grabhügel auf der Landzunge von Kernéléhen an der Bucht von Morlaix gehört zu den größten und ältesten seiner Art in Europa (rund 70 m lang, 25 m breit).

Morlaix

Morlaix liegt in einem engen Tal an den Flüsschen Jarlot und Queffleuth, die sich zum Dossen vereinigen und 5 km nördlich in den Ärmelkanal fließen. Ein 285 m langer Eisenbahnviadukt (1861) bestimmt das Ortsbild. Die Besonderheit der Altstadt mit schönen Fachwerkhäusern sind die **Laternenhäuser** aus dem 15.–17. Jh.; ansehen kann man die Maison de la Reine Anne (33 Rue du Mur). Die schöne Bucht von Morlaix ist für eine reiche Vogelfauna bekannt. Vor dem Badeort Carantec liegt die Festung **Château du Taureau** (1552), die als Gefängnis diente.

Der **Circuit des Enclos Paroissiaux** (»Rundtour der Pfarrhöfe«) führt von Morlaix westlich bis Landerneau und zurück über die Montagnes d'Arrée. Erste Etappe ist das 15 km südwestlich gelegene **St-Thégonnec** mit dem wohl berühmtesten Kirchhof, gestiftet von wohlhabenden Tuchhändlern und Pferdezüchtern. Durch ein prachtvolles Triumphtor (1587) betritt man den 1610 errichteten Kalvarienberg mit ausdrucksvollen Figuren. Das Beinhaus von 1682 ist eines der schönsten der Bretagne; in der Krypta eine lebensgroße geschnitzte Grablegung (1702) sowie ein schöner Kirchenschatz. Die Kirche Notre-Dame wurde mehrmals umgestaltet und überrascht mit verspielter barocker Ausstattung.

★★ **Saint-Thégonnec, Guimiliau**

Guimiliau 8 km südwestlich besitzt den zweitgrößten Kalvarienberg der Bretagne (1581–1588). Seine über 200 Figuren aus Granit stellen in 25 Szenen die Passion Christi dar. Die Kirche St-Miliau aus dem 16. Jh. ist reich Schnitzarbeiten von hoher Qualität. Zu beachten sind auch das kleine Beinhaus (Renaissance, 1648) sowie die Sakristei von 1683 mit ihrem rundem Grundriss.

Typisch für die Frauentracht des Bigoudenlands sind hohe Hauben aus gestärkter Spitze.

Das Städtchen Lampaul-Guimiliau 3,5 km weiter westlich wartet ebenfalls mit einem Pfarrhof auf. Die Hauptsehenswürdigkeit ist hier jedoch die überreich ausgestattete Pfarrkirche. Ein farbenprächtiger Triumphbalken (16. Jh.) überspannt ihr Mittelschiff, zwei der sechs Altäre (17. Jh.) gehören zu den kunstvollsten der Bretagne.

★ **Lampaul-Guimiliau**

Einer der ältesten Kalvarienberge (1521) steht in Pencran 2 km südöstlich von Landerneau. La Martyre, etwa 6 km östlich von Pencran, war vom 14. bis 18. Jh. ein bedeutender Messeort, woran der ein-

★ **Pencran La Martyre**

Sturmumtoste Klippen und parzellierte Weiden für Kühe und Schafe: Ile d'Ouessant

drucksvolleKirchhof erinnert. Am Beinhaus befindet sich eine seltsame Stützfigur (1619); beachtenswert ist die mit schönen Skulpturen geschmückte Vorhalle der Kirche St-Salomon (1455).

Monts d'Arrée

Forêt de Huelgoat ▶

Von hier geht es über Sizun nach Commana am Fuß der Monts d'Arrée, Teil des **Parc Naturel Régional d'Armorique**. Höchste Punkte sind der Roc'h Trévézel mit 384 m und die Montagne St-Michel mit 382 m. Im 600 ha großen Wald bei Huelgoat am Ostrand der Montagnes d'Arrée führen beschilderte Wanderwege durch ein Meer riesiger, bizarr geformter Granitkolosse.

Saint-Pol-de-Léon

Zurück an die Küste. St-Pol-de-Léon ist Marktort der fruchtbaren Landschaft Léon, hier werden zwei Drittel der französischen Artischocken geerntet. Schon von weitem erkennt man den 77 m hohen Glockenturm der **Chapelle du Kreisker**, der sogar die Türme der ehemaligen Kathedrale von 1431 überragt. Er entstand im 15. Jh. nach dem Vorbild von St-Pierre in Caen (▶Normandie).

Roscoff

Von hier sind es 5 km bis zur Spitze der Halbinsel Léon und zum Seebad Roscoff. Fähren verbinden es mit Irland und England. Der hübsche Ort wird überragt vom Renaissance-Turm der Kirche Notre-Dame-de-Kroaz-Baz. Besuchenswert ist das Zentrum für Ozeanografie mit seinem Aquarium. 2 km vom Festland entfernt liegt die fruchtbare **Ile de Batz**, auch »Gemüseinsel« genannt.

Château de Kerjean

Ein kleiner Abstecher führt von Plouescat südlich zum stattlichen, 1553–1590 erbauten Renaissance-Schloss Château de Kerjean (Juli/Aug. tägl. geöffnet, April–Juni und Sept. Di. geschl., sonst nur Mi. und So. nachmittag geöffnet, Jan. geschl.).

★ Le Folgoët

Le Folgoët ist am ersten Septembersonntag Ziel eines großen Pardons. Der Legende nach lebte hier im 14. Jh. ein frommer Sonderling; nach seinem Tod wuchs aus seinem Grab eine weiße Lilie. An dieser Stelle ließ Jean V. 1422 die Kirche erbauen. Ihr Lettner im Flamboyant-Stil aus rotem Granit ist einer der Höhepunkte bretonischer Steinmetzkunst des 15. Jahrhunderts.

★ Côtes des Abers

Sehr eindrucksvoll ist die Fahrt entlang der bretonischen Nordwestküste, der sog. Abers-Küste (Côtes des Légendes), einer grandiosen Felsküste mit kleinen Stränden (»grèves«) und vielen Leuchttürmen. Die **Abers** sind weit ins Land eindringende Täler; im Vergleich zu den großen Mündungstrichtern an der Nordküste sind sie jedoch weniger tief und ihre Ufer weniger steil. Zu den eindrucksvollsten gehören der Aber Wrac'h und der Aber Benoît östlich bzw. westlich von Lannilis. Weißer Sand und türkisblaues Wasser machen die **Presqu'île Ste-Marguerite**, die Halbinsel zwischen Aber Wrac'h und Aber-Benoît, zum Badeparadies. Von Portsall führen aussichtsreiche Sträßchen über Porspoder und Brélès nach Süden. **Westlichster Punkt des französischen Festlands** ist die 50 m hohe Steilküste der Pointe de Corsen. Von dem kleinen Badeort **Le Conquet** setzen Fähren zu den Inseln Molène und Ouessant über.

◄ Pointe de Corsen

★ Ile d'Ouessant

Von Brest bringt das Schiff in 2 Std., von Le Conquet in 1 Std. zur 8 km langen und 4 km breiten Ile d'Ouessant. Die Gewässer zwischen Atlantik und Ärmelkanal sind reich an gefährlichen Riffen, weshalb die Seeleute das Wort prägten: »Wer Ouessant sieht, sieht sein Blut.« Die gut 1000 Bewohner leben von Schafzucht und vom Tourismus. Die Insel gehört zum Naturpark der Armorica und beeindruckt mit seiner Tier- und Pflanzenwelt.

★ Pointe de St-Mathieu

Auf der 30 m hohen Landzunge 4 km südlich von Le Conquet soll bereits im 6. Jh. ein Kloster gegründet worden sein. Die mächtigen Ruinen stammen von Bauten aus dem 13.–16. Jh. Der 54 m hohe Leuchtturm St-Mathieu bietet einen herrlichen Blick von der Ile d'Ouessant im Nordwesten über die Hafeneinfahrt von Brest bis zur Halbinsel Crozon. Und man kann hier schön nächtigen (►S. 270).

Brest

►dort

Presqu'île de Plougastel

Die fruchtbare, für ihre **Erdbeeren** bekannte Plougastel-Halbinsel ragt weit in die Bucht von Brest hinein. Im Hauptort Daoulas steht der größte Kalvarienberg der Bretagne (1604, 1944 zerstört und später rekonstruiert) mit 180 Figuren.

★ Presqu'île de Crozon

Mit der Fähre Brest – Camaret / Le Fret oder über die 272 m lange Hängebrücke von Térénez gelangt man auf die Crozon-Halbinsel, deren Form an ein Kreuz erinnert. Im Westen bestimmen Landzungen mit grandiosen Klippen und romantischen Sandbuchten das

> ▶ Bretagne

Eindrucksvoller Pfarrhof in Pleyben

Bild, im Osten der fjordartige Mündungstrichter der Aulne und der alles überragende 330 m hohe Berg **Menez-Hom**. Das wellige Hinterland macht mit seinen Getreidefeldern und Wäldern einen wenig »bretonischen« Eindruck. Zu den Sehenswürdigkeiten gehören – neben Naturschönheiten wie Pointe de Penhir und Pointe des Espagnols – bei Landévennec die Reste einer Abtei aus dem 5. Jh. und der Schiffsfriedhof der Kriegsmarine, der Hauptort Crozon mit dem herrlichen Schnitzaltar in der Kirche St-Pierre sowie der malerische Fischerhafen Camaret. Ein Abstecher führt über Châteaulin nach **Pleyben**, das für die »Galettes« (Butterkekse) und seinen Kirchhof berühmt ist; der **Kalvarienberg** entstand zwischen 1555 und 1650. Am ersten August-Sonntag ist er Ziel eines großen Pardons.

★ **Locronan**
Über das Kunsthandwerkerstädtchen Locronan mit seinen blumengeschmückten Granithäusern aus dem 16.–18. Jh. und der spätgotischen Kirche St-Ronan erreicht man **Douarnenez**. Der lebhafte Hafenort mit einem großartigen Schiffbaumuseum (Port-Musée, im Port Rhu) ist das Tor zum Cap Sizun, das in der großartigen, 70 m hohen Landspitze Pointe du Raz ausläuft (Foto S. 15). Das berühmte kleine Hotel de l'Iroise, Wahrzeichen der Pointe, wurde 1997 abgerissen, angeblich weil keine Baugenehmigung vorlag. Der Blick geht hier über die Klippen der Raz de Sein zur Ile de Sein (Fähre von Audierne). In geraden Jahren versammeln sich Ende Juli vor Douarnenez Hunderte herrlicher **alter Segelschiffe** (www.tempsfete-dz.com).

★★ **Pointe du Raz ▶**

Cornouaille-Küste
Von der Pointe du Raz folgt man der Cornouaille-Küste mit feinsandigen Stränden, die von Felsriffen und Steilküsten unterbrochen werden. Sehenswert sind hier St-Tugen (3 km westlich von Audierne), die »Cathédrale des Dunes« genannte Kapelle von Notre-Dame-de-Tronoën, deren Kalvarienberg (um 1460) zu den ältesten der Bretagne zählt, der Fischerhafen St-Guénolé mit wilden Felsen am Ufer und der **Leuchtturm von Eckmühl** an der Landspitze von Penmarc'h.

★ **Quimper**
Die Hauptstadt des Départements Finistère (64 000 Einw.) liegt am Odet, der bei Bénodet in den Atlantik mündet. Trotz einiger Industrie hat sich die ehemalige Herzogsstadt ihren Charakter bewahrt, sie

> Bretagne **ZIELE** 279

▶ QUIMPER ERLEBEN

AUSKUNFT
Office de Tourisme
Pl. de la Résistance, 29000 Quimper
Tel. 02 98 53 04 05
www.mairie-quimper.fr
www.tourisme-quimper.com

FESTE & EVENTS
Ende April: Jazzfestival. 3. Juliwoche: Festival de Cornouaille mit Teilnehmern aus allen keltischen Gebieten Europas (Foto S. 268).

ESSEN

▶ Erschwinglich / Fein
① *L'Ambroisie*
49 Rue Elie-Fréron
Tel. 02 98 95 00 02
So.abend, im Winter auch Mo. geschl.
Gute bretonische Küche ohne Firlefanz, serviert in modernem Rahmen.

▶ Preiswert
② *Crêperie St-Marc*
2 bis Rue St-Marc
Tel. 02 98 55 53 28
Die winzige, charmante Crêperie behauptet von sich, die älteste in Quimper zu sein. Hier könnte man gut die ganze Speisekarte durchprobieren.

ÜBERNACHTEN

▶ Komfortabel
① *Hôtel Gradlon*
30 Rue de Brest
Tel. 02 98 95 04 39
www.hotel-gradlon.fr
Elegantes, mit klassischem Schick gestaltetes Hotel mit hübschem Garten, in dem sommers das Frühstück serviert wird. Kein Restaurant.

▶ Günstig / Komfortabel
② *Le Logis du Stang*
Allée de Stang-Youen (2 km südöstlich), Tel. 02 98 52 00 55
www.logis-du-stang.com
Hübsches Bürgerhaus aus dem 19. Jh. mit zauberhaftem Garten. Drei geschmackvoll eingerichtete Gästezimmer, bretonisches Frühstück.

Quimper *Orientierung*

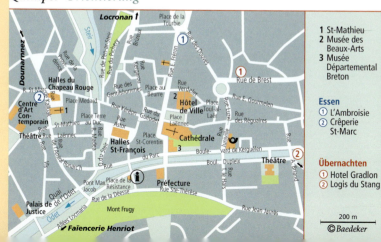

1 St-Mathieu
2 Musée des Beaux-Arts
3 Musée Départemental Breton

Essen
① L'Ambroisie
② Crêperie St-Marc

Übernachten
① Hotel Gradlon
② Logis du Stang

© Baedeker

gilt als eine der »bretonischsten« Städte. Den Mittelpunkt bildet die gotische Kathedrale St-Corentin (1239 – 15. Jh.). Zwischen den 76 m hohen Türmen (1856 vollendet) ragt die Reiterstatue des Königs Gradlon auf, des legendären Stadtgründers; auffällig der »abgeknickte« Chor der Kathedrale, die über wunderbare Glasmalereien verfügt (15. Jh.). Benachbart der Bischofspalast (15. Jh.) mit dem Musée Départemental Breton (Archäologie, Volkskunde, Keramik von Quimper. Nördlich der Kathedrale das Musée des Beaux-Arts mit ausgezeichneten Gemälden, u. a. aus der **Schule von Pont-Aven** (Juli/Aug. tägl. geöffnet, sonst Di. geschl.). Das Zentrum mit hübschen Fachwerkhäusern erstreckt sich westlich der Kathedrale zwischen den Flüsschen Odet und Steïr. Im Ortsteil Locmaria gibt es zwei Fayencewerkstätten (Besichtigung) und ein besuchenswertes Keramikmuseum. In Ergué-Gabéric 7 km östlich besitzt die Chapelle de Kerdévot ein herrliches geschnitztes und vergoldetes flämisches Polyptychon aus dem 15. Jahrhundert.

Chapelle de Kerdévot ▶

Concarneau

★ ★
Ville Close ▶

Über Bénodet und das für seinen Cidre bekannte Fouesnant erreicht man Concarneau (20 000 Einw.), nach Boulogne und Lorient drittgrößter Fischereihafen Frankreichs. Die Altstadt auf einer Insel im Mündungstrichter des Moros ist ganz von einem türmebewehrten Mauerring aus dem 14.–17. Jh. umgeben. Im Musée de la Pêche im ehemaligen Arsenal erfährt man alles über die Geschichte Concarneaus und des Fischfangs.

Pont-Aven

Die alte Handelsstadt liegt malerisch in einem engen, bewaldeten Tal am Aven, der 8 km südlich in den Atlantik mündet. Berühmtheit brachte ihr **Paul Gauguin** (1848 – 1903), der zwischen 1886 und 1894 hierher kam, weitere Maler folgten. Inspiriert von der Landschaft und ihren Menschen entstand die v. a. durch Gauguin bekannte Malerschule von Pont-Aven (Museum, Mitte Febr. – Dez. tägl. geöffnet).

Altstadt und Fischerhafen von Concarneau

Die Grande Plage ist die große Attraktion von Quiberon.

In der Altstadt von Quimperlé steht eine der schönsten romanischen Kirchen der Bretagne, die im 11. Jh. nach dem Vorbild der Jerusalemer Grabeskirche erbaute **Ste-Croix**. Von hier lohnt ein Ausflug zum 20 km nördlich gelegenen Le Faouët (riesige Markthalle, 15./16. Jh.). In der Umgebung des Orts gibt es überraschend schöne Kapellen, so **St-Fiacre** mit ungewöhnlichem Turm und einem wunderbaren, farbig gefassten Holzlettner (um 1480), in Kernascléden (10 km südöstlich) die Kirche Notre-Dame in bretonischem Flamboyant mit herrlichen, um 1469/1470 entstandenen Fresken.

★★
Quimperlé

◄ Le Faouët

Die Stadt (58 000 Einw.) am Mündungstrichter der Flüsse Scorff und Blavet wurde wie Brest und St-Nazaire im Zweiten Weltkrieg massiv bombardiert, da die deutsche Wehrmacht hier einen wichtigen U-Boot-Stützpunkt hatte; in den 1950er-/1960er-Jahren wurde sie wieder aufgebaut. Marine-, Handels-, Fischerei- und Jachthafen sowie Werften prägen das Stadtbild. Am Ausgang der Bucht liegen das Seebad Larmor-Plage und der alte Hafen Port-Louis; in seiner mächtigen Zitadelle war eine Zeitlang die **Französische Ostindien-Kompanie** ansässig (Museum, Febr.–Mitte Dez. geöffnet, winters Di. geschl.).

Lorient

Carnac an der Bucht von Quiberon ist ein beliebter Ferienort mit langen Sandstränden und ein **Mekka der Megalithkultur**. Nahe der Kirche St-Cornély (17. Jh.) ist das Musée de Préhistoire Miln-Le-Rouzic zu finden, eines der bedeutendsten seiner Art (geöffnet Juli/Aug. tägl., sonst Di. geschl.). Nordöstlich von Carnac, in Le Ménec, Kermario (nicht zugänglich) und Kerlescan, ragen in Reihen ca. 3000 Menhire auf, Zeugnisse einer weitgehend unbekannten Zivilisation (►Baedeker Special S. 284). Steinsetzungen sind auch in der weiteren Umgebung, u. a. in Crucuno, bei Erdeven (Feld von Kerzerho) und auf der Halbinsel von Locmariaquer zu sehen.

★★
Carnac

★

◄ Musée de Préhistoire

★

◄ Locmariaquer

Presqu'Ile de Quiberon

Die schmale Halbinsel Quiberon war einst eine Insel, die durch angeschwemmten Sand mit dem Festland verbunden wurde. An der windgeschützten Ostküste findet man ideale Sandstrände, felsiger und wilder ist die dem Atlantik zugewandte und fast unbewohnte Westküste, die Côte Sauvage. Der Hauptort **Quiberon** (Foto S. 281) an der Südspitze der Halbinsel ist ein beliebter Kur- und Ferienort sowie ein bedeutender Fischerhafen. Hier legen Fährschiffe zu den vorgelagerten Inseln Houat und Hoëdic sowie zur Belle-Ile ab.

★ Belle-Ile-en-Mer

Die »Schöne im Ozean«, die größte bretonische Insel (20 km lang, 9 km breit), hat sich wegen ihrer abwechslungsreichen Landschaft mit fruchtbaren Feldern, bewaldeten Tälern, wunderbaren Stränden und Felsküsten zum »Sylt Frankreichs« entwickelt. An die britischen und holländischen Angriffe erinnert die im 17. Jh. von Vauban ausgebaute Zitadelle über der Inselhauptstadt Le Palais (Museum).

★ Golfe du Morbihan

Das »kleine Meer« – das bedeutet der Name »Morbihan« – ist ein stark gegliedertes und nur durch einen Kanal mit dem Atlantik verbundenes Binnengewässer mit vielen Inseln und Inselchen. Nicht nur die Landschaft lockt die Besucher; viele Menhire, Dolmen und Tumuli sind hier zu entdecken, u. a. auf der Ile de Gavrinis ein beeindruckender Grabhügel (Bootsfahrt von Larmor-Baden).

★ Ile de Gavrinis ▶

Vannes (53 000 Einw.) ist wie Auray Ausgangspunkt für Schiffsausflüge im Golf von Morbihan. Hier wurde 1532 der Anschluss der Bretagne an Frankreich besiegelt. Im alten Zentrum mit teilweise erhaltener Stadtmauer steht die Kathedrale St-Pierre (13.–19. Jh.). Das Historische Museum im Château Gaillard (15. Jh.) enthält nach dem in Carnac die interessanteste Sammlung zur Vorgeschichte der Bretagne. Das Musée des Beaux-Arts La Cohue – einst Markthalle und Gericht (13. Jh.) – zeigt sakrale Kunst und Kunst des 19./20. Jh.s. Einen schönen Blick auf die Altstadt und die Waschhäuser an der Marle hat man von den Jardins de la Garenne.

Das Städtchen La Roche-Bernard ist das Tor zur **Grande Brière**, der nach Camargue und Marais Poitevin drittgrößten Sumpflandschaft

Plätze mit Atmosphäre in Vannes

▶ Bretagne ZIELE 283

Frankreichs. Von der Ile de Fédrun mit dem sehenswerten typischen Dorf kann man sie auf Bootsfahrten kennen lernen. Guérande ist wegen des ummauerten mittelalterlichen Zentrums einen Besuch wert. Ihren Reichtum verdankte »Gwen ran«, die »weiße Stadt«, dem Handel mit dem Salz aus den umliegenden Salzgärten (Marais salants). Bedeutender ist der Fremdenverkehr, liegen hier doch einige beliebte Fischer- und Badeorte wie Piriac, Le Croisic (sehenswertes Meeresaquarium) oder Batz-sur-Mer sowie La Baule. 1879 gegründet, zählte es mit Biarritz zu den bedeutendsten Badeorten der Atlantikküste; der 9 km lange Sandstrand wird allerdings von einer baumlosen »Autobahn« und eintönigen Beton-Appartementhäusern gesäumt.

★ Guérande-Halbinsel

◀ La Baule

An der Mündung der Loire in den Atlantik liegt die Hafen- und Industriestadt St-Nazaire (68 000 Einw.). Im Zweiten Weltkrieg wurde sie als deutscher U-Boot-Stützpunkt fast völlig zerstört. Von der Plattform zwischen dem Bassin St-Nazaire und dem Fluss hat man einen guten Blick über Hafen und U-Boot-Basis, heute das wunderbare Schifffahrtsmuseum **Escal'Atlantic**, in dem die Atmosphäre der Luxusliner zu erleben ist (April – Sept. tägl. geöffnet, sonst Mo./Di. geschl.). In den Chantiers de St-Nazaire (Führungen) wurde das größte Passagierschiff der Welt gebaut, die Queen Mary 2. An der Loire-Mündung überspannt eine 1972 – 1975 erbaute, 3356 m lange und 61 m hohe Straßenbrücke den Fluss. Nahe der Straße nach Guérande liegt der prähistorische Grabhügel von Dissignac.

Saint-Nazaire

★
◀ Hafen

Vannes Orientierung

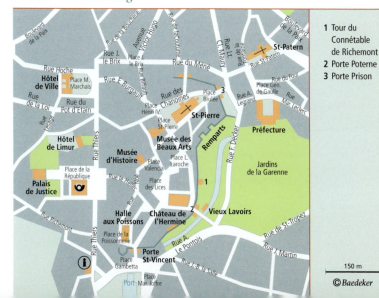

1 Tour du Connétable de Richemont
2 Porte Poterne
3 Porte Prison

150 m

© Baedeker

Der Menhir in St-Uzec, »getauft« durch ein Kreuz und Symbole der Passion Christi

RÄTSEL AUS DER STEINZEIT

Im Zweiten Weltkrieg hielten amerikanische GIs die Menhire der Bretagne für deutsche Panzersperren. Jahrhundertelang erfuhren diese Steinsetzungen die verschiedensten Deutungen, und immer noch geben sie Rätsel auf.

Die bekanntesten Steinmale aus grauer Vorzeit in West- und Südeuropa gibt es in der Bretagne. Rund 4500 Dolmen, 56 Steinalleen und 58 Steinkreise hat man hier gezählt; am Golfe du Morbihan an der Atlantikküste sind sie so zahlreich, dass man diesen Teil der Halbinsel zum Freilichtmuseum erklärt hat.

Steinerne Monumente

Die Megalithkultur (von griech. megas = groß, lithos = Stein) beruht in der Bretagne auf Menhiren (von bretonisch men = Stein, hir = lang) und Dolmen (von taol = Tisch, und men). Ein **Menhir** ist ein aufrecht stehender Monolith. Er kann isoliert im Gelände stehen oder als **Cromlech** in Kreisen, Halbkreisen bzw. Rechtecken. In einer Linie manchmal kilometerlang angeordnete Menhire, wie in Carnac, nennt man **Alignement**. Unter **Dolmen** ist eine Konstruktion aus Stützsteinen und einer Deckplatte zu verstehen. Solche Grabkammern lagen meist unter künstlich angelegten Hügeln, entweder unter einem Tumulus (lat. Hügel) oder einem **Cairn** (bretonisch für Steinmal, d. h. Hügel aus Bruchsteinen). Eine **Allée couverte** (Langgrab) ist eine Galerie aus mehreren Dolmen.

Wer, wie, wozu?

Solange man zurückdenken kann, haben die Menschen nach dem Ursprung der Megalithen gefragt. Wer hat die Steine aufgestellt? Wann, wie und wozu? Im Mittelalter sah man in den Monumenten Werke des Teufels, von Zauberern oder Riesen, die vor der Sintflut auf der Erde lebten. Zahlreich sind die Legenden und Sagen. »Versteinerung zur Strafe« ist ein häufig genanntes Motiv, etwa für die ca. 3000 Menhire von Carnac: Es sollen römische Soldaten sein, die den hl. Cornély verfolgten.

Die Bevölkerung hing an den Steinen und umgab sie mit allerlei Aberglauben. Den aufrechtstehenden Steinen schrieb man heilende, vor allem fruchtbar machende Kraft zu. Kein Wunder, daß Priester in den Steinen »Teufelswerk« sahen und es als ihre Pflicht betrachteten, sie zu zu vernichten. Auf manchen Menhiren ließen sie Kreuze anbringen und christliche Symbole einmeißeln als Zeichen

Aus nicht weniger als 1099 Steinen bestehen die Alignements du Ménec bei Carnac.

für den Triumph des Christentums; andere Steine wurden zerschlagen. Mit mäßigem Erfolg: Auch heute noch reiben junge Frauen den Bauch an einem Menhir, wenn sie sich ein Baby wünschen; und zu einer richtigen bretonischen Hochzeit gehört es, daß das Brautpaar sich küssend unter einem Dolmen hindurchtritt und um einen Menhir herumtanzt.

In aufgeklärteren Zeiten, vor allem in der Romantik, schrieb man die Megalithen den altehrwürdigen Priestern der Kelten, den Druiden, zu. Überschwängliche Gemüter sahen in den Anlagen sogar Schauplätze blutrünstiger Opfer. Bis in die 1960er-Jahre hinein glaubte man, die rund 50 000 Steindenkmäler an den Westküsten Europas – von Schweden und den Orkney-Inseln im Norden über die Bretagne und Spanien im Westen bis Malta im Süden – seien Nachbildungen von Megalithbauten des Ostens (Ägypten, Levante, Griechenland). Mit Hilfe der Radiokarbonmethode fand man aber heraus, dass manche Megalithdenkmäler in der Bretagne **fast 2000 Jahre vor den ägyptischen Pyramiden entstanden!** Über die Datierung ist man sich heute weitgehend einig: Die Megalithen in Westeuropa wurden zwischen 5000 und 1500 vor Christus aufgestellt, also vor den Pyramiden und zu einer Zeit, da zwischen Westeuropa und dem östlichen Mittelmeer noch so gut wie keine Verbindung bestand. Sie sind auch älter als ähnliche Bauten in Tibet, Japan, Afrika und auf der Osterinsel. Wer aber waren die Erbauer? Wohl Steinzeitvölker, die vor der Ankunft der Kelten an den Küsten wohnten – außer den grob behauenen Steinblöcken haben sie keine Zeugnisse hinterlassen. Über das Wie gibt es ebenfalls nur Vermutungen. Sie könnten Rollen und Hebel aus Holz und Riemen aus Tierhäuten benützt haben. Man hat ausgerechnet, dass für eine Tonne etwa 15–20 Arbeitskräfte nötig waren (ein 3–4 m hoher Menhir wiegt 10–12 t; der größte entdeckte Menhir der Welt, der über 20 m lange Men er Hroec'h von Locmariaquer, 350 t). Möglich ist, dass die Menschen die Steinblöcke an Ort und Stelle vorfanden, also nicht weit transportieren mußten, denn die Menhire bestehen aus dem heimischen Granit.

Am meisten Kopfzerbrechen bereitet die Frage nach dem »Warum«. Wozu dienten die Menhire? Zu astronomischen Berechnungen, als Kalender, als Versammlungsort, als religiöse Kultstätte? Es gibt allerlei Vermutungen, einleuchtende wie weit hergeholte – bewiesen werden konnte aber bisher noch nichts. Nur bei den Dolmen ist man sich weitgehend sicher: Sie dienten als Grabkammern.

★★ Burgund · Bourgogne

L–N 5–6

Eine bezaubernde Szenerie, eindrucksvolle Kunstschätze aus einer glanzvollen Vergangenheit, weltberühmte Weine und über die Landesgrenzen hinaus bekannte Feinschmeckeradressen machen Burgund zu *der* Landschaft für Genießer.

Landschaft für Genießer

»Bourgogne, l'art et le plaisir de vivre« – Burgund, Kunst und Lebensfreude, so stellt sich die historische Provinz und heutige Région Bourgogne (mit der Hauptstadt ▶Dijon) im Osten Frankreichs vor. Sie ist als Übergangsland vom Norden zum Süden keine geografische Einheit, sondern hat Anteil am Pariser Becken, dem Rhône-Saône-Graben und dem Zentralmassiv. Im Norden grenzt Burgund an die Champagne, im Süden geht es mit den Hügeln des Charolais ins Beaujolais über, im Westen öffnet es sich zum Pariser Becken. Im Osten markiert die Saône in etwa die Grenze zum französischen Jura und zur Franche-Comté. Die Bourgogne ist meist hügelig, Gebirgscharakter hat sie im Morvan, einem Ausläufer des Zentralmassivs. Burgund ist auch ein Land der Flüsse und Kanäle, die es mit fast allen Teilen Frankreichs verbinden. Neben Seine, Loire und Rhône sind es vor allem der Canal de Bourgogne, der Marne-Saône-Kanal und der Loire-Seitenkanal, die nur noch in sehr geringem Umfang der Handelsschifffahrt dienen, dafür aber ein überaus reizvolles Revier für den Bootstourismus darstellen (▶Baedeker Special S. 190).

Wirtschaft

Burgund ist vor allem landwirtschaftlich geprägt. Die Holzwirtschaft besitzt eine lange Tradition; noch über 30 % der Fläche wird von Wald eingenommen. Daneben spielen Ackerbau, die Zucht der weißen Charolais-Rinder und v. a. der **Weinbau** eine große Rolle. In der Industrie dominieren feinmechanische und Metall verarbeitende Betriebe. An die einstige Bedeutung von Bergbau und Schwerindustrie erinnert das Industriemuseum in Le Creusot. Dijon ist für seine Lebensmittelindustrie bekannt, insbesondere den Cassis und den Senf.

Burgundische Weine

In Burgund liegen drei der renommiertesten französischen Weinbaugebiete: Chablis weit im Nordwesten, in der Mitte die Côte d'Or, die sich in die nördliche Côte de Nuits und die südliche Côte de Beaune teilt, und die sich südlich anschließenden Gebiete Chalonnais und Mâconnais. (Das Beaujolais liegt fast ganz im Département Rhône und zählt – wie die Gegend an der Loire um Pouilly – nicht zur Weinregion Bourgogne.) Die vier Hauptrebsorten sind Pinot Noir, Gamay, Chardonnay und Aligoté, wobei der rote Burgunder synonym ist mit Pinot Noir (Spätburgunder) und die großen Weißen aus Chardonnay gemacht werden. Aligoté wird überall da angebaut, wo die Böden für Chardonnay weniger geeignet sind. Der Passe-Tout-Grain (was soviel heißt wie »Hier passt alles rein«) ist ein meist wenig begeisternder Verschnitt von Pinot Noir und Gamay.

► Burgund **ZIELE** 287

Geschichte

Die ältesten menschlichen Spuren in den Grottes d'Arcy sind 100 000 Jahre alt, die Funde am Felsen von Solutré stammen aus der Zeit um 25 000 v. Chr. Das Ende des keltischen Galliens schlug 52 v. Chr., als Caesar nach Burgund vordrang und in Alesia die Gallier unter Vercingetorix besiegte. 443 wanderten die ostgermanischen Burgunder in die Saône-Ebene ein und gaben der neuen Heimat ihren Namen. Bei der Teilung des Fränkischen Reichs 843 im Vertrag von Verdun wurde Burgund entlang der Saône in eine Ost- und eine Westhälfte gespalten. Im Osten entstanden zwei Königreiche, die zum Königreich Burgund vereinigt und 1032 unter Kaiser Konrad II. an das deutsche Reich angegliedert wurden. Der Westteil kam zum Westfränkischen Reich und entwickelte sich zum selbstständigen **Herzogtum Burgund**, der heutigen Bourgogne.

Im Mittelalter gewann **Bernhard von Clairvaux** (1091–1153) im Kampf gegen die Prachtentfaltung von Cluny seine Machtposition als Erneuerer des Klosterwesens – mit Wirkung in ganz Europa – und Propagator des Zweiten Kreuzzugs.

Im Jahr 1363 fiel Burgund an Philipp II. den Kühnen von Valois. Unter ihm und seinen drei Nachfolgern – Johann Ohnefurcht (1404 bis 1419), Philipp III. der Gute (1419–1467) und Karl der Kühne (1467 bis 1477) – erlebte Burgund einen glanzvollen Aufstieg und seine größte Ausdehnung. Es erstreckte sich von der Schweiz bis nach Flandern und war zeitweise der **größte Rivale Frankreichs**. 1477 verlor Karl der Kühne in der Schlacht von Nancy gegen die vereinigten Heere Ludwigs XI., der Schweizer Eidgenossen und des Herzogs von Lothringen Besitz und Leben. Seine 20-jährige Tochter heiratete den deutschen Kaiser Maximilian I. Der Kampf Frankreichs um die burgundische Erbschaft zog sich bis 1493 hin, als Letztes nahm es das Artois und die Franche-Comté in Besitz. Heute zeugen zahlreiche mächtige weltliche und kirchliche Bauten sowie Kunstschätze von der einstigen Bedeutung Burgunds als europäischer Territorialmacht.

Highlights *Burgund*

Beaune
Residenz der burgundischen Herzöge und Weinzentrum der Côte d'Or
► Seite 295

Cluny
Das Zentrum der Klosterreform besaß die größte Kirche der Christenheit.
► Seite 297

Côte d'Or
Pilgerziel für Wein- und andere Genießer aus aller Welt
► Seite 294

Vézelay
Spiritualität und herrliche romanische Architektur in der Pilgerbasilika
► Seite 290

Aussichtsbalkon
Der berühmte Felsen von Solutré bietet einen wundervollen Ausblick.
► Seite 299

Auxerre, Tournus, Paray-le-Monial
Großartige Sakralbauten aus Romanik und Gotik
► Seite 293, 297, 301

BURGUND ERLEBEN

AUSKUNFT

CRT Bourgogne
BP 20623, 21006 Dijon Cedex
Tel. 03 80 280 280 (aus Frankreich 0825 00 21 00), Fax 03 80 280 300
www.bourgogne-tourisme.com

ESSEN

▶ Fein & teuer

Troisgros
Roanne, Place de la Gare
Tel. 04 77 71 66 97, www.troisgros.fr
Di./Mi. und 2 Wochen im Aug. geschl.
Das Restaurant, seit 1930 im Besitz der Familie, gehört zu den angesehensten und teuersten in Frankreich. Der wirklich preiswerte Ableger ist das benachbarte Central. Damit man nach dem Genuss keine langen Wege zurücklegen muss, gibt es ein feines kleines Hotel im Bauhausstil.

Hostellerie des Clos
Chablis, 18 Rue J. Rathier
Tel. 03 86 42 10 63
www.hostellerie-des-clos.fr
Hier kann man sich in schönem Ambiente in Sachen Chablis bilden: Zu besternter burgundischer Küche bekommt man einen Überblick über Stile und Produzenten, viele Weine gibt es in halben Flaschen. Die historischen Gemäuer bieten in charmanten Zimmern auch ein adäquates, angenehm preiswertes Nachtlager.

Jardin Gourmand
Auxerre, 56 Blvd. Vauban
Tel. 03 86 51 53 52, Di./Mi. geschl.
Elegantes Lokal mit schattiger Gartenterrasse. Innovative Küche, gute Auswahl an Chablis-Kreszenzen.

▶ Preiswert / Erschwinglich

Relais des Gourmets
Avallon, 47 Rue Paris
Tel. 03 86 34 18 90
nördlich der Place Vauban
Gute regionale Küche in »südlichem« Ambiente mit Terrasse. Sehr gutes Preis-Leistungs-Verhältnis. Reservierung empfohlen.

Chez Jules
Chalon-sur-Saône, 11 Rue Strasbourg
Tel. 03 85 48 08 34
So. und 1.–20. Aug. geschl.
Intimes, freundliches Restaurant auf der Insel St-Laurent mit guter regionaler Küche.

ÜBERNACHTEN

▶ Komfortabel

Parc des Maréchaux
Auxerre, 6 Avenue Foch
Tel. 03 86 51 43 77
www.hotel-parcmarechaux.com
Edles Haus aus den 1850er-Jahren mit freundlicher Atmosphäre. Schöne Salons, große Zimmer im Empire-Stil. Ruhiger sind die zum Park hin.

▶ Günstig / Komfortabel

Auberge Les Tilleuls
Vincelottes, Quai de l'Yonne
Tel. 03 86 42 22 13
www.auberge-les-tilleuls.com
16 km südlich von Auxerre
Gasthaus mit schlichten Zimmern, Restaurant mit handfester burgundischer Küche (Di./Mi. geschl.) und herrlicher Terrasse an der Yonne.

Klöster wie Fontenay haben Burgund über Jahrhunderte geprägt.

Ausgehend von Cluny und Cîteaux setzte im 10./11. Jh. eine Reformbewegung ein, die nicht nur die katholische Kirche erneuerte, sondern auch Architektur, Skulptur und Malerei erfasste und eine Fülle an großartigen Meisterwerken hervorgebracht hat. So gibt es annähernd 350 **romanische Kirchen**, von denen selbst der absolute Architekturfan nur eine kleine Anzahl »abhaken« könnte. Cluny, Vézelay, Tournus und Paray-le-Monial sind die bedeutendsten. Der Mitte des 12. Jh.s von der Ile-de-France vordringende gotische Stil fand hingegen nur allmählich Eingang und konnte sich zunächst nur in der nördlichen Hälfte der Region durchsetzen, etwa in Dijon und Auxerre. Noch weniger Resonanz fand im 14. Jh. der spätgotische Flamboyant-Stil. Auch der Einfluss der Renaissance, der sich durch italienische Künstler verbreitete, blieb gering; Schlösser wie die im Loire-Tal sind in Ancy-le-Franc, Sully und Tanlay zu finden.

Kunstgeschichte

Der Norden: Von Dijon nach Sens

Semur-en-Auxois (5000 Einw.), ca. 60 km nordwestlich von Dijon malerisch in bzw. an einer Schleife des Armançon gelegen, hat sich ein schönes **mittelalterliches Stadtbild** erhalten. Am höchsten Punkt thront die gotische Kirche Notre-Dame (13.–16. Jh.). Man beachte das Tympanon im Nordportal, innen eine Grablegung von 1490 und die schönen Fenster (14. Jh.). Die Bibliothek und das Städtische Museum sind im Jakobinerkloster (17. Jh.) untergebracht. Die 44 m hohe Tour de l'Orle d'Or, Rest der Burg, beherbergt ein Ortsmuseum. Rund 12 km westlich liegt das für seinen Käse berühmte Epoisses mit einem Schloss, das größtenteils in das 14. Jh. zurückgeht.

★ Semur-en-Auxois

◀ Epoisses

Flavigny-sur-Ozerain ★

Das auf einem Felsrücken 17 km östlich von Semur-en-Auxois gelegene Flavigny ist einer der besterhaltenen mittelalterlichen Orte Burgunds. Sehenswert sind die Kapelle und die Krypta, die von der um 720 gegründeten Benediktinerabtei übrig blieben.

Alise-Ste-Reine

Das benachbarte Alise-Ste-Reine gilt als das **Alesia**, wo 52 v. Chr. der entscheidende Kampf zwischen dem römischen Heer unter Caesar und den Galliern unter Vercingetorix stattfand. Nach sechswöchiger Belagerung musste der Gallierfürst aufgeben. 1865 wurde auf dem 407 m hohen Mont Auxois das weithin sichtbare Denkmal des langhaarigen, schnauzbärtigen Vercingetorix aufgestellt (▶ S. 48). Zu sehen sind außerdem Ausgrabungen der gallorömischen Stadt; ab 2011 soll dort und in Venarey-les-Laumes der MuséoParc eröffnet werden.

Avallon

Avallon (7400 Einw.) liegt 35 km westlich von Semur-en-Auxois auf einem Felsvorsprung über dem Cousin. Der hübsche alte Stadtkern ist noch von Mauern aus dem 14./15. Jh. umgeben. Beachtung verdienen die romanische Kirche St-Lazare (12. Jh.; Westportal mit schönen Skulpturen) und die Tour de l'Horloge, ein Uhrturm von 1460. Im Musée de l'Avallonnais sind Exponate zur Geschichte und eine kleine Kunstsammlung zu sehen.

Vezelay ★★

Vézelay (500 Einw.) 14 km westlich von Avallon liegt sehr schön am Nordrand des Morvan (▶ S. 300) auf einem Hügel oberhalb der Cure. Seine Basilika **Ste-Madeleine**, eine der größten Klosterkirchen des Landes, zählt zu den Meisterwerken der Romanik (UNESCO-Welterbe). Als Aufbewahrungsstätte der angeblichen Gebeine Maria Magdalenas wurde sie eine der bedeutendsten Pilgerkirchen der Christenheit und Ausgangspunkt der Via Lemoviciensis des Jakobswegs. Hier rief 1146 Bernhard von Clairvaux als Gesandter des Papstes zum **Zweiten Kreuzzug** auf. Im 13. Jahrhundert. wurde die Echtheit der Reliquien in Frage gestellt, Vézelay verlor seine Bedeutung, und 1537 wurde die Abtei aufgelöst. Während der Französischen Revolution wurden »nur« die Skulpturen der Westfassade zerstört, das heutige Tympanon stammt von Viollet-Le-Duc, der die Kirche ab 1840 restaurierte. Mit dem Bau der Klosterkirche wurde 1096 im Osten begonnen,

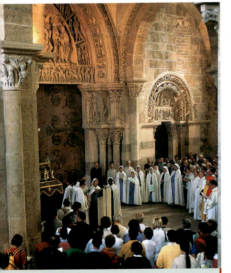
Vézelay, alter Pilgerort am Jakobsweg

die Vorhalle folgte von 1140 bis 1160. Die 1125–1130 entstandenen Plastiken der drei Portale gehören wie die Kapitelle im dreischiffigen romanischen Langhaus zu den **größten bildhauerischen Leistungen der Romanik**. Unter dem frühgotischen Chor liegt eine schöne Krypta. Von der Terrasse hinter der Chorapsis hat man eine herrliche Aussicht. Wehrmauern aus dem 12. Jh., die Porte Neuve mit zwei mächtigen Türmen (14.–16. Jh.) und die schöne Altstadt laden zu einem Rundgang ein.

> ✓ NICHT VERSÄUMEN
>
> ■ Wunderbare vierstimmige Chöre sind in der Basilika von Vézelay bei den Gottesdiensten zu hören. Sie finden morgens, mittags und am frühen Abend statt, je nach Wochentag zu leicht wechselnden Uhrzeiten.

Das gut 100 km lange Tal der Cure gehört zu den landschaftlichen Höhepunkten in Niederburgund; eine Fahrt vom malerischen Pierre-Perthuis südlich von Vézelay nach Auxerre lohnt sich. In den Kalkstein-Felswänden öffnen sich große Höhlensysteme, die Grande Grotte bei Arcy ist zugänglich (Febr.–Nov., warme Kleidung).

★
Cure-Tal

Die Zisterzienserabtei von Fontenay, ca. 20 km nördlich von Semur, wurde 1118 von Bernhard von Clairvaux – nach Ordensbrauch – abgeschieden am Schluss eines Waldtals gegründet (Abb. S. 289). Die 1139–1147 erbaute Anlage, eines der wichtigsten Zeugnisse der frühen Architektur dieses Ordens (UNESCO-Welterbe), vermittelt ein Bild vom Leben der Mönche im 12. Jh. Erhalten sind Kirche, Schlafsaal, Kreuzgang, Kapitelsaal und Skriptorium sowie Schmiede und Gefängnis (das Kloster besaß Gerichtshoheit). Geöffnet April–Okt. tägl. 10.00–18.00, sonst 10.00–12.00, 14.00–17.00 Uhr.

★★
Abbaye de Fontenay

Hauptattraktion des hübschen alten Städtchens (6200 Einw.) 33 km nordöstlich von Montbard ist das Archäologische Museum in der Maison Philandrier, einem prächtigen Renaissancebau (geöffnet tägl., außer Juli/Aug. Mittagspause). Beim **Schatz von Vix** handelt es sich um die wertvollen Grabbeigaben einer im 6. Jh. v. Chr. verstorbenen keltischen Prinzessin. Das Grab wurde 1953 bei Vix 6 km nördlich von Châtillon entdeckt. Prunkstück ist ein aus der Magna Graecia (Unteritalien) stammender, 1,64 m hoher und 208 kg schwerer Bronzekessel, das größte erhaltene Gefäß der Antike (6. Jh. v. Chr.). Ein Spaziergang führt zum Felsen hinauf, der von einer Burgruine und der Kirche St-Vorles gekrönt wird. Letztere entstand großenteils im 10. Jh., beachtenswert ist eine schöne Grablegung (1527).

Châtillon-sur-Seine

★★
◀ Trésor de Vix

Eines der bedeutendsten **Renaissance-Schlösser** Frankreichs ist in Ancy-le-Franc 27 km nordwestlich von Montbard zu sehen, erbaut bis 1622, und zwar wahrscheinlich nach Plänen von Sebastiano Serlio aus Bologna, der 1540 auf Einladung König Franz' I. an Fontainebleau mitwirkte. Es ist in italienischer Renaissance (Primaticcio, N. dell'Abbate, Schule von Fontainebleau) ausgestattet. Führungen Anf.

★
Ancy-le-Franc

Burgund

Renaissance-Schloss Tanlay

April bis Mitte Nov.; März bis Nov. gibt es Konzerte, im Juli auch eines im Schlosshof

In **Tanlay**, wenige Kilometer den Canal de Bourgogne bzw. Armançon abwärts, bezaubert ein prächtiges Schloss aus der Renaissance (Führungen April–Okt.). Das Kuppelgemälde im Saal des Turms der Liga (Tour de la Ligue) – 1569 vermutlich von Künstlern der Schule von Fontainebleau angefertigt – stellt dem Zeitgeschmack entsprechend die Parteien der Religionskriege als Götter und Göttinnen des Olymps dar.

Tonnerre Im Handelsstädtchen Tonnerre (6000 Einw.), 10 km westlich von Tanlay, gründete im Jahr 1293 Margarete von Burgund das Hôpital Notre-Dame des Fontenilles, das für das Hôtel-Dieu in Beaune Vorbild wurde (geöffnet April–Sept. tägl., sonst Mi. und So. geschl.). Im 91 m langen Krankensaal mit Tonnengewölbe aus Holz sind bedeutende Kunstwerke, darunter eine Grablegung von 1454, und ein Museum untergebracht. Weitere Sehenswürdigkeiten sind das benachbarte Hôtel d'Uzès (16. Jh.; Caisse d'Epargne) sowie die unterhalb der Kirche St-Pierre gelegene Fosse Dionne. Die Quelle war einst der keltischen Quellgöttin Divona geweiht, später diente sie als Waschplatz. Das hübsche Waschhaus datiert von 1758.

Chablis Der kleine Weinort (2400 Einw.) liegt 15 km westlich von Tonnerre am Serein. Nördlich des Flusses steigen die sieben **Grand-Cru-Lagen** an, die den Weltruhm des aus der Rebsorte Chardonnay gekelterten Chablis begründen: Blanchots, Les Clos, Valmur, Grenouilles, Vaudésir, Preuses, Bougrot. Die Premier-Cru-Lagen erstrecken sich über 750 ha beiderseits des Flüsschens Serein. Große Weinfeste finden am 1. Febr.-Wochenende (St-Vincent), am 1. Mai-Wochenende (Pastorales) und am 4. 4. Okt.-Wochenende (Fête des Vins) statt.

Auxerre Die lebhafte Handels- und Départementshauptstadt (38 000 Einw.) liegt etwa 150 km nordwestlich von Dijon auf zwei Hügeln am linken Ufer der Yonne. Ein Boulevardring umgibt die mittelalterliche Altstadt; von der Brücke Paul Bert hat man einen schönen Blick auf die Kirchen St-Germain, St-Etienne und St-Pierre. In der gotischen Kathedrale St-Etienne (11.–16. Jh., Südturm unvollendet) zu beachten sind der Skulpturenschmuck der Westfassade sowie der Chor (1234) mit hervorragenden Glasmalereien. Unter ihm liegt die Krypta eines

St-Etienne ▶

romanischen Vorgängerbaus aus dem 11. Jh. mit ebenso alten Fresken. Nördlich der Kathedrale erhebt sich die Kirche **St-Germain**, Rest einer im 6. Jh. gegründeten Abtei. Hauptanziehungspunkt dieser romanisch-gotischen Kirche (12.–15. Jh.) sind die **Krypten**, die im 9. Jh. um das Grab des aus Auxerre stammenden hl. Germain (378–448) angelegt und mit Fresken geschmückt wurden. Sie sind Teil des Archäologischen Museums St-Germain in den Klostergebäuden (Di. geschl.). Am Rathausplatz steht die schöne Tour de l'Horloge (15. Jh.), das Rathaus selbst datiert von 1733, die Fachwerkhäuser aus dem 16. Jahrhundert. Weiter westlich sind das älteste Bürgerhaus aus Stein (Hôtel du Cerf-Volant, 14./15. Jh.) und das Musée Leblanc-Duvernoy zu finden, ein Stadtpalast aus dem 18. Jh. (Rue d'Eglény) mit Mobiliar, Fayencen, Wandteppichen aus Beauvais und einer Kunstsammlung (17.–20. Jh.). Die Kirche St-Eusèbe hat einen schönen romanischen Turm mit achteckigem steinernem Helm (15. Jh.).

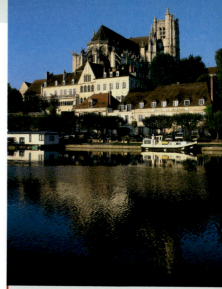

Auxerre an der Yonne

In Pontigny (800 Einw.) 20 km nordöstlich von Auxerre ist eine um 1150 erbaute, 108 m lange Klosterkirche zu sehen, nach der Zerstörung von Cîteaux und Clairvaux die größte erhaltene Zisterzienserkirche in Frankreich. Chorgestühl und Orgel von Ende des 17. Jh.s ★ Pontigny

Sens (28 000 Einw.), ganz im Nordwesten Burgunds 57 km nördlich von Auxerre gelegen, war im Mittelalter war ein bedeutendes geistliches Zentrum, hier fanden Konzile, 1140 die Verurteilung Abaelards und 1234 die Heirat Ludwigs IX. des Heiligen statt. Daran erinnert die **Kathedrale St-Etienne** (1140–1180, Querhaus 1516), eine der ältesten und schönsten der französischen Gotik. Der Portalschmuck der Westfassade (12. Jh.) wurde in der Französischen Revolution weitgehend zerstört, erhalten blieb u. a. die Statue des hl. Stephanus am Mittelpfeiler. Zu den Kostbarkeiten der Ausstattung gehören die Fenster in Chor (12./13. Jh.) und Querschiff (16. Jh.)., das Chorgitter (1762), der Hauptaltar von G. N. Servandoni (18. Jh.) und das Grabmonument des Dauphins Ludwig, Sohn Ludwigs XV. und Vater Ludwigs XVI. (G. Coustou, 1777). An die Kathedrale schließt der Palast des Erzbischofs (13. Jh.) mit dem städtischen Museum an; neben archäologischen Exponaten ist der überaus wertvolle Domschatz zu sehen. Am Kathedralplatz mit seinen Cafés die Markthalle aus dem

Sens

★ ◄ St-Etienne

★ ◄ Domschatz

19. Jh.; die Altstadt besitzt Wohnhäuser aus dem 16. Jh., das schönste ist die Maison d'Abraham mit einer »Wurzel Jesse« am Eckpfeiler.

Der Süden: Von Dijon nach Mâcon

Côte d'Or

★★ Das Herz des burgundischen Weinbaugebiets ist die Côte d'Or, der schmale westliche Randstreifen des Saône-Tals, der südlich von Dijon beginnt und 60 km weiter südwestlich bei Santenay endet. Ihr nördlicher Teil heißt **Côte de Nuits**, ihr südlicher Teil **Côte de Beaune**. An ihr liegen reizvolle Dörfer, deren Namen in der Weinwelt höchstes Ansehen genießen, wie Gevrey-Chambertin, Chambolle-Musigny, Vougeot, Nuits-St-Georges, Aloxe-Corton, Volnay, Meursault und Puligny-Montrachet. Die sanfte Landschaft am Übergang von den Hautes Côtes zum Saône-Tal ist überaus malerisch. Durch die Côte de Nuits führt die »Route des Grands Crus« (D 122 bis Vougeot); Schilder weisen zu sog. Combes, kleinen, pittoresken Schluchten, z. B. von Gevrey-Chambertin aus zur Combe Lavaux.

Das Schloss im **Clos de Vougeot**, einem der berühmtesten Weinberge in Burgund, ist Sitz der Confrérie des Chevaliers du Tastevin (Führungen tägl.); hier findet im November ein Teil der »Trois Glorieuses« statt (s. u. Beaune). Meursault in der Côte de Beaune, das für hervorragenden Weißwein bekannt ist, hat mit der »Paulée« (Winzerfestmahl) Anteil an den Trois Glorieuses.

Ein beliebtes Ausflugsziel ist das auf einem Felssporn gelegene Schloss La Rochepot nordwestlich von Chassagne-Montrachet, Ende des 19. Jh.s anhand alter Pläne wiederhergestellt.

Abbaye de Citeaux

11 km östlich von Nuits-St-Georges gründete Robert, Abt von Molesme, 1098 das **Urkloster des Zisterzienserordens**. Von der einstigen Bedeutung der Abtei zeugen nur noch spärliche Reste, u. a. eine Kapelle (12. Jh.), ein Bibliotheksbau (15. Jh.) und Arkaden des gotischen Kreuzgangs. Das Kloster ist seit 1898 wieder besetzt und bietet Mai – Sept. Führungen an (www.citeaux-abbaye.com).

 CÔTE D'OR ERLEBEN

ESSEN

▶ **Preiswert / Erschwinglich**

Chez Guy
Gevrey-Chambertin, 3 Place de la Mairie, Tel. 03 80 58 51 51
Feine burgundische Küche mit überraschenden Kombinationen, eine große Auswahl der berühmten Weine der Region, und das zu angenehmen Preisen. Gemütlich-modernes Ambiente. Auch Traiteur-Service.

ÜBERNACHTEN

▶ **Luxus**

Château Ziltener
Chambolle-Musigny
Tel. 03 80 62 41 62, www.chateau-ziltener.com, Dez. – Febr. geschl.
Einer der schönsten Herrensitze in Burgund (17. Jh.) mit luxuriösen Gemächern. Die Bar à Vins vereint burgundische Weinkultur mit Bistro-Atmosphäre. Man spricht deutsch.

Bei Aloxe-Corton in der Côte d'Or entstehen renommierte Rotweine.

Beaune (23 000 Einw.) 38 km südlich von Dijon gehört wegen seines Stadtbilds, seiner mittelalterlichen Bauten und nicht zuletzt wegen des allgegenwärtigen Weins zu den schönsten Zielen in Burgund. Seit dem 14. Jh. war es neben Dijon Sitz der Herzöge. Die große Sehenswürdigkeit ist das **Hôtel-Dieu** (geöffnet tägl. Ende März – Mitte Nov. 9.00 – 18.30, sonst 9.00 – 11.30, 14.00 – 17.30 Uhr), ein 1443 – 1451 nach Plänen von Jacques Wiscrère im burgundisch-flämischen Stil erbautes Hospiz. Auftraggeber waren Nicolas Rolin, der Berater von Herzog Johann Ohnefurcht und Kanzler König Philipps III., und seine Frau Guigone de Salins. Die schlichte Außenfassade verrät wenig von der Pracht innen. Hohe, mit bunt glasierten Ziegeln gedeckte Dächer und Fachwerkgalerien umgeben einen malerischen Innenhof. Der 50 m lange Krankensaal mit seiner geschnitzten und bemalten Spitztonne wurde noch bis 1971 genützt. Zu sehen sind auch Kapelle, Wäscheraum, Küche und Apotheke; im Museum wird der berühmte Flügelaltar von Rogier van der Weyden (1443) mit der Darstellung des Jüngsten Gerichts gezeigt. Im Juli findet ein großes Festival der Barockmusik statt, u. a. im Hospiz und in Notre-Dame.

Das Hôtel-Dieu steht an der Place de la Halle mit dem Tourismusbüro und vielen appetitlichen Läden; in der imposanten Markthalle findet an den **Trois Glorieuses** (3. Nov.-Wochenende) die Auktion der Weine des Hospizes statt. Etwas nördlich ist in einer Residenz der Herzöge das Musée du Vin de Bourgogne untergebracht. Wenige Schritte sind es zur Kirche Notre-Dame (12. – 14. Jh.); bedeutendste Ausstattungsstücke sind der Wandteppich (1474 – 1500) im Chor und

Beaune

◀ Hôtel-Dieu

◀ Altstadt

Die herrliche Dachlandschaft des Hôtel-Dieu in Beaune mit bunt glasierten Ziegeln

eine Madonna mit Kind (12. Jh.). Die benachbarte **Place Monge** ist der Mittelpunkt der Altstadt, der Beffroi (Turm) Rest einer Klosterkirche des 14. Jh.s. Durch die Rue de Lorraine mit wunderbaren alten Häusern erreicht man das Rathaus, einst ein Ursulinen-Konvent (17. Jh.). Ein schöner Spaziergang entlang der fast intakten spätmittelalterlichen Stadtmauer (15./16. Jh.) führt um die Altstadt. In der Porte Marie de Bourgogne im Süden ist das Musée des Beaux-Arts untergebracht (v. a. flämische und französische Gemälde des 17.–19. Jh.s; Dez.–März Di. geschl.). Das **Archéodrome** 6 km südlich von Beaune an der A6 zeigt die Entwicklung der Menschen bis zum Ende der Römerzeit.

> ! *Baedeker* TIPP
>
> **Vin de Bourgogne**
> Wichtige Anlaufstellen für (künftige) Weinfreunde sind in Beaune das Office de Tourisme und das Bureau Interprofessionel des Vins de Bourgogne (BIVB, 12 Blvd. Bretonnière, www.vins-bourgogne.fr). Hier bekommt man Adressen und Besuchszeiten von Weingütern, veranstaltet werden Verkostungen, Kurse, Ausflüge per Bus oder Rad u. v. a. Wein, Literatur, Accessoires etc. findet man im Athenaeum, ein Muss für Weinfreunde (5 Rue Hôtel-Dieu, www.athenaeumfr.com).

Chalon-sur-Saône Chalon-sur-Saône (46 600 Einw.), eine Industriestadt 28 km südlich von Beaune an der Einmündung des Canal du Centre in die Saône, war im Mittelalter ein bedeutender Handelsplatz. Am Rathausplatz nahe dem Fluss liegen die Kirche St-Pierre, eine der wenigen Barockkirchen in Burgund (17. Jh.), und das Musée Denon mit einer sehenswerten archäologischen Sammlung. Am Saône-Ufer widmete die Stadt ihrem berühmtesten Sohn, **Nicéphore Niepce** (1765–1833), ein Museum; 1827 war es ihm erstmals gelungen, ein haltbares Lichtbild zu erzeugen. Nördlich von hier erstreckt sich die Altstadt, an ihrem Nordostrand erhebt sich die ehemalige Kathedrale St-Vincent (13.–15. Jh.). Burgundische Weine kann man in der Maison des Vins im Parc G. Nouelle verkosten und erstehen. Auf der Insel St-Laurent sind Reste eines städtischen Hospitals aus dem 16. Jh. und die Tour du Doyenné aus dem 15. Jh. erhalten. Für eine Rast bietet sich der 4 km östlich gelegene Rosenpark (Roseraie St-Nicolas) an.

Das hübsche Städtchen Tournus (6000 Einw.) liegt 25 km südlich von Chalon am rechten Ufer der Saône. Seine ehemalige Abteikirche gehört zu den bedeutendsten romanischen Sakralbauten Frankreichs. 875 gründeten hier Mönche von der Atlantikinsel Noirmoutier ein Kloster. Vom heutigen Bau entstand um 1000 die Vorkirche im Westen, das Langhaus im 11. Jh., 1120 waren Chor und Vierung fertig. Den schönsten Blick in den Raum mit **ungewöhnlicher Statik** – massive gemauerte Pfeiler tragen Quertonnengewölbe über Gurtbögen – hat man von der dem hl. Michael geweihten Kapelle im Obergeschoß der Vorkirche. Hier sind an dem zum Mittelschiff gerichteten Gerlanus-Bogen zwei Reliefplatten eingefügt, die zu den ältesten Zeugnissen romanischer Bauplastik in Frankreich gehören. Im Chor der Reliquienschrein des hl. Philibert und im südlichen Seitenschiff eine Madonna mit Kind aus Zedernholz (12. Jh.). Von den übrigen Klostergebäuden blieben nur Teile erhalten. Besuchenswert sind das Musée Perrin-de-Puycousin (Volkskunde, 3 Rue du Collège) und das Musée Greuze im Hôtel-Dieu (18. Jh.).

Tournus
★ ★
◄ St-Philibert

Südwestlich von Tournus erstreckt sich das Mâconnais, eine liebliche Hügellandschaft mit Weinbergen, kleinen Dörfern und romanischen Kirchen. Die schöne Fahrt auf der D 14 und der D 981 nach Cluny berührt **Brancion**, das mit den Ruinen einer Burg und der romanischen Peterskirche ein mittelalterliches Bild zeigt, und **Chapaize** mit der ab Anfang des 11. Jh.s errichteten Kirche St-Martin, einem der schönsten frühromanischen Bauten in Burgund. Äußerlich schlicht gehalten ist das 1605–1616 erbaute barocke Schloss in Cormatin, innen entpuppt es sich als überaus prachtvoller Adelspalast. 4 km südlich liegt **Taizé**, dessen 1940 gegründete **ökumenische Gemeinschaft** junge Menschen aus aller Welt anzieht (www.taize.fr).

Mâconnais

★
◄ Cormatin

Cluny (4600 Einw.) war im Mittelalter das Zentrum einer Mönchsgemeinschaft mit etwa 2000 Klöstern in Westeuropa, von hier ging die kirchengeschichtlich bedeutsame cluniazensische Reform aus. In der Revolution 1789 wurde das Kloster aufgelöst und an einen Abbruchunternehmer verkauft, bis 1823 war es weitgehend zerstört. Im Jahr 910 wurde Cluniacum von Herzog Wilhelm dem Frommen von Aquitanien gegründet, um das in eine Krise geratene Mönchtum zu

★
Cluny

Cluny Orientierung

1 Les Barabans
2 Clocher de l'Eau-Bénite
3 Chapelle St-Etienne
4 Chapelle St-Martial
5 Chapelle Bourbon

Cluny III
heutige Situation

Übernachten
① Hotel Bourgogne

erneuern. Der rasche Aufstieg der Abtei führte dazu, dass 981 die erste Kirche (Cluny I) durch einen Neubau (Cluny II) ersetzt wurde. Der Grundstein für die gigantische Kirche St-Pierre-et-St-Paul (Cluny III) wurde 1088 gelegt, 1130 fand die Schlussweihe statt. Bis zum Bau des Petersdoms in Rom war sie die **größte Kirche der Christenheit** (Länge 187,3 m). Erhalten blieben nur Spuren: Teile des Hauptors der Abtei, Fundamente der Vorhalle, Teile der im 14. Jh. vollendeten Westtürme sowie die Südarme der beiden Querschiffe. An der Südwestecke schließt sich der Uhrturm an, auf dem Querschiff sitzt ein 62 m hoher achteckiger Turm. Im **Musée Ochier**, das in einem Palais von Ende des 15. Jh.s untergebracht ist, sind Ausstattungsstücke der Abtei ausgestellt. Einige der zwischen 1088 und 1130 angefertigten Kapitelle der Kirche sowie Modelle der Klosteranlage sind im Getreidespeicher (13. Jh.) am Südrand des Abteigartens zu sehen. Im 19. Jh. wurde in Cluny ein staatliches **Gestüt** eingerichtet.

 CLUNY ERLEBEN

ESSEN

▶ **Preiswert / Erschwinglich**
Moulin du Gastronome
Charnay-lès-Mâcon, 540 Route de Cluny (2,5 km westlich von Mâcon) www.moulindugastronome.com, Tel. 03 85 34 16 68. Regionale Köstlichkeiten, kreativ zubereitet. Mit acht Zimmern (untere Preiskategorie).

ÜBERNACHTEN

▶ **Komfortabel**
① *Hotel de Bourgogne*
Place de l'Abbaye, 71250 Cluny
Tel. 03 85 59 00 58, www.hotel-cluny.com. Hübsches Haus von 1817 mit Empire-Mobiliar, Garten und Hof. Restaurant mit burgundischen Spezialitäten (Di./Mi. geschl.).

In Berzé-la-Ville 12 km südöstlich von Cluny unterhielten die Cluniazenser ab Ende des 11. Jh.s ein Priorat. Die Mönchskapelle (geöffnet April – Okt. 9.00/10.00 – 12.00, 14.00 – 17.30/18.00 Uhr) verfügt über großartige **romanische Fresken**, die in die Mitte des 12. Jh.s datiert werden und byzantinische Einflüsse zeigen; im Zentrum ein fast 4 m großer Christus in der Mandorla, flankiert von den Aposteln. Im benachbarten Berzé-le-Châtel bewacht eine imposante Burg aus dem 10. – 12. Jh. die Straße nach Cluny.

✴✴ **Berzé-la-Ville**

◀ Berzé-le-Châtel

Mâcon (33 800 Einw.) ist ein bekannter Weinhandelsort rechts der Saône. Einen schönen Blick auf die Stadt hat man von der Brücke St-Laurent. Die Kathedrale St-Vincent (13. Jh.) wurde 1799 abgerissen; erhalten sind zwei Türme und die Vorhalle mit Tympanon. Das Musée des Ursulines dokumentiert die Geschichte der Stadt. Im Hôtel-Dieu (1770) im Norden der Altstadt ist eine alte Apotheke zu sehen. 1790 kam in Mâcon der Dichter Alphonse Lamartine zur Welt, dem im Hôtel Senecé ein Museum gewidmet ist. In Richtung Saône kommt man zur Place aux Herbes mit einem grotesk dekorierten Renaissance-Holzhaus (um 1500). Zu empfehlen ist die **Lamartine-Rundfahrt** zu Orten westlich von Mâcon (Info im Tourismusbüro).

Mâcon

12 km südwestlich von Mâcon überragen der berühmte Felsen von Solutré und sein »Zwilling« von Vergisson die Weinberge von Pouilly-Fuissé, die hochgeschätzte Chardonnays liefern. Am Fuß des Solutré-Felsens, nach dem eine Steinzeit-Epoche benannt ist (Solutréen), entdeckte man eine 2 m dicke Schicht von rund 25 000 Jahre alten Pferde- und anderen Tierknochen. Ein Museum informiert eingehend. Sehr lohnend ist die Besteigung des Felsens, von dem man eine großartige **Aussicht** über das Saône-Tal bis zu den Alpen hat.

✴ **Roche de Solutré**

Die Landschaft Bresse zwischen der Saône und dem Französischen Jura (▶Franche-Comté) wäre wohl kaum so bekannt, wäre ihr Name nicht mit berühmten landwirtschaftlichen Produkten verbunden: dem Geflügel und dem Blauschimmelkäse, beide mit AOP. Charakteristisch sind die Fachwerk-Bauernhöfe mit »sarazenischen« Kaminen. **Bourg-en-Bresse** (40 500 Einw., 35 km östlich von Mâcon), die alte Hauptstadt der Landschaft und des Départements Ain, ist für das Kloster von Brou bekannt, ein Juwel der Spätgotik (im südöstlichen Vorort, tägl. geöffnet). Die Kirche wurde 1513 – 1532 im Auftrag Margaretes von Österreich (Tochter Maximilians I.) nach Plänen des Brüsselers Louis van Bodeghem erbaut. Herausragend der Portal, der Lettner, die Fenster und das grandiose Chorgestühl aus Eichenholz (1530 – 1532). Die Hauptsehenswürdigkeit sind die Grabmäler der Auftraggeberin († 1530), ihres Ehemanns Philibert der Schöne († 1504) und dessen Mutter Margarete von Bourbon († 1483). In den Klostergebäuden (ab 1506) sind französische, flämische und italienische Gemälde des 16. – 20. Jh.s, Skulpturen aus dem 15. – 17. Jh. und altes Mobiliar aus der Region ausgestellt. Tägl. geöffnet.

Bresse

✴✴

◀ Monastère Royal de Brou

Der Westen: Von Dijon durch den Morvan

Châteauneuf-en-Auxois
Der hübsche alte Ort (60 Einw.) 35 km nordwestlich von Beaune wird von einem Schloss überragt. Es geht auf eine Burg des 12. Jh.s zurück, die sich Philippe Pot, dem auch das Schloss La Rochepot gehörte (▶Côte d'Or, S. 294), ab 1457 ausbauen ließ (Mo. geschl.).

★ Saulieu
Die am Nordostrand des Morvan gelegene Stadt (2600 Einw.) 65 km nordwestlich von Beaune ist berühmt für die 52 **romanischen Figurenkapitelle** in der Kirche St-Andoche (1130), die thematisch und stilistisch mit denen der Kathedrale von Autun verwandt sind. Saulieu ist Geburtsort des in Frankreich bekannten Tierbildhauers François Pompon (1855–1933). Im Ortsmuseum, das gallorömische Funde und sakrale Skulpturen zeigt, ist ihm ein Saal gewidmet.

Sully
Madame de Sévigné nannte das 15 km nordöstlich von Autun gelegene Schloss das »Fontainebleau Burgunds«. 1808 wurde hier Mac-Mahon geboren, Marschall und 1873–1879 Präsident von Frankreich.

Autun
Autun (15 000 Einw., 48 km westlich von Beaune), das »südliche Tor zum Morvan«, wurde im Jahr 10 v. Chr. von den Römern als Augustodunum gegründet und entwickelte sich zum »Rom Galliens«. Aus dieser Zeit sind nur zwei Stadttore (Porte St-André, Porte d'Arroux), Reste des größten römischen Theaters in Gallien und die Ruine des Janus-Tempels erhalten. Eine zweite Blütezeit erlebte die Stadt im Mittelalter durch die Wallfahrt zu des Reliquien des hl. Lazarus. Bedeutendstes Bauwerk ist dementsprechend die ab 1120 im Stil der cluniazensischen Romanik erbaute **Kathedrale St-Lazare**. Berühmt

★ ★ St-Lazare ▶
ist der reiche Figurenschmuck, ein Meisterwerk der romanischen Skulptur (vermutlich um 1135 unter Meister Gislebertus gefertigt). Innen sind die 101 Kapitelle zu beachten, von denen einige durch Kopien ersetzt wurden (Originale im Kapitelsaal). Im benachbarten Musée Rolin (in zwei Palais aus dem 15. Jh.) sind weitere Werke aus der Kathedrale zu sehen, u. a. die »Versuchung Evas«, außerdem gallorömische Exponate und eine wertvolle mittelalterliche Sammlung.

Morvan
Der Morvan (keltisch, »schwarzer Berg«), ein Ausläufer des Zentralmassivs, liegt in der Mitte der Region westlich von Autun. Dichte Wälder und zauberhafte Seen, u. a. der Lac des Settons, ein Netz von Wander- und Reitwegen sowie eine Vielzahl an Sportmöglichkeiten machen ihn zu einem beliebten Ferienziel. Im Norden erreicht er nur 600 m Höhe, der südliche Teil besitzt dagegen Gebirgscharakter, hier erheben sich die höchsten Gipfel, der Haut-Folin (901 m) und der Mont Prénelay (855 m). Am 821 m hohen Mont Beuvray lag seit

Mont Beuvray ▶
dem 2. Jh. v. Chr. das gallische Oppidum **Bibracte**, Hauptstadt der Haeduer; hier ließ sich Vercingetorix 52 v. Chr. den Oberbefehl über die gallischen Truppen im Kampf gegen die Römer bestätigen. Trotz der entscheidenden Niederlage bei Alesia (▶ S. 290) feiern die Fran-

zosen dieses Jahr als Geburtsjahr des »gallischen Volks«. Im Musée de la Civilisation Celtique bei St-Léger-sous-Beuvray erfährt man vieles über die Kelten. Der Morvan war jahrhundertelang Holzlieferant für Paris, wofür der 174 km lange Canal du Nivernais mit 110 Schleusen und drei Tunneln gebaut wurde (1842). Hauptort des Morvan ist Château-Chinon (2300 Einw.). Im Musée du Septennat werden Geschenke ausgestellt, die François Mitterrand als Staatspräsident erhalten hat.

◀ Château-Chinon

Le Creusot (28 km südöstlich von Autun, 26 700 Einw.) bildet mit dem benachbarten Montceau-les-Mines (21 200 Einw.) den Kern einer bedeutenden Industrieregion. Seit dem Mittelalter wurde hier Eisen gewonnen, das mit den im 17. Jh. entdeckten Kohlevorkommen die Grundlage für die Metallindustrie bildete. Die Geschichte lässt das Ecomusée de l'Homme et de l'Industrie lebendig werden, das im Château de la Verrerie untergebracht ist, einer Kristallmanufaktur von 1787 (tägl. geöffnet). Am Südrand der Stadt steht ihr Wahrzeichen, ein **100-t-Dampfhammer** von 1876.

Le Creusot

Paray-le-Monial (9200 Einw.) rund 65 km nordwestlich von Mâcon ist Anziehungspunkt für Kunstfreunde und Pilger. Hier wurde 973 ein Benediktinerkloster gegründet, das im Jahr 999 der Abtei Cluny unterstellt wurde. Seine Kirche Notre-Dame (heute Sacré-Cœur) wurde im 12. Jh. als kleinere Kopie der Mutterabtei Cluny III erbaut und gehört zu den **bedeutendsten romanischen Kirchen Burgunds**. Besonders schön ist ihre Ostpartie, außen wie innen. Rechts der Fassade schließen sich die klassizistischen Bauten des Klosters an. In der neoromanischen Chapelle de la Visitation ruhen die Reliquien der 1920 heiliggesprochenen Nonne M.-M. Alacoque (1647–1690); auf ihre Visionen geht der Herz-Jesu-Kult zurück, der sich nach dem verlorenen Krieg 1870/1871 in Frankreich verbreitete. Sehenswert sind auch das Rathaus aus der Renaissance (1525) mit großartiger Fassade und die Tour St-Nicolas, der Glockenturm einer verfallenen Kirche. Das **Musée du Hiéron** nördlich der Chapelle de la Visitation zeigt sakrale Kunst und italienische, französische und flämische Gemälde des 16.–18. Jh.s.

★ **Paray-le-Monial**

Die Chorpyramide von Notre-Dame in Paray

Charolais-Rinder auf idyllischer Weide in der Nähe von Semur-en-Brionnais

Digoin In Digoin 10 km westlich von Paray treffen mehrere Flüsse und Kanäle zusammen, früher ein wichtiger Punkt für den Transport von Kohle, Holz und Wein, heute Station für Hausbooturlauber. Sehr schön ist die 243 m lange **Kanalbrücke** über die Loire (1834).

Brionnais Paray-le-Monial ist ein guter Ausgangspunkt für eine Rundfahrt durch die Hügellandschaft des Brionnais, das für seine weißen **Charolais-Rinder** berühmt ist. In **Charolles** (15 km östlich von Paray) dreht sich alles um die Charolais-Zucht, vom Wochenmarkt bis zum Fest am 1. Dez.-Wochenende; im Institut Charolais an der N 79 erfährt man alles über die schmackhaften Tiere. Das Museum in der Prieuré (15. Jh.) zeigt Keramik aus der Region von 1836 bis heute und Werke regional bedeutender Maler. In **St-Christophe-en-Brionnais**, 10 km nordöstlich von Semur-en-Brionnais (s. u.), findet Okt./Nov. am frühen Donnerstagmorgen der Viehmarkt statt.

★
Anzy-le-Duc ▶

Ein Schlüsselwerk burgundischer Romanik ist die Prioratkirche aus dem 11. Jh. in Anzy-le-Duc 20 km südlich von Paray-le-Monial, deren Kapitelle den ältesten figürlichen Zyklus in Burgund darstellen. Weitere Höhepunkte sind die romanische Kirche St-Hilaire in **Semur-en-Brionnais**, dem Hauptort des Brionnais, und die Reste der Abtei St-Fortunat in Charlieu. Die erhaltenen Portale (11./12. Jh.) der 872 gegründeten Benediktinerabtei gehören zu den bedeutendsten Zeugnissen der burgundischen Romanik.

★
Charlieu ▶

★ Caen

G 3

Région: Basse-Normandie
Département: Calvados
Höhe: 2 m ü. d. M.
Einwohnerzahl: 110 000

Caen, nahe der normannischen Küste gelegen, wurde bei der Landung der Alliierten 1944 zu großen Teilen zerstört und präsentiert sich als lebhafte moderne Stadt. Vom mittelalterlichen Sitz Wilhelms des Eroberers sind noch eindrucksvolle Zeugnisse erhalten.

Caen (gesprochen »kã«), 16 km vom Ärmelkanal entfernt an der Orne gelegen, ist die Hauptstadt der Basse ▶Normandie und des Départements Calvados. Im 12. Jh. war Caen Residenz des normannischen Herzogs und späteren englischen Königs **Wilhelm der Eroberer** (1027 – 1087) und seiner Frau Mathilde von Flandern. Das Herrscherpaar – Cousin und Cousine – gründete zwei Klöster, um vom Papst die Dispens für ihre Ehe zu bekommen; sie zählen heute zu den bedeutendsten romanischen Bauwerken der Normandie. In Juni und Juli 1944 wurde die Stadt in den wochenlangen heftigen Kämpfen bei der Landung der Alliierten an der Calvados-Küste zu 80 % zerstört, ein Teil der Altstadt wurde mit viel Gespür rekonstruiert. Wirtschaftlich spielen der Hafen, der durch die Orne und den Canal de Caen mit dem Meer verbunden ist, Schwer- und Elektroindustrie,

Geschichte

▶ CAEN ERLEBEN

AUSKUNFT
Office de Tourisme
Place St-Pierre, 14000 Caen
Tel. 02 31 27 14 14, www.caen.fr

SCHIFFSVERKEHR
Boote nach Ouistreham vom Quai Vendeuvre (April – Anf. Okt. Di.–So. 14.45 Uhr, Juli/Aug. auch Sa. nicht). Fahrten zu den Stränden der Invasion (www.lesvedettesdenormandie.fr).

ESSEN

▶ Erschwinglich / Fein
① *Le Pressoir*
3 Av. H. Chéron, Tel. 02 31 73 32 71
Sa.mittag, So.abend, Mo. geschl.
Modernes Ambiente in altem Gemäuer, hervorragende »cuisine du marché« mit regionalen Akzenten.

▶ Preiswert / Erschwinglich
② *Le Carlotta*
16 Quai Vendeuvre
Tel. 02 31 86 68 99, So. geschl.
Eine große, lebhafte »Pariser« Brasserie mit Art-déco-Interieur und herrlichen Fisch- und deftigen Fleischgerichten (natürlich auch Tripes). Vernünftige Preise.

ÜBERNACHTEN

▶ Günstig
① *Hotel des Cordeliers*
4 Rue des Cordeliers
Tel. 02 31 86 37 15, Fax 02 31 39 56 51
Ruhig gelegenes Haus aus dem 18. Jh., sehr angenehme, schlichte Zimmer zum hübschen Innengarten oder zur Fußgängerzone. Kein Restaurant, aber eine Bar im Keller.

Chemie, Maschinen- und Fahrzeugbau eine große Rolle. Als Universitätsstadt mit etwa 24 000 Studenten besitzt Caen auch eine lebhafte Kulturszene.

Sehenswertes in Caen

Château

Auf der Anhöhe im Zentrum ließ Herzog Wilhelm um 1060 eine Burg errichten. Die Grundmauern des Donjons stammen aus dem 12. Jh., die Salle de l'Echiquier (Saal des Kämmerers) ist Rest des Herzogspalasts aus dem 14. Jh.; wiederaufgebaut wurde die Chapelle St-Georges (12./15. Jh.). Zwei Museen sind hier sehenswert. Das Musée des Beaux-Arts (Di. geschl.) zeigt Werke seit dem 16. Jh. (u. a. van der Weyden, Perugino, Dürer, Ruysdael, Tintoretto, Rubens, Courbet, Boudin, Monet, Dubuffet) sowie Fayencen aus Rouen, Nevers und Straßburg. Im chemaligen Gouverneurssitz (17./18. Jh.) illustriert das Musée de Normandie die Geschichte der Stadt und der Region (Juni–Okt. tägl. geöffnet, sonst Di. geschl.).

★★ **Musée des Beaux-Arts** ▶

★ **Musée de Normandie** ▶

★ **St-Pierre**

Stadtmittelpunkt ist die Place St-Pierre vor der Burg, markiert vom wiederaufgebauten 78 m hohen Turm der Kirche St-Pierre (13.–16. Jh.), Vorbild vieler bretonischer und normannischer Kirchtürme. Westlich gegenüber das Hôtel d'Escoville, ein schönes Renaissance-Haus von 1538 (Tourismusbüro). Beachtenswert ist auch die wenige Schritte entfernte Maison des Quatrans mit ihrer beeindruckenden Fachwerkfassade (um 1400).

Caen Orientierung

Essen
① Le Pressoir
② Le Carlotta

Übernachten
① Hotel des Cordeliers

Die Abbaye aux Hommes bildet das markante Zentrum von Caen.

Altstadt

Das Quartier Vaugueux nordöstlich von St-Pierre ist mit Häusern aus dem 16.–18. Jh. besonders beliebt (und touristisch). Auch das Viertel um St-Sauveur blieb im Zweiten Weltkrieg weitgehend erhalten. An der Rue St-Pierre zwei schöne Fachwerkhäuser (Nr. 52, Musée de la Poste et des Techniques de Communication, und Nr. 54).

★ **Abbaye aux Hommes**

Die großartige romanisch-normannische »Männerabtei«, die von den 82 und 80 m hohen Türmen der Kirche St-Etienne überragt wird, entstand 1066–1077. Die Pläne stammten vermutlich von Lanfranc, dem ersten Abt und späteren Erzbischof von Canterbury. Die Turmhelme und der gotische Chor mit den vier Türmen wurden im 13. Jh. ergänzt. Im eindrucksvollen Inneren (115 m lang, 24 m hoch) bezeichnet ein Stein vor dem Hochaltar die Stelle, wo das Grab Wilhelms des Eroberers († 1087) lag, bevor es 1562 von den Calvinisten zerstört wurde. Bei den Bombenangriffen 1944 diente die Abbaye Tausenden als Zufluchtsort. Die Klostergebäude entstanden ab 1704 (Rathaus). Nordöstlich der Abbaye liegt die von schmucken »Hôtels particuliers« gesäumte **Place St-Sauveur**, auf der freitags der Markt stattfindet, im Sommer auch Konzerte, Freilichtkino u. a. m.

> **NICHT VERSÄUMEN**
>
> - Bei Gourmands berühmt sind die »Tripes à la mode de Caen«. Auch Skeptiker sollten sich durchringen, einmal die Kutteln zu probieren, die man traditionell mit Cidre, Calvados, Suppengemüse und einem Bouquet garni mindestens acht Stunden sanft im Ofen schmoren lässt.

St-Nicolas — Unweit nordwestlich von St-Etienne steht an einem stimmungsvollen Friedhof die ehemalige Kirche St-Nicolas (1083–1093); zu beachten sind die romanische Vorhalle und die Chorapsis.

★ Abbaye aux Dames — Das Gegenstück zur Männerabtei, die 1062 von Mathilde von Flandern gestiftete Frauenabtei, liegt östlich des Zentrums. Ihre 50 m lange und 9 m breite romanische Kirche La Trinité ist bescheidener als St-Etienne. Innen das Grab der Königin und eine beeindruckende Krypta. Die Klostergebäude aus dem 18. Jh. dienen seit 1823 als Krankenhaus. Nebenan der hübsche Parc d'Ornano.

★ Mémorial — Kaum ein anderer Teil Frankreichs ist von der Erinnerung an die Schrecken des Zweiten Weltkriegs so geprägt wie die Normandie. Das Mémorial, ein modernes **Friedensmuseum** nordwestlich des Zentrums (www.memorial-caen.fr), dokumentiert die Landung der Alliierten und macht auch auf die allgemeine Bedrohung des Friedens und die Arbeit der UN aufmerksam. Es veranstaltet geführte Touren zu den D-Day-Schauplätzen wie dem **Omaha Beach**.

★★ Camargue

M 9

Eine Landschaft besonderer Art ist die Camargue, das topfebene Mündungsdelta der Rhône mit seinen Salzsümpfen und Sandstränden. Die berühmten halbwilden Stiere und Pferde samt ihrer berittenen Hirten gehören allerdings fast der Vergangenheit an.

Landschaft im Wandel — Die Camargue – benannt nach dem aus Arles stammenden römischen Senator Camar – umfasst die rund 750 km² große Grande Camargue zwischen Grand Rhône und Petit Rhône, in die sich der Strom bei ▶Arles teilt, und die etwa 200 km² große, zum Languedoc gehörende Petite Camargue westlich des Petit Rhône. Zwischen dem Grand Rhône und dem Etang de Berre dehnt sich die **Crau** aus, eine Ebene aus eiszeitlichen Schottern der Durance (▶Arles). Seit Jahrtausenden schwemmt die Rhône Geröll und Erde an, so dass sich das Land immer weiter ins Meer vorschiebt; **Aigues-Mortes**, als Hafenstadt gegründet, ist heute 6 km vom Meer entfernt. Andere Bereiche der Küste bröckeln ab, das im Mittelalter etliche Kilometer landeinwärts erbaute **Stes-Maries-de-la-Mer** liegt heute an der Küste. Der meernahe Teil an der großen Lagune Etang de Vaccarès besteht größtenteils aus dürren Salzflächen und Dünen, auf denen Schirmpinien, Wacholdersträuche und Tamarisken wachsen, dazwischen liegen flache Seen und schilfbewachsene Sümpfe, in denen sich Wasservögel aller Art tummeln, insbesondere Tausende Flamingos.

Trotz des beeindruckenden Szenerie sollte man sich keine überzogenen Vorstellungen von einer »unberührten Naturlandschaft« machen. Seit dem Mittelalter wird die Camargue, vor allem die nördli-

Große Flamingoschwärme und reetgedeckte Bauernhöfe prägen die Camargue.

chen Bereiche, landwirtschaftlich genutzt, heute mit Hilfe riesiger Bewässerungsanlagen. Vermutlich brachten die Araber von Spanien den Reisanbau mit, der seit 1980 intensiviert wird, um der Versalzung entgegenzuwirken. Außer der traditionellen Pferde- und Rinderzucht und dem Weinbau (»Vin de sable«) spielt der Fremdenverkehr die wichtigste Rolle; die schwarzen Stiere und die weißen Pferde der Camargue sind nur noch friedlich grasende Kulissen bzw. dienen zum Vergnügen der Touristen (»promenades à cheval«).

Fahrt durch die Camargue

St-Gilles (13 300 Einw.), ein Zentrum des Obst- und Weinanbaus, liegt 16 km westlich von ▶Arles am Rand der Camargue. Sehenswert ist die Kirche St-Gilles (Ende 11. Jh., 1562 zerstört, im 17. Jh. halb so groß erneuert), deren Fassade mit drei Portalen (um 1150) zu den Hauptwerken der romanischen Plastik in der Provence gehört. Zu sehen sind: in den Tympana (von links) die Hl. Drei Könige, Christus in der Mandorla, Kreuzigung (besonders realistisch); in den Friesen darunter die Passion; in der Portalzone die Apostel; ganz unten zu Seiten des Hauptportals links Kain und Abel, rechts ein bogenspannender Zentaur und Balaam mit seiner Eselin. Die Krypta mit dem Grab des hl. Gilles (Ägidius; 11. Jh.) war im Mittelalter ein bedeutendes Wallfahrtsziel und Station am Jakobsweg. Im freistehenden Rest des Chors ist die »Vis de St-Gilles« sehenswert, eine steinerne Wendeltreppe (1142) aus kompliziert geformten, unglaublich präzis behauenen Teilen. In der Maison Romane, dem Geburtshaus von Papst Clemens IV. (1265–1268), ein kleines Lokalmuseum.

Saint-Gilles

★ ★

◀ St-Gilles

Stierhatz vor den mittelalterlichen Mauern von Aigues-Mortes

Aigues-Mortes Aigues-Mortes (7600 Einw.), das seinen Namen »Stadt der toten Wasser« den Sümpfen der Umgebung verdankt, liegt am Westrand der Camargue; zwei Kanäle stellen heute die Verbindung zum 6 km entfernten Meer her. Seine Gründung geht auf Ludwig den Heiligen zurück, der 1248 mit seiner Flotte von hier zum Ersten Kreuzzug aufbrach. Er und sein Sohn Philipp der Kühne ließen die Stadt – der einzige Hafen des Königreichs am Mittelmeer – bis Ende des 13. Jh.s

★
Stadtmauern ▶ mit einem massiven Mauerring und Türmen versehen (begehbar). Die mächtige, 37 m hohe **Tour de Constance** (Turm der Standhaftigkeit) an der Nordecke diente mehrere Jahrhunderte als Gefängnis für Templer, Hugenotten und andere politische Gegner. Im Zentrum die schattige Place St-Louis mit der schlichten gotischen Kirche Notre-Dame-des-Sablons (moderne Fenster von C. Viallat).

Le Grau-du-Roi 8 km südwestlich von Aigues-Mortes liegt Le Grau-du-Roi, früher ein Fischerdorf, heute ein Ferienort mit über 200 000 Gästen im Jahr. Der südlich anschließende gigantische Jachthafen Port-Camargue entstand ab 1969. Nordwestlich von Le Grau-du-Roi liegt La Gran-

La Grande-Motte ▶ de-Motte, dessen pyramidenartigen Appartementhäuser 1974 eine neue Ära des Tourismus einläuteten. Die insgesamt 18 km langen Sandstrände sind mit allen einschlägigen Einrichtungen versehen.

Pont de Gau Von Aigues-Mortes führt die D 58 nach Osten. Nach 3 km passiert man die Tour Carbonniere (14. Jh.; Aussicht). Auf der D 570 erreicht man, kurz vor Stes-Maries-de-la-Mer, Pont de Gau mit dem Informationszentrum des **Naturparks der Camargue** (tägl.geöffnet, www.parc-camargue.fr). Im Vogelschutzpark sind in der Camargue beheimatete Arten sowie »durchreisende« Vögel zu beobachten.

★ **Saintes-Maries-de-la-Mer**

Der meistbesuchte Ort der Camargue ist Saintes-Maries-de-la-Mer (2400 Einw.). Den Namen verdankt er einer Legende, derzufolge die drei Marien – Maria Jacobäa (Schwester der Mutter Jesu), Maria Salome (Mutter des Apostels Johannes) und Maria Magdalena (die Büßerin) – aus Palästina kommend 40 n. Chr. hier gelandet sind. Sie wurden von Maximin und Sidonius (▶ Aix-en-Provence, St-Maximin) und der schwarzen Dienerin Sara begleitet, die zur Patronin der Sinti wurde. Die festungsähnliche Kirche in der Mitte des vom Ferienkommerz geprägten Orts entstand im 10., 12. und 15. Jh.; sie besitzt einen Brunnen für den Fall der Belagerung. In einer Kapelle über der Apsis befinden sich die Reliquien der beiden ersten Marien,

CAMARGUE ERLEBEN

AUSKUNFT
CDT Bouches du Rhône
13006 Marseille, Tel. 04 91 13 84 13
www.visitprovence.com
Office de Tourisme
Boulevard des Lices, 13200 Arles
Tel. 04 90 18 41 20, Fax 04 90 18 41 29
www.arlestourisme.com
www.camargue.fr

TIPPS
Im Sommer sind die Hauptattraktionen wie Stes-Maries, Aigues-Mortes und die Strände überlaufen. Teile der Landschaft sind als Naturschutzgebiet ausgewiesen und zum Schutz vor Touristen eingezäunt. Wer sich im Sommer hier aufhält, sollte sich gegen Stechmücken ebenso wappnen wie gegen Diebstahl aus dem Auto.

FESTE & EVENTS
Aigues-Mortes: um den 20. Aug. Fête St-Louis (Mittelalterfest); 10 Tage im Okt.: Fête Votive (viele Spektakel mit Stieren und Pferden: Abrivados, Courses de Taureau, Vachettes, Bandidos). Stes-Maries: Ostern – Okt. Stierkämpfe; 24./25. Mai und um den 22. Oktober: Sinti-Wallfahrten; Ende Juli: Festo Virginienco; 11. Nov. Festival d'Abrivado.

ESSEN
▶ **Erschwinglich**
Salicorne
Aigues-Mortes
9 Rue Alsace-Lorraine
Tel. 04 66 53 62 67, Di. geschl.
Hinter der Kirche Notre-Dame-des-Sablons. Rustikal mit Stein, Balken und Schmiedeeisen gestaltet. Gute südliche Küche, schöne Terrasse.

ÜBERNACHTEN
▶ **Günstig / Komfortabel**
St-Louis
Aigues-Mortes
10 Rue Amiral Courbet, Tel. 04 66 53 72 68, www.lesaintlouis.fr
Hübsches Haus aus dem 18. Jh. zwischen Tour de Constance und Place St-Louis (geöffnet April – Okt.). Das Restaurant serviert provenzalische Spezialitäten. Schattige Terrasse.

Mirage
Stes-Maries-de-la-Mer
14 Rue C. Pelletan, Tel. 04 90 97 80 43
www.lemirage.camargue.fr
Familiäres, komfortables Haus in einem ehemaligen Kino mit hübschem Salon. Terrasse zum kleinen Garten, wo man auch picknicken kann. Ca. 100 m zum Strand.

Die »Schwarze Sara« bei der Wallfahrt im Mai

in einer Krypta die ihrer Dienerin. Die Reliquien sind Ziel der prächtigen **Wallfahrten von Sinti** in Mai und Oktober. Vom Dach der Kirche hat man einen schönen Ausblick, insbesondere bei Sonnenuntergang. Im ehemaligen Rathaus aus dem 19. Jh. ist das volkskundliche Musée Baroncelli untergebracht. Hinter dem Strand, der 1984 angelegt und mit einem Deich befestigt wurde, steht die Arena für die Stierkämpfe, die im Sommer stattfinden.

Zwischen Albaron und Arles liegt an der D 570 der **Mas du Pont de Rousty**, eine Schäferei von 1812, heute Musée Camarguais. Mit einem 3,5 km langen Lehrpfad erläutert es die Geschichte der Kulturlandschaft und seiner Bewohner.

Etang de Vaccarès Bei Albaron (Turm aus dem 13. Jh.; Bewässerungspumpstation) zweigt die D 37 nach Süden ab. Hinter Méjanes führt sie an der durchschnittlich 50 cm tiefen Lagune Etang de Vaccarès entlang, der mit ca. 6000 ha größten der Camargue. Von Villeneuve führt die reizvolle D 36 B südwärts; bei La Capelière eine Beobachtungsstation der Société Nationale de Protection de la Nature. Von Le Paradis aus ist der Leuchtturm (Phare) de la Gacholle zu erreichen (das letzte Stück zu Fuß). Von dort führt ein Weg über die um 1860 erbaute Digue à la mer (Deich) nach Saintes-Maries-de-la-Mer.

★ **Salin-de-Giraud** Bei Salin-de-Giraud wird aus Meerwasser Salz gewonnen. Von einem künstlichen Hügel hat man einen guten Blick auf die durch Algen bunt gefärbten Verdunstungsbecken und die weißen Salzhalden – und auf die riesigen Industrieanlagen jenseits des Grand Rhône. Auf der D 36 D erreicht man die **Plage de Piémanson**, den 12 km langen, sommers mit Campern grauenhaft überfüllten feinsandigen »Strand von Arles« (teils FKK), der über keine Infrastruktur verfügt.

► Cannes ZIELE 311

Cannes

P 9

Région: Provence – Alpes – Côte d'Azur
Département: Alpes-Maritimes

Meereshöhe
Einwohnerzahl: 70 800

Mehr exklusive Hotels, exzentrische Restaurants und schicke Boutiquen als in Cannes, dem Treffpunkt der Reichen und Schönen, gibt es an der ▶Côte d'Azur nirgends. Bestätigt wird die Attraktivität der herrlich am Golfe de la Napoule liegenden Stadt durch die Festivals der Medienwelt und die internationalen Kongresse.

Der Aufstieg zum berühmten Badeort kam nach der »Entdeckung« durch den britischen Schatzkanzler Lord Brougham, der 1834 wegen einer in Nizza grassierenden Cholera-Epidemie in Cannes bleiben musste. 1838 wurde der Hafen angelegt, 30 Jahre später mit dem Bau der Uferpromenade begonnen. Ein überaus mildes Klima, eine üppige subtropische Vegetation und der schöne Strand – der zum großen Teil künstlich angelegt wurde – haben Cannes zum Urlaubertummelplatz ersten Ranges gemacht. — Geschichte

Sehenswertes in Cannes

Die Altstadt Le Suquet nimmt den 67 m hohen Mont Chevalier ein. Ganz oben steht der Wachturm (12. Jh.; prächtiger Ausblick), den die Äbte von Lérins erbauten. Er gehört zum Musée de la Castre, das — Altstadt

Cannes Orientierung

1 Notre-Dame de l'Espérance
2 Ste-Anne
3 Tour du Mont-Chevalier
4 Musée de la Castre
5 Gare Routière
6 Eglise de la Miséricorde
7 Marché Forville
8 Hôtel de Ville
9 Marché aux Fleurs
10 Notre-Dame de Bon Voyage
11 Centre Administratif
12 Centre Sportif Montfleury

Essen
① Bruno Oger
② La Cave

Übernachten
① Carlton
② America
③ Idéal Séjour

CANNES ERLEBEN

AUSKUNFT
Office de Tourisme
Palais des Festivals, 06400 Cannes
Tel. 04 92 99 84 22, Fax 04 92 99 84 23
www.cannes.com, www.cannes.travel

EVENTS
Mai: Filmfestival (Unterkunft für diese 12 Tage muss früh gebucht werden, Preise exorbitant). Juli – Sept. Été à Cannes (v. a. Musik aller Art).

ESSEN

▶ Fein & teuer / Erschwinglich
① *Bruno Oger*
Cannes-Le Cannet, 5 b Rue Notre-Dame-des-Anges, Tel. 04 92 18 18 28
Bruno Oger gilt mit seiner genialen Küche als einer besten Köche Frankreichs. Die »Villa Archange« auf den Höhen des nördlichen Stadtteils Le Cannet bietet nobles provenzalisches Ambiente, preisgünstiger speist man im modernen Anbau »Bistrot des Anges« (herrlicher Ausblick).

▶ Preiswert / Erschwinglich
② *La Cave*
9 Blvd. de la République
Tel. 04 93 99 79 87
Beliebtes, heimeliges Bistro mit einsehbarer Küche, in der herzhaft provenzalisch gekocht wird.

ÜBERNACHTEN

▶ Luxus
① *InterContinental Carlton*
58 La Croisette, Tel. 04 93 06 40 06
www.ichotelsgroup.com
Purer Luxus im weltberühmten, seit 1912 bestehenden Hotelpalast an der Promenade. Drei Restaurants unterschiedlichen Zuschnitts. Privatstrand. Die Zimmerpreise richten sich u. a. nach dem Ausblick.

▶ Komfortabel
② *Hotel America*
13 Rue St-Honoré, Tel. 04 93 06 75 75
www.hotel-america.com
Nur wenige Schritte von der Promenade gelegenes gepflegtes Haus, hübsch eingerichtete, kleine Zimmer und sehr freundlicher Service. Für die Lage und den Komfort gutes Preis-Leistungs-Verhältnis.

▶ Günstig
③ *Idéal Séjour*
6 Allée du Parc des Vallergues
Tel. 04 93 39 16 66, Fax 04 92 99 11 30
www.ideal-sejour.com
Hübsche Villa aus dem 19. Jh., zu Fuß ca. 20 Minuten von der Stadtmitte ruhig in einem Garten gelegen. Sehr nette Zimmer, zum Teil mit Blick über die Stadt. Parkplätze gratis.

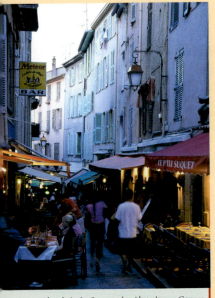

Abends in Le Suquet, der Altstadt von Cannes

La Croisette, Laufsteg und Badeparadies

antike Altertümer sowie fernöstliche und mittelamerikanische Kunst zeigt. Nördlich davon die spätgotische Kirche Notre-Dame-de l'Espérance, die erst 1521–1648 errichtet wurde; beachtenswert die Madonna (18. Jh.) und die Holzstatue der hl. Anna (um 1500).

Westlich am Meer entlang verläuft der Boulevard Jean-Hibert zum schönen Square Mistral; daran schließen der 3 km lange Blvd. du Midi mit öffentlichem Kiesstrand (oberhalb das Quartier Anglais mit prächtigen Villen) und die Corniche de l'Esterel (Corniche d'Or) an. **Boulevard du Midi**

Vom Alten Hafen (Port Cannes I) legen die Schiffe zu den Iles de Lérins (s. u.) ab. An seiner Nordseite liegen die Gare Maritime (Hafenbahnhof, 1957) und die hübschen platanenbestandenen Allées de la Liberté (morgens Blumenmarkt), im Nordwesteck das Rathaus (1876). Das Ladenzentrum mit der **Markthalle** (Marché Forville, 1870; Mo. geschl.) ist nördlich des Rathauses zu finden. Luxusgeschäfte reihen sich am Straßenzug Rue Félix-Faure / Rue d'Antibes. ★ **Vieux Port**

Vom 1982 eröffneten **Palais des Festivals** (lokal »Bunker« genannt) ostwärts verläuft die Schaumeile der Stadt, der um 1860 angelegte Boulevard de la Croisette mit seinen mehr oder weniger luxuriösen Hotels, Geschäften und Badestränden (das Nichtstun kostet hier 10–40 € pro Tag). Die Strandabschnitte am West- und Ostende sind öffentlich. Den östlichen Abschluss der Bucht bildet die Landzunge La Croisette mit dem Palm Beach Casino von 1929. Nördlich der Landzunge Croisette liegt der reizvolle Stadtteil **La Californie**, in dem Picasso sich 1955 eine Villa kaufte; sehenswert die Russische Kirche von 1894 (Blvd. Alexandre-III). Vom 325 m hoch gelegenen Observatoire de Super-Cannes genießt man einen herrlichen Blick. ★ **La Croisette**

Umgebung von Cannes

Rund 4 km südöstlich liegt die Gruppe der Iles de Lérins. Die größte Insel ist die von Eukalyptus- und Kiefernwäldern bedeckte Ile Ste **Iles de Lérins**

Ile Ste-Marguérite ▶ Marguérite. An ihrer Nordseite das Fort Royal, das im 17. Jh. errichtet und 1712 von Vauban ausgebaut wurde; es diente lange als Gefängnis. Gegen Ende des 17. Jh.s wurde hier der »Mann mit der eisernen Maske« gefangengehalten, dessen geheimnisvolle Identität die Fantasie einiger Schriftsteller und Filmregisseure anregte. Das Musée de la Mer zeigt hier Funde aus römischer Zeit. Rund 700 m weiter südlich liegt die kleinere Ile St-Honorat. Die **Abbaye de Lérins** an der Südküste gehörte im Mittelalter zu den bedeutendsten Klöstern Europas; heute leben hier Zisterziensermönche, die einen ausgezeichneten Wein und einen Kräuterlikör machen (www.abbayedelerins.com). Zugänglich sind Kirche (um 1870) und Museum. Am Wasser steht das Château St-Honorat, 1073 als Zufluchtsstätte gegen Sarazenen erbaut, mit schönem doppelstöckigem Kreuzgang (14./16. Jh.). Von der Abtswohnung ganz oben herrliche Aussicht.

Ile Saint-Honorat ▶

★ **Vallauris**
Etwa 5 km nordöstlich liegt Vallauris, das bekannte Töpferstädtchen. 1501 wurden hier 70 Töpferfamilien aus Genua angesiedelt, Picasso hat hier 1946–1948 gelebt. Beste Werkstatt ist Madoura, die auch die Lizenz für Keramik nach Picasso-Entwürfen hat. In der schlichten romanischen Kapelle (um 1220) des »Château«, des festungsartigen mittelalterlichen Klosters, schuf Picasso 1952–1959 das Monumentalgemälde »Krieg und Frieden«; im Schloss außerdem ein Museum für Keramik und moderne Kunst (beide Di. geschl.). Auf dem Kirchplatz steht die Picasso-Plastik »Mann mit Schaf«; in der Rue Sicard gibt es ein Keramikmuseum.

Mougins
Ca. 5 km nördlich von Cannes glänzt Mougins (20 000 Einw.), ehedem ein befestigtes Bergdorf, mit erstklassigen Restaurants und vielen Kunstgalerien. Picasso lebte von 1961 bis zu seinem Tod 1973 hier; im Musée de le Photographie sind u. a. Picasso-Porträts von berühmten Fotografen zu sehen.

★ ★ Carcassonne

K 9

Région: Languedoc-Roussillon **Höhe:** 111 m ü. d. M.
Département: Aude **Einwohnerzahl:** 47 600

Carcassonne ist in aller Welt als die beeindruckendste mittelalterliche Festung in Europa berühmt – auch wenn nicht alles original, sondern den romantischen Vorstellungen des 19. Jahrhunderts entsprungen ist.

Ein wenig Geschichte
Im 1. Jh. v. Chr. befestigten die Römer den am Weg zum Atlantik gelegenen Marktort Carcasso, der später in den Besitz der Westgoten (6. Jh.), der Araber (725) und der Franken (759) kam. 1209 wurde die Stadt, eines der Zentren der **Katharer**, von Simon von Montfort

Wie eine Fata Morgana über der Aude erscheint die Festungsstadt Carcassonne.

erobert; anschließend machte Simon sie zur Basis für seinen grausamen Krieg gegen die Katharer (▶Baedeker Special S. 450). 1229 fiel sie mit der Grafschaft an die französische Krone. Die Festung wurde durch die Grafen von Béziers (1130), Ludwig den Heiligen (ab 1240) und Philipp den Kühnen (um 1280) erweitert und galt zuletzt als uneinnehmbar. Ab 1240 wurde die Ville Basse nach Art der südfranzösischen Bastiden angelegt, in der sich die aus der Festung vertriebenen Bürger niederlassen konnten. Nach dem Pyrenäenfrieden 1659 bedeutungslos geworden, verfiel die Festung, bis der oberste Denkmalschützer Prosper Mérimée auf sie aufmerksam wurde; ab 1843 wurde sie dann unter Viollet-le-Duc restauriert (Abschluss 1910).

Sehenswertes in Carcassonne

Die Hauptstadt des Départements Aude liegt am Südfuß der Montagne Noire an dem uralten Verkehrsweg, der vom Mittelmeer durch das Tal der Garonne – entlang dem heutigen Canal du Midi – zum Atlantik führt. Jenseits der Aude erstreckt sich in der Ebene die schachbrettartig angelegte **Ville Basse**, in der das vom Tourismus wenig berührte normale Leben stattfindet. Der Ringboulevard markiert den Verlauf der im 18. Jh. abgerissenen Stadtmauern. Den Mittelpunkt bildet die Place Carnot mit Neptunbrunnen (1770), Di., Do. und Sa. ist hier **Markt**. Im Norden sehenswert die Kirche St-Vincent (14. Jh., Languedoc-Gotik) mit schönem Hauptportal, im Süden die Kathedrale St-Michel (um 1250) mit Fenstern aus dem 14. Jh., Kirchenschatz und einer Cavaille-Coll-Orgel (19. Jh.). Das Kunst

★
Ville Basse

museum (Rue de Verdun) zeigt Werke flämisch-holländischer Maler des 17.–18. Jh.s und lokaler Künstler sowie eine Keramiksammlung.

Cité ★★ Über zwei Brücken (südlich der Pont Vieux, 13. Jh.) gelangt man in die 150 m hoch gelegene **Burgstadt**, die von einer doppelten Ringmauer (1300 bzw. 1700 m Umfang) mit 52 Türmen umgeben ist. Die Festungswerke waren z. T. bis zur halben Höhe verfallen, bevor Viollet-le-Duc sie nach den Vorstellungen des 19. Jh.s wieder aufrichtete. Dass das Ensemble an ein **Disneyland** erinnert, ist kein Zufall; Walt Disney nahm Carcassonne zum Vorbild für seine Zeichentrickfilme, auch der Robin-Hood-Film mit Kevin Costner (1991) wurde z. T. hier gedreht. Der Charme der romantischen Gassen wird durch unendliche Mengen an Andenkenschrott etc. erheblich gemindert. Wer den Besuchermassen einigermaßen entgehen will, sollte die Morgen- oder Abendstunden wählen.

Die einzigen Zugänge sind die doppeltürmige Porte Narbonnaise im Osten und die Porte d'Aude im Westen. Von Ersterer führt die Rue Cros-Mayrevieille zum Château Comtal (um 1125, im 13. Jh. ausge-

CARCASSONNE ERLEBEN

AUSKUNFT

Office de Tourisme
28 Rue de Verdun, 11890 Carcassone
Tel. 04 68 10 24 30
www.carcassonne.org

VERKEHR

Städtische Busse von Agglo'Bus, Information am Square Gambetta (Ville Basse). Im Sommer Pendelbus zwischen Bastide St-Louis und Cité.

FESTE & EVENTS

Ende April: Jazzwoche. Mitte Juni bis Mitte Aug.: Kulturfestival. 14. Juli, 22.30 Uhr: Feuerwerk über der Cité (bester Blick vom Ufer der Aude). Um 20. Aug.: »Carcassonne fête le Sud«.

ESSEN

▶ **Preiswert / Erschwinglich**
① *L'Écurie*
43 Blvd. Barbès, Tel. 04 68 72 04 04
In einem Stallgebäude aus dem 18. Jh. am Südrand der Ville Basse genießt man gute lokale Küche und Weine.

▶ **Preiswert**
② *Auberge de Dame Carcas*
3 Pl. du Château, Tel. 04 68 71 23 23
In der Cité gelegenes unprätentiöses Restaurant mit herzhaften Gerichten und guter Auswahl regionaler Weine.

ÜBERNACHTEN

▶ **Komfortabel**
① *Donjon*
2 Rue du Comte Roger, Tel. 04 68 11 23 00, www.hotel-donjon.fr
Ein Best Western in historischen Gebäuden inmitten der Cité. Kleine, nette und komfortable Zimmer. Die Brasserie serviert lokale Spezialitäten.

La Maison Pujol
Conques-sur-Orbiel, 17 Rue Mistral
Tel. 04 68 26 98 18
www.lamaisonpujol.com
8 km nordöstlich von Carcassonne Chambres d'hôtes mit 5 Z. in einem Weingut aus dem 18. Jh. – alte Substanz, modern gestaltet: teils Bauhausstil, teils ein wenig schräg.

baut), einem eigenständigen Bollwerk; von seinen Zinnen hat man eine weite Aussicht. Von den vielen »Museen«, die um die Gunst des Touristen werben, ist nur das Im@ginarium zu empfehlen, eine Multimediaschau über den Krieg gegen die Katharer.

Der Ostteil der ehemaligen Kathedrale St-Nazaire mit seinen wunderbaren **Glasfenstern** wurde 1269–1330 nach dem Vorbild von St-Denis in Paris erbaut – ein Symbol für die Eroberung des Südens durch die Krone. Das Langhaus wurde 1096 geweiht, die Westfassade von Viollet mit Zinnen versehen. Im Chor 22 bemerkenswerte Statuen und Grabmäler, u. a. das von Simon de Montfort.

★ **St-Nazaire**

Umgebung von Carcassonne

Die Montagne Noire, ein Ausläufer der Cevennen, steigt allmählich bis zum 1210 m hohen Pic de Nore an. Die steile Nordflanke über dem Thoré und die Südseite unterscheiden sich in Klima und Vegetation: Erstere ist sehr regenreich und trägt dichte Laub- und Nadel-

Montagne Noire

Carcassonne Cité *Orientierung*

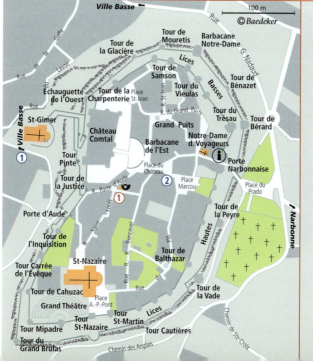

Essen
① L'Écurie
② Auberge de Dame Carcas

Übernachten
① Donjon

◄ Châteaux de Lastours

wälder, Letztere zeigt mit Garrigue, Kastanien- und Olivenbäumen und Reben ein mediterranes Bild. 16 km nördlich von Carcassonne (über Conques-sur-Orbiel zu erreichen) liegen die Châteaux de Lastours, die **vier Burgen** des Katharers Pierre de Cabaret, die der Belagerung durch Simon de Montfort standhielten. Den besten Blick hat man vom östlich gelegenen Belvedere. Über die D 112 ist der Pic de Nore zu erreichen (weites Panorama).

Minervois

✱

◄ Minerve

Sehr empfehlenswert ist ein Ausflug in das Weinbaugebiet Minervois nordöstlich von Carcassonne. Seinen Namen hat es von dem herrlich gelegenen alten Dorf Minerve (100 Einw.), eine Festung, die von Simon de Montfort 1210 erobert wurde; 180 Katharer, die ihrem Glauben nicht abschwören wollten, wurden hier verbrannt. Sehenswert die romanische Kirche St-Étienne (11./12. Jh., z. T. noch 6. Jh.) mit einem Altar von 456, das Archäologische Museum und das Musée Hurepel (Geschichte der Katharer). Südwestlich des Orts sind die **Ponts naturels** zu sehen, natürliche Tunnel, die sich die Cesse in das Kalkgebirge gegraben hat. Nördlich von Siran (12 km südwestlich von Minerve) die Chapelle de Centeilles (13. Jh.) mit schönen Fresken aus dem 14./15. Jh.; herrlicher Blick über die Weinberge.

◄ Chapelle de Centeilles

Castelnaudary

Am Canal du Midi liegt Castelnaudary (37 km westlich von Carcassonne, 11 000 Einw.), das als Heimat des **Cassoulet** bekannt ist. Allerdings erheben auch Carcassonne und Toulouse diesen Anspruch, die ihre eigenen Versionen dieses herzhaften Ragouts aus weißen Bohnen, Schweine- und Enten- oder Gänsefleisch haben. Hübsch ist die Partie am Kanalhafen mit dem Pont Vieux (17. Jh.). Die Kirche St-Michel (14. Jh.) mit markantem, 56 m hohem Turm verfügt über eine schöne Orgel (18. Jh.). Von der restaurierten Windmühle nördlich über der Stadt schöner Blick über das Laurageais.

Castres

✱ ✱

◄ Musée Goya

Am Rand der hügeligen Sidobre, gut 60 km nördlich von Carcassonne, liegt Castres (43 000 Einw.), seit Jahrhunderten einer der bedeutendsten Orte der Wollverarbeitung in Frankreich; er ging aus einem um 810 gegründeten Benediktinerkloster hervor. Ein Muss ist der Besuch des Musée Goya mit der bedeutendsten Sammlung spanischer Malerei in Frankreich nach dem Louvre, das im Rathaus, dem ehemaligen Bischofspalast – erbaut von J. Hardouin-Mansart, 1669; Garten von Le Nôtre –, untergebracht ist (geöffnet Juli/Aug. tägl. 10.00 bis 18.00, sonst Di. – So. 9.00 – 12.00, 14.00 – 18.00/17.00 Uhr). Insbesondere ist in der Tat **Francisco de Goya** (1746 – 1828) vertreten, u. a. mit den Radierungszyklen »Caprichos«, »Desastres de la Guerra«, »Tauromaquia« und »Disparates«. Die barocke Kathedrale St-Benoît (erbaut 1677 – 1718) ersetzte die Abteikirche des 9. Jh.s. Ein schönes Bild bieten die bunten mittelalterlichen Häuser am Agoût. In Castres wurde 1859 der Philosoph und sozialistische Politiker **Jean Jaurès** geboren (1914 ermordet); ihm ist ein Museum im Norden der Altstadt gewidmet.

Cevennen · Cévennes

L 8

Etwas für Naturfreunde und Liebhaber herber, einsamer Landschaften sind die Cevennen, das Hochland zwischen dem Zentralmassiv und den Küstenebenen des Mittelmeers.

Landschaft

Die Cevennen sind ein etwa 1500 m hohes Mittelgebirge aus Schiefer und Granit; die höchsten Erhebungen sind Mont Lozère (Sommet de Finiels, 1699 m) und Mont Aigoual (1567 m). Nach Osten, zum Rhône-Tal hin, fällt es steil ab, im Westen schließen sich die steppenähnlichen, um 1000 m hohen Karstplateaus der Grands Causses an. Das karge, äußerst **dünn besiedelte Hochland** – im Département Lozère, zu dem noch die einsamen Monts d'Aubrac gehören, leben 14 Einw./km² – ist aufgrund seiner dürftigen natürlichen Ressourcen eines der ärmsten Gebiete Frankreichs. Von Bedeutung ist nur die Schafzucht, die allerdings ein berühmtes Produkt vorzuweisen hat: den Roquefort, der in den Kellern von Roquefort-sur-Soulzon reift.

Klima und Vegetation

Die Cevennen bilden die Klimascheide zwischen dem rauen Zentralmassiv und dem mediterranen Bereich. Kalte Winter und heiße Sommer, heftige Winde und Regenfälle suchen die vegetationsarmen Hochflächen heim; an den Hängen und in den Schluchten wachsen außer Eichen v. a. Esskastanien. Der Raubbau an den Buchenwäldern für die zahlreichen Glasbläsereien wurde um die Mitte des 19. Jh.s eingestellt; seitdem wird hauptsächlich mit Nadelbäumen intensiv aufgeforstet. Im Süden dringen mediterrane Garrigue sowie Oliven- und Weinbau weit in das Bergland vor.

Naturparks

Cevennen und Causses verfügen über eine sehr interessante **Flora und Fauna** mit vielen seltenen Arten. Ziele des ca. 300 km² großen Parc National des Cévennes und des etwa gleich großen Parc Naturel Régional des Grands Causses sind außer dem Naturschutz und der Pflege der traditionellen bäuerlichen Kultur die Organisation um-

Highlights Cevennen

Naturerlebnis
Ob mit Rucksack oder Packesel, die Nationalparks der Cevennen lernt man am besten zu Fuß kennen
▶ Seite 320

Corniche des Cevennes
Atemberaubende Panoramen an der unter Ludwig XIV. angelegten Militärstraße
▶ Seite 322

Gorges du Tarn
Bis zu 600 m tiefe Schluchten in den Causses, ein herrliches Revier für Kajakfahrer und Kletterer
▶ Seite 324

Roquefort
In Felsenkellern reift der berühmte Käse aus der Milch der Cevennen-Schafe.
▶ Seite 325

Die Gleitschirmflieger haben das schöne gelegene Millau für sich entdeckt.

weltverträglicher Urlaubsaktivitäten. Die herbe Landschaft mit Wäldern, mageren Weiden, kahlen Flächen und tief eingeschnittenen Tälern ist ein Refugium für Naturfreunde und Wanderer, für die es eine große Zahl von Gîtes Ruraux gibt. Informationen aller Art bekommt man bei den Nationalparkbüros in Florac und Millau.

Ein wenig Geschichte Das unwegsame Hochland, dessen Name sich von lat. »mons Cebenna« ableitet, war in den Religionskriegen des 16. Jh.s und nach der Aufhebung des Edikts von Nantes 1685 Zuflucht für die Hugenotten, die wegen ihrer weißen Hemden **Camisards** genannt wurden. 1702 brach ihr Aufstand aus. Die blutigste Phase des Cevennenkriegs, in der die Truppen König Ludwigs XIV. die meisten Dörfer zerstörten, dauerte bis 1704. Erst 1787, unter Ludwig XVI., garantierte das Toleranzedikt Religionsfreiheit. Die Bevölkerung der Cevennen ist noch heute zum großen Teil protestantisch, die Nachfahren der Hugenotten treffen sich alljährlich Anfang September beim Mas Soubeyran, dem Haus des damaligen Anführers »Roland« (▶S. 322).

Reiseziele in den Cevennen

Mende Am Oberlauf des Lot liegt Mende (730 m, 12 000 Einw.), ein Provinzstädtchen, das als Hauptort des Départements Lozère aber überraschend elegant ist. Südlich der Stadt ragen die über 300 m hohen Steilhänge der Causse de Mende auf (Mont Mimat, 1067 m; schöner Blick auf Mende). Die Kathedrale Notre-Dame wurde 1368 begonnen (Türme 16. Jh.) und 1579 von den Hugenotten großenteils zerstört (Aufbau 17. Jh.). Drinnen zu sehen Wandteppiche aus Aubusson (1708), eine Schwarze Madonna (11. Jh.) aus dem Orient und der 2,15 m lange, 470 kg schwere Klöppel der Glocke »Nonpareille«, die im Mittelalter die größte Glocke der Christenheit gewesen sein soll (Gewicht 25 t, 1579 zerstört). Sehr schön ist der über der Lot führende Pont de Notre-Dame (13. Jh.). In der Rue Notre-Dame das älteste Haus, die Synagoge aus dem 13. Jh.; in einem Haus aus dem 17. Jh. ist das Regionalmuseum Musée Ignon Fabre untergebracht.

★ **Mont Lozère**

Südwestlich von Mende ragt der Gebirgsstock des Mont Lozère auf, der aus Granit besteht und eine herbe Heidelandschaft trägt. Von Le Bleymard kann man nach Süden auf den 1548 m hohen Pass **Col de Finiels** fahren, von dem der Sommet de Finiels (1699 m) in 2 Std. auf einem alten Schafswanderweg zu erreichen ist (herrlicher Blick über die Cevennen). Jenseits des Passes liegt Le Pont-de-Montvert mit dem Schloss, das Ausgangspunkt des Cevennenkriegs war, und dem Ecomusée du Mont Lozère (Bauernmuseum, mit Gîte d'Etape).

◀ Le Pont-de-Montvert

Florac

Das hübsche Städtchen (1900 Einw.) ist ein guter Standort für Ausflüge in die Cevennen, die Causses und die Tarn-Schluchten; das Verkehrsbüro informiert über alle möglichen Outdoor-Aktivitäten. Im Schloss (17. Jh.) ist die Zentrale des **Parc National des Cévennes** untergebracht (Informationen, Karten; www.cevennes-parcnational.fr).

● CEVENNEN ERLEBEN

AUSKUNFT

CRT Languedoc-Roussillon
Acropole, 954 Avenue Jean Mermoz
34960 Montpellier Cedex 2
Tel. 04 67 20 02 20
www.sunfrance.com

CRT Midi-Pyrenees
54 Blvd. de l'Embouchure, BP 52166
31022 Toulouse Cedex 2
Tel. 05 61 13 55 48
www.tourisme-midi-pyrenees.com

ESSEN / ÜBERNACHTEN

▶ **Komfortabel / Luxus**
Château de la Caze
Ste-Enimie, La Malène
(zwischen Mende und Millau)
www.chateaudelacaze.com
Tel. 04 66 48 51 01, Mitte Nov. – März geschl. Das zauberhaft am Fluss Tarn gelegene trutzige Schloss hat auch als Hotel seine Atmosphäre bewahrt, die Ausstattung zeigt schlichte Eleganz. Das Restaurant (mit Terrasse) tischt regionale Köstlichkeiten auf.

▶ **Günstig / Komfortabel**
Château de Creissels
Creissels, Place du Prieur, Tel. 05 65 60 16 59 (2 km südlich von Millau)
www.chateau-de-creissels.com
Schloss aus dem 12. Jh. in schönem Park, mit modernem Anbau. Noble bis bürgerlich-plüschige Zimmer, z. T. mit Blick auf den Viadukt von Millau. Man speist sehr gut, in alten Gewölben oder auf der Terrasse.

Corniche des Cévennes — Die 53 km lange Corniche des Cévennes, die von Florac auf dem Bergkamm südöstlich nach St-Jean-du-Gard führt, wurde für die Truppen Ludwigs XIV. im Krieg gegen die Hugenotten gebaut und bietet atemberaubende Aussichten über das Gebirge. Auf dem Kalkfelsen bei **St-Laurent-du-Trèves** wurden 190 Mio. Jahre alte Spuren von Sauriern entdeckt; von hier schöner Blick auf Causse Méjean und Mont Lozère. Von St-Jean-du-Gard gelangt man über die D 50 zum **Mas Soubeyran**, heute Musée du Désert, in dem die Geschichte der Hugenottenkriege dokumentiert wird.

Anduze — Das südöstlich von St-Jean-du-Gard gelegene Städtchen (3200 Einw.) war ab 1622 Hauptstützpunkt eines vom Herzog von Rohan geführten protestantischen Aufstands. Von den nach dem Frieden von Alès geschleiften Festungsanlagen blieb nur der Uhrturm (1320) übrig. In der Nähe die protestantische Kirche von 1829, der seltsame Brunnen auf der Place Couverte stammt von 1649. 2 km nördlich (D 129) liegt die erstaunliche, ab 1855 angelegte **Bambouseraie de Prafrance**, ein Bambuswald mit herrlichen exotischen Gärten (geöffnet März – Mitte Nov. tägl.). Hier drehte H.-G. Clouzot den klassischen Thriller »Lohn der Angst«.

In kühl-feuchten Kellern reift der köstliche Roquefort (▶S. 325).

Am Südostrand der Cevennen, schon im Languedoc, liegt **Alès** (40 000 Einw.), einst Zentrum eines Kohlereviers. Südlich der Vauban-Festung, die die Altstadt in der Gardon-Biegung überragt, steht die Kathedrale St-Jean-Baptiste (Westteile romanisch/gotisch, Rest 17./18. Jh.) mit Gemälden aus dem 18./19. Jh. im Querschiff. Sehenswert das **Musée du Colombier** mit Gemälden des 16. – 20. Jh.s, besonders Brueghel d. Ä., Van Loo und andere Niederländer. 3 km westlich der Stadt ist ein Museumsbergwerk eingerichtet. Sehr gut isst man in der Auberge de St-Hilaire in St-Hilaire-de-Brethmas (6 km südöstlich von Alès, Tel. 04 66 30 11 42).

Mont Aigoual — Südlich von Florac ragt das Granit-Schiefer-Massiv des Aigoual (1567 m) auf, an dem sich die Wolken vom Atlantik und vom Mittelmeer abregnen. Ab 1875 wurde das kahlgeschlagene Gebirge mit Buchen wieder aufgeforstet. Von der seit 1887 bestehenden Wetterwarte bietet sich ein **grandioses Panorama** – bei besten Verhältnissen von den Pyrenäen bis zum Montblanc.

Malerische Felswände und Burgruinen: der Tarn bei Castelbouc →

✶ ✶ Grands Causses · Gorges du Tarn

Landschaft Die Grands Causses, weite, einsame, unfruchtbare, von Wind und Wetter gezeichnete Karstflächen östlich von Millau (s. u.), werden von grandiosen Schluchten – Gorges du Tarn, Gorges de la Jonte – in die Causse de Sauveterre, Causse Méjean und Causse Noir geteilt; südlich des Vallée de la Dourbie schließt der Causse du Larzac an.

✶ ✶
Gorges du Tarn Die Schluchten des Tarn gehören zu den eindrucksvollsten Naturschönheiten in Frankreich. Der am Mont Lozère entspringende Fluss hat sich bis zu 600 m tief in den Kalk eingegraben. Diese **Cañons** kann man von der Straße, zu Fuß und vom Boot aus erleben, weshalb die D 907 B entlang dem Fluss im Sommer häufig einem überfüllten Parkplatz gleicht. In Ste-Enimie und La Malène kann man Kanus und Kajaks mieten und bis zum Pas de Souci hinunterfahren.

✶
Sainte-Enimie Von Florac führt die D 907 B vorbei an Ispagnac (Kirche 11./12. Jh.), der Brücke von Quézac (14. Jh.) und der Ruine von Castelbouc nach Ste-Enimie (500 Einw.), das in die Engstelle über einer Tarn-Schleife gebaut ist. Sehenswert sind die romanische Kirche (12. Jh.), das Vieux Logis (Heimatmuseum), die Place au Beurre mit einem alten Kornhaus, die Reste des Klosters (gegründet um 630 von der hl. Enimie, einer merowingischen Prinzessin) und der Stadtbefestigung.

La Malène Vorbei am Château de la Caze (15. Jh.) erreicht man La Malène (200 Einw.); von den südlich ansteigenden Serpentinen herrlicher Blick auf den Ort. Von hier kann man sich durch die Felsenenge Détroits zum **Cirque des Baumes** schippern lassen (ca. 1 Std.). Die Straße passiert dann den Pas de Souci, ein Felsenmeer, das der Fluss schäumend durchquert (Aussichtspunkt). Von Les Vignes aus ist der eindrucksvollste Punkt zu erreichen, der Point Sublime, der 400 m über dem Cirque des Baumes liegt.

✶ ✶
Point Sublime ▶

Le Rozier Am Zusammenfluss von Tarn und Jonte liegt Le Rozier, dessen Name auf die Rosenzucht der Mönche im 11. Jh. zurückgeht. Lohnende Wanderung (1 Std.) zum Felsen Rocher de Capluc mit Resten einer Burg; schöner Blick auf das Méjean (Gipfelbesteigung nur für Schwindelfreie). Zwischen Meyrueis und Le Rozier erstrecken sich die weniger imposanten, aber romantischen Schluchten der Jonte, die am Aigoual entspringt. Hauptaussichtspunkt sind die Terrasses du Truel 1,5 km unterhalb des Dorfs Le Truel.

✶
Gorges de la Jonte ▶

✶
Tropfsteinhöhlen Von Meyrueis aus sind zwei beeindruckende große Tropfsteinhöhlen zu erreichen. Nördlich der Jonte liegt der **Aven Armand** (11 km über D 986), mit bis 30 m hohen Stalagmiten, südlich der Jonte die **Grotte de Dargilan** (9 km über D 39). Von Le Rozier lohnt die Fahrt auf der D 29/110 über den Causse Noir nach Millau. Nach 10 km Abzweigung zum Felsenlabyrinth Montpellier-le-Vieux mit bizarren Dolo-

✶
Montpellier-le-Vieux ▶

► Cevennen ZIELE

mitformationen; das Naturdenkmal ist touristisch voll erschlossen (www.montpellierlevieux.com). Von höhergelegenen Punkten hat man immer wieder schöne Ausblicke auf die Causses.

Millau

Das lebendige, bereits südlich geprägte Millau (379 m, 22 000 Einw.) am Zusammenfluss von Tarn und Dourbie ist seit dem 12. Jh. für seine Leder-, besonders Handschuhindustrie berühmt, heute Stützpunkt für Kletterer und Gleitschirmflieger und daher im Hochsommer sehr frequentiert (Infobüro des Nationalparks der Grands Causses: 71 Blvd. de l'Ayrolle). An der hübschen, von Arkaden umgebenen Place du Maréchal-Foch stehen das **Hôtel de Pégayrolles** (18. Jh.) mit dem Musée de Millau (Mineralogie und Paläontologie, Archäologie, Keramik des 1. Jh.s von Graufesenque – das 1 km östlich lag –, Leder und Handschuhe) sowie die gotische Kirche Notre-Dame-de-l'Espinasse (1582). Vom 42 m hohen gotischen Beffroi (12./17. Jh.) schöner Ausblick. Eine mehr als eindrucksvolle Attraktion ist der **Viaduc de Millau**, die mit 2460 m längste Schrägseilbrücke der Welt (2004; Entwurf: Norman Foster), die ca. 4 km westlich von Millau den Tarn überquert. Die Fahrbahn der A 75 liegt 270 m über dem Tal, der höchste Pylon misst gigantische 343 m. Die Brücke ist mautpflichtig, es gibt einige Aussichtspunkte. Info unter www.leviaducdemillau.com.

Blick in den Cirque de Navacelles

Roquefort

Gut 20 km südwestlich von Millau liegt das Städtchen Roquefort, aus dem der berühmte, aus Schafsmilch hergestellte Blauschimmelkäse kommt. Bereits 1407 gewährte König Karl VI. den Einwohnern das exklusive Recht zur Produktion. Eine Attraktion sind die Reifekeller der sieben Hersteller, die im Kalkgestein angelegt wurden; die konstant feuchte und kühle Luft lässt den Pilz *Penicillium roqueforti* bestens gedeihen (Besichtigungen; www.roquefort.com).

★ Cirque de Navacelles

Im Süden des Causse du Larzac, ca. 33 km südwestlich von Ganges, hat sich das Flüsschen Vis eine Schleife in die Kalkschichten gegraben und später abgeschnitten. Der beste Blick in das Trockental mit dem Dörfchen Navacelles bietet sich südlich von der D 130.

★★ Chamonix · Montblanc

Région: Rhône-Alpes
Département: Haute-Savoie
Höhe: 1037 m ü. d. M.
Einwohnerzahl: 9000

Chamonix, in der grandiosen Gebirgswelt des Montblanc gelegen, hat in Sachen Bergsteigen und Wintersport einen der klangvollsten Namen der ganzen Alpen. Ein echter »Höhepunkt« ist hier eine Fahrt mit der längsten und höchsten Seilbahn der Welt.

Ort am Montblanc
Unvergleichlich ist die Lage von Chamonix-Mont-Blanc – so der amtliche Name – inmitten einer atemberaubenden Gebirgslandschaft am Fuß des höchsten Massivs der Alpen. Für viele Bergfreunde ist die Besteigung des 4808 m hohen Montblanc ein absoluter Höhepunkt, Skifahrer und auch weniger Sportliche können mit Hilfe spektakulärer Seilbahnen die Bergwelt genießen. Darüber hinaus bietet Chamonix ein Spielcasino, Sportmöglichkeiten und Vergnügungen aller Art.

Ab 1091 war das Tal der Arve unter dem Namen »campus munitus« im Besitz eines Benediktinerpriorats, im 18. Jh. wurde es durch die englischen Abenteurer Pococke und Windham sowie die Genfer Naturforscher Saussure und Bourrit bekannt. 1924 wurden hier die ersten Olympischen Winterspiele ausgetragen.

▶ CHAMONIX ERLEBEN

AUSKUNFT

Office de Tourisme
85 Place du Triangle d'Amitié
74400 Chamonix
Tel. 04 50 53 00 24, Fax 04 50 53 58 90
www.chamonix.com

TIPPS

Mitte Juli bis Mitte August ist Chamonix völlig überlastet. Wer unbedingt in dieser Zeit hierherkommen will, sollte seine Unterkunft sehr früh buchen oder im weiteren Umkreis suchen. Es ist sinnvoll, das Auto z. B. in St-Gervais-Le-Favet abzustellen (Bahnverbindung). Die Luftseilbahn auf die Aiguille du Midi fährt von Anf. Juli bis Ende August ab 6.30 Uhr morgens, schon ab etwa 8.00 Uhr sind die Wartezeiten sehr lang.

ÜBERNACHTEN

▶ Luxus
Le Hameau Albert 1er
38 Route du Bouchet, Tel. 04 50 53 05 09, www.hameaualbert.fr
Das 1903 gegründete Hotel ist nach dem belgischen König benannt, der oft zu Gast war. Ein Chalet und einige Savoyer Bauernhäuser mit sehr schönen Zimmern gehören zum Hotel. Das Restaurant ist eines der besten im Umkreis, preisgünstiger isst man in der Maison Carrier.

▶ Günstig / Komfortabel
Hôtel de l'Arve
60 Impasse des Anemones, Tel. 04 50 53 02 31, www.hotelarve-chamonix.com. Gemütlich-rustikales, gepflegtes Haus, ruhig an der Arve gelegen.

Die Hauptstraße (Rue Dr-Paccard / Rue J.-Vallot) durchzieht den Ort. Westlich der Kreuzung mit der Av. M.-Croz das Hôtel de Ville (Rathaus), die Kirche (1709, Fassade 1864) und die Maison de la Montagne (Bergführerbüro, Informationen), ehedem Pfarrhaus. An der Arve das Denkmal für Dr. Paccard, einen der Montblanc-Erstbesteiger, weiter flussabwärts das Denkmal (J. Salmson, 1887) für die erste wissenschaftliche Besteigung 1787 durch den Gelehrten Horace-Bénédict de Saussure mit seinem Führer Balmat. Das Musée Alpin führt in die Geschichte des Tals und seiner Erschließung ein.

Chamonix

Der 1959–1965 erbaute, 11,6 km lange Montblanc-Tunnel (Gebühr) beginnt oberhalb des Weilers Les Pèlerins in 1274 m Höhe und endet in 1370 m Höhe bei Entrèves. Er ist das ganze Jahr offen.

Montblanc-Tunnel

Bergbahnen und Wanderungen

Die hier empfohlenen klassischen Touren sind leicht, dennoch ist Bergausrüstung nötig. Für eine Seilbahnfahrt zur Aiguille du Midi ist auch im Sommer warme Kleidung angezeigt, immerhin erreicht man fast 4000 m Höhe. Unbedingt beachten: Die rasche Fahrt in diese große Höhe belastet den Kreislauf beträchtlich! Die beste Orientierungshilfe sind die Karten des IGN.

Tipps

Auf den Brévent (2526 m, Foto S. 170) nordwestlich von Chamonix führt eine 1926–1930 erbaute Seilbahn. Von 1090 m Höhe erreicht man in 15 Min. die Bergstation (2505 m) dicht unter dem Gipfel (Restaurant), der eine **traumhafte Aussicht** auf die Montblanc-Gruppe, die Berner Alpen und die Berge der Dauphiné gewährt. Empfehlenswerte Wanderung von Planpraz zum Brévent (1.45 Std., Rückweg 1.15 Std., Abstieg nach Chamonix weitere 1.30 Std.).

✯✯ *Brévent*

Auf die nördlich von Chamonix gelegene Flégère (1877 m) führt von Les Praz eine Seilbahn. Der Weg auf die Flégère zweigt ca. 800 m oberhalb der Kirche von Chamonix von der Straße nach Argentière links ab, nach 1 Std. erreicht man das Chalet de la Floriaz (1337 m, gute Aussicht). Weiter in 1.30–2 Std. zur Croix de la Flégère (1877 m; Hotel; ebenfalls herrlicher Rundblick). Von der Flégère gelangt man mit der Kabinenbahn auf den Index (2385 m). Von dort schöne Wanderung statt ohne Anstiege zum Lac Blanc (2352 m, Wirtschaft; 1.15 Std., Rückweg zum Hotel 45 Min.). Klassisch ist die gemütliche Wanderung von La Flégère nach Planpraz (s. o. Brévent) oder umgekehrt (1.30 Std.); besonders schön am späteren Nachmittag.

✯✯ *Flégère*

Eine 1908 eröffnete Zahnradbahn (Talstation gegenüber dem Bahnhof; Mai–Oktober) bringt in 20 Min. auf den 1913 m hohen Montenvers. Hier bietet sich eine großartige Aussicht – die Goethe 1779 genoss – auf das **Mer de Glace**, einen aus drei Gletschern zusammenfließenden Eisstrom von 7 km Länge und 1–2 km Breite. Gegenüber

✯ *Montenvers*

Balmat und Saussure weisen den Weg auf den Montblanc.

sieht man die überhängende Westwand der Aiguille du Dru, dahinter links die Aiguille à Bochard, rechts die Aiguille du Moine, im Südosten die Grandes-Jorasses, ganz rechts die Aiguille des Grands Charmoz. Eine Seilbahn führt zu einem in den Gletscher gebohrten Tunnel. Für geübte Bergwanderer lohnt der Rückweg über den Chapeau:

Über das Mer de Glace in 45 Min. zur rechten Seitenmoräne, dann in 45 Min. steil hinauf zum Chapeau (1601 m; Wirtschaft), einem Felsvorsprung am Fuß der Aiguille à Bochard; von hier in 45 Min. zum Hôtel Beau Séjour (1243 m) und in 20 Min. nach Les Tines.

Die 5,4 km lange Schwebebahn führt von Praz-Conduit (1040 m) in nur ca. 20 Min. über die Zwischenstation Plan de l'Aiguille (2308 m) zum Nordgipfel der Aiguille du Midi (3790 m), ein Aufzug anschließend auf den Hauptgipfel (3842 m). Von der Bergstation geht es mit einer 5 km langen Kabinenbahn in 20 Min. über den Gros Rognon (3533 m) zur Punta Helbronner, weiter mit einer Seilbahn (3462 m) zu dem unterhalb des Col du Géant (3365 m) gelegenen Rifugio Torino (3371 m); von hier mit einer weiteren Schwebebahn hinab über den Pavillon del Monte Frety (2130 m) zum italienischen Entrèves-La-Palud (1370 m). Rückfahrt nach Chamonix mit dem Bus. Die gesamte Fahrt von Chamonix bis Entrèves (ca. 15 km) dauert etwa 1.30 Std. und ist ein großartiges Erlebnis. Von der Station Plan de l'Aiguille kann man, nach einem Abstecher zum Lac du Plan de l'Aiguille mit herrlichem Montblanc-Panorama, auf dem Henry-Vallot-Weg meist bergab zum Montenvers gehen (ca. 2.30 Std.).

✹✹ Aiguille du Midi

Von Les Houches (5 km westlich von Chamonix) führt eine Seilbahn zum Pavillon de Bellevue (1794 m). Hier hat man Anschluss an die **Tramway du Mont-Blanc** (Zahnradbahn) von St-Gervais zum Nid d'Aigle (2386 m). Sie ist Teil des Normalwegs auf den Montblanc (s. u.) und daher meist sehr beansprucht.

Nid d'Aigle

Von Les Bossons 4 km südwestlich von Chamonix geht es zu Fuß in 45 Min. (oder mit Sesselbahn) zum Pavillon des Bossons (1298 m, Restaurant) auf der linken Seitenmoräne des Glacier des Bossons. Schöner Blick auf den vom Mont-Blanc du Tacul (4248 m) überragten Eisstrom; links die Aiguille du Midi (3790 m) und Aiguille du Plan (3673 m). In 1.45 Std. kann man weiter zum Chalet des Pyramides aufsteigen (1845 m).

Glacier des Bossons

Der Montblanc (französisch Mont-Blanc, Eisgipfel 4808 m, Felsgipfel 4792 m) wurde erstmals 1786 von dem Arzt Michel Paccard und dem Bauern Jacques Balmat, beide aus Chamonix, und 1787 von dem Naturforscher Horace-Bénédict de Saussure mit Balmat bestiegen. Für Geübte bietet die Besteigung mit Führer keine besonderen Schwierigkeiten, setzt aber wegen der großen Höhe ausgezeichnete Kondition voraus (was nicht wenige unterschätzen). Für den Aufstieg auf dem Normalweg sind je nach Leistungsfähigkeit 8–12 Std. zu veranschlagen. Man fährt mit der Tramway du Mont-Blanc zum Nid d'Aigle (2386 m) am Glacier de Bionnassay und steigt zum Refuge Tête-Rousse (3167 m, 2 Std.) auf. Von hier gelangt man in 3 Std. zum Refuge de l'Aiguille du Goûter (3817 m, Übernachtungsmöglichkeit) und in weiteren 5 Std. zum Gipfel.

✹✹ Montblanc

★ Champagne - Ardenne

M 3–4

> Aus der Champagne, der idyllischen Landschaft im Nordosten Frankreichs, kommt der berühmteste und eleganteste Schaumwein der Welt. Alte Städte mit großartigen gotischen Kathedralen wie ►Reims erinnern an die bedeutende Vergangenheit.

★ Land des berühmten Schaumweins

Das Gebiet der Région Champagne – Ardenne reicht von der belgischen Grenze im Norden bis zu den Quellen der Seine in Burgund im Süden und von Lothringen im Osten bis zur Ile-de-France im Westen; Hauptort ist Châlons-en-Champagne. Der internationale Ruhm der Champagne beruht auf ihrem luxuriösen Schaumwein, dem Champagner. Feinschmeckern sind auch der Ardenner Schinken sowie die typischen Käsesorten ein Begriff, wie der Langres und der Chaource, alle mit AOP-Siegel. Die Region ist touristisch wenig beansprucht, hat aber viel zu bieten. Im Norden zeugen Burgen und Festungen von der langen Grenzfunktion des Gebiets; hervorragende Kunstdenkmäler und schöne mittelalterliche Fachwerkhäuser sind etwa in ► Troyes, ► Reims, Charleville-Mézières, Châlons-en-Champagne oder Chaumont zu sehen. Die Landschaft garantiert Ruhe und Abwechslung: von den tiefen Wäldern der Ardennen und der Argonnen durch weite Ebenen mit Getreidefeldern und sanfte, mit Reben bestandene Hügelketten, die im Süden in ein Seengebiet mit Eichenwäldern und gemächlich strömenden Flüssen übergehen.

Landschaften

Der westliche Teil um Reims, Épernay, Châlons, Ste-Ménehould und Vitry-le-François stellt die **»Champagne crayeuse«** dar, die »Kreide-Champagne«, auch »Champagne pouilleuse« (»trocken«, »elend«) genannt, mit einem mageren Boden auf wasserdurchlässiger Kreide. Die gewellte, weithin als Schafweide dienende Ebene ermöglicht nur dürftige landwirtschaftliche Erträge, während an den sonnigen Hängen die tief wurzelnden Reben den ungenießbar sauren Grundwein

---

Highlights Champagne und Ardennen

Champagner
Keine Reise durch die Champagne ohne den Besuch einer Kellerei in Épernay oder Reims.
► Seite 332, 728

Straße des Champagners
In sieben reizvollen Teilstrecken erschließt die Route Touristique du Champagne die Hauptanbaugebiete.
► Seite 337

Troyes
Fachwerkhäuser, kostbar ausgestattete Kirchen und moderne Kunst in der alten Hauptstadt der Champagne.
► Seite 786

Festungen
Die Ardennen, ein umkämpfter Landstrich – Rocroi, Mézières und Sedan zeugen von kriegerischen Zeiten.
► Seite 338 f.

Morgenstimmung über den Weinbergen an der Marne

für den berühmten Champagner hervorbringen. Die östlich von Ste-Ménehould und Vitry in konzentrischem Bogen sich anschließende **»Champagne humide«** (»feuchte Champagne«) besteht aus sandig-tonigen Schichten der unteren Kreide und ist ein wasser- und baumreiches Viehzuchtgebiet mit vielen Einzelgehöften. Am Übergang zwischen Champagne und Lothringen siedelte sich wegen der Eisenerzvorkommen Schwerindustrie an. Durch den Nordosten der Champagne ziehen sich die **Ardennen**, ein waldreiches Hügelland mit ca. 500 m hohen Erhebungen, das von den Flüssen Maas und Semois durchschnitten wird. Es ist v. a. für seine wildreichen Buchen- und Tannenwälder bekannt. Erkunden kann man die Ardennen zu Fuß, mit dem Rad und zu Pferd.

Als Caesar 57 v. Chr. Gallien eroberte, machte er Durocortorum (Reims) zur Hauptstadt der »Campania«, da sich hier acht Straßen trafen. Im Jahre 451 schlug das vereinte Heer der Römer, Westgoten, Burgunder und Franken ca. 20 km nördlich von Troyes den Hunnenkönig Attila. Der Erzbischof von Reims taufte 496 den Frankenkönig Chlodwig, womit Reims zur heiligen **Königstadt Frankreichs** wurde. Im Mittelalter fanden berühmte **Handelsmessen** statt, auf denen v. a. Luxusgüter wie Gewürze, Seide und flandrisches Tuch gehandelt wurden; die wirtschaftliche Blüte ist heute noch an den herrlichen Bauwerken sichtbar. 1328 kam die Champagne durch die Heirat der letzten Erbin mit Philipp VI. an die Krone; 1429 führte Jeanne d'Arc Karl VII. nach Reims zur Königssalbung. Aus der Champagne stammten der Philosoph Denis Diderot (1713–1784) und G.-J. Danton (1759–1794), eine Zentralfigur der Französischen Revolution. Bei Valmy errangen die Revolutionstruppen 1792 gegen das Heer der Preußen und Österreicher ihren ersten Sieg. Aus dem Krieg von 1870/1871 ist v. a. die Schlacht um Sedan bekannt.

Ein wenig Geschichte

Reiseziele in der Champagne

Forêt d'Argonne

Die Argonnen, ein Hügelzug mit malerischen Tälern und Wäldern, liegen zwischen ▶Reims und ▶Verdun an der Grenze zu ▶Lothringen. Hier eine kleine Schleife mit sehenswerten Punkten. 60 km östlich von Reims (D 931), bei **Valmy**, schlug das Revolutionsheer 1792 die Preußen, Führungen veranstaltet das Tourismusbüro. 10 km weiter östlich liegt das malerische **Sainte-Ménehould** (4700 Einw.); seine Unterstadt, die sich um den Schlossberg gruppiert, wurde nach einem Großbrand 1719 neu aufgebaut. In der gotischen Schlosskirche (13. Jh.) ist ein merkwürdiger »Marientod« zu sehen. Seit 1790 ist der butterzarte »pied de cochon« (Schweinsfüßchen) die Spezialität des Orts, dazu trinkt man Bier aus Valmy. **Les Islettes** (9 km östlich) war einst für Fayencen und Kacheln bekannt. 6 km weiter folgt **Clermont-en-Argonne** (15 km östlich) mit der interessanten Kirche St-Didier (16. Jh.), die Annenkapelle zeigt eine Ligier Richier zugeschriebene »Grablegung«. Auf der Butte de Vauquois (14 km nördlich) sind noch Spuren der Kämpfe im Ersten Weltkrieg zu erkennen. In **Varennes-en-Argonne** (4 km nordwestlich) wurden 1791 Ludwig XVI. und Marie-Antoinette auf der Flucht verhaftet (Stadtmuseum). Nun südwestlich (D 38 / D 2) über Lachalade mit eindrucksvoller Zisterzienserabtei zurück nach Islettes; 14 km weiter südöstlich ist im hoch gelegenen **Beaulieu-en-Argonne** die Ruine einer Benediktinerabtei mit einer gewaltigen Traubenpresse aus dem 13. Jh. zu sehen.

Verzenay

In Verzenay 13 km südöstlich von ▶Reims steht am Rand der Montagne de Reims, eines großen Laubwaldgebiets, in den Weinbergen ein Leuchtturm (1909) mit einem Champagner-Museum.

Hier entsteht der Champagner: Rüttelpulte in Épernay

Épernay (26 000 Einw., 27 km südlich von Reims), neben Reims das zweite **Zentrum der Champagnerproduktion**, liegt in der Mitte des Anbaugebiets an der Marne. Der Kreide-Untergrund ist von 100 km langen Stollen durchzogen, in denen bei 9 – 12 °C ca. 200 Mio. Flaschen lagern. Zu den bekanntesten Firmen, die zu besichtigen sind, gehören Moët & Chandon (1743 gegründet), Mercier, Pol Roger und De Castellane (Keller und Abfüllung), daneben sind ein Dutzend kleinere Firmen interessant. Das Tourismusbüro neben dem auch innen sehenswerten Rathaus (1858) hält Informationen bereit. Aufgrund der Zerstörungen im Lauf der Geschichte sind kaum historische Bauwerke erhalten. An der Avenue de Champagne östlich des Rathauses reihen sich Häuser berühmter Champagnerfirmen, erbaut im 19. Jh. in diversen Stilen; dort findet man auch das **Château Perrier** (Stadtmuseum), in der Champagner-Abteilung erfährt man alles über den edlen Tropfen. Die Kellerei De Castellane (57 Rue de Verdun) mit ihrem imposanten Turm (Aussicht!) ist ebenfalls ein Museum eingerichtet. In Hautvillers, einem hübschen Dorf 6 km nordwestlich von Épernay, steht die Abtei, in der **Dom Pérignon** Kellermeister war; seine Grabplatte ist in der Kirche zu sehen.

★ Épernay

★ ◄ Hautvillers

Elegante Bürgerpalais und schöne Fachwerkhäuser prägen das Bild dieses Weinhandelsorts (45 800 Einw.) 48 km südlich von Reims. In der Kathedrale St-Etienne (13. Jh., Fassade 1634) sind die herrlichen Glasfenster aus dem 12.–16. Jh. (v. a. die Rose im südlichen Querschiff) sowie der Kirchenschatz zu beachten. Zu den schönsten Gotteshäusern der Champagne zählt die viertürmige Kollegiatkirche Notre-Dame-en-Vaux (1157 – 1217) mit prächtigen Troyes-Fenstern im Chor (16. Jh.). Im anschließenden Musée du Cloître sind Plastiken und Kapitelle ausgestellt. Literaturfreunde besuchen das **Musée Schiller-et-Goethe**, 1952 gestiftet von der letzten Schiller-Nachfahrin Baronin von Gleichen-Rußwurm (68 Rue L. Bourgeois, Juli/Aug. tägl. 14.00–18.00 Uhr, sonst nur Sa./So.). Kulinarisch und architektonisch erlebenswert ist die Markthalle (Ende 19. Jh.). Die Porte-Ste-Croix im Süden wurde 1770 zur Ankunft Marie-Antoinettes, der künftigen Gattin König Ludwigs XVI., errichtet. Ein vielbesuchter Wallfahrtsort ist die weithin sichtbare Basilika Notre-Dame-de-l'Epine 6 km nordöstlich von Châlons (N 3), die 1406 – 1527 erstellt wurde und mit Flamboyant-Bauschmuck (Wasserspeier!) glänzt.

Châlons-en-Champagne

★ ◄ St-Etienne

★ ◄ Notre-Dame-en-Vaux

★ ◄ Notre-Dame-de-l'Epine

Die oberhalb der Marne gelegene Stadt (14 800 Einw.) 32 km südlich von Chalons-en-Champagne wurde Mitte des 16. Jh.s von König Franz I. als Festungsstadt im Schachbrettgrundriss angelegt und nach der weitgehenden Zerstörung im Jahr 1940 wieder aufgebaut. Den französischen Klassizismus repräsentiert die Kirche Notre-Dame an der Place d'Armes (17./18. Jh.) im Zentrum. Einige Champagnerkellereien laden zum Besuch ein. 10 km nördlich ist St-Amand-sur-Fion sehenswert, ein **typisches Champagne-Dorf** mit zahlreichen Fachwerkhäusern und einer eleganten, rosafarbenen gotischen Kirche

Vitry-le-François

★ ◄ Saint-Amand-sur-Fion

(13. Jh.), die vom Vorgängerbau noch einige Teile besitzt (Mittelportal, Teile des Langhauses). Chor, Vorhalle und ein Teil der verzierten Kapitelle stammen aus dem 15. Jahrhundert.

Lac du Der-Chantecoq
Der mit 48 km² größte Stausee Frankreichs reguliert den Wasserstand der Marne. Die interessantesten Gebäude der überfluteten Dörfer wurden im Museumsdorf Ste-Marie-du-Lac wieder aufgebaut. Mit Bootshäfen, Strandbädern und vielen Sportmöglichkeiten ist er ein beliebtes Ausflugsziel. Wasser- und Zugvögel sind hier zu beobachten, insbesondere Kraniche aus Skandinavien. Besuchenswert ist auch das Landwirtschaftsmuseum Ferme de Berzillières.

★ Fachwerkkirchen
Typisch für die »Champagne humide« (»Feuchte Champagne«) sind die Kirchen aus dem 15./16. Jh. in kunstreichem Fachwerk. Man zählt etwa zehn, besonders schöne Exemplare findet man in den Dörfern Bailly-le-Franc und Lentilles südwestlich des Lac du Der sowie, noch weiter südwestlich, in Juzanvigny, Mathaux und Longsols.

Brienne-le-Château
Ein Schloss aus dem 18. Jh. (nicht zugänglich) überragt dieses nahe der Aube gelegene Städtchen (3300 Einw., 40 km östlich von Troyes). Hier war Napoleon Bonaparte vom 10. bis zum 15. Lebensjahr Zögling der Militärschule (Museum). Das neben dem Elsass wichtigste **Sauerkrautzentrum** des Landes feiert am 3. September-Sonntag die »Fête de la choucroute en champagne«.

Bar-sur-Seine
Schöne Fachwerkhäuser des 15.–17. Jh.s prägen den alten Kern von Bar-sur-Seine, einem Hauptort des Champagnergebiets Côte des Bar. Die Kirche St-Etienne (1505–1616), die Flamboyant, Renaissance und Klassizismus vereint, besitzt schöne Troyes-Fenster (16. Jh.).

▶ CHAMPAGNE ERLEBEN

AUSKUNFT
CRT Champagne-Ardenne
15 Avenue du Maréchal Leclerc
51013 Châlons-en-Champagne
Tel. 03 26 21 85 80, www.tourisme-champagne-ardenne.com

ÜBERNACHTEN
▶ **Komfortabel**
Les Berceaux
Épernay, 13 Rue Berceaux, Tel. 03 26 55 28 84, www.lesberceaux.com
Ein wunderbares kleines Hotel mitten in Épernay, in einer Nebenstraße nahe der Place République gelegen. Außer dem Restaurant mit klassischer französischer Küche gibt es ein preiswertes modernes Bistrot.
Restaurant Mo./Di. und 2. Aug.hälfte geschl.; Bistrot Mi./Do. geschl.

ESSEN
▶ **Günstig**
Vieux Puits
Ay, 18 Rue Roger Sondag
Tel. 03 26 56 96 53
Hübscher, einladender Landgasthof im Champagnerort Ay (Sitz des Institut des Vins de Champagne) mit ausgezeichnet bestücktem Weinkeller.

Von den Resten der Burg – in der 1273 Johanna von Navarra, Königin von Frankreich, geboren wurde – hat man einen guten Ausblick. Das 17 km südöstlich gelegene Essoyes an der Ource war für **P.-A. Renoir** ein bevorzugtes Sujet; sein Atelier ist zu besuchen (15. April bis 1. Nov.), mit seiner Familie ist er auf dem Friedhof begraben.

Essoyes

Chaource (21 km südwestlich von Troyes) ist Feinschmeckern durch den gleichnamigen Käse ein Begriff. Außer Fachwerkhäusern aus dem 15. Jh. ist hier die Kirche St-Jean-Baptiste mit dem Polyptychon einer Krippe aus vergoldetem Holz bemerkenswert; in der Krypta die ausdrucksvolle Grablegung (1515) des »Meisters von Chaource«.

Chaource

Das zwischen Troyes und Chaumont an der Aube gelegene »andere« Bar (6200 Einw.) war im Mittelalter eine bekannte Messestadt. Einige Champagnerkellereien laden zu Besichtigung und Verkostung ein. Die Holzgalerien an West- und Südseite der Kirche St-Pierre (12./16. Jh.) dienten als Markthalle; der Hauptaltar stand einst in der Abtei Clairvaux (s. u.), aus der Schule von Troyes stammt die farbig gefasste Marienstatue (15. Jh.). Am 2. Wochenende im September findet der Champagnermarkt statt. 13 km südöstlich liegt die berühmte Abtei Clairvaux, gegründet 1115 von dem 25-jährigen Zisterziensermönch Bernard de Fontaine, der als Bernhard von Clairvaux eine der bedeutendsten Figuren der katholischen Kirche wurde. Die um 1140 erbaute Kirche wurde bis 1819 abgerissen, als der Staat den Komplex in ein Gefängnis umwandelte. Die Gebäude sind z. T. zugänglich (März – Okt. tägl., Nov. – 19. Dez. Mo./Di. geschl.).

Bar-sur-Aube

★ ◄ Abbaye de Clairvaux

In dem kleinen Dorf 16 km östlich von Bar-sur-Aube war ab 1933 Wohnsitz von **Charles de Gaulle** (1890–1970). Sein Haus »La Boisserie« ist zu besichtigen, das Mémorial dokumentiert Leben und Werk (Mai – Sept. tägl., Okt. – Dez., Febr. – April Mi. – Mo.). An den General und Staatspräsidenten erinnert auch das 43 m hohe Lothringer Kreuz – Symbol der Résistance – aus rosa Granit auf dem Hügel.

Colombey-les-Deux-Eglises

Chaumont (28 000 Einw.), 85 km südöstlich von Troyes zwischen Marne und Suize gelegen, war bis 1329 Sitz der Grafen der Champagne. Erhalten ist von ihrer Burg der Donjon (11./12. Jh.), in der Stadt Häuser des 16. – 18. Jh.s. Einen schönen Blick hat man vom eindrucksvollen, 52 m hohen und 654 m langen **Eisenbahnviadukt** (1856). Neben dem Musée d'Art et d'Histoire beim Donjon und der Maison du Livre et de l'Affiche in einem ehemaligen Getreidesilo, in der über 10 000 Plakate ausgestellt sind, lohnt die Kirche St-Jean-Baptiste (12. – 16. Jh.) einen Besuch; zu beachten die farbig gefasste Grablegung von 1471 und ein Relief der Wurzel Jesse (16. Jh.).

Chaumont

Im hübschen Langres (9500 Einw.), 35 km südlich von Chaumont gelegen, wurde 1713 Denis Diderot geboren (Statue von F.-A. Bartholdi auf dem gleichnamigen Platz). Die Kathedrale St-Mammès

★ **Langres** ◄ weiter auf S. 338

WEIN DER KÖNIGE, KÖNIG DER WEINE

Der edle Schaumwein ist heute weitgehend »demokratisiert«. Geblieben ist ihm der weltweite Schutz als Marke, denn nur was aus dem nördlichsten Weinbaugebiet Frankreichs stammt und nach einem bestimmten Verfahren hergestellt ist, darf sich »Champagner« nennen.

Dies war eine Bestimmung des Versailler Vertrags 1919, in der EU wurde es 1994 festgeschrieben, und auch im überseeischen Ausland ließ man den Namen schützen. Die kreidehaltigen Böden um Reims und Épernay und die Trauben von rotem Pinot Noir und Pinot Meunier sowie von weißem Chardonnay (meist im Verschnitt, mit Ausnahme des Blanc des Blancs) sind wichtige Faktoren für den Charakter. Daneben spielen die gesetzlich beschränkte Anbaufläche, das Klima, Maßnahmen zur Verminderung der Traubenmenge und die Ertragsbeschränkung bei der Ernte und beim Pressen eine wichtige Rolle.

Ein wenig Geschichte

Wein wird in der Champagne schon seit gallorömischer Zeit angebaut. Der hl. Remigius, Erzbischof von Reims, erwähnte in seinem Testament 533 die Weinberge ausdrücklich. Im Mittelalter lag der Weinbau vor allem in den Händen der Klöster, sein Ruhm verbreitete sich durch die Handelsmessen. Erst gegen Ende des 17. Jh.s gelang es **Dom Pérignon**, dem Kellermeister der Abtei von Hautvillers, eine natürliche Gärung zu bewirken, durch die der Wein moussierte und dennoch seine Klarheit behielt. In der Nachfolge von Malvasier und Sherry wurde der Champagner zum bevorzugten Festgetränk der europäischen Aristokratie. Lagerung und Transport machten aber große Probleme; nur etwa die Hälfte der Produktion gelangte auch auf den Tisch. Erst in den Zeiten Napoleons entwickelte man die druckfeste Flasche und den geeigneten Korken. Die große Zeit des Champagner-Exports begann nach den Napoleonischen Kriegen. Heute hat die Produktion die Marke von 350 Mio. Flaschen im Jahr erreicht. Dabei umfasst das Anbaugebiet der Champagne nur 30 000 ha und entspricht damit ungefähr demjenigen Rheinhessens. Größter Anbieter ist mit einem Marktanteil von über 20 % der Luxusgüterkonzern LVMH (Louis Vuitton Moët-Hennessy) mit den Häusern Moët & Chandon, Veuve Cliquot, Piper-Heidsieck, Krug, Mercier und Ruinart; Pommery ging 2002 an die Vranken-Gruppe.

Der Aufstieg des Hauses Pommery begann 1858, als Louise Pommery die Leitung übernahm. Sie kreierte auch den Brut-Champagner.

Méthode champenoise

Champagner wird nach einem besonderen Verfahren hergestellt. Die meist weißen Grundweine aus weißen und roten Trauben vergären in Stahltanks bei niedrigen Temperaturen (12–25 °C). Nach der ersten Gärung werden sie mit Wein früherer Jahre zu einer **Cuvée** zusammengestellt (Weine aus einem Jahrgang ergeben den **Millésimé**, den Jahrgangschampagner), die über Stil und Charakter entscheidet – darin liegt das Geheimnis der konkurrierenden Champagnerhäuser. Nun wird der Wein in Flaschen gefüllt, Zucker und Hefe beigemischt (Liqueur de tirage). In der verschlossenen Flasche setzt eine zweite Gärung ein. In der Regel dauert sie 15–18 Monate, große Champagner können jedoch bis zu 15 Jahren auf der Hefe reifen. Durch Schräglagerung und regelmäßiges Rütteln (Remuage) der Flaschen setzt sich die Hefe allmählich im Hals ab und wird entfernt (Degorieren). Dies geschieht durch Einfrieren des Flaschenhalses in einem Kältebad. Beim Öffnen der Flasche schießt das gefrorene Depot aus der Flasche. Der geringe Verlust wird durch eine Lösung von Zucker in Wein (Dosage) ausgeglichen, deren Konzentration den Charakter des Endprodukts bestimmt: von brut (herb) über sec (trocken) und demi-sec (halbtrocken) bis zu doux (süß). Nach erneutem Verkorken muss der Champagner noch längere Zeit lagern, ehe er in den Verkauf kommt. Für die Reifung ist der Kreideuntergrund der Champagne ideal geeignet: über 250 km lange Höhlen, sog. **Crayères**, die u. a. in Reims und Épernay zu besichtigen sind.

Route du Champagne

Die Anbaugebiete der Champagne werden durch die 700 km lange Route Touristique du Champagne mit sieben Teilstrecken erschlossen, fünf davon im »Triangle Sacré du Champagne« zwischen Épernay, ▶ Reims und Château-Thierry mit den Hauptanbaugebieten Montagne de Reims, Côte des Blancs und Vallée de la Marne, die 80 % der Rebflächen umfassen. Zwei weitere schlängeln sich durch die Côte des Bars.

(1141 – um 1195) erhielt im 18. Jh. die klassizistische Fassade. Die 4 km lange Stadtmauer mit zwölf Türmen und sieben Toren lädt zu einem Gang mit schönem Ausblick auf die Umgebung ein.

Reiseziele in den Ardennen

Charleville-Mézières ★

Place Ducale ▶

Mézières ▶

Die Doppelstadt Charleville-Mézières (51 000 Einw.) liegt nahe der belgischen Grenze an der Meuse (Maas). Mittelpunkt des klassizistischen Charleville im Norden ist die Place Ducale, die Anfang des 17. Jh.s nach dem Vorbild der Pariser Place des Vosges angelegt wurde. Eine Statue erinnert an den Stadtgründer Karl von Gonzaga (1580 bis 1637). Im Südosteck des Platzes das sehenswerte moderne Musée de l'Ardenne (Archäologie und Volkskunde der Ardennen). Die Geburtsstadt des Dichters Arthur Rimbaud (1854 – 1891) hat ihm ein Museum in der Vieux Moulin gewidmet (nördlich des Zentrums am Fluss). Im mittelalterlichen Mézières, weiter südlich an der engsten Stelle der Maas-Schleife gelegen, sind Reste der Befestigung aus dem 16. Jh. erhalten. Die Kirche Notre-Dame-de-l'Espérance im spätgotischen Flamboyant besitzt schöne moderne Fenster (1955 – 1979). zwei, drei Jahre (wieder 2011) wird die Stadt im Sept. zu einer großen Bühne, wenn das Internationale Marionettenfestival stattfindet.

★
Vallée de Meuse

Revin

Rocroi

Nördlich von Charleville-Mézières windet sich die Maas, z. T. in tiefen Schluchten, durch die einsamen Ardennen bis zum hübschen **Givet**, dem letzten Ort vor der belgischen Grenze (Fort von 1555). Einen schönen Blick auf die in zwei Flussschleifen gelegenen Stadt Revin hat man vom 400 m hohen Mont Malgré Tout. 14 km westlich von Revin liegt die berühmte sternförmige Festungsstadt **Rocroi** (2400 Einw.), die 1675 von Vauban angelegt wurde.

Die schöne Maas-Schleife bei Monthermé

Sedan

Die alte Festungsstadt (21 000 Einw.) liegt 23 km südöstlich von Charleville-Mézières an der Meuse (Maas) am Rand der Ardennen. Im Deutsch-Französischen Krieg kapitulierte 1870 Marschall Mac-Mahon in Sedan, wobei Kaiser Napoleon III. in Gefangenschaft geriet. Ab 1424 entstand hier eine Burg, die in mehreren Etappen zur **größten Festung Europas** ausgebaut wurde (tägl. zugängl., Sept. bis März Mo. geschl.). Westlich der Anlage steht das Palais der Prinzen von Sedan (Château-Bas, 1613). Das Musée du Château illustriert die Stadtgeschichte; in der Grosse Tour ist der Dachstuhl aus dem 15. Jh. sehenswert. An die seit dem Mittelalter bedeutende Tuchindustrie erinnert die 1755 neu erbaute königliche Manufaktur **Le Dijonval** (Av. Magritte, nicht zugänglich). 5 km südlich von Sedan liegt der deutsche Soldatenfriedhof Noyers-Pont-Maugis.

★
◄ Château Fort

Mouzon

Über Bazeilles mit seinem mächtigen Schloss (1750) erreicht man das hübsche Städtchen Mouzon 18 km südöstlich von Sedan. Ihre eindrucksvolle Kirche Notre-Dame wurde 1231 geweiht (Türme 15./16. Jh.); ihr Inneres stellt ein besonders schönes, typisches Beispiel der Frühgotik dar. Im benachbarten Filzmuseum (Musée du Feutre) erfährt man alles über die Herstellung und Verwendung von Filz.

★★ Chartres

J 4

Région: Centre
Département: Eure-et-Loir

Höhe: 142 m ü. d. M.
Einwohnerzahl: 39 800

Am Weg von Paris zur Loire stößt man auf Chartres, das sich schon von weitem mit seiner herrlichen Kathedrale ankündigt, einem Musterbeispiel des gotischen Sakralbaus und UNESCO-Welterbe.

Chartres gestern und heute

Die fränkische Grafschaft Chartrain kam im 10. Jh. an das Haus Blois und 1286 durch Kauf an die Krone. 876 schenkte König Karl der Kahle der Kathedrale das Gewand der Jungfrau Maria aus dem Reliquienschatz Karls des Großen, seitdem ist sie ein vielbesuchtes Pilgerziel. Zum Gedenken an König Heinrich IV., der 1594 in Chartres gekrönt wurde, ist das »Huhn im Topf« – Heinrich hatte sich gewünscht, dass jeder Bürger sonntags ein solches im Topfe habe – heute noch Bestandteil der Speisekarte (»poule au pot«). Chartres ist Départementshauptstadt und Zentrum der **Beauce**, der fruchtbaren Ebene zwischen Paris und Orléans; sie gilt als Brotkorb Frankreichs. 75 % des Départements Eure-et-Loir werden landwirtschaftlich genützt, auf denen jährlich 1,5 Mio. t Weizen für die Baguettes Frankreichs produziert werden. Bedeutende Wirtschaftszweige sind außerdem Maschinenbau (Kfz-Zulieferer), Pharmazie, Chemie, Elektronik, Kosmetik und Parfüm (**Cosmetic Valley** zwischen Chartres, Orléans und Blois mit über 180 Firmen).

★★ Kathedrale Notre-Dame

Baugeschichte Vermutlich lag auf dem Stadthügel ein gallorömisches Heiligtum, das in christlicher Zeit überbaut wurde. Im 9. Jh. stand hier eine karolingische Kirche, die 1119 abbrannte. Ihre Krypta wurde Teil der neuen romanischen Kirche, die ab 1134 die Hauptfassade erhielt. 1194 fiel auch sie einem Stadtbrand zum Opfer. Wie durch ein Wunder blieben die Hauptfassade und der »Schleier der Jungfrau« verschont. Im 13. Jh. erstand die Kathedrale neu und prächtiger als je zuvor: Das Langhaus entstand 1195–1220, dann folgten Chor und Querhäuser; die Weihe war 1260. Der Zerstörung in der Französischen Revolution entging die Kathedrale, weil die Bürokraten zu lange diskutierten, wie die Riesenaufgabe bewerkstelligt werden sollte.

Außenbau Die Kathedrale gilt als eines der schönsten gotischen Baudenkmäler des Landes, »Frankreichs Akropolis, ein **Palast der Stile**« (A. Rodin). Der ca. 1145–1165 erstellte schlichtere Südturm (106 m) und der 115 m hohe Nordturm (obere Hälfte 1507–1513) flankieren die strenge frühgotische Fassade. Das ab 1145 entstandene dreitorige

★★ **Königsportal** ▶ **Königsportal** ist ein Meisterwerk romanisch-frühgotischer Bildhauerkunst. Die starren Gestalten tragen Köpfe, aus denen individuelles Leben spricht; von ähnlicher Strenge sind die Bogenfelder geprägt. Das mittlere Portal zeigt im Tympanon Christus als Weltenrichter, das rechte Tympanon Szenen aus dem Marienleben, das linke die Himmelfahrt Christi und die Verkündigung seiner Wiederkunft. In den Gewänden fallen die **starren, gelängten Figuren** der Propheten, Priester etc. auf. Über drei Hochfenstern folgen eine prachtvolle Fensterrose (13. Jh.) mit 13,35 m Durchmesser und darüber die Königsgalerie mit 16 großen Statuen. Auch die jeweils drei Portale der beiden Querhäuser sind reich mit Skulpturen verziert. Das Südportal hat das Jüngste Gericht zum Thema, das Nordportal zeigt Szenen des Marienlebens und Gestalten des Alten Testaments.

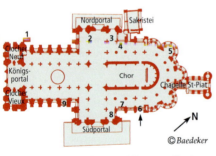

Kathedrale *Orientierung*

1 Pavillon de l'Horloge
2 Zugang zum Nordturm
3 Friedensfenster (1971)
4 Pfeilermadonna
5 Chapelle du Saint-Sacrament
6 Zugang zur Krypta
7 Notre-Dame-de-Belle-Verrière
8 Fenster des hl. Fulbert
9 Chapelle Vendôme

Inneres Der dreischiffige Raum mit dreischiffigem Querhaus und doppeltem Chorumgang beeindruckt, nicht nur durch seine Maße: 130 m lang, ★★ 37,5 m hoch und 16,4 m breit, Querhauslänge 64,5 m. Sein größter **Fenster** ▶ Schatz sind die farbigen **Glasfenster** (ein Fernglas ist sehr nützlich).

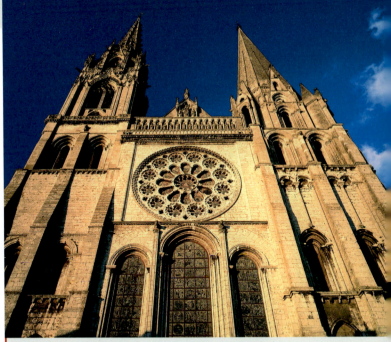

Unterschiedliche Türme flankieren eine der frühesten gotischen Fensterrosen.

184 Fenster mit 2600 m² Fläche und unzähligen bleigefassten Scheiben (ca. 400 / m²), die mit dem berühmten **Blau von Chartres** bezaubern, stellen Heiligenlegenden und (im Chorumgang) 22 Szenen aus dem Leben Karls des Großen dar. Die wunderbaren drei Lanzettfenster der Westfront stammen noch vom romanischen Vorgängerbau; sie zeigen von links die Passionsgeschichte, das Marienleben und die Wurzel Jesse. Zu beachten sind auch das Fenster »Notre-Dame-de-la-Belle-Verrière« am rechten Eingang zum Chor (vor 1119), die spätgotischen, mit Renaissanceformen durchsetzten Chorschranken (1514 – 1529) mit Szenen aus dem Marienleben und den Evangelien sowie 41 Skulpturengruppen des 16. – 18. Jh.s. Die schwarze Madonna (um 1540) am linken Chorzugang ist die hochverehrte **Notre-Dame de Chartres**. In der Chapelle Vendôme ist die »Voile de la Vierge« ausgestellt, der »Schleier der Jungfrau Maria« aus Seide, den die byzantinische Kaiserin Irene im Jahr 802 Karl dem Großen schenkte. Im Boden des Mittelschiffs ist ein Labyrinth markiert, ein verbreitetes Merkmal mittelalterlicher Pilgerkirchen; der 261,5 m lange Weg wird von den Wallfahrern auf Knien zurückgelegt. Im Boden des südlichen Querhauses dient eine weiße Fliese mit einem Metallknopf der Zeitbestimmung: Am Tag der Sommersonnenwende, am 21. Juni, lässt zwischen 12.45 und 12.55 Uhr MESZ, wenn die Sonne am höchsten steht, ein Sonnenstrahl die Fliese aufleuchten.

Krypta
Kirchenschatz
Unter Chor und Mittelschiff liegt die 110 m lange Krypta aus dem 9./11. Jh., die größte in Frankreich. In der Chapelle St-Piat (14. Jh.) werden kunstvolle liturgische Gegenstände aufbewahrt.

Weitere Sehenswürdigkeiten in Chartres

Musée des Beaux-Arts
Von der Terrasse hinter dem Chor hat man einen schönen Blick auf die mittelalterliche Unterstadt am Fluss. Im benachbarten Bischofspalast (17./18. Jh.) zeigt das Kunstmuseum wertvolle Cembali und eine gute Gemäldesammlung (u. a. Vlaminck, Soutine, Zurbarán).

Centre International du Vitrail ▶
Im **Grenier de Loëns** westlich der Kathedrale, der Zehntscheuer des Kapitels mit schöner Fachwerkfassade und herrlichem Weinkeller aus dem 13. Jh., ist ein Museum für Glasmalerei untergebracht.

Weiteres Sehenswertes
In der denkmalgeschützten Altstadt entlang der Eure sind schöne alte Häuser zu sehen, u. a. die Maison du Saumon (15. Jh., Restaurant) südöstlich der Kathedrale. Von hier steigt man hinab zu einem Fachwerkhaus aus dem 16. Jh. mit steinernem Treppenhaus (Escalier de la Reine Berthe) und zur gotischen Kirche St-Pierre (12./13. Jh.) mit prächtigen Glasgemälden (Ende 13. Jh.). Ein schöner Weg mit Blick auf alte **Waschhäuser und Mühlen** führt am Ostufer der Eure entlang. Nahe dem Bahnhof wurde ein Lokschuppen zu einem sehenswerten Museum für alte Agrartechnik umgestaltet (COMPA, Mo. geschl.).

Umgebung von Chartres

★ Châteaudun
Ein Schloss (12.–16. Jh.) mit trutzigem Rundturm über dem Loir beherrscht das mittelalterliche Städtchen (14 500 Einw.) 44 km südwestlich von Chartres. In der Ste-Chapelle (1464) neben dem Turm

▶ CHARTRES ERLEBEN

AUSKUNFT
Office de Tourisme
Pl. de la Cathédrale, 28000 Chartres
Tel. 02 37 18 26 26, Fax 02 37 21 51 91
www.chartres-tourisme.com

ÜBERNACHTEN
▶ **Komfortabel / Luxus**
Grand Monarque
22 Place des Epars, Tel. 02 37 35 60 32
www.bw-grand-monarque.com
Einst barocke Poststation, heute ein nobles Hotel mit ebensolchem Restaurant (Georges, Mo. geschl.) und einer leicht gestylten Brasserie.

ESSEN
▶ **Erschwinglich**
Moulin de Ponceau
21 Rue Tannerie, Tel. 02 37 35 30 05
Romantischer Platz am Eure. Die alte Mühle mit Terrasse bietet ein rustikalelegantes Ambiente und feine französische Küche (So.abend, Mo. geschl.).

FESTE & EVENTS
Im Sommer abends »Illumination« der Stadt. Ende Juni: Fête de l'Eau (großes Stadtfest). Juli/Aug.: Soirées Estivales. 15. Aug.: Prozession mit der »Notre-Dame de Chartres«.

sind 15 lebensgroße, ehedem bemalte Heiligenstatuen – darunter die seltsame **Ste-Marie-l'Egyptienne**, die ganz von ihrem lockigen Haar bedeckt ist – sowie Wandgemälde des 15. Jh.s zu sehen. In der Altstadt sehenswert die Magdalenenkirche (z. T. romanisch) und einige alte Häuser, v. a. an Rue St-Lubin und Rue des Huileries. Die Neustadt um den Rathausplatz wurde nach dem Brand 1723 von Jules Hardouin, dem Neffen des berühmten Versailles-Baumeisters Hardouin-Mansart, neu angelegt. Wenige Schritte nördlich des Rathauses, an der **schönen Promenade du Mail** oberhalb des Loir, zeigt das Musée des Beaux-Arts et d'Histoire Naturelle (außer Juli/Aug. Di. geschl.) vorgeschichtliche, ägyptische und mittelalterliche Funde sowie eine ornithologische Sammlung mit 2500 ausgestopften Vögeln.

Clermont-Ferrand

Région: Auvergne
Département: Puy-de-Dôme
Höhe: 358 m ü. d. M.
Einwohnerzahl: 141 000

Die alte Hauptstadt der ▶ Auvergne liegt nahe dem Puy de Dôme, einem der schönsten Vulkankegel des Zentralmassivs. Hier hat Michelin, die größte Reifenfirma der Welt, ihren Sitz. Die lebhafte Universitätsstadt verfügt über sehenswerte alte Viertel und über ein hervorragendes Kunstmuseum in Montferrand.

Das keltische Oppidum Nemessos auf dem Kathedralhügel wurde in römischer Zeit zur blühenden Stadt Augustonemetum, die im 3. Jh. christlich wurde und ab dem 8. Jh. Clair-Mont (»Leuchtender Berg«) hieß. Im Jahr 1095 rief Papst Urban II. vor über 300 Bischöfen und Äbten zum **Ersten Kreuzzug** auf; hier riefen sie alle das verhängnisvolle »Deus lo vult«, »Gott will es«. 1623 kam in Clermont der Philosoph und Mathematiker Blaise Pascal zur Welt († 1662). 1731 wurde das nordöstlich gelegene Montferrand, Sitz der Grafen der Auvergne, nach Clermont eingemeindet. Seit 1832 existiert die Gummiindustrie, 1886 wurde die Reifenfirma **Michelin** gegründet.

Geschichte

Sehenswertes in Clermont

Lebhafter Mittelpunkt ist die Place de Jaude mit dem Reiterstandbild des Gallierhelden Vercingetorix (F.-A. Bartholdi, 1902). In der Kirche St-Pierre-des-Minimes (17. Jh.) ist im Chor eine schöne Täfelung (1736) zu sehen, das Théâtre gegenüber entstand 1894 aus einer Tuchlagerhalle. Durch die Rue du 11 Novembre rechts in die Rue des Gras mit schönen alten Häusern aus Vulkangestein. Im Hôtel Fontfreyde (16. Jh., hübscher Hof) finden wechselnde Kunstausstellungen statt. Nördlich anschließend die Markthalle.

Place de Jaude

CLERMONT-FERRAND ERLEBEN

AUSKUNFT
Office de Tourisme
Place de la Victoire
63000 Clermont-Ferrand
Tel. 04 73 98 65 00
www.clermont-fd.com

FESTE & EVENTS
Anf. Febr.: Internationales Kurzfilm-Festival. Ende Mai: Fêtes médiévales.

ÜBERNACHTEN
▶ Komfortabel
① *La Radio*
Chamalières, 43 Ave. P.-et-M.-Curie
Tel. 04 73 30 87 83
www.hotel-radio.fr
Schönes Art-déco der 1930er-Jahre, moderne Zimmer – Nr. 17, 18 und 19 haben eine grandiose Aussicht. Bekannt ist das Haus im Vorort von Clermont auch für sein Restaurant mit feiner französischer und auvergnatischer Küche (So. geschl.).

▶ Günstig
② *Dav'Hotel Jaude*
10 Rue des Minimes
Tel. 04 73 93 31 49, www.davhotel.fr
In einer ruhigen Seitenstraße nahe der Place de Jaude gelegen. Moderne, etwas sehr »jugendlich« gestaltete Zimmer, guter Service und großes Frühstück. Kein Restaurant.

ESSEN
▶ Preiswert / Erschwinglich
① *Le Comptoir des Saveurs*
5 Rue Ste-Claire, Tel. 04 73 37 10 31
Modernes unter alten Gewölben, im Ambiente ebenso wie in der einfallsreichen Küche. Do.–Sa. sowie Di.- und Mi.mittag geöffnet, der zugehörige verführerische Traiteur Mi.–Sa.

Clermont-Ferrand *Orientierung*

1 Fontaine d'Amboise
2 Maison de Savaron
3 St-Pierre-les-Minimes

Essen
① Comptoir des Saveurs

Übernachten
① La Radio
② Dav'Hôtel Jaude

Clermont mit seiner Kathedrale, am Horizont der Puy-de-Dome

Im Zentrum der Altstadt sticht die Kathedrale düster aus dem Häusermeer heraus. Sie wurde nach dem Vorbild der nordfranzösischen Gotik aus dem fast schwarzen Gestein von Volvic errichtet, der einzige große Bau aus diesem schwer zu verarbeitenden Material. Der Grundstein wurde 1248 gelegt, bis Ende des 13. Jh.s wurden Chor, Querhaus und ein Teil des Langhauses fertig; die Türme und die Westfassade wurden ab 1865 von Viollet-le-Duc neogotisch ersetzt. Schmuck des ca. 30 m hohen Raums sind die herrlichen Glasfenster aus dem 13.–15. Jh., die denen von Notre-Dame in Paris nachempfunden sind. In der 1. Chorkapelle links sind Fresken des 13. Jh.s erhalten, in der Scheitelkapelle steht eine romanische Madonna. In der Krypta (10. Jh.) ein schöner Marmorsarkophag aus dem 4. Jahrhundert. Links des Nordportals Aufgang zur Tour la Bayette (prächtiges Panorama) und zur Schatzkammer.

★ **Kathedrale Notre-Dame-de-l'Assomption**

★ ◀ Glasfenster

In den malerischen Gassen um die Kathedrale haben sich Bauteile aus dem 12./13. Jh. und Häuser des 15.–18. Jh.s mit schönen Innenhöfen erhalten, so in der Rue des Chaussetiers (Maison de Savaron, 1513), in der Rue Pascal (»Rue noble«) und in der Rue du Port.

Altstadt

Südlich der Kathedrale an der Place de la Victoire sind nicht nur touristische Informationen zu bekommen (tägl. geöffnet): Der Espace Art Roman erläutert die romanischen Kunstschätze, der Espace Massif Central die Naturschätze des Zentralmassivs.

Maison du Tourisme

Auf der Place de la Poterne nördlich des Rathauses steht die Fontaine d'Amboise, ein schöner Renaissance-Brunnen aus Lava (1515). Hier hat man einen guten Blick auf die Puys.

Fontaine d'Amboise

Notre-Dame-du-Port

Die Kirche Notre-Dame-du-Port (11./12. Jh.) aus hellem Sandstein ist ein schönes Beispiel auvergnatischer Romanik. Besonders eindrucksvoll ist die Chorpartie mit Kapellenkranz und Vierungsturm. Das Südportal ist reich gestaltet: im Tympanon des maurisch beeinflussten Hufeisenbogens eine Majestas Christi mit Seraphim (12. Jh.), am Türsturz von links die Drei Könige, Darstellung im Tempel, Taufe Christi. Innen sind die Kapitelle zu beachten, v. a. im Chorumgang (um 1150). In der Krypta (11. Jh.) wird eine schwarze Madonna aus dem 17. Jh. verwahrt, die Kopie eines byzantinischen Originals.

> **! Baedeker TIPP**
>
> **Trianon**
>
> Bittersüße »Pascalines« mit Himbeeraroma und »Volcanias«, Trüffel-Vulkane, sollte man bei Trianon in der Rue 11 Novembre probieren. Ein Leckerbissen ist auch der Laden, ein denkmalgeschütztes Jugendstiljuwel von 1909.

Weitere Museen

Am Jardin Lecoq lohnen das Musée Lecoq (Mineralogie, Botanik, Zoologie, Rechenmaschinen von Pascal) und das Musée du Bargoin (Urgeschichte, gallorömische Funde, hervorragende Teppiche vom Nahen bis zum Fernen Osten) einen Besuch (beide Mo. geschl.).

Sehenswertes in Montferrand

Stadtbild

Ca. 2 km nordöstlich des Zentrums von Clermont, über die Schnellstraße Avenue de la République zu erreichen, liegt Montferrand, das im 13. Jh. als Bastide mit zwei sich kreuzenden Hauptstraßen angelegt wurde. Erhalten sind viele Adels- und Bürgerhäuser aus Gotik und Renaissance, oft mit hübschem Hof.

Carrefour des Taules ▶

Am Carrefour des Taules, dem Zentrum der Altstadt, treffen die Rue de Rodade (Tourismusbüro), die Rue des Cordeliers und die Rue du Séminaire zusammen, alle mit beachtenswerten Häusern. Auf Letzterer vorbei an der Halle aux Toiles und am Hôtel Pradal zur

Notre-Dame-de-Prospérité ▶

Stiftskirche Notre-Dame-de-Prospérité, erbaut ab 1304 (Fassade in Flamboyant-Gotik 16. Jh.). Die Rue du Séminaire führt weiter zur **runden Place M. Sembat**, wo die Burg der Grafen der Auvergne stand, und zum ausgezeichneten Kunstmuseum, das aus einem Ursulinenkonvent entstand (Architekten: Fainsilber/Gaillard, 1992). Von einer Rampe nach Art des New Yorker Guggenheim-Museums sind die Etagen zu erreichen; gezeigt werden bildende Kunst und Kunsthandwerk vom Mittelalter bis ins 19. Jh. (Mo. geschl.).

Musée des Beaux-Arts Roger Quilliot ▶

Umgebung von Clermont-Ferrand

Plateau de Gergovie

Das keltische Oppidum **Gergovia**, in dem Vercingetorix 52 v. Chr. Caesar erfolgreich Widerstand leistete, glaubt man auf dem Plateau de Gergovie ca. 7 km südlich von Clermont gefunden zu haben. Ein kleines Museum informiert über die Schlacht und ihre Erforschung, auch hat man dort einen schönen Ausblick.

► Colmar ZIELE 347

Colmar

P 4

Région: Alsace (Elsass)　　**Höhe:** 190 m ü. d. M.
Département: Haut-Rhin　　**Einwohnerzahl:** 66 600

Neben Straßburg ist Colmar die schönste Stadt im ►Elsass. Sorgfältig restaurierte Fachwerkhäuser und Renaissancepalais prägen die Altstadt, in den Museen beeindrucken weltberühmte Kunstwerke.

Colmar, Hauptort des Départements Haut-Rhin, liegt am Ausgang des Münstertals in die Rheinebene. Erwähnt wurde es erstmals 823 als »Columbarium« (»Taubenhaus«). Unter den Staufern entwickelte sich die Stadt zum bedeutendsten Handelsplatz im Oberelsass. 1226 erhob Kaiser Friedrich II. sie zur Freien Reichsstadt, 1354 wurde sie Mitglied und Sitz des elsässischen Zehnstädtebunds. Unter französischer Herrschaft ab 1679 wurde die Glaubensfreiheit, die seit der Reformation bestand, aufgehoben. Von 1871 bis 1918 war Colmar die Hauptstadt des Bezirks Oberelsass im deutschen Reichsland Elsass-Lothringen. Bei der heftigen Schlacht in der »Poche de Colmar« im Februar 1945 blieb die Stadt unversehrt. Colmar war Geburtsort des Malers und Kupferstechers Martin Schongauer (1450–1491) sowie Wirkungsstätte des Malers Matthias Grünewald (Mathias Gothart Nithart aus Würzburg, um 1460/1470–1528), des größten Meisters der Spätgotik. Auch der Bildhauer F.-A. Bartholdi (1834–1904), der Schöpfer der New Yorker Freiheitsstatue, stammte aus Colmar.

Geschichte

Malerisches Kleinod: die »Petite Venise«

Colmars berühmtestes Kunstwerk: Isenheimer Altar von Matthias Grünewald

Sehenswertes in Colmar

✷✷
Musée d'Unterlinden

Das Unterlinden-Museum, eines der reichsten und berühmtesten Museen in Frankreich, ist in einem Anfang des 13. Jh.s gegründeten Dominikanerinnenkloster untergebracht (geöffnet Mai – Okt. tägl. 9.00 – 18.00 Uhr, Nov. – April Mi.– Mo. 9.00 – 12.00, 14.00 – 17.00 Uhr). Die größten Schätze sind in der Kapelle ausgestellt: die Werke von Martin Schongauer, die er um 1470 für das Kloster von Isenheim bei Guebwiller malte, dazu 24 Tafeln des Passionsaltars aus seiner Werkstatt, und der grandiose **Isenheimer Altar**, ein Flügelaltar, den Matthias Grünewald um 1515 ebenfalls für das Kloster Isenheim malte. Seine Darstellung des zu Tode geschundenen Christus nimmt auch heute noch den Atem. Ursprünglich sah man je nach Termin im Kirchenjahr die Kreuzigung mit den Heiligen Antonius und Sebastian, die Geburt Christi mit dem Engelskonzert, die Versuchung des Antonius oder das Gespräch des Antonius mit dem Einsiedler Paulus in der Wüste. Heute werden die Tafeln einzeln gezeigt; zur Demonstration hängt das Altarmodell jedoch mehrfach an den Wänden. Der geschnitzte Schrein des Mittelteils mit den Figuren der Heiligen Augustinus, Antonius und Hieronymus wird Nikolaus von Hagenau (geb. um 1445, † vor 1538) zugeschrieben. In den Räumen um den gotischen Kreuzgang sind Baufragmente und sakrale Kunst zu sehen (romanische und gotische Skulpturen, Glasmalerei, Goldschmiedearbeiten). Im Untergeschoß werden Funde aus der Vor- und Frühgeschichte, aus gallorömischer und aus der Merowingerzeit sowie moderne Kunst (u. a. Renoir, Picasso, Léger, Rouault, Vasarely, Braque) präsentiert, im ersten Stock elsässische Volkskunst und eine Sammlung von Arbeiten des berühmten elsässischen Karikaturisten und Grafikers Hansi (Jean-Jacques Waltz, 1873 – 1951)

▶ Colmar

Die **historische Innenstadt** ist mit ihren zahlreichen Bürgerhäusern des 16./17. Jh.s ein Juwel. Die Maison des Têtes (»Kopfhaus«, Hotelrestaurant), ein 1609 errichteter Renaissancebau, ist nach seinen 106 Köpfen und Figuren benannt. Etwas weiter südlich, in der Rue des Boulangers (Bäckergasse) und in der Rue des Serruriers (Schlossergasse), stehen ebenfalls malerische alte Fachwerkhäuser.

Die **Dominikanerkirche** (13. bis 15. Jh., profaniert) ist ein schönes Beispiel rheinischer Frühgotik. Innen zu beachten sind die außerordentlich schlanken Pfeiler, die Glasmalereien (14./15. Jh.) und Altäre aus Marbach bei Eguisheim; im Chor die berühmte **Madonna im Rosenhag**, ein Meisterwerk von Martin Schongauer (1473).

In der Kutsche durch die Grand'Rue

Die Stiftskirche St-Martin (»Cathedrale«, 13./14. Jh.) wird von ihrem 72 m hohen Turm signalisiert. Das Nikolausportal an der Südseite des Querschiffs ist reich gestaltet, im Chor sind Glasmalereien und eine Kreuzigungsgruppe aus dem 14. Jh. zu beachten. — **Collégiale St-Martin**

An der Südseite wird die Place de la Cathédrale von mehreren mittelalterlichen Gebäuden gesäumt. Vom reich verzierten Erker der **Gerichtslaube** (Ancien Corps de Garde, 1575) wurden einst die Urteile verlesen. Links folgt die Maison Adolph (1350), eines der ältesten erhaltenen Privathäuser der Stadt. An der Ecke der malerischen Rue Mercière / Rue des Marchands steht das überaus prächtige, 1537 für einen Hutmacher erbaute **Pfisterhaus**. Ein Teil der Maison du Cygne gegenüber gilt als das Wohnhaus Martin Schongauers. Nebenan das zum Museum gestaltete Geburtshaus von F.-A. Bartholdi. — **Place de la Cathédrale** / ◀ **Bartholdi-Museum**

Die Ancienne Douane (1480), auch Koifhus (Altes Kaufhaus) genannt, war einst wirtschaftlicher und politischer Mittelpunkt der Stadt. Im Erdgeschoß wurden Waren gelagert und Zölle bezahlt, im 1. Stock tagte der Zehnstädtebund. Hinter dem Kaufhaus erinnert ein von Bartholdi geschaffener Brunnen an den Hauptmann Lazarus von Schwendi (1522–1584), der aus den Türkenkriegen die Tokajer-Rebe von Ungarn mitgebracht haben soll. Die im Elsass als Tokay bezeichnete Rebsorte Pinot Gris ist jedoch mit keiner der Rebsorten verwandt, aus denen der ungarische Tokajer gemacht wird. — **Ancienne Douane**

COLMAR ERLEBEN

AUSKUNFT
Office du Tourisme
4 Rue Unterlinden, 68000 Colmar
Tel. 03 89 20 68 92, www.ot-colmar.fr

FESTE & EVENTS
Ab Gründonnerstag, 14 Tage: Ostermarkt. Erste Julihälfte: Internationales Musikfestival. Aug.: 10-tägige Foire Régionale des Vins d'Alsace. Anf. Sept. Jazzfestival. Dez.: Berühmter Weihnachtsmarkt.

ESSEN
▶ Preiswert / Erschwinglich
① *Caveau St-Pierre*
24 Rue de la Herse, Tel. 03 89 41 99 33
Traditionelle »Wistub« an der Lauch im romantischen Petite Venise, beste Hausfrauenküche und herzliche Betreuung. So.abend, Mo. geschl.

ÜBERNACHTEN
▶ Komfortabel / Luxus
① *Maison des Têtes*
19 Rue des Têtes, Tel. 03 89 24 43 43
www.la-maison-des-tetes.com
Febr. geschl. Sehr edel wohnt man in dem Renaissance-Haus (größer und ruhiger sind die Zimmer zum schönen Hof). Das gemütlich-rustikale Restaurant serviert französische Küche mit internationalem Touch.

▶ Komfortabel
② *St-Martin*
38 Grand'Rue
Tel. 03 89 24 11 51
www.hotel-saint-martin.com
Zwei Renaissance-Häuser um einen reizvollen Innenhof mit Treppenturm. Antik oder rustikal gestaltete, großzügige Gastzimmer.

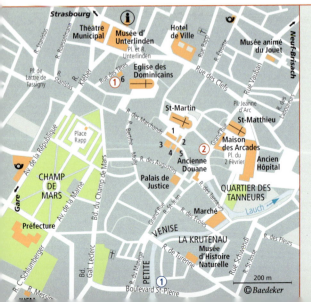

Colmar Orientierung

1 Ancien Corps de Garde
2 Maison Pfister
3 Musée Bartholdi
4 Maison du Cygne
5 Maison Schongauer
6 Maison des Têtes

Essen
① Caveau St-Pierre

Übernachten
① Maison des Têtes
② St-Martin

Weitere Sehenswürdigkeiten

An der **Grand'Rue** stehen beachtenswerte Gebäude wie die Maison des Arcades (protestantischer Pfarrhof, 1609) und die ehemalige Franziskanerkirche St-Mathieu (wertvolle Glasfenster aus dem 14./15. Jh.). Südöstlich des Alten Kaufhauses erstreckt sich das schöne **Gerberviertel** (Quartier des Tanneurs); die Lauch abwärts schließt die einst befestigte Vorstadt Krutenau an, in der die Gemüsehändler lebten. Ein Spaziergang führt am Ostufer der Lauch zum Pont St-Pierre, von der man einen schönen Blick auf das malerische Viertel **Petite Venise** (»Klein Venedig«) mit seinen schmalen hohen Häusern am Fluss hat. Kleine und große Kinder lassen das Spielzeugmuseum (Musée du Jouet, Rue Vauban) mit Puppensammlung und großer Modellbahnanlage nicht aus.

✶✶ Côte d'Azur

O – P 9

Als im 19. Jh. betuchte Briten die »Himmelblaue Küste« als Winteraufenthaltsort entdeckten, wurde sie zum Treff der Reichen und Schönen aus aller Welt. Aber auch für Normalbürger ist die bergige Küste der ▶Provence mit herrlichen Stränden, schönen alten Orten und hervorragenden Kunstschätzen ein Urlaubsziel erster Klasse.

✶✶
Urlaubsland par excellence

Die Côte d'Azur (Französische Riviera) ist der 250 km lange Küstenstreifen am Ligurischen Meer, der östlich von Marseille bei Cassis beginnt und bis zur italienischen Grenze reicht. Der Begriff, 1887 von dem französischen Schriftsteller Stephen Liégard geprägt, steht für ein Urlaubsland par excellence: Sonne, Strand und Meer – im Jahr werden über zehn Millionen Urlaubsgäste aus allen Schichten und Ländern gezählt. Ausnehmend schön ist aber auch das bergige, im Osten gebirgige Hinterland mit kühn gelegenen Orten. Ab Ende des 19. Jh.s ließen sich eine ganze Reihe berühmter Künstler an der Côte d'Azur nieder, darunter Renoir, Signac, Matisse, Chagall und Picasso; nicht zuletzt deshalb gibt es hier viele hervorragende Museen und Galerien. Natürlich ist die Côte d'Azur zur Hauptreisezeit Juli/August trotz der deutlich höheren Preise überlastet. Neben den angenehmeren Temperaturen sind daher Frühjahr und Herbst als Reisezeit zu empfehlen; doch auch der milde, sonnige Winter ist recht reizvoll.

Landschaft und Klima

Der große Formenreichtum der Côte d'Azur beruht auf ihrem vielfältigen geologischen Aufbau. Von Westen: Zunächst ein durch tiefe, schmale Buchten (Calanques) zerrissenes, verkarstetes Kalkmassiv; dann folgen das Massif des Maures, ein Urgebirgsmassiv aus Granit, Gneis und Schiefer, und das Massif d'Esterel, ein Gneismassiv, das vielfach – besonders an der Küste – von rotem Porphyr durchbrochen wird (was mit dem Blau des Meeres reizvolle Effekte ergibt); schließlich die aus Kreide- und Jurakalken bestehenden Ausläufer der Seealpen, die steil zur Küste abbrechen und kaum Platz für Sied-

»Blaue Küste« – Blick über das Esterel-Massiv auf Nizza und die Seealpen

lungen lassen (Eze z. B. liegt weniger als 1 km vom Meer entfernt, aber 427 m hoch). Das Klima ist dank der geschützten Lage sehr ausgeglichen. Die Sonne scheint an 300 Tagen im Jahr, im Sommer ist es nicht zu heiß, im Winter bei Tagestemperaturen von 6 bis 15 °C sehr mild und ausgesprochen sonnig. Im Westen macht sich gelegentlich der Mistral bemerkbar, und von Süden kann im Sommer der heiße Schirokko wehen.

Pflanzenwelt Die ursprüngliche Vegetation hat durch menschliche Eingriffe und Waldbrände stark gelitten. Kiefern wie Aleppokiefer und Strandkiefer sowie Laubbäume wie Stein- und Korkeiche, Eiche und Esskastanie wurden stark zurückgedrängt. Die heute für die Landschaft typischen Pflanzen kamen aus vielen Erdteilen hierher, teilweise schon in den Zeiten der griechischen Kolonisierung wie Wein und Ölbaum, andere erst im 19. Jh. wie Palmen, Mimosen und Eukalyptusbäume; dazu kommen Platanen, Zypressen, Pinien, Orangen- und Zitronenbäume, die aus Amerika stammenden Agaven und Opuntien. In Meeresnähe gedeiht die mediterrane Garrigue (Macchia), ein Gestrüpp von Kermeseichen, Mastix, Myrte, Erdbeerbäumen, Ginster, Disteln, Zistrosen und Baumheide sowie vielen duftenden Kräutern wie Lavendel, Salbei, Thymian und Rosmarin.

Wirtschaft Bedeutend ist seit dem 19. Jh. die Zucht von Blumen, die als Schnittblumen exportiert werden oder als Rohstoff für die berühmte Parfümindustrie dienen. Traditionsreicher Schwerpunkt dieses Gewerbes ist Grasse, wo jährlich Tausende Tonnen von Blütenblättern und anderer natürlicher und synthetischer Rohstoffe verarbeitet werden. Im Tourismus ist etwa ein Drittel aller Arbeitnehmer beschäftigt. Sein Umsatz wird noch übertroffen von Dienstleistungs-, Elektronik- und Computerunternehmen sowie chemischen und biotechnischen Forschungs- und Produktionsstätten. Dazu kommen der Anbau von Gemüse und Obst sowie die Gewinnung von Meersalz.

Der Name der keltischen Ligurer, die an der Küste siedelten, ist noch im Begriff »Golfe du Lion« erhalten. Die um 600 v. Chr. gegründete griechische Kolonie Massalia (Marseille), die bald das Handelszentrum Südfrankreichs war, besaß in Nikaia (Nizza) und Antipolis (Antibes) östliche Vorposten. Nachdem Caesar Gallien erobert hatte, gründete er 49 v. Chr. als erste Stadt Forum Iulii (Fréjus). Die Sarazenen setzten sich in der ersten Hälfte des 8. Jh.s im Massif des Maures fest und bedrohten im 9./10. Jh. das ganze Küstengebiet. (Der Name des Gebirges kommt jedoch nicht von den Mauren, sondern vom provenzalischen »maouro«, »dunkler Wald«.) Ab 1486 gehörte die Riviera mit der Provence zu Frankreich, während Nizza 1388 zu Savoyen kam. Im Frieden von 1815 wurde Nizza dem Königreich Sardinien-Piemont zugesprochen, 1860 wurde es nach einem Volksentscheid französisch. Am 15. August 1944 landeten die Alliierten an der Côte des Maures.

Ein wenig Geschichte

Reiseziele an der Côte d'Azur

An einer hübschen Bucht liegt der Hafenort (7500 Einw.) mit Casino, Jachthafen, schönen Stränden und ausgezeichneten Weinen (Bandol AOP). Empfehlenswerte Ausflüge zur **Ile de Bendor** (im Besitz des Pastis-Herstellers Ricard; Ferienzentrum, Spirituosenmuseum) sowie nach Norden zum Zoo-Jardin Exotique (3 km), zur romanischen Kapelle Notre-Dame-du-Beausset-Vieux mit Madonna aus der Puget-Werkstatt (schöner Blick), nach **Le Castellet**, einem hochgelegenen befestigten Dorf (Burg 11. Jh., Kirche 12. Jh.), und zur Rennstrecke Circuit Paul-Ricard. Vorbei an einem sehenswerten Sportwagenmuseum kommt man ins 4 km östlich gelegene Sanary mit hübschem Fischer- und Jachthafen, in den 1930er-Jahren Zufluchtsort deutscher Literaten und Geistesgrößen wie Thomas und Heinrich Mann. Das von ihnen frequentierte Hotel de la Tour ist mit seiner bürgerlichen Gediegenheit immer noch empfehlenswert.

Bandol

◄ Sanary-sur-Mer

Ollioules (5 km nordöstlich von Sanary), das für seine Blumenkulturen bekannt ist, hat ein hübsches Ortsbild mit Arkadenhäusern und einer Schlossruine. Nördlich die Gorges d'Ollioules, eine vom Fluss Reppe geschaffene Schlucht mit bizarren Felsbildungen. Hoch über der Schlucht liegt Evenos mit der Ruine einer Burg, die wie die Häuser aus dunklem Basalt erbaut wurde.

Ollioules

◄ Gorges d'Ollioules
Evenos

►dort

Toulon

CÔTE D'AZUR ERLEBEN

AUSKUNFT

CRT Riviera Cote d'Azur
400 Promenade des Anglais
06203 Nice Cedex 03
Tel. 04 93 37 78 78, Fax 04 93 86 01 06
www.cotedazur-tourisme.com

FRENCH RIVIERA PASS

Der 1–3 Tage gültige Pass, zu bekommen in den Tourismusbüros in ▶ Nizza, umfasst (im Bereich Nizza) Eintritt in wichtigen Museen und anderen Attraktionen, Führungen und diverse Vergünstigungen.

ESSEN

▶ Fein & teuer

Josy-Jo
Haut-de-Cagnes, 2 Rue du Planastel
Tel. 04 93 20 68 76, Sa.mittag und So. geschl. (reservieren!)
Erstklassige, verführerische Regionalküche ohne Schnickschnack, serviert in dem charmanten Haus, in dem Soutine und Modigliani wohnten, oder im Garten unter Weinlaub.

▶ Erschwinglich

La Jarrerie
Le Bar-sur-Loup, 8 Av. Amiral de Grasse, Tel. 04 93 42 92 92, Di. und Mi.mittag geschl. Traditionell provenzalisch und modern kocht man in diesem Haus aus dem 17. Jh. Gemütlich-eleganter Speisesaal mit Kamin und Balkondecke. Im Sommer speist man im schattigem Garten.

▶ Preiswert / Erschwinglich

Le Haut du Pavé
Hyères, 2 Rue Temple/Pl. Massillon
Tel. 04 94 35 20 98
Gemütlicher, intimer Platz im Zentrum der Altstadt, sympathische Atmosphäre. Üppige mediterrane Küche zu sehr fairen Preisen.

ÜBERNACHTEN

▶ Günstig / Komfortabel

Oasis
Fréjus, Impasse Charcot
Tel. 04 94 51 50 44, www.hotel-oasis.net. Nettes kleines Hotel mit Garten, 150 m vom Strand.

La Bellaudière
Grasse, 78 Av. Pierre Ziller, Tel. 03 93 36 02 57, www.labellaudiere.com
Sehr hübsche Zimmer in einem Bürgerhaus aus dem 16.–19. Jh. an der Straße nach Nizza. Restaurantterrasse mit herrlichem Ausblick.

Auberge des Seigneurs
Vence, 1 Rue du Dr Binet
Tel. 04 93 58 04 24, www.auberge-seigneurs.com. Alte Posthalterei im Schloss Villeneuve: provenzalische Atmosphäre, rustikal, gemütlich und ruhig. Gute Regionalküche.

Hyères Am Fuß des 204 m hohen Castéou liegt Hyères (55 000 Einw.), ältester Winterkurort der Côte d'Azur mit prächtigen Villen, Hotels und Casino, heute mit langen Stränden (v. a. Hyères-Plage) ein überlaufenes Ferienziel. Ein Schatzkästchen ist die **Altstadt** um die Place Massillon (Blumenmarkt; Tour St-Blaise, der Rest einer Templerkomturei des 12. Jh.s). Vom Vorplatz der Kirche St-Paul (12./16. Jh.) hat man einen herrlichen Blick. Über der Stadt liegen im Parc St-Bernard die Ruinen der mittelalterlichen Burg; hier auch die Villa

► Côte d'Azur

Noailles (R. Mallet-Stevens, 1924; Ausstellungen). In der Neustadt präsentiert das Musée Municipal Archäologie, Volks- und Naturkundliches. Südlich der D 98 der Jardin Olbius-Riquier, ein schöner Park mit exotischen Pflanzen.

Etwa 3 km südlich von Hyeres steht auf dem Hügel Costebelle die Wallfahrtskapelle **Notre-Dame-de-Consolation** (1955, schöner Blick). Von hier lohnt der Gang auf den 306 m hohen Mont des Oiseaux (ca. 1.30 Std.). Südlich des Flughafens Toulon-Hyères dehnen sich die Sandstrände von **Hyères-Plage** aus. Zwei von Stränden gesäumte Landbrücken – die westliche ist nur im Sommer befahrbar – verbinden die **Presqu'Ile de Giens** mit dem Festland; zwischen ihnen liegen Salinenbecken, Lebensraum für eine interessante Vogelwelt.

Trotz ihrer touristischen Vereinnahmung besitzen die alten Orte wie St-Paul-de-Vence eine schöne Atmosphäre.

✶✶ Iles d'Hyères

Die bewaldeten Hyerischen Inseln gehören geologisch zum Massif des Maures; auf Porquerolles und Port-Cros – beide unter Naturschutz – gibt es zerklüftete Steilküsten mit schönen Badeplätzen, man kann herrliche Wanderungen unternehmen. Die größte und sehr frequentierte Insel ist Porquerolles, auf der auch ein guter Wein gemacht wird. An der Südküste (45 Min. vom Ort) ein 96 m hoher Leuchtturm. Östlich von Porquerolles die kaum besiedelte, einen Besuch lohnende Ile de Port-Cros und die felsige Ile du Levant, auf der 1931 als erste derartige Anlage die FKK-Kolonie Héliopolis gegründet wurde (der Rest ist Militärsperrgebiet). Schiffe fahren von Port d'Hyères (Port-Cros, Levant) bzw. La Tour-Fondue (Porquerolles).

Massif des Maures

Zwischen Hyères und Fréjus erstreckt sich dieses mit Steineichen-, Kiefern- und Kastanienwäldern bedeckte Bergmassiv, das im Sauvette 779 m hoch ist. Die **Corniche des Maures** (D 559) führt an der herrlichen Küste entlang von Le Lavandou über St-Tropez nach Fréjus und passiert eine Reihe kleiner Badeorte mit schönen Stränden. Durch das Massiv kann man lohnende Rundfahrten unternehmen. Folgende Route durch den Westteil ist ca. 85 km lang. Von Le Lavandou auf der D 41, vorbei am Arboretum de Gratteloup, zum Col de Babaou (414 m) und nach Collobrières, Hauptort des Massivs und der Kastanienverarbeitung. Dann nach Osten wieder auf den Kamm; hier Abzweigung rechts zur beeindruckenden **Chartreuse de la Verne**

Collobrières

St-Tropez ist – wenn man vom Trubel absieht – ein normaler, hübscher Hafenort.

★ **Grimaud**
(gegründet 1170; Bauten vorwiegend 17./18. Jh.; Mo. geschl.). Nächster Ort ist das touristisch geprägte Grimaud, ein pittoreskes Village perché (Burgruine, 11. Jh.; Kirche St-Michel, 11. Jh.). Von hier evtl. Abstecher nach La Garde-Freinet (10 km), einst Hauptort der Sarazenen (Festungsreste nordöstlich des Orts), später der Korkfabrika-

Cogolin
tion. Cogolin ist bekannt für die **Pfeifenherstellung** aus Wurzeln des Bruyère-Strauchs (Baumheide). Die Kirche St-Sauveur (11./16. Jh.) hat ein Renaissance-Portal aus dem hier typischen grünen Serpentin. Von hier geht es nach Südwesten über den Col du Canadel (268 m) hinunter nach Canadel-sur-Mer.

★ **Ramatuelle**
Das alte, sehr touristische Städtchen Ramatuelle (nordöstlich von La Croix-Valmer, 2000 Einw.) beeindruckt durch die runde Anlage, wobei die äußeren Häuser die Ringmauer darstellten. Die romanische Kirche besitzt ein Serpentin-Portal von 1620. Auf dem Friedhof das Grab des Filmschauspielers **Gérard Philipe**, der hier lebte († 1959).

★ **Saint-Tropez**
Die 5600 Einwohner von St-Tropez – einem eigentlich »normalen« Städtchen – leben gut (und für den Touristen teuer) von dem Mythos, den die Pariser Intelligenzia und die Film- und Geldschickeria der 1950er-, 1960er-Jahre dem Fischerort verschafften. Der schöne Schein lockt im Sommer pro Tag um die 100 000 Besucher an, entsprechend chaotisch geht es dann hier zu. Einen großen Parkplatz

★ Musée de l'Annonciade ▶
gibt es am Nouveau Port. Dort findet sich auch die große Sehenswürdigkeit, das in der Verkündigungskapelle (1568) untergebrachte **Musée de l'Annonciade**, eine hervorragende Sammlung aus Impres-

► Côte d'Azur ZIELE

sionismus und Klassischer Moderne, u. a. Signac, der 1892 St-Tropez
»entdeckte« (Di. geschl.). In der Nebensaison kann man den Reiz
des Hafens und der Altstadt besser genießen, die sich bis zur Zitadelle ausdehnt. In der Kirche (italienischer Barock, 1784) eine Büste des
hl. Torpes, des Namenspatrons der Stadt. Sein Fest, die großartige
Bravade, wird vom 16. bis 18. Mai gefeiert. In der **Zitadelle** (17. Jh.;
schöne Aussicht) ein Museum für Seefahrts- und Ortsgeschichte. Besonders hübsch ist die Arkadengasse Rue de la Misericorde, die bei
der gleichnamigen Kapelle (Portal aus Serpentin) auf die Haupteinkaufsstraße Rue Gambetta stößt. Die nächsten **Strände** liegen ◄ Strände
westlich und östlich des Orts bis jenseits des Cap de St-Tropez.
Hauptattraktion sind die 8 km langen, komplett ausgestatteten Sandstrände in der Pampelonne-Bucht südöstlich von St-Tropez, an denen alles kostet, vom Parkplatz bis zum Sonnenschirm. Ganz innen **Port-Grimaud**
in der Bucht von St-Tropez liegt Port-Grimaud, ein ab 1966 erbauter,
auf alt gemachter Ferienort für Bootsurlauber.

ST-TROPEZ ERLEBEN

ÜBERNACHTEN

► **Luxus**

① *La Ponche*
3 Rue des Remparts, Tel. 04 94 97 02 53, www.laponche.com
Aus Häusern des 17. Jh.s bestehendes Hotel am Fischerhafen, das schon berühmte Gäste von Romy Schneider bis Gunter Sachs sah. Nicht alle Zimmer haben Balkon. Gemütliches, privates Ambiente, gutes Restaurant.

ESSEN

► **Erschwinglich**

① *Petit Charron*
6 Rue des Charrons
Tel. 04 94 97 73 78
1.–15. Aug. geschl.
Schlichtes, familiäres Bistro mit köstlicher Regionalküche, in einer Seitenstraße, in die kein Ferrari passt. Ein Rest des Fischerdorfs – eine Institution in St-Trop.

St-Tropez *Orientierung*

Essen
① Petit Charron

Übernachten
① La Ponche

Sainte-Maxime	Die Corniche des Maures setzt sich nach Nordosten fort. Im familiären Badeort Ste-Maxime zeugt das Casino von mondäner Vergangenheit. In der Kirche ein schöner Marmoraltar (18. Jh., aus der Kartause La Verna/Italien), im Musée du Phonographe et de la Musique Mécanique sind über 300 alte »Musikmaschinen« ausgestellt.
Fréjus	Fréjus (52 400 Einw.), am Rand der landwirtschaftlich genutzten Mündungsebene des Argens am Fuß des Esterel-Massivs gelegen, ist mit St-Raphaël (s. u.) praktisch zusammengewachsen. Attraktiv sind der feine Sandstrand von Fréjus-Plage und der Jachthafen, bekannt ist Fréjus auch für seine römischen Vergangenheit. Das von Caesar gegründete Forum Iulii wurde unter Kaiser Augustus Kriegshafen, wobei eine Lagune durch einen 500 m langen und 30 m breiten Kanal mit dem Meer verbunden wurde. 1774 wurde der verschlammte
Römische Bauten ▶	Hafen zugeschüttet. Bedeutendstes römisches Zeugnis ist das **Amphitheater** (Arènes), das 114 × 83 m misst und 10 000 Zuschauern Platz bot (Veranstaltungen). An der Place Agricola stehen die Porte des Gaules (Stadttor), am nordöstlichen Stadtrand (N 7) Reste des Aquädukts, unweit westlich davon Reste des Theaters. Das Archäologische
★ Kathedralkomplex ▶	Museum ist im Komplex der **Kathedrale** untergebracht, der anderen großen Sehenswürdigkeit der Stadt. Man betritt die frühgotische Kathedrale (um 1200) durch das Südportal mit geschnitzten Renaissance-Türen (1530); links angebaut ist das frühromanische Baptisterium (5. Jh.) mit Spolien vom Forum. Die Kathedrale ist eigentlich einschiffig, das nördliche Seitenschiff ist eigene Kirche. Bemerkenswert das 16-teilige Altarbild von J. Durandi († um 1470) und das Chorgestühl (um 1440). Der Kreuzgang (13. Jh.) zeigt in der Kassettendecke einen Bilderzyklus der Apokalypse (15. Jh.).
Saint-Raphaël	St-Raphaël (34 000 Einw.) hat hübsche, mit Palmen und Platanen bestandene Promenaden entlang dem alten Hafen und dem Strand; dominiert werden sie vom Casino und der neobyzantinischen Kirche (1889). Hier landete Napoleon 1799 nach seinem Ägyptenfeldzug (Pyramide am Hafen), hier schiffte er sich 1814 nach Elba ein. Im alten Stadtkern die wehrhafte Kirche San Raféu aus dem 12. Jh., daneben das Musée d'Archéologie Sous-Marine.
Massif de l'Esterel	Das ca. 20 km lange Esterel-Gebirge fällt schroff zum Meer hin ab; erst 1903 wurde die Küstenstraße **Corniche d'Or** (Corniche de l'Esterel, D 559/6098) zwischen St-Raphaël und La Napoule gebaut, die den herrlichen Dreiklang von blauem Meer, roten Porphyrfelsen und grüner Vegetation »erfahrbar« macht. Die Wälder, die einst das Massiv bedeckten, fielen Bränden zum Opfer. Die D 559 passiert Boulouris und das Cap du Dramont (Leuchtturm, 1 Std. zu Fuß hin und zurück), Agay (von hier Straße zum Pic de l'Ours, 496 m; vom Parkplatz 1.30 Std. hin und zurück), Anthéor und den gewaltigen Pic du Cap Roux (453 m; vom Parkplatz 2 Std. hin und zurück), Le Trayas und Miramar mit kleinen Buchten sowie Théoule-sur-Mer.

Einer der schönsten Strände der Côte d'Azur: Plage de Pampelonne bei St-Tropez

Alternativ kann man auf der D N 7 das Massiv im Landesinneren umfahren. Beim Verlassen von Fréjus kommt man an den exotischen Bauten (Pagode, Moschee) vorbei, die an die ehemals in Fréjus stationierten Kolonialtruppen erinnern. Nach ca. 11 km zweigt rechts ein Sträßchen zum **Mont Vinaigre** ab, dem höchsten Gipfel des Massivs (618 m, vom Parkplatz 15 Min., fantastisches Panorama).

Via Aurelia

★ ★
◄ Mont Vinaigre

Von Théoule bis Cannes reichen beliebte Strände (Sand und Kies). La Napoule-Plage hat große Jachthäfen und eine mittelalterliche Burg (14. Jh.) mit einer Galerie.

La Napoule-Plage

▶dort. Dort ist auch Vallauris beschrieben.

Cannes

Steil geschachtelt zieht sich die Altstadt von Grasse (17 km nördlich von Cannes, 49 000 Einw.) am Hang des Roquevignon hinauf. Berühmt ist sie durch die **Parfümindustrie**, die im 16. Jh. entstand, als Katharina von Medici parfümierte Handschuhe zur Mode machte (das Gerberhandwerk florierte in Grasse ab dem 13. Jh.). Um die 30 Firmen arbeiten hier, ein Großteil der verarbeiteten Blüten kommt jedoch aus dem Ausland. Ein Besuch der Verkaufsräume und der Schauproduktion von Fragonard (s. u.), Galimard (Route de Cannes, 73) oder Molinard (Blvd. V. Hugo 60) ist sehr interessant, und ein

★
Grasse

reines Blütendestillat ist ein wunderbares Souvenir (Informationen im Tourismusbüro, Place du Cours). Von der Place du Cours hat man einen schönen Ausblick. Etwas tiefer liegt das Musée de la Parfumerie, nebenan das schöne Museum von Fragonard mit Verkaufsraum. Im Hôtel de Clapiers-Cabris (1771) ist das Musée d'Art et d'Histoire de Provence untergebracht (Stadtgeschichte, Möbel, Keramik). In der Villa Fragonard lebte 1791–1806 der berühmte Rokokomaler **J.-H. Fragonard**, der 1732 in Grasse geboren wurde. Von 1244 bis 1790 war Grasse Bischofssitz. Die Kathedrale Notre-Dame-du-Puy (12./13. Jh., im 17./18. Jh. erweitert) zeigt lombardische Einflüsse und wirkt innen sehr archaisch; drei Kunstwerke sind hier bemerkenswert, ein Rubens (1602), ein Ludovico Brea zugeschriebenes Triptychon und eine »Fußwaschung« von Fragonard (1755), eines seiner wenigen religiösen Bilder. Der Bischofspalast (13. Jh.) nebenan beherbergt das Rathaus. Sehr stimmungsvoll ist die Place aux Aires weiter nördlich; am Nordrand das prächtige Palais des reichen Gerbers Isnard (1781). Morgens ist hier Blumenmarkt.

Gorges du Loup — Von Grasse ist die Rundfahrt (ca. 40 km) durch die Schlucht des Loup zu empfehlen. Dabei berührt man das fantastisch liegende (und sehr touristische) **Gourdon**; in der Burg aus dem 13. Jh. ein historisches Museum und ein Museum für naive Malerei. Reizvoll ist auch **Le Bar**, in der Kirche St-Jacques das Tafelbild »Totentanz« (Ende 15. Jh.) und auf dem Altar ein Polyptychon von Ludovico Brea.

Antibes ▶dort. Dort sind auch Juan-les-Pins und Biot beschrieben.

Grasse Orientierung

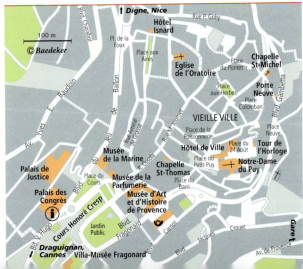

Cagnes-sur-Mer

Die Stadt westlich der Var-Mündung (44 000 Einw.) ist dreigeteilt: Cros-de-Cagnes, ehemals Fischerhafen, ist der Strandurlaubsort (mit den riesigen Pyramiden der **Marina Baie des Anges**), dahinter liegen die moderne Stadt Cagnes-Ville und das malerische alte Haut-de-Cagnes mit einer Grimaldi-Burg (14./17. Jh., wunderbarer Renaissance-Innenhof). Darin ein Museum zur Kultur des Olivenbaums, die Stiftung der Kabarettsängerin Suzy Soulidor (Porträts von berühmten Malern) und eine Galerie mit Werken u. a. von Chagall, Matisse und Renoir. Im 1. Stock bemerkenswertes Deckengemälde des Genuesen Giovanni Carlone (1584–1630). In der Chapelle Notre-Dame-de-Protection nordöstlich außerhalb der ummauerten Altstadt sind Fresken von ca. 1525 zu sehen; in der Maison Les Colettes (1 km östlich) lebte **P.-A. Renoir** von 1908 bis zu seinem Tod 1919 (sehenswertes Museum, Di. geschl.).

Villeneuve-Loubet

Im burgbewehrten Villeneuve-Loubet (2 km südwestlich) ist im Geburtshaus des weltberühmten Kochs **Auguste Escoffier** (1846–1935) das Musée d'Art Culinaire eingerichtet (außer Juli/Aug. Sa. geschl.).

★ **Saint-Paul-de-Vence**

Etwas landeinwärts liegt malerisch auf einem Hügel das hübsche mittelalterliche Städtchen St-Paul, das seine Unschuld mit der Entdeckung durch Künstler wie Modigliani und Picasso in den 1920er-Jahren verlor. Zu einer weltberühmten Sehenswürdigkeit wurde das exklusive Hotelrestaurant **Colombe d'Or**, da die Maler mit einem Gemälde bezahlten. Boutiquen, Ateliers, Galerien und Souvenirläden bestimmen das Bild. Die gut erhaltene Ringmauer aus dem 16. Jh. besitzt einen stattlichen Donjon, in der Kirche (13./17. Jh.) ist der Kirchenschatz sehenswert, an der Place de la Castre ein lokalhistorisches Museum. Auf dem Friedhof ist Marc Chagall († 1985) beigesetzt, der ab 1965 in St-Paul-de-Vence gewohnt hatte. In der berühmten **Fondation Maeght** (1 km nordöstlich von St-Paul), einer Stiftung des Kunsthändler-Ehepaars Aimé und Marguerite Maeght, verbinden sich sehr schön Natur, moderne Architektur und Kunst. Geöffnet Juli–Sept. 10.00–19.00, sonst bis 18.00 Uhr. Zu beachten: Während der Sonderausstellungen sind die Werke aus dem eigenen Bestand nicht zu sehen.

Ein Miró in der Fondation Maeght

Einzigartig liegt Eze hoch über der Küste.

Vence Rund 3 km nördlich liegt Vence (19 500 Einw.) mit einer hübschen Altstadt. Ihr Mittelpunkt ist die Kathedrale Nativité-de-Notre-Dame (11.–17. Jh.) mit schönem Chorgestühl (15. Jh.) und einem als Altar dienenden römischen Sarkophag; in der Taufkapelle ein Mosaik von **Marc Chagall** (1979, ►S. 361). Das Schloss der Barone von Villeneuve (13./17. Jh.) am Westrand der Altstadt enthält ein Kunstmuseum und ein Hotel. Nördlich des Orts (D 2210) ist die zu einem Dominikanerinnenkloster gehörende Rosenkranzkapelle zu finden, die der »ungläubige Wahrheitssucher« Henri Matisse 1947–1951, in vierjähriger Arbeit also, ausgestaltet hat.

★
Chapelle du Rosaire ►

Nizza ►dort

★★
Corniches Drei je ca. 30 km lange Küstenstraßen verbinden Nizza mit Menton an der italienischen Grenze. Die Corniche du Littoral (D 6098), auch Corniche Inférieure genannt, folgt unmittelbar der Küste und führt durch viele Orte (meist lebhafter Verkehr). Die Moyenne Corniche (D 6007) verläuft mit vielen Brücken und Galerien auf halber Höhe, die Grande Corniche (D 2564) ganz oben wurde unter Napoleon erbaut; beide bieten großartige Aussichten.

Villefranche-sur-Mer An einer herrlichen Bucht liegt Villefranche (8000 Einw.). Der vom Cap Ferrat eingeschlossene Naturhafen war vom Mittelalter bis in jüngere Zeit ein bedeutender Kriegshafen; bis 1962 war die US-amerikanische Mittelmeerflotte hier stationiert. In der malerischen Altstadt ist die Rue Obscure bemerkenswert, die unter dunklen Gewölben verläuft, am Fischerhafen die 1957 von Jean Cocteau ausgemalte Kapelle St-Pierre. In der Zitadelle (1580) sind das Musée Volti (ein einheimischer Bildhauer), das Musée Goetz-Boumeester (Abstrakte Kunst) und eine archäologische Sammlung untergebracht.

Das reizvolle Cap Ferrat (Sandstrände, schöne Spazierwege) entwickelte sich Anfang des 20. Jh.s zu einer Prominenten-Villenkolonie. Die grandiose Villa der Baronin **Ephrussi de Rothschild** (1912) ist als Museum zugänglich (Möbel, Gobelins, Porzellan, Impressionisten), schon wegen ihres Caférestaurants wäre sie einen Besuch wert.

★ **Cap Ferrat**

Der mit Casino und Jachthafen ausgestattete Belle-Époque-Badeort (3700 Einw.) verfügt über ein besonders mildes Klima. Sehenswert ist die herrlich an der Baie des Fourmis gelegene **Villa Kerylos**, die sich der reiche Archäologe Theodor Reinach bis 1910 erbauen ließ.

Beaulieu-sur-Mer

Eze (2500 Einw.) ist zweigeteilt. Auf der Moyenne Corniche erreicht man das berühmte Eze-Village, das atemberaubend 427 m hoch über dem Meer liegt. Den Ortseingang bewacht ein Tor aus dem 14. Jh., von der Burgruine hat man den besten Ausblick. Besuchenswert sind der Jardin Exotique um die Burg, die Chapelle des Pénitents-Blancs (14. Jh.; außen Emailbilder von J. M. Poulain, innen eine »Kreuzigung« aus der Schule von Nizza und ein katalonisches Kruzifix, 1258) sowie die Parfümerien Fragonard und Galimard. Friedrich Nietzsche hat 1883 auf dem (heute nach ihm benannten) Weg vom Meer hier herauf den dritten Teil von »Also sprach Zarathustra« entworfen. An der Küste liegt der Badeort Eze-Bord-de-Mer.

★ ★ **Eze**

An der Grande Corniche liegt oberhalb von Monaco in 480 m Höhe dieses Städtchen mit der mächtigen **Trophée des Alpes**. Mit diesem einst 50 m hohen Denkmal ehrte der römische Senat 6 v. Chr. Kaiser Augustus für die Unterwerfung der Alpenvölker. Im 14. Jh. wurde es in eine Festung umgewandelt, 1705 im Spanischen Erbfolgekrieg zu sprengen versucht. Die Kirche St-Michel-Archange (italienischer Barock, 18. Jh.) ist reich ausgestattet, u. a. mit einer Kommunionbank aus Achat und Onyx, Gemälden von J.-B. van Loo und einer Pietà aus der Brea-Schule. Vom Park um die Trophée und der Tête de Chien südlich des Orts hat man einen **fantastischen Ausblick.**

★ **La Turbie**

Zwei sehenswerte Beispiele provenzalischer **Nids d'aigle** (»Adlerhorste«) nördlich von La Turbie sind Peillon (376 m; Kapelle Notre-Dame-des-Douleurs, 15./16. Jh., mit herrlichen Fresken von Giovanni Canavesio, um 1485) und das 630 m hoch über dem Fluss Peillon gelegene Peille; hier eine Stiftskirche mit lombardischem Turm (12./13. Jh.) und einem Altaraufsatz von O. Bertone (1579).

★ **Peillon**

Peille

▶dort

Monaco

Roquebrune-Cap-Martin

Roquebrune-Cap-Martin (13 000 Einw.) besteht aus zwei Teilen. Das alte Roquebrune ist mit überwölbten Gässchen an den Hang gebaut. Um 970 entstand zum Schutz vor den Sarazenen die Burg; schöne Aussicht vom Donjon (13. Jh.). Cap-Martin östlich des Kaps ist mit Menton zusammengewachsen. In 2 Std. kann man bis nach Monaco gehen (zurück mit Bus oder Bahn). Am Weg kurz vor Roquebrune liegt das »Cabanon«, eine winzige Hütte, die sich **Le Corbusier** 1952 baute; bis zu seinem Tod – er erlitt hier 1965 beim Baden eine Herzattacke (Grab auf dem Friedhof) – hielt er sich oft hier auf. Nebenan die Villa E-1027 der berühmten irischen Designerin Eileen Gray.

Menton

Fast schon in Italien ist man in Menton (28 700 Einw.) – Stadtbild und Lebensart lassen über Nachbarschaft und Geschichte keinen Zweifel. Von 1346 bis 1848 gehörte es mit Unterbrechungen zum Fürstentum Monaco, danach war es freie Stadt unter dem Schutz von Sardinien-Piemont und kam 1861 durch Volksabstimmung an Frankreich. Das milde Klima, das Zitronen und Orangen reifen lässt (im Februar Zitronenfest), machte es zum Winterkurort für Hoch- und Geldadel sowie Künstler. In jüngster Zeit gewinnt es – insbesondere bei jungen Italienern – Renommee als schickes Ausflugsziel. Zentrum der **Altstadt** ist der Parvis St-Michel (im Sommer Konzerte); hier steht die prächtig ausgestattete Pfarrkirche (1619–1675; linker Turm 15. Jh.), etwas höher die Eglise de la Conception (1689). Im Hôtel de Ville hat Jean Cocteau 1957 den Hochzeitssaal ausgemalt (zugänglich Mo.–Fr.); in der Hafenbastion (17. Jh.) das **Musée Jean Cocteau**. Von hier verläuft die Promenade du Soleil, vorbei an der Markthalle von 1896 und dem neuen **Cocteau-Museum (Sammlung Wunderman)**, zum Casino Municipal (1932) und zum prächtigen Jardin Biovès; parallel dazu die Hauptgeschäftsstraße Rue St-Michel. Südwestlich (Av. Carnot) ist im Palais Carnoles (1717) das besuchenswerte Musée des Beaux-Arts untergebracht.

! Baedeker TIPP

Bahnabenteuer

Der **Train des Pignes** (»Pinienzapfenzug«) fährt auf der 1890–1911 erbauten, ca. 150 km langen Strecke von Nizza über Entrevaux nach Digne. Am Bahnhof der Chemins de Fer de Provence in Nizza ist ein Wanderführer zu haben. Auf dem Teil Entrevaux – Puget-Théniers fährt Mai–Okt. sonntags ein Dampfzug. Reservieren bei C.F.P., www.trainprovence.com, Tel. 04 97 03 80 80. Ein kühnes Unternehmen war der Bau der 119 km langen **Tenda-Bahn** ab 1920, die von Nizza ins Roya-Tal und durch den Tende-Tunnel nach Cuneo (Italien) führt. Mehrere Züge täglich fahren vom SNCF-Bahnhof in Nizza, die 80 km lange Fahrt bis Tende dauert ca. 1.45 Stunden.

Hinterland von Nizza · Massif du Mercantour

Übersicht

Im äußersten Osten der Côte d'Azur fallen die Seealpen steil zum Meer ab. Der Hauptkamm des **Massif du Mercantour** (Cime du Gélas, 3143 m) ist nur 50 km von Nizza entfernt. Kurven- und aussichtsreiche Straßen führen durch die herrliche Berglandschaft, die von einer Reihe pittoresker Schluchten durchzogen wird. Überraschend ist der Reichtum an Kunstschätzen, v. a. aus der »Schule von Nizza« (15./16. Jh.). Die folgenden Routen sind von West nach Ost geordnet. Für die Route des Grandes Alpes ▶Touren.

Vom Flughafen Nizza führt die D 6202 im unteren Var-Tal, das von knapp 1000 m hohen Bergen eingefasst wird, nach Norden. Bei der Pont Charles-Albert ist wegen der fantastischen Aussicht ein Abstecher nach Gilette und Bonson (Kirche mit Bildern von A. Brea und J. Durandi) empfehlenswert. Bei Plan-du-Var zweigt die D 2565 in die Gorges de la Vésubie ab, die eindrucksvollen Schluchten des gleichnamigen Flusses. Von der 1174 m hoch gelegenen Wallfahrtskapelle Madone d'Utelle (1806) beim Dorf Utelle hat man ebenfalls eine großartige Aussicht. Bis Lantosque ist das Bild noch mediterran, dann wird's alpin. In Roquebillière lohnt sich ein Blick in die Malteserkirche St-Michel-du-Gast (12.–16. Jh.; Antonius-Retabel, 16. Jh.), in Venanson in die Kapelle St-Sébastien (1481, Fresken von Giovanni Baleison zur Legende des Heiligen). St-Martin-Vésubie (1000 Einw., 960 m) schließlich, ein hübsches Dorf, ist Ausgangspunkt für Touren in den **Parc National du Mercantour**. Er ist mit Wanderwegen gut erschlossen (u. a. GR 52; Info: Maison du Parc in St-Martin). An der engen Rue du Dr Cagnoli mit schönen alten Häusern stehen die Kapelle der Weißen Büßer (Ende 17. Jh.), die Pfarrkirche (17. Jh., Altarbilder von Ludovico Brea) und das Haus der Grafen Gubernatis.

Durchs Tal von Var und Vésubie

◀ Gorges de la Vésubie

◀ Saint-Martin-Vésubie

Die ca. 40 km lange Strecke von St-André nordöstlich von Nizza zum 1604 m hohen Col de Turini (D 2204/2566) ist bekannt als Schlussetappe der **Rallye Monte-Carlo**. In L'Escarène ist die Kirche St-Pierre sehenswert (16. Jh., schöne Renaissance-Fassade), im herrlich gelegenen Lucéram die Kirche Ste-Marguerite (nach 1483) mit großartigen Altären aus der Schule von Nizza: Margareten-Retabel (L. Brea, 1500), Antonius-Retabel (Giovanni Canavesio zugeschrieben, 1480) sowie Retabeln von A. Brea (1510) und F. Brea (1560).

Col de Turini

◀ L'Escarène

◀ Lucéram

Von Menton fährt man auf der D 2566 durch das reizvolle Carei-Tal über Castillon nach **Sospel** (2500 Einw.), dessen Teile links und rechts der Bevera durch eine Turmbrücke (11. Jh., Tourismusbüro) verbunden sind. Die Kirche St-Michel, zur Zeit der Kirchenspaltung Kathedrale, besitzt eine Barockfassade (1641) und ein hervorragendes Polyptychon von Francesco Brea (um 1530). Über dem Ort das Fort St-Roch, eine ganze unterirdische Festungsstadt (Führungen).

Carei-Tal

Von hier geht es über den 879 m hohen Col de Brouis (benannt nach dem hier häufigen Heidekraut) in des Tal der Roya. Die Altstadt von Breil-sur-Roya (2000 Einw.) liegt schön zwischen Fluss und einem Sporn des 1610 m hohen Arpette; sehenswert an der Place de Brancion die Kirche S. Maria in Albis (17. Jh.; Altarbild von 1500, pracht-

Breil-sur-Roya

Unverkennbar ligurisch geprägt ist Tende, der letzte Ort im oberen Roya-Tal.

voller Orgelprospekt aus dem 17. Jh.), außerdem das Ecomusée du Haut-Pays Niçois (Eisenbahnmuseum, Mai – Sept. tägl. geöffnet). An den Gorges de Saorge entlang gelangt man zum alten **Saorge** (350 Einw.), das kühn am Berg klebt; besonders schön der unter Denkmalschutz stehende Marktplatz. Leider nicht zugänglich ist die Kirche Madonna del Poggio (11. Jh.) südlich des Orts, ein hervorragendes Beispiel der lombardischen Romanik. Bei St-Dalmas-de-Tende zweigt das Sträßchen nach La Brigue (600 Einw.) im reizvollen Tal der Levense ab, dessen Kollegiatkirche St-Martin (Ende 15. Jh.) eine Reihe von Altarbildern der Schule von Nizza enthält. Ein herausragender Kunstschatz ist 4 km östlich zu finden, die Wallfahrtskapelle **Notre-Dame-des-Fontaines**, in deren Umgebung heilkräftige Quellen entspringen. Der schlichte Bau (12./14. Jh.) ist vollständig – auf 320 m² Fläche – mit dramatischen Fresken (1491/1492) von Giovanni Canavesio und Giovanni Baleison ausgemalt (Info: www.labrigue.fr).

St-Dalmas ist Ausgangsort für Wanderungen in das Gebiet des Mont Bego (2872 m) und das **Vallée des Merveilles**, das für seine in den Fels geritzten Bilder aus der frühen Bronzezeit (ca. 2800 – 1500 v. Chr.) berühmt ist. Aufgrund der vielen Besucher ist der Aufenthalt streng geregelt, bestimmte Bereiche sind nur mit Führern zugänglich. Das Tourismusbüro in Tende (www.tendemerveilles.com) gibt Informationen, in Tende und St-Dalmas werden Touren angeboten. Übernachtungsmöglichkeit in Hütten, Bergausrüstung ist erforderlich.

Das Städtchen (816 m, 2000 Einw.), das erst 1947 französisch wurde, ist seit dem Mittelalter **Grenzort zum Piemont**. Über den aus grünem und rötlichem Schiefer gebauten Häusern (z. T. 15. Jh.) ragt der Rest der 1692 zerstörten Lascaris-Burg auf. Das Musée des Merveilles und die Maison du Parc National du Mercantour (www.mercantour.eu) informiert über die Felszeichnungen im **»Tal der Wunder«**. Die lombardisch-gotische Kirche Notre-Dame-de-l'Assomption (1462 – 1506, Grablege der Lascaris) besitzt ein schönes Portal. Der **Tenda-Pass** (1871 m) wurde ab 1882 von den Italienern mit Festungsanlagen gesichert; die größtenteils nicht asphaltierte Südrampe zählt zu den kühnsten Passstraßen der Alpen. Die D 6204 führt hingegen durch den 1882 eröffneten, 3182 m langen Tunnel nach Limone Piemonte.

* Côte Basque

F 9

Seitdem Biarritz Mitte des 19. Jahrhunderts durch Kaiserin Eugénie zum renommierten Badeort wurde, ist die Côte Basque mit dem grünen, hügeligen Hinterland am Westrand der Pyrenäen ein beliebtes Urlaubsgebiet. Die Brandung des Atlantiks macht es heute auch zum Mekka der Surfer.

Der südlichste Teil der Atlantikküste – zwischen dem Fluss Bidassoa, der die Grenze zu Spanien bildet, und Biarritz – wird Côte Basque (Baskische Küste) genannt (Fortsetzung: Côte d'Argent, ▶Gascogne). Die Basken, die sich »Euskaldunak« und ihr Land »Euskadi« nennen, leben im Raum von den Ostpyrenäen bis Bilbao, etwa 200 000 Menschen auf französischer Seite und knapp zwei Millionen auf spanischer Seite. Ihr Ursprung ist nicht geklärt; die Sprache ist nicht-indoeuropäisch. Während die spanischen Basken beharrlich und teils mit Terror um ihre Autonomie kämpfen, gab es in Frankreich erst in den 1980er-Jahren Unruhen, in weit geringerem Ausmaß als jenseits des Bidassoa. Auch im französischen Baskenland betont man die eigenen kulturellen Wurzeln, was sich in der Beliebtheit von Theater- und Musikgruppen, der Sprach- und Pelota-Schulen, der lokalen Feste zeigt. Einiges aus der Folklore: das Ballspiel Pelota (ein Ball wird gegen eine Wand, den »Fronton«, geschleudert und wieder aufgefangen); Kraftsport wie Tauziehen, Wettsägen, Steinheben; die nur von Männern ausgeführten, teils akrobatischen Tänze; Musik und Gesang – die Basken sind sehr sangesfreudig, allerdings nicht in der Öffentlichkeit. Der spanische Stierkampf wurde hier zur »Course de vaches«, hier werden nicht Stiere abgestochen, sondern Kühe dienen kühnen, nichtprofessionellen Kämpfern als »Turngerät«.

Baskenland

Reiseziele an der Côte Basque

Biarritz (29 000 Einw.), einst eines der berühmtesten Seebäder der Welt, liegt herrlich an der zerklüfteten, windumtosten Atlantikküste. Schöne Sandstrände, salzhaltige Quellen und das milde Klima haben die Metamorphose des Fischerdorfs begünstigt. Kaiserin Eugénie ließ

Biarritz

Die Grande Plage mit dem Casino, das »Zentrum« von Biarritz

sich 1854/1855 eine Villa bauen, die um 1900 durch das luxuriöse Hôtel du Palais ersetzt wurde. Prächtige **Villen** aus der Belle Époque zeugen noch von der einstigen Atmosphäre; sonst hat Biarritz seinen Charme an Beton und Plastik verloren. Die Gästeschaft ist bunt gemischt, von der Haute-Volée bis zu jungen Surfern; hier soll es die besten **Surfwellen** in Europa geben. Im reichhaltigen Veranstaltungskalender ragen Bi Harriz Lau Xori (baskische Kultur, März), BiG Festival (Musik für junge Leute, Juli), Jazzfestival (Aug.) und Le Temps d'Aimer (Ballett, Sept.) heraus.

Mittelpunkt der Stadt ist die **Place Georges-Clemenceau**. Über die Place Bellevue – mit dem Casino Bellevue (1887) links und dem Casino Municipal rechts – gelangt man zum Meer. Die **Grande Plage** reicht bis zur Pointe St-Martin mit 44 m hohem Leuchtturm (Aussicht); anschließend die Plage de la Chambre d'Amour, ein schöner Strand (Vorsicht beim Baden, hohe Wellen und starke Strömungen).

Vom Casino Bellevue führt der Blvd. Maréchal-Leclerc an der neogotischen Kirche Ste-Eugénie und am malerischen Fischerhafen vorbei zur Esplanade de la Vierge. Über eine schmale, von Eiffel konstruierte Eisenbrücke gelangt man zum **Rocher de la Vierge** mit einer Marienstatue (herrliches Panorama von der Adour-Mündung bis zur

! Baedeker TIPP

Baskische Confiserie

Maranen – aus Spanien vertriebene Juden – sollen die Geheimnisse der Schokoladenherstellung mitgebracht haben. Weitere baskische Spezialitäten sind »muxus« (»Küsse«, Mandelmakronen) und »kanouga« (weiche Karamellen). Gute Adressen für süße Sünden sind in Biarritz Miremont, Henriet und Pariès an der Place Clemenceau sowie St-Charles in der Rue Pellot.

spanischen Küste). Vor dem Rocher das sehenswerte Musée de la Mer mit Aquarien. Die kaiserliche Kapelle in romanisch-byzantinisch-maurischem Stil wurde 1864 für die aus Spanien stammende Kaiserin Eugénie erbaut. Zwei Museen sind interessant, das Museum für Orientalische Kunst (Rue G. Petit) und das Schokoladenmuseum (Av. Beaurivage).

Bayonne (44 500 Einw.), ca. 5 km vom Atlantik entfernt am Adour gelegen, hat sich anders als Biarritz die gascognisch-baskische Eigenart erhalten. Bedeutend ist es v. a. als Umschlagplatz für Massengüter (Mais, chemische Grundstoffe aus Lacq); berühmt sind der Schinken und die Schokolade aus Bayonne (besuchenswertes Atelier du Chocolat). Als Schlüssel zu den Pässen der Westpyrenäen hatte die Stadt starke Befestigungen, die heute als schöne Promenaden die Stadt umgeben. Durch die Mündung der Nive in den Adour ist die Stadt dreigeteilt. Nördlich des Adour die Vorstadt St-Esprit mit der 1674 – 1679 von Vauban erbauten **Zitadelle** und der Kirche St-Esprit (15. Jh.). Westlich der Nive liegt Grand Bayonne, die Altstadt, die sich von der Nivemündung (lebhafte Place de la Liberté mit Theater und Rathaus) zur **Kathedrale Ste-Marie** zieht. Sie wurde 1213 – 1544 im Stil der nordfranzösischen Gotik erbaut (Fassade, Nordturm, Turmhelme 19. Jh.); bemerkenswert die Renaissance-Fenster (v. a. Hieronymus-Kapelle, 1531) und die Tür zur Sakristei (13. Jh.). Nördlich der Kathedrale das Château Vieux. Sehr

Bayonne

Kathedrale Ste-Marie in Bayonne

baskisch wirkt der Stadtteil Petit Bayonne jenseits der Nive. Nördlich am Nive-Ufer das hervorragende **Musée Basque** in einem Gebäude des 15. Jh.s. Die Rue Bourg-Neuf – das Herz des Viertels – querend erreicht man das **Musée Bonnat** mit Werken von Botticelli, Van Dyck, Rubens, Hals, El Greco, Turner, Goya u. a. sowie einer großen Graphiksammlung. Ende Juli wird ein mehrtägiges baskisches Fest mit »Kuhtreiben«, Musik, Stierkampf, Rugby-Spielen etc. gefeiert.

★
◀ Museen

Recht reizvoll sind diese beiden Orte südwestlich von Biarritz. Bidart liegt über der Steilküste, am charaktervollen Dorfplatz mit Fronton und Rathaus eine typisch baskische Kirche mit Holzdecke, Emporen

Bidart
Guéthary

CÔTE BASQUE ERLEBEN

AUSKUNFT

CDT Béarn Pays Basque
2 Allée des Platanes, 64100 Bayonne
Tel. 05 59 46 52 52
www.tourisme64.com

Biarritz Tourisme
1 Square d'Ixelles, 64200 Biarritz
Tel. 05 59 22 37 10
www.biarritz.fr

ESSEN

▶ Fein & teuer
Café de Paris
Biarritz, 5 Place Bellevue
Tel. 05 59 24 19 53.
Im gleichnamigen Hotel. Hervorragende klassische Küche, auch regionale Spezialitäten.

▶ Erschwinglich
Le Kaïku
St-Jean-de-Luz, 17 Rue République
Tel. 05 59 26 13 20, Di. geschl.
Baskisches Restaurant im ältesten Gebäude der Stadt, bodenständige Küche nach Jahreszeit. Im Sommer speist man auf der Terrasse.

▶ Preiswert
Bistrot des Halles
Biarritz, 1 Rue du Centre
Tel. 05 59 24 21 22, So./Mo. geschl.
Preiswert und handfest wird man in diesem Bistro südlich der Markthalle verköstigt. Exzellente Meeresfrüchte.

ÜBERNACHTEN

▶ Luxus
Hotel du Palais
Biarritz, 1 Av. Impératrice
Tel. 05 59 41 64 00
www.hotel-du-palais.com
Einstiges Palais der Kaiserin Eugénie unmittelbar am Meer. Luxuriöse, antik möblierte Zimmer, beheizter Pool. Das Restaurant Villa Eugénie gilt als das beste der Stadt (Mo./Di. geschl.), etwas weniger kostspielig sind La Rotonde und L'Hippocampe.

▶ Komfortabel
Le Grand Hôtel
Bayonne, 21 Rue Thiers, Tel. 05 59 59 62 00, www.bw-legrandhotel.com
Nördlich der Kathedrale im alten Karmeliterkonvent, nobel und charmant modernisiert. Die Zimmer zum Innenhof sind ruhiger.

▶ Günstig / Komfortabel
Maïtagaria
Biarritz, 34 Av. Carnot, Tel. 05 59 24 26 65, www.hotel-maitagaria.com
Familiengeführtes, gediegenes Hotel aus dem 19. Jh.; große, elegante Zimmer, wunderbare Terrasse fürs Frühstück. 500 m zum Strand.

---

und einem prächtigen Altar (18. Jh.). Guéthary, ein am Hang ansteigender Badeort, hat noch etwas vom ursprünglichen Charakter bewahrt; sehenswerte Kirche aus dem 17. Jh. südlich der D 810.

Saint-Jean-de-Luz
St-Jean-de-Luz (13 700 Einw.) ist ein wichtiger Fischerhafen, von dem schon im 13./14. Jh. Walfänger nach Neufundland, Grönland und Spitzbergen in See stachen. Heute liegt das Schwergewicht auf dem Thunfisch- und Sardinenfang. Sonst aber ist St-Jean ein elegan-

ter Badeort, den viele Biarritz vorziehen: langer Strand mit Promenade, Casino, Villen, gepflegte Altstadt. Am Hafen das **Château Lohobiague** (1643), in der Ludwig XIV. 1660 seine Hochzeit mit Maria Theresia feierte, der Tochter des spanischen Königs Philipp IV. (Museum). Nebenan die Place Louis-XIV mit Musikpavillon, westlich die Maison de l'Infante, in der Maria Theresia wohnte. Die Trauung fand in **St-Jean-Baptiste** (13. Jh.) statt, der größten und schönsten baskischen Kirche mit beeindruckender Ausstattung: mehrstöckige Emporen, Schiffskieldecke, riesiger vergoldeter Altaraufsatz (1679). Das Portal, das nach der Hochzeit zugemauert wurde, ist noch zu sehen.

Das »Gegenüber« von St-Jean-de-Luz am anderen Ufer der Nivelle ist Ciboure mit alten Gassen und Fachwerkhäusern; die Kirche St-Vincent (16. Jh.) hat einen interessanten Glockenturm. Im Haus Nr. 12 am Hafenkai wurde 1875 der Komponist Maurice Ravel geboren.

Ciboure

Von St-Jean-de-Luz führt die Corniche Basque, die besonders bei Socoa eindrucksvolle Ausblicke auf die wilde Felsküste gewährt, zum Seebad **Hendaye** (14 000 Einw.) mit üppigen Gärten und dem ansprechenden Boulevard de la Mer. Im Bidassoa, dem Grenzfluss, liegt die Fasaneninsel, auf der 1659 der Pyrenäenfrieden geschlossen und ein Jahr später der Ehevertrag zwischen Ludwig XIV. und Maria Theresia geschlossen wurde. Im Bahnhof von Hendaye trafen sich am 23. Okt. 1940 die Diktatoren Hitler und Franco.

Corniche Basque

Ein hübscher, lebhafter baskischer Fischerort: St-Jean-de-Luz

★★ Dauphiné

O 8

> Über beeindruckende Gebirgsszenerien mit den höchsten Pässen der Alpen verfügt die geschichtsträchtige Dauphiné östlich der Rhône. Dramatische Schluchten durchschneiden das Vercors, und die Chartreuse ist für das gleichnamige Kloster berühmt.

Landschaften Die historische Landschaft Dauphiné, die südwestlich an ►Savoyen anschließt, entspricht in ihren Grenzen von 1349 – als sie zu Frankreich kam – recht genau den Départements Isère, Hautes-Alpes und Drôme; Hauptort ist ►Grenoble. Begrenzt wird die Region im Westen und z. T. im Norden durch die Rhône, im Osten durch die französisch-italienische Grenze, im Nordosten durch eine Linie vom Rhône-Knie bei St-Genix-sur-Guiers zum Galibier; der Bereich südlich der Linie Montelimar – Gap zählt bereits zur ►Provence. Das Zentrum der Dauphiné wird vom großartigen, 4102 m hohen Massif des Ecrins (Massif du Pelvoux) südöstlich von Grenoble gebildet. An dieses hochalpine Gebiet der Hochdauphiné schließt sich westlich das landwirtschaftlich geprägte Voralpengebiet der Niederdauphiné (Chartreuse, Vercors) an. Die Route des Grandes Alpes, die den Genfer See mit Menton an der Côte d'Azur verbindet – eine grandiose hochalpine Strecke – ist in den Tourenvorschlägen beschrieben. Die 1932 eröffnete Route Napoléon führt im Alpenvorland von Grenoble über Gap – Sisteron – Digne – Castellane nach Cannes.

Route des Grandes Alpes ►

Route Napoléon ►

Ein wenig Geschichte Die von Kelten besiedelte Dauphiné wurde ab 121 v. Chr. in 60-jährigem Krieg von den Römern unterworfen. 933 wurde sie mit Niederburgund ein Teil des Königreichs Burgund, das wiederum ab 1033 zum Heiligen Römischen Reich gehörte. Ab dem 10. Jh. eigneten sich die Grafen von Albon weite Teile der Dauphiné an; Guigues

---

Highlights Dauphiné

La Meije hautnah
Unvergessliche Ausblicke auf das wildgezackte, vergletscherte Meije-Massiv
► Seite 375

Briançon
Alte Festungsstadt am Weg ins Piemont
► Seite 367

Embrun
Lombardische Romanik unter dem provenzalischen Himmel des Queyras
► Seite 377

Col du Galibier
Leckerbissen für Passfahrer
► Seite 375

Grande Chartreuse
Keimzelle des Kartäuserordens in abgeschiedener Waldlandschaft
► Seite 378

Schluchten des Vercors
Atemberaubende Straßen in mehrere hundert Meter hohen Felswänden
► Seite 380

VI. nahm im 12. Jh. seinen Kosenamen »delphinus« (frz. »dauphin«) in den Titel auf. 1349 wurde das Gebiet an die französische Krone verkauft, wobei der jeweilige Thronerbe die Dauphiné als Apanage erhalten und den Titel **»Dauphin«** tragen sollte. In den Religionskriegen des 16. Jh.s wurde die Dauphiné zu einer Hochburg des Protestantismus. 200 Jahre später war die Dauphiné Keimzelle der Französischen Revolution, da sich 1788 das Parlament in Grenoble gegen Weisungen der Krone auflehnte; am 21. Juli 1788 forderten im nahen Vizille die Stände die persönliche Freiheit für jeden Franzosen. 1815 begeisterte sich das Land für den von Elba zurückkehrenden Napoleon; in Grenoble öffnete ihm die Bevölkerung die Stadttore, was Napoleon in seinen Memoiren so honorierte: »Bis Grenoble war ich noch ein Abenteurer, in Grenoble wurde ich zum Fürsten.«

Rund um das Massif des Ecrins

▶dort   **Grenoble**

Südöstlich von Grenoble ragt das Massif de Chamrousse auf, das im Croix de Chamrousse 2257 m hoch ist (Seilbahn, Aussicht). Vom Thermalbad Uriage-les-Bains führen Serpentinen zum wenig attraktiven Wintersportort Chamrousse hinauf (1650–1750 m).   **Massif de Chamrousse**

Das Industriestädtchen (7700 Einw.) 17 km südöstlich von Grenoble ist bekannt durch das **prächtige Schloss** (1619) von François de Bonne, der als Hugenottenführer zum Herzog und Connétable de Lesdiguières aufstieg. Die Salle du Jeu, in der 1788 die umwälzenden Forderungen gestellt wurden, existiert nicht mehr, dafür gibt es ein ausgezeichnetes **Museum zur Französischen Revolution** (Di. geschl.).   **Vizille**

Durch das industriereiche Tal der Romanche erreicht man den kleinen Luftkurort (3400 Einw., 720 m), Hauptort des Oisans. In einem Seitenflügel der Kirche ist ein Mineralienmuseum untergebracht.   **Bourg-d'Oisans**

Eine kühne Serpentinenstraße (21 Kehren) führt hinauf nach Alpe d'Huez (1860 m), sonnenreicher Wintersportort und berühmtes Etappenziel der Tour de France. Die beeindruckende **moderne Kirche** Notre-Dame-des-Neiges (1970) besitzt eine renommierte Orgel (Kleuker/Bielefeld, 1978; Konzert Do., meist 18.15 Uhr). Seilbahnen bringen bis in 3330 m Höhe (Pic Blanc, spektakuläre Aussicht). Im Sommer sind schöne Wanderungen in den Grandes Rousses möglich. Auch vom Pic du Lac Blanc (2623 m) und vom Dôme des Petites Rousses (2813 m, 30 Min. vom Lac Blanc) großartige Rundsicht.   ★ **Alpe d'Huez**

★ ★ ◀ Pic Blanc

Südlich des Romanche-Tals ist das berühmte Skigebiet Les Deux-Alpes zu finden, dessen Aufstiegshilfen bis in 3568 m Höhe reichen. Prächtige Sicht auf die **Meije** und die anderen Gipfel des Massif des Ecrins bis zum Montblanc.   **Les Deux-Alpes**

DAUPHINÉ ERLEBEN

AUSKUNFT
CRT Rhône-Alpes
104 Route de Paris
69260 Charbonnieres-les-Bains
Tel. 04 72 59 21 59, Fax 04 72 59 21 60
www.rhonealpes-tourisme.com

CDT Isère, 14 Rue de la République
38019 Grenoble, Tel. 04 76 54 34 36
www.isere-tourisme.com

ESSEN
▶ **Preiswert**
Le Rustique
Briançon, 36 Rue du Pont d'Asfeld
Tel. 04 22 21 00 10
Ein in der Tat rustikales Restaurant in der Oberstadt. Gute savoyische Küche wie Apfeltarte mit Foie gras.

ÜBERNACHTEN
▶ **Günstig**
Edelweiss
Briançon, 32 Avenue de la République
Tel. 04 92 21 02 94
www.hotel-edelweiss-briancon.fr
Gegenüber Théatre du Cadran, nahe der Oberstadt. Nettes Haus von Ende 19. Jh., familiäres Ambiente. Ruhige Zimmer, teils mit Blick auf die Stadt.

Le Clos
Gap, 20 ter Avenue Comdt. Dumont
Tel. 04 92 51 37 04, www.leclos.fr
Gepflegtes Logis de France, an einem großen Park an der N 85 nach Grenoble gelegen. Gutes Restaurant mit traditioneller Küche der Region, hübsche Terrasse.

Das vergletscherte Massif des Ecrins (Massif du Pelvoux) ist nach dem Montblanc der eindrucksvollste Bergstock der französischen Alpen und seit 1973 Nationalpark (Büro in Briançon). Die höchsten Gipfel sind Barre des Ecrins (4102 m), Meije (3983 m), Ailefroide (3953 m) und Mont Pelvoux (3946 m).

★★ Massif des Ecrins

Der familiäre Ort La Grave (1526 m) im oberen Tal der Romanche ist Ausgangspunkt für Hochtouren in der überwältigend schönen **Meije-Gruppe**. Lohnend ist auch die Fahrt mit der Seilbahn zum Col de Ruillans (3211 m), Skifahrer können noch weiter hinauf zum Dôme de la Lauze.

La Grave

Die D 1091 steigt zum Col du Lautaret an (2058 m; Aussichtspunkt, Alpengarten). Von hier führt der Col du Galibier (2646 m; ca. Okt. bis Ende Mai gesperrt) hinüber nach Valloire in ▶Savoyen. Er ist eine der schwersten Etappen der Tour de France; am Südeingang des alten Tunnels erinnert ein Denkmal an Henri Desgranges, der sie 1903 begründete (▶Baedeker Special S. 160). Von hier kann man weiter auf 2704 m Höhe aufsteigen und **eines der eindrucksvollsten Panoramen** in den Alpen genießen. Für geübte Bergwanderer lohnt der Pic Blanc du Galibier (2955 m, hin und zurück 3 Std.).

★★ Col du Lautaret Col du Galibier

← *Die Meije mit La Grave, gesehen vom Oratoire de Chazelet*

La Salle In La Salle 8 km vor Briançon ist die Kirche St-Marcellin zu beachten, deren südliche Vorhalle trotz romanischer Anmutung aus dem 16. Jh. stammt; Kirche und Turm wurden im 13. Jh. errichtet.

★ Briançon Malerisch über dem Zusammenfluss von Durance und Guisane liegt die (nach Davos) **zweithöchste Stadt Europas** (1200 – 1320 m, 11 600 Einw.). Es war seit alter Zeit Grenzort gegen Savoyen, wurde erst 1590 französisch und ab 1692 von Vauban als Festung ausgebaut. Sie widerstand 1815 einer 20-fachen Übermacht der Österreicher und 1940 italienischen Angriffen. Die Neustadt Ste-Cathérine steigt zur Haute Ville an, der dreifach befestigten Altstadt. Ein Spaziergang am Westrand führt zur Kirche Notre-Dame, 1703 – 1726 von Vauban erbaut; gegenüber das Tourismusbüro. In der Grande Rue, der Hauptachse, die Maison des Têtes (Fassade 1907), die Maison Jean Prat (Renaissance), ein Museum für Zeitmessung und die Maison du **Parc des Ecrins**, in der man sich mit allen Informationen über den Nationalpark versorgen kann (www.ecrins-parcnational.fr). Der Pont d'Asfeld von 1729 – 1731 überspannt die Durance-Schlucht östlich der Ville Haute in einem 40 m weiten und 56 m hohen Bogen.

Col de Montgenèvre Östlich von Briançon steigt die N 94 zum 1854 m hohen Col de Montgenèvre an (ganzjährig offen), dem schon seit römischen Zeiten (Via Domitia) militärisch wie wirtschaftlich bedeutenden Pass ins italienische Piemont, der 1807 ausgebaut wurde.

Briançon: Blick über die Porte d'Embrun auf den Pic de Peyre Eraute

Bei Argentière-la-Bessée (15 km südwestlich von Briançon; Kapelle St-Jean, 12. Jh.; Silberbergbau-Museum) zweigt die Straße in die Vallouise ab, das ins Herz des Ecrins-Massiv führende Tal der Gyronde: grüne Matten unter bizarren Gipfeln und typische Bauernhäuser. Sehenswerte Bauwerke in Les Vigneaux (St-Laurent, lombardische Romanik, 15. Jh.; Wandmalereien), Puy-St-Vincent (Kapelle St-Vincent, 15. Jh., spätmittelalterliche Fresken) und Vallouise (Kirche St-Etienne, 15./16. Jh., Fegefeuer-Kapelle mit Fresken). Von Ailefroide (1510 m) am Fuß des **Pelvoux** kann man noch bis zur Pré de Madame Carle fahren, Ausgangspunkt für hochalpine Wanderungen.

Vallouise

Beeindruckend ist die Fahrt von Briançon nach Château-Queyras über den 2360 m hohen Col d'Izoard, berüchtigter Teil der Tour de France (kleines Museum). Südlich der Passhöhe durchquert man die **Casse Déserte**, eine kahle Erosionswüste.

★
Col d'Izoard

Die Landschaft **Queyras** im Osten der Dauphiné, nahe der italienischen Grenze, umfasst das ca. 40 km lange Tal des Flusses Guil, der am 3841 m hohen Monte Viso entspringt. Sie gehört zu den ursprünglichsten Gegenden der Dauphiné und ist sommers wie winters besonders sonnig. Ihr Hauptort ist Château-Queyras mit der riesigen Burg (13. Jh., im 16./17. Jh. erweitert). In der Krypta der Kirche ist eine geologische Schau untergebracht. Von den hübschen Bergorten wie Abriès, Molines-en-Queyras und **St-Véran** (290 Einw., 2042 m, höchstgelegene Gemeinde Europas) lassen sich schöne Wanderungen unternehmen. Vom ins Piemont führenden Pass Col Agnèl (2744 m) fantastische Sicht; sehr lohnend ist auch die Besteigung des Pain du Sucre (3208 m, Aufstieg 2 Std., nur für Trittsichere/Schwindelfreie).

★
Queyras

◄ Château-Queyras

◄ Col Agnèl

Durch die pittoreske Combe de Queyras führt die Route des Grandes Alpes zum Marktort Guillestre (Notre-Dame-d'Aquillon, 16. Jh.; schöner Portikus, 14. Jh.). Vorbei an der beeindruckenden, ab 1692 erbauten Festung Mont-Dauphin erreicht man die Durance und die N 94. Die Route des Grandes Alpes verläuft hingegen weiter nach Süden über den Col de Vars (2111 m) nach Barcelonnette (►S. 712).

Guillestre

Auf einem Felsplateau hoch über der Durance liegt Embrun (6400 Einw., 870 m), ein beliebter Sommer- und Winterurlaubsort, der im Mittelalter Sitz eines mit Münzrecht und Gerichtsbarkeit ausgestatteten Fürstbischofs war. Davon zeugt die Kathedrale **Notre-Dame-du-Réal** (12./13. Jh.), die schönste Kirche der Dauphiné und hervorragendes Beispiel für den lombardischen Stil. Zu beachten sind das Nordportal »Le Réal«, die Fensterrose, eine der ältesten Orgeln Frankreichs (Ende 15. Jh.) und der Kirchenschatz. Ein Teil der herrlichen Wandmalereien in der Chapelle des Cordeliers (15. Jh.; hier ist das Tourismusbüro untergebracht) wird G. Jaquerio zugeschrieben. In der Rue de la Liberté, neben der Rue C.-Hugues die Hauptgeschäftsstraße, ist ein schönes Renaissance-Portal zu sehen (Nr. 6).

Embrun

★
◄ Kathedrale

Lac de Serre-Ponçon

Westlich der Stadt kann man im Lac de Serre-Ponçon schwimmen, den eine 1955–1961 erbaute, 600 m lange und 120 m hohe Talsperre aufstaut. Lohnender Abstecher von Crots (4 km südlich von Embrun) hinauf zum **Kloster Boscodon**, das 1142 gegründet wurde; die Lage und die strenge Schmucklosigkeit der Kirche stehen den Zisterzienserklöstern der Provence nahe (▶S. 704, 709).

Gap

Gap (37 800 Einw.), Hauptstadt des Départements Hautes-Alpes, liegt reizvoll in der Kulisse der Alpen. Von historischer Bausubstanz ist wegen häufiger Zerstörung kaum etwas übrig. Sehenswert ist das **Musée Départemental** mit archäologischen-volkskundlichen Sammlungen sowie dem Grabmal des Herzogs de Lesdiguières (17. Jh., s. o. Vizille). Nordwestlich der Stadt liegt die alte Bischofsresidenz Château de Charance, Hauptsitz des Parc National des Ecrins.

Champsaur

Von Gap fährt man über den Col Bayard (1248 m) in das Hochtal Champsaur, in dem Getreideanbau und Viehwirtschaft betrieben wird; ungewöhnlich für die Alpen ist die Bocage-Landschaft. 40 km nördlich von Gap liegt die Barrage du Sautet; von Corps erreicht man die 1770 m hoch in großartiger Landschaft gelegene Wallfahrtskirche N.-D.-de-la-Salette; sie wurde gebaut, nachdem 1846 zwei Kindern die Muttergottes erschienen sein soll. Im Sommerhalbjahr ist sie Ziel Tausender Pilger (großes Hospiz).

★ Notre-Dame de-la-Salette ▶

Plateau Matheysin

Nördlich von La Mure erstreckt sich das Plateau Matheysin, in dem bis 1997 Kohle abgebaut wurde (Bergbaumuseum in La Mure). Sehr schön ist die Fahrt mit der 1888 eröffneten **Meterspurbahn** von St-Georges-de-Commiers entlang dem Drac nach La Mure, die mit vielen eindrucksvollen Kunstbauten 500 m Höhenunterschied überwindet (www.trainlamure.com). Auch die Straße ist empfehlenswert.

★ Chartreuse

Landschaft

Die von Grenoble nach Chambéry führende D 512 / D 912 (65 km) durchquert das Massiv der Chartreuse, das im Chamechaude 2082 m hoch und seit 1995 Naturpark ist; dunkle Wälder und schroffe Kalkfelswände wechseln mit Almen ab. Unterwegs lohnen sich Abstecher in die Schluchten des Guiers Mort und des Guiers Vif. Vom Col de Porte zweigt die Straße zum **Charmant Som** ab (1867 m; vom Parkplatz 30 Min.; herrliche Sicht, u. a. auf die Grande Chartreuse). Vor dem Ferienort St-Pierre-de-Chartreuse geht es links zum berühmten Kloster **Grande Chartreuse**, Mut-

> **!** *Baedeker* TIPP
>
> **Chartreuse grün und gelb**
>
> Der legendäre Likör der Chartreuse – Verte mit 55 %, Jaune mit 40 % Alkohol – soll 1605 zum ersten Mal hergestellt worden sein. 130 Kräuter und Honig gehören zur Rezeptur. Heute wird der Klosterlikör in Voiron 25 km westlich der Grande Chartreuse gebraut (Führungen April – Nov. tägl., sonst Mo. – Fr.; www.chartreuse.fr).

Von der Combe Laval öffnet sich eine herrliche Aussicht ins Rhône-Tal.

terhaus des 1084 vom hl. Bruno gegründeten Kartäuserordens. Seit 1940 leben wieder Mönche hier (nicht zugänglich; Museum in der Correrie 2 km vom Kloster, geöffnet Mai – Sept. 10.00 – 18.00, Okt./ Nov. Mo. – Fr. 13.30 – 18.00, Sa./So. 10.00 – 18.30 Uhr). Nach Überquerung des Col du Granier unter der Felswand des Mont Granier (1933 m) öffnet sich am Ausgang des Tunnels Pas de la Fosse der herrliche Blick auf Chambéry und den Lac du Bourget (▶Savoyen).

★ ★ Grande Chartreuse

★ ★ Vercors

Das Vercors, das sich von Grenoble südwestlich bis zum Drôme-Tal erstreckt, ist ein schluchten- und höhlenreiches Karstgebirge, das im Grand Veymont 2341 m Höhe erreicht. Das beliebte Ski- und Wandergebiet ist seit 1970 Naturpark. Die »Vertacomiriens«, wie die Bewohner heißen, leben von Landwirtschaft (Rinder- und Schafzucht) und Fremdenverkehr. In den Jahren 1942 bis 1944 war die Gegend ein Zentrum des Kampfs der Résistance.

Landschaft

Die wichtigsten Attraktionen werden als Rundfahrt von ▶Grenoble aus beschrieben. An der Tour-sans-Venin (Ruine; Aussicht) vorbei gelangt man hinauf nach St-Nizier-du-Moucherotte (600 Einw.; Kirche 12. Jh.; Seilbahn zum Moucherotte, 1901 m). Über Lans-en-Vercors, Sitz des **Parc Naturel Régional du Vercors**, erreicht man Villard-de-Lans (1043 m, 3300 Einw.), Sommer- und Winterurlaubsort sowie Ausgangspunkt für Ausflüge, etwa zur Côte 2000 (Seilbahn oder 1 Std. zu Fuß) oder zur Grande Moucherolle (Seilbahn von Corrençon). Der 8 km südwestlich (D 215 c) gelegene Calvaire de Valchevrière erinnert an die Zerstörung des Orts im Juli 1944.

Villard-de-Lans

Von Villard-de-Lans verläuft die D 531 durch die großartige Bourne-Schlucht, zunächst kühn in die Felswand geschnitten, hinter Choranche im Talgrund. Nördlich von Choranche liegen die Tropfsteinhöhlen Grottes de la Choranche mit einem unterirdischen See. Von

★ ★ Gorges de la Bourne

Goulets ▶ ★★

Pont-en-Royans (880 Einw.), dessen Häuser über dem Fluss am Felsen zu kleben scheinen, nimmt man die D 518 durch die Petits und Grands Goulets, die spektakulärste Strecke im Vercors; in den Fels gehauen, durch Tunnels und Galerien führt sie nach Barraques-en-Vercors, wo sie in das grüne Hochtal des Vernaison mündet.

Col de Rousset

Vorbei an La Chapelle-en-Vercors (im Juli 1944 zerstört, wieder aufgebaut) und St-Agnan-en-Vercors, zwei kleinen Ferienorten, erreicht man die Grotte de la Luire; die Résistance betrieb darin ein Lazarett, bis es die Deutschen entdeckten. Die Straße führt weiter nach Süden zum Col de Rousset (1254 m), jenseits dessen sich über der Landschaft des Diois mediterraner Himmel öffnet.

Vassieux-en-Vercors

Die Rundfahrt nimmt vor dem Col de Rousset die D 76 nordwestlich nach Vassieux, das ebenfalls 1944 von deutschen Truppen zerstört wurde. Ein Denkmal, der Nationalfriedhof des Vercors und ein kleines Museum erinnern an die Greuel. Am Memorial du Vercors (Résistance-Museum vorbei steigt die D 76 zum Kiefern-Buchen-Wald von Lente auf, der im 19. Jh. Material für den Schiffsbau und die Köhlerei lieferte. Ab 1897 wurde die Straße über den Col de la Machine und durch die **Combe Laval** gebaut, eine der eindrucksvollsten im Vercors, z. T. in 600 m hohe senkrechte Felswände geschnitten.

Forêt de Lente ▶

Combe Laval ▶ ★★

Col de la Bataille ★

Wer von Vassieux-en-Vercors aus ▶ Valence ansteuern will, nimmt an der Kreuzung Les Trois Routes die D 199 in südwestlicher Richtung zum Col de la Bataille (1313 m, ca. Nov.–April geschl.), auch dies eine kühne Strecke. Interessant ist das 1137 gegründete Zisterzienserkloster **Léoncel** (fast schmucklose Kirche); in einem Mönchsgebäude die hübsche, stilvolle Ferienpension La Vercorelle (auch Table d'hôtes; www.la-vercorelle.com, Tel. 04 75 44 42 85).

★★ Dijon

N 5

Région: Bourgogne
Département: Côte d'Or

Höhe: 245 m ü. d. M.
Einwohnerzahl: 151 500

Mit seinem historischen Stadtbild, schönen Häusern und hervorragenden Kunstschätzen aus glanzvollen Zeiten gehört Dijon zu den interessantesten und sehenswertesten Städten in ▶Burgund.

Dijon gestern und heute

In römischer Zeit existierte hier, an der Straße von Lyon nach Mainz, das Lager Divio. Ab dem 11. Jh. gehörte die Stadt zum Herzogtum Burgund. Mit Philipp dem Kühnen (1342–1404), dem ersten der »Großen Herzöge« aus dem Haus Valois, begann die erste Blütezeit; Dijon wurde Hauptstadt eines der bedeutendsten Territorialstaaten Europas und glanzvoll ausgebaut. Nach dem Tod Karls des Kühnen 1477 wurde Burgund königliche Provinz und Dijon ihre Hauptstadt.

Vierzig »Pleurants« trauern am Grabmal Herzog Philipps des Kühnen.

Von 1631 bis zur Revolution kamen alle Gouverneure der Bourgogne aus der Familie Condé; in diese Zeit fällt die zweite kulturelle Blüte, die noch heute an den zahlreichen Palästen zu erkennen ist. 1832 kam hier **Gustave Eiffel** zur Welt († 1923), Erbauer des berühmten Turms in Paris. Heute ist die Stadt Sitz des Départements Côte d'Or und einer Universität mit 30 000 Studenten; bekannte kulinarische Produkte sind Crème de Cassis (Likör aus Schwarzen Johannisbeeren) und Senf (Moutarde de Dijon). Die zu Unilever gehörende Firma Amora Maille produziert aber inzwischen im nahen Chevigny.

Sehenswertes in Dijon

Mittelpunkt der Altstadt ist die halbkreisförmige, von Kolonnaden gesäumte Place de la Libération, die mit dem **Herzoglichen Palast** von J. Hardouin-Mansart, einem der Baumeister von Versailles, zwischen 1682 und 1701 angelegt wurde. Der Westflügel ist heute Rathaus. Von der 46 m hohen Tour Philippe-le-Bon (15. Jh.) hat man einen schönen Ausblick. Der Ostflügel wird vom Musée des Beaux-Arts belegt, einem der bedeutendsten Kunstmuseen Frankreichs (geöffnet Mi. – Mo. Mai – Okt. 9.30 – 18.00, sonst 10.00 – 17.00 Uhr): Im Erdgeschoß ist die Palastküche aus dem 15. Jh. und im Kapitelsaal (14. Jh.) sakrales Kunsthandwerk zu sehen. Der 1./2. Stock sind Malerei und Skulptur gewidmet: burgundisch-flämische Malerei des 15. Jh.s, italienische und flämische Malerei des 16. – 18. Jh.s, französische Werke des 19. Jh.s und Werke deutscher, Schweizer und italienischer

★

Palais des Ducs

★★

Musée des Beaux-Arts

Maler des Mittelalters und der Renaissance (u. a. Konrad Witz); Kunst des 19./20. Jh.s. Der interessanteste Raum ist die Salle des Gardes mit Meisterwerken der burgundischen Schule des 14./15. Jh,s, die z. T. aus dem Kartäuserkloster von Champmol stammen (s. u.), v. a. die prachtvollen **Grabmäler** zweier Burgunderherzöge: dasjenige Philipps des Kühnen († 1404), von Jean de Marville, Claus Sluter und Claus de Werve (1381–1408), und das Doppelgrab Johanns Ohnefurcht († 1419) und der Margarete von Bayern von C. de Werve, Jean de la Huerta und Antoine Le Moiturier (1419–1470). Die beiden Schnitzaltäre von Jacques de Baerze, die Philipp der Kühne 1390 in Auftrag gab, kommen ebenfalls aus der Kartäuserkirche. Von Melchior Broederlam stammt die wunderbare Bemalung der Flügel. Das berühmte **Porträt Philipps des Guten** mit dem Orden vom Goldenen Vlies wird Rogier van der Weyden zugeschrieben (um 1445).

★★ Herzogsgräber ►

★ Notre-Dame

Nördlich des Palastes steht die Kirche Notre-Dame, ein schöner Bau der burgundischen Gotik (1220–1250). Sehr ungewöhnlich ist die Fassade, eine reine **Schaufront**, die durch feine Säulenarkaden mit vorgetäuschten Wasserspeiern in Form von Ungeheuern gegliedert

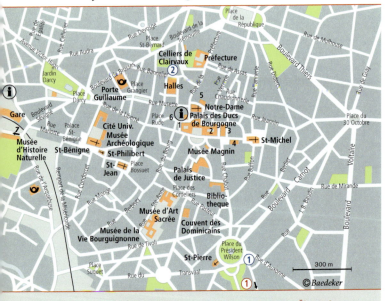

Dijon Orientierung

1 Hôtel de Ville
2 Musée des Beaux-Arts
3 Théâtre
4 Musée Rude
5 Hôtel de Vogüé
6 Rue des Forges
7 Chartreuse de Champmol

Essen
① Stéphane Derbord
② Bistrot des Halles

Übernachten
① Des Allées

ist. Der Uhrturm (1382) rechts war ursprünglich mit nur einer Männergestalt versehen, die im Laufe der Zeit (zuletzt 1881) durch eine Frau und zwei Kinder ergänzt wurde. Die Figuren der Portale hinter der Vorhalle sowie ein Großteil der Ausstattung wurden 1794 zerstört. Prunkstück ist die Notre-Dame-de-Bon-Espoir, eine der ältesten erhaltenen Holzmadonnen Frankreichs (Ende 11. Jh.).

Im Viertel um den Herzogspalast stehen einige der schönsten Hôtels, d. h. Patrizierhäuser aus Mittelalter und Renaissance. Besonders interessant sind die Rue de la Chouette mit dem eleganten Hôtel de Vogüé (um 1614), Rue Verrerie, Rue Chaudronnerie, Rue Vannerie und Rue des Forges (Hôtel Morel-Sauvegrain, Nr. 52–56, 1435; Hôtel Aubriot, Nr. 40, 13. Jh.; Hôtel Milsand, Nr. 38, 1561; Hôtel Chambellan, Nr. 34, Ende 15. Jh., mit prächtigem Innenhof).

★ **Altstadt**

Die Kirche St-Michel (1499–1529) vereint Spätgotik und Renaissance, besonders eigenartig in der Fassade; die Türme folgten bis 1667. In der profanierten Kirche St-Etienne sind Kopien von Werken des Dijoner Bildhauers François Rude (1784–1855) ausgestellt.

★ **St-Michel Musée Rude**

▶ DIJON ERLEBEN

AUSKUNFT
Office de Tourisme
15 Cour de la Gare, 11 Rue des Forges
21022 Dijon, Tel. 08 92 70 05 58
www.visitdijon.com

PASS DIJON - CÔTE DE NUITS
Dieser Karte (1–3 Tage) umfasst viele Museen, Führungen und öffentliche Verkehrsmittel im Großraum Dijon.

FESTE & EVENTS
Ende Juni – Ende Aug.: L'Estivade und Festivals de l'Eté (Konzerte, Tanz, Chöre). Ende Aug./Anf. Sept.: Fêtes de la Vigne. Anfang Nov.: Foire Internationale et Gastronomique.

ESSEN
▶ Erschwinglich / Fein & teuer
① *Stéphane Derbord*
10 Place Wilson, Tel. 03 80 67 74 64
www.restaurantstephanederbord.fr
Eines der besten Restaurants in Dijon (So./Mo. geschl.), die elegante Küche verbindet Regionales mit Exotischem. Das stimmungsvolle Hotel Wilson, einst Poststation, bietet gemütliche Zimmer um einen Hof.

▶ Preiswert
② *Le Bistrot des Halles*
10 Rue Bannelier, Tel. 03 80 49 94 15
So./Mo. geschl. Beliebtes, familiäres Bistro von 1900 gegenüber der Markthalle: eine Institution in Dijon und Garant für ausgezeichnete burgundische Küche. Reservieren.

ÜBERNACHTEN
▶ Günstig
① *Hotel des Allées*
27 Cours Géneral De Gaulle
Tel. 03 80 66 57 50, Fax 03 80 36 24 81
www.hotelallees.com.
Nahe den Zentrum sehr ruhig in einem Park gelegenes, modernes kleineres Hotel. Ohne Restaurant.

Kathedrale St-Bénigne

Die gotische Kathedrale St-Bénigne wurde 1271–1325 in reiner burgundischer Gotik nach dem Einsturz eines ungewöhnlichen Vorgängerbaus (1018 geweiht) errichtet. Dessen Reste sind in der **Krypta** zu sehen: Unterkirche und Rotunde mit zwei Säulenringen (1794 zerstört, weitgehend rekonstruiert). Hier ist der hl. Benignus beigesetzt, einer der großen Missionare Burgunds. In den erhaltenen Gebäuden des Klosters zeigt das Archäologische Museum antike Funde, mittelalterliche Skulpturen sowie vor- und frühgeschichtliche Exponate.

Weitere Sehenswürdigkeiten

Im schönen Palais Lantin aus dem 17. Jh. (4 Rue des Bons Enfants) ist die **Sammlung Magnin** mit Werken französischer und ausländischer Maler des 15.–19. Jh.s ausgestellt. Der Justizpalast entstand bis 1572 als Sitz des Gerichtshofs von Burgund. Im Kloster der Bernhardinerinnen sind zwei interessante Museen untergebracht: in der Kirche (prächtiger italienischer Barock, 1709) das **Musée d'Art Sacré** mit sakraler Kunst des 12.–19. Jh.s, in den Konventgebäuden das Musée de la Vie bourguignonne (Volkskunde; beide Di. geschl.).

! Baedeker TIPP

Traditionelles aus Dijon: Senf und Lebkuchen

Amora Maille ist der führende Hersteller der pikanten Paste, von der Frankreich jährlich über 75 000 t verbraucht. In der Rue de la Liberté (Nr. 32) – neben der Rue du Bourg die reizvollste Einkaufsstraße in Dijon – hat Maille einen schönen alten Laden.
Ein Juwel ist auch das Geschäft von Mulot et Petitjean (13 Place Bossuet, Foto), dessen traditionelles Pain d'Épice berühmt ist.

★★ Mosesbrunnen von Champmol

Unter Philipp dem Kühnen wurde das Kartäuserkloster Champmol als Grablege der Herzöge erbaut, 1793 wurde es zerstört. Seine Reste befinden sich auf dem Gelände der Psychiatrischen Klinik CHS (gut 1 km westlich, 1 Blvd. Chanoine-Kir; Bus 3; tägl. ab 9.00 Uhr zugänglich). Erhalten blieben u. a. die 1388 geweihte Kirche, das mit Statuen geschmückte Portal der Kapelle, ein Treppenturm und der **Mosesbrunnen**, der fast 8 m hohe Sockel einer Kreuzigungsgruppe. Die höchst eindrucksvollen Propheten von Claus Sluter (ab 1395) und die trauernden Engel seines Neffen Claus de Werve waren für die Entwicklung der Skulptur im Burgund des 15. Jh.s wegweisen.

Disneyland Resort Paris

K 4

Ein gigantisches Märchen- und Abenteuerland, das im Jahr über 15 Mio. Besucher anzieht, hat die amerikanische Traumfabrik Walt Disney östlich von Paris geschaffen.

Bei Marne-la-Vallée, gut 30 km östlich von Paris, breitet sich auf fast 20 km² – einem Fünftel der Fläche von Paris – eine Welt der Illusion aus: mit dem Disneyland Park, dem Walt Disney Studios Park, dem Vergnügungszentrum Disney Village, diversen Hotels, zwei Tagungszentren und einem 27-Loch-Golfplatz. Fürs leibliche Wohl sorgt eine große Zahl gastronomischer Betriebe, vom Fastfood-Lokal bis zum Deluxe-Restaurant, darunter das unvermeidliche »King Ludwig's Castle« mit bayerischen Spezialitäten. Einige interessante Daten: Unter den 12 000 Mitarbeitern sind 19 Sprachen und über 700 Berufe vertreten, u. a. 700 Schauspieler, 100 Techniker und 50 Musiker. Die sieben Hotels verfügen über 5800 Zimmer, in denen über 20 000 Gäste nächtigen können; die Restaurant verkaufen etwa 30 Mio. Mahlzeiten pro Jahr, in Spitzenzeiten ca. 150 000 pro Tag. Ein Besuch des Disneyland Resorts erfordert zur Ferienzeit viel Geduld. Den Kindern gefällt's, enttäuschte Besucher meinen jedoch, dass alles zu teuer ist und dass es mehr Spaß macht, die Schönheiten des realen Frankreichs zu entdecken.

Wissenswertes

Bunte Parade im Disneyland Park

Der **Disneyland Park** wartet mit über 40 Attraktionen auf, mit Shows, Paraden und anderen Veranstaltungen. In der »Main Street, U.S.A.« erlebt man eine Kleinstadt von Ende des 19. Jh.s. Mit der Disneyland-Railroad kann man sich einen Überblick über die Märchenwelt verschaffen: »Frontierland« ist dem Wilden Westen nachempfunden mit Raddampfer, Goldminen etc., im »Adventureland« treiben Piraten ihr Unwesen, im »Fantasyland« steht das Dornröschenschloss, man trifft Schneewittchen und die Sieben Zwerge, im »Discoveryland« kann man große Erfindungen der Menschheit be-

Disneyland Park

DISNEYLAND ERLEBEN

AUSKUNFT
Info und Buchung bei allen Reisebüros. Info-Tel. in Deutschland 01805 8189, in Österreich 0810 002 345, in der Schweiz 01/430 1661
www.disneylandparis.com

ÖFFNUNGSZEITEN / EINTRITT
Anfang Juli – Ende Aug. 10.00 – 23.00 Uhr, sonst je nach Saison und Wochentag bis 18.00 / 22.00 Uhr. Tagesticket (2 Parks) Erwachsene 53 €, Kind 45 €, 2-Tage-Ticket (2 Parks, 1 Jahr gültig) 118 / 99 €. Kinder ab 12 Jahren zählen als Erwachsene, Kinder unter 3 Jahren gehen gratis. Für bestimmte Attraktionen ist eine Mindestkörpergröße vorgeschrieben. Ticketverkauf über Internet, am Eingang der Themenparks, in Paris im Tourismusbüro, in den Flughäfen, größeren Metro- und RER-Stationen, in FNAC-Läden und im Virgin Megastore Champs-Elysées. Neben normalen Tickets gibt es eine große Zahl unterschiedlichster Arrangements.

ANREISE
Autobahn A4 (Ausfahrt 14 Parc Disneyland). Parken für Nicht-Hotelgäste (Pkw) 12 €/Tag. Mit SNCF-Zügen/TGV/Thalys nach Marne-la-Vallée Chessy, von Paris mit RER Linie A bis Disneyland Resort. Von den Flughäfen Roissy und Orly bringen Busse zum Park bzw. zu den Hotels.

wundern und den Weltraum erobern. Im **Walt Disney Studios Park** wirft man einen Blick hinter die Kulissen der Traumfabrik: mit riesigem Filmstudio, Stunt-Actions, Touren durch fantastische Requisiten, Fernseh- und Trickfilmproduktionen. **Disney Village** ist »Amerika live«, auch für Nachtschwärmer wird viel geboten. Dazu gehören Restaurants und Discos, Boutiquen und Läden, ein Kindertheater und ein Kinokomplex. Ein Höhepunkt ist die **Buffalo Bill's Wild West Dinner Show** (kostet extra) mit Pferden, Cowboys, Annie Oakley und Sitting Bull, dazu gibt's ein Westernmenü.

★★ Elsass · Vogesen

P 4

Zwischen dem Bergzug der Vogesen mit seinen tiefen Wäldern und dem Rheintal breitet sich eine Bilderbuchlandschaft aus, deren romantische Fachwerkdörfer, berühmte Weinberge und großartige Kunstschätze – dazu die herrlichen Städte Straßburg und Colmar – den Besucher immer wieder verzaubern.

Elsass Das Elsass (frz. Alsace), die östlichste Région Frankreichs, erstreckt sich von der Pfalz im Norden bis zur Schweiz im Süden und zählt zu den beliebtesten Ausflugs- und Urlaubszielen. Was leider auch bedeutet, dass insbesondere die wunderschönen Orte an der Elsässi-

Schöne Fachwerkdörfer und Weinberge am Hang der Vogesen – hier bei Hunawihr

schen Weinstraße sich einem großen Disneyland annähern, in dem alles auf die scheinbaren Bedürfnisse des Touristen ausgerichtet ist. Die Landschaft ist das Spiegelbild Badens jenseits des Rheins: Ursprünglich bildeten Schwarzwald und Vogesen ein Gebirge, dessen Mittelstück im Tertiär vor ca. 65 Mio. Jahren einbrach und den Oberrheingraben bildete. Verwaltungsmäßig besteht das Elsass aus den Départements Bas-Rhin im Norden mit der Hauptstadt ▶Straßburg und Haut-Rhin im Süden mit der Hauptstadt ▶Colmar; die Grenze verläuft auf der Höhe von Sélestat. Hauptstadt und wirtschaftliches Zentrum der Region ist Straßburg.

Die Vogesen reichen über rund 130 km vom Pfälzer Wald im Norden bis zur Burgundischen Pforte im Süden. Der bis 20 km breite Gebirgszug besteht im Süden – das Tal der Bruche (Breusch) bildet die Trennlinie – aus Urgestein (Granit und Gneis); hier liegen auch die höchsten Erhebungen: Grand Ballon (Großer Belchen, 1424 m), Hohneck (1362 m) und Ballon d'Alsace (Elsässer Belchen, 1250 m). Im Norden verlieren die Buntsandstein-Vogesen an Höhe und erreichen im Donon noch 1009 m, im Großen Wintersberg bei Niederbronn nur noch 580 m. Zahlreiche Quertäler durchziehen die Vogesen, was für die Besiedelung günstig war; so sind dort auch viele schöne Burgen, Klöster und Kirchen zu finden. Die Vogesen ziehen zwar immer mehr Besucher an, sind aber bei weitem nicht so intensiv erschlossen und frequentiert wie der Schwarzwald. Naturfreunde finden hier einsame, urwüchsige Landschaften. Im Sommer sind die

Vogesen

Seen eine große Attraktion, im Winter finden v. a. Langläufer hier ein ausgezeichnetes Revier vor.

Klima und Reisezeit
Das Vorland der Vogesen verfügt über ein ganz besonderes Klima: Die Sommer sind sehr warm, die Winter mild bei insgesamt viel Sonne und wenig Regen – mit ca. 400 mm Niederschlag ist die Gegend um Colmar eines der **trockensten Gebiete Frankreichs**. Verantwortlich dafür sind die Vogesen, an denen sich die von Westen kommende Feuchtigkeit abregnet. Die West- und die Hochvogesen sind daher sehr niederschlagsreich, auf dem Hauptkamm misst man bis 2000 mm pro Jahr. Die beste Reisezeit sind Frühling (Obstbaumblüte) und Frühsommer sowie der Herbst, wenn sich das Laub verfärbt und die Luft besonders klar ist – umso mehr, als in diesen Zeiten nur wenige Besucher zu verzeichnen sind.

Geschichte
Caesars Sieg über Ariovist und die Sueben 58 v. Chr. auf dem Ochsenfeld bei Cernay machte das Gebiet zu einem Teil der Provinz Germania Superior. Um 300 n. Chr. brachten die Römer den Rebstock ins Land und damit den Weinbau. Im 5. Jh. entstand der Name Elsass aus »elisaza«: »die jenseits (des Rheins) wohnen«. So wurden die hierher vorgedrungenen Alemannen bezeichnet, die 496 von den Franken unterworfen wurden. Im Vertrag von Verdun 843 ging das Elsass an das Mittelreich »Lotharingien« unter Kaiser Lothar I.; 925 wurde es Teil des Herzogtums Schwaben, das 1079 an die Hohenstaufen fiel; diese machten es zu einem Kernstück ihrer Hausmacht. Nach dem Tod des letzten Staufers 1268 zerfiel das Elsass in viele weltliche und geistliche Herrschaften; die Landgrafschaft Niederelsass kam an die Bischöfe von Straßburg, das Oberelsass war größtenteils habsburgisch. Die Reichsstädte wurden rasch bedeutend, und 1354 schlossen sich zehn elsässische Reichsstädte zu einem Bund zusammen, dem jedoch Straßburg und Mülhausen fern blieben. Ab 1520 wurde das Elsass über die Reichsstädte von der Reformation erfasst, in deren Folge die Bauern revoltierten. Mit dem Westfälischen Frieden 1648 fielen der Sundgau und die zehn Reichsstädte an Frankreich, 25 Jahre später das Elsass (ohne Straßburg und Mülhausen). Straßburg wurde 1681 – außer seiner deutschen Universität – von Ludwig XIV. annektiert. Mülhausen verblieb nach dem Status von 1515 bei der Schweizer Eidgenossenschaft. Adel und Klerus passten sich den neuen absolutistischen Machtverhältnissen an, die französische Kultur wurde modern. In der Revolution ab 1793 wurde das Elsass der Zentralmacht unter-

> ### ! Baedeker TIPP
>
> **Museumspass**
> Die Länder am Oberrhein – Baden, Pfalz, Elsass und Schweizer Kantone – bilden eine einzigartige Kulturlandschaft. Über 180 Museen geben den preisgünstigen Oberrheinischen Museumspass heraus, der ein Jahr oder an zwei Tagen gilt und pro Erwachsenem fünf Kinder einschließt (nicht nur eigene). www.museumspass.com, Tel. in Deutschland (0 76 21) 1 61 36 34.

ELSASS ERLEBEN

AUSKUNFT

CRT Alsace
20 a Rue B. Molly, 68000 Colmar
Tel. 03 89 24 73 50, Fax 03 89 24 73 51
www.tourisme-alsace.com

CRT Lorraine
Abbaye des Prémontrés, BP 97
54704 Pont-à-Mousson Cedex
Tel. 03 83 80 01 80, Fax 03 83 80 01 88
www.tourismus-lothringen.eu

ESSEN

▶ Fein & teuer

Le Cerf
Marlenheim, 30 Rue Gén. de Gaulle
Tel. 03 88 87 73 73, www.lecerf.com,
Mo./Mi. geschl. Mit Zimmern.
Die charmante Poststation zwischen
Straßburg und Saverne ist für ihre
Zeitgemäße Elsässer Küche berühmt.
Gute Weinkarte. Exzellenten Flammekueche in wunderbarem Rahmen
bekommt man im L'Espérance
Handschuheim (sehr frequentiert).

▶ Preiswert / Erschwinglich

Wistub zum Pfifferhüs
Ribeauvillé, 14 Grand'Rue
Tel. 03 89 73 62 28
Mi. und 2 Wochen Anf. Juli geschl.
Berühmte, gemütliche Weinstube mit
elsässischen Spezialitäten.

Chez Norbert
Bergheim, 9 Grand'Rue
Tel. 03 89 73 31 15, Do. geschl.
Bergheim bei Ribeauvillé ist einen
Besuch wert, ebenso das echt elsässische Hotelrestaurant mit schönem
Hof (www.cheznorbert.com).

Les Alisiers
Lapoutroie-Faudé, Tel. 03 89 47 52 82
www.alisiers.com, Di./Mi. geschl.
Aus dem Bauernhof von 1819 mit
herrlichem Ausblick wurde eine
schicke Adresse, angenehme Preise.
Schöne Zimmer im modernen Anbau,
hochklassige Regionalküche.

ÜBERNACHTEN

▶ Luxus

Abbaye La Pommeraie
Sélestat, 8 Blvd M.al Foch
Tel. 03 88 92 07 84, www.pommeraie.fr
Aus einem Zisterzienserkloster des
17. Jh.s wurde ein stilvolles, sehr
komfortables Hotel. Mit feinem Restaurant und rustikalerer Weinstube.

▶ Komfortabel

À la Ville de Lyon
Rouffach, 1 Rue Poincaré, Tel. 03 89
49 65 51, www.alavilledelyon.eu
Gepflegt nächtigt man in der Renaissance-Poststation. Elegant-rustikales
Gourmetrestaurant eines Bocuse-
Schülers (So., Mo.mittag, Mi.mittag
geschl.). Mit preisgünstiger Brasserie.

▶ Günstig / Komfortabel

Hotel de la Tour
Ribeauvillé, 1 Rue Mairie
Tel. 03 89 73 72 73
www.hotel-la-tour.com
Stattliches, würdiges Haus mitten im
Ort neben dem Rathaus. Hübsche,
sehr freundliche Zimmer, am ruhigsten sind die zum schönen Hof.

Les Hirondelles
Illhaeusern, 33 Rue 25 Janvier
www.hotelleshirondelles.com
Tel. 03 89 71 83 76
Charmant umgestalteter einstiger
Bauernhof mit hübschen Zimmern.
Ein guter Standort für den Besuch im
weltberühmten Restaurant Auberge
de l'Ill der Brüder Haeberlin (Tel. 03
89 71 89 00, www.auberge-de-l-ill.
com; sehr frühzeitig reservieren).

worfen, Elemente der regionalen Identität wie die deutsche Sprache und der Protestantismus als unfranzösisch gebrandmarkt und unterdrückt. 1798 trat auch Mülhausen zu Frankreich über. Der Krieg 1870/1871 führte zum Anschluss des Elsass an das neu gegründete Deutsche Reich, die deutsche Obrigkeit machte sich mit ihrem Verhalten aber ebensowenig Freunde wie später im Ersten und Zweiten Weltkrieg – die Hauptgründe dafür, dass das Elsass sich heute als französische Region versteht. Nach dem Waffenstillstand 1918 rückten französische Truppen im Elsass ein, und im Versailler Vertrag fiel es zurück an Frankreich. Im Zweiten Weltkrieg wurde das Gebiet im Juni 1940 von den Deutschen besetzt, seit 1945 ist das Elsass endgültig französisch; innerhalb von 75 Jahren hat es somit vier Mal seine Staatszugehörigkeit gewechselt. Heute spielt das Elsass mit Straßburg – dem Sitz des Europarats, des Europäischen Parlaments sowie anderer europäischer Einrichtungen – eine große Rolle in der europäischen Zentralverwaltung.

Kunst und Kultur
Das Elsass spielt seit dem Mittelalter kulturell eine bedeutende Rolle. Gottfried von Straßburg schrieb hier sein Epos »Tristan und Isolde« (um 1210), die Straßburger Dombauhütte (13./14. Jh.) hatte großen Einfluss in der Bildhauerkunst. Der Mystiker Johannes Tauler (1290 bis 1361) ist in Straßburg geboren und gestorben, Gutenberg machte zwischen 1430 und 1435 hier seine ersten Druckversuche. Martin Schongauer aus Colmar (1450–1491) und Matthias Grünewald (um 1460–1532) sowie Hans Baldung gen. Grien (1485–1545) gehören zu den großen Meistern der Malerei. Aus Humanismus und Reformation sind die Prediger und Schriftsteller Geiler von Kaysersberg, Sebastian Brant (»Narrenschiff«), der Franziskaner Thomas Murner und Johann Fischart berühmt. Im 19. Jh. haben der Illustrator G. Doré (1832–1883) und der Bildhauer F.-A. Bartholdi (1834–1904,

Highlights Elsass und Vogesen

Mont Ste-Odile
Heiliger Berg des Elsass und großartiger Aussichtsbalkon
▶ Seite 394

Romantische Ritterburg
Nicht ganz authentisch, dennoch sehr beeindruckend ist die Hohkönigsburg
▶ Seite 395/396

Kultur der Klöster
Abteikirche Murbach, neben der von Marmoutier das bedeutendste romanische Baudenkmal im Elsass
▶ Seite 399

Stadt des Humanismus
Schönes historisches Zentrum und Bibliothèque Humaniste in Sélestat
▶ Seite 395

Über die Ballons
Großartige Panoramen an der Route des Crêtes, handfester Imbiss in einer Fermeauberge
▶ Seite 400

Maginot-Linie
Das Grauen des Kriegs wird in den Forts im Norden des Elsass erfahrbar.
▶ Seite 404

Schöpfer der New Yorker Freiheitsstatue) Bedeutung erlangt. Auch der Arzt, Theologe, Musiker und Friedensnobelpreisträger Albert Schweitzer (1875–1965) stammte aus dem Elsass. Seit den 1970er-Jahren hat sich die kulturelle Selbstständigkeit gefestigt. Das zeigt sich etwa in der Umweltbewegung, im Bewusstsein für Sprache und in der Mundartdichtung, die soziale und politischer Themen aufgreift. Ein Teil der Bevölkerung spricht noch das dem Badischen nahe stehende Elsässerditsch; seit 1972 ist Deutsch vom vierten Schuljahr an Wahlfach, und 1976 erhielt das Elsass als erste Région Frankreichs eine gewisse kulturelle Autonomie. Die deutschen Ortsnamen werden praktisch nicht mehr verwendet.

> ! **Baedeker TIPP**
>
> **Voix et Route Romane**
> Im Frühjahr und im September bieten sich besonders reizvolle Gelegenheiten, das romanische Erbe kennenzulernen: bei den Konzerten, die in den Kirchen an der Romanischen Straße gegeben werden. Info: Voix et Route Romane, 37 Avenue de la Gare, 67560 Rosheim, Tel. 03 90 41 02 02, www.voix-romane.com.

Wirtschaft

In der Rheinebene wird Landwirtschaft betrieben, im Vogesenvorland v. a. Weinbau (40 % der Agrarproduktion). In den waldreichen Vogesen haben sich Holz- und Papierindustrie entwickelt; die hochgelegenen Almen werden für die Weidewirtschaft genützt, deren berühmtestes Erzeugnis wohl der Münsterkäse (Munster) ist. Im Süden produziert man Papier, Textilien, Autos und chemische Erzeugnisse, das Nordelsass verfügt v. a. über Nahrungs- und Genussmittel-, Metall und Schuhindustrie. Zur Energieversorgung wird der Rhein genützt, am Grand Canal d'Alsace – dem kanalisierten Fluss – gibt es Wasserkraftwerke und in Fessenheim ein Kernkraftwerk.

Elsässischer Wein

Auf 15 600 ha Rebfläche werden im Elsass fast ausschließlich trockene, schlanke **Weißweine** gekeltert. Die wichtigsten Rebsorten sind, nach Anteil absteigend, Riesling, Pinot Blanc, Gewürztraminer, Sylvaner (Silvaner), Pinot Gris (Tokay d'Alsace) und Muscat sowie für Rot- und Roséwein Pinot Noir (Spätburgunder). Anders als im übrigen Frankreich tragen die (reinsortigen) Weine den Namen der Rebsorte; der Edelzwicker ist ein schlichter Verschnitt. 51 Spitzenlagen sind als **Grand Cru** klassifiziert, für die Riesling, Muscat, Gewürztraminer und Pinot Gris zugelassen sind, für Ertrag und Qualität gelten strengere Bestimmungen als für die einfache AOP Alsace. Köstliche Tropfen sind die Vendange Tardive (Spätlese, trocken bis halbsüß), die Sélection des Grains Nobles (Süßwein aus edelfaulen Trauben) und der mehr oder weniger süße Vin de paille (Strohwein). Rund 20 % der Produktion macht der vorzügliche Schaumwein **Crémant d'Alsace** aus. Info bei der Maison des Vins d'Alsace in ▶Colmar.

★★ **Route des Vins**

Äußerst reizvoll ist die Fahrt auf der **Elsässischen Weinstraße** durch das hügelige, mit Reben bedeckte Vogesenvorland. Sie führt von Marlenheim (westlich von Straßburg) über Colmar nach Thann (westlich von Mülhausen), wobei sie viele der schönen, traditionsreichen Winzerdörfer berührt. Überall können Keller besichtigt werden, und fast jeder Winzer bietet seine Gewächse zum Verkauf an. Die Beschreibung der Orte zwischen Straßburg und Mülhausen folgt weitgehend der Weinstraße, ergänzt durch die Sehenswürdigkeiten an der **Romanischen Straße**.

Route Romane d'Alsace

Von Straßburg nach Colmar

Straßburg ▶dort

Eschau Südwestlich der Industrievororte Straßburgs befindet man sich im **Sauerkrautland**: Rund um Krautergersheim, früher nur Ergersheim, wachsen über 60 % des französischen Weißkrauts, die Basis für das elsässische Nationalgericht »Sürkrüt«. In Eschau östlich der D 1083 werden in der Abteikirche St-Trophime (10./11. Jh.) die Reliquien der hl. Sophia verehrt, zu sehen ist eine prächtige Skulpturengruppe der Sophia und ihrer Töchter Fides, Caritas und Spes (um 1470). In Erstein 10 km südlich von Eschau präsentiert das **Musée Würth France** (Mo. geschl.) moderne Kunst.

Erstein ▶

Avolsheim In Avolsheim 2 km nördlich von Molsheim lohnt die Taufkapelle St-Ulrich (um 1000) mit Kleeblatt-Grundriss und hervorragenden Fresken aus dem 13. Jh. einen Besuch. Im nahen Friedhof steht die Basilika Dompeter (»domus Petri«, »Haus des Petrus«; 1049); Teile der Apsis stammen von einer karolingischen Kirche des 7. Jh.s.

Passt herrlich zum elsässischen Wein: Flammekueche oder Tarte flambée

Das malerische, teils noch ummauerte Molsheim (9300 Einw.) besitzt einen schönen **Marktplatz** mit der Alten Metzig, dem Zunfthaus der Metzger (1554, Restaurant) und einem Brunnen aus der gleichen Zeit. Südöstlich am Rand der Altstadt steht die Jesuitenkirche, die 1615–1618 noch im gotischen Stil erbaut wurde, eine Art architektonischer Gegenreform (Silbermann-Orgel von 1781). Im Kartäuserpriorat illustriert das Musée de la Chartreuse die Geschichte der Stadt; die benachbarte **Fondation Bugatti** erinnert (u. a. mit einigen originalen Autos) an den legendären Konstrukteur: 1909 gründete Bugatti in Molsheim die Messier-Hispano-Bugatti-Werke (heute Zulieferer des Flugzeugbaus), und in Molsheim baut VW heute den 1001 PS starken Bugatti Veyron. In Altorf (Altdorf) südöstlich von Molsheim lohnt die Benediktinerkirche einen Blick, die 1724–1727 von dem berühmten Vorarlberger Peter Thumb barockisiert wurde.

Molsheim

Altorf

Der alte Weinbauort Rosheim (4700 Einw.) gehörte dem Bund der zehn Reichsstädte an, mittelalterliche Mauern und Tortürme sowie viele Fachwerkhäuser sind gut erhalten. Die Kirche St-Pierre-et-St-Paul aus staufischer Zeit (1132–1160) gehört zu den bedeutendsten romanischen Bauten im Elsass; zu beachten sind die Blendbogenfriese mit skulptierten Konsolen und die Tier-Menschen-Gestalten der Frontgiebel. Mit dem **Heidehuss** (Heidenhaus, 12. Jh.) besitzt Rosheim das einzige romanische Steinhaus im Elsass. Das Rathaus (Tourismusbüro) datiert von 1775, der Sechseimerbrunnen von 1605. Am Wochenende um den 14. Juli findet das große Schneckenfest statt.

Rosheim

★

◄ St-Pierre-et-St-Paul

Über das Bilderbuchdorf Bœrsch mit hübschem Sechseimerbrunnen (1617) gelangt man nach Ottrott mit den Ruinen des »feindlichen Burgenpaars« Lützelburg (12. Jh.) und Rathsamhausen (13. Jh.). Im oberen Teil des Orts, in dem einer der wenigen elsässischen Rotweine gemacht wird, die berühmte Weinstube »Ami Fritz« (heute gediegenes Hotelrestaurant). Am westlichen Ortsrand sind im Aquarium Les Naïades Fische aus aller Welt zu sehen (tägl. geöffnet).

Ottrott

Die ehemalige Freie Reichsstadt Obernai (11 000 Einw.) am Fuß des Mont Ste-Odile ist mit ihrer turmbewehrten Stadtmauer und herrlichen Fachwerkhäusern das touristische Zentrum der nördlichen Weinstraße. Mittelpunkt ist die Place du Marché mit Bürgerhäusern aus Gotik und Renaissance, der Kornhalle (Ancienne Halle aux Blés, 1554; traditionelles Restaurant), dem Brunnen der hl. Odilia und dem Rathaus (15./16. Jh.). Die 60 m hohe Tour de la Chapelle ist der Rest einer Kirche des 13. Jh.s (Tourismusbüro). Vor dem Hôtel de la Cloche der **Sechseimerbrunnen**, einer der schönsten im Elsass (1579). In der Kirche St-Pierre-et-St-Paul (1873) am Nordrand der Altstadt sind vier Fenster von P. Hemmel aus Andlau (um 1480) aus dem Vorgängerbau erhalten. Das berühmte **Volksfest** »Hans em Schnokeloch« findet am Wochenende nach dem 14. Juli statt, die Weinmesse um den 15. Aug., das Erntefest am 3. Okt.-Wochenende.

★
Obernai

Elsass · Vogesen

Mont Ste-Odile ★

Der 764 m hohe Odilienberg ist der »heilige Berg des Elsass«. Umgeben wird der bewaldete Berg von der etwa 10 km langen, bis 3 m hohen und 2 m dicken **Heidenmauer** (Mur païen), die nach jüngeren Untersuchungen im 7./8. Jh. entstand. Der Legende nach gründete Odilia, Tochter des elsässischen Herzogs Attich, um 700 hier ein Kloster. Seine Blütezeit erlebte es im 12./13. Jh., 1546 wurde es durch einen Brand zerstört. In der v. a. am 13. Dezember von vielen Gläubigen besuchten **Wallfahrtskirche** (1687) ist die Stifterin und Schutzpatronin des Elsass bestattet, die – so die Legende – blind geboren und durch die Taufe sehend wurde († 720). Großartige Aussicht von der Terrasse, noch freier ist der Blick vom Männelstein (826 m, südöstlich). An der D 33 nach St-Nabor ist die Odilienquelle, die bei Augenleiden helfen soll, und östlich am Fuß des Steilhangs die Ruine der 1180 geweihten Klosterkirche zu sehen.

Barr

Der bedeutende Weinort (6700 Einw.) – seine Lage »Kirchberg« gehört zu den Grands Crus – zeigt trotz der Verheerungen durch einen Stadtbrand 1678 schöne alte Bausubstanz. Am Marktplatz stehen das Renaissance-Rathaus (1640) und reizvolle, teils gotische Bürgerhäuser (14./15. Jh.). Im Musée de la Folie-Marco, in einem prächtigen Palais von 1763, wird elsässische Wohnkultur präsentiert. Am 2. Juli-Wochenende findet die Weinmesse statt, am 1. Oktober-Wochenende das Fest der Weinlese.

Andlau

Zwei Ruinen, Spesburg (13. Jh.) und Hoh-Andlau (14. Jh., bis 1806 bewohnt), überragen den hübsch gelegenen Weinort Andlau (1650 Einw.). Er entstand um ein Kloster, das Richardis, die Ehefrau Karls des Dicken, um 880 gegründet hatte. An der **Abteikirche** wurde vom 12. Jh. (Vorhalle, Krypta) bis ins 17. Jh. (Langhaus, Turm) gebaut; zu den bemerkenswertesten romanischen Plastiken im Elsass gehören die um 1130 gefertigten Figuren des Frieses an Fassade und linker Außenwand sowie des Westportals. Innen sind das Chorgestühl und das Grabmal der Stifterin (beides 15. Jh.) zu beachten. Östlich außerhalb von Epfig (6 km südöstlich von Andlau) ist die Chapelle Ste-Marguerite (11. Jh.) mit Vorhalle und Beinhaus interessant.

★ Abteikirche ▶

Epfig

Dambach-la-Ville ★

Einen überaus malerischen alten Kern hat das Winzer- und Bauernstädtchen Dambach (2000 Einw.); besonders hübsch die »Wistub« **Caveau Nartz** am Marktplatz. In der in den Weinbergen stehenden Chapelle St-Sébastien sind ein großartiger Barockaltar (1692) und eine Marienstatue aus der Schule Tilman Riemenschneiders (15. Jh.) zu sehen. Von der Kapelle führt ein Weg zur Ruine Bernstein (12./13. Jh.) hinauf; von dort hat man einen herrlichen Ausblick.

Ebersmunster ★

Das hübsche Dorf 8 km östlich von Dambach verfügt über das bedeutendste Barockbauwerk links des Oberrheins. Hier errichtete der Vorarlberger **Peter Thumb** seinen ersten großen Klosterbau, entstanden 1708 – 1712 (Fassade, Türme, Konvent) und 1721 – 1728 (Langhaus). Schmuckstück des lichten Innenraums ist der Hochaltar mit ungewöhnlichem Kronenbaldachin. Die Orgel gilt als eine der besterhaltenen von Andreas Silbermann (1732; zu hören u. a. bei den Heures Musicales von Mai bis Juli, meist So. 17.00 Uhr)

Châtenois

Das schmucke Châtenois (Kestenholz, 3800 Einw.) verdankt seinen Namen den Edelkastanienwäldern der Umgebung und hat einen besonderen Ruf für hervorragende Obstwässer.

Sélestat

Sélestat (Schlettstadt, 19 300 Einw.), an der Grenze zwischen Ober- und Unterelsass gelegen, versteckt seine **romantische Altstadt** hinter großen Industrie- und Gewerbegebieten. Auf eine karolingische Pfalz zurückgehend, war es 1217–1648 Freie Reichsstadt. Im 15./16. Jh. war Schlettstadt für seine Lateinschule und die »Literarische Gesellschaft« als Zentrum des frühen Humanismus berühmt, der bekannteste Schüler war der hier geborene Reformator Martin Bucer. Die spätromanische Kirche **Ste-Foy** (St. Fides, 11./12. Jh.) gehört zu den besten und typischsten Sakralbauten der Zeit im Elsass. Wenige Schritte nördlich steht St-Georges (Anfang 13. Jh.) mit 60 m hohem Turm, eine der größten gotischen Kirchen im Elsass; hier sind die reich gestaltete Kanzel (1619) und die Glasfenster beachtenswert, die modernen Fenster im Langhaus stammen von Max Ingrand. In der Kornhalle, westlich nahe St-Georges, ist die 1542 gegründete **Bibliothèque Humaniste** untergebracht (Bibliothek der Humanisten, So./ Di. geschl.). Sie enthält Schriften vom 7. bis zum 16. Jh. sowie die 670 Bände umfassende Bibliothek des Beatus Rhenanus. Von der Befestigung sind noch der Hexenturm und der Uhrturm erhalten; von der im 17. Jh. unter Vauban angelegten Umwallung im Süden hat man einen schönen Ausblick über das **Große Ried**, wie die Rheinebene auch genannt wird.

Die mächtige Hohkönigsburg

Kintzheim

An der Weinstraße liegt das von einer Burg des 13.–15. Jh.s überragte Kintzheim. Die lohnenden Attraktionen hier sind die Greifvogelwarte in der Burg und das Freigehege mit Berberaffen (Montagne des Singes) an der Straße zur Haut-Kœnigsburg (beide April–Okt.).

Elsass · Vogesen

★ Haut-Koenigsbourg
Abb. S. 395 ▶

Auf einem Vogesenausläufer, 755 m hoch, thront die gewaltige Hohkönigsburg. Um 1147 ließ der Stauferherzog Friedrich, Vater von Friedrich Barbarossa, hier eine Burg errichten, die zuletzt 1633 von den Schweden zerstört wurde. Die Ruine kam in den Besitz der Stadt Sélestat, die sie 1899 **Kaiser Wilhelm II.** schenkte. Trotz heftiger Proteste ließ er sie 1901–1908 durch den Architekten Bodo Ebhardt als romantische Ritterburg wieder aufbauen; Ebhardt hat sich immerhin recht eng an den Originalplänen orientiert. Das malerische St-Hippolyte (1200 Einw.) zu Füßen der Hohkönigburg ist bekannt für seinen guten Rotwein. Reste der Befestigung und eine gotische Kirche (14./15. Jh.) prägen das mittelalterliche Bild.

Saint-Hippolyte

★ Ribeauvillé

Einer der meistbesuchten Orte im Elsass ist Ribeauvillé (4900 Einw., dt. Rappoltsweiler, elsäss. Rappschwihr), ein schönes Städtchen am Fuß berühmter Weinberge (Grands Crus Kirchberg und Geisberg). Die Ruinen dreier Burgen aus dem 11.–14. Jh.s, Giersberg, Ulrichsburg und Hoch-Rappoltstein, überragen den Ort. Im Mittelalter waren die Grafen von Rappoltstein Schutzherren der fahrenden Pfeifer, Spielleute und Gaukler am Oberrhein, die zum **Pfifferdaj** hier zusammenkamen (Fest am 1. Sept.-Sonntag). Die Hauptachse bilden die Grand'Rue mit dem Pfeiferhaus (14. Jh., Weinstube) und der Marktplatz mit barockem Rathaus (1773–1778), Renaissancebrunnen (1536) und spätgotischer Klosterkirche (1412). Von der Stadtmauer sind die Tour des Bouchers (Metzgerturm, 13. Jh.) und andere Wehrtürme erhalten. Wichtige Termine sind das Kugelhupf-Fest am 1. Juni-Sonntag und die Weinmesse am 3. Juli-Wochenende.

Hunawihr

Hunawihr (Hunaweier, 600 Einw.) liegt bildhübsch in den Weinbergen. Zuoberst die ummauerte spätgotische Wehrkirche (15. Jh.) mit zwei Schiffen, eines für Katholiken, eines für Protestanten; schöne Fresken mit der Nikolaus-Legende (um 1500). Am 4. Juli-Wochenende wird das **Fest des Ami Fritz** begangen. Der Parc des Cigognes östlich des Orts hat großen Anteil daran, dass im Elsass wieder Störche siedeln; inzwischen ist daraus ein großer Tierpark mit Kormoranen, Bibern, Fischottern und Aquarien geworden.

★ Riquewihr

Das Winzerstädtchen Riquewihr (Reichenweier, 1300 Einw.) ist mit gut erhaltenen Mauern und Türmen, mit zahlreichen Häusern aus Gotik und Renaissance wirklich schön – und deswegen mit seinen 1,5 Mio. Besuchern jährlich am Rand des Infarkts. Am unteren Ende der Hauptstraße Rue du Général-de-Gaulle steht das Rathaus, am oberen Ende der Torturm Dolder (1291) mit Heimatmuseum, dahinter folgt noch das Obertor. Neben der Maison Liebrich (1535, schöner Innenhof) an der Hauptstraße ist das Musée Hansi dem populären Karikaturisten **J.-J. Waltz gen. Hansi** gewidmet. Nach Süden gehend kommt man zum Schloss (1539) der Herzöge von Württemberg-Mömpelgard, denen Horburg-Reichenweier 1324–1801 gehörte; hier wurde der durch Wilhelm Hauffs Roman »Lichtenstein« be-

▶ Elsass · Vogesen

kannte Herzog Ulrich von Württemberg geboren (mit Elsässischem Postmuseum). Am Brunnen ist das Wappen von Württemberg-Mömpelgard zu sehen. Vom Diebsturm (1300; Teil des Heimatmuseums mit Folterkammer) nördlich des Obertors führt ein schöner Weg durch den Grand-Cru-Weinberg Schoenenbourg. Höhepunkte des Jahres sind das Rieslingfest im August sowie das Weinfest an zwei Wochenenden Ende September.

Im Weindorf **Sigolsheim** ist ein romanisches Kleinod erhalten, die Kirche St-Pierre-et-St-Paul (12. Jh.) mit schönem Säulenportal.

Kaysersberg (2700 Einw.), ehemals Freie Reichsstadt, liegt unterhalb einer Burgruine (13. Jh.) an der Weiss. Mit Resten der Stadtmauer, einer Wehrbrücke mit Schießscharten (1514) und stattlichen Bürgerhäusern aus Gotik und Renaissance ist es ebenfalls ein beliebtes Ziel.

Ribeauvillé unter der Ulrichsburg

Die stattliche Kirche Ste-Croix an der Hauptstraße (1277 – 15. Jh.) besitzt einen großartigen **geschnitzten Flügelaltar** des Colmarers Hans Bongartz (1518). Nebenan das Rathaus mit Renaissance-Erker (1604), dahinter die Michaelskapelle mit Fresken von 1464. Jenseits der alten Weissbrücke, an der Hauptstraße, wurde im Geburtshaus des »Urwalddoktors« **Albert Schweitzer** (1875 – 1965) ein kleines Museum eingerichtet.

Turckheim

Am Eingang zum Münstertal liegt dieses schöne mittelalterliche Städtchen (3500 Einw.), in dem Mai – Okt. ab 22.00 Uhr ein **Nachtwärter** singend seine Runde macht. Gegenüber dem Rathaus (1593 bis 1630) mit dem Saal des elsässischen Zehnstädtebundes der herrliche Fachwerkbau des Hotels zu den Zwei Schlüsseln (16. Jh.). An der Porte de Brand (Richtung Niedermorschwihr) beginnt der Lehrpfad durch den Grand-Cru-Weinberg Brand.

Les Trois-Epis

Schöne Ausblicke hat man beim Abstecher hinauf nach Les Trois-Epis, Luftkurort mit Villen aus dem 19. Jh. und seit Ende des 15. Jh.s Marienwallfahrtsort. Die Kirche aus Beton wurde 1968 geweiht.

▶dort

Colmar

Von Colmar nach Mülhausen

Munster Der Weg von ▶ Colmar zum Col de la Schlucht (▶ S. 400) führt durch das Münstertal. Sein Hauptort Munster (5000 Einw.) entstand bei einem um 630 gegründeten Benediktinerkloster. Der Namen ist durch den kräftig duftenden Rotschmierkäse bekannt, der auf den umliegenden Almen gemacht wird und per Appellation d'Origine geschützt ist. Das Rathaus datiert von 1555, das Kaufhaus »Laube« von 1503. Südlich des Marktplatzes sind die Reste der Abtei und das Zentrum des Parc Naturel des Ballons des Vosges zu finden.

★ Neuf-Brisach Ein ungewöhnliches Bild bietet das Festungsstädtchen Neu-Breisach 17 km östlich von Colmar (2100 Einw.), das Vauban 1699 – 1708 im Auftrag Ludwigs XIV. anlegte. Von den vier Stadttoren sind zwei erhalten; in der Porte de Belfort das Museum Vauban.

★ Eguisheim Das hübsche alte Städtchen (1600 Einw.) entstand um eine im 8. Jh. gegründete Wasserburg (1894 neu erbaut). In ihr soll 1002 Papst Leo IX. geboren worden sein, seine Statue ziert den Brunnen vor dem Schloss. Die Pfarrkirche (19. Jh.) besitzt noch den Turm und das Westportal des Vorgängerbaus (um 1230). Im späten Juli finden die »Woche des Weins« und die »Nacht der Grands Crus« statt. Auf dem Schlossberg stehen die **Drei Egsen** Dagsburg, Wahlenburg und Weckmund, die Türme einer großen Burg aus dem 12./13. Jh.; sie sind Teil der »Route des Cinq Châteaux« von Husseren nach Wintzenheim.

★ Gueberschwihr Dieses Winzerdorf besitzt neben hübschen Höfen an der Grande Place den **schönsten romanischen Kirchturm des Elsass** (um 1120, 36 m hoch; zugehörige Kirche St-Pantaléon 19. Jh.). Die wohl schönste Chorpartie einer elsässischen romanischen Kirche ist im benachbarten Pfaffenheim zu finden (Langhaus von Ende des 19. Jh.s).

Pfaffenheim

Rouffach Das sehenswerte Städtchen Rouffach (Rufach, 5000 Einw.) besitzt noch Reste der alten Stadtbefestigung. Den Marktplatz beherrscht die unvollendete dreitürmige Kirche **Notre-Dame**, die im Wesentlichen im 12./13. Jh. entstand. Schräg gegenüber das Kornhaus (1569) mit dem Stadtmuseum. An die Stadtmauer ist das zweiteilige Alte Rathaus gebaut (1581/1617; Tourismusbüro), daneben der Hexenturm (13. – 15. Jh.). Auf dem Rehberg liegt Schloss Isenburg (Hotel), das 1880 auf den Grundmauern einer merowingisch-fränkischen Königspfalz entstand. Am Himmelfahrtswochenende Messe »La Passion d'un Terroir« (lokale Gastronomie), am Mi.nachmittag **Marché Bio**.

Guebwiller Guebwiller (Gebweiler, 11 000 Einw.) am Eingang des Lauch-Tals lebte bis ins 19. Jh. vom Weinbau, dann von Textilfabrikation und Maschinenbau. Hauptachse ist die Rue de la République mit sehenswerten Gebäuden. Die Kirche Notre-Dame (1762 –1785) ist eine der wenigen Elsässer Barockkirchen und ein grandioses Beispiel für den

Notre-Dame ▶

französischen Klassizismus; einen starken Kontrast bildet die **Rokoko-Ausstattung** des schwäbischen Künstlers Fidelis Sporer. Das Musée du Florival nebenan ist Archäologie und Volkskunde gewidmet. In der schlichten gotischen Kirche (1139, Fresken 14./15. Jh.) und ihrem Konvent finden Konzerte statt. Am Rathaus (spätgotischer Flamboyant, 1514) vorbei erreicht man die stattliche romanisch-gotische Kirche St-Léger (12./13. Jh.) mit lebhaft gegliederter Westfassade. Am Himmelfahrtstag ist Weinmesse in der Zehntscheuer.

◂ St-Léger

Von Guebwiller erreicht man die berühmte Benediktinerabtei Murbach, die im 8. und 9. Jh. geistiger und kultureller Mittelpunkt im Oberelsass – hier entstanden in den Jahren 800–825 die »Murbacher Hymnen« – und eine der mächtigsten Herrschaften war. Erhalten sind nur Türme, Querschiff und Chor der Abteikirche (12. Jh.), die von der zweiten Blüte des Klosters zeugt, neben Marmoutier und Rosheim das bedeutendste romanische Baudenkmal im Elsass.

Murbach

Für Romanikfans lohnt sich der Abstecher ins Lauch-Tal nach Lautenbach; die Kirche St-Michael-et-St-Gingolph (12. Jh.) besitzt ein schönes Westwerk, besonders zu beachten sind die Reliefs am Portal.

Lautenbach

Das **Ecomusée d'Alsace** (10 km von Guebwiller, Ende März – Anf. Nov. und Dez. geöffnet) vereint über 70 elsässische Bauernhäuser aus dem 12.–19. Jh. Es gibt Pferde, Vieh und Geflügel, in den Werkstätten wird gearbeitet, »Festtage« werden veranstaltet. Ein Hotel in alten Häusern und Restaurants sorgen für die Gäste. Im angrenzenden stillgelegten Kalibergwerk, zu dem man mit einem Zug hinüberfährt, wird Industriegeschichte erfahrbar. (Der nahe Themenpark Bioscope lohnt den Besuch nicht.)

In **Thann** (8000 Einw.) endet die Elsässische Weinstraße (vom benachbarten Cernay steigt die Route des Crêtes zum Vieil Armand an; ▶ S. 401). Der beliebte Ferienort an der Mündung des engen Thur-Tals gruppiert sich um die 1332–1516 erbaute Stiftskirche St-Thiébaut, neben dem Straßburger Münster der **bedeutendste gotische Bau im Elsass**. Ihr 76 m hoher Turm hatte

Romanische Abteikirche in Murbach

den Freiburger Münsterturm zum Vorbild. Die Westfassade besitzt ein Doppelportal mit 500 Figuren in 150 Szenen (14./15. Jh.). Innen sind die »Winzermadonna« (16. Jh.), Glasmalereien (15. Jh.) und ein herrliches Chorgestühl (15. Jh.) zu sehen. Das stattliche Kornhaus (1519) nördlich an der Thur beherbergt das Kunstmuseum und ein historisches Museum. Das Fest »Verbrennung der drei Tannen« am 30. Juni ist der Stadtgründungslegende gewidmet.

Mülhausen ▶dort

★ ★ Route des Crêtes

Die ca. 75 km lange, insgesamt recht steile und kurvenreiche Straße entlang des Vogesenkamms wurde im Ersten Weltkrieg zur Versorgung der Truppen an der heftig umkämpften Front erbaut. Sie führt vom Col du Bonhomme westlich von Kaysersberg über den Col de la Schlucht und den Grand Ballon bis nach Cernay und eröffnet herrliche Ausblicke. Im Winter ist die Straße häufig gesperrt.

! *Baedeker* TIPP

Fermes-auberges

Vor allem in den Südvogesen sorgen »Fermesauberges« – Gasthöfe in bäuerlichen Anwesen – von Mai/Juni bis Oktober für das leibliche Wohl. Mindestens 70 % des Angebots müssen vom eigenen Hof kommen. Außer handfesten Imbissen wird oft der »repas marcaire« serviert, die üppige »Melkermahlzeit« aus Tourte (Pastete) mit Salat, Geräuchertem mit Bratkartoffeln sowie Munster. Einige Auberges verfügen über schlichte Zimmer – Übernachten in ländlicher Idylle. Infos geben die Tourismusbüros der Region.

Über den 949 m hohen Col du Bonhomme verbindet die D 415 das Elsass mit Lothringen. Etwas südlich des Passes führt eine Stichstraße zu den Seen Lac Blanc und Lac Noir in hübscher Umgebung (Auberge, Aussicht vom »Château Hans«). Die Strecke zum **Col de la Schlucht** gehört zu den steilsten und schönsten Straßen der Vogesen. Auf dem Pass (1135 m) kreuzen sich die Kammstraße und die von ▶Colmar nach Gérardmer (▶ Lothringen, S. 510) führenden D 417. Die Gegend ist ein beliebtes Wintersportgebiet.

★ **Hohneck**
Markstein

Ihren höchsten Punkt erreicht die Kammstraße im Hohneck, dem mit 1362 m zweithöchsten Vogesengipfel (überwältigendes Panorama). Von 1871 bis 1918 verlief über ihn die deutsch-französische Grenze. 18 km weiter südlich der 1200 m hohe Markstein, ein guter Ausgangspunkt für Wanderungen. Unterhalb der Lac de la Lauch.

★ ★ **Grand Ballon**

Der Grand Ballon (Großer oder Sulzer Belchen), mit 1424 m höchster Vogesen-Gipfel und beliebter Wintersportplatz, ragt über Guebwiller (▶S. 398) auf. Hier lag die Kultstätte eines keltischen Sonnengottes namens Bel oder Belen; seit 1997 ziert eine Radarstation den Gipfel. Über 400 m tiefer liegt der Lac du Ballon, der 1699 von Vauban, Festungsbaumeister König Ludwigs XIV., aufgestaut wurde.

Bei klarem Wetter hat man auf dem Grand Ballon die Viertausender der Schweizer Alpen vor sich.

Der 956 m hohe Vieil Armand (Hartmannsweilerkopf) war im Ersten Weltkrieg heftig umkämpft. Ein 22 m hohes Kreuz ist den schätzungsweise 60 000 Opfern gewidmet. Ein französischer Friedhof, ein martialisches Denkmal, eine Krypta mit den Gebeinen von 12 000 Soldaten und ein Museum erinnern an die Toten. In der Umgebung sind noch Reste der Gräben und Unterstände zu sehen. In Cernay endet die Vogesenkammstraße; 15 km sind es nach ►Mülhausen.

Vieil Armand

Cernay

Der 1250 m hohe Ballon d'Alsace (Elsässer Belchen) bildet das südwestliche Ende der Vogesen. Von Cernay sind es ca. 45 km bis zur Passhöhe, wobei man Thann (► S. 399) und Masevaux berührt, Letzteres ein schönes Städtchen, das um ein 728 gegründetes Kloster entstand (Reste der Abteikirche aus dem 13. Jh.). Die kurvige Bergfahrt von Osten oder Süden gehört zu den schönsten der Vogesen. Der nicht bewaldete Elsässer Belchen gibt einen weiten Blick frei, theoretisch bis zum Montblanc. Ca. 35 km südwestlich liegt Ronchamp mit der berühmten Kapelle von Le Corbusier (►S. 408 f.).

**✶
Ballon d'Alsace
Masevaux**

✶ Sundgau

Die schöne Landschaft des Südelsass zwischen Mulhouse und der Schweiz lassen die meisten, auf der A 36 gen Besançon brausend, links liegen. Außer saftigen Wiesen, Hügeln, Wäldern, vielen Weihern und kleinen Flüssen bietet der Sundgau (»Südgau«) jedoch besuchenswerte Plätze und idyllische Dörfer. Nach der kulinarischen Spezialität der Region, in Öl ausgebackene Stücke vom Karpfen, ist die **Route de la Carpe Frite** benannt.

Route de la Carpe Frite

Altkirch In Altkirch, dem netten, über der Ill gelegenen Hauptort der Landschaft (5600 Einw.), ist in der Landvogtei neben dem spätbarocken Rathaus das Musée Sundgauvien untergebracht; außer volkskundlich-historischen Exponaten sind hier die Gemälde des Altkircher Künstlers J.-J. Henner (1829–1905) interessant.

✱
Feldbach Die romanische Basilika **St-Jacques** in Feldbach ist das kunsthistorische Kleinod des Sundgaus. Sie gehörte zu einem 1144 gegründeten Benediktinerinnenkloster; auffällig ist die unterschiedliche Gestaltung des Nonnen- und des Gemeindeteils des Langhauses.

Ferrette Sehr schön am Rand des Juras liegt Ferrette (800 Einw.), das von der Ruine der **Burg Hohenpfirt** (1125) überragt wird. In der Unterstadt ist in der z. T. gotischen Kirche eine Madonnenstatue zu sehen, die ein Jesuskind mit 3 Armen (zu sehen sind immer nur 2) trägt, in der Oberstadt das Renaissance-Rathaus von 1570. In Vieux-Ferrette kann man sich beim berühmten Affineur Antony mit vorzüglichem Käse versorgen (Rue de la Montagne 17, Mo.–Sa. 10.00–17.00 Uhr).

Nördliche Vogesen und Nordelsass

✱
Donon Von Molsheim bei Straßburg führt die D 1420 im Tal der Bruche südwestlich nach St-Dié. Das bewaldete Donon-Massiv westlich von ihr bildet die Grenze zwischen Elsass und ▶Lothringen und den Südrand der Sandstein-Vogesen. Vom Gipfel (1009 m, vom Parkplatz 2 km) hat man bei klarem Wetter eine großartige Sicht bis zu den Berner Alpen. Kelten, Römer und Franken bauten hier Heiligtümer, der »Tempel« nahe der Fernsehstation ist ein Produkt des 19. Jh.s.

Le Struthof In den Bergen östlich von Schirmeck, bei Natzwiller, lag das deutsche Konzentrationslager Struthof, in dem zwischen 1941 und Ende 1944 etwa 44 000 Menschen terrorisiert wurden und 10 000 ihr Leben verloren (Gedenkstätte, geöffnet März – 24. Dez. tägl.).

✱
Château Nideck Das nordöstlich des Donon gelegene malerische Bergland wird auch Petites Vosges (Kleine Vogesen) genannt. Besonders eindrucksvoll liegt die Burgruine Nideck (13./14. Jh.), die Chamisso in seinem Gedicht »Das Riesenspielzeug« erwähnt. Eine schöne Aussicht hat man
Wangenbourg von der Ruine der Wangenbourg (13. Jh.), die einst zur Abtei Andlau
Rocher de Dabo gehörte, und vom Rocher de Dabo (16 km westlich, ▶Lothringen).

✱
Marmoutier Die romanische Kirche von Maursmünster (6 km südlich von Saverne), eine der schönsten im Elsass, gehörte zu einem 589 gegründeten und 1792 aufgehobenen Kloster. Die großartige Westfassade entstand um 1150/1160, Quer- und Mittelschiff (mit gotischen Elementen) von 1230 bis 1300, die Seitenschiffe ab 1519 und der Chor bis 1769 (Chorgestühl 18. Jh.). Die **Silbermann-Orgel** (1709) ist Juli/Aug. So. 17.00 Uhr zu hören. Einen Besuch wert ist das Musée d'Arts et Tradi-

tions in einem Renaissance-Fachwerkhaus, das von Juden bewohnt war; daher ist auch das **Judentum im Elsass** Thema.

★ **Saverne**

Die Zaberner Senke, der niedrigste Übergang von der Rheinebene nach Lothringen, wird von Rhein-Marne-Kanal, Eisenbahn und Autobahn durchquert. An ihrem Ostrand liegt Saverne (Zabern, 10 500 Einw.), das römische Tres Tabernae (Drei Wirtshäuser), 1414–1789 Residenz der Bischöfe von Straßburg. Das riesige klassizistische **Château des Rohan** wurde von 1779 bis 1852 am Platz eines älteren Schlosses errichtet. Außer Museen zur Archäologie, Kunst- und Stadtgeschichte ist hier die Jugendherberge untergebracht. Seine 140 m lange Front weist zum Kanal, der bei Hausbooturlaubern beliebt ist. In der Grand'Rue, der Hauptachse de Stadt, stehen schöne Renaissance-Häuser, u. a. das großartige **Haus Katz** von 1605 (Weinstube). Von Saverne lohnt sich der Abstecher hinauf zur Ruine der Burg Haut-Barr, das »Auge des Elsass« mit grandioser Aussicht.

> ! *Baedeker* TIPP
>
> **Rosenstadt Zabern**
> In Saverne spielen Rosen eine große Rolle. Am 3. Juni-Sonntag findet das Rosenfest statt, eine ungewöhnliche Köstlichkeit sind die »Boutons de rose« (Rosenpralinen). Besuchenswert ist auch der 1898 begründete Rosengarten (mit 550 Sorten) an der Straße nach Phalsbourg.

★ **Schiffshebewerk St-Louis-Arzviller**

Nicht nur Technikfans sind begeistert vom 1969 eröffneten Schiffshebewerk (Plan incliné) von St-Louis-Arzviller am Rhein-Marne-Kanal 3 km südwestlich von Lutzelbourg. Auf einer 109 m langen, geneigten Rampe überwinden Schiffe in einem Trog 44,5 m Höhe in 4 Minuten, vorher waren dazu 17 Schleusen notwendig. Durch eine genial simple Technik ist dazu nur eine geringe Leistung notwendig. Einen Bootsausflug mit Fahrt im Aufzug sollte man nicht auslassen.

La Petite-Pierre

Ein beliebtes Ausflugsziel 22 km nordwestlich von Saverne ist dieses Städtchen (600 Einw.), dessen Oberstadt reizvoll auf dem Rücken des Altenbergs liegt (schöne Aussicht). Die Burg (13. Jh.) beherbergt das Zentrum des **Parc Naturel Régional des Vosges du Nord** (s. u.), sehenswert das Musée d'Arts et Traditions Populaires. Im Chor der gotischen Kirche am Burgeingang, die seit 1737 von Katholiken und Protestanten genützt wird, sind schöne Fresken des 15. Jh.s erhalten.

★ **Neuwiller-lès-Saverne**

Das Städtchen Neuwiller-lès-Saverne (1100 Einw., 12 km nordöstlich von Saverne) besitzt zwei beeindruckende romanische Kirchen. St-Pierre-et-Paul, der Rest einer 726 vom hl. Pirmin – dem Missionar des südwestdeutschen Raums – gegründeten Abtei, entstand v. a. im 12. Jh.; die Krypta stammt aus karolingischer Zeit, das Westwerk von 1768. An den Chor angebaut ist eine Doppelkapelle (11. Jh.) mit wunderbaren Kapitellen und Wandteppichen (17. Jh.). Die Kollegiatkirche St-Adelphe wurde im 12./13. Jh. für die Reliquien des hl. Adelphus errichtet, eines Metzer Bischofs des 4. Jh.s.

Pfaffenhoffen

Musée de l'Image Populaire ▶

In Pfaffenhoffen, einem hübschen Städtchen 14 km westlich von Haguenau, steht eine Synagoge von 1791, die älteste noch erhaltene. Sie ist das einzige Beispiel für eine »versteckte« Synagoge im Elsass (Besuch über das Volkskunstmuseum). Unbedingt besuchenswert ist das Museum für Volkskunst, das in elsässische Traditionen Einblick gibt (geöffnet Mai – Sept. Mi. – Mo. 14.00 – 18.00, sonst Mi. – So.).

Haguenau

Haguenau (Hagenau), mit 35 000 Einwohnern viertgrößte Stadt im Elsass, ist – da im Lauf der Jahrhunderte mehrmals schwer beschädigt – kein Mussziel. Auch von der Bedeutung als Residenz der Staufer und Ort glänzender Reichstage ist nichts mehr zu spüren. Dennoch sind in der angenehmen Altstadt einige Dinge interessant. Die Kirche St-Georges (1189 geweiht) besitzt einen kolossalen **Kruzifixus von 1488**, ein herrliches Sakramentshaus (1523) und die ältesten Glocken Frankreichs (1268). Das Musée Alsacien in der Stadtkanzlei (15. Jh.) zeigt Sammlungen zur Volkskunde, das Musée Historique zur Geschichte der Region. In der Markthalle wurde einst Hopfen verhökert; die Umgebung ist Frankreichs Hauptanbaugebiet. Am Nordrand der Altstadt steht nahe dem Moder-Kanal die gotische Kirche St-Nicolas (13./14. Jh.) mit schönem Chorgestühl (18. Jh.).

Soufflenheim

Sessenheim

Betschdorf

★
Surbourg

Die typische **elsässische Keramik** kommt aus Soufflenheim 14 km östlich von Haguenau, in vielen »Poteries« kann man ein Souvenir erstehen. Gut 5 km südöstlich von Soufflenheim liegt Sessenheim (Sesenheim), wo Goethes Schwarm Friederike Brion lebte, die er als Student in Straßburg kennenlernte. In der Auberge le Bœuf ist ein Museum eingerichtet, in der Alten Wache das Mémorial Goethe. Betschdorf am Nordrand des Forêt de Haguenau ist das zweite Zentrum der elsässischen Keramikindustrie, hier wird graues, blau dekoriertes Steinzeug hergestellt (schönes Museum). Im 5 km westlich gelegenen Surbourg ist die kunsthistorisch bedeutende frühromanische Kirche St-Arbogast zu beachten, die z. T. noch ins 9. Jh. zurückgeht.

★
Hunspach

Hunspach gilt als eines der »schönsten Dörfer Frankreichs«, die benachbarten Dörfer Seebach und Hoffen stehen ihm kaum nach. In Seebach wird am 3. Juli-Sonntag die berühmte **Streisselhochzeit** gefeiert, ein prächtiges Folklorefest mit Bauernhochzeit.

★
Maginot-Linie

Einen nachhaltigen Eindruck vom Wahnsinn des Kriegs vermitteln die Forts der Maginot-Linie (▶ Baedeker-Special S. 514), v. a. das Fort Schœnenbourg (2 km westlich von Hunspach, April – Anf. Okt. tägl. 14.00 – 18.00, So. auch 9.30 – 11.00 Uhr; Okt. nur Sa./So.) und Four-à-Chaux bei Lembach (15 km südwestlich von Wissembourg, Führungen Mitte März – Anf. Nov. tägl. nachmittags, sonst Sa./So.).

Parc Naturel Régional des Vosges du Nord

Die nördlichen Vogesen zwischen Saverne, Bitche und Niederbronn wurden 1976 zum Naturpark erklärt, 1990 zum UNESCO-Biosphärenreservat. Im Norden schließt sich der Naturpark Pfälzerwald an

Wissembourg: Viertel »Le Schlupf« an der Lauter

Bad Niederbronn (4500 Einw.) ist das bedeutendste Heilbad im Elsass; seine kochsalzhaltigen Thermalquellen wurden schon von den Römern genützt. Am netten Kurpark liegen das Spielcasino und ein Trinkbrunnen, im Maison d'Archéologie sind vorgeschichtliche und römische Funde zu sehen, außerdem Öfen aus lokaler Produktion.

Niederbronn-les-Bains

Hinter Philippsbourg nordwestlich von Niederbronn – bereits in Lothringen – thront hoch über der Straße die Ruine der Burg Falkenstein (12. Jh.). Gleich dahinter geht es rechts zum Hanauer Weiher, einem beliebten Ausflugsziel, mit der Ruine der Burg Waldeck.

Burg Falkenstein

Die D 662 bringt weiter zur Garnisonsstadt Bitche (Bitsch, 7700 Einw.) mit der riesigen, 1681 – 1683 von Vauban errichteten Zitadelle (Foto S. 513; geöffnet letzter März-Sa. – 1. Nov.-So., tägl.). In den Kasematten wird das Leben in einem solchen Bau demonstriert.

★ **Bitche**

Die eindrucksvollste Ruine in den Nordvogesen ist die der Burg Fleckenstein, die im 12. Jh. erbaut, im 15. Jh. mehrfach erweitert und 1680 zerstört wurde. Sie erhebt sich ca. 20 km westlich von Wissembourg nahe der Grenze auf einem schmalen Sandsteinfelsen. Von der Plattform schöne Aussicht auf das Hochtal der Sauer.

★ **Burg Fleckenstein**

Wissembourg (Weißenburg, 8000 Einw.), die nördlichste Stadt des Elsass, ist einen Steinwurf von der Grenze zur Pfalz entfernt. Die Stadt mit hübschem **mittelalterlichem Bild** ging aus einer um 660 gegründeten Benediktinerabtei hervor, die zum geistigen Zentrum wurde (Evangelienbuch von Otfried von Weißenburg, 871, die erste bedeutende Reimdichtung in Althochdeutsch). 1719 – 1725 lebte der

★ **Wissembourg**

polnische König Stanisław Leszczyński hier in seinem ersten französischen Exil (▶Nancy). Die markante Abteikirche **St-Pierre-et-St-Paul** ist nach dem Straßburger Münster der größte Sakralbau im Elsass (13./14. Jh.); der Westturm stammt noch von einem 1074 geweihten Vorgängerbau. Beachtenswert sind die Glasmalereien (12./13. Jh.) und das 11 m hohe Christophorus-Fresko (um 1280) sowie der schöne Kreuzgang (14. Jh.). Vorbei an der Zehntscheuer der Abtei und – den Lauter-Kanal überquerend – am Salzhaus (1450) gelangt man zum Marktplatz mit dem Rathaus von 1752. Im Norden der Altstadt zeigt das in einem Fachwerkhaus aus dem 16. Jh. untergebrachte Musée Westercamp Sammlungen zu Archäologie und Stadtgeschichte. Schön ist ein Spaziergang auf der Stadtbefestigung (18. Jh.) und durch den westlichen Stadtteil Le Bruch. Großes 4-tägiges Pfingstfest (Pentecôte) mit Umzug, Folklore, Gastronomie etc.

★ Franche-Comté · Jura

N/O 6

Der Jura zwischen Burgund und der Schweiz ist mit abgeschiedenen, weiten Berglandschaften und pittoresken Flussläufen vor allem etwas für Naturliebhaber und Freunde ländlicher Szenerien. Kulturelle und leibliche Genüsse kommen aber keineswegs zu kurz.

Landschaft Die einstige »Freigrafschaft Burgund« und heutige Région Franche-Comté – gelegen zwischen den Besuchermagneten Elsass im Norden, Burgund im Westen und der Schweiz im Osten –, ist fast noch ein Geheimtipp. Erlebenswert sind hier vor allem die bäuerliche Landschaft und Naturschönheiten wie romantische Wasserfälle und Flussläufe, erschlossen mit einem großen Netz von Wander- und Fahrradwegen sowie mit Loipen und anderen Wintersportmöglichkeiten. Das beherrschende Element der Franche-Comté ist der etwa 200 km lange und 60 km breite **Französische Jura**, Teil eines Gebirgszugs, der sich von der oberen Rhône bis nach Tschechien erstreckt und aus harten Kalken besteht. Seine höchsten Erhebungen erreicht er in der Nähe von Genf (Crêt de la Neige, 1718 m). Im Osten dominieren karge, von Wind und Wetter gezauste Hochebenen und Berge mit weiten Matten und dunklen Tannenwäldern. Zwischen den parallelen Bergzügen (Monts) liegen breite Längstäler (Vals), die durch enge Quertäler (Cluses) miteinander verbunden sind. Nach Westen hin fällt der Jura in welligen Plateaus mit Wäldern, Wiesen und Seen sanft ab. Aufgrund des milden Klimas wurde im oberen Tal der Saône, früher »Bon Pays« genannt, schon immer Ackerbau und Viehzucht betrieben; das Leben war dort leichter als in den Bergen, über die es heißt: »Acht Monate Schnee, zwei Monate Wind, aber der übrige Teil des Jahres ist wundervoll.« Am Westhang des Juras, gegenüber der burgundischen Côte d'Or, wird ein ca. 10 km breiter Streifen – »Côte« oder »Vignoble« genannt – für den Weinbau genützt.

▶ Franche-Comté · Jura

Wirtschaft

Aufgrund des Waldreichtums – zwei Fünftel der Franche-Comté sind bewaldet – hat die Holzwirtschaft eine lange Tradition. In der übrigen Region spielt die Landwirtschaft, v. a. Viehzucht, die große Rolle, im Vorland wird Wein- und Obstbau betrieben. Alte Industriezentren sind ▶ Besançon, Montbéliard, Belfort, Morez und St-Claude. Bedeutend ist das **Uhrmacherhandwerk**, Besançon ist seit Ende des 18. Jh.s das Zentrum der französischen Uhrenindustrie.

Käse und Wein

Wohlbekannt sind die Käsesorten Morbier, Bleu de Gex, Vacherin (Mont d'Or) und Comté, das kulinarische Wahrzeichen der Region, produziert aus Milch der rotbunten Rasse Montbéliarde. Als Weinregion besitzt der Jura einen eigenen Charakter. Auf ca. 2100 ha Rebfläche werden außer Pinot Noir und Chardonnay die regionalen Sorten Poulsard und Trousseau gepflegt (beide für weniger attraktive Rotweine), außerdem Savagnin, eine Traminer-Variante. Aus ihr entsteht der goldfarbene Vin jaune, der mindestens 6 Jahre in kleinen Eichenfässern reift. Eine weitere Spezialität ist der süße Vin de paille (Strohwein) aus rosinenartig getrockneten Trauben.

Aus der Geschichte

Der Unabhängigkeitssinn der keltischen Sequaner spiegelt sich bis heute im Namen »Franche« (»frei«). Durch die Niederlage 52 v. Chr. in Alesia (▶Burgund) römisch geworden, entstanden Straßen und Städte wie Besançon, Salins, Dole, Lons-le-Saunier und Pontarlier. 442 wurde das Gebiet von den ostgermanischen Burgundern in Besitz genommen und teilte nun die Geschichte des Herzogtums Burgund (ab 534 fränkisch, ab 843 zwei selbstständige Königreiche, die 934 zum Königreich Burgund vereint und 1032 als Freigrafschaft dem Deutschen Reich angegliedert wurden). Nach langen Kämpfen mit dem König von Frankreich wurde das Land 1493 unter Kaiser Maximilian I. dem Habsburgerreich angegliedert, bis es 1674 von Ludwig XIV. erobert und 1678 im Frieden von Nimwegen endgültig

Highlights *Franche-Comté*

Notre-Dame-du-Haut
Starke Architektur und meditative Atmosphäre in sanfter Landschaft
▶ Seite 409

Montbéliard
Württemberg in Frankreich – da ist ein großes Autowerk nicht weit!
▶ Seite 409

Tal des Doubs
Schluchten, Wasserfälle und Seen am windungsreichen Hauptfluss des Juras
▶ Seite 410

Arc-et-Senans
Die Königliche Saline, ein Werk des Revolutionsarchitekten Ledoux
▶ Seite 413

Réculées und Cirques
Tief eingeschnittene Täler und senkrechte Felsenkessel im Jurakalk
▶ Seite 414

Blick in die Schweiz
Die höchsten Gipfel des Juras, Balkone über dem Genfer See
▶ Seite 415

Starke Architektur: Corbusiers Notre-Dame-du-Haut in Ronchamp

Frankreich zugesprochen wurde. Zwei große Franzosen wurden im Jura geboren: der Biologe Louis Pasteur in Dole (1822–1895) und der Maler Gustave Courbet in Ornans (1819–1877).

Reiseziele in Franche-Comté und Jura

Belfort Die 51 000 Einwohner zählende Hauptstadt des Départements »Territoire de Belfort« spielte aufgrund ihrer Lage im Norden der Burgundischen Pforte – dem »Trouée de Belfort« – schon immer eine wichtige Rolle. Heute besitzt es eine ertragreiche Textil-, Maschinenbau-, Elektro- und Elektronikindustrie; bei Alstom werden TGV-Züge gebaut. An die einstige Bedeutung erinnert die gewaltige **Zitadelle**, errichtet ab 1687 von Vauban, dem Festungsbaumeister Ludwigs XIV., ab 1822 erweitert und nach 1871 teilweise geschleift. In der Kaserne ist das Historische Museum untergebracht; im Juli/Aug. gibt es Mi. Open-Air-Konzerte (gratis). Die Aussicht von hier über Jura und Vogesen ist herrlich. Die Stadt ist durch die Savoureuse zweigeteilt. Zentrum der **Altstadt** östlich des Flusses ist die Place de la République mit dem Monument des Trois Sièges von Bartholdi, dem Justizpalast (1901) und der Präfektur. Weiter östlich sind an der Place d'Armes die **Kathedrale St-Christophe** (1727–1750, mit schönem Inneren) und das Rathaus (1724/1789) zu beachten. Einziges erhaltenes Tor der Festungsanlage Vaubans ist die Porte de Brisach (1687) nordöstlich der Altstadt. Am Fuß der Festung findet man das Wahrzeichen Belforts, dem 22 m langen und 11 m hohen Löwen aus Vogesen-Sandstein, ein Werk des Colmarers F.-A. Bartholdi (1880).

Löwe von Belfort ▶

Ronchamp

Ein Muss – nicht nur für Architekturfreunde – ist ein Abstecher nach Ronchamp (20 km nordwestlich). Über dem ehemaligen Bergbaustädtchen thront die dem Frieden gewidmete Kapelle Notre-Dame-du-Haut, ein zentrales Werk der modernen Architektur, erbaut 1950 bis 1955 von **Le Corbusier**. Neben dem kraftvoll-eigenwilligen Äußeren des Stahlbetonbaus (Wände und Dach sind doppelschalig gegossen) fasziniert innen das Zusammenspiel des Lichts, das durch farbig verglaste Öffnungen eindringt, mit der Raumgestaltung. Schöner Blick über die **Burgundische Pforte**. In Ronchamp selbst ist das Bergbaumuseum (Musée de la Mine) besuchenswert.

★★

◀ Notre-Dame-du-Haut

Luxeuil-les-Bains

Luxeuil-les-Bains (ca. 50 km nordwestlich von Belfort, 8800 Einw.) ist bekannt als Kurort und für die Abtei, die der irische Mönch Columban Ende des 6. Jh.s gründete. Das Zentrum des Städtchens mit schönen alten Häusern aus rotem Sandstein bildet die Basilika **Stes-Pierre-et-Paul** (13./14. Jh.), von deren drei Türmen nur noch einer vorhanden ist (1527 erneuert). Ihr Schmuckstück ist der barocke Orgelprospekt (1617–1680), die Kanzel (1806) stammt aus Notre-Dame in Paris. Im Konvent ist ein Museum für die schönen **Luxeuiler Spitzen** untergebracht. An der Hauptstraße fallen das Hôtel du Cardinal Jouffroy und gegenüber das Musée de la Tour des Echevins auf (beide 15. Jh.); Letzteres zeigt gallorömische Funde und einige Gemälde (u. a. Adler, Vuillard). In einem Park im Norden der Stadt liegt das **Thermalbad** aus dem 18. Jh. mit modernen Einrichtungen.

Gray

Gray (6700 Einw.), 45 km nordwestlich von Besançon an der Saône gelegen, war früher ein bedeutender Flusshafen, heute ist es Station für Bootstouristen. Im Zentrum stehen die Kirche Notre-Dame (Ende 15. Jh.), das schöne Renaissance-Rathaus (1568) und das Schloss der Grafen der Provence (18. Jh.); in Letzterem das Musée Baron-Martin mit einer guten Gemäldesammlung. Das Schloss in Champlitte (20 km nördlich von Gray, 16.–18. Jh.) beherbergt ein bedeutendes Museum für die Volkskunde der Haute-Saône (Di. geschl.).

Champlitte

Montbéliard

Ein Denkmal vor dem Schloss – aus schwäbischem Travertin mit den Wappen von Württemberg und Montbéliard – erinnert an die Eheschließung zwischen Graf Eberhard vom Württemberg und Henriette d'Orbe, Erbin der Grafschaft Montbéliard, am 13. Nov. 1397, mit der eine für beide Länder fruchtbare Beziehung begann. Bis 1793 gehörte **Mömpelgard** zu Württemberg; das allenthalben zu sehende Hirschstangen-Wappen lässt dies ebenso erkennen wie das Stadtbild. Einige wichtige Bauten sind das Werk des »schwäbischen Leonardo da Vinci« Heinrich Schickhardt. 1556 wurde die Reformation eingeführt, und Ende des 16. Jh.s flüchteten viele Hugenotten hierher. Heute bildet Montbéliard (26 400 Einw.), das ca. 15 km südlich von Belfort am Rhein-Rhône-Kanal liegt, mit Audincourt und Sochaux ein Industriegebiet mit ca. 125 000 Einwohnern, das vom Autobauer **Peugeot** dominiert wird (13 000 Arbeitsplätze). Über Montbéliard thront das Schloss mit den Türmen Henriette (1424) und Frédéric (1595) sowie einem kleinen Museum. An der Place St-Martin – im Advent ist hier **Weihnachtsmarkt** – sind das Rathaus (1778), das Hôtel Beurnier-Rossel (1773) mit dem Historischen Museum, die Maison Forstner (Ende 16. Jh.) und der Temple St-Martin interessant, die **erste protestantische Kirche Frankreichs** (Schickhardt, 1607). Weiter westlich der imposante Komplex der Halles (16. Jh.), einst Sitz des Regierungsrats. Nicht auslassen sollte man das Peugeot-Museum in Sochaux nordöstlich von Montbéliard (Musée de l'Aventure Peugeot, tägl. geöffnet), auch kann das Werk besichtigt werden (tägl. 8.30 Uhr, Mindestalter 12 Jahre, Informationen im Musée Peugeot, Tel. 03 81 99 42 02, www.musee-peugeot.com).

◄ Peugeot-Museum ►

Besançon ►dort

Vallée du Doubs

Das Tal des Doubs gehört zu den landschaftlichen Höhepunkten des Französischen Juras. Er entspringt bei Mouthe 30 km südwestlich von Pontarlier in 937 m Höhe und mündet bei Verdun-sur-le-Doubs in die Saône; zwischen diesen Punkten, die 90 km voneinander entfernt sind, legt er 453 km zurück. Auf lange Strecken markiert er die Grenze zur Schweiz. Gute Ausgangspunkte für Touren sind **St-Hippolyte** (30 km südlich von Montbéliard) und **Morteau** (6400 Einw., 31 km nordöstlich von Pontarlier), Zentrum der Uhrenindustrie, bekannt für seine geräucherte Wurst und den »gâteau de ménage« der Boulangerie Lucas. Besonders eindrucksvoll sind die **Corniche de Goumols** südöstlich von St-Hippolyte mit herrlichem Panorama, dann – flussaufwärts – die Echelles de la Mort, der Belvédère de la Cendrée, der 28 m hohe **Saut du Doubs** (Wasserfall, Boote von Villers-le-Lac und Les Brenets/CH, www.nlb.ch). Interessant sind auch die **Uhrenmuseen** in Morteau und Villers-le-Lac. Vom 350 m hohen **Roche du Prêtre** (»Priesterfelsen«) 12 km nördlich von Morteau hat man den schönsten Blick auf den Cirque de Consolation, einen Felsenkessel mit dem einstigen Kloster Notre-Dame-de-Consolation mittendrin, heute ein Missionszentrum. Hier entspringt der Dessoubre, der bei St-Hippolyte in den Doubs mündet (schönes Tal).

Romantische Fahrt auf dem Doubs

▶ Franche-Comté · Jura **ZIELE** 411

Montbenoît (17 km südwestlich von Morteau) ist ein Dorf im Saugeais – einer selbsternannten »Republik« mit Zöllnern an der Grenze – mit den reizvollen Teilen einer Abtei, die um 1150 gegründet wurde. Das Schiff der Kirche stammt aus dem 12. Jh., der Chor aus dem 16. Jh. (Turm 1903). Das geschnitzte Chorgestühl (1527) mit kuriosen, höchst lebensvollen Szenen ist leider stark beschädigt.

Montbenoît

Die Loue fließt zunächst unterirdisch. Ca. 20 km südöstlich von Ornans sprudelt sie als kräftigste der »Fontaines jurassiennes« aus einer 100 m hohen Felswand, dann durchquert sie die eindrucksvolle Nouailles-Schlucht. An der D 67 hinter Mouthier mehrere Aussichtspunkte; großartig der Belvédère du Moine nördlich von Renédale.

✶ ✶
Source de la Loue

Aus Ornans (4000 Einw., 26 km südlich von Besançon), dem Hauptort des Loue-Tals, stammte **Gustave Courbet** (1819 – 1877). Sein Geburtshaus ist Museum, auch einige Bilder von ihm hängen hier. Die Loue, die Courbet oft malte, fließt durch den Ort, der mit seinen al-

✶
Ornans

 FRANCHE-COMTÉ ERLEBEN

AUSKUNFT
CRT Franche-Comté
La City, 4 Rue Gabriel Plançon
25044 Besançon Cedex
Tel. vom Ausland 00 800 2006 2010
Tel. in Frankreich 08 10 10 11 13
www.franche-comte.org

ESSEN
▶ Erschwinglich
Balance Mets et Vins
Arbois, 47 Rue de Courcelles
Tel. 03 84 37 45 00, Juli/Aug. Mi. geschl., sonst auch Di.abend. Hier kann man Weine des Juras verkosten, viele auch glasweise. Dazu wird eine ausgezeichnete, modern variierte Regionalküche serviert. Schöne Terrasse.

▶ Preiswert / Erschwinglich
Le Pot au Feu
Belfort, 27 bis Grande Rue, Tel. 03 84 28 57 84. Nettes Kellerlokal bei der Porte de Brisach mit traditioneller Küche. Spezialität sind Eintöpfe, eben »pot au feu«. So./Mo.mittag geschl.

ÜBERNACHTEN
▶ Komfortabel / Luxus
Château de Germigney
Port-Lesney, Tel. 03 84 73 85 85
www.chateaudegermigney.com
Charmanter Landsitz 12 km nördlich von Arbois, im Stil Napoleons III. eingerichtet. Exzellentes Restaurant mit Küche des Juras und der Provence. Preiswertes Bistro an der Loue.

▶ Günstig / Komfortabel
Le Lac
Malbuisson, Grande Rue
Tel. 03 81 69 34 80, www.hotel-le-lac.fr
Gehobenes, romantisches Haus im Schweizer Stil, herrlich am Lac de St-Point (und der Hauptstraße) gelegen.

Le France
Villers-le-Lac, 8 Place Cupillard
Tel. 03 81 68 00 06
www.hotel-restaurant-lefrance.com
Preisgünstig nächtigen, erstklassig tafeln: großzügiges Haus nahe der Anlegestelle der Ausflugsboote.

Die Saline Royale in Arc-et-Senans, ein herausragendes Werk von Ledoux

ten Häusern ein anmutiges Bild bietet. Angelfreunde sollten die Maison Nationale de la Pêche et de l'Eau nicht auslassen.

Pontarlier Das hübsche Pontarlier (18 000 Einw.), nahe der Schweizer Grenze gelegen, war und ist wieder die Hauptstadt des **Absinths**. Das Stadtmuseum im vermutlich ältesten Haus der Stadt (15./16. Jh.) dokumentiert seine Geschichte, die Distillerie Guy bietet Führungen an.

✱

Cluse de
Pontarlier ▶

Südlich der Stadt bildet der Doubs eine 200 m tiefe Klus, eine der schönsten des Juras; sie wird bewacht vom **Château de Joux**, einer mächtigen Festung, die ins Jahr 1034 zurückgeht und als Gefangene u. a. Mirabeau, Toussaint Louverture (der schwarze Nationalheld von Haiti starb hier 1803) und Heinrich von Kleist (1806) sah. Von Le Frambourg schöner Blick in die Klus.

Métabief Métabief (18 km südlich von Pontarlier) ist ein Mekka der Jura-Wanderer, Mountainbiker (Austragungsort von Europa- und Weltmeisterschaften) und Wintersportler. Der Morond (1419 m, Seilbahn) und der Mont d'Or (1463 m, vom Parkplatz 10 Min.) eröffnen ein fantastisches Panorama mit Genfer See und Montblanc. Die Entstehung des berühmten Käses Vacherin ist u. a. in der Fromagerie du Mont d'Or (2 rue du Moulin) zu verfolgen.

✱

Mont d'Or ▶

Dole Ganz im Westen der Franche-Comté, 46 km südwestlich von Besançon, liegt Dole (25 000 Einw.) am Doubs. Bis 1674 war es die Hauptstadt der Freigrafschaft, woran prächtige Häuser des 15.–18. Jh.s erinnern. Den schönsten Blick auf Altstadt und Kollegiatkirche Notre-Dame mit ihrem massiven Turm (16. Jh.) hat man von der Place aux Fleurs; in der Kirche zu beachten die Ausstattung mit polychromem Marmor und die Orgel (18. Jh.). 1822 kam in Dole der Biologe und Chemiker **Louis Pasteur** zur Welt († 1895); sein Geburtshaus am Canal des Tanneurs (Rue Pasteur) ist zugänglich, nebenan ein Museum.

Der Architekt **C.-N. Ledoux** (1736–1806) war der wichtigste Vertreter der französischen Revolutionsarchitektur, die einen strengen Klassizismus pflegte. Ledoux entwickelte Visionen, die wie eine Vorwegnahme faschistischen Größenwahns anmuten. Eines seiner Hauptwerke ist in Arc-et-Senans rund 40 km südwestlich von Besançon zu sehen. Im Auftrag Ludwigs XVI. entstand 1775–1779 eine Fabrik zur Salzgewinnung, die der Kern einer idealen Industriestadt werden sollte. Da sie keinen Gewinn abwarf, wurde nur ein Halbkreis fertig; 1895 wurde sie geschlossen. Hier wurde Salz aus der Sole gewonnen, die in einer hölzernen Rohrleitung aus dem 21 km südöstlich gelegenen Salins-les-Bains kam (s. u.). In der Anlage, die zum UNESCO-Welterbe gehört, gibt es ein interessantes Ledoux-Museum (Pläne und Modelle) und ein Salzmuseum (beide tägl. geöffnet).

Arc-et-Senans

★
◂ Saline Royale

Der Kurort (3000 Einw.) liegt im engen Tal der Furieuse. Bereits die Römer kannten seine Salzvorkommen, die heute nur noch medizinisch genützt werden (Les Thermes, mit schönem Bad). Eindrucksvoll ist der Rundgang in den 250 m tiefen Stollen. Von der Stadtbefestigung sind noch Teile erhalten; die Kirche St-Anatoile (13. Jh.) ist ein schönes Beispiel burgundischer Gotik. Ans Rathaus (1739) stößt die interessante Kapelle N.-D.-de-la-Libératrice (1662) an.

Salins-les-Bains

Als »Source du Lison« werden die Quelle des Lison, die Grotte Sarrazine und die Creux Billard zusammengefasst, alles sehenswerte Karstphänomene rund 15 km östlich von Salins-les-Bains.

★
Source du Lison

Levier ca. 10 km östlich der Source du Lison ist Ausgangspunkt der 42 km langen Route des Sapins (Tannenstraße) nach Champagnole. Sie führt durch den 10 000 ha großen Forêt de la Joux, Frankreichs schönsten Tannenwald. Berühmt ist die 45 m hohe und über 200 Jahre alte **Präsidententanne** (Sapin Président).

Forêt de la Joux

Das malerisch zwischen Rebbergen an der Cuisance gelegene Städtchen Arbois (3500 Einw., 14 km südwestlich von Salins-les-Bains) ist das Zentrum des **Jura-Weins**; das Weinfest wird um den 20. Juli gefeiert. Hier verbrachte Louis Pasteur (s. o. Dole) seine Jugend, das Elternhaus mit seinem Labor kann besichtigt werden. Von der Kirche St-Just (12./13. Jh.) mit 60 m hohem, massigem Turm aus dem 16. Jh. geht man über den Fluss, vorbei an Tourismusbüro und Rathaus zur Place de la Liberté. Östlich (Grande Rue) in einem Bürgerhaus aus dem 18. Jh. das Musée Sarret-de-Grozon, das auch einige

Arbois

! *Baedeker* TIPP

Maire und mehr

Dass Arbois und seine Weine einen guten Ruf genießen, ist wesentlich Verdienst von Henri Maire, der 1939 das Gut seiner Eltern übernahm (Besucherzentrum an der Place de la Liberté). Renommiert sind auch die Weine von Rolet, La Pinte, Tissot und der Fruitière Vinicole. Die Pâtisserie Hirsinger in der Grande Rue 38 zählt zu den besten Chocolatiers Frankreichs.

Aus dem hübschen Arbois kommen wenig bekannte, aber exzellente Weine.

Gemälde von Courbet zeigt. Nördlich das sehenswerte Weinmuseum im Château Pécauld, einem Rest der Befestigung. Vom Pont des Capucins (von St-Just flussaufwärts) bei der Tour Gloriette (16. Jh.) bietet sich ein schönes Panorama. Empfehlenswert ist der Spaziergang hinauf nach Pupillin (2,5 km), das seine eigene AOP besitzt.

★★
Reculées

Zwischen Arbois und Lons-le-Saunier sind einige ungewöhnlich reizvolle Kerbtäler zu finden. Diese »reculées« enden häufig in einem Kessel (»cirque«) mit schroffen Felswänden. In der **Reculée des Planches** 5 km südöstlich von Arbois liegen die Quellen der Cuisance mit der sehenswerten Grotte des Planches. Auf der D 469 gelangt man zum 200 m höher gelegenen **Cirque du Fer à Cheval**. Ebenso großartig ist der Cirque de Ladoye (9 km südlich von Poligny), den Höhepunkt stellt jedoch der Cirque de Baume dar (s. u.).

Poligny

Das Städtchen Poligny (4300 Einw.) 9 km südlich von Arbois ist die »Hauptstadt« des **Comté**, des bekannten Käses der Region; seine Herstellung wird in der Maison du Comté demonstriert. Die Kirche St-Hippolyte besitzt schöne Statuen der Burgunder Schule aus dem 15. Jh.; hinter der Kirche liegt das 1415 gegründete Klarissenkloster.

Lons-le-Saunier

Die Hauptstadt des Départements Jura (18 000 Einw.) ist ein beliebter **Thermalkurort**, dessen Kochsalzquellen schon die Römer nutzten; bekannt aber ist sie als Heimat der lachenden Kuh (»La Vache qui rit«, Marke der Käserei Bel). Hier kam 1760 **C.-J. Rouget de Lisle** zur Welt († 1836), Urheber von Text und Musik der Marseillaise, die später zur französischen Nationalhymne wurde. Arkadenhäuser des 17. Jh.s säumen die Rue de Commerce (Nr. 24 Geburtshaus von Rouget, Museum). Im Rathaus ein kleines Kunstmuseum mit bemerkenswerten Gemälden (Courbet, Pointelin, Brueghel d. J.), im benachbarten Hôtel-Dieu (1740) eine alte Apotheke. Einen Blick wert sind auch die romanisch-gotische Kirche St-Désiré mit einer Krypta aus dem 11. Jh., das Archäologische Museum, die Puits-Salé (Salzquelle) in einem nahen Park sowie die Eglise des Cordeliers mit schönen Holzschnitzereien im Chor (17. Jh.).

Baume-les-Messieurs

Das Dörfchen Baume-les-Messieurs (200 Einw.), nordöstlich von Lons-le-Saunier malerisch zwischen senkrechten Felswänden gelegen, entwickelte sich um eine Abtei, die Columban um 580 gründete; von hier ging im Jahr 909 die Gründung der Abtei Cluny aus (▶ Burgund). Die Klosterkirche (12.–15. Jh.) besitzt einen schönen, farbig gefassten flämischen Schnitzaltar (16. Jh.; Führung). Südlich des Orts der Cirque de Baume (Foto S. 416): Ein steiler Pfad führt zu den Grotten hinunter, die eine Quelle des Flusses Dard gebildet hat; nach starkem Regen tritt sie in einem Wasserfall aus. Von der D 471 südlich des Cirque ist der Belvédère des Roches de Baume zu erreichen, der einen fantastischen Blick in den Felszirkus bietet. Beeindruckend ist auch der Creux de Révigny südöstlich von Lons-le-Saunier.

★ ★
◄ Cirque de Baume

◄ Creux de Révigny

Région des Lacs

Östlich von Lons-le-Saunier zwischen Champagnole, Clairvaux-les-Lacs und dem Pic de l'Aigle liegen mehrere Seen. Der schönste ist der Lac de Chalain, südlich davon bildet der **Hérisson** die Lacs de Chambly und du Val. Der Hérisson, der in 805 m Höhe aus dem Lac de Bonlieu strömt, fällt in vielen Kaskaden zum 520 m hoch gelegenen Plateau de Doucier hinab. Eindrucksvoll sind auch die Cascade de l'Eventail südöstlich des Lac du Val (von Doucier D 326 zur Moulin Jacquand, dann zu Fuß) und die Cascade du Grand-Saut.

★
◄ Cascades du Hérisson

Genfer See

Hier ist man der Schweiz nahe. Ein Ausflug Richtung Genfer See vermittelt herrliche Eindrücke, erreicht der Jura doch hier seine größten Höhen, von denen man über das Schweizer Waadtland und das französische Chablais bis zum Montblanc sieht. Von Champagnole führt die N 5 / D 1005 südlich über Morez und Les Rousses zum Col de la Faucille (1320 m, Winter- und Sommersportort). Mit einer Seilbahn ist der 1534 m hohe **Petit Mont-Rond** zu erreichen, von dem man einen großartigen Ausblick hat. Sehr empfehlenswert ist die leichte Wanderung weiter zum 1689 m hohen Colomby de Gex (2.30 Std. hin und zurück), von dem an klaren Tagen das Wahrzeichen von Genf erkennt, den Jet d'eau (Fontäne im See). Die gesamte Wanderung von Col de la Faucille über den höchsten Berg des Juras, den **Crêt de la Neige** (1718 m), bis zum Fort de l'Ecluse am Rhône-Durchbruch (s. u.) dauert 2 Tage (8 Std. / 5.30 Std.), übernachten kann man in der Hütte am Le Gralet (nicht bewirtschaftet).

★
◄ Mont-Rond

★
◄ Colomby de Gex

★
Valserine

Westlich des Grats erstreckt sich das außerordentlich romantische Valserine-Tal, auch Valmijoux genannt, von Mijoux (schöne Aussicht) beim Col de la Faucille im Norden bis Bellegarde im Süden. Westlich über dem Tal ragt der Crêt de Chalam (1545 m) auf, auch er bietet einen herrlichen Blick bis zum Montblanc.

★
◄ Crêt de Chalam

Bellegarde

★

Défilé de l'Ecluse ▶

An der Mündung der Valserine in die Rhône liegt Bellegarde-sur-Valserine, Industrie- und Hauptort des Tals (11 400 Einw.). Kommt man von Genf hierher, hat man den Défilé de l'Ecluse durchquert, den dramatischen **Durchbruch der Rhône** durch den Jura, der von einem 1820–1840 errichteten Fort bewacht wird. Sportliche Menschen können die gut 1100 Stufen zum oberen Teil erklimmen.

Seyssel

★ ★

Grand Colombier ▶

Von Bellegarde kann man der Rhône nach Süden folgen und zum Lac de Bourget fahren (▶Savoyen). Seyssel ist ein bedeutender **Weinort** Savoyens (vorzüglicher Weißwein aus der Rebsorte Altesse); eine Hängebrücke verbindet die alten Ortsteile, die früher zu Frankreich bzw. Savoyen gehörten (heute Départements Ain bzw. Haute-Savoie). Freunde schwieriger Bergstrecken, ob mit Auto oder Fahrrad, sollten die Runde westlich über den 1525 m hohen Grand Colombier nicht auslassen, einen der schönsten Aussichtsberge des Juras (von Seyssel über Brenaz nach Culoz ca. 55 km, Steigungen bis 20 %)

Nantua

Westlich von Bellegarde liegt Nantua (3700 Einw.) sehr angenehm an einem 2,5 km langen See. Die Stadt – bekannt durch die Sauce Nantua, eine helle Krebssauce – geht auf eine im 8. Jh. gegründete Benediktinerabtei zurück, von der nur die Kirche St-Michel (12. Jh.) mit einem (beschädigten) romanischen Portal erhalten ist; innen das Gemälde »Sebastian wird von heiligen Frauen gepflegt« von **Eugène Delacroix** (1836). Gegenüber der Kirche das Regionalmuseum für die Geschichte der Résistance und der Deportation (Mo. geschl.). Von Nantua sind es rund 40 km nach Bourg-en-Bresse (▶Burgund).

Typische Karstlandschaft im Jura: Cirque de Baume

Gascogne

F–J 7–9

Mit seinen endlosen, flachen Sandstränden am Atlantik ist der Südwesten Frankreichs prädestiniert für Familienferien. Entdeckungen kann man im Hinterland mit schönen alten Orten machen: erlebenswerte Atmosphäre und beeindruckende Kunstdenkmäler.

Die Gascogne umfasst, im großen Ganzen, den Südwesten Frankreichs zwischen Atlantik, Pyrenäen und Garonne. Die größte Attraktion ist die fast schnurgerade **Flachküste** der »Landes« mit ihren breiten, weißen Sandstränden, die von Kiefernwäldern und Lagunen begleitet werden. Sie bildet den Südteil der **Côte d'Argent** (▶Bordeaux) und erstreckt sich über 125 km zwischen Arcachon im Norden und der Mündung des Adour im Süden (▶Côte Basque). Badeorte wie Arcachon, Biscarosse und Mimizan stehen ebenso zur Verfügung wie eine große Zahl von Campingplätzen und Ferienhäusern. Hinter der Küste breiten sich die **Landes** aus, ein Wald-und-Heide-Gebiet, das früher reich an Mooren war. Nach Südosten schließt das Hügelland des **Armagnac** an, ein Teil des Schuttkegels, der sich von den Zentralpyrenäen nach Norden ausbreitet. Bekannt ist es durch seinen hervorragenden gleichnamigen Weinbrand.

Landschaften

Ihren Namen verdankt die Gascogne den Basken, die gegen Ende des 6. Jh.s vor den Westgoten von Spanien über die Pyrenäen auswichen und sich im Garonne-Becken niederließen. In fränkischer Zeit bildete die Vasconia ab 768 ein eigenes Herzogtum. Die als tapfer bekannten Armagnaken wurden von König Karl VII. als Söldner gegen die Schweden eingesetzt und von diesen 1444 bei Basel geschlagen; die Überlebenden zogen ins Elsass und nach Schwaben, wo sie als **»Arme Gecken«** berüchtigt waren. Verwaltungsmäßig hat die Gascogne Anteil an den Regionen Aquitaine und Midi-Pyrénées.

Aus der Geschichte

Highlights *Gascogne*

Land der Bastiden
Von kriegerischen Zeiten zeugen befestigte Orte wie Gimont, Fleurance, Montréal und Mirande.
▶ Seite 418–420

Kathedrale von Auch
In Eichenholz geschnitzte Pracht und herrliche Renaissance-Glasmalereien
▶ Seite 418

Jazzfestival
Hochkarätige Jazzmusik wird in Marciac zum großen Fest für alle.
▶ Seite 421

Ländliche Kultur der Landes
Bauernhäuser, Obstgärten, Werkstätten, Schafställe, ein Ausflug in eine vergangene Zeit
▶ Seite 422

Strände der Atlantikküste
Endlose Sandstränden von Arcachon – mit der Düne von Pilat – bis Hossegor
▶ Seite 423

Reiseziele im Landesinneren

Auch Am Gers liegt die lebhafte Provinzstadt Auch (23 500 Einw.), im Mittelalter Hauptort der Grafschaft Armagnac. Mittelpunkt der hochgelegenen Altstadt ist die **Kathedrale Ste-Marie** (UNESCO-Welterbe), die von 1489 (Chor) bis 1662 (Fassade) entstand, eine der spätesten gotischen Kirchen. Ihr Prunkstück ist das Chorgestühl aus Eichenholz, an dem von 1500 an etwa 50 Jahre gearbeitet wurde; die 113 Sitze sind mit über 1500 Figuren geschmückt. In den Chorkapellen großartige Renaissancefenster (16. Jh.) von Arnaud de Moles, die Orgel (1694) ist u. a. am 3. Mai-Wochenende zu hören. Vor dem Chor ragt der 40 m hohe Armagnac-Turm auf. Eine monumentale Freitreppe (1864) führt hinunter zum D'Artagnan-Denkmal am Gers. Nördlich der einstige Bischofspalast (um 1750, Präfektur) und die Jakobinerkapelle mit dem hervorragenden Musée des Jacobins (Archäologie, Volkskunde, Völkerkunde der beiden Amerikas).

★ ★
◀ Chorgestühl

Gimont Das hübsche Land um Auch ist reich an befestigten Orten. 24 km östlich liegt die 1266 gegründete **Bastide** Gimont, deren Markthalle (16. Jh.) über die Hauptstraße gebaut ist. Kirche im Stil der Mittelmeer-Gotik (15./16. Jh.). Bekannt ist Gimont für seine Gänseleber und den Stierkampf. Von der **Gänseleber** »lebt« Samatan 19 km südlich, möglicherweise der bedeutendste Marktort für dieses köstliche Produkt in ganz Frankreich (Halle au Gras, Verkauf Mo. vormittags, Hochsaison ist Okt. – Dez.). Informationen beim Tourismusbüro.

Samatan

In Auch scheinen die Pyrenäen schon zum Greifen nah.

GASCOGNE ERLEBEN

AUSKUNFT
CRT Aquitaine, 23 Parvis des Chartrons, 33074 Bordeaux Cedex
Tel. 05 56 01 70 00
www.tourisme-aquitaine.fr

CRT Midi-Pyrenees, 54 Boulevard de l'Embouchure, 31000 Toulouse
Tel. 05 61 13 55 48
www.tourisme-midi-pyrenees.com

ÜBERNACHTEN/ESSEN
Aufgrund der Beliebtheit des Jakobswegs kann es Juli/August entlang der Hauptrouten schwierig sein, spontan eine Unterkunft zu finden.

▶ Luxus
Les Loges de l'Aubergade
Puymirol, 52 Rue Royale
www.aubergade.com, Tel. 05 53 95 31 46. Puymirol ist ein hübsches Städtchen auf einer Anhöhe 17 km östlich von Agen. Eine mittelalterliche Residenz der Grafen von Toulouse wurde zum Hotel, das Restaurant gilt als eines der besten in Frankreich (sommers Mo./Di. mittags geschl.).

▶ Günstig / Komfortabel
Trois Lys
Condom, 38 Rue Gambetta
www.lestroislys.com, Tel. 05 62 28 33 33. Hübsches Haus aus dem 18. Jh. nahe der Kathedrale. Zurückhaltend elegante Inneneinrichtung. Mit Swimmingpool, schattiger Terrasse und gutem Restaurant.

Le Dauphin
Arcachon, 7 Avenue Gounod
www.dauphin-arcachon.com, Tel. 05 56 83 02 89. Charmantes Haus aus dem 19. Jh., 300 m vom Zentrum und vom Strand, mit Swimmingpool. Zimmer für 1–4 Personen.

Simorre Simorre (700 Einw.) 24 km südwestlich von Gimont (D 12) besitzt eine sehenswerte befestigte Kirche (14./15. Jh., leider von Viollet-le-Duc »verschönert«) mit prächtigem Chorgestühl und Glasmalereien.

Fleurance Fleurance (6300 Einw.), 24 km nördlich von Auch im Tal des Gers gelegen, wurde als **Bastide** 1280 mit dreieckigem Grundriss angelegt. Der Hauptplatz mit der Markthalle ist von Laubengängen umgeben. Die Kirche wurde im 14./15. Jh. im Stil der südfranzösischen Gotik aus Ziegel- und Werkstein errichtet (Chor 13. Jh.), in der Apsis Renaissance-Glasfenster von Arnaud de Moles.

Lectoure Der einstige Bischofssitz Lectoure (10 km nördlich von Fleurance) liegt schön auf einem Bergsporn über dem Gers-Tal. Von der Promenade auf der ehemaligen Bastei prächtiger Blick bis zu den Pyrenäen. Die romanische Kirche des 12. Jh.s wurde 1473 teilweise zerstört und wieder aufgebaut, der einst 90 m hohe Turm 1782 zur Hälfte abgetragen. Das Rathaus war früher Bischofspalast. In seinen Gewölben informiert das sehr gute Museum über den Ort und seine gallorömische Vergangenheit (u. a. über 20 **Stieropferaltäre**).

La Romieu — Dieses »Dorf der Katzen« (500 Einw.) ca. 14 km nordwestlich von Lectoure gehörte zu einem Stift des 13./14. Jh.s, das zwei sehr schöne Türme besitzt (herrlicher Ausblick von der Tour Est). Die Tour du Cardinal ist der Rest des Palastes von Arnaud d'Aux (1318).

Agen — In der fruchtbaren Garonne-Ebene, umgeben von Gemüse- und Obstgärten, liegt Agen (33 800 Einw.), die Hauptstadt des Départements Lot-et-Garonne. Die Altstadt breitet sich rechts der Garonne aus, die vom Seitenkanal auf einer Brücke gequert wird. In der Kathedrale St-Caprais (11.–16. Jh.) sind der Chor und die Kapitelle an den Vierungspfeilern interessant. Am Marktplatz das Rathaus (1666) und das in vier schönen Palais untergebrachte **Musée des Beaux-Arts** (Archäologie, Kunstgewerbe, Gemälde); bemerkenswert hier die griechische Venus von Mas (1. Jh. v. Chr.), Fayencen von Bernard Palissy (16. Jh.) und Werke u. a. von Goya, Corot und Sisley.

> **! Baedeker TIPP**
>
> **Pruneaux d'Agen**
>
> Bekannt sind die Pflaumen von Agen, die in vielerlei Form – vom Schnaps über Kuchen bis zur Confiserie – verarbeitet werden. In einer Reihe von Geschäften kann man die Produkte probieren, eine gute Adresse ist seit 1835 die Confiserie Bosson (20 Rue Grande-Horloge).

Condom — Das 40 km südwestlich von Agen an der Baïse gelegene Städtchen (7000 Einw.), bis 1789 Bischofssitz, verfügt über ein hübsches Stadtbild mit der Kathedrale St-Pierre (1506–1521) und dem Kreuzgang (Rathaus). Wenige Schritte nördlich das Musée de l'Armagnac (regionale Volkskunde). Die Ortsschilder sind einbetoniert, weil sie früher wegen des beziehungsreichen Ortnamens immer wieder gestohlen wurden; auch wenn der mit dem bewussten Utensil nichts zu tun hat, gibt es ein Kondom-Museum (Musée du Préservatif, geöffnet Mitte Juni–Mitte Sept. tägl.).

Abbaye de Flaran — Die Abtei 8 km südlich von Condom gilt, trotz der Zerstörungen der Religionskriege und der barocken Zutaten, als das besterhaltene **Zisterzienserkloster** der Gascogne. Besonders schön ist die Kirche (13. Jh.), deren Querhaus länger ist als das Schiff.

Larressingle — Larressingle 5 km westlich von Condom ist ein winziges **Festungsdorf** aus dem 13. Jh., die Kirche ist in den Donjon gebaut. Fast unvermeidlich, dass man für die Heere von Jakobspilgern einen Vergnügungspark mit mittelalterlichen Belagerungsmaschinen anlegte.

Montréal — Montréal 15 km westlich von Condom ist vermutlich die älteste Bastide der Gascogne (1255 gegründet). Bei Séviac wurden die Reste einer

Séviac ▶ — luxuriösen Villa des 4. Jh.s mit fantastischen Mosaiken ausgegraben.

Mirande — Mirande (3700 Einw.) 25 km südwestlich von Auch ist das Muster einer **Bastide** (1281 gegründet) mit quadratischem Schema, einem

Marciac gehört zu den festen Größen in der europäischen Jazzszene.

Hauptplatz mit Laubengängen und einer Kirche (15. Jh.) mit wehrhaftem Turm. Das Musée des Beaux-Arts zeigt Porzellan aus berühmten französischen Werkstätten und Malerei des 15.–19. Jh.s. Mitte Juli zieht ein Country-Music-Festival viele Besucher an.

Marciac

»Marciac zwischen Jazz und Foie gras« – das ganze Jahr über, aber besonders beim 14-tägigen Festival Mitte August ist diese kleine Bastide 22 km westlich von Mirande ein **Jazzmekka**. Im riesigen Zelt und an anderen Plätzen sind Größen wie Wynton Marsalis zu erleben, aber auch französische Akkordeonisten oder afrikanische Bands. Tagsüber trifft man sich im Village Gourmand. Im »Territoire du Jazz« wird diese Musik seit ihren Anfängen mit audiovisuellen Mitteln gefeiert. Jazz in Marciac, BP 23, 32230 Marciac, Tel. 0892 69 02 77, www.jazzinmarciac.com.

Labastide-d'Armagnac

Diese besonders schöne **Bastide** 29 km nordöstlich von Mont-de-Marsan wurde 1291 von den Engländern gegründet. 3 km südöstlich die Notre-Dame-de-Cyclistes (11. Jh.), südlich das sehenswerte Ecomusée de l'Armagnac (Landwirtschaft, Armagnac-Herstellung).

Mont-de-Marsan

Mont-de-Marsan (30 200 Einw.), Hauptort des Départements Landes, liegt an den sich zur Midouze vereinigenden Flüsschen Midour und Douze (schöner Winkel mit alten Häusern). Das Musée Despiau-Wlérick, in Gebäuden des 14. Jh.s, zeigt eine archäologische Sammlung sowie Werke der Bildhauer Ch. Despiau (1874–1946, aus Mont-de-Marsan) und R. Wlérick (1882–1944), außerdem anderer Künstler wie Ossip Zadkine. Mitte Juli wird das Magdalenenfest mit Flamenco, Kuhkämpfen und Umzug gefeiert.

Course Landaise in der Arena von Dax: ein vollendeter »Engelssprung«

Saint-Sever   In St-Sever 14 km südlich von Mont-de-Marsan ist eine der schönsten romanischen Abteikirchen Südfrankreichs zu sehen, gegründet 988 und berühmt für ihre Kapitelle.

✱ Ecomusée de la Grande Lande   Von Sabres (35 km nordwestlich von Mont-de-Marsan) fährt man mit dem alten Bähnchen zum **Bauernhausmuseum der Landes**, dem Zentrum des Regionalen Naturparks (Ende März – Anf. Nov. tägl. 10.00 – 12.00, 14.00 – ca. 17.00 Uhr, Juli/Aug. durchgehend), in dem die bäuerliche Tradition erlebbar wird (www.parc-landes-de-gascogne.fr). Im herrlichen, landestypischen Hotel Auberge des Pins in Sabres kann man gepflegt nächtigen und sich an hochklassiger Küche des Südwestens gütlich tun (http://aubergedespins.fr).

Dax   Schon in römischer Zeit war Dax (20 000 Einw., 50 km südwestlich von Mont-de-Marsan) ein bekannter **Thermalkurort** (Aquae Tarbellicae), heute zählt er zu den wichtigsten in Frankreich. Schöne Promenade am Adour, im anschließenden Park die Reste der römischen Stadtmauer (4. Jh.). Im Zentrum dampft die von Arkaden umgebene Fontaine Chaude (64 °C). Weiter südlich die Reste eines Tempels aus dem 2. Jh., gegenüber das Musée de Borda (Archäologie, Volkskunde). Die innen klassizistische Kathedrale (17./18. Jh.) weist noch Bauteile der Vorgänger (11./14. Jh.) auf, so das gotische Portal im linken Seitenschiff. Tagsüber kann man sich in den Bädern Thermes de Borda und Calicéo vergnügen, abends im Atrium, dem Art-déco-Casino von 1928. Mitte August findet die großartige, 6-tägige **Feria** statt. Jenseits des Adour ist die Kirche St-Paul-lès-Dax (11. Jh.) mit bedeutenden Reliefs und Kapitellen an der Apsis interessant.

► Gascogne ZIELE 423

Côte d'Argent

Jahrhundertelang wurden die sich an der Küste ablagernden Sandmassen vom Wind ostwärts getragen. Die »Landes« (Heide) wurden so zu einer Mischung von Sandsteppe, Heide und Sümpfen. Erst gegen Ende des 18. Jh.s ging man daran, die Dünen durch Anpflanzung von Nadelbäumen zu befestigen, so dass ein grüner Gürtel mit Kiefern und Eichen entstand. Heute wird dieses Gebiet zunehmend landwirtschaftlich genutzt, v. a. für den Maisanbau.

Landes

Das Bassin d'Arcachon, die einzige große Bucht der Côte d'Argent, ist für seine **Austernzucht** berühmt (15 000 t im Jahr!). Im Becken liegt die Ile aux Oiseaux mit pittoresken Pfahlhäusern. Von Arcachon und anderen Orten aus kann man Bootsausflüge unternehmen. Lohnend ist auch die Fahrt um das Bassin durch Austernzüchterdörfer zum Cap Ferrat (►Bordeaux). Im Südosteck des Bassins das Vogelschutzgebiet Le Teich (Museum, Wanderwege).

Bassin d'Arcachon

Das beliebte See- und Thermalbad (11 700 Einw.) entwickelte sich ab etwa 1860 aus einem Fischerdorf. Die **Ville d'Eté** (Sommerstadt) am Bassin d'Arcachon ist der Urlaubsort mit Jachthafen und Casino; die Sandstrände ziehen sich um das Kap bis Pyla. Attraktionen sind auch das Aquarium und das Schiffsmodellmuseum. Südlich liegt im bewaldeten Dünengelände die **Ville d'Hiver** (Winterstadt) mit schönen

Arcachon

Sand satt auf der Düne von Pilat, der höchsten in Europa

Villen; ein alter Aufzug bringt hinauf zum Parc Mauresque. Wer mehr über Austern und ihre kulinarische Qualität wissen oder einen Austernfischer begleiten will, besucht die **Maison d'Huitre** im Port de Larros am Ostrand von Arcachon (Tel. 05 56 66 23 71, außerhalb der Saison So. geschl.). Bei Pyla südwestlich von Arcachon zieht die etwa 120 m hohe und 2,5 km lange Dune du Pilat (Pyla) im Sommer Scharen von Besuchern an. Den herrlich kitschigen Sonnenuntergang nicht versäumen!

✶✶ Dune du Pilat

Biscarrosse

Bei Surfern beliebt ist der ziemlich hässliche Strandort Biscarrosse-Plage. 10 km landeinwärts liegt zwischen Etangs das alte Biscarrosse mit einem **Museum für Wasserflugzeuge** und einer hübschen spätgotischen Kirche (14. Jh). Die Küste bis Mimizan ist Sperrgebiet.

Mimizan

Mimizan und sein Strandableger Mimizan-Plage (Foto S. 148) sind eine weitere große Urlaubskolonie. Der im Mittelalter wichtige Hafenort versank im 18. Jh. unter Sand. Der Turm der Abtei (12. Jh.) ist noch erhalten; gegenüber ein eher skurriles Geschichtsmuseum.

Hossegor Capbreton

Nur durch den Boudigau-Kanal getrennt sind diese beiden familiären Badeorte, die vom Bauboom ästhetisch nicht profitiert haben, auch wenn in den Ortskernen noch ein paar alte Häuser übrig blieben. Hossegor war ehedem ein elegantes Bad, Capbreton ein wichtiger Fischerhafen; schon 1392 fuhr man von hier bis Neufundland. Auch hier ist die Küste ein ausgezeichnetes Surfrevier.

Grenoble

N 7

Région: Rhône-Alpes	**Höhe:** 213 m
Département: Isère	**Einwohnerzahl:** 158 000

Bei einer Fahrt durch die Berglandschaft der ▸Dauphiné lohnt sich ein Halt in Grenoble, ihrer alten und modernen Hauptstadt. Umso mehr, als sie eindrucksvoll am Treffpunkt dreier tief eingeschnittener Täler liegt und ausgezeichnete Museen besitzt.

Grenoble gestern und heute

Ihren Namen hat die Stadt seit 379 n. Chr., als sie zu Ehren des Kaisers Gratian Gratianopolis benannt wurde. Schon im Jahr 375 wurde es Bischofssitz, 1339 wurde die Universität gegründet. 1968 wurden die Olympischen Winterspiele hier ausgetragen. Neben der traditionellen Handschuhmacherei sind in der Hauptstadt des Départements Isère Forschungseinrichtungen sowie elektrochemische und -metallurgische Industrie bedeutend. Wasserkraft und Kohlenvorkommen hatten im 19. Jh. die Industrialisierung unterstützt. Aus Grenoble stammte der Romanschriftsteller **Stendhal**, mit bürgerlichem Namen Marie-Henri Beyle (1783–1842).

Mit der Kabinenbahn über die Isère hinauf zur Zitadelle

Sehenswertes in Grenoble

Lebhafter Mittelpunkt der Stadt ist die Place Grenette. In der Maison Stendhal verbrachte der Schriftsteller einen Teil seiner Kindheit. Den hübschen Jardin de Ville begrenzt im Nordosten das Schloss des Herzogs von Lesdiguières (1543–1626), bis 1967 Rathaus. Östlich schließt sich die Kirche St-André an, erbaut bis 1236 als Schlosskapelle der Dauphins (Turm 1298); im linken Querschiff das Grabmal (17. Jh.) des Ritters Bayard, des »Ritters ohne Furcht und Tadel«, der drei Königen tapfer diente. An der Nordseite der Place St-André das ehemalige Ständehaus der Dauphiné (15./16. Jh.) mit schöner Frührenaissance-Fassade. Die herrliche **Täfelung** der Chambre de la Cour des Comptes schuf der Schwabe Paul Jude 1521–1524.

Place Grenette

★
◀ Parlement de la Dauphiné

Den besten Blick über die Stadt hat man vom Fort de la Bastille gut 250 m über dem Tal (16. Jh; Seilbahn vom Quai Stéphane Jay). Schöner Spaziergang hinunter zur Isère, entweder westlich durch den Parc Guy Pape oder östlich zur Kirche St-Laurent (um 1150), die auf einer **merowingischen Krypta** des 6./7. Jh.s steht, der bedeutendsten archäologischen Sehenswürdigkeit der Stadt. Interessant ist auch das Musée Dauphinois (Geschichte und Kultur der Dauphiné, Di. geschl.) in einem schönen Kloster des 17. Jh.s.

★
Fort de la Bastille
★
◀ St-Laurent
★
◀ Musée Dauphinois

Das moderne Kunstmuseum gehört zu den bedeutendsten in Frankreich, es besitzt Kunstwerke des 13.– 20. Jh.s: von alten Meistern über das 19. Jh. (wie Courbet, Renoir, Monet) und klassische Moderne (Matisse, Chagall, Picasso, Magritte u. a.) bis zur Gegenwart. Beachtlich sind auch die ägyptische und die grafische Sammlung. Geöffnet Mi.– Mo. 10.00 – 18.30 Uhr.

★★
Musée de Grenoble

GRENOBLE ERLEBEN

AUSKUNFT
Office de Tourisme
14 Rue de la République
38000 Grenoble
Tel. 04 76 42 41 41
www.grenoble-tourisme.com

EVENTS
Anf. März: Jazz-Festival. 1./2. Juliwoche: Kurzfilm-Festival (Openair).

ESSEN
▶ **Preiswert / Erschwinglich**
① *Le Petit Paris*
2 Cours J.-Jaurès
Tel. 04 76 46 00 51

Vorzügliche Bistro-Küche mit regionalen Akzenten zu moderaten Preisen, gute Weinauswahl. Freundlicher Service im Art-déco-Ambiente.

ÜBERNACHTEN
▶ **Günstig**
① *Hotel de l'Europe*
22 Place Grenette, Tel. 04 76 46 16 94
www.hoteleurope.fr
Das älteste Hotel der Stadt, ein schmuckes Haus mitten in der Altstadt (Fußgängerzone). Angenehme, modern eingerichtete Zimmer, schöner Ausblick vom Balkon. Üppiges Frühstücksbüffet.

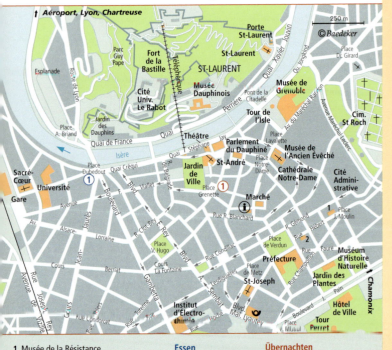

Grenoble Orientierung

1 Musée de la Résistance
2 Musée des Troupes de Montagne

Essen
① Le Petit Paris

Übernachten
① Europe

In der Kathedrale Notre-Dame (12.–15. Jh.) ist ein seiner Statuen beraubter, über 14 m hoher Tabernakel (1457) bemerkenswert. Die Kapelle St-Hugues war das Schiff einer Kirche des 13. Jh.s. Im Bischofspalast zeigt das Musée de l'Ancien Évêche sakrale Kunst, zu sehen sind auch Reste eines frühchristlichen Baptisteriums.

Kathedrale Notre-Dame

Musée de l'Ancien Évêche

Im Parc Paul-Mistral im Südosten der Stadt wurden anlässlich der Winterspiele 1968 einige Bauten von Rang errichtet, so das Rathaus (M. Novarina, 1967), das Stadion mit 70 000 Plätzen und das Eisstadion. Im Süden (Av. Gén. Champon) steht die ungewöhnliche Maison de la Culture, genannt **Le Cargo** (A. Wogenscky, 1968), das als Opernhaus und Theater dient. Im Westen der Stadt wurde die 1900 nach Plänen von Gustave Eiffel erbaute Industriehalle (Le Magasin, Cours Berriat 155) zum Zentrum für zeitgenössische Kunst.

Parc Paul-Mistral

Centre d'Art Contemporain

★★ Ile-de-France

J–L 3/4

Die Ile-de-France, die Region um Paris, ist die »Wiege Frankreichs«, in der Sprache, Kunst und Zivilisation der heutigen Nation ihren Ursprung haben. Ihre Geschichte spiegelt sich in prächtigen Schlössern und Gärten, in großartigen Kirchen und Kathedralen, die zu den größten Schätzen des Landes zählen.

Die Ile-de-France besteht aus acht Départements: ▶ Paris, Seine-et-Marne (Hauptort: Melun), Yvelines (Versailles), Essonne (Evry), Hauts-de-Seine (Nanterre), Seine-St-Denis (Bobigny), Val-de-Marne (Créteil) und Val-d'Oise (Beauvais), in denen etwa 11,6 Mio. Menschen leben. Auch wirtschaftlich spielt die Ile de France eine herausragende Rolle; Verwaltung und Dienstleistungsbetriebe dominieren. Tausende Kilometer Wander-, Fahrrad- und Reitwege sowie viele Möglichkeiten zum Wassersport ziehen am Wochenende die Pariser an. Aber auch für jeden Paris-Besucher bietet die Ile eine ganze Reihe großartiger Ausflugsziele, die auf dem Programm stehen sollten. Beschrieben werden die Sehenswürdigkeiten der Ile-de-France im Uhrzeigersinn, beginnend in St-Denis nördlich der Stadtmitte von Paris.

Das Herz Frankreichs

Seit dem Merowingerkönig Chlodwig, der von 481 bis 511 regierte, war Paris die Hauptstadt des Frankenreichs und Reims Ort der Königskrönung. Im 10. Jh. vereinigten die Kapetinger die Grafschaften zum Herzogtum Francia, das mit dessen Hauptstadt Paris zum Mittelpunkt des französischen Königreichs wurde. Der Name »Ile-de-France« ist erstmals im 15. Jh. dokumentiert und bezeichnete die von den Flüssen Marne, Seine, Oise, Thève und Beuvronne umschlossene »Insel« nördlich von Paris. Später wurde er auf die Provinz ausgeweitet, die im 16. Jh. geschaffen und 1976 schließlich zur Région ernannt wurde.

Ein wenig Geschichte

Reiseziele in der Ile-de-France

Saint-Denis

Die Pariser Vorstadt St-Denis (101 000 Einw., ca. 10 km nördlich der Stadtmitte) ist berühmt für die Kathedrale und ihre Vorgänger, in denen über ein Jahrtausend lang – von Dagobert bis Ludwig XVIII. – die französischen Könige bestattet wurden, und für das moderne Fußballstadion (Stade de France), in dem Frankreich 1998 Weltmeister wurde. Einst gab es hier eine mächtige Benediktinerabtei, deren Abt Suger ab 1137 den **ersten großen Kirchenbau der Gotik** aufführen ließ (Foto S. 17). Er ist dem 250 n. Chr. ermordeten hl. Dionysius geweiht, dem ersten Bischof von Paris, der mit dem Kopf unter dem Arm vom Montmartre bis hierher gegangen sein soll. An Vorhallen, Chor und Krypta (12. Jh.) wird der Übergang von der Romanik zur Gotik deutlich; die übrigen Teile folgten im 13. Jh. unter Baumeister Pierre de Montreuil. In der Revolution wurde die Kirche 1793 verwüstet und die Bestatteten beraubt; unter Viollet-le-Duc erstand sie ab 1858 in alter Pracht. Der 108 m lange, 29 m hohe und im Querhaus 39 m breite Innenraum beeindruckt mit hoch aufstrebenden Säulen und 37 je 10 m hohen, meist modernen Fenstern. Die über 70 Grabmäler stellen ein veritables **Museum französischer Grabplastik** dar. Besonders zu beachten das 1517–1531 gefertigte Grabmal für Ludwig XII. († 1515) und Anne de Bretagne († 1514), das 1573 vollendete Grabmal für Heinrich II. († 1559) und Katharina von Medici († 1589) von Primaticcio, rechts des Hochaltars das Wandgrab Dagoberts I. (7. Jh.), im südlichen Querhaus das Grabmal Franz' I. von Philippe de l'Orme. Im Juni gibt es **Klassikkonzerte** mit

★ ★ Kathedrale ▶

★ ★ Grabmäler ▶

Grabmal von Ludwig XVI. und Marie-Antoinette in der Kathedrale St Denis

renommierten Künstlern Die Abteigebäude neben der Kirche entstanden im 18. Jh. (R. de Cotte), 1809 richtete Napoleon hier eine Erziehungsanstalt für Töchter von Mitgliedern der Ehrenlegion ein. Das Museum des Karmeliterklosters (22 bis Rue G.-Péri) präsentiert u. a. Zeugnisse der Pariser Kommune 1871 und moderne Kunst. Führungen durch das **Stade de France** gibt es fast tägl. (unterschiedliche Zeiten, www.stade-de-france.com).

◀ Musée d'Art et d'Histoire

In Bourget, 16 km nordöstlich der Pariser Stadtmitte, liegt der 1914 gegründete Flughafen, auf dem 1927 Charles Lindbergh nach seiner Atlantiküberquerung landete. Die große **Pariser Luftfahrtschau** (Mitte Juni, in ungeraden Jahren) ist wie das Musée de l'Air et de l'Espace ein Dorado für alle Flugzeugfreunde (Mo. geschl., www.mae.org).

Le Bourget

In dem reizvollen Städtchen ca. 20 km nördlich von Paris ließ sich Anne de Montmorency, Feldmarschall mehrerer Könige, 1538 bis 1555 ein Schloss bauen. Es ist größtenteils original eingerichtet, außer Gemälden, Wandteppichen und Interieur des 16. Jh.s sind herrliche Kamine zu sehen. Beachtenswert ist auch die Stadtkirche St-Acceul mit schönen Fenstern aus dem 16. Jahrhundert.

Ecouen

★

◀ Musée de la Renaissance

Die schön gelegene Zisterzienserabtei 30 km nördlich von Paris wurde 1228 von König Ludwig IX. gegründet. Bis zur Revolution eines der reichsten Klöster Frankreichs, dient sie heute als Kulturzentrum (Konzerte Aug.–Okt.). Zu sehen sind die Reste der über 100 m langen Kirche aus dem 13. Jh., Kreuzgang, Refektorium, Klosterküche und der im 18. Jh. von Le Masson erbaute Palast des letzten Abtes.

★

Abbaye de Royaumont

Saint-Denis *Kathedrale*

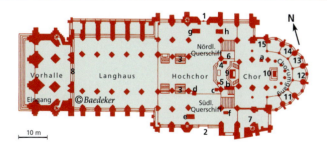

1 Porte des Valois
2 Südportal (13. Jh.)
3 Chorgestühl (Gaillon)
4 Bischofsthron
5 Marienfigur mit Jesuskind (aus St-Martin-des-Champs)
6 Zugang zur Krypta
7 Schatzkammer
8 Cavaillé-Coll-Orgel

ALTÄRE
9 Hauptaltar
10 St-Denis
11 Kreuzigung
12 Kindheit Jesu
13 St-Pérégrin
14 St-Eustache
15 Evangelisten (Mosaikenreste)

GRABMÄLER (Auswahl)
a Chlodwig
b Dagobert I./Nantilde
c Pippin III. der Jüngere
d Karl Martell
e Franz I./Claude de France
f Karl V.
g Ludwig XII./Anne de Bretagne
h Heinrich II./Katharina von Medici

AUSKUNFT

CRT Paris-Ile-de-France
11 Rue Faubourg-Poissonière
75009 Paris
www.neues-paris-ile-de-france.de
www.iledefrance.fr

Point Information Tourisme
Carrousel du Louvre
99 Rue de Rivoli
75001 Paris
Tel. 01 44 50 19 98 (mehrsprachig)

VERKEHR

Von ▶Paris aus sind viele Orte der Ile-de-France bequem mit den Zügen der RER und der SNCF-TER zu erreichen, im näheren Umkreis von Paris auch mit Métro und/oder Bus.

PARIS MUSEUM PASS

Der Eintritt für viele große Sehenswürdigkeiten in der Ile-de-France ist im Paris Museum Pass enthalten (▶Paris, S. 614).

Ile de France Orientierung

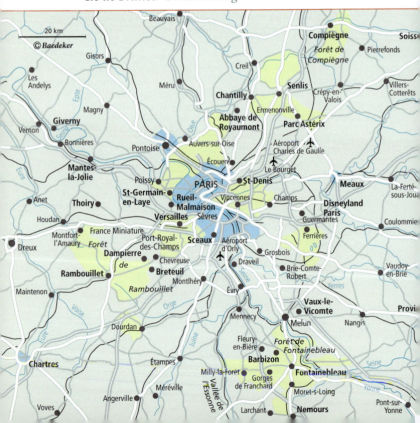

Ein Juwel der französischen Renaissance: Petit Château in Chantilly

Das vornehme Städtchen Chantilly (11 000 Einw.) 50 km nördlich von Paris – schon zur ▶Picardie gehörend – war im 17./18. Jh. Residenz der Fürsten Bourbon-Condé, deren Schloss am Ostrand der Stadt auf einer Insel liegt. Am Platz einer mittelalterlichen Burg erbaute Pierre Chambiges ab 1528 für den Connétable Anne de Montmorency ein Schloss; im 17./18. Jh. war es Sitz der Familie Condé, einer Seitenlinie der Bourbonen. Original erhalten ist nur das **Petit Château** (1560). Bis 1881 ließ der Herzog von Aumale, fünfter Sohn des Bürgerkönigs Louis Philippe, das **Grand Château** in modischer Neorenaissance wieder aufbauen. Beide Teile bilden das Musée Condé (geöffnet Mi.–Mo. April–Okt. 10.00–18.00, sonst 10.30–17.00, Park bis 20.00 bzw. 18.00 Uhr). Im Grand Château ist die bedeutende Gemäldesammlung des Herzogs von Aumale zu sehen, u. a. Memling, Raffael, Lippi, Fouquet, Poussin, Delacroix. Die Bibliothek im Petit Château besitzt einen der größten Kunstschätze Frankreichs, die **Très Riches Heures du Duc de Berry** (Abb. S. 80) mit herrlichen Miniaturen, die die Brüder Limburg 1410–1416 und Barthélemy d'Eyck 30 Jahre später fertigten. Der Park mit den Grandes Ecuries (Stallungen, 1719–1740) bildet neben dem Schloss und seinem Wald den Mittelpunkt eines beliebten Ausflugsgebiets. Chantilly ist ein **Mekka des Pferdesports**: Die Ecuries sind Museum (Musée Vivant du Cheval), im Hippodrome finden von April bis Sept. Pferderennen statt. Von dem Ort, der auch für Spitzen und Porzellan bekannt ist, erhielt die Crème Chantilly (Schlagsahne) ihren Namen.

Chantilly

★ ★
◀ Schloss

★ ★
◀ Musée Condé

Senlis Das 10 km nordöstlich von Chantilly gelegene Senlis (16 300 Einw., zur ▶ Picardie gehörend) besitzt eine hübsche ummauerte Altstadt mit der **Kathedrale Notre-Dame**; ihr Langhaus entstand bis 1184, das Querhaus im Flamboyant-Stil wurde nach einem Brand 1504 erneuert. Das Tympanon des skulpturenreichen Hauptportals (1170) hat zum ersten Mal die Marienkrönung zum Thema; zu beachten ist auch die Fassade des südlichen Querschiffs von Pierre Chambiges (16. Jh.). Besuchenswert sind mehrere Museen (alle tägl. geöffnet, Mi. nur nachmittags): Musée de la Vénerie (Jagd) im ehemaligen Priorat, Musée d'Art et Archéologie (römische Zeit, frühgotische Kunstwerke), Musée des Spahis (französische Soldaten in Nordafrika).

Parc Astérix Im Asterix-Park, ca. 10 km südlich von Senlis an der A 1, kann man Schauplätze der Abenteuer von Asterix und Obelix entdecken, ihre ständigen Scharmützel mit den Römern erleben und allerlei Nervenkitzel genießen. Information: Parc Astérix, BP 8, 60128 Plailly, Tel. 08 26 30 10 40, www.parcasterix.fr. Anfahrt von Paris, Gare du Nord: RER B 3 bis Aéroport Charles de Gaulle 1, dann Bus der CIF.

Ermenonville **Jean-Jacques Rousseau** starb 1778 in diesem Dorf 13 km südöstlich von Senlis. Das Schloss seiner Gastgeber (18. Jh.) ist heute Hotel, zugänglich ist der hübsche Park. Durch den Wald, an dessen Rand Ermenonville liegt, führen schöne Wanderwege; sehenswert ist das **Mer de Sable**, ein »Sandmeer« mit Dünen (und Vergnügungspark).

Chaalis Nahe dem Mer de Sable, jenseits der N 330, sind die beeindruckende Reste der im Jahr 1136 gegründeten Zisterzienserabtei Chaalis zu sehen. Ein Teil des Klosters und der 82 m langen Kirche (13. Jh.), die Kapelle (13. Jh.) mit Fresken von Primaticcio sowie der prunkvolle Flügel des Abtspalastes (1739) sind erhalten. In Letzterem sind Möbel, Gemälde (u. a. Giotto), sakrale Plastik und eine Rousseau-Sammlung zu sehen (März – Mitte Nov. tägl., sonst nur So.).

Villers-Cotterêts Dieses Städtchen 37 km östlich von Senlis (8400 Einw.) ist durch das Edikt von 1539 bekannt, mit dem König Franz I. Französisch statt Latein als Urkundensprache bestimmte und das Standesregister einführte. Sehenswertes Schloss mit schöner Renaissance-Treppe (1535) und Ständesaal. Im Ort kamen Alexandre Dumas Vater (1802) und Sohn (1824) zur Welt (kleines Museum).

Compiègne ▶Picardie · Nord-Pas-de-Calais

★ **Meaux** Die gut 50 km östlich von Paris an der Marne gelegene Stadt (48 500 Einw.), Zentrum der **Landschaft Brie** und ihres berühmten Käses, ist seit 375 Bischofssitz. In der Altstadt steht die gotische **Kathedrale** (12. 16. Jh.) mit unvollendeten Türmen und beeindruckendem Inneren. Das Museum im Bischofspalast (17. Jh.) ist v. a. dem Kanzelredner und Geschichtsschreiber J. Bossuet (1627 – 1704) gewidmet.

In Champs-sur-Marne 30 km östlich der Stadtmitte von Paris steht das Rokoko-Schloss (1708) der **Madame de Pompadour** (▶Berühmte Persönlichkeiten), in dem der Film »Gefährliche Liebschaften« unter der Regie von S. Frears gedreht wurden. Seine großartige Einrichtung, darunter eine kunstvolle Täfelung und der Salon Chinois, vermittelt einen guten Eindruck von der Epoche Louis-Quinze. Der Park wurde von C. Desgots angelegt, einem Neffen Le Nôtres.

Champs-sur-Marne

▶dort

Disneyland Paris

Die Abtei in Jouarre (23 km östlich von Meaux) wurde 630 gegründet; die erhaltene **merowingische Krypta** (eigentlich zwei Kapellen) gilt als einer der ältesten Sakralbauten Frankreichs (Führungen). Ein Turm der romanischen Kirche (12. Jh.) steht ebenfalls noch.

Jouarre

Das ca. 90 km südöstlich von Paris gelegene Provins (11 600 Einw.) war im Mittelalter eine wichtige **Messestadt in der** ▶**Champagne** (Welterbe der UNESCO). In der mauerbewehrten Oberstadt sind bedeutende mittelalterliche Bauten erhalten, so die Kirche St-Quiriace (1160) mit schönem gotischem Chor (Kuppel 17. Jh.), die 44 m hohe Tour de César (Wehrturm, 12./16. Jh.), die Porte St-Jean und die Grange aux Dîmes (Zehntscheune, 13. Jh.) mit dem Stadtmuseum. In der Unterstadt mehrere alte Kirchen wie die romanisch-gotische St-Ayoul (12.–16. Jh., Alabasterstatuen aus dem 16. Jh.), nördlich die Tour Notre-Dame-du-Val (16. Jh.). Zu einem Benediktinerkloster gehörte die Kirche von **St-Loup-de-Naud** 8 km südwestlich; zu beachten ist das hervorragende, an Chartres erinnernde Portal.

Provins

! *Baedeker* TIPP

Die Rosen von Provins

Die rote Rose im Wappen des englischen Adelshauses Lancaster geht auf die Rosen zurück, die der Troubadour Thibaud aus dem Orient mitbrachte und in Provins züchtete. Im Juni stehen die Rosen in den Roseraies de Provins (11 Rue des Prés) in voller Blüte.

Von 1657 bis 1661 entstand dieses Schloss 55 km südöstlich von Paris, das als bedeutendstes vor Versailles gilt (Foto S. 15). Auftraggeber war **Nicolas Fouquet**, der als Finanzminister ein immenses Vermögen erworben bzw. ergaunert hatte. Als Ludwig XIV. es 1661 bei der Einweihung besichtigte, war er so begeistert, dass er die hier tätigen Künstler – den Architekten Le Vau, den Maler Le Brun und den Gartenarchitekten Le Nôtre – für Versailles verpflichtete. Für Fouquet war die Instinktlosigkeit, seine Raffgier offenkundig zu machen, verhängnisvoll: Drei Wochen später hatte er alle Ämter verloren, die restlichen 19 Jahre seines Lebens verbrachte er im Gefängnis. Zugänglich Ende März–Anf. Nov. 10.00–18.00 Uhr, Juli/Aug. tägl., sonst Mi. geschl.; Wasserspiele Ende März–Okt. am 2. und letzten Sa. des Monats 15.00–18.00 Uhr. Von Mai bis Anf. Sept. ist das Schloss am Sa.abend im Zauber Tausender Kerzen zu erleben.

Vaux-le-Vicomte

Evry In Evry 22 km südlich von Paris, eine der fünf »Villes nouvelles« (53 000 Einw.), steht die einzige im 20. Jh. in der Alten Welt erbaute Kathedrale (geweiht 1995). Die Pläne für den zylindrischen Bau und das Museum für sakrale Kunst stammen – die formensprache ist unverkennbar – von dem Tessiner Architekten **Mario Botta**.

★★ Fontainebleau Diese Kleinstadt (15 800 Einw.) 64 km südlich von Paris ist ein bevorzugtes Ausflugsziel der Hauptstädter: Der **Wald** von Fontainebleau gilt als der schönste in Frankreich, und das berühmte **Schloss** gehört zum UNESCO-Welterbe. Ab dem 12. Jh. besaßen die Kapetinger hier ein kleines Jagdschloss. An seiner Stelle ließ Franz I. ab 1528 einen Renaissance-Bau errichten, den Heinrich II., Heinrich IV. und Ludwig XIII. erweiterten. Napoleon I. machte das Schloss zum bevorzugten Aufenthaltsort. Im Zweiten Weltkrieg war es erst deutsches, dann US-Hauptquartier, von 1945 bis 1965 Sitz der NATO. Der weitläufige, meist nur zweigeschossige Komplex ist in fünf Höfe gegliedert. Im westlichen Vorhof (Cour du Cheval-Blanc oder Cour des Adieux) nahm Napoleon nach seiner Demission 1814 von der Garde Abschied. Durch den Flügel mit dem Napoleon-Museum betritt man das Schloss, das unter Franz I. von italienischen und französischen Künstlern – u. a. Rosso Fiorentino, Primaticcio, Niccolò dell'Abate – großartig ausgestaltet wurde; unter Heinrich IV. wurden flämische Einflüsse wirksam. Höhepunkt ist die **Galerie François I.** (1530), der Verbindungsgang zur Cours Ovale, der von Rosso Fiorentino mit Täfelung, Fresken und Stuck gestaltet wurde. Die Räume entlang der Galerie kamen erst 1786 hinzu, hier quartierte sich Napoleon ein. Die folgenden Königsgemächer sind mit Deckengemälden und Stuck

Schloss mit großer Geschichte: Fontainebleau mit der Cour des Adieux

von Primaticcio sowie mit schönen Gobelins geschmückt. Den Südflügel der Cour Ovale betritt man über den Escalier du Roi (1749) mit Szenen aus dem Leben Alexanders des Großen von Rosso und Primaticcio. Den unter Franz I. angelegten **Ballsaal** ließ Heinrich II. für seine Geliebte Diane de Poitiers von Primaticcio gestalten. Auch die **Gärten** sind herrlich: der unter Napoleon angelegte Jardin Anglais und das »Parterre« von Le Nôtre mit Wasserbecken, Kaskaden und Figuren, zwischen beiden der Karpfenteich mit einem Pavillon.

★★
Forêt de Fontainebleau

Prächtiger Hochwald, Schluchten, Felsen und karge Heide bieten in dem 280 km² großen hügeligen Gelände eindrucksvolle Szenerien. In den 1830er-Jahren wurden hier – zum ersten Mal in der Welt – Wanderwege markiert. Heute kommen zu den Spaziergängern Jogger, Radfahrer und Kletterer. Führer und Landkarten sind im Tourismusbüro zu haben. In Barbizon (1400 Einw.) nordwestlich von Fontainebleau ließen sich Künstler wie Millet, Corot, Daumier nieder, die nach der Natur malten. Die Auberge du Père Ganne, in der sie abstiegen, ist heute **Musée de l'École de Barbizon** (Di. geschl.). Auch die Ateliers von Millet und Rousseau können besichtigt werden.

★
◄ Barbizon

In Courances 10 km westlich von Barbizon entstand um 1630 aus der mittelalterlichen Burg ein hübsches Schloss mit schönem Park von Le Nôtre. In Milly (5 km südlich) lebte der Schriftsteller, Maler und Regisseur **Jean Cocteau** (▶ Berühmte Persönlichkeiten) bis zu seinem Tod 1963; begraben ist er in der Chapelle St-Blaise-des-Simples, die er selbst ausmalte. In der Markthalle von 1479 werden die in der Umgebung angebauten Kräuter verkauft. Im Wald westlich des Orts steht der 22 m hohe »Cyclop«, eine bizarre Konstruktion des Schweizer Künstlers Jean Tinguely (Führungen)

★
Courances
◄ Milly-la-Forêt

▶ FONTAINEBLEAU ERLEBEN

ANFAHRT · ÖFFNUNGSZEITEN
SNCF-Züge von Paris Gare de Lyon nach Fontainebleau-Avon, dann Bus A/B zum Schloss. Schloss geöffnet April–Sept. Mi.–Mo. 9.30–18.00, sonst bis 17.00 Uhr; Gärten tägl. 9.00–19.00/18.00/17.00 Uhr.

ESSEN
▶ Erschwinglich
La Table des Maréchaux
9 Rue Grande, Tel. 01 60 39 50 50
Feines Restaurant im edlen Hôtel Napoléon nördlich des Schlosses, französische Küche mit exotischen Akzenten. Im Sommer speist man im schönen Innenhof. Von Mo. bis Fr. preiswertes Mittagsmenü.

ÜBERNACHTEN
▶ Komfortabel / Luxus
Hotel de Londres
1 Place Gén. de Gaulle
Tel. 01 64 22 20 21
www.hoteldelondres.com
Wer sich ein wenig als König fühlen will, ist in dem über 150 Jahre alten, entsprechend nobel eingerichteten Haus unmittelbar am Schloss richtig (einige Zimmer haben Schlossblick).

Nemours — Als »charmant« bezeichnete Victor Hugo die kleine Stadt Nemours (12 000 Einw.) ca. 80 km südlich von Paris am Loing. Im Stadtkern – ein Kanal markiert den Verlauf der einstigen Befestigung – sind die trutzige Burg und die Kirche St-Jean-Baptiste (16. Jh.) sehenswert. An der Straße nach Sens (▶ Burgund) liegt das moderne **Musée de Préhistoire de l'Isle-de-France** (Mi. geschl.). Wanderwege führen zu eindrucksvollen Felsgruppen aus Sandstein.

Larchant — Larchant (550 Einw.) 8 km nordwestlich von Nemours ist eine alte Festungsstadt. Im 12./13. Jh. wurde für die Gebeine des hier geborenen hl. Mathurin (3. Jh.) eine große Wallfahrtskirche gebaut. Sie besitzt schöne romanische und gotische Kunstwerke, u. a. Wandmalereien aus dem 12. Jahrhundert. 3 km nördlich ragt der bei Kletterern beliebte Sandsteinfelsen Massif de la Dame Jouanne auf.

Etampes — Dieses Städtchen (23 000 Einw.) ca. 50 km südlich von Paris war im 16. Jh. Sitz der **Königsmätressen**, darunter Anne de Bretagne, Diane de Poitiers und Gabrielle d'Estrées. An diese Zeit erinnern noch schöne Paläste und Kirchen: Notre-Dame-du-Fort (11.–13. Jh.) mit ungewöhnlichem Grundriss und beachtlichen Skulpturen am Südportal, St-Martin (12./16. Jh.), St-Basile (12., 15./16. Jh.) und St-Gilles (12./13., 16. Jh.). Von der Tour Guinette, Rest der um 1150 errichteten Burg, hat man einen guten Ausblick.

Baedeker TIPP

Musik im Park

Programm für einen lauen Sommerabend nach einem Besichtigungstag in Paris: im Park von Sceaux lustwandeln, die herrliche Kaskade bewundern und in der Orangerie von 1685 klassische Musik genießen (Konzerte Sa./So. 17.00 Uhr). Info: Saison Musicale de Sceaux, Tel. 01 46 60 07 79, www.festival-orangerie.fr.

Der Pariser Vorort **Sceaux** liegt 12 km südwestlich der Stadtmitte malerisch auf einem Hügel. Colbert ließ sich ab 1670 ein Schloss erstellen, von dem nur der **Park** von Le Nôtre erhalten ist, einer der schönsten im Umkreis von Paris. Im neobarocken Schloss (1856) ist das Musée de l'Ile-de-France sehenswert (Porzellan, Gemälde etc., Di. geschl.). Das 6 km östlich von Sceaux gelegene **L'Haÿ-les-Roses** ist berühmt für seinen Rosenpark.

Châtenay — Im Nachbarort Châtenay wurde 1694 Voltaire geboren. Die Kirche St-Germain-l'Auxerrois (11./13. Jh.) besitzt einen beachtenswerten Chor. In der Villa La Vallée-aux-Loups (Mo. geschl.) lebte von 1807 bis 1818 der Schriftsteller und Staatsmann F.-R. Chateaubriand (1768–1848), Namensgeber des Filetsteaks mit Sauce Béarnaise.

Meudon — Im Pariser Vorort Meudon (45 500 Einw.), ca. 10 km südwestlich der Stadtmitte, lebten u. a. Rabelais, Balzac, Céline, Richard Wagner (in der Av. du Château 27 entstand das Textbuch des »Fliegenden Holländers«), an die das Musée d'Art et d'Histoire erinnert. Über der

Altstadt lag das große Schloss des 15. Jh.s, das u. a. die Herzöge Guise und den Grand Dauphin, natürlicher Sohn Ludwigs XIV., zu Besitzern hatte. Von den Preußen 1871 wurde es weitgehend zerstört, der Pavillon wurde zum Observatorium umgebaut. Von der **großen Terrasse** hat man einen schönen Ausblick auf das Seine-Tal und Paris. Am nordöstlichen Stadtrand lebte der Bildhauer Auguste Rodin von 1895 bis zu seinem Tod 1917 in der Villa des Brillants (19 Av. A.-Rodin; April – Sept. Fr. – So. 13.00 – 18.00 Uhr).

Der Nachbarort Sèvres (23 000 Einw.) am linken Seine-Ufer ist berühmt für seine **Porzellanmanufaktur**. Sie wurde 1738 in Vincennes gegründet, 1756 von Madame de Pompadour nach Sèvres verlegt und ist seit 1876 im heutigen Gebäude nahe der Brücke zu Hause (Führungen). Das benachbarte Musée National de Céramique (mit Verkaufsraum) illustriert die Geschichte der Porzellanfabrikation v. a. im Nahen und Fernen Osten, in Frankreich und in Sèvres.

Sèvres

◄ Keramikmuseum

Ca. 15 km südlich von ►Versailles sind die Reste einer bedeutenden **Zisterzienserabtei** des 13. Jh.s zu sehen. Auf Befehl Ludwigs XIV. wurde das Zentrum des Jansenismus, eine gegen die Jesuiten gerichtete katholische Reformbewegung, um 1710 zerstört. Das **Musée National de Port-Royal** in den Petites Ecoles dokumentiert die Geschichte des Jansenismus (Di. geschl.; Ruinen Sa./So. zugänglich).

Port-Royal-des-Champs

Dieses 6 km südwestlich von Port-Royal im Tal des gleichnamigen Flusses gelegene prächtige **Schloss** wurde 1675 – 1683 von J. Hardouin-Mansart für den Herzog Honoré de Chevreuse errichtet. Den Festsaal malte J.-A.-D. Ingres 1843 aus, den Park legte Le Nôtre an.

★ **Dampierre**

Gut 50 km südwestlich von Paris, am Weg nach Chartres, liegt Rambouillet mit dem Schloss, das seit 1896 **Sommersitz des französischen Staatspräsidenten** ist (Besichtigung bei Abwesenheit, Di. geschl.). Ein Schloss des 14. Jh.s wurde ab 1706 vom Grafen de Toulouse, Sohn Ludwigs XIV. und der Gräfin Montespan, umgestaltet. Für Marie-Antoinette ließ Ludwig XVI. 1783 eine Molkerei in Form eines griechischen Tempels anlegen. Im Englischen Garten ein zauberhafter Muschelpavillon von 1775. Nicht nur Kinder sind begeistert vom Musée Rambolitrain mit alten Spielzeugeisenbahnen (Mo./Di. geschl.), auch die **Bergerie Nationale** im Schlosspark lohnt einen Besuch. Ein schöner Wald umgibt die Stadt (Forêt d'Yvelines).

Rambouillet

Françoise d'Aubigné, die die unehelichen Kinder von Ludwig XIV. und Gräfin Montespan betreute, löste Letztere in der Rolle der Favoritin ab. Der König machte sie zur **Marquise de Maintenon** und schenkte ihr das schöne Schloss 23 km südwestlich von Rambouillet. Im Park sind noch Reste eines unvollendeten Aquädukts zu sehen; er sollte 4,5 km lang werden und war Teil des gigantischen Projekts, Wasser über 80 km weit für den Park von Versailles heranzuleiten.

Maintenon

Montfort-l'Amaury

In diesem Städtchen (3200 Einw.) am Rand des Waldes von Rambouillet 19 km nördlich von Rambouillet lebte **Maurice Ravel** von 1921 bis zu seinem Tod 1937 (Museum). Zu sehen sind Reste der Stadtbefestigung, die Kirche St-Pierre (15.–17. Jh., 37 großartige Renaissance-Fenster), der Ancien Charnier (Beinhaus, 16./17. Jh.) und die Ruinen des hoch gelegenen Schlosses (gute Aussicht).

★ Anet

Der kleine Ort (2600 Einw.) 15 km nördlich von Dreux im Tal der Eure ist für das Renaissance-Schloss der Diane de Poitiers bekannt. Am Bau (ab 1546, Pläne von Philibert de l'Orme) arbeiteten die größten Künstler der Zeit, darunter **Benvenuto Cellini** und die Bildweber von Fontainebleau. Allerdings blieben nur der linke Flügel, der Torbau und die Kapelle erhalten. Die Bauherrin taucht in vielerlei Diana-Symbolik auf, jedoch nicht in einem realistischen Abbild.

Versailles ▶dort

France Miniature

Bei Elancourt 10 km südwestlich von Versailles ist **Frankreich im Maßstab 1:30** zu bestaunen (Anf. April–Anf. Sept. tägl., sonst unterschiedliche Tage; Anf. Nov.–Mitte Febr. geschl.; Info: www.franceminiature.fr; Anfahrt mit SNCF von Paris Montparnasse und La Défense nach La Verrière, dann Bus 411).

Saint-Cloud

St-Cloud (30 000 Einw.) ist eine Pariser Vorstadt am linken Seine-Ufer 12 km westlich der Stadtmitte. Das Schloss, das sich Philipp von Orléans, Bruder Ludwigs XIV., bauen ließ, wurde 1870 von den Preußen zerstört und später abgerissen. Den 450 ha großen schönen Park legte Le Nôtre an. Berühmt sind die Wasserspiele der **Grande Cascade** (Lepautres und Hardouin-Mansart, 1734) und die 42 m hohe Fontäne (Grand Jet). Von der Schlossterrasse und der Balustrade hat man eine großartigen Aussicht auf Paris.

★ Blick auf Paris ▶

★ Rueil-Malmaison

Zwei Schlösser besitzt das 15 km westlich der Pariser Stadtmitte gelegene Rueil-Malmaison (78 000 Einw.). **Joséphine**, seit 1796 Ehefrau des Generals Napoleon Bonaparte, kaufte 1799 das Château Malmaison (1620; Di. geschl.), in dem sie – auch nach ihrer Scheidung von Kaiser Napoleon – bis zu ihrem Tod 1814 residierte. Ab 1861 war es Wohnsitz von Kaiserin Eugénie, der Gemahlin Napoleons III. Die Einrichtung der Zeit Joséphines wurde teilweise wiederhergestellt. Zeugnisse aus der Verbannung Napoleons auf St. Helena und Dokumente zur Napoleonischen Legende sind im **Château de Bois-Préau** ausgestellt, das ebenfalls Joséphine gehörte. In der Kirche St-Pierre-St-Paul (um 1600) sind Joséphine und ihre Tochter Hortense de Beauharnais beigesetzt, die Mutter Napoléons III.; die Orgel vom Ende des 15. Jh.s erwarb Napoleon III. aus S. Maria Novella in Florenz.

Bougival

In Bougival 5 km westlich von Rueil-Malmaison erinnert eine Tafel an der Seine an die **Maschine von Marly**, ein riesiges, 1681–1684 erbautes Pumpwerk, mit dem täglich 5000 m³ Wasser für Versailles und Marly über 150 m hoch befördert wurde. Sehenswert ist das Haus, in dem der russische Schriftsteller Iwan Turgenjew lebte und 1883 starb (Musée Tourgueniev).

In Marly-le-Roi 3 km weiter westlich ließ sich Ludwig XIV. von Hardouin-Mansart eine Sommerresidenz mit Pavillons, Park und großartiger Kaskade anlegen. Die Gebäude sind verschwunden, erhalten ist der schöne Park (kleines Museum). In orientalischer Pracht, wie der Name vermuten lässt, ließ sich **Alexandre Dumas** 1846 in Port Marly das Château de Monte-Cristo erbauen (Museum).

Marly-le-Roi

Bevor Ludwig XIV. 1682 den Hof nach Versailles verlegte, war das benachbarte St-Germain-en-Laye (42 000 Einw.) – seit Ludwig dem Dicken im 12. Jh. – **Residenz der Könige**. Das heute zu sehende Château Vieux ließ Franz I. ab 1539 von Pierre Chambiges aufführen, wobei von der mittelalterlichen Burg die 1230 von Ludwig IX. erbaute Ste-Chapelle (Vorbild der Ste-Chapelle in Paris) erhalten blieb. Heinrich II. erweiterte es ab 1556 durch das Château Neuf; von ihm sind nur zwei Pavillons erhalten, einer davon – Geburtsort Ludwigs XIV. – ist das noble Hotel Henri IV. (www.chateauxhotels.com). Im Schloss zeigt das Archäologische Nationalmuseum Funde von den Anfängen bis zur merowingischen Zeit (Di. geschl.). Zum schönen Schlosspark von Le Nôtre (um 1670) gehören die Petite Terrasse und die 2,4 km lange Grande Terrasse über der Seine, von denen man einen fantastischen **Blick auf La Défense** und Paris hat. In der Stadt sehenswert das Geburtshaus von Claude Debussy (Tourismusbüro, 38 Rue au Pain), die Apotheke (17./18. Jh.) in der Stadtbibliothek und das Musée Maurice Denis im 1681 gegründeten Hospital mit Gemälden der Schule von Pont-Aven, der Nabis und des Symbolismus. Im nordwestlich benachbarten Poissy baute **Le Corbusier** die Villa Savoye (1932), ein Manifest moderner Architektur (Mo. geschl.). Schöne Spaziergänge im Forêt de Saint-Germain.

★ **Saint-Germain-en-Laye**

★ ◄ Musée des Antiquités Nationales

★ ◄ Musée M. Denis

◄ Poissy

Maisons-Laffite (3 km nordöstlich von St-Germain-en-Laye) ist für sein **Schloss** bekannt, eines der elegantesten und harmonischsten in Frankreich, erbaut 1642–1651 von François Mansart. Die Einrichtung aus dem 17./18. Jh. umfasst auch Gobelins und Gemälde.

Maisons-Laffite

In Mantes-la-Jolie (43 000 Einw., 54 km westlich von Paris) links der Seine konvertierte König Heinrich IV. 1593 mit seinem berühmten Kommentar »Paris ist eine Messe wert« zum Katholizismus. Bedeutend ist die gotische Stiftskirche Notre-Dame (12.–14. Jh.), die die Pariser Kathedrale zum Vorbild hat; ungewöhnlich ist die Chorapsis gestaltet. Dem Neoimpressionisten Maximilien Luce (1858–1941) ist das Museum im Ancien Hôtel-Dieu (14. Jh.) gewidmet.

Mantes-la-Jolie

★ ◄ Notre-Dame

►Normandie

Giverny

Auvers-sur-Oise Die kleine Stadt (6200 Einw.), die sich 33 km nordwestlich von Paris mehrere Kilometer lang zwischen die Oise und den Rand des Plateau du Vexin zwängt, war im 19. Jh. Treffpunkt für Maler wie Cézanne, Corot, Daubigny, Renoir und **Vincent van Gogh**. Letzterer mietete sich in der Auberge Ravoux gegenüber der Mairie ein, die auch heute zu empfehlen ist (gemütliches originales Ambiente, schlichte Küche; Reservierung empfohlen, Tel. 01 30 36 60 60). In Auvers beging Van Gogh 1890 Selbstmord; er und sein Bruder Theo sind auf dem Friedhof begraben. Im Château de Leyrit (1632) kann man eine virtuelle Reise durch die Zeit des Impressionismus unternehmen.

✶ Languedoc-Roussillon

L – M 9

Zwischen der Rhône-Mündung und den Pyrenäen, entlang einem 200 km langen Küstenstreifen, dehnt sich die Region Languedoc-Roussillon aus. Mit Frankreichs ältesten Weinbergen, kühn gelegenen Katharerburgen, atmosphärereichen alten Städten und schier endlosen Stränden hat das Languedoc-Roussillon viel zu bieten.

Départements Die zwei Provinzen der Région, Languedoc und Roussillon, umfassen die Départements Lozère, Gard, Hérault, Aude und Pyrénées-Orientales; Hauptstadt ist ▶ Montpellier. Das nördlichste Département, Lozère – bekannt als ▶ Cevennen –, ist das dünnstbesiedelte Gebiet Frankreichs. Berühmt sind die kühnen Felsbastionen in den Corbières, die im 10./11. Jh. als Verteidigungsgürtel gegen das Königreich Aragon errichtet wurden und im 13. Jh. den Katharern (Albigensern)

Küste und Badeorte als Zuflucht dienten. Die sumpfige, von Lagunen (Etangs) durchsetzte Küste verfügte ursprünglich nur über wenige zum Baden geeigneten Plätze. Ab 1963 wurde dann die ganze Westküste des Golfe du Lion verändert: Sümpfe wurden entwässert, Strände angelegt, alte Städte wie Sète, Agde und Perpignan erweitert und zahlreiche mehr oder minder schreckliche Feriensiedlungen erstellt. Die erste und bekannteste, La Grande Motte, wurde 1974 eröffnet, weitere folgten, so Port-Barcarès, Port-Leucate, Gruissan, Cap d'Agde, Port-Camargue.

Ein wenig Geschichte Gegen Ende des 6. Jh.s v. Chr. wurde die Küste von Phönikern und Griechen besiedelt, später von den Römern besetzt. 214 v. Chr. kam Hannibal über die Pyrenäen. 719 überwanden die Araber den Perthus-Pass und nahmen Narbonne ein; die Franken unter Pippin d. J. holten sich das Gebiet bis 759 zurück. 1172 kam die Grafschaft Roussillon – in etwa identisch mit dem heutigen Département Pyrénées-Orientales – an eine Seitenlinie der Grafen von Barcelona. Im Krieg gegen die Katharer nahm Simon de Montfort 1209 Carcassonne und Béziers ein, deren Bevölkerung vertrieben bzw. ermordet wurde (▶Baedeker Special S. 450). 1229 trat Raimund VII., Graf von

Toulouse, Teile seines Reichs an die Krone ab, 1258 übereignete Ludwig IX. das Roussillon dem Königreich Aragón. Damit begann eine Blütezeit, besonders für ▶Perpignan, 1276–1344 Hauptstadt des Königreichs Mallorca. Der Drang nach Unabhängigkeit blieb jedoch lebendig. Das Roussillon erhob sich 1640, die Katalanen schlossen sich an; sie riefen den französischen König Ludwig XIII. zum Grafen von Barcelona aus. Der Pyrenäenfrieden 1659 erfüllte aber die Wünsche nach einer Einheit Kataloniens nicht, da der Pyrenäenhauptkamm zur Grenze zwischen Frankreich und Spanien erklärt wurde.

Aus dem Vulgärlatein entstand zunächst die »langue d'oc« (mit den Dialekten Languedokisch, Provenzalisch, Gaskonisch, Limousinisch und Auvergnatisch), die im 10./11. Jh. durch die aquitanischen Trobadors zu höchster literarischer Blüte gebracht wurde. Im Kampf der Krone um die Vorherrschaft wurden die Sprachen des Südens zurückgedrängt, 1539 wurde im **Edikt von Villers-Cotterêts** die »langue d'oil« Verwaltungssprache. Bei der Einführung der Schulpflicht 1882 wurde der Gebrauch des Okzitanischen an der Schule untersagt. Erst seit 1951 ist die Sprache, die heute von ca. 10 Mio. Menschen zumindest verstanden wird, als Schulfach zugelassen. Eine ähnliche Geschichte hat das mit dem Okzitanischen verwandte Katalanische, das im spanischen Katalonien Umgangs- und Amtssprache ist und auch noch im Roussillon verwendet wird. Diese romanische Sprache hatte ihre erste Blüte im 13. Jh.; mit der Vereinigung von Aragón und Kastilien 1479 wurde aber Kastilisch die Herrschaftssprache in Spanien.

Okzitanisch und Katalanisch

Mit einem Drittel der Anbaufläche und ca. 40 % der Produktion Frankreichs ist das Languedoc das bedeutendste Weinbaugebiet des Landes. Eine ganze Palette guter Tafel- bis hervorragender Spitzenweine wird produziert, weit überwiegend Rotwein. Die wichtigsten Appellationen sind Coteaux du Languedoc, Faugères, St-Chinian, Minervois, Corbières, Limoux (mit dem hoch geschätzten Blanquette,

Weinbau

Highlights *Languedoc-Roussillon*

Narbonne
Beeindruckende historische Zeugnisse seit der Provincia Gallia Narbonensis
▶ Seite 445

St-Guilhem-le-Désert
Mittelalterliches Dorf am Rand der Cevennen mit einem Kloster aus den Zeiten Karls des Großen
▶ Seite 442

Sète
»Venedig des Languedoc«: Atmosphäre einer echten mediterranen Fischer- und Hafenstadt
▶ Seite 443

Katharerburgen
Die atemberaubend gelegenen Zufluchtsorte der »Reinen«
▶ Seite 447 f.

Collioure
Das schönste Städtchen an der Côte Vermeille, berühmt durch die »Fauves«
▶ Seite 449

Béziers, die Weinkapitale des Languedoc, mit seiner hochgelegenen Kathedrale

dem ältesten Schaumwein Frankreichs), Côtes du Cabardès, Côtes de la Malepère und Fitou; renommiert sind die Dessertweine aus Rivesaltes, Maury und Banyuls.

Reiseziele in Languedoc und Roussillon

Im Folgenden werden zunächst die interessanten Punkte an der Küste zwischen ▶ Montpellier und ▶ Perpignan beschrieben, anschließend die Corbières und die Côte Vermeille. Zur Region gehören außerdem die Cevennen, Nîmes und Carcassonne sowie Teile der Pyrenäen und der Camargue (siehe unter den jeweiligen Stichwörtern).

Saint-Guilhem-le-Désert

Das Dorf, das 45 km nordwestlich von Montpellier eindrucksvoll am Eingang einer Schlucht liegt, gruppiert sich um die 804 gegründete **Abtei Gellone**. Ihr Gründer, Wilhelm von Orange, war ein Cousin und Vertrauter Karls des Großen. In der Apsis der Kirche (1076) das Reliquiar Wilhelms und ein Splitter vom Kreuz Christi, ein Geschenk Karls des Großen; damit wurde die Abtei wichtige Station am Jakobsweg. Der Kreuzgang wurde nach der Revolution geplündert und gelangte später in die USA (Museum The Cloisters in New York). Schöne Orgel von J.-P. Cavaillé (1789).

Palavas

Mit 7 km langen Sandstränden ist Palavas-les-Flots (10 km südlich von Montpellier) ein sehr frequentierter Badeort, trotz unschöner Betonburgen. Die Strandseen besitzen eine besondere Tier- und Pflanzenwelt (Führungen). Westlich lag auf der Nehrung die **antike Hafenstadt Maguelone**, die erstmals von Karl Martell 737 zerstört wurde. Die neue, wehrhafte Kathedrale (1060) blieb bei der zweiten Zerstörung des Orts durch Richelieu 1633 einigermaßen verschont; schönes Westportal von 1178. Im Juni gibt es hier Konzerte.

In Marseillan 7 km nordöstlich von Agde wird seit 1855 der berühmte Wermut **Noilly Prat** hergestellt (Führungen März – Nov.). **Marseillan**

Ganz von Wasser umgeben und von Kanälen durchzogen ist Sète (43 000 Einw.), wichtigster Fischereihafen und nach Marseille zweitwichtigster Handelshafen Frankreichs am Mittelmeer. Der alte Hafen wurde ab 1666 unter Ludwig XIV. angelegt, und zwar beim Bau des Canal du Midi, der Mittelmeer und Atlantik verbindet. Am schönsten zeigt sich die lebhafte Stadt am **Canal de Sète** unter dem 183 m hohen Mont St-Clair; am Vieux Port die Fischauktionshalle, vom Quai Général Durand weiter nördlich legen Boote zur Hafenrundfahrt ab. Um den 25. August findet das Fest des hl. Ludwig mit Schifferstechen statt. Sehr schön ist die Runde über den Mont St-Clair (herrliches Panorama). Auf dem Seemannsfriedhof ist der in Sète geborene Dichter **Paul Valéry** (1871 – 1945) begraben. Oberhalb am Friedhof das Musée Paul Valéry mit Dokumenten zur Ortsgeschichte. Am Westfuß des Mont St-Clair liegt der Friedhof Le Py, letzte Ruhestätte des Chansonniers **Georges Brassens** (1921 – 1981), der in Sète seine Jugend verbrachte (Espace Brassens am Friedhof). **Sète**

★ ◄ Mont St-Clair

Über die Nehrung am Bassin de Thau erreicht man Agde (21 000 Einw.) an der Mündung des Hérault. In den malerischen, etwas düsteren Gassen am Vulkanberg Mont St-Loup (115 m) ist die Kathedrale St-Etienne (ab 1173) interessant, eine Wehrkirche mit 2 – 3 m dicken Mauern aus Lava und prächtigem Marmoraltar (17. Jh.). Das Musée Agathois in einem Renaissance-Palais illustriert die GEschichte und Volkskultur der Stadt. Über mehrere Jachthäfen und viele Vergnügungsbetriebe verfügt die 4 km entfernte Ferienanlage Cap d'Agde, ein bekanntes FKK-Zentrum. Der großartige **Ephebe von Agde** (4. Jh. v. Chr) ist im Musée de l'Éphèbe zu sehen. **Agde**

Cap d'Agde

Béziers (72 500 Einw.) liegt ca. 12 km vom Meer entfernt sehr schön auf einem Hügel am Orb, den der Canal du Midi auf einer Brücke (1857) überquert. Die aus der römischen Veteranenkolonie Biterrae Septimanorum entstandene Stadt wurde 1209 im Albigenser-Kreuzzug zerstört (▶Baedeker Special S. 450). Mitte August findet die **große Feria** statt, bei der die Stiere durch die Gassen getrieben werden. Wahrzeichen ist die wehrhafte Kathedrale St-Nazaire (12.–14. Jh.); bemerkenswert die Fensterrose mit 10 m Durchmesser, der romanische Chor (Fresken 14. Jh.) und die Orgel (17. Jh.). Östlich der Kathedrale breitet sich das Gassengewirr der Altstadt aus; im Hôtel Fayet und im Hôtel Fabrégat ist das gute Musée des Beaux-Arts untergebracht (Mo. geschl.). Durch die Rue Viennet gelangt man zur herrlichen **Allée Paul-Riquet**, die dem Erbauer des Canal du Midi ge- **Béziers**

★ ◄ St-Nazaire

★ ◄ Musée des Beaux-Arts

LANGUEDOC-ROUSSILLON ERLEBEN

AUSKUNFT

CRT Languedoc-Roussillon
Acropole, 954 Avenue Jean Mermoz
34960 Montpellier Cedex 2
Tel. 04 67 20 02 20
www.sunfrance.com

ESSEN

▶ Preiswert / Erschwinglich
L'Abri-Cotier
Sète, 17 Promenade J.-B. Marty
Tel. 04 67 46 00 95, Mo. geschl.
Am Hafen gelegen, eines der besten Restaurants der Stadt. Hervorragende Küche, auch Fisch, zu angenehmen Preisen; sympathisches Ambiente.

Chez Philippe
Marseillan, 20 Rue Suffren
Tel. 04 67 01 70 62, Mo. geschl., außerhalb der Saison auch Di.
Highlight nahe dem Bassin de Thau. Im freundlich mediterranen Speisesaal und auf der hübschen Terrasse wird eine ausgezeichnete Küche des Südens serviert.

ÜBERNACHTEN

▶ Komfortabel
Grand Hôtel
Sète, 17 Quai de Tassigny, Tel. 04 67 74 71 77, www.legrandhotelsete.com
Ein echtes Grand Hotel von 1882 mit herrlichem Innenhof, schön am Kanal gelegen. Komfortable, antik oder modern gestaltete Zimmer. Mit Restaurant.

▶ Günstig
Hotel des Poetes
Béziers, 80 Allées Paul Riquet
www.hoteldespoetes.net
Älteres, hübsch modernisiertes Haus, im Zentrum am romantischen Parc des Poètes gelegen. Freundliche Betreuung, sehr »preis-wert«.

Gotik des Nordens im Languedoc: Kathedrale St-Just in Narbonne

widmet ist (Statue von David d'Angers). Im Süden der Stadt ist in einer Kaserne von 1702 das sehenswerte Musée du Vieux Biterrois untergebracht (Archäologie, Volkskunde; **Schatz von Béziers**). Daneben die Kirche St-Jacques (z. T. 12. Jh.) mit reich geschmücktem Chor.

◀ Musee du Vieux Biterrois

Von römischer Zeit bis zum Versanden des Hafens im 14. Jh. war Narbonne (51 000 Einw.) ein wichtiger Handelsplatz. Das 118 v. Chr. gegründete Narbo Martius entwickelte sich zur prächtigen Hauptstadt der Provinz **Gallia Narbonensis**. Ihren Wohlstand verdankt die Stadt dem Weinbau in den Corbières (▶S. 447). Narbonne wird vom 1789 eröffneten Canal de la Robine durchquert, der die Aude mit dem Mittelmeer verbindet. Mittelpunkt ist die **Place de l'Hôtel de Ville** mit dem Erzbischöflichen Palast, einem Komplex aus Palais Vieux (12. Jh.) und Palais Neuf (14.–18. Jh.), zwischen dessen massige Türme (13. Jh.) Viollet-le-Duc bis 1850 die neogotische Fassade des Rathauses baute. Hier sind das Musée d'Art et d'Histoire (Gemälde des 16.–20 Jh.s, Möbel, Keramik) sowie das Musée Archéologique interessant, eines der **bedeutendsten römischen Museen** Frankreichs (beide geöffnet 15. Juli–Okt. 10.00–13.00, 14.00–18.00, April–14. Juli Mi.–Mo. 10.00–12.00, 14.00–17.00, sonst nur nachmittags). Auf dem Rathausplatz wurden Reste der römischen Via Domitia (um 120 v. Chr.) freigelegt. Nördlich schließt sich die **Kathedrale St-Just** an, die nur aus dem großartigen Chor besteht (mit 41 m Höhe einer der höchsten in Frankreich), 1272–1332 in stilreiner nordfranzösischer Gotik errichtet. Bemerkenswert sind Fenster (14. Jh.), Chorgestühl (18. Jh.), die große Orgel (1741) und der reiche Kirchenschatz (u. a. Brüsseler Gobelin aus dem 15. Jh., illuminierte Handschriften). Von den Terrassen und vom Nordturm schöner Ausblick. Nördlich von St-Just ist ein **Horreum** (unterirdisches Warenlager) zu sehen, das einzige erhaltene römische Bauwerk von Narbonne. Im Südwesten der Stadt steht die frühgotische Kirche St-Paul-Serge (12./13. Jh.) mit elegantem Chor (begonnen 1224) und Weihwasserbecken in Form eines Froschs. Weiter östlich, neben der prächtigen Belle-Époque-Markthalle, die Kirche Notre-Dame-de-la-Mourguié (13. Jh.) mit antiken und mittelalterlichen Funden.

Narbonne

◀ Palais des Archevêques

◀ Musée Archéologique

◀ St-Just

Ca. 16 km östlich, jenseits des 214 m hohen Kalkmassivs **Montagne de la Clape** (schöne Wanderungen), liegt das hässliche Narbonne-Plage mit kilometerlangem Sandstrand. **Gruissan** (10 km südlich) ist hingegen ein hübsches altes Fischer- und Salinendorf, das um den Felsen mit einer mittelalterlichen Burgruine gruppiert ist. Gruissan-Plage besitzt noch 100 Jahre alte, auf Pfählen stehende Ferienhäuser.

Narbonne-Plage

Diese in einem romantischen Tal 15 km südwestlich von Narbonne gelegene Abtei (Foto S. 446) wurde 1093 gegründet und stieg ab 1145 zur bedeutendsten Zisterzienserabtei des Languedoc auf; sie spielte eine große Rolle im Krieg gegen die Katharer. Erhalten sind die einfache romanische Kirche (Ende 12. Jh.), ein beachtlicher

Fontfroide

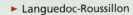
Languedoc-Roussillon

Strenge Formen: Abtei Fontfroide

Kreuzgang, der Kapitelsaal sowie die Speise- und Schlafsäle. Im Schafstall des Klosters genießt man eine fantasievoll variierte Regionalküche (»La Table de Fontfroide«, moderate Preise, Tel. 04 68 41 02 26, www.fontfroide.com).

Am **Etang de Leucate** liegt **Salses** (2800 Einw.) mit seinem beeindruckenden Fort, das ab 1497 von Ferdinand II. von Aragón an der damals hier verlaufenden Grenze errichtet wurde. Obwohl durch den Pyrenäenfrieden 1659 überflüssig geworden, wurde es 1691 von Vauban modernisiert.

Rivesaltes ist Zentrum eines großen Weinbaugebiets, in dem bekannte Süßweine, insbesondere der Muscat de Rivesaltes VDN, gemacht werden.

Tautavel	20 km nordöstlich von Rivesaltes liegt das Dorf Tautavel, das durch die Reste prähistorischer Menschen (»Tautavel-Mensch«, um 450 000 v. Chr.) in der Höhle Caune de l'Arago bekannt wurde. Museum im Europäischen Zentrum für Vor- und Frühgeschichte.
Perpignan	▶dort
Thuir	Im Weinort Thuir 15 km südwestlich von Perpignan wird der bekannte Aperitif **Byrrh** produziert (Besichtigung tägl., Nov.–März Di. bis So.).
Bages	In Bages 10 km südlich von Perpignan ist die 1954 erbaute Casa Carrère interessant (Ausstellungen, Konzerte; www.bages66.fr).
Côte des Perpignanais	Als »Salanque« oder »Côte des Perpignanais« wird die monotone, flache und feinsandige Küste zwischen dem Etang de Leucate und Argelès-Plage (▶Côte Vermeille) bezeichnet. Teils von den Nehrungen, die die Lagunen vom Meer trennen, liegen **Ferienzentren** mit Jachthäfen und allen Unterhaltungs- und Wassersportmöglichkeiten: Port-Leucate, Port-Barcarès, Canet-Plage und St-Cyprien-Plage (Museum mit Werken von Matisse, Cézanne, Miró u. a.). Überraschend hübsch sind dagegen La Franqui und Leucate-Village; Letzteres ist auch für seine Muschelzucht bekannt.
Elne	Elne (7500 Einw.), auf einer Anhöhe in der Küstenebene gelegen, war im 5./6. Jh. Hauptstadt des Roussillon und über 1000 Jahre, bis

1602, Bischofssitz. Davon zeugt die Kathedrale Ste-Eulalie (1042 bis 1062), eines der schönsten romanischen Bauwerke Frankreichs. Innen ein romanischer Marmoraltar (11. Jh.), ein katalanisches Retabel (14. Jh.) und ein antikes Taufbecken. Ausgezeichnet erhalten ist der Kreuzgang (12. – 14. Jh.) mit reich skulptierten Kapitellen.

★
◀ Ste-Eulalie

Reiseziele in den Corbières

Hinter der Küste zwischen Narbonne und Perpignan dehnen sich die Corbières aus. Das flachhügelige, für den **Weinbau** genützte Land steigt vom Tal der Aude allmählich nach Süden an und erreicht im **Pic de Bugarach** östlich von Quillan eine Höhe von 1231 m. Im mediterranen Klima prägen Rebflächen, Zedern, Zypressen und Garrigue das Bild der Landschaft.

Landschaft

In Lézignan-Corbières, einem Weinhandelsstädtchen 20 km westlich von Narbonne, ist das in einem Gut von 1856 untergebrachte Musée de la Vigne et du Vin sehenswert (3 Rue Turgot, tägl. geöffnet).

Lézignan-Corbières

▶dort

Carcassonne

Lagrasse (600 Einw., 20 km südwestlich von Lézignan), eines der »schönsten Dörfer Frankreichs«, war jahrhundertelang von der seit 778 bezeugten **Benediktinerabtei** Ste-Marie-d'Orbieu geprägt; zu sehen sind Turm (1537), Kirche (13. Jh., frühere Bauteile), zwei Kreuzgänge (11.–13. Jh. bzw. 1760) und Abtshaus (18. Jh.), das zu den von einem katholisch-byzantinischen Orden genützten Gebäuden gehört. Sehr hübsch sind der zentrale Platz mit der Markthalle und die Brücken über den Orbieu (eine davon 11. Jh.).

★
Lagrasse

Limoux (9700 Einw., 24 km südwestlich von Carcassonne) ist bekannt für seinen guten Schaumwein **Blanquette** und den Grand Carnaval (Ende Jan. – Anf. April Sa./So.): Die Place de la République im Zentrum ist von mittelalterlichen Arkaden mit Restaurants und Cafés gesäumt, hier tanzen dann die »Fécos« (Pierrots und groteske Masken). Infos zum Blanquette de Limoux, Herstellern etc. gibt das Syndicat des Vins (Av. du Pont-de-France, www.limoux-aoc.com).

Limoux

Zu dem gegen Spanien gerichteten Festungsgürtel gehörten – außer ▶ Carcassonne – dessen **»Fünf Söhne«** Puilaurens, Peyrepertuse, Quéribus, Aguilar und Termes. Von Lagrasse erreicht man über die D 212 Termes (22 km; Blick auf die Gorges du Terminet). Bei Tuchan (27 km nordwestlich von Perpignan) liegt Aguilar; die anderen reihen sich in atemberaubender Position entlang der D 117 zwischen Perpignan und Quillan: Quéribus beim Weinort Maury, Peyrepertuse (»durchbrochener Stein«, 6 km nordwestlich) und Puilaurens östlich von Axat. Westlich von Quillan zwei weitere berühmte Burgen, Puivert und Montségur (▶folgende Seite).

★★
Katharerburgen

Collioure: Kleiner Strand an der Kirche Notre-Dame-des-Anges

Gorges de Galamus	Nördlich von St-Paul-de-Fénouillet hat der Agly eine 300 m tiefe pittoreske Schlucht in das Gebirge geschnitten. In 5 Min. kann man von der D 7 zur Einsiedelei St-Antoine hinuntergehen.
Quillan	Ein guter Standort für Ausflüge ist Quillan (3800 Einw.) mit der Ruine einer Burg (13. Jh.) und der Kirche Notre-Dame von 1677. Westlich von Quillan, eigentlich schon außerhalb der Corbières, passiert
Puivert ▶	man an der D 117 die angebliche **Troubadour-Burg** Puivert (12./14. Jh.). Von Bélesta gelangt man auf der D 5 / D 9 zu den gewaltigen
★ Montségur ▶	Ruinen der Burg Montségur, die 1215 m hoch auf steilem Berg liegen (30 Min. Aufstieg; Foto S. 451). Im Jahr 1244 wurden, nach zehnmonatiger Belagerung, am Fuß des Bergs auf dem »Prat dels Cremats« 207 Albigenser bei lebendigem Leibe verbrannt. Montségur gilt einigen als das legendäre **Montsalvat**, wo der heilige Gral, das Gefäß mit dem Blut Christi, verborgen sei. Der Ort ist heute das symbolische Zentrum der okzitanischen Autonomisten.

Reiseziele an der Côte Vermeille

Landschaft	Die »Purpurküste« erstreckt sich zwischen Collioure südöstlich von ▶Perpignan und der spanischen Grenze. Hier brechen die Ausläufer der Pyrenäen in einer eindrucksvollen, windumtosten Küste mit rötlichen Felsen (daher der Name) zum knallblauen Mittelmeer ab. Seit dem 7. Jh. v. Chr. werden an den Hängen Reben angebaut. In den Buchten liegen einige hübsche, als Badeorte beliebte Städtchen.

Argelès-sur-Mer

Wo die Ebene an die Pyrenäen stößt, liegt das mittelalterliche Argelès-sur-Mer. In der gotischen Kirche (14. Jh.) sind Tafelbilder aus der Spätrenaissance zu sehen, interessant ist die **Casa de les Albères** (Museum für katalanische Volkskunde). Der Ableger Argelès-Plage hat einen 6 km langen Sandstrand, Dutzende Campingplätze, viele Ferienappartements und alles, was zum Strandurlaub gehört.

★ Saint-Génis-des-Fontaines

Ein besonderer Ort für Kunstinteressierte ist das 819 gegründete Kloster in St-Génis (8 km westlich), dessen Türsturz von 1020 die **älteste sicher datierte Plastik Frankreichs** ist (Christus in der Mandorla, flankiert von Aposteln). Die Kirche wurde um 1150 errichtet, der Kreuzgang 1983 aus originalen Teilen aufgebaut.

★ Collioure

Malerisch und frequentiert ist das Städtchen Collioure (2900 Einw.), seit der Antike bekannter Hafen und später Handelshafen von Perpignan. »Entdeckt« wurde es 1905 durch die Maler Matisse und Derain, die wegen ihrer kühnen Farbexperimente »Fauves« (»Wilde«) genannt wurden (am **Chemin du Fauvisme** stehen an 20 Stellen die entsprechenden Bilder). Die Templerburg an der Bucht war 1276 bis 1344 Sommerresidenz der Könige von Mallorca und der Königin von Aragón (Château Royal). Am nördlichen Strand das Wahrzeichen von Collioure, die Kirche **Notre-Dame-des-Anges** (1684), deren Turm früher als Leuchtturm diente. Sie ist mit einem gewaltigen vergoldeten Hauptaltar in katalanischem Barock (J. Sunyer, 1695–1701) und geschnitzten Retabeln prächtig ausgestattet. Mitte August wird das 4-tägige Fest des hl. Vinzenz (mit Feuerwerk) gefeiert.

Port-Vendres

An einer tiefen Bucht liegt Port-Vendres (4400 Einw.), der einstige Portus Veneris, Fischer-, Jacht- und Handelshafen. Ab 1772 wurde er nach Plänen von Vauban zum Kriegshafen ausgebaut, das Fort du Fanal ist zu besichtigen. Auf der Place d'Obélisque der zu Ehren von

◂ weiter auf S. 452

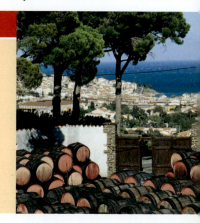

! *Baedeker* TIPP

Banyuls

Der Banyuls ist ein roter oder topasfarbener Vin Doux Naturel (Dessertwein) aus den Rebsorten Grenache Noir, Grenache Blanc und Macabeu. Die Gärung wird durch Zugabe von Alkohol gestoppt. Der »Banyuls Rancio« reift dann zum Teil über zwei Jahre in Glasballonen oder Fässern unter freiem Himmel. Sehr interessant ist die Besichtigung der Produktion im Cellier des Templiers und in der Cooperative L'Etoile in Banyuls.

ZIELE ▶ Die Katharer

Die Vertreibung der Katharer aus Carcassonne in einer zeitgenössischen Buchmalerei

BEFREITE SEELEN

Wer waren die Katharer, die im 13. Jahrhundert von der Kirche und der französischen Krone gnadenlos ausgerottet wurden und von deren Namen das Schimpfwort »Ketzer« rührt? An sie erinnern heute nur noch die dramatisch gelegenen Ruinen von Burgen im Vorland der östlichen Pyrenäen, die ihnen als letzte Zuflucht dienten.

Der Ursprung der Katharer, einer der großen religiösen Erneuerungsbewegungen des Mittelalters, liegt in Bulgarien. Rasch breiteten sie sich nach Westen aus, nach Italien, Frankreich, Katalonien, ins Rheinland. Mit Unterstützung des lokalen Adels fasste die Bewegung im 12. Jh. auch in Okzitanien Fuß, im Gebiet um Toulouse, Albi (daher rührt der zweite Namen **Albigenser**) und Carcassonne, selbständigen Grafschaften, die vom französischen Königshaus neidisch beäugt wurden. An den nahe dem Königreich Aragon gelegenen Adelshöfen war die Welt zu Gast. Hier tauschten Wissenschaftler Ideen aus, besangen Troubadoure die Schönheit der Frauen und die Tugenden der Ritter, predigten die Katharer (abgeleitet vom griechischen Wort »katharoí«, »die Reinen«).

Das Gute und das Böse

Ihre Lehre ging davon aus, dass zwei Kräfte das Universum kontrollieren, der Gott des Neuen Testaments als Verkörperung des Guten, und Satan, die Verkörperung des Alten Testaments und des Bösen. Körper und Fleisch seien die Domäne des Satans, wahrhaft göttlich dagegen nur der Geist, die Seele. Die Katharer unterschieden zwischen normalen Gläubigen (»credentes«), die verheiratet waren und ihren weltlichen Beschäftigungen nachgingen, und den Vollkommenen, die sich selbst nicht »katharoí«, sondern »boni christiani« (»gute Christen«) nannten. Letztere lebten in strenger Armut; Fleisch, Käse, Eier, Milch und Wein waren ihnen verboten. Die Ehe lehnten sie ebenso ab wie die Sexualität. In schwarze Gewänder gehüllt durchstreiften die »guten Christen« als Bettelmönche die Region. In der Langue d'oc, der Sprache des Volks, predigten sie Armut und Askese, Brüderlichkeit und Gewaltlosigkeit. Sie wetterten gegen das gottlose Leben der römischen Geistlichen, die »Hurer und Fresser« seien. Feudalhierarchie, Treueschwur und Kirchenzehnt »seien des Teufels«, statt dessen forderten sie die Armut der Priester und der ganzen Kirche. Zu Beginn des

► Die Katharer ZIELE 451

Dem Himmel näher als der Erde liegt Montségur.

13. Jh.s hatte in Okzitanien fast jeder dritte die römische Kirche verlassen, Schätzungen sprechen von Hunderttausenden Anhängern und vier- bis fünftausend »boni«.

Gott kennt die Seinen

Schon 1028 hatte die Kirche im Konzil von Charroux den Kampf gegen den »Irrtum« propagiert. Nachdem alle Bekehrungsversuche – von theologischen Debatten bis zu massiver Bedrohung – scheiterten, bot die Ermordung des päpstlichen Legaten Pierre de Castelnau 1208 den willkommenen Anlaß: Papst Innozenz III. rief zum Kreuzzug gegen die Katharer auf (1226 folgte ein zweiter). **Simon de Montfort**, ein sonst unbedeutender Adliger aus der Ile-de-France, machte sich buchstäblich mit Feuereifer ans Werk. 1209 ergoß sich sein Heer fanatisierter, habgieriger Ritter mitsamt Fußvolk über das Languedoc. Sündenablaß und reiche Beute waren ihnen in Aussicht gestellt worden. Erste Station war Béziers. Als die Stadt sich weigerte, 222 namentlich benannte Katharer auszuliefern, überfiel Simon die Stadt und ließ alle Einwohner hinmetzeln, schätzungsweise 18000, Ketzer wie Katholiken. Die Parole, ausgegeben vom Abt von Cîteaux: »Tötet sie alle, Gott wird die Seinen erkennen.« Nach Béziers kam Narbonne, dann Carcassonne. Burg für Burg wurde das Land erobert. Der 1216 gegründete **Dominikanerorden** verbreitete Mißtrauen und Angst. Überall brannten Scheiterhaufen, in Castres, Minerve, Lavaur und in Cassès. Die Verfolgten flüchteten in Festungen, die wie Adlerhorste in den Bergketten der Corbières gebaut waren: Aguilar, Termes, Peyrepertuse, Quéribus, Puilaurens und Montségur. Letztere, die legendärste, wurde ab Juli 1243 mit 10 000 Mann belagert, nach zehn Monaten ergaben sich dann 207 Katharer. Auch sie fanden den Tod auf dem Scheiterhaufen. Der Sage zufolge gelang es einer kleinen Gruppe von »Vollkommenen«, sich mit einem mysteriösen Schatz in Sicherheit zu bringen.

Mit dem Fall von Quéribus 1255 war der Widerstand gebrochen. Das Land war verwüstet, der lokale Adel enteignet, verarmt oder tot. Rom hatte die kirchliche Hoheit zwischen den Südalpen und den Pyrenäen zurückgewonnen. Und die französische Krone? Nachdem 1229 Graf Raymond VII. von Toulouse kapituliert und in einer demütigenden Zeremonie Abbitte geleistet hatte, mußte er seine einzige Tochter und Erbin mit dem Bruder des Königs verheiraten – die Kapetinger hatten sich den Süden endgültig gesichert. Mehr über die Katharer und die Burgen unter www.cathares.org und www.payscathare.org.

Ludwig XIV. errichtete Obelisk und das Gefallenendenkmal von Maillol (1923). Östlich des Orts ragt das Cap Béar weit ins Meer hinaus, südlich davon gibt es einige schöne Badebuchten.

Banyuls-sur-Mer Banyuls (4600 Einw.) ist Hauptort eines Weinbaugebiets, das sich von der Küste weit in die Monts Albères hinaufzieht. Um den 20. Okt. findet das große, farbenprächtige Erntefest statt. Als Badeort ist Banyuls wenig attraktiv, ansehen sollte man sich die Aquarien der Ozeanographischen Forschungsstation und das Gefallenendenkmal auf der Ile Grosse (östlich des Jachthafens) von **Aristide Maillol**, der 1861 hier geboren wurde († 1944). 4 km südwestlich steht das Sommerhaus des Bildhauers. Für den Rückweg nach Collioure ist das Sträßchen über den 652 m hoch gelegenen Tour Madeloc zu empfehlen, von dem man einen großartigen Blick über die Küste hat.

Tour Madeloc

Cerbère Letzter Ort vor der spanischen Grenze ist Cerbère (1500 Einw.), das von riesigen Bahnanlagen geprägt ist. Südöstlich des Orts die schwarzen Felsen des zerklüfteten **Cap Cerbère**, von hier schöner Blick auf die Küste. Über die Passhöhe **Col des Balitres** (173 m) verläuft schließlich die französisch-spanische Grenze. Auf dem Friedhof des spanischen Grenzorts **Portbou** ist der deutsche Philosoph Walter Benjamin begraben, der 1940 hier Selbstmord beging, weil er die Auslieferung an Nazi-Deutschland fürchtete.

La Rochelle

E 6

Région: Poitou – Charentes
Département: Charente-Maritime
Höhe: Meereshöhe
Einwohnerzahl: 76 800

La Rochelle, in der Mitte der Westküste gelegen, ist mit seiner schönen Altstadt, dem malerischen Vieux Port und den Stränden der Umgebung ein beliebtes Urlaubsziel. Die Hafenbefestigungen und holzverkleideten Arkadenhäuser vermitteln noch die Atmosphäre der Hugenottenzeit.

Hafen- und Universitätsstadt Das alte Zentrum der Landschaft Aunis und Hauptstadt des Départements Charente-Maritime besitzt einen großen Hafen im westlichen Vorort La Pallice, in dem Überseeschiffe abgefertigt werden (6 Mio. t Güter jährlich), auch der Fischereihafen mit hochmoderner Auktionshalle befindet sich dort. Seit 1993 ist La Rochelle Universitätsstadt. Die Umgebung mit den Inseln Ile de Ré und Ile d'Oléron ist unter ▶Poitou – Vendée – Charentes beschrieben.

Geschichte La Rochelle war vom 14. bis zum 18. Jh. eine der bedeutendsten Seestädte Frankreichs. Von hier segelten ab Ende des 16. Jh.s die Siedler nach Kanada, hier ansässige Reeder trieben mit Nordamerika Han-

Zwei Türme schützen den Hafen von La Rochelle.

del. Bürgerlicher Unternehmergeist und Liberalität – seit 1199 war es freie Stadt – machte La Rochelle zu einer **Hochburg des Protestantismus**. Nach der Bartholomäusnacht 1572 wurde La Rochelle bis 1573 erfolglos bestürmt, 1627/1628 dann von Richelieu in einjähriger Belagerung – man riegelte es durch einen 12 km langen Damm vom Meer ab – ausgehungert, von 28 000 Menschen überlebten nur 5000. Die Aufhebung des Edikts von Nantes 1683 und der Verlust Kanadas 1763 setzten der Bedeutung der Stadt ein Ende. Im Zweiten Weltkrieg war La Rochelle Pallice ein deutscher U-Boot-Stützpunkt; aufgrund der Sabotage durch einen hohen deutschen Offizier wurden Hafen und Stadt bei der Kapitulation am 8. Mai 1945 nicht zerstört.

Sehenswertes in La Rochelle

Hauptattraktion der Stadt ist der **Alte Hafen** mit seinen Cafés und Restaurants. Am Nordwesteck wacht die imposante Porte de la Grosse-Horloge (14./15. Jh.; Türmchen von 1746), das einzige erhaltene Stadttor. Die Einfahrt zum Vieux Port wird im Osten von der 42 m hohen Tour St-Nicolas (1345; Hafenmuseum, Aussicht) und im Westen von der Tour de la Chaîne (um 1385) flankiert. Letztere ist benannt nach der Kette, mit der im Mittelalter die Hafeneinfahrt nachts versperrt wurde; im Turm ist u. a. ein Modell der mittelalterlichen Stadt zu sehen. Von hier verläuft der Rest der mittelalterlichen Stadtmauer westlich zur 70 m hohen Tour de la Lanterne, erbaut 1445–1476 als Leuchtturm; auch von hier schöne Aussicht. Das hübsche **Viertel Gabut** bei der Tour St-Nicolas zwischen den Flutbecken entstand nach 1858 am Platz einer Festung.

Vieux Port

Rue du Palais
Rue Chaudrier

Vom Vieux Port nach Norden führt dieser Straßenzug, die Hauptgeschäftsstraße mit Arkaden des 16. – 18. Jh.s. Man passiert das Hôtel de la Bourse mit schönem Hof (1785) und den Justizpalast (1789), in einer Seitenstraße rechts (Rue des Augustins) die Maison Henri II,

St-Louis

ein Adelspalais von 1555. Die nüchterne klassizistische Kathedrale St-Louis wurde 1742 – 1762 von Vater und Sohn Gabriel erbaut (Turm 15. Jh.). Nördlich der Place Verdun geht rechts die Rue du Minage ab, auch hier pittoreske Arkaden und alte Häuser.

✳

Hôtel de Ville

Mittelpunkt der Stadt ist die Place de l'Hôtel de Ville. Die burgähnliche spätgotische Front des Rathauses entstand bis 1498, der prunkvolle **Renaissancehof** um 1600. Östlich des Rathauses die pro-

Temple

testantische Kirche (1708) mit Ausstellung zur protestantischen Geschichte der Stadt. Die Rue des Merciers mit schönen alten Häusern

Rue des Merciers

führt zum bunten, von Fachwerkhäusern umgebenen Marktplatz.

✳

Musée des Beaux-Arts

Zwischen Marktplatz und Place Verdun ist im Bischofspalais aus dem 18. Jh. die städtische Gemäldesammlung untergebracht (Di. geschl.). Von der südlichen Parallelstraße zugänglich ist das Hôtel

LA ROCHELLE ERLEBEN

AUSKUNFT
Office de Tourisme
2 Quai Georges Simenon, Le Gabut
17025 La Rochelle
Tel. 05 46 41 14 68, Fax 05 46 41 99 85
www.larochelle-tourisme.com

SCHIFFSVERKEHR
Vom Cours des Dames fahren der »Bus de Mer« zum Port des Minimes sowie Schiffe zu den Inseln Ré, Aix und Oléron.

EVENTS
Anf. Juli: Internationales Filmfestival. Eine Woche um den 14. Juli: »Francofolies«, Musik vom Rock über Rap bis zum Jazz. Um den 15. Sept.: Grand Pavois (Nautischer Salon).

ESSEN
▶ **Fein & teuer**
① *R. & C. Coutanceau*
Plage de la Concurrence
Tel. 05 46 41 48 19, So. geschl.
Am Meer südwestlich des Hafens, mit schönem Blick auf diesen, liegt das beste Restaurant der Stadt. Ebenso klassische wie kreative Küche, schlicht-modernes Ambiente.

ÜBERNACHTEN
▶ **Komfortabel**
① *La 33 Rue Thiers*
33 Rue Thiers, Tel. 06 82 62 68 97
www.33-ruethiers.com
Am Marktplatz gelegenes Chambres d'hôtes in einem Schiffseignerhaus von 1745, idyllische Zimmer mit antiken Möbeln. Frühstück im Innenhof, Abendessen für Hausgäste.

▶ **Günstig**
② *Hotel François I*
13/15 Rue Bazoges, Tel. 05 46 41 28 46, www.hotelfrancois1er.fr
Früher logierten hier Könige, heute ein sehr angenehmes Hotel in der Stadtmitte. Es gibt auch 3-/4-Bett-Zimmer. Privater Parkplatz.

Fleuriau, das Haus eines Reeders, mit dem Musée du Nouveau Monde (Geschichte der Kolonisierung Kanadas und des Überseehandels).

Musée du Nouveau Monde

An der Rue Albert liegt der Botanische Garten mit dem Museum Fleuriau (regionale Naturkunde) sowie dem Muséum d'Historie Naturelle (Meeresbiologie, Völkerkunde); ein zauberhaftes Kleinod ist hier das **Cabinet des Curiosités Lafaille** mit naturkundlicher Sammlung und schöner Einrichtung von 1770.

Jardin des Plantes

Im vornehmen Viertel westlich der Rue du Palais residierten wohlhabende Hugenotten. In der Rue St-Côme ist das **Musée d'Orbigny-Bernon** sehenswert (Lokalgeschichte, Keramik aus La Rochelle, Ostasien; Di. geschl.). Östlich des Museums die Rue de l'Escale mit der Maison Venette aus dem 17. Jh. Entlang der Stadtbefestigung verläuft der schöne Stadtpark. Im Südwesten schließt die **Mail** an, eine beliebte Promenade mit Badestrand und Casino.

Hugenottenviertel

Interessante Ausflugsziele im Viertel südlich des Vieux Port sind das Aquarium (mit 65 Becken, tägl. geöffnet) und das **Musée Maritime** mit acht Schiffen diverser Arten (April – Sept. tägl. geöffnet).

La Ville en Bois

La Rochelle Orientierung

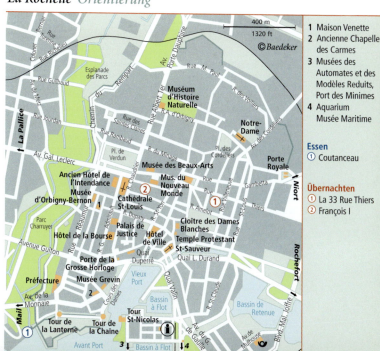

1 Maison Venette
2 Ancienne Chapelle des Carmes
3 Musées des Automates et des Modèles Reduits, Port des Minimes
4 Aquarium Musée Maritime

Essen
① Coutanceau

Übernachten
① La 33 Rue Thiers
② François I

Baedeker TIPP

Café de la Paix

Eine herrliche Brasserie der Belle Époque ist das 1900 eröffnete Café de la Paix Verdun (54 Rue Chaudrier, Tel. 05 46 41 39 79, sehr angenehme Preise). Das Haus mit der schönen Fassade hat eine lange Geschichte: Ab 1709 war es Spital, zur Zeit der Revolution wurde es als Varieté genützt.

Port des Minimes 3 km südwestlich liegt der Vorort Port des Minimes mit dem größten Jachthafen der europäischen Atlantikküste (3500 Liegeplätze).

La Pallice Im 5 km westlich gelegenen Vorort La Pallice wurde 1883–1890 der neue Hafen angelegt. Von hier führt eine fast 3 km lange **Brücke zur Ile de Ré** (Gebühr, ▶Poitou–Vendee–Charente).

Le Havre

Région: Haute-Normandie
Département: Seine-Maritime
Höhe: 3 m ü. d. M.
Einwohnerzahl: 180 000

An der 9 km breiten Mündung der Seine liegt Le Havre, die »Pforte zum Ozean«, der zweitgrößte Seehafen Frankreichs. Im Zweiten Weltkrieg fast ganz zerstört, wurde die Stadt großzügig, aber nicht unbedingt attraktiv wieder aufgebaut – als »herausragendes Beispiel für die Nachkriegsstadtplanung« jedoch UNESCO-Welterbe.

Geschichte König Franz I. gründete Le Havre 1517 als Ersatz für die versandenden Häfen Harfleur und Honfleur, und schon 1518 lief das erste Kriegsschiff ein. Später ging von hier Frankreichs Schiffsverkehr mit Nordamerika aus. Während des amerikanischen Unabhängigkeitskriegs verschiffte man Waffen und Hilfsgüter für die Separatisten, dafür wurden Baumwolle, Kaffee etc. gelöscht. In den 1920er-Jahren entwickelte sich Le Havre zum größten europäischen Terminal der Luxusliner. Bei 146 alliierten Luftangriffen gegen Ende des Zweiten Weltkriegs wurde es – als deutscher Stützpunkt – praktisch dem Erdboden gleichgemacht und 1945–1960 wieder aufgebaut. Verantwortlich dafür zeichnete **Auguste Perret** (1874–1954), ein bedeutender Vertreter der Stahlbeton-Architektur. Anstelle von nachgemachtem

Fachwerk ist die Innenstadt von schnurgeraden Boulevards und rhythmisch gegliederten Fassaden geprägt. Nach dem Ende der Werften 1999 bekommt das stadtnahe Hafengelände neue Funktionen; so wurden die Docks Vauban zur Einkaufs- und Ausgehmeile, jüngste Errungenschaft sind die **Bains des Docks**, eine Badelandschaft von Jean Nouvel. Der **Pont de Normandie**, die zweitgrößte Schrägseilbrücke der Welt (1995, Gesamtlänge 2141 m, Spannweite 856 m, Pylone 215 m hoch; gebührenpflichtig, mit Rad- und Fußweg), verbindet Le Havre mit Honfleur (▶Normandie).

Sehenswertes in Le Havre

Von der **Place de l'Hôtel de Ville** (Rathaus mit 74 m hohem Turm) geht östlich der Blvd. de Strasbourg ab, eine der wenigen 1944 nicht zerstörten Achsen; die Av. Foch führt zum Meer, wo zwei Hochhäuser die »Porte Océane« bilden. Der 106 m hohe, achteckige Turm gehört zur trotz – oder wegen – des Betons beeindruckenden Kirche **St-Joseph** (Perret, 1957). Das Kulturzentrum am Bassin du Commerce ist nach seinem Architekten benannt: Oscar Niemeyer, der Architekt von Brasilia. Ein beliebter Treff ist das Café-Musique L'Agora. Rekonstruiert wurde die **Kathedrale Notre-Dame** (urspr. ab 1575, Turm 1540, schöne Orgel aus dem 17. Jh.). Im Justizpalast (18. Jh.) gegenüber ist das Naturmuseum (Muséum d'Histoire Naturelle) untergebracht. Der Strand erstreckt sich vom Jachthafen (1300 Liegeplätze) nach Norden weit über den **Villenvorort Ste-Adresse** hinaus.

»Die neue Stadt«

◀ Strand

Das ausgezeichnete moderne Musée Malraux (1961) am Hafen zeigt europäische Malerei des 17. bis 20. Jh.s. Besonders gut repräsentiert sind die französischen Impressionisten und Künstler aus der Region, u. a. Boudin, Dufy, Monet, Renoir, Degas, Pissarro und Braque (geöffnet Mi.–Mo. 11.00–18.00, Sa., So. bis 19.00 Uhr).

✶✶
Musée Malraux

Die Fußgängerbrücke über das Bassin du Commerce mit Kulturzentrum und Turm von St-Joseph

Le Havre Orientierung

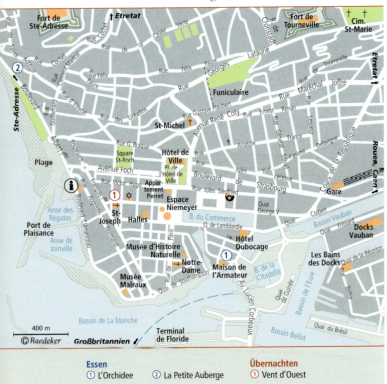

Essen
① L'Orchidee ② La Petite Auberge

Übernachten
① Vent d'Ouest

Maison de l'Armateur	Ein prachtvolles, original eingerichtetes Reederpalais aus dem 18. Jh. erinnert an die großen Zeiten des Überseehandels (Do. geschl.).
Docks Vauban	Wo einst Kaffee, Baumwolle und anderes lagerte, kann man heute nach Herzenslust einkaufen, es gibt Restaurants und Kinos, begeisterte Schwimmer gehen in die Bains des Docks.
Prieuré de Graville	Die ehemalige Abteikirche Ste-Honorine de Graville (11.–13. Jh.) beherbergt ein interessantes archäologisches Museum (1 Rue Elisée Reclus; Rue G. Lafaurie stadtauswärts, beschildert; Do. geschl.).
Harfleur	Ein malerisches Bild zeigt Harfleur, heute östlicher Vorort, entlang dem Flüsschen Lézarde. Beherrschend der 83 m hohe Turm der Kirche St-Martin (Flamboyantgotik, 12.–16. Jh.). Die Geschichte der Stadt kann man im Musée du Prieuré kennenlernen. Bekannt und beliebt ist der Markt am Sonntagvormittag.

LE HAVRE ERLEBEN

AUSKUNFT
Office de Tourisme
186 Bd. Clemenceau, 76600 Le Havre
Tel. 02 32 74 04 04
www.lehavretourisme.com

SCHIFFSVERKEHR
Fähren nach Portsmouth vom Terminal de la Citadelle (Av. Lucien Corbeaux), Busverbindung mit Bahnhof und Office de Tourisme. Hafenrundfahrten vom Jachthafen am Boulevard Clemenceau.

FESTE & EVENTS
April und Nov.: Marché au Foie gras Normand. Anfang Sept.: Mèr en Fête.

ESSEN
▶ **Preiswert / Erschwinglich**
① *L'Orchidee*
41 Rue Général Faidherbe
Tel. 02 35 21 32 42, Mo. geschl.
Sympathisches, unprätentiöses Lokal, eine der besten Adressen der Stadt, nicht nur für Fischfans.

② *La Petite Auberge*
32 Rue Ste-Adresse, Tel. 02 35 46 27 32, So.abend, Mo., Mi.mittag geschl. Hübsches neu-normannisches Haus an der Straße nach Ste-Adresse: Hier genießt man modern interpretierte Regionalküche in feinem Ambiente.

ÜBERNACHTEN
▶ **Komfortabel**
① *Vent d'Ouest*
4 Rue Caligny, Tel. 02 35 42 50 69
www.ventdouest.fr
Ruhiges, zentral beim Perret-Turm gelegenes Hotel mit stilvollem britisch-maritimem Ambiente. Mit Garage, kein Restaurant.

✶ Le Mans

Région: Pays de la Loire
Département: Sarthe
Höhe: 80 m ü. d. M.
Einwohnerzahl: 144 000

In aller Welt berühmt sind die »24 Stunden von Le Mans«, der Kunstfreund denkt an die großartige Kathedrale. Die im Nordwesten Frankreichs auf halbem Weg zwischen Paris und Nantes gelegene Stadt besitzt auch besonders schöne Altstadtviertel.

Im Mittelalter war Le Mans als Hauptort der Grafschaft Maine bedeutend, heute ist es Verwaltungszentrum des Départements Sarthe und Universitätstadt. 1873 baute hier Amédée Bollée sein erstes Auto (mit Dampfantrieb) und legte damit den Grundstein für die Autoindustrie (Renault). Das erste 24-Stunden-Autorennen wurde 1923 ausgetragen. Die schöne Altstadt war Kulisse für einige historische Filme wie »Cyrano de Bergerac«.

Ein wenig Geschichte

Sehenswertes in Le Mans

Cathédrale St-Julien ★★
Oberhalb der Place des Jacobins, auf der Mi., Fr. (Trödel) und So. Markt gehalten wird, erhebt sich die 134 m lange romanisch-gotische Kathedrale (11.–15. Jh.). Das wunderbare **Südportal** aus dem 12. Jh. erinnert an das Königsportal von Chartres. Der 1217–1254 erbaute, 34 m hohe **Chor** mit doppeltem Umgang ist mit seinem Kranz doppelter und dreifacher Strebepfeiler sowie markant vorspringender Kapellen ein Höhepunkt gotischer Architektur. Prächtige **Glasfenster** aus dem 12.–15. Jh. erhellen das Innere, v. a. den 34 m hohen Chor. In der Taufkapelle am nördlichen Querhaus stehen Renaissance-Grabmäler für Karl IV. von Anjou und Guillaume du Bellay; die mittlere Chorkapelle (Chapelle de la Vierge) schmücken wunderbare gotische Fresken (»Engelskonzert«, 14. Jh.).

Altstadt ★
Die hochgelegene Altstadt breitet sich südwestlich der Kathedrale aus. Ihr Zentrum mit hübschen alten Fachwerkhäusern wird im Nordwesten, zur Sarthe hin, von einer **gallorömischen Mauer** (3./4. Jh.) begrenzt, der besterhaltenen außerhalb Roms. Den schönsten Blick auf sie hat man vom Quai Louis-Blanc und dem Pont Yssoir, elf Türme verstärken die Stadtmauer (ein Tunnel führt unter der Altstadt zur Place des Jacobins). ist die Hauptachse der Altstadt, die Rue de la Reine Bérengère und die sie fortsetzende Grande Rue. Das **Musée de la Reine Bérengère** (Mo. geschl.) ist der regionalen Volkskunde und Geschichte gewidmet. In der Grande Rue (Nr. 71) steht die Maison d'Adam et d'Eve, ein schönes Renaissance-Haus von 1525.

LE MANS ERLEBEN

AUSKUNFT
Office de Tourisme
Rue de l'Etoile, 72000 Le Mans
Tel. 02 43 28 17 22, Fax 02 43 28 12 14
www.ville-lemans.fr

EVENTS
März–Mai: Europa Jazz Festival.
Mitte Juni: 24-Stunden-Rennen, Karten beim Office de Tourisme und beim Automobile Club de l'Ouest, Tel. 08 92 69 72 24, www.lemans.org.

ESSEN
▶ **Preiswert/Erschwinglich**
Auberge des Sept Plats
79 Grande Rue
Tel. 02 43 24 57 77
Eines der beliebtesten Restaurants (winzig, reservieren). Obwohl mitten in der Altstadt, isst man hier sehr gut und preiswert. Schönes Ambiente (es gibt auch einen Gewölbekeller), freundlicher Service. So./Mo. geschl.

ÜBERNACHTEN
▶ **Komfortabel / Luxus**
Domaine de Chatenay
72650 Saint-Saturnin
(8 km nordwestlich von Le Mans)
Tel. 02 43 25 44 60
www.domainedechatenay.com
Ein zauberhaftes Schlösschen aus dem 18. Jh. in großem Park, antik gestaltete Zimmer und Suiten. Abendessen für Hausgäste im feinen Salon.

Der Chor der Kathedrale, eines der schönsten Zeugnisse gotischer Baukunst

Im Bischofspalais zeigt das Musée de Tessé (Mo. geschl.) neben einer reichen Gemäldesammlung (u. a. italienische Meister des 14./15. Jh.s, französische Klassik) eine 1145–1150 in Verdun angefertigte Emailplatte vom Grabmal für Gottfried V. Plantagenêt besitzt.

★ **Musée de Tessé**

Das Rathaus entstand um 1760 am Platz des Schlosses der Grafen von Maine, romanische Fenster sind noch erhalten. In diesem Schloss kamen Gottfried V. und im Jahr 1133 dessen Sohn, später König Heinrich II. von England, zur Welt; Bérengère, die Witwe von Richard Löwenherz, dem Sohn Heinrichs, lebte hier viele Jahre.

Hotel de Ville

Geografischer Mittelpunkt von Le Mans ist die große Place de la République südlich der Altstadt. An ihrer Westseite stehen auf den Resten eines Klosters der Justizpalast und die barocke Eglise de la Visitation (Heimsuchung Mariä, 1730).

Place de la République

Weiter südöstlich ist die ehemalige Abteikirche Notre-Dame-de-la-Couture einen Blick wert (ursprünglich 10. Jh., im 13./14. Jh. neu erbaut). Die Fassade weist ein **reich skulptiertes Portal** auf. Innen sind Wandteppiche und Gemälde zu sehen, u. a. der »Traum des Elias« von Philippe de Champaigne (17. Jh.); die schöne Madonna aus Marmor gegenüber der Kanzel ist von Germain Pilon (1570). In der Krypta (10. Jh.) mit beachtlichen Kapitellen wird das Schweißtuch des hl. Bertrand aufbewahrt, des Gründers der Abtei (616).

Notre-Dame-de-la-Couture

Umgebung von Le Mans

Circuit de la Sarthe

Etwa 6 km südlich von Le Mans liegt die 13,6 km lange **Rennstrecke** der »24 Stunden«, ergänzt durch den 4,4 km langen Cours Bugatti (www.lemans.org). Außerhalb der Renntage ist die Strecke für den normalen Verkehr geöffnet.

Im **Musée Automobile de la Sarthe** sind über 150 berühmte Rennwagen zu sehen, außerdem kann man sich an Simulatoren u. Ä. betätigen (geöffnet 15. April – Sept. tägl. 10.00 – 18.00, sonst Mi. – So. 11.00 – 17.00 Uhr; www.lemusee24h.com).

Abbaye Notre-Dame de l'Epau

Im Jahr 1229 gründete Königin Berengaria 4 km südöstlich von Le Mans am Fluss Huisne die Zisterzienserabtei Epau. Die heutigen Bauten stammen z. T. aus dem 15. Jh.; in der Kirche liegt das Grab der Königin (13. Jh.). Im Mai findet hier ein hochklassiges **Musikfestival** mit über 30 Konzerten statt (www.festivaldelepau.com).

★ Le Puy-en-Velay

L 7

Région: Auvergne
Département: Haute-Loire
Höhe: 630 m ü. d. M.
Einwohnerzahl: 19 000

Den Vulkanen der ▶ Auvergne verdankt Le Puy das besondere Stadtbild: Zwei ausgewitterte Vulkanschlote – der Rocher Corneille mit einer riesigen Marienstatue und die Felsnadel St-Michel – setzen die Akzente. Seit dem Mittelalter ist Le Puy Ausgangspunkt der Via Podiensis, einer Route des Jakobswegs.

Le Puy gestern und heute

Im 5. Jh. wurde Le Puy Bischofssitz des Velay, einer Region des Zentralmassivs, seit dem 10. Jh. ist es Ziel einer bedeutenden Wallfahrt zur Schwarzen Muttergottes. Ins 15. Jh. geht die Tradition der Spitzenklöppelei zurück, heute sind in der Hauptstadt des Départements Haute-Loire v. a. der Maschinenbau und die Nahrungsmittelindustrie bedeutend. Bei Gourmets berühmt sind die kleinen Linsen von Le Puy, die im Velay angebaut werden (AOP).

Sehenswertes in Le Puy

Place du Breuil

Südlich vor der Altstadt liegt die Place du Breuil mit Theater und Präfektur; hinter Letzterer der Jardin Vinay, an dem das **Musée Crozatier** Kultur und Geschichte der Gegend illustriert. Von der Place du Breuil zur Place du Plot (Brunnen 18. Jh.); hier geht links die **Rue Panessac** mit schönen Häusern des 15.–17. Jh.s ab. Dann durch die Rue Chamarlenc (Nr. 16 Haus der Cornards) und die Rue Raphaël hinauf zur Place des Tables und über breite Stufen zur Kathedrale. Links der Kathedrale die gotische Fassade des Hôtel-Dieu.

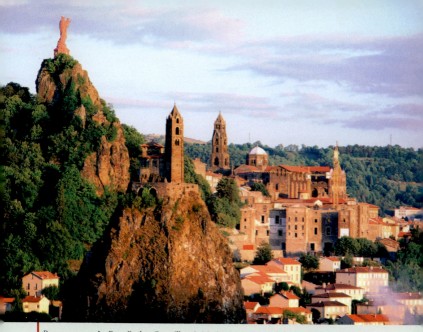

Panorama von Le Puy: Rocher Corneille mit Marienstatue, St-Michel und die Kathedrale

Die Kathedrale Notre-Dame-du-Puy (11./12. Jh.) zeigt eine Mischung auvergnatisch-romanischer und südwestfranzösischer Architektur mit byzantinischen Einflüssen. Die Arkaden der aus farbigem Vulkangestein gefügten Fassade führen in eine Vorhalle, über der die im 12. Jh. erbauten Joche der Kathedrale liegen. Hier sind reliefierte Flügeltüren (12. Jh.), byzantinisch beeinflusste Gewölbefresken (13. Jh.) und der wundertätige »Fieberstein« aus vorchristlicher Zeit zu sehen. Der feierliche Raumeindruck wird durch den dunklen Stein sowie durch schwere Gurtbögen und hohe Kuppeln über den sechs Jochen bestimmt. Links die Chapelle des Reliques (Wandgemälde der »Sieben Freien Künste«, 15. Jh.). Im barocken Hochaltar (1723) die **Schwarze Muttergottes**, die Ludwig IX. (der Heilige) 1254 von einem Kreuzzug mitgebracht hatte und die eigentlich die ägyptische Göttin Isis darstellt (1794 beschädigt). Im linken Querhaus romanische Fresken (12./13. Jh.) und die Treppe zum Fresko des hl. Michael von Ende des 12. Jh.s. Im rechten Querhaus öffnet sich die Porche du For; tritt man hinaus auf die **Place du For**, hat man einen schönen Blick über die Stadt. Die Sakristei enthält den bemerkenswerten Kirchenschatz, u. a. mit einer Theodulf-Bibel aus dem 9. Jahrhundert. An das linke Seitenschiff schließt der Kreuzgang mit reich skulptierten Kapitellen an, der den Einfluss des maurischen Spaniens erkennen lässt. Im angrenzenden Kapitelsaal ist ein großes Wandgemälde aus dem 13. Jh. zu sehen, im Ständesaal über dem Kreuzgang eine Sammlung sakraler Kunst.

Notre-Dame

◁ Inneres

◁ Kreuzgang

Rocher Corneille

★ Nördlich der Kathedrale ragt der 140 m Rocher Corneille (Mont d'Anis) auf. Die 16 m hohe, rote Statue der **Notre-Dame-de-France** wurde 1860 aus dem Eisen von 213 Kanonen gegossen, die im Krimkrieg erbeutet worden waren. In der Statue führt eine Treppe nach oben: großartiger Ausblick.

Aiguilhe St-Michel

★ Aus dem 85 m hohen Vulkankegel Aiguilhe St-Michel – »aiguilhe« bedeutet »Nadel« – scheint die gleichnamige Kapelle geradezu herauszuwachsen. Ab 962 vermutlich am Platz eines Merkurtempels erbaut, zeigt sie v. a. in der prächtigen Portalwand orientalische Einflüsse. Im Chor Fresken des 10. Jh.s. Am Fuß der Aiguilhe steht die Chapelle St-Clair (12. Jh.) im typischen Stil des Velay.

St-Laurent

Am Nordwestrand der Altstadt ist die – selten im Velay – gotische Dominikanerkirche St-Laurent (14. Jh.) sehenswert; im Chor das Grabmal des Connetable Du Guesclin (14. Jh.). In der Nähe (Rue Du-Guesclin 2) kann man im Atelier-Conservatoire National de la Dentelle erleben, wie Spitzen geklöppelt werden (Mo., Di., Do., Fr.). Zu sehen sind auch herrliche Spitzen seit dem 17. Jahrhundert.

▶ Spitzenmuseum

Umgebung von Le Puy

Château de Polignac

Ca. 6 km nordwestlich liegen auf einem ca. 100 m hohen Basaltplateau die beeindruckenden Ruinen des Château de Polignac (12./15. Jh.; auch Reste aus römischer Zeit); herrlicher Ausblick. Im Ort eine sehenswerte romanisch-gotische Kirche.

Le Puy-en-Velay *Orientierung*

1 Loire-Schlucht
2 St-Pierre des Carmes

Essen
① Au Poivrier

Übernachten
① Le Regina

> Le Puy-en-Velay ZIELE

Östlich von Le Puy schlängelt sich die Loire in einem engen Tal in Richtung St-Etienne. In Chamalières-sur-Loire ist die große auvergnatisch-romanische Kirche St-Gilles (Ende 11. Jh.) interessant; hier finden Konzerte des Festivals von La Chaise-Dieu statt (▶S. 234).

✱ Gorges de la Loire

Le Puy auf der N 88 nach Süden verlassend, hat man hinter Taulhac Ausblick auf eine **Loire-Schlinge**. Weitere 16 km südwestlich, hinter Cayres, liegt 1208 m hoch der runde Kratersee Lac du Bouchet.

Lac du Bouchet

Westlich des Lac du Bouchet liegen die großartigen Gorges de l'Allier (Kajakrevier). Schöne Fahrt von Le Pont-d'Alleyras über Monistrol nach Langeac, entweder auf der Straße oder **mit der Eisenbahn** (»Le Cévenol«, ca. 1 Std.), die z. T. im sonst weglosen Tal verläuft.

✱ Gorges de l'Allier

Ca. 40 km südöstlich von Le Puy ragen der Gerbier de Jonc und der Mont Mézenc auf, zwei lohnende Ausflugsziele. Ersterer ist ein skurriler, von spärlicher Vegetation bedeckter erloschener Vulkankegel (1551 m) im Vivarais, das zum Ostteil des Zentralmassivs gehört. An seinem Fuß liegt das **Quellgebiet der Loire**. Im späten Frühjahr blühen hier wilde Narzissen, Orchideen und Stiefmütterchen. Von einem Parkplatz (Restaurant) gelangt man auf schmalen, steilen Pfaden in ca. 30 Min. zum Gipfel, von dessen kleinem Plateau man bei gutem Wetter bis zu den Alpen sieht.

Gerbier de Jonc

Noch beeindruckender ist die Aussicht vom Mont Mézenc (1753 m; vom Pass Croix de Boutières an der D 400 zu Fuß 30 Min.): An klaren Tagen ist fast ganz Südostfrankreich zu überblicken, vom Mont Ventoux bis zum Montblanc.

✱✱ Mont Mézenc

 LE PUY ERLEBEN

AUSKUNFT
Office de Tourisme
2 Pl. Clauzel, 43000 Le Puy-en-Velay
Tel. 04 71 09 38 41
www.ot-lepuyenvelay.fr
www.cathedraledupuy.org

ESSEN
▶ **Preiswert**
① *Au Poivrier*
69 Rue Pannesac, Tel. 04 71 02 41 30
So. geschl. (außer Aug.)
Nettes Bistro in einer schönen Altstadtgasse, gute französisch-regionale Küche. Hier können Sie auch die Linsen von Le Puy testen.

ÜBERNACHTEN
▶ **Günstig**
① *Le Régina*
34 Bd. Maréchal Fayolle
Tel. 04 71 09 14 71
www.hotelrestregina.com
Angenehmes, sehr komfortables Haus mit modern gestalteten Zimmern. Gehobenes, dennoch nicht teures Restaurant, zu Recht gut besucht.

FESTE & EVENTS
Juli/August: mehrere Musikfestivals, von Folkore bis klassische Musik.
14./15. Aug.: Wallfahrt zur Schwarzen Muttergottes.

★ Lille

Région: Nord – Pas-de-Calais
Département: Nord
Höhe: 21 m ü. d. M.
Einwohnerzahl: 227 000

Das nahe der belgischen Grenze gelegene Lille bildet mit Roubaix und Tourcoing den Kern der viertgrößten Wirtschaftsmetropole Frankreichs. Nach tiefgreifendem Strukturwandel präsentiert sich Lille als selbstbewusste Stadt mit einer lebhaften Kulturszene; das Kunstmuseum ist eines der bedeutendsten in Frankreich.

Wirtschaftsmetropole des Nordens

Mit Lille haben sich 84 Gemeinden der Region, darunter Roubaix, Tourcoing und Villeneuve d'Ascq, zur »Communauté urbaine Lille Métropole« mit 1,3 Mio. Einwohnern zusammengeschlossen. Nach dem Niedergang der alten Industrien Kohle, Stahl, Werften und Textilien zeigt sich die Hauptstadt Französisch-Flanderns und der Région Nord (▶Picardie) – die auch eine sehens- und **erlebenswerte Altstadt** besitzt – sehr lebendig. Dazu beigetragen haben neue Wirtschaftszweige wie Versandhandel, Elektronik und Dienstleistungen; der Anschluss an die TGV-Strecken, die Paris, London (Eurotunnel) und Brüssel miteinander verbinden, hat die erhofften »goldenen« Zeiten jedoch nicht gebracht. Die Universität, die sich im östlich gelegenen Villeneuve d'Ascq konzentriert, hat 130 000 Studenten.

Die Mitte von Lille: Grand'Place mit dem Turm der Neuen Börse

► Lille ZIELE 467

⏵ LILLE ERLEBEN

AUSKUNFT
Office du Tourisme
Place Rihour, 59000 Lille
Tel. aus dem Ausland 03 59 57 94 00
Tel. aus Frankreich 08 91 56 20 04
www.lilletourism.com

CITY PASS LILLE METROPOLE
Dieser Pass (1–3 Tage) umfasst den Eintritt für viele Sehenswürdigkeiten und den Nahverkehr in Lille, die 3-Tage-Version auch in der Region.

ESSEN
► **Fein & teuer**
① *Estaminet Chez La Vieille*
60 Rue de Gand, Tel. 03 28 36 40 06
Di.–Sa. ab 19.00 Uhr geöffnet
Eine der besten Estaminets (Brasserien) der Stadt. Viel Folklore und Deko, aber die echte Küche der »Schtis« ist ausgezeichnet. Probieren: Potjevleesch, Poulet au maroille, die Pâtes. Reservieren ist angezeigt.

ÜBERNACHTEN
► **Komfortabel**
① *Hôtel de la Paix*
46 bis, Rue Paris, 59800 Lille
Tel. 03 20 54 63 93, www.hotel-la-paix.com. Charmantes Hotel im Zentrum. Hübsche Zimmer mit allem Komfort; Nr. 12 ist mit Terrasse und Garten ausgestattet.

Geschichte

Die Stadt, die früher L'Isle (»Insel« zwischen Lys und Deûle) hieß, wurde 1369 durch die Heirat Margaretes von Flandern mit Philipp dem Kühnen burgundisch und war dann lange Zeit Residenzstadt der Grafschaft Burgund. Nach habsburgisch-spanischem Zwischenspiel im 16. Jh. besetzte Ludwig XIV. 1667 die Stadt unter dem Vorwand, dass sie zum Erbe seiner spanischen Ehefrau gehöre; mit dem Utrechter Frieden 1713 kam sie endgültig zu Frankreich. Ihren Reichtum verdankte sie der Wollverarbeitung im Mittelalter, später dem Bergbau, der Eisen- und Stahlindustrie und der Tuchfabrikation. 1890 wurde in Lille **Charles de Gaulle** geboren, der legendäre General und Staatspräsident (1958–1969). Im Ersten und Zweiten Weltkrieg kapitulierte die Stadt rasch, was die Verluste gering hielt.

Sehenswertes in Lille

★ **Vieux Lille**

Die schöne barocke Altstadt ist vom Kontrast zwischen Backstein und plastisch gestaltetem Werkstein geprägt. Ihr Mittelpunkt ist die **Place du Général-de-Gaulle** (Grand'Place); eine Säule erinnert hier an die Belagerung durch die Österreicher im Revolutionskrieg 1792.

★ **Vieille Bourse**

Die herrliche Alte Börse (1652) ist ein Komplex aus 24 zweistöckigen Mansardenhäusern in flämischem Barock; ihr schöner **Innenhof** ist ein beliebter Treffpunkt, u. a. zum Tangotanzen (am Sonntagabend), Schachspielen und in Büchern Stöbern. Südlich liegt an der Place de Gaulle die Grand' Garde (1717), westlich der »Furet du Nord«, eine der größten Buchhandlungen der Welt.

Lille Orientierung

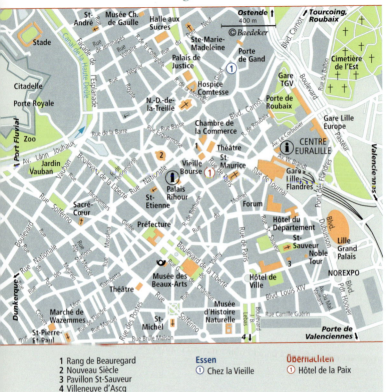

1 Rang de Beauregard
2 Nouveau Siècle
3 Pavillon St-Sauveur
4 Villeneuve d'Ascq

Essen
① Chez la Vieille

Übernachten
① Hôtel de la Paix

Place du Théâtre Am Theaterplatz liegen Oper (1914) und die Neue Börse mit ihrem mächtigen Turm, errichtet ab 1918 im Stil der flämischen Renaissance. Die Reihe der Häuser gegenüber der Neuen Börse (»Rang de Beauregard«) ist typisch für die Liller Architektur des 17. Jh.s.

Place Rihour Südwestlich der Place de Gaulle schließt die Place Rihour an. Ein riesiges Kriegerdenkmal ragt vor dem 1454–1473 erbauten Palais Rihour auf, der **Residenz von den Herzöge von Burgund** (Tourismusbüro). Links der Neuen Börse beginnt die Rue de la Grande-Chaussée, die in die **Rue des Chats-Bossus** (»Straße der buckligen Katzen«) mündet. Hier ist die »Huitrière« ansässig, ein (teures) Art-déco-Restaurant (1928). Über die Place du Lion d'Or weiter in die Rue de la Monnaie mit dem Hospice Comtesse, das auf ein 1237 gegründetes

★
Hospice Spital zurückgeht; die Gebäude aus dem 15.–18. Jh. beherbergen das
Comtesse sehenswerte Stadtmuseum (Di. geschl.). Die neogotische Kathedrale Notre-Dame-de-la-Treille (1850) erhielt 1999 ihre Fassade.

Das Kunstmuseum – in einem prachtvollen Palast von 1892 – gilt als bedeutendstes in Frankreich nach dem Louvre (geöffnet Mo. 14.00–18.00, Mi.–So. 10.00 bis 18.00 Uhr). Die **Gemäldesammlung** umfasst Werke u. a. von Goya, Delacroix, Courbet, Monet und Renoir. Im Erdgeschoß sind französische Plastik von Houdon und David d'Angers bis zu Rodin und Bourdelle sowie europäische und ostasiatische Keramik zu sehen, im Untergeschoß Exponate aus Mittelalter und Renaissance. Bemerkenswert sind die **Modelle nordfranzösisch-flandrischer Städte**, die die »Pré Carré« bildeten.

✱ ✱ Musée des Beaux-Arts

> **! Baedeker TIPP**
>
> **Braderie de Lille**
>
> Am ersten Septemberwochenende findet die »Braderie« statt, ein gigantischer Trödelmarkt, der als der größte der Welt gilt. An zwei Tagen kann man sich durch 200 km lange Gehsteige mit Plunder und edlen Antiquitäten kämpfen. Braucht man neue Kraft, stärkt man sich nach alter Tradition mit Miesmuscheln und Pommes (»moules-frites«). Unterkunft früh reservieren!

Östlich der Porte de Paris, einem 1682–1695 zu Ehren Ludwigs XIV. errichteten Triumphbogen, steht das **Rathaus** (1924–1932); von seinem 106 m hohen Turm schöner Blick über die Stadt.

Das Geburtshaus von Charles de Gaulle nördlich des Zentrums (Rue Princesse 9) wurde zum Museum gestaltet (Mo./Di. geschl.).

Maison De Gaulle

Westlich des Zentrums, jenseits des Deûle-Kanals, liegt die 1667 bis 1670 im Auftrag Ludwigs XIV. von Vauban angelegte Zitadelle, die bis zum Ersten Weltkrieg eine der bedeutendsten Frankreichs war und noch heute dem Militär dient. Bei Spaziergängern und Joggern beliebt sind die Parks ringsum.

Zitadelle

Eine Besuch wert ist der **Markt** im südwestlichen Stadtteil Wazemmes (Markthalle Mo. geschl.), in der alle Köstlichkeiten des Nordens zu finden sind. Am Sonntagvormittag feilscht man hier um Trödel.

✱ Wazemmes

An die barocke Altstadt stößt östlich das ausgehende 20. Jh. an, das Viertel Euralille um den Bahnhof Lille-Europe. Geplant hat diese »Ausstellung zeitgenössischer Architektur« Rem Koolhaas, der auch das Konzert- und Kongresshaus Lille Grand Palais entwarf. Beiträge leisteten außerdem C. Vasconi (Tour Lilleurope WTC), C. de Portzamparc (Tour du Crédit Lyonnais) und Jean Nouvel (»Büro-Hotel-Shopping-Wohn-Komplex« Centre Euralille).

Euralille

In **Villeneuve d'Ascq** 8 km östlich zeigt das weltbekannte Lille Métropole Musée d'Art Moderne, d'Art Contemporain et d'Art Brut über 200 Werke aus der ersten Hälfte des 20. Jh.s; die Art Brut (naive Kunst) wird im neuen Teil präsentiert. Anfahrt: Metro 1 nach Villeneuve-Pont de Bois, dann Bus 41 bis Parc Urbain/Musée. Geöffnet Di.–So. 10.00–18.00 Uhr (www.musee-lam.fr).

✱ ✱ LaM

Limoges

J 7

Région: Limousin
Département: Haute-Vienne
Höhe: 290 m ü. d. M.
Einwohnerzahl: 138 8000

Limoges, der Hauptort des ▶Limousin, ist die Porzellan- und Emailhauptstadt Frankreichs. Neben dem Nationalen Porzellanmuseum und den Manufakturen ist auch die Altstadt einen Besuch wert.

Limoges gestern und heute Die Stadt entstand aus zwei Siedlungsbezirken, die noch heute erkennbar sind: Ältestes Viertel ist die auf einer Anhöhe an der Vienne liegende (Haute) Cité; zu ihren Füßen entwickelte sich die Bas Cité, die sich mit ihren malerischen Gässchen bis zum Pont St Etienne erstreckt. Die westlich anschließende Ville (oder »Château«) entstand später um das Kloster St-Martial und ist seit dem 14. Jh. Mittelpunkt des urbanen Lebens. In der Hauptstadt des Départements Haute-Vienne ist neben den Behörden und der Universität mit 7000 Studenten auch die Schuhindustrie von Bedeutung.

Aus der Geschichte Um 250 wurde Limoges durch den hl. Martial christianisiert, dessen Grab eine wichtige Station am Jakobsweg wurde (▶Baedeker Special S. 790). Der Hügel am Fluss wurde in der Völkerwanderung zur befestigten Siedlung, später Bischofssitz; es entstanden das Kloster St-Martial (1792 zerstört) und eine Markgrafenburg (daher »Château«). 1792 wurden die beiden Viertel zur Stadt Limoges vereint.

Limoges Orientierung

1 Gare des Bénédictins

Essen
① Petits Ventres

Übernachten
① Hotel de la Paix

Den Platz vor dem eleganten Neorenaissance-Rathaus ziert – wie es sich für Limoges gehört – ein prächtiger Brunnen aus Porzellan.

Die Emaillekunst, die auf die in der Gegend vorkommenden Metallerze zurückgriff, entwickelte sich schon bis zum 12. Jh. zu hoher Blüte (u. a. im Kloster St-Martial), einen Gipfel erreichte sie dann im 16. Jh. mit dem Emailmaler L. Limosin. Die erste Porzellanmanufaktur wurde 1771 gegründet, nachdem man 1768 im nahen St Yrieix gutes Kaolin gefunden hatte; im 19. Jh. entwickelte sich Limoges zur französischen »Porzellanhauptstadt«. Als Porzellanmaler begann der Impressionist **Pierre-Auguste Renoir** (1841 – 1919), der in Limoges geboren wurde, seine Karriere.

Email und Porzellan

Sehenswertes in Limoges

Im von Fachwerkhäusern und gotischen Arkaden geprägten Viertel Cité steht die Kathedrale St-Etienne, eine der wenigen gotischen Bauten dieser Größe im südlichen Frankreich. 1273 begonnen, wurde sie erst 1888 fertiggestellt; durch Verwendung der Originalpläne wurde dennoch Einheitlichkeit erreicht. Vom romanischen Vorgängerbau stammen noch ein Teil der Krypta und die unteren Stockwerke des Turms (62 m). Man betritt die Kirche durch das großartige Portal St-Jean im nördlichen Querschiff (Flamboyant, 1516 – 1530) mit gleich alten Renaissance-Türen (Legenden von St-Martial und St-Etienne). Eindrucksvoll im eleganten Inneren sind der **Renaissance-Lettner** (1534) unter dem modernen Orgelprospekt und drei um den Chor angeordnete Grabmäler.

St-Etienne

LIMOGES ERLEBEN

AUSKUNFT
Office de Tourisme
12 Boulevard de Fleurus
87000 Limoges
Tel. 05 55 34 46 87
www.limoges-tourisme.com

ESSEN
▶ **Preiswert**
① *Les Petits Ventres*
20 Rue Boucherie
Tel. 05 55 34 22 90, So./Mo. geschl.
Eine Institution (Spezialität: Kutteln) in einem Fachwerkhaus im alten Metzgerviertel. Rustikale Einrichtung, gute klassische Küche, bester Service.

ÜBERNACHTEN
▶ **Günstig**
① *Hôtel de la Paix*
25 Place Jourdan
Tel. 05 55 34 36 00, Fax 05 55 32 37 06
Das Hotel von 1900 ist auch ein Museum für Grammophone, ältliche, dennoch komfortable Zimmer, netter Service, kein Restaurant.

Musée de l'Éveché — Im Bischofspalast (18. Jh.) zeigt das **Kunstmuseum** Limousiner Email des 12.–19. Jh.s, französischen Impressionismus (bes. Renoir) sowie Bauplastik von der Antike bis zum Mittelalter, so das Mosaik vom Grab des hl. Martial. Vom Chor der Kathedrale geht man durch malerische enge Gassen hinunter zur **Vienne**, die vom Pont St-Etienne (1210) und weiter südlich vom Pont St-Martial (1215) überspannt wird. Interessant ist die Cité des Métiers, die mit **großen Modellen** alte Handwerkskunst dokumentiert.

Cité des Métiers ▶

St-Martial — Im Nordosten des Viertels Château liegt die Place de la République mit den Resten des Klosters St-Martial, das 848 die Benediktinerregel annahm und sich 1063 den Cluniazensern anschloss. Um das Grab des hl. Martial entstanden drei Kirchen, die größte war die 102 m lange Basilika St-Sauveur (1791 abgetragen). In einer Nekropole des 4. Jh.s sind mehrere Krypten mit Sarkophagen zu sehen.

St-Pierre-du-Queyroix — Unweit südöstlich liegt die Kirche St-Pierre-du-Queyroix (13./14. Jh.) mit beeindruckendem Turm (13. Jh.); zu beachten sind das Chorgestühl (1513), eine Pietà des 16. Jh.s, eine Christusfigur (Ende 14. Jh.) und das Glasfenster rechts des Chors (1510).

St-Michel-des-Lions — Im Westteil des Viertels steht die Kirche St-Michel-des-Lions (1364 bis 16. Jh.). Im lichten Inneren der Hallenkirche sind die spätgotischen Glasmalereien (15. Jh.), eine Pietà des 15. Jh.s und der Schrein (19. Jh.) mit den Reliquien des hl. Martial zu beachten.

Viertel La Boucherie — Südlich von St-Michel die mit einem Keramikfries geschmückte **Markthalle** (1889, tägl. geöffnet), dahinter liegt das Metzgerviertel, mit seinen Fachwerkhäusern (z. T. 13. Jh.) ein beliebter Treffpunkt.

Die Chapelle St-Aurélien (1475, Fassade und schindelverkleideter Turm (17. Jh.) war und ist die Kapelle der Metzgergilde.

Das 1845 begründete Musée National de la Porcelaine Adrien Dubouché ist neben dem in Sèvres das bedeutendste Keramikmuseum Frankreichs (Di. geschl.). Seine 12 000 Exponate umfassen Stücke aus lokaler Produktion, außerdem aus ganz Europa, China, Japan und Persien. Im Viertel Les Casseaux ist in einer alten Fabrikhalle ein riesiger **Brennofen** von 1884 (Four Rond) zu bestaunen. Ebenso schön wie technisch aufwendig ist der 1925–1929 errichtete Jugendstil-**Bahnhof** mit seinem markanten, 60 m hohen Turm.

✶✶
Musée Dubouché

> ! **Baedeker TIPP**
>
> **Porzellan & Email**
> Eine Reihe von Porzellan- und Emailmanufakturen empfangen Besucher, etwa 40 Betriebe in Limoges und Umgebung haben Verkaufsräume. Informationen gibt das Office de Tourisme. Die Emailsammlung im Museum im Bischofspalast gilt als weltweit einzigartig.

Limousin

H–J 6/7

Die Mitte des französischen Hexagons nimmt das Limousin ein, die am dünnsten besiedelte Region Frankreichs. Mit der grünen, hügeligen Bocage-Landschaft, seinen malerischen Dörfern und Burgen kann es als Inbegriff des ländlichen Frankreichs gelten.

Trotz seiner reizvollen Landschaft ist das Limousin – Hauptstadt und Namensgeber ist ▶Limoges – vom Tourismus wenig berührt; große »Sehenswürdigkeiten« gibt es auch nicht viele. Der Reichtum an Flüssen und Seen macht es für Angler, Kajakfahrer und Segler interessant; im bergigen Ostteil (Plateau de Millevaches, Monts des Monédières), der knapp 1000 m Höhe erreicht, entspringen die Flüsse Vézère, Corrèze, Vienne und Creuse. In den Départements Creuse, Haute-Vienne und Corrèze mit nur 42 Einwohnern pro km² ist die Landwirtschaft die Basis; lokal sind die Herstellung von Porzellan und Tapeten sowie die Lederverarbeitung bedeutend. Alle sieben Jahre (wieder 2016) finden in 18 Orten des Limousin (u. a. ▶Limoges, Le Dorat, St-Junien, Nexon, Aureil) zwischen März und Juli prächtige Prozessionen zu Ehren ihrer Ortsheiligen statt, die »ostensions«.

Wissenswertes

Vorherrschend sind Zeugnisse romanischer Kunst, die Gotik fasste in dem ländlich geprägten Raum kaum Fuß. Für die Romanik des Limousin typisch ist v. a. die Verwendung von Granit (dementsprechend wenig Bauschmuck), die Gestaltung des Kirchturms mit achteckigen Obergeschossen, deren Übergang vom quadratischen Untergeschoß von Wimpergen (Dreieckgiebel) kaschiert wird, und die Umrandung der Fenster mit Rundwülsten.

Architektur

Ein wenig Geschichte

Bei La Chapelle-aux-Saints (Corrèze) wurde ein ca. 100 000 Jahre altes Menschenskelett aus der Altsteinzeit gefunden. Verbreitet sind frühgeschichtliche Megalithen und Steingräber. In keltischer und römischer Zeit ist die Geschichte des Limousin mit der der ▶Auvergne verbunden; Vercingetorix versuchte den Eroberungszug Caesars zu stoppen, unterlag aber in der berühmten Schlacht von Alesia. Nachdem der Südwesten Frankreichs unter Heinrich II. Plantagenet 1154 englisch geworden war, konnte König Philipp II. August sich 1223 nach der Auvergne auch das Limousin aneignen. Im 14. Jh. wurden drei Männer aus dem Limousin Päpste: Clemens VI., Innozenz VI. und der Neffe des Ersteren, Gregor XI., die alle in Avignon residierten; sie sorgten dafür, dass die Kirche aus dem Limousin etwa 40 Kardinäle und über 300 Bischöfe erhielt. Im Zweiten Weltkrieg waren Oradour-sur-Glane und Tulle Schauplatz von Massakern an der Zivilbevölkerung.

Reiseziele im Limousin

Die Reiseziele im Limousin werden um das Zentrum ▶Limoges im Uhrzeigersinn beschrieben, beginnend im Westen. Die Dordogne durchquert zwischen der Barrage de l'Aigle und Beaulieu den südlichsten Bereich des Limousin; ihr Tal wird als ganzes unter dem Stichwort ▶Périgord beschrieben.

Saint-Junien

In St-Junien (30 km westlich von Limoges, 12 000 Einw.) werden über 60 % der französischen **Handschuhe** produziert. Seine bemerkenswerte romanische Kirche (12./13. Jh.) zeigt den typischen Stil des Limousin; das Grabmal des hl. Junien, des 540 verstorbenen Lokalheiligen, ist ein Meisterwerk der Bildhauerkunst des 12. Jh.s. Zahlreiche Häuser aus dem 14. – 17. Jh.; interessant ist die Chapelle Notre-Dame-du-Pont am rechten Vienne-Ufer (Flamboyantgotik, 1451).

Oradour-sur-Glane

Oradour (12 km nordöstlich von St-Junien, Bus vom Limoges) ist zum Symbol des Naziterrors in Frankreich geworden: Am 10. Juni

---

Highlights *Limousin*

Aubusson
Die Heimat der berühmten Wandteppiche
▶ Seite 477

St-Léonard-de-Noblat
Romanik des Limousin in Reinform
▶ Seite 476

Oradour-sur-Glane
Am 10. Juni 1944 von der SS ausgelöscht
▶ Seite 474 (oben)

Uzerche
Früher hieß es einmal: »Hausbesitzer in Uzerche, Schlossbesitzer im Limousin«.
▶ Seite 479

Moûtier-d'Ahun
Mittelalterliche Kirche mit grandiosen barocken Täfelungen und Chorgestühl aus Eichenholz
▶ Seite 477

1944 wurden als Repressalie gegen die Résistance die 642 Bewohner, darunter 246 Frauen und 213 Kinder, von 160 SS-Männern ermordet (zu ihnen gehörten 14 Elsässer, einer davon als Freiwilliger), der Ort zerstört. Er blieb in diesem Zustand erhalten; am Friedhof eine Gedenkstätte. In der Nähe entstand der neue Ort gleichen Namens.

Bellac

Bellac (44 km nordwestlich von Limoges, 4900 Einw.), ein malerisch gelegenes Städtchen an der Grenze zum Poitou, ist die Heimat des Dramatikers J. Giraudoux (1882–1944; Geburtshaus Av. Jaurès 4, Denkmal im Rathausgarten). Ihm zu Ehren findet im Juli ein **Theater- und Musikfestival** statt. Die Kirche Notre-Dame besitzt ein romanisches (12. Jh.) und ein gotisches (14. Jh.) Schiff; an der Nordwand ein herrlicher Reliquienschrein (12. Jh.) aus vergoldetem Kupfer mit Edelsteinen und Grubenemail-Medaillons.

★ Le Dorat

In Le Dorat (12 km nördlich von Bellac, 2200 Einw.) steht mit St-Pierre (1. Hälfte 12. Jh.) eine der bedeutendsten **romanischen Kirchen des Limousin**, ein mächtiger, 77 m langer Bau. Bemerkenswert ist das Portal mit fächerförmigen Archivolten, was spanisch-maurische Einflüsse durch Jakobspilger verrät. Innen zu beachten das vorromanische Taufbecken, die Krypta (11. Jh.) und der Kirchenschatz in der Sakristei.

Ambazac

Ambazac (4200 Einw.) liegt 21 km nordöstlich von Limoges in den bis 700 m hohen Monts d'Ambazac. In St-Antoine (12. Jh.) sind wertvolle Gegenstände zu sehen, die mit dem hl. Etienne de Muret verbunden sind: ein liturgisches Gewand (11. Jh.), das ihm 1121 die deutsche Kaiserin Mathilde schenkte, und ein herrlicher **Reliquienschrein** von 1123, der in der bedeutenden, nicht mehr existierenden Abtei Grandmont (8 km nördlich) gefertigt wurde.

La Souterraine

La Souterraine (5400 Einw.) liegt 52 km nordöstlich von Limoges (A 20 / N 145). Der Name »die Unterirdische« rührt von der Krypta des 10. Jh.s, auf der ab 1017 die Kirche Notre-Dame entstand. Der heutige Bau, 1120 begonnen, wurde mehrfach beschädigt und wieder aufgebaut. Außen sind die Kopfkonsolen über dem mozarabisch beeinflussten Westportal und die romanische Madonna am Südportal bemerkenswert, innen das doppelte Querschiff mit ovaler Kuppel, die Kapitelle des Mittelschiffs und der Altar (12. Jh.). Die Krypta enthält außer einer Madonna aus Granit die Reste eines gallorömischen Brunnens. Das Stadttor St-Jean (14. Jh.) war bis 1860 Gefängnis.

Tal der Creuse

Die vom Zentralmassiv kommende Creuse wird zwischen Fresselines und Argenton in einem malerischen Tal zum See von Chambon gestaut. An seinem Südende liegt **Crozant** (31 km nordöstlich von La Souterraine) mit den Resten einer Festung, die im 13. Jh. vom Graf der Marche auf dem Bergsporn zwischen Creuse und Sédelle errichtet wurde (ab 1588 niedergelegt bzw. verfallen).

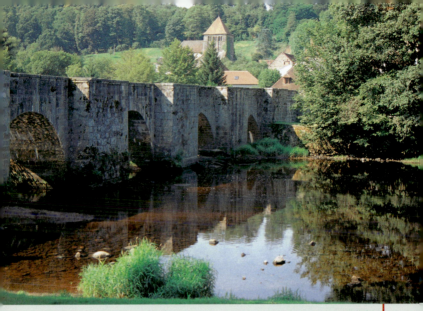

Beschauliche Szenerie an der mittelalterlichen Brücke von Moutier-d'Ahun

Guéret

★

Musée de la Sénatorerie ▶

Die Hauptstadt des Départements Creuse (14 000 Einw., 33 km östlich von La Souterraine) war im 13. Jh. Hauptort der Grafschaft Marche. Interessant ist das **Stadtmuseum** im Hôtel de la Sénatorerie (17./18. Jh.): Goldschmiedekunst und Email (v. a. Reliquienschreine und Arbeiten von L. Limosin), Keramik aus Frankreich, Europa und China, Aubussons, lokale Archäologie (außer Juli/Aug. Di. geschl.).

Saint-Léonard-de-Noblat

Das für sein Marzipan bekannte St-Léonard-de-Noblat (4700 Einw.), 21 km östlich von Limoges über dem Tal der Maulde gelegen, hat eine reizvolle Altstadt aus dem 13.–16. Jh. Es war Station am Jakobsweg und Geburtsort des Physikers J.-L. Gay-Lussac (1778–1850; Museum). Die große Sehenswürdigkeit ist die **Stiftskirche** (11.–13. Jh.), ihr Turm eines der besten Beispiele der Limousin-Romanik. An der Westfassade und am Portalvorbau des Turms bemerkenswerte Kapitelle, innen ein schönes Chorgestühl (1480) und im Hauptaltar (18. Jh.) das Reliquiar des hl. Leonhard; sein Fest feiert man mit vielen Pferden am Sonntag nach dem 6. November.

Bourganeuf

Bourganeuf, 28 km nordöstlich von St-Léonard auf einem Hügel am Treffpunkt dreier Täler gelegen, war 1227–1750 französischer Sitz des Johanniterordens. Die Komturei beherbergt das Rathaus (darin Aubussons von Ende des 18. Jh.s), nebenan die **Tour Zizim** (1486). Zizim (Djem), Sohn des Osmanenherrschers Mehmet II., war vom Johanniter-Großmeister Pierre d'Aubusson interniert worden; ab 1486 lebte er in dem Turm, bis er 1489 Papst Innozenz VIII. ausgeliefert wurde. Von der luxuriösen Einrichtung ist nichts erhalten, beeindruckend ist das Eichengebälk. Die Johanniterkirche St-Jean (12./15. Jh.) hatte von zwei Häusern des Ordens direkten Zugang.

★

Direkt aus dem Mittelalter scheint das Dörfchen Moutier-d'Ahun (200 Einw.) zu kommen. Über die alte Brücke erreicht man die um 1000 gegründete Abtei, die Kirche (12. Jh.) wurde mehrfach schwer beschädigt (das Langhaus existiert nicht mehr). Das prächtige gotische Portal entstand nach 1489. Das herrliche Eichenholzgestühl schuf Simon Bauer, trotz des Namens ein Auvergnat, 1673–1680; an der ersten Miserikordie der linken oberen Reihe sein Konterfei.

Moutier-d'Ahun

★ ★

◄ Gestühl

Das entzückende Städtchen Aubusson (5000 Einw.), 39 km östlich von Bourganeuf im Tal der Creuse gelegen, ist weltberühmt für die Bildteppiche, die seit dem 14. Jh. hier gefertigt werden. Heute besitzt es mehrere bedeutende **Gobelin-Manufakturen**, die z. T. Führungen anbieten (www.tourisme-creuse.com). Technik bzw. Produkte sind im Musée Départemental de la Tapisserie (Di. geschl.) und in der Maison du Tapissier (Juni–Sept. tägl., sonst So. geschl., Zugang Tourismusbüro) kennenzulernen. Vom Pont de la Terrade bietet sich ein hübsches Bild mit den alten Häusern im engen Flusstal, die von der Kirche Ste-Croix (13. Jh., im 19. Jh. verändert) überragt werden.

Aubusson

★ ★

◄ Musée de la Tapisserie

LIMOUSIN ERLEBEN

AUSKUNFT

Maison de Limoges et du Limousin
Gustavstr. 31, D-90762 Fürth
Tel. (09 11) 97 79 89 99

CRT Limousin
30 Cours Gay-Lussac, C.S. 500 95
87003 Limoges Cedex 1
Tel. 0 55 11 05 90, Fax 05 55 05 07 56
www.tourismelimousin.com

ÜBERNACHTEN / ESSEN

▶ Luxus
Château de Castel Novel
Varetz, Tel. 05 55 85 00 01
www.castelnovel.com
5 km nördlich von Brive-la-Gaillarde
Fürstlich wohnt man in diesem
Schloss aus dem 13./15. Jh., in einem
herrlichen Park gelegen (mit Pool).
Michelin-besterntes Restaurant mit
feiner klassisch-regionaler Küche.

▶ Günstig
Le Grand St-Léonard
St-Léonard-de-Noblat
23 Avenue du Champ-de-Mars
Tel. 05 55 56 18 18
www.chateauxhotels.com
Die alte Poststation am Ostrand von
St-Léonard könnte aus der Frühzeit
des Tourismus stammen. Was man
beim preisgünstigen Übernachten
spart, kann man im guten Restaurant
investieren.

Hôtel de la Gare
Tulle, 25 Avenue Churchill
Tel. 05 55 20 04 04, http://hotelres
taurantdelagarefarjounel.com
Der »Klassiker« von Tulle gegenüber
dem Bahnhof. Hübsche, südfranzösisch gestaltete Zimmer um einen
Innenhof, Restaurant mit großzügiger
klassischer Küche.

Chambon-sur-Voueize	Die im äußersten Nordosten des Limousin (39 km nordöstlich von Aubusson) schön gelegene kleine Stadt (1000 Einw.) besitzt mit der Kirche Ste-Valérie (12. Jh.) einen der wichtigsten romanischen Sakralbauten des Limousin (87 m lang, im Querschiff 38 m breit). Der für das Limousin typische Portalvorbau wird vom Bürgerturm (13. Jh.) überragt, die letzten Joche vor der Vierung vom Archivturm. Unter Letzterem das schöne Chorgestühl (17. Jh.).
Evaux-les-Bains	Zwei Kilometer von Chambon entfernt ist der schon zur Römerzeit geschätzte Kurort Evaux-les-Bains mit rund **30 Quellen** (14–60 °C). Die Bäder der Neuzeit entstanden 1831–1858 sowie um 1900. Die im 9. Jh. gegründete Abtei St-Pierre-et-St-Paul verfügt über einen ungewöhnlichen Turm. Auf ein karolingisches Untergeschoß wurden im 13. Jh. ein romanisches und ein frühgotisches Geschoß gesetzt. Schöner Ausflug ins Tal der gestauten Tardes (nordwestlich).
Plateau de Millevaches	Das Plateau de Millevaches im Osten des Limousin ist eine einsame, unfruchtbare und äußerst dünn besiedelte Hochfläche mit Nadelwäldern, Heide und Viehweiden. Im Puy Pendu und im Mont Bessou erreicht sie 977 m Höhe. Die ergiebigen Niederschläge lassen eine Reihe von Flüssen entspringen, wie Vezère, Vienne, Creuse und Cher. Der Name hat nichts mit Kühen (»vaches«) zu tun. Eine Erklärung greift auf das keltische Wort »batz« für »Quelle« zurück, eine andere auf das lateinische »moles vacua«, »leeres Land«. Malerische **Stauseen** (Vassivière, Vaud-Gelade, Monceaux-la-Virolle, Chammet) laden zum Bade und zum Wassersport. Einen Besuch lohnt das auf einer Insel im Lac de Vassivière (35 km östlich von St-Léonard-e-Noblat) gelegene **Centre d'Art et du Paysage** (Architekt Aldo Rossi; modernes Café mit herrlichem Ausblick, Mai–Sept.).
★ Lac de Vassivière ▶	
Felletin	Noch früher als im 11 km nördlich gelegenen Aubusson wurden in Felletin Bildteppiche gewebt. Der 22,8 × 11,6 m große Wandteppich in der Neuen Kathedrale von Coventry (England), der größte der Welt, stammt von hier. Die Eglise du Moûtier (1122, nach 1451 wieder aufgebaut) verfügt über ein ungewöhnliches gotisches Portal.
Meymac	Reizvoll am Südrand des Plateau de Millevaches, 17 km westlich von Ussel, liegt Meymac, ein hübscher alter Marktort. Die Kirche der 1085 gegründeten Abtei besitzt außer schönen Kapitellen eine schwarze Madonna (12. Jh.); in den Klostergebäuden (17.–19. Jh.) ein archäologisch-volkskundliches Museum und ein Zentrum für zeitgenössische Kunst. Lohnend ist der Ausflug auf den **Mont Bessou** (Turm, großartige Aussicht bis zu den Vulkankegeln der Auvergne).
★ Mont Bessou	
Monts des Monédières	Südwestlich schließen sich an das Plateau de Millevaches die Monts des Monédières an, ein Kristallmassiv mit weiten Heidekrautflächen und vielen Granitfindlingen. Vom 911 m hohen **Suc-au-May** bietet sich eine fantastische Aussicht.

Ussel

Am Südrand des Plateau de Millevaches liegt Ussel (10 300 Einw.), dessen hübsche Altstadt über Hôtels des 15.–17. Jh.s verfügt; zu nennen besonders das Palais der Herzöge von Ventadour. Die Kirche St-Martin (12. Jh.) erhielt im 15./16. Jh. ein neues Langhaus (Chorgestühl 18. Jh.). Die Chapelle des Pénitents Blancs (Rue Pasteur) dient als Kunst- und Völkerkundemuseum, das Hôtel Bonnot de Bay als Regional- und Handwerksmuseum. An der Place Voltaire steht ein 800 kg schwerer **römischer Adler** aus Granit, der bei der Mühle von Peuch südlich der Stadt gefunden wurde.

Solignac

Das alte Städtchen (1500 Einw.) 10 km südlich von Limoges ist bekannt durch die um 630 vom hl. Eligius (St-Eloi) gegründete Abtei. Eligius war Goldschmied, Minister unter König Dagobert sowie Bischof von Noyon. Die Abteikirche St-Pierre (1143) weist mit Pendentifkuppeln überwölbte Joche auf, ein Kennzeichen der perigordinischen Romanik; Chorgestühl aus dem 15. Jahrhundert.

Saint-Yrieix-la-Perche

In einer fruchtbaren Viehzuchtregion 40 km südlich von Limoges liegt St-Yrieix (7000 Einw.). Hier wurden 1768 die Kaolinvorkommen entdeckt, die den Anstoß für die Porzellanherstellung in ▶ Limoges gaben. Am Platz einer Abtei des 6. Jh.s steht die Kollegiatkirche mit dem Beinamen »Moûtier« (»Senftopf«; 12./13. Jh.); im Chor das Reliquiar des hl. Yrieix. Außer der Tour du Plô (13. Jh.) sind Bürgerhäuser des 15./16. Jh.s sehenswert.

Coussac-Bonneval

In schöner Umgebung liegt 11 km östlich von St-Yrieix dieser kleine Ort (1300 Einw.), der vom **Schloss Bonneval** (14.–17. Jh.) dominiert wird. In den prächtig eingerichteten Räumen informiert eine Ausstellung über das Leben des Ahmed Pascha, der 1675 als C.-A. de Bonneval geboren wurde, mit Prinz Eugen gegen die Türken focht, die osmanische Armee modernisierte und 1747 in Konstantinopel starb. Die Totenlaterne (12. Jh.) stand einst am Friedhof.

Ségur-le-Château

Ségur (15 km südöstlich von St-Yrieix) gehört zu den »Schönsten Dörfern Frankreichs«; aus seinem Schloss (12. Jh., nur Ruinen erhalten) stammten Jean d'Albret, König von Navarra, und Jeanne d'Albret, die Gattin Heinrichs IV.

Arnac-Pompadour

Pompadour (24 km südöstlich von St-Yrieix) wurde durch Jeanne Le Normant bekannt, die Geliebte Ludwigs XV., die von ihm das beeindruckende Schloss und den Titel **Marquise de Pompadour** erhielt (▶ Berühmte Persönlichkeiten). Der König richtete 1761 das Gestüt ein, heute Staatsgestüt (Haras National); es kann besichtigt werden. Schloss und Haras sind So. geschlossen.

Uzerche

Uzerche (30 km nordwestlich von Tulle, 3200 Einw.) gehört durch seine Lage in einer Vézère-Schleife und und die alten, burgähnlichen Häuser zu den **schönsten Städten des Limousin**. Von Süden gelangt man durch das Béchario-Tor, das einzige erhaltene Tor der Befestigung, in die Altstadt, die von der romanischen Kirche St-Pierre (11.–14. Jh.) überragt wird. Im Chor besonders schöne Kapitele; Kapitele waren die Weihwasserbecken am Süd- und am Westportal. Häuser des 12.–16. Jh.s sind an der Rue Pierre-Chalaud zu sehen; in der Fortsetzung (Rue de la Justice) ist im Palast des Seneschalls das regionale archäologische Zentrum untergebracht. Einen guten Blick über die Stadt hat man von der D 3.

Naves Von Uzerche führt die N 120 südöstlich nach Tulle (30 km). Einen Abstecher nach Naves lohnt die Kirche (14. Jh.) mit einem riesigen, aus Nussbaumholz geschnitzten Barockaltar (1650–1704).

Tulle Die Hauptstadt des Bas-Limousin und des Départements Corrèze (15 600 Einw.), seit 1317 Bischofssitz, zieht sich über 3 km im engen Tal der Corrèze hin. Beachtenswert ist außer hübschen Renaissance-

Trägt seinen Beinamen zu Recht: Collonges-la-Rouge

häusern die Kathedrale Notre-Dame (12.–14. Jh.) mit 75 m hohem Turm); südlich stößt ein Kreuzgang mit einem Museum an. Nördlich der Kathedrale (Place Gambetta) die Maison Loyac, ein prächtiges Bürgerhaus (15./16. Jh.). Südlich der Kathedrale benachbart ein **Résistance-Museum** zur Erinnerung an die Greueltaten deutscher Truppen am 9. Juni 1944. Tulle ist die **Akkordeon-Stadt** Frankreichs; die letzte Werkstatt, Maugein, ist zu besichtigen, am 3. Wochenende im Sept. zieht ein Festival (Les Nuits de Nacre) viele Besucher an.

In der Nähe des herrlich gelegenen Dorfs Gimel (600 Einw.) bildet die Montane die insgesamt über 140 m hohen Gimel-Fälle (von der Ortsmitte 1 Std. hin und zurück). Die Kirche von Gimel besitzt einen herrlichen Kirchenschatz, u. a. den **Reliquienschrein** des hl. Stephanus (12. Jh.) in Limosiner Email. Eine weitere sehenswerte Goldschmiedearbeit ist in der Kirche von Ste-Fortunade (6 km südlich von Tulle) zu sehen, das Kopfreliquiar der hl. Fortunade aus dem 15. Jahrhundert.

★ Gimel-Fälle

Ste-Fortunade

Von Tulle führt die N 89 im Corrèze-Tal nach Brive-la-Gaillarde. Auf halber Strecke liegt südlich abseits die Zisterzienserabtei Aubazine, gegründet im 12. Jh. vom hl. Etienne. Sein großartiges **Grabmal** (um 1250) steht in der nach Zisterzienserart sehr schlichten Kirche (ab 1156); die ersten sechs Joche wurden 1757 zerstört. Ungewöhnlich ist am Turm die Gestaltung des Übergangs vom quadratischen zum achteckigen Grundriss. Weiter hervorzuheben die ehedem farbig gefasste Grablegung aus dem benachbarten Nonnenkloster Coyroux, eine Pietà (15. Jh.) und ein Sakristei-Schrank aus Eiche, der sage und schreibe aus dem 12. Jh. stammt.

★ Abbaye de Aubazine

Die 25 km südwestlich von Tulle an der Corrèze gelegene Stadt (50 200 Einw.) verdankt den Beinamen »die Kühne« ihrem Widerstand in zahlreichen Belagerungen. In der konzentrisch angelegten Altstadt – der Boulevardring folgt dem einstigen Verlauf der Stadtmauern – ist die Stiftskirche St-Martin (12./14., Jh., Chor 18. Jh.) interessant; großes Taufbecken (12. Jh.). Südlich neben der Kirche ist das Haus der St.-Martins-Türme (15./16. Jh.) zu beachten, südwestlich die Tour des Echevins (16. Jh.). Im Osten der Altstadt beherbergt das Hôtel de Labenche (um 1540) ein Regionalmuseum.

Brive-la-Gaillarde

Das 400 Einwohner zählende Dorf 21 km südöstlich von Brive ist ganz **aus rotem Sandstein** erbaut und gilt als eines der schönsten des Landes. Vom alten Bahnhof kommt man vorbei am Haus der Meerjungfrau (16. Jh., zugänglich) zum Hôtel des Ramades des Friac. Hier rechts zum Relais (Station der Jakobspilger) und zum Château de Benge, links am Kornspeicher vorbei zur zweischiffigen Kirche St-Pierre (11./12. Jh.); hervorragend das Tympanon aus weißem Stein (vor 1140). Weiter östlich das Castel de Vassinhac von 1583. Über das Castel de Maussac zurück zum alten Bahnhof.

Collonges-la-Rouge

★★ Loire-Tal

F–L 5/6

Die Loire, genauer ihr mittlerer Abschnitt, ist eines der ganz großen Reiseziele in Frankreich. Könige und Adelsgeschlechter haben sich hier großartige Burgen und Schlösser erbauen lassen, die mit der sanften, anmutigen Landschaft wunderbar harmonieren – in der Tat der »Garten Frankreichs«, wie es Rabelais ausdrückte.

Fluss der Könige

Die Loire, der längste Strom Frankreichs, fließt nicht nur mitten durch das Land, sie ist auch geschichtlich und von ihrem Charakter her seine Hauptschlagader, hier, so sagt man, sei Frankreich am französischsten. Außer der reizvollen Landschaft waren es sicher das milde Klima, die Schiffbarkeit der Loire und die Nähe zu Paris, die den Blut- und den Geldadel veranlassten, sich im schönsten Abschnitt des Tals standesgemäß niederzulassen – man zählt über **über 600 Burgen und Schlösser** –; der Teil zwischen Sully und Chalonnes gehört zum UNESCO-Welterbe. Allerdings heißt dies auch, dass man sich die Schönheiten zur Hauptreisezeit mit Massen anderer Touristen – auch Fahrradurlaubern – teilen muss.

Flusslauf

Die 1020 km lange Loire entspringt in den Cevennen am Gerbier de Jonc (1408 m), nur 150 km vom Mittelmeer entfernt. Dann durchschneidet der Fluss in nördlicher Richtung das Mittelgebirge des Velay, ehe er, vorbei an Le Puy, das Becken von St-Etienne und Roanne erreicht. Bis kurz vor Briare bildet er weitgehend die Grenze zwischen Burgund und Auvergne. Bei Nevers nimmt er den Allier auf und strebt dann als breiter Strom zwischen Bourbonnais und Nivernais in weitem Bogen seinem nördlichsten Punkt bei ▶ Orléans zu.

Highlights Loire

Pouilly und Sancerre
Zwei der schönsten Weine des Landes entstehen am Oberlauf der Loire.
▶ Seite 488

Sully
Mittelalterliche Handwerkskunst und Prunk der Renaissance
▶ Seite 488

St-Benoît-sur-Loire
Grabstätte des hl. Benedikt und eine der schönsten romanischen Kirchen
▶ Seite 489

Chambord
Franz I. ließ sich diesen riesigen, verrückten Renaissancepalast erstellen.
▶ Seite 490, 492

Chenonceau
Das »Schloss der Damen«, das über den Cher gebaut ist
▶ Seite 494

Azay-le-Rideau
Für Balzac war das charmante Schloss ein »Diamant im Indre«
▶ Seite 497

Fontevraud-l'Abbaye
Einst mächtige Abtei und Grabstätte des Königshauses
▶ Seite 500

Ein Fluss und Schlösser in sanfter Landschaft: Chaumont

Durch weite Flussauen strömt die Loire nun westlich durch die Aufschüttungsebene der Varennes und schließlich durch das Armorikanische Massiv zum Atlantik; die Mündung, ein ca. 50 km langer Trichter, liegt bereits im Süden der Bretagne. Im engeren Sinn gilt als »Loire-Tal« der Abschnitt zwischen Giens und Ancenis bei Nantes. Ein großer Teil der »Loire-Schlösser« (d. h. der historisch und touristisch interessanten Orte) liegt allerdings nicht an der Loire selbst, sondern an ihren Nebenflüssen. Die wichtigsten sind Allier, Cher, Indre und Vienne, die vom Süden kommen, sowie Loir, Sarthe und Mayenne, die sich kurz von Angers zur Maine vereinen, von Norden.

◀ Nebenflüsse

Im Schwemmland der Loire und ihrer Nebenflüsse gedeihen aufgrund des fruchtbaren Lößbodens und des milden Klimas – atlantische Einflüsse von Westen, ausgleichende Wirkung des Flusses – Obst und Gemüse hervorragend; rund 60 % des Bodens werden agrarisch genutzt. Große Getreideanbauflächen gibt es um Orléans, in den alten Kalksteinbrüchen zwischen Saumur und Tours werden Champignons gezüchtet, riesige Gärtnereien ziehen Blumen. Nicht zuletzt kommen von der Loire eine Reihe ausgezeichneter Weine; einige wichtige Namen, flussabwärts: Sancerre und Pouilly-Fumé von der oberen Loire, Vouvray, Chinon, Bourgueil, Savennières und Muscadet de Sèvre-et-Maine. Die Städte sind bedeutende Industriestandorte, die von vier Kernkraftwerken mit Energie versorgt werden. Vorherrschend sind Maschinen- und Fahrzeugbau, Elektronik und andere Hightech-Sparten, Pharmazie und Kosmetik, Textilindustrie, Glas- und Keramikherstellung sowie die Nahrungsmittelindustrie. Die

Wirtschaft

◀ Loire-Weine

LOIRE-TAL ERLEBEN

AUSKUNFT
CRT Centre – Val de Loire
37 Avenue de Paris, 45000 Orleans
Tel. 02 38 79 95 28 www.visaloire.com

CRT Pays de la Loire
2 Rue de la Loire, BP 20411
44204 Nantes Cedex 2
Tel. 02 40 48 24 20
www.paysdelaloire.de

ESSEN
▶ Erschwinglich / Fein & teuer
Les Ménestrels
Saumur, 11 Rue Raspail
Tel. 02 41 67 71 10, So. geschl.
Eines der besten Restaurants in Saumur, zwischen Schloss und Loire. Tuffstein und Holzbalken geben den Speiseräumen Flair. Schöne Terrasse.

ÜBERNACHTEN / ESSEN
▶ Günstig / Komfortabel
George Sand
Loches, 39 Rue Quintefol
www.hotelrestaurant-georgesand.com, Tel. 02 47 59 39 74
Zauberhafte Poststation aus dem 15. Jh. am Ufer des Indre, heimelige, nett renovierte Zimmer. Restaurant mit ambitionierter traditioneller Küche. Hübsche Terrasse am Fluss.

Le Manoir de la Giraudière
Beaumont-en-Véron
Route de Savigny, Tel. 02 47 58 40 36
www.giraudiere.com
Hübsches Herrenhaus aus dem 17. Jh. 5 km nordwestlich von Chinon, in Wald und Wiesen gelegen, mit Swimmingpool. Man spricht Deutsch.

▶ Komfortabel
La Roseraie
Chenonceaux, 7 Rue du Dr Bretonneau, Tel. 02 47 23 90 09
www.hotel-chenonceau.com
Charmantes Hotel im Zentrum mit großen, rustikal eingerichteten Zimmern. Hübscher Park, beheizter Pool. Das Restaurant bietet eine ausgezeichnete traditionelle Küche. Im Sommer Frühstück auf der Terrasse.

▶ Luxus
Domaine de Beauvois
Luynes, Tel. 02 47 55 50 11
www.grandesetapes.fr
Idyllisches, ins 16. Jh. zurückgehendes Schloss 4 km nordwestlich des Orts mit stilvollen Gästezimmern. Eleganter Speisesaal mit prachtvollem Kamin. Die feine Küche legt Wert auf regionale Spezialitäten (besonders mit den »Mijotés du Domaine«).

---

jahrhundertelang bedeutende Schifffahrt fand ihr Ende durch den Bau der Eisenbahn, nur noch der unterste Teil der Loire, von Nantes stromabwärts, wird von Handelsschiffen genützt. Die Kanäle (Canal de Roanne à Dijon, Canal latéral à la Loire und weitere Seitenkanäle) dagegen sind beliebte Reviere für den Bootstourismus.

Burgen, Schlösser, Städte Auf die wehrhaften mittelalterlichen Burgen des 11.–14. Jh.s wie in Sully, Langeais, Loches, Chinon und ▶Angers folgten prunkvolle Renaissance-Schlösser, am schönsten sind die von Chambord, ▶Blois, Chenonceau und ▶Amboise; auch Barock und Klassizismus haben

Zeugen hinterlassen. So lässt sich an der Loire die Entwicklung der Baukunst in sieben Jahrhunderten studieren. Dazu kommen prächtige Gärten und Parks, die manchmal, wie in Villandry, den Hauptreiz der Schlossanlage bilden. Die wichtigsten Städte, die an bzw. im Bereich der Loire liegen, werden unter eigenen Stichwörtern beschrieben: ▶Orléans, ▶Blois, ▶Tours, ▶Angers sowie ▶Nantes, das historisch bereits zur Bretagne zählt.

Geschichte

Von 58 bis 51 v. Chr. eroberte Caesar das keltische Gallien. Ende des 5. Jh.s wurde Gallien von den Franken besetzt, später drangen Hunnen, Sarazenen und Normannen zur Loire vor. Die Karolinger brachten mit der »Karolingischen Renaissance« eine Blüte von Kunst und Wissenschaften. Angesichts der Schwäche der späteren Karolinger machten sich Adlige zu Souveränen. Als die Herzöge des Anjou 1154 als »Plantagenêts« den englischen Thron bestiegen, herrschten sie über ein Gebiet, das von Schottland bis zu den Pyrenäen reichte. Ab 1216 setzten sich die französischen Könige wieder durch, dann stießen die Engländer im Hundertjährigen Krieg immer weiter vor, bis am 9. März 1429 Jeanne d'Arc im Loire-Schloss Chinon, wo Karl VII. seit 1427 residierte, den Oberbefehl erhielt und am 7./8. Mai Orléans befreite. Nun blieb das Loire-Tal unbehelligt, und die französischen Könige hielten sich oft hier auf. Ludwig XI. ließ das kleine Plessis-lès-Tours und das stattliche Langeais erbauen, unter Karl VIII. entstand das Schloss von Amboise, Ludwig XII. errichtete einen Flügel des Schlosses von Blois, Franz I. einen weiteren und Chambord dazu. Diese glanzvolle Epoche dauerte nur wenig über 150 Jahre. Der letzte König, der hier residierte, war Heinrich III. († 1589). In der Französischen Revolution wurde in der Vendée und in den Mauges (zwischen Cholet und Loire) der Aufstand der Royalisten und der Landbevölkerung, der Chouans, blutig niedergeschlagen. 1870 stießen deutsche Truppen bis Orléans vor, 1917 richteten die Amerikaner in Tours ihr Hauptquartier ein. Viele Städte an der Loire wurden im Sommer 1940 durch deutsche Bomben schwer beschädigt.

Weitgehend naturbelassene Flussläufe sind in Europa selten geworden: Loire bei Charité

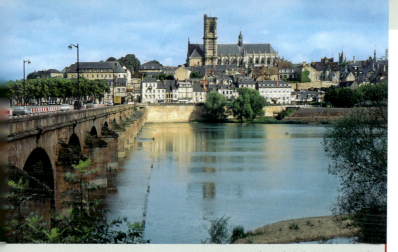

Nevers mit der Kathedrale St-Cyr-et-Ste-Julitte

Reiseziele im Loire-Tal

Die Beschreibung der Reiseziele ist flussabwärts geordnet, vom burgundischen Nevers bis Saumur im Anjou. Die sehenswerten Orte abseits der Loire sind jeweils gemäß ihrer Lage angeschlossen.

Nevers Nevers (38 000 Einw.) an der oberen Loire, die alte Hauptstadt des Nivernais, ist berühmt für die Fayencen, die hier seit etwa 1575 hergestellt werden. Im 17. Jh. hatte die **Keramikindustrie** ihre Blüte, heute arbeiten noch fünf Werkstätten (Besichtigung). Eine schöne Sammlung besitzt das Musée Municipal F. Blandin (zur Zeit geschl.). Die eigenartige Kathedrale St-Cyr-et-Ste-Julitte im Zentrum zeigt alle Stile der Bauzeit vom 11. bis 16. Jh.; bemerkenswert das Vorhandensein von Ost- und Westchor wie in der rheinischen Romanik. Der romanische **Westchor** (um 1030) enthält Fresken aus dem 12. Jh., die Krypta eine farbig gefasste Grablegung von Anfang des 16. Jh.s. In der Porte du Croux (14. Jh.), einem mächtigen Tor der Stadtbefestigung (12. Jh.), ist das Musée Archéologique du Nivernais untergebracht. Von der Loire-Brücke (18./19. Jh.) aus gesehen dominiert

★
Palais Ducal ▶ rechts neben der Kathedrale das elegante Palais Ducal (15./16. Jh.), ein schönes Beispiel weltlicher Renaissance-Architektur. Die Flussfront wird vom zentralen Treppenturm beherrscht; die Reliefs zwischen seinen Fenstern zeigen die Ursprünge des Hauses Kleve (Lohengrin-Motiv) und die Legende des hl. Hubertus. Im Nordosten

★
St-Etienne ▶ der Altstadt steht die bedeutende frühromanische Kirche St-Etienne (1063–1097; Westtürme zerstört), die Züge der auvergnatischen Romanik zeigt. Ungewöhnlich sind der dreigeschossige Aufbau des Langhauses und die Helligkeit, die die schmucklose Architektur zur Geltung bringt. Ziel Tausender Gläubiger ist der **Couvent St-Gildard** der Sœurs de la Charité mit dem gläsernen Sarkophag der **hl. Berna-**

dette **Soubirous**, die nach ihren Marienvisionen in ▶ Lourdes 1866 in dieses Kloster eintrat, wo sie 1879 starb (kleines Museum).

Magny-Cours

Bis 2008 wurde bei Magny-Cours 13 km südlich von Nevers der Grand Prix de France der Formel 1 ausgetragen, jetzt finden, wie diverse Auto-, Motorrad- und Truckrennen statt. Info und Karten: www.magnyf1.com. An Renntagen geöffnet ist das **Musée Ligier F1**, das eine fast vollständige Sammlung von Ligier-Boliden zeigt.

La Charité-sur-Loire

Das hübsche Städtchen (5400 Einw.) 24 km nördlich von Nevers wurde durch das ab 1059 errichtete Cluniazenser-Priorat am Jakobsweg (»charité« = »Barmherzigkeit«) bekannt. Von der Pont de Pierre (1520) blickt man auf die beeindruckende, einst 122 m lange Stiftskirche Ste-Croix-Notre-Dame, nach dem Vorbild Cluny ab 1059 erbaut und 1107 geweiht (bis 1135 erweitert, 1559 großenteils zerstört). Bemerkenswert ist der plastische Schmuck im Chorbereich. Das Musée Municipal im Hôtel Adam (18. Jh.) besitzt Exponate aus Jugendstil und Art déco sowie zur Volkskunde. Ein Gang auf den Befestigungsanlagen (»Promenade des remparts«) vermittelt schöne Blicke auf das Städtchen.

NEVERS

ÜBERNACHTEN

▶ **Günstig / Komfortabel**

① *Clos Sainte-Marie*
Nevers, 25 Rue Petit Mouësse
Tel. 03 86 71 94 50, www.clos-sainte-marie.fr. Charmante Zimmer mit alten Möbeln, gutes Restaurant (nebenan das ebenfalls gute Le Morvan).

Nevers Orientierung

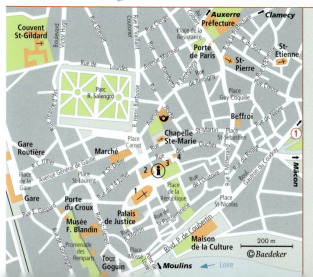

1 Cathédrale St-Cyr et Ste-Julitte
2 Hôtel de Ville
3 Palais Ducal
4 Théâtre

Übernachten
① Clos Sainte-Marie

Bourges	▶dort
Pouilly-sur-Loire	Pouilly-sur-Loire (12 km nördlich von La Charité) und das 16 km nordwestlich jenseits der Loire gelegene Sancerre sind berühmte **Weinorte**. Aus der weißen Sauvignon-Traube entstehen auf Kalkböden elegante Weine mit rassigem, teils typisch feuersteinartigem Bukett (AOP Sancerre, Pouilly-Fumé). Pouilly (1800 Einw.) hat einige gute Restaurants. Vom benachbarten St-Andelain bietet sich ein herrlicher Rundblick über Loire und Weinberge bis zum Morvan.
Sancerre	Sancerre, ein altertümliches Städtchen (1700 Einw.), thront malerisch auf einem Hügel. Mitten im Ort ein Wehrturm (Beffroi) von 1509, heute Glockenturm der neoromanischen Kirche Notre-Dame. Vom Schlosspark mit der Tour des Fiefs (14. Jh.) wunderbarer Ausblick. Rund um Sancerre führt ein Weinwanderweg. Das nahe Dorf **Chavignol** ist für seinen Ziegenkäse »Crottin« berühmt.
Cosne-sur-Loire	In der kleinen Industriestadt Cosne, 11 km nördlich von Sancerre am rechten Ufer der Loire, sind die Kirche St-Agnan mit den Resten eines Cluniazenser-Priorats (11. Jh.) und das **Musée de la Loire** sehenswert (u. a. Bilder von Dufy, Utrillo, Chagall; So./Di. geschl.).
Puisaye	Von Cosne ein Abstecher in das Hügelland der Puisaye, das sich rechts der Loire bis Auxerre erstreckt. Die stille Bocage-Landschaft ist reich an Seen und Wäldern. Interessante Ziele sind St-Amand (Puisaye-typisches Steinzeug), Schloss Ratilly (Vierflügelanlage mit Graben; 12.–17. Jh.), das fünfflügelige Schloss in St-Fargeau (errichtet für Anne-Marie-Louise d'Orléans, Nichte Ludwigs XIII.) sowie Guédelon, wo mit alten Mitteln eine mittelalterliche Burg neu errichtet wird (www.guedelon.fr).
Briare	Berühmt ist die 664 m lange und 11 m breite Kanalbrücke über die Loire, die den Loire-Seitenkanal mit dem Canal de Briare verbindet, erbaut 1890–1894 vom Unternehmen Gustave Eiffels.
Gien	Die kleine Stadt (15 400 Einw.) markiert den Beginn des »eigentlichen« Loire-Tals. Gien, das im Juni 1940 im Kampf um die Brücke großteils zerstört wurde, ist recht anziehend. Das schlichte **Schloss**, erbaut 1494–1500 für Anne de Beaujeu, Tochter Ludwigs XI., beherbergt ein Jagdmuseum. Schöner Ausblick von der Terrasse. Der Glockenturm der Kirche Ste-Jeanne-d'Arc stammt noch von der Stiftskirche der Anne de Beaujeu. Am nordwestlichen Stadtrand, nahe dem Fluss, liegt die 1821 gegründete **Keramikmanufaktur**, die Gien berühmt gemacht hat (Museum tägl. geöffnet, Laden So. geschl.).
★ **Sully-sur-Loire**	Am Weg nach Sully passiert man das Kernkraftwerk Dampierre an der (Besucherzentrum). Sehr malerisch am Fluss dann das Städtchen Sully (5800 Einw., Mo. Markt) mit beeindruckendem **Schloss**, das

abseits der Loire im Wasser steht (geöffnet Juli/Aug. tägl., sonst Mo geschl.). Bis etwa 1360 erbaut, wurde es 1602 von Maximilien de Béthune, Finanzminister Heinrichs IV., erweitert. Voltaire, seiner scharfen Zunge wegen aus Paris verbannt, schrieb und inszenierte hier 22-jährig seine ersten Theaterstücke. Glanzpunkt ist der oberste Saal im Wohntrakt mit kielförmigem Dachstuhl, 1363 aus Eichenholz errichtet. Ab Ende Mai Musikfestival (www.festival-sully.com).

★★
◄ Dachstuhl

St-Benoît-sur-Loire (2000 Einw.) besitzt eine berühmte Abtei der Benediktiner, die ins 7. Jh. zurückgeht. Ihre Bedeutung bekam sie als Grablege des **hl. Benedikt von Nursia**, Begründer des Benediktinerordens, dessen Gebeine zusammen mit denen seiner Schwester, der hl. Scholastika, um 660 aus den Ruinen des Klosters Monte Cassino hierher gebracht wurden. Zum geistigen Zentrum machten es brillante Äbte wie Theodulf, Odo, Abbo und Gauzlin. Die große **Basilika** (geöffnet tägl. 6.30–22.00 Uhr), eine der schönsten romanischen Kirchen Frankreichs, wurde 1026 bis 1218 erbaut, der Portalturm mit seinen fantastischen Kapitellen (Apokalypse, Leben Jesu, Leben Mariens) entstand um 1030 unter Abt Gauzlin. Die Basilika beeindruckt durch ihren hellen, klar gestalteten Innenraum, der den Übergang von der Romantik zur Gotik erkennen lässt; ein würdiger Rahmen für die Messe mit gregorianischem Choral (Mo. bis Sa. 12.00 Uhr, So. 11.00 Uhr). Auch Konzerte werden hier veranstaltet. Für Wallfahrtskirchen charakteristisch ist der Chorumgang. Das schöne Chorgestühl stammt von 1413; der spätantike Fußboden (4./5. Jh.) im Chor kam 1531 aus Italien hierher. Die **Reliquien des hl. Benedikt** ruhen in der Krypta (11. Jh.) in einem modernen Schrein.

★★
Saint-Benoît-sur-Loire

Der ungewöhnliche Portalturm von St-Benoît

Ca. 5 km nordwestlich steht in Germigny eine Kapelle, die Abt Theodulf bis 806 errichten ließ und als **älteste Kirche Frankreichs** gilt. Herausragend die frühromanisch-byzantinischen Formen des Baus, der nach zeitgenössischen Dokumenten die Aachener Pfalzkapelle zum Vorbild hatte (und mit der berühmten Kirche von Etschmjadsin in Armenien verglichen wird), und das **Mosaik** in der Chorkonche

★★
Germigny-des-Prés

Châteauneuf-sur-Loire

In dem Städtchen (7800 Einw.) 5 km westlich von Germigny sind von dem **»kleinen Versailles«**, das sich der Sekretär Ludwigs XIV. errichten ließ, Reste erhalten. Im achteckigen Stallbau ist das Musée de la Marine de Loire untergebracht. Schöner englischer Park.

(Engel mit Bundeslade; um 800), das mit den Mosaiken in Ravenna verwandt ist. Auffällig sind auch die Hufeisenbögen spanisch-maurischer Art. Bei Konzerten erlebt man eine fantastische Akustik.

Orléans ▶dort

Cléry-Saint-André

Cléry-St-André (3000 Einw., 15 km südwestlich von Orléans) besitzt eine spätgotische Basilika in kühlem Flamboyant (2. Hälfte 15. Jh.), in der **König Ludwig XI.** (1423–1483) und seine Gemahlin Charlotte von Savoyen bestattet sind (Marmorstatue des Königs von 1622). Im Hochaltar wird seit Ende des 13. Jh.s eine Madonna mit Kind aus Eichenholz als wundertätig verehrt.

Beaugency

Beaugency (7700 Einw.) war wegen der noch erhaltenen Brücke aus dem 14. Jh. oft umkämpft. Das **Schloss** wurde ab 1439 von Graf Jean de Dunois, »Bastard von Orléans« und Mitstreiter der Jeanne d'Arc, erbaut. Darin zeigt das Musée Vannier Mobiliar und alte Mode des Orléanais. Neben dem Schloss der 36 m hohe Donjon de César, Rest einer Festung des 11. Jh.s. Die benachbarte Kirche Notre-Dame (12. Jh.) gehörte zu einer Abtei; 1152 fand hier das **Konzil** statt, das die Ehe zwischen Ludwig VII. und Eleonore von Aquitanien schied, so dass sie Heinrich II. Plantagenêt heiraten konnte – die Keimzelle des französisch-englischen Kampfs um Frankreich. Der dreieckige Turm an der Place St-Firmin, dem schönen Zentrum der Stadt, ist Rest einer im 15. Jh. erbauten Kirche. Nordwestlich des Schlosses erstreckt sich die **Altstadt** mit Maison des Templiers (Templerhaus), Hôtel de Ville (17. Jh., mit schönen Wandteppichen) und Tour de l'Horloge, früher ein Torturm der Stadtmauer. Schöne Promenade an der Loire. 7 km flussabwärts steht auf einer künstlichen Insel das Kernkraftwerk von St-Laurent (Informationszentrum, Aussichtsturm).

Saint-Dyé-sur-Loire

Seine große Zeit hatte das Städtchen, als hier das Baumaterial für Chambord umgeschlagen wurde. Es geht auf einen Eremiten Deodat (Dié, Dyé) zurück, der im 6. Jh. lebte, heute bezaubert es durch seine altertümliche Atmosphäre. Sehenswert sind die Kirche (9. Jh./ Ende 15. Jh.) mit dem Sarkophag des hl. Dyé. Im Hôtel Fontenau (17. Jh.) das Maison de la Loire mit Ausstellungen über die Loire.

★★ Chambord

Chambord, das berühmteste, größte und **großartigste Loire-Schloss**, steht 5 km südlich von St-Dyé-sur-Loire am Cosson, einem Nebenfluss der Loire. Es besitzt nicht weniger als 426 Räume sowie 365 Kamine und Türmchen, die Anlage ist 117 × 156 m groß. Mit dem Bau des Renaissance-Jagdschlosses begann Franz I. – seine Embleme, das

»F« und der Salamander, sind häufig zu sehen – 1519; den fertigen Bau sah er, der in den 30 Jahren seiner Herrschaft nur 72 Tage hier verbrachte, nie. Leonardo da Vinci, der 1516–1519 in Amboise lebte, dürfte Pläne beigesteuert haben, insbesondere für das doppelläufige Treppenhaus. Bis zu 1800 Arbeiter waren hier gleichzeitig beschäftigt. 1559 wurde der Bau vorläufig beendet; die Könige Heinrich II. und Ludwig XIV. setzten den Ausbau fort. In Chambord unterzeichneten deutsche Fürsten 1552 die Abtretung der Bistümer Metz, Toul und Verdun an Frankreich. Ludwig XV. stellte das Schloss seinem Schwiegervater, dem vertriebenen polnischen König Stanisław Leszczyński, zur Verfügung. 1746 erhielt es Moritz von Sachsen geschenkt; er lebte hier von 1748 bis 1750. Die Französische Revolution verursachte keine größeren Schäden, jedoch wurde das gesamte Mobiliar verkauft. Seit 1930 ist das Schloss in Staatsbesitz. Der 55 km² große **Schlosspark**, davon 80 % Wald, ist von einer 32 km langen, 1542–1645 errichteten Mauer umgeschlossen, der längsten Frankreichs; sechs Tore und Alleen gewähren Zugang zum Schloss. Der West- bzw. Nordteil des Parks ist von Spazier- und Fahrradwegen durchzogen, von Aussichtspunkten kann man das Wild beobachten. Das Schloss ist frei zu besichtigen (Öffnungszeiten ►S. 492), einen Plan bekommt man an der Kasse.

◄ Besichtigung

! *Baedeker* TIPP

Rast bei Chambord

In Bracieux 8 km südlich des Schlosses kann man gut Rast einlegen. Angenehme Unterkunft bietet das »Bonnheure« (www.hoteldelabonnheur.com, Tel. 02 54 46 41 57, untere Preisklasse). Gut essen kann man im familiären »Rendezvous des Gourmets«, dessen Chef im legendären »Relais de Bracieux« von Bernard Robin kochte (Tel. 02 54 46 03 87, Juli/Aug. Sa.mittag und Mi. geschl., sonst auch So.abend; mittlere Preisklasse).

►dort

Blois

Das elegante **Schloss Villesavin** ca. 11 km südlich von Chambord (nahe Bracieux) ließ sich Jean Le Breton, Kämmerer von Franz I. und Bauleiter von Chambord, 1527–1537 errichten. Interessant sind die italienische Brunnenschale (16. Jh.) im Hof, die Kutschensammlung, das riesige Taubenhaus für 1500 Tiere und das nette Hochzeitsmuseum. Einige Räume sind zugänglich.

Villesavin

Das klassizistische, 1604–1634 errichtete Schloss Cheverny (bei Cour-Cheverny 12 km südöstlich von Blois), das noch im Besitz von Nachkommen des Erbauers Graf Henri de Hurault ist, besticht durch Schlichtheit und prächtige Ausstattung mit originalen Möbeln und Tapisserien. Trophäensaal mit 2000 Hirschgeweihen. Eine besondere Attraktion ist die große **Hundemeute** (Fütterung April–Sept. tägl. 17.00, sonst 15.00 Uhr). Als »Schloss Mühlenhof« (»Moulinsart«) ging Cheverny in die Comicliteratur ein – Tim und Struppi erlebten hier einige Abenteuer (Ausstellung). Südöstlich dehnt sich das Waldgebiet Forêt de Cheverny aus, ein Teil der seenreichen Sologne.

★
Cheverny

CHÂTEAU DE CHAMBORD

** Der extravagante Renaissance-König Franz I. ließ sich, zwei Tagesreisen von Paris entfernt, eine grandiose »folie« erstellen. Seinen Traum, die Loire umzuleiten, um »zu Fuß« anzukommen, musste er allerdings aufgeben.

Öffnungszeiten:
Tägl. 11. Juli–16. Aug. 9.00–19.30,
April–10. Juli, 17. Aug.–30. Sept. bis 18.15,
Jan.–März, Okt.–Dez. bis 17.15 Uhr
30-minütige Einführung im Preis inbegriffen
Spectacle equestre (historische Reiterschau)
Mai, Juni, Sept. Di.–So. 11.45 Uhr, Sa./So. auch 16.30, Juli/Aug. tägl. 11.45, 16.30 Uhr
Son et Lumière Ende Juni–Mitte Sept. ca. 21.30/22.00/23.00 Uhr
Zur Zeit der Hirschbrunft (Mitte Sept.– Anf. Okt.) geführte Beobachtungstouren, weitere Angebote je nach Jahreszeit.
Auskunft: Domaine National de Chambord,
F-41250 Chambord, Tel. 02 54 50 40 00
www.chambord.org

① Donjon
Den Kern der Anlage bildet der Donjon mit seinen vier Rundtürmen an den Ecken. Der Entwurf von Domenico da Cortona, der von 1512 bis 1531 in Blois lebte, verkörpert mit seinem symmetrischen Grundrissraster die modernsten architektonischen Ideen der Zeit. Seine vier Quadrate mit dem jeweiligen Eckturm enthalten abgeschlossene, fast identische Wohneinheiten.

② Wohnung Franz' I.
Franz I. residierte im Obergeschoss des Nordostturms. Die feine Ausstattung mit Samt und Goldstickerei wurde rekonstruiert. Das tonnengewölbte Kabinett des Königs, das außerhalb des Turms liegt, diente später Katharina Opalinska, der ehemaligen polnischen Königin, als Kapelle.

③ Appartement Ludwigs XIV.
Gemäß den Ideen des Absolutismus rückte Ludwig XIV., der sich zwischen 1660 und 1685 mehrmals in Chambord aufhielt, seine Wohnung in die Mitte der Hauptfassade, wie er es auch in Versailles tat. Der Raum zwischen den Nordtürmen wurde einbezogen, so dass zwei Vorzimmer vor seinem Gemach lagen.

Oben: Der Salamander, das Wappentier Franz' I., ist am Schloss über 800-mal zu sehen. Unten: Die königliche Prachtentfaltung wird bei den historischen Reiterschauen wieder lebendig.

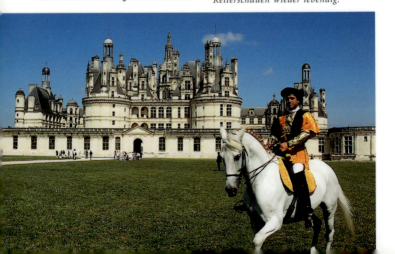

Beauregard

★ Ca. 8 km nordwestlich liegt bei Cellettes (ausgeschildert) im Forêt de Russy das ab 1522 erbaute, von Staatssekretär Jean du Thier ab 1545 erweiterte Schloss Beauregard. Berühmt ist die **Galerie des Illustres** (1646) mit 327 Porträts großer Persönlichkeiten der Geschichte Frankreichs von 1328 bis 1643; großartig auch das sog. Schellenkabinett mit Kassettendecke und die Delfter Bodenfliesen.

Valençay

Noch zu den Loire-Schlössern zählt das **Schloss** in Valençay (55 km südlich von Blois, geöffnet April – Okt.). Die riesige Anlage, errichtet ab 1540 von Philippe de l'Orme, dem Baumeister von Fontainebleau, demonstriert den Reichtum des Bauherrn, J. d'Estampes. Die Merkmale der mittelalterlichen Burgen sind hier nur noch Dekoration. Der Hauptflügel mit dem mächtigen Eingangspavillon (1599) ist von italienischer Renaissance, der zweistöckige Westflügel vom Barock geprägt (Louis-Seize). Im Westflügel eine Ahnengalerie der Familie Talleyrand, Möbel (u. a. Tisch vom Wiener Kongress), Porzellan sowie ein Talleyrand-Museum. Prächtiger Park; in der Orangerie ein schönes Restaurant.

Chaumont-sur-Loire

★ Das schlichte, typische Dorf (1000 Einw.) am linken Loire-Ufer, ca. 20 km südwestlich von Blois, wird von einem **Schloss** überragt (geöffnet Mai – Mitte Okt.), das berühmte Bewohnerinnen hatte: Katharina von Medici, Diane von Poitiers, Madame de Staël. Am Platz einer mittelalterlichen Burg entstand 1466 – 1510 ein Vierflügelbau, der Nordflügel wurde im 18. Jh. abgerissen. Das Fries an der Außenwand zeigt einen brennenden Berg (»chaud mont«; vermutlich kommt der Name aber von lat. »mons calvus«, »kahler Berg«) und zwei verschlungene C für Charles II. von Amboise, einen der Bauherren, und seine Frau Catharine de Chauvigny. Von den Stallungen (1877) fahren im Sommer Kaleschen durch den Park mit seinen großen Zedern. Chaumont ist auch berühmt für seine wunderbare große **Gartenschau** (Ende April – Mitte Okt.).

★ Festival des Jardins ▶

Amboise ▶dort

Chenonceau

★★ Das Dörfchen Chenonceaux (400 Einw.) am Nordufer des Cher, ca. 14 km südlich von Amboise, ist berühmt durch das **Schloss Chenonceau**, das gänzlich im Fluss steht (tägl. geöffnet – Tipp: Kommen Sie auch frühmorgens oder zum Sonnenuntergang hierher). Durch eine stattliche Platanenallee erreicht man eine Terrasse mit dem Donjon, Rest des Vorgängerbaus von 1432. 1512 kam Thomas Bohier, Kämmerer der Könige Karl VIII. bis Franz I., in den Besitz, der den Hauptbau errichten ließ. Heinrich II. überließ das Schloss 1547 seiner Geliebten Diane von Poitiers, die nach seinem Tod von Katharina von Medici nach Chaumont (s. o.) vertrieben wurde. Katharina feierte hier nicht nur rauschende Feste, sie ließ auch 1570 bis 1576 den 60 m langen »Brückenbau« errichten. Seit 1913 ist das Schloss im Besitz der Schokoladenfabrikanten Me-

Chenonceau, das »Château des Dames« im Cher

nier. Von 1940 bis 1942 war der Cher Grenze zwischen dem besetzten und dem Vichy-Frankreich, und viele konnten durch die Galerie fliehen. Besonders interessant sind die Gemächer der Königinnen bzw. Mätressen und die Küche. In der zauberhaften Orangerie ein gutes Restaurant abseits der Besucherströme (geöffnet 6. März bis 20. Nov.). Die prachtvollen Gärten sind Juli/Aug. auch abends (21.30 bis 23.00 Uhr) illuminiert und mit barocker Musik zu erleben.

8 km östlich von Chenonceaux liegt am Cher das hübsche Montrichard (3400 Einw.), das für **Wein- und Sektkellereien** (»Crémant de Loire«) bekannt ist. Im mächtigen Donjon (12./13. Jh.) ist das Stadtmuseum untergebracht. Daneben die Kapelle Ste-Croix, in der 1476 der Herzog von Orléans, später Ludwig XII., die Tochter Ludwigs XI. Johanna heiratete. Zu beachten sind die dreigiebelige Maison de l'Ave Maria (16. Jh.; Tourismusbüro) und die Maison du Prêche (12. Jh.). In Bourré 3 km östlich gibt es einige der vielen unterirdischen Steinbrüche der Gegend, die als Wohnung oder Weinkeller, für die Pilz- oder Seidenraupenzucht genützt werden (Führungen).

Montrichard

◀ Bourré

Loches (6500 Einw.), gut 30 km südwestlich von Montrichard malerisch am Indre gelegen, ist ein historisches Kleinod. Der **Burgberg** mit der mittelalterlichen Stadt ist noch von einem 2 km langen Mauerring umgeben. Man betritt diese »Stadt in der Stadt« von Nordwesten durch die Porte Royale (11./13. Jh.), ein wehrhaftes Tor (Heimatmuseum). Linkerhand liegen das Musée Lansyer (E. Lansyer, Landschaftsmaler, 1835–1893) und die Kirche St-Ours (um 1150);

★
Loches

ungewöhnlich die beiden pyramidenförmigen Gewölbe zwischen den Türmen und das romanische Portal ohne Tympanon, dafür in drei Registern reich gestaltetem Bogen. Nördlich der Kirche steht das Schloss (14./15. Jh.), Wohnsitz Karls VII. und berüchtigt für die dekadenten Feste, die der König für seine schöne Geliebte Agnès Sorel veranstaltete. Zu sehen sind u. a. das Alabastergrabmal der Sorel (1422–1450), das Diptychon von Jean Fouquet (Kopie) mit der barbusigen Gottesmutter, die nach einem Porträt von Agnès Sorel gestaltet wurde, das Passionstriptychon (1485) von Fouquet sowie die Kapelle der Anne de Bretagne. Von St-Ours südlich gelangt man zum mächtigen **Donjon** (Wehrturm, 11. Jh.), der mit seinen Nebengebäuden den südlichen Abschluss der Oberstadt bildet. Von oben herrliche Aussicht. Vom Martelet-Turm, in dem der Mailänder Herzog Ludovico il Moro von 1500 bis 1508 eingekerkert war (er starb unmittelbar nach der Freilassung), bietet sich ein Rundgang um die Cité Médiévale an, links und nach Norden zur Porte des Cordeliers am Indre, dann zum Gemüsemarkt mit dem Turm St-Antoine (1575), zur Porte Picois und zum Rathaus (1543). Zurück zur Porte Royale.

> ! *Baedeker* TIPP
>
> **Königliche Tomaten**
> Im Schloss La Bourdaisière kann man in königlichem Ambiente nächtigen (Tel. 02 47 45 16 31, www.chateaulabourdaisiere.com, obere Preisklasse). Über 600 Tomatensorten werden im Garten kultiviert und zu so extravaganten Dingen wie Marmelade und Likör verarbeitet.

Montlouis Montlouis, zwischen ▶ Amboise und ▶ Tours an der Loire gelegen, ist als Weinort die Schwester des berühmteren Vouvray auf der anderen Seite der Flusses. Zu beachten die romanische Kirche (12. Jh.), die Maison de Loire (Geografie des Flusses) sowie das **Château de Bourdaisière** (um 1520), wo sich König Franz I. mit der »schönen Babou«, der Frau des Schlossherrn, und Heinrich IV. mit deren Urenkelin, Gabrielle d'Estrées, vergnügte. Am 15. August Weinfest, im September Jazz im Rahmen des Festivals »Jazz en Touraine«.

Vouvray Die Kiesböden von Montlouis und Vouvray liefern berühmte **Weißweine** aus der Rebsorte Chenin Blanc. Sehenswert das Museum des Château Moncontour; Proben sind dort, in der Maison du Vouvray und bei vielen Winzern möglich. Weinfest am 15. August.

Luynes Das hübsche Städtchen, ca. 10 km westlich von Tours etwas abseits der Loire, wird von einer Festung des 13. Jh.s beherrscht; sie ist seit Jahrhunderten im Besitz der Ducs de Luynes (Führungen April bis Sept.). Im Ort eine schöne Markthalle (15. Jh.) und Fachwerkhäuser. 1,5 km nordöstlich ein römischer Aquädukt.

Villandry Villandry (1000 Einw., 15 km westlich von Tours) ist nicht so sehr durch sein großes Schloss – erbaut ab 1536 von Jean le Breton (s. o. Villesavin) – bekannt, sondern wegen seiner **Renaissance-Gärten**. Ab

> Loire-Tal **ZIELE** 497

1906 gab ihnen der Besitzer, der spanische Arzt Joaquín Carvallo, ihr ursprüngliches Aussehen wieder (berühmt ist der »Liebesgarten«). Im Schloss sind Gobelins und Möbel aus dem 18. Jh. ausgestellt sowie Gemälde italienischer und spanischer Maler aus Renaissance und Barock. Die spanischmaurische Decke aus vergoldetem

✓ **NICHT VERSÄUMEN**

■ Unvergesslich sind die »Nuits de Mille Feux« Anfang Juli, wenn Tausende von Kerzen die Gärten von Villandry erleuchten. Mitte August erklingt im Schlosshof Barockmusik, und bei den »Journees du Potager« Mitte / Ende September kann man die Gärtner ausfragen.

Zedernholz stammt aus dem Palast der Herzöge von Maqueda in Toledo und wurde vom Schlossherrn in über 15 Jahren eingebaut.

Langeais

Das **Schloss** des Städtchens (4000 Einw., 21 km westlich von Tours) – außen trutzige Burg, zum Hof hin eleganter Landsitz – wurde unter Ludwig XI. ab 1465 in nur vier Jahren errichtet und im Lauf der Jahrhunderte nicht verändert. Zusammen mit dem Mobiliar aus dem 15./16. Jh. ergibt sich, was selten ist, ein authentisches Bild. Besonders interessant sind die 30 großartigen **Gobelins** aus Flandern bzw. Aubusson. 1491 heirateten im Schloss Karl VIII. und Herzogin Anne de Bretagne, womit die Bretagne an das Königshaus überging. Im Burggelände steht der Rest des ältesten Wehrturms in Frankreich, erbaut 994 durch Graf Foulques Nerra (Fulco III., der »Finstere«).

★★
Azay-le-Rideau

Das kleine Städtchen am Indre (3400 Einw.) 10 km südlich von Langeais ist durch sein **Renaissance-Schloss** auf einer Insel im Indre bekannt (geöffnet Juli / Aug. 9.30 – 19.00, April – Juni, Sept. bis 18.00, Okt. – März 10.00 – 12.30, 14.00 – 17.30 Uhr). Am Platz einer alten Burg am Flussübergang wurde es 1518 – 1523 für den Kämmerer Gil-

Das elegante Domizil eines Finanzmanns: Azay-le-Rideau

les Berthelot errichtet, der 1527 wegen Unterschlagungen fliehen musste. Zu beachten sind die innenliegende Treppe (mit Salamander und Hermelin, den Emblemen von Franz I. und seiner Frau Claude de France), die Küche, der Speisesaal mit Gobelins und von Rodin gefertigtem Kamin (Abguss eines Kamins in Montal-en-Quercy), der Festsaal mit Balkendecke und herrlich ausgestattete Gemächer. Die Kirche St-Symphorien am Marktplatz nördlich des Indre ist romanisch-gotisch (11./12. Jh.); im rechten Schiff sind Reste eines karolingischen Vorgängerbaus (6. Jh.) zu sehen.

Indre
Eine Fahrt am idyllischen Indre entlang sollte man nicht versäumen (»Circuit des moulins et belles demeures«, Info bei den Tourismusbüros). Im Schloss von **Saché** (5 km östlich von Azay) schrieb Honoré de Balzac (1799–1850) einige Romane, sein Arbeitszimmer ist erhalten. Den Marktplatz des Dorfs ziert ein Stabile von Alexander Calder, der sich 1962 hier niederließ. **Montbazon**, mit dem Donjon einer Burg von Foulques Nerra, verfügt über hervorragende Restaurants und Hotels. In **Cormery** sind die Reste einer Abtei verteilt, die Alkuin, der Lehrer Karls des Großen, 791 gründete; im Friedhof eine Totenlaterne aus dem 12. Jahrhundert.

Ussé
Das Schloss von Ussé, das romantischste aller Loire-Schlösser, soll den Dichter Ch. Perrault (1628–1703) zum Schloss von **Dornröschen** (»La Belle au Bois Dormant«) inspiriert haben. 14 km westlich von Azay erhebt es sich über dem Indre. Erbaut wurde es zwischen dem 15. und dem 17. Jh.; der Nordflügel wurde 1659 abgerissen. Zu sehen sind altes Mobiliar, herrliche Gobelins und Waffen. Die Kapelle im Park (1535) besitzt eine prächtige Renaissance-Ausstattung und eine Luca della Robbia zugeschriebene Terrakotta-Madonna.

Chinon
Im bezaubernden Städtchen Chinon (8200 Einw., 20 km südwestlich von Azay-le-Rideau) ist das Mittelalter noch lebendig; davon zeugen die Altstadt am Ufer der Vienne und die Ruine des Schlosses. 1154–1205 war Chinon Zentrum der Herrschaft der Anjou; auf Heinrich Plantagenêt, ab 1154 König Heinrich II., gehen große Teile der Burg zurück, er starb auch hier. Jeanne d'Arc traf am 9. März 1429 hier Karl VII., den sie überzeugte, die Rückeroberung der in englischer Hand befindlichen Teile Frankreichs zu wagen. Die gewaltige, 400 m lange **Festung** wird von einer im 10. Jh. zurückgehenden Mauer umgeben. Das Mittelschloss betritt man durch den 35 m hohen Uhrturm (13. Jh.) mit kleinem Jeanne-d'Arc-Museum. Die Grande Salle, in der Jeanne mit Karl zusammentraf, wurde 1699 von Richelieu abgerissen (Stirnwand mit Kamin erhalten). Im Donjon du Coudray waren 1308 etwa 140 Mitglieder des Templerordens gefangen, der unter dem Vorwurf der Ketzerei 1312 aufgelöst und enteignet wurde. Die **Altstadt** erstreckt sich zwischen dem Fuß des Schlossbergs und der Vienne. Besonders sehenswert sind die Rue Voltaire, die ost-westlich unter der Burg entlangführt, mit Häusern

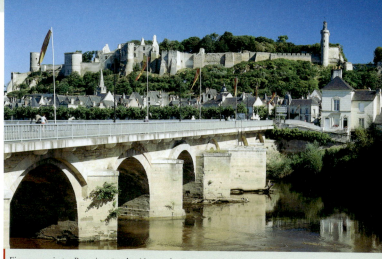
Ein renommierter Rotwein trägt den Namen der Festungsstadt Chinon.

aus dem 15. und 16. Jh. sowie der Hauptplatz (Place du Grand Carroi) mit dem Haus der Generalstände, in dem Richard Löwenherz 1199 gestorben sein soll, heute Musée du Vieux Chinon (Heimatmuseum). Chinon ist Zentrum eines bedeutenden Weingebiets; die feinfruchtigen Rotweine aus den Rebsorten Cabernet und Cabernet Franc werden in der **Maison du Vin de Chinon** (Impasse des Caves-Painctes) vorgestellt; die Caves Painctes der »Bons Etonneurs Rabelaisiens«, die sich unter dem Schloss ausdehnen, kann man in Führungen besichtigen. Das Musée Animé du Vin ist ein kitschiges Szenario mit mechanischen Figuren, man kann hier aber auch in »Fouées garnies« schwelgen (Fladenbrot mit herzhaften Beilagen).

Ca. 12 km nördlich von Chinon steht an der Loire das Kernkraftwerk Chinon mit vier Reaktoren. Block A1, das erste KKW in Frankreich, wurde 1964 in Betrieb genommen und 1973 stillgelegt. ◀ Avoine-Chinon

Ein Abstecher nach Tavant (ca. 14 km östlich von Chinon, am linken Vienne-Ufer) lohnt wegen der Kirche St-Nicolas (um 1120). In der Krypta sind romanische Fresken von Mitte des 12. Jh.s erhalten, die zu den bedeutendsten Frankreichs gehören. ★ **Tavant**

Das ca. 20 km südlich von Chinon gelegene Städtchen verdankt seine Existenz Armand-Jean du Plessis, **Herzog von Richelieu**, Kardinal und Politiker (1585–1642), der es mit dem Schloss ab 1630 errichten ließ. Die Achse des Parks setzt sich in der Hauptstraße (Grande Rue) fort; durch prächtige Tore gelangt man zum Marktplatz mit der Barockkirche Notre-Dame, der hölzernen Markthalle und dem Rathaus (Museum). Freunde der alten Eisenbahn sehen sich die Strecke von Richelieu nach Ligré (10 km nördlich) an – Zukunft ungewiss. **Richelieu**

Loudun Schon im Poitou liegt Loudun (19 km westlich von Richelieu, 7700 Einw.). 1634 wurde hier der junge freigeistige Pfarrer Grandier beschuldigt, Nonnen verhext zu haben, und lebendig verbrannt (Oper von Penderecki, »Teufel von Loudun«). Von der Festung Foulques Nerras ist nur die **Tour Carrée** von 1040 erhalten (schöner Blick auf Stadt und Umgebung). Die Kirche St-Hilaire (14. Jh.) hat ein schönes Portal (16. Jh.); im anschließenden Musée Charbonneau-Lassay eine lokalgeschichtliche Sammlung. Die Kirche St-Pierre-du-Marché (1215 begründet) besitzt ein Renaissance-Portal. In der Kirche Ste-Croix (11. Jh.) wurden Wandmalereien aus dem 13. Jh. entdeckt.

> ! *Baedeker* TIPP
>
> **Fluss-Erlebnis**
>
> Ein großes Vergnügen ist es, die Loire und ihre Nebenflüsse an Bord eines Hausboots (auf der Loire nur zwischen Angers und Nantes möglich) oder eines Ausflugsschiffs kennenzulernen. Auch auf nachgebauten traditionellen Loire-Booten, wie einer Gabare, kann man herumschippern. Informationen bei den örtlichen Tourismusbüros und beim CRT Val de Loire.

Bourgueil Das nette Städtchen (4100 Einw.) 5 km nördlich der Loire zwischen Tours und Saumur ist für seinen **Rotwein** bekannt (Maison du Vin an der Place de l'Eglise). Gegenüber der Kirche St-Germain (11. Jh.) steht die Markthalle (19. Jh.). Am östlichen Ortsrand sehenswert die Reste der 990 gegründeten Abtei mit Heimatmuseum. In Chevrette **Chevrette** 2 km nördlich die Moulin Bleu, eine Windmühle des 15. Jh.s (schöner Ausblick übers Loire-Tal und Bourgueil) mit Restaurant; in der Cave du Pays de Bourgueil kann man Wein probieren.

★★ **Fontevraud l'Abbaye** Das Städtchen Fontevraud (1200 Einw.), ca. 4 km südlich der Loire zwischen Chinon und Saumur gelegen, ist für seine 1105 gegründete Abtei berühmt, **eine der bedeutendsten und interessantesten in Frankreich** (geöffnet tägl. April–Okt. ab 9.30, sonst ab 10.30, je nach Saison bis 17.30, 18.30, 19.30 Uhr; www.abbaye-fontevraud.com). Mönche und Nonnen lebten hier nach den Benediktiner-Regeln, und zwar immer unter Äbtissinnen, die aus einflussreichen Adelsfamilien stammten; daher das riesige Vermögen und die politische Bedeutung, die sich auch in der Funktion als Grablege von Mitgliedern des Königshauses äußerte. Im Kloster veranstaltet das Centre Culturel de l'Ouest Konzerte und Ausstellungen, auch gibt es ein fürstliches, relativ preiswertes Hotel (www.hotelfp-fontevraud.com). Die 90 m lange schlichte **Kirche** weist zwei Teile auf: Umgangschor und Querschiff wurden 1119 geweiht, das Langhaus 1150. Im rechten Querhaus sind die **Grabmäler des Hauses Plantagenêt** zu sehen: von links die Liegefiguren von Isabella von Angoulême (Ehefrau von Johann Ohneland; unsicher), Richard Löwenherz, Eleonore von Aquitanien (1204 hier verstorben) und Heinrich II., König von England. Von hier gelangt man in den **Marien-Kreuzgang**, den größten Frankreichs (etwa 1520–1560) und den Kapitelsaal (1543). Die Gebäude des St.-Benedikt-Kreuzgangs (um 1600) waren Krankenstation. Spektakulär ist

Das Grabmal von Heinrich II. und Eleonore von Aquitanien in Fontevraud

der achteckige **Küchenbau** am Südwesteck des Marien-Kreuzgangs (ca. 1060; das Schuppendach stammt von Anfang des 20. Jh.s). Eine niedrige Tür führt zum 45 m langen Refektorium (12. Jh., 1515 erneuert). Westlich des Klosters ist die Pfarrkirche St-Michel (um 1180) mit wertvollen Kunstschätzen aus dem Kloster (u. a. Tabernakelaufsatz von 1621) zu beachten.

Candes-St-Martin an der Mündung der Vienne in die Loire und das benachbarte, schon zum Anjou gehörende Montsoreau gehören zu den »schönsten Dörfern Frankreichs«. In Ersterem ist die stattliche gotische Kirche sehenswert, die ca. 1175 – 1225 an der Stelle errichtet wurde, an der der **hl. Martin von Tours** 397 starb; ihr Langhaus besitzt typische stark überhöhte »Anjou-Gewölbe«, die von schlanken Pfeilerbündeln getragen werden. Das Schloss von Montsoreau wurde im Wesentlichen um 1455 erbaut und stand einst direkt an der Loire. Juli/Aug. finden hier Konzerte statt. Vom Schloss sollte man 1 km bergauf gehen (beschildert) und das Panorama mit dem Zusammenfluss von Vienne und Loire genießen. Etwa 1,5 km westlich sind Höhlenwohnungen und die Moulin de la Herpinière zu sehen, eine Windmühle aus dem 16. Jh.; von dieser Bauart existierten in der Gegend einmal mehrere hundert, ihr kegelförmiger Unterbau bildet heute noch ein charakteristisches Landschaftsmerkmal.

✱ Candes-Saint-Martin

✱ Montsoreau

Auch Brézé 9 km südlich von Saumur besitzt ein elegantes Renaissance-Schloss, umgeben von Weinbergen. Seine Besonderheit ist die riesige **unterirdische Anlage** mit Küchen, Bäckerei, Ställen usw., die seit dem 9. Jh. in den Tuffstein gehauen wurde.

Brézé

Das mittelalterliche Saumur (32 000 Einw.) am linken Loire-Ufer beeindruckt mit mächtiger Burg und schöner Flussfront. Seit 1763 ist es Standort der **Nationalen Kavallerieschule** – deren Eleven in Kha-

Saumur

ki-Uniformen das Stadtbild beleben – und seit 1972 der Nationalen Reitschule; ihr berühmter **Cadre Noir** ist u. a. um den 20. Juli beim »Carrousel de Saumur« zu sehen. Bekannt sind die Weine von Saumur, insbesondere der **Mousseux**; am Stadtrand ist ein Keller neben dem anderen in den Kalkfelsen gehauen.

► Schloss

Ludwig I. von Anjou errichtete ab ca. 1370 hier eines der schönsten Loire-Schlösser (geöffnet April – Anf. Nov. Di. – So.). Um 1590 wurde der repräsentative Verteidigungsbau vom protestantischen Stadtgouverneur Duplessis-Mornay zu einer Festung umgebaut. Die dreiflügelige Anlage besitzt ein schönes spätgotisches Treppenhaus von 1371. Wunderbarer Ausblick von der Tour du Guet. Im Schloss das Musée Municipal (u. a. Gobelins des 15.–18. Jh.s, wunderbare Keramik und eine Schau rund ums Pferd von der Antike bis ins 20. Jh.).

► Altstadt

Direkt am Fluss liegt die Place de la République mit dem Hôtel de Ville (linker Teil 16. Jh.); an der Westseite das klassizistische Theater (Tourismusbüro). In Richtung Burg ist die romanische **Kirche St-Pierre** mit mächtigem Vierungsturm zu sehen (12.–16. Jh.); bemerkenswert sind das Portal, herrliche Wandteppiche (16. Jh.) und die Barockorgel (Konzerte). Der Kirchplatz ist Zentrum der Altstadt mit hübschen Fachwerkhäusern und Markthalle von 1982. Südlich der Burg liegt der Botanische Garten, westlich davon die Kirche Notre-Dame-de-Nantilly, ein schöner romanischer Bau (12./14. Jh.; südliches Seitenschiff Flamboyantgotik, um 1480); hier wird eine strenge, farbig gefasste Madonna (12. Jh.) verehrt, außerdem sind prächtige Aubussons (15.–17. Jh.) zu sehen. Im Westteil der Stadt (Rue Beaurepair) liegen die Orangenlikörfabrik Combier und die **Kavallerieschule** mit ihrem Museum (Avenue Foch).

Ein Märchenschloss thront über Saumur und der Loire.

1 km von der Loire-Brücke flussaufwärts liegt der Komplex der **Abtei** **Notre-Dame-des-Ardilliers** (1628 – 1693), einst bedeutender Wallfahrtsort mit einer wundertätigen Marienstatue. In den Tuffsteinkellern von **St-Hilaire-St-Florent** 2 km westlich haben sich Schaumwein- und Pilzproduzenten eingerichtet, u. a. France Champignon, der größte Frankreichs (Museum). In St-Hilaire hat auch die **École Nationale d'Equitation** ihren Sitz (www.cadre noir.fr, Führungen von Mitte Febr. bis Anf. Nov. Mo.nachmittag bis Fr.).

◀ Außenbezirke

In **Bagneux** 2 km südlich sind eines der größten und eindrucksvollsten Megalithgräber Europas und ein Motorenmuseum sehenswert. 2 km südlich, östlich des Thouet, ist das Panzermuseum zu finden, das größte der Welt mit ca. 700 Exponaten (Musée des Blindés, 1043 Route de Fontevraud).

> ! *Baedeker* TIPP
>
> **Saumur Brut**
> Den ausgezeichneten Schaumwein von Saumur kann man in einigen renommierten Kellereien verkosten, z. B. bei Ackerman, Bouvet-Ladubay, Veuve Amiot, Langlois-Chateau und Gratien-Meyer (auch Besichtigungen). Die Maison du Vin hat Weine zum Probieren und Infos über Weingüter und Kellereien (Quai Lucien Gautier, neben dem Tourismusbüro; geöffnet April – Sept. Mo.nachmittag – So.vormittag, sonst Di. – Sa.).

Der herrlich am Thouet gelegene Ort (4100 Einw., 17 km südwestlich von Saumur) wartet mit einer **imposanten Burganlage** auf, die sich vom 12. Jh. bis Anfang des 16. Jh.s von einer Festung zu einem Herrensitz entwickelte. Sehenswert besonders das Neue Schloss (1484 bis 1505) mit Kapelle (Fresken 15. Jh.), die Küche (ähnlich der in Fontevraud), das Wohnhaus (eigentlich vier Häuser) der Chorherren mit Badezimmern (!) sowie die Stiftskirche Notre-Dame (um 1480) mit den Wappen der bestatteten Familien in schwarzem Band.

★ Montreuil-Bellay

Die Stadt (7500 Einw.) 19 km südwestlich von Saumur ist für ihre Rosen berühmt; der einstige Schlosspark ist ein **herrlicher Rosengarten** (Mitte Mai – Okt.; www.cheminsdelarose.fr). 2 km außerhalb ist in den Stallungen des nicht mehr existierenden Schlosses der barone Foullon ein hübsches Museum für alte Läden und Werkstätten zu sehen (Musée aux Anciens Commerces; ausgeschildert). In der Umgebung sind zahlreiche Höhlenwohnungen zu finden (u. a. Village Troglodytique in Rochemenier, 6 km nordwestlich).

Doué-la-Fontaine

Schön an der Loire liegt 12 km nordwestlich von Saumur die beeindruckende ehemalige **Abteikirche** (12./13. Jh.; Glockenturm – ein schönes Beispiel für die Romanik des Loire-Tals – aus dem 11. Jh.). Der ca. 65 m lange romanische Bau besticht durch noble Schlichtheit, die von 223 reich gestalteten Kapitellen kontrastiert wird (z. T. erneuert; Fernglas!). Im Tympanon des Westportals eine thronende Muttergottes, in den Apsiskuppeln romanische und gotische Fresken sowie im Chorumgang ein Schrein (13. Jh.; aus farbig gefasstem Holz, sehr selten) mit den Reliquien des hl. Maxentiolus.

★ Cunault

Brissac-Quincé Brissac, ca. 16 km südöstlich von Angers, verfügt über ein 48 m (!) hohes, sehr kompaktes **Schloss**, dessen Teile im 13.–15. Jh. (in den Religionskriegen z. T. zerstört) und 1606–1621 entstanden. Obwohl bewohnt – seit 500 Jahren von derselben Familie –, sind die prächtig ausgestatteten Räume zu besichtigen (www.chateau-brissac.fr). Hervorzuheben sind das Bild der Veuve Cliquot in der Großen Galerie und das 1883 eingebaute Theater. Im Weinkeller kann man die Erzeugnisse der Schlossdomäne probieren.

Baugé Das **Schloss** von Baugé (3500 Einw., 37 km nordöstlich von Angers) wurde ab 1454 vom Guten König René neu errichtet. Interessant sind hier eine elegante Wendeltreppe mit einem Palmengewölbe und ein kleines Museum mit Fayencen, Waffen und Münzen (Tourismusbüro). In der Chapelle des Filles-du-Coeur-de-Marie südlich von St-Laurent wird das berühmte Croix d'Anjou aufbewahrt; angeblich aus

★

Croix d'Anjou ▶ dem Kreuz Christi gemacht, kam die Reliquie 1241 auf einem Kreuzzug aus Konstantinopel, die kostbare Fassung datiert von Ende des 14. Jh.s. Seine Form mit zwei Querbalken wurde zum Lothringer Kreuz, da es die Soldaten von René II. von Lothringen in der Schlacht von Nancy zu ihrem Zeichen machten. Sehenswert ist die Apotheke im 1643 gegründeten Hôpital St-Joseph. Eine Kuriosität der Landschaft **Baugeois** sind die Kirchtürme mit spitzen, gewendelten Hauben, besonders eindrucksvoll ist der von Le Vieil-Baugé.

Angers ▶dort
Nantes ▶dort

★★ Lot-Tal · Vallée du Lot

Die landschaftlichen Reize des Lot-Tals können sich mit denen der berühmteren benachbarten Dordogne messen. Der Charakter des Flusslaufs wechselt zwischen malerischer Anmut und wilder Natur, an seinen Ufern liegen bezaubernde Dörfer und Städtchen.

Der Fluss und seine Landschaft Der Lot entspringt in den ▶Cevennen an der 1497 m hohen Montagne du Goulet, fließt am Südrand des Zentralmassivs nach Westen, durchquert die Landschaft Quercy und mündet nach 480 km in die Garonne. Den Höhepunkt bilden die 300 m tief eingeschnittenen

★★

Gorges du Lot ▶ Schluchten unterhalb von Estaing, die man mit den Gorges du Tarn (▶Cevennen) vergleichen kann. Früher war der Lot eine wichtige Verkehrsader, die die Auvergne und das Weinhandelszentrum Cahors mit Bordeaux verband. Heute tummeln sich zwischen Espalion und Conques die Kajakfahrer und Kletterer, von St-Cirq-Lapopie kann man mit dem Hausboot nach Luzech schippern. Berühmt sind die sehr körperreichen **Rotweine der Cahors AOP**, die hauptsächlich aus der alten heimischen Sorte Malbec gemacht werden.

Hoch über dem Tal des Lot zieht St-Cirq-Lapopie den Hang hinauf.

Reiseziele im Lot-Tal

Die Reiseziele im Lot-Tal werden flussabwärts von Espalion bis Villeneuve-sur-Lot vorgestellt (Oberlauf ►Cevennen, Mende), anschließend Rodez und Villefranche-de-Rouergue südlich des Lot.

Espalion (4500 Einw.) bietet mit alten **Gerberhäusern** am Lot und dem Vieux Pont (11. Jh.) ein besonders schönes Bild. Im Vieux Palais (16. Jh.) residierte der Gouverneur. Die einstige Kirche St-Jean beherbergt das Musée J.-Vaylet (Volkskunde der Gegend, Museum des Tiefseetauchens); ein weiteres Regionalmuseum ist das Musée du Rouergue in einem ehemaligen Gefängnis. Die kleine romanische Eglise de Perse (11. Jh., 1 km südöstlich) hat ein sehenswertes Südportal (Pfingstwunder). Über dem Tal wacht das mittelalterliche **Château de Calmont** (Zufahrt über die D 920), von dem man eine schöne Aussicht hat. Ca. 10 km südlich von Espalion ist **Bozouls** über einer engen, tief eingeschnittenen Flussschleife sehenswert.

Espalion

Dieses altertümliche Städtchen (600 Einw.) liegt reizvoll im sich erweiternden Tal des Lot, der von einer gotischen Brücke (15. Jh.) überspannt wird. Das stattliche **Schloss** (15./16. Jh.) war Sitz der Adelsfamilie d'Estaing; von der Terrasse schöne Aussicht. In der Kirche (15. Jh.) werden die Reliquien des hl. Fleuret aufbewahrt.

Estaing

Von Estaing führt die D 920 an der Staumauer von Golinhac vorbei, dahinter hat die Lot-Schlucht ihre engste und tiefste Stelle.

★★
Gorges du Lot

Entraygues-sur-Truyère

An der Einmündung der Truyère, zwischen Hängen mit Obst- und Weingärten, liegt die kleine, entzückend mittelalterliche Stadt (1200 Einw.). Charakteristisch sind die **gedeckten Gassen** (»cantou«). Ein kleiner Rundgang folgt von der Place Castanié aus der Rue Basse, der Rue du Collège und der Rue Droite. Die Truyère wird von einer schönen gotischen Brücke (13. Jh.) überspannt.

★ ★
Conques

Im schmalen, grünen Tal der Ouche liegt Conques (300 Einw.), dessen Abtei zwischen dem 11. und 13. Jh. eine wichtige Etappe am Jakobsweg war (▶Baedeker Special S. 790). Alte Häuser drängen sich um die **Kirche Ste-Foy** (11./12. Jh.); die hl. Fides starb 13-jährig im Jahr 303 für ihren Glauben. Der **Kirchenschatz** (tägl. zugänglich), der großartiges Kunsthandwerk vom 9. bis zum 16. Jh. vereinigt, enthält auch das berühmte, ganz aus Gold gefertigte Sitzreliquiar der hl. Fides (9. Jh., mehrfach ergänzt; Kopf vermutlich 4. Jh.; ▶Abb. S. 74) und das »A Karls des Großen«. Die andere große Kostbarkeit ist das Tympanon des **Westportals** (um 1130), das mit 124 farbig gefassten Figuren zu den besten und größten Frankreichs zählt. Zu beachten ist auch das schmiedeeiserne Chorgitter (12. Jh.).

Figeac

Nördlich des Lot, am Celé, liegt Figeac (10 000 Einw.), das um ein im 9. Jh. gegründetes Kloster entstand und Etappe am Jakobsweg war. Das sorgte für Wohlstand, was den mittelalterlichen Vierteln noch anzusehen ist. An der Place de la Raison, die sich zum Fluss öffnet, steht die einstige Abteikirche St-Sauveur (älteste Teile 11. Jh.).

LOT-TAL ERLEBEN

AUSKUNFT

CRT Languedoc-Roussillon
CS 79507, 34960 Montpellier Cedex
Tel. 04 67 20 02 20
www.sunfrance.com

CRT Midi-Pyrenees
54 Boulevard de l'Embouchure
31000 Toulouse
Tel. 05 61 13 55 48, Fax 05 61 47 17 16
www.tourisme-midi-pyrenees.com

ESSEN / ÜBERNACHTEN
▶ **Günstig**
La Chartreuse
Chemin de Chartreuse
46000 Cahors, Tel. 05 65 35 17 37
www.hotel-la-chartreuse.com
Modernes Hotel am Lot mit herrlichem Blick auf die Stadt, große, gut ausgestattete Zimmer. Mit Restaurant.

La Garissade
Place de la Mairie
49240 Labastide-Murat
www.restaurant-garissade.fr, Tel. 05 65 21 18 80, 35 km nordöstlich von Cahors. Schloss von 1226 mit geschmackvoll modern gestalteten Zimmern, gute ländliche Küche.

La Puce à l'Oreille
5 Rue St-Thomas, 46100 Figeac
Tel. 05 65 34 33 08, Mo. geschl.
Restaurant in der Altstadt, in einem Stallgebäude aus dem 15. Jh.; gute, sorgfältig zubereitete regionale Gerichte.

Auch heute ist Conques eine wichtige Station am Jakobsweg.

Auf dem Platz erinnert ein Obelisk an den großen Sohn der Stadt, J.-F. Champollion (1790–1832), der Anfang des 19. Jh.s die ägyptischen Hieroglyphen entzifferte (►Berühmte Persönlichkeiten). Ca. 200 m westlich das gotische **Hôtel de la Monnaie** (Ende 13. Jh.), ein für Figeac typischer Bau mit Arkaden, Spitzbogenfenstern und offenem Dachgeschoß (Tourismusbüro, Ortsmuseum). Nordöstlich gelangt man in die Rue Gambetta mit der Templer-Komturei (12.–15. Jh.); an der Markthalle vorbei zum Musée Champollion. Vor ihm ist im Boden eine große **Nachbildung der Rosette-Inschriften** eingelassen. Über der Stadt erhebt sich die Kirche Notre-Dame-du-Puy (12. Jh./14. Jh.) mit einem geschnitzten Retabel (Ende 17. Jh.).

★ Saint-Cirq-Lapopie

St-Cirq-Lapopie (200 Einw.) liegt mit von Künstlern und Kunsthandwerkern restaurierten alten Häusern großartig auf einem Felsen, der über dem Lot aufsteigt. Die Kirche stammt aus dem 15. Jh., vom Felsen mit der Burgruine hat man einen herrlichen Blick.

Tal des Célé

Ein Abstecher nordöstlich ins reizvolle Célé-Tal. Bei Cabrerets ist die **Grotte de Pech-Merle** zu finden, die für ihre Tierdarstellungen berühmt ist (►Baedeker Special S. 660). Das Museum Amédée-Lemozi informiert über die Funde (April–Okt. tägl.). Bei Cuzals 6 km nordöstlich von Cabrerets veranschaulicht das Bauernhausmuseum Musée de Plein Air du Quercy das Landleben im 19. Jahrhundert.

Wahrzeichen von Cahors: die wehrhafte Brücke Valentré

Cahors Cahors (20 100 Einw.), die alte Hauptstadt der Grafschaft Quercy, liegt sehr schön in einer Schleife des Lot und atmet schon die leichte Luft des Midi. Im Mittelalter war sie als Filiale lombardischer Bankiers ein europaweit wichtiger Handels- und Finanzplatz; der aus Cahors stammende Papst Johannes XXII. gründete hier schon 1332 eine Universität. Im Westen der Stadt überquert der von drei 40 m hohen Türmen überragte Pont Valentré (1308–1380), der auch für die Engländer im Hundertjährigen Krieg uneinnehmbar war, den Lot. Von der südlichen Brücke führt der Blvd. Gambetta nach Norden, die Altstadt liegt östlich von ihm. Östlich der Place Mitterrand (Tourismusbüro) steht die romanische Kathedrale St-Etienne (1117, Fassade 14. Jh.), eine der ältesten und größten Kuppelkirchen Südwestfrankreichs. Die 32 m hohen Kalotten (18 m Durchmesser) wurden im 14. Jh. ausgemalt. Das großartige **Nordportal** (einst Hauptportal) entstand um 1140 und zeigt die Himmelfahrt Christi. Südlich stößt der schöne spätgotische Kreuzgang an (1509). Von der Kathedrale empfiehlt sich ein **Rundgang** durch Rue Nationale, Rue Lastié, Rue St-Urcisse zur Maison de Roaldès (Ende 15. Jh.) am Lot. Dann nach Norden zur 34 m hohen Tour Jean XXII (Rest eines Palais) und zur Kirche St-Barthélemy (14.–16. Jh.). Weiter nördlich die Tour St-Jean und die Barbacane (Stadtwache, 15. Jh.), Teile der Stadtbefestigung. Jenseits des Pont Valentré liegen eine rekonstruierte Schiffsmühle und 400 m weiter südlich am Fluss die Fontaine des Chartreux, eine schon den Galliern heilige Quelle, die heute noch Trinkwasser liefert.

★ Pont Valentré ▶

★ St-Etienne ▶

Puy-l'Evêque Unterhalb von Cahors schlängelt sich der Lot bis Puy-l'Evêque an hohen Felswänden entlang; sehenswerte Punkte sind das Schloss

Mercuès (13./15. Jh., Relais & Châteaux-Hotel), Luzech, Grézels mit dem Château de la Coste. Von Duravel oder Fumel aus lohnt sich der Abstecher zum mächtigen Château de Bonaguil, das einen mittelalterlichen Eindruck macht, aber erst 1477–1520 errichtet wurde, um die Engländer und die Bauern einzuschüchtern.

Château de Bonaguil

Villeneuve-sur-Lot (23 500 Einw.) wurde 1253 als **Bastide** gegründet. Von der Befestigung stehen noch die Porte de Pujols südlich des Flusses und die Porte de Paris nördlich (Place de la Libération). Der Pont Vieux wurde im 13. Jh. von den Engländern erbaut, die übers Wasser ragende Kapelle im 16. Jh. In einer alten Mühle am Fluss das Musée de Gajac mit einigen beachtlichen Gemälden.

Villeneuve-sur-Lot

Rodez (24 300 Einw.), die Hauptstadt des Départements Aveyron, liegt 28 km südwestlich von Espalion auf einem Hügel über dem Fluss Aveyron. Die Place d'Armes wird dominiert von der wehrhaften **Kathedrale Notre-Dame** (13.–15. Jh.), deren Fassade wenig glücklich von einem Flamboyant-Teil und einem Renaissance-Giebel kontrastiert wird. Der 87 m hohe Turm an der Nordseite zeigt im Obergeschoß prächtiges Flamboyant-Maßwerk (16. Jh.). Das Innere ist einfallslos gestaltet, aber reich ausgestattet: rechts ein Gitter aus Stein (15. Jh.) und eine Grablegung (16. Jh.), im Querhaus ein prächtiger Lettner (1470) und ein geschnitzter Orgelprospekt (17. Jh.), im Chor ein spätgotisches Gestühl (15. Jh.). Nördlich der Kathedrale stehen der Bischofspalast und die Tour de Corbières (1443), ein Rest der Stadtbefestigung. Sehenswert sind auch die romanische Kirche St-Amans (12./18. Jh.; schöne Kapitelle, Wandteppiche aus dem 16. Jh.), das Musée Fenaille (Archäologie der Region, mittelalterliche Plastik, Kunsthandwerk) und das Musée Denys-Puech.

Rodez

> ! **Baedeker TIPP**
>
> **Laguiole**
> Zum Lifestyle-Produkt sind die edlen Taschenmesser avanciert, die seit 1829 in Laguiole (gesprochen »lajól«) 25 km nordöstlich von Espalion produziert werden. In der Forge de Laguiole (Architekt: Philippe Starck) und im Musée du Couteau kann man zusehen. Info: www.forge-de-laguiole.com, www.tourisme-aveyron.com. Weiter Richtung Aubrac liegt in 1225 m Höhe das spektakuläre moderne Hotelrestaurant von Michel und Sébastien Bras, das in Architektur und Küche die umgebende Natur einbezieht (Tel. 05 65 51 18 20, Nov.–März geschl., www.michel-bras.com).

Villefranche-de-Rouergue (12 000 Einw., 36 km südlich von Figeac) ist eine alte Bastide, typischerweise mit einem schönen **arkadengesäumten Platz** im Zentrum (Do. Markt). Östlich schließt die Kollegiatkirche Notre-Dame an, erbaut ab 1260; der 56 m hohe Turm wurde nicht vollendet. Das Chorgestühl (1487) zeigt einige witzige Figuren. Südlich des Hauptplatzes, an einem hübschen Platz mit Brunnen von 1336, das Musée Urbain Cabrol mit netter bunter Sammlung (Vorgeschichte, sakrale Kunst, Volkskunde etc.).

Villefranche-de-Rouergue

Lothringen · Lorraine

N – O 3

Lothringen, die geschichtsträchtige Region im Nordosten Frankreichs zwischen dem Elsass und der Champagne, hat den Ruf eines wenig attraktiven Industriegebiets – in Wirklichkeit verfügt es über eine weitgehend unberührte Natur, und seine schönen Städte wie Nancy, Toul und Metz sind mehr als einen Besuch wert.

Geografisches

Lothringen hat keine prägnanten natürlichen Grenzen. Im Südosten stößt es an die Vogesen (▶ Elsass) und im Norden an die niedrigen Ardennen (▶ Champagne), im Westen geht es ins Pariser Becken über und im Süden ins Plateau de Langres. Seine wichtigsten Flüsse sind die Meuse (Maas) und die Moselle (Mosel) mit den Nebenflüssen Sarre (Saar) und Meurthe. In den Départements Meurthe-et-Moselle (Hauptstadt ▶ Nancy), Moselle (▶ Metz), Meuse (Bar-le-Duc) und Vosges (Épinal) besteht, leben rund 2,35 Mio. Einwohner.

Lothringen gestern und heute

Mit dem Vertrag von ▶ Verdun im Jahr 843 wurde das Frankenreich unter den Söhnen Ludwigs des Frommen, Lothar I., Ludwig dem Deutschen und Karl dem Kahlen, geteilt. Karl erhielt das Westreich, Lothar das Mittelreich und Ludwig das Ostreich. 855 wurde das Mittelreich unter den Söhnen Lothars, Ludwig, Karl und Lothar II., aufgeteilt. Letzterer nannte sein Gebiet »Lotharii regnum«, woraus **Lotharingien** wurde. 1552 nahm die französische Krone die Reichsbistümer Metz, Toul und Verdun in Besitz. 1738 wurde Stanisław Leszczyński, entthronter polnischer König und Schwiegervater Ludwigs XV., Herzog von Lothringen; mit seinem Tod 1766 kam das Land zu Frankreich. Im 19./20. Jh. traf sich in den Thermalbädern am Rand der Vogesen, in Bains-les-Bains, Plombières, Vittel und Contrexéville, »toute l'Europe«. Nach dem Deutsch-Französischen Krieg 1870/1871 wurde ein großer, vorwiegend deutschsprachiger Teil Lothringens mit Metz vom neu gegründeten Deutschen Reich

---

Highlights Lothringen

Nancy
Barockjuwel und Jugendstil-Stadt
▶ Seite 560

Sarreguemines
Prächtige Produkte der Keramikindustrie
▶ Seite 511

Ligier Richier
Bahnbrechende, beeindruckende Werke des spätmittelalterlichen Bildhauers
▶ Seite 515

Fort Hackenberg
Die Kriegsmaschinerie der Maginot-Linie
▶ Seite 513

Bischofsstadt Toul
Zeugnisse einer bedeutenden Zeit
▶ Seite 515

Verdun
Schlachtfelder des Ersten Weltkriegs, eine Mahnung an die Nachgeborenen
▶ Seite 796

► Lothringen · Lorraine

annektiert und Teil des Reichslands Elsass-Lothringen. Nach dem Ersten Weltkrieg, in dem Lothringen Schauplatz furchtbarer Gemetzel war – allein die **Schlacht um Verdun** 1916 kostete ca. 700 000 Soldaten das Leben –, fiel es wieder an Frankreich, zu dem es, mit Ausnahme der Jahre 1940–1944, seitdem gehört. Die Wirtschaftskraft beruhte auf dem Abbau von Kohle und Eisenerz sowie auf der Stahl-, Chemie- und Textilindustrie, die den Norden Lothringens prägten. Eine Rolle spielte auch die Salzgewinnung, Basis für die Ansiedlung chemischer Industrie. Anfang der 1960er-Jahre waren in diesen Branchen noch über 200 000 Menschen beschäftigt, heute sind es nur noch 30 000. 1993 schloss das letzte Erzbergwerk, 2004 die **letzte Kohlengrube** (das Ende der Kohleförderung in Frankreich). Seit der Mitte der 1960er-Jahre versucht man dem Revier zu neuem Aufschwung zu verhelfen. So ist Lothringen heute die französische Region mit der größten Konzentration ausländischer Firmen, darunter dem zur Daimler AG gehörenden Smart-Werk in Hambach. Aufgrund der wenig fruchtbaren Kalkböden konzentriert sich die Landwirtschaft auf Getreideanbau, Milchwirtschaft und Obst (weltweit bedeutend sind die Mirabellen).

Im Keramikmuseum von Sarreguemines

Reiseziele im nördlichen Lothringen

Sarreguemines (Saargemünd, 21 800 Einw.), 18 km südlich von Saarbrücken gelegen, ist für seine seit 1790 bestehende **Fayence-Manufaktur** berühmt; im Haus des Direktors ist eine großartige Sammlung zu sehen, das Musée des Techniques Faïencières demonstriert die Herstellung. Eine schöne Aussicht hat man von der Ruine auf dem Burgberg. Wer sich für die 6000 Jahre alte Siedlungsgeschichte der Gegend interessiert, sollte die Ausgrabungen von **Bliesbruck-Reinheim** beiderseits der Grenze (ca. 10 km östlich) besuchen.

Sarreguemines

◄ Keramikmuseum

Parc Archéologique

In St-Avold (16 600 Einw.) 45 km östlich von Metz lohnt die mächtige barocke Benediktinerkirche **St-Nabor** (1755–1769), bedeutendster Sakralbau des 18. Jh.s in Lothringen, stilistisch eine eigenartige Mixtur aus gotischer Hallenkirche und klassizistischen Ideen. Am nördlichen Stadtrand der größte US-Soldatenfriedhof in Europa.

Saint-Avold

Phalsbourg Phalsbourg (Pfalzburg; 4600 Einw.) 16 km östlich von Sarrebourg (siehe unten) entstand ab 1568 mit dem Bau eines Schlosses. 1662 an Frankreich gefallen, legte Vauban ab 1679 zum Schutz des Übergangs zur Rheinebene eine Festung an (1871 geschleift); Reste sind die Porte de France und die Porte d'Allemagne. Im Hotel de Ville informiert ein Museum über die Geschichte der Festungsstadt und das Schriftstellerduo **Erckmann-Chatrian**, dessen Romane für das Elsass und Lothringen höchst bedeutsam sind (u. a. »L'Ami Fritz«). Émile Erckmann wurde 1822 in Phalsbourg geboren.

Dabo Der kleine Urlaubsort Dabo (Dagsburg; 2700 Einw.) 18 km südöstlich von Sarrebourg liegt in schöner Landschaft am weithin sichtbaren **Rocher de Dabo** (664 m). Ihn krönte bis 1679 die Dagsburg, heute steht hier die 1890 zu Ehren des in der Burg geborenen Papstes Leo IX. (1049–1054) erbaute Kapelle St-Léon.

★ **Rocher de Dabo**

Sarrebourg Die kleine Industriestadt (12 800 Einw.) 70 km östlich von Nancy liegt am Rand der Vogesen an der oberen Saar (Sarre). Die Chapelle des Cordeliers – Rest einer 1970 abgerissenen Kirche des 13. Jh.s (Tourismusbüro) – wird durch ein riesiges Glasfenster von **Marc Chagall** abgeschlossen (1976; Schöpfungsgeschichte). Im Musée du Pays de Sarrebourg sind Keramiken aus Sarrebourg und Niderviller sowie gallorömische Funde ausgestellt.

LOTHRINGEN ERLEBEN

AUSKUNFT
CRT Lorraine
Abbaye des Prémontrés, BP 97
54704 Pont-à-Mousson Cedex
Tel. 03 83 80 01 80, Fax 03 83 80 01 88
www.tourismus-lothringen.eu

ÜBERNACHTEN
▶ **Günstig**
Hotel de la Fontaine Stanislas
Plombières-les-Bains
Tel. 03 29 66 01 53, geöffnet April bis Okt., www.fontaine-stanislas.com
4 km südwestlich von Plombières (D 20) über dem Tal ruhig gelegenes, angenehmes kleines Haus mit Garten.

ESSEN
▶ **Preiswert / Erschwinglich**
Hostellerie du Prieuré
St-Quirin, 169 Av. du Gén.-de-Gaulle
Tel. 03 87 08 66 52
www.saint-quirin. com
17 km südl. von Sarrebourg
St-Quirin am Hang der Vogesen gehört zu den »schönsten Dörfern Frankreichs« und die Prieuré aus dem 18. Jh. gegenüber dem Rathaus zu den besten Adressen für regionale Küche. Mit preisgünstigen Zimmern.

▶ **Fein & teuer**
Château d'Adomenil
Rehainviller, Tel. 03 83 74 04 81
www.adomenil. com
Mo. geschl., Di. – Fr. abends geöffnet
8 km südwestlich von Lunéville
Ein Herzogsschloss des 18. Jh.s im Park bildet den adäquaten Rahmen für eine hochklassige, regional inspirierte Küche (reservieren). Auch herrschaftliche Zimmer und Suiten.

Die mächtige Festung von Bitche in den Nordvogesen (▶ S. 405)

Pont-à-Mousson (14 600 Einw.), zwischen Nancy und Metz an der Mosel gelegen, ist von Schwerindustrie umgeben, dennoch sehenswert. Mittelpunkt ist die von **Arkadenhäusern** des 16.–18. Jh.s umgebene Place Duroc (u. a. »Haus der 7 Todsünden«). Einen Blick wert ist die Kirche St-Martin (14./18. Jh.) mit einer hervorragenden spätgotischen Grablegung. Die Prämonstratenser-Abtei nördlich am Mosel-Ufer entstand im frühen 18. Jh. und dient als Kulturzentrum.

Pont-à-Mousson

▶dort

Metz

Bei Amnéville bzw. Hagondange ca. 18 km nördlich von Metz wurde 1996 nach der Erbohrung von 41 °C warmem Mineralwasser der große Badekomplex **Thermapolis** eröffnet (www.polethermal.com), inzwischen eine riesige Freizeit- und Belustigungsanlage. Bei Maizières lockt der Walygator Parc (www.walygatorparc.com) mit den üblichen Einrichtungen eines Vergnügungsparks.

Amnéville-les-Thermes

Das Fort Hackenberg (bei Veckring 23 km östlich von Thionville) war das größte Fort der **Maginot-Linie** (▶Special S. 514). 1200 Mann Besatzung konnten in der Anlage drei Monate autark leben, die Geschütze konnten in der Minute 4 t Granaten verschießen. (Führungen April–Mitte Nov. Sa./So. 14.00–15.30, Mi. 15.00, 15. Juni–15. Sept. auch Mo., Mi., Do., Fr. 15.00; Mitte Nov.–März Sa. 14.00 Uhr; Führungen auf Deutsch April–Mitte Nov. Sa./So. 14.30, Mitte Juni–Mitte Sept. tägl. 15.00 Uhr; warme Kleidung).

★
Fort Hackenberg

▶ dort

Verdun

Nahe der belgischen Grenze, 47 km nördlich von Verdun, liegt die kleine Festungsstadt Montmédy (2300 Einw.), die nach dem Pyrenäenfrieden 1659 von Vauban verstärkt wurde. 8 km nördlich, in der

Montmédy

Fort Schœnenbourg in der Nähe von Wissembourg im Elsass, die größte zugängliche Anlage der Maginot-Linie

KOSTSPIELIGE FEHLPLANUNG

Nach dem Ersten Weltkrieg entstand im Nordosten Frankreichs das gewaltigste Festungswerk der Welt, dessen Bau ein Drittel des Staatshaushalts verschlang – 5 Mrd. Goldfranc, was heute etwa 3 Mrd. € wären.

Nachdem man schon 1919 über eine bessere Sicherung der Landesgrenzen nachgedacht hatte, entstand zwischen 1929 und 1932 – in einer Phase der Entspannung zwischen Frankreich und Deutschland – nach den Plänen des ehrgeizigen Kriegsministers **André Maginot** (1877–1932) ein riesiges Bollwerk. Am stärksten ausgebaut wurde die 300 km lange elsässisch-lothringische Grenze zwischen Mülhausen und Sedan mit 35 kleinen und 23 großen Festungen sowie rund 400 Einzelbunkern. Dafür wurden ganze Landschaften umgewühlt und weit über 200 km Stollen und Schächte in den Untergrund gegraben. Allein für die oberirdischen Festungswerke wurde soviel Beton verarbeitet, dass man daraus die Cheopspyramide erstellen könnte; aus dem Stahl, der die Geschützkuppeln und sonstigen Panzerwerke schützte, hätten sechs Eiffeltürme errichtet werden können. Die unterirdischen Heerstädte waren ausgestattet mit kilometerlangen Eisenbahnen, mit Aufzügen, Kasematten, Magazinen, Kraftwerken, Spitälern, Bäckereien und Küchen. Das Ganze verschlang so viel Geld, dass man keine modernen Luft- und Landstreitkräfte mehr aufbauen konnte.

Genützt hat der Wall auch nicht. 1940 wurde er von Hitlers Panzerdivisionen einfach umgangen, sie drangen – was die französischen Militärs einfach nicht in Betracht zogen – über das neutrale Belgien und die Ardennen in Frankreich ein. In großem Bogen stießen sie über Paris bis zur Schweizer Grenze vor und schlossen die Festungslinie ein. Nur eine Festung, La Ferté, wurde tatsächlich erobert.

Bis 1970 verwaltete die französische Armee die Bauwerke der Ligne Maginot. Einige große Festungen werden immer noch militärisch genutzt. Etliche Anlagen im Nordelsass und in Lothringen wurden restauriert und zugänglich gemacht (soweit sie nicht in Betriebe wie Pilzzuchten umfunktioniert wurden). Die imposantesten zugänglichen Anlagen sind die Forts Schœnenbourg und Four à Chaux (»Kalkofen«) in der Nähe von Wissembourg im ►Elsass sowie das Fort Hackenberg (►S. 513). Beim Besuch bedenken: In diesen gigantischen Maulwurfsbauten ist es das ganze Jahr nur 12–15 °C »warm«.

▶ Lothringen · Lorraine

120 Seelen zählenden Stadt **Avioth**, überrascht die prächtige, elegante gotische Kirche Notre-Dame, die im 13./14. Jh. als Wallfahrtskirche entstand. Das Gnadenbild ist eine Marienstatue aus Lindenholz, die man der Legende zufolge Anfang des 12. Jh.s in einem Dornbusch fand.

Toul (16 300 Einw.), 24 km westlich von Nancy im oberen Mosel-Tal gelegen, besaß im Mittelalter große Bedeutung als Bischofs- und Freie Reichsstadt (bis 1648). Die von Vauban 1698–1712 angelegte Befestigung ist fast ganz erhalten. Von der Bedeutung des Bistums zeugt die **Kathedrale** St-Etienne (1221–1507) mit eindrucksvoller spätgotischer Fassade, zwei unvollendeten, 65 m hohen Türmen und großem Kreuzgang (13./14. Jh.). Der majestätische **Bischofspalast** (1753) dient seit 1789 als Rathaus.

Kathedrale St-Etienne in Toul

Westlich, jenseits der Rue Michâtel mit schönem Renaissance-Haus (Nr. 16), steht die Kirche St-Gengoult (13.–16. Jh.), eine kleine Ausgabe der Kathedrale; im Chor sind schöne Glasfenster (um 1260) erhalten, im Kreuzgang (um 1515) elegantes Flamboyant-Maßwerk und sehr hübsch skulptierte Kapitelle. In der Rue Général-Gengoult stehen noch alte, teils bis ins 14. Jh. datierende Häuser. Besuchenswert ist das Museum in einem Hospiz aus dem 13./18. Jh. (Rue Gouvion-St-Cyr). 15 km nördlich, bei Andilly, liegt der größte deutsche Soldatenfriedhof des Zweiten Weltkriegs in Frankreich mit über 33 000 Gefallenen.

◀ Andilly

Der polnische Exkönig (▶ Nancy) wählte den 32 km nordwestlich von Toul an der Maas gelegenen Ort (6500 Einw.) zur Residenz und ließ das **Barockschloss** des Grafen de Vaudemont 1745–1747 durch Héré umbauen (heute städtische Verwaltung). Im Stadtbad von 1930 ist das Musée de la Céramique et de l'Ivoire untergebracht.

Commercy

Der kleine Ort (4800 Einw.) an der Meuse 18 km nördlich von Commercy entstand aus einer 709 gegründeten Benediktinerabtei. Er war Heimat des Bildhauers **Ligier Richier** (1507?–1567), der in seiner Behandlung der menschlichen Figur noch der Gotik verpflichtet ist, im Dekor aber schon der Renaissance. In den Kirchen des Orts sind einige großartige Werke von ihm zu sehen, u. a. in St-Michel (18. Jh.;

Saint-Mihiel

Vorhalle mit Turm 12. Jh.) die Nussholz-Gruppe »Johannes stützt die niedersinkende Maria« (1531) und in St-Etienne eine Grablegung (1554–1564). Im Konvent (17. Jh.) von St-Michel sind die Bibliothek und das Museum für sakrale Kunst besuchenswert.

Bar-le-Duc Die alte Hauptstadt des Herzogtums Bar (16 000 Einw.) liegt 35 km südwestlich von St-Mihiel in reizvoller Landschaft. Mittelpunkt der Oberstadt ist die von schönen Häusern des 14.–18. Jh.s umgebene Place St-Pierre. In der spätgotischen Kirche St-Etienne (14.–17. Jh.) sind eine Kreuzigungsgruppe (1530) und das Grabmal des 1544 gefallenen Prinzen René de Châlon mit dem berühmten »Skelett« zu sehen, Meisterwerke von **Ligier Richier**. Über die einstige Hauptstraße Rue des Ducs-de-Bar – mit schönen Häusern aus Renaissance und Barock – erreicht man das ab 1567 erbaute Neue Schloss mit dem Musée Barrois, das eine große archäologische Sammlung sowie Werke französischer und flämischer Maler zeigt. Am Weg in die Unterstadt passiert man das Collège Gilles de Trèves (1574) mit schönem Renaissance-Hof. Über den kapellengeschmückten Pont Notre-Dame zur Kirche Notre-Dame (11.–14. Jh.). Im Langhaus ist der Kruzifixus von Richier (1530), im südlichen Querhaus das Relief »Mariä Himmelfahrt« (1500) bemerkenswert.

Reiseziele im südlichen Lothringen

Saint-Dié Die alte Bischofsstadt St-Dié (22 000 Einw., 75 km südwestlich von Straßburg) brannte im Zweiten Weltkrieg großenteils ab und zeigt sich heute modern. Hier veröffentlichte Martin Waldseemüller 1507 das erste geografische Werk, in dem von »Amerika« die Rede ist (ein Exemplar der »Cosmographiae Introductio« wird in der Stadtbibliothek aufbewahrt). 1945 bekam Le Corbusier den Auftrag, die neue Stadt zu planen; gebaut wurde aber nur eine Strumpffabrik im Norden der Stadt. Im Zentrum blieb das Ensemble dreier Sakralbauten

✱
Sakralbauten ▶ erhalten. Die romanisch-gotische **Kathedrale** erhielt ihre klassizistische Fassade im 18. Jh.; im romanischen Langhaus hervorragende Kapitelle. Ein unvollendeter Kreuzgang (15./16. Jh.) verbindet die Kathedrale mit der Kirche Notre-Dame-de-Galilée, ein schönes Beispiel rheinischer Romanik des 12. Jh.s. Im Musée Pier-Noël neben der Kathedrale sind u. a. Funde von La Bure (▶ unten) und Erinnerungsstücke an den Minister J. Ferry (1832–1893) zu sehen, außerdem moderne Kunst (u. a. Léger, Dalí, Miró). Auf einem Bergrücken

Keltensiedlung ▶ 8 km nördlich wurde eine ab ca. 2000 v. Chr. existierende keltische Siedlung ausgegraben (Camp celtique de la Bure).

Baccarat In Baccarat, ca. 25 km nordwestlich von St-Dié, wird seit 1764 **Kristallglas** hergestellt. Im Fabrikantenhaus der alten Werksanlagen das Musée du Cristal, in dem man viel über die Herstellung erfährt, außerdem sind schöne Stücke ausgestellt. Kristallglas ist neben Beton auch das Gestaltungselement der Kirche St-Rémy (1957).

Gérardmer, die »Perle der Vogesen«, ist auch als Ausflugsziel beliebt.

Diese Stadt (21 000 Einw.) 37 km südöstlich von Nancy war 1702 bis 1737 Residenz der Herzöge von Lothringen; 1801 wurde hier der bedeutende Friede zwischen Frankreich und Österreich geschlossen. Seine Blütezeit erlebte es unter Stanisław Leszczyński (▶Nancy), der das bis 1723 von einem Schüler Mansarts erbaute **Schloss** im Rokoko-Stil umgestalten ließ. Im Schloss sind Lunéviller Fayencen, eine Apotheke des 18. Jh.s, Ledertapeten und Jugendstil-Glas zu sehen. In der Barockkirche St-Jacques in der hübschen Altstadt (Boffrand/Héré, 1730–1747) sind die Schnitzereien an Kanzel, Chorgestühl und Orgel sowie die Gemälde des aus Lunéville stammenden J. Girardet (1708–1788) zu beachten. Die Synagoge in der Rue Girardet wurde 1785 erbaut, als erste in Frankreich seit dem 13. Jahrhundert.

Lunéville

▶ dort

Nancy

Der Westhang der Hochvogesen ist mit seinen bewaldeten Höhen und eiszeitlichen Seen als Urlaubsgebiet in Sommer und Winter gleichermaßen beliebt. Sein Zentrum ist Gérardmer (8700 Einw.; 666–1100 m), das hübsch am Ufer des größten Sees liegt, unterhalb des Col de la Schlucht, des Passes nach ▶ Colmar. Zahlreiche Hotels, Restaurants, Freizeit- und Sporteinrichtungen etc. sorgen für die Gäste. Die Textilfabriken beherrschen mit ihren **Leinenprodukten** den französischen Markt (Besichtigung, Fabrikläden). Das **Narzissenfest** (Fête de la Jonquille, 2. Aprilhälfte in ungeraden Jahren) zieht Tausende Besucher an, Ende Januar findet das Festival des Fantasy-Films (Fantastic'Arts) statt. Herrliche Ausflüge ins ▶ Elsass.

★ Gérardmer

Épinal (33 500 Einw.), Hauptort des Départements Vosges, liegt an der Mosel inmitten weiter Wälder. Berühmte Erzeugnisse sind die

Épinal

Images d'Épinal, bunte Bilderbogen als Vorgänger der Comics, die ab 1796 gedruckt wurden und zeitweise in die ganze Welt gingen. Die schönsten Beispiele sind in der Imagerie d'Épinal mit dem Musée de l'Image (42 bis, Quai de Dogneville) zu sehen. Das moderne Musée d'Art Ancien et Contemporain (1992; Di. geschl.) an der Südspitze der Moselinsel zeigt gallorömische Funde, mittelalterliche Sakralkunst und hervorragende Gemälde (u. a. Claude Lorrain, La Tour, Brueghel, Rembrandt; Arte Povera, Pop-Art). In der Altstadt rechts der Mosel lohnt die Basilika St-Maurice einen Besuch (12.–14. Jh.); Haupteingang ist das verstümmelte Portail des Bourgeois im Norden, das Innere lässt burgundische Einflüsse erkennen. Den Park östlich über der Altstadt zieren die Ruinen der 1670 zerstörten Burg.

◀ Musée d'Art Ancien et Contemporain

Remiremont

Remiremont (8500 Einw.), 26 km südlich von Épinal am Fuß des Parmon (613 m) am Oberlauf der Mosel gelegen, geht auf ein einst berühmtes, im 11. Jh. gegründetes Stift für Damen des Adels zurück. Die Stiftskirche St-Pierre, die im 13. Jh. über einer Krypta des 11. Jh.s entstand (Fassade und Turm 18. Jh.), prägt mit dem spätbarocken **Äbtissinnen-Palais** (1752, heute u. a. Rathaus) und schmucken Stiftshäusern das Stadtbild. Schöne Arkadenhäuser des 17./18. Jh.s säumen die Rue Charles-de-Gaulle. Zwei Museen sind der Geschichte und der Kultur von Stadt und Region gewidmet.

Plombières-les-Bains

Das seit der Römerzeit bekannte **Heilbad** (2000 Einw.) liegt 30 km südlich von Épinal im schmalen Augronne-Tal. Seine 27 Quellen mit 13–84 °C lockten im 18./19. Jh. Prominenz aus Politik und Gesellschaft an. Der pompöse Komplex der Thermes Napoléon entstand ab 1857; südwestlich davon der schöne Parc Impérial mit Casino. Im Nordosten der alte Ort mit Museum (Werke des in Plombières geborenen Malers L. Français, außerdem von Corot, Courbet u. a.), dem Bain National (1818, Trinkhalle), dem römischen Bad, der schönen Maison des Arcades (1762) und dem Bain Stanislas.

Bains-les-Bains

Ein schöner Ausflug führt von Plombières im Zickzack durchs schmale Tal der Semouse nach Bains-les-Bains (1300 Einw.), dessen warme Quellen in zwei Kuranlagen aus dem 19. Jh. genützt werden.

Vittel

In hübscher Umgebung liegt Vittel (5600 Einw., 42 km westlich von Épinal), seit Mitte des 19. Jh.s das **renommierteste Heilbad Lothringens**, dem Charles Garnier, Architekt der Pariser Oper, seine Atmosphäre gab. Aus vier Quellen sprudelt kaltes Mineralwasser. Schöne Parks, Golfplatz, Rennbahn und Spielcasino tragen zur Unterhaltung bei. Sehenswert ist die spätgotische Kirche St-Rémy (um 1500). Am Ortsrand liegt die Fabrik, in der täglich über 5 Mio. Flaschen mit dem bekannten Wasser abgefüllt werden (Besichtigung). 8 km südwestlich von Vittel der ebenfalls für sein Mineralwasser bekannte Kurort Contrexéville, in schöner Landschaft gelegen; nobles Flair besitzen seine um 1910 in byzantinischem Stil erbauten Kuranlagen.

◀ Contrexéville

Das Städtchen Neufchâteau (7500 Einw.) 28 km nordwestlich von Contrexeville spielte im Mittelalter als freie Stadt des Herzogtums Lothringen eine Rolle. In der Oberstadt hübsche alte Häuser, u. a. das Hôtel de Ville mit herrlichem Treppenhaus (1597). Die zweistöckige Kirche St-Nicolas (12.–15. Jh., Umbau 1704) besitzt eine reiche barocke Ausstattung und eine bemerkenswerte Grablegungsgruppe (15. Jh.). In **Grand** (23 km nordwestlich) die Reste der römischen Stadt Andesina mit Amphitheater (um 80 n. Chr.) und dem größten römischen Mosaik in Frankreich (224 m²).

Neufchâteau

★

◀ Römisches Mosaik

Das berühmteste Dorf Lothringens ist Domrémy-la-Pucelle 9 km nördlich von Neufchâteau: Hier kam am 6. Januar 1412 **Jeanne d'Arc** zur Welt, die Jungfrau von Orléans; daher der Beiname der Stadt »La Pucelle«. Als 17-Jährige begann sie hier im Hundertjährigen Krieg ihren Zug gegen die Engländer. Ihr Geburtshaus nahe der Kirche ist zu besichtigen, daneben ein Museum. Für Jeanne-Pilger unverzichtbar ist ein Besuch der 2 km südlich gelegenen **Basilika Bois-Chenu**, erbaut 1881 dort, wo Jeanne ihre Visionen hatte.

Domrémy-la-Pucelle

★ ★ Lourdes

G 9

Région: Midi-Pyrénées
Département: Hautes-Pyrénées

Höhe: 410 m ü. d. M.
Einwohnerzahl: 15 300

Über 5 Mio. Besucher im Jahr hat Lourdes, das reizvoll am Nordrand der Pyrenäen liegt. Davon sind über die Hälfte Pilger, und viele Tausend suchen hier die Heilung von Krankheit und Gebrechen.

Der weltbekannte Wallfahrtsort, gut 40 km südöstlich von Pau (▶Pyrenäen, S. 724) gelegen, vermittelt mit seinem überbordenden Devotionalienkitsch sicher einen zwiespältigen Eindruck; aber auch der Skeptiker wird sich schwer der Atmosphäre tiefen Glaubens entziehen können, der bekanntlich Berge versetzt.

Berühmter Wallfahrtsort

Lourdes Orientierung

1 Basilique Supérieure
2 Basilique du Rosaire, Crypte
3 Musée du Gemmail
4 Musée Grévin
5 Moulin de Boly
6 Moulin Lacade
7 Grottes du Loup
8 Grottes de Bétharram

Übernachten
① Majestic

Geschichte Die Wallfahrt geht auf die Marienerscheinungen zurück, die das Hirtenmädchen **Bernadette Soubirous** (1844–1879) im Jahr 1858 in der Grotte Massabielle hatte, und auf das als heilkräftig geltende Wasser der Quelle, die sie in der Grotte zum Sprudeln brachte. Bernadette, die von 1866 bis zu ihrem Tod im Couvent St-Gildard in Nevers (▶ Loire-Tal) lebte, wurde 1933 heiliggesprochen. Die erste nationale Wallfahrt fand 1873 statt. Die Heilungen werden von einer Ärztekommission geprüft; die letzte medizinisch und kirchlich anerkannte Heilung geschah 1976.

Sehenswertes in Lourdes

Cité Religieuse Die Cité Religieuse liegt in einer Schleife des Gave de Pau. Von der Brücke führt die Esplanade des Processions zur Esplanade du Rosaire (Rosenkranzplatz). Die unterirdische Kirche **St-Pie X** (1958) fasst mit 201 m Länge und 81 m Breite 20 000 Gläubige – eines der größten Gotteshäuser der Welt. Auf der Esplanade du Rosaire endet die bei der Grotte beginnende Sakramentsprozession, anschließend findet die Krankensegnung statt. Die neobyzantinische **Basilique du Rosaire** (Rosenkranzbasilika, 1889) fasst 2000 Personen. Rampen führen hinauf zur neogotischen Basilique Supérieureüber dem Grottenfelsen (1871) mit 70 m hohem Turm.

Grotte Massabielle Nördlich unterhalb der Basilika liegt die 12 m breite und 10 m tiefe Grotte Massabielle (Grotte Miraculeuse). In der Erscheinungsnische eine 1863 nach der Schilderung der hl. Bernadette geschaffene Ma-

LOURDES ERLEBEN

AUSKUNFT
Office de Tourisme
Place Peyramale, 65100 Lourdes
Tel. 05 62 42 77 40
www.lourdes-infotourisme.com
www.lourdes-france.com

KNIGGE
In der Cité Religieuse ist Rauchen verboten. Auf einigermaßen angemessene Kleidung sollte man achten.

VERANSTALTUNGEN
Zwischen Palmsonntag und Mitte Oktober geht von der Grotte Massabielle täglich um 16.30 Uhr die Sakramentsprozession aus, um 20.45 Uhr eine Fackelprozession.

Um Ostern findet der 2-wöchige Festival de la Musique Sacrée statt.

ÜBERNACHTEN
Trotz der ca. 260 Hotels kann es um Ostern und Himmelfahrt sowie in den Monaten Mai, August (besonders 12.–17.) und Okt. schwierig werden, spontan ein Zimmer zu finden; frühzeitige Buchung ist notwendig.

▶ Günstig
① *Hotel Majestic*
9 Av. Maransin, Tel. 05 62 94 27 23
www.hotel-lourdes-majestic.com
Gepflegtes Haus 10 Minuten von den Pilgerstätten. Hübsche, modernisierte Zimmer, anspruchsvolles Restaurant.

Die Rosenkranzbasilika von Lourdes

donnenstatue aus Carrara-Marmor. In den 17 Becken weiter westlich suchen viele tausend Kranke Heilung.

Im Pavillon Notre-Dame sind das Musée Bernadette und das Musée d'Art Sacré du Gemmail untergebracht. Nördlich der Gave der Espace Ste-Bernadette, eine 7000 Personen fassende Kirche und Krankenbetreuungsstation, und der Accueil Notre-Dame, eines der beiden großen Krankenhäuser der Stadt.

Weitere Einrichtungen

Mittelpunkt der Stadt ist die Place Peyramale. Östlich von ihr die neoromanische Hauptkirche Sacré-Cœur (1877–1903). Im »Cachot« (»Loch«) wohnte 1856–1863 die sechsköpfige Familie Soubirous. In der Rue B.-Soubirous stehen die Moulin de Boly, in der Bernadette geboren wurde, und die Moulin Lacade, in der die Familie nach den Erscheinungen wohnte. 80 m über der Stadt die mächtige **Burg** (13.–17. Jh.), die über die Rampe von der Rue du Bourg und per Aufzug erreichbar ist (an der Ostseite). Von der Terrasse schöne Aussicht. In der Burg ist das Pyrenäen-Museum (Volkskunde) untergebracht. Einen interessanten Einblick in die Tierwelt der Pyrenäenflüsse gibt das Aquarium an der Straße nach Tarbes.

Sehenswürdigkeiten in der Stadt

◄ Fort

Umgebung von Lourdes

Vom **Béout** (791 m) südöstlich der Stadt hat man eine schöne Aussicht, ebenso vom **Pic de Jer** (948 m), auf den eine Standseilbahn führt (Talstation an D 821 nach Argelès; Aufstieg zu Fuß 1.30 Std.).

Aussichtspunkte

16 km westlich von Lourdes liegen die Grottes de Bétharram (geöffnet Mitte Febr.–Mitte Okt.), ein großes Höhlensystem mit unterirdischem Fluss, auf dem man Boot fahren kann.

Grottes de Bétharram

★ Lyon

M 7

Région: Rhône-Alpes
Département: Rhône

Höhe: 175 m ü. d. M.
Einwohner: 472 300

Die Wirtschaftsmetropole des oberen Rhône-Tals, nach Paris und Marseille die größte Stadt Frankreichs, besitzt eine großartige Altstadt aus der Renaissance, eine lebhafte Kulturszene und erstklassige Museen – und ist als Mekka der Gourmets berühmt.

Metropole an der Rhône Die alte Handels- und moderne Industriestadt Lyon – Zentrum einer Agglomeration mit ca. 1,5 Mio. Einwohnern – liegt am Zusammenfluss von Rhône und Saône. Neben der bedeutenden traditionellen Verarbeitung von Seide begründen Banken, Chemie und Pharmazie, Textilindustrie, Maschinenbau und Forschungseinrichtungen die Wirtschaftskraft. In der Regions- und Départementshauptstadt spielt auch der Dienstleistungsbereich eine große Rolle, daneben ist Lyon Sitz dreier Universitäten, zahlreicher Hochschulen und der Zentrale von Interpol. Das kulinarische Angebot – vom exklusiven Sterntempel bis zu den gemütlichen, für ihre Qualität bekannten »Bouchons« (Bistros) – ist schier unendlich; Paul Bocuse brachte von hier aus – nach Lehrjahren bei der legendären Mère Brazier – seine Kochrevolution zuwege. Zahlreiche Zeugnisse spiegeln die über 2000-jährige Stadtgeschichte wider. Die Viertel Vieux Lyon, La Croix-Rousse und (teilweise) Presqu'Ile gehören zum **Welterbe der UNESCO**. Und östlich der Rhône entstanden (ultra)moderne Stadtviertel mit Bauten namhafter zeitgenössischer Architekten.

Panorama von Lyon im Saône-Knie, überragt vom Fourvière-Hügel

Aus der Geschichte

Im Jahr 43 v. Chr. gründeten die Römer auf der Anhöhe im Saône-Knie am Platz einer keltischen Siedlung die Stadt Lugdunum, die sich rasch entwickelte und unter Kaiser Augustus Hauptstadt der Provinz Gallia Lugdunensis wurde. Schon 177 n. Chr. gab es eine christliche Gemeinde und einen Bischof, der im 11 Jh. den Primat über ganz Frankreich erhielt. Bereits 1320 erhielt Lyon das volle Stadtrecht und entwickelte sich zum Zentrum des Bankwesens, der Tuch- und Seidenweberei, die König Ludwig XI. eingeführt hatte, sowie der Buchdruckerei. Ab Anfang des 15. Jh.s war Lyon ein bedeutender Messeplatz. Einen Rückschlag brachte die Aufhebung des Edikts von Nantes 1685, da die mehrheitlich protestantischen Seidenfabrikanten die Stadt verlassen mussten. Der Aufstand gegen die revolutionären Jakobiner 1793 endete mit der Zerstörung großer Tei-

Highlights Lyon

Vieux Lyon
Stadtbild der Renaissance
▶ Seite 524

Musée des Beaux-Arts
Hochkarätige Kunstschätze vom alten Ägypten bis zum Jugendstil
▶ Seite 528

Fourvière-Hügel
Römische Reste, prunkvolle Wallfahrtskirche und ein herrliches Panorama
▶ Seite 525

L'Arc-en-Ciel
Im »Bleistift« des Credit Lyonnais kann man mit grandiosem Ausblick fein essen
▶ Seite 529

Traboules
Das verborgene Lyon
▶ Seite 524

► Lyon

In der stimmungsvollen Rue du Bœuf

le von Lyon und der Hinrichtung von 6000 Bürgern. Einen neuen Aufschwung brachte Anfang des 19. Jh.s die Erfindung des Jacquard-Webstuhls. Im Zweiten Weltkrieg wurde Lyon von deutschen Truppen besetzt; die Verbrechen des Stadtkommandanten Klaus Barbie, des »Schlächters von Lyon«, sind bis heute im Gedächtnis. Einige bedeutende Persönlichkeiten stammten aus Lyon oder lebten hier, so Rabelais, der als Arzt am Spital tätig war und hier seine Romane über Gargantua und Pantagruel veröffentlichte, der Physiker A.-M. Ampère, der Schriftsteller A. de St-Exupéry, der Webstuhl-Erfinder J.-M. Jacquard sowie die Erfinder des Kinematografen, Louis und Auguste Lumière.

Sehenswertes in Lyon

✶✶
Vieux Lyon

Vieux Lyon, das Herz der Stadt, liegt am Fuß des Fourvière-Hügels in der Saône-Biegung. Genau genommen setzt es sich aus den drei Stadtteilen St-Paul im Norden, St-Jean in der Mitte und St-Georges im Süden zusammen. Mit seinen engen Gassen und über 300 liebevoll restaurierten Häusern aus dem 15.–17. Jh. bildet es einen der besterhaltenen und geschlossensten **Renaissance-Komplexe** in ganz Europa. Zu den malerischsten Straßen gehören Rue du Bœuf, Rue de la Juiverie (im Mittelalter Zentrum der jüdischen Gemeinde), Rue St-Jean und Rue des Trois Maries.

Traboules

Typisch für das alte Lyon sind schmale Durchgänge, in denen die Tuchballen trocken befördert werden konnten und die auch als Fluchtweg dienten. Man zählt über 300 mit zusammen 50 km Länge. Schöne Beispiele sind die zwischen 1 Rue du Bœuf und 24 Rue St-Jean, im Viertel Croix-Rousse zwischen 9 Place Colbert und 29 Rue I. Colomès. Häufig liegen die Eingänge versteckt hinter den Hoftoren; die Führungen des Tourismusbüros erschließen Verborgenes.

Hôtel de Gadagne

Im Hôtel de Gadagne (15. Jh.), dem größten Renaissancebau, befinden sich das Musée Historique de Lyon und das Musée International de la Marionnette (Di. geschl.). In Letzterem sind Puppen aus aller Welt zu sehen, darunter der »Hanswurst« **Guignol**, den der Lyoner L. Mourguet Anfang des 19. Jh.s erfand. Im Viertel St-Georges steht die Maison du Soleil, das Aufführungen des Théâtre Guignol diente.

Der Bau der Kathedrale St-Jean zog sich von 1192 bis ins 15. Jh., so dass Romanik und Gotik vertreten sind. Innen eine prächtige **astronomische Uhr** des aus Basel stammenden N. Lippius (1598), beachtenswert sind außerdem die frühgotischen Glasmalereien.

St-Jean

Auf den 130 m hohen Hügel Fourvière, dessen Name auf »Forum Vetus« (Altes Forum) zurückgeht, führen von der Place St-Jean zwei Standseilbahnen. Oben thront die nicht unbedingt geschmackvolle, dafür umso prächtigere Basilika **Notre-Dame-de-la-Fourvière** in romanisch-byzantinischem Stil (1896). Schöner Ausblick von der Terrasse und von der Tour de l'Observatoire, an klaren Tagen bis zum Montblanc. Neben der Basilika die Wallfahrtskapelle (17. Jh.) und das zugehörige Musée de Fourvière. Etwa 400 m südlich liegen die Reste der **römischen Stadt**, u. a. die Ruinen zweier Theater (eines wird für Veranstaltungen genützt); das hervorragende Musée de la Civilisation Gallo-Romaine (17 Rue Cléberg, Mo. geschl.) stellt die Ortsgeschichte bis ins Mittelalter dar.

Anhöhe Fourvière

★ ◄ Musée Gallo-Romain

Die schmale »Halbinsel« zwischen Rhône und Saône nördlich ihres Zusammenflusses wurde erst im 19. Jh. bebaut. Die **Place des Terreaux**, der ehemalige Marktplatz, liegt an der Stelle des ehemaligen Laufs der Rhône, der mit Erde (»terre«) aufgefüllt wurde. Die Figuren des imposanten Brunnens von F.-A. Bartholdi symbolisieren die Flüsse Rhône und Saône. Das Rathaus (1646–1672) mit 40 m hohem Turm wurde um 1700 nach einem Brand von den Versailles-Baumeistern J. Hardouin-Mansart und Robert de Cotte barock wieder aufgebaut. Auf die **Oper** von 1831 setzte Jean Nouvel 1992 eine Kuppel aus Glas und schwarzem Stahl (gutes Restaurant); ein Gag ist die Anzeige der aktuellen Besucherzahl im Foyer am Dach.

Presqu'Ile

▶ LYON ERLEBEN

AUSKUNFT

Office de Tourisme
Place Bellecour, 69000 Lyon
Tel. 04 72 77 69 69, Fax 04 78 42 04 32
www.lyon-france.com, www.lyon.fr

VERKEHR

Flughafen mit TGV-Bahnhof Saint-Exupéry 25 km östlich, Rhônexpress zum Bahnhof Part-Dieu. Metro, Tram und Busse der TCL, Infobüros u. a. Hotel de Ville, Gare Routiere Perrache. Die Parkplätze sind mit »P Lyon Parc Auto« beschildert.

LYON CITY CARD

Diese Karte (1–3 Tage) umfasst Eintritt in Museen, Flussfahrt, Führungen, ÖPNV und viele Ermäßigungen.

FESTE & EVENTS

Juli–Aug.: Nuits de Fourvière (Konzerte etc. im Amphitheater).
8. Dez.: Fête des Lumières (Illumination der Stadt mit Laternen und moderner Technik; Lichterprozession zur Notre-Dame-de-Fourvière).
Veranstaltungstermine in »Lyon Poche« und »Le Petit Bulletin«.

ESSEN

▶ Fein & teuer

① *Auberge de L'Ile*
Ile Barbe, Place Notre-Dame
Tel. 04 78 83 99 49, So./Mo. und drei
Wochen Anf. Aug. geschlossen.
Ein idyllischer Platz: auf der Saône-
Insel am nördlichen Stadtrand gele-
genes Haus aus dem 16. Jh. mit feiner,
kreativ variierter französischer Küche.

② *Auberge du Pont – Paul Bocuse*
40 Rue de la Plage, Collonges
12 km nördlich an der Saône
Tel. 04 72 42 90 90, www.bocuse.fr
Show-Wert hat das kitschige Restau-
rant des weltberühmten Chefs – der
Meister lässt meist kochen, doch die
Kreationen stammen von ihm.

*In den Lyoner »Bouchons« – zu deutsch
»Flaschenkorken« – speist man herzhaft
und preiswert.*

▶ Preiswert / Erschwinglich

③ *Les Adrets*
30 Rue du Bœuf, Tel. 04 78 38 24 30,
Sa./So. und Aug. geschl.
Heimeliges Bistro mit Balkendecke
und Cottoboden. Ausgezeichnete traditionelle Küche zu sehr angenehmen
Preisen (reservieren).

④ *Brasserie Georges*
30 Cours Verdun, Tel. 04 72 56 54 54
Unverzichtbar ist ein Besuch dieser
Lyoner Institution: riesiger, dennoch
gemütlicher Saal aus den 1920er-
Jahren mit roten Polsterbänken,
Kronleuchtern und Draperien.
Samstagabends gibt es Jazz.

⑤ *Café des Fédérations*
8 – 10 Rue Major Martin
Tel. 04 78 28 26 00, So. geschl.
Einer der besten Bouchons: herzhafte
Köstlichkeiten wie Andouillette in
Senfsauce, Terrinen, Ragout von
Schweinebacke, Poulet au vinaigre –
Reservierung unabdingbar. Sehr
empfehlenswert sind auch La Meu-
nière, 11 Rue Neuve, Tel. 04 78 28 62
91, und Chez Mounier, 1 Rue des
Marroniers, Tel. 04 78 37 79 26.

ÜBERNACHTEN

▶ Komfortabel

① *Beaux Arts*
75 Rue Président Edouard Herriot
Tel 04 78 38 09 50
www.accorhotels.com
Teils im Art déco, teils von modernen
Designern eingerichtete Zimmer hat
das Traditionshaus aus der Zeit um
1900, an der Hauptachse der Halbinsel gelegen. Mit Restaurant.

② *Hôtel des Artistes*
8 Rue G. André, Tel. 04 78 42 04 88
www.hotel-des-artistes.fr
Charme des 19. Jh.s zeigt das Haus
beim Théâtre des Célestins, mit
freundlichen modernen Zimmern
(eines zum Theater oder zum Platz
verlangen, nicht zum Hof).

③ *Bayard Bellecour*
23 Place Bellecour, Tel. 04 78 37 39 64
www.hotelbayard.fr
Haus aus dem 19. Jh., individuell
eingerichtete Zimmer, z. T. mit
Messingbetten und Marmorkamin.
Zimmer 2 mit Himmelbett und
herrlichem Blick auf die Place Bellecour. Großes ländliches Frühstück.

▶ Lyon **ZIELE** **527**

Lyon *Orientierung*

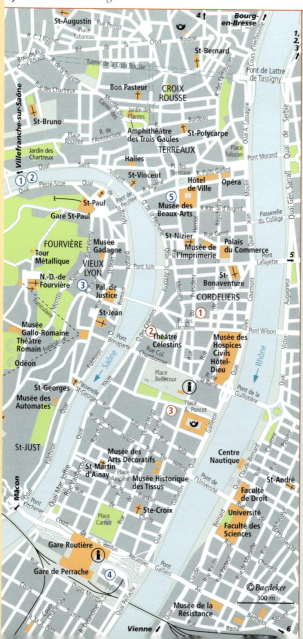

1 Parc de la Tête d'Or
2 Musée d'Art Contemporain
3 Musée d'Histoire Naturelle
4 Maison des Canuts
5 Les Halles de Lyon
6 Flughafen St-Exupéry

Essen
① Auberge de l'Ile
② Paul Bocuse
③ Les Adrets
④ Brasserie Georges
⑤ Café des Fédérations

Übernachten
① Beaux-Arts
② Artistes
③ Bayard Bellecour

Lyon

★★
Musée des Beaux-Arts

Im Palais St-Pierre, einem 1659–1685 erbauten Benediktinerinnenkloster, zeigt das **Kunstmuseum** – nach dem Louvre das zweitgrößte Frankreichs – bedeutende Werke von der Römerzeit über die Alten Meister bis zur Neuzeit (geöffnet Mi.–Mo. 10.00–18.00 Uhr). Der einstige Kreuzgang ist ein netter Platz zum Picknicken.

Fresque des Lyonnais

Nordwestlich, in der Rue de la Martinière nahe de Saône, sind in einem riesigen, witzigen Wandgemälde berühmte Lyoner porträtiert.

St-Nizier

Die Kirche St-Nizier mit zwei markanten Türmen war einst die Kathedrale von Lyon. Der im 15. Jh. gotisch erneuerte Bau besitzt ein schönes Renaissance-Portal (16. Jh.); unter dem Chor eine Krypta des 6. Jh.s mit modernen Mosaiken. Das Druckereimuseum demonstriert die Druckkunst im späten 15. Jh. in Lyon (Mo./Di. geschl.).

Musée de l'Imprimerie ▶

Hôtel-Dieu

Das Hôtel-Dieu an der Rhône, das einstige Krankenhaus, wurde im 17./18. Jh. erbaut; die 325 m lange Hauptfassade am Fluss wurde 1741 von Soufflot, dem Architekten des Pariser Pantheons, begonnen, aber erst 1842 vollendet. Hier ist das **Musée des Hospices Civils** untergebracht (Geschichte der Krankenversorgung). Die 310 × 200 m große Place Bellecour wird von einem Reiterstandbild Ludwigs XIV. des Lyoner Künstlers F. Lemot (1800) geziert; die Fassaden an der Ost- und Westseite des Platzes entstanden zur selben Zeit.

★
Place Bellecour

St-Martin-d'Ainay

Westlich der Place Ampère steht am Platz eines römischen Tempels die Kirche St-Martin-d'Ainay (11. Jh.), die älteste Kirche von Lyon (vier antike Säulen, im Chor ein Mosaik aus dem 12. Jh.). Östlich der Place Ampère sind in einem Patrizierhaus von 1739 zwei interessante Museen zu finden (34 Rue de la Charité, Mo. geschl.): das Kunstgewerbemuseum (Möbel, Gobelins, Münzen u. a.) und das Musée Historique des Tissus mit einer hervorragenden Sammlung zur über 2000-jährigen Geschichte der Textilkunst. Südlich jenseits der Rhône wurde im einstigen **Gestapo-Hauptquartier** das Zentrum für die Geschichte des Widerstands und der Deportation eingerichtet (Mo./Di. geschl.), ein Muss für jeden Lyon-Besucher.

Musée des Arts Décoratifs ▶

★
Centre d'Histoire de la Résistance

La Croix-Rousse

An die Presqu'Ile schließt sich nördlich auf einer Anhöhe das Arbeiterviertel La Croix-Rousse an. Die Häuser wurden Anfang des 19. Jh.s für die **Canuts** (Weber) erbaut, die aus der Altstadt umsiedelten; hier arbeiteten sie zu Hause an den kurz zuvor erfundenen Jacquard-Webstühlen. Einen guten Einblick in dieses Metier gibt die Maison des Canuts (10 & 12 Rue d'Ivry, So./Mo. geschl.).

★
Maison des Canuts ▶

Parc de la Tête d'Or

Östlich der Rhône erstrecken sich die neuen Stadtteile. Nördlich am Fluss liegt der große Parc de la Tête d'Or mit Zoologischem und Botanischem Garten, Rosarium und See. An der Rhône entstanden unter dem italienischen Architekten Renzo Piano u. a. ein Kongresszentrum, ein Kinokomplex, ein **Museum für zeitgenössische Kunst**

Cité Internationale ▶

(Wechselausstellungen, Mo./Di. geschl.) und die Zentrale von Interpol. Südlich schließt das Viertel **Les Brotteaux** an, das durch Jugendstilhäuser geprägt ist. Das moderne Viertel **La Part-Dieu** weiter südöstlich wird von dem 142 m hohen »**Bleistift**« des Crédit Lyonnais (1977, mit Hotel Radisson SAS in 100 m Höhe und Restaurants) signalisiert; nebenan ein riesiges Einkaufszentrum und das **Auditorium Maurice Ravel**, in dem kulturelle Veranstaltungen stattfinden.

In Lyon wirkte der Stadtplaner **Tony Garnier** (1869 – 1948); interessant sind seine Wohnsiedlung im 8. Arr. (Rue des Serpollières) und das Schlachthaus (7. Arr., Place A.-Perrin), das für Ausstellungen etc. genützt wird. Die Maison du Livre, de l'Image et du Son, ein Medienzentrum (Villeurbanne, 247 Cours E.-Zola), stammt von Mario Botta (1988). Am Südostrand der Stadt, an der Grenze zur Nachbargemeinde Bron, wurde 1994 die Moschee eröffnet (Ballandras/Mirabaud; zugänglich Sa.–Do. 9.00 – 11.00 Uhr). Absolut spektakulär ist der Flughafen-TGV-Bahnhof St-Exupéry von Santiago Calatrava.

Tipps für Architekturfreunde

Umgebung von Lyon

Ca. 25 km nordwestlich von Lyon (D 7) ist in L'Arbresle (5300 Einw.) ein weiteres Werk moderner Architektur zu sehen, das von Le Corbusier erbaute Kloster Ste-Marie-de-la-Tourette (1959).

L'Arbresle

Ca. 10 km nördlich von Lyon ist das Musée Automobile Henri Malartre einen Ausflug wert. Der Schrotthändler und Oldtimerfan hat hier eine Sammlung von über 150 alten Autos, 50 Motorrädern, Fahrrädern und Trambahnen zusammengetragen (Mo. geschl.).

Rochetaillée

★★ Marseille

N 9

Région: Provence – Alpes – Côte d'Azur
Département: Bouches-du-Rhône
Höhe: 0 – 160 m ü. d. M.
Einwohner: 852 000

Marseille, am Mittelmeer östlich der Rhône-Mündung gelegen, ist die älteste und zweitgrößte Stadt sowie bedeutendster Hafen Frankreichs. Trotz ihres (einstigen) Rufs als »Chicago des Mittelmeers« sollte man keinen Bogen um die Stadt machen; die Mischung aus pulsierender, südländischer Großstadt, provenzalischer Atmosphäre und bunt gemischter Bevölkerung ist einzigartig.

Seit seiner Gründung ist Marseille – Hauptstadt des Départements Bouches-du-Rhône mit 1,5 Mio. Einwohnern im Großraum – eine multikulturelle Stadt. Ihre ökonomische Situation wird von jeher vom Hafen bestimmt, nach Rotterdam der zweitgrößte Europas. Ein

Schmelztiegel Marseille

Die Notre-Dame-de-la-Garde »wacht« über dem Alten Hafen von Marseille

großer Teil des Güterumschlags wird in Fos-sur-Mer und Lavéra an der Mündung des Grand Rhône abgewickelt, die ab 1965 entstanden. Mit rund 1,2 Mio. Passagieren pro Jahr ist Marseille der drittwichtigste Passagierhafen Frankreichs, der Flughafen in Marignane mit über 7 Mio. Passagieren pro Jahr nach Paris und Nizza der drittgrößte des Landes – Zeichen für die Bedeutung des Wirtschaftsraums, der sich auf Hightechindustrien umstellt. Die traditionelle Industrie (Schiffsbau, Petrochemie, Stahl, Speiseöl) ist rückläufig, so dass Marseille die höchste Arbeitslosenquote Frankreichs hat. Verschärft wird die Lage durch die arabischen, afrikanischen und asiatischen Einwanderer. Über 50 % der Einwohner sind Ausländer oder Bürger nichtfranzösischer Herkunft, darunter über 100 000 Araber, die v. a. im Viertel Belsunce nördlich der Canebière leben.

Geschichte Die Stadt wurde um 600 v. Chr. als Massalia von Griechen aus dem kleinasiatischen Phokäa gegründet. Im Konflikt zwischen Caesar und Pompeius nahm sie Partei für Letzteren, weshalb Ersterer sie 49 v. Chr. eroberte. Nach dem Untergang des Römischen Reichs fiel der bedeutungslose Ort an die Westgoten, die Franken und das Königreich Arelat (Burgund). Die Bedeutung des Hafens wuchs in der Zeit der Kreuzzüge enorm, und im Lauf der Zeit wurden verschiedene Verteidigungsanlagen erstellt. Der 1720/1721 wütenden Pest fielen 50 000 der 90 000 Einwohner zum Opfer. Doch der seit dem 16. Jh. blühende, lukrative Handel mit den Kolonien und die Industrie zur Verarbeitung ihrer Produkte (Zucker, Kaffee, Kakao, Gewürze) ließen

Marseille wieder rasch wachsen. Im Juli 1792 zogen 500 Revolutionäre aus Marseille zur Verteidigung der Hauptstadt nach Paris und brachten dabei ihr Lied mit, die (in Straßburg komponierte) »Marseillaise«. Mit dem wachsenden Einfluss in Nordafrika ab 1830 (Okkupation Algeriens 1847) und der Eröffnung des Suezkanals 1869 stieg die Bedeutung als Handels- und Hafenstadt; nach 1848 wurde Marseille großzügig ausgebaut (z. B. Rue de la République, Notre-Dame-de-la-Garde). Im Zweiten Weltkrieg wurde es 1940 von den Deutschen und den Italienern, 1943/1944 von den Alliierten bombardiert; 1943 sprengten deutsche Truppen große Teile der Altstadt mit Ausnahme einiger historischer Bauten. Den Wiederaufbau leitete Auguste Perret (1874–1954), der bedeutende »Stahlbeton-Architekt«.

Sehenswertes in Marseille

Den malerischen **Alten Hafen**, der mit dem der griechischen Kolonie fast identisch ist, belegen Jachten und Fischerboote; ab 1844 wurde der Handels- und Passagierhafen nördlich in den Bereich Joliette verlagert. Die Restaurants und Cafés sind zwar sehr touristisch, bieten aber meist Gutes wie die Bouillabaisse, ohne Zweifel die beste (und teuerste) Fischsuppe der Welt. Am Quai des Belges ist jeden Vormittag Fischmarkt. An der Nordseite des Hafens das 1663–1683 nach Genueser Vorbild erbaute Hôtel de Ville. Vom Fort St-Nicolas an der Hafeneinfahrt (12. Jh., um 1670 erweitert) guter Ausblick.

★ **Vieux Port**

◄ Hôtel de Ville

Hauptschlagader der lebhaften Innenstadt ist die am Alten Hafen beginnende Canebière, ein stattlicher, von Kauf- und Geschäftshäusern, Hotels und Cafés gesäumter Straßenzug. Sein Name kommt von »cannabis« für »Hanf«, denn hier verarbeiteten Seilereien diesen wichtigen Rohstoff. Die einstige Prachtstraße – früher mit den Pariser Champs-Elysées verglichen – bildet die Grenze zwischen dem »arabischen« Norden (Belsunce) und dem reicheren Süden der Stadt.

La Canebière

Highlights *Marseille*

Vieux Port
Seit der Antike das Herz der Stadt
▶ Seite 531 (oben)

Notre-Dame-de-la-Garde
Das weithin sichtbare Wahrzeichen von Marseille
▶ Seite 537

Musée des Beaux-Arts
Perugino, Rubens, Daumier und mehr
▶ Seite 536

Vieille Charité
Nobler Kontrapunkt im Viertel Panier
▶ Seite 536

Quartier de l'Arsenal
Ausgehen im Viertel der Lagerhäuser
▶ Seite 537

Grande Étoile
Aussichtsbalkon über der Mittelmeermetropole
▶ Seite 539

Marseille Orientierung

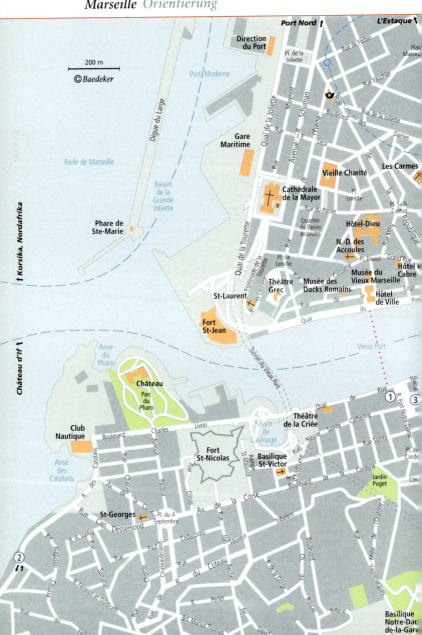

MARSEILLE ERLEBEN

AUSKUNFT

Office de Tourisme et des Congrès
4 La Canebière, 13001 Marseille
Tel. 0826 500 500, Fax 04 91 13 89 20
www.marseille-tourisme.com
www.marseille.fr

VERKEHR

Flughafen in Marignane 28 km nordwestlich, Busverbindung mit Bahnhof St-Charles. Metro, Tram und Busse der RTM (Espace Infos: 6 Rue des Fabres). Die Fähren nach Korsika, Sardinien und Nordafrika legen von der Gare Maritime ab, Boote zum Château d'If, zu den Calanques und nach Cassis vom Quai des Belges am Ostrand des Alten Hafens.

CITY PASS

Der City Pass umfasst den Eintritt in 14 Museen, Führungen, Besuch des Château d'If, alle ÖPNV-Verkehrsmittel und diverse Rabatte.

FESTE & EVENTS

2. Febr.: Pélerinage de la Chandeleur in St-Victor. März: Karneval. Ende Juni – Mitte Juli: Festival de Marseille (Musik, Tanz, Kino, Theater).
15. Aug.: Fête de l'Assomption in der Cathedrale de la Major. Dezember: Foire aux Santons (Markt für Krippenfiguren aus Ton). Veranstaltungstermine und Ausgehtipps in »L'Hebdo«, »Sortir«, »Vox Mag«, »L'Officiel des Loisirs« sowie auf der Website www.marseillebynight.com.

MÄRKTE

Tägl. Fischmarkt am Quai des Belges. Cours Julien: Mo.–Sa. Gemüse, Mi. auch andere Lebensmittel. Chemin de la Madrague Ville: Sa./So. Flohmarkt, Antiquitäten. Avenue du Prado: Mo.–Sa. riesiger bunter Markt.

SICHERHEIT

Auch wenn sich die Situation gebessert hat, sollte man im Auto nichts zurücklassen und nur das Nötige an Wertsachen bei sich haben. Das Viertel Belsunce zwischen dem Cours Belsunce, der Canebière und dem Bahnhof sollte man nachts meiden.

ESSEN

▶ **Erschwinglich / Fein**

① *La Table du Fort*
8 Rue Fort Notre-Dame
Tel. 04 91 33 97 65
So., Sa.- und Mo.mittag geschl.
In klar-modernem Ambiente genießt man hier eine einfallsreiche französische Küche voller Finesse. Gute Weinkarte zu vernünftigen Preisen.
(Wer Preiswerteres sucht, wählt die nahe legendäre Bar de la Marine.)

② *L'Epuisette*
Vallon des Auffes, Tel. 04 91 52 17 82
So./Mo. und Aug. geschl.
Einer der besten Plätze für Bouillabaisse und Bourride – die hier um die 60 € kosten – und andere Köstlichkeiten aus dem Meer. Auch fantastische Desserts ... Am romantischen kleinen Hafen Vallon des Auffes.

▶ **Preiswert / Erschwinglich**

③ *Bistro Gambas*
29 Place aux Huiles
Tel. 04 91 33 26 44
Klassiker für Krustentiere in allen Variationen, dazu große Auswahl an (Weiß-)Wein. Schönes Ambiente.

ÜBERNACHTEN

▶ **Komfortabel**

① *Saint-Ferréol's*
19 Rue Pisançon, Tel. 04 91 33 12 21
www.hotel-stferreol.com
Sehr gemütliches, hübsches Hotel,

wenige Schritte vom Vieux-Port und der Canebière in einer Fußgängerzone. Ohne Restaurant.

▶ **Günstig / Komfortabel**
② **Hôtel Le Corbusier**
280 Bd. Michelet, Tel. 04 91 16 78 00
www.hotellecorbusier.com
Einer der ungewöhnlichsten Plätze Frankreichs zum Nächtigen: in der Unité d'Habitation von Le Corbusier (Bus 21 vom Vieux Port). Spartanisch-schöne Zimmer, spektakulärer Ausblick ins Land oder aufs Meer (kostet etwas mehr). Den Gästen sind alle Einrichtungen der »Stadt in einem Haus« zugänglich (Restaurant, Pool auf dem Dach, Café, Läden etc.)

Wenige Schritte vom Hafen entfernt ist die Börse, ein pompöser Bau (1854) mit dem **Musée de la Marine** (Marinemuseum, Kunstsammlung der Marseiller Handelskammer). An der Canebière benachbart der Espace Mode Méditeranée, der in seinem Musée de la Mode Haute Couture seit 1930 präsentiert. Im Erdgeschoß des riesigen Einkaufszentrums Centre de la Bourse zeigt das Historische Museum (So. geschl.) Funde von vorgeschichtlicher Zeit bis ins Mittelalter, u. a. ein **römisches Schiff** (3. Jh.). Im Park »Jardin des Vestiges« Reste der griechischen Befestigung (3./2. Jh. v. Chr.).

Bourse

◀ Musée de la Mode

★
◀ Musée d'Histoire de Marseille

Der Hügel nördlich des Alten Hafens ist seit griechischer Zeit besiedelt. Hier erstreckt sich die Altstadt **Le Panier** mit ihren steilen, winkeligen Gassen, die nach dem letzten Krieg wiederaufgebaut wurde. Nach Jahren als »nordafrikanischer« Slum hat es sich zu einem attraktiven Ausgehviertel mit vielen verlockenden Läden gemausert.

Altstadt

Hinter dem Hôtel de Ville (1653) steht die nach ihrer Fassadengestaltung benannte Maison Diamantée (1570) mit dem Musée du Vieux Marseille (Stadtgeschichte, provenzalische Möbel und Trachten); weiter westlich das ebenfalls sehenswerte Musée des Docks Romains, das über den Ausgrabungen – römische Hafenanlagen und Lagerhäuser – errichtet wurde. Die lebhafte Place de Lenche markiert die Lage der **griechischen Agora**. Guter Blick über den Hafen. Südlich sind Reste eines griechischen Theaters zu sehen.

Musée du Vieux Marseille

Place de Lenche

Im Fort St-Jean, erbaut unter Ludwig XIV., soll 2013 das **Musée des Civilisations de l'Europe et de la Méditerranée** (MuCEM) eröffnet werden. Nahe dem Fort steht die romanische Kirche St-Laurent (Kapellen 15./16. Jh., achteckiger Turm 18. Jh.); von der Terrasse schöner Blick über die Stadt.

Fort St-Jean

St-Laurent

Nördlich des Forts St-Jean wurde ab 1853 der Neue Hafen angelegt (rund 25 km Kailänge). Im Bassin de la Grande Joliette legen die meisten Passagierschiffe an, u. a. die Fähren nach Korsika und Nordafrika. Gegenwärtig wird der ganze Bereich der Docks tiefgreifend umgestaltet: Bürokomplexe und schicke Wohnungen entstehen ebenso wie »Eventlocations« und Ladengalerien für die Schiffspassagiere.

Port Moderne

Cathédrale de la Major

⭐

Ancienne Cathédrale de la Major ▶

Hinter den Hafenanlagen ragt die gigantische neobyzantinische Cathédrale de la Major (1852–1893) auf, mit 141 m Länge der größte Kirchenbau des 19. Jh.s (Kölner Dom 135,6 m). Reiche Ausstattung mit Marmor und Mosaiken. Die Alte Kathedrale, die beim Bau der neuen vier ihrer fünf Joche verlor, liegt östlich in deren Schatten. Chor und Querschiff (11. Jh.) sind ein gutes Beispiel provenzalischer Romanik; im Inneren ein Terrakottarelief von Luca della Robbia (1073) und ein romanischer Reliquienschrein von 1122.

⭐

Vieille Charité

⭐

Museen ▶

Nordöstlich bildet die 1671–1679 von dem bedeutenden Marseiller Architekten und Bildhauer Pierre Puget (1620–1694) erbaute Vieille Charité (Armenhospiz) – mit einer der **beeindruckendsten Barockkirchen der Provence** – einen starken Kontrast zur Umgebung. Hier sind ein Kulturzentrum und sehenswerte Museen untergebracht (Mo. geschl.): Musée d'Archéologie Méditerranéenne (Ägypten; Funde aus etruskischer, griechischer, keltischer und römischer Zeit); Musée d'Art Africain, Océanien, Amérindien. Das Caférestaurant in der Vieille Charité ist ein besonders hübscher Platz für eine Pause.

Hôtel-Dieu

Vieux Palais de Justice ▶

Hôtel de Cabre ▶

Das imposante Hôtel-Dieu (Hospital) wurde von Portal und Hardouin-Mansart erbaut (2. Hälfte 18. Jh.), bis 2012 soll es zum Luxushotel umfunktioniert werden. Im Hof ein Denkmal (von A. Bourdelle) für den aus Marseille gebürtigen Zeichner und Lithografen Honoré Daumier. Ebenfalls an der Place Daviel steht der schöne Alte Justizpalast (1747). Seine **schmiedeeisernen Balkongitter** (»à la marguerite«) sind typisch für Marseille. Südlich eine Kalvarienkapelle (19. Jh.), überragt vom Clocher des Accoules, Rest einer Kirche des 11. Jh.s. Weiter östlich an der Grand'Rue ist das spätgotische Hôtel de Cabre von 1535 zu beachten, das bei den Sprengungen 1943 verschont blieb und 1954 um 90° gedreht wurde.

Palais Longchamp

⭐

Musée des Beaux-Arts ▶

Musée Grobet-Labadié ▶

Der Boulevard Longchamp führt hinauf zum Palais Longchamp, das 1862–1869 als stolzes Wasserschloss am Ende des im Jahr 1849 fertiggestellten Kanals entstand, der Wasser von der Durance nach Marseille bringt. Links der Säulenhalle das **Kunstmuseum** (voraus. bis 2013 geschl.) mit Gemälden des 16./17. Jh.s (Perugino, Rubens), Werken französischer Maler des 18./19. Jh.s (u. a. Courbet, Corot, Millet, Ingres) sowie von Pierre Puget und Honoré Daumier, die aus Marseille stammten; rechts das Musée d'Histoire Naturelle (Naturkunde der Region Provence-Côte-d'Azur, Aquarium mit Mittelmeerfauna). Im Musée Grobet-Labadié, einem Großbürgerhaus von 1873, sind Musikinstrumente, mittelalterliche Skulpturen, schöne Tapisserien und Möbel aus dem 18. Jh. sowie Fayencen zu sehen.

⭐

Musée Cantini

Das Gebäude der Compagnie du Cap Nègre aus dem 17. Jh. (südöstlich des Hafens, 19 Rue Grignan, Mo. geschl.) beherbergt das Musée Cantini mit Werken wichtiger Maler des 20. Jh.s vom Fauvismus bis zur abstrakten Kunst (Matisse, Dufy, Kandinsky, Picasso u. a.).

Die Place aux Huiles im Quartier de l'Arsenal südlich des Hafens

Um 1780 wurden die **klassizistischen Lagerhäuser** um die Place Thiars südlich des Alten Hafens errichtet, die heute mit guten Restaurants, Bars und Cafés ein beliebter Treffpunkt sind. Von den alten Gebäuden des Marinearsenals, das von 1488 bis 1749 bestand, sind noch zwei erhalten (Cours d'Estienne-d'Orves 23 und 25). In der Nähe östlich die Opéra aus dem Art-déco. Am Hafen steht die Criée des Poissons, die **Fischauktionshalle** von 1909, die seit 1981 vom Théâtre National de Marseille genützt wird.

Quartier de l'Arsenal

La Criée

Die Basilique St-Victor (weiter südwestlich) gehörte zu dem im Jahr 416 n. Chr. vom hl. Cassius gegründeten Kloster, einem der ersten in Europa. Der heute zu sehende, mit bis zu 3 m dicken Wänden festungsartige Bau wurde 1040 errichtet und bis ins 15. Jh. mehrmals verändert. Beeindruckend sind die Krypta der ersten Kirche und die **Katakomben** mit antiken Sarkophagen. Am 2. Februar wird hier der Landung der heiligen Marien gedacht (►Camargue, Stes-Maries-de-la-Mer); auch die Spezialität der ältesten Bäckerei von Marseille, »Four des Navettes« (östlich der Kirche), nimmt darauf Bezug.

St-Victor

Ein beliebter Platz zum Spazierengehen und Picknicken ist der Parc du Pharo auf der Anhöhe südlich der Hafeneinfahrt. Das große Schloss ließ Napoleon III. für seine Frau Eugénie erbauen. Vom Park schöner Blick auf Hafenanlagen und Stadt.

Parc du Pharo

Auf 154 m hohem Felsen thront die Basilique Notre-Dame-de-la-Garde, am Platz einer mittelalterlichen Wallfahrtskapelle 1853–1864

Notre-Dame-de-la-Garde

in byzantinischem Stil erbaut. Den 60 m hohen Turm krönt eine fast 10 m hohe vergoldete Madonnenstatue aus der Werkstatt Christofle. Das Innere der (nicht nur zum Fest am 15. August) frequentierten Wallfahrtskirche zieren viele Votivgaben. Vom Vorplatz hat man einen **grandiosen Ausblick**; um den 10. Februar und den 28. Oktober soll man vor der untergehenden Sonne den 250 km entfernten Pic du Canigou in den Ostpyrenäen (▶S. 718) erkennen können.

Hôtel du Département
Ca. 700 m östlich des Palais Longchamp (Metro 1, St-Just) steht die Départementsverwaltung, mit seinen drei blauen Baukörpern (»Vaisseau Bleu«) ein herausragendes Stück moderner Architektur (W. Alsop und J. Störmer, 1994).

Außenbezirke von Marseille

★
Corniche J.-F.-Kennedy

Parc Borély ▶

Vom Parc du Pharo führt die Corniche Kennedy an der Küste entlang nach Süden; hier gibt es den pittoresken Vallon (Port) des Auffes, Strände, Restaurants und Feriendomizile. Nach 5 km – signalisiert durch eine riesige Kopie (1903) von Michelangelos David – erreicht man die Plage du Prado. Dahinter der schöne Parc Borély mit dem bis 1778 für einen Kaufmann erbauten gleichnamigen Schloss. Von hier kann man noch 8 km zum Cap Croisette weiterfahren.

★
Unité d'Habitation

Ca. 1,3 km südlich des Rond Point du Prado liegt eine Ikone der modernen Architektur, die 1947–1952 von **Le Corbusier** erbaute Unité d'Habitation (Cité Radieuse). Ihre Daten: 165 m lang, 57 m hoch, 18 Etagen, 337 Wohnungen. Für das Hotel in der Unité ▶S. 535.

Umgebung von Marseille

Château d'If
Die in der Bucht von Marseille gelegene Felseninsel wurde durch den Roman »Der Graf von Monte Christo« von **Alexandre Dumas** Père (1845) berühmt. Zeitweise diente die 1524 erbaute Festung als Gefängnis. Von der Höhe des Felsens schöne Aussicht. Schiffe fahren vom Alten Hafen (Quai des Belges) zur Insel.

Chaîne de l'Estaque

Martigues ▶

L'Estaque, als Bildsujet Cézannes berühmt, ist trotz aller Veränderungen ein beliebter Ausflugsort am nordwestlichen Stadtrand von Marseille. Westlich schließt sich die Chaîne de l'Estaque an, ein pittoreskes Kalksteinmassiv mit einer Reihe kleiner, hübscher Badeorte von Niolon bis zum Cap Couronne. Am Kanal zum **Etang de Berre** liegt Martigues (46 000 Einw.), das sich von einem Fischernest zur Industrie- und Hafenstadt gewandelt hat (Ölraffinerien). Hübsch ist hier im Stadtkern die Ile Brescon mit dem Pont St-Sebastien und der Kirche Ste-Madeleine (17. Jh.). Das Musée Ziem zeigt Bilder des Landschaftsmalers Félix Ziem (1821–1911) sowie lokalgeschichtliche Exponate. Das Baden, Surfen etc. im Etang de Berre sollte man bleibenlassen, da die Lagune mit Industrieabwässern stark belastet ist.

Nordöstlich von Marseille ist (im gleichnamigen Vorort) im **Château Gombert** das Musée des Arts et Traditions Populaires untergebracht. Unterhalb breitet sich die Technopole aus, ein bedeutendes Wissenschaftszentrum. Von der Grotte Loubière 2 km westlich von Château Gombert ist die Grande Étoile (651 m), der Gipfel der Chaîne de l'Étoile, in 2.30 Std. zu erreichen (grandioses Panorama).

Château Gombert

★ Grande Étoile

★★ Calanques

Südöstlich von Marseille bilden die Calanques schmale, tief eingeschnittene Buchten zwischen weißen Kalkfelsen, ein höchst attraktives und frequentiertes Naherholungsziel. Wegen der Brandgefahr und der ökologischen Belastung ist der Zugang von Juni bis Sept. reglementiert, besonders Juli/Aug., wenn auch keine Zufahrt möglich ist (gebührenpflichtige Parkplätze, z. T. längere Fußmärsche). Info unter www.calanques13.com.

Das im Sommer gut besuchte Fischerstädtchen **Cassis** (22 km südöstlich) liegt mit seiner Burg (14. Jh., nicht zugänglich) sehr schön in einer von spektakulären Felswänden umgebenen Bucht. Renommiert ist der Weißwein von Cassis, der hervorragend zu den hier angelandeten Meeresfrüchten passt Weinerntefest am 1. Sept.-Sonntag). Auch von hier fahren Boote zu den Calanques. Von Cassis führt die schmale, kurvenreiche ★★**Corniche des Crêtes** an den Falaises, der höchsten Steilküste Frankreichs, entlang zum Cap Canaille (416 m). Man hat eine atemberaubende Sicht auf die Küste von den Calanques bis zum Cap Croisette. Über die Grande Tête (399 m) gelangt man nach ca. 15 km hinunter nach La Ciotat.

Die Calanques: schöne Badeplätze und Kletterwände

Die Hafenstadt La Ciotat (33 000 Einw.) hat eine hübsche Altstadt mit prächtigen Häusern aus dem 17./18. Jh., als der Schiffsbau florierte; die Werft wurde 1986 geschlossen. Am Alten Hafen die Kirche Notre-Dame-de-l'Assomption (17. Jh.) und das Stadtmuseum im ehemaligen Rathaus (1864). Am Blvd. Clemenceau steht das Eden-Théâtre (1889), **der erste Kinosaal der Welt**; ab 1899 wurden hier Filme der Brüder Lumière gezeigt, die In la Ciotat lebten. Im Süden ragt der kühne Zacken des Bec de l'Aigle (155 m) auf, nach Norden dehnt sich der Strand Clos-les-Plages aus.

La Ciotat

Blumenmarkt vor der Kathedrale in Metz

★ Metz

0 3

Région: Lorraine (Lothringen) **Höhe:** 173 m ü. d. M.
Département: Moselle **Einwohnerzahl:** 123 600

Metz, die geschichtsträchtige Hauptstadt ►Lothringens, nimmt sich mit ihrem Reichtum an alten Kirchen, Palästen und Bürgerhäusern fast wie ein großes Museum aus. Sehr reizvoll ist ihre Atmosphäre, eine Mischung aus französischer Provinz und »italienischem« Flair. Und das Centre Pompidou ist ein neues Mekka für Kunstfreunde.

Geschichte Metz, die Hauptstadt des Départements Moselle, liegt am Fuß der Moselhöhen am Zusammenfluss von Moselle und Seille. Die Stadt mit zwanzig Brücken ist seit 1971 Universitätsstadt, Sitz des Europäischen Zentrums für Umweltschutz und seit je ein wichtiger Handelsplatz. Wegen seiner Lage wurde Metz als Divodurum schon zur Römerzeit Zentrum des östlichen Galliens. Ab dem 6. Jh. war es als »Mettis« Residenz der Merowinger- und der Karolingerkönige (Karl der Große ließ seine Frau Hildegard hier beisetzen), dann Bischofs- und Freie Reichsstadt. 1552 wurden die drei Bistümer Metz, Toul und Verdun von den deutschen Fürsten an den französischen König Heinrich II. abgetreten. Von 1870 bis 1918 und im Zweiten Weltkrieg gehörte Metz wieder zum Deutschen Reich.

Metz *Orientierung*

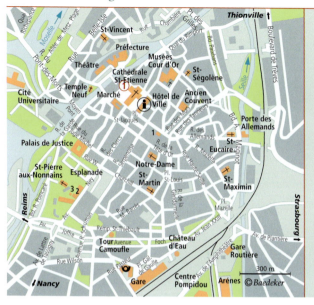

1 Maison des Têtes
2 Arsenal
3 Chapelle des Templiers

Übernachten
① De la Cathédrale

Sehenswertes in Metz

Die monumentale Kathedrale St-Etienne entstand von ca. 1220 bis 1522, wobei eine ältere Kirche einbezogen wurde (drei westliche Joche). In der 90 m hohen Tour de Mutte hängt die 11 t schwere, 1605 gegossene Stadtglocke. Man betritt die Kirche durch das Portal der Jungfrau (13. Jh.), einige Originalskulpturen sind erhalten. Das Innere überwältigt durch seinen Höhenzug (42 m hoch, nur 13,5 m breit) und die herrlichen **Glasfenster** (6500 m²). Die ältesten stammen aus dem 13. Jh., die Gegenwart ist mit Villon, Bissière und Chagall vertreten. Die Schwalbennest-Orgel stammt von 1537, der Bischofsthron aus sog. Cipollino-Marmor links am Chor aus merowingischer Zeit. Sehenswert sind auch die Krypta und der Kirchenschatz.

✶✶
St-Etienne

Die schöne Place d'Armes bei der Kathedrale entstand mit dem Rathaus im 18. Jh. nach Plänen des Pariser Architekten J.-F. Blondel am Platz eines Kreuzgangs. Das für den Bischof errichtete und unvollendete Palais vor St-Etienne dient seit 1831 als Markthalle.

Place d'Armes

Im Karmeliterkloster (17. Jh.) und einer Kornhalle von 1457 werden v. a. Funde aus gallorömischer und merowingischer Zeit gezeigt, darüber hinaus mittelalterliche religiöse Kunst sowie deutsche, flämische und französische Meister wie Delacroix und Van Dyck (Di. geschl.). Östlich des Museums (Rue des Trinitaires) das Hôtel Livier (12. Jh.),

✶
Musées de la Cour d'Or

Hôtel Livier

die bedeutendste Stadtburg der reichen und aufstrebenden Metzer Patrizier, die als »Paraigen« bezeichnet wurden.

Moyen Pont Vom Moyen Pont hat man einen schönen Blick auf die Moselarme und die protestantische Kirche **Temple Neuf** (1904). Hinter ihr erstreckt sich die Place de la Comédie mit dem ältesten noch bespielten Theater Frankreichs und der Präfektur (beide um 1739).

Esplanade
St-Pierre-aux-Nonnains ▶
Arsenal ▶

Weiter südlich liegt an der Mosel die Esplanade zwischen Altstadt und einstiger Zitadelle. An der Nordseite der Justizpalast (1776). Die profanierte Kirche St-Pierre-aux-Nonnains im Süden könnte Reste der ältesten Kirche Frankreichs enthalten; die Fundamente stammen von etwa 390, im 7. Jh. war sie Teil einer Abtei, im 16. Jh. wurde sie in die Festungsanlage integriert (kulturelle Veranstaltungen). Das Arsenal von 1863 wurde von Ricardo Bofill zu einem modernen **Kulturzentrum** umgestaltet (u. a. Konzerte). Einzigartig für Lothringen ist die benachbarte oktogonale **Templer-Kapelle** (12. Jh.).

St-Martin
Place St-Louis

Vorbei an der Kirche St-Martin (1202) mit einem reizvollen Epitaph (»Maria im Wochenbett«, 15. Jh.) und einer barocken Orgel (1771) gelangt man zur Place St-Louis; mit den Arkadenhäusern des 14.–16. Jh.s ist sie eines der letzten Zeugnisse der mittelalterlichen Stadtbilds.

Rue En Fournirue
Porte des Allemands ▶

Östlich des Hôtel de Ville ist in der Rue En Fournirue die **Maison des Têtes** (Nr. 51, Renaissance) zu beachten. Die Rue des Allemands führt weiter zum **Deutschen Tor**, einem über die Seille vorgeschobenen Festungswerk, einst Teil der Stadtbefestigung. Südlich der Porte des Allemands lohnt auch die Kirche **St-Maximin** (11./12. Jh.) einen Blick; ihre Glasfenster entwarf Jean Cocteau (1962 – 1970).

Quartier Impérial Um 1900 mussten mittelalterliche Viertel der **Neustadt Kaiser Wilhelms II.** weichen. Wahrzeichen der neuen Zeit wurden v. a. der ge-

▶ METZ ERLEBEN

AUSKUNFT
Office de Tourisme
2 Place d'Armes, 57000 Metz
Tel. 03 87 55 53 76
www.mairie-metz.fr

FESTE & EVENTS
Mai: Frühlingsfest. Juli/Aug., tägl.: Metz en Fête (Jazz, Klassik, Straßentheater; Fr.– So. Wasserspiele mit Musik). Ende August: Mirabellenfest. Dez.: Weihnachtsmarkt. Veranstaltungstermine im »Carnet de Rendez-Vous« (im Tourismusbüro).

ÜBERNACHTEN
▶ **Günstig / Komfortabel**
① *Hôtel de la Cathédrale*
25 Pl. de Chambre, Tel. 03 87 75 00 02
www.hotelcathedrale-metz.fr
Haus aus dem 17. Jh. in bester Lage an der Kathedrale. Großzügige, antik gestaltete Zimmer mit modernem Komfort; herzliche Betreuung.

waltige Hauptbahnhof, der Wassertum und die Hauptpost. Heute hat das lange ungeliebte Quartier Impérial »seinen Platz« gefunden, man hat es sogar die Aufnahme ins UNESCO-Welterbe beantragt.

Südlich jenseits des Bahnhofs öffnete neben der Sport- und Veranstaltungshalle Les Arènes 2010 das spektakuläre Centre Pompidou Metz seine Tore, ein Ableger der berühmten Institution in Paris (www.centrepompidou-metz.fr, Mo. 11.00 – 18.00, Mi. 11.00 – 18.00, Do., Fr. 11.00 – 20.00, Sa. 10.00 – 20.00, So. 10.00 – 18.00 Uhr).

◀ Centre Pompidou Metz

* Monaco

P 9

Fläche: 2,02 km²
Höhe: 0 – 65 m ü. d. M.

Staatsbürger: 6 100
Einwohnerzahl: 32 000

An der ▶ Côte d'Azur, nahe der französisch-italienischen Grenze, liegt der zweitkleinste europäische Staat, das Fürstentum Monaco, schicke Oase für Steuerflüchtlinge und spätestens seit Fürstin Gracia Patricia unerschöpfliches Thema für die Regenbogenpresse.

Die Principauté de Monaco ist mit 2,02 km² Fläche nach dem Vatikan der zweitkleinste europäische Staat. Die Bevölkerung setzt sich zusammen aus 16 % Monegassen, Franzosen (ca. 47 %), Italienern (ca. 16 %) und anderen Ausländern, darunter 800 Deutsche.

Staat und Bevölkerung

Funde in Monaco-Ville belegen eine Besiedlung des Felsens vor der Steinzeit. Die Griechen von Massalia (Marseille) richteten hier den Handelsplatz Herakleia Monoikos ein. Im 8. Jh. kam Monaco zu Genua; 1215 erhielt es eine Festung (Reste erhalten), 1297 wurde es von dem aus Genua vertriebenen Adligen Francesco Grimaldi eingenommen, 1308 dann von einem anderen Grimaldi käuflich erworben. Nach spanischer Oberhoheit 1524 – 1641 (der Fürstentitel wurde 1612 verliehen) kam Monaco 1731 an die französische Linie Goyon de Matignon-Grimaldi und wurde 1793 mit Frankreich vereinigt, 1814 jedoch an den Fürsten Honoré IV. zurückgegeben. Von 1815 stand es unter dem Schutz des Königreichs Sardinien-Piemont, das es 1860 an Frankreich abgab. Fürst Charles III., der dagegen protestierte, trat 1861 Menton und Roquebrune an Frankreich ab, wofür das Fürstentum die Unabhängigkeit erhielt. Das erste Casino wurde 1856 eröffnet, doch erst mit der Gründung der Société des Bains de Mer (S. B. M.) 1861 und des Grand Casino begann der Aufstieg zum Nobeltreff. Albert I. erließ 1911 eine Verfassung. Fürst Rainier III. aus der Linie Polignac (1923 – 2005) heiratete 1956 die US-amerikanische Filmschauspielerin Grace Kelly (Gracia Patricia, † 1982). Gegenwärtig regiert sein Sohn Albert II. Seit 1993 ist Monaco Mitglied der UN. Seit den 1980er-Jahren wurden neue Stadtviertel ins Meer gebaut und das Staatsgebiet auf knapp über 2 km² erweitert.

Ein wenig Geschichte

Staatsflagge

Keine falsche Bescheidenheit: Jachten im Hafen von Monte-Carlo

Verwaltung Staatsform ist nach der Verfassung von 1962 eine konstitutionelle Erbmonarchie. Die Regierungsgewalt liegt formell beim Fürsten und wird von ihm an den Staatsminister delegiert. Die Regierung wird durch den Staatsminister (Ministre d'Etat) und dem Regierungsrat (Conseil de Gouvernement) mit drei Mitgliedern für Inneres, für Finanzen und Wirtschaft sowie für Öffentliche Arbeiten und Soziales gebildet. Die Volksvertretung besteht aus einem auf fünf Jahre gewählten Nationalrat (Conseil National) sowie einem auf vier Jahre gewählten Gemeinderat (Conseil Communal). In der inneren wie in der äußeren Verwaltung ist Monaco eng an Frankreich gebunden, so mit der Zoll- und Währungsunion (seit 1865 bzw. 1925) wie im Steuerrecht (seit 1963). Das Fürstentum gibt seit 1885 eigene Briefmarken heraus, es prägt auch eigene Euro-Münzen.

Wirtschaft Reich und berühmt wurde Monaco durch das Glücksspiel. Heute tragen die Spielbanken gerade noch zu 4 % zu den Staatseinnahmen bei; zu über 50 % stammen sie aus der hohen Mehrwertsteuer (25–40 %), dafür gibt es weder Einkommen- noch Kapitalertrag- oder Vermögensteuern. In der Industrie (Elektronik, Elektrotechnik, Chemie, Pharmazie usw.) sind 10 % der 41 000 Arbeitnehmer (davon über 30 000 Einpendler) beschäftigt, im Hotelgewerbe arbeiten 11 %. Am lukrativsten ist jedoch das Bankwesen, das mit 7 % der Beschäftigten 18 % des nationalen Geschäftsvolumens bestreitet. Auch als Kongress- und Festivalort spielt Monaco eine große Rolle.

Sehenswertes in Monaco

Der älteste Stadtbezirk, Monaco-Ville, thront mit seinen schmalen Sträßchen malerisch auf einer 60 m hohen Halbinsel. Im Westen steht der **Fürstenpalast**, dessen älteste Teile um 1215 entstanden. Vor dem Schloss findet täglich um 11.55 Uhr das Spektakel der **Wachablösung** statt. Die Führung (April–Okt.) macht glänzende Prunkräume zugänglich, so den Renaissance-Thronsaal, ein York-Schlafzimmer (18. Jh.) und die Italienische Galerie mit Fresken Genueser Maler (16. Jh.). Im Musée des Souvenirs Napoléoniens et Collection des Archives Historiques wird die Geschichte des Fürstentums und die Zeit Napoleons I. dokumentiert (Nov. geschl.).

Monaco-Ville

◂ Palais du Prince

> ### ✓ NICHT VERSÄUMEN
>
> - Die Kathedrale besitzt ein großartiges Nikolaus-Polyptychon von Ludovico Brea (um 1500) und andere Kunstwerke der »Schule von Nizza«. Von September bis Juni sind bei der Messe am Sonntag um 10.00 Uhr die Sängerknaben zu hören.

In der 1875–1884 in romanisch-byzantinischem Stil erbauten Kathedrale sind monegassische Fürsten und Bischöfe bestattet – auch **Gracia Patricia**, deren Grab zur Pilgerstätte wurde. Die große Orgel von 1976 ist in Konzerten zu hören. Neben der Kathedrale das 1930 erbaute Palais de Justice (Justizpalast).

Kathedrale

Östlich der Jardins St-Martin steht das 1910 gegründete **Meeresmuseum** (tägl. geöffnet), dessen Seefront auf gewaltigen Unterbauten ruht. Es enthält wertvolle wissenschaftliche Sammlungen (u. a. von den Forschungsreisen Fürst Alberts I., Tauchboote und Ausrüstung von J. Cousteau), Aquarien mit 4000 Arten, ein Laboratorium mit Bibliothek sowie Schiffsmodelle und technische Geräte. Von der Dachterrasse (mit Café) herrliche Aussicht. Östlich anschließend ein Parkhaus; auf seiner Dachterrasse wird die audiovisuelle Schau »Monte Carlo Story« gezeigt, nebenan das Freiluftkino mit der angeblich größten Leinwand Europas, das Filme in Originalfassung (ggf. mit französischen Untertiteln) vorführt.

Musée Océanographique

Monte Carlo Story

Am Rückweg zum Fürstenpalast liegen die Chapelle de la Visitation mit der sehenswerten Sammlung Piasecka Johnson (sakrale Kunst, Mo. geschl.), das Historial des Princes (Wachsfigurenkabinett) und die Chapelle de la Miséricorde (1639) mit einer Christusfigur von F.-J. Bosio, dem 1769 in Monaco geborenen Bildhauer Napoleons.

Chapelle de la Visitation

Westlich des Fürstenpalasts schließt das Viertel Fontvieille an, für das 30 ha im Meer aufgeschüttet wurden. Am Steilabfall des Altstadtfelsens liegt der Zoo mit tropischer Fauna. Im **Complexe Commercial** sind das Automuseum mit über 100 herrlichen alten Exemplaren, das Briefmarken- und Münzenmuseum sowie das Musée Naval (Schiffsmodelle) untergebracht (alle tägl. geöffnet).

Fontvieille

Jardin Animalier

Monaco Orientierung

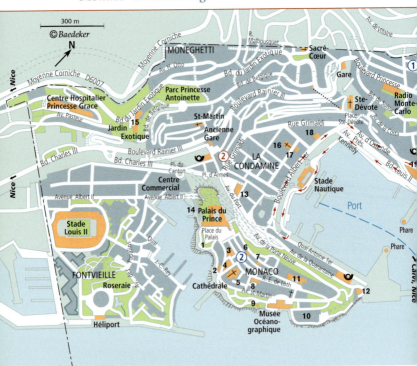

 MONACO ERLEBEN

AUSKUNFT

Direction du Tourisme
2 a Boulevard des Moulins
MC-98030 Monaco Cedex
Tel. (00 377) 92 166 166
www.visitmonaco.com

Ländervorwahl für Monaco: 00 377

FESTE & EVENTS

Ende Jan.: Rallye Monte-Carlo. 27. Jan.: Fest der Stadtheiligen Ste-Dévote. 23./24. Juni: Johannes-Fest mit Folklore und großen Feuern. Ende Mai: Grand Prix der Formel 1 (Karten: Automobile Club de Monaco, 23 Blvd. Albert 1er, Fax 93 15 26 78, www.acm.mc). 19. Nov.: Nationalfeiertag. Das ganze Jahr über gibt es eine große Zahl kultureller, sportlicher und anderer Ereignisse, u. a. Zirkusfestival (Jan.), Tennis Masters (April). Die aktuellen Veranstaltungstermine sind im kostenlosen »Bienvenue« verzeichnet.

SPIELCASINOS

Casino Garnier, Le Sporting, Café de Paris, Sun Casino. Mindestalter 18 Jahre (www.casino-monte-carlo.com)

> Monaco ZIELE 547

1 Promenade Ste-Barbe
2 Conseil National
3 Musée du Vieux Monaco
4 Palais de Justice
5 Évêché
6 Historial des Princes de Monaco
7 Chapelle de la Misericorde
8 Mairie
9 Prince Albert 1er
10 Parking des Pêcheurs/ Monte Carlo Story
11 Ministère d'Etat
12 Fort Antoine (Théâtre)
13 Marché
14 Jardin Animalier
15 Musée d'Anthropologie Préhistorique
16 Église Réformée
17 Bibliothèque Louis Notari
18 Automobile Club de Monaco
19 Centre de Rencontres Internationales
20 Villa Sauber
21 Jardin Japonais
22 Grimaldi Forum

Essen
① Polpetta
② U Cavagnetu
Übernachten
① Hotel de Paris
② Hotel de France

Staatsgrenze
Lift
Grand Prix de Monaco

ÜBERNACHTEN

▶ Luxus
① *Hôtel de Paris*
Place du Casino, Tel. 98 06 30 00
www.montecarloresort.com
Luxus und Ambiente der Belle Époque im edelsten Haus von Monaco. Zimmer und Suiten mit Blick aufs Meer, Zugang zu den Thermes Marins. Drei Restaurants mit prachtvollem, opernreifem Dekor.

▶ Günstig
② *Hôtel de France*
6 Rue de la Turbie
Tel. 93 30 24 64, Fax 92 16 13 34
Preisgünstiges, ordentliches Haus in attraktiver Umgebung nahe der Place d'Armes. In der Nähe das hypermoderne, schicke NI-Hotel (1 bis, Rue Grimaldi, ab 150 €).

ESSEN

▶ Fein & teuer
① *Louis XV*
Im ① Hotel du Paris, Tel. 98 06 88 64
Mediterrane Küche, zubereitet unter der Regie von Alain Ducasse, einem der profiliertesten Köche des Landes.

▶ Preiswert
② *U Cavagnetu*
14 Rue Comté-F.-Gastaldi
Tel. 93 30 35 80
Eines der wenigen preiswerten Lokale mit guter monegassischer Küche.

Unter der markanten Tête de Chien drängen sich die Hochhäuser von Monaco.

Hafen Im 1901–1926 ausgebauten Hafen drängen sich die Luxusjachten. 2003 ging der 352 m lange Anleger in Betrieb: Er wiegt 163 000 t, wurde in seiner ganzen Länge in Spanien gebaut und übers Meer hierher geschleppt. Hinter dem Hafen liegt sich das teils kleinstädtische Viertel **La Condamine** mit Geschäften und Cafés, der Markthalle (1880) auf der lebhaften Place d'Armes und dem alten Bahnhof (hinter ihm einer der Zugänge zum 1999 eröffneten Tunnelbahnhof).

Im Taleinschnitt an der Nordwestecke des Hafens steht die kleine **Ste-Dévote** Kirche Ste-Dévote (1870) mit einem schönen Marmoraltar (18. Jh.); an der Place Ste-Devote ein weiterer Zugang zum Bahnhof.

Moneghetti Endlose Treppen und Serpentinenstraßen klettern am Osthang der Tête de Chien empor zur **Moyenne Corniche** (D 6007, ►S. 362) und ★ erschließen den von Villen und Gärten geprägten, in Terrassen angelegten Bezirk Moneghetti. Im Exotischen Garten wachsen tropische **Jardin Exotique** Pflanzen, in der Grotte de l'Observatoire sind schöne Tropfsteinbildungen zu sehen. Im Park zeigt das Musée d'Anthropologie Préhistorique vorgeschichtliche Funde aus der Region.

Monte-Carlo Der Stadtbezirk Monte-Carlo erstreckt sich nördlich des Hafens. Sein höher gelegener Teil ist von Geschäftsstraßen durchzogen, so vom Blvd. Princesse-Charlotte, der Avenue de la Costa mit zahlreichen Luxusgeschäften und ihrer Fortsetzung Boulevard des Moulins (Tourismusbüro). Auf einer Terrasse nördlich des Hafens steht das »Herz« ★★ von Monaco, das prächtige **Grand Casino**, das 1877–1879 vom **Casino** Architekten der Pariser Oper, Charles Garnier, errichtet wurde und die legendäre Spielbank der Société Anonyme des Bains de Mer beherbergt. Den östlichen Flügel nimmt die Salle Garnier ein, der üppig in Gold und Rot dekorierte Opernsaal.

▶ Montpellier

Das berühmte, 1864 eröffnete **Hotel de Paris** (mit Drei-Sterne-Restaurant und Panorama-Restaurant) bildet mit dem Casino und dem Café de Paris gegenüber – bevorzugter »Aussichtspunkt« ist dessen Terrasse – einen grandiosen Belle-Époque-Komplex. Unterhalb des Casinos liegt das **Kongresszentrum C.C.A.M.** (1978), ein mächtiger, vom Blvd. Louis-II unterquerter Bau mit hexagonalen Grundrissen, in dem das Auditorium Rainier III, das Monte Carlo Grand Hotel und das Sun Casino untergebracht sind. Das Dach ziert ein Mosaik von Victor Vasarely (1979) aus farbigen Fliesen. An der Av. Princesse-Grace ist der **Japanische Garten** zu finden, entworfen von Yasuo Beppu, eine Oase der Ruhe. Östlich schließen das Kongresszentrum **Grimaldi Forum** (Notari/Genin, 2000) und künstlich angelegte Kiesstrände an. Die von Charles Garnier erbaute **Villa Sauber** (17 Av. Princesse Grace) gehört, wie die Villa Paloma (56 Blvd. du Jardin Exotique), zum Nouveau Musée National de Monaco, das in den beiden Villen in Wechselausstellungen das historische und kulturelle Erbe Monacos präsentieren soll.

Immer noch der Brennpunkt Monte-Carlos: das Casino

Montpellier

L 9

Région: Languedoc-Roussillon
Département: Hérault

Höhe: 119 m ü. d. M.
Einwohnerzahl: 253 700

Montpellier, Metropole der Region ▶ Languedoc-Roussillon, demonstriert Dynamik. Seit sich in den 1960er-Jahren Algerienfranzosen hier niederließen, wurden ganze Viertel errichtet und neue Industrien angesiedelt. Daneben gibt es aber auch das alte Montpellier mit einer lebhaften Altstadt, über 60 000 Studenten und einer hochkarätigen Kulturszene.

Die Stadt entstand nach der Zerstörung von Maguelone (▶ S. 442) durch Karl Martell (737). 1204 kam sie durch Heirat an Aragón, dann gehörte sie den Königen von Mallorca; 1349 wurde sie von der französischen Krone gekauft. 1289 wurde die Universität gegründet, an der u. a. Petrarca und Rabelais studierten; die medizinische Fakul-

Ein wenig Geschichte

Place de la Comédie, die lebhafte »Drehscheibe« der Stadt

tät ist die älteste Europas und auch heute renommiert. Mit dem Fall der Provence an die Krone 1481 verlor Montpellier seine Rolle als Handelshafen an Marseille. Ende des 16. Jh.s war es ein Hauptsitz der Hugenotten, der 1622 von Ludwig XIII. erobert wurde.

Sehenswertes in Montpellier

Antigone Von Osten von der Autobahn in die Stadt kommend, passiert man das von **Ricardo Bofill** ab 1980 mit viel ockerfarbenem Beton erbaute Viertel Antigone mit 2200 Wohnungen, ein Hauptwerk postmoderner Architektur. Die Einkaufszentren Polygone und Triangle leiten **Place de la Comédie** zur Place de la Comédie über, dem Mittelpunkt der Stadt mit Cafés und der Fontaine des Trois Grâces von 1776. Am Westrand steht die der Pariser Oper nachempfundene Opéra Comédie (1888).

Nordwestlich des Platzes erstreckt sich die **Altstadt** mit prächtigen Adels- und Bürgerpalästen. Nach Norden geht die Place de la Comédie in die Esplanade de Gaulle über, die vom Kongress- und **Esplanade Ch. de Gaulle** Opernhaus **Corum** abgeschlossen wird. Östlich der Esplanade die 1624 von Richelieu gegen die protestantische Stadt errichtete **Zitadelle**. Gegenüber sind im Musée Fabre, einem der bedeutendsten **Kunstmuseen** Frankreichs, v. a. Gemälde italienischer und niederländischer

★ ★

Musée Fabre ▶ Künstler (17./18. Jh.) und französischer Maler des 19./20. Jh.s (z. B. Courbet, Matisse, Dufy) zu sehen (Bd. Bonne Nouvelle, geöffnet Di., Do., Fr., So, 10.00 – 18.00, Mi. 13.00 – 21.00, Sa. 11.00 – 18.00 Uhr).

Die terrassierte Proménade du Peyrou wurde 1688–1773 angelegt. Das Reiterstandbild Ludwigs XIV. (1828) ersetzte den in der Revolution zerstörten Vorgänger (1692). Von hier schöner Ausblick bis zu den Cevennen und zum Meer. Am Westende der Anlage steht das als hübscher Säulentempel gestaltete **Wasserschloss**, zu dem Wasser in einer bis 1766 erbauten Leitung 14 km weit herangeführt wird, zuletzt über einen 800 m langen und 21,5 m hohen Aquädukt. Nördlich der Promenade du Peyrou der Jardin des Plantes, angelegt 1593 als erster botanischer Garten Frankreichs.

◄ **Promenade du Peyrou**

◄ Botanischer Garten

Östlich der Promenade steht der 1693 zu Ehren Ludwigs XIV. errichtete 15 m hohe Triumphbogen. Am Justizpalast vorbei gelangt man zur Medizinischen Fakultät in der einstigen Abtei St-Benoît (1364). Hier zeigt das Musée Atger Zeichnungen großer Künstler wie Caravaggio, Brueghel, Rubens, Van Dyck und Fragonard (geöffnet Mo.,

Arc de Triomphe

◄ Musée Atger

MONTPELLIER ERLEBEN

AUSKUNFT
Office de Tourisme, 30 Allée de Lattre de Tassigny, 34000 Montpellier
Tel. 04 67 60 60 60
www.ot-montpellier.fr
Reservierungszentrale für Hotels:
www.resamontpellier.com

VERKEHR
Flughafen 8 km südöstlich, Busverbindung mit der Stadt. Tram und Busse der TaM, Infobüro 6 Rue Jules Ferry (Tramstation Gare St-Roch).

FESTE & EVENTS
Juni: Printemps des Comédiens (Theater, Zirkus). Juni/Juli: Internationales Tanzfestival (Ballett). Juli/Aug., Fr.abend: Les Estivales. 16. Aug.: Fête de St-Roch.

ESSEN
► **Fein & teuer**
① *Le Jardin des Sens*
11 Avenue St-Lazare, Tel. 04 99 58 38 38, So. geschl. Hochdekoriertes Restaurant, das für aufsehenerregende Kombinationen bekannt ist, z. B. Innereien mit Meeresfrüchten oder Geflügel mit Kakao. Elegantes Designerinterieur. Mit Kochschule und Hotel. Nördlich der Stadtmitte, Anfahrt über die Av. de Nîmes.

► **Erschwinglich**
② *Cellier & Morel*
27 Rue de l'Aiguillerie, Tel. 04 67 66 46 36, So., Mo.-/Mi.-/Sa.mittag geschl. Unter gotischen Gewölben genießt man Feines nach Lozère-Art. Vorzügliche Weine des Languedoc.

► **Preiswert**
③ *Caves Jean Jaurès*
3 Rue Collot, Tel. 04 67 60 27 33 Eine gemütliche Weinstube in der Nähe der Markthalle, mit ordentlicher Küche (z. B. Ente in Weinsauce).

ÜBERNACHTEN
► **Günstig / Komfortabel**
① *Hotel du Palais*
3 Rue du Palais, Tel. 04 67 60 47 38
www.hoteldupalais-montpellier.fr
Hübsches Haus aus dem 19. Jh.; farbenfroh mit »antiken« Möbeln gestaltete Zimmer, familiäre Atmosphäre. Ohne Restaurant.

St-Pierre Mi., Fr. 13.30–17.45 Uhr; Aug. geschl.). Östlich schließt die gotische Kathedrale St-Pierre mit ihrem merkwürdigen Portalvorbau an.

Weiteres Sehenswerte Das **Hôtel des Trésoriers de France** war im 15. Jh. für zehn Jahre Domizil des reichen Kaufmanns Jacques Cœur (▶Bourges); hier zeigt das Musée Languedocien Sammlungen zur regionalen Archäologie und Volkskunde (So. geschl.). Die Rue d'Embouque-d'Or führt zum Hôtel de Varennes mit dem **Musée Fougau** (Volkskunst, Alltagsleben in Montpellier) und dem Musée du Vieux Montpellier. An der Place Jaurès liegen die Reste der romanischen Kirche Notre-Dame-des-Tables (12. Jh.), in der Krypta (10. Jh.) das Musée de l'Histoire de Montpellier. Unweit westlich der Préfecture ist in der Rue Barralerie die **Mikwe** (jüdisches Ritualbad, 13. Jh.) erhalten, zugänglich in Führungen des Tourismusbüros.

> **! Baedeker TIPP**
>
> **Modernes Montpellier**
>
> Erleben Sie das moderne Montpellier auf einer Fahrt mit der blauen Linie 1 der Trambahn: vom Kongresshaus Corum zum Bahnhof St-Roch, dann durch das Antigone-Viertel hinaus zum futuristischen Freizeitpark Odysseum mit Einkaufszentrum, Multiplexkino, 3D-Planetarium, Aquarium und Eisstadion.

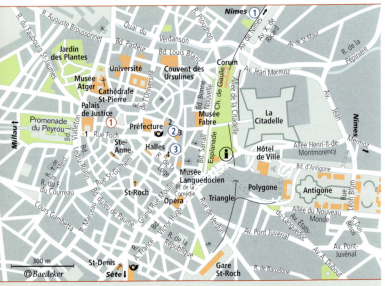

Montpellier *Orientierung*

1 Arc de Triomphe
2 Hôtel de Mirman
3 Hôtel de Varennes
4 Notre-Dame-des-Tables

Essen
① Le Jardin des Sens
② Cellier & Morel
③ Caves Jean-Jaurès

Übernachten
① Palais

★★ Mont Saint-Michel

Région: Basse-Normandie
Département: Manche
Höhe: 3 – 78 m ü. d. M.
Einwohnerzahl: 50

Die »Pyramide im Meer«, wie Victor Hugo den Mont Saint-Michel titulierte, ragt höchst eindrucksvoll im Watt des Golfs von ▶St-Malo auf. Das Kloster, eines der bedeutendsten Werke mittelalterlicher Baukunst, ist eine der größten Attraktionen Frankreichs.

Das schönste Bild bietet der Klosterberg, wenn Wasser ihn umgibt, doch das ist gegenwärtig nur an 13 bis 16 Tagen im Monat morgens und abends der Fall, bei mindestens 12 m Flut. Die besten Zeiten sind die Springfluten zwei Tage nach Voll- und Neumond (Genaues beim Tourismusbüro). Weil die Bucht zu versanden droht – eine Folge des 1869 errichteten Straßendamms –, wurde der Fluss Cuesnon durch einen Damm abgesperrt, der das Flutwasser zurückhält; bei Ebbe wird es rasch abgelassen, sodass die Ablagerungen weggespült werden. Der Straßendamm wird durch eine Fußgängerbrücke auf Stelzen ersetzt, auf der auch eine elektrische Bahn zum Klosterberg fährt, die Parkplätze werden ins Hinterland verlegt. Die Arbeiten sollen 2014/2015 abgeschlossen sein (www.projetmont saintmichel.fr).

Der Klosterberg und das Meer

Kloster Mont Saint-Michel

Der Legende zufolge befahl der Erzengel Michael persönlich im Jahr 708 dem Bischof von Avranches, auf dem Berg Tombe eine Kapelle zu bauen. 966 gründeten Benediktiner aus St-Wandrille ein Kloster mit der Kirche Notre-Dame-sous-Terre (Unsere Liebe Frau unter der Erde). Im 11. Jh. entstand eine gewaltige **romanische Kirche**, wobei Vorgängerbauten zu Krypten umgewandelt wurden. Den dreistöckigen Konvent errichtete man nördlich davon. 1154 bis 1186 wurden die Gebäude vergrößert, die Kirche erhielt zwei Türme, nach Westen verlängerten neue Wohnbauten die Plattform. 1212 – 1228 folgte der mehrstöckige gotische Komplex **La Merveille**. Noch vor dem Ausbruch des Hundertjährigen Kriegs im 14. Jh. wurde der Klosterberg befestigt, so dass er den Angriffen der Engländer standhielt. 1421 stürzte der romanische Chor der Kirche ein und wurde in spätgotischem Flamboyant-Stil wiedererrichtet; 1446 – 1450 entstand die »Krypta der dicken Pfeiler«. Der Niedergang des Klosters begann 1516, als die Äbte vom König eingesetzt wurden und die Einkünfte behalten konnten. Nach einem Brand 1776 wurden die ersten drei Joche der Abteikirche abgebrochen und an ihrer Stelle die **Westterrasse** angelegt. Ende des 18. Jh.s lebten auf Mont St-Michel nur noch ein Dutzend Mönche. Während der Französischen Revolution wurden sie vertrieben und die Anlage in ein Gefängnis umgewandelt (bis 1863). Seit 1966 leben hier wieder einige Benediktiner.

Geschichte

KLOSTERBERG MONT ST-MICHEL

✹✹ **Der Erzengel Michael persönlich soll das Kloster auf dem Felsen im Watt in Auftrag gegeben haben. Wenn man den Kegel am Horizont aus dem Dunst auftauchen sieht, ist man durchaus geneigt, dies zu glauben.**

🕑 Öffnungszeiten der Abtei:
Mai–Aug. 9.00–19.00, sonst 9.30–18.00 Uhr, letzter Einlass 1 Std. vor Schließung
Gesungene Messe Di.–Sa. 12.15, So. 11.30 Uhr
Nächtlicher Besuch der erleuchteten Abtei:
Juli/Aug. Mo.–Sa. 18.00–24.00 Uhr

① Romanische Kirche
Das vom romanischen Bau erhaltene Langhaus strahlt trotz der Kürzung um drei Joche im 18. Jh. und der tiefgreifenden Restaurierung im 19. Jh. kraftvolle Würde aus. Die Wandgliederung in drei Geschoße, mit Arkaden, doppelten Triforien und Obergadenfenstern, folgt dem in der Normandie verbreiteten Schema (z. B. Jumièges).

② Krypten
Der Bau der romanischen Kirche 1023–1080 machte wegen der geringen Grundfläche Unterbauten notwendig. Unter den Querarmen der Abteikirche liegen zwei »Krypten«: im Norden Notre-Dame-des-Trente-Cierges, im Süden St-Martin. Erstere lag innerhalb der Klausur und macht einen intimen Eindruck, die andere besitzt ein mächtiges Tonnengewölbe und hatte repräsentative Funktionen.

③ Crypte des Gros-Piliers
Der romanische Chor stürzte 1421 ein, 1446 begann man mit dem Neubau im spätgotischen Flamboyant, 1513 wurde der Chor vollendet. Sein Fundament bildet die »Krypta der dicken Pfeiler«: Jeder der ca. 2 m dicken Zylinder trägt eine Säule des Chors, die Doppelsäule den Hauptaltar. Der Raum diente als Wartesaal für das Gericht.

④ La Merveille
Beim Wiederaufbau der teilweise zerstörten Abtei Anfang des 13. Jh.s, mit Unterstützung durch König Philipp II. August, wurde nicht gespart: Dreimal zwei große, eindrucksvolle und unterschiedlich gestaltete Räume wurden für den Konvent übereinandergetürmt.

⑤ Vierungsturm
Der Turm, der die Pyramide des Klosterbergs so wirkungsvoll beschließt, wurde von V. Petitgrand, einem Schüler Viollet-le-Ducs, 1890–1897 völlig neu aufgebaut; er entfernt sich aber wenig von dem Zustand 1390, wie ihn das Stundenbuch des Herzogs von Berry überliefert. Der Erzengel Michael von E. Frémiet, 4 m hoch und 450 kg schwer, wurde 1897 in 156 m Höhe montiert.

Mont St-Michel *Orientierung*

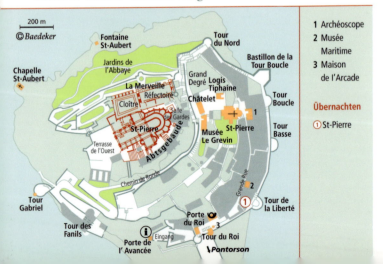

1 Archéoscope
2 Musée Maritime
3 Maison de l'Arcade

Übernachten
① St-Pierre

▶ Mont Saint-Michel ZIELE 555

Der Kreuzgang mit seinen schlanken Säulen und Arkaden aus Caen-Stein scheint zwischen Himmel und Erde zu schweben.

Im Skriptorium entstanden herrlich illuminierte Handschriften. Im Rathaus von Avranches (▶ S. 602) sind einige davon zu bewundern.

Der spätgotische Chor besticht durch Leichtigkeit und elegante Proportionen.

© Baedeker

Unter der Westterrasse liegt die Krypta Notre-Dame-sous-Terre, ursprünglich eine kleine Kirche aus karolingischer Zeit.

Mont Saint-Michel

Zugang und Außenbau
Von der Grand'Rue führt der Große Treppenaufgang« (Grand Degré) zum Burgtor (Châtelet, Ende 14. Jh.), dem östlichen Eingang der Abtei. Ein Portal (13. Jh.) öffnet sich zum Saal der Wachen mit Spitzbogengewölbe und großem Kamin (Eintrittskarten). Zwischen den Abtsgebäuden und der Kirche gelangt man über 90 Stufen hinauf zur **Terrasse** im Westen. Hier hat man einen guten Ausblick über die Bucht mit der Insel La Tombelaine, manchmal bis nach Cancale. Vom Nordwesteck der Terrasse erkennt man gut den Aufbau des Komplexes: die Abtskirche auf dem Gipfel des Felsens (auf dem Turm in 156 m Höhe der hl. Michael im Kampf gegen den Drachen); im Westen die romanischen Abtsgebäude und im Norden die gotische »Merveille«.

Kirche
In der Kirche bilden das mächtige romanische Langhaus (11./12. Jh.) und der elegante, hohe gotische Chor (15./16. Jh.) einen eindrucksvollen Gegensatz. Die drei sog. Krypten, ursprünglich frühe Kirchen, besichtigt man bei der Führung.

La Merveille
Das gotische Gebäude »La Merveille« (»Wunder«) nördlich der Kirche besitzt einen West- und einen Ostflügel mit je drei Stockwerken. Im östlichen, älteren Teil (1211–1218) liegen von unten nach oben Almosensaal, Gästesaal und Speisesaal, im Westflügel (1218–1228) Keller, sog. Rittersaal und Kreuzgang. Im **Kreuzgang** (Cloître) tragen schlanke Säulen in gegeneinander versetzter Doppelreihe Spitzbogenarkaden, die in normannischer Tradition des 13. Jh.s mit Blatt- und Tierornamenten verziert sind. Das aufgeschlagene Buch im Garten spielt auf den Ruf des Klosters als »Cité des Livres« an. Der einschiffige **Speisesaal** besitzt ein schönes getäfeltes Gewölbe und eine erstaunliche Akustik. Im vierschiffigen, 26 × 18 m großen sog. ▶ (Salle des Chevaliers) soll Ludwig XI. den Ritterorden des hl. Michael gegründet haben; er diente als Schreibraum. Drei Reihen wuchtiger Säulen mit verzierten Kapitellen tragen seine Decke. Zwei Pfeilerreihen stützen das Kreuzrippengewölbe des Vorratsraums (Cellier). Hier sind Modelle der Klosterinsel zu sehen. Im langen **Almosensaal** (z. T. 12. Jh.) wurden die armen Pilger beherbergt, heute dient er als Buchhandlung (Librairie).

Rittersaal ▶

Weitere Sehenswürdigkeiten
Auf halber Höhe steht links der **Grand'Rue** die Pfarrkirche St-Pierre (11. Jh., stark verändert). Im Archéoscope simuliert audiovisuelle Technik eine Reise durch die Vergangenheit der Abtei. Im Musée Maritime werden der Lebensraum des Meeres, der Gezeitenwechsel und die Versandung der Bucht dargestellt. Das Wachsfigurenmuseum (Musée Grevin) kann man sich schenken.

La Tombelaine
Rund 3 km nördlich des Mont St-Michel liegt der 56 m hohe und 950 m breite Granitkegel La Tombelaine, ein Vogelreservat. Da der erlebnisreiche Fußmarsch durchs Watt wegen der Gezeiten nicht ungefährlich ist, sollte man ihn nur mit Führer unternehmen.

MONT ST-MICHEL ERLEBEN

AUSKUNFT
Office de Tourisme
BP 4, 50170 Mont-St-Michel
Tel. 02 33 60 14 30, Fax 02 33 60 06 75
www.ot-montsaintmichel.com
www.baie-mont-saint-michel.fr
Auskunftsbüro an der A 84 bei St-Aubin-de-Terregatte.

TIPPS
Über 3 Mio. Besucher kommen im Jahr auf den Mont St-Michel (UNESCO-Welterbe). Von Mai bis Anf. Sept. ist der Andrang heftig, Ruhe kehrt außerhalb der Öffnungszeiten der Abtei und in der Nebensaison ein. Am besten kann man die einzigartige Atmospäre kennenlernen, wenn man hier nächtigt (trotz der hohen Preise). Den grandiosen Sonnenuntergang vom Vorplatz der Abteikirche nicht verpassen.

ÜBERNACHTEN / ESSEN
▶ **Komfortabel / Luxus**
Saint-Pierre
Grande Rue, Tel. 02 33 60 14 03
www.auberge-saint-pierre.fr
Mittelalterliches Fachwerkhaus mit geschmackvollen Gästezimmern. Die rustikale Brasserie Chapeau Blanc bietet regionale Küche.

Mülhausen · Mulhouse

P 5

Région: Alsace **Höhe:** 240 m ü. d. M.
Département: Haut-Rhin **Einwohner:** 112 000

Die zweitgrößte Stadt des ▶Elsass und ihre Umgebung ist von Industrie geprägt. Dennoch lohnt ein Besuch, mit Erfolg bemüht man sich um die Verschönerung der historischen Innenstadt. Die große Attraktion sind jedoch die technischen Museen, die die ins 18. Jh. zurückreichende industrielle Tradition würdigen.

In Mülhausen, das 30 km nordwestlich von Basel zwischen Rheinebene und Sundgau liegt, haben Textilindustrie, Maschinen- und Autobau, Chemie, Druck, Lederverarbeitung und Nahrungsmittelindustrie Tradition, weshalb man ihm die Beinamen »**elsässisches Manchester**« und »Stadt der 120 Schornsteine« gab. Die Staufer erhoben das 803 erstmals urkundlich erwähnte Mülhausen zur Stadt, 1308 wurde es Freie Reichsstadt und 1354 Mitglied des elsässischen Zehnstädtebunds. Von 1515 bis 1648 gehörte Mülhausen als »zugewandter Ort« der Schweizer Eidgenossenschaft an. Nach Einführung der Reformation und v. a. nach der Aufhebung des Edikts von Nantes 1685 wurde die Stadt zu einer Hochburg der Calvinisten, was sich in einem wirtschaftlichen Aufschwung niederschlug. 1746 gründeten vier Bürger eine Stoffdruck-Manufaktur, in der die damals so

Geschichte

Klassische Schönheit: ein Bugatti im Automuseum von Mülhausen

beliebten »Indiennes« angefertigt wurden, benannt nach den indischen Druckstoffen. Der Anschluss an Frankreich 1792 beschleunigte dann die industrielle Entwicklung. Heute ist Mülhausen auch Sitz einer Universität (seit 1969), an der vor allem technische Wisenschaften gelehrt werden, und mehrerer Fachhochschulen; die Autoindustrie ist mit Peugeot Citroën vertreten.

Sehenswertes in Mülhausen

Place de la Réunion   Mittelpunkt der Altstadt ist der Marktplatz (Place de la Réunion) mit dem **Rathaus**, einem schönen, ganz in Trompe-l'œil bemalten Renaissancebau von 1552. Im prächtigen Ratssaal tagte früher die Regierung der Stadtrepublik. Am rechten Giebel hängt eine Kopie des »Klappersteins«, der Schandmäulern zur Strafe umgehängt wurde. Rechts der Freitreppe der Eingang zum Historischen Museum (Di. geschl.). Die benachbarte neogotische evangelische **Stephanskirche** (Temple St-Etienne, 1858–1868) besitzt schöne Glasfenster aus dem Vorgängerbau des 14. Jh.s. Nordöstlich hinter dem Rathaus bildet **Rue du Sauvage**   die Rue du Sauvage (Wildemannsgass) die Hauptachse der Innenstadt. Im Norden mündet sie auf den Europaplatz mit dem 112 m hohen **Tour de l'Europe** (1972); vom Drehrestaurant ganz oben hat man einen grandiosen Blick (So.abend/Mo. geschl.). Gelungener ist das 1993 eröffnete riesige Kulturzentrum **La Filature** östlich der Innenstadt (Allée Nathan Katz; Konzerte, Oper, Ausstellungen).

Musée des Beaux-Arts   In der Villa Steinbach (Place Guillaume Tell, südlich der Place de la Réunion) zeigt das Kunstmuseum Werke vom Mittelalter bis zum 20. Jh., u. a. von Brueghel, Boucher und Cranach sowie Arbeiten des Sundgauer Malers Jean-Jacques Henner (Di. geschl.).

▶ Mülhausen · Mulhouse ZIELE

Ab 1827 wurde südöstlich des Stadtzentrums das Nouveau Quartier angelegt. Hier dokumentiert dieses Museum Technik und Geschichte des Stoffdrucks im Elsass (14 Rue J.-J. Henner, Mo. geschl.).

★
Musée de l'Impression sur étoffes

Ein absolutes Muss, nicht nur für Autofans, ist dieses Museum nördlich des Stadtzentrums. Es geht auf die Sammlung der Brüder Schlumpf zurück, die ihre Leidenschaft mit dem Konkurs ihrer Textilfabrik bezahlten. Rund 500 alte und weniger alte Autos, u. a. die fast vollständige **Bugatti**-Produktion, spiegeln die Autogeschichte wider (192 Av. de Colmar; tägl. April – Okt. 10.00 – 18.00, sonst bis 17.00; Anf. Jan. – Anf. Febr. Mo. – Fr. ab 13.00, Sa./So. ab 10.00 Uhr).

★★
Musée National de l'Automobile

Ebenso eindrucksvoll ist das **Eisenbahnmuseum** im westlichen Vorort Dornach, in dem ca. 100 Dampf- und E-Loks sowie Personen- und Güterwagen von 1844 bis heute zu sehen sind, außerdem eine große Modelleisenbahn (2 Rue Alfred de Glehn; tägl. April – Okt. 10.00 bis 18.00, sonst bis 17.00 Uhr; Anf. Jan. – Anf. Febr. Mo. – Fr. 10.00 bis 14.00, Sa./So. 10.00 – 17.00 Uhr). Das benachbarte Musée EDF Electropolis macht die Geschichte der Elektrizität und ihrer Nutzung erfahrbar (55 Rue du Pâturage, geöffnet Di. – So. 10.00 – 18.00 Uhr).

★★
Cité du Train

Electropolis

Abwechslung von so viel Technik bietet der schöne, rund 25 ha große Zoologische und Botanische Garten im Südosten der Stadt. Schöner Blick vom Aussichtsturm auf dem Rebberg nahe dem Zoo.

★
Parc Zoologique et Botanique

MÜLHAUSEN ERLEBEN

AUSKUNFT
Office du Tourisme
9 Avenue Foch/Place de la Réunion
68100 Mulhouse, Tel. 03 89 35 48 48
www.tourisme-mulhouse.com

ÜBERNACHTEN
▶ Komfortabel
① *Bristol*
18 Av. de Colmar, Tel. 03 89 42 12 31
www.hotelbristol.com
Wenige Schritte nördlich der Altstadt gelegenes, gediegenes Haus von Anfang des 20. Jh.s, große, komfortable, modern ausgestattete Zimmer.

▶ Günstig
② *Le Clos du Mûrier*
Rixheim, 42 Grand Rue, Tel. 03 89 54 14 81, www.closdumurier.fr

Chambres d'hôtes 6 km südöstlich in einem prachtvollen Haus aus dem 16. Jh., stilvolle Appartements mit Kochgelegenheit. Aber wer will schon kochen, wenn er in Rixheim im »Manoir« fürstlich speisen kann (obere Preisklasse, Tel. 03 89 31 88 88, So. geschl., an Feiertagen geöffnet).

ESSEN
▶ Preiswert
① *Winstub Henriette*
9 Rue Henriette, Tel. 03 89 46 27 83
Diese typisch elsässische Weinstube heißt nach der Person, die 1798 als erste die französische Staatsbürgerschaft angenommen hat. Gute, handfeste Regionalküche. Im Sommer Terrasse an der Fußgängerzone. So. geschl., reservieren ist angezeigt.

Umgebung von Mülhausen

Musée du Papier Peint

Das **Tapetenmuseum** in Rixheim 5 km östlich von Mülhausen ist in der dreiflügeligen Deutschordenskomturei aus dem 18. Jh. untergebracht, die Jean Zuber 1790 zur Tapetenfabrik umfunktionierte und heute teils als Rathaus dient. Die alten Druckmaschinen beeindrucken ebenso wie die fantastisch gestalteten Tapeten, eine Welt der Wanddekoration, die heute märchenhaft anmutet (geöffnet Mai bis Okt. tägl. 10.00 – 12.00, 14.00 – 18.00 Uhr, sonst Di. geschl.).

Peugeot Citroën

An der D 39 nordöstlich von Mülhausen dehnen sich die Produktionsanlagen von Peugeot Citroën aus, in denen 13 000 Menschen arbeiten. Für die Teilnahme an einer Führung (ab 16 Jahren) wende man sich an das Office du Tourisme Mülhausen.

Ottmarsheim

In Ottmarsheim ca. 10 km nordöstlich von Rixheim ist eine »Kopie« der Pfalzkapelle in Aachen zu sehen, ein ungewöhnlicher oktogonaler Zentralbau aus ottonischer Zeit, geweiht 1049. Am kanalisierten Rhein ist die Staustufe mit Kraftwerk und Schleuse interessant (1948 –1952); nördlich von ihr breiten sich die Anlagen des Chemiegiganten Rhodia (früher Rhône-Poulenc) aus.

★★ Nancy

O 4

Région: Lorraine
Département: Meurthe-et-Moselle

Höhe: 212 m ü. d. M.
Einwohnerzahl: 105 400

Nancy, die historische Hauptstadt ▶Lothringens, ist einen Umweg wert: Den besonderen, ja einzigartigen Charakter erhält es durch sein herrliches barockes Zentrum, das Vermächtnis des einstigen polnischen Königs Stanisław I., und durch die zahlreichen Zeugnisse des Jugendstils, der hier eine eigene Schule hervorbrachte.

Nancy gestern und heute

Nancy, Verwaltungszentrum des Départements Meurthe-et-Moselle und Universitätsstadt, liegt am linken Ufer der Meurthe und am Rhein-Marne-Kanal. Die Stadt wurde im 12. Jh. Residenz der Herzöge von Lothringen. 1475 besetzte Karl der Kühne, der letzte burgundische Herzog, das Land, da es zwischen seinen burgundischen und flämischen Besitzungen lag. Im 15. Jh. entstand im Süden die Neustadt mit rechtwinkligem Grundriss; im 18. Jh. erhielt die Stadt ihre großartige barocke Gestalt, als sie 1737 Residenz von Stanisław Leszczyński wurde, dem entthronten König von Polen, Schwiegervater Ludwigs XV. und letzten Herzog von Lothringen. Lokale Spezialitäten sind Mirabellen, die Macarons (Makronen) und vor allem die Baba Stanislas, ein mit Rum aromatisierter Hefegugelhupf.

Kann man schöner Kaffee trinken als an der Place Stanislas in Nancy?

Sehenswertes in Nancy

Bereits im Jahr seiner Übersiedlung begann Stanisław (frz. Stanislas) sich ein unvergleichliches Denkmal zu setzen. Er verband die Altstadt mit der Neustadt durch einen 500 m langen Korridor – **Place Stanislas, Place d'Alliance, Place de la Carrière** –, an dem die wichtigsten öffentlichen Gebäude liegen. Dieses Ensemble wurde in das Welterbe der UNESCO aufgenommen.

Barockes Stadtzentrum

Der nach seinem Auftraggeber benannte Platz wurde von 1751 bis 1760 von dem Architekten Emmanuel Héré und dem Kunstschmied Jean Lamour Lamour gestaltet. Fünf Palais fassen den 124 × 106 m großen Platz ein; in der Mitte ein Denkmal (1831) des letzten Herrschers von Lothringen. Prachtvolle, vergoldete schmiedeeiserne Gitter von Lamour zieren die Straßeneinmündungen und umrahmen den Neptuns- und den Amphitrite-Brunnen, Werke des Bildhauers B. Guibal. Das größte Palais ist das **Hôtel de Ville** (Rathaus, 1755; herrliches Geländer von Lamour im Treppenhaus). In der Boutique der berühmten **Cristalleries Daum** (14 Place Stanislas) kann man Schönes aus Kristallglas erstehen.

★★
Place Stanislas

Musée des Beaux-Arts ★★
In einem der Pavillons von Héré und einem modernen Erweiterungsbau zeigt das **Kunstmuseum** (Di. geschl.) europäische Malerei vom 14. Jh. bis zur Gegenwart, Kupferstiche des aus Nancy gebürtigen Künstlers Jacques Callot (1592–1635) sowie großartige Jugendstil-Gegenstände aus der Glasmanufaktur Daum.

Place de la Carrière
Durch den 1757 zu Ehren von Ludwig XV. errichteten Triumphbogen gelangt man auf die langgestreckte Place de la Carrière, die von Héré gestaltet wurde. Ebenfalls von Héré entworfen wurde der Regierungspalast (Palais du Gouverneur, 1760) mit dem kolonnadengesäumten Vorplatz. Östlich schließt die hübsche Pépinière an, ein Park mit Rosengarten und Tiergehege. Von Auguste Rodin stammt die Statue des in der Nähe von Nancy geborenen Malers Claude Gellée, bekannt als Claude Lorrain (1600–1682).

Palais du Gouverneur ★

Palais Ducal ★
Der **Herzogspalast**, der bedeutendste spätgotische Profanbau in Lothringen, wurde 1502–1544 am Platz der 1475 zerstörten Burg errichtet und später zu großen Teilen erneuert. Sein schönster Teil ist die »Porterie« (1512) an der Grande Rue (Reiterstatue des Herzogs

NANCY ERLEBEN

AUSKUNFT
Office de Tourisme
Place Stanislas, 54000 Nancy
Tel. 03 83 35 22 41, Fax 03 83 35 90 10
www.ot-nancy.fr

VERKEHR
TGV-Bahnhof. Tram und Busse der STAN; Infobüro: Place de la République südlich des Bahnhofs.

ESSEN
▶ **Preiswert / Erschwinglich**
① *Brasserie Excelsior*
50 Rue H. Poincaré, Tel. 03 83 35 24 57
www.brasserie-excelsior.com
Ein »monument historique«. Dem edlen Interieur entspricht die feine Küche. Aber auch nur eine Tarte mit einem Glas Wein ist ein unvergessliches Vergnügen.

② *La Mignardise*
28 Rue Stanislas, Tel. 03 83 32 20 22
So.abend geschl. Beliebtes Bistro wenige Schritte von der Place Stanislas, eingerichtet in einem Mix aus Louis-Seize und Hypermoderne. Interessant ist auch die feine, gleichzeitig solide und kreative Küche. In der Rue Stanislas gibt es weitere gute Lokale.

ÜBERNACHTEN
▶ **Luxus**
① *Grand Hôtel de la Reine*
2 Place Stanislas, Tel. 03 83 35 03 01
www.hoteldelareine.com
Wunderbares Palais aus dem 18. Jh. mit schönem Treppenhaus und Gästezimmern im Louis-XV-Stil. Perfekter Service. Mit Gourmetrestaurant (Sa.mittag und So.abend geschl.).

▶ **Günstig**
② *Portes d'Or*
21 Rue Stanislas, Tel. 03 83 35 42 34
www.hotel-lesportesdor.com
Sehr angenehmes Haus mit modern eingerichteten, relativ kleinen Zimmern und gepolsterten Türen. Man spricht deutsch.

Anton von 1851; links des Portals eine Tür mit einem als Franziskaner gekleideten Affen). Im Palais zeigt das **Lothringen-Museum** (Mo. geschl.) archäologische Funde, mittelalterliche Plastik und Sammlungen zur Regionalgeschichte und Volkskunde. Im 1. Stock liegt die 55 m lange **Galerie des Cerfs** mit Erinnerungen an die Herzogszeit, Bildteppichen, Radierungen von Jacques Callot, Kupferstichen von J. Bellange sowie Gemälden von Georges de la Tour (u. a. die berühmte »Frau mit Floh«) und Claude Deruet.

◄ Musée Lorrain

Nördlich folgt die Eglise des Cordeliers (Franziskaner) von 1487, die Grablege des lothringischen Herzogshauses, heute Teil des Musée Historique. Außer den Gräbern in der Krypta sind eine Reihe bedeutende Grabmäler zu beachten, so für René II. (1509), für seine zweite Frau Philippe de Gueldre († 1547, von Ligier Richier) und für den Kardinal Charles de Vaudémont († 1587). In der achteckigen Chapelle Ducale (1607) werden die Sarkophage der barocken Herzöge aufbewahrt. Das benachbarte Kloster beherbergt das Musée Régional des Arts et Traditions Populaires mit Volkskunst, Möbeln, Kostümen und Handwerksgegenständen.

Eglise des Cordeliers

Die von alten Häusern gesäumte Grande Rue führt weiter zur Porte de la Craffe (1436, entgegen der Inschrift), einem von zwei mächtigen Rundtürmen geschützten doppelten Stadttor. Bis zur Französi-

Porte de la Craffe

Nancy *Orientierung*

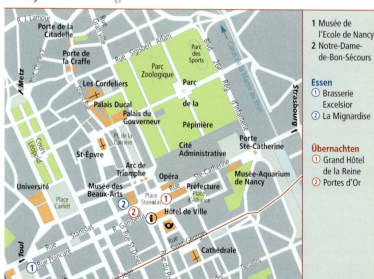

Unverzichtbare Etappe in der Jugendstilstadt: Brasserie Excelsior von 1910

schen Revolution befand sich darin ein Gefängnis, heute gehört sie zum Musée Historique – zu sehen sind hier Folterwerkzeuge.

Viertel um den Herzogspalast
Das Palais Ducal umgeben bemerkenswerte Bürgerhäuser, u. a. das Hôtel Ferrari (29 Rue Haut-Bourgeois 29, 18. Jh.) und das Hôtel d'Haussonville (Rue Mgr.-Trouillet 9, um 1550). Die mächtige neogotische Kirche **St-Epvre** (1865 – 1871) wird von ihrem 87 m hohen Turm signalisiert. In der Rue de la Source (Nr. 12) das Hôtel de Lillebonne und das Hôtel du Marquis de Ville (Nr. 10, Fassade 1747).

★★ Musée de l'École de Nancy
Im Südwesten der Stadt beherbergt eine Jugendstilvilla das wunderbare **Museum der Schule von Nancy** (Rue du Sgt-Blandan 36, Mo./Di. geschl.). Die Sammlung zeigt alle Facetten dieses Stils, der um 1900 entstand: Gläser, Möbel und Schmuck von Emile Gallé, dem Gründer der École de Nancy, von Prouvé, Daum, Majorelle, Lurçat, Vallin und anderen. Zu empfehlen sind die Führungen (Mai – Okt. Sa./So. 14.30/15.45 Uhr, sonst nur Sa.); dabei besichtigt man auch die Villa des Kunstschreiners Louis Majorelle.

> **! Baedeker TIPP**
>
> **Jugendstil-Tour**
>
> In Nancy stößt man überall auf die Zeugnisse des »Art Nouveau«. Ein kleiner Führer mit Lageplan der schönsten Häuser und Restaurants ist im Tourismusbüro zu bekommen.

Das **Muséum-Aquarium**, das einzige naturkundliche Museum Lothringens, widmet sich der Welt der Tropenfische und der Korallenriffe, außerdem besitzt es eine große paläontologische Abteilung. Die **Maison de la Communication** lässt die 200-jährige Geschichte der Telekommunikation lebendig werden.

Im Südosten der Stadt (Av. de Strasbourg) liegt die kleine, reich ausgestattete Barockkirche N.-D.-de-Bon-Secours (E. Héré, 1741) mit dem Grabmal von Stanisław Leszczyński und dem Mausoleum seiner Frau Katharina Opalinska. Hinter dem Altar die **Schutzmantelmadonna** von M. Gauvin (1505), gestiftet von Herzog René II., ein bedeutendes Wallfahrtsziel. Weiter südöstlich (rechts durch die Unterführung) illustriert das Musée de l'Histoire de Fer (Di. geschl.) die Rolle dieses für Lothringen so wichtigen Grundstoffs.

Notre-Dame-de-Bon-Secours

Musée de l'Histoire de Fer

Umgebung von Nancy

Die Basilika St-Nicolas in St-Nicolas-de-Port (10 km östlich) ist einer der bedeutendsten Bauten Frankreichs im spätgotischen Flamboyant. Sie entstand 1480–1560 als Wallfahrtskirche für eine hochverehrte **Reliquie vom hl. Nikolaus**, die um 1090 von einem lothringischen Ritter aus Bari in Süditalien hierhergebracht wurde. Bemerkenswert sind auch die Glasmalereien (Anfang 16. Jh.). In einer 1985 stillgelegten Brauerei wurde das **Musée Français de la Brasserie** eingerichtet.

Saint-Nicolas-de-Port

✷ Nantes

F 5

Région: Pays de la Loire
Département: Loire-Atlantique
Höhe: 8 m ü. d. M.
Einwohnerzahl: 283 000

Nantes, das 60 km vom Atlantik entfernt an der Loire liegt, war einst die Hauptstadt der Bretagne. Mit ihren Baudenkmälern – besonders Schloss und Kathedrale –, einem hervorragenden Kunstmuseum und weiteren kulturellen Einrichtungen lohnt die sechstgrößte Stadt Frankreichs unbedingt einen Besuch.

Jahrhundertelang war Nantes die Hauptstadt des Herzogtums Bretagne und Drehscheibe des französischen Überseehandels. Heute besitzen Nantes und St-Nazaire am Atlantik einen bedeutenden gemeinsamen Industriehafen und bilden eines der Wirtschaftszentren Frankreichs; die Börse von Nantes ist nach Paris die größte des Landes. Zunehmend treten neue Erwerbszweige (Agrar- und Nahrungsmittelindustrie, Elektronik, Versicherungen) an die Stelle der traditionellen Branchen. Zum »jungen« Flair der Stadt, die keinen typisch bretonischen Eindruck macht, trägt ihre Universität mit über 50 000 Studenten bei. Nicht zuletzt die gute und preiswerte Gastronomie macht einen Aufenthalt angenehm.

Wirtschaftzentrum im Westen

Bis Ende des 15. Jh.s kämpfte der Ort gegen Römer, Normannen, Engländer und Franzosen um die Unabhängigkeit. Im Mittelalter war er Hauptstadt des Herzogtums Bretagne und Residenz der bretonischen Herzöge, bis er 1532 an die Krone fiel. 1598 unterzeichnete

Geschichte

hier Heinrich IV. das berühmte Edikt, das den Protestanten eine bedingte Glaubensfreiheit einräumte. Dank des Seehafens setzte im 16. Jh. ein wirtschaftlicher Aufschwung ein. Seine Blütezeit erlebte Nantes im 18. Jh. als ein Zentrum des **Sklavenhandels**: Zwischen 1715 und 1775 verzeichnete man 787 Schiffe, die von Nantes nach Afrika und von dort, mit menschlichem »Ebenholz« beladen, zu den Antillen fuhren und mit Zuckerrohr, Kaffee, Tabak und Indigo zurückkehrten. Die fetten Jahre endeten mit dem Terreur der Revolution; 1793 ließ der vom Nationalkonvent entsandte J.-B. Carrier über 10 000 Adlige, Priester und andere »Pfeffersäcke« zu zweien aneinandergebunden in der Loire ertränken, was als »mariage républicain« in die Geschichte einging. Für einen erneuten Aufschwung sorgten der 1856 in St-Nazaire angelegte Hafen und die Ansiedlung weiterer Industrien. 1981 wurde Nantes mit dem Département Loire-Atlantique, dessen Hauptort es ist, von der ▶Bretagne abgetrennt und der Région Pays de la Loire angegliedert, wobei bretonische Rechtsvorschriften beibehalten wurden. In Nantes wurden u. a. Anne de Bretagne (1477–1514), der Schriftsteller Jules Verne (1828–1905) und 1943 die Karikaturistin Claire Brétécher geboren.

Nantes Orientierung

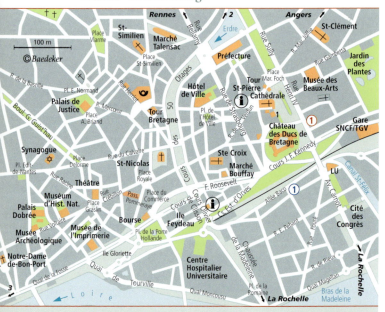

1 La Psalette
2 Quai de la Motte-Rouge
3 Musée Jules Verne

Essen
① Lou Pescadou

Übernachten
① L'Hôtel

Grabmal von Herzog Franz II. und Margarethe von Foix in der noblen Kathedrale

Sehenswertes in Nantes

Das alte Nantes liegt nördlich der Loire. Beim Bahnhof begrüßt ein ungewöhnlicher Turm, Teil der alten Anlage der bekannten **Keksfabrik LU** von Anfang des 20. Jh.s, die seit 1999 als Kulturzentrum dient. Die Initialen »LU« wurden als »Lieu Unique« umdefiniert.

Lieu Unique

Die Kathedrale bietet trotz der Bauzeit von 1434 bis 1891 ein einheitliches Bild. Der Kalkstein lässt das Innere hell und nüchtern wirken, er ermöglichte auch die große Höhe (37,7 m) des 102 m langen Hauptschiffs. Die Reliefs am nördlichen Seitenportal erzählen die Leidensgeschichten der Märtyrer Rogatianus und Donatianus. Im rechten Querschiff steht das **Grabmal des letzten bretonischen Herzogs** Franz II. († 1488) und seiner Gemahlin Margarethe von Foix, ein Renaissance-Meisterwerk von Jean Perréal und Michel Colombe (1507). Vier große Statuen an den Ecken stellen die Kardinaltugenden dar: Gerechtigkeit, Kraft, Vorsicht (die doppelgesichtige Figur schaut nach vorn und hinten) und Mäßigung.

★
Cathédrale St-Pierre-et-St-Paul

Das prachtvolle **Herzogsschloss** entstand unter Franz II., Herzog der Bretagne, ab 1466 am Platz gallorömischer und mittelalterlicher Festungen. Seine Tochter Anne, die hier 1499 König Ludwig XII. ehelichte, und spätere Herrscher ließen es immer wieder vergrößern. Das Grand Gouvernement wurde 1684 nach einem Brand wieder aufgebaut. Südlich schließt der zierliche Treppenturm (Tour de la

★
Château des Ducs de Bretagne

Schloss der Herzöge Orientierung

1 Zugang
2 Tour du Pied de Biche
3 Tour de la Boulangerie
4 Tour des Jacobins
5 Grand Gouvernement
6 Tour de la Couronne d'Or
7 Puits (Ziehbrunnen)
8 Grand Logis
9 Tour du Port
10 Petit Gouvernement
11 Tour de la Rivière
12 Harnachement
13 Tour du Fer à Cheval
14 Reste der ursprünglichen Burg
15 Loge du Concierge
16 Vieux Donjon
17 Bastion Mercœur
18 Tour au Duc
19 Vieux Logis
20 Tour des Espagnols (im Jahr 1800 zerstört)

Couronne d'Or) an; vor ihm der unter Franz II. entstandene Brunnen mit einem schmiedeeisernen Baldachin, der die bretonische Herzogskrone darstellt. Im Grand Logis und im Grand Gouvernement wurde ein sehenswertes Museum zur Geschichte von Nantes eingerichtet (Juli/Aug. tägl. geöffnet, sonst Di. geschl.).

Musée des Beaux-Arts

Das städtische **Kunstmuseum** in einem Palais von Ende des 19. Jh.s, eines der wichtigsten seiner Art in Frankreich, besitzt Gemälde vom 13. bis zum 20. Jh., darunter Ingres, de la Tour, Courbet, Chagall, Picasso, Dubuffet, Tinguely und Kandinsky (geöffnet Mi. – Mo. 10.00 – 18.00, Do. bis 20.00 Uhr).

▶ NANTES ERLEBEN

AUSKUNFT

Office de Tourisme
3 Cours O.-de-Clisson/Rue Kervégan
und 2 Place St-Pierre
44000 Nantes, Tel. 08 92 46 40 44
www.nantes-tourisme.com

VERKEHR

Busse und Tram der TAN, Infobüro
Espace Transport, 2 Allée Brancas.
Flughafen Nantes-Atlantique 12 km
südöstlich, Busverbindung TAN Air.

PASS NANTES

1 – 3 Tage, umfasst alle öffentlichen Verkehrsmittel (auch TAN Air und Navibus), Eintritt für die wichtigen Sehenswürdigkeiten und div. Rabatte.

ESSEN

▶ **Erschwinglich**

① *Lou Pescadou*
8 Allée Baco, Tel. 02 40 35 29 50
Ein Dorado für Liebhaber von Fisch und Meeresfrüchten, von Hummer bis Loup de mer in Salzkruste. Gegenüber dem Schloss. So. geschl.

ÜBERNACHTEN

▶ **Komfortabel**

① *L'Hôtel*
6 Rue Henry IV, Tel. 02 40 29 30 31
www.nanteshotel.com
Gegenüber dem Schloss, eine sehr schöne Adresse. Mit Garten. Kein Restaurant, aber hervorragendes Frühstück. Eigener Parkplatz.

Im Viertel um die Kirche Ste-Croix stehen noch schöne alte Häuser. Malerisch ist die **Place du Bouffay**, auf der seit dem 15. Jh. vormittags (außer Mo./Di.) der Gemüsemarkt stattfindet. In den 1920er-Jahren wurden die Nebenarme der Loire sowie ihres Zuflusses Erdre zugeschüttet und die Insel Feydeau an die Nordstadt angeschlossen. Im 18. Jh. hatten sich hier die Reeder und Sklavenhändler prachtvolle klassizistische Häuser erstellen lassen. Am Cours Olivier de Clisson (Nr. 4) das Geburtshaus von Jules Verne.

★ Altstadt

Ile Feydeau

Westlich des Cours des 50 Otages – benannt nach den 50 Geiseln, die 1941 von deutschen Truppen in einem Vergeltungsakt erschossen wurden – bildet die 144 m hohe **Tour de Bretagne** (1976) einen unschönen Blickpunkt. Südlich davon die 1790 angelegte Place Royale; die Einkaufsstraße Rue Crébillon verbindet sie mit der Place Graslin. Auf Höhe der Rue Santeuil hat man Zugang zur **Passage Pommeraye** von 1843, einem wunderbaren Konsumtempel (So. 9.00 – 19.00 Uhr offen, sonst 8.00 – 20.00 Uhr). An der dem Pariser Odéon nachempfundenen Place Graslin steht das 1783 – 1788 erbaute Grand-Théâtre.

Place Royale

★ Passage Pommeraye

> ! **Baedeker** TIPP
>
> **La Cigale**
> Nantes besitzt – das ist keineswegs übertrieben – die schönste Brasserie der Welt. In der »Grille« von 1895 entfaltet sich die ganze Pracht der Belle Époque. Gute Küche.
> 4 Place Graslin, Tel. 02 51 84 94 94, täglich 7.30 – 0.30 Uhr geöffnet.

Unweit westlich drei interessante Museen: das Naturkundemuseum (Muséum d'Histoire Naturelle) mit einem Vivarium, das Musée Dobrée mit den Kunstschätzen des Reeders Th. Dobrée (u. a. Gold-und-Elfenbein-Schrein mit dem Herz der Anne de Bretagne) und das Archäologische Museum (Musée Archéologique). Südwestlich des Stadtzentrums liegt am Nordarm der Loire ein 133 m langes Geleitboot der Kriegsmarine (als Museum zugänglich). Weiter flussabwärts, oberhalb des Hafens, ist dem Sciencefiction-Schriftsteller Jules Verne ein Museum gewidmet (3 Rue de l'Hermitage, Di. geschl.).

Museen

◄ Musée Naval Maillé-Brézé
Jules-Verne-Museum

Umgebung von Nantes

Beliebt sind Fahrten auf der Loire sowie ins Tal des Erdre, der von Norden der Stadt zuströmt. Die knapp 2-stündige Fahrt beginnt am Quai de la Motte-Rouge. Am Erdre steht eine Reihe eleganter Herrenhäuser, u. a. das Château de la Gâcherie (15. Jh.) am Westufer.

Schiffsausflüge

Clisson   Ein Ausflug zum 24 km südöstlich von Nantes am Zusammenfluss von Sèvre Nantaise und Moine gelegenen Clisson führt durch das Weinbaugebiet des **Muscat de Sèvre-et-Maine**. Clisson besaß strategische Bedeutung, woran u. a. das romantische Schloss (13. Jh.) erinnert. Der Ort wurde 1793 beim Vendée-Aufstand zerstört und nach dem Ideal einer italienischen Renaissance-Stadt wieder aufgebaut.

Ancenis   Auch Ancenis, ca. 40 km östlich von Nantes am nördlichen Loire-Ufer gelegen, ist ein Weinort. Einst war es Festung an der Südgrenze der Bretagne; eine erste Burg entstand um 980, die zu sehenden Reste der Wehrbauten und das Palais stammen aus dem 16. Jahrhundert. Im Ortskern viele Häuser aus Schiefer (16./17. Jh.), beachtenswert ist auch die Kirche St-Pierre-et-St-Paul (15./16. Jh.) mit einem Fresko aus dem 15. Jahrhundert. Ca. 10 km vor Ancenis, in Champ-
Champtoceaux   toceaux am Südufer des Flusses (mit einer im 15. Jh. zerstörten Festung), hat man einen herrlichen **Blick über die Loire**.

✶✶ Nîmes

M 9

Région: Languedoc-Roussillon   **Höhe:** 39 m ü. d. M.
Département: Gard   **Einwohnerzahl:** 143 500

Das reizvoll im hügeligen Vorland der Cevennen gelegene Nîmes ist die an antiken Bauwerken reichste Stadt Frankreichs. Es ist aber auch eine lebhafte und junge Stadt, was sich besonders zur Zeit der Pfingst-Feria und in der Kulturszene zeigt.

Aus der Geschichte   Das keltische Nemausus, an der Straße von Rom nach Spanien gelegen, unterwarf sich 121 v. Chr. den Römern und war bald eine der bedeutendsten Städte Galliens. Unter Kaiser Augustus wurden in der »Colonia Augusta Nemausus« Veteranen aus Ägypten angesiedelt, worauf Münzen mit Krokodil und Palmzweig deuten (im Stadtwappen); Antoninus Pius, Kaiser ab 138 n. Chr., stammte aus Nîmes. In den Religionskriegen des 16. Jh.s gab es, da drei Viertel der Bewohner Hugenotten waren, blutige Kämpfe zwischen Katholiken und Reformierten. Die noch heute bedeutende Textilindustrie brachte ab dem 18. Jh. neuen Aufschwung; berühmt wurde der blaue Stoff »Serge de Nîmes« (»Denim«), den der gebürtige Franke Levi Strauss in den USA zu »Blue jeans« (von »bleu de Gênes«) verarbeitete.

Sehenswertes in Nîmes

✶✶ Arènes   Hauptsehenswürdigkeit von Nîmes ist das **Amphitheater** von Ende des 1. Jh.s (geöffnet Juni – Aug. 9.00 – 19.00 Uhr, sonst kürzer). Mit 133 × 101 m Größe und 21 m Höhe bot es Platz für 21 000 Zuschauer; es ist zwar nicht das größte, aber eines der am besten erhaltenen der 70 bekannten römischen Amphitheater. Der reich geschmückte Haupteingang lag und liegt an der Nordwestseite; durch 124 Ausgänge konnten die Besucher das Theater in wenigen Minuten verlassen. Im Mittelalter diente die Arena als Burg, dann als Wohnviertel für rund 2000 Menschen. Mit Rückbau und Restaurierung begann man im Jahr 1809. Außer Sport und Musik werden hier **Stierkämpfe** veranstaltet. Im Winter erlaubt ein Dach die Nutzung. Wenige Schritte von der Arena entfernt das Musée Taurin (Stierkampfmuseum, Rue Alexandre Ducros).

Östlich der Arena erstreckt sich die verkehrsreiche **Esplanade Charles de Gaulle** mit der Fontaine Pradier (1848), die eine Personifikation von Nîmes trägt. Die Rue Notre-Dame führt zum Abribus, der von Philippe Starck gestalteten Bushaltestelle. Nördlich der Arena die Place du Marché mit der von M. Raysse entworfenen Fontaine au Crocodile (eine Anspielung auf das Stadtwappen). Weiter östlich die Rue de l'Aspic mit schönen alten Häusern.

Mittelpunkt von Nîmes ist die römische Arena

Die Place de la Maison Carrée (Foto S. 573) wird dominiert von dem **römischen Podiumstempel**, der nach 4 n. Chr. zu Ehren der Enkel von Augustus erbaut wurde, eines der besterhaltenen römischen Bauwerke. Im Lauf der Zeit diente er u. a. als Kirche, Pferdestall und Archiv, heute ist hier eine 3D-Show ur Geschichte von Nîmes zu sehen. Nebenan am Platz das Carrée d'Art (Norman Foster, 1993) mit dem **Museum für Gegenwartskunst**, das nach 1960 entstandene Werke zeigt (geöffnet Di.– So. 10.00 – 18.00 Uhr).

Maison Carrée

Musée d'Art Contemporain

Der stimmungsvolle Jardin de la Fontaine im Nordwesten der Altstadt wurde um 1750 im Bereich eines keltischen Quellheiligtums geschaffen. Der **Dianatempel** gehörte vermutlich zu den römischen Thermen. Über dem Park erhebt sich der 114 m hohe Mont Cavalier mit südlicher Flora, bekrönt vom 32 m hohen Großen Turm, der auf keltische Zeit zurückgeht und von den Römern in die Stadtmauer einbezogen wurde. Von der Plattform wunderbare Aussicht.

Jardin de la Fontaine

Tour Magne

NÎMES ERLEBEN

AUSKUNFT
Office de Tourisme
6 Rue Auguste, 30000 Nîmes
Tel. 04 66 58 38 00, Fax 04 66 58 38 01
www.ot-nimes.fr, www.nimes.fr

FESTE & EVENTS
Corridas und Courses Camarguaises in der Arena. Pfingsten: Féria de Pentecôte, mit »Pégoulade«. 3. Sept.-Wochenende: Féria des Vendanges. Karten: Bureau de Location des Arènes, 4 Rue de la Violette, Tel. 0891 70 14 01. Juli: Festival de Nîmes. Juli/Aug.: »Les Jeudis de Nîmes« (Jazz, Rock, Flamenco etc.) in der Altstadt.

ÜBERNACHTEN
▶ Komfortabel
① *New Hôtel La Baume*
21 Rue Nationale, Tel. 04 66 76 28 42
www.new-hotel.com
Ein Renaissance-Palais mit schönem Innenhof. Zurückhaltend-elegante, moderne Einrichtung in warmen Farben – ein Platz zum Sich-Wohlfühlen. (Während der Férias sind die Hotels in Nîmes deutlich teurer.)

▶ Günstig
② *Le Pré Galoffre*
Route de Générac, Tel. 04 66 29 65 41
Zauberhaftes Refugium 12 km südlich der Stadt: Edel restaurierter Bauernhof aus dem 17. Jh., mit Pool und Garten. Fantastisch »preis-wert«.

48 Grand'Rue
Calvisson, Tel. 04 66 01 23 91
www.bed-and-art.com
Kleines Haus aus dem 15. Jh. 15 km südwestlich von Nîmes, geführt von einem Kunsthistorikerin-Maler-Ehepaar, das auch Malkurse anbietet. Sehr geschmackvoll eingerichtete, ruhige Zimmer, herrlicher Innenhof.

Saint-Géniès
Uzès, Route de St-Ambroix
Tel. 04 66 22 29 99
www.hotel-saintgenies.com
Wer Ruhe sucht, ist 1,5 km außerhalb von Uzès richtig. Sehr gutes Preis-Leistungs-Verhältnis. Frühstück auf der Veranda mit schönem Ausblick. Mit Pool, ohne Restaurant.

ESSEN
▶ Preiswert
① *Les Olivades*
Nîmes, 18 Rue Jean Reboul
Tel. 04 66 21 71 78, So./Mo. geschl.
Elegant-gemütliches Ambiente in alten Gewölben, sehr gute Küche zu fairem Preis und ebensolche Weinauswahl – angeschlossen ist eine Vinothek.

② *Le Bouchon et L'Assiette*
5 bis Rue de Sauve, Tel. 04 66 62 02 93
Di./Mi., Mitte Juli – Mitte Aug. geschl.
Heimeliges kleines Restaurant, antik-modern gestaltet. Einfalls- und abwechslungsreiche Küche des Südens.

Castellum Divisorium Westlich außerhalb des Forts, an der Rue de la Lampèze, wurden 1884 die Reste eines antiken Wasserschlosses (Castellum Divisorium, Château d'Eau Romain) entdeckt, das dazu diente, das über den ▶ Pont du Gard herangeführte Wasser in der Stadt zu verteilen. Erhalten ist ein rundes Sammelbecken, von dem zehn Leitungen (Bleirohre mit 40 cm Durchmesser) in die einzelnen Stadtbezirke abgingen.

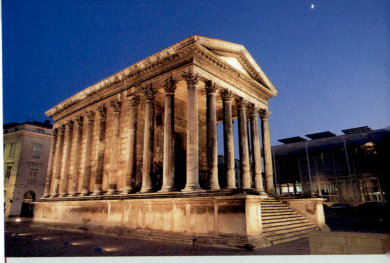

Antiker Tempel und moderner Kunsttempel an der Place de la Maison Carrée

An der netten **Place aux Herbes** steht die Kathedrale, die 1096 begründet, im 16. Jh. zerstört und im 19. Jh. romanisch-byzantinisch wieder aufgebaut wurde. Am Giebel der Westfassade ist ein romanisches Relief mit Szenen aus der Schöpfungsgeschichte erhalten. Im benachbarten einstigen Bischofspalais das sehenswerte Musée du Vieux Nîmes (Geschichte der Region und ihrer Textilindustrie; Mo. geschl.). Unbedingt erlebenswert ist die große Markthalle.

Notre-Dame et St-Castor

Musée du Vieux Nîmes

Am Blvd. Amiral Courbet, der die Altstadt im Osten begrenzt, ist im ehemaligen Jesuitenkonvikt das bemerkenswerte Archäologische Museum untergebracht (keltische und römische Funde, Skulpturen bis zum Mittelalter, Münzen, Keramik u. a.; Mo. geschl.).

Musée Archéologique

Das nach Augustus, der die Stadt ummauern ließ, benannte Tor war Ausgangspunkt der Via Domitia nach Rom. Im 14. Jh. wurde es in einen Festungsbau einbezogen und 1752 wiederentdeckt. Die Lage der in der Revolution zerstörten Flügel ist im Boden markiert.

Porte d'Auguste

Im Kunstmuseum (Rue Cité-Foulc, Mo. geschl.) sind zahlreiche Werke v. a. älterer Meister (16.–18. Jh.) zu sehen, außerdem ein großes römisches Mosaik, das an dieser Stelle entdeckt wurde.

Musée des Beaux-Arts

Seit Mitte der 1980er-Jahre wird Nîmes von namhaften Architekten an vielen Punkten aufregend **neu gestaltet**. Außer dem Musée dArt Contemporain, dem Abribus und dem Brunnen auf der Place du Marche sind v. a. die Place d'Assas (Raysse, 1989), der Sozialwohnnungskomplex Nemausus (Nouvel, 1987) an der Route d'Arles und die École des Beaux-Arts zu nennen (Balmassière, 1987).

Neues Nîmes

Nîmes Orientierung

1 Maison Carrée
2 Opéra

Essen
① Les Olivades
② Le Bouchon

Übernachten
① New Hôtel La Baume
② Le Pré Galoffre

Umgebung von Nîmes

Perrier Das berühmte Mineralwasser – eine Marke des Nestlé-Konzerns – wird in Vergèze 13 km südwestlich von Nîmes abgefüllt. Eine Besichtigung ist möglich (Mo.–Fr.), aber nicht befriedigend konzipiert. Die Gemeine Vergèze kämpft darum, dass Nestlé kein anderswo gewonnenes Wasser unter dem Namen »Perrier« verkaufen darf.

Pont du Gard Ca. 25 km nordöstlich von Nîmes überbrückt der Pont du Gard, ein 49 m hoher und 275 m langer römischer Aquädukt, das tief eingeschnittene Tal des Gardon. Das gewaltige Bauwerk mit drei Bogenstellungen wurde um 50 n. Chr. aus massivem Felsgestein ohne Mörtel errichtet. Es war Teil einer etwa 50 km langen Wasserleitung, die mit einem Höhenunterschied von nur 17 m Wasser des Eure (nordöstlich, in der Nähe von Uzès) nach Nîmes transportierte. Täglich

*Wasser für Nîmes: ein schlichtes Zweckbauwerk, heute eines der →
eindrücklichsten Zeugnisse aus römischer Zeit*

flossen ca. 20 000 m³ durch den Kanal auf der obersten Arkadenreihe, und das rund 500 Jahre lang, wie man aus den Kalkablagerungen errechnete. Der Pont du Gard ist so gut erhalten, dass man ihn noch im 19. Jh. als Teil eines Wasserversorgungssystems wieder benützen wollte; auch das verheerende Hochwasser im Jahr 2002 hat er unbeschädigt überstanden. Das Wunderwerk römischer Baukunst gehört zum **Welterbe der UNESCO**; im Jahr zählt man über 2 Mio. Besucher. An heißen Tagen ist ein Bad im Fluss sehr beliebt. Große gebührenpflichtige Parkplätze; am Norduferr ein modernes **Besucherzentrum** mit gutem Museum und Audiovisionsschau. Wohl unvermeidlich sind die »historischen« Vorführungen und die Animationen für Kinder, sehr beeindruckend ist allerdings die abendliche Illumination (Juni – Aug. tägl.; www.pontdugard.fr).

Uzès

Einen Besuch lohnt Uzès (8000 Einw.), das 25 km nördlich von Nîmes über dem Tal des Alzon liegt. Sehr stimmungsvoll ist die arkadengesäumte **Place aux Herbes**. Das Schloss der Herzöge von Uzès (Duché, 11.–17. Jh.) besitzt einen Renaissance-Innenhof von 1565; von der Tour Bermonde (11. Jh.) schöne Aussicht. Im Bischofspalast ist das Musée G.-Borias untergebracht (Kunst, Volkskunde, Memorabilien des Schriftsteller André Gide, dessen Vater aus Uzès stammte). Die runde, nach lombardischem Vorbild errichtete 42 m hohe **Tour Fenestrelle** (12. Jh.) – einzigartig in Frankreich – ist ein Rest der romanischen Kathedrale; ihre Nachfolgerin St-Théodorit wurde 1652 geweiht (Fassade 1873, Orgel 1685). In der zweiten Julihälfte »Nuits Musicales« mit klassischer und traditioneller Musik. Haribo-Fans lassen das **Musée de Bonbon** an der D 981 nach Avignon nicht aus (geöffnet Juli – Sept. tägl., sonst Mo. geschl.).

Wahrzeichen von Uzès ist der Rundturm der romanischen Kathedrale.

Laufsteg in Nizza: Man trifft und zeigt sich auf der Promenade des Anglais.

★ ★ Nizza · Nice

P 9

Région: Provence – Alpes – Côte d'Azur
Département: Alpes-Maritimes
Höhe: Meereshöhe
Einwohnerzahl: 348 700

Die wunderbare Lage an der ▶ Côte d'Azur und das milde Klima machen Nizza zu einem der ältesten und bedeutendsten Kurorte der Côte d'Azur, und auch heute trifft sich hier die mondäne Welt. Andererseits hat sich die italienisch geprägte Altstadt eine »normale«, gelassene Atmosphäre bewahrt.

Nizza, herrlich vor den Seealpen an der »Baie des Anges«, der »Engelsbucht«, gelegen, ist die Metropole der Riviera und des sechstgrößten Ballungsraums in Frankreich. Sie besitzt den nach Paris verkehrsreichsten Flughafen Frankreichs und den bedeutendsten Hafen für Kreuzfahrtschiffe (Fähren nach Korsika). Die Hauptstadt des Départements Alpes-Maritimes verfügt über eine Universität mit 25 000 Studenten und ein reiches Kulturleben mit hervorragenden Museen. Die Strände sind frequentiert, obwohl wenig attraktiv.

Metropole der Riviera

NIZZA ERLEBEN

AUSKUNFT
Office de Tourisme et des Congrès
5 Prom. des Anglais, 06000 Nice
Tel. 0892 70 74 07, Fax 04 89 06 48 03
www.nicetourisme.com
Weitere Büros beim Bahnhof (Avenue Thiers) und im Flughafen.
French Riviera Pass ►S. 354.

VERKEHR
Flughafen 6 km westlich, Bus 98/99 zur Innenstadt. Bus und Tram der Ligne d'Azur, Info-Büros: 3 Place Masséna, 29 Avenue Malausséna.

FESTE & EVENTS
Febr.: Karneval, Höhepunkt am Faschingsdienstag mit Blumenschlacht und Feuerwerk. 1. Mai und alle Mai-So.: »Lu festin de Nissa«, Folklorefest in den Arènes. Ende Mai: Fête de la Mer. Juli: Jazzfestival. 14. Juli: Fête Nationale mit Feuerwerk. Juni–Aug. viele Konzerte, u. a. beim Festival de Musique Sacrée und im Kloster Cimiez. Anf. Sept.: Hafenfest. Ende Okt.: Festival de Guitare Acoustique (Blues).

EINKAUFEN
Mode: Rue Paradis, Av. de Suède, Rue A. Karr, Rue du Maréchal Joffre. Delikatessen, u. a. Niçoiser Confiserie: Rue St-François-de-Paule und Quai Papacino (am Hafen).

ESSEN
► **Erschwinglich**
① *La Merenda*
4 Rue Raoul Bosio, kein Telefon
Sa./So. und 3 Wochen Anf. Aug. geschl., keine Kreditkarten
Winziges Lokal, unbequeme Hocker, drangvolle Enge, aber hervorragende regionale Küche von Dominique Le Stanc, einst Chef des Chantecler. Reservierung ist angezeigt.

► **Preiswert**
② *Cantine de Lulu*
26 Rue Alberti, Tel. 04 93 62 15 33
Sa./So. geschl. Außer französischen Klassikern serviert man hier Gerichte aus der Niçoiser Tradition.

③ *La Route du Miam*
1 Rue Molière, ab 18.30 Uhr geöffnet
Tel. 06 16 36 33 22
Etwas abgelegen im Norden, aber die herzhafte, üppige Küche des französischen Südwestens – etwa Ente, mit Foie gras gefüllt – ist den Weg wert.

ÜBERNACHTEN
► **Luxus**
① *Négresco*
37 Promenade des Anglais, Tel. 04 93 16 64 00, www.hotel-negresco-nice.com. Legendärer Hotelpalast mit Mobiliar aus dem 17./18. Jh. und der Belle Époque. Privatstrand. Entsprechend edel und erstklassig ist das Restaurant Le Chantecler (Tel. wie Hotel), die preiswerte Brasserie La Rotonde ist wie ein altes Karussell eingerichtet.

► **Komfortabel**
② *Windsor*
11 Rue Dalpozzo, Tel. 04 93 88 59 35
www.hotelwindsornice.com
Attraktives, ein wenig »schräges« Haus ca. 150 m vom Meer: Jedes Zimmer wurde von einem anderen Künstler gestaltet. Tropischer Garten mit kleinem Pool. Mit Restaurant.

► **Günstig**
③ *St-Georges*
7 Av. Clémenceau, Tel. 04 93 88 79 21, www.hotelsaintgeorges.fr. Kleines, angenehmes Haus. Das Frühstück wird auch im hübschen Garten serviert. Anfahrt zum Parkhaus Notre-Dame, von dort wenige Minuten zu Fuß.

Geschichte

Die frühesten, 400 000 Jahre alten Siedlungsspuren fand man im östlichen Stadtteil Lympia (**Terra Amata**). Im Jahr 350 v. Chr. wurde vom griechischen Massalia (Marseille) aus auf dem Burghügel der Handelsstützpunkt Nikaia Polis gegründet, die Römer ließen sich 154 v. Chr. auf dem Hügel von Cimiez nieder. Im frühen Mittelalter gehörte Nikaia zur Grafschaft Provence und ab 1388 zum Herzogtum Savoyen, das 1720 Sardinien erhielt; damals wurden Hafen und Festung gebaut. 1860 kam Nizza durch Volksentscheid an Frankreich. Ein Sohn der Stadt ist der italienische Freiheitsheld **Giuseppe Garibaldi** (1807–1882). Das milde Klima ließ Nizza im 19. Jh., nachdem der schottische Arzt Tobias Smollett es schon 1776 für Lungenkranke empfohlen hatte, zu einem der ersten noblen Winterkurorte werden. In der jüngeren Geschichte wichtig waren Jean Médecin, Bürgermeister ab 1928, und sein Sohn Jacques, Bürgermeister ab 1966 († 1998). Unter Letzterem entwickelte sich Nizza zum Mittelmeer-Chicago; dennoch ist seine Fangemeinde immer noch groß. Aber auch heute ist Korruption nicht selten, und die »neuen« reichen Russen werden mit gemischten Gefühlen betrachtet. Nizza ist zudem eine Stadt mit großen sozialen Problemen, resultierend aus der Kluft zwischen Arm und Reich; ein rechtsradikaler Bürgermeister ließ schon einmal missliebige »Elemente« aus der Stadt schaffen.

Sehenswertes in Nizza

Colline du Château

Von dem 92 m hohen Berg, auf dem bis 1706 die Burg stand, hat man einen **großartigen Ausblick** über Stadt und Küste, besonders abends. Hier wurden Reste zweier übereinanderliegender Kirchen (11. bzw. 15. Jh.) und griechische Grundmauern freigelegt. Am Weg zur Strandpromenade steht der Turm Bellanda (1860).

Vieille Ville

Die verwinkelte Altstadt erstreckt sich westlich des Burgbergs. Ihr Herz ist der langgestreckte **Cours Saleya**, der lebhafte, bunte Marktplatz; montags werden alte Sachen, sonst Blumen und Viktualien verkauft. Im Süden wird er von den mehrere hundert Meter langen **Ponchettes** begrenzt, einst Arsenal des sardinischen Marine; am Ostrand die prächtig ausgestaltete Chapelle de la Miséricorde (1736) mit der Vierge de la Miséricorde (J. Mirailhet, 1430) und einem Ludovico Brea zugeschriebenen Madonnenbild (um 1510).

◀ Chapelle de la Miséricorde

Palais de la Préfecture

Nördlich des Cours Saleya steht das Palais de la Préfecture (1613), errichtet für die Fürsten von Savoyen, daneben der Justizpalast (1892). Die **Kathedrale Ste-Réparate** an der Place Rossetti entstand 1650–1757 in römischem Frühbarock. Bemerkenswert sind das schöne Chorgestühl und eine farbig gefasste Madonna (16. Jh.). Ebenfalls nach römischem Vorbild wurde die prunkvoll ausgestattete Jesuitenkirche St-Jacques (Gesú) errichtet (17. Jh.). Die Rue Rossetti kreuzt die Rue Benoît-Bunico, ab 1430 jüdisches Ghetto. Das prachtvolle **Palais Lascaris** (1650) an der Rue Droite war Residenz

St-Martin-St-Augustin

der Grafen Lascaris-Ventimiglia; zu sehen sind ein schönes Treppenhaus und eine Apotheke von 1738 (Di. geschl.). Weiter nördlich – die Place St-François mit dem Fischmarkt passierend – stößt man auf die erste Pfarrkirche Nizzas, St-Martin-St-Augustin, in der Luther 1510 eine Messe gelesen haben soll und Garibaldi getauft wurde (eindrucksvolle **Pietà** von Ludovico Brea, 1489). Schließlich erreicht man die Place Garibaldi, einen im 17. Jh. angelegten Platz mit Arkaden nach Piemonteser Art.

Paillon-Anlagen

Über dem Fluss Paillon wurde ein Kultur-Ensemble geschaffen, nämlich Theater und Museum für moderne und zeitgenössische Kunst

Nizza Orientierung

1 Hôtel de Ville
2 St-François-de-Paule
3 Opéra
4 Palais de Justice
5 Palais de la Préfecture
6 Chapelle de la Miséricorde
7 St-Suaire
8 St-Jaume
9 St-Jacques (Eglise du Gésu)
10 Cathédrale Ste-Réparate
11 Palais Lascaris
12 Ste-Croix
13 St-Martin
14 St-Sépulcre
15 Tour Bellanda, Musée Naval
16 Aufzug
17 Monument aux Morts
18 Orientierungstafel
19 Musée Chagall, Cimiez
20 Musées Masséna, des Beaux-Arts, d'Art Naif

Essen
① La Merenda
② Cantine de Lulu
③ La Route du Miam

Übernachten
① Négresco
② Windsor
③ St-Georges

— Tramway

Tagsüber ist auf dem Cours Saleya Markt, abends speist man hier.

(Y. Bayard, H. Vidal, 1990; Mo. geschl.). Das Museum zeigt einen guten Querschnitt durch die bildende Kunst der 1960er- und 1970er-Jahre (v. a. **Yves Klein**, der 1928 in Nizza geboren wurde). Vom Dach schöner Blick. Nördlich des Museums liegt der lange Komplex des Kongress- und Veranstaltungszentrums **Acropolis**, östlich gegenüber das naturwissenschaftliche Musée Barla. Über die in Rot gehaltene Place Masséna mit der Fontaine du Soleil erreicht man den Jardin Albert I und die Promenade des Anglais.

★ **Musée d'Art Moderne et d'Art Contemporain**

Jardin Albert I

Kaum vorstellbar, dass die 6 km lange Promenade des Anglais 1822–1824 als 2 m breiter Weg angelegt wurde. Heute präsentieren sich hier Luxusbauten aus Belle Époque und Art-déco: Palais de la Méditerranée (1929), Palais Masséna (1898), das berühmte **Hotel Negresco** (1912). Im prunkvollen Palais Masséna zeigt das Musée d'Art et d'Histoire (Di. geschl.) u. a. römische Funde, Werke der Malerschule von Nizza und eine regionalgeschichtliche Sammlung.

★ **Promenade des Anglais**

Musée d'Art et d'Histoire

Im Westen der Stadt liegt das Universitätsviertel. In der Av. des Baumettes in einem Palazzo von 1878 das sehenswerte **Musée des Beaux-Arts** (Mo. geschl.) mit Werken von Fragonard, Braque, Chagall, Rodin, Picasso u. v. a. Weiter westlich (Avenue Val-Marie) gibt das Musée International d'Art Naïf A. Jakovsky einen Überblick über die naive Kunst in aller Welt (Di. geschl.).

Les Baumettes

| **Eglise Russe** | Wie Sanremo hat auch Nizza eine prächtige russische Kirche moskowitischen Stils (St-Nicolas, 1912), am Boulevard Tsarevich westlich des Hauptbahnhofs nahe dem Boulevard Gambetta. |

| **Carabacel** | Im nördlichen Stadtteil Carabacel ist am Boulevard nach Cimiez das **Musée National Marc Chagall** zu finden (Di. geschl.), die bedeutendste Sammlung von Werken von Marc Chagall (1887–1985). |

★
Cimiez Römische Stadt Im Stadtteil Cimiez, Ende des 19. Jh.s das bevorzugte Villenviertel, liegen die Reste der **römischen Stadt Cemenelum**. Gut erhalten sind Amphitheater (über 5000 Plätze; hier finden u. a. das Folklorefest »Lu Maïs« und das Jazzfestival statt) und Thermen. Das Musée d'Archéologie (Di. geschl.) zeigt die Funde. Nebenan sind in einer herrlichen

★
Musée Matisse Genueser Villa (1670) viele Werke von **Henri Matisse** zu sehen, der von 1917 bis zu seinem Tod 1954 in Nizza lebte (Di. geschl.).

Notre-Dame-de-Cimiez Oberhalb der römischen Ruinen steht das Kloster Notre-Dame-de-Cimiez, im 9. Jh. gegründet. In der Kirche ein schönes Frühwerk von Ludovico Brea, ein Triptychon von 1475 (Pietà, Hll. Martin und Katharina), außerdem eine Kreuzigung (1512) und eine Kreuzabnahme von Ludovico oder Antonio Brea. Auf dem Friedhof sind die Maler Henri Matisse und Raoul Dufy begraben.

Hafenviertel Am Fuß des 178 m hohen Mont Boron, der die Baie des Anges im Osten abschließt, liegt das Hafenviertel mit schmucklosen Wohnbauten italienischen Stils. Nördlich schließt der nach 1780 angelegte

Musée de Terra Amata Stadtteil Riquier an. Auf dem Gelände des Terra-Amata-Museums (25 Blvd. Carnot, Mo. geschl.) wurde 1965 ein 400 000 Jahre alter Rastplatz des *Homo erectus* mit 21 Schichten entdeckt.

Umgebung von Nizza

Observatorium Im Nordosten Nizzas steht auf dem Mont Gros (375 m) das von Charles Garnier errichtete Observatorium (Kuppel von Gustave Eiffel, 1885; www.oca.eu). Anfahrt über die Grande Corniche (D 2564).

Beim Flughafen Westlich des Flughafens ist das **Einkaufszentrum CAP 3000** einen Besuch wert, nördlich am Flughafen der **Parc Phénix** (Parc Floral) mit See, Vogelhaus und riesigem Gewächshaus. An seinem See ein Leckerbissen für Freunde moderner Architektur und fernöstlicher Kul-

★
Musée des Arts Asiatiques ▶ tur, das 1998 eröffnete Musée Départemental des Arts Asiatiques von **Kenzo Tange** (405 Promenade des Anglais; Di. geschl.).

Seealpen Das Hinterland von Nizza zwischen dem Var-Tal und der französisch-italienischen Grenze ist unter ▶Côte d'Azur beschrieben. Vom SNCF-Bahnhof fahren die Züge über den **Tende-Pass** nach Cuneo, vom Gare C. F. P. in der Rue A.-Binet der **Train des Pignes** über Entrevaux nach Digne (▶Baedeker-Tipp S. 364).

★ ★ Normandie

F–J 3 / 4

Das »Land der Normannen« ist der Teil Nordwestfrankreichs zwischen dem Pariser Becken und dem Ärmelkanal. An seiner 600 km langen, abwechslungsreichen Küste liegen die bekanntesten Badeorte Frankreichs, im grünen Binnenland fließen Milch und Sahne, Cidre und Calvados. Burgen, Schlösser und bildhübsche Städtchen erinnern an die wechselvolle Geschichte.

Der Namen der Normandie erinnert an die Nordmänner, die ab dem 7. Jh. die Küsten des Westfrankenreichs heimsuchten, an den Normannenfürsten Wilhelm, der 1066 die Herrschaft über England errang, und an die größte Invasion der Geschichte, die das Ende des Zweiten Weltkriegs einleitete. Verwaltungstechnisch gliedert sich die Normandie in die Regionen Haute Normandie (östlich) und Basse Normandie (westlich), wobei die Bezeichnungen nur auf der Entfernung von Paris beruhen. Den besonderen Reiz verdankt die Normandie ihrer über 600 km langen, höchst abwechslungsreichen Küste zwischen Le Tréport im Nordosten und dem ▶Mont St-Michel im Südwesten. Ihre Teile tragen so klingende Namen wie Alabasterküste (Côte d'Albâtre), Blumenküste (Côte Fleurie) und Perlmuttküste (Côte de Nacre). Berühmt sind die Kreideklippen der Côte d'Albâtre, am spektakulärsten die bei Étretat. Weit in den Ärmelkanal springt die Halbinsel Cotentin vor, die zum Armorikanischen Massiv gehört. Im Hinterland zeigt die Normandie ein ganz anderes Bild. Im Bocage Normand, einem Wald- und Wiesenland, das auch die romantische »Normannische Schweiz« umfasst, teilen Hecken Felder und Weiden ab, auf denen Apfel- und Birnbäume wachsen und Milchkühe grasen. In der Mitte der Normandie liegt das fruchtbare Pays d'Auge, die Heimat von Cidre, Calvados und Camembert. Großartige Zeugnisse der Geschichte stellen insbesondere die alte normannische Hauptstadt ▶ Rouen und der ▶ Mont St-Michel dar. Das atlantische Klima ist mild, feucht und wechselhaft. Hauptreisezeit sind die beiden Sommermonate Juli und August; im Landesinneren ist es zur Zeit der Obstbaumblüte in April und Mai besonders schön.

Landschaften der Normandie

In der Normandie, v. a. der **Basse Normandie**, dominiert die Landwirtschaft. Sie profitiert vom Golfstrom, der für milde Meerestemperaturen sorgt. Zu den bekanntesten Erzeugnissen gehören Sahne, Butter und berühmte Käsesorten wie Pont-l'Evêque, Livarot und Camembert, sowie **Calvados und Cidre**. Letzterer, ein moussierender Apfelwein mit 3–5 % Alkohol und beliebter Durstlöscher, wird seit dem 13. Jh. gekeltert; der Calvados ist ein Destillat aus Cidre mit über 40 % Alkohol. Für die besten Calvas wird 2- bis 3-jähriger Cidre ein- oder zweimal gebrannt; das Destillat reift in Eichenfässern, wordurch es die Farbe und das Bukett erhält. In der **Haute Normandie** spielen Ölraffinerien, Atomwirtschaft und Häfen eine wichtige

Wirtschaft

Rolle. Die Wiederaufbereitungsanlage am Cap de la Hague nützen viele europäische Länder; Rouen ist Europas wichtigster Getreideexporthafen, Le Havre der nach umgeschlagener Tonnage zweitgrößte Hafen Frankreichs. Auch der Fremdenverkehr ist ein wichtiges Standbein. Die meistbesuchten Ziele sind die berühmten Seebäder Deauville und Trouville, die Halbinsel Cotentin, die Wallfahrtsorte Lisieux und Mont St-Michel, der Wandteppich von Bayeux sowie Giverny, wo Claude Monet lebte und malte.

Ein wenig Geschichte

Vom 7. Jh. an tauchten an der Küste des merowingischen Frankenreichs skandinavische Beutefahrer auf, die **Nordmänner**. Sie überfielen und plünderten Städte, Klöster und Dörfer, sie fuhren die Seine hinauf und eroberten 841 Rouen 841 und 845 Paris. Kaum hundert Jahre später hatten sich die Eindringlinge etabliert. Der westfränkische König Karl der Einfältige trat 911 etwa die Hälfte der heutigen Normandie mit Rouen an den Wikinger Rollo ab, der den Vasalleneid leistete und sich taufen ließ. Dennoch setzten er und sein Sohn die Eroberung fort, bis das Gebiet der Normandie in ihren heutigen Grenzen geformt war. Herzog Wilhelm weitete seine Herrschaft nach England aus (**»Wilhelm der Eroberer«**) und wurde nach seinem Sieg bei Hastings 1066 zum englischen König gekrönt. In der Folge gelangte die Normandie 1153 zum Reich Heinrichs II. Plantagenet, das zuletzt von Aquitanien bis Schottland reichte. Johann Ohneland verlor dann 1204 die Normandie an den französischen König Philipp II. August. Während des Hundertjährigen Kriegs war die Normandie nochmals 1417–1450 englisch. 1431 fand in Rouen der Prozess gegen **Jeanne d'Arc** statt, der mit ihrer Verbrennung wegen Hexerei und Ketzerei endete. Die Religionskriege zwischen Hugenotten und Katholiken von 1562 bis 1598 und die Aufhebung des Edikts von Nantes 1685 führten zur Massenflucht der Protestanten aus Frankreich. Am 6. Juni 1944 begann die **Landung der Alliierten** an der Küste der Normandie (▶Baedeker Special S. 598).

Highlights in der Normandie

Alabasterküste
Die grandiosen Klippen von Tréport, Dieppe und Étretat
▶ Seite 587, 588

Tal der Seine
Bilderbuchlandschaft zwischen Paris und Honfleur
▶ Seite 588

Deauville
Flair eines alten, mondänen Badeorts
▶ Seite 593

Bayeux
Die historische Stadt mit dem berühmten mittelalterlichen Bildteppich blieb im Zweiten Weltkrieg unversehrt.
▶ Seite 595

Normannische Schweiz
Ländliche Idylle im Tal der Orne
▶ Seite 596

Kathedrale von Coutances
Normannische Hochgotik in Reinform
▶ Seite 602

Bei Étretat sind die Kreideklippen der »Alabasterküste« besonders eindrucksvoll: Falaise d'Aval

Kultur

Die Normannen übernahmen recht früh das Christentum. Ihre hervorragenden Baumeister prägten die Region über Jahrhunderte, wovon prächtige Kathedralen, Klöster, Burgen und Schlösser zeugen. Darüber hinaus verstanden sich die Normannen auf Vieh- und Pferdezucht; so stammen die normannischen Kühe von den norwegischen Telemark-Rindern ab, und auch heute ist die Normandie, v. a. das Département Calvados, ein Land der Pferde. Im 19. Jh. ließen sich viele Künstler von den Farben und dem Licht der Normandie anziehen, sie begründeten die Schule von Honfleur und den Impressionismus. Der berühmteste Maler, Claude Monet, wuchs in Le Havre auf und lebte von 1883 bis zu seinem Tod 1926 in Giverny, sein Haus und sein Garten gehören zu den Hauptattraktionen der Region. Victor Hugo, André Gide und Marcel Proust hielten sich gerne in der Normandie auf, Eric Satie wurde 1866 in Honfleur geboren.

NORMANDIE ERLEBEN

AUSKUNFT
CRT Normandie
Le Doyenné, 14 Rue Charles Corbeau
27000 Evreux
Tel. 02 32 33 79 00
www.normandie-tourisme.fr

ESSEN
▶ Erschwinglich / Fein & teuer
Spinnaker
Deauville, 52 Rue Mirabeau
Tel. 02 31 88 24 40
www.spinnakerdeauville.com
Mo., Sept. – Juni auch Di. geschl.
Ausgezeichnetes Restaurant. Angenehmes modernes Ambiente in einem hübschem altem Haus.

▶ Erschwinglich
Le Bréard
Honfleur, 7 Rue du Puits
Tel. 02 31 89 53 40, Di., Do.mittag, außer Mitte Juli – Aug. auch Mi. geschl.
Kleines, feines Restaurant mit Terrasse in der Nähe von Ste-Cathérine.

Ferme de la Ranconnière
Crépon, Route d'Arromanches
Tel. 02 31 22 21 73, www.ranconniere.fr
Handfeste normannische Küche in herrlichem altem Gemäuer genießt man in diesem Hotelrestaurant 13 km östlich von Bayeux. Am besten nimmt man sich dann eines der 42 stilvollen Zimmer (Kategorie Günstig/Komfortabel).

ÜBERNACHTEN
▶ Luxus
Normandy-Barrière
Deauville, 38 Rue J. Mermoz
www.normandy-barriere.com
Tel. 02 31 98 66 22
Neben dem Royal Barrière (Blvd. Cornuché) das klassische alte Luxushotel von Deauville im normannischen Stil. Mit Hallenbad und Garten.

▶ Komfortabel / Luxus
Domaine St-Clair Le Donjon
Étretat, Chemin de St-Clair
Tel. 02 35 27 08 23
www.hoteletretat.com
Nobles kleines Hotel in einer »Burg« von 1862/1889 mit herrlichem Ausblick. Romantische, individuell gestaltete Zimmer, einige mit Whirlpool. Pool im Park. Sehr gutes Restaurant (Mo. – Fr. nur abends geöffnet).

L'Absinthe
Honfleur, 1 Rue de la Ville
Tel. 02 31 89 23 23, www.absinthe.fr
Das Pfarrhaus aus dem 16. Jh. nahe dem Hafen von Honfleur bietet sehr charmante Zimmer mit zurückhaltendem Luxus. Elegantes Restaurant und Brasserie mit schönem Ausblick.

▶ Günstig / Komfortabel
Hôtel d'Argouges
Bayeux, 21 Rue St-Patrice
Tel. 02 31 92 88 86
www.hotel-dargouges.com
Elegantes kleines Bürgerpalais aus dem 18. Jh. mit großen Zimmern zum Sich-Wohlfühlen. Schöner parkartiger Innenhof. Das Zentrum von Bayeux ist zu Fuß gut zu erreichen.

Hôtel-Restaurant de la Terrasse
Varengeville-sur-Mer, Route de Vasterival, Tel. 02 35 85 12 54
www.hotel-restaurant-la-terrasse.com
Schönes Belle-Époque-Haus über dem Meer mit herrlichem Ausblick.

Château de la Roque
Hébécrevon, Tel. 02 33 57 33 20
www.chateau-de-la-roque.fr
Edles Chambres d'hôtes 7 km westlich von St-Lô in einem Herrensitz aus dem 16./17. Jh., umgeben von Teichen. Komfortable Ausstattung.

✸ ✸ Côte d'Albâtre

Die Kiesstrände der 120 km langen »Alabasterküste« zwischen Le Tréport und Le Havre ist weithin von dramatischen, bis über 120 m hohen weißen **Kreideklippen** gesäumt, an denen seit Urzeiten Brandung, Wind und Regen nagen. Die charakteristische Bänderung entsteht durch dunklere Ablagerungen aus Feuerstein.

Pittoreske Klippen

Die kleine Hafenstadt (5700 Einw.), der nördlichste Ort der Normandie, liegt am Fuß beeindruckender Klippen. Oberhalb des Hafens die Kirche St-Jacques (15. Jh.) mit schönem Renaissance-Portal. Vom Kalvarienberg (Calvaire des Terrasses) und der Terrasse des Hotels Le Trianon hat man einen grandiosen Ausblick.

Le Tréport

Dieppe (33 400 Einw.), bedeutende Hafenstadt (Fähren nach Newport/GB) und seit den 1820er-Jahren ein **beliebtes Seebad**, wird von pittoresken Kreideklippen eingerahmt. In der Festung von 1433 das Stadtmuseum (Geschichte der Seefahrerstadt, Kunsthandwerk und Kunst, darunter Dieppoiser Elfenbeinarbeiten des 16.–19. Jh.s). Den Mittelpunkt der schönen Innenstadt bildet die kleine Place du Puits Salé; westlich von ihr Kirche St-Rémy (16.–17. Jh.), nordöstlich die schöne gotische Kathedrale St-Jacques (13.–16. Jh.). An den stimmungsvollen Fischerhafen schließt der Avant-Port an (Fähren nach England). Östlich des Avant-Ports liegt der urige Stadtteil Le Pollet, das einstige Fischerviertel. Von der Kapelle Notre-Dame-de-Bon-Secours (1876) hat man einen schönen Ausblick. In der Cité de la Mer erfährt man allerlei über die Welt unter Wasser (Aquarien), über Schiffsbau und Fischerei.

Dieppe

 Baedeker TIPP

Windiger Spaß
Auf den Wiesen zwischen dem Strand und dem Boulevard de Verdun von Dieppe tanzen in der Seebrise viele bunte Drachen. Und für eine Woche im September (in geraden Jahren) treffen sich hier Drachenfreaks aus aller Welt.

▶ Rouen

Pays de Bray

Im dem hübschen, hoch an der Steilküste gelegenen Badeort Varengeville (1000 Einw.) ist Frankreichs **größtes Taubenhaus** zu sehen, und zwar im Manoir d'Ango. Der reiche Reeder Jehan d'Ango ließ sich 1533–1545 von italienischen Baumeistern das Renaissance-Herrenhaus erstellen. Besuchenswert ist auch der Park Le Bois des Moutiers, der zu einem englischen Landhaus gehört. Einen herrlichen Ausblick hat man von der Seemannskapelle St-Valery (11.–15. Jh.); auf ihrem Friedhof liegen der Maler Georges Braque (1882–1963) und der Komponist Albert Roussel (1869–1937) begraben. Braque schuf das tiefblaue Fenster in der Kirche, das Pendant links im Chor stammt von dem Belgier Raoul Ubac. Vom Leuchtturm Phare d'Ailly 2 km westlich bietet sich ein großartiger Rundblick.

Varengeville-sur-Mer

Saint-Valery-en-Caux	In diesem frequentierten Badeort wird in der Maison Henry IV, einem großartigen Fachwerkhaus, die Geschichte des kleinen Hafens seit dem 13. Jh. dokumentiert.
Fécamp	Die geschäftige Hafenstadt Fécamp (19 200 Einw.) liegt, eingerahmt von Strand und den höchsten Klippen der Normandie (126 m), schön am Ausgang des Valmont-Tals. Zeitweise lebte Guy de Maupassant in dem frequentierten Seebad, einige seiner Erzählungen spielen hier. Im Mittelalter war Fécamp ein bedeutender Wallfahrtsort, in dem ein Blutstropfen Christi verehrt wurde. Dies erklärt die Größe der **Abteikirche Ste-Trinité**, die mit 128 m fast so lang ist wie Notre-Dame in Paris; dieses Juwel der normannischen Schule wurde 1175 – 1220 erbaut (Fassade 18. Jh.). Im Chor sind ein schönes Gitter (1868) und ein Gestühl von 1748 zu beachten. Die Reliquie wird in der Marienkapelle aufbewahrt. Gegenüber der Kirche liegen die Reste der Herzogsburg (10./11. Jh.) In Fécamp wird seit 1863 der Likör **Bénédictine** destilliert. Mehr inkl. Kostprobe erfährt man im überaus prächtigen Palais Bénedictine von 1892 (110 Rue Alexandre-Le-Grand), das auch eine bemerkenswerte Sammlung mittelalterlicher Kunst beherbergt. Auf dem 114 m hohen Kreidefelsen nördlich der Stadt steht die Wallfahrtskapelle Notre-Dame-du-Salut (13./14. Jh.).
★★ Étretat	Der beliebte Badeort (1500 Einw.) liegt zwischen 90 m hohen Kreideklippen: im Norden die Falaise d'Amont, im Westen die spektakuläre Falaise d'Aval, die einem Torbogen ähnelt. Vor ihr ragt im Meer die 70 m hohe Creuse d'Étretat auf. Einen Blick wert sind die Markthalle (1926) und die Kirche Notre-Dame (11.– 13. Jh.). Maurice Leblanc, der geistige Vater des Gentleman-Einbrechers Arsène Lupin (▶Rouen), kaufte sich 1918 ein schönes Landhaus, in dem heute die Erfolgsgeschichte des Edelganoven dokumentiert wird.
Le Havre	▶dort

★★ Vallée de la Seine · Tal der Seine

Lebensader der Normandie	Die Seine entspringt in Burgund und fließt durch die Champagne, die Ile-de-France und die Normandie, um nach 775 km bei ▶ Le Havre in den Ärmelkanal zu münden. Sie war und ist einer der wichtigsten Verkehrswege Nordfrankreichs. Ihr Tal bildet den reizvollen Mittelpunkt der Haute-Normandie; imposante Burgen und Abteien, Wälder und Kreidefelsen säumen das Flussufer. Die **großen Seine-Schleifen** zwischen Paris und dem Meer verlängern den Flusslauf bei geringem Gefälle (16 m von Vernon bis zur Mündung) fast auf das Dreifache der Luftlinie. Besonders reich an Eindrücken ist die rund 110 km lange **Route des Abbayes**, die von ▶Rouen nach Le Havre führt; sehr schön ist auch der Abschnitt zwischen Giverny und Les Andelys. Drei große **Brücken** überqueren den Unterlauf der Seine: Pont de Brotonne, Pont de Tancarville und Pont de Normandie (die

Über Les Andelys ließ Richard Löwenherz die Burg Gaillard errichten.

beiden Letzteren sind gebührenpflichtig). Eine Reihe von Reedereien bietet **Kreuzfahrten auf der Seine** an, die 7–8 Tage dauern, meist von Paris aus.

In Giverny (500 Einw.) gut 70 km nordwestlich von Paris lebte der große impressionistische Maler **Claude Monet** von 1883 bis zu seinem Tod 1926. Sein Haus und der herrliche, nach seinen Vorstellungen angelegte Garten, den er in vielen Bildern festhielt, sind eine große Attraktion (geöffnet April–Okt. tägl. 9.30–18.00 Uhr). Sehr interessant ist auch das nahe Musée des Impressionnismes, das sich der Geschichte und Wirkung des Impressionismus widmet (dieselben Öffnungszeiten; Caférestaurant mit schöner Terrasse).

★
Giverny

Vernon (24 600 Einw.) gegenüber von Giverny besitzt schöne Fachwerkhäuser, einen guten Blick auf die Stadt hat man von der Seine-Brücke. In der stattlichen Kirche Notre-Dame (12.–16. Jh.) sind die Orgel (15./16. Jh.), die Fenster (16. Jh.) und der Hauptaltar zu beachten. Das Musée Poulain (12 Rue du Pont) stellt archäologische und landeskundliche Sammlungen sowie Gemälde von Monet, Sisley, Bonnard u. a. aus. Auf einem Felsvorsprung oberhalb der Seine die Ruine des **Château de Gaillon**. Am westlichen Ortsrand lohnt das prächtige Schloss von Bizy (1740).

Vernon

! *Baedeker* TIPP

Hôtel Baudy

Wo früher die Kollegen Monets wohnten, speisten und malten, lässt sich in diesem alten Caférestaurant – oder im herrlichen Garten unter Rosen – wunderbar eine Pause einlegen (Giverny, 81 Rue Claude Monet, Tel. 02 32 21 10 03).

Les Andelys Bei Les Andelys (8200 Einw.) wird das Tal der Seine von hohen Kreidefelsen eingefasst. Über dem Ort thront die großartige Ruine des **Château Gaillard**, erbaut 1197 durch Richard Löwenherz, um dem französischen König den Zugang nach Rouen zu versperren; 1204 konnten sie die Franzosen jedoch erobern. In Grand Andely steht die Kirche Notre-Dame (Langhaus 13. Jh., Flamboyant-Fassade 16./17. Jh.) mit Renaissance-Fenstern und Orgelprospekt von 1573; das **Musée Nicolas Poussin** in einem Haus aus dem 18. Jh. zeigt Werke des Malers, der als einer der größten im Frankreich des 17. Jh.s gilt (Di. geschl.). Schöner Blick von der Seine-Brücke.

Gisors Hauptstadt des Vexin ist Gisors (11 700 Einw.) 30 km östlich von Les Andelys, über dem Epte-Tal an der Grenze des einstigen Herzogtums Normandie gelegen. Von der prachtvollen **normannischen Festung** (11./12. Jh.), einem bedeutenden Beispiel mittelalterlicher Militärarchitektur, hat man einen grandiosen Ausblick. Sehenswert ist auch die Kirche St-Gervais-et-St-Protais (13.–16. Jh.) mit der eigenartigen Grosse Tour (Dicker Turm) und feiner bildhauerischer Gestaltung.

★ **Evreux** Die angenehme Hauptstadt (51 500 Einw.) des Départements Eure hat zahlreiche Zerstörungen überstanden, darunter die Luftangriffe 1940 und 1944. Mittelpunkt ist die Kathedrale Notre-Dame (12. bis 17. Jh.), zu beachten sind schöne Glasfenster aus dem 13.–16. Jh. und die Renaissance-Schranken an den Chorkapellen. Der Bischofspalast (1481) beherbergt das Musée Municipal (Archäologie, Kunst, Kunsthandwerk; Mo. geschl.). Die einstige **Abteikirche St-Taurin** (11.–15. Jh.) im Westen der Stadt besitzt einen **Schrein** mit den Reliquien des hl. Taurin aus dem 13. Jh., ein Meisterwerk französischer Goldschmiedekunst. Die Pâtisserie Auzou (Rue Chartraine) ist für die »Caprices des Ursulines«, die »Pavés d'Evreux« und andere Kunstwerke berühmt.

Kurz hinter Rouen passiert die D 982 in **St-Martin-de-Boscherville** die Abteikirche St-Georges, ein Juwel der Spätromanik (erbaut 1080–1125). Im Konvent ist noch der gewölbte Kapitelsaal aus dem 13. Jh. erhalten, hier sind schöne Pfeilerstatuen und Kapitelle ausgestellt. Konzerte im Sommer.

Kathedrale Notre-Dame in Evreux

Jumièges

In dem kleinen Städtchen (1700 Einw.) signalisieren zwei mächtige, 46 m hohe Türme die **großartigen Ruinen** einer 654 gegründeten und 1790 zerstörten **Abtei**, die dazu noch in einem zauberhaften Park liegen. Die Kirche war 1067 in Anwesenheit von Wilhelm dem Eroberer geweiht worden. Das von der Kirche St-Pierre erhaltene Portal veranschaulicht gut die normannische Architektur des 10. Jahrhunderts.

Naturpark Normannische Seine

Der rund 500 km² große Parc Naturel Régional des Boucles de la Seine Normande erstreckt sich entlang des Flusses etwa von Duclair bis zur Mündung. Sein Zentrum ist der 74 km² große Wald von Brotonne. Informationen über Wanderwege, diverse Museumseinrichtungen etc. in der Maison du Parc in Notre-Dame-de-Bliquetuit.

Saint-Wandrille

Nördlich der Seine an der D 982 liegt die im Jahr 649 gegründete Abtei St-Wandrille. Im Lauf der Jahrhunderte mehrfach zerstört und neu aufgebaut, ist sie seit 1931 wieder mit Benediktinern belegt. Die heutigen Gebäude entstanden im 14.–18. Jh.; die Abteikirche des 13./16. Jh.s ist eine pittoreske Ruine.

Caudebec-en-Caux

Das am rechten Seine-Ufer gelegene Caudebec (2300 Einw.) ist der Hauptort des Pays de Caux. Samstags findet ein bunter Markt statt. Caudebec wird beherrscht von der spätgotischen Kirche **Notre-Dame** (1426–1534), die Heinrich IV. als schönste seines Königreichs galt (drei wunderbare Westportale, Orgel von Anfang des 16. Jh.s). Alte Seine-Schiffe sind im Musée de la Marine de Seine zu sehen.

Villequier

Der kleine Ort Villequier (750 Einw.) liegt hübsch am Ufer der Seine unterhalb eines Schlosses. 1843 kamen hier die Tochter von Victor Hugo und ihr Mann, Léopoldine und Charles Vacquerie, bei einem Bootsunglück ums Leben. Ein Museum im Haus der Vacqueries erinnert an den Schriftsteller und seine Familie (Di. geschl.). 6 km südwestlich, hinter Norville, beherrscht das **Schloss Ételan** das Tal (Flamboyantgotik, Ende 15. Jh.); schöner Ausblick von der Terrasse.

Lillebonne

Lillebonne (9000 Einw.) war schon zur Zeit der Römer ein wichtiger Hafen, woran die Reste eines Amphitheaters (2. Jh.) erinnern. Im 11. Jh. entstand hier im Auftrag Wilhelm des Eroberers eine Burg, von der noch der 34 m hohe Donjon erhalten ist.

Tancarville

Die kleine Stadt Tancarville (1300 Einw.) an der Seine-Mündung besitzt Ruinen eines Schlosses aus dem 11. Jh.; eine 1410 m lange **Hängebrücke** mit 125 m hohen Pylonen (1959) überspannt die Seine. Südlich des Flusses dehnt sich der Marais Vernier aus, ein im 17.–19. Jh. z. T. trockengelegtes Sumpfgebiet. Es besitzt schöne Dörfer mit reetgedeckten Fachwerkhäusern, wie Marais-Vernier-Village.

★ **Marais Vernier**

▶dort

Le Havre

Im Alten Hafen von Honfleur sind noch die Zeiten der Seefahrer spürbar.

✶ Côte Fleurie

Zwischen Honfleur im Osten und Cabourg im Westen erstreckt sich die 32 km lange, schöne »Blumenküste«, an der die bekanntesten und schicksten Badeorte im Norden Frankreichs liegen.

Honfleur

An der Seine-Mündung gegenüber von ▶ Le Havre – mit dem sie durch den Pont de Normandie verbunden ist – liegt die alte Seefahrerstadt Honfleur (8200 Einw.), mit dem bis 1684 angelegten Hafen und zahlreichen malerischen Häusern einer der reizvollsten Orte der Normandie. Von hier gingen viele Schiffsexpeditionen aus, bei denen u. a. 1503 Brasilien erreicht und 1608 Québec gegründet wurde. Im 19. Jh. kamen **zahlreiche Maler** hierher, darunter Boudin, Courbet, Sisley, Pissarro, Renoir und Cézanne; ihr Treffpunkt war die Ferme St-Siméon westlich an der Seine-Mündung (heute ein luxuriöses Hotel; www.fermesaintsimeon.fr). Im Musée Boudin (Place Erik Satie) sind Bilder dieses in Honfleur geborenen Malers sowie einiger seiner Kollegen ausgestellt. À propos Satie: Der skurrile Komponist wurde 1866 in Honfleur geboren (Maisons Satie, 67 Blvd. Charles V). Nördlich des Vieux Bassin die erstaunliche spätgotische Kirche **Ste-Cathérine**, wie der freistehende Glockenturm 1468 von lokalen Schiffbaumeistern ganz aus Holz errichtet. In der Kirche St-Etienne (14./15. Jh.) illustriert das Musée de la Marine die Geschichte der Seefahrt. Im Gefängnis nebenan ist das Musée d'Art Populaire (normannische Volkskunst) untergebracht. Gut 1 km westlich des Zentrums liegt südlich über der Straße nach Trouville ein Kalvarienberg mit der Kapelle Notre-Dame-de-Grâce (1615), die am Pfingstsonntag Ziel der großen **Seeleute-Prozession** ist. Weiter südöstlich bietet der Mont-Joli eine noch freiere Aussicht auf die Stadt.

▶ Normandie

Die aussichtsreiche **Corniche Normande** verbindet Honfleur mit dem beliebten Ferienort Trouville (5000 Einw.). Es besitzt einen schönen Sandstrand und ist etwas ruhiger als das benachbarte noble Deauville jenseits der Touques, das erst 1861 gegründet wurde (4500 Einw. – in der Saison ein Vielfaches). Es gilt als Polo-Hauptstadt Frankreichs, Anfang September sind beim **Festival du Cinéma Américain** auch Hollywood-Größen zu bewundern. Ein illustres Publikum trifft sich zu Pferderennen, Segelregatten, Golf- und Reitturnieren und zum internationalen Pferdemarkt der Einjährigen. Eine attraktive Strandpromenade, ein großzügiger Jachthafen, Spielcasino, vielfältige Betätigungsmöglichen sowie zahlreiche Film-, Konzert- und andere Veranstaltungen runden das Angebot ab.

Trouville

Deauville

Bis zum Ende der Côte Fleurie passiert man eine Reihe beliebter Ferienorte wie Villers-sur-Mer, Houlgate und Dives-sur-Mer. Das in den 1880er-Jahren gegründete Städtchen Cabourg (3500 Einw.) verdankt seine Bekanntheit dem Romancier **Marcel Proust** (1871 bis 1922), der sich mehrmals im Grand Hôtel aufhielt; mit dem Casino bildet es das Zentrum der halbkreis-strahlenförmigen Stadtanlage. Im Zimmer Prousts kann man sogar nächtigen.

Cabourg

Freuden eines Strandurlaubs, hier beim Casino von Houlgate

Das Land, wo Milch und Cidre fließen

★ Pays d'Auge

Das Pays d'Auge, das üppig grüne Hinterland der Côte Fleurie, ist die Heimat der drei kulinarischen »Cs« Camembert, Cidre, Calvados. Weiden und endlose Apfelplantagen prägen das Département Calvados. Die **Route du Cidre** führt durch malerische Städtchen wie Cambremer, Beuvron-en-Auge (die »Hauptstadt« des Cidre), Bonnebosq und Beaufour-Druval. Keller können besichtigt, Cidre, Calvados und typische Käsesorten gekostet und erstanden werden.

Lisieux ★ Der Hauptort des Pays d'Auge (27 700 Einw.), etwa 30 km südlich der Seine-Mündung, ist ein bedeutender Wallfahrtsort. Die 1873 in Alençon geborene Thérèse Martin wuchs in Lisieux auf und trat mit päpstlicher Erlaubnis 15-jährig ins Karmeliterinnenkloster ein. Sie starb 1897 und wurde 1925 heiliggesprochen. Ihr gelten Wallfahrten zur Basilika Ste-Thérèse (1924–1954, eine der größten Kirchen des 20. Jh.s) und zur Chapelle du Carmel. Die Stadt wurde nach den Zerstörungen des Zweiten Weltkriegs unschön neu aufbaut, sehenswert ist aber die Kathedrale St-Pierre (1170–1250, Südturm 1579). In der Hauptkapelle im Chor pflegte Thérèse die Messe zu verfolgen.

Bernay ★ In Bernay (10 500 Einw.) zwischen Evreux und Lisieux, einem Kleinod normannischer Architektur (samstags ist Markt), steht die **älteste romanische Kirche der Normandie** (begonnen 1013). Sie gehörte zu einer Abtei, deren Gebäude heute als Rathaus und Museum dienen (einige gute Gemälde, Keramik, normannisches Mobiliar).

Le Bec-Hellouin ★ In dem idyllischen Ort an der Risle (35 km südwestlich von Rouen) wurde 1034 eine Abtei gegründet, die im Mittelalter zu den bedeutendsten des ganzen Landes gehörte. Die heutigen Gebäude stammen aus dem 17./18. Jh., nur die freistehende Tour St-Nicolas datiert noch aus dem 15. Jahrhundert. In der Messe am späten Vormittag singen die Benediktinermönche gregoranische Choräle.

Nicht auslassen sollte man das Château de Beaumesnil 13 km südöstlich von Bernay, das als **normannisches Versailles** gilt (1640). Ein Museum ist hier der Buchbinderkunst gewidmet.

Château de Beaumesnil

Seit der Eingemeindung des Dörfchens Camembert ins 4 km entfernte Vimoutiers (3900 Einw.) nennt sich Letzteres »Käse-Hauptstadt«. Im Musée du Camembert (10 Av. de Gaulle) erfährt man alles über seine Herstellung. (Es gibt auch eine Route du Camembert.) In Camembert selbst erinnert die Maison du Camembert an Marie Harel, die um 1790 einem verfolgten Priester Unterschlupf gewährte; zum Dank überließ er ihr das Rezept für die Herstellung des Käses.

Vimoutiers

✱ Côte de Nacre

Zwischen Ouistreham / Riva-Bella an der Mündung der Orne und Grandcamp-Maisy erstrecken sich die flachen Sand- und Kiesstrände der »Perlmuttküste«. Am 6. Juni 1944 landeten hier die Alliierten, in dem heute so friedlichen Landstrich wird überall daran erinnert. Der **Circuit du Débarquement** führt zu den wichtigsten historischen Orten. Einen Einblick in die Geschehnisse gewinnt man v. a. im Mémorial in ▶ Caen. Westlich des Fischerorts Port-en-Bessin liegt der Omaha Beach, einer der meistumkämpften Küstenabschnitte.

Küste der Invasion

Am Sandstrand des kleinen Badeorts (600 Einw., Foto S. 599) legten die Alliierten den Hafen »Mulberry B« an, indem sie vor der Küste riesige Pontons versenkten. Gewaltige Mengen Kriegsmaterial und Soldaten wurden hier an Land gebracht. Bei Ebbe sind noch Reste der Anlagen im Meer zu sehen. Das Musée du Débarquement gibt Aufschluss über die Ereignisse, im Rundum-Kino »Arromanche 360°« wird ein halbdokumentarischer Film gezeigt.

Arromanches-les-Bains

Bayeux (14 000 Einw., 27 km nordwestlich von Caen) ist Hauptort des Bessin, wie ihr mit Wiesen und Äckern überzogenes Hinterland genannt wird. Wie durch ein Wunder hat der Ort den Zweiten Weltkrieg ohne jeden Schaden überstanden. Den Mittelpunkt der hübschen Altstadt mit Bürgerhäusern aus dem 14.–18. Jh. markiert die gotische **Kathedrale Notre-Dame**, ein Meisterwerk der normannischen Gotik (13.–15. Jh.). Innen sind der Hauptaltar und das Chorgitter aus dem Barock bemerkenswert. Zum Schmuck der Kirche ließ Bischof Odo, der Bruder Wilhelms des Eroberers, um 1070/1080 den berühmten **Teppich von Bayeux** (Telle du Conquest, UNESCO-Welterbe) fertigen, einen 70 m langen und 50 cm breiten gestickten Fries. Es schildert in 58 zum Teil beschrifteten Szenen mit 623 Figuren,

✱ **Bayeux**

✱ ✱

Tapisserie de Bayeux

759 Tieren sowie 37 Bauten und Schiffen die Eroberung Englands im Jahre 1066 bis zur Krönung Wilhelms des Eroberers in Westminster (Abb. S. 50). Zu sehen ist er im Centre Guillaume-le-Conquérant (Rue Nesmond, tägl. geöffnet, Mai–Aug. 9.00–19.00, sonst 9.30 bis 12.30, 14.00–18.00 Uhr). Interessant sind das Musée Baron Gérard im Hôtel Doyen bei der Kathedrale und das Conservatoire de la Dentelle (6 Rue du Bienvenu), das auch Kurse im Spitzenklöppeln gibt. Das große **Musée Mémorial de la Bataille de Normandie** (tägl. geöffnet) liegt am südwestlichen Stadtrand, 200 m vom Britischen Soldatenfriedhof entfernt.

Hinterland der Côte de Nacre

Suisse Normande

Das schöne, von eindrucksvollen Felsformationen gesäumte Tal der Orne etwa 40 km südlich von Caen nennt sich stolz **Normannische Schweiz**, es erinnert tatsächlich an den Thurgau. Sportfans aller Art, vom Kajakfahrer über Wanderer und Mountainbiker bis zum Kletterer, haben die zauberhafte Gegend entdeckt. Hauptstandorte sind Thury-Harcourt (2000 Einw.) und **Clécy** (1200 Einw.), in Letzterem sind die Cafés am Fluss sehr beliebt. Landschaftliche Höhepunkte: die Orne zwischen Thury-Harcourt und Pont d'Ouilly, der **Roche d'Oëtre** südlich von Pont-d'Ouilly über der Rouvre-Schlucht (großartiger Ausblick) sowie die Nebentäler der Flüsse Vère und Noireau.

> ! *Baedeker* TIPP
>
> **Moulin du Vey**
>
> Ein wunderbarer Platz, um ein paar Urlaubstage an der Orne zu verbringen, ist die einstige Mühle in Clecy (mittlere Preiskategorie, Tel. 02 31 69 71 08, www.moulinduvey.com). Das Restaurant in einem noblen Gartenhaus im normannischen Stil serviert feine Regionalküche.

Falaise

Falaise (8500 Einw.) 35 km südlich von Caen wird von einer klotzigen Burg beherrscht: Hier kam 1027 **Wilhelm der Eroberer** als illegitimer Sohn des Herzog Robert und der schönen Arlette zur Welt. Erhalten sind der Donjon und ein 35 m hoher Rundturm (13. Jh.) sowie die Kirchen Ste-Trinité und St-Gervais (11.–16. Jh.).

Haras du Pin

Pferdeliebhaber sollten den Haras du Pin (15 km östlich von Argentan) nicht auslassen, eines der Nationalgestüte Frankreichs. In der prachtvollen Anlage (1715–1736) erfährt man viel über die Pferdezucht in der Normandie (April–Sept. tägl. geöffnet; Pferde- und Wagenparade Juni–Sept. Do. 15.00 Uhr).

Parc Naturel Régional de Normandie-Maine

Der Naturpark Normandie-Maine erstreckt sich mit 2350 km² im Süden der Normandie etwa zwischen Mortain im Westen und Alençon im Osten. 450 km² sind Wald, zahlreiche Gewässer bieten Möglichkeiten zum Kajakfahren oder Segeln. Die Maison du Parc im eindrucksvollen **Château de Carrouges** (15. Jh.) 26 km nordwestlich von Alençon informiert über Aktivitäten, Wander-, Fahrradwege etc.

Ausblick vom Croix de la Vaverie über die Schleifen der Orne

Alençon (28 000 Einw., 120 km südlich von Caen) war im 17./18. Jh. ein berühmtes Zentrum der **Spitzenherstellung** (»points d'Alençon«). Zwei Museen präsentieren die unglaublich aufwendig gearbeiteten Spitzen: Musée de la Dentelle (31 Rue Pont-Neuf, So. geschl.) und Musée des Beaux-Arts et de la Dentelle (Cour Carree de la Dentelle, Mo. geschl.); Letzteres besitzt auch flämische, französische und italienische Gemälde des 15.–20. Jh.s (u. a. Boudin, Buffet, Courbet). Die Kirche Notre-Dame wurde 1444 im Flamboyantstil fertiggestellt (Turm und Chor 18. Jh.); ein Juwel ist der filigrane **Portalvorbau** (1506), der selbst an Spitzenstickerei erinnert. Neben der Kirche die schöne Maison d'Ozé (15. Jh., Tourismusbüro). Mittelpunkt des hübschen Altstadtviertels St-Léonard – man beachte die schmiedeeisernen Balkone – ist die gleichnamige Kirche (15. Jh.).

Alençon

★
◄ Notre-Dame

Domfront (4000 Einw., 19 km westlich des Heilbads Bagnoles-de-l'Orne) thront malerisch 135 m über der Varenne auf einem schmalen Felskamm. Von der mittelalterlichen Grenzfestung ist noch ein Wachtturm aus dem 11. Jh. erhalten (herrlicher Ausblick), von den 24 Türmen der Stadtmauer 13. Sehenswert sind die Altstadt mit der kuriosen, quasi-neobyzantinischen Kirche (1924) sowie die Kirche Notre-Dame-sur-l'Eau am Fluss (Ende 11. Jh.); sehr hübsch der Blick auf Letztere von der Brücke über die Varenne.

Domfront

◄ weiter auf S. 600

UNTERNEHMEN OVERLORD

Die Wettervorhersage für den 5. Juni war eigentlich miserabel. Doch da entdeckten die Meteorologen der Alliierten ein Zwischenhoch. Der Oberkommandierende der alliierten Streitkräfte, General Eisenhower, erkannte die Gunst der Stunde und befahl, die Invasion in der Normandie am folgenden Tag zu beginnen. Die nächste Gelegenheit hätte sich aufgrund der Gezeitenverhältnisse erst zwei Wochen später ergeben.

Am 6. Juni 1944 begann die größte Militärinvasion aller Zeiten, die die Entscheidung im Zweiten Weltkrieg einleitete. Zwar hatten die deutschen Aufklärer die alliierten Funksprüche aufgefangen, sie gingen aber von einem Täuschungsmanöver aus und glaubten noch viel Zeit zu haben. Jahrelang hatten die Deutschen an ihren Verteidigungsanlagen gearbeitet, vor allem aber erwarteten sie die Landung der Alliierten am Pas de Calais, der schmalsten Stelle des Kanals. Statt dessen entschieden sich die Alliierten, die Operation zwischen der Orne-Mündung und der Halbinsel Cotentin durchzuführen.

In der Nacht vom 5. zum 6. Juni beschossen Luftwaffe und Marine der Alliierten den **Atlantikwall**, im Kanal sammelte sich eine gewaltige Flotte für die Landungsoperation, drei Luftlandetruppen flogen über sie hinweg zu ihren Absprungzonen. Trotz großer Verluste erreichten 23 000 Fallschirmjäger die Küste, eine britische Division im Osten und zwei amerikanische im Westen. Zwischen 6.30 und 7.30 Uhr erreichten rund 175 000 Soldaten aus neun Nationen und ca. 20 000 Fahrzeuge die französische Küste, die Briten und Kanadier an den Stränden **Gold**, **Juno** und **Sword** im Osten, die Amerikaner am **Utah Beach** und am **Omaha Beach** im Westen. Um das schwere Material an Land zu bringen, hatten sie Molen aus Betonfertigteilen mitgebracht, so genannte Mulberries, die vor Arromanches und am Omaha Beach im Meer versenkt wurden.

Der Anfang vom Ende

Zwar waren die Deutschen von dem Bomben- und Geschoßhagel der Luft- und Seestreitkräfte und von der Gewalt des Angriffs überrascht worden, doch konnten die Alliierten die fünf Landungsköpfe erst am 12. Juni zu einer einzigen, etwa 80 km langen Front verbinden. Am 26. Juni fiel Cherbourg, am 9. Juli Caen, die

▶ Landung der Alliierten 1944 **ZIELE** 599

Vor Arromanches sind noch Reste der »Mulberries« zu sehen.

beiden deutschen Schlüsselstellungen. Am 21. August 1944 endete die Schlacht um die Normandie in Tournai-sur-Dives. Die Deutschen hatten über eine Viertelmillion Soldaten verloren, ihre Divisionen waren weitestgehend vernichtet.

Die kanadischen und britischen Armeen stürmten weiter nach Norden, überquerten die Seine und stießen nach Belgien vor. Amerikanische Truppen näherten sich **Paris**, das die Deutschen kampflos und – gegen den Befehl Hitlers – ohne Zerstörungen übergaben. Eisenhower gewährte einer französischen Panzerdivision unter Charles de Gaulle die Ehre, am 25. August im Triumphzug in die Landeshauptstadt einzumarschieren.

Heute erscheint die mit Museen und Kriegsausstellungen, Denkmälern und Befestigungsanlagen übersäte Küste der Normandie zwischen Cabourg im Osten und der Halbinsel Cotentin im Westen als großes Freilichtmuseum, die den »D Day«, den »Jour J« oder den »Tag X« und die darauffolgenden Operationen auf mehr oder minder informative Weise vor Augen führen. Allerdings erzählt jedes Dorf seine eigene Geschichte und trägt so zum Mythos von der Rettung und Befreiung Frankreichs bei. Rund 4 Mio. Besucher im Jahr machen den »Schlachtfeld-Tourismus« zu einem wichtigen Erwerbszweig. Acht Tourismusstraßen, ausgeschildert als **Normandie – Terre Liberée**, führen durch die umkämpften Gebiete und zu den Soldatenfriedhöfen. Genaue Informationen geben die regionalen und die örtlichen Tourismusbüros.

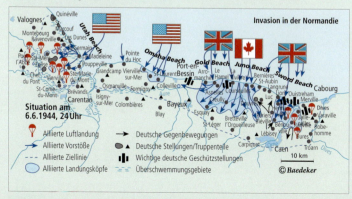

✶ Halbinsel Cotentin

Landschaft Die weit in den Ärmelkanal ragende Presqu'Ile du Cotentin bildet den westlichen Abschluss der Normandie. **Steilküsten** mit pittoresken Klippen und bizarren Felsformationen prägen ihr Bild, das weithin dem der Bretagne ähnelt. Sehr reizvoll ist auch die einsame, von Hecken durchzogene Wiesenlandschaft im Landesinneren (Bocages).

Parc Naturel Régional des Marais du Cotentin et du Bessin Der Naturpark Contentin-Bessin, der sich über 1500 km² um Carentan ausbreitet, umfasst Heckenlandschaft (Bocage) und kanaldurchzogene Marschen (Marais). Die Maison d'Accueil in St-Côme-du-Mont (3 km nördlich von Carentan) bietet Informationen und Exkursionen sowie Unterkunft (www.parc-cotentin-bessin.fr).

Isigny-sur-Mer Isigny-sur-Mer, noch westlich des Vire, ist eines der Zentren der normannischen Milchwirtschaft; Sahne (die auch zu Karamellen verarbeitet wird), Butter, Camembert und Pont l'Evéque von hier besitzen die AOP. Näheres erfährt man in der Cooperative Laitière (2 Rue du Docteur-Bourtois, Tel. 02 31 51 33 88, www.isigny-ste-mere.com).

Utah Beach Erste Station an der Cotentin-Küste ist der Utah Beach. Zahlreiche Monumente erinnern an die Invasion, die am 6. Juni 1944 um 0.30 Uhr mit dem Absprung US-amerikanischer Fallschirmjäger begann.

Ste-Mère-Eglise In Ste-Mère-Eglise, dem ersten eroberten Ort (bekannt durch den Hollywood-Klassiker »Der längste Tag«), erzählen in der Kirche ein Glasgemälde und das nahe Musée Airborne (Dez./Jan. geschl.) von den Ereignissen. Interessant ist die Ferme-Musée du Cotentin, in der das Landleben in der Normandie vor Augen geführt wird.

Fährhafen nach England und Marinestützpunkt Cherbourg

Normandie — ZIELE

Valognes

Valognes (7200 Einw.) wird wegen seiner vielen Stadtpaläste, erbaut als Winterquartiere des Landadels, als »normannisches Versailles« apostrophiert. Einen Eindruck vom Luxus bekommt man im Hôtel de Beaumont (18. Jh.). Im **Musée Régional du Cidre et du Calvados** erfährt man alles über die Herstellung der flüssigen Apfelprodukte.

Saint-Vaast-la-Hougue

An der Ostküste liegt das hübsche Städtchen St-Vaast-La-Hougue (2100 Einw.), ein beliebter Ferienort, der für seine Austernzucht bekannt ist. Die Insel Tatihou – bei Ebbe zu Fuß erreichbar – bekam im 17. Jh. von Vauban eine Festung (mit Museum); Mitte August findet hier ein Musikfestival statt, zu dem man durchs Watt wandert.

★ Barfleur

Das hübsche Dorf Barfleur (600 Einw.) besitzt einen guten Naturhafen, eindrucksvolle Granitfassaden erinnern daran, dass er einst einer der wichtigsten der Normandie war. Über Gatteville erreicht man die Landspitze **Pointe de Barfleur** mit 76 m hohem Leuchtturm (1835, 365 Stufen, spektakulärer Ausblick).

Cherbourg

Cherbourg (mit Octéville 40 000 Einw.) an der Nordküste besitzt den größten künstlichen Hafen der Welt, geschützt von einem 3700 m langen Damm. Er entstand ab 1853 als Kriegshafen – heute der drittgrößte Frankreichs – und war für den Transatlantikverkehr wichtig (an diese Zeit erinnern einige Bauten in Rue au Blé und Grande Rue). Hier legen Fähren nach Großbritannien ab. Einen ausgezeichneten Blick über Stadt und Hafen hat man von dem 110 m hoch im Südosten gelegenen **Fort du Roule** mit dem Musée de la Guerre et de la Libération. In der nach den Zerstörungen im Zweiten Weltkrieg nicht sehr attraktiv wiederaufgebauten Stadt lohnt der Besuch **Musée Thomas-Henry** (italienische und holländische Malerei, u. a. Fra Angelico, Filippo Lippi, J.-F. Millet, C. Claudel), der Kirche Ste-Trinité (1423–1504) und des Parks Liais. Die großen Attraktionen der **Cité de la Mer** (Jan. geschl.) in den Hallen des einstigen Überseehafens (1924) sind das U-Boot »Redoutable« und das Aquarium.

★ Cap de la Hague

Von Hameau-de-la-Mer kann man das wildromantische Cap de la Hague auf schönen Nebenstraßen umrunden. Von Dannery führt eine Stichstraße zum **Nez-de-Jobourg**, einer 127 m hohen, wild zerklüfteten und weit in den Atlantik vorspringenden Felsspitze (großartiger Ausblick). Auf der Halbinsel liegt auch die bekannte Wiederaufbereitungsanlage für nukleare Abfälle, die selbst kontaminiertes Wasser ins Meer leitet (Info: www.greenpeace.de).

Barneville-Carteret

Barneville-Carteret ist mit seinen langen Sandstränden ein beliebter Badeort, der geschützte Hafen Stützpunkt für Fischerboote und Jachten. Von der Höhe des Cap de Carteret schöner Ausblick.

Lessay

Dieses Städtchen (2000 Einw.) zwischen Carteret und Coutances besitzt ein 1050 gegründetes Kloster mit einer beeindruckend-schlich-

Coutances Auf einer Anhöhe – ca. 10 km von den frequentierten Stränden von Agon-Coutainville – liegt Coutances (9500 Einw.), nach dem die Halbinsel Cotentin benannt wurde. Den höchsten Punkt nimmt die Kathedrale Notre-Dame ein (1251–1274), eines der schönsten Beispiele der **normannischen Hochgotik**. Im eleganten Inneren sind die Glasfenster aus dem 13./14. Jh. zu beachten. Einen Besuch lohnen auch das Musée Quesnel-Morinière und der Jardin des Plantes. Um Himmelfahrt findet das Festival »Jazz sous les Pommiers« statt.

ten frühromanischen Kirche. Seit dem 12. Jh. findet hier am zweiten Sept.-Wochenende die berühmte **Foire Sainte Croix** statt, ein riesiger Bauernjahrmarkt; gehandelt wird mit Pferden, Eseln, Hunden, Großvieh und Geflügel, Hunderte von Lämmern werden verspeist.

Saint-Lô Saint-Lô (20 000 Einw.), zwischen Coutances und Bayeux über dem idyllischen Vire-Tal gelegen, wurde im Zweiten Weltkrieg weitgehend zerstört und nicht sehr schön wieder aufgebaut. Berühmt ist es für das **Nationalgestüt** (Haras, Führungen tägl. Juni–Sept., Juli/Aug. Mo.–Sa.). An bzw. in der Kirche Notre-Dame (13.–16. Jh.) sind die Außenkanzel und das große Glasfenster von Max Ingrand (1908–1969) zu beachten. Das Musée des Beaux-Arts besitzt u. a. Gemälde von Corot, Millet und Boudin.

Abbaye de Hambye Südöstlich von Coutances liegen im Tal der Sienne die Reste der 1145 gegründeten Abtei von Hambye (Di. geschl.): Teile der Abteikirche (1120–1200, schöne Gewölbe) und des Konvents.

Granville Die Lage der ummauerten Altstadt auf einem Felsrücken, ein Casino und ein großer Jachthafen machen den beliebten Badeort (13 000 Einw.) zum »Monaco des Nordens«. In der Villa »Les Rhumbs«, in der **Christian Dior** (1905–1957) zur Welt kam, wird das Schaffen des Modezars dokumentiert (Mitte Mai–Mitte Sept. tägl.). Bei der Place de l'Isthme (wunderbarer Ausblick) das Musée R.-Anacréon mit Gemälden des 20. Jh.s; in der Grande Porte illustriert das Musée du Vieux-Granville die regionale Geschichte. Vorbei an der gotischen Kirche Notre-Dame (15./16. Jh., mit Madonnenstatue aus dem 14. Jh.) erreicht man den Leuchtturm an der Pointe du Roc. Ausflüge zur **Grande Ile Chausey** und zur britischen Insel **Jersey**, die für ihre prächtige Flora bekannt sind.

> ! **Baedeker TIPP**
>
> **Französisches England**
> Von Barneville-Carteret und Granville kann man – ohne Auto – zur britischen Kanalinsel Jersey übersetzen (Ankunft in Gorey oder St. Helier), ein empfehlenswerter, allerdings nicht ganz billiger Ausflug. Auf der Insel bewegt man sich per Bus, Mietauto oder Taxi. Ausführliche Informationen findet man im Baedeker »Kanalinseln«.

Avranches In Avranches (8200 Einw.) an der Baie du Mont St-Michel fand 1172 ein Konzil statt, auf dem Heinrich II. von England nach seinem

Unverkennbar britisch ist das Bild auf der Grand Ile im Chausey-Archipel.

Mord an Thomas Becket freigesprochen wurde. Die Kathedrale wurde in der Französischen Revolution zerstört. Von der »Plate-forme«, ihrem Standort, und vom Jardin des Plantes hat man einen wunderbaren Blick auf die Sélune-Mündung und den ▶ **Mont St-Michel**. Einen Besuch wert ist die Basilika St-Gervais-et-St-Protais von Ende des 19. Jh.s mit 74 m hohem Turm und Musée du Trésor. Im alten Bischofspalast (Musée Municipal) sind Kunstwerke seit dem Mittelalter und volkskundliche Sammlungen zu sehen, im Hôtel de Ville kostbare **mittelalterliche Handschriften vom Mont St-Michel**.

Orange

M 8

Région: Provence – Alpes – Côte d'Azur
Département: Vaucluse
Höhe: 46 m ü. d. M.
Einwohnerzahl: 30 000

Orange, ein ruhiges Städtchen im unteren Rhône-Tal, ist für seine Opernfestspiele und die beeindruckenden Baudenkmäler aus der Römerzeit berühmt, die zum Welterbe der UNESCO zählen.

Vor den Mauern des römischen Arausio trafen 105 v. Chr. römische Truppen zum ersten Mal auf die Kimbern und Teutonen, wobei 100 000 Römer den Tod fanden. In der Zeit der Pax Romana hatte Orange, in dem Veteranen angesiedelt wurden, viermal so viele Einwohner wie heute. Im Jahr 1544 fiel die Stadt als Hauptort eines kleinen Fürstentums an die niederländische Linie des Hauses Nassau, weshalb Mitglieder des niederländischen Königshauses den Titel Prinz bzw. Prinzessin von Oranien-Nassau führen und viele Niederländer die Stadt besuchen.

Ein wenig Geschichte

Sehenswertes in Orange

Arc de Triomphe ★★
An der N 7 nördlich vor der Stadt begrüßt ein um 20 v. Chr. errichteter, 22 m hoher Triumphbogen, das schönste Beispiel seiner Art in Frankreich (Westteil großenteils rekonstruiert). Eine Bronze-Quadriga und vier Statuen bekrönten einst die obere Attika, in deren Relief eine Gallierschlacht dargestellt ist; links und rechts darunter sind gallische Schiffstrophäen zu sehen, an der Ostseite gefangene Gallier.

Théâtre Romain ★★
Im Süden der Altstadt steht das **römische Theater**, das besterhaltene aus der Antike (geöffnet Juni–Aug. 9.00–19.00, April, Mai, Sept. 9.00–18.00, März, Okt. 9.30–17.30, Jan., Febr., Nov., Dez. 9.30 bis 16.30 Uhr). Es wurde zu Beginn der Kaiserzeit angelegt, wohl aber im 2. Jh. n. Chr. erneuert; es bot ca. 10 000 Besuchern Platz und besitzt eine ausgezeichnete Akustik. Die gewaltige Bühnenwand (103 m breit, 36 m hoch) trägt noch Reste der reichen Verzierung; als einzige überhaupt besitzt sie noch die Kaiserstatue (Augustus, 3,55 m hoch). Im Sommer finden hier diverse kulturelle Veranstaltungen statt, u. a. die berühmten **Chorégies** (Opern). Westlich schließt die Ruine eines römischen **Tempels** an, der den Abschluss eines 400 m langen Stadions bildete. Ihm gegenüber das **Stadtmuseum** (Musée Municipal) mit antiken Funden; bedeutend sind die römischen Katasterpläne.

Hôtel de Ville
Notre-Dame
In der Stadtmitte steht das Rathaus von 1671, wenige Schritte nördlich die romanische Kathedrale Notre-Dame (1083–1126), die in den Religionskriegen schwer beschädigt und später rekonstruiert wurde. Einen schönen Blick über die Stadt bis zum Mont Ventoux bietet die **Colline St-Eutrope** mit den Ruinen der Oranierburg.

Orange Orientierung

Essen
① Parvis

Übernachten
① Arène

Umgebung von Orange

Châteauneuf-du-Pape (2000 Einw., ca. 10 km südlich) ist einer der **berühmtesten Weinorte Frankreichs**. Sein Name steht für einen mächtigen Rotwein aus bis zu 13 Rebsorten, die auf den Kiesbänken östlich der Rhône zwischen Orange und Avignon gedeihen. Von hier ging 1923 der Anstoß zur Kontrolle der Weinqualität und der Herkunftsbezeichnungen aus (AOC, heute AOP). In den Caves Brotte-Père Anselme informiert ein Museum über den Weinbau der Region. Auskunft zu Winzern, Degustationen etc. gibt das Tourismusbüro an der Place du Portail. Der Ort gruppiert sich um einen rebenbestandenen Hügel mit den Resten der Burg, die sich sich Papst Johannes XXII. bis 1333 erbauen ließ (1944 von deutschen Truppen gesprengt). Ihr Keller ist Sitz der »Échansonnerie des Papes« (Ausstellungen etc.) Auf der anderen Seite der Rhône ist die Burg von Roquemaure zu sehen, in der Papst Clemens V. im Jahr 1314 starb.

Châteauneuf-du-Pape

Pont-St-Esprit (9200 Einw.) 23 km nordwestlich von Orange heißt nach seiner 1265–1309 errichteten, knapp 1000 m langen **Rhône-Brücke** mit 25 Bögen (19 davon alt). Einen schönen Blick hat man von der Terrasse zwischen den Kirchen St-Saturnin und St-Pierre (17. Jh.). Südlich geht von der Place St-Pierre die Rue St-Jacques ab; dort sind u. a. in der Maison des Chevaliers ein Museum für sakrale Kunst und die alte Apotheke aus dem Hospiz interessant.

Pont-Saint-Esprit

 ORANGE ERLEBEN

AUSKUNFT
Office de Tourisme
5 Cours A. Briand, 84100 Orange
Tel. 04 90 34 70 88, Fax 04 90 34 99 62
www.otorange.fr, www.ville-orange.fr

ESSEN
▶ **Erschwinglich**
① *Le Parvis*
55 Cours Pourtoules
Tel. 04 90 34 82 00, So./Mo. geschl.
Eines der besten Restaurants der Stadt. Moderne provenzalische Küche in freundlich-elegantem Rahmen.

ÜBERNACHTEN
▶ **Komfortabel**
① *Arène*
Place Langes, Tel. 04 90 11 40 40
www.hotel-arene.com. Hübsches Haus aus dem 18. Jh., ruhige, komfortable Zimmer, mit Gartenrestaurant. Für die Festspiele früh buchen.

OPERNFESTIVAL
Mitte Juli – Anf. Aug., Info/Karten: Chorégies d'Orange, Place Silvain, BP 205, 84107 Orange Cedex, Tel. 04 90 34 24 24, www.choregies.com

Nördlich von Pont-St-Esprit mündet die Ardèche, die am Rand des Massif Central entspringt, in die Rhône. Zwischen Vallon-Pont-d'Arc und der Mündung (ca. 60 km) liegen die bis zu 300 m tief eingeschnittenen, beeindruckenden Ardèche-Schluchten. Die D 290 verläuft teils in, teils über der Schlucht und bietet gute Aussichtspunkte. Der Fluss, der unter Naturschutz steht, ist im Sommer ein frequentiertes Kajakrevier (Bootsverleihe). In der Region der Gorges gibt es großartige Tropfsteinhöhlen, so den Aven d'Orgnac südlich bei Orgnac und der Aven de Marzal nördlich zwischen Bidon und St-Remèze. 1995 wurde bei Vallon-Pont d'Arc die Chauvet-Höhle mit den ältesten Bildern der Welt entdeckt (▶Baedeker-Special S. 660).

✶✶ Gorges de l'Ardèche

Orléans

J 5

Région: Centre
Département: Loiret

Höhe: 110 m ü. d. M.
Einwohnerzahl: 113 200

Bei Orléans erreicht die ▶ Loire ihren nördlichsten Punkt. Berühmt ist die lebhafte Handels- und Universitätsstadt durch Jeanne d'Arc, die »Jungfrau von Orléans«, die im Hundertjährigen Krieg gegen die Engländer die Wende herbeiführte.

Orléans, nach Tours die größte Stadt an der mittleren Loire, liegt zwischen der fruchtbaren Beauce und der wald- und seenreichen Sologne. In der Hauptstadt der Région Centre und des Départements Loiret haben Gartenbau und Industrie (Nahrungsmittel, Elektronik, Maschinen, Pharmazie) große Bedeutung.

Wirtschaft

Im 3. Jh. war Orléans als Aurelianum ein wichtiger Straßenknotenpunkt. 498 eroberte es der Frankenkönig Chlodwig, der es zum Mittelpunkt seines Reichs machte. Schon 1305 wurde die Universität gegründet. Im Hundertjährigen Krieg war Orléans das letzte Bollwerk der Franzosen gegen die Engländer: Die 17-jährige **Jeanne d'Arc** führte das Heer an, das die belagerte Stadt am 7./8. Mai 1429 befreite. Während der Religionskriege – Orléans war damals ein bedeutendes Zentrum des Protestantismus, Calvin studierte hier – wurde die Stadt nach 1563 zu großen Teilen zerstört. Zucker- und Textilindustrie machten die Stadt ab dem 17. Jh. reich. Im Juli 1940 fiel ein Teil der Altstadt deutschen Bomben zum Opfer.

Aus der Geschichte

Sehenswertes in Orléans

Markantester Punkt ist die mächtige Heiligkreuz-Kathedrale – nach Ansicht von Marcel Proust die hässlichste in Frankreich. Die West-

Cathédrale Ste-Croix

← *Der Pont d'Arc am Oberlauf der Ardèche, über 30 m hoch und weit*

front, die mit 81 m hohen Türmen die prächtig-langweilige Rue Jeanne d'Arc dominiert, entstand erst 1767–1793, was ihre Merkwürdigkeiten erklärt (u. a. Barockdekor, Turmkronen). Der 114 m hohe Vierungsturm wurde 1858 fertiggestellt. Die Baugeschichte ist somit sehr bewegt: Der romanische Vorgängerbau stürzte im 13. Jh. ein, an der neuen Kathedrale wurde von 1278 bis ins 16. Jh. gearbeitet; in den Religionskriegen wurde sie 1568 weitgehend zerstört, 1601–1829 wieder aufgebaut. Das steril-gleichförmige Innere beeindruckt durch seine Maße (136 m lang). Zu beachten sind die Orgel (17. Jh.), das herrliche **Chorgestühl** (1706) und die barocke Marmor-Pietà von Bourdin (1623) in der mittleren Chorkapelle. Im linken Querhaus triumphiert eine **Hl. Johanna** (1912) über die englischen Leoparden, neben dem Altar das Grabmal für den Kardinal Touchet (1927), der ihre Heiligsprechung betrieb. In der Krypta sind Reste der Vorgängerbauten zu sehen, außerdem der Kirchenschatz.

Musée des Beaux-Arts

Das Museum für bildende Kunst (Mo. geschl.) besitzt vorzügliche Werke des 15.–19. Jh.s, u. a. Sieneser Meister, Tintoretto, Van Dyck, Boucher, Watteau, Gauguin (die bekannte »Fête Gloanec«), Soutine, Dufy, außerdem Skulpturen von Maillol, Zadkine und anderen.

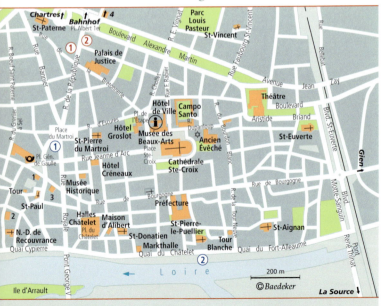

Orléans Orientierung

1 Maison de Jeanne d'Arc
2 Hôtel Toutin
3 Centre Péguy
4 Muséum d'Histoire Naturelle

Essen
① La Chancellerie
② Le Girouet

Übernachten
① Hôtel d'Arc
② Hôtel de l'Abeille

Hôtel Groslot

Das Hôtel Groslot, ein überaus reich dekorierter Ziegel-Werkstein-Bau, wurde 1549–1555 für den Gouverneur von Orléans errichtet. Hier starb 1560 der knapp 17-jährige König Franz II., der mit seiner Frau Maria Stuart die Generalstände besuchte; auch andere Könige hielten sich hier auf. Die Statue der Jeanne d'Arc vor der Treppe ist ein Werk von Marie d'Orléans, Tochter des Bürgerkönigs Louis-Philippe. Im Park Reste der Chapelle St-Jacques (Ende 15. Jh.).

Place du Martroi

Die belebte Place du Martroi, Mittelpunkt der Altstadt, wird geziemend von einem heroischen Reiterstandbild der Jeanne d'Arc geziert (D. Foyatier, 1855), am Sockel Reliefs mit Szenen aus ihrem Leben. Die nach Norden führende **Rue de la République** ist die Haupteinkaufsstraße; in der Rue d'Escures (östlich) stehen Häuser aus dem 17. Jh.; die nach Süden führende Rue Royale wurde um 1760 angelegt. Die Rue Royale führt hinunter zum 330 m langen Pont George V von 1755, von dem man einen schönen Blick auf die Stadt hat.

ORLÉANS ERLEBEN

AUSKUNFT

Office de Tourisme
2 Place de l'Etape, 45000 Orléans
Tel. 02 38 24 05 05
www.tourisme-orleans.com
www.orleans.fr

FESTE & EVENTS

Ende April/Anf. Mai: Fêtes Johanniques zu Ehren der Jeanne d'Arc mit Konzerten, historischem Umzug und feierlicher Messe in der Kathedrale. Zweite Juni-Hälfte: Orléans Jazz. Vorletzte Sept.-Woche, ungerade Jahre: Festival de la Loire mit alten Schiffen, großem Kulturprogramm und Illumination. Aktuelle Termine in »Orléans Poche«.

ESSEN

▶ **Preiswert**

① *La Chancellerie*
27 Place du Martroi, Tel. 02 38 53 57 54. Bekannteste Brasserie von Orléans, in einem noblen Haus aus dem 18. Jh. am schönsten Platz der Stadt, im Sommer mit Terrasse. Große Auswahl an Gerichten und an Weinen. Das »Martroi« ist ebenfalls preisgünstig und sehr angenehm.

② *Le Girouet*
14 Quai Châtelet, Tel. 02 38 81 07 14
Sympathischer kulinarischer Ankerplatz mit Terrasse an der Loire, auch Speise- und Weinkarte haben Bezug zum Fluss. Flotter Service.

ÜBERNACHTEN

▶ **Komfortabel**

① *Hôtel d'Arc*
37 ter Rue de la République, Tel. 02 38 53 10 94, www.hoteldarc.fr
Traditionshotel aus dem Jugendstil. Moderne, schlichte Zimmer mit Schallschutzfenstern, ein Schmuckstück ist der alte Lift.

▶ **Günstig / Komfortabel**

② *Hôtel de l'Abeille*
64 Rue d'Alsace Lorraine
Tel. 02 38 53 54 87
www.hoteldelabeille.com
Wer es nostalgisch mag – bei modernem Komfort –, ist hier richtig. Liebevoll gestaltete Zimmer.

In Orléans dreht sich alles um die Jeanne d'Arc auf der Place du Martroi.

Musée Historique

Im eleganten Hôtel Cabu von 1550 zeigt das Musée Historique des Orléanais Funde von der gallorömischen Zeit (u. a. **Schatz von Neuvy-en-Sullias**) bis zum Mittelalter. Geöffnet Mai–Sept. Di.–Sa., sonst nur Mi.nachmittag.

Weitere Sehenswürdigkeiten

Im originalgetreu rekonstruierten Fachwerkhaus, in dem Jeanne d'Arc 1429 wohnte, ist ihr ein Museum gewidmet. Die Kapelle N.-D.-des-Miracles (15. Jh.) birgt eine schwarze Muttergottes (16. Jh.). Das Hôtel Toutin (1540), das dem Kammerherrn des Sohnes von Franz I. gehörte, besitzt einen schönen Innenhof. In der Kirche Notre-Dame-de-Recouvrance (1519) sind neben Renaissanceplastiken im Chor schöne Glasfenster (11. Jh.) zu sehen. Die dem tapferen Bischof von Orléans geweihte Kirche St-Aignan stammt aus dem 15./16. Jh.; die 1029 vollendete Krypta des Vorgängerbaus ist eine der frühesten und größten gewölbten Hallenkrypten in Frankreich.

Umgebung von Orléans

La Source Parc Floral

In Orléans-La-Source (8 km südlich) entstand 1959–1963 die Universität. Im 35 ha großen, herrlichen Blumengarten entspringt der **Loiret**, der 12 km lange Loire-Nebenfluss, nach dem das Département benannt ist (zu erreichen mit Tram 1).

Forêt d'Orléans

Château Chamerolles ▶

Nordöstlich der Stadt breiten sich große Wälder und Heidegebiete aus. 25 km nordöstlich von Orléans, 3 km östlich von Chilleurs-aux-Bois, steht das elegante Château Chamerolles, das zu Beginn des 16. Jh.s aus einer Wasserburg des 12. Jh. entstand. Im Südflügel ist ein interessantes Parfümmuseum untergebracht, im schönen Renaissance-Garten werden auch Gewürzpflanzen gezogen. Auf dem Rückweg nach Orléans kann man im idyllischen Etang de la Vallée baden und am 1692 angelegten **Canal d'Orléans** entlangfahren.

▶ Paris ZIELE 611

★★ Paris

Région: Ile de France
Département: Ville de Paris
Höhe: 27–129 m ü. d. M.
Einwohner: 2,2 Mio.

Eiffelturm, Champs-Élysées, Louvre, Montmartre, Quartier Latin, Notre-Dame, Mekka des Savoir-vivre, multikulturelle Metropole – der unsterbliche Mythos und die einzigartige Atmosphäre machen die Hauptstadt Frankreichs für viele zur schönsten Stadt der Welt.

Paris, Sitz der Regierung, aller wichtigen Behörden und zahlreicher internationaler Organisationen, liegt im Norden Frankreichs in der ▶ Ile-de-France. Mit den gut 11 Mio. Menschen, die im Großraum leben, ist es trotz der fortschreitenden Regionalisierung – mehr als jede andere europäische Hauptstadt – nach wie vor *das* politische, administrative, geistige, kulturelle und wirtschaftliche Zentrum des Landes. Die Stadt, die sich zu beiden Seiten der Seine ausbreitet und vom Montmartre (129 m), den Buttes-Chaumont (101 m) und der Montagne de Ste-Geneviève (60 m) überragt wird, ist von außerordentlichem Reiz. Die UNESCO hat die großartigen Bauten entlang des Seine-Ufers zwischen Pont de Sully und Pont d'Iéna – Notre-Dame, Pont-Neuf, Louvre, Invalidendom, Ste-Chapelle und Eiffelturm – und die Ile St-Louis zum Welterbe erklärt. Daneben sind es die Parks, die stillen Straßen der alten Wohnviertel, die Cafés und Bistros, bunte Märkte, die klassische Eleganz oder die Verrücktheiten der Modeateliers, die Gastronomie und das schier unendliche Kulturangebot, die zum einzigartigen Flair der französischen Metropole beitragen – das im Jahr 8 Mio. ausländische Besucher genießen.

Zentrum Frankreichs

Kleine Geschichte von Paris

Auf der Ile de la Cité lag die gallische Festung **Lutetia Parisiorum**, die 52 v. Chr. von den Römern erobert wurde. Diese gründeten am linken Ufer ihre Stadt, die nach Zerstörung durch Franken und Alemannen im 3. Jh. aufgegeben wurde. Unter den Merowingern wurde Paris Hauptstadt des Fränkischen Reichs und unter den Kapetingern im 10. Jh. Kern des französischen Reichs. Bereits im 13. Jh. war Paris mit einer hochberühmten **Universität** ein Mittelpunkt der abendländischen Kultur. Die um 1200 errichtete Mauer Philipps II. August war längst zu eng geworden, als Étienne Marcel – der Vorsteher der Kaufmannschaft, der die Stadtregierung an sich gerissen hatte – 1356 den Bau einer neuen Umwallung begann, die von der Seine bis zu den heutigen Großen Boulevards und zur Porte St-Denis reichte.

Antike und Mittelalter

Im 15. Jh. hemmte der Hundertjährige Krieg das weitere Wachstum. Unter König **Franz I.** begann eine neue Bautätigkeit (Louvre, Tuilerien, Hôtel de Ville), der eigentliche Aufschwung setzte aber erst

Renaissance und Absolutismus

Paris Orientierung

- Tour 1
- Tour 2
- Tour 3
- Tour 4

PARIS ERLEBEN

AUSKUNFT

Office de Tourisme et des Congrès
25 Rue des Pyramides, 75001 Paris
Tel. 08 92 68 30 00
http://de.parisinfo.com, www.paris.fr
Infobüros: 25 Rue des Pyramides, Carrousel du Louvre (Pyramide Inversée), Gare de Lyon, Gare du Nord, Gare de l'Est, 21 Place du Tertre (Montmartre), Porte de Versailles

Espace Tourisme de l'Ile-de-France
Carrousel du Louvre, 75001 Paris
Tel. 08 26 16 66 66
www.neues-paris-ile-de-france.fr

ANREISE

Die Autobahnen aus allen Richtungen münden auf den Boulevard Péripherique, der das Stadtgebiet umschließt. Die Flughäfen Roissy Charles de Gaulle (CDG) und Orly (www.aeroportsdeparis.fr) sind durch die RER sowie die Busse der RATP (Roissybus, Orlybus) und der Air France mit der Innenstadt verbunden. Die Kopfbahnhöfe der SNCF bedienen bestimmte Himmelsrichtungen: Norddeutschland Gare du Nord; Süddeutschland, Nordschweiz Gare de l'Est; Südschweiz Gare de Lyon.

VERKEHR

Man benützt am besten die öffentlichen Verkehrsmittel. Die RATP (www.ratp.fr) betreibt Untergrundbahn (Métro), Busse, Tram T3, die Vorortbahn RER und den Orly-Zubringer Orlyval. RER und Métro verkehren 4.45/5.20 – 1.20, Busse bis 20.30 Uhr (mit ausgedünntem Netz bis 0.30 Uhr, danach die Noctiliens). Die Métro fährt in den Stoßzeiten im 90-Sek.-Abstand, sonst alle 2 – 7 Minuten. Netzpläne erhält man u. a. in den Tourismusbüros und in den Metro-/RER-Stationen. Die Karte »Paris Visite« (1, 2, 3, 5 Tage) umfasst alle Verkehrsmittel in Paris und Teilen der Ile-de-France (z. B. Versailles, Fontainebleau) sowie Ermäßigung für eine Reihe von Sehenswürdigkeiten. Der Pass Navigo ist für Touristen nur in der Version Navigo Découverte erhältlich (5 €, Passfoto nötig). Taxis, deren Schild auf dem Dach leuchtet, kann man auf der Straße anhalten.

STADTRUNDFAHRTEN

Busse von L'Open Tour, Cityrama und RATP (Balabus). Seine-Boote von Bateaux Parisiens, Bateaux Mouches, Canauxrama und Vedettes de Paris.

FESTE & EVENTS

21. Juni: Fête de la Musique. 3. Juni-So.: Course des Garçons et Serveuses de Café (8-km-Lauf der Kellner und Serviererinnen mit Tablett). Nationalfeiertag: Am Abend des 13. Juli Tanz bei den Feuerwachen der ganzen Stadt; am 14. Juli um 10.00 Uhr Militärparade auf den Champs-Élysées, gegen 23.00 Uhr Feuerwerk auf dem Champ de Mars. Ca. 20. Juli bis 20. Aug. Paris Plage: Das Nordufer der Seine wird zum 2 km langen Sandstrand, abends gibt es Musik und Tanz. Ende Juli: Zielankunft der Tour de France auf den Champs-Élysées. Sept. – Dez.: Festival d'Automne mit Kunst, Musik und Theater. 31. Dez.: Silvesterfeiern, v. a. am Eiffelturm und auf den Champs-Élysées. Veranstaltungstermine in »L'Officiel des Spectacles«, »Pariscope«, »Time Out« sowie in den Tageszeitungen.

MUSEEN

Die meisten Museen sind Mo. geschlossen, der Louvre am Dienstag. Der Paris Museum Pass (in Tourismusbüros, FNAC-Läden und angeschlossenen Einrichtungen) gewährt Zutritt zu über 60 Museen etc. in Paris und in der ▶Ile-de-France. Er rechnet sich nur selten, macht aber das Schlangestehen überflüssig.

EINKAUFEN

Mode: Rue du Fbg. St-Honoré, Viertel Av. Georges V / Avenue Montaigne / Champs-Élysées, um die Place des Victoires, St-Germain-des-Près, Marais (Pl. des Vosges / Rue des Rosiers). Schuhe: Rue de Grenelle, Rue Cherche-Midi, Rue de Rennes. Schmuck: Marais, Viertel zwischen Garnier-Oper, Rue Royale und Place Vendôme. Delikatessen: Place Madeleine, Rue Montorgueil, Rue Poncelet.

ESSEN

▶ Fein & teuer

① *Jules Verne*
Tour Eiffel (2. Plattform)
Tel. 08 25 56 66 62
www.restaurants-toureiffel.com
Das eindrucksvollste Restaurant der Stadt – Paris liegt einem zu Füßen. Schlichtes Interieur, die klassische Küche steht dem Panorama nicht nach. Normale Preise hat das »Altitude 95« auf der 1. Plattform.

② *Spoon*
12 Rue Marignan (8. Arr.), im Hotel Marignan, Tel. 01 40 76 34 44, Sa./So. und ca. 25.7.–25.8. geschl.
Ambitioniertes Bistro von Alan Ducasse in japanisch angehauchtem modernem Interieur, dennoch nicht steif. Fantasievolle Crossover-Küche.

▶ Erschwinglich

③ *Chez Georges*
1 Rue du Mail (2. Arr.)
Tel. 01 42 60 07 11, So. und Aug. geschl. Ein Bistro wie aus dem Bilderbuch nahe der Pl. des Victoires, ein Hort der traditionellen Küche.

④ *Thoumieux*
79 Rue St-Dominique (7. Arr.)
Tel. 01 47 05 49 75. Echte Pariser Brasserie aus den 1930er-Jahren mit langen Tischen, roten Bänken und einfachen Gerichten. Herzhafte Küche des Südwestens. Mit Zimmern.

⑤ *Les Caves Solignac*
9 Rue Decrès (14. Arr.)
Tel. 45 45 58 59, Sa./So. geschl.
Etwas abgelegen im Montparnasse, aber lohnend: Gemütliches kleines Lokal mit unprätentiöser traditioneller Küche. Zum Sich-Wohlfühlen.

▶ Preiswert / Erschwinglich

⑥ *Chartier*
7 Rue du Faubg-Montmartre (9. Arr.)
Tel. 01 47 70 86 29

Ein Juwel der Belle Époque, seit der Eröffnung 1896 gibt es die gleichen deftigen Sachen wie Eintopf, Kalbsblanquette und Blutwurst, bedienen Kellner in langer weißer Schürze, schwarzer Weste und Fliege in dem einer Bahnhofshalle ähnelnden Saal.

⑦ *Ambassade d'Auvergne*
22 Rue du Grenier St-Lazare (3. Arr.)
Tel. 01 42 72 31 22, tägl. geöffnet
Eine handfeste Adresse nahe dem Marais, authentische Küche der Auvergne in entsprechendem, aber durchaus gediegenem Rahmen. Gute Karte mit preiswerten Weinen.

⑧ *Brasserie de l'Isle St-Louis*
55 Quai de Bourbon (4. Arr.)
Tel. 01 43 54 02 59, Mi. und Aug. geschl. Sehr schön in der Seine gelegen mit Blick auf die Strebebögen von Notre-Dame. Seit 1870 genießt man in drangvoller Enge elsässische Küche. Wein zu vernünftigen Preisen.

ÜBERNACHTEN

▶ Luxus

① *Crillon*
10 Place de la Concorde (8. Arr.)
Tel. 01 44 71 15 00, www.crillon.com
Die beste Adresse in Paris und eines der vornehmsten (und teuersten) Hotels der Welt. Von derselben Klasse ist das Restaurant Les Ambassadeurs (So. Brunch, Mo. geschl.).

② *Relais Christine*
3 Rue Christine (6. Arr.)
Tel. 01 40 51 60 80
www.relais-christine.com
Nobles, charmantes Stadtpalais in einem Augustinerkloster des 13. Jh.s mitten in St-Germain-des-Prés, dennoch sehr ruhig. Frühstück in der schönen eingewölbten Klosterküche.

▶ Komfortabel

③ *Lenox St-Germain*
9 Rue de l'Université (7. Arr.)
Tel. 01 42 96 10 95
www.lenoxsaintgermain.com
Hübsche Ausstattung im englischen Stil. Die Art-déco-Bar hat bis in den frühen Morgen geöffnet. In der Umgebung kann man in Buchläden und Antiquitätengeschäften stöbern.

④ *Place des Vosges*
12 Rue de Birague (4. Arr.)
www.hotelplacedesvosges.com
Tel. 01 42 72 60 46. Ruhig und schön bei der Place des Vosges gelegenes freundliches Haus aus dem 17. Jh. Salon im Stil eines französischen Schlosses, die Zimmer sind moderner.

⑤ *Vieux Marais*
8 Rue du Plâtre (4. Arr.), Tel. 01 42 78 47 22, www.vieuxmarais.com
In einer ruhigen Seitenstraße nahe dem Centre Pompidou, schlicht-moderne Gestaltung ohne Blümchentapeten und Brokat.

⑥ *Hameau de Passy*
48 Rue de Passy (6. Arr.)
Tel. 01 42 88 47 55, Fax 01 42 30 83 72
www.paris-hotel-hameaudepassy.com
Das 16. Arr. zwischen Trocadéro und Bois de Boulogne gilt als besonders schnieke, die Rue Passy, seine Hauptstraße, ist gespickt mit Jugendstilfassaden und teuren Geschäften. Versteckt und ruhig gelegenes Hotel mit kleinen, modernen Zimmern.

▶ Günstig

⑦ *Avre*
21 Rue de l'Avre (5. Arr.)
www.hoteldelavre.com, Tel. 01 45 75 31 03. In einer relativ ruhigen Seitenstraße des Blvd. de Grenelle südlich des Champ de Mars. Freundliche Zimmer zur Straße oder zum Garten, wo man frühstücken kann.

⑧ *St-André des Arts*
66 Rue St-André des Arts (6. Arr.)
www.france-hotel-guide.com, Tel. 01 43 26 96 16. Wunderbar altmodisches Hotel mitten in St-Germain mit sehr freundlicher Atmosphäre. Gemütliche Zimmer für 1–4 Menschen.

▶ Bed & Breakfast, Appartements

Alcove & Agapes
Tel. 01 44 85 06 05
www.bed-and-breakfast-in-paris.com
France Appartements
Tel. 01 56 89 31 00
www.rentapart.com
Bed and Breakfast
Tel. 1 800 872 26 32
www.parisbandb.com

nach dem Ende der Religionskriege unter **Heinrich IV.** ein. Unter Ludwig XIII. wurde die unter den Valois begonnene Erweiterung des Mauerrings am rechten Ufer in der ganzen Ausdehnung der Großen Boulevards auch westlich der Porte St-Denis durchgeführt. Ab 1614 wurde die Insel St-Louis geschaffen und bebaut. **Ludwig XIV.** stattete Paris mit vielen Monumentalbauten aus: Louvre-Kolonnade, Hôtel des Invalides, Kirchen, Place Vendôme. Kurz vor der Revolution wurden die neuen Quartiere zur Überwachung des Stadtzolls mit der »Enceinte des Fermiers Généraux« umschlossen, die an beiden Ufern auf der Linie der heutigen Außenboulevards vom Arc de Triomphe im Westen zur Place de la Nation im Osten verlief. Während und nach der **Revolution** wurden die meisten Pariser Klöster, die große Flächen in bester Lage einnahmen, aufgehoben und verschwanden.

Französische Revolution

Im Ersten Kaiserreich (1804–1814) war Paris der Mittelpunkt Europas. Was **Napoleon I.** auf seinen Kriegszügen erbeutete, kam seiner Hauptstadt zugute. Er begann den Durchbruch der Rue de Rivoli, die Börse, die Madeleine u. a.; bei seinem Sturz war das meiste noch unvollendet, auch der Arc de Triomphe. Die Juli-Monarchie (1830 bis 1848) setzte den unter Napoleon I. begonnenen Ausbau eifrig fort: Über 100 Mio. Goldfrancs wurden in Straßen, Kirchen, Staatsgebäuden, Brücken usw. gesteckt. Noch einmal wurde Paris mit einer Mauer umschlossen, die 13 Dorfgemeinden der Stadt einverleibte.

Erstes Kaiserreich

Julikönigtum

Alle bisherige Bautätigkeit wurde unter Napoleon III. überboten, der 1853 **G.-E. Haussmann** zum Präfekten machte. Durch ihn wurde Paris, das bis dahin – abgesehen von den alten Boulevards – den engen mittelalterlichen Charakter bewahrt hatte, zu der Stadt, wie wir sie heute kennen. Etwa 25 000 Häuser wurden abgerissen, 70 000 gebaut. Mit den Boulevards de Strasbourg und de Sébastopol am rechten Seine-Ufer sowie den Boulevards du Palais und St-Michel wurde der Anfang gemacht. Dann kamen die Boulevards Haussmann und Magenta am rechten, St-Germain am linken Ufer, die Verlängerung der Rue de Rivoli, die Avenue de l'Opéra sowie das Stadtviertel der Champs-Elysées. Unter den öffentlichen Gebäuden sind v. a. die neuen Flügel des Louvre und das Opernhaus zu erwähnen.

Napoleon III.

In der Dritten Republik wurden weitere Straßen durch alte Substanz geschlagen. Das Verkehrswesen erfuhr eine außerordentliche Steigerung, v. a. durch den Bau der Métro. Auf dem Gelände des Befestigungsgürtels entstanden Wohnbezirke mit Grünanlagen; dort wurden auch der Parc des Expositions und die Cité Universitaire geschaffen. Zu den **Weltausstellungen** wurden spektakuläre Bauten errichtet (1889 Eiffelturm, 1937 Palais de Chaillot, Musée d'Art Moderne). Im Ersten Weltkrieg rettete das »Wunder an der Marne« die Stadt vor der deutschen Besetzung. Während des Zweiten Weltkriegs war Paris 1940–1944 von deutschen Truppen besetzt, blieb aber vor Zerstörungen verschont.

Dritte Republik

Erster und Zweiter Weltkrieg

Highlights Paris in vier Touren (▶ *Stadtplan*)

Tour 1 (8 km)
Auf der Ile de la Cité beeindrucken die Kathedrale Notre-Dame und die Ste-Chapelle. Dann am Südufer der Seine zum Pont de Carrousel und hinüber zum Louvre (Museumspläne holen). Durch die Tuilerien zur Place de la Concorde. Auf den Champs-Elysées, der schönsten Avenue der Welt, zum Arc de Triomphe (Ausblick von oben!). Zurück zur Avenue Georges V, einer »Schlagader« der Modewelt (bei mehr Bedarf Abstecher in die Av. Montaigne), und zur Place d'Alma. Über das Palais de Tokyo zur Place du Trocadéro mit dem Palais de Chaillot; dann über die Seine zum Eiffelturm, der abends illuminiert wird. Vom Port du Bourdonnais kann man mit einem Bateau-Mouche zur Ile de la Cité zurückfahren.

Tour 2 (5 km)
Früh vormittags in den Louvre (oder, wenn geschlossen, in das Musée d'Orsay), dem man einen halben Tag widmet. Durch den Louvre des Antiquaires zum Palais Royal und weiter durch die Rue St-Honoré zur Place Vendôme. Luxuriös ist auch die Rue de la Paix, auf der man zur Opéra Garnier gelangt. Am Blvd. Haussmann Stippvisite in den Galeries Lafayette. Die Grandeur der Großen Boulevards lässt man auf dem Blvd. Montmartre auf sich wirken. Beim Musée Grevin in die Passage Jouffroy. Nun zum Montmartre: Bei der Notre-Dame-de-Lorette die Rue des Martyrs hinauf zum Blvd. de Rochechouart und weiter zum berühmten Hügel (Treppenwege oder Bahn). Der Sonnenuntergang ist bei Sacré-Cœur ein besonderes Erlebnis.

Tour 3 (7 km)
Von den Champs-Élysées – Grand Palais und Petit Palais passierend – über die Seine und zum monumentalen Hôtel des Invalides mit dem Invalidendom (Sarkophag Napoleons). Einen schönen Kontrast bietet das benachbarte Musée Rodin. Auf dem Blvd. St-Germain – mit Abstecher südlich in die Rue Grenelle – lernt man die Atmosphäre des Künstler- und Intellektuellenviertels kennen, Boutiquen, Buchläden, Kneipen und Cafés verleiten zum Kaufen und Genießen. Um die Kirche St-Germain-des-Prés, die älteste in Paris, berühmte Adressen: Brasserie Lipp, Café de Flore, Les Deux Magots, in der Rue de l'Ancienne Comédie das Procope, ältestes Kaffeehaus von Paris. Das Musée Hôtel de Cluny zeigt großartiges mittelalterliches Kunsthandwerk. Im Jardin du Luxembourg Pause für die letzte Etappe zur Sorbonne und zum Panthéon. Einen schönen Abend kann man dann auf der Ile-St-Louis verbringen.

Tour 4 (5 km)
Vormittags Musée d'Orsay (oder Louvre). Dann über den Pont Royal und durch die Tuilerien zur Rue de Rivoli: Arkaden mit Galerien, Boutiquen und Cafés. Nach Norden zum Forum des Halles, wo früher die Markthallen standen, und St-Eustache. Die einstige Atmosphäre des Viertels ist in der Rue Montorgueil und Umgebung noch zu spüren; schön sind auch die Passagen Colbert und Vivienne westlich der Place des Victoires. Das Centre Pompidou ist eine Attraktion für sich, bedeutend sein Museum für moderne Kunst (Pause im Dachrestaurant). Dann mit der Métro von Rambuteau Ausflug zur berühmten Cimetière du Père Lachaise (oder zum Parc des Buttes Chaumont); zurück nach Rambuteau. Anschließend Spaziergang durch das Marais; bei Zeit und Energie noch ins Musée Picasso. Auf der schönen Place des Vosges beendet man diese Tour.

Und sonst:
La Défense, Bois de Boulogne, Montparnasse mit Tour Montparnasse und Cimetière, Fahrt auf dem Canal St-Martin zum Parc de la Villette. In der weiteren Umgebung (▶Ile-de-France): St-Germain-en-Laye, St-Denis, Giverny, Vaux-le-Vicomte, Fontainebleau und ▶Versailles.

Noch schöner ist Paris bei Nacht: Ile de la Cité mit Notre-Dame

Vierte und Fünfte Republik

Nach 1945 entstanden bemerkenswerte Bauten: 1958 UNESCO, 1959 CNIT in **La Défense**, 1963 Maison de la Radio, 1974 Tour Montparnasse und Centre International de Paris, 1977 Centre Pompidou. 1971 wurden die berühmten **Halles (Markt) abgerissen** und auf ihrem Gelände 1981 das Forum des Halles eröffnet. Der Bau von Durchgangsstraßen entlang der Seine und einer Ringautobahn erleichtern seit Anfang der 1970er-Jahre den ständig wachsenden Verkehr. 1977 erhielt die Stadt mit Jacques Chirac erstmals einen gewählten Bürgermeister anstelle des bis dahin eingesetzten Präfekten.

Bicentenaire

Im Jahr 1989 wurde mit großem Aufwand die **Zweihundertjahrfeier der Französischen Revolution** begangen – das bedeutete auch eine große Zahl von Baumaßnahmen, so die Glaspyramide im Hof des Louvre, die Volksoper an der Place de la Bastille und die Grande Arche in La Défense. 1997 wurde die gewaltige Nationalbibliothek im Tolbiac-Viertel eröffnet, seit 1998 verbindet die erste neue Métrolinie seit 1935, die vollautomatische Linie 14, die erneuerten Stadtviertel im Südosten (Bercy, Rive Gauche) mit dem Zentrum.

Projekte

Die weitere Stadtentwicklung knüpft an die Gigantomanie der Mitterrand-Zeit an; aufgrund des Widerstands der Bürger agiert man aber »sanfter«. Priorität haben der Wohnungsbau und die Schaffung einer **einwohnerfreundlichen Infrastruktur**. Insbesondere werden frühere Industrie- und Arbeiterviertel mit ehedem schlechtem Ruf umgestaltet: die Rive Gauche zwischen Gare Austerlitz und Porte d'Evry, im Nordosten das Bassin de la Villette mit der Place Stalingrad, nördlich des Montmartre die Gouttes d'Or (eine der ärmsten Zonen von Paris) und südlich des Bois de Boulogne Billancourt, wo auf dem 2005 aufgegebenen Werksgelände von Renault eine »Kunst-

← *Tour Eiffel, gesehen von den Terrassen des Palais de Chaillot*

und Öko-Stadt« entsteht. Spektakuläre Einzelprojekte sind gegenwärtig u. a. 120 m hohe Wohntürme im 13. Arr., eine 211 m hohe gläserne Pyramide an der Porte de Versailles, zwei 300 m hohe Wolkenkratzer in La Défense und die Philharmonie im Parc de la Villette.

✶ ✶ Ile de la Cité

Die Cité-Insel ist der älteste Teil von Paris. Am Pont au Change – am Platz des mächtigen Justizpalastes – stand seit den Merowingern eine **Burg**, die zum prächtigen Königssitz ausgebaut wurde; auch nach dem Bau des Alten Louvre blieb sie offizielle Residenz. Von ihr sind außer der Sainte-Chapelle und Teilen des Unterbaus nur noch drei Außentürme erhalten, die Tour de César, die Tour d'Argent und die zinnengekrönte Tour St-Louis (Bon-Bec), alle aus der Zeit Philipps des Schönen (1285–1314). Die Tour de l'Horloge am Nordosteck (Anfang 19. Jh.) besitzt eine vielfach (u. a. 1370 durch Heinrich von Vic) erneuerte Uhr. Der größte Teil des **Justizpalastes** entstand um 1900. Durch ein schönes schmiedeeisernes Tor (1785) gelangt man in den Cour de Mai, in dem früher der Maibaum stand. Der 73 m lange, 28 m breite und 10 m hohe neoklassizistische Palastsaal ersetzte 1871 den großen Saal des Königspalastes.

✶
Palais de Justice

Ein absolutes Juwel ist die **Heilige Kapelle** (geöffnet März–Okt. 9.30–18.00, sonst 9.00–17.00 Uhr). Die zweigeschossige Schlosskapelle wurde unter Ludwig dem Heiligen 1246–1248 zur Aufbewahrung eines Dorns aus der Dornenkrone Christi (!) und anderer 1239 nach Frankreich gebrachter Reliquien (jetzt in Notre-Dame) erbaut. In der Revolution wurde sie 1791 profaniert (Konzerte Mitte März bis Nov. fast tägl. 19.00/20.30 Uhr, www.archetspf.asso.fr). Die Untere Kapelle mit nur 6,6 m hohem Gewölbe war für die Palastbediensteten bestimmt, die Obere Kapelle für die königliche Familie. Die Wandflächen der 20 m hohen Kapelle sind fast ganz in 15 m hohe und 4 m breite Fenster aufgelöst, deren Glasmalereien zum Teil noch aus der Zeit Ludwigs des Heiligen stammen. Die spätgotische Fensterrose mit der Darstellung der Apokalypse wurde 1493–1498 unter Karl VIII. angefertigt. Die Statuen an den Strebepfeilern des Langhauses stellen die zwölf Apostel dar.

✶ ✶
Sainte-Chapelle

Am Quai de l'Horloge (Nr. 1) liegt der Eingang zur Conciergerie, dem **Palast des Haushofmeisters** (14. Jh.), der in der Revolution als Gefängnis diente. Zu sehen sind außer der gotischen Salle des Gensd'Armes und der Cuisine de St-Louis die Kerker, in denen 1793/1794 2800 Gefangene auf ihre Hinrichtung warteten, darunter Marie-Antoinette und Robespierre. Museum in der Salle des Girondins.

Conciergerie

Dem Justizpalast östlich gegenüber steht das Tribunal de Commerce (1866) mit 42 m hoher Kuppel. Dahinter der **Marché** aux Fleurs; werktags werden Blumen feilgeboten, sonntags Vögel.

Tribunal de Commerce

NOTRE-DAME DE PARIS

★★ **Auf der Ile de la Cité thront dieses Meisterwerk der französischen Gotik wie ein Juwel über der Seine. Seit über acht Jahrhunderten begleitet die Kathedrale die Geschichte Frankreichs und seiner Hauptstadt.**

Öffnungszeiten:
Mo.–Fr. 8.00–18.45, Sa./So. bis 19.15 (letzter Zugang 45 Min. vor Schließung), Hochamt So. 10.00 Uhr, Orgelkonzerte So. 16.30 Uhr
Crypte Archéologique: Di.–So. 10.00–18.00 Uhr
Türme: April–Sept. 10.00–18.30, Juli–Aug. Sa./So. bis 23.00 Uhr (letzter Zugang 45 Min. vor Schließung)

① Königsgalerie
Das in Anzahl und Größe der Statuen riesige Ensemble wurde um 1220 von einer Bildhauerwerkstatt in einem neuen Stil gefertigt. Ursprünglich waren die Figuren farbig gefasst.

② Arkadengalerie
Die filigranen Arkaden, die mit nur 20 cm dicken Säulen Turmuntergeschoße und Langhausgiebel verdecken, wurden um 1230 vorgeblendet.

③ Orgel
Das Instrument des berühmten Aristide Cavaillé-Coll (1867) ist mit 8500 Pfeifen und 110 Registern das größte Frankreichs.

④ Notre-Dame de Paris
Vor dem südöstlichen Vierungspfeiler steht die Statue der verehrten Schutzpatronin der Kathedrale, die um 1330 gefertigt wurde.

⑤ Chorschranken
Ab Ende des 13. Jh.s entstanden die 23 Reliefs an den Chorschranken, die Szenen aus dem Leben Christi zeigen. Ihre Bemalung wurde im 19. Jh. »überrestauriert«. Das schöne geschnitzte Chorgestühl stammt aus dem 17. Jahrhundert.

⑥ Strebebögen
Um 1220/1230 bekam die Kathedrale ihre hochgotische Gestalt. Dazu gehörten die Vergrößerung der Obergadenfenster und der Bau der fein gestalteten Strebebögen.

⑦ Kirchenschatz
Die 1845–1850 angefügte Sakristei birgt den »Trésor«, zu dem die »Großen Reliquien« gehören: ein Dorn aus der Dornenkrone sowie Holz und ein Nagel vom Kreuz Christi.
Zugänglich Mo.–Fr. 9.30–18.00, Sa. bis 18.30, So. 13.30–18.30 Uhr.

Notre-Dame *Orientierung*

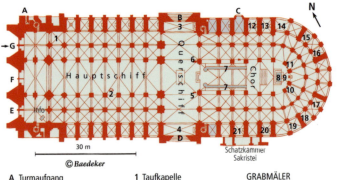

© Baedeker

A Turmaufgang
B Portail du Cloître
C Porte Rouge
D Portal Saint-Etienne
E Portal Sainte-Anne
F Portal des Jüngsten Gerichts
G Portal der Jungfrau Maria

1 Taufkapelle
2 Kanzel
3 Nordrose
4 Südrose
5 Notre-Dame
6 Saint-Denis
7 Chorgestühl
8 Hauptaltar
9 Pietà
10 Ludwig XIII.
11 Ludwig XIV.

GRABMÄLER
12 de Beaumont
13 de Juigné
14 de Noailles
15 de Quelen
16 de Belloy
17 Morlot
18 Darboy
19 d'Harcourt
20 Sibour
21 Affre

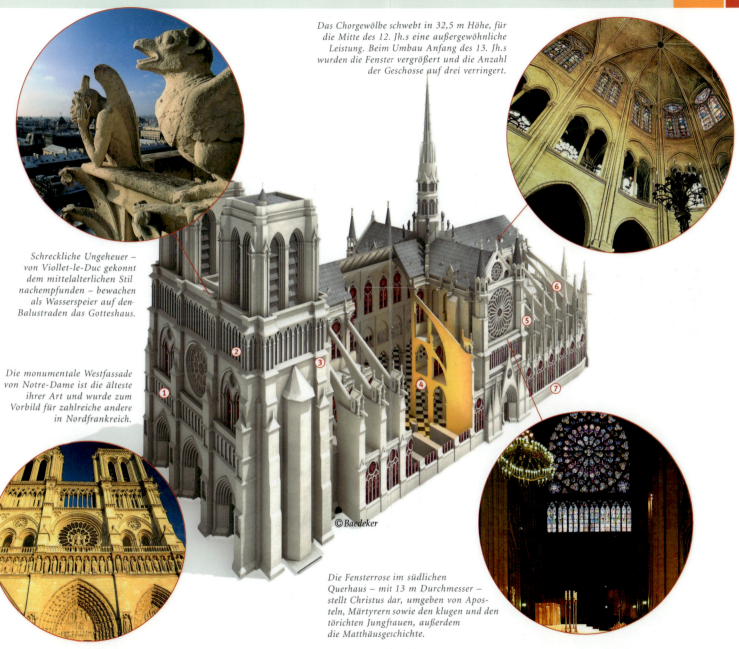

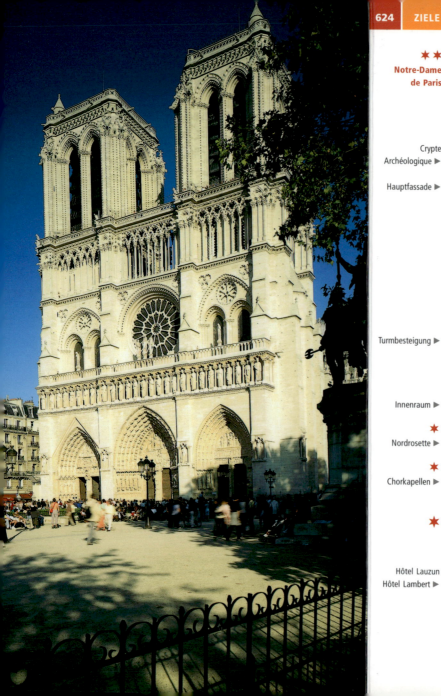

Notre-Dame de Paris	Geistliches Gegenstück zum weltlichen Machtzentrum der Königsburg war die gotische **Kathedrale Notre-Dame**. 1163 legte Papst Alexander III. den Grundstein; Chor und Querschiff waren 1177 fertig, der übrige Bau zog sich bis 1345. hin. In der Französischen Revolution wurde die Kirche schwer beschädigt, 1793/1794 diente sie als »Tempel der Vernunft«. 1845–1864 stellte Viollet-le-Duc die alte Pracht wieder her. Reste der merowingischen Kirche St-Etienne entdeckte man auf der Place du Parvis-Notre-Dame (Crypte Archéologique). Im Pflaster des Vorplatzes markiert ein Stern den Nullpunkt für die Kilometerzählung der Nationalstraßen.
Crypte Archéologique ▶	
Hauptfassade ▶	Die **Westfassade** ist die älteste ihrer Art in Nordfrankreich. Die in der Revolution zerstörten Skulpturen der Portale wurden nach erhaltenen Resten oder nach dem Muster anderer Kathedralen erneuert. Am Mittelportal ein »Jüngstes Gericht«, ein Meisterwerk des 13. Jh.s; das südliche Portal (13. Jh.) ist der hl. Anna, das nördliche, ca. 1210–1220 ausgeführte Portail de la Vierge der Jungfrau Maria gewidmet. Über den Portalen verläuft eine markante Galerie mit 28 Statuen der Könige von Juda (Kopien, Originale im Hôtel de Cluny, ▶S. 643), die Fensterrose darüber (um 1220) hat 9,6 m Durchmesser. Den Rahmen der Fassade bilden zwei unvollendete, 69 m hohe **Türme**. Im Südturm hängt die 1686 gegossene, 13 t schwere Glocke »Emmanuel« (»Bourdon de Notre-Dame«). Er bietet einen herrlichen Ausblick (Zugang Rue du Cloître Notre-Dame links der Fassade). Am südlichen Querhaus ist die Porte St-Etienne, am nördlichen die Porte du Cloître (Domhofportal) mit einer Marienstatue aus dem 13. Jh. zu beachten. Wunderbar auch der **Chor** mit seinen kühnen Strebebögen und filigranen Fialen.
Turmbesteigung ▶	
Innenraum ▶	Der gewaltige fünfschiffige Raum – 130 m lang, 48 m breit, 35 m hoch – wird durch die Beleuchtung wirkungsvoll in Szene gesetzt.
Nordrosette ▶	Von den **Glasmalereien** sind nur die Fensterrose des nördlichen Querschiffs mit 80 Darstellungen aus dem Alten Testament (um 1270) sowie die von 1257 stammende Rosette des südlichen Querschiffs älteren Datums. Von der reichen Ausstattung der **Chorkapellen** ist das Grabmal des Grafen d'Harcourt († 1718) von J.-B. Pigalle besonders hervorzuheben.
Chorkapellen ▶	

★ Ile St-Louis

	Die östlich benachbarte idyllische Ile St-Louis entstand 1614–1630 durch Verbindung der Inseln Ile Notre-Dame und Ile aux Vaches. Mit schönen **Palästen** – etwa dem Hôtel de Lauzun (Le Vau, 1657) und dem Hôtel Lambert (Le Vau, 1640) – hat sie die Aura des 17. Jh.s bewahrt. Heute haben Kunstgalerien, Antiquitätenhändler und verrückte Läden hier ihr Quartier. An der schmalen Hauptstraße steht die reich ausgestattete Kirche St-Louis-en-l'Ile (1664 bis 1726). Nicht nur gemütliche Cafés, gediegene kleine Hotels und gepflegte Restaurants gibt es hier, sondern auch das **beste Eis** von Paris: bei Berthillon (Rue St-Louis-en-l'Ile).
Hôtel Lauzun Hôtel Lambert ▶	

Vor oder nach der Kunst oder auch zwischendurch: Café im Louvre

★★ Louvre

Geschichte

Der Louvre beherbergt eine der größten und berühmtesten Kunstsammlungen der Welt, die im Jahr über 8 Mio. Besucher anzieht. Der älteste Bau hier war eine unter König Philipp II. Augustus Ende des 12. Jh.s errichtete **Burg**, die Karl V. um 1365 glänzend ausgestalten ließ (Reste in Cour Carrée und Cour Napoléon). Im 15. Jh. diente sie als Arsenal und Gefängnis. 1546 beauftragte Franz I. Pierre Lescot, den hervorragendsten Architekten der französischen Frührenaissance, mit einem Neubau. Ihm ist v. a. der Südteil der Hoffassade des Westflügels zu verdanken. Unter den folgenden Herrschern wurde der »Alte Louvre« verändert und durch C. Perrault, der 1667 bis 1674 die großartige Kolonnade der Ostfassade schuf, zum größten Teil vollendet. Nachdem Ludwig XIV. den Hof 1682 nach Versailles verlegt hatte, verfielen die halbfertigen Bauten. Napoleon ließ den Louvre, in dem schon 1793 ein Museum eröffnet worden war, restaurieren. 1981 – 1999 wurde er umgestaltet, einen modernen Akzent setzt die 22 m hohe Glaspyramide in der Cour Napoléon, die der chinesisch-amerikanische Architekt Ieoh Ming Pei 1989 schuf.

Kunstwerke

Der Fundus des Louvre ist gewaltig: über 350 000 Werke, davon sind etwa 30 000 ausgestellt. Hier eine kleine Übersicht über die Kunstepochen mit herausragenden, weltberühmten Exponaten.

◀ Antike

Etruskische Kunst: Sarkophag von Cerveteri (6. Jh. v. Chr.). Mesopotamien, Iran, Phönizien und Assyrien: Stele von Naram-Sin, König von Agde (um 2270 v. Chr.); assyrische Flügelstiere (8. Jh. v. Chr.);

Gesetze des Hammurabi. Ägypten: Stele des Schlangengottes Zet (um 3000 v. Chr.); Hockender Schreiber aus Sakkara (um 2500 v. Chr.); Stele des Antef (Beamter unter Thutmosis III.); Büste des Königs Amenophis IV.; Sarkophag des Kanzlers Imeneminet (7. Jh. v. Chr.). Griechenland: Teile des Parthenon in Athen (447–438 v. Chr.); Metopen vom Zeustempel in Olympia (5. Jh. v. Chr.); Venus von Milo (Aphrodite von der Insel Melos, 2. Jh. v. Chr.); »Dame von Auxerre« (um 630 v. Chr.); Nike von Samothrake, eine hellenistische Siegesgöttin (um 200 v. Chr.); Apollo Sauroktónos und Knidische Aphrodite, Kopien nach Praxiteles (4. Jh. v. Chr.), Athlet von Benevent; Ephebe von Agde; römische Sarkophage, 2./3. Jh. n. Chr.

Skulpturen des 12.–19. Jh.s: Michelangelo, »Gefesselte Sklaven«; Donatello, »Johannes der Täufer«, »Maria mit dem Kind«; Tilman Riemenschneider, »Madonna der Verkündigung«; Grabmal für Philippe Pot (15. Jh.); Bouchardon, Amor-Statue.

Der größte Magnet: die »Mona Lisa«

Gemälde ▶ Spanische Malerei des 14.–18. Jh.s: El Greco, Zurbaran, Murillo, Ribera, Velázquez, Goya. Deutsche und niederländische Malerei aus Spätgotik und Renaissance (15./16. Jh.): Dürer (Selbstporträt); Werke von H. Holbein d. J. und L. Cranach. Flämische und holländische Malerei des 16./17. Jh.s: P. P. Rubens, Jan van Eyck, Hieronymus Bosch, Brueghel d. Ä., Frans Hals; Rembrandt, »Jünger von Emmaus«; Van Dyck, »Porträt Karls I. von England«. Italienische Male-

▶ LOUVRE ERLEBEN

AUSKUNFT · ZUGANG
Tel. 01 40 20 51 51, www.louvre.fr
Haupteingang in der Glaspyramide. Weitere Eingänge: Carrousel du Louvre, Porte des Lions, Cour Carrée; Passage de Richelieu (nur für Karteninhaber und besondere Gruppen).

ÖFFNUNGSZEITEN · KARTEN
Tägl. außer Di. 9.00–18.00, Mi., Fr. bis 22.00 Uhr (ab 18.00 Uhr ermäßigt). Am 1. Sonntag des Monats ist der Eintritt frei. Eintrittskarten gibt es unter www.louvre.fr, www.fnac.com und in Filialen von FNAC und in Kaufhäusern wie Virgin, Carrefour und Auchan, womit man (wie mit dem Paris Museum Pass) das Schlangestehen an der Kasse vermeidet. Am besten besorgt man sich zuerst den Museumsplan und die Übersicht über die Öffnungszeiten der verschiedenen Abteilungen, denn sie sind an unterschiedlichen Wochentagen zugänglich. Man kann den Louvre zu einer Pause verlassen. Auf bequeme Schuhe achten; ein kleiner Getränke- und Imbissvorrat ist nicht verkehrt.

rei des 13.–17. Jh.s: Giotto, Filippo Lippi, Botticelli, Mantegna, Tiepolo, Carracci; als größte Kostbarkeiten »Mona Lisa« und »Madonna in der Felsengrotte« von Leonardo da Vinci, »Hochzeit zu Kana« von Veronese, »Bildnis des Hofmanns (Baldassare Castiglione)« von Raffael, »Jungfrau Maria« von Caravaggio. Französische Malerei des 16.–19. Jh.s: Clouet, Lebrun, Poussin, La Tour; »Die Freiheit auf den Barrikaden« von E. Delacroix; »Ährenleserinnen« von J.-D. Millet; »Das türkische Bad« von J.-D. Ingres. Unter den kunsthandwerklichen Produkten ragen die Reichtümer aus dem Kloster St-Denis und die Reste des **französischen Kronschatzes** heraus.

◀ Kunsthandwerk

Der Westpavillon des Nordflügels enthält das Kunstgewerbemuseum mit Interieurs und Gebrauchsgegenständen vom Mittelalter bis zum Anfang des 20. Jh.s. Das benachbarte Modemuseum zeigt Kleidung vom 16. Jh. bis zur Gegenwart, darunter Roben von Chanel, Dior, Cardin und anderen Couturiers. Beide sind Mo. geschlossen.

★
Pavillon de Marsan

An der Place du Carrousel steht der 14,6 m hohe Arc de Triomphe du Carrousel (1808), der die Siege Napoleons über Österreich feiert. Unter dem Platz eine riesige Einkaufspassage (1993) mit dem Tourismusbüro der Ile-de-France, Restaurants und Galerien. Eine kopfstehende Pyramide versorgt die Eingangshalle mit Tageslicht.

Arc de Triomphe du Carrousel

◀ Carrousel du Louvre

Nördlich der Tuilerien und des Louvre verläuft die Rue de Rivoli, eine der großartigsten Straßen in Paris, 1811–1856 angelegt. Hier findet man alles von erlesenen Boutiquen und Läden für ausgefallene Geschenke über gemütliche Cafés bis hin zu bunten Souvenirläden.

★
Rue de Rivoli

Tuilerien · Place de la Concorde

Der Jardin des Tuileries, einst Lustgarten der Könige, wurde ab 1664 von Le Nôtre angelegt. Auf der Terrasse des Feuillants steht nördlich das Ballspielhaus (Jeu de Paume), gegenüber zeigt das Musée de l'Orangerie (Di. geschl.) berühmte Gemälde von Cézanne, Renoir, Matisse, Picasso u. a., darunter das fast 100 m lange Fries »Nymphéas« (Seerosen) von Monet. An der Pl. de la Concorde bewachen barocke Flügelrosse mit Merkur und Fama (Coysevox) den Eingang.

★
Jardin des Tuileries
★ ★
◀ Musée de l'Orangerie

Die glanzvolle Place de la Concorde, angelegt 1836–1854 durch den Kölner J. I. Hittorff, wirkt besonders durch die Perspektiven: im Osten die Tuilerien, im Westen die Champs-Elysées mit dem Arc de Triomphe, im Norden die Rue Royale mit der Madeleine und im Süden jenseits der Seine das Palais Bourbon. Der fast 23 m hohe und 250 t schwere granitene **Obelisk** von Luxor stand im ägyptischen Theben in einem Tempel des 13. Jh.s v. Chr. und wurde 1831 Louis Philippe verehrt. Die zwei Brunnen (Themen: Landwirtschaft, Industrie, Seefahrt, Fischfang) stammen wurden wie die Frauenstatuen, die die acht größten Städte Frankreichs repräsentieren, von Hittorff.

★ ★
Place de la Concorde

Champs-Elysées · Arc de Triomphe

★★
Champs-Elysées

Hier schlägt das Herz Frankreichs: Die 2 km lange, Ende des 17. Jh.s angelegte Avenue des Champs-Elysées (»Elysische Felder«, d. h. »Gefilde der Seligen«) ist eine der schönsten Prachtstraßen der Welt. Edle Hotels und Restaurants, Luxusgeschäfte, Cafés und Fastfoodlokale, Theater und Kinopaläste – es gibt vieles für den Zeitvertreib.

★
Petit Palais

Für die Weltausstellung 1900 wurden das Grand Palais und das Petit Palais in prächtigem Neobarock erstellt. Das (östliche) Petit Palais enthält das **Musée des Beaux-Arts** de la Ville de Paris mit hervorragenden Gemälde- und Skulpturensammlungen von der Antike bis ins 20. Jh. (u. a. Rembrandt, Van Dyck, Delacroix, Cézanne, Monet), außerdem Bildteppiche, Möbel und Kunsthandwerk. Der grandiose Glas-Eisen-Palast des Grand Palais mit 45 m hoher Kuppel wird für Ausstellungen genützt. Im Westflügel das Palais de Découverte, in dem die Funktionsweise natürlicher Vorgänge demonstriert wird.

★
Grand Palais

★★
Arc de Triomphe de l'Etoile

Die Champs-Elysées steigen zur Place Charles-de-Gaulle an (bis 1970 Place de l'Etoile). Grandioser Blickfang ist der Arc de Triomphe de l'Etoile, ein 49 m hohes, 45 m breites und 22 m tiefes **Nationaldenkmal**. Vollendet wurde der mächtige Bau, eine der schönsten Leistungen des Klassizismus der Kaiserzeit, 1836 unter Louis Philippe. Die

Kündet vom Ruhm der Siege Kaiser Napoleons: Arc de Triomphe

Pfeiler sind mit kolossalen Bildwerken geschmückt: östlich rechts »Aufbruch der Freiwilligen gegen Preußen 1792« (»Marseillaise«) von F. Rude, links »Krönung Napoleons« (Wiener Frieden 1810) von Cortot; westlich rechts ist der Widerstand des französischen Volks 1814 dargestellt, links die Segnungen des Friedens von 1815. Die Reliefs darüber und an den Schmalseiten schildern Schlachten zur Zeit der Republik und des Kaiserreichs. Ein Relief unter dem Gesims (»Ausmarsch und Heimkehr des Heers«) und innen die Namen von 172 Schlachten und 386 Generälen (die der gefallenen unterstrichen) vervollständigen die Kriegserinnerungen. Unter dem Bogen wurde 1921 das **erste Grabmal eines Unbekannten Soldaten** eingeweiht (tägl. 18.30 Uhr Zeremonie). Ein Museum zeigt Dokumente zur Geschichte des Monuments sowie Erinnerungen an Napoleon I. und den Ersten Weltkrieg. Von der Plattform hat man eine traumhafte **Aussicht** über die Stadt (tägl. bis 22.30/23.00 Uhr geöffnet; Karten in der Passage unter dem Platz).

> ! *Baedeker* TIPP
>
> **Offene Türen**
>
> An den »Journées du Patrimoine« am Wochenende um den 20. Sept. sind viele Kulturstätten gratis oder zu geringer Gebühr zu besichtigen, auch solche, die sonst nicht zugänglich sind wie der Elysée-Palast (1718, Sitz des Staatspräsidenten) und das Hôtel de Matignon (Sitz des Premierministers). Info: Tel. 0820 20 25 02, www.journeesdupatrimoine.culture.fr.

Grands Boulevards

Bei der Pl. de la Concorde beginnen die 30 m breiten Grands Boulevards der Stadterweiterung unter Ludwig XIV., die sich über 4,3 km im Bogen bis zur Pl. de la Bastille ziehen. Mit eleganten Läden, Theatern, Kinos, Diskotheken, Restaurants und Cafés bilden sie neben den Champs-Elysées die Hauptschlagader nördlich der Seine.

★ **Grands Boulevards**

Die Madeleine-Kirche wurde 1806 unter Napoleon I. als Tempel des Ruhms begonnen, aber erst 1842 vollendet. Für den Hochaltar schuf Marochetti 1837 die Marmorgruppe »Himmelfahrt der Maria Magdalena«. Das gewaltige Fresko von J. Ziegler über dem Altar zeigt Persönlichkeiten der Geschichte, u. a. Konstantin d. Gr., Dante, Napoleon I., Pius VII.; Orgel von Cavaillé-Coll. Rechts des Eingangs zur Kirche sind die wohl **schönsten öffentlichen Toiletten** von Paris zu finden: Jugendstil von 1905. An der Place Madeleine liegen exquisite Geschäfte: Baccarat mit Kristall, die Delikatessenläden Fauchon und Hédiard überbieten sich mit unwiderstehlichen Köstlichkeiten.

Sainte-Marie-Madeleine

Von der Madeleine-Kirche führen die Boulevards de la Madeleine/des Capucines (mit dem legendären Chanson-Tempel **Olympia**, der 1998 wiedererstand) zur Place de l'Opéra, einem der verkehrsreichsten Punkte von Paris. Links beherbergt das Grand-Hôtel das berühmte, unter Denkmalschutz stehende **Café de la Paix**.

Boulevard des Capucines

Mit der Opéra Garnier setzte sich das Bürgertum des Second Empire in Szene.

Opéra Garnier

Paris Story ▶

Das Théâtre National de l'Opéra, 1862–1875 von Charles Garnier erbaut, ist eines der größten und **prächtigsten Theater** der Welt (zugänglich tägl. 10.00–17.00 Uhr, Führungen; www.operadeparis.fr). An das 54 m lange Foyer du Public schließt sich eine Loggia an, die einen schönen Ausblick bietet. In unmittelbarer Nähe lädt die Multivisionsshow Paris Story zu einer Reise durch die 2000-jährige Geschichte ein (11 bis, Rue Scribe, tägl.; www.paris-story.com).

Boulevard des Italiens

Musée Grévin ▶

Im Ostteil des Blvd. des Capucines sowie in seiner Fortsetzung, dem Blvd. des Italiens, sind die elegantesten Läden des Straßenzugs zu finden. An der Einmündung des Blvd. Haussmann beginnt der Blvd. Montmartre. Im 1882 gegründeten Musée Grévin begegnet man großen (Wachs-)Figuren der französischen Geschichte von Karl dem Großen bis Zinedine Zidane.

Porte St-Denis

Porte St-Martin

An der Kreuzung des Blvd. de Bonne-Nouvelle mit der Rue du Faubourg-St-Denis/Rue St-Denis – einer der ältesten Straßen – verherrlicht die Porte St-Denis (Blondel, 1673) die Siege Ludwigs XIV. in Holland. Das Ostende des Boulevard St-Denis wird von der Porte St-Martin markiert, ebenfalls zu Ehren Ludwigs XIV., d. h. der Eroberung von Besançon und Limburg sowie der Siege über die Deutschen, Spanier und Holländer, errichtet (Bullet, 1675).

Musée des Arts et Métiers

Das Conservatoire National des Arts et Métiers, seit 1798 im Kloster St-Martin-des-Champs untergebracht, besitzt ein Museum (Mo. geschl.), das aus einer Sammlung von Maschinen und Werkzeugen für den Unterricht der arbeitenden Klassen hervorging und zu den bedeutendsten **technischen Schausammlungen** Europas zählt.

Die 1880 angelegte Place de la République wird von einem pompösen Standbild der Republik (1883) geziert. Vor dem Denkmal ein eherner Löwe mit Urne, Symbol des allgemeinen Stimmrechts.

Place de la République

Von der Place de la République führt die gleichnamige Avenue nach Osten zum größten (44 ha) und berühmtesten der drei **Hauptfriedhöfe** von Paris, 1804 angelegt und nach dem Beichtvater Ludwigs XIV. benannt. Pläne sind gratis an allen Eingängen zu bekommen, so dass man seine Auswahl unter den 70 000 pompösen oder schlichten Gräbern treffen kann: ob Abaelard und Heloïse, Balzac oder Oscar Wilde, ob Chopin, Rossini oder Bizet, Yves Montand, Simone Signoret oder Maria Callas. »Pilgerziele« sind die Gräber von Edith Piaf, dem »Spatz von Paris«, und Jim Morrison, Leadsänger der Doors. An der **Mur des Fédérés** (Mauer der Kommunarden) wurden am 28. Mai 1871 147 Mitglieder der Pariser Commune erschossen. Auch der Opfer der nationalsozialistischen Konzentrationslager wird gedacht.

★
Cimetière du Père-Lachaise

! Baedeker TIPP

Kathedralen des Luxus

Was der Louvre unter den Museen, sind unter den Kaufhäusern die Galeries Lafayette (40 Boulevard Haussmann) mit dem wunderschönen Jugendstil-Atrium unter der Glaskuppel. Wenn man sich müde gesehen und/oder gekauft hat, kann man sich im Dachrestaurant erholen. Auch das Kaufhaus Printemps in der Nähe (64 Boulevard Haussmann) ist mit seiner Brasserie unter einem herrlichen Glasdom und der Dachterrasse einen Besuch wert.

Von der Place Vendôme zur Opéra Bastille

Die harmonische Place Vendôme wurde 1686–1708 durch J. Hardouin-Mansart gestaltet, den bedeutendsten Baumeister des »Grand Siècle«. Die 43,5 m hohe **Vendôme-Säule**, eine Nachahmung der Trajanssäule in Rom, wurde aus dem Metall von 1200 österreichischen und russischen Kanonen gegossen; das Relief stellt den Krieg gegen Österreich und Russland 1805 dar, ganz oben steht Napoleon im römischen Kaiserornat. Im Haus Nr. 12 starb 1849 der Komponist Frédéric Chopin. Zu den Gästen des legendären **Luxushotels Ritz** gehörte auch Prinzessin Diana – ihr letzter Wohnort. Die noblen Geschäfte am Platz zählen zu den ersten Adressen in Paris.

★
Place Vendôme

St-Roch — In der Rue St-Honoré passiert man die Kirche St-Roch, einer der besten barocken Sakralbauten in Paris (Lemercier, 1653–1740) mit zahlreichen Grabmälern, z. T. aus zerstörten Kirchen, beachtlichen Bildwerken und hervorragenden Orgeln (Konzerte).

Palais Royal — Das Palais Royal ist eines der bedeutsamsten Gebäude von Paris: Lange Zeit diente es Mitgliedern der königlichen Familie als Wohnsitz, von hier zogen am 14. Juli 1789 die Massen zur Bastille. In der Revolution und im Ersten Kaiserreich war das Palais ein gesellschaftlicher Treffpunkt mit Restaurants, Spielsaal und Bordell. Im berühmten Restaurant **Le Grand Vefour**, gegründet 1784, dinierten schon Napoleon und Victor Hugo. Vom ursprünglichen Bau, dem für Richelieu errichteten Palais Cardinal (Lemercier, 1639), ist nur die Galerie des Proues an der Ostseite des Hofs erhalten. Die **Place du Palais Royal** prägen die »Colonnes«, schwarzweiß gestreifte Säulen von Daniel Buren, ein beliebter Tummelplatz für Skater. Den **Jardin du Palais Royal** umgeben Kolonnaden von 1786.

Louvre des Antiquaires — Zwischen Palais Royal und Louvre kann man in kostspieligen Antiquitäten schwelgen: In den einstigen Grands Magasins du Louvre (2 Place du Palais Royal) bieten **250 Luxusläden** alles, womit man sein Heim verschönern kann, vom schwülstigen Barock über edles Art déco bis zum tibetanischen Kunsthandwerk.

★ St-Eustache — Die turmlose Kirche St-Eustache entstand zwischen 1532 und 1637, weshalb sie Gotik- und Renaissance-Elemente zeigt; die Fassade (1754–1788) ist ein Hauptwerk des französischen Barocks. Von 1795 bis 1803 diente die Kirche als Temple de l'Agriculture. Im erhabenen Inneren (88 m lang, 34 m hoch) sind zahlreiche Kunstwerke zu sehen, so eine Madonna von J.-B. Pigalle (18. Jh.), die »Emmausjünger« von Rubens, das »Martyrium des hl. Eustachius« von Vouet und das Grabmal für J.-B. Colbert († 1683), den Finanzminister Ludwigs XIV. (Coysevox, Entwurf von Le Brun). Die mächtige **Orgel** ist sonntags (Messen 11.00/18.00) und tägl. 17.30 Uhr zu hören (gratis). Das lebhafte Viertel um die Kirche besitzt alteingesessene Lokale und Geschäfte, die von Nippes bis zur Haute Couture alles bieten.

> **! Baedeker TIPP**
>
> **Rue Montorgueil**
>
> Nördlich des Forum des Halles ist um die Rue Montorgueil trotz der »Veredelung« noch die Atmosphäre der Halles zu spüren. Unter den Lokalen und appetitlichen Lebensmittelläden die Patisserie Stohrer (51 Rue Montorgueil), gegründet 1725 vom Konditor des polnischen Ex-Königs Stanisław Leszczyński – probieren Sie den Pithiviers oder die Aprikosentarte.

★ Forum des Halles — An der Stelle des Forum des Halles stand einst die 1854–1859 errichtete Zentralmarkthalle **Les Halles**, der »Bauch von Paris«. Bis 1971 wurde es abgerissen, der Großmarkt wanderte in den südlichen Vorort Rungis bei Orly ab, und es entstand einer der größten Kno-

Vom »Monstrum« zum erfolgreichen Kulturzentrum: Centre Pompidou

tenpunkte von Métro- und RER-Linien. Über den Stationen Les Halles und Châtelet-Les Halles liegen in vier Etagen über 300 Läden, Restaurants, Cafés, Kinos und Theater. Seit 2008 wird das Forum des Halles grundlegend umgestaltet; Wahrzeichen des »Canopee«-Projekts, das 2016 fertig sein soll, wird – auch kein großer Wurf – ein grünes Glasdach, das den Komplex wie eine Baumkrone überspannt.

Die königliche Pfarrkirche St-Germain-l'Auxerrois (13. bis 16. Jh.) besitzt eine spätgotische Fassade, eine mit Statuen geschmückte Vorhalle (1439), einen kostbaren flämischen Altar und ein Triptychon im linken Seitenschiff (beide 16. Jh.). Das Gestühl für die königliche Familie schuf **Le Brun** (1684). Viele Künstler, die im 17./18. Jh. im Dienst der Könige standen, sind hier beigesetzt. **St-Germain-l'Auxerrois**

Der Pont Neuf (1578–1603), trotz des Namens die älteste Pariser Brücke, bietet einen wunderschönen Blick auf das Zentrum. Das Kaufhaus La Samaritaine wurde vom LVMH-Konzern 2002 geschlossen. Von hier flussaufwärts bis zum Pont Louis Philippe haben an beiden Ufern die **Bouquinistes** (Buchhändler) ihre Stände. ★ **Pont Neuf**

Auf der Place du Châtelet erinnert die Fontaine de la Victoire (1808) an den Ägyptenfeldzug Napoleons I. Die Westseite des Platzes nimmt das Théâtre Musical de Paris ein, die Ostseite das Théâtre de la Ville. Von hier geht es über den Pont au Change (hier schöner Blick) über den nördlichen Seine-Arm zur Cité-Insel (▶ S. 621). An der Rue de Rivoli ragt die **Tour St-Jacques** auf, Rest der 1797 abgetragenen Kirche St-Jacques-la-Boucherie. **Place du Châtelet**

◀ Pont-au-Change

Ein erstrangiger Kulturtempel ist das **Centre National d'Art et de Culture Georges Pompidou**, kurz Centre Pompidou oder Beaubourg genannt (Di. geschl.). Die immer noch ungewöhnliche, 166 m lange ★★ **Centre Pompidou**

Die Place des Vosges, ein bezauberndes Ensemble aus 38 fast identischen Häusern

★ ★

Musée d'Art
Moderne ▶

und 60 m breite »Raffinerie« aus Glas und Stahl wurde von Richard Rogers und Renzo Piano entworfen und 1977 eingeweiht, täglich zählt man bis zu 25 000 Besucher. Das Musée National d'Art Moderne hier ist Frankreichs Flaggschiff der klassischen Moderne (Mi. bis Mo. 11.00 – 21.00 Uhr; Zugang über die gläserne Rolltreppenraupe). Vom schnieke-modernen **Restaurant im 6. Stock** herrlicher Ausblick.

Hôtel de Ville

Der Bürgermeister residiert im Hôtel de Ville an der gleichnamigen Place (von 1310 bis 1832 fanden hier die öffentlichen Hinrichtungen statt). Das prächtige Neorenaissance-Gebäude mit etwa 200 Statuen entstand 1874 – 1882 nach Plänen von Ballu und Deperthes.

★

Marais

Östlich des Boulevard Sébastopol (3./4. Arr.) erstreckt sich das Marais, einst ein vornehmes Viertel mit Adelshäusern des 16.– 18. Jh.s, heute eines der schönsten **Quartiere zum Ausgehen**. Die Rue des Rosiers ist berühmt als Zentrum der jüdischen Gemeinde, wird jedoch mehr und mehr zur austauschbaren Shoppingmeile; das berühmte Lokal Jo Goldenberg schloss 2006. Bei Finkelsztajn (27 Rue des Rosiers, 24 Rue des Écouffes) kann man jüdische Köstlichkeiten erstehen, bei Marianne (2 Rue des Hospitalières-St-Gervais) gleich genießen. Einen Blick lohnen z. B. das Hôtel Amelot de Bisseuil (47 Rue Vieille du Temple), das von Le Vau um 1650 erbaute Hôtel d'Aumont (7 Rue de Jouy), das Hôtel Beauvais (68 Rue F.-Miron), in dem 1763 der 7-jährige Mozart Gast beim bayerischen Botschafter war, und das Hôtel de Lamoignon von 1598 (24 Rue Pavée) mit der Bibliothèque Historique de la Ville de Paris. Im Hôtel St-Aignan (1647) widmet sich das Musée d'Art et d'Histoire du Judaïsme der jüdischen Kultur in Frankreich (71 Rue du Temple, Sa. geschl.).

★

**Musée d'Histoire
du Judaïsme**

Einer der »Väter« des Picasso-Museums im Hôtel Salé (5 Rue de Thorigny) war André Malraux, der als Kulturminister die Begleichung von Erbschaftsteuern mit Kunstschätzen einführte. So konnte der Staat aus dem Nachlass von Picasso eine überwältigende Sammlung mit Werken aus allen Schaffensphasen zusammenstellen. (Voraussichtlich bis 2012 wegen Umbau geschlossen.)

★★
Musée Picasso

Das in einem Renaissancebau von 1544 eingerichtete Musée Carnavalet (23 Rue de Sévigné) gibt einen Überblick über die Pariser Stadtgeschichte. Ende des 17. Jh.s war das Palais Wohnsitz von **Madame de Sévigné**, deren Briefwechsel mit ihrer Tochter zu den eindrucksvollsten Dokumenten des Lebens am Hof des Sonnenkönigs zählt.

Musée Carnavalet

Die 1607–1612 angelegte Place des Vosges war einst als Place Royale glanzvoller **Mittelpunkt des Aristokratenviertels**. Hier fanden Staatsempfänge und Hochzeiten statt, außerdem war der Platz bevorzugte Stätte für Duelle. Nur die frühesten Fassaden sind »echt«, die meisten Häuser sind Fachwerkbauten, bei den die Gestaltung in Werk- und Backstein mit Stuck und Farbe fingiert wurde. In seiner Mitte ein Reiterstandbild Ludwigs XIII. von 1819. Unter den Arkaden haben sich Cafés, Restaurants und edle Geschäfte etabliert, das L'Ambroisie hat drei Michelin-Sterne, sehr gut ist auch das Restaurant »La Place Royale«. Madame de Sévigné, die mit ihren Briefen den Geist der Zeit einfing, kam in Nr. 1 zur Welt; im Hotel de Rohan-Guéménée (Nr. 6) wohnte Victor Hugo 1832 bis 1848 (Museum, Mo. geschl.).

★★
Place des Vosges

Unweit südöstlich der Place des Vosges liegt am Ende der Großen Boulevards die Place de la Bastille, meist kurz La Bastille genannt. Hier stand die 1370–1383 erbaute **Bastille St-Antoine**, das berüchtigte Staatsgefängnis, das am 14. Juli 1789 vom Pariser Volk gestürmt und danach abgetragen wurde. Auf dem Platz ehrt die 51 m hohe Colonne de Juillet die Kämpfer der Julirevolution. Im Unterbau der Säule sind die Gefallenen von 1830 und 1848 beigesetzt. Von der Plattform (283 Stufen) hat man einen schönen Ausblick.

★
Place de la Bastille

◄ Colonne de Juillet

1989 wurde die Opéra de la Bastille eröffnet, ein äußerlich wenig begeisternder Glasbau des uruguayisch-kanadischen Architekten Carlos Ott. Ihr Café ist ein beliebter Treffpunkt. Mit dem Bau der Oper begann sich das ganze Viertel zu verändern. In der Rue du Faubourg St-Antoine und den benachbarten Straßen mischt sich heute altes Handwerk mit Kunsthandel, Werkstätten wurden in exklusive Lofts, Boutiquen, gestylte Kneipen und Galerien umfunktioniert.

Opéra de la Bastille
★
Bastille-Viertel

Die **stillgelegte Bahnlinie** entlang der Avenue Daumesnil südöstlich der Bastille-Oper wurde zur grünen Arterie, die 2 km weit durch das Viertel Reuilly verläuft. In den Bögen des Viadukts am Beginn der Avenue Daumesnil kann man in schönen Designerläden und Ateliers stöbern, im Café Viaduc (Nr. 41/43) gibts So. einen Jazzbrunch.

Viaduc des Arts

Canal St-Martin

Wohnboote und Jachten, betagte Schleusen und romantische Treidelwege mitten in Paris? Vom Port de l'Arsenal führt der 1808 eröffnete, teilweise überbaute Canal St-Martin über 4,5 km nach Norden zum Bassin und Parc de la Villette (▶ S. 647) und zum Canal de l'Ourc. Am besten kommt man am Sonntagnachmittag, wenn die Uferstraßen für Autos gesperrt sind. Auch ein Bootsausflug ist sehr schön.

! Baedeker TIPP

Train Bleu

Im Gare de Lyon mit seinem 64 m hohen Turm von 1900 ist im Restaurant »Train Bleu« noch die luxuriöse Atmosphäre des Reisens früherer Tage lebendig. Die Lyonnaiser Küche des Lokals ist nicht überdurchschnittlich, das Ambiente aber einzigartig.

Nördliche Stadtteile

Musée Jacquemart-André

In einem herrschaftlichen Palais (158 Blvd. Haussmann) zeigt das Musée Jacquemart-André (geöffnet 10.00–18.00 Uhr) Werke flämischer Meister des 17. Jh.s, englische Gemälde des 18. Jh.s, französische Gemälde von Boucher, Fragonard u. a. sowie eine der **schönsten Kollektionen italienischer Renaissance** in Frankreich. Wunderbares Caférestaurant am Ehrenhof (geöffnet 11.45–17.30 Uhr).

Parc Monceau

Am Boulevard de Courcelles legte 1778 Herzog Philipp von Orléans den Parc Monceau als Treffpunkt der vornehmen Welt an. Palmen und künstliche Ruinen geben ihm seinen besonderen Reiz.

Musée Nissim de Camondo ▶

Das Musée Nissim de Camondo (63 Rue de Monceau) vereint eine außergewöhnlich schöne Sammlung von Möbeln, Kunstwerken und Wandteppichen aus dem 18. Jh. (Mo. geschl.).

Montmartre-Viertel

An und auf der 129 m hohen Butte Montmartre erstreckt sich das gleichnamige Viertel, berühmt durch die **Bohème des 19. Jh.s** mit Künstlern wie Toulouse-Lautrec, Manet und Apollinaire. Im Bereich des Boulevard de Clichy findet man alles, was das Geschäft mit der Erotik zu bieten hat; legendär sind die **Place Pigalle** mit zahlreichen Cabarets und Bars sowie das Moulin Rouge an der Place Blanche.

Musée de l'Erotisme ▶

Nicht auslassen sollte man das Musée de l'Erotisme (72 Blvd. de Clichy, geöffnet 10.00–02.00 Uhr). Einen Besuch lohnt aber auch das Musée de la Vie Romantique (16 Rue Chaptal), das Atelier des seinerzeit sehr erfolgreichen Malers Ary Scheffer (1795–1858).

★★ Butte Montmartre

Von der Place St-Pierre (rechts die schöne **Halle St-Pierre** mit interessanten Ausstellungen) führen Treppen, Wege und eine Standseilbahn auf die Butte Montmartre. Weithin sichtbar thront hier eines der Wahrzeichen von Paris, die Basilika **Sacré-Cœur**. Der neoromanisch-neobyzantinische Riesenbau mit 83 m hoher Kuppel wurde nach dem Krieg 1870/1871 und dem Commune-Aufstand als eine »Sühneaktion« der Pariser Katholiken 1873 errichtet (Weihe 1919). Im 94 m hohen Turm hängt die fast 19 t schwere Glocke »La Savoyarde«. Das gewaltige Goldmosaik im Chor (1923) verherrlicht das »Herz Jesu«. Von der Terrasse vor der Kirche, noch besser von der Kuppel hat man eine prächtige Aussicht auf Paris.

Place du Tertre

Die Straßen und Plätze um die Kirche haben trotz des Rummels mit Souvenirläden, Cabarets, Spielhallen etc. ihren netten dörflichen Charakter nicht ganz verloren; so auch die Place du Tertre mit immer gut besuchten Cafés und Restaurants sowie den berühmten Schnellporträtisten. Einen Besuch lohnen der Espace Dalí (11 Rue Poulbot) und das Musée de Montmartre (12 Rue Cortot).

Place du Tertre mit dem Wahrzeichen des Montmartre, der Sacré Cœur

Cimetière de Montmartre — Der 1795 angelegte Friedhof im Westen des Viertels ist letzte Ruhestätte vieler bekannter Persönlichkeiten, darunter H. Heine, H. Berlioz, J. Offenbach, A. Dumas d. J., E. Degas, Dalida und F. Truffaut.

Marché aux Puces de St-Ouen — Zwischen Porte de Clignancourt und Porte St-Ouen nördlich des Boulevard Périphérique findet seit 1885 der **Flohmarkt von St-Ouen** statt (Sa.– Mo.). Eigentlich sind es zwölf Märkte; der bekannteste ist der Antiquitätenmarkt Biron, der vielleicht eindrucksvollste der Marché Vernaison mit Stilmöbeln und Nippes (www.parispuces.com).

Parc des Buttes-Chaumont — Im Arbeiterviertel des 19. Arr. (im Nordosten) legte Haussmann bis 1867 in einem Steinbruch den Parc des Buttes-Chaumont an. Im See steht ein Tempelchen, das einen schönen Blick auf den Montmartre und die Ebene von St-Denis gewährt. Eine noch bessere Aussicht hat man von einer Anhöhe (101 m) mit Café am Südrand des Parks.

Vom Pont de l'Alma zum Bois de Boulogne

Pont de l'Alma — Der Pont de l'Alma überquert die Seine und den Straßentunnel, in dem am 31. August 1997 Prinzessin Diana, Ex-Gattin des britischen Thronfolgers Prinz Charles, tödlich verunglückte. Die kleine Nachbildung der Fackel der Freiheit auf der Place d'Alma wurde zur Pilgerstätte (inzwischen auch für Michael-Jackson-Fans).

Palais de Tokyo — Im Palais de Tokyo (11 Av. Prés. Wilson) zeigt das Musée d'Art Moderne de la Ville de Paris Werke vom Nachimpressionismus über Kubismus und Fauves bis zu den neuen Figurativen (Mo. geschl.). Sein Café ist ein schöner Platz für eine Pause. Im prächtigen Palais Galliera wenige Schritte nördlich kann man in **Mode** schwelgen (Musée de la Mode de la Ville de Paris, Mo. geschl.). Das Musée Guimet (Place d'Iena) gilt als bedeutendstes in Frankreich für die **Kunst des Mittleren und Fernen Ostens** (Di. geschl.); schöner Japanischer Garten.

Palais Galliera

Musée Guimet

Palais de Chaillot — Von den Terrassen des Palais de Chaillot, erbaut zur Weltausstellung 1937 und häufig einfach als »Trocadéro« bezeichnet, hat man den allerschönsten Blick auf den Eiffelturm (Foto S. 619). Im Westflügel dokumentiert das **Musée National de la Marine** die Geschichte der französischen Handels- und Kriegsmarine; im Ostflügel kann man in der **Cité de l'Architecture et du Patrimoine** wichtige französische Baudenkmäler und Fresken in Modellen oder Kopien kennenlernen (beide Di. geschl.). Das **Musée de l'Homme** im Westflügel wird derzeit umstrukturiert und umgebaut (voraussichtlich bis 2012).

Musée Marmottan-Monet — Das Musée Marmottan am Rand des Bois de Boulogne (2 Rue L. Boilly) besitzt außer Empire-Möbeln und mittelalterlichen Miniaturen die **größte Monet-Sammlung der Welt** mit über 100 Werken (u. a. »Impression, soleil levant«, 1873), außerdem Gemälde anderer bedeutender Impressionisten. Geöffnet Di.– So. 10.00 –18.00 Uhr.

Über den Pont Alexandre III – benannt nach dem russischen Zaren – zum Hôtel des Invalides

Eiffelturm · Hôtel des Invalides

Das Wahrzeichen von Paris schlechthin, der völlig nutzlose, herrliche Eiffelturm, wurde ab 1887 von **Gustave Eiffel** für die Weltausstellung 1889 errichtet und war damals das höchste Bauwerk der Erde (Mitte Juni – Aug. 9.00 – 0.45, sonst 9.30 – 23.45 Uhr; www.tour-eiffel.fr). Mit der Fernsehantenne ist der aus rund 16 500 Eisenteilen und 2,5 Mio. Nieten konstruierte Turm 320,75 m hoch. Der Unterbau hat eine Seitenlänge von 129,22 m, das erste Stockwerk in 58 m Höhe eine von 65 m. Die zweite Etage liegt 115 m, die dritte 276 m über dem Boden. Von ihr führt eine Treppe in die 24 m hohe Laterne zu einem Balkon mit 5,75 m Durchmesser. Für den normalen Besucher sind die erste und zweite Etage mit einem Aufzug oder über Treppen, die dritte nur mit dem Lift erreichbar. An den seltenen ganz klaren Tagen reicht die Aussicht von der obersten Plattform – am besten eine Stunde vor Sonnenuntergang – 90 km weit. Restaurants gibt es hier oben und auf der ersten Plattform (▶S. 615).

★★ Tour Eiffel

Das Marsfeld war einst Exerzierplatz der École Militaire, später Schauplatz großer nationaler Feiern und der Pariser Weltausstellungen. Die mächtige **École Militaire** wurde 1751 – 1774 für die neue Kadettenschule nach Plänen des Hofbaumeisters Ange-Jacques Gabriel errichtet. Seit 1880 ist sie Sitz der Militärhochschule.

Champs de Mars

Hôtel des Invalides

Das Hôtel des Invalides, ein 12,7 ha großer Komplex, wurde 1671 unter Ludwig XIV. begonnen und war als Heim für 6000 Veteranen gedacht; heute beherbergt es nur wenige Kriegsbeschädigte und mehrere Ämter. Vor der 210 m langen Nordfassade stehen die 18 Geschütze der »Batterie triomphale«, erbeutete Bronzegeschützrohre des 17./18. Jahrhunderts. Vom großen Ehrenhof gelangt man in das berühmte Armeemuseum mit Exponaten zur französischen Militärgeschichte (tägl. geöffnet). Interessant sind auch die Stadtmodelle aus dem 17.–19. Jh. im Musée des Plans-Reliefs. In der schlichten Kirche St-Louis-des-Invalides hängen erbeutete Fahnen aus den Kriegen des 19. Jh.s, in der Chapelle Napoléon rechts des Chors werden Reste des Grabmals von St. Helena und der bei der Überführung benützte Sarg aufbewahrt.

★ **Musée de l'Armée** ▶

St-Louis-des-Invalides ▶

★ **Dôme des Invalides**

★ **Napoleon-Gruft** ▶

Als festlichen Rahmen für seine Anwesenheit bei der Messe ließ Ludwig XIV. den monumentalen Invalidendom aufführen (J. Hardouin-Mansart 1677–1706, R. de Cotte bis 1735). Sein »Höhepunkt« ist die Kuppel (97 m hoch, mit Kreuz 107 m) mit vergoldetem Bleidach. Unter der Kuppel stehen der Porphyr-Sarkophag mit den sterblichen Resten **Kaiser Napoleons I.** und der Bleisarg Napoleons II., seines einzigen legitimen Sohns (Herzog von Reichstadt, 1811–1832). In den Querarmen die Grabmäler des Marschalls Turenne (1611 bis 1675) und des Festungsbaumeisters Sébastien Le Prestre de Vauban (1633–1707); in den Eckkapellen die Grabmäler für Joseph, den ältesten Bruder Napoleons (1768–1844, König von Neapel), den jüngeren Bruder Jérôme (1784–1860, König von Westfalen) und das Herz seiner Gattin Katharina von Württemberg († 1835) sowie für die Marschälle Foch (1851–1929) und Lyautey († 1934).

★★ **Musée Rodin**

Für viele ist das Musée Rodin im Hôtel Biron das bevorzugte Pariser Kunstmuseum; gehören doch die Werke von **Auguste Rodin** (1840 bis 1917) und seiner Lebensgefährtin **Camille Claudel** (1864–1943) zu den anrührendsten Plastiken überhaupt: »Der Denker«, »Der Kuss«, »Die Bürger von Calais« u. v. m. Im **Garten** mit schöner Caféterrasse kann man wunderbar entspannen. Das Museum ist geöffnet Di.–So. 10.00–17.45, der Park bis 18.00 Uhr.

Vom Eiffelturm zum Montparnasse

★ **Musée du Quai Branly**

Die ausgezeichneten völkerkundlichen Sammlungen des Musée de l'Homme und des Musée National des Arts d'Afrique et d'Océanie sind seit 2006 in diesem Bau von Jean Nouvel zu sehen (geöffnet Di.–So. ab 11.00 Uhr, Di./Mi./So. bis 19.00, sonst bis 21.00 Uhr).

Égouts de Paris

Quai d'Orsay

An der Place de la Résistance (gegenüber 93 Quai d'Orsay) kann man in die Unterwelt der **Pariser Abwasserkanäle** hinuntersteigen. Jenseits des Aérogare (Busse zum Flughafen Orly) folgt am Quai d'Orsay das Außenministerium (1853), meist als **Quai d'Orsay** bezeichnet. Seit 1795 tagt im repräsentativen Palais Bourbon am Pont de la Concorde die **Nationalversammlung**.

★ **Palais Bourbon**

Der Bahnhof Quai d'Orsay, eine riesige Glas-Eisen-Konstruktion, wurde zur Weltausstellung 1900 von V. Laloux errichtet und bis 1986 zum Kunstmuseum umgestaltet (geöffnet Di.– So. 9.30 – 18.00, Do. bis 21.45 Uhr). Sein Besuch ist schlicht obligatorisch, denn es verfügt über eine große Zahl hochberühmter Werke von 1848 bis 1916, vom Realismus über Impressionismus und Symbolismus bis zum Jugendstil. Gutes Café-Bistro.

★★ **Musée d'Orsay**

Die 1635 von Kardinal Richelieu gegründete **Académie Française** – ihre 40 Mitglieder werden als »Immortels«, »Unsterbliche«, tituliert – hat die Aufgabe, die französische Sprache zu pflegen und rein zu halten. Mit weiteren wissenschaftlichen Akademien hat sie seit 1805 ihren Sitz im **Institut de France** (23 Quai de Conti), das Le Vau im Auftrag Kardinal Mazarins bis 1672 erbaute. Unter der Kuppel liegt der Große Sitzungssaal mit der Grabplastik des Kardinals (A. Coysevox). Führungen nach Anmeldung zwei Monate vorher. Die drei Höfe bilden einen malerischen Durchgang zur Rue Mazarine.

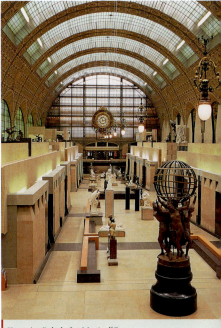

Kunst im Bahnhof – Musée d'Orsay

Von der École des Beaux-Arts führt die Rue Bonaparte zur Kirche St-Germain-des-Prés (11. Jh.), der ältesten in Paris. Vorher stand hier die Kirche der 543 gestifteten Abtei »St. Germanus in den Wiesen«, die Grablege der merowingischen Könige. Die um 1850 ausgemalte Kirche enthält einige schöne Bildwerke und Grabmäler, außerdem die Grabplatte des Philosophen René Descartes († 1650).

★ **St-Germain-des-Prés**

Der über 3 km lange Boulevard St-Germain, 1855 – 1866 angelegt, ist Schlagader des **Künstler- und Intellektuellenviertels** St-Germain-des-Prés. Legendär seine Cafés und Brasserien: Lipp (Nr. 151), Deux Magots (Nr. 170), Flore (Nr. 172); das Procope (Rue de l'Ancienne Comédie) ist das älteste Kaffeehaus von Paris, heute Café-Restaurant. Antiquariate und Antiquitätenläden, Edelboutiquen, Delikatessengeschäfte und Jazzkneipen lassen keine Langeweile aufkommen.

Boulevard St-Germain

Im Viertel St-Germain-des-Prés ist zu jeder Tageszeit etwas los.

Palais du Luxembourg
Das 1615–1621 für Maria von Medici, Witwe König Heinrichs IV. und Mutter Ludwigs XIII., von S. de Brosse erbaute Palais ist Sitz des Senats, der Zweiten Kammer des französischen Parlaments. Der zugehörige **Jardin du Luxembourg** ist einer der beliebtesten Parks in Paris und auch für Kinder ein Paradies: Vom Schiffchen-fahren-Lassen (Verleih) über Pony-Reiten und Puppentheater bis allerlei Spielgelegenheiten reicht die Palette, sogar eine Imkerschule mit Orangen- und anderen Obstbäumen gibt es hier. Die romantische **Fontaine des Médicis** erinnert an die erste Besitzerin.

Montparnasse-Viertel
Vom Carrefour de l'Observatoire zieht der Boulevard du Montparnasse durch das gleichnamige Viertel, das nach dem Ersten Weltkrieg den Montmartre als Zentrum des Künstlerlebens ablöste. Heute ist es ein **Ausgehviertel** mit vielen Kinos, Cafés und guten Restaurants. Zwischen Boulevard du Montparnasse und Boulevard de Vaugirard entstanden in den 1970er-Jahren gewaltige Büro- und Wohnbauten, darunter die 209 m hohe **Tour Montparnasse** (1974); vom Dach herrlicher Blick über Paris (tägl. bis 22.30/23.30 Uhr zugänglich).

Cimetière du Montparnasse
Östlich der Gare Montparnasse liegt der 1824 angelegte dritte große **Friedhof** von Paris. Begraben sind hier u. a. Baudelaire, Maupassant, J.-P. Sartre und S. de Beauvoir, Jean Seberg und Serge Gainsbourg. Kostenloser Plan im Büro (3 Blvd. E. Quinet). Wenige Schritte entfernt (261 Blvd. Raspail) lädt die Fondation Cartier für zeitgenössische Kunst zu einem Besuch (Bau von J. Nouvel, 1995).

★
Fondation Cartier ▶

Catacombes
An der Place Denfert-Rochereau (mit einer Bronzeversion des Löwen von Belfort) hat man Zugang zum **schauerlichsten Platz von Paris**: In einstigen unterirdischen Steinbrüchen sind seit 1810 Millionen von Skeletten aus Pariser Friedhöfen gestapelt (Mo. geschl.).

Vom Quartier Latin zur Place d'Italie

Das Quartier Latin, nach der Cité der älteste Teil von Paris und seit Jahrhunderten **Sitz der Hochschulen** und wissenschaftlichen Institutionen, erstreckt sich zwischen Jardin du Luxembourg und Gare d'Austerlitz bis zum Boulevard de Port-Royal. Hauptschlagader ist der Boulevard St-Michel, kurz »Boul-Mich« genannt, einer der großen Straßenzüge Haussmanns. Mit Mode-und Bücherläden, Restaurants und Imbisslokalen ist er während des Schul- und Universitätsjahrs (Oktober–Juni) Treffpunkt von Schülern und Studenten.

◀ Quartier Latin

◀ Boulevard St-Michel

Am Platz römischer Thermen erbaute das burgundische Kloster Cluny um 1330 für seine Äbte ein Pariser Domizil. 1485–1510 wurde es durch das Hôtel de Cluny ersetzt, außer dem Hôtel de Sens im Marais der einzige **spätmittelalterliche Wohnpalast** in Paris. Es beherbergt ein großartiges Museum für mittelalterliche Kunst und Kultur (geöffnet Mi.–Mo. 9.15–17.45 Uhr, www.musee-moyenage.fr). Unter den vielen einzigartigen Stücken herausragend die »Tapisseries de la Dame à la Licorne« (um 1500) und der goldene Altarvorsatz aus dem Basler Münster, ein Geschenk des deutschen Kaisers Heinrich II. († 1024). Eindrucksvoll ist die spätgotische **Kapelle** mit ihren Baldachinen. Im mächtigen Gewölbe des Frigidariums (Kaltbad), dem am besten erhaltenen Teil der **römischen Thermen**, finden Konzerte statt. Sehr schön ist auch der »mittelalterliche« Garten.

★★ Hôtel de Cluny

★ ◀ Kapelle

Vom Boul-Mich gelangt man auf der Rue des Écoles zur Sorbonne, der alten **Pariser Universität**. Robert de Sorbon, Kaplan Ludwigs IX., eröffnete 1253 ein Konvikt für mittellose Theologiestudenten, das sich zur Theologischen Fakultät der um 1215 gegründeten Universität entwickelte und in der französischen Geistesgeschichte eine führende Rolle spielte. Das 1624–1642 durch Kardinal Richelieu, damals Rektor, errichtete und 1885–1901 erweiterte Gebäude ist heute Sitz der Philosophischen Fakultät. Das Grand Amphithéâtre, den größten Hörsaal (2700 Plätze), ziert ein Gemälde von Puvis de Chavannes (»Heiliger Hain der Wissenschaft«). Die markante Kuppel gehört zur 1635–1642 von Lemercier erbauten Kirche der Sorbonne. Besonders schön ist die Nordfassade; im kahlen Inneren das prunkvolle Grabmal (1694) für **Kardinal Richelieu** (1585–1642) von Le Brun.

Sorbonne

◀ Eglise de la Sorbonne

Das Collège de France östlich der Sorbonne wurde 1530 von König Franz I. als Hohe Schule für Latein, Griechisch und Hebräisch gegründet. In der 1610 errichteten Pflegestätte des französischen Humanismus werden **Vorlesungen** über alle möglichen Themen gehalten, die auch heute noch **für jedermann** kostenlos zugänglich sind.

Collège de France

Südöstlich der Sorbonne führt die Rue Soufflot auf die Montagne de Ste-Geneviève zum Panthéon. Wo einst eine über dem Grab der hl. Genoveva (6. Jh.) erbaute Kirche stand, wurde 1758–1789 aufgrund

★ Panthéon

eines Gelübdes Ludwigs XV. ein höchst beeindruckender Sakralbau errichtet (122 m lang, 84 m breit, 91 m hoch, Gesamthöhe 117 m). 1791 wurde er zur Grab- und **Gedenkstätte hervorragender Männer** des Landes. Im Giebel der Vorhalle zeigt ein Relief (1837) von David d'Angers »Frankreich, Kränze an seine Söhne verteilend«. Im düsteren Inneren illustrieren Fresken das Leben der hl. Genoveva; Beachtung verdienen im rechten Seitenschiff vorn die Darstellung ihrer Kindheit (1877) und links im Chor »Die hl. Genoveva wacht über die belagerte Stadt Paris« (1898), beide von Puvis de Chavannes. Vom nördlichen Querarm ist die Kuppel zu ersteigen. Links im Chor liegt der Eingang zur Krypta, in der u. a. Mirabeau, Rousseau, Voltaire, Victor Hugo, Emile Zola, der Widerstandskämpfer Jean Moulin und Kulturminister André Malraux beigesetzt sind. Tägl. geöffnet.

▶ Fresken

▶ Krypta

St-Etienne-du-Mont

Die Kirche St-Etienne-du-Mont (1492–1626), in der Pascal und Racine beigesetzt sind, ist berühmt für den außerordentlich feinen **Lettner** von Philibert de l'Orme (1535). Zu beachten sind auch die Kanzel von 1640 und die Glasmalereien (16. Jh.) im rechten Seitenschiff. Ein moderner Reliquienschrein im Chorumgang enthält Teile des Sarkophags der hl. Genoveva.

Rue Mouffetard

An der Place de la Contrescarpe südlich von St-Etienne beginnt die schmale Rue Mouffetard, einst Quartier übelriechender Gerbereien (»mofette« = »Stinker«). Hier reihen sich Läden, Imbisslokale und Passagen, im unteren Teil ist Di.–So. vormittags **Markt**. Zwangsläufig ist sie zum Szenetreff und zur Touristenattraktion geworden.

Wochenendvergnügen an und auf der Seine

Am Pont de Sully fällt das Institut du Monde Arabe (J. Nouvel, 1988) auf, das dem kulturellen Austausch zwischen Frankreich und der arabischen Welt dient. Hinter den 1600 Glasscheiben der Südfront regulieren Metallblenden das einfallende Tageslicht. Ein hervorragendes **Museum** (Zugang im 7. Stock, Mo. geschl.) präsentiert islamische Kultur seit dem 9. Jahrhundert. Auf dem Dach ein »feines« und ein Selbstbedienungsrestaurant; herrlicher Ausblick.

★ **Institut du Monde Arabe**

Nordwestlich des Jardin des Plantes wurden 1869 die Reste eines römischen **Amphitheaters** (2. Jh. n. Chr., 132 × 100 m) freigelegt, das rund 17 000 Zuschauer fasste. Heute wird hier Pétanque gespielt.

★ **Arènes de Lutèce**

An der Westseite des Jardin des Plantes (39 Rue Geoffroy-St-Hilaire) steht die Pariser **Zentralmoschee** mit 33 m hohem Minarett, die 1922 – 1926 als erste Frankreichs erbaut wurde. Wer sie besuchen will, sollte dezent gekleidet sein, die Schuhe müssen ausgezogen werden. In dem Komplex kann man ganz in die **orientalische Welt** eintauchen, denn es gibt auch einen Hammam (Bad), ein Café, ein Restaurant mit schattigem Innenhof und einen Basar (Fr. geschl.).

Mosquée de Paris

Aus einem 1635 angelegten Arzneigarten entwickelte sich ein prachtvoller Park und Zoo (u. a. Rosengarten mit 170 Sorten). Sehr beeindruckend sind das seit 1793 existierende **Nationale Naturkundemuseum** (2 Rue Buffon) und die Grande Galerie de Zoologie. Garten (gratis) und Zoo tägl. zugänglich, Museen Di. geschlossen.

★ **Jardin des Plantes**

1997 wurde am südlichen Seine-Ufer die Nationalbibliothek eröffnet, das letzte einer Reihe exorbitant teurer Projekte (»Grands Travaux«), mit denen sich Staatspräsident Mitterrand Denkmäler setzte. Das bibliothekstechnisch katastrophal mißratene »Babel der Bücher« mit vier 80 m hohen Magazintürmen entwarf Dominique Perrault.

Bibliothèque Nationale

Die Rue Mouffetard (s. o.) geht in die Avenue des Gobelins über. Der Komplex Nr. 42 birgt die berühmte **Gobelinmanufaktur**, die 1601 von König Heinrich IV. gegründet und 1667 in die Fabrik der Färberfamilie Gobelin verlegt wurde – daher der Name für Bildteppiche. Im Museum sind französische, flämische, italienische u. a. Bildteppiche zu sehen (geöffnet Di. – So. 11.00 – 18.00 Uhr).

★ **Manufacture Royale des Gobelins**

Die Avenue des Gobelins mündet südlich auf der Verkehrsknoten der Place d'Italie. Hier steht das Einkaufszentrum Italie 2 mit dem 1992 eröffneten **Grand Écran** (Architekt: Kenzo Tange). Das Hochhausviertel südlich der Place d'Italie hat sich seit den 1970er-Jahren zum »Chinatown« entwickelt mit der größten **ostasiatischen Gemeinde** Europas. Insbesondere an der Avenue d'Ivry kann man einkaufen und gut essen, u. a. in dem riesigen Supermarkt der Tang Frères und in den Restaurants der »Dalle des Olympiades«. Eine Attraktion ist das chinesische Neujahrsfest Ende Jan./Anf. Febr.

Place de l'Italie

Chinatown

Die »Grande Arche« in La Défense, gedacht als Fenster zur Welt

Butte-aux-Cailles   Der charmante, noch dörflich wirkende Bezirk südwestlich der Place d'Italie war Zentrum des Commune-Aufstands 1871. Heute kann man zuerst in der schönen **Piscine von 1924** (Place Paul-Verlaine) plätschern, die 28 °C warmes Wasser aus einem eigenen Brunnen bezieht, und sich dann in einem der Cafés oder Restaurants niederlassen, etwa im rustikalen Chez Gladines (30 Rue des 5 Diamants) oder im gehobeneren »Chez Nathalie« (45 Rue Vandrezanne).

Sehenswürdigkeiten am Stadtrand

** La Défense   Vom Louvre führt die 8 km lange **Axe Historique** – Champs-Élysées, Av. de la Grande Armee und Av. Charles de Gaulle – westlich zum Pont de Neuilly und zur überwältigenden futuristischen Hochhaus-Vorstadt La Défense, die seit Ende der 1950er-Jahre entsteht. Der irreführende Name bezieht sich auf eine Statue zur Erinnerung an die Verteidigung von Paris 1871, die 1883 aufgestellt wurde (jetzt beim Bassin Agam). Erste architektonische Glanzleistung war das Centre des Nouvelles Industries et Techniques, dessen 90 000 m² großes Gewölbe auf drei Punkten ruht. Blickfang ist die **Grande Arche**, der »Triumphbogen der Menschheit«, ein offener Kubus mit 110 m Seitenlänge des Dänen J. O. von Spreckelsen (1989). Panoramalifte fahren hinauf zum Dach, in dem u. a. ein Computermuseum untergebracht ist, dazu das Restaurant Ô110, eine Brasserie und ein Cybercafé. Aus den weiteren Gebäuden, in denen über 4000 Firmen ihren Sitz haben, darunter über ein Dutzend der größten Unternehmen Frankreichs, ragt der 190 m hohe Doppelturm Cour Défense heraus; schräg gegenüber die Tour EDF (Cobb & Pei, 2001).

Vom Arc de Triomphe führt die 120 m breite Avenue Foch zur Porte Dauphine, dem Hauptzugang zum **Bois de Boulogne**; mit Wäldern, Seen, Wasserfällen und einem Freilichttheater ist er ein beliebtes **Naherholungsgebiet** (Boots- und Fahrradverleih), nachts allerdings auch in einem anderen Sinn – als Straßenstrich. Außerdem gibt es hier zwei berühmte Reitbahnen (Hindernisrennen in **Auteuil**, Flachrennen in **Longchamp**) und das Tennisstadion **Roland Garros**, in dem Ende Mai die internationalen French Open ausgetragen werden. Im Nordwesten liegt das Schlösschen Bagatelle, das 1777 der Graf von Artois (später Karl X.) aufgrund einer Wette in 64 Tagen erstellen ließ. Im Juni findet im seit 1905 bestehenden, charmanten Rosengarten ein internationaler Wettbewerb für neue Rosensorten statt.

◀ Bois de Boulogne

◀ Bagatelle

Der Bois de Vincennes am südöstlichen Stadtrand ist der größte **englische Park** von Paris, von Haussmann bis 1867 angelegt. Außer romantischen Seen findet man den Parc Floral – im Restaurant Les Magnolias nahe dem Schloss gibt's sonntags Brunch (Tel. 01 48 08 33 88) –, einen Blumenpark mit Attraktionen für Kinder, einen Schmetterlings- und einen Tropengarten und den größten Zoo von Paris, im Sommer werden Jazzkonzerte veranstaltet. Das Château de Vincennes, am Südrand des gleichnamigen Vororts gelegen, hat eine lange, bedeutende Geschichte als **Wohnsitz der Könige** von Frankreich und Gefängnis für ihre persönlichen oder politischen Feinde. Philipp II. Augustus ließ im 12. Jh. den königlichen Jagdsitz zur Residenz ausbauen, die trutzigen Festungsanlagen wurden 1337 vollendet. Im 52 m hohen Wohnturm dokumentiert ein Museum die Geschichte von Vincennes; sehenswert sind auch die königlichen Gemächer, die Schatzkammer und die Waffensammlung. Die 1387–1552 nach dem Vorbild der Sainte-Chapelle erbaute Kapelle besitzt schöne Renaissance-Glasmalereien. Le Vau erstellte 1654 bis 1661 den Pavillon de la Reine und den Pavillon du Roi, in denen Ludwig XIV. und Maria Theresia ihren Honigmond verbrachten.

◀ Bois de Vincennes

◀ Château de Vincennes

Im Nordosteck von Paris zieht der Parc de la Villette, angelegt auf dem ehemaligen Schlachthofgelände, im Jahr 3 Mio. Besucher an – in diesem **Freizeitpark** ist für jeden was dabei. In der **Cité des Sciences et de l'Industrie** werden die Besucher (ab 3 Jahren!) in die Welt der Wissenschaften eingeführt. Kinder haben in den Themengärten ihren Spaß. Ein »bewegendes« Kinoerlebnis hat man im **Cinaxe**, in dem die Technik der Flugsimulatoren verwendet wird. In der spiegelblanken Stahlkugel **Le Géode** werden auf einer 1000 m² großen 172-Grad-Leinwand Dokumentarfilme gezeigt. Südlich des Canal de l'Ourc bietet die schöne gusseiserne **Grande Halle** (1867), ehemals »Halle aux Bœufs«, Raum für Ausstellungen, Konzerte und andere kulturelle Veranstaltungen. An der Avenue Jean-Jaurès kommen Musikfreunde auf ihre Kosten: Neben dem renommierten **Pariser Konservatorium** (ganzjährig Konzerte und Ballett) liegt die Cité de la Musique (C. de Portzamparc, 1995), in deren Konzertsaal jede nur

La Villette

denkbare Musik der Welt erklingt. (2012 soll die neue Philharmonie fertig sein, die nach Plänen von Jean Nouvel gebaut wird.) Im Musée de la Musique sind Musikinstrumente vom 16. Jh. bis heute ausgestellt. Der Park ist tägl. frei zugänglich; die Attraktionen kosten jeweils Eintritt; Mo. sind die Einrichtungen (außer Géode) geschlossen. In den Schulferien ist für die Cité des Sciences Anmeldung mehrere Tage vorher sinnvoll (Tel. 01 40 05 70 00, www.villette.com). Etwa von 15. Juli bis 20. Aug. gibt es gegen 22.00 Uhr **Open-Air-Kino** (gratis), in der 1. Sept.-Hälfte ein **Jazzfestival**.

Umgebung von Paris

Ile-de-France Im Umkreis von ca. 50 km um die Landeshauptstadt gibt es eine große Zahl bedeutender und interessanter Sehenswürdigkeiten, die unter ▶Ile-de-France- beschrieben werden.

Spaß für Groß und Klein im Parc de la Villette

Périgord · Dordogne-Tal

G–J 7/8

»Périgord« oder »Dordogne«, diese beiden Namen stehen für eine der herrlichsten Landschaften Frankreichs. Letzterer ist von dem Fluss abgeleitet, der mit seinem malerischen Tal, an dem schöne alte Dörfer und Städte liegen, die Hauptattraktion darstellt.

Land der Gänse und Trüffeln

Das Périgord ist eine echte Bilderbuchlandschaft mit einer Fülle von Burgen und Bastiden, Schlössern und Abteien. Weltberühmt sind die Höhlen mit künstlerischen Relikten von Steinzeitmenschen (Cro-Magnon, Lascaux). Die teils von Felsen gesäumten Flüsse bieten vielfältige Möglichkeiten, vom Klettern übers Rad- und Kajakfahren bis zum Angeln. Bei Feinschmeckern steht das Périgord für Leber und eingemachtes Fleisch (Confit) von Enten und Gänsen sowie die schwarzen Trüffeln (*Tuber melanosporum*). Von ihnen sollen mit Hilfe von Schweinen und Hunden um 4000 t jährlich »geerntet« werden, ca. 25 % der nationalen Ausbeute. Die bekanntesten Weine sind der rote Côtes de Bergerac und der edle Süßwein Monbazillac.

Landschaften

Die historische Landschaft Périgord entspricht im Wesentlichen dem Département Dordogne mit der Hauptstadt ▶Périgueux. Die Dordogne entspringt am Puy de Sancy im Zentralmassiv und ist bis zur Vereinigung mit der Garonne 472 km lang. Bis Souillac fließt sie durch das **Quercy**. Kern des Périgords ist das **Périgord Noir** (Schwarzes Périgord) zwischen der Vézère und der Dordogne, das seinen Namen von großen Wäldern dunkelblättriger Steineichen hat. Nordwestlich schließt das **Périgord Blanc** (Weißes Périgord) mit der Stadt ▶Périgueux an, ein hügeliges Kalkplateau mit Getreidefeldern, Weiden und Kastanienwäldern. Westlich des Zusammenflusses von Vézère und Dordogne liegt das **Périgord Pourpre** (Purpurnes Périgord), ein Weinbaugebiet mit dem Zentrum Bergerac. Das **Périgord Vert**

Highlights *im Périgord*

Rocamadour
Alter Wallfahrtsort in spektakulärer Lage
▶ Seite 652

Sarlat
An Markttagen zeigt sich der alte Hauptort des Périgord Noir besonders lebhaft.
▶ Seite 653

Domme
Bastide aus dem 13. Jahrhundert hoch über der Dordogne
▶ Seite 654

Beynac-Cazenac / Castelnaud
Einer der schönsten Abschnitte an der Dordogne
▶ Seite 654

Lascaux / Les Eyzies-de-Tayac
Kunst und Kultur aus ferner Vorzeit
▶ Seite 655

Périgord Vert
Idylle pur zwischen Bourdeilles und Brantôme
▶ Seite 657

(Grünes Périgord) ist der Teil nördlich von Périgueux zwischen Excideuil und Nontron mit den Flüssen Auvézère und Dronne.

Im Tal der Vézère wurden Zeugnisse des nach seinem Fundort benannten altsteinzeitlichen Cro-Magnon-Menschen gefunden, der um 35 000 v. Chr. den Neandertaler ablöste: Feuerstätten, künstlerisch gestaltete Gegenstände, Werkzeuge, menschliche Skelette und die berühmten Höhlenzeichnungen (▶ Baedeker Special S. 660). Das Gebiet war im Mittelalter als Grenzland zwischen dem englischen und französischen Einflussbereich jahrhundertelang heftig umkämpft – ab dem 13. Jh. wurden die vielen Burgen und Bastiden, d. h. befestigte Orte, errichtet –; 1607 kam es auf Dauer an die Krone.

Aus der Geschichte

Reiseziele im südlichen Périgord

Die Reiseziele im südlichen Périgord werden als Fahrt entlang der Dordogne beschrieben, beginnend unterhalb der Gorges de la Dordogne. Der Oberlauf des Flusses ist unter ▶ Auvergne erfasst.

In dem alten Schifferdorf in einer tief eingeschnittenen Flussschleife ist einer der alten Kähne (Gabare) zu sehen. Ab hier kann man dem Fluss nur in einiger Entfernung folgen. Von einem Punkt südwestlich an der D 29 hat man einen guten Blick auf die Barrage de Chastang mit dem größten Wasserkraftwerk der Dordogne.

Spontour

◀ **Barrage de Chastang**

Am besten lässt man das das Bild des malerischen alten Städtchens (3100 Einw.) von der **Steinbrücke** aus auf sich wirken. Am 1844 angelegten Quai Lestourgie wurden einst Lastkähne be- und entladen. Sehr schön ist die Fahrt am Fluss entlang nach Beaulieu.

Argentat

Seinen Namen trägt dieser Ort (1300 Einw.), bei dem das Dordogne-Tal im engeren Sinn beginnt, mit vollem Recht. Die großartige Abteikirche St-Pierre (Chorpartie und Querhaus 1100–1140 erbaut, der Rest bis zum 14. Jh.) ist der auvergnatischen Romanik verpflichtet. Das Südportal von 1125 gehört zu den besten Werken romanischer Bildhauerkunst, zu vergleichen mit Moissac und Souillac. Reizvolle **Partie am Fluss** mit der Chapelle des Pénitents (12. Jh.; Heimatmuseum). Beaulieu ist berühmt für seine Erdbeeren, am 2. Sonntag im Mai wird das große **Erdbeerenfest** mit einer riesigen Torte gefeiert, für die 800 kg der süßen Früchte verarbeitet werden.

★ **Beaulieu-sur-Dordogne**

11 km südlich erhebt sich über der Mündung der Ceré in die Dordogne die gewaltige, im 14. Jh. aus rotem Stein errichtete Burg der Barone von Castelnau. Schöner Blick über die Flusslandschaft und das südlich liegende Quercy.

Château de Castelnau

← *Spektakuläres Wallfahrtsziel über dem Alzou: Rocamadour*

Gouffre de Padirac ★

Südwestlich von Castelnau ist der Gouffre de Padirac, eine der größten Karsthöhlen Frankreichs, durch einen senkrechten natürlichen Schacht (Gouffre) zugänglich (geöffnet Anf. April – Anf. Nov.; im Sommer vor 10.00 Uhr kommen!). Für den Besuch mit der Fahrt auf dem unterirdischen Fluss ist warme Kleidung zu empfehlen.

Causse de Gramat

Der Marktort Gramat ist Zentrum des **kargen Kalkplateaus**, das südlich der Dordogne bis zum ▶Lot reicht und als Schafweide dient. Besonders schön sind im Herbst die lohenden Farben. 2 km südlich von Gramat (Route de Carjac) informiert der Parc de Vision de Gramat über Flora und Fauna der Gegend.

Rocamadour ★★

Das höchst malerisch in der engen Schlucht des Alzou gelegene Städtchen (600 Einw.) ist eine der ungewöhnlichsten Wallfahrtsstätten Frankreichs (und in der Hochsaison ein touristischer Alptraum). Seit dem Mittelalter strömen die Pilger, darunter viele gekrönte Häupter, zur **Schwarzen Madonna von Roc-Amadour** (12. Jh.) in der Chapelle Notre-Dame von 1479. Diese ist Teil des Kirchenkomplexes, der mit einem Aufzug oder über 233 Stufen zu erreichen ist. Zu ihm gehören noch die Kirche St-Sauveur (11./12. Jh.) und das sehr interessante Musée d'Art Sacré Francis Poulenc (sakrale Kunst). Auf hohem Felsen thront die Burg (14. Jh.), die man über einen Kreuzweg nördlich des Kirchenkomplexes erreicht. Der nach dem Ort benannte kleine Ziegenkäse hat seit 1996 den AOP-Status.

Carennac ★

Westlich von Castelnau liegt Carennac, eines der »schönsten Dörfer Frankreichs« und berühmt für sein im 10. Jh. gegründetes Priorat. Die Kirche St-Pierre (12. Jh.) verfügt über ein Hauptportal mit wunderbarem Tympanon. Sehenswert sind auch der Kreuzgang und der Kapitelsaal mit einer lebensgroßen Grablegungsgruppe (15. Jh.).

Martel

Das atmosphärische Städtchen (1500 Einw.) 5 km nördlich der Dordogne entstand der Legende nach um eine Kirche, die Karl Martell nach seinem Triumph über die Araber 732 erbauen ließ. Vom Mauerring ist noch die Tour de Tournemire (12. Jh.) erhalten. Hübsch ist das Zentrum mit dem **Hôtel de la Raymondie** (um 1330; Rathaus, Lokalmuseum, Tourismusbüro), der Maison de la Monnaie (Münze, 13. Jh.), Markthalle (18. Jh.) und der Maison Fabri (12. Jh.). Östlich außerhalb des an der Dordogne gelegenen Gluges bietet der **Belvédère de Copeyre** einen herrlichen Blick auf den Fluss.

Gluges

Souillac ★

Vorbei am fotogenen Château de la Treyne (17. Jh., Hotel) gelangt man nach Souillac (3900 Einw.), dem lebendigen Zentrum der Gegend. Herausragend die Kirche (12. Jh.) der im 7. Jh. gegründeten Abtei mit drei hohen Kuppeln und **herrlichem Portal**, dessen Reste nach den Religionskriegen nach innen verlegt wurden. Im Tympanon ein Relief mit der Theophilus-Legende. Das Musée de l'Automate bei der Abtei zeigt wunderbares mechanisches Spielzeug seit 1860.

An der Grenze zwischen Périgord und Quercy liegt das einst befestigte Gourdon (4600 Einw.). In den Lauben des Rathauses (13./17. Jh.) wird Markt gehalten, die Kirche St-Pierre stammt aus dem 14. Jahrhundert. Vom Burgberg hat man einen schönen Ausblick. In den Höhlen von Cougnac (ca. 3 km nördlich) wurden Malereien aus dem Magdalénien (17 000 – 15 000 v. Chr.) entdeckt.

Gourdon

◁ Höhlen von Cougnac

Westlich von Carsac bietet sich von der D 703 ein schöner Blick auf das Schloss Montfort und die nach ihm benannte **Flussschleife**.

Cingle de Montfort

Das alte Sarlat (9 400 Einw.), der 7 km nördlich der Dordogne gelegene Hauptort des Périgord Noir, darf als einer der schönsten Orte Frankreichs gelten, und der **Markt am Samstag** ist ein kulinarisches Hauptereignis der Region, die für Foie gras (Fest am 3. Febr.-So.) und Trüffeln berühmt ist. Sarlat entwickelte sich um eine im 9. Jh. gegründete Abtei. Nach Zerstörungen im Hundertjährigen Krieg entstand das beeindruckende Stadtbild mit stattlichen **Bürgerhäusern der Renaissance**. Die Stadt wird durch die im 19. Jh. angelegte Rue de la République (»la Traverse«) geteilt, östlich von ihr sind die meisten Attraktionen zu finden. Im Südteil der Altstadt steht die Kathedrale St-Sacerdos (14./16. Jh.); der Fassadenturm stammt vom romanischen Vorgänger, die barocke Orgel (18. Jh.) ist in Konzerten zu hören. Südwestlich stößt das alte Bischofspalais an. Östlich der Kathedrale ist die sog. **Lanterne des Morts** zu sehen, ein eigenartiger Turm aus Vulkangestein mit kegelförmigem Dach (12. Jh.); sein Zweck ist unklar. Durch die Passage Ségogne oder die Rue de la Liberté gelangt man zum vornehmen **Hôtel de Maleville** (16. Jh.; Tourismusbüro) und zur **Place de la Liberté** mit dem Rathaus (17. Jh.); Mi. und Sa. wird hier der Markt gehalten. Hinter der Kirche Ste-Marie – heute **Markthalle** – steht in der Rue des Consuls das Hôtel Plamon aus dem 15. – 17. Jh., das einer reichen Tuchmacherfamilie gehörte.

★★
Sarlat

In diesem schönen Haus von 1525 kam der Schriftsteller Etienne de Boétie zu Welt.

Castelnaud, im Hintergrund Beynac-et-Cazenac – Dordogne par excellence

★ **Domme**
Philipp der Kühne gründete 1283 diese **Bastide** am Rand eines Steilabfalls hoch über der Dordogne; mit vielen anderen Touristen genießt man die **Aussicht** auf den herrlichsten Abschnitt des Flusstals. Große Teile der eindrucksvollen Befestigung sind noch erhalten (v. a. Porte des Tours im Osten). Auf der Place de la Halle die Markthalle (im 19. Jh. rekonstruiert); östlich gegenüber das Haus des Gouverneurs (16. Jh.; Tourismusbüro), westlich das Musée d'Art et de Traditions Populaires. In der Markthalle hat man Zugang zu einem Höhlensystem, das im Hundertjährigen Krieg und in den Religionskriegen den Bürgern Schutz bot.

★ **La Roque-Gageac**
Zwischen Fluss und Felsen eingeklemmt ist La Roque-Gageac (400 Einw., Foto S. 172 / 173), eines der schönsten und typischsten Dörfer an der Dordogne mit Handwerker- und beeindruckenden Bürgerhäusern sowie dem Schloss La Malartrie (20. Jh.). Oberhalb der Kirche das Manoir de Tarde (15. Jh.) vor der Felswand mit alten Höhlenbehausungen.

★ **Beynac-et-Cazenac**
Noch ein schönes Dorf (500 Einw.) zwischen senkrecht abfallenden Felsen und Fluss. Die Burg auf dem Felsen wurde im 13. Jh. errichtet und war ab 1368 französische Bastion gegen das gegenüberliegende englische Castelnaud. Vom Rundweg herrliche Aussicht über das Tal und weitere Schlösser. Am Weg zur Burg (Caminal des Panieraies) die Kirche (15. Jh., einst Schlosskapelle) und Häuser des 15.–17. Jh.s.

Périgord · Dordogne-Tal

Castelnaud jenseits der Dordogne ist eine »richtige« mittelalterliche Burg; vom 13. Jh. bis 1442 war sie englische Bastion. Hier ist ein **Museum für mittelalterliche Kriegstechnik** untergebracht (ganzjährig geöffnet), an Sommerabenden gibt's historische Son-et-Lumière-Schauen. Herrlicher Blick über die Täler von Dordogne und Céou.

★ **Castelnaud**

Das Tal der Vézère, die im Plateau de Millevaches entspringt, ist zwischen Montignac und Limeuil an der Mündung in die Dordogne besonders reizvoll. Von Montignac lohnt ein Ausflug nach St-Amand-de-Coly mit seiner ungewöhnlichen Kirche (12. Jh.); das Westwerk ist als Wehrturm mit einem riesigem Spitzbogen ausgebildet.

★ **Vézère**
◄ Saint-Amand-de-Coly

Die weltberühmte **Grotte de Lascaux** 2 km südlich von Montignac weist über 1500 Felszeichnungen aus dem Magdalénien (17 000 bis 15 000 v. Chr.) auf. Aus konservatorischen Gründen ist nicht zugänglich, dafür wurde Lascaux II eingerichtet, eine gelungene Nachbildung, sogar dieselben Farbstoffe wurden verwendet. Geöffnet Juli/Aug. 9.00–19.00, April–Juni, Sept. 9.00–18.00, Okt.–März 10.00–12.30, 14.00–17.30 Uhr; Nov./Dez./Febr./ März Mo. geschl., Jan. geschl. Von Mitte April bis Sept. bekommt man Karten nur in Montignac neben dem Office de Tourisme, ab 9.00 Uhr. Die Besucherzahl ist auf 2000 pro Tag begrenzt, im Sommer sind die Karten für den Tag schnell ausverkauft (www.semitour.com). In Le Thot 5 m südwestlich von Montignac macht der Espace Cro-Magnon mit der steinzeitlichen Maltechnik vertraut (► Baedeker Special S. 660).

★★ **Lascaux**

Die Täler von Vézère und Beune, an deren Zusammenfluss dieses berühmte Dorf (850 Einw.) liegt, sind teils enge Schluchten mit hohen Felsüberhängen (Abris) und Höhlen, die in vorgeschichtlicher Zeit als Wohnstätten dienten. Zusammen mit Lascaux gehören die Fundstätten der Vézère zum **Welterbe der UNESCO**. In Cro-Magnon, einem Ortsteil von Les Eyzies, wurde hinter dem gleichnamigen Hotel 1868 das 30 000 Jahre alte Skelett des »Cro-Magnon-Menschen« gefunden. Einblick über Fundstätten und Forschung geben das Musée National de la Préhistoire (Juli/Aug. 9.30–18.30, Juni/Sept. Mi. bis Mo. 9.30–18.00, sonst Mi. bis Mo. 9.30–12.30, 14.00–17.30 Uhr), in einem bedeutenden modernen Bau unterhalb des Schlosses der Herren von Tayac, und das Musée de Spéléologie im Felsen von Tayac. Museen und Touris-

★★ **Les Eyzies-de-Tayac**

Feine Produkte liefern die Gänse der Dordogne.

Saint-Léon-sur-Vézère

Besonders hübsch ist das in einer Schleife der Vézère liegende St-Léon mit den Châteaux de la Salle und Clérans sowie der schlichten, archaisch wirkenden **Kirche**, deren Langhaus noch vorromanisch ist (netter Platz für ein Picknick). Im August ist St-Léon (neben St-Amand-de-Coly) Ort des **Festival de Musique du Périgord Noir**.

Cadouin

Die Abtei im südlich der Dordogne liegenden Cadouin (400 Einw.) wurde 1115 gegründet. Schon im Mittelalter war sie ein bedeutender **Wallfahrtsort**, wegen eines »Leichentuchs Christi«, das 1214 erstmals erwähnt und aufgrund der kufischen Schriftzeichen auf ca. 1100 datiert wird. Die 1154 geweihte Kirche ist im schlichten Stil der Zisterzienser gehalten; der Kreuzgang (15./16. Jh.) zeigt Flamboyant-Gotik und Renaissance-Elemente. In einem Nebengebäude ist ein großes Fahrradmuseum untergebracht.

Monpazier

Das 16 km südlich liegende Monpazier (500 Einw.) ist eine der schönsten und besterhaltenen **Bastiden** des Périgord, angelegt 1284 vom aquitanischen Herzog und englischen König Eduard I. Im Zentrum der rechtwinkligen Straßensystems die Place des Cornières mit Markthalle aus dem 16. Jh. und wuchtigen Bogengängen.

Place des Cornières in Monpazier

Bei Tremolat – seine Kirche (12. Jh.) ist ein gutes Beispiel für perigordinische Sakralarchitektur – zieht die Dordogne besonders schöne **Schleifen** zwischen Felswänden und sanfter Ackerlandschaft.

Cingle de Tremolat

Bei Lanquais links der Dordogne, an dessen »Märchenschloss« vom Mittelalter bis in die Renaissance gebaut wurde (beeindruckende Küche), beginnt das Weinbaugebiet der **Appellation Bergerac**. Unter ähnlichen Bedingungen wie im Libournais wachsen hier elegante Weißweine (Montravel), kräftige Rotweine (Côtes de Bergerac, Pécharmant) und der Monbazillac, ein berühmter Süßwein.

Lanquais

Bergerac (27 600 Einw.), die Hauptstadt des Périgord Pourpre und Zentrum des Wein- und Tabakanbaus, verfügt über eine besonders sehenswerte **Altstadt**, die sich vom Hafen bis zur Rue de la Résistance erstreckt (Tourismusbüro an der Place du Palais). Nahe dem Hafen lädt im Rekollekten-Kloster die **Maison des Vins de Bergerac** zur Verkostung; östlich davon in der Maison Peyrarède (1603) ein Tabakmuseum. Auf der Place du Dr Cayla / de la Mirpe ein Denkmal für Cyrano de Bergerac, der jedoch mit der Stadt nichts zu tun hatte. Interessant sind Museum für regionale Volkskunde (Wein, Küferei, Schifffahrt) und das Museum für sakrale Kunst. In der **Kirche Notre-Dame** (19. Jh.) ist überraschenderweise je ein Bild von dem Venezianer Pordenone und von Gaudenzio Ferrari (16. Jh.) zu sehen.

Bergerac

7 km südlich von Bergerac liegt in den Weinbergen **Monbazillac**, ein um 1550 errichtetes Schloss, Wahrzeichen des gleichnamigen Süßweins (Besuch mit Verkostung tägl., Nov. – März Mo. geschl.).

Brantôme mit seiner Abtei (S. 658)

Reiseziele im nördlichen Périgord

Nördlich von ▶Périgueux fließt die Dronne durch das Périgord Vert, das seinem Namen alle Ehre macht; besonders bezaubernd ist der Abschnitt zwischen Bourdeilles und Brantôme. In Bourdeilles (800 Einw.) bilden Schloss (mittelalterlicher Teil 13. Jh., Renaissance-Bau mit schönem Interieur, 16. Jh.), **gotische Brücke und alte Mühle** – mit ausgezeichnetem Restaurant – ein herrliches Ensemble.

Bourdeilles

PÉRIGORD ERLEBEN

AUSKUNFT

CRT Auvergne
7 Allee Pierre-de-Fermat
63178 Aubière Cedex
Tel. 04 73 29 49 66
www.auvergne-tourisme.info

CRT Limousin
30 Cours Gay-Lussac, C.S. 500 95
87003 Limoges Cedex 1
Tel. 05 55 11 05 90
Tel. in Frankreich 0810 410 420
www.tourismelimousin.com

ÜBERNACHTEN / ESSEN

▶ Komfortabel / Luxus
Les Glycines
Les Ezyies-de-Tayac, Route Périgueux
Tel. 05 53 06 97 07
http://les-glycines-dordogne.com
Hübsches Schlösschen von 1862 mit Garten, Pool und Terrasse zum Speisen. Zauberhaft gestaltete Zimmer; die zum Garten hin sind ruhiger.

Moulin du Roc
Champagnac-de-Belair, Tel. 05 53 02 86 00, www.moulinduroc.com
Ein Traum: liebevoll umgebaute Ölmühle aus dem 17. Jh., 6 km nordöstlich von Brantôme, hochklassige Küche. Besonders schön sitzt man im Garten an der Dronne. Das Hotel hat Anf. Mai – Okt. geöffnet.

Moulin de l'Abbaye
Brantôme, Tel. 05 53 05 80 22
www.moulinabbaye.com
Ein wunderbarer Platz ist die alte Mühle in der Dronne. Erstklassiges Restaurant mit Garten. Preisgünstiger speist man im »Au Fil de l'Eau«.

▶ Günstig
La Grange du Mas
Les Eyzies-de-Tayac, Mas de Sireuil
Geöffnet Ostern – Sept., Tel. 05 53 29 66 07, www.grange-du-mas.com
Hervorragende ländliche Küche wird in dieser Ferme-auberge östlich von Les Eyzies aufgetischt. Mit sehr netten Zimmern und großem Ferienhaus.

Les Charmilles
Beaulieu-sur-Dordogne
20 Blvd. St-Rodolphe-de-Turenne
www.auberge-charmilles.com
Tel. 05 55 91 29 29. Zauberhaft an einem Arm der Dordogne gelegenes charmantes Landhaus mit Restaurant.

Brantôme Brantôme (2100 Einw.) liegt zauberhaft in einer Schleife der Dronne. Der Pont Coudé (16. Jh.) führt hinüber zur **Abtei**, die von Karl dem Großen 769 gegründet und ab 1075 neu erbaut wurde. Nur der Turm ist unverändert erhalten, dessen vor die Glockenstube gestellten Wimperge (Ziergiebel) zum Muster der Limousin-Romanik wurden. Ein altes Kapitell dient als Taufbecken. Im Konvent (16. Jh., im 19. Jh. verändert) ist das Dormitorium mit Schiffskiel-Dachstuhl interessant, dahinter das Musée Fernand-Desmoulin mit archäologischen Funde sowie seltsamen Werken dieses Künstlers.

Puyguilhem Nach dem Vorbild von Loire-Schlössern wurde Anfang des 16. Jh.s das **Château de Puyguilhem** 12 km nordöstlich von Brantôme erbaut, das wegen seiner schönen Inneneinrichtung sehenswert ist.

Saint-Jean-de-Côle

Das hübsche Dorf 8 km östlich von Puyguilhem verfügt über ein Schloss und eine Kirche (12. Jh.), die nur aus einem Chor mit drei Apsiden besteht; das 1787 eingestürzte Gewölbe wurde 1850 durch eine Holzdecke ersetzt. An die Kirche ist die Markthalle angebaut.

* Hautefort

Gut 40 km östlich von Périgueux ist das **größte Barockschloss Südwestfrankreichs** zu finden (geöffnet März–Mitte Nov., April–Okt. tägl.: sonst Sa./So. nachmittags). Es entstand um 1650 am Platz der Burg, die im 12. Jh. dem großen Troubadour Bertrand de Born gehörte. Nach einem Großbrand 1968 wurde es wiederhergestellt und originalgetreu eingerichtet. Außer dem Kastanienholz-Dachstuhl des Südwestturms ist auch der Garten besonders sehenswert.

Périgueux

Région: Aquitaine
Département: Dordogne

Höhe: 85 m ü. d. M.
Einwohnerzahl: 29 400

Périgueux, die Hauptstadt der Landschaft ▶ Périgord, besitzt eine hübsche, denkmalgeschützte Altstadt, die sich am Fluss Isle um die große, ungewöhnliche Kathedrale ausbreitet.

Stadtanlage

Hinter hässlichen modernen Außenbezirken versteckt sich die zweigeteilte Altstadt. Das denkmalgeschützte Kathedralviertel Puy-St-Front entwickelte sich vom 5. bis zum 11. Jh. um eine Abtei. Davon abgesetzt ist die Cité im Westen der Stadt, der ältere Siedlungsbereich, der auf die keltischen Petrocorier zurückgeht und als »Vesuna« nach Burdigala (Bordeaux) die wichtigste römische Kolonie in Gallien war. 1251 wurde die Stadt Périgueux gegründet.

Sehenswertes in Périgueux

* Kathedrale St-Front

Mittelpunkt der Stadt ist die Place Bugeaud, von der sich Puy-St-Front bis zum Fluss erstreckt. Die Kathedrale, 1125–1173 erbaut, wurde 1852–1901 von Paul Abadie »restauriert«, der später Sacré-Cœur in Paris entwarf; damals erhielten die Kuppeln die grotesken Schuppen und Laternen. Der Bau ist nach dem Vorbild von **San Marco in Venedig** als byzantinische Viersäulen-Kreuzkuppelkirche angelegt; der Glockenturm über dem Narthex (Vorhalle) stammt noch vom Vorgänger. Im nüchternen Inneren sind die Radleuchter nach byzantinischer Art und der Altar aus Nussholz (17. Jh.) bemerkenswert. Der romanisch-gotische Kreuzgang (merowingische Sarkophage) ist der Rest des im 19. Jh. abgerissenen Klosters.

* Vieux Périgueux

Die Flusskais werden von Häusern des 15./16. Jh.s gesäumt. Vom Pont des Barris bietet sich ein schöner Blick auf die Altstadt. Nörd-

STEINZEITLICHE KUNSTGALERIE

In Südostfrankreich haben Amateur-Höhlenforscher in den Schluchten der Ardèche die ältesten Wandmalereien der Welt entdeckt: Werke von verblüffender Meisterschaft – über 30 000 Jahre alt.

Am 18. Dezember 1994 streift der Archäologe und Höhlenforscher Jean-Marie Chauvet mit zwei Kollegen wieder einmal durch die Karstlandschaft bei Vallon-Pont-d'Arc. Die Ardèche hat hier im Laufe der Zeit bis zu 200 m tiefe Schluchten in das Felsmassiv gegraben. Sickerwasser ließ unzählige Höhlen entstehen, die seit der Steinzeit Menschen als Aufenthaltsort dienten. Ein kalter Luftzug aus einem Felsspalt erregt die Aufmerksamkeit der drei. Zusammen räumen sie den Eingang zu einem Schacht frei. Stunden später stehen sie in einer ungewöhnlich großen Höhle mit vier Sälen. Über 300 rote und schwarze Tierabbildungen, einzeln oder in Gruppen, Handabdrücke und abstrakte Gravuren überziehen die Wände. Das Bestiarium umfasst Nashörner, Wildpferde, diverse Raubkatzen, Büffel, Mammuts, Bären, Hirsche, einen Uhu und eine Hyäne. Der oder die Künstler der Urzeit waren Meister der Zeichnung und des perspektivischen Spiels. Die Tiere sind überaus lebendig dargestellt, wofür die Künstler geschickt die natürlichen Vorsprünge und Risse des Felsuntergrundes nützten. Die Datierung erbringt eine Sensation: Die Malereien entstanden wohl etwa 31 000 Jahre v. Chr., lange vor den großen Kulturen am Nil, in Griechenland oder Italien. Damit sind sie die ältesten bis heute bekannten Höhlenmalereien.

1868 hatte man im Tal der Vézère die Reste von Menschen ausgegraben, die nach ihrem Fundort Cro-Magnon-Menschen genannt wurden. Nach heutigem Wissen waren die Jäger und Sammler vor 25 000 bis 35 000 Jahren aus dem Nordosten Europas, wo eine Eiszeit herrschte, in den eisfreien Südwesten Frankreichs gezogen. 1879 entdeckte man in einer Höhle bei Altamira in Nordspanien Höhlenmalereien, deren Entstehung auf etwa 20 000 bis 9000 v. Chr. datiert wird. Die meisten Fundorte in Europa befinden sich in Frankreich (150 Orte), in Spanien (128) und Italien (21). Die bedeutendsten Fundstätten sind Altamira (1879), Pech-Merle (1922, bei Cabrerets im Celé-Tal (▶ Lot-Tal), Lascaux (1940, nahe Montignac im Périgord), die Cosquer-Höhle (1991, in einer Bucht östlich Marseille) und die Grotte Chauvet.

> Höhlenmalerei ZIELE 661

Die beiden »gepunkteten Pferde« mit den geheimnisvollen Händen in der Höhle Pech-Merle

Verborgene Pracht

Leider müssen die Höhlenwunder – wie die der Chauvet-Höhle – der Öffentlichkeit verborgen bleiben. Was die Jahrtausende nicht schafften, gelang den Besucherströmen in wenigen Jahren. 1948 war Lascaux zugänglich gemacht worden, bereits 1963 musste die Höhle wieder geschlossen werden. Die Ausdünstungen der Besucher ließen Pilze, Bakterien und Algen wachsen, die die Kunstwerke angreifen. Seit 1983 kann man Lascaux II besichtigen, eine perfekte Kopie, sogar die gleichen Farbstoffe wurden verwendet.

Als **Pigmente** dienten eisenoxid- und eisenhydroxidhaltige Erden und Erze: Roteisenerz für Rot, Goethit und Ton für Gelb, Brauneisenerz für Braun. Schwarze Pigmente erhielt man aus Manganerzen sowie Kohle von Knochen, Horn, Zahnbein und Holz. Damit die Farbe auf der rauen Felsoberfläche besser haftete, mischten die Künstler sie mit Kalk und Wasser. Der Kalk bildete Kristalle, die das Pigment umhüllten und bis heute als Schutz dienen. Die Farben wurden mit der Hand oder mit einfachen Pinseln aufgetragen, bei der Versprühtechnik zerrieb man das Pigment zu einem feinen Pulver, das mit dem Mund oder durch ein Röhrchen auf die Wand gesprüht wurde. Häufig sind auch Ritzzeichnungen.

Die **Datierung** erfolgt mit der C14-Methode, unterstützt durch Röntgenstrahlen und Laser, chemische Analysen und Elektronenmikroskopie. Diese Methoden und die Malereien der Chauvet-Höhle veränderten die Chronologie. Zuvor hatte man eine Abfolge vom unbeholfenen sog. Aurignac-Stil (35 000 – 28 000 v. Chr.) bis zum Höhepunkt des Magdalénien-Stils (Lascaux, 13 500 v. Chr.) konstruiert. Die Höhlenmalereien von Chauvet hingegen bewiesen, dass schon 20 000 Jahre vor Lascaux Perfektion erreicht war.

Dunkel ist jedoch bisher die **Bedeutung** der Malereien. Fest steht nur, dass die Menschen nicht ständig in den Höhlen lebten, jedoch über Jahrhunderte immer wieder kamen, um die Wände zu schmücken. Lange galt die These des Abbé Breuil, die Künstler seien Geisterbeschwörer gewesen, die mit ihren Malereien dem Jagdglück aufhelfen wollten. Mitte des 20. Jh.s stellt André Leroi-Gourhan fest, dass Bisons und Pferde oft in bestimmten Kombinationen abgebildet sind. Daher interpretierte er die Malereien als Hinweis auf die beiden Geschlechter, im Bison sah er das Weibliche, im Pferd das Männliche. Auch diese Auslegung ist seit der Auswertung der Chauvet-Höhle überholt, da dort die Bisons meistens als stramme Stiere dargestellt sind.

Musée d'Art et d'Archéologie ▶

lich der Kathedrale liegt am reizvollen Cours Tourny das Musée d'Art et d'Archéologie du Périgord mit regionalen prähistorischen und gallorömischen Funden (Di. und Sa.-/So.vormittag geschl.). Durch die **Rue Limogeanne** (Haupteinkaufsstraße) kommt man zum Marktplatz mit dem Rathaus (17./18. Jh.). An der Place St-Louis – im Winter mit ihrem Markt das kulinarische Zentrum des Périgord – das sog. Haus des Zuckerbäckers (Maison du Pâtissier).

Cité

St-Etienne ▶

Westlich der Place Francheville dehnt sich die Cité aus. St-Etienne, eine der **ältesten Kuppelkirchen Aquitaniens**, diente bis 1669 als Kathedrale; die beiden westlichen Joche wurden 1577 zerstört und abgerissen, erhalten sind Chorquadrat (12. Jh.) und Westjoch (11. Jh.). Innen ein Barockaltar aus Eichen- und Nussholz und das Grab von J. d'Astide, im 12. Jh. Bischof von Périgueux. Nordöstlich liegen die **Arènes**, die Reste einer 153 × 122 m großen römischen Arena für 20 000 Zuschauer. Südwestlich davor die Porte Normande, die vermutlich ins 3. Jh. zurückgeht, ein romanisches Haus und das sog. Château Barrière, Teil der mittelalterlichen Befestigung. Südöstlich davon die Tour de Vésone, der Rest eines Vesuna-Tempels (2. Jh.), und das **Musée Vesunna** (Juli/Aug. tägl. geöffnet, sonst Mo. geschl.). Jean Nouvel gestaltete das moderne Gebäude, das die Reste eines großen gallorömischen Hauses birgt und die damalige Kultur und Lebensweise nahe bringt.

Périgueux am Isle mit der Kathedrale St-Front

PÉRIGUEUX ERLEBEN

AUSKUNFT
Office de Tourisme
26 Pl. Francheville, 24000 Périgueux
Tel. 05 53 53 10 63, www.perigueux.fr
www.tourisme-perigueux.fr

MARCHÉ AU GRAS
Nov.–März Mi./Sa. Markt für Foie gras, Pasteten, Trüffeln usw. Mitte Nov. Salon du Livre Gourmand.

ESSEN
▶ **Erschwinglich**
Le Clos St-Front
5 Rue de la Vertu (Eingang Rue St-Front), Tel. 05 53 46 78 58

Feines Restaurant in einem Haus des 16. Jh.s, renommiert für eine moderne Küche des Perigord, z. B. warme Foie gras mit Karamellsauce. Hübscher Innenhof mit Palmen.

ÜBERNACHTEN
▶ **Günstig**
La Charmille
Laurière (10 km nordöstlich, N 21)
Tel. 05 53 06 00 45
www.hotel-lacharmille-perigord.com
Schlichte Eleganz kennzeichnet das stattliche ältere Haus mit familiärer Atmosphäre. Die Zimmer zum Garten sind ruhiger. Mit Restaurant.

Perpignan

Région: Languedoc-Roussillon
Département: Pyrénées-Orientales
Höhe: 60 m ü. d. M.
Einwohnerzahl: 116 000

Katalanisch präsentiert sich Perpignan (Perpinyà), die alte Hauptstadt des Roussillon, die im Mittelalter Hauptstadt des Königreichs Mallorca war. Die angenehme Stadt ist ein guter Ausgangspunkt für Touren in den östlichen Pyrenäen und an der Côte Vermeille.

Perpignan, 10 km vom Mittelmeer und 30 km von der spanischen Grenze entfernt, beherrschte von 1278 bis 1344 als Hauptstadt des Königreichs Mallorca die Balearen, das Roussillon, die Cerdagne und die Küste bis Montpellier; erst im Pyrenäenfrieden 1659 kam es mit dem Roussillon an Frankreich. Heute ist Perpignan Präfektur des Départements Pyrénées-Orientales. Die Stadt zählt nicht zu den großen Touristenattraktionen – was sich auch an den angenehmen Preisen ablesen lässt –, eine Visite ist sie aber auf jeden Fall wert.

Hauptstadt des Roussillon

Sehenswertes in Perpignan

Im Norden der Altstadt begrüßt das **Castillet**, das einzige erhaltene Stadttor (1368) und Wahrzeichen der Stadt. Von oben schöner Blick; im Turm ein Museum für katalanische Volkskunde (Casa Païral). Das Zentrum der Altstadt bildet die **Loge de Mer** (ab 1397), ehedem

Le Castillet

Loge de Mer

PERPIGNAN ERLEBEN

AUSKUNFT

Office du Tourisme
Place A. Lanoux, 66000 Perpignan
Tel. 04 68 66 30 30
www.perpignantourisme.com

FESTE & EVENTS

Karfreitag: Procession de la Sanch (katalanische Prozession). Um den 21. Juni: 7-tägige Festa Major St-Joan mit Musik, Johannisfeuer und Marché Médiéval. Sept./Okt.: Jazzfestival. Um den 20. Okt.: Fest des neuen Weins.

ESSEN

▶ Erschwinglich / Fein

① *Casa Sansa*
2 Rue Fabriques Nadal
Tel. 04 68 34 21 84. Eine Institution in Sachen katalanische Küche ist dieses edle Bistro, das es seit 1846 in dem mittelalterlichen Haus gibt. Preiswertes Mittagsmenü, exzellente Auswahl an (offenen) Weinen.

② *Le 17*
17 Rue de la Révolution Française
Tel. 04 68 38 56 82, So./Mo. geschl.
Modernes kleines Restaurant mit einfallsreich variierter traditioneller Küche (auch Meeresfrüchte), elegant präsentiert. Gute regionale Weine.

ÜBERNACHTEN

▶ Komfortabel

① *Park Hôtel*
18 Boulevard J. Bourrat, Tel. 04 68 35 14 14, www.parkhotel-fr.com
Modernes, luxuriöses Hotel mit hässlicher Fassade, aber zurückhaltend modern-mediterran gestalteten Zimmern. Elegantes Restaurant Le Chap' mit hochklassiger Gourmetküche.

▶ Günstig

② *Hôtel de la Loge*
1 Rue des Fabriques d'en Nabot
Tel. 04 68 34 41 02
www.hoteldeloge.fr
Ein Schmuckstück in katalanischem Stil aus dem 16. Jh. mit Innenhof, etwas überdekoriert, aber prächtig. Freundlicher Service. In der Altstadt nahe der Loge de Mer gelegen.

Café am Stadttor Castillet

Handelskammer und Seehandelsgericht, im 16. Jh. gotisch umgebaut (Caférestaurant). Das benachbarte Hôtel de Ville (13.–17. Jh.) besitzt schöne schmiedeeiserne Gitter (18. Jh.), im Innenhof die Maillol-Plastik »Méditerranée«.

Die Kathedrale St-Jean, ein eindrucksvolles Beispiel **katalanischer Gotik**, wurde 1324 begonnen und mit unvollendeter Fassade 1509 geweiht. Zu beachten sind der Flügelaltar in der rechten Chorkapelle (16. Jh.) und der vergoldete Petrus-Altar (15. Jh.) in der linken, der Hochaltar aus Marmor (C. Perret, 17. Jh.) und ein vorromanisches Taufbecken. Unter der Orgel liegt der Zugang zur Chapelle Notre-Dame-dels-Correchs mit einer Liegefigur König Sanchos. Durch das Südportal gelangt man zur Chapelle du Dévot Christ mit einem ausdrucksvollen **Kruzifixus**, einer rheinländischen Schnitzarbeit von 1307. Der Campo Santo wurde ab 1302 angelegt.

★ St-Jean

★ ◄ Dévot Christ

Südlich des Hôtel de Ville liegt die lebhafte Place de la République mit Markthalle und Theater. Das **Musée H. Rigaud** (Mo. geschl.) zeigt Werke dieses in Perpignan geborenen, zu Zeiten Ludwigs XIV. und Ludwigs XV. hochberühmten Malers (1659–1743; ▶ S. 97), außerdem Werke spanischer und katalanischer Meister des 14.–16. Jh.s sowie moderner Künstler wie Picasso, Maillol, Dufy und Calder.
Im »orientalischen« Viertel um die Place de Puig – hier leben viele Nordafrikaner und Roma – steht die Kirche **St-Jacques** (1245, im 14. Jh. katalanisch umgebaut), Sitz der »Confrèrie de la Sanch«, die die eindrucksvolle Karfreitagsprozession ausrichtet.

Place de la République

Place de Puig

Perpignan Orientierung

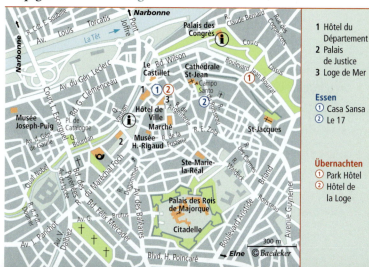

1 Hôtel du Département
2 Palais de Justice
3 Loge de Mer

Essen
① Casa Sansa
② Le 17

Übernachten
① Park Hôtel
② Hôtel de la Loge

Zitadelle

★

Palais des Rois de Majorque ▶

Die mächtige Zitadelle wurde ab Mitte des 15. Jh.s bis ins 17. Jh. von den jeweiligen Machthabern ausgebaut. Herzstück ist der Palast der Könige von Mallorca, 1276 als Residenz von Jaime I. (tägl. geöffnet); von der Ausstattung ist nichts erhalten, sehenswert ist die gotische Kapelle Ste-Croix. Vom Wehrturm hat man eine schöne Aussicht.

Picardie · Nord-Pas-de-Calais

J – M 1 – 3

»Le Nord« nennt man das Gebiet nördlich der Ile-de-France mit den Landschaften Picardie, Artois und Flandres. In erster Linie zieht die Küste des Ärmelkanals mit ihren endlosen Sandstränden Urlauber an; das weite, flache Hinterland ist ein Dorado für Menschen, die Ruhe suchen, und in den alten, noblen Städten sind einige der schönsten Kathedralen Frankreichs zu sehen.

Urlaubsland im Norden

»Le Nord«, der Norden Frankreichs zwischen dem Pariser Raum und dem Ärmelkanal bzw. der belgischen Grenze, ist besonders bei Tagesausflüglern aus England und Belgien beliebt (ca. 60 Mio. jährlich), wird aber auch als Urlaubsland zunehmend entdeckt. Die Côte d'Opale, die »Opalküste« zwischen Calais und Berck, bietet an breiten, kilometerlangen Sandstränden Entspannung oder sportliche Betätigung. Der Nordosten mit dem Ballungsraum um ▶Lille ist hochindustrialisiert, das weite, meist flache Umland jedoch dünn besiedelt und mit Fahrrad-, Wander- und Wasserwegen gut erschlossen.

Picardie

Die Picardie mit rund 1,9 Mio. Einwohnern umfasst die Départements Aisne, Oise und Somme, Hauptstadt ist ▶ Amiens. Geologisch besteht sie aus einer 100 – 200 m dicken Kreideplatte, die im Westen von der Somme und im Osten von der Oise durchflossen und landwirtschaftlich intensiv genutzt wird.

Highlights Le Nord

Opalküste
Irisierendes Licht und salziger Wind an kilometerlangen Sandstränden
▶ Seite 670

Karneval
Von wegen »kühler Norden« …
▶ Seite 670

Arras
Die Atmosphäre einer alten flämischen Handelsstadt genießen
▶ Seite 672

La Coupole
Deutsche Kriegsmaschinerie als Raumfahrtmuseum
▶ Seite 674

Beauvais und Laon
Hier lernt man kennen, was »Gotik des Nordens« bedeutet.
▶ Seite 676, 677

Kohlebergwerk Lewarde
Denkmal einer vergangenen Ära
▶ Seite 674

▶ Picardie · Nord-Pas-de-Calais **ZIELE**

Lille ist die Hauptstadt der Region mit den Départements Nord und Pas-de-Calais. Im Artois, das den größten Teil des Départements Pas-de-Calais einnimmt, spielen Landwirtschaft und Viehzucht die große Rolle. Im Nordosten erstreckte sich zwischen Douai und Béthune das nordfranzösische Steinkohlerevier, dessen Ausbeutung Ende des 19. Jh.s einen großen Aufschwung brachte. Französisch-Flandern entspricht dem Département Nord und bildet den Südteil der hauptsächlich belgischen Landschaft Flandern; in dem meist topfebenen und landwirtschaftlich genutzten Gebiet – mit typisch flämischen Orten – ist manchmal noch das Flämische zu hören. Der mittlere Teil hat südlich von Lille noch Anteil am nordfranzösischen Kohlebecken und ist weit stärker industrialisiert als das Artois. Berühmt ist seit Jahrhunderten die Herstellung von Leinen- und Baumwollstoffen. Ein ausgedehntes Kanalsystem erleichtert im ganzen Norden den Transport von Massengütern.

Nord-Pas-de-Calais

◀ Artois

◀ Flandern

Die Picardie war im Mittelalter in viele Herrschaften zersplittert. Im 12.–14. Jh. kam sie nach und nach zur französischen Krone. Dank der europaweit bedeutenden Tuchindustrie erlebte die Region eine erste Blütezeit. Mit der Hochzeit Margaretes von Flandern mit Philipp den Kühnen begann die Herrschaft der burgundischen Herzöge, die zu den reichsten Fürsten Europas gehörten. Sie förderten Architektur und bildende Kunst, in Noyon, Laon, Senlis, Soissons, Amiens und Beauvais entstanden großartige gotische Kathedralen. Nach dem Tod Karls des Kühnen 1477 gelangten diese Gebiete an den Habsburger Maximilian I., im 16. Jh. in den Besitz Spaniens und erst im 17. Jh. wieder an Frankreich. Mit der Entdeckung von Kohlevorkommen begann die Industrialisierung. Beide Weltkriege hinterließen tiefe Spuren, die Nachkriegszeit war durch den Niedergang der Schwerindustrie und tiefgreifende Umstrukturierung gekennzeichnet. Der Eurotunnel nach England und der Anschluss an die TGV-Linien haben zwar den erhofften Wirtschaftsaufschwung nicht gebracht, die Region jedoch allgemein attraktiver gemacht.

Geschichte

Vor dem Rathaus von Calais erinnert die Rodin-Skulptur an eine heroische Episode des Hundertjährigen Kriegs.

LE NORD ERLEBEN

AUSKUNFT

CRT Nord – Pas-de-Calais
6 Place Mendès-France, BP 99
59028 Lille Cedex
Tel. 03 20 14 57 57
www.tourisme-nordpasdecalais.fr
www.nordfrankreich-tourismus.com

CRT Picardie
3 Rue Vincent Auriol, CS 1116
80011 Amiens Cedex 1
Tel. 03 22 22 33 66
www.picardietourisme.com

ESSEN

▶ Erschwinglich
La Petite Auberge
Laon, 45 Blvd. P. Brossolette
Tel. 03 23 23 02 38
In der Unterstadt nahe dem Bahnhof, die beste Adresse der Stadt. Einfallsreich-raffinierte Küche in modernem Rahmen. Mit preiswertem Bistrot.

▶ Preiswert / Erschwinglich
La Clé des Champs
Favières, Place des Frères-Caudron
Tel. 03 22 27 88 00, Mo./Di. geschl.
Ländliches Haus, als bestes Restaurant an der Somme-Bucht gerühmt. Fein zubereitete Produkte der Region, guter Weinkeller, erfreuliche Preise.

ÜBERNACHTEN

▶ Komfortabel / Luxus
Bristol
Le Touquet, 17 Rue Monnet
Tel. 03 21 05 49 95, www.hotelbristol.fr
Sehr gepflegtes Haus zwischen Marché und Meer, großzügige Gastzimmer und hübscher Innenhof.

▶ Komfortabel
La Corne d'Or
Arras, 1 Place Guy-Mollet
Tel. 03 21 58 85 94
www.lamaisondhotes.com
Elegantes Patrizierhaus wenige Schritte westlich der Grand'Place. 5 edle Zimmer, eines schöner als das andere.

▶ Günstig
Bannière de France
Laon, 11 Rue F. Roosevelt
Tel. 03 23 23 21 44
Poststation von 1685 nahe der Kathedrale, große Zimmer mit schiefen Dielen. Ausgezeichnete Küche.

Résidence
Beauvais, 24 Rue L. Borel
Tel. 03 44 48 30 98
www.hotellaresidence.fr. Familiäre Atmosphäre, schlichte Zimmer. In einer ruhigen Straße am Stadtrand.

Küste am Ärmelkanal

Dunkerque Die bedeutende Hafenstadt Dunkerque (Dünkirchen, 68 000 Einw.) liegt an der Nordseeküste etwa 14 km von der belgischen Grenze entfernt. Ende Mai 1940 war sie Schauplatz der **Evakuierung alliierter Truppen** nach England, die von der deutschen Armee eingeschlossen worden waren. Mittelpunkt der damals zu 80 % zerstörten Stadt ist die Place Jean-Bart mit einem Denkmal von David d'Angers für den berühmten Kaperkapitän des 17. Jh.s, der in der Kirche St-Eloi (16.– 19. Jh.) begraben ist. Der 58 m hohe Beffroi (Stadtturm, 13. bis

15. Jh.; Tourismusbüro) diente einst als ihr Kirchturm. Das **Musée des Beaux-Arts** zeigt niederländische, französische und italienische Gemälde des 16.–19. Jh.s. Die nördlich des Rathauses (1900; mit 75 m hohem Turm) gelegene Place du Minck ist Ausgangspunkt für eine Besichtigung des **drittgrößten Hafens** Frankreichs per Schiff bzw. des Osthafens zu Fuß. Nördlich der Place du Minck ragt die als Leuchtturm dienende Tour de Leughenaer (»Lügnerturm«) auf, ein Rest der Stadtbefestigung. Interessant sind das am Bassin du Commerce gelegene Hafenmuseum, ein Feuerschiff und die Duchesse Anne, ein deutsches Segelschulschiff von 1901. Nördlich von hier steht der Leuchtturm, mit 63 m der höchste in Frankreich. Nördlich des Stadtzentrums ist im **LAAC**, das in weißer Keramik erstrahlt, internationale Kunst der 1950er- bis 1980er-Jahre ausgestellt (Mo. geschl.). Berühmt ist der **Karneval** an den Wochenenden im Febr./März, besonders an den Sonntagen vor und nach Aschermittwoch.

★ **Bergues**

Das von Wällen und Wassergräben des 17. Jh.s mit beeindruckenden Toren umgebene Städtchen (4200 Einw.) 9 km südlich von Dunkerque zeigt sich sehr flämisch. 2007 drehte Dany Boon hier seinen wunderbaren Film »Bienvenue chez les Ch'tis«. Der 54 m hohe **Stadtturm** (Tourismusbüro) wurde wie ein großer Teil der Stadt nach 1944 mit ockerfarbenen Ziegelsteinen rekonstruiert. Im Mont-de-Piété (Pfandleihhaus, 1633) zeigt das Stadtmuseum flämische und französische Gemälde (u. a. La Tour, Van Dyck, Massys). In der Umgebung sehenswert sind die Kirche in **Quaëdypre** (5 km südöstlich) und das 11 km östlich gelegene **Hondschoote**, einst Zentrum der Kammgarnindustrie, mit Renaissance-Rathaus und der vermutlich seit 1127 bestehenden Windmühle Noordmeulen.

◀ Umgebung

Wimereux, einer der traditionsreichen Badeorte an der Côte Opale

Calais

★ ★
»Bürger von Calais«
(Abb. S. 667) ▶

★
Musée des
Beaux-Arts ▶

Calais (75 300 Einw.), an der engsten Stelle der Straße von Dover gelegen, ist der wichtigste Transithafen nach England. Im Jahr passieren etwa 20 Mio. Menschen die Stadt, die im Zweiten Weltkrieg schwer beschädigt und recht geschickt wieder aufgebaut wurde. Vor dem stolzen **Rathaus** in flämischer Renaissance (1922) steht das berühmte Denkmal der »Bürger von Calais« (A. Rodin, 1895). Es erinnert an die englische Belagerung 1346/1347 und das Angebot von sechs Männern, sich für die Stadtbewohner zu opfern. Gegenüber im Parc St-Pierre wurde in einem deutschen Bunker ein Kriegsmuseum eingerichtet. Über den Pont George V geht man nördlich zum Kunstmuseum, das durch Leihgaben aus den Pariser Museen Louvre, Orsay, Musée Picasso, Musée National d'Art Moderne und Musée Rodin wesentlich aufgewertet wurde (So.vormittag/Mo. geschl.). Vorbei an der Kirche Notre-Dame (13.–14. Jh.) im englischen »Perpendicular Style« (17 m hoher Hochaltar) gelangt man zur Place d'Armes mit der Tour Guet (13. Jh.). Über den Pont Henon mit Jachthafen und vorbei am Fort Risban erreicht man den endlosen Strand im Norden, an klaren Tagen kann man die 36 km entfernten **Klippen von Dover** erkennen. Vom 58 m hohen Leuchtturm (1848) schöner Blick über Stadt und Hafen. In einer Fabrik von 1870 südöstlich des Rathauses kann man die bedeutende **Spitzenfabrikation** von Calais kennenlernen (Cité de Dentelle et de la Mode, Di. geschl.).

Eurotunnel

Der 1994 eröffnete Eurotunnel unterquert den Ärmelkanal zwischen Sangatte bei Calais und Folkestone in der englischen Grafschaft Kent – damit ist Paris nur noch 3 Std. von London entfernt. Der 50,5 km lange Tunnel, der im wasserundurchlässigen Kalkmergel 40–115 m unter dem Meeresboden verläuft, hat zwei Hauptröhren mit 7,6 m Durchmesser und einem Wartungstunnel. Das Terminal liegt am südwestlichen Stadtrand von Calais (▶S. 166).

★
Côte d'Opale

Der schönste Küstenabschnitt zwischen der belgischen Grenze und der Somme-Bucht ist die Opalküste zwischen Calais und Berck-sur-Mer. Viele Wanderwege, darunter der **GR 120 (Littoral)**, erschließen die Landschaft. Markante Punkte in der windzerzausten, grün-weiß-blauen Szenerie sind die Felskaps **Cap Blanc-Nez** (134 m) und **Cap Gris-Nez** (45 m). Ersteres bietet einen atemberaubenden Blick über Küste und Kanal; auf dem benachbarten Mont d'Hubert (151 m) ist im Panorama-Restau-

? WUSSTEN SIE SCHON …?

■ Der Norden Frankreichs ist ein festfreudiger Landstrich. Besonders bunt und lärmig geht es im Karneval zu. Eine große Rolle spielen dabei die jahrhundertealten *géants*, große Figuren, die auch bei den Stadtfesten etc. in den Umzügen mitgehen und -tanzen. In Douai gibt es eine ganze Familie davon (*la famille Gayant*), deren 370 kg schweres und 8,5 m hohes Oberhaupt von 6 Männern getragen wird. »Zu Hause« sind sie u. a. auch in Dunkerque, Aire-sur-la-Lys, Bailleul und Cassel. Termine und Wissenswertes sind in der Broschüre »L'Année des Géants« verzeichnet, die von den Tourismusbüros herausgegeben wird.

Flämisches Flair strahlt die Grand'Place in Arras aus.

rant Thomé de Gamond das Musée du Transmanche zu finden (Geschichte des Kanaltunnels). Das Cap Gris-Nez trägt einen Leuchtturm und Reste deutscher Bunker. Beim nahen **Audinghen** ist in einem Bunker der »Batterie Todt« ein Atlantikwall-Museum untergebracht (tägl. geöffnet, Dez./Jan. geschl.), unter dem Kriegsgerät ragt das Eisenbahngeschütz K 5 (Kaliber 28 cm) heraus.

Der wichtige Fischereihafen (43 800 Einw.) ist die interessanteste Stadt an der Straße von Dover (die die Fähre in 1.45 Std. überquert). Die historischen Sehenswürdigkeiten liegen in der von Wällen aus dem 13. Jh. umgebenen Oberstadt, einem 410 × 325 m großen Rechteck. In ihrem Westteil das Rathaus (1734) mit 47 m hohem Beffroi (12./18. Jh., Ausblick). Von einer 102 m hohen Kuppel wird die Kirche Notre-Dame überragt, die 1827–1866 in griechisch-römischem Stil erbaut wurde; zu beachten sind Krypta (11. Jh.) und Kirchenschatz. In der benachbarten Burg der Grafen von Boulogne (13. Jh.) sind neben antiken und völkerkundlichen Exponaten Werke französischer Maler des 19. Jh.s zu sehen. Einen Besuch lohnt auch das an der Hafeneinfahrt gelegene Meereszentrum **Nausicaa**, in dessen 36 Aquarien über 1000 Arten leben (www.nausicaa.fr). 3 km nördlich der Stadt erinnert die 1841 aufgestellte, 54 m hohe Colonne de la Grande Armée an die von Napoleon geplante Invasion Englands (herrliche Aussicht). Am letzten August-Wochenende findet die große **Prozession der Seeleute** statt, mit der an die legendäre »Landung« einer Marienstatue im 7. Jh. erinnert wird.

Boulogne-sur-Mer

◁ Oberstadt

◁ Château-Musée

Le Touquet — Das an der Canche-Mündung gelegene Le Touquet (5600 Einw.) ist einer der bekanntesten **Badeorte** an der Opalküste, seit den 1880er-Jahren bei Briten und Parisern beliebt; unter den vielen hübschen Gebäuden diversester Stile sind das Hotel Westminster (1930), auch heute erstes Haus am Platz, und das Rathaus (1931) hervorzuheben.

Montreuil — Ein hübsches Ausflugsziel ist dieses Städtchen (2300 Einw.) 10 km südöstlich von Le Touquet über dem Tal der Canche, das noch von Festungswällen aus dem 17. Jh. umgeben ist. Die Stiftskirche St-Saulve (11./12. Jh.) besitzt schöne Kapitelle und Gemälde (18. Jh.). Am anderen Ufer der Canche steht das Kartäuserkloster Notre-Dame-des-Prés (1314, 1870 wieder aufgebaut).

Weitere Reiseziele im Nord-Pas-de-Calais

Arras — Arras (42 600 Einw.), einst Hauptort der Grafschaft Artois, war für seine **Bildteppiche** berühmt (Gobelins, ital. »arazzi«, d. h. »aus Arras«). Im Ersten Weltkrieg wurde es zu über 80 % zerstört; wichtige Bauwerke wurden rekonstruiert, der Rest aber in **Jugendstil und Art déco** ersetzt.

Stadtbild ▶ Im Stadtzentrum öffnen sich zwei Plätze, die mit einheitlichen Arkadenhäusern aus dem 17./18. Jh. den Charakter einer alten flämischen Handelsstadt ausstrahlen. An der Place des Héros das rekonstruierte **spätgotische Rathaus** (Tourismusbüro); einen schönen Blick hat man vom 75 m hohen Beffroi. Das Tourismusbüro ist Ausgangspunkt für einen Besuch der **Boves**, unterirdischer Gänge, die seit dem 10. Jh. als Steinbruch, Zufluchtsstätte und Weinkeller dienten. Durch die Rue de la Taillerie gelangt man auf die ebenso schöne Grand'Place. Die einstige Abteikirche St-Vaast weiter westlich entstand im 18. Jh.;

Musée des Beaux-Arts ▶ im Konvent zeigt das Musée des Beaux-Arts, eines der bedeutendsten Provinzmuseen Frankreichs (Di. sowie 1.–8. Mai, 1.–11. Nov. geschl.) Tapisserien, mittelalterliche Skulpturen, Gemälde des 16.–18. Jh.s und französische Meister des 19. Jh.s. Südlich in der Nähe das Haus, in dem Maximilien de Robespierre 1787 bis 1789 lebte; hier das interessante Museum der Vereinigung der Compagnons, der wandernden Handwerksgesellen.

Gedenkstätten ▶ Im **Ersten Weltkrieg** war die Gegend Schauplatz schwerer Kämpfe, an die viele Soldatenfriedhöfe, Denkmäler und von Kratern übersätes Gelände erinnern; nördlich der Stadt das kanadische Monument bei Vimy (8 km) und der Friedhof (mit Museum) auf dem Bergkamm Notre-Dame-de-Lorette 10 km nordwestlich von Vimy (Info im Tourismusbüro).

Cambrai — Cambrai (32 300 Einw.) ist Zentrum einer Landwirtschaftsregion an der Schelde. Von der Porte de Paris (14. Jh.) am Südrand der Altstadt gelangt man, vorbei an der **Kathedrale Notre-Dame** (18. Jh.; Grabmal des Erzbischofs Fénelon von David d'Angers, 1826), zur Maison Espagnole von 1595 (Tourismusbüro). Geradeaus weiter zum Rathaus, auf dessen Turm »Martin« und »Martine« von 1512 die Stunden schlagen. Die Kirche St-Géry (1698–1745) besitzt eine schöne

Ausstattung aus rotem und schwarzem Marmor und eine »Grablegung« von Rubens. Über die Pl. Fénelon und durch die Rue Vaucelette zum Musée des Beaux-Arts (Archäologie, mittelalterliche Skulptur, niederländische und französische Kunst vom 16. bis ins 20. Jh., u. a. Utrillo, Rodin, Claudel). Östlich zurück zur Maison Espagnole.

In Le Cateau-Cambrésis (7000 Einw.) 24 km südöstlich von Cambrai wurde 1869 der Maler **Henri Matisse** geboren († 1954). Das Musée Matisse im Palais Fénelon gibt einen Überblick über sein Schaffen (Di. geschl.). Sehenswert sind auch die barocke Kirche St-Martin von 1635, der Erzbischöfliche Palast und die unterirdischen Gänge unter der Stadt. Von den einst zahlreichen **Brauereien** wurde die Brasserie Lefebvre-Scalabrino wieder aktiviert. In Caudry (8 km westlich), einem Zentrum der Spitzenherstellung, erfährt man im Musée de la Dentelle alles über dieses feine Textil. In der modernen Kirche wird die kostbare Reliquie der hl. Maxellende aufbewahrt.

Le Cateau-Cambrésis

◀ Caudry

Am Rand des Kohlebeckens, das vom Ruhrgebiet bis ins Artois reicht, liegt rund 40 km südlich von ▶Lille die Industriestadt Douai (42 600 Einw.). Das letzte Bergwerk wurde 1990 geschlossen. Stadtmittelpunkt ist die Place d'Armes mit dem Hôtel du Dauphin (Tourismusbüro). Neben dem Rathaus (15./19. Jh.) der 64 m hohe **Stadt-**

Douai

Von städtischem Selbstbewusstsein künden Rathaus und Beffroi von Douai.

Die Ära der Kohleförderung in Frankreich ist zu Ende: Museumsschacht in Lewarde

Lewarde ▶
turm (Beffroi, 1380–1475) mit dem größten Glockenspiel Europas (Führung). Jenseits der Scarpe ein Kartäuserkloster des 16./17. Jh.s; das Museum hier zeigt Werke französischer und niederländischer Künstler – so den **Flügelaltar von Anchin** (J. Bellegambe, 1513) –, Gemälde der italienischen Renaissance und niederländisch-flämischer Meister (u. a. J. Massys) sowie eine Venus von **Giambologna**, der 1529 in Douai geboren wurde. In Lewarde 8 km südöstlich von Douai wurde eine stillgelegte Kohlengrube zum größten **Bergwerksmuseum** in Frankreich (Centre Historique Minier, tägl. geöffnet).

Lille ▶dort

Saint-Omer Dieses würdige Städtchen (14 800 Einw.), zwischen Calais und Lille in einer von Kanälen durchzogenen Landschaft gelegen, wird von der schönen Kathedrale Notre-Dame dominiert (13.–16. Jh.). Ihre wertvolle Ausstattung umfasst u. a. Grabmäler des hl. Omer (13. Jh.) und des Bischofs Eustache de Croy (16. Jh.). Im Hôtel Sandelin (1777; Mo. geschl.) präsentiert das Musée des Beaux-Arts kostbares Mobiliar, Kunsthandwerk des Mittelalters, Delfter Fayencen, flämische Bildteppiche und beachtliche Gemälde. Im Osten der Stadt nahe dem Kanal sind von der 1640 gegründeten Abtei St-Bertin u. a. noch ein 58 m hoher Turm und neun Arkaden der Kirche erhalten.

★
Musée des Beaux-Arts ▶

★
La Coupole
Le Blockhaus ▶
Die immense unterirdische **V 2-Raketenbasis** der deutschen Wehrmacht in der Nähe von Helfaut (5 km südlich von St-Omer) ist tägl. zugänglich – außer der Kriegsmaschinerie incl. einer echten V 2 wird die Entwicklung bis zur Mondlandung illustriert. Ca. 15 km nordwestlich von St-Omer ist eine weitere riesige Bunkeranlage erhalten (Le Blockhaus d'Eperlecques, März – Nov. geöffnet).

Cassel ★

◀ Musée de Flandre

Dieses hübsch auf einer fast 180 m hohen bewaldeten Kuppe gelegene, sehr flämische Städtchen (2300 Einw.) 23 km nordöstlich von St-Omer besitzt noch zahlreiche Bürgerhäuser aus dem 16.–18. Jh.; im großartigen Hôtel de la Noble Cour ist das Musée Départemental de Flandre untergebracht. Einen schönen **Blick über Flandern** hat man vom höchsten Punkt des Orts; hier wurde auch eine hölzerne Windmühle aus dem 18. Jh. wieder aufgebaut.

Aire-sur-la-Lys

Das Städtchen (96000 Einw.) 19 km südöstlich von Cassel hat v. a. um die Grand'Place sein Bild des 17./18. Jh.s erhalten. Die prachtvolle Bailliage in flämischer Renaissance (1604) diente einst der Bürgerwehr. Die Kirche St-Pierre (Ende 15. Jh.) gehört zu den wichtigsten Flamboyant/Renaissance-Kirchen Flanderns; die Vorhalle und der 62 m hohe Turm wurden Ende des 17. Jh.s fertiggestellt.

Reiseziele in der Picardie

★

Vallée de la Somme

Die Somme entspringt nordöstlich von St-Quentin, schlängelt sich westwärts durch die Picardie und mündet nach 245 km bei St-Valery-sur-Somme in den Ärmelkanal. Mit Seen und Inseln ist der Abschnitt zwischen Peronne und ▶ Amiens landschaftlich besonders reizvoll. Im **Ersten Weltkrieg** tobte 1916 östlich von Amiens, in der Gegend um Albert, eine mörderische Schlacht, an die viele Denkmäler und Soldatenfriedhöfe erinnern; in **Péronne** informiert das Historial de la Grande Guerre über den Ersten Weltkrieg (tägl. geöffnet). Von Abbeville leitet der Canal de la Somme den Fluss zum Hafen- und Urlaubsort St-Valery-sur-Somme (s. u.). Die vom Tourismus wenig berührte **Somme-Bucht** mit ihren endlosen Sandstränden ist ein Vogelparadies; für Interessierte gibt es die Maison de l'Oiseau in Lanchères le Hourdel und den zwischen den Mündungen von Somme und Authie gelegenen **Parc Marquenterre**. Hauptstadt der gleichnamigen Landschaft ist Rue (3100 Einw.), das im Mittelalter noch einen Hafen besaß. Sehenswert sind die zur Aufbewahrung eines wundertätigen Kreuzes 1440–1514 errichtete Chapelle du St-Esprit, das schönste Beispiel der Flamboyant-Gotik in der Picardie, und der Beffroi (15. Jh.; Führungen, schöner Ausblick). In der Unterstadt illustriert das Ecomusée Picarvie das Leben alter Zeiten in der Picardie. St-Valéry besitzt eine hübsche, teils befestigte Oberstadt. Interessant ist dort die Kirche St-Martin mit einem Renaissance-Flügelaltar und gemustertem Mauerwerk aus Feuer- und Sandstein; ebenso gestaltet ist die hochgelegene Chapelle des Marins (herrlicher Ausblick).

★

◀ Baie de la Somme

★

◀ Rue

◀ St-Valery

Abbeville

★

◀ St-Vulfran

Die 20 km vom Meer an der Somme gelegene Stadt (24 000 Einw.) ist die alte Hauptstadt der Landschaft Ponthieu. Sie wurde im Mai 1940 durch deutsche Luftangriffe schwer beschädigt und modern wieder aufgebaut. In der Stadtmitte die 1488 begonnene Kirche St-Vulfran (Chor 17. Jh.) mit Fassade in schönstem **spätgotischem Flamboyant**. In einem Wachtturm des 13. Jh.s und weiteren Gebäu-

Saint-Riquier

den (15. Jh.) zeigt das Musée Boucher de Perthes prähistorische Funde, mittelalterliche Skulpturen und andere Kunstobjekte. Südöstlich der Stadt ist das **Schloss Bagatelle** (1754) sehenswert, das sich der Abbeviller Textilfabrikant Josse van Robais erbauen ließ.

Das Städtchen (1200 Einw.) 9 km nordöstlich von Abbeville entstand um eine Benediktinerabtei. Die **Abteikirche** (13./15.–16. Jh.) ist ein Bau in reiner Flamboyantgotik mit 50 m hohem unvollendetem Turm und reicher Ausstattung (17. Jh.). Der Konvent beherbergt auch ein Museum zum ländlichen Leben in der Picardie.

✱ Rambures

Die **Burg** von Rambures (14 km südwestlich von Abbeville) ist das beste Beispiel für die Wehrarchitektur der 15. Jh.s in der Picardie: ein echtes Bollwerk mit 3,5–6 m dicken Mauern, im 3-stöckigen Tunnelsystem hatte eine ganze Garnison Platz. Schöner Park.

Amiens ▶dort

Beauvais

Die zwischen Amiens und Paris am linken Ufer des Thérain gelegene Stadt Beauvais (57 000 Einw.) war einst ein bedeutender Bischofssitz und ist berühmt für ihre Gobelinmanufaktur. Nahe der Kathedrale zeigt die Galerie Nationale de la Tapisserie Wandteppiche aus dem 15.–20. Jh.; auch die 1664 von Colbert begründete **Gobelin-Manufaktur** kann besichtigt werden. Andere Hauptsehenswürdigkeit der Stadt ist die herrliche gotische **Kathedrale St-Pierre**, ein Höhepunkt der gotischen Architektur Frankreichs. Der Bau, der alles Bisherige in den Schatten stellen sollte, wurde 1227 begonnen, fertig wurden jedoch nur Chor und Querschiff (zusammen 72,5 m lang), da falsche Berechnungen 1247 und 1284 zum Einsturz der Gewölbe führten, die nach ihrem Wiederaufbau bis ca. 1320 mit 48,2 m immer noch zu den höchsten überhaupt gehören. Der unglaubliche 153 m hohe Vierungsturm stürzte 1573 wegen des fehlenden Halts durch ein Langhaus ein und wurde nicht wieder aufgebaut. Das **südliche Querhaus** mit seiner Fassade in herrlichem Flamboyant schufen Martin Chambiges und Jean Vast (1500–1548), die Türflügel fertigte Jean Le Pot (1535). Atemberaubend das Innere mit Fenstern aus lokalen Werkstätten (16. Jh.) und einer astronomischen Uhr (1886, über 90 000 Teile, Kopie der Uhr von Straßburg). Vor der Kathedrale steht noch das Langhaus der **karolingischen Kirche** (»Basse Œuvre«, 998). Im Bischofspalast (14./16. Jh.) zeigt das Musée de l'Oise archäologische Funde, mittelalterliche Plastiken, Gobelins und Gemälde. Die Place Jeanne-Hachette und das Stadtfest Ende Juni erinnern an Jeanne Laîné genannt Hachette (»Axt«), die die Stadt gegen Karl den Kühnen verteidigte (1472); an der Südseite das Rathaus (18. Jh.).

✱✱ St-Pierre ▶

✱✱ Compiègne

Das 60 km östlich von Beauvais an der Oise gelegene Compiègne (42 000 Einw.) war seit den Merowingern ein Lieblingssitz der Könige und ist auch heute mit dem 150 km^2 großen, herrlichen **Laub-**

wald ein beliebtes Ausflugsziel der Pariser. In einer Waldlichtung 6 km östlich der Stadt (Clairière de l'Armistice bei Rethondes) stand der Eisenbahnwagen, in dem am 11. Nov. 1918 der **Waffenstillstand** mit Deutschland unterzeichnet wurde und ein weiterer, nun unter umgekehrten Vorzeichen, am 22. Juni 1940. Später wurde der Wagen nach Deutschland gebracht und 1943 durch Bomben zerstört; er wird durch ein Exemplar derselben Bauart vertreten (Di. und Jan. geschl.). Das nüchterne, mit 200 m langer Front eindrucksvolle **klassizistische Schloss**, für Ludwig XV. 1751–1788 von A.-J. Gabriel erbaut, besitzt prächtige Gemächer, ein Automuseum und ein Museum zum Zweiten Kaiserreich. Das **Théâtre Impérial** mit prachtvollem Theatersaal wurde 1867 begonnen, aber erst 1991 eingeweiht. Im Hôtel Songeons an der Oise zeigt das Musée Vivenel u. a. Keramiken von B. Palissy und Vasen aus Etrurien und Großgriechenland.

Ein reizvoller Ausflug führt zunächst nach Morienval 16 km südlich von Compiègne. Die dreitürmige spätromanische **Abteikirche** Notre-Dame de Morienval zeigt im Chorumgang (um 1125) eines der frühesten gotischen Gewölbe. Pierrefonds (10 km nordöstlich) geht auf eine 1390 begonnene Festung zurück, die von Richelieu geschleift und ab 1857 von Viollet-le-Duc nach dem romantischen Ideal einer mittelalterlichen Ritterburg rekonstruiert wurde.

Morienval

◂ Pierrefonds

Die schöne alte Stadt Laon (26 500 Einw.), Hauptstadt des Départements Aisne, liegt 37 km südlich von St-Quentin auf einem Felsplateau in einer fruchtbaren Ebene. Im Mittelalter war sie Hauptort des Westfrankenreichs und Bischofssitz. Eine Standseilbahn (POMA)

★
Laon

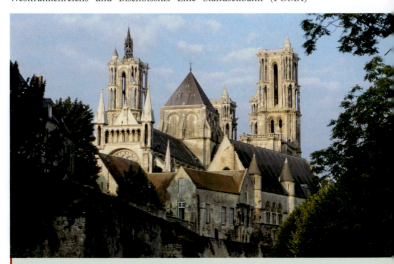

Sieben Türme hatte einst die frühgotische Kathedrale Notre-Dame in Laon.

★ ★
Notre-Dame ▶

bringt vom Bahnhof hinauf in die **Oberstadt**. Die Kathedrale Notre-Dame (1155–1235) ist eine der bedeutendsten frühgotischen Kirchen Frankreichs. Der mächtige Bau (Länge außen 121 m, innen 110 m, Breite 30,5 m, im Querschiff 53,3 m) war Vorbild für zahlreiche Bischofskirchen. Ungewöhnlich ist der gerade Chorabschluss. Innen zu beachten sind schöne Glasmalereien (13. Jh.), das Chorgitter (18. Jh.) und der Domschatz. Rechts der Hauptfassade von Notre-Dame das Hôtel-Dieu (1177, Tourismusbüro), in dem noch der gotische Krankensaal zu sehen ist. Eine schöne Aussicht bietet die Promenade um die im Osten gelegene Zitadelle (16. Jh.) und weiter, entlang den Stadtmauern im Süden, zur ehemaligen Abtei St-Martin (12./13. Jh.) und zur Porte de Soissons (13. Jh.).

Noyon

★
Notre-Dame ▶

Das Städtchen Noyon (14 000 Einw.) 24 km nördlich von Compiègne, bekannt als Zentrum des Anbaus von roten Beeren (großer Markt am 1. Juli-So.), ist seit dem 6. Jh. Bischofssitz. Die **Kathedrale Notre-Dame** (1150–1290) ist ein schönes Beispiel für den Übergang von der Romanik zur Gotik. Sehenswert sind auch der Kapitelsaal, die Bibliothek des Domkapitels (16. Jh.) und der Bischofspalast (16. Jh., Musée du Noyonnais). In Noyon kam der Reformator **Johann Calvin** zur Welt (1509–1564), sein bis 1930 wiederaufgebautes Geburtshaus ist Museum (Di. geschl.). Am Waldrand 6 km südlich liegt die Abtei Ourscamps von 1129 (im 18. Jh. erweitert). Die Kirche ist Ruine; sehenswert ist der prachtvolle, als Kapelle genutzte **Krankensaal von 1260** mit drei 30 m langen, überwölbten Schiffen.

★
Abtei Ourscamps ▶

Saint-Quentin

St-Quentin (56 400 Einw.) 47 km nordwestlich von Laon gilt als »flandrischste« Stadt der Picardie. Das Stadtzentrum auf einem Hügel rechts des Somme-Kanals wird von der mächtigen Stiftskirche St-Quentin (12.–15. Jh.) mit prächtigem Chorabschluss dominiert. Innen sind der Chor, die Glasfenster (1230) und der Orgelprospekt (1703) zu beachten. Das 1331 begonnene **Rathaus** bekam 1509 seine prunkvolle Flamboyant-Fassade. Die Stadt besitzt etliche **Beginenhöfe**, die teils ins 13. Jh. datieren, und viele **Art-déco-Fassaden**; besuchenswert sind das Musée d'Entomologie mit 600 000 Schmetterlingen und das Musée Lécuyer mit Porträts von Maurice Quentin de la Tour, der 1704 in St-Quentin geboren wurde und 1788 hier starb.

★
Musée Lécuyer ▶

Soissons

Die 38 km östlich von Compiègne an der Aisne gelegene Stadt Soissons (28 500 Einw.) war nach dem Sieg Chlodwigs über den römischen Feldherrn Syagrius im Jahr 486 die erste Hauptstadt des Frankenreichs. Im Zentrum die gotische **Kathedrale St-Gervais-et-St-Protais**, ältester Teil ist das südliche Querschiff (ca. 1177). Der 116 m lange Innenraum besticht durch schlichte Eleganz; seine Schätze sind die Glasfenster im Chor (13. Jh.) und die »Anbetung der Hirten« von Rubens im nördlichen Querschiff. Das 1076 gegründete Kloster St-Jean-des-Vignes im Süden der Stadt war einst sehr reich; von den Gebäuden des 13./14. Jh.s sind die gotische Kirchenfassade mit 70

★
St-Gervais-et-
St-Protais ▶

★
St-Jean-des-
Vignes ▶

und 75 m hohen Türmen (15. Jh.), Reste des Kreuzgangs und das Refektorium erhalten; alles andere wurde ab 1805 für die Restaurierung der Kathedrale verwendet. In der Stiftskirche St-Léger (13. Jh.) ist das Musée d'Archéologie et d'Art untergebracht (gallorömische Zeit und Mittelalter, Gemälde). Am anderen Ufer der Aisne liegt die Abtei St-Médard mit einer Krypta aus dem 11. Jahrhundert.

* Poitiers

H 6

Région: Poitou-Charentes
Département: Vienne

Höhe: 120 m ü. d. M.
Einwohnerzahl: 89 200

Poitiers, der alte Hauptort des ▶Poitou und lebhafte Universitätsstadt, liegt hübsch auf einem Felsplateau, das von den Tälern der Flüsse Clain und Boivre umschlossen wird. Als Zentrum der poitevinischen Romanik ist es besonders für Kunstfreunde interessant.

Bereits bei den Kelten und den Römern als Limonum bedeutend, wurde Poitiers sehr früh ein christliches Zentrum. Der **erste große Bischof** war der hl. Hilarius († 368), Lehrer des hl. Martin von Tours; unter ihm wurde das Baptisterium St-Jean errichtet, Frankreichs ältester christlicher Bau. Im Jahr 732 fand bei Poitiers (Moussais-la-Bataille) die Schlacht von Tours und Poitiers statt, in der Karl Martell die Mauren schlug. Nach der Heirat Eleonores von Aquitanien 1152 mit Heinrich Plantagenêt, dem späteren englischen König, war Poitiers ihre wichtigste Residenz. Jean de Berry, von 1369 bis 1416 Graf des Poitou, setzte sich mit dem herrlichen Stundenbuch »Les Très Riches Heures« der Brüder Limburg ein Denkmal (▶Bourges). Im Jahr 1432 – als Paris englisch und Poitiers Hauptstadt Frankreichs war – wurde die Universität gegründet. 1569 eroberten die Hugenotten die Stadt: 1579 fanden die »Großen Tage von Poitiers« statt mit dem Ziel, den religiösen Streit zu beenden.

Aus der Geschichte

Sehenswertes in Poitiers

Die trotz ihres Namens recht kleine Kirche Notre-Dame-la-Grande, erbaut Ende 11. Jh. bis Mitte 12. Jh., ist eines der **schönsten Beispiele für die poitevinische Romanik**. Ihre von zwei Türmen mit Schuppenkegeldach flankierte Westfassade (Mitte 12. Jh.) ist in vier Zonen gegliedert und überreich mit Skulpturen geschmückt: von Scheinportalen flankiertes Portal; darüber biblische Szenen (u. a. Adam und Eva, Verkündigung, Geburt Jesu); in den Arkaden oben links und rechts Bischöfe, sonst Apostel; ganz oben Christus in der Mandorla. Im Sommer wird die Fassade abends per Lasertechnik in verschiedenen Versionen bunt illuminiert – eine davon soll authentisch sein. In der Halbkuppel über dem Chor ein Fresko aus dem 12. Jh.,

** Notre-Dame-la-Grande

POITIERS ERLEBEN

AUSKUNFT
Office de Tourisme
45 Place Charles-de-Gaulle
86000 Poitiers
Tel. 05 49 41 21 24
www.ot-poitiers.fr

ESSEN
▶ **Preiswert / Erschwinglich**
① *Aux 40 Gourmands*
40 Rue Carnot, Tel. 05 49 37 01 37
Sehr gutes familiäres Restaurant mit traditioneller Küche, schlicht und schmackhaft, zu angenehmen Preisen (Spezialität des Hauses sind Muscheln). Freundliche Betreuung.

ÜBERNACHTEN
▶ **Günstig**
① *Château de Vaumoret*
Le Breuil-Mingot, Tel. 05 49 61 32 11
www.chateauvaumoret.com
Sehr persönliches Chambres d'hôtes in einem hübschen Herrenhaus aus dem 17. Jh., 8 km nordöstlich von Poitiers. Zimmer für 2–4 Personen. Eine Küche für kleine Mahlzeiten steht den Gästen zur Verfügung.

Notre-Dame-la-Grande, das Hauptwerk der poitevinischen Romanik

die sonstige scheußliche Ausmalung stammt von Mitte des 19. Jh.s und war als Rekonstruktion gedacht.

Im Palais de Justice sind die Tour Maubergeon von Anfang 12. Jh. und Teile der Grafenburg erhalten. Darin die grandiose **Grande Salle** aus der Zeit Eleonores von Aquitanien mit offenem Dachstuhl und riesigem gotischem Kamin. Die Rue Gambetta führt am ehemaligen Schöffenamt, dem Rathaus des 15. Jh.s, und an der Kirche St-Porchaire (16. Jh.) mit markantem romanischem Vorhallenturm (11. Jh.) vorbei. Mittelpunkt der Stadt ist die Place Maréchal-Leclerc mit dem Rathaus (1876). Unweit westlich ist in einem Palast des 18. Jh.s das Musée R. de Chièvres untergebracht: v. a. Mobiliar, Porzellan, Email und niederländische Malerei des 16./17. Jh.s

Palais de Justice

Hôtel de l'Échevinage

Hôtel de Ville

Musée Chièvres

Die Rue de la Chaîne, die Hauptachse der Altstadt mit Fachwerkhäusern und Stadtpalais, führt am spätgotischen **Hôtel Fumé** (Anfang 16. Jh.; Hof mit Fachwerkarkaden) vorbei zur Kirche **St-Jean-de-Montlerneu**f mit Chor aus dem 11. Jh. und Renaissanceportal.

Rue de la Chaîne

Die romanische Kirche St-Hilaire-le-Grand (11./12. Jh.) hat eine bewegte Baugeschichte, von der die nachträglich eingezogenen Säulenreihen zeugen. In der Krypta unter dem erhöhten Chor die Reliquien des hl. Hilarius, seit dem Mittelalter ein bedeutendes Wallfahrtsziel.

★
St-Hilaire-le-Grand

Von Notre-Dame-la-Grande führt die lebhafte Grand'Rue mit hübschen Läden nach Osten. Die mächtige, innen ca. 100 m lange und 27 m hohe Kathedrale St-Pierre entstand 1166–1271; die mit anjoutypischen Blendarkaden gegliederten Türme und der Oberteil der Westfassade mit der Rose stammen aus dem 14./15. Jahrhundert. Die Portale zeigen Tod und Krönung Mariens, das Jüngste Gericht und Szenen aus dem Leben des hl. Thomas; in den Bogenläufen Prophe-

Grand'Rue

◄ Kathedrale St-Pierre

Poitiers *Orientierung*

ten, Apostel und Heilige. Im Chor prächtige Fenster und ein Chorgestühl aus der Erbauungszeit (beides gehört zu den ältesten in Frankreich); Clicquot-Orgel von 1778.

Espace Mendès-France
Musée Ste-Croix ▶

Nebenan das Kulturzentrum Espace Mendès-France (Ausstellungen, Veranstaltungen zu populären wissenschaftlichen Themen). Das Musée Ste-Croix zeigt prähistorische und gallorömische Funde, eine Volkskunde- und eine Kunstsammlung (u. a. Claudel, Bonnard, Sisley). Vor dem Musée Ste-Croix steht, in die Straße eingetieft, das Baptisterium St-Jean, der **älteste erhaltene christliche Kultbau** Frankreichs, 356–368 auf antiken Fundamenten errichtet, im 7. und 11. Jh. erweitert. Zu sehen sind ein großes Becken für die Immersionstaufe, Fresken des 11.–14. Jh.s und merowingische Sarkophage.

★
Baptistère St-Jean ▶

Ste-Radegonde

Diese Kirche am Ostrand der Stadt wurde ab dem 11. Jh. am Platz der Kapelle errichtet, in der die Schutzpatronin der Stadt begraben war. Schiff und Westportal stammen aus dem 13.–15. Jahrhundert. In der Krypta der Sarkophag der hl. Radegundis († 587), Tochter des Thüringerkönigs Berthar, Gemahlin von Chlothar I. und legendäre Bezwingerin des Drachens Grand Goule. Den besten **Blick auf die Stadt** hat man von der Notre-Dame-des-Dunes östlich des Clain.

Aussicht ▶

Umgebung von Poitiers

Abbaye de Ligugé

Die Abtei von Ligugé 8 km südlich von Poitiers wurde 361 vom hl. Martin von Tours gegründet und ist damit das **älteste Kloster Frankreichs**. Der alte Bau wurde von den Arabern zerstört, ein neuer entstand im 11. Jh.; die Kirche (Flamboyant/Renaissance) ist Resultat eines Umbaus Anfang des 16. Jh.s. Ausgrabungen in der Umgebung der Abtei haben Bauteile aus dem 6. Jh. freigelegt. Die Benediktinermönche stellen reizvolle Emailarbeiten her (Museum).

Nouaillé-Maupertuis

In einem Waldtal 10 km südöstlich von Poitiers ist die einstige **Benediktinerabtei** zu finden, die im Hundertjährigen Krieg mit Wehrmauer und Graben umgeben wurde. Die romanische Kirche aus dem 11./12. Jh. wurde im 17. Jh. z. T. erneuert (Querschiff, Chor). Innen bemerkenswert sind Lettner, Chorgestühl und Lesepult aus dem 17. Jh. sowie der angebliche Sarkophag des St-Junien (9. Jh.).

★
Futuroscope

Ein Muss für Freunde der Illusion ist das Futuroscope ca. 10 km nördlich von Poitiers, ein Freizeitpark mit 16 **Kinos der Superlative** (und Hotel, Restaurants, Kinderattraktionen): 360°, 3 D, Cinéma Dynamique (ein Simulator), »Kristallpalast« mit 600 m² großer Leinwand), interaktives Kino usw. Mittelpunkt ist ein See, der sich nachts in eine faszinierende Welt der Bilder verwandelt. Anf. Febr. bis Anf. Nov. tägl. ab 10.00 Uhr geöffnet, sonst Sa./So. und Schulferien. Info: www.futuroscope.com. Anfahrt: Autobahn A 10; Bus von Poitiers (Bahnhof SNCF) Linien 9 bzw. E; TGV-Bahnhof.

★★ Poitou - Vendée - Charentes

E–H 5–7

Die abwechslungsreiche Atlantikküste zwischen Loire-Mündung und Gironde ist mit ihren 2600 Sonnenstunden im Jahr ein beliebtes Ferienziel. Im Hinterland – den Landschaften Poitou, Vendée und Charentes – findet der Kulturfreund viel Sehens- und Erlebenswertes, z. B. in Poitiers und im Charente-Tal mit dem Weinbaugebiet um Cognac, aus dem der berühmte Weinbrand kommt.

Poitou und Vendée

Das Gebiet südlich der Loire zwischen Atlantik und Touraine ist ein etwa 150 m hohes, fruchtbares Plateau, das von einem Ausläufer des Armorikanischen Massivs, den bis zu 285 m hohen Collines Vendéennes, durchzogen wird. Sein östlicher Teil ist das Poitou, der Westteil an der Küste die Vendée. Diese besteht aus dem Bocage Vendéen, einem gewellten, von Hecken durchzogenen Weideland, und einer Küstenebene, die vom Ozean durch Dünen getrennt ist. Verwaltungs-mäßig besteht das Poitou aus den Départements Vienne (Hauptstadt ▶ Poitiers) und Deux-Sèvres (Niort) sowie dem südlichen Teil von Maine-et-Loire (Angers), die Vendée aus dem gleichnamigen Département (La Roche-sur-Yon).

Charentes

Die Charentes grenzen südlich an das Poitou an und umfassen im Wesentlichen die Départements Charente (östlich) und Charente-Maritime (westlich). Um ▶La Rochelle dehnt sich die teils sumpfige Landschaft Aunis aus, südlich schließt die bis zur Gironde reichende Saintonge an, ein ebenfalls z. T. sumpfiges, jedoch meist fruchtbares Küstenland, das den Hauptteil des Départements Charente-Maritime bildet. Zwischen Aunis/Saintonge und dem Limousin erstreckt sich um Angoulême die alte Grafschaft Angoumois, die weitgehend mit dem Département Charente identisch ist.

Highlights in der Region Poitou - Charentes

Saint-Savin
Eine romanische »Bilderbibel«
im Großformat
▶ Seite 685

Marais Poitevin
Stocherkahnpartien in der
»grünen Hölle des Poitou«
▶ Seite 687

Inseln des Lichts
Ob Ile de Yeu, Ile de Noirmoutier, Ile de Ré oder Ile d'Oléron, hier hat man alles beieinander für einen erholsamen Urlaub.
▶ Seite 688, 689, 690

Angoulême
Alte Herzogsstadt mit Atmosphäre
und einem Schmuckstück poitevinischer
Romanik
▶ Seite 691

Cognac
Hier entsteht die weltberühmte
edle Spirituose.
▶ Seite 693

Die »wilde Seite« der Ile de Yeu mit dem Vieux Château

Côte de la Lumière

Die in Luftlinie ca. 170 km, tatsächlich aber fast 500 km lange **Küste** zwischen der Ile de Noirmoutier und der Gironde wird nicht nicht zufällig als »Küste des Lichts« bezeichnet; die jährliche Sonnenscheindauer erreicht Werte wie an der Côte d'Azur. Im Gegensatz zur Côte d'Argent im Süden ist sie sehr vielgestaltig, Felsklippen wechseln ab mit Dünen und herrlichen langen, flachen Sandstränden; vorgelagert sind einige größere und kleinere Inseln. Zusammen mit angenehmen Badeorten ergibt sich ein schönes Urlaubsgebiet von familiär-zwanglosem Charakter. Positiv verzeichnet man das Fehlen von Betonburgen, die natürliche Atmosphäre ohne großen Rummel und die moderaten Preise. Große Teile der Küste, die geschützte Becken bildet (insbesondere das Bassin de Marennes zwischen Gironde-Mündung und Ile d'Oléron), werden zur **Austern- und Miesmuschelzucht** genützt.

Aus der Geschichte

Zwischen Loire und Garonne entstanden aus Aquitanien, einer der vier Provinzen des römischen Galliens, eine Reihe Grafschaften, die später z. T. zu Herzogtümern erhoben wurden. In der Schlacht von Tours und Poitiers besiegte Karl Martell 732 die Araber; ab 820 litt das Gebiet unter normannischen Beutezügen, was zum Bau zahlreicher Wehrtürme führte. Viele Klöster und Stifte entstanden ab dem 9. Jh. am **Jakobsweg** nach Santiago de Compostela; die westlichste Route, die Via Turonensis, führt über Poitiers, Aulnay und Saintes nach Bordeaux (►Baedeker Special S. 790). Durch die Heirat Eleonores von Aquitanien mit Heinrich II. Plantagenêt 1152 wurde das Poitou Teil des angevinisch-englischen Reichs, 1224 eroberte es Ludwig VIII. für die französische Krone. Die Reformation fand rasche Aufnahme, Angoulême und La Rochelle wurden hugenottische Zentren von großer Wirtschaftskraft. Die Religionskriege bis 1598 hatten hier einen Hauptschauplatz, aber schon 1627 wurde La Rochelle wieder von der katholischen Krone belagert und endgültig erobert. Die Vendée blieb in der Revolution königstreu und erhob sich 1793 gegen die Republik; sie ergab sich erst 1796 nach mehreren Schlachten, die über 150 000 Tote forderten.

Reiseziele in Poitou und Vendée

Montmorillon

Das Städtchen (6500 Einw.) 50 km südöstlich von Poitiers, ein »Village du livre«, ist für die romanisch-gotische Kirche Notre-Dame bekannt, deren Krypta mit hervorragenden **Fresken** geschmückt ist (Leben der hl. Katharina, Apokalypse). Vom Vorplatz schöner Blick ins Tal. Zum Maison-Dieu, einem Hospiz mit Ende des 11. Jh.s, gehören die Chapelle St-Laurent (12. Jh., Konzerte) und das Octogone (12. Jh.), vermutlich ein Beinhaus; Im Maison-Dieu das Musée de La Tour, in der Zehntscheuer (17. Jh.) das Musée de Préhistoire.

Saint-Savin

★ ★

 Romanische Fresken

Das 45 km östlich von Poitiers an der Gartempe gelegene Städtchen (900 Einw.) besitzt eine Abteikirche des 11. Jh.s mit dem größten (412 m²) und wohl schönsten **romanischen Freskenzyklus** Frankreichs (um 1100, UNESCO-Welterbe; geöffnet Juli/Aug. tägl. 10.00 bis 19.00, sonst Mo.–Sa. 10.00–12.00, 14.00–18.00 und So. 14.00 bis 18.00 Uhr, im Winter bis 17.00 Uhr; Jan. geschl.). Im Gewölbe des Mittelschiffs sind in vier Bildstreifen – je zwei übereinander in einer Richtung – Schöpfung, Kain und Abel, Noah und die Arche, der Zug durch das Rote Meer, Moses, der Turmbau zu Babel, Abraham und Isaak sowie die Geschichte von Joseph in Ägypten dargestellt. Man beginnt links und geht von der Vierung rechts wieder zum Eingang zurück. Ebenfalls ausgemalt sind die Vorhalle (Apokalypse), die Empore (von hier Gesamtschau) und die Krypta. In der 76 m langen Kirche, einem hervorragenden Beispiel poitevinischer Romanik – der Chorumgang weist sie als Pilgerkirche aus –, sind auch die Kapitelle und die romanischen Altäre bemerkenswert. Jenseits des **Vieux Pont** (13./14. Jh.), der Brücke über die Gartempe, hat man einen schönen Blick auf den stattlichen Komplex mit 77 m hohem, spitzem Turm und Konventsgebäuden aus dem 17. Jahrhundert.

★

Chauvigny

Chauvigny (6900 Einw.), 20 km östlich von Poitiers an der Vienne gelegen, wird gleich von **fünf Burgen** überragt. Zu diesem Ensemble kommt noch die Kirche St-Pierre (11./12. Jh.) in poitevinischer Romanik, die für ihre Kapitelle berühmt ist. Angrenzend das Musée de Chauvigny, einige Schritte nördlich der Donjon de Gouzon (11. Jh.) mit einem Industriemuseum (herrlicher Ausblick von der Terrasse).

▶ dort

Poitiers

St-Hilaire in Melle war einst Station am Jakobsweg nach Santiago de Compostela.

Châtellerault In der für ihre Lederindustrie bekannten Stadt ca. 30 km nordöstlich von Poitiers (34 000 Einw.) lebte der Philosoph René Descartes in seiner Kindheit (kleines Museum, 126 Rue Bourbon). Südlich an der Rue Bourbon die ehemalige Prioratkirche St-Jacques (12./13. Jh., Fassade 19. Jh.). Von hier westlich zum Hôtel Sully (17. Jh.) mit dem **Musée Sully** (Kunsthandwerk, Gemälde, Skulpturen; Geschichte der französischen Kolonie Akadien in Kanada; z. Z. geschl.) und zum Pont Henri-IV (1575–1611). Am linken Ufer liegt eine Waffenfabrik von 1819, heute **La Manu** mit Auto-Motorrad-Museum sowie zwei zu einem Kunstwerk umfunktionierten Schloten (Aussicht!).

Parthenay Parthenay (10 500 Einw., 45 km westlich von Poitiers) ist das lebhafte Zentrum der Viehzuchtregion Gâtine mit Viehmarkt und Fleischfabriken. Der Sage nach verdankt die Stadt ihre Entstehung den Zauberkünsten der Meerfrau Melusine, historisch war sie Station am Jakobsweg und daher mit Hospizen und Kirchen gut ausgestattet. Am besten betritt man die Stadt wie die Pilger über **Brücke und Stadttor St-Jacques** im Norden (13. Jh.) und geht die Rue de la Vaux-St-Jacques hinauf zur Zitadelle (Ummauerung 12. Jh.); von dort schö-

Parthenay-le-Vieux ▶ ner Blick auf die Flussschleife. In Parthenay-le-Vieux (2 km westlich) ist die romanische Kirche St-Pierre mit poitevinischer Fassade interessant; rechts Samson mit dem Löwen, links die typische Reiterfigur mit Krone und Falken, wohl Konstantin der Große; die vielfach wiederholte Figur im Badezuber soll die Drachenfrau Melusine sein.

Lusignan Lusignan (2600 Einw., 25 km südwestlich von Poitiers) liegt malerisch auf einem Hügelkamm an der Vonne. Die schöne Melusine soll die Burg, einst die größte in Frankreich (nur Ruinen erhalten), in einer Nacht erbaut haben. Von der Terrasse schöne Blick über das

Flusstal. Interessant auch eine romanische Kirche (11. Jh., spätgotisches Portal), Markthalle und hübsche alte Häuser (z. T. 15. Jh.).

Melle (3600 Einw., 32 km südwestlich von Lusignan) war im Mittelalter durch den Silberbergbau bedeutend und verfügt gleich über **drei Kirchen in poitevinischer Romanik**. St-Hilaire an der Brücke über die Beronne, ein harmonischer Bau (12. Jh.) mit schöner Chorpartie, zeigt am nördlichen Querarm die für im Poitou häufige Reiterfigur, gedeutet als Konstantin der Große und damit als das über die Heiden siegende Christentum; innen prächtige Kapitelle. In der schlichten ältesten Kirche St-Savinien finden Mai/Juni Kammermusik-Konzerte statt. Bei St-Pierre, der jüngsten Kirche (Mitte 12. Jh.), ist das Südportal zu beachten. An der Rue de Loubeau 1 km südlich können die königlichen Silberminen besichtigt werden (April – Nov. tägl.). Melle ist ein Zentrum der Ziegenhaltung im Poitou, bekannt der Ziegenkäse **Chabichou** (www.routeduchabichou.fr).

Melle

◂ St-Hilaire

Celles 6 km nordwestlich von Melle besitzt eine mächtige Abtei (Kulturzentrum), die 1676 – 1682 nach der Zerstörung in den Religionskriegen neu errichtet wurde. Ihre Kirche Notre-Dame besitzt vom romanischen Vorgängerbau ein ungewöhnliches **Portal**: Vier Bögen sind in neun konzentrische Archivolten aufgeteilt, deren Nahtstellen mit Grimassen verziert. Man vermutet arabische Einflüsse.

Celles-sur-Belle

Im Wald von Chizé, 20 km südlich von Niort, wurde ein Reservat für seltene europäische Wildtiere angelegt (Zoodysée, Zugang bei Villiers-en-Bois, www.zoodyssee.org).

Forêt de Chizé

Das Tor zum Marais Poitevin (▸unten) ist Niort (58 500 Einw.), die Hauptstadt des Départements Deux-Sèvres. An der Sèvre Niortaise steht der **Doppel-Donjon**, Rest der Burg, die von Heinrich II. Plantagenêt begonnen und unter Richard Löwenherz vollendet wurde (Wechselausstellungen; schöner Blick von der Dachterrasse). Nebenan die Markthalle mit ihrem herrlichen Angebot. Im Süden steht die Kirche **Notre-Dame** (15./16. Jh.) mit einem 76 m hohen, eleganten Glockenturm (15. Jh.); innen bemerkenswert die Wandteppiche aus Aubusson und die Grabmäler eines Gouverneurs und seiner Familie aus rotem Marmor (1684). Nordöstlich führt die Rue St-Jean durch ein Viertel mit schönen alten Häusern (z. T. noch 15. Jh.) zum Pilori, einem Wehrturm aus dem 16. Jh.; im Logis d'Hercule sind Funde aus der Stadt zu sehen. Im Musée B.-d'Agesci (beim Bahnhof) sind das Naturkundemuseum und das Kunstmuseum zusammengefasst (Kunstgewerbe, italienische, flämische und holländische Gemälde, auch ein Werk von Corot).

Niort

Einst reichte vom Atlantik bis Niort eine Bucht, deren Küstenverlauf noch am Geländesprung zum umgebenden Kalkplateau erkennbar ist. Sie verlandete und wurde ab dem 11. Jh. mit Unterstützung hol-

Marais Poitevin

ländischer Deichbauer in jahrhundertelanger Arbeit entwässert und urbar gemacht. So entstand eine ca. 80 km² große, reizvolle grüne Landschaft mit kleinen und großen Kanälen, die von Pappeln, Erlen und Weiden gesäumt werden. In vielen Orten aus kann man (selbst oder mit Führer) **Stocherkahn fahren**. Hauptort ist **Coulon**, in dem die Kirche (11. Jh.), das Aquarium und die Maison des Marais Mouillés sehenswert sind. Ein hübscher Platz ist der »Hafen« von Arçais.

Am Nordrand des Marais liegen auf einem der Kalkfelsen, die früher im Wasser standen, die beeindruckenden Reste der 989 gegründeten **Abtei** Maillezais. Die vom 11. bis zum 15. Jh. errichteten Gebäude wurden nach der Revolution als Steinbruch ausgebeutet. In Maillezais selbst ist die Kirche St-Nicolas interessant, an deren Mittelportal Akrobaten abgebildet sind. An einigen Tagen um Mitte August nächtliche Illumination.

> ! **Baedeker TIPP**
>
> **Festival des Abbayes**
>
> In Mai und Juni bilden die Ruinen der Abtei Maillezais den stimmungsvollen Rahmen für Konzerte renommierter Ensembles mit sakraler Musik. Weitere Spielorte sind die Abteien von Nieul-sur-l'Autise (ca. 8 km nord-östlich von Maillezais) und Chassay-Grammont (ca. 15 km südwestlich von Pouzauges, ►S. 691). Info: www.vendee.fr, http://abbayes.vendee.fr.

★ Maillezais

La Rochelle ►dort

Ile de Ré
Die Ile de Ré, 28 km lang und 7 km breit (17 600 Einw.), ist völlig flach und von Sandstränden umgeben, weshalb sie im Sommer v. a. mit Familien und jungen Leuten übervölkert ist. In der vielfältigen Landschaft mit Dünen, Austernteichen, Wäldern, Gemüsefeldern und Weinbergen liegen hübsche Dörfer mit weiß gekalkten, blumengeschmückten Häusern. Zu erreichen ist die Insel von **La Pallice** bei ► La Rochelle über eine 2930 m lange Brücke (Gebühr) und per Schiff. Hinter Rivedoux-Plage liegen das Fort de la Prée (1625) und die Reste der Abbaye des Châteliers (12. Jh., 1623 zerstört). La Flotte ist ein hübscher, ruhiger Fischerort mit alter Markthalle. **St-Martin**, der nette Hauptort, ist von Befestigungen aus dem 15./17. Jh. umgeben, die gleich alte Zitadelle dient bis heute als Gefängnis. Im Zentrum steht die Wehrkirche St-Martin (15. Jh., 1692 durch englischen Beschuss schwer beschädigt). Im Hafen liegt inselartig das Seeleuteviertel. Östlich des Hafens, im Hôtel de Clerjotte (Ende 15. Jh.), das Tourismusbüro und ein Schifffahrtsmuseum. Reizvoll ist auch **Ars** mit der Kirche St-Etienne (12. Jh.), deren Turmhelm als Seezeichen schwarz-weiß gestrichen ist. An der Westspitze der Insel steht der 57 m hohe Phare des Baleines von 1854. Die besten Strände erstrecken sich beim Leuchtturm und an der Südküste.

Luçon
Das hübsche Luçon (970 Einw.), 45 km nördlich von La Rochelle in der Vendée gelegen, wurde im 10. Jh. als Hafenstadt gegründet. Die Abteikirche Notre-Dame (12. Jh.) wurde 1317 zur Kathedrale erho-

ben und im 14. Jh. gotisch umgestaltet; Richelieu war von 1607 bis 1624 hier Bischof. Nach Verwüstung in den Religionskriegen wurde die Fassade im 17. Jh. von F. Leduc klassizistisch erneuert (85 m hoher Turm 1829). Der **Bischofspalast** mit schöner Renaissance-Fassade und der Kreuzgang stammen aus dem 16. Jahrhundert. Reizvoll ist auch der Jardin Dumaine aus der Zeit Napoleons III.

Les Sables d'Olonne

Das Leben in diesem beliebten Badeort (15 500 Einw.) spielt sich hauptsächlich an dem (bei Flut sehr schmalen) **3 km langen Strand** ab, der von Hotels, Läden, Restaurants und Bars gesäumt ist. Am Westende liegt das Casino de la Plage, am östlichen Ende der Zoo. Hinter der Seefront ist Les Sables, das auch einen großen Fischereihafen besitzt, noch recht beschaulich. Die Kirche Notre-Dame-de-Bon-Port ließ Richelieu 1646 errichten. In einer Benediktinerabtei (17. Jh.) ist das Musée de l'Abbaye Ste-Croix beheimatet (Volkskunde, moderne Kunst). Jenseits des Kanals liegt um den Tour d'Arundel (12. Jh.) und das Fort St-Nicolas das alte **Fischerviertel La Chaume**. Nördlich des Orts erstrecken sich 12 km Küste mit langen Sandstränden, begleitet vom **Forêt d'Olonne**, einem Kiefernwald mit vielen Wanderwegen. Dieses Bild setzt sich über die Fischer-/Badeorte Bretignolles, St-Gilles-Croix-de-Vie und St-Jean-de-Monts bis zur Ile de Noirmoutier fort.

In Les Sables zählen Sonne und Strand.

Ile de Yeu

Rund 18 km vor der Küste liegt die reizvolle Insel Yeu (10 km lang, 4 km breit, 4900 Einw.), die zwei Gesichter zeigt: südwestlich die »wilde« **Côte Sauvage**, die an die raue Bretagne erinnert, nordöstlich die gewohnte Vendée-Küste mit Sandstränden und Kiefernwäldern. Überfahrt von Fromentine und St-Gilles-Croix-de-Vie. Man kommt im Fischerhafen Port-Joinville an. Ein Museum erinnert hier an den Marschall Pétain, der 1945–1951 im Fort Pierre Levée eingesperrt war und auf dem Friedhof des Orts begraben ist. Wildromantisch an der Westküste liegt das **Vieux Château** (11./16. Jh.). Südöstlich der tief eingeschnittene Hafen Port-de-la-Meule, den die Langusten- und Hummerfischer nützen. Eines des zahlreichen Zeugnisse der Megalithkultur ist der Dolmen La Planche à Puare ganz im Nordwesten (▶Baedeker Special S. 284).

POITOU-VENDÉE-CHARENTES ERLEBEN

AUSKUNFT

CRT Poitou-Charentes
8 Rue Riffault, 86000 Poitiers
Tel. 05 49 50 10 50
www.poitou-charentes-vacances.com

CRT Pays de la Loire
2 Rue de la Loire, BP 20411
44204 Nantes Cedex 2
Tel. 02 40 48 24 20, Fax 02 40 08 07 10
www.loiretalantik.com

ÜBERNACHTEN / ESSEN
▶ **Komfortabel**
Atlantic
Les Sables-d'Olonne, 5 Promenade Godet, Tel. 02 51 95 37 71
www.atlantichotel.fr
Am Strand gelegenes Hotel mit großzügigen modernen Zimmern (zum Meer hin teurer). Mit Restaurant und überdachtem Schwimmbad.

Château du Pélavé
9 Allée de Chaillot, Bois-de-la-Chaize
85330 Noirmoutier-en-l'Ile
www.chateau-du-pelave.fr, Tel. 02 51 39 01 94, Fax 02 51 39 70 42
Prächtige Belle-Époque-Villa auf Noirmoutier, ruhig im Wald gelegen. Sehr gutes Restaurant mit Küche der Region, natürlich auch Fisch und Meeresfrüchte. Man spricht deutsch.

Relais du Lyon d'Or
4 Rue d'Enfer
86260 Angles-sur-l'Anglin
Tel. 05 49 48 32 53, www.lyondor.com
Ein königliches Lagerhaus aus dem 15. Jh. in einem der »schönsten Dörfer Frankreichs« (16 km nördlich von St-Savin): offene Kamine etc. in behaglichen Zimmern, die z. T. über eine Terrasse verfügen. Restaurant mit regionalen Spezialitäten.

Dieses gut besuchte Badeparadies mit ca. 40 km Sandstrand liegt im Nordosten vor der Küste der Vendée südlich der Loire-Mündung. Die 19 km lange und bis zu 7 km breite Insel ist bei Ebbe über die **Passage du Gois** erreichbar, im Süden über eine Brücke. Außer vom Tourismus lebt man hier von Gemüseanbau, Fischerei, Austernzucht und Salzgewinnung. Durch die Dünen von Barbâtre erreicht man den Hauptort **Noirmoutier-en-l'Ile** (4800 Einw.) mit einer Burg aus dem 11./15. Jh.; im Donjon ein kleines Museum zur Lokalgeschichte (bemerkenswerte englische Staffordshire-Fayencen aus dem 18./19. Jh.; schöner Blick vom Dach, im Norden bis La Baule, im Süden bis zur Ile de Yeu). Die romanisch-gotische Kirche St-Philibert besitzt eine Krypta aus dem 11. Jh. mit dem Kenotaph des hl. Philibert; seine Reliquien wurden im 9. Jh. von den Mönchen nach Tournus in ▶ Burgund gebracht. Interessant sind das Aquarium am Kanalhafen und das Museum für den handwerklichen Schiffsbau. Östlich des Orts liegt der **Bois de la Chaize**, ein 60 ha großer Wald, der mit Pinien und Mimosen (Blüte Ende Februar!) ein mediterranes Bild bietet; nach Norden schließen die feinsandige Plage des Dames und die Promenade des Souzeaux an, von der man zur Küste von Pornic hinübersieht. In La Guérinière ein nettes Volkskundemuseum.

Von Les Herbiers (25 km südwestlich von Cholet) bis südlich von **Collines** Parthenay reicht dieser durch **Heidelandschaft** geprägte Hügelzug, **Vendéennes** auf dem einst viele Windmühlen standen. Nördlich von Les Herbiers der Mont des Alouettes (231 m) mit drei restaurierten Mühlen und Kapelle von 1823; von hier schöner Blick über Nantes, das Meer und die Bocage-Landschaft. Südöstlich (D 755 / D 752), an der Moulin de Justice vorbei, erreicht man St-Michel-Mont-Mercure auf dem höchsten Punkt (285 m); von dem mit einer 9 m großen Michaelsstatue gekrönten Turm der Kirche (1898) hat man einen großartigen Blick. Auch ein Ausflug auf den 270 m hohen **Puy Crapaud** bei Pouzauges und zur Kirche Pouzauges-le-Vieux (Fresken 13. Jh.) lohnt sich.

Östlich von Les Herbiers liegt das Schloss Le Puy du Fou (15. Jh.), **Le Puy du Fou** das zu einem riesigen Freizeitpark ausgebaut wurde, mit einem römischen und einem mittelalterlichen Dorf, Wikingerschiffen, Greifvogelschauen u. v. m. Von Mitte April bis Mitte September finden Fr. und Sa. abends die Cinéscénie statt, ein gigantisches historisches Spektakel mit allen denkbaren Effekten – 1200 Akteure, über 13 000 Zuschauerplätze (www.puydufou.com).

Reiseziele in den Charentes

Die Charente entspringt bei Rochechouart am Westrand des Limou- **Charente** sins und schlängelt sich 360 km weit durch die Landschaften Angoumois und Saintonge zum Atlantik. Zwischen Angoulême und Saintes bildet sie ein etwa 100 km langes freundliches Tal, gesäumt von den Weinbergen des Cognac und reizvollen alten Städten.

Angoulême (42 700 Einw.), die Hauptstadt des Angoumois und des ★ Départements Charente, liegt reizvoll auf einem Plateau über der **Angoulême** Charente. Eindrucksvoll ist ein Rundgang entlang der Befestigungsmauern. In der Stadt sind schöne Bürgerhäuser aus dem 17./18. Jh. zu sehen; im Zentrum das stattliche **Rathaus**, 1858 – 1866 am Platz des Schlosses der Herzöge von Angoulême errichtet. Von ihm sind noch die Tour de Lusignan (13. Jh., zugänglich) und die Tour de Valois (15. Jh.) erhalten. Vom Rathaus führt die Rue de la Cloche-Verte am Hôtel St-Simon (1540) vorbei zur gotischen Kirche St-André (schönes Gestühl von 1692). Das Prunkstück der romanischen Kathedrale St-Pierre (erbaut 1105 – 1128, 1562 von Hugenotten zer- ★ ★ stört, 1634 erneuert) ist die Westfassade, ein **Hauptwerk der poitevi-** ◀ St-Pierre **nischen Romanik**; unter dem Christus in der Mandorla stellen über 70 Figuren das Jüngste Gericht dar. Im Bischofspalais (12./15. Jh.) nebenan zeigt das Musée des Beaux-Arts altes Kunsthandwerk – dar- unter den herrlichen keltischen **Helm aus Agris** (4. Jh. v. Chr.) –, Ge- ◀ Musée des mälde (u. a. Schule von Barbizon) und Überseekunst. Für Comic- Beaux Arts Fans ist das Musée de la Bande Dessinée (121 Rue de Bordeaux) ein Wallfahrtsort; in seiner Mediathek ist praktisch die ganze **französische Comic-Produktion** seit 1946 greifbar (Ende Januar Internationales Comic-Festival, www.bdangouleme.com). Sehenswert sind auch das Papiermuseum »Le Nil« nördlich der Stadt an der Charente (in der Nähe des Comic-Zentrums) und das Archäologische Museum.

La Rochefoucauld

Ca. 22 km nordöstlich von Angoulême liegt La Rochefoucauld (3000 Einw.), dessen Schloss aus dem 11.–16. Jh. mit der Brücke über die Tardoire (17. Jh.) ein schönes Ensemble bildet. Aus der gleichnamigen Adelsfamilie, der das Schloss noch heute gehört, stammte der Offizier und Autor der »Réflexions ou sentences et maximes morales«, François de La Rochefoucauld (1613–1680). Im Hospital jenseits des Flusses ist die Apotheke aus dem 17. Jh. interessant. Ca. 30 km nördlich von Angoulême steht in den Feldern bei **Lichères** die kleine romanische Kirche St-Denis (um 1150) mit byzantinisch inspiriertem Tympanon und interessanter Apsidenkonstruktion.

Confolens

Gut 40 km nordöstlich von La Rochefoucauld liegt dieses Städtchen (2800 Einw.) malerisch am Zusammenfluss von Vienne und Goire. Der schöne **Pont Vieux** (15. Jh.) über die Vienne trug einmal Wehrtürme. Vorbei an hohen Fachwerkhäusern aus dem 15.–18. Jh. und der Kirche St-Maxime (15. Jh.) gelangt man zum Donjon (11. Jh.), dem Rest der Stadtbefestigung. Links der Vienne liegt die romanische Kirche St-Barthélemy (11. Jh.) mit interessantem Portal. Berühmt ist das **internationale Folklore-Festival** um den 10. August.

Charroux

Die bedeutende Abtei Charroux 25 km nordwestlich von Confolens wurde von **Karl dem Großen** mit Reliquien vom Kreuz und Leib Christi (!) ausgestattet und entwickelte sich zu einem wichtigen Wallfahrtsort; hier fanden Konzile statt, 989 wurde hier die »treuga Dei« (Gottesfriede) verkündet. Von der 126 m langen, 1096 durch Papst Urban II. geweihten Kirche steht nur noch der Rest des mächtigen Zentralturms. Im Kapitelsaal sind die großartigen Figuren vom Hauptportal und der Kirchenschatz zu sehen.

★
Civray

In Civray, 11 km westlich von Charroux an der Charente, ist die Kirche St-Nicolas v. a. wegen ihrer Fassade sehenswert, ein hervorragendes Werk der poitevinischen Romanik. Die farbige Innengestaltung ist bis auf das Fresko im südlichen Querhaus (14. Jh.) modern.

Aulnay

★ ★

▶ St-Pierre

Im Norden der Charentes (ca. 45 km nordöstlich von Saintes) liegt Aulnay (1500 Einw.), einst Station am Jakobsweg; seine Kirche St-Pierre (um 1135–1170) gilt als eines der bedeutendsten Werke der poitevinischen Romanik. Das Portal besitzt fein skulptierte Bogenläufe (Anbetung des Lamms, Tugenden und Laster, Tierkreiszeichen, Monatsarbeiten), die Scheinportale zeigen die Kreuzigung des Apostels Petrus bzw. den thronenden Christus. Am großartigen **Südportal** sind u. a. die Ältesten der Apokalypse (31 statt 24) mit Musikinstrument und Parfümflasche, Sagengestalten wie die Melusine und ein harfespielender Esel zu sehen. Im Innern hervorragende Kapitelle.

▶ Poitou - Vendée - Charentes **ZIELE**

Von Angoulême sollte man die kleinen Sträßchen **rechts der Charente** nehmen, die eine Reihe idyllisch gelegener Sehenswürdigkeiten berühren. **Trois-Palis** verfügt über eine romanische Kirche mit schönen Kapitellen und die Chocolaterie Letuffe (Laden: Rue du Bourg). Von der Brücke unterhalb von St-Simieux guter Blick. In **Châteauneuf-sur-Charente** ist die Fassade der Kirche St-Pierre mit einer großen Reiterstatue, vermutlich Konstantin der Große, interessant. Die Abtei von Bassac (12. Jh.) wird von einem imposanten Turm überragt. **Jarnac**, Geburts- und Begräbnisort von **F. Mitterrand** (1916–1996), liegt am Rand der Grande Champagne, des Kerngebiets der Cognac Produktion mit dem Zentrum Segonzac; außer einer Abteikirche (11. Jh.) sind die bekannten **Cognac-Häuser** Courvoisier und Royer zu besichtigen. Kurz vor Cognac liegen etwas nördlich des Flusses Schloss und Dolmen von Garde-Epée sowie ganz einsam die herbe, schlichte Augustiner-Abteikirche Notre-Dame-de-Châtre (11. Jh.).

★ Charente-Tal

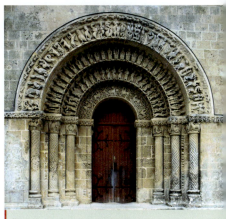
Über 150 Figuren zieren das herrliche Südportal von St-Pierre in Aulnay.

Im 17. Jh. entwickelte man das Verfahren, aus 10 l des dünnen Weins der Gegend 1 l ordentlichen Branntwein zu machen, und im 18. Jh. nahmen Einwanderer von den Britischen Inseln – wie Jean Martell aus Jersey, der irische Soldat Richard Hennessey (noch mit »ey«), der schottische Baron Otard – die Sache in die Hand. So entstand der weltbekannte **Weinbrand**, dessen Grundstoff in dem 700 km² großen Anbaugebiet um Cognac (19 200 Einw.) gewonnen wird. Die Firmen Otard, Hennessy, Camus, Rémy Martin und Martell unterhalten in Cognac große Reifungskeller (»chais«), die besichtigt werden kön-

Cognac

★ ◀ Kellereien

▶ COGNAC ERLEBEN

ESSEN

▶ Preiswert
La Courtine
Allée Fichon, Tel. 05 45 82 34 78
Nicht so sehr die traditionelle Küche macht dieses gemütliche Bistro zum Muss, sondern die wunderbare Lage im Park François I mit Terrasse an der Charente (Do. gibt's öfters Jazz).

ÜBERNACHTEN

▶ Günstig
Heritage
25 Rue d'Angoulême, Tel. 05 45 82 01 26, www.hheritage.com. Seit 1635 Herberge, wartet das Haus mit sehr farbenfroher Gestaltung auf (unterschiedliche Zimmer). Ebenso »bunt« die Karte des guten Restaurants.

König Franz I. und ein nicht minder bedeutendes Cognac-Haus

nen, und haben natürlich auch Läden (Info im Tourismusbüro, 16 Rue du XIV Juillet). Die Chais der Firma Otard sind seit 1795 im **Schloss der Valois** (13.–16. Jh.) an der Charente untergebracht, in dem 1494 König Franz I. zur Welt kam. Das **Musée d'Art et d'Histoire** (Geschichte, Kunsthandwerk, Volkskunde; Arbeiten von Gallé sowie bemerkenswerte niederländische Malerei; Di. geschl.) residiert im Hôtel Dupuy d'Angeac im Park des Rathauses. Die Altstadt besitzt, v. a. in der Grande Rue und der Rue Saulnier, viele Häuser aus dem 16./17. Jh.; der häufig anzutreffende schwarze Belag ist ein Pilz, der vom verdunstenden Alkohol lebt, dem »Anteil der Engel«.

Saintes

Saintes (26 400 Einw.) an der Charente war im Mittelalter eine wichtige Station am Jakobsweg. In der Hauptstadt der Saintonge wurde der Arzt J. I. Guillotin (1738–1814) geboren, der die Guillotine nicht erfunden, sondern »nur« propagiert hat. Zentrum der **Altstadt** westlich der Charente ist die Kathedrale St-Pierre (15. Jh.); das Querhaus stammt vom 1117 begonnenen Vorläuferbau. Bemerkenswert das Flamboyant-Portal und der 72 m hohe, klotzige Portalturm (15. Jh.), der an die Limousin-Romanik erinnert. Im Présidial, einem Palais des 17. Jh.s, zeigt das Musée des Beaux-Arts französische, flämische und holländische Gemälde sowie Porzellan aus Saintes. Südwestlich der Altstadt liegt die 1096 von Papst Urban II. geweihte Kirche St-Eutrope, deren Langhaus 1803 zerstört wurde; erhalten sind der Chor (schöne Kapitelle) und die Krypta mit dem Sarkophag des hl. Eutropius, des ersten Bischofs von Saintes. Der Glockenturm mit nördlichem Querhaus stammt von 1496. Ca. 300 m nordwestlich ist die 126 × 102 m große römische Arena für 20 000 Zuschauer zu finden (1. Jh. n. Chr.). **Am rechten Charente-Ufer** steht seit 1842 der Ehrenbogen des Germanicus (19 n. Chr.); südlich in der Nähe das Archäologische Museum mit römischen Bauteilen und Skulpturen.

Ste-Marie-aux-Dames ▶

In der 1047 gegründeten Abtei Ste-Marie-aux-Dames wurden

Jakobspilger betreut und adlige Mädchen erzogen. Die typische Saintonge-Fassade verfügt über ein **berühmtes Portal** (u. a. mit den 24 musizierenden Ältesten der Apokalypse).

Ca. 20 km nördlich von Saintes (D 127) liegt Fenioux, dessen karolingisch-romanische Kirche für ihre Portale und den Glockenturm interessant ist. Die **Totenlaterne** (12. Jh.), die größte des Poitou, ist als Säulenbündel gestaltet, in ihr führt eine Treppe nach oben.

★
Fenioux

In Rioux, ca. 12 km südwestlich von Saintes (D 129), steht eine der ungewöhnlichsten romanischen Kirchen des Poitou: Der einschiffige Bau aus dem 12. Jh. hat einen polygonalen Chor, dessen aufwendige, bis auf die Kopfkonsolen unter dem Dach unfigürliche Gestaltung an die Normannenarchitektur Italiens erinnert. Ähnlich ist die Kirche St-Trojan in Rétaud (5 km nordwestlich) gestaltet.

★
Rioux

»Küste der Schönheit« heißt das **Nordufer der Gironde-Mündung** von Mortagne-sur-Gironde bis zur Pointe de la Coubre, zu Recht. An der meist felsigen Küste, von der man auf die Nordspitze des Médoc (▶Bordeaux) blickt, liegen einige hübsche Fischerhäfen und Badeorte mit guten Stränden. Die Gironde ist der einzige Fluss Westeuropas, in dem Störe laichen (seit 1982 ist der Fang verboten).

★
Côte de Beauté

Das winzige Dörfchen ist für die romantisch an der Gironde aufragende romanische Kirche Ste-Radegonde bekannt (12. Jh.; schöne Kapitelle an den Vierungspfeilern). Die Höhlen in den Kalkklippen von **Meschers** weiter nordöstlich waren seit Urzeiten bewohnt; zugänglich sind die Grottes de Matata und de Regulus (mit Museum). Besonders schöne Küstenpartie von hier bis zur Pointe de Suzac.

Talmont-sur-Gironde

Royan (18 500 Einw.) entwickelte sich im 19. Jh. zu einem eleganten Seebad; 1847 eröffnete hier das **erste Casino** in einem französischen Badeort. 1945 fast völlig zerstört, wurde es nicht unangenehm neu errichtet. Ein Stück der gemütlichen alten Stadt ist noch im westlichen Teil Pontaillac lebendig, schön ist ein Spaziergang an der **Corniche de Pontaillac**. Die 65 m hohe Kirche Notre-Dame (1958) aus Stahlbeton ist ein nicht gerade schöner Blickfang; aus demselben Material besteht die Kuppel des Marché Central am Ende des Blvd. A. Briand (1955). An der östlichen Bucht (Grande Conche) liegen Hafen (Boote zum Leuchtturm Cordouan, ▶Bordeaux) und der 2 km lange Strand. Die Autofähre nach **Verdon-sur-Mer** (▶S. 258) jenseits der Gironde geht Juli/Aug. ca. alle 45 Min., sonst 6- bis 9-mal/Tag.

Royan

Bei St-Palais beginnt eine **Dünenküste**, die bis hinauf nach Ronceles-Bains an der Seudre-Mündung von Pinien- und Steineichenwald begleitet wird (Wanderwege). Von St-Palais aus ist der Sentier de la Corniche zum Pont de Diable zu empfehlen (beschildert, hin und zurück 45 Min.) In La Palmyre gibt es einen Zoo, vom 64 m hohen

Pointe de la Coubre

Phare de la Coubre herrlicher Blick. Die von dort nach Norden verlaufende Küste (Côte Sauvage) steht unter Naturschutz und hat zu bestimmten Zeiten eine sehr starke Brandung.

Seudre

Die Seudre hat nordwestlich von Saujon eine **Lagunenlandschaft** ausgebildet, die mit der Küste nördlich von Marennes und der Ostküste der Ile d'Oléron das größte Austernzuchtgebiet Frankreichs darstellt, die Muscheln sind als Sorte »Marennes-Oléron« berühmt. Zwischen Saujon und La Tremblade fährt ein Zug mit Dampf- oder Diesellok (Juli/Aug. tägl., sonst Sa./So.); in **Mornac-sur-Seudre** ist die mittelalterliche Markthalle interessant. Von Tremblade aus kann man

Marennes

per Boot die Austernzucht erkunden. Marennes wird weithin vom 83 m hohen Turm der Kirche St-Pierre-de-Sales signalisiert (15. Jh.; Aussichtsterrasse). Der 4 km lange Damm La Cayenne südlich des Orts ist Zentrum der Austernzucht. Ca. 8 km nordöstlich von Marennes liegt mitten in den Sümpfen die 1630–1640 angelegte Fes-

Brouage

tung Brouage (500 Einw.). Erhalten sind u. a. das Pulvermagazin, die Küferei und die Schmiede (Tourismusbüro).

Ile d'Oléron

Die Ile d'Oléron, mit 180 km² (30 km lang, 6 km breit, 19 000 Einw.) nach Korsika zweitgrößte französische Insel, ist ein beliebtes Sommerferienziel; sie ist flach, besitzt **herrliche Strände** aus feinem Sand und weite Pinien-Steineichen-Wälder. Der längste Viadukt Frankreichs (3027 m) verbindet sie mit dem Festland. Zentrum des Insellebens ist das Städtchen **St-Pierre-d'Oléron** (6200 Einw.). Vom Turm der Kirche (18. Jh.) hat man einen schönen Ausblick. Auf der Place Camille-Memain nebenan, dem alten Friedhof, steht eine 30 m hohe

Austernernte beim Fort Louvois zwischen Marennes und der Insel Oléron

Totenlaterne aus dem 13. Jahrhundert. Das Musée Oléronais in einem typischen Bauernhaus illustriert Geschichte und Volkskunde der Insel. An der Ostküste liegt **Château d'Oléron** mit Festung und schönem Fischerhafen. Nördlich führt die Route des Huîtres durch ein Austernzuchtgebiet und am **Marais aux oiseaux** (Naturschutzgebiet, Vogelpark) vorbei nach Boyardville, das beim Bau des Fort Boyard entstand; Letzteres wurde 1804–1859 in der Charente-Mündung angelegt und diente 1871 als Gefängnis für die Anhänger der Pariser Commune. Sandstrände säumen den Forêt des Saumonards. Schöne romanische Kirchen besitzen St-Georges und St-Denis. Erklimmen kann man den 50 m hohen **Phare de Chassiron** (1836) an der Nordspitze. Die ruhigere und weniger zugängliche Westküste der Insel mit dem Fischerhafen La Cotinière (für Garnelen berühmt) hat lange Sandstränden mit oft heftiger Brandung. **St-Trojan-les-Bains** (1500 Einw.) ist bekannt für seine mediterrane Flora und die Fête des Mimosas (Mimosenfest) im Februar.

◀ Rundfahrt

◀ Fort Boyard

Rochefort, südöstlich von La Rochelle ca. 8 km hinter der Küste an der Charente gelegen (26 000 Einw.), ist sozusagen ein großes Freilichtmuseum. Es wurde von Colbert ab 1666 als **Marinestützpunkt** angelegt, der so bedeutend wurde wie Toulon am Mittelmeer. In den riesigen Anlagen arbeiteten bis zu 10 000 Mann, erst 1926 wurde das Arsenal stillgelegt. Von Norden liegen an der Charente das Trockendock von 1669 (Vieille Forme, das älteste der Welt), das Lebensmittellager (Magasin aux vivres) und die 374 m lange Seilerei (Corderie, mit Museum). Weiter südlich die Porte du Soleil (1830), der Zugang zum Arsenal; dort wird die »Hermione« rekonstruiert, der Dreimaster, mit dem Lafayette 1780 nach Boston segelte (Zugang tägl., Jan. geschl.). Neben dem Tor das Hôtel des Cheusses mit dem Musée de la Marine und Tourismusbüro. Westlich (Rue P. Loti) steht das exzentrische Geburts- und Wohnhaus von Pierre Loti (1850–1923), Marineoffizier und Autor von Abenteuerromanen. Gut 200 m nördlich folgen das Musée d'Art et d'Histoire und die Place Colbert mit Brunnen von 1750, Rathaus und Kirche St-Louis (1672). Am südlichen Stadtrand ist die **Schwebefähre** über die Charente interessant, eine 176 m lange und 68 m hohe Eisenkonstruktion von 1900.

★ **Rochefort-sur-Mer**

★
◀ Hermione

Fouras, das seit den Normannenüberfällen befestigt war, wurde als Vorposten von Rochefort durch Vauban im 17. Jh. ausgebaut. Im Fort ist noch der Donjon des 15. Jh.s erhalten (Regionalmuseum, guter Ausblick). Sehr schön ist der Gang vom Bade- und Fischerort (4000 Einw.) zur **Pointe de la Fumée**. Von der Landspitze setzt man zur Insel Aix über (200 Einw., Autos nicht zugelassen), die ebenfalls eine Festung von Vauban und gute Sandstrände hat; Spezialität der Insel sind Crevetten. Im Haus des Kommandanten verbrachte **Napoleon** die Tage vor seiner Verbannung nach St. Helena (9.–15. Juli 1815). Gegenüber ein Afrika-Museum. Eine Krypta aus dem 11. Jh. besitzt die Kirche St-Martin, Rest einer Benediktinerabtei.

Fouras

Ile d'Aix

★★ Provence

N – O 8/9

Eine ganze Palette landschaftlicher Schönheiten zwischen Rhône, Alpen und Mittelmeer, alte, zauberhafte Städte, das klare Licht, ein gelassenes Lebensgefühl – dies alles macht die Provence zu einem der beliebtesten Reiseziele in Frankreich. Nimmt man das überaus warme, sonnenreiche Klima und die Strände der ▶Côte d'Azur hinzu, hat man alles, was man für einen wunderbaren Urlaub braucht.

Überblick Die Grenzen der Provence, deren Name von der römischen »Provincia Gallia Narbonensis« herrührt, liegen nicht genau fest, so wie sie sich auch im Lauf der Geschichte häufig geändert haben. Als Provence im engeren Sinn (Basse-Provence) gilt das Dreieck zwischen Montélimar, Aigues-Mortes und Toulon, im weiteren Sinn das ganze östliche Südfrankreich zwischen der unteren Rhône und der italienischen Grenze, also mit Haute-Provence, Seealpen und Côte d'Azur. Verwaltungsmäßig besteht die Region Provence-Alpes-Côte d'Azur (PACA) aus den Départements Vaucluse (Hauptstadt Avignon), Bouches-du-Rhône (Marseille), Var (Toulon), Alpes-de-Haute-Provence (Digne), Hautes-Alpes (Gap) und Alpes-Maritimes (Nizza). Von diesem Gebiet umschlossen wird das an der Küste gelegene selbständige Fürstentum ▶Monaco.

Landschaften Mit Ausnahme des Mündungsdeltas der Rhône (Camargue) ist die Provence ein bergiges Land. Der steinige und nur bei künstlicher Bewässerung kultivierbare Kalkboden – der erste Kanal, der Wasser von der Durance heranholt, wurde schon 1554 fertiggestellt – dient in

---

Highlights Provence

Vaison-la-Romaine
Ein Ausflug in römische Zeiten
▶ **Seite 702**

Mont Ventoux
Der »Windberg«, das Wahrzeichen
der Provence
▶ **Seite 703**

Fontaine-de-Vaucluse
Petrarcas Refugium mit herrlicher Quelle
▶ **Seite 705**

Ganagobie
Das schönste und größte romanische
Bodenmosaik Frankreichs
▶ **Seite 708**

Senanque
Zisterziensische Klosterkultur in Reinform
▶ **Seite 705**

Lubéron
Ein provenzalischer Mikrokosmos für sich
▶ **Seite 706**

Grand Canyon du Verdon
Spektakuläre Szenerie mit 700 m hohen
Felswänden
▶ **Seite 709**

Sisteron
Das Tor zur Provence zwischen Rocher de
la Baume und Zitadelle
▶ **Seite 712**

Über der »Stadt des Ockers« Roussillon ragt der kahle Mont Ventoux auf. Der »Windberg« dominiert weite Teile der Provence.

den Bergen der Schaf- und Ziegenhaltung, in den niederen Lagen werden Reben, Obst- und Ölbäume gezogen. In den fruchtbaren Talschaften gedeihen Gemüse, Obst und Wein. In der Haute-Provence, v. a. im Bereich des Verdon, wird Lavendel angebaut, der zur Symbolpflanze der ganzen Provence geworden ist. 75–80 % der französischen Trüffelernte kommen aus der Region, v. a. aus den Départements Drôme, Vaucluse und Var. Nicht nutzbare Landstriche sind häufig mit Garrigue bestanden, der mediterranen Macchia mit Stein- und Kermeseichen-Gestrüpp, Zistrosen, Disteln, Kräutern, Wacholder und Ginster; die typische Zypresse wurde erst Ende des 19. Jh.s eingeführt. Die Vegetation, die geografischen Breiten südlich von Rom entspricht, verdankt die Provence dem Schutzwall der Alpen im Norden und der nach Süden freien Lage, die für warmes und trockenes Klima sorgt.

Häufig weht im unteren Rhône-Tal und in der Provence – besonders zwischen Avignon und Marseille – der Mistral, ein trockener, kalter Sturm von gewaltiger Kraft, der von den Cevennen und den Alpen durch das Rhône-Tal herabbraust, wenn über dem Golfe du Lion ein Tiefdruckgebiet liegt. Zum Schutz vor dem Mistral sind alte Siedlungen oft von Zypressen oder Steinwällen, die Gemüse- und Weinfelder von Hecken und Binsen umgeben.

Mistral

PROVENCE ERLEBEN

AUSKUNFT

CRT Provence-Alpes-Cote d'Azur
61 La Canebière / CS 10009 1
13231 Marseille Cedex 01
Tel. 04 91 56 47 00
www.decouverte-paca.fr

CRT Rhône-Alpes
8 Rue Paul Montrochet, 69002 Lyon
Tel. 04 26 73 31 59
www.rhonealpes-tourisme.com

ÜBERNACHTEN
▶ Komfortabel
L'Evêché
Rue de l'Evêché, 84110 Vaison-la-Romaine, Tel. 04 90 36 13 46
www.eveche-vaison.com
Traumhaftes Chambres d'hôtes in der 500 Jahre alten Bischofsresidenz in der Oberstadt. Freundliche, hübsch ausgestattete kleine Zimmer, Terrasse mit herrlichem Ausblick.

La Ferme Rose
04360 Moustiers-Sainte-Marie
Tel. 04 92 75 75 75, Fax 04 92 73 73 73
www.lafermerose.fr
Ca. 1 km in Richtung Ste-Croix-du-Verdon gelegenes hübsches Landhaus im italienischen Stil. Sehr freundliche, große Zimmer, die nach der Farbe des Bads benannt sind. Kein Restaurant.

▶ Luxus
Abbaye de Ste-Croix
Route du Val-de-Cuech
13300 Salon-de-Provence
Tel. 04 90 56 24 55
www.hotels-provence.com
5 km nordöstlich von Salon-de-Provence. Einstiges Zisterzienserkloster aus dem 12. Jh. mit herrlichem Blick auf Salon. Sehr geschmackvoll gestaltete Gästezimmer (die in den Mönchszellen sind sehr klein). Mit exzellentem Restaurant und Pool.

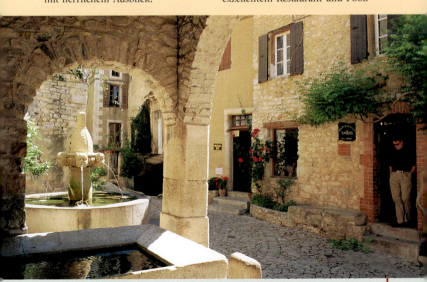

Séguret, ein hübscher Weinort bei den Dentelles de Montmirail

Ein wenig Geschichte

Mit der Gründung von Massalia (Marseille) um 600 v. Chr. durch kleinasiatische Griechen trat die Provence in die Geschichte ein. Gegen keltische Eroberer rief man die Römer, die 122 v. Chr. die **Provincia Gallia Narbonensis** mit Narbonne und Aix als Hauptstützpunkten begründeten. Unter Augustus begann die Blütezeit der Provinz, die heute an vielen Orten noch dokumentiert ist, z. B. Vaison-la-Romaine, Orange, Arles. Ab 536 Teil des Fränkischen Reichs, litt die Provence im 8.–10. Jh. unter den Plünderungen der Sarazenen. Der Vertrag von Verdun brachte 843 die Provence an Lothar, der 855 für seinen Sohn Karl hier ein Königreich gründete. Vom 10. Jh. an war die Provence formal Teil des Heiligen Römischen Reichs, die Grafen blieben weitgehend selbstständig. 1178 ließ sich Friedrich Barbarossa in Arles zum König der Provence krönen. Durch Heirat wurde Karl von Anjou 1246 Graf der Provence; in der Zeit der Anjou war Avignon Sitz der Päpste bzw. Gegenpäpste (1309–1403). Eine Blütezeit war die Herrschaft des »Guten Königs« René 1434–1480, der sich 1442 in Aix niederließ, 1481 kam die Provence als Erbschaft zur französischen Krone. Die Religionskriege sahen v. a. das Massaker an den Waldensern des Lubéron 1545. 1720 fiel das nassauische Orange an den König; Avignon wurde 1791 mit dem Venaissin, das noch dem Papst gehört hatte, französisch. Im Zweiten Weltkrieg wurde die Provence 1942 von deutschen Truppen besetzt, 1944 durch die Alliierten befreit. Auch heute pflegt die Provence ihre kulturelle Eigenständigkeit, besonders die provenzalische Sprache. Ihr hervorragendster »Schutzpatron« in der Neuzeit war **Frédéric Mistral** (1830–1914), der 1904 den Literaturnobelpreis erhielt.

Reiseziele in der Provence

Montélimar

Montélimar (34 600 Einw.) an der Rhône ist für seinen **weißen Nougat** bekannt. Über der Altstadt liegt das **Schloss** der Adhémar (12. Jh.); von dort schöner Ausblick, im Norden sieht man die Kühltürme des Kernkraftwerks Cruas. An der Rue Pierre Julien, der Hauptachse, liegen die Place du Marché, die Kollegiatkirche Ste-Croix (15. Jh.) und das interessante Musée de la Miniature im Hôtel-Dieu. Einen herrlichen Blick auf Stadt, Mont Ventoux und Voralpen hat man von der Ruine der Burg **Rochemaure** jenseits der Rhône.

Viviers

Viviers, 11 km südlich von Montélimar westlich der Rhône, ist seit dem 5. Jh. Bischofsstadt. Den auf einem Felsplateau gelegenen Kirchenbezirk dominiert die **Kathedrale St-Vincent** (12./15. Jh.); bemerkenswert sind der Chor mit Flamboyant-Gewölbe (um 1500) und die Gobelins. Von der Terrasse wunderbarer Blick auf Mont Ventoux und Rhône-Tal. Der freistehende Glockenturm war Teil der Stadtbefestigung (12./14. Jh.). In der Unterstadt die schöne Maison des Chevaliers (1546), weitere reizvolle Häuser sind an der Grande Rue zu sehen. An der Place Latrau liegen das Rathaus und das Hôtel de Roqueplane (beide 18. Jh.), der Bischofspalast.

| **Grignan** | Das Tricastin, das Hügelland östlich des Rhône-Tals, ist für seine **Trüffeln** berühmt. Im Nordwesteck liegt Grignan (1500 Einw.), das sich um das imposante Schloss aus dem 16. Jh. gruppiert; von der Terrasse schöne Aussicht. Hier lebte und starb im Jahr 1696 die berühmte Briefeschreiberin **Madame de Sévigné**. Sie ist in der Kirche St-Sauveur (1539) begraben.

St-Paul-Trois-Châteaux In St-Paul-Trois-Châteaux (16 km südwestlich), dessen Namen eine Verballhornung von »Tricastin« ist (es gibt hier keine Schlösser), ist neben der Kathedrale (11./12. Jh.) – einem beeindruckenden Beispiel der provenzalischen Romanik – im Haus des Tourismusbüros ein **Trüffelmuseum** eingerichtet. Auch das nahe hübsche Weindorf St-Restitut ist einen Besuch wert.

Valréas Das 10 km östlich von Grignan gelegene Valréas (9700 Einw.) war Hauptort des päpstlichen Ländchens **Venaissin**. Die hübsche Kleinstadt ist von einem Boulevard umgeben, der dem Verlauf der Stadtmauern folgt. Bemerkenswert sind das Hotel de Ville (15.–18. Jh.), die Kirche Notre-Dame-de-Nazareth (12. Jh.) mit stattlichem Südportal. Am 23. Juni wird das große **Johannesfest** gefeiert.

Nyons Das für **Oliven und Trüffeln** berühmte alte Städtchen Nyons (7000 Einw., gespr. »nions«) liegt 14 km östlich von Valréas am Ausgang des engen Eygues-Tals. Im Schutz der Berge entsteht ein Kleinklima, in dem die frostempfindlichen Olivenbäume gedeihen; die Ölkooperative Vignolis (Besichtigung) besitzt ein interessantes Musem. Von der arkadengesäumten Place Dr-Bourdongle gelangt man östlich durch die Rue de la Résistance (Häuser 14. Jh.) zur frühgotischen Kirche St-Vincent und zum Stadtmuseum. Von hier auf den Kalvarienberg mit der Tour Randonne (13. Jh.), darin eine groteske neogotische Kapelle (1863). Unterhalb verläuft die gedeckte Rue des Grands-Forts mit großem Tor, Rest der Burg. Eine Eselsrückenbrücke (14. Jh.) überspannt 40 m weit den Eygues. Daneben die Vieux Moulins, eine Ölmühle aus dem 18./19. Jh. mit Laden (Besichtigung).

Römische Ausgrabungen in Vaison

★ **Vaison-la-Romaine** Am Fuß des Mont Ventoux liegt das lebhafte Städtchen Vaison-la-Romaine (6200 Einw.), das für seine **römischen Relikte** berühmt ist. Der Hauptort der keltischen Vocontii wurde 58 v. Chr. als »verbündete Stadt« ausgezeichnet und ab ca. 30 v. Chr. luxuriös neu angelegt.

Beiderseits des Hauptplatzes dehnen sich die römischen Bezirke aus: nordöstlich das Quartier de Puymin mit dem interessanten Museum und dem Theater (1. Jh. n. Chr.), westlich das Quartier de la Villasse mit Ladenstraßen, Thermen und Grundmauern mit Mosaiken. Die Kathedrale Notre-Dame im Westen des Orts entstand im 11./12. Jh. aus einer großen merowingischen Kirche; zu beachten der vorromanische Hauptaltar und der Kreuzgang (12. Jh.). Am nordwestlichen Stadtrand steht die Kapelle St-Quénin mit einem dreiseitigen romanischen Chor (12. Jh.). Vom Hauptplatz kommt man südöstlich durch die Einkaufsstraße Grande-Rue zur Ouvèze, die von einer massiven römischen Brücke überspannt wird. Dann steigt man hinauf in die **Oberstadt**, die sich seit dem 14. Jh. im Schutz der Burg der Grafen von Toulouse (12. Jh.) entwickelt hat. Vom Felsplateau mit den **Burgruinen** herrliche Aussicht auf den Mont Ventoux.

◄ Notre-Dame

◄ Oberstadt

Der Mont Ventoux (provenzal. »ventour«, d. h. Windberg) ist ein 1909 m hoch aufragender Kamm aus Kalkstein. Der Berg, über den der Mistral besonders heftig braust – auch sonst ist es 10 – 20 °C kälter als im Tal –, wurde ab dem 16. Jh. für die Werften von Toulon abgeholzt; daher ist der Gipfelbereich völlig kahl und aufgrund des Kalksteins blendend weiß. Für eine Fahrt über den Berg sollte man im Sommer den frühen Morgen wählen, wenn sich noch keine Wolken gebildet haben; außerdem ist im Juli / Aug. und an Wochenenden der Andrang groß. Für Freunde alpiner Flora ist die erste Julihälfte interessant. Auf dem Gipfel, den **Petrarca** 1336 erstiegen hat, stehen ein Observatorium und Antennen. Grandioser **Blick** über die Provence bis zu den Alpen und den Pyrenäen (bei klarer Luft). Wer nach Vaison-la-Romaine zurückkehren will, fährt an der Südflanke des Bergs über Bédoin und Le Barroux nach **Beaumes-de-Venise**, das für vorzügliche Rot- und Roséweine und Vin Doux Naturel berühmt ist. Die Route führt weiter um die Dentelles (»Klöppelspitzen«) de Montmirail herum, ein schroffes Kalksteinmassiv und beliebtes Wander- und Kletterrevier. An der Kapelle Notre-Dame-d'Aubune (12. Jh.) vorbei gelangt man in das renommierte Weinbaugebiet von Vacqueyras und Gigondas (Rotweine), Sablet, Seguret (Burgruine, schöner Ausblick) und Rasteau (Süßwein).

★★ Mont Ventoux

◄ Rundfahrt

★ Dentelles de Montmirail

Vacqueyras Gigondas

Wer vom Mont Ventoux nach Carpentras weiterfahren will, sollte die Strecke über Sault im Osten, das von **Lavendelfeldern** umgeben ist, wählen und die D 942 durch die pittoresken Gorges de la Nesque. Am Ausgang der Schlucht hat man einen eindrucksvollen Blick auf die landwirtschaftlich intensiv genutzte Ebene um Carpentras.

★ Gorges de la Nesque

▶ dort. Unter diesem Stichwort sind auch die Ardèche, Pont-St-Esprit und Châteauneuf-du-Pape beschrieben.

Orange

In Carpentras (28 500 Einw.) 20 km südöstlich von Orange werden die Früchte und das Gemüse aus der Auzon-Ebene vermarktet und

Carpentras

Mit Le Thoronet und Silvacane bildet Sénanque die Trias der eindrucksvollen provenzalischen Zisterzienserklöster.

verarbeitet. Markt ist Fr., Nov. – März ist hier die hohe Zeit der **Trüffel**. Von 1320 bis 1791 war Carpentras Hauptort des päpstlichen **Comtat Venaissin**, zuvor Sitz von Papst Clemens V.; ab 1342 genoss die bedeutende jüdische Gemeinde den (buchstäblich) teuren Schutz der Päpste. Im Zentrum steht die gotische Kathedrale St-Siffrein (1405 – 1519). Das schöne Südportal, die **Porte Juive** (Judentor, 1480), durch das konvertierte Juden zur Taufe gingen, zeigt spätgotisches Flamboyant. Innen sind u. a. Tafelbilder von Mignard und Parrocel sowie der Kirchenschatz sehenswert; zu ihm gehört eine Kandare, die angeblich Konstantin dem Großen gehörte und einen Nagel vom Kreuz Christi enthält. An der Nordseite der Kirche sind Reste der romanischen Kathedrale und ein römischer Triumphbogen (1. Jh. n. Chr.) mit Darstellungen von Gefangenen erhalten. Nördlich stößt an St-Siffrein das Palais de Justice an, ehemals Bischofspalast (1640; prunkvolle Räume). Durch die Rue d'Inguimbert erreicht man die **älteste erhaltene Synagoge Frankreichs** (1367, 1743 erneuert; Besichtigung Mo. – Fr.). Im Westen der Altstadt sind in einem Komplex das Musée Comtadin (Volkskunde), das Musée Duplessis (beachtliche Gemälde einheimischer Maler) und die berühmte Bibliothèque Inguimbertine (1745) untergebracht (Di. und Okt. bis März geschl.). Im imposanten **Hôtel-Dieu** (1757) im Süden der Stadt ist eine großartige alte Apotheke mit Fayencen aus Moustiers zu sehen (Führungen); im Hof finden sommers Konzerte statt. Einen Besuch wert ist auch das **Art-déco-Hallenbad** (Piscine couverte) von 1930.

Pernes-les-Fontaines

Das idyllische mittelalterliche Städtchen (10 000 Einw.) 6 km südlich von Carpentras war von 968 bis 1320 Hauptstadt des Comtats Venaissin und ist stolz auf seine **36 Brunnen**. Sehr hübsch ist die Partie an der Nesque mit Porte Notre-Dame (16. Jh.), Brücke und Chapelle N.-D.-des-Graces. Im Ferrande-Turm sind die gotischen Fresken mit Schlachtenszenen interessant (vermutlich Karl von Anjou gegen die Staufer, um 1285; Anmeldung im Tourismusbüro).

L'Isle-sur-la-Sorgue

11 km weiter südlich liegt das hübsche, lebhafte Städtchen (18 800 Einw.), das von der Sorgue in **mehreren Kanälen** durchflossen wird. Von den Wasserrädern, die die Industrie (Mühlen, Wolle, Seide, Papier, Gerbereien) mit Energie versorgten, sind noch sechs erhalten. In der Kirche Notre-Dame-des-Anges (17. Jh.) wurden in der Französischen Revolution barocke Kunstwerke aus fünf Klöstern zusammengetragen. Außer vielen **Antiquitätenläden** ist der große Markt am Sonntag (Antiquitäten, Trödel und Viktualien) attraktiv.

★ Fontaine-de-Vaucluse

Attraktion des im Sommer überlaufenen kleinen Orts (700 Einw.) 7 km östlich von L'Isle ist die Sorgue, die im Talschluss (»vallis clausa«) unter einer 200 m hohen Felswand entspringt und bei guter Wasserführung, v. a. im Frühjahr, mit glitzernd klarem Wasser dahinschäumt. Am Weg vom Ort zur Quelle liegt außer einem Höhlenmuseum und einer Papiermühle das eindrucksvolle Musée d'Histoire 39–45 (zum Zweiten Weltkrieg; Di. geschl.). Der Ort, der von der Ruine eines Schlosses der Bischöfe von Cavaillon überragt wird, war für 16 Jahre Zuflucht des italienischen Humanisten und Dichters **Francesco Petrarca** (1304–1374). Eine Säule auf der Place de la Colonne und ein Museum erinnern an ihn. Die romanische Kirche St-Véran (11. Jh.) beherbergt in ihrer Krypta das Grab des hl. Véran, der im 6. Jh. Bischof von Cavaillon war.

Avignon

▶dort

★ Gordes

Das schicke Vorzeige-Bergstädtchen (2100 Einw.) liegt – in Luftlinie nur 5 km, auf der Straße 25 km) – östlich von Fontaine-de-Vaucluse am Rand des Plateaus der Vaucluse. Nachdem es halb verlassen war, wurde es von echten und Möchtegern-Künstlern »entdeckt«. Ganz oben das **Renaissance-Schloss** (1525) mit herrlichem Kamin und dem unbedeutenden Musée Pol Mara.

Village des Bories

3 km südlich das Freilichtmuseum **Village des Bories**. Bories sind fensterlose Hütten aus mörtellos geschichteten Steinen. Die steinzeitliche Bauweise wurde in der Provence bis zu Beginn des 20. Jh.s angewandt.

★★ Sénanque

Sehr abgeschieden liegt 4 km nördlich von Gordes die bedeutende Zisterzienserabtei Sénanque, die 1148 gegründet wurde und seit 1988 wieder von Zisterziensern genützt wird. Zugänglich sind die Konventbauten (um 1180–1210) und die Kirche (begonnen 1160). Die schmucklose Schlichtheit und die klaren Formen der romanischen

Gebäude spiegeln die kompromisslose Spiritualität und nüchterne Lebensführung der Zisterzienser wider. Im Hochsommer sorgt der blühende Lavendel für ein besonders schönes Bild.

Roussillon

Roussillon (1300 Einw.), 10 km östlich von Gordes schön auf einem Plateau über dem Tal der Imergue gelegen, ist berühmt als **Stadt des Ockers**. Der ganze Ort ist in den leuchtenden Ockertönen gestaltet, der hier abgebaut wurde und von höchster Qualität war. Vom Castrum am Nordrand des Dorfs schöne Aussicht. In der Umgebung sind beeindruckende Ockerformationen zugänglich. Bei näherer Besichtigung beachten: Ocker färbt intensiv!

Cavaillon

Die Provinzstadt (26 000 Einw.) 27 km südöstlich von Avignon hat den größten Obst- und Gemüsegroßmarkt Südfrankreichs; berühmt sind die **Melonen**. Zu beachten sind die romanische Kirche St-Véran (12. Jh.) mit hübschem Kreuzgang, die wunderbare **Synagoge** (Rokoko, 1772) mit einem kleinen Museum sowie das Musée de l'Hôtel-Dieu (lokale Archäologie). Am westlichen Stadtrand ist der kleine Stadtgründungsbogen des römischen Orts Cabellio zu sehen, dahinter steigt die Colline St-Jacques an (schöner Ausblick).

Montagne du Lubéron

Östlich von Cavaillon erstreckt sich der mit Eichen- und Buchenwäldern sowie Garrigue bestandene Bergzug, der im Mourre Nègre 1125 m hoch ist. Er wird durch die Combe de Lourmarin in den Petit und den Grand Lubéron geteilt und gehört großenteils zum als Wanderrevier beliebten Parc Naturel Régional du Lubéron.

Petit Lubéron ▶ Das herrlich gelegene **Oppède-le-Vieux** wurde von Künstlern und Schriftstellern wiederbesiedelt; die Burg (Ruine) gehörte einst dem Baron Maynier d'Oppède, der 1545 in 24 Dörfern des Lubéron über 2000 Waldenser hinmetzeln ließ. Einer ebenso schönen Lage erfreuen sich **Ménerbes** (das durch die Romane von Peter Mayle bekannt wurde), **Lacoste** mit den Ruinen des Schlosses, das dem Marquis de Sade gehörte, und **Bonnieux**; hier sehenswert in der unteren Kirche Tafelbilder eines deutschen Meisters (15. Jh.), ein Bäckereimuseum und zuoberst die Eglise Vieille (12./15. Jh.), von ihrer Terrasse weiter Blick zum Mont Ventoux. Durch die enge **Combe de Lourmarin** erreicht man **Lourmarin** mit einem großen Renaissance-Schloss (15./16. Jh., heute zur Kunstakademie von Aix gehörend); auf dem Friedhof das Grab von Albert Camus († 1960). Über **Ansouis** mit schönem Schloss (12./17. Jh.) und La Tour d'Aigues mit den Resten eines riesigen Renaissance-Schlosses fährt man dann über den Grand Lubéron und nach Apt; man passiert Castellet (Lavendeldestillerien) und Auribeau, von dem aus man den **Mourre Nègre** besteigen kann (3 – 4 Std. hin und zurück).

Grand Lubéron ▶

Apt

Apt (11 200 Einw.) ist bekannt für seine kandierten Früchte. Sehenswert die ehemalige Kathedrale Ste-Anne (12./17. Jh.) mit zwei übereinander liegenden Krypten (die untere vermutlich merowingisch);

Die Untere Kirche von Bonnieux im zauberhaften Lubéron

in der Chapelle Ste-Anne – erbaut ab 1662 nach der Wallfahrt der Anna von Österreich, Gemahlin von Ludwig XIII., zu den Reliquien ihrer Namenspatronin, die sie um Nachwuchs bat – werden diese und weitere Reliquien verehrt. Interessant sind das Archäologische Museum und das Museum des Lubéron-Naturparks. 10 km nordöstlich sind bei Rustrel Ockerfelsen (»Colorado de Rustrel«) zu sehen.

Die Abtei Silvacane, südlich der Montagne du Lubéron bei La Roque-Anthéron gelegen, wurde 1144 an einem Wegeknotenpunkt zur Betreuung der Reisenden gegründet und ist eine der eindrucksvollen Zeugnisse der **provenzalischen Zisterzienserromanik** (Basilika 1175 – 1230, Konvent 1210 – 1230, Kreuzgang Ende 13. Jh.; das schöne Refektorium wurde um 1420 neu gestaltet).

Silvacane

Aus dem hübsche Städtchen Salon-de-Provence (41 000 Einw.) nördlich des Etang de Berre stammte Adam de Craponne (1527 bis 1576), der Urheber des wichtigen Kanalsystems zwischen Durance und Rhône. Westlich dehnt sich die Crau aus (▶Camargue). In römischer Zeit Castrum Salonense, wurde die Stadt unter Karl dem Großen nach der Trockenlegung der Salzsümpfe neu erbaut. Im **Château de l'Empéri** (10.–15. Jh.), einer der größten Festungen der Provence, sind die Kapelle Ste-Cathérine (12. Jh.) und ein Militärmuseum sehenswert. Östlich des Schlosses die Kirche St-Michel (13. Jh.), deren romanisches Portal ein ungewöhnliches Tympanon aus Reliefplatten besitzt (12. Jh.). Nordöstlich stehen das Rathaus (1655)

Salon-de-Provence

▶ Provence

Die Porte d'Horloge (17. Jh.) in Salon

! **Baedeker** TIPP

Savon de Marseille

Seit 1900 stellt die Savonnerie Marius Fabre in Salon (148 Av. P. Bourret, nahe dem Bahnhof) nach traditioneller Art die echte Marseiller Seife her, die heute wieder in aller Welt begehrt ist. Laden Mo. – Fr. 8.30 – 12.30, 13.30 – 17.00 Uhr geöffnet, das Museum leicht abweichend.

und die Porte Bourg-Neuf, ein Teil der Stadtbefestigung des 13. Jh.s. Im Haus des Astrologen **Nostradamus** (Michel de Nostredame, 1503 bis 1566), der ab 1547 hier lebte, ist ein Museum eingerichtet; bestattet ist er in der Kirche St-Laurent (14./15. Jh.), einem schönen Beispiel provenzalischer Gotik.

Das am Mittellauf der Durance gelegene **Manosque** ist ein Zentrum der Hightech-Industrie und seit den 1960er Jahren von 5000 auf 22 000 Einwohner gewachsen. Dass nicht zuviel von der alten Substanz verloren ging, ist dem bekannten Schriftsteller **Jean Giono** (1895 – 1970) zu verdanken, der hier geboren wurde und lange lebte. Bei der mächtigen Porte Saunerie, die im Süden Zutritt zur Altstadt gewährt, erinnert das Centre Giono an ihn. Weiter sehenswert sind die Kirchen St-Sauveur (13./14. Jh.; Turmaufsatz 1725) und Notre-Dame-de-Romigier (urspr. 10. Jh., als Altar dient ein Sarkophag aus Carrara-Marmor aus dem 4./5. Jh.) und das Hôtel de Ville (17. Jh.). Am Samstagvormittag ist auf der Place du Terreau Markt. Die Firma L'Occitane verarbeitet den Lavendel der Gegend zu Essenz, Seife etc.

Sauvan Ca. 6 km südlich von Forcalquier ist das **Schloss Sauvan** zu finden, erbaut 1719 – 1729, eines der schönsten klassizistischen Bauwerke in der Provence (»Trianon der Provence«, Führung 15.30 Uhr, Juli/Aug. tägl., April – Juni/Sept. – Mitte Nov. Do. – Mo., Febr./März So.).

★
Ganagobie Ca. 27 km nordöstlich von Manosque liegt 350 m über der Durance die **Abbaye de Ganagobie**, von Mönchen aus Cluny im 12. Jh. erbaut und seit 1897 mit Benediktinern besetzt. Ungewöhnlich an der romanisch-frühgotischen Anlage sind das Portal mit rundzähniger Verzierung, das Spitztonnengewölbe im Langhaus und das zweischiffige Querhaus. Eine Kostbarkeit ist das Bodenmosaik (1135 – 1170).
★ ★
Bodenmosaik ▶ Herrlicher Ausblick nach Osten und Westen. Weiter nördlich sind

jenseits der Durance die »Pénitents des Mées« zu sehen, von der Erosion pittoresk gestaltete, gut 100 m hohe Puddingstein-Felsen.

Die Abtei Thoronet (22 km südwestlich von Draguignan) ist das älteste der drei **Zisterzienserklöster** in der Provence (gegründet 1136, erbaut 1160–1190). Die dreischiffige Kirche mit fünf Apsiden besticht durch die schlichte Architektur. Vom Konvent hervorzuheben der kraftvolle Kreuzgang und der Kapitelsaal, dessen Säulenkapitelle der einzige Bauschmuck im Kloster sind. Tägl. geöffnet; am So. 12.00 Uhr Messe mit gregorianischen Chorälen, in der 2. Julihälfte »Rencontres de Musique Médiévale« (www.musique-medievale.fr).

✹ **Le Thoronet**

Das typisch provenzalische Dorf nördlich von Le Thoronet (6 km Luftlinie, 20 Straßen-km), das unter Denkmalschutz steht, besitzt ein großes **Schloss** (17. Jh.; große Küche, Mobiliar, Kunst), sein Park wurde von Le Nôtre gestaltet, dem Gartenarchitekten von Versailles.

✹ **Entrecasteaux**

Die malerische Altstadt von Draguignan (37 000 Einw.) gruppiert sich um einen Felsen mit Uhrturm. Die Alleen im Westen und Süden der Altstadt wurden im 19. Jh. von Baron Haussmann angelegt, der Paris neu gestaltete. Im **Ursulinenkonvent** (16. Jh.) zeigt das sehenswerte Stadtmuseum Keramik, Möbel sowie französische und flämische Malerei (u. a. Rembrandt, Van Loo, Frans Hals). Wenige Schritte östlich das Musée des Arts et Traditions de Moyenne Provence (Volkskunde, v. a. Landwirtschaft und Handwerk.)

Draguignan

Der 175 km lange Verdon, der wichtigste Nebenfluss der Durance, fließt zwischen Castellane und dem Lac de Ste-Croix durch **grandiose Schluchten**; auf 21 km Länge hat er sich eine bis 700 m tiefe und 6 m enge Klamm in fossilreiche Kalkbänke gegraben. Der Fluss zieht Kajakfahrer an, die Felswände die Kletterer; eine Wanderung in der Schlucht ist ein echtes Erlebnis. Der **Sentier Martel** vom Châlet de la Maline zum Point Sublime – nur für sportliche Menschen geeignet – ist in ca. 4 Std. zu absolvieren, Bergschuhe, Taschenlampe und Wasservorrat sind notwendig. Zwischen La Palud, der Auberge du Point Sublime und La Maline fahren Taxis, so dass man nach einer Wanderung wieder zum eigenen Fahrzeug zurückgelangt. Im Sommer sind die Straßen stark frequentiert, für eine Rundfahrt sind der frühe Morgen und der frühe Abend zu empfehlen.

✹✹ **Gorges du Verdon**

Gute Ausgangspunkte für die ca. 150 km lange Rundfahrt sind Moustiers (▶ S. 710) und Castellane. Von Castellane nimmt man die D 952 nach Südwesten, die den Windungen des Flusses folgt. Beim Pont-de-Soleils links auf die D 955 abbiegen, später rechts auf die D 90 (vorbei an Trigance) und D 71. Die **Balcons de la Mescla** bieten den spektakulären Blick auf die 250 m tiefer gelegene Einmündung des Artuby. Dann über den Pont d'Artuby (bei Bungeejumpern beliebt) zu den Falaises des Cavaliers (Aussichtsplattform beim Hotelrestaurant). Danach führt die Straße über dem in der 400 m tiefen

◀ Rundfahrt

Schlucht strömenden Fluss entlang. Nach Umrundung des Felsenkessels Cirque de Vaumale und Überwindung des 964 m hohen Col d'Illoire führt die Straße hinunter zum türkisgrünen Stausee Lac de Ste-Croix, einem beliebten Urlaubs- und Wassersportrevier.

Für die Rückfahrt von Moustiers am Nordufer des Verdon entlang nimmt man die D 952. Vorbei am Belvédère de Galetas und über den Col d'Ayens (1032 m) gelangt man nach La Palud-sur-Verdon. Für die 23 km lange Schleife der **Route des Crêtes** biegt man etwas später rechts auf die D 23 ab (die Schleife ist nur im Uhrzeigersinn zu durchfahren, wobei man nach Palud zurückkommt). Weiter auf der D 952 gelangt man zum wohl großartigsten Aussichtspunkt, dem **Point Sublime** (10 Min. Fußweg vom Parkplatz). Zum Abschluss der Rundfahrt sollte man unbedingt zum Dorf **Rougon** hinauffahren.

Moustiers-Sainte-Marie

Der hübsche Ort (700 Einw.) liegt beeindruckend vor einer Felswand, in deren Kluft die Wallfahrtskirche Notre-Dame-de-Beauvoir (12./16. Jh.) gebaut ist. Über die Kluft hat im Jahre 1249 ein glücklich zurückgekehrter Kreuzfahrer eine 227 m lange **Kette mit einem vergoldeten Stern** gespannt (Stern 1882 erneuert). Nach 20 Min. Aufstieg auf dem Kreuzweg genießt man einen herrlichen Ausblick. Die Produktion der berühmten **Fayencen** wurde 1679 aus dem italienischen Faenza eingeführt (Museum, Di. geschl.). Die Kirche Notre-Dame mit Turm in lombardischer Romanik hat ein romanisches Schiff (12. Jh.) und einen schief darangesetzten gotischen Chor (ab 1336; Gestühl 16./18. Jh.). Das Ortsfest findet zwischen 31. Aug. und 8. Sept. statt. Sehr gut speist man im »Les Santons« (Place de l'Eglise, Tel. 04 92 74 66 48, Juli/Aug. Mo.-/Sa.mittag geschl., sonst Mo./Di.).

Grand Canyon du Verdon Orientierung

Aus dem Lehrbuch der Geologie: Rocher de la Baume in Sisteron (s. S. 712)

★ **Route Napoléon**

Die 325 km lange Straße, die eine herrliche, vielfältige Landschaft erschließt und im Col Bayard nördlich von Gap ihren höchsten Punkt (1248 m) erreicht, führt von Cannes über Grasse, Castellane, Digne, Sisteron und Gap nach Grenoble. Die Strecke folgt dem Weg, den Napoleon nahm, nachdem er am 1. März 1815 von Elba kommend in Golfe-Juan gelandet war (Markierung: kleine Adler).

Digne-les-Bains

In den Voralpen liegt der Thermalkurort Digne (17 500 Einw.), Hauptstadt des Départements Alpes-de-Haute-Provence und Zentrum der Réserve Géologique de Haute-Provence (berühmte Fossilfunde, v. a. um Barles und Barrème). Die hübsche Altstadt gruppiert sich mit engen Gassen und Treppen um den Hügel mit der **Kathedrale St-Jérôme** (1490, 1851 neogotisch umgestaltet). Nördlich, am Blvd. Gassendi, das Musée de Digne (Naturkunde, italienische und flämische Gemälde des 17. Jh.s, Volkskunde). Die romanische Kathedrale Notre-Dame-du-Bourg (1200–1330) besitzt Reste von Wandmalereien (14.–16. Jh.) und einen merowingischen Altar in der Krypta (beides 5. Jh.). An der Straße nach Nizza (N 85) ist das Haus, in dem die Asienforscherin **Alexandra David-Néel** (1868 bis 1969) ab 1927 wohnte, als Museum eingerichtet. 2 km nördlich der Stadt liegt das Centre de Géologie mit seinem Museum (15 Min. Fußweg vom Parkplatz, schöner Blick).

Sisteron

Grandios liegt dieses Städtchen (7300 Einw.) am Durchbruch der Durance, dem »Tor zur Provence« bzw. zur Dauphiné, seit römischer Zeit ein verkehrsmäßig und strategisch wichtiger Punkt. Von der Zitadelle (12./16. Jh.) hat man einen spektakulären Blick auf den **Rocher de la Baume** und die Dauphiné. In der Altstadt interessant die **Kathedrale Notre-Dame-des-Pommiers** (1160–1220) mit Altarbildern von Mignard (1643), Van Loo, Coypel u. a., enge Gassen (»andrônes«) mit schönen Häusern des 16.–18. Jh.s und Türme der Stadtmauer (um 1370). Östlich der Kathedrale ist im Visitandinnenkonvent das Musée Terre & Temps untergebracht, das sich mit den Zeiten der Erde und ihrer Messung befasst (So./Mo. geschl.).

Mercantour und Ubaye

Das hinter der Haute-Provence aufsteigende Gebirge, die Alpes-de-Haute-Provence und der Nordteil der Alpes-Maritimes, umfasst die Landschaften Mercantour und Ubaye. Das Hinterland von Nizza steigt zum Massif du Mercantour an (▶Côte-d'Azur). Die Ubaye, das Tal des gleichnamigen Nebenflusses der Durance, bildet den Nordabschluss des Mercantour und damit der provenzalischen Alpen. Die herrliche Gebirgslandschaft zwischen dem Oberlauf des Verdon und der Grenze zu Italien ist reich an eindrucksvollen Schluchten (Gorges de Daluis, du Cians, de la Vésubie) und kühnen Pässen: Col d'Allos (2240 m), **Col de la Cayolle** (2326 m) und **Col de la Bonette**, mit 2802 m der höchste Pass der Alpen. Dieses Gebiet ist auch architektur- und kunsthistorisch interessant, da es unter italienisch-alpinem Einfluss stand; zahlreich sind v. a. romanische Kirchen aus dem 11.–14. Jh., die von Baumeistern und Handwerkern aus der Lombardei errichtet wurden.

Entrevaux

Der befestigte Ort am mittleren Var (900 Einw.) wird von einem spektakulären Felsen überragt, der eine 1692–1706 von Vauban erbaute **Festung** trägt. In der Stadt, die man durch die Porte Royale (1658/1690) betritt, sehenswert die prunkvolle Kathedrale (1627) mit Hauptaltarbild und Chorgestühl aus dem 16. Jahrhundert.

Colmars

Das Dorf am Oberlauf des Verdon (360 Einw.) war seit dem frühen Mittelalter Grenzort zu Savoyen, wovon noch die Stadtmauer von 1528 und die **Forts de Savoie und de Francs** (1695) zeugen. Die Kirche in frühgotischem Stil stammt aus dem 16./17. Jahrhundert. In der 2. Augustwoche findet ein Mittelalter-Spektakel statt, Mitte Okt. ziehen die Schafe von den Sommerweiden durch den Ort.

Barcelonnette

Barcelonnette (2900 Einw.), der Hauptort der Ubaye, ist bekannt durch die prächtigen Villen, die sich ab 1880 die **Mexicains** errichten ließen: nach Mexiko ausgewanderte Bewohner des Tals, die dort reich geworden und in die Heimat zurückgekehrt waren. Zu sehen v. a. an der Av. de la Libération, Av. des Trois-Frères-Arnaud, Av. Porfirio-Diaz. Zentrum des Orts ist die lebhafte Place Manuel mit der Tour Cardinalis (15. Jh.). Für den Col de Vars ▶S. 377.

► Pyrenäen · Les Pyrénées **ZIELE**

✱✱ Pyrenäen · Les Pyrénées

F–K 9/10

Der Gebirgsriegel, der Frankreich von Spanien trennt, bietet eine herrliche Landschaft zwischen üppig grünen Vorbergen mit idyllischen Tälern und wild-dramatischen Felsmassiven: ein Paradies ebenso für sportliche wie für genussbetonte Naturfreunde.

Landschaft

Die Pyrenäen erstrecken sich über etwa 430 km zwischen Atlantik und Mittelmeer. Die Grenze zu Spanien folgt meist dem Hauptkamm, wobei nur ein Drittel des 80–130 km breiten Gebirges mit über 3400 m hohen Gipfeln zu Frankreich gehört. Aufgrund der geologischen und klimatischen Bedingungen ist die französische Seite – ganz anders als die spanische – sehr wasserreich und grün; allenthalben stößt man auf Bäche und Seen. Bergwanderer und Kletterer kommen hier voll auf ihre Kosten; der Fernwanderweg GR 10 führt durch die ganze Länge der Pyrenäen. Daneben gibt es eine ganze Reihe von – teils traditionsreichen – Kur- und Wintersportorten. Gründe genug, den weiten Weg einmal auf sich zu nehmen.

Klima und Reisezeit

Die Sonneneinstrahlung erreicht in den Pyrenäen dank der südlichen Lage gut vier Wochen früher als in den Alpen dieselbe Intensität, sodass der Pyrenäen-Januar dem Alpen-Februar entspricht. Wer nicht Wintersport treiben will, findet schon ab Mitte Mai sehr gute Bedingungen vor, jedoch kann in den hohen Lagen noch viel Schnee liegen. Die Sommermonate Juli und August sollte man besser meiden, einmal wegen der französischen Ferien – die Pyrenäen sind ein sehr beliebtes Urlaubsgebiet –, zum anderen wegen der südlichen Hitze. Sehr gut geeignet sind auch September und Oktober.

Highlights Pyrenäen

Céret
Kleiner Ort mit großer Kunst
▶ Seite 716

Pic du Canigou
Klassische Wanderung auf die »Pyramide der Pyrenäen«
▶ Seite 718

St-Bertrand-de-Comminges
Bedeutende Zeugnisse aus Römerzeit und Mittelalter
▶ Seite 720

Pic du Midi de Bigorre
Grandiosestes Panorama in den Pyrenäen
▶ Seite 722

Pau
Alte Hauptstadt des Béarn und Geburtsort Heinrichs IV.
▶ Seite 724

Grotte de Niaux
Steinzeitmalereien in ihrer ganzen Pracht
▶ Seite 720

St-Jean-Pied-de-Port
Malerische Station des Jakobswegs am Übergang nach Roncesvalles
▶ Seite 727

Espelette
Typischer Ort des Baskenlands
▶ Seite 727

PYRENÄEN ERLEBEN

AUSKUNFT

CRT Languedoc-Roussillon
Acropole, 954 Avenue Jean Mermoz
CS 79507, 34960 Montpellier Cedex
Tel. 04 67 20 02 20
www.sunfrance.com

CRT Midi-Pyrenees
1 Rue Rémusat (Place du Capitole)
BP 78 032, 31080 Toulouse Cedex 6
Tel. 05 34 44 18 18
www.tourisme-midi-pyrenees.com

CRT Aquitaine
23 Parvis des Chartrons
33074 Bordeaux Cedex
Tel. 05 56 01 70 00
www.tourisme-aquitaine.fr

ESSEN

▶ Erschwinglich

Majestic
Pau, Place Royale, Tel. 05 59 27 56 83
Elegantes, dennoch heimeliges Restaurant im Herzen der Stadt, köstliche Küche der Region. Bei schönem Wetter kann man im Freien essen.

Au Temps de la Reine Jeanne
Orthez, 44 Rue Bourg-Vieux
Tel. 05 59 67 00 76
Rustikales Restaurant mit guter Küche in einem historischen Gebäude gegenüber dem Tourismusbüro. Auch 20 geschmackvoll eingerichtete Zimmer (www.reine-jeanne.fr).

▶ Preiswert

Euzkadi
Espelette, 285 Rue Karrika Nagusia
Tel. 05 59 93 91 88
www.hotel-restaurant-euzkadi.com
Will man die samtig-süße Schärfe der Piments d'Espelette erleben, ist man in diesem schönen baskischen Haus in der Stadtmitte richtig. Reservieren ist angezeigt. Man kann auch preiswert übernachten (die Zimmer nach hinten sind ruhiger).

ÜBENACHTEN

▶ Komfortabel / Luxus

La Terrasse au Soleil
Céret, Route de Fontfrède
Tel. 04 68 87 01 94
www.terrasse-au-soleil.com, geöffnet März–Okt. Altes katalanisches Haus in herrlicher Lage, mit Blick auf das Roussillon und den Pic du Canigou. Elegante, teils sehr große Zimmer mit behaglicher Atmosphäre. Pool, Golf. Restaurant La Cérisaie mit schöner Terrasse sowie preiswertes Bistro.

Grand Hôtel Vignemale
Gavarnie, Tel. 05 62 92 40 00
www.hotel-vignemale.com
Geöffnet ca. 20. Mai–15. Okt. Gediegenes Berghotel von 1907, abseits der Straße mit herrlichem Blick in den Felsenkessel. Schöne Terrasse.

▶ Günstig / Komfortabel

Hôtel Montpensier
Pau, 36 Rue Montpensier
Tel. 05 59 27 42 72
www.hotel-montpensier-pau.com
Hübsches, altes englisches Haus, alles in Bonbonrosa und mit altmodischem Charme. Sehr guter Komfort zu moderatem Preis.

▶ Günstig

Villa du Parc
Prades, 49 Route de Ria, Tel. 04 68 05 36 79, www.villa-du-parc.com
Von einem deutschen Paar geführtes Ferienhaus am Fuß der Pyrenäen mit wunderbarem Ausblick. Schöne Zimmer und Appartements, Stellplätze, Swimmingpool. Früher unter dem Namen »Biker's Paradise« bekannt.

Das große Naturwunder der Zentralpyrenäen ist der Cirque de Gavarnie.

Zwei tiefer einschneidende Pässe gliedern das Gebirge in Ostpyrenäen (Pyrénées Orientales), Zentralpyrenäen (Pyrénées Centrales) und Westpyrenäen (Pyrénées Occidentales, auch Pyrénées Basques bzw. Atlantiques). Die Ostpyrenäen steigen vom Mittelmeer (▶Côte Vermeille) rasch zum Col de Perche (1610 m) und zum Col de Puymorens (1915 m) an; ihre höchste Erhebung ist der auf spanischem Gebiet gelegene Puigmal (2912 m). Das in südwestlicher Richtung ins Gebirge führende Tal des Tech teilt die Albères-Kette im Süden vom Canigou-Massiv (2785 m). Die Zentralpyrenäen bilden zwischen dem Col de Puymorens und dem Col du Somport (1631 m) einen geschlossenen Kamm und erreichen auf spanischer Seite in der Maladeta-Gruppe (Pico de Aneto, 3404 m) ihre größte Höhe. Die mittelgebirgsähnlichen, von Laubwäldern und Wiesen geprägten Westpyrenäen senken sich vom Pic d'Anie (2504 m) durch das Baskenland zum Atlantik ab (▶Côte Basque).

Gliederung

Ein wenig Geschichte

Trotz der schwierigen Verkehrsverhältnisse waren die Pyrenäen nie eine echte Barriere. Das Baskenland, Navarra und Katalonien umfassten bzw. umfassen noch Gebiete auf der Nord- und der Südseite des Bergzugs. Die heutige Grenze zwischen Frankreich und Spanien wurde im Wesentlichen im Pyrenäenfrieden von 1659 festgelegt. Die vorgeschichtliche Besiedlung des Pyrenäenvorlands wird durch Höhlenfunde wie Tautavel (ca. 450 000 Jahre alt, ▶ S. 446) und Aurignac, die der altsteinzeitlichen Epoche des Aurignacien den Namen gaben, bezeugt. Im 2. Jahrtausend v. Chr. siedelten Ligurer und vom 6. Jh. v. Chr. an die Iberer im Pyrenäenvorland. Etwa ab 125 v. Chr. wurde Südwestfrankreich bis zu den Pyrenäen von den Römern erobert; das im Jahr 72 v. Chr. gegründete Lugdunum Convenarum (St-Bertrand-de-Comminges) wurde rasch zu einer bedeutenden Stadt. Im 6. Jh. n. Chr. drangen die Basken, ein nichtindogermanisches Volk unbekannter Herkunft, über das Gebirge nach Aquitanien vor. Um 720 überschritten die Araber die Pyrenäen nach Norden, 778 Karl der Große in umgekehrter Richtung; sein verlustreicher Rückzug lieferte den Stoff für das Rolandslied.

Historische Landschaften

Das französische **Baskenland** bildet den Westen des Départements Pyrénées-Atlantiques (Hauptstadt Pau). Der östliche Teil des Départements war die merowingische Grafschaft **Béarn**, die im 7. Jh. an die Gascogne kam, 1290 mit Foix und dem heute spanischen Navarra vereinigt wurde. Östlich schließt die Grafschaft **Bigorre** an, die vom 9. bis Ende des 13. Jh.s selbstständig war und dann an die Grafen von Foix kam (Département Hautes-Pyrénées, Hauptort Tarbes). Weiter östlich die einstige Grafschaft **Foix**, die als Stammland von Heinrich IV. – der in Pau geboren wurde – 1589 zusammen mit dem Béarn und dem nördlichen Teil Navarras an die Krone fiel (Département Ariège, Hauptort Foix). Ganz im Osten der Pyrenäen lag die Grafschaft **Roussillon**, die vom 12. Jh. bis zum Pyrenäenfrieden 1659 zu Spanien gehörte und heute das Département Pyrénées-Orientales mit der Hauptstadt ▶Perpignan bildet.

Reiseziele in den Ostpyrenäen

Céret

Musée d'Art Moderne ▶

Das nette Städtchen (7600 Einw.) am Eingang des Tech-Tals wurde durch die Künstler bekannt, die der katalanische Bildhauer Manolo Hugué (1872 – 1945) anzog, etwa Gris, Braque, Picasso, Chagall. Das 1950 gegründete Musée d'Art Moderne besitzt daher eine hervorragende Sammlung der klassischen Moderne – allein **53 Werke von Picasso** (geöffnet Juli – 15. Sept. 10.00 – 19.00, sonst bis 18.00 Uhr; Okt. – April Di. geschl.). Der Vieux Pont (14. Jh.) nordwestlich der Stadt überspannt mit einem 45 m weiten Bogen den Tech; von dort schöner Blick auf den Canigou im Westen und die Albères im Süden. Die **Feste** sollte man sich nicht entgehen lassen: Ende Mai feiert man ein großes Kirschenfest, Mitte Juli eine mehrtägige Féria mit Stierkampf und um den 20. Juli das Festival de la Sardane.

Amélie-les-Bains

Eines besonders milden und sonnigen Klimas erfreut sich der **Thermalkurort** Amélie-les-Bains (3700 Einw.), dem die Gemahlin des Bürgerkönigs Louis-Philippe den Namen gab. Seine Schwefelquellen wurden schon von den Römern genutzt; in den Thermes Romains sind Reste der römischen Anlage erhalten. Viele Besucher kommen u. a. zur Maskerade am Fastnachtsdienstag, zum Maultierfest um den 25. Juni, zum Johannisfest (23. Juni) und zum Folklore-Festival (2. Aug.-Woche). Sehr hübsch ist das katalanische Dorf **Palalda** mit Kirche aus dem 10. Jh. sowie Volkskunde- und Postmuseum. Zu empfehlen sind der Ausflug in die Gorges de Mondony und die Besteigung des Roc de France (1450 m; von Montalba 3 Std.).

◂ Mondony-Tal
Roc de France

Arles-sur-Tech

Weiter aufwärts im Vallespir – wie das Tech-Tal auch genannt wird – liegt Arles-sur-Tech (2700 Einw.) mit seiner 778 gegründeten Abtei. Zu beachten sind das Tympanon des ungewöhnlicherweise im Osten liegenden Hauptportals der Kirche Ste-Marie (11. Jh.); links vom Hauptportal ein Sarkophag (4. Jh.), aus dem viel Wasser fließt, was manche für ein Wunder halten (www.pseudo-sciences.org). Nordwestlich erhebt sich der 1778 m hohe Puig de l'Estelle, an dessen Südflanke Eisenerz abgebaut wurde. Von der D 115 flussaufwärts geht es in die Gorges de la Fou, eine enge, bis 200 m tiefe Schlucht.

◂ Gorges de la Fou

Prats-de-Mollo

Im Talschluss liegt das katalanische Festungsstädtchen (1100 Einw., 745 m). Durch die Porte de France, durch schmale Sträßchen und treppauf gelangt man zur Kirche Ste-Juste (17. Jh., Turm 13. Jh.); beeindruckend der vergoldete Hochaltar, an der rechten Wand eine Votivgabe aus einer Walrippe. Über dem Ort das Fort Lagarde (1692).

Col Xatard

Von Amélie führt die D 618 in vielen Kurven hinauf zum Col Xatard (752 m) mit wunderbarem Blick vom Canigou bis zum Meer. 17 km weiter das abgelegene Priorat Serrabone (11./12. Jh.), ein nüchterner Bau aus dunklem Schiefer, der mit herrlichen Skulpturen und einem großartigen Lettner aus rosa Marmor aufwartet.

◂ Prieuré de Serrabone

Das Städtchen **Prades** (6300 Einw.) am Fuß des Canigou ist von rosa Marmorfassaden geprägt. Die Kirche St-Pierre (17. Jh.) besitzt einen romanisch-lombardischen Glockenturm (12. Jh.) und einen grandiosen Altaraufsatz (1696–1699) des Katalanen Josep Sunyer.
Kunst- und kirchenhistorisch bedeutend ist die hübsch gelegene Abtei **St-Michel-de-Cuxà** 3 km südlich von Prades, einst religiöser Mittelpunkt des Roussillon. Nach der Revolution wurde sie verkauft und geplündert, 1889 stürzte ein Turm ein. Das Metropolitan Mu-

> ! **Baedeker TIPP**
>
> **Festival Pablo Casals**
>
> Während des Spanischen Bürgerkriegs lebte der große Cellist Pablo Casals (1876–1973) in Prades im Exil. Nach dem Ende des Franco-Regimes veranstaltete er hier 1950 das erste Bach-Festival. Die Konzerte finden von Ende Juli bis Mitte Aug. in St-Pierre, in St-Michel-de-Cuxà und anderen Kirchen der Umgebung statt.

seum New York erwarb 1925 Teile des Kreuzgangs (Museum The Cloisters); aus den Resten konnte er wenigstens zur Hälfte hier rekonstruiert werden. Der Turm zeigt lombardische Einflüsse, die vorromanische Kirche (974) enthält wie die in Serrabone eine Tribüne (12. Jh.); auffällig sind die westgotischen Hufeisenbogen.

Villefranche-de-Conflent

Ins schmale Tal des Têt gezwängt ist die 1090 gegründete **Festungsstadt** Villefranche (435 m, 230 Einw.), früher Vorposten des Königreichs Aragón. Nach dem Pyrenäenfrieden 1659 wurden die Befestigungen von Vauban ausgebaut und das mächtige **Fort-Liberia** angelegt. Im beeindruckenden Mauerrechteck stehen schöne Häuser des 15.–17. Jh.s. In der zweischiffigen Kirche St-Jacques (12./13. Jh.) sind ein Retabel von Josep Sunyer (linkes Schiff) und das spanische Chorgestühl (15. Jh.) bemerkenswert. Von Villefranche fährt der meterspurige **Train jaune** über viele spektakuläre Brücken hinauf in die Cerdagne (s. u.) bis Latour-de-Carol (62 km); der schönste Abschnitt liegt zwischen Olette und Mont-Louis.

▶ Cerdagne-Bahn

Corneilla

Die Kirche Notre-Dame (11. Jh.) mit lombardischem Glockenturm besitzt ein ungewöhnliches Tympanon mit einer thronenden Maria. Im Chor links eine katalanische Marienstatue (12. Jh.).

Vernet-les-Bains

Im angenehmen Tal des Cady geht es durch Obstgärten nach Vernet-les-Bains (650 m, 1500 Einw.), einem kleinen Thermalbad am Fuß des Pic du Canigou, des »heiligen Bergs der Katalanen«, und Stützpunkt für die Besteigung dieser herrlichen Pyramide. Dafür gibt es zwei Hauptmöglichkeiten: mit dem Auto auf der Piste bis zur Berghütte Mariailles (1718 m), dann leichte, aber lange Wanderung (8 Std. hin und zurück). Oder mit dem Geländewagen bzw. Taxi zum Châlet des Cortalets, dann in 3–4 Std. hin und zurück; auch eine Kombination ist gut möglich. Vom 2784 m hohen Gipfel hat man (an den nicht sehr häufigen klaren Tagen) eine **fantastische Sicht**. Am 22./23. Juni wird dort oben das Johannisfest mit großem Feuer – entzündet am 22. Juni um Mitternacht – gefeiert.

▶ Pic du Canigou

St-Martin-du-Canigou

Oberhalb von Casteil liegt malerisch auf einem Felsen 1094 m hoch die Abtei St-Martin-du-Canigou, 997–1026 erbaut, mit zwei Kirchen. Von Casteil zu Fuß gut 1 Std. hin und zurück.

Cerdagne

Die Cerdagne, ein geschütztes Hochtal mit mildem Klima, spielte als Keimzelle Kataloniens eine historische Rolle; ihr Hauptort **Llivia** ist heute noch spanische Enklave. Am Ostrand des Beckens liegt 1600 m hoch das befestigte Dorf **Mont-Louis** (200 Einw.) mit einer bis 1681 von Vauban angelegten Zitadelle. Ein ab 1947 errichtetes Solarkraftwerk versorgt die Gemeinde mit Strom (Führungen tägl.).

Font-Romeu

In 1750 m Höhe entstand ab 1910 dieser Sommer- und Winterurlaubsort (1900 Einw.), der als besonders sonnenreich gilt, sonst

Hatte eine bedeutende Vergangenheit: St-Bertrand-de-Comminges mit der Basilika St-Just

aber nicht attraktiv ist. Nordöstlich des Orts die bedeutende Wallfahrtskapelle Ermitage (Einsiedelei) mit einer als wundertätig verehrten »Vierge de l'Invention«. Das Retabel (1707) und die »Camaril« in süßlichem Barock stammen von Sunyer. Zwischen Odeillo und Via ist seit 1969 der bekannte **Sonnenofen** des Forschungszentrums für Sonnenenergie in Betrieb (Besucherzentrum tägl. geöffnet).

Empfehlenswert ist der Gang vom ca. 15 km westlich liegenden Bergdorf Dorres (warme Schwefelquelle) zur Ermitage de Belloch (ca. 1.30 Std. hin und zurück, Zufahrt leider möglich). **Ermitage de Belloch**

▶ dort **Andorra**

Reiseziele in den Zentralpyrenäen

Von der Cerdagne erreicht man über den 1920 m hohen Pass Col de Puymorens (oder durch den 4,8 km langen Tunnel) das Tal der **Ariège**, in dem die kleinen Mérens-Pferde halbwild leben. **Col de Puymorens**

Ax-les-Thermes (1500 Einw., 720 m), ein traditionsreiches **Heilbad**, ist sommers wie winters gut besucht. Die 18–78 °C warmen Quellen nutzten bereits die Römer, im Mittelalter suchten im Bassin des Ladres auf der Place du Breilh an Lepra erkrankte Kreuzfahrer Heilung. Vielfältige Möglichkeiten für Bergwanderungen, mit Bergbahnen erschlossen ist das **Skigebiet** Bonascre / Saquet / Campels (2400 m). **Ax-les-Thermes**

Tarascon-sur-Ariège

In dem Städtchen (3400 Einw., 480 m) an der Ariège sind der Turm St-Michel (14. Jh.) und die gotische Kirche mit ihrem Portal (14. Jh.) sehenswert. Die Grotte de Niaux 4 km südwestlich enthält herrliche **Felsmalereien** (▶Special S. 660; in Juli/Aug. mehrere Tage vorher buchen, Tel. 05 61 05 10 10). Bei Surba nordwestlich von Tarascon wurde der Parc de la Préhistoire eingerichtet. In der Umgebung weitere Höhlen (u. a. Bédeilhac, Lombrives, Vache). Zwischen Tarascon und Foix überspannt der **Pont du Diable** die Ariège.

★ Grotte de Niaux ▶

Foix

Der Hauptort (9700 Einw., 380 m) der ehemaligen Grafschaft gleichen Namens und des Départements Ariège liegt schön im Dreieck von Ariège und Arget, überragt von einer Burg auf mächtigem Felsen (12.–15. Jh.; Museum der Ariège). Der letzte Graf von Foix war der ebenso kunstsinnige wie skrupellose Gaston III. (1331–1391), der sich **Phoebus** nannte und das berühmte »Livre de la Chasse« schrieb. In der Klosterkirche St-Volusien (12./15. Jh.) sehenswert der Chor und das Chorgestühl (15. Jh.). In der Altstadt mit ihren Fachwerkhäusern ist der originelle Gänsebrunnen zu beachten. Auf dem **unterirdischen Fluss** von Labouiche nordwestlich der Stadt kann man April – Anf. Nov. Kahnfahrten unternehmen (tägl.).

Labouiche ▶

★ **Mas d'Azil**

Diese Höhle ca. 30 km nordwestlich von Foix ist ein natürlicher, über 400 m langer und bis 50 m breiter Tunnel, den das Flüsschen Arize und die Straße nützen. In den Seitengalerien sind Felszeichnungen und Funde aus der Zeit von 30 000 bis 10 000 v. Chr. zu sehen. Angeschlossen ist das Musée de la Préhistoire.

St-Lizier

Nördlich von **St-Girons** (6500 Einw., romanische Kirche mit eigenartiger Fassade) liegt malerisch auf einer Anhöhe über dem Fluss Salat das Städtchen St-Lizier (1500 Einw.), im Mittelalter Bischofsstadt. Zu sehen sind Reste der römischen Ummauerung und **zwei Kathedralen**: in der Unterstadt St-Lizier (10.–15. Jh.) mit romanischen Fresken im Chor, schönem Kreuzgang und Kirchenschatz, in der Oberstadt die Kathedrale de la Sède (12.–15. Jh.) mit dem Bischofspalast (17. Jh., regionales Volkskundemuseum).

Aulus-les-Bains

Zwischen den Pässen Col d'Agnes und Col de Latrape (33 km südöstlich von St-Girons) liegt 760 m hoch der kleine Bade- und Wintersportort; vier Quellen spenden calcium- und eisenhaltiges Wasser. In der Umgebung schöne Wasserfälle wie die Cascade d'Arse.

★ **Saint-Bertrand-de-Comminges**

Eine bedeutende Vergangenheit hat das halbverlassene Dorf St-Bertrand-de-Comminges (250 Einw., www.haute-garonne.fr), das über der Garonne liegt. Die römische Stadt **Lugdunum Convenarum** hatte bis zu 60 000 Einwohner und war Flavius Josephus zufolge Verbannungsort des Herodes Antipas, der Johannes den Täufer hatte enthaupten lassen. Grabungen haben u. a. das Forum, Tempel, Thermen und Theater zutage gebracht. In der Galerie du Trophée, einst Benediktinerkloster, werden Statuen aus dem 1./2. Jh. gezeigt. Nach der Zerstörung durch die Vandalen 408 lebte der Ort erst wieder im Mittelalter auf. Die **Kathedrale Notre-Dame**, 1120 begonnen und 1352 von Bertrand de Got – später Papst Clemens V. – fertiggestellt; prächtiges Chorgestühl und Orgel aus der Renaissance (um 1535). Im kleinen romanischen Kreuzgang, der nach Norden offen ist, ein berühmter Pfeiler mit den vier Evangelisten. In der Alten Gendarmerie werden gallorömische Funde ausgestellt. Nicht versäumen sollte man den Gang zur **Basilika St-Just** (11./12. Jh.) bei Valcabrère mit bemerkenswertem Nordportal, die in einem stimmungsvollen Friedhof steht (▶Abb. S. 719).

> ! **Baedeker TIPP**
>
> **Festival du Comminges**
>
> In den Monaten Juli und August ist in der Kathedrale Notre-Dame, der Basilika St-Just, in der Stiftskirche von St-Gaudens sowie in der romanischen Kirche von Martres-Tolosane klassische Musik zu hören. Info und Reservierung unter Tel. 05 61 98 45 35 bzw. 05 61 88 32 00, www.festival-du-comminges.com.

Bagnères-de-Luchon

Dieses elegante **Thermalbad** (2600 Einw., 630 m), das bedeutendste der Pyrenäen, liegt reizvoll am Zusammenfluss von Pique und One, umgeben von über 3000 m hohen Bergen. Das schon zur Römerzeit bekannte Bad – drei Thermen wurden ausgegraben – wurde durch den Marschall Richelieu, Neffe des berühmten Kardinals und Gouverneur des Languedoc, um 1760 in Mode gebracht. Die schwefelhaltigen und radioaktiven Quellen mit 18–72 °C werden v. a. bei Erkrankungen der Atemwege eingesetzt. In dem Haus, in dem Richelieu residierte, sind das Tourismusbüro und das Musée du Pays de Luchon untergebracht. Eine Seilbahn führt hinauf zum Wintersportplatz Superbagnères (1440–2260 m).

Umgebung von Bagnères

Ca. 5 km westlich ist im One-Tal die romanische Kirche St-Aventin (11. Jh.) mit zwei Glockentürmen interessant, am Portal rechts eine Jungfrau mit Kind (12. Jh.). Von Castillon weitere 2 km westlich führt ein Sträßchen nach Granges d'Astau, von dort schöne Wanderung zum **Lac d'Oô** (1504 m, 2.30 Std. hin und zurück). Empfehlenswert ist auch der Ausflug von Luchon südlich ins **Vallée du Lys**. An dessen Ende bilden die wilde Schlucht Cirque d'Enfer und die großartige Cascade d'Enfer Höhepunkte.

★
◀ Cirque d'Enfer

Bagnères-de-Bigorre

Bigorre heißt das Land zwischen ▶Lourdes und der Grenze. 20 km südöstlich von Tarbes liegt der Thermalbadeort Bagnères-de-Bigorre im Adour-Tal (8000 Einw.). In der malerischen **Altstadt** westlich des Adour bemerkenswert die Tour des Jacobins (15. Jh.), ein schönes Fachwerkhaus (Rue V.-Hugo), die Reste des Kreuzgangs St-Jean und die Kirche St-Vincent (15./16. Jh.). Am Kurpark liegen das Casino, das Musée Salies (italienische, flämische und französische Malerei – darunter besonders aus der Schule von Barbizon –, Porzellan) und das Thermalbad. Südlich der Stadt das alte Kurhaus im Parc Thermal

Col du Tourmalet, eine der schönsten Passrouten der Pyrenäen

du Salut mit einem Marmormuseum, westlich der **Mont du Bédat** (881 m, 1.30 Std. hin und zuruck), von dem man einen schönen Blick hat. Etwa 2 km südlich liegt im Park des Château de Médous der Eingang zur Tropfsteinhöhle **Grotte de Médous** mit unterirdischem Fluss (Bootsfahrt).

Vallee d'Aure

Saint-Lary-Soulan ▶

Südlich von Campan (mit Kirche und Markthalle aus dem 16. Jh.) teilt sich die Straße: südlich zum Tourmalet, östlich stellt der **Col d'Aspin** (1489 m, großartiger Ausblick) die Verbindung zum Vallee d'Aure her. St-Lary-Soulan, ein Thermalkurort, ist Ausgangspunkt für Touren ins Néouvielle-Massiv und im Winter Skistation. Der **Lac d'Oredon** (1849 m) ist per Auto zu erreichen und sommers daher überlaufen; von dort sehr schöne Tourenmöglichkeiten (Col d'Aubert, Pic de Néouvielle).

★
Col du Tourmalet
★ ★
Pic du Midi de Bigorre ▶

Der Col du Tourmalet (2115 m) ist eine berüchtigte Etappe der Tour de France in herrlicher Bergszenerie. Vom Wintersportort La Mongie (1800 m) bringen Seilbahnen hinauf zum Pic du Midi de Bigorre (2877 m), dem Wahrzeichen der Zentralpyrenäen. Auf dem Gipfel mit Observatorium und einem »Museum der Sterne« hat man eine – dem Preis der Bahnfahrt entsprechende – atemberaubende Aussicht (Mitte Okt. – Nov. geschl., www.picdumidi.com).

> Pyrenäen · Les Pyrénées   **ZIELE**   **723**

Im freundlichen Tal des Gave de Pau liegt dieser beliebte Urlaubsort (1000 Einw.), der mit seinem Thermalbad um 1860 durch Napoleon III. und seine Gemahlin Eugénie bekannt wurde. Die im 12. Jh. errichtete Kirche wurde im 14. Jh. von den Johannitern zur Burg ausgebaut; zu beachten sind das Portal mit thronendem Christus und die Täfelung (18. Jh.). In der Chapelle Notre-Dame-de-la-Pitié ist ein Museum für religiöse Kunst untergebracht. Südlich des Orts der Pont Napoléon von 1860 mit 47 m Spannweite. | **Luz-St-Sauveur**

Das Tal südlich von Luz-St-Sauveur führt zu drei **grandiosen Felsenkesseln**, den Cirques de Troumouse, d'Estaube und de Gavarnie, Letzterer geradezu ein Nationalheiligtum und zum UNESCO-Welterbe erklärt. Ausgangspunkt ist das im Sommer überlaufene Bergdorf Gavarnie (1365 m, 200 Einw.; die Kirche aus dem 14. Jh. gehört ebenfalls zum Welterbe). Man geht in ca. 1.15 Std. oder reitet zum Hôtel du Cirque (1570 m) in dem von über 1500 m aufragenden Felswanden gebildeten, 2 km weiten Kessel, weitere 30 Min. sind es zur Grande Cascade. Der über 420 m hohe Wasserfall, der höchste in Europa, wird von einem unterirdischen Bach gespeist. Ab Mitte Juli findet unter freiem Himmel ein Festival statt. Weit weniger frequentiert, aber fast genauso spektakulär ist der weiter östlich gelegene Cirque de Troumouse (Mautstraße, offen ca. Mai – Okt.). | ✱✱ **Cirque de Gavarnie**

✱ ◀ Grande Cascade

✱✱ **Cirque de Troumouse**

Von Gavarnie führt eine Straße hinauf zum Col de Tente (2208 m), von wo man in einer mittelschweren Wanderung (ggf. über Schneefelder, hin und zurück 4 Std., Bergausrüstung nötig) die 2807 m hoch gelegene und 100 m tiefe **Rolandsbresche** erreicht, die der Sage nach Roland mit seinem Schwert Durandal geschlagen hat. | ✱✱ **Brèche de Roland**

In der fruchtbaren Ebene des Adour liegt Tarbes (45 000 Einw.), einst Hauptstadt der Grafschaft Bigorre, heute des Départements Hautes-Pyrénées. Aus dem 12.–14. Jh. stammt die Kathedrale Notre-Dame-de-la-Sède (Ausstattung 18. Jh.). Im Park südlich von ihr ist ein Gestüt (Haras) angesiedelt. Im Norden erstreckt sich der schöne **Jardin Massey** mit 40 m hohem Aussichtsturm und dem Kreuzgang des Klosters St-Sever-de-Rustan (15./16. Jh., rekonstruiert) und das Musée Massey (Gemälde, Volkskunde, Pferdezucht in Tarbes; vorauss. bis 2011 in einer alten Tabakfabrik). Aus Tarbes stammte Marschall Ferdinand Foch (1851 – 1929), sein Geburtshaus ist Museum. | **Tarbes**

▶dort | **Lourdes**

Der kleine Thermalbadeort (463 m, 3200 Einw.) 13 km südlich von Lourdes besteht aus dem alten, erhöht gelegenen Dorf und der Kurstadt des 19. Jh.s mit einem hübschen Park. Von der Tour Mendaigne (17. Jh.) hat man eine schöne Aussicht (Orientierungstafel). Am Nordrand der Stadt kann man im Parc Animalier des Pyrénées die heimische Fauna erleben. | **Argelès-Gazost**

Pic de Pibeste — Nur 1349 m hoch ist der Pic de Pibeste nördlich von Argelès, das **Panorama** jedoch superb: im Süden die Dreitausender, im Südosten der Pic du Midi de Bigorre, im Norden Lourdes, Tarbes und Pau. Aufstieg von Ouzous aus, 4.30 Std. hin und zurück.

St-Savin — In St-Savin 3 km südlich von Argelès ist die Kirche der Benediktinerabtei St-Savin (11./12. Jh., im 14. Jh. befestigt) sehenswert, einst religiöser Mittelpunkt des Bigorre. Das romanische Portal zeigt, was sehr selten ist, Christus in einem Priesterornat. Das Orgelgehäuse ist mit Masken geschmückt, die beim Spielen die Augen rollen.

Cauterets — Dieser tief in den Hochpyrenäen liegende, sympathisch altmodische Kurort (932 m, 1100 Einw.) ist eines der Tore zum Pyrenäen-Nationalpark (Informationen in der Maison du Parc). In den **Thermes César** kann man sich von anstrengender sportlicher Betätigung erholen. Das bis ins Frühjahr schneesichere Skigebiet des **Cirque du Lys** (1730–2415 m) ist mit einer Seilbahn zu erreichen. Beliebt ist der Ausflug zum Lac de Gaube (1725 m); vom Pont d'Espagne – zu erreichen mit Auto oder Bus – zu Fuß 45 Min., oder mit der Seilbahn plus 15 Min zu Fuß. Geht man 2 Std. zum Refuge des Oulettes weiter, hat man den beeindruckenden **Vignemale** (3298 m) vor sich.

Lac de Gaube ▶

Reiseziele in den Westpyrenäen

Pau — Pau (207 m, 85 000 Einw.), die Hauptstadt des Départements Pyrénées-Atlantiques, ist ein beliebter Sommer- und Winterurlaubsort, seitdem Mitte des 19. Jh.s die Briten auf das milde Klima aufmerksam wurden. Die Wirtschaft der Stadt, die seit 1970 eine Universität hat, basiert auf Hightech-Industrie und dem Erdgasfeld bei Lacq. 1464 wurde sie Hauptstadt der Grafschaft Béarn, Johanna von Albret, die zum Protestantismus übergetretene Königin von Navarra, lebte hier; ihr Sohn wurde 1589 als Heinrich IV. französischer König. Prunkstück der Stadt ist der knapp 1 km lange **Boulevard des Pyrénées** zwischen Schloss und Parc Beaumont, der eine großartige Aussicht bietet (der auffällige Zacken ist der Pic du Midi d'Ossau). Das **Schloss**, im 13./14. Jh. als Festung erbaut, wurde im 16. Jh. zum Renaissance-Palast umgestaltet. Zu besichtigen sind die Zimmer von Jeanne d'Albret und Heinrich IV. mit seiner Schildpattwiege, das Musée du Château (u. a. Kunst der Zeit Heinrichs IV.) sowie das Musée Béarnais. Bedeutend ist das **Kunstmuseum** mit Werken u. a. von Tintoretto, El Greco, Rubens und Degas (Di. geschl.). Aus Pau stammte J.-B. Bernadotte, der unter Napoleon General und 1818 König von Schweden wurde; sein Geburtshaus ist Museum. Englische Villen sind im Bereich der zum Parc Lawrence führenden Rue Monpensier und im Ostteil der Stadt zu sehen. Jenseits der Gave de Pau liegt der Quasi-Vorort Jurançon, Zentrum der gleichnamigen Weinregion; ihre Spezialitäten sind ein rassiger **Weißwein** aus alten lokalen Rebsorten (Jurançon sec) und die hervorragende aromatische Spätlese (Moelleux). Das »große« Restaurant hier ist Chez Ruffet.

Musée des Beaux-Arts ▶

Jurançon ▶

Lescar

Die kleine Stadt 8 km nördlich von Pau war die erste Hauptstadt des Béarn (bis 841), die Kathedrale Notre-Dame (1120 begonnen) war Grablege der Könige von Navarra. Besonders bemerkenswert sind die Kapitelle im Ostteil und die Mosaiken im Chor (12. Jh.).

Orthez

Orthez (62 m, 10 300 Einw.), 40 km nordwestlich von Pau am Gave de Pau gelegen, war 1194–1460 Hauptstadt der Grafschaft Béarn, später Zentrum der Protestanten und Sitz einer calvinistischen Universität. Ihr Wahrzeichen ist der mit einem mächtigen Turm bewehrte **Pont-Vieux** (13. Jh.). Sehenswert sind die Tour Moncade (13./14. Jh.), ein Rest der Burg von Gaston Phoebus, das Haus der Jeanne d'Albret (um 1500), das Hôtel de la Lune (14. Jh.) und schöne Bürgerhäuser. Die Kirche St-Pierre (13. Jh.) war Teil der Stadtbefestigung und hat ein Portal in Languedoc-Gotik (14. Jh.).

★★ Col d'Aubisque

Von Argelès-Gazost (▶ S. 723) führt die D 918 westlich über den Col d'Aubisque (1709 m) nach Laruns (35 km südlich von Pau), eine der schönsten Strecken der Pyrenäen. Am Pass liegen ihr ältester Wintersportort, **Gourette** (1385 m, Pisten am Pic de Ger, 2613 m) und **Les Eaux-Bonnes** (400 Einw., 750 m), ein altmodischer Badeort.

Pic du Midi d'Ossau

Gabas, der letzte Ort im Ossau-Tal vor dem Col du Pourtalet, liegt zu Füßen des »Matterhorns der Pyrenäen«, des Pic du Midi d'Ossau (2884 m, ein ausgewitterter Vulkanschlot). Mit dem Auto erreichbar ist der Lac de Bious-Artigues (1417 m), Ausgangspunkt für die Wanderung um die **Lacs d'Ayous** (4–5 Std.) und die Umrundung des Pic du Midi (7 Std.). Östlich von Gabas führt eine Seilbahn zum **Pic de la Sagette** (2031 m) und eine Eisenbahn mit offenen Wagen in atemberaubender Landschaft weiter zum **Lac d'Artouste** (1989 m).

? WUSSTEN SIE SCHON …?

- Die gute alte Baskenmütze, wohl das »französischste« Kleidungsstück überhaupt, stammt gar nicht aus dem Baskenland, sondern aus dem Béarn. Außer Nay (15 km südöstlich von Pau) bezeichnet sich Oloron-Ste-Marie als Hauptstadt der flotten wollenen Kopfbedeckung, mit der sich früher die Schäfer vor dem Wetter schützten.

Oloron-Sainte-Marie

Am Zusammenfluss von Gave d'Aspe und Gave d'Ossau liegt das lebhafte Oloron-Ste-Marie (11 000 Einw.), das 1858 aus zwei Orten entstand. Im westlichen Stadtteil, dem einstigen Bischofssitz, ist die Kathedrale **Ste-Marie** (12./13. Jh., Chorpartie 14. Jh.) mit einem prächtigen romanischen Portal sehenswert (die Archivolten von außen: die

24 Alten der Apokalypse, Szenen aus dem Landleben; Tympanon: Kreuzabnahme; über den Türen Löwen als verfolgte und triumphierende Kirche). Es wurde von Gaston IV. von Béarn nach seiner Rückkehr vom Ersten Kreuzzug in Auftrag gegeben. Im östlichen Stadtteil, dem **Burgberg** zwischen Gave d'Aspe und Gave d'Ossau, steht die um 1080 erbaute Kirche Ste-Croix (maurische Kuppel aus dem 13. Jh.). Von der Terrasse westlich der Kirche schöne Aussicht.

Lescun Eine beeindruckende Bergkulisse umgibt dieses Dorf etwas abseits des Vallée d'Aspe (180 Einw.). Über den **Col du Somport** (1650 m) gingen im Mittelalter die Pilger nach Santiago de Compostela; die N 134 nützt den 8,6 km langen zweispurigen Tunnel, der 2003 unter dem Protest von Talbewohnern und Naturschützern eröffnet wurde und in der Schweinebranche diente. Der parallel verlaufende Eisenbahntunnel ist seit 1970 geschlossen.

Mauléon-Licharre 13 km westlich liegt Mauléon-Licharre (3200 Einw.), das durch die Produktion von Espadrilles und Käse floriert. Die Burg war Sitz des Gouverneurs der Soule, das **Château d'Andurain** (um 1600) hat ein Schindeldach mit einem schönen Kastanienholz-Dachstuhl. Südlich

▶ Soule von Mauléon-Licharre liegt die Landschaft Soule, deren südwestlicher Teil ein waldreiches Bergmassiv bildet. In **Gotein** ist eine Kirche mit einer hier typischen Glockenwand zu sehen. Von Tardets-Sorholus (sehenswerte Arkadenhäuser) zu erreichen sind die Gorges de

✱
Gorges de Kakouetta ▶
Kakouetta, die schönste Schlucht im Baskenland (ca. 1,5 km lang, 260 m tief und bis zu 3 m schmal).

Sanfte baskische Landschaft um Sare

Von rotem Sandstein geprägt ist St-Jean-Pied-de-Port (1500 Einw.), alte Hauptstadt von Niedernavarra und einst bedeutende Station am Jakobsweg am Übergang nach Roncesvalles (▶ unten) – »Pied-de-Port« heißt »am Fuß des Passes«. Die von Stadtmauern aus dem 15. Jh. umgebene **Oberstadt** rechts der Nive wird von der Rue de la Citadelle mit Häusern des 16./17. Jh.s durchquert. Durch ein Tor im Turm der Kirche Notre-Dame-du-Pont kommt man zur Brücke, jenseits derer sich die Flaniermeile fortsetzt. Unterhalb der Brücke das alte Spital und die Maison Jassu, in dem Vorfahren des Ostasien-Missionars hl. Franz Xaver de Jassu y Javier lebten. Schöner Ausblick von der Bastei vor der Zitadelle. In **Irouléguy** 6 km westlich von St-Jean sind die einzigen Weinberge des Baskenlandes zu finden (Weißwein, überwiegend aus der alten Rebsorte Tannat).

★ **Saint-Jean-Pied-de-Port**

Jenseits des Grenzübergangs nach Spanien steigt die Straße zum 1057 m hohen Pass **Puerto de Roncesvalles** an, im Jahr 778 Schauplatz eines Gefechts zwischen den Franken unter Karl dem Großen und den Basken, die den Stoff für das Rolandslied des 12. Jh.s lieferte. Nach 21 km erreicht man die 1130 gegründete Augustinerabtei Colegiata de Roncesvalles mit sehenswerter Kirche (13. Jh.; vergoldete Retablos, Virgen de Roncesvalles) und Museum.

Roncesvalles

Der Luftkurort Cambo-les-Bains (5800 Einw.), ca. 20 km südöstlich von Biarritz über dem Tal der Nive gelegen, ist zweigeteilt: Bas Cambo zeigt ein dörfliches, typisch baskisches Bild, Haut Cambo ist das Villenviertel. In der im Jugendstil eingerichteten Villa Arnaga (1,5 km westlich, Museum) lebte der Dramatiker Edmond Rostand (1868–1918). In der Stadtmitte wurde ihm ein Denkmal errichtet.

Cambo-les-Bains

Espelette (6 km südwestlich, 2000 Einw.) ist berühmt für seine scharfen roten **Chilischoten** (»piments«, Fest am letzten Oktobersonntag), die ab September an den Wänden der weiß-roten Fachwerkhäuser hängen. Im Friedhof neben der hochgelegenen Kirche (Renaissance-Portal) sind typische scheibenförmige Grabsteine – rund als Symbol der Sonne – zu sehen. Auch Ainhoa (11 km südwestlich, 650 Einw.) gehört seinen Fachwerkhäusern zum »Baskenland-Bilderbuch«. Die Kirche besitzt eine schöne vergoldete Täfelung. Schön ist der Gang (1 Std.) zur Notre-Dame-de-l'Aubepine mit doppelter Empore.

★ **Espelette**

★ **Ainhoa**

Vom hübschen Dorf Sare mit seiner sehenswerten Kirche (drei Emporen, prächtige Barockaltäre) fährt man schließlich über den Col de St-Ignace hinunter nach St-Jean-de-Luz an der ▶Côte Basque.

Sare

Vom Col de St-Ignace bringt eine elektrische **Zahnradbahn von 1924** auf die 905 m hohe Rhune (auf der Grenze zu Spanien), Wahrzeichen des französischen Baskenlands, von der man einen fantastischen Blick auf die Küste, die Landes und die Pyrenäen hat. Schöner Gang hinunter zur Talstation (2 Std.). Info: www.rhune.com.

★★ **La Rhune**

Reims

L / M 3

Région: Champagne-Ardenne
Département: Marne
Höhe: 83 m ü. d. M.
Einwohnerzahl: 183 500

In Reims wurden vom 11. Jahrhundert bis 1825 die Könige Frankreichs gekrönt. Heute ist die Hauptstadt der Région ▶ Champagne-Ardenne berühmt für den Champagner und die Kathedrale, die zu den Meisterwerken der Gotik gehört.

Der Hauptort der keltischen Remi und spätere römische Durocortorum war eine der blühendsten Städte Galliens. Das Ansehen der Bischöfe von Reims, erworben durch ihre Rolle bei der Christianisierung der Franken, verschaffte ihnen unter den Karolingern das Vorrecht, den neuen König zu salben; von 1027 bis 1825 war Reims dann die Krönungsstadt Frankreichs. Am 17. Juli 1429 geleitete Jeanne d'Arc Karl VII. zur Inthronisation in die Kathedrale. Im Ersten Weltkrieg wurde Reims großteils zerstört. Mit der Kapitulation der Deutschen, die am 7. Mai 1945 hier unterzeichnet wurde, fand der Zweite Weltkrieg sein Ende. Die Kathedrale, der Bischofspalast und das Kloster St-Remi gehören zum UNESCO-Welterbe.

Aus der Geschichte

✶ ✶ Kathedrale Notre-Dame

Die Kathedrale gilt wegen ihrer Einheitlichkeit, der harmonischen Gliederung und der Fülle des plastischen Schmucks als **Meisterwerk der Hochgotik**. Erbaut an der Stelle einer Kirche des 5. Jh.s, in der der Frankenkönig Chlodwig 496 von Bischof Remigius getauft wurde, genießt sie als Stätte der Krönung fast aller französischen Könige besondere Verehrung. Der Bau wurde 1211 von Jean d'Orbais begonnen und im Wesentlichen 1294 vollendet (Turmgeschoße 1428). Der Vierungsturm von 1485 wurde, wie große Teile der Kathedrale, 1914 zerstört, aber nicht wieder aufgebaut.

Baugeschichte

Über drei großartigen Spitzbogenportalen folgen eine herrliche Rose mit 12 m Durchmesser und Maßwerkfenster, darüber 56 4,5 m hohe Statuen, die sog. Galerie der Könige; die Türme ohne Spitze sind 82,5 m hoch. Die 2300 Standbilder und Reliefs, mit denen der ganze Bau geschmückt ist, gehören zu den besten Leistungen der mittelalterlichen Skulptur (viele durch Kopien ersetzt). Die Bildwerke am Mittelportal beziehen sich auf das Leben der Muttergottes: rechts Heimsuchung und Verkündigung, links Anna, Joachim, Maria, Joseph und die großartige Figur des Salomo. Am linken Portal, links neben der Tür, der als **Sourire de Reims** bekannte lächelnde Engel (wiederhergestellt). An der nördlichen Querschiff-Fassade am Mittelportal Statuen u. a. von Bischöfen, am linken Nebenportal ein großer

Hauptfassade

← *Eindrucksvoll und harmonisch wirkt die Fassade der Kathedrale.*

Inneres segnender Christus, darunter das Jüngste Gericht, das bedeutendste Reliefwerk der Reimser Bauhütte (13. Jh.). Das Innere (zugänglich tägl. 7.30–19.30 Uhr) der mit 138,7 m längsten Kathedrale Frankreichs (37,95 m hoch, Querhaus 49,5 m breit) wurde später weniger verändert als die meisten anderen Kathedralen und macht einen ernsten, fast strengen Eindruck. Einzigartig ist die **Westwand** mit 120 Figuren, wichtigen Zeugnissen für die Entwicklung der französischen Plastik des 13. Jh.s; besonders zu beachten ist die Kommunionsszene in der untersten Reihe rechts des Hauptportals. Die meisten Glasmalereien gingen verloren; einige wurden restauriert, die Fenster im unteren Teil der Chorscheitelkapelle schuf Chagall 1974.

Reims *Orientierung*

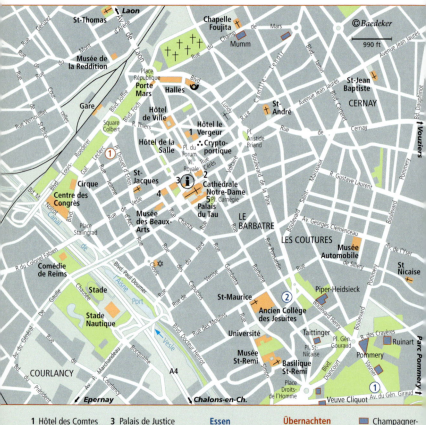

1 Hôtel des Comtes de Champagne
2 Préfecture
3 Palais de Justice
4 Grand Théâtre
5 Bibliothèque Carnegie

Essen
① Les Crayères
② Les Charmes

Übernachten
① Hôtel Crystal

■ Champagner-Kellereien

REIMS ERLEBEN

AUSKUNFT
Office de Tourisme
2 Rue G. de Machault, 51100 Reims
Tel. 03 26 77 45 00,
0892 70 13 51 (0,34 €/Min.)
www.reims-tourisme.com

FESTE & EVENTS
Mitte – Ende Juni: Les Sacres du Folklore, größte Veranstaltung ihrer Art in Nordfrankreich mit Gruppen aus aller Welt. Mitte/Ende Juni: Fêtes Johanniques, mittelalterliches Spektakel um Jeanne d'Arc (Umzug am So. mit über 2000 Teilnehmern). Mitte Juni – Ende Juli »Flâneries musicales«: Musik an ungewöhnlichen Plätzen, großes Picknick im Park von Pommery. Nov.: Jazz Festival bei Pommery.

ESSEN
▶ **Fein & teuer**
① *Château Les Crayères*
64 Blvd. Vasnier, Tel. 03 26 82 80 80
www.lescrayeres.com, Mo./Di. geschl.
Luxus pur: ein prächtiges Herrenhaus von Ende des 19. Jh.s im Louis-XVI-Stil, einst Besitz der Champagnerdynastie Pommery, in einem großen Park. Restaurant der absoluten Spitzenklasse, frühzeitige Reservierung ist notwendig. Mit großzügigen, großartig eingerichteten Zimmern und einer Bar im englischen Stil.

▶ **Preiswert**
② *Les Charmes*
11 Rue Brûlart, Tel. 03 26 85 37 63
So. und 4 Wochen Juli/Aug. geschl.
Kleines, charmantes Bistro in der Nähe von St-Rémi und der Champagnerkellereien, mit anspruchsvoller französischer Küche. Ausgezeichnetes Preis-Leistungs-Verhältnis.

ÜBERNACHTEN
▶ **Günstig**
① *Hôtel Crystal*
86 Place Drouet d'Erlon, Tel. 03 26 88 44 44, www.hotel-crystal.fr
Charmantes Haus am lebhaften Platz (Fußgängerzone), angenehme Gästezimmer und schöner Innenhof, in dem man sommers frühstückt. An der Place Drouet gibt es weitere empfehlenswerte 2- und 3-Sterne-Häuser.

Weitere Sehenswürdigkeiten in Reims

Das Bischofspalais, das bis 1690 von J. Hardouin-Mansart und R. de Cotte – beides Architekten von Versailles – neu gestaltet wurde, beherbergt das Museum der Kathedrale (Mo. geschl.) mit vielen Originalstatuen, Gemächern der Könige, die während der Krönungsfeiern im Palais wohnten, sowie Wandteppiche aus Arras (15. Jh.).

★ **Palais du Tau**

Vor dem Justizpalast (1846) steht auf dem Kathedralplatz eine bronzene Jeanne d'Arc hoch zu Ross (P. Dubois, 1896). In der Abbaye de St-Denis (18. Jh.) zeigt das Musée des Beaux-Arts (Di. geschl.) Gemälde, Skulpturen, Altertümer und Kunsthandwerk. Besonders zu beachten sind die Bildnisse – großenteils sächsischer Kurfürsten und -fürstinnen – von **L. Cranach d. Ä. und L. Cranach d. J.**, Werke von Corot und die »Toiles peintes« (Gemälde des 15. und 16. Jh.s).

Place du Cardinal-Luçon
★
◀ Musée des Beaux-Arts

▶ Reims

Place Drouet-d'Erlon

Die langgestreckte **Place Drouet-d'Erlon** bildet mit ihren Ladenarkaden, Restaurants und Cafés das Herz der Stadt. Am Südende die Kirche St-Jacques (12.–16. Jh.) mit modernen Fenstern von da Silva und Sima. Im Norden öffnet sich der Platz zum Square Colbert. Ein Bronzestandbild von 1860 erinnert dort an den aus Reims gebürtigen J.-B. Colbert (1619–1683), den Finanzminister Ludwigs XIV.

Die **Place de la République** wird dominiert von der **Porte de Mars**, einem 33 m hohen römischen Triumphbogen (3. Jh.), der bis 1544 als Stadttor diente. Im Collège Technique hinter dem Bahnhof ist der Raum des amerikanischen Hauptquartiers zugänglich, in dem am 7. Mai 1945 die **deutsche Kapitulation** besiegelt wurde (Musée de la Reddition, Di. geschl.). Die 1966 geweihte Chapelle Foujita wurde von dem zum Katholizismus konvertierten Japaner Leonard Foujita (1886–1968) ausgemalt.

Hôtel le Vergeur

Vom Hôtel de Ville (1630) führt die Rue Colbert zur Place du Forum mit einem Kryptoportikus, dem Zugang zum **römischen Forum** (2. Jh. n.Chr.). Am Nordosteck des Platzes steht das Hôtel le Vergeur (13.–16. Jh.) mit dem Stadtgeschichtlichen Museum (Mo. geschl.). Oldtimer-Fans dürfen das **Musee Automobile** de Reims-Champagne mit über 200 »Juwelen« nicht auslassen (Di. geschl.).

St-Rémi

Die Abteikirche St-Rémi gilt als eine der großartigsten frühromanischen Kirchen Nordfrankreichs. Sie entstand 1007–1049 am Platz eines karolingischen Baus. Ältester Teil ist der Südturm; von 1162 bis 1182 wurde die Kirche gotisch umgestaltet. Bemerkenswert das (rekonstruierte) Grabmal des hl. Remigius, die intarsierten Steinfliesen (13. Jh.) und der Altar der »Drei Taufen« (von Christus, Konstantin und Chlodwig; 1610). In den Klosterbauten zeigt das **Musée Abbaye St-Rémi** Kunstwerke von der Antike bis zum Mittelalter, eine militärgeschichtliche Sammlung und herrliche Wandteppiche mit Szenen aus der Remigius-Legende.

! *Baedeker* TIPP

Champagner

Ein Reims-Besuch ist undenkbar ohne den Besuch einer der weltbekannten Champagnerfirmen wie Pommery, Mumm, Taittinger oder Ruinart. Zu besichtigen sind auch die riesigen Keller im Kreideuntergrund. Umfassende Informationen zu Öffnungszeiten, Führungen und Verkostungen bietet das Tourismusbüro.

Rennes

Région: Bretagne
Département: Ille-et-Vilaine
Höhe: 30 m ü. d. M.
Einwohnerzahl: 208 000

Rennes ist die Hauptstadt der ▶ Bretagne und ihr kultureller und wirtschaftlicher Mittelpunkt, liegt aber weit von den Küsten entfernt und macht auch keinen »bretonischen« Eindruck, da es nach dem Stadtbrand 1720 neu angelegt wurde.

Stadt der Forschung

Mittelalterliche Atmosphäre zu spüren ist noch in einigen Straßen um die Kathedrale St-Pierre, die vom Brand verschont blieben. Prägend für die Stadt sind die ca. 50 000 Studenten der beiden Universitäten und der über zwei Dutzend Hochschulen. Forschung wird in Rennes großgeschrieben; 1982 wurde das »Triangle d'Or« begründet, eine enge Kooperation Lehre, Forschung und Praxis, so dass in den Forschungseinrichtungen – von der Elektronik und Biotechnik bis zur Medizin – über 4000 Menschen arbeiten. Wirtschaftlich spielen außerdem Autos (Citroën), Druck- und Verlagswesen (Regionalzeitung Ouest-France) sowie Lebensmittelindustrie eine große Rolle.

Ein wenig Geschichte

Im Frühmittelalter war Rennes eine der wichtigsten Grenzfestungen der Franken gegen die bretonischen Eroberer. Bis zum offiziellen Anschluss der Bretagne an die französische Krone 1532 (schon 1491 hatte die 14-jährige Anne de Bretagne den König Karl VIII. geheiratet) war die Stadt Mittelpunkt eines Großherzogtums und ab 1561 Sitz des bretonischen »Parlements« (Gerichtshof). Am 22. Dezember 1720 zerstörte Feuer die Innenstadt, die von dem berühmten Hofarchitekten Ange-Jacques Gabriel (1666–1742) schachbrettförmig und in klassizistischem Stil neu angelegt wurde.

Sehenswertes in Rennes

Altstadt

Die kanalisierte und teils unterirdische Vilaine teilt das alte Stadtzentrum, das beim Brand 1720 verschont blieb, von der neuen Südstadt. Typisch sind die Häuser mit vorkragenden Geschossen und geschnitzten Balkenköpfen. In der Kapelle St-Yves von 1494 ist das Tourismusbüro und eine Ausstellung zur Geschichte von Rennes untergebracht. Das **Hôtel de Blossac** (1728) markiert die Westgrenze des zerstörten Viertels und gilt als schönes Zeugnis der Neuanlage der Stadt. Hier residierte der Gouverneur der Bretagne, heute beherbergt es den Denkmalschutz der Bretagne (Centre de Documentation sur le Patrimoine). Weitere sehenswerte Häuser in der um den Chor der Kathedrale St-Pierre führenden Rue de la Psallette (Nr. 1, 1609; Nr. 8, einst Schule des Kathedralchors). Das reich skulptierte schiefe Fachwerkhaus **Ty Koz** (Rue St-Guillaume 3) aus dem 16. Jh. ist eines der schönsten der Stadt (mit der Bar »El Teatro«).

RENNES ERLEBEN

AUSKUNFT
Office du Tourisme
11 Rue St-Yves, 35000 Rennes
Tel. 02 99 67 11 11
www.tourisme-rennes.com

VERKEHR
Metro und Busse der STAR. Büro bei der Hauptpost (12 Rue du Pré Botté).

FESTE & EVENTS
Erste Julihälfte: Tombées de la Nuit (Musik und Theater in der Altstadt). Im Okt. (wechselnde Termine) bretonisches Festival »Yaouank«, von Samstagabend bis Sonntagmorgen.

ESSEN
▶ Erschwinglich / Fein
① *Le Saison*
St-Grégoire, 1 Impasse Vieux Bourg (3 km nördlich), Tel. 02 99 68 79 35
www.le-saison.com, Mo. geschl.
»Cuisine gourmande«, einfallsreich neu aufpoliert, in modernem Ambiente. Wunderbare Terrasse.

▶ Erschwinglich
② *La Botte Dorée*
Vitré, 20 Rue d'En Bas, Tel. 02 23 55 27 81 (35 km östlich)
Kleines Restaurant nahe dem Schloss, einfach, aber gemütlich eingerichtet. Hervorragende französische Küche mit interessanten Varianten.

▶ Preiswert
③ *La Réserve*
Rennes, 38 Rue de la Visitation
Tel. 02 99 84 02 02, So./Mo. geschl.
Feine französische und bretonische Gerichte zu angenehmen Preisen in einem hübschen alten Bistro.

④ *Quatre B*
Rennes, 4 Place Bretagne, Tel. 02 99 30 42 01, So./Mo.mittag geschl.
Kleines modernes Restaurant mit informeller Atmosphäre, ebenso modernisierte klassische Küche.

ÜBERNACHTEN
▶ Günstig
① *Hôtel des Lices*
Rennes, 7 Place des Lices, Tel. 02 99 79 14 81, www.hotel-des-lices.com
Nahe dem lebhaften Markthallen, komfortable moderne Zimmer, z. T. mit Balkon. Von den oberen Stockwerken herrlicher Blick.

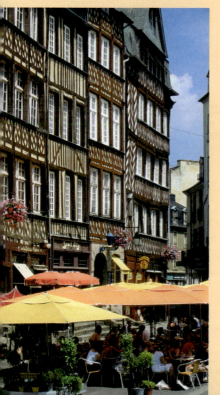

Place Champs-Jacquet mit Fachwerkhäusern aus dem 17. Jahrhundert

Cathédrale St-Pierre

Die imposante Kathedrale St-Pierre war für Hippolyte Taine das »scheußlichste Gebäude, das ich gesehen habe«, Prosper Mérimée meinte, dass sie »Lobreden rechtfertigt«. Innen wirkt die 1787–1844 nach Plänen des Nantaisers M. Crucys erbaute Kirche trotz prachtvoller Ausmalung und viel Stuck und Vergoldung düster. Beachtenswert ist ein vergoldeter **flämischer Schnitzaltar** (1520) mit Szenen aus dem Marienleben. Die nahen Portes Mordelaises sind ein Rest der Stadtbefestigung aus dem 15. Jahrhundert.

Portes Mordelaises

St-Sauveur

In St-Sauveur (1703–1728) sind die schmiedeeiserne vergoldete Kanzel (1781), ein geschnitzter vergoldeter Baldachin (1768) und die Statue der Notre-Dame des Miracles erwähnenswert.

Place des Lices

Auf der Place des Lices fanden im Mittelalter die Turniere statt, heute wird in den und um die zwei **Markthallen** aus dem 19. Jh. am Samstagvormittag ein großer Markt gehalten. Flankiert wird der Platz im Norden von prächtigen Patrizierhäusern, im Westen von den Hochhäusern Tours des Horizons (G. Maillol, 1960).

★
Palais de Justice

Das berühmteste Bauwerk der Stadt ist das Palais du Parlement, der Sitz des **bretonischen Gerichtshofs**, errichtet 1618–1655 von S. de Brosse; umgeben ist er von eleganten Häusern aus dem 17./18. Jahrhundert. Die Ausgestaltung bis 1709 übernahmen die berühmtesten

Rennes Orientierung

1 Maisons de St-Sébastien
2 Hôtel de Blossac
3 Hotel de la Moussaye
4 Maison de Barre

Essen
① Le Saison
② La Botte Dorée
③ La Réserve
④ Quatre B

Übernachten
① Hotel des Lices

© Baedeker

Die Grande Chambre, der Gerichtssaal des Justizpalastes

Maler, Schreiner und Bildhauer der Zeit Ludwigs XVI. Beim Wiederaufbau der Stadt gestaltete A.-J. Gabriel 1726 die Fassade neu. Bei Unruhen bretonischer Fischer wurde das Palais 1994 teilweise zerstört und dann wiederhergestellt (zugänglich in Führungen, Anmeldung im Tourismusbüro). Besonders prunkvoll ist die 20 × 10 m große und 7 m hohe **Grande Chambre**. Im Saal der Dicken Pfeiler hatten noch bis 1840 Händler ihre Verkaufsstände.

Place de la Mairie

Théâtre ▶

An der Place de la Mairie im Zentrum des klassizistischen Stadtviertels stehen sich Rathaus (A.-J. Gabriel, 1743; ▶Foto S. 83) und Theater gegenüber. Im Rathaus sind der Festsaal sowie ein Pantheon der Gefallenen des Ersten Weltkriegs zu besichtigen. Im weiß strahlenden neoklassizistischen Theater (C. Millardet, 1831) hat der Bretone J.-J. Lemordant die Saaldecke mit bretonischen Tanzszenen ausgemalt. Sehr schön ist der Blick von der Mitte des Rathausplatzes südlich durch die Rue d'Orléans auf das Palais de Commerce (▶unten).

Palais St-Georges

Am Ende der vom Stadtbrand verschonten Rue St-Georges mit prächtigen **Fachwerkhäusern** liegt das Palais St-Georges, erbaut 1670 für die Äbtissin Madeleine de La Fayette (heute Behörde). Weiter nördlich an der Rue Gambetta die **Piscine** (Schwimmbad), eines der schönsten Jugendstil-Gebäude Frankreichs (1925). Die Pfarrkirche St-Mélaine (1672) war früher Kirche eines Benediktinerklosters; einige Pfeiler des Langhauses und die Vierung mit Hufeisenbögen (11. Jh.) sind seltene Beispiele der Romanik in der Bretagne. Schöner Kreuzgang (1663), nebenan der Bischofspalast von 1672. Durch ein kunstvoll geschmiedetes Tor betritt man den Jardin du Thabor, den einstigen Obstgarten der Abtei. Der Park mit Musikpavillon und Volière entstand um 1866. Der Botanische Garten beherbergt 3000 Pflanzenarten und einen schönen Rosengarten.

St-Mélaine

Jardin du Thabor

St-Aubin

Die alte Rue St-Mélaine führt hinunter zur Place Ste-Anne mit der neogotischen Kirche und hübschen Fachwerkhäusern (16. Jh.). Im Couvent des Franciscains fand 1491 die Verlobung von Anne de Bretagne und König Karl VIII. statt.

Place de la République

Die 1840 kanalisierte Vilaine ist die Ost-West-Achse von Rennes; über dem Fluss wurde die Place de la République angelegt. Den Blick auf die damals wohl für unansehnlich gehaltene Unterstadt – das Viertel der Gerber, Färber und Metzger – versperrt das monumentale **Palais de Commerce** (1886 – 1932; heute Hauptpost).

★★ Musée des Beaux-Arts

Das Universitätsgebäude (1856) beherbergt das **bedeutendste Kunstmuseum der Bretagne**. Es zeigt Gemälde des 14.–20. Jh.s – u. a. Werke von Rubens (eine Tigerjagd, gemalt für das Schloss Schleißheim bei München), La Tour und der Schule von Pont-Aven –, Zeichnungen (u. a. Da Vinci, Dürer, Botticelli) und archäologische Exponate. Geöffnet Di. 10.00 – 18.00, Mi. – So. 10.00 – 12.00, 14.00 – 18.00 Uhr.

★★ Musée de Bretagne

Das reich ausgestattete Bretagne-Museum widmet sich der Geschichte und Entwicklung der Region von der Vor- und Frühgeschichte bis heute. Es ist im Kulturzentrum Les Champs Libres nahe dem Bahnhof beheimatet (Cours des Alliés, geöffnet Di. 12.00 – 21.00, Mi. – Fr. 12.00 – 19.00, Sa./So. 14.00 – 19.00 Uhr).

Umgebung von Rennes

★ Ecomusée du Pays de Rennes

An der Straße nach Noyal-Châtillon liegt das Freilichtmuseum Ferme de la Bintinais (geöffnet April – Sept., Mo. geschl.). Hier lernt man die Landwirtschaft der Region kennen, Nutzpflanzen und Haustiere alter Rassen werden erhalten; Vorführungen je nach Jahreszeit.

★ Châteaugiron

Châteaugiron (6300 Einw.) 16 km südöstlich von Rennes gehörte im Mittelalter zu den bedeutendsten Städten der Bretagne. Im 16. Jh. trat es zum Protestantismus über, weshalb es 1589 von der katholischen Liga verwüstet wurde. Eine neue Blüte erlebte es als Zentrum der Segeltuchherstellung. Schöne alte **Fachwerkhäuser** aus dem 16.–19. Jh. und die Burg erinnern an diese Zeiten; aus dem 13. Jh. stammen die Tour de l'Horloge und der 38 m hohe Donjon.

★ Vitré

Vitré (16 700 Einw.) 35 km östlich von Rennes ist ein altes befestigtes Städtchen an der einstigen Grenze der Bretagne. Am höchsten Punkt liegt das **mächtige Schloss** (14./15. Jh.), das mit mittelalterlicher Kunst, Mobiliar und Wandteppichen ausgestattet ist. Unter den pittoresken Gassen der Altstadt sind besonders die Rue Baudrairie sehenswert, in der die Sattler wohnten und arbeiteten, und die Rue Poterie. Die gotische Kirche Notre-Dame (15./16. Jh.) besitzt eine ungewöhnliche Außenkanzel. Ihr gegenüber das Hôtel Ringues, erbaut im 16. Jh. für einen reichen Kaufmann, heute Gemeindezentrum.

Château des Rochers-Sévigné

Knapp 7 km südlich von Vitré liegt das Schloss Les Rochers, in dem 1654–1690 die Madame de Sévigné lebte, die berühmte Chronistin des höfischen Lebens zur Zeit Ludwigs XIV.

La Guerche-de-Bretagne

★

La Roche-aux-Fées ▶

Über das hübsche Städtchen La Guerche-de-Bretagne (4200 Einw.) 22 km südlich von Vitré, das einst zur Kette von Burgen gehörte, die die Ostgrenze der Bretagne sicherten, erreicht man eines der bedeutendsten **Megalithdenkmäler** der Bretagne (15 km westlich von La Guerche, zwischen Retiers und Essé). Der »Feen-Felsen« genannte Dolmen ist 22 m lang, 6 m breit und 4 m hoch und wurde vermutlich um 2500 v. Chr. aufgetürmt (▶Baedeker Special S. 284).

Fougères

Fougères (20 700 Einw.), ca. 50 km nordöstlich von Rennes an einer Schleife des Nançon gelegen, ist für seine Schuhindustrie bekannt, aber auch landwirtschaftlich orientiert; der größte **Rindermarkt** Europas findet im nahen La Selle-en-Luitré statt (Do. ab 14.00 Uhr). Als einstige Festungsstadt besitzt es eine gewaltige **Burg** (11.–15. Jh.), ihr Hof wird als Freilichttheater genützt. Die spätgotische Kirche St-Sulpice (14.–18. Jh., südlich der Burg) mit eigenartigem Vierungsturm besitzt in den Chorkapellen schöne Retabel aus Granit. In einem Fachwerkhaus neben dem Rathaus (beide 16. Jh.) ist das Musée Emmanuel de la Villéon untergebracht. Der impressionistische Maler (1858–1944) stammte aus Fougères.

Josselin

Die kleine mittelalterliche Stadt (2400 Einw.) ca. 35 km südwestlich des Forêt de Paimpont besitzt ein mächtiges Schloss, das **Château des Rohan** (14.–16. Jh.) am Fluss Oust. Auf der Place Notre-Dame mit schönen alten Fachwerkhäusern die Kirche N.-D.-du-Roncier (12. Jh.) mit großartigen Glasfenstern aus dem 15./16. Jahrhundert. Am Nationalfeiertag findet ein großes Mittelalter-Fest statt.

Blaue Stunde in Josselin: Château des Rohans

★ ★ Rouen

Région: Haute-Normandie **Höhe:** 10 m ü. d. M.
Département: Seine-Maritime **Einwohner:** 109 000

Rouen, die Hauptstadt der ▶Normandie, hat durch seine Lage zwischen Paris und dem Meer von jeher große wirtschaftliche Bedeutung. Mit etwa 2000 Fachwerkhäusern, prächtigen gotischen Kirchen und hervorragenden Museen ist es auch eine der besuchenswertesten Städte Nordfrankreichs.

Rouen, Hauptstadt der Région Haute-Normandie und des Départements Seine-Maritime, liegt etwa 120 km vor der Mündung der Seine in den Ärmelkanal. Sie ist einer der bedeutendsten Fluss- und Seehäfen Frankreichs, bis hier ist die Seine mit Seeschiffen befahrbar. In der Agglomeration Rouen leben fast 400 000 Menschen.

Bedeutende Hafenstadt

Rouen wurde im 9. Jh. mehrfach von den Normannen heimgesucht, 911 wurde ihr Führer Rollo hier der erste Herzog der Normandie. Nach der Krönung von Wilhelm dem Eroberer zum englischen König 1066 gehörte Rouen bis 1204 zu England, ebenso im Hundertjährigen Krieg (1419–1449). 1431 fand hier der **Prozess gegen Jeanne d'Arc** statt, der mit ihrem Tod auf dem Scheiterhaufen endete. Die Kämpfe zwischen Katholiken und Calvinisten im 16./17. Jh. hemmten den Aufschwung der Stadt mit ihrer bedeutenden Textilindustrie, nach Aufhebung des Edikts von Nantes 1683 verließen über die Hälfte der Bürger die Stadt. Im Zweiten Weltkrieg erlitt sie große Schäden. Aus Rouen stammten die Schriftsteller Pierre Corneille (1606–1684) und Gustave Flaubert (1821–1880).

Aus der Geschichte

Sehenswertes in Rouen

Kern der Altstadt ist die Place du Vieux Marché, auf der Jeanne d'Arc am 30. Mai 1431 verbrannt wurde; ein Kreuz und eine Tafel markieren die Stelle. In der Eglise Ste-Jeanne-d'Arc von 1979 sind die Fenster der 1944 zerstörten Kirche St-Vincent (16. Jh.) zu sehen. Im Süden säumen schöne Fachwerkhäuser den Platz. Das prächtige **Hôtel du Bourgtheroulde** südlich des Alten Markts, erbaut 1486–1531 für den Gerichtsherrn Guillaume Le Roux, beherbergt eine Bank.

★
Place du Vieux Marché

Vom Alten Markt zur Kathedrale führt die Rue du Gros-Horloge, Hauptschlagader der Altstadt mit Fachwerkhäusern des 15.–17. Jh.s. Das heimliche Wahrzeichen der Stadt ist die herrliche **Gros-Horloge** (Uhr mit Stundenzeiger, 1389) in einem Renaissance-Torbau, der Wehrturm nebenan entstand bis 1398. Haus Nr. 60–66 ist das ehemalige Rathaus (1607), entworfen von Jacques Gabriel, dem Urgroßvater des berühmten Hofarchitekten Ange-Jacques Gabriel.

Rue du Gros-Horloge

Rouen, die alte Hauptstadt der Normandie an der Seine

★ **Palais de Justice**
Das Palais de Justice nördlich der Gros-Horloge, ein Meisterwerk der Gotik, wurde bis 1509 von R. Leroux erbaut als Sitz des obersten Gerichtshofs der Normandie (Echiquier). Unter dem Hof wurde das älteste jüdische Bauwerk Frankreichs entdeckt (**Monument Juif**, um 1100; Führungen Di., Anmeldung im Tourismusbüro).

★★ **Kathedrale Notre-Dame**
Die gotische Kathedrale Notre-Dame, eine der größten und großartigsten des Landes, entstand im Wesentlichen 1201–1220 (Querschiff 1280). Ihre 56 m breite Flamboyant-Fassade (1509–1530; Juli/Aug. abends farbig illuminiert) – hat **Claude Monet** in nicht weniger als 28 Bildern verewigt, grundlegenden Werken des Impressionismus. Im Tympanon des Mittelportals eine schöne Wurzel Jesse (1524). Links der Fassade die Tour St-Romain, deren unterer Teil vom romanischen Vorgängerbau stammt, rechts die 77 m hohe Tour de Beurre (1485 bis 1507): Ihr Bau wurde durch eine Steuer finanziert, die für die Erlaubnis kassiert wurde, in der Fastenzeit Butter essen zu dürfen. Die schwarze Spitze des Vierungsturms aus Gusseisen (1876) schließt den mit 151 m **höchsten Kirchturm Frankreichs** ab. Besonders schön sind auch die Seitenportale, v. a. das Portail des Libraires im Norden. Das 135 m lange und in der Vierung 51 m hohe Innere beeindruckt durch Eleganz und Harmonie. Im wunderbaren **Umgangschor** sind u. a. Rollo, der erste Herzog der Normandie, und das Herz von Richard Löwenherz bestattet (der Körper in Fontevraud, ►Loire). Glanzstück ist das **Grabmal der Kardinäle von Amboise** (1520) in der zentralen Chapelle de la Vierge. In der Krypta aus dem 11. Jh. ist das Herz König Karls V. beigesetzt.

Gegenüber der Kathedrale das schöne Bureau des Finances (1509; Tourismusbüro. Östlich stößt an die Kathedrale der Erzbischöfliche Palast (15./18. Jh.), der noch seine angestammte Funktion hat.

Place de la Cathédrale

Ein **Juwel der Spätgotik** ist die Kirche St-Maclou (1437–1521, Vierungsturm 1868). Hinter der filigranen fünfachsigen Vorhalle liegen drei Portale; das mittlere und das linke, wohl von Jean Goujon, zeigen feine Holzreliefs (Szenen aus der Bibel). Auch das Orgelgehäuse im schlichten Inneren stammt von Goujon. An der Nordseite der Kirche verläuft die von schönen Fachwerkhäusern gesäumte Rue Martainville mit vielen Antiquitätenläden. Durch einen Gang bei Haus Nr. 186 gelangt man in den Aître St-Maclou, einen 1348 angelegten Pestfriedhof. Umgeben ist er von **Holzgalerien** (um 1530), die mit geschnitzten Totentanzszenen verziert sind.

St-Maclou

◀ Aître St-Maclou

 ROUEN ERLEBEN

AUSKUNFT
Office de Tourisme
25 Pl. de la Cathédrale, 76008 Rouen
Tel. 02 32 08 32 40
www.rouentourisme.com
www.rouen.fr

VERKEHR
Busse und Metro der TCAR. Info: Théâtre des Arts, 9 Rue Jeanne d'Arc
Hafenrundfahrten April–Sept. Mi./Sa. 14.30 (Anm. im Tourismusbüro).

FESTE & EVENTS
Ende Mai: Fest der Jeanne d'Arc. Anfang Juli (alle 4–5 Jahre, wieder 2013): Armada, größtes Segelschiff-Treffen der Welt, mit mit großem Volksfest, Feuerwerk etc. (Hotel 1 Jahr vorher buchen). Aktuelle Termine in »L'Agenda Rouennais«.

ESSEN
▶ **Erschwinglich**
① *La Couronne*
31 Place du Vieux Marché
Tel. 02 35 71 40 90. Ob es tatsächlich das älteste Gasthaus Frankreichs ist – jedenfalls gehört das Fachwerkhaus von 1345 zu den schönsten. Und die Rouennaiser Ente ist ausgezeichnet. Am Platz zu empfehlen sind auch das Edelbistro P'tit Zinc und das beliebte, preiswerte Les Maraîchers.

▶ **Preiswert**
② *Brasserie Paul*
1 Place de la Cathédrale
Tel. 02 35 71 86 07. Aufgrund der privilegierten Lage und der Atmosphäre sehr populär, dennoch gute Bistro-Küche und sehr preiswert.

ÜBERNACHTEN
▶ **Günstig**
① *De la Cathédrale*
12 Rue St-Romain, Tel. 02 35 71 57 95
www.hotel-de-la-cathedrale.fr
Gediegenes Haus aus dem 17. Jh. nahe der Kathedrale mit wunderbarer Atmosphäre. Zu empfehlen sind die Zimmer zum Innenhof.

② *Le Vieux Carré*
34 Rue Ganterie, Tel. 02 35 71 67 70
www.vieux-carre.fr
Fachwerkhaus von 1715, zauberhafter Innenhof und hübsche Zimmer zu gutem Preis – Zutaten für einen sehr angenehmen Aufenthalt.

Saint-Ouen ★ St-Ouen war eine der mächtigsten Benediktinerabteien der Normandie – ihre 1318–1339 erbaute Kirche, ein weiteres schönes Werk der Spätgotik, ist stattliche 137 m lang. Der Abschluss (1515) des prächtigen **Vierungsturms** heißt zu Recht »Krone der Normandie«. Das Westportal mit den Türmen entstand erst 1846–1851. Am südlichen Querschiff ist das Portail des Marmousets zu beachten, in dessen Tympanon der Tod, die Himmelfahrt und die Aufnahme Marias in den Himmel dargestellt sind. Innen ragen die Glasfenster aus dem 13.–16. Jh. und ein schönes **Chorgitter** (1747) heraus, im Orgelprospekt von 1630 ein berühmtes Instrument von Cavaillé-Coll (19. Jh.). Das Konventsgebäude ist seit der Revolution Rathaus.

Rouen Orientierung

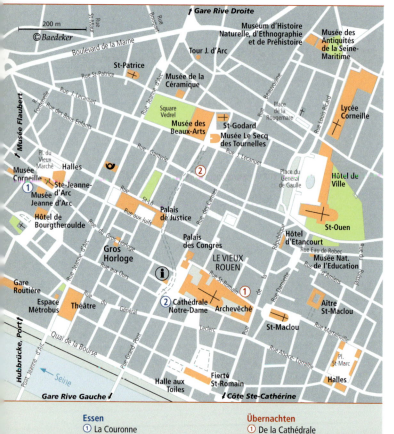

Essen
① La Couronne
② Brasserie Paul

Übernachten
① De la Cathédrale
② Le Vieux Carré

▶ Rouen

Um die Square Vedrel, einen angenehmen Park, gruppieren sich interessante **Museen** (alle Dienstag geschl.). In der gotischen Kirche St-Laurent zeigt das Musée Le Secq des Tournelles eine einzigartige Sammlung von schmiedeeisernen Kunstwerken. Gegenüber das **Musée des Beaux-Arts**, eines der besten Provinzmuseen Frankreichs, mit Gemälden aus dem 15.–20. Jh. (u. a. Caravaggio, Velázquez, Géricault, Boudin, Dufy und Monet – von Letzterem auch eine »Fassade der Kathedrale von Rouen«). Das Musée de la Céramique im Hôtel d'Hocqueville (1657) besitzt eine reichhaltige Keramiksammlung.

Südlich der Kathedrale erstreckt sich bis zur Seine ein modernes Wohnviertel. Einziger Rest der Altstadt ist die an die Markthalle gebaute Fierté St-Romain, beide aus der Renaissance (1542).

Die Gros-Horloge in der lebhaften Altstadt

1860 wurde durch die Altstadt die Rue Jeanne d'Arc gebrochen, die heutige Nord-Süd-Achse. In der sie querenden Rue du Donjon steht die Tour Jeanne d'Arc, Rest der großen, um 1200 von König Philipp II. Augustus erbauten **Burg** (Di. geschl.). Hier wurde Jeanne d'Arc 1431 von den Richtern verhört und gefoltert.

Tour Jeanne d'Arc

Im Hôtel-Dieu im Westen der Stadt wurde 1821 **Gustave Flaubert** geboren; sein Vater war dort Arzt. Heute beherbergt es das Musée Flaubert und ein Museum zur Geschichte der Medizin (So. geschl.).

Musée Flaubert

Umgebung von Rouen

Zwischen Rouen und ▶Le Havre verläuft – in etwa parallel zur Seine – die D 982 als ausgeschilderte »Straße der Abteien«. Die abwechslungsreiche Landschaft und die vielen Kulturdenkmäler machen sie zum großem Erlebnis (▶Normandie).

★
Route des Abbayes

Sattgrüne Wiesen bestimmen das Bild des nordöstlich von Rouen an der Grenze zur Picardie gelegenen Pays de Bray. Hauptort ist das für seinen Käse bekannte **Neufchâtel-en-Bray**. Der Kurort **Forges-les-Eaux** (17 km südlich) sah schon Gäste wie Ludwig XIII. und Kardinal Richelieu. Schickes Casino.

Pays de Bray

Saint-Étienne

Région: Rhône-Alpes
Département: Loire

Höhe: 517 m ü. d. M.
Einwohner: 175 300

St-Étienne, eine bedeutende Industriestadt südwestlich von Lyon, ist nicht gerade ein Mussziel. Das Museum für moderne Kunst sollte man sich aber nicht entgehen lassen.

Industriestadt im Wandel
St-Étienne, Hauptstadt des Départements Loire, verfügt aufgrund der Kohlevorkommen an der oberen ▶Loire seit dem Mittelalter über eine bedeutende Industrie, v. a. Metallverarbeitung, Rüstung, Glas, Textil; die erste Eisenbahn Frankreichs wurde 1827 zwischen St-Étienne und Andrézieux eröffnet. Nach dem Ende des Kohlebergbau in den 1980er-Jahren sind neben die traditionellen Branchen Elektronik, Agrarchemie und Kunststoff getreten. Die Stadt hat sich in jüngerer Zeit ein wesentlich freundlicheres Gesicht gegeben.

Sehenswertes in St-Étienne

Rue de Gaulle Rue Gambetta
Die Stadt wird in Nord-Süd-Richtung vom ca. 6 km langen, schnurgeraden Straßenzug Rues Bergson/Ch. de Gaulle/Gambetta (mit Straßenbahn) durchquert. In der Mitte die **Place Jean-Jaurès** mit der Präfektur, dem Rathaus von 1882 und der Kirche St-Charles.

St-Étienne
Südlich der Place Jaurès liegt die Place du Peuple, der mittelalterliche Marktplatz mit Turm und schönem Fachwerkhaus (16. Jh.). Westlich die Kirche St-Étienne, Grand'Eglise genannt (15. Jh., Turm 17. Jh.), mit einer schönen polychromen Grablegung (16. Jh.). Am Vorplatz sind Häuser aus dem 15./16. Jh. bemerkenswert. Unweit westlich die **Comédie de St-Étienne**, 1947 gegründet und eine wichtige Institution der französischen Theaterszene.

Musée du Vieux St-Étienne

Musée d'Art et d'Industrie ★

Site Couriot
Weiter südlich an der »Hauptachse« das Hôtel de Villeneuve (17. Jh.) mit dem **Museum für Stadtgeschichte** (So./Mo. geschl.). Das Viertel östlich der Straßenbahn ist der alte Faubourg d'Outre-Furan (»jenseits des Flüsschens Furan«). Das **Industriemuseum** dort veranschaulicht Kohlebergbau, Waffentechnik und Textilherstellung, zu sehen sind auch alte Fahrräder (Di. geschl.). Vom Hôtel de Ville führt die Rue A. Briand westlich zur Kohlenmine Couriot, die von 1913 bis 1973 in Betrieb war (Musée de la Mine, Di. geschl.).

★★
Musée d'Art Moderne
Im nördlichen Stadtteil La Terrasse (4,5 km vom Stadtzentrum) steht das von Didier Guichard erbaute **Museum für moderne Kunst** (1987), das mit seiner Verkleidung aus schwarzen Kacheln an die »Kohlenzeit« erinnert. Mit Werken der klassischen Moderne (Picasso, Léger, Miró, Picabia u. a.) und des späten 20. Jh.s (Klein, Stella,

Warhol, Baselitz u. a.) gehört es zu den wichtigsten französischen Kunstmuseen. Geöffnet Mi. – Mo. 10.00 – 18.00 Uhr.

Umgebung von St-Étienne

Firminy

Das Städtchen 11 km südwestlich von St-Étienne war ab dem 18. Jh. ein Zentrum des Bergbaus und der Eisenverarbeitung. An der Umgestaltung Anfang der 1950er-Jahre war **Le Corbusier** beteiligt, neben Chandigarh in Indien sein einziges städtebauliches Projekt mit Unité d'Habitation, Stadion usw.; die Kirche wurde erst 2005 fertig. Die Aufnahme ins Welterbe ist beantragt (www.ville-firminy.fr).

Mont Pilat

Südöstlich von St-Étienne erhebt sich das Massif du Mont Pilat, das die Loire von der Rhône trennt. Im **Crêt de l'Œillon** erreicht es 1370 m Höhe, im **Crêt de la Perdrix** 1432 m. Beide Gipfel sind auf Straßen erreichbar (kurzer Weg zu Fuß); man verlässt St-Étienne auf der D 8 (bei Rochetaillée geht es rechts in die großartige Gouffre d'Enfer) und nimmt hinter Bessat die D 8 A oder die D 63. Der Crêt de l'Œillon gewährt ein grandioses Panorama mit Rhône-Tal, Alpen, Mont Ventoux im Osten und Puy de Sancy im Westen.

◀ Crêt de l'Œillon

Saint-Galmier

Die Quellen von St-Galmier (4200 Einw.) 16 km nördlich von St-Étienne liefern das bekannte Mineralwasser **Badoit**. In der Kirche (15. – 17. Jh., Flamboyant-Gotik) eine schöne Pfeilermadonna aus dem 16. Jh. und ein flämisches Triptychon (15. Jh.).

Montbrison

Montbrison (14 000 Einw.), ca. 35 km nordwestlich von St-Étienne zwischen der Loire-Ebene und den Bergen des Forez gelegen, war einst Hauptort der Grafschaft Forez. Das **Grafenschloss** stand auf dem Vulkan, um den sich die Häuser gruppieren. Am Ringboulevard steht im Westen das Musée d'Allard (Puppen und Marionetten, Mi-

ST-ÉTIENNE ERLEBEN

AUSKUNFT

Office de Tourisme, 16 Av. de la Libération, 42000 St-Étienne, Tel. 04 77 49 39 00, www.saint-etienne.fr
www.tourisme-st-etienne.com

ESSEN

▶ Preiswert
Du Musée d'Art Moderne
Tel. 04 77 79 24 52, So.abend geschl.
Den Besuch des Kunstmuseums kann man gastronomisch auf gleicher Ebene abrunden: moderne, leichte, experimentierfreudige Küche (v. a. Fisch) zu angenehmen Preisen.

ÜBERNACHTEN

▶ Günstig
Terminus du Forez
31 Av. Denfert-Rochereau
Tel. 04 77 32 48 47
www.hotel-terminusforez.com
Hotel mit modernem Komfort, nahe dem Bahnhof. Die Gestaltung offenbart leider einen etwas eigenartigen Geschmack. Mit Restaurant.

Diana ▶ neralien). Im Süden, nahe dem Flüsschen Vizézy, die gotische Kirche Notre-Dame-d'Espérance (1226); das Portal (15. Jh.) zeigt im Tympanon eine Maria mit Kind (14. Jh.). Östlich der Kirche die sog. Diana (1296), einst Versammlungssaal des Dekanats – daher der Name – mit einem Holzgewölbe (14. Jh.), dessen 1728 Kassetten bemalt sind.

Lac de Grangent
St-Victor-sur-Loire ▶ Westlich von St-Étienne ist einer der Stauseen am Oberlauf der Loire zu finden, der von Wäldern umgebene Lac de Grangent. Sehr hübsch liegt hier St-Victor-sur-Loire mit romanischer Kirche und mittelalterlicher Burg. Am Nordende des Sees die Ruine des Schlosses von Grangent, die durch die Aufstauung heute auf einer Insel steht.

★ ★ Saint-Malo

E / F 4

Région: Bretagne
Département: Ille-et-Vilaine
Höhe: Meereshöhe
Einwohnerzahl: 48 600

Für Flaubert eine »Steinkrone auf den Wellen«, für Chateaubriand eine »granitene Zitadelle« war die wehrhafte Altstadt von St-Malo. Seit dem Ende des 19. Jahrhunderts ist die bedeutende Hafenstadt im Osten der ▶Bretagne ein beliebter Ferien- und Badeort.

Alte Seefahrerstadt Die festungsartige Altstadt von St-Malo (»Ville Close«) war ursprünglich eine Insel und ist heute durch zwei Dämme mit dem Festland verbunden. Seit dem 17. Jh. ist die Hafenstadt an der Smaragdküste natürlich stark gewachsen; 1967 wurden Paramé (östlich der Ville Close) und St-Servan (südlich) eingemeindet. Viele schöne alte Villen, die »Malouinières«, belegen, dass St-Malo seit Ende des 19. Jh.s auch ein frequentiertes Sommerferienziel ist. Wichtige Einnahmequelle ist immer noch der Hafen, wo Handels- und Fährschiffe, Fischtrawler und Jachten landen.

Ein wenig Geschichte Im 6. Jh. ließ sich der walisische Einsiedlermönch Maclow – einer der sieben heiligen Gründer der Bretagne – auf der Landzunge Aleth nieder (heute St-Servan). Aus »Maclow« wurde französisch »Maclou« und bretonisch »Malo«. Normannische Überfälle im 9. Jh. zwangen die Bewohner, auf die leichter zu verteidigende Insel überzusiedeln. Im Lauf der Zeit entstanden mächtige **Wehrmauern**, die letzten Verstärkungen 1693 – 1695 nach Plänen von S. Garangeau, einem Schüler von Vauban. Vom Meer aus konnte die Stadt nie erobert werden. Seinen Wohlstand ver-

! **Baedeker TIPP**

Segeln wie damals
Wer mal richtig Seeluft schnuppern will, kann das zünftig auf dem Korsarenkutter »Le Renard« tun, gebaut nach einem Vorbild von 1812. Info auf www.cotre-corsaire-renard.com, Charter über www.etoile-marine.com.

Abweisend erhebt sich die Ville Close von St-Malo über dem Wasser.

dankte St-Malo schon früh der Seefahrt. 1534 entdeckte der Malouiner **Jacques Cartier** Kanada. Seinen Aufstieg zum Zentrum der Korsaren erlebte St-Malo dann Ende des 17./Anfang des 18. Jh.s, als Malouiner Piraten die Weltmeere unsicher machten. Als es mit der Seeräuberei zu Ende ging, verlegte man sich auf Sklavenhandel und Hochseefischerei. 1768 kam hier der Schriftsteller und französische Außenminister **F.-R. de Chateaubriand** († 1848) zur Welt. Im August 1944 zerstörten alliierte Luftangriffe 80 % der Innenstadt; in den folgenden Jahren wurde die Altstadt im klassizistischen Stil des 18. Jh.s wieder aufgebaut.

✱ ✱ Ville Close

Am besten beginnt man die Besichtigung von Vieux Malo – auch »Intra Muros« genannt, »Innerhalb der Mauern« – mit einem Rundgang auf dem Mauerring. Je nach den Gezeiten – der Unterschied zwischen Ebbe und Flut beträgt zwischen 8 und 13 m (▶Baedeker Special S. 750) – hat man spektakuläre Ausblicke auf Meer, Hafen, Inseln und Stadt. Das heutige Bauwerk stammt im Wesentlichen aus der ersten Hälfte des 18. Jh.s, als sich die Stadt auf 24 ha ausdehnte. Der Hauptzugang befindet sich am südlichen Schlossturm an der Porte St-Vincent (1709); besonders trutzig wirkt die **Grande Porte** von 1582. Der Ville Close vorgelagert sind einige Inseln, die eine wichtige Verteidigungslinie darstellten und z. T. befestigt wurden.

Tour des Remparts

Das wehrhafte **Schloss** entstand zum großen Teil im 15./16. Jh. im Auftrag der Herzöge der Bretagne zur Verteidigung der Stadt, aber auch zu ihrer Kontrolle. Ältester Teil ist der Petit Donjon (14. Jh.); 1424 errichtete man den Grand Donjon (südlich). 1475 entstand die Tour Générale. In den Türmen ist das **Musée de la Ville et du Pays Malouin** untergebracht, das auch die Hochseefischerei, das Alltags-

✱

Château

◀ Stadtmuseum

Tour Quic-en-groigne ▶ leben in der Region und den frühen Fremdenverkehr dokumentiert. 1498 wurde der Turm Quic-en-groigne an den Petit Donjon angebaut. Sein seltsamer Name spielt auf eine Devise der Anne de Bretagne an: »Qui qu'en groigne, ainsi sera, car tel est mon plaisir.« (»Mag man auch murren, soll es wohl sein; denn so macht es mir Spaß.«) Die Tour des Dames und Tour des Moulins im Hof entstanden Anfang des 16. Jh.s; die ehemaligen Kasernen (18. Jh.) wurden zum Rathaus umfunktioniert. Zur Esplanade St-Thomas hin baute man im 16. Jh. an der Ostseite des Schlosses die »Galère« an, die von Vauban zu einer dreiseitigen Anlage verstärkt wurde.

Weitere Sehenswürdigkeiten ▶ Im Haus Nr. 2 an der lebhaften **Place Chateaubriand** wohnte die Familie Chateaubriand fünf Jahre; geboren wurde der Schriftsteller im Haus Rue Chateaubriand Nr. 3. Der Platz ist Ausgangspunkt eines Rundwegs. Wo das Grab des hl. Malo gelegen haben soll, steht die **Kathedrale St-Vincent**, die im 12./13. Jh. auf den Resten eines karolingischen Vorgängerbaus entstand (Chorgestühl und Kanzel aus der Zeit Ludwigs XIV., moderne Glasfenster von Max Ingrand und J. Le Moal). In der Rue de Toulouse 13 ist ein bezauberndes **Puppen- und Spielzeugmuseum** zu finden.

ST-MALO ERLEBEN

AUSKUNFT
Office de Tourisme
Esplanade St-Vincent
35400 St-Malo
Tel. 08 25 13 52 00
www.saint-malo-tourisme.com

SCHIFFSVERKEHR
Die Schiffe nach Dinard/Dinan/St-Servan und anderen Ausflugszielen fahren vom Südkai der Ville Close ab, die nach England und zu den Kanalinseln vom Fährhafen.

ESSEN
▶ **Erschwinglich / Fein**
① *À la Duchesse Anne*
5 Place Guy La Chambre, Tel. 02 99 40 85 33, Mo.mittag/Mi. geschl., in der Nebensaison auch So.abend
Traditionsreiches Restaurant innerhalb der Stadtmauer. Französische Küche nach echter bürgerlicher Art, vornehmlich exzellenter Fisch.

② *St-Placide*
6 Place Poncel, St-Servan
Tel. 02 99 81 70 73
Haus von 1907 mit Terrasse an hübschem Platz. Regionale Küche, d. h. Fisch und Meeresfrüchte, besonders Fischsuppe.

ÜBERNACHTEN
▶ **Komfortabel**
① *Hotel Central*
6 Grand Rue, Tel. 02 99 40 87 70
www.hotel-central-stmalo.com
In der Ville Close gelegen, gepflegte schlicht-moderne Zimmer. Mit maritimem Restaurant »La Pêcherie«.

② *Ascott Hotel*
St-Servan, 35 Rue du Chapitre
Tel. 02 99 81 89 93
www.ascotthotel.com
Kleine Bürgervilla aus dem 19. Jh., ausgestattet in charmantem Mix von Alt und Modern. Mit Garten.

▶ Saint-Malo **ZIELE** 749

Außenbezirke und Umgebung von St-Malo

Zur Sicherung St-Malos, v. a. vor Angriffen der Engländer, befestigte man im 17. Jh. die vor der Stadt gelegenen Inseln. Auf dem Felsen von **Islet** – bei Ebbe zu Fuß erreichbar – wurde 1689 das Fort National erbaut. Zuvor war der Ort Hinrichtungsstätte. Zu Fuß erreichbar ist auch **Grand-Bé**, auf der Chateaubriand beigesetzt ist. 300 m westlich liegt die kleinere Insel Petit Bé. Die 1692/1756 befestigte **Ile de Cézembre** 4 km nordwestlich wird wegen ihres schönen Strands besucht. 1,5 km nordöstlich von ihr die Festung La Conchée (Vauban/Garangeau, um 1700).

Inseln

Ein schöner Spaziergang führt um die Cité d'Aleth südlich der Ville Close. Ausgangspunkt ist die Place St-Pierre mit den Ruinen der **Kathedrale von Aleth**. Nordwestlich das Fort von 1759, das im Zweiten Weltkrieg von der deutschen Besatzung ausgebaut wurde (Mémorial 33/45). Südlich der Place St-Pierre steht am Wasser die gewaltige, aus drei Rundtürmen zusammengesetzte **Tour Solidor** (1369–1382) mit dem interessanten Museum der Kap-Horn-Fahrer (Musée International du Long Cours Cap-Hornier).

Cité d'Aleth

Der hübsche Badeort St-Servan südlich der Cité d'Aleth besitzt einen der größten Sporthäfen der Bretagne. Ein beliebtes Familienausflugsziel ist das spektakuläre **Grand Aquarium** im Südosten des Orts (Av. du Général Patton, D 137; tägl. geöffnet, Jan. geschl.).

Saint-Servan

◀ weiter auf S. 752

St-Malo Ville Close Orientierung

1 Musée de la Ville
2 Geburtshaus Châteaubriand
3 Musée de la Poupée
4 Halle aux Blés
5 Bibliothèque

Essen
① Duchesse Anne

Übernachten
① Hotel Central
② Ascott Hotel

100 m
© Baedeker

Das Gezeitenkraftwerk in der Rance bei St-Malo

ATMUNG DES MEERES

Das faszinierendste Naturschauspiel an der Atlantikküste bieten Ebbe und Flut. Zweimal am Tag enthüllen sie die Schönheiten und Reichtümer der Strände, um sie dann wieder dem Auge des Betrachters zu entziehen.

Das Fallen und Steigen des Meeresspiegel geht auf die Anziehungskräfte von Mond und Sonne zurück (wobei der Mond doppelt so stark wirkt). Die Anziehung bewirkt, dass ständig zwei **Flutberge** um die Erde laufen, und zwar im Abstand von durchschnittlich 12 Std. und 25 Min.; das heißt, dass das Meer zweimal pro Tag ansteigt und wieder absinkt, wobei sich der Abstand zwischen den Gezeiten täglich um etwa 50 Min. verschiebt. Bei Neu- und Vollmond, wenn sich Sonne, Mond und Erde auf einer Linie befinden, verstärken sich die Anziehungskräfte von Sonne und Mond, und es kommt zu den starken **Springtiden**. Wenn dagegen bei Halbmond Sonne, Erde und Mond im rechten Winkel zueinander stehen, ist die Gesamtanziehungskraft am niedrigsten; da die Sonne die Wassermassen an andere Stellen der Erde zieht, entstehen die schwächeren Nipptiden: Der Meeresspiegel bleibt dann einige Dezimeter unter der mittleren Hochwassermarke.

Der Tidenhub, der Höhenunterschied zwischen Hochwasser und Niedrigwasser, ist örtlich sehr unterschiedlich. Auf den offenen Ozeanen beträgt er nur einige Dezimeter, in engen Buchten und trichterförmigen Flussmündungen dagegen erreicht er mehrere Meter. In der Ostsee liegt er bei etwa 11 cm, an der deutschen Nordseeküste bei 4 m, an der englischen Südwestküste bei 11,5 m und in der Fundy Bay an der Atlantikküste Kanadas bis zu 16 m – der höchste der Erde. Die Tiden im Nordosten Frankreichs sind die stärksten in Europa: Der Gezeitenunterschied in der Bucht von St-Malo erreicht 14 m, in der östlich benachbarten Bucht des Mont St-Michel 15 m, wobei sich das Meer bei Ebbe 15 km weit zurückzieht. Von der Flut in der Bucht des Mont St-Michel heißt es, sie presche heran »wie galoppierende Pferde«.

Wenn auch die Gezeiten an den anderen Küstenabschnitten des Atlantiks nicht solche Ausmaße annehmen, sind sie doch überall deutlich wahrzunehmen. Selbst im Landesinneren zeigen sich ihre Auswirkungen, etwa in den Abers, den bis zu 30 km weit ins Land vordringenden trichterförmigen Buchten nordwestlich von Brest. Mächtig strömt der Fluss Odet

► Ebbe und Flut **ZIELE** 751

Ein beliebter Spaß für alle: Im freigelegten Schlick nach interessanten Dingen suchen

bei Flut durch die 16 km vom Meer entfernte bretonische Stadt Quimper; bei Ebbe ähnelt er einem Rinnsal.

Zu Fuß im Meer fischen

Die Gezeiten sorgen an der Küste für ein ständig wechselndes Bild. Wo eben noch Boote im Hafen dümpelten, liegen sie zur Seite geneigt auf dem Schlick. Wie aus dem Nichts tauchen Felsen und Riffe auf. Sandbänke und Inseln werden für kurze Zeit mit dem Festland verbunden, sind oft trockenen Fußes erreichbar. Feuchter Sand, mal grauweiß, mal goldfarben, der in der Sonne glänzt und in dem zahlreiche, mit Algen überwucherte Felsen liegen, kommt zum Vorschein. Es riecht nach Jod auf diesen neu entstandenen Stränden, auf deren vorherigen Besitzer kleine Wassertümpel hinweisen und auf denen man kilometerweit gehen muß, um ans Wasser zu gelangen. Das ist dann der Zeitpunkt für das Wattfischen, die **Pêche à pied**. Die Amateure der Strandfischerei stochern fachkundig in Wasserlöchern, stöbern Muscheln, Krebse und andere essbare Lebewesen des Meeres in ihren Verstecken auf und sammeln sie in Plastikeimern. Doch auch andere sind auf der Jagd: Silbermöwen, Seeschwalben, Fischreiher, Brachvögel usw. Dann aber erobert das Meer für sechs Stunden seine Rechte zurück.

Die Flut in der Bucht von Mont St-Michel machten sich die Mönche mit einem genialen Plan zunutze, als sie im 10. Jh. mit dem Bau ihres Klosters begannen. Als Baumaterial kamen nur Steine von den rund 30 km draußen im Meer liegenden Inseln von Chausey in Frage. So bauten sie riesige Holzflöße, beluden sie bei Ebbe auf der Insel und ließen sie dann von der Kraft der Flut zu ihrem Bestimmungsort tragen.

Schon im 12. Jh. nutzten die Bewohner der Gegend das Hin und Her des Wassers zur **Energiegewinnung**: In künstlich angelegten Staubecken sammelten sie das Flutwasser, um mit ihm Mühlräder anzutreiben. Heute wird der starke Tidenhub zur Stromerzeugung genützt. Im Mündungstrichter der Rance bei St-Malo, wo er bis 14 m beträgt und die Flut 22 km tief ins Land vordringt, wurde 1966 das erste Gezeitenkraftwerk (Usine marémotrice) der Welt in Betrieb genommen, ein 750 m langer Staudamm mit 24 horizontalen Rohrturbinen, deren Flügel je nach Fließrichtung eingestellt werden. Die jährliche Stromerzeugung dieses Kraftwerks liegt bei 550 Mio. kWh, fast 10 % des Bedarfs der Bretagne.

An der Atlantikküste lebt man mit Ebbe und Flut. In den Zeitungen, in Hotels, Häfen und Badeorten werden ihre Zeiten täglich bekannt gemacht.

Paramé — Bei der Ville Close beginnt die gut 2 km lange **Grande Plage**, die sich bis nach Paramé erstreckt, einem gut besuchten See- und Kurbad (Thalassotherapiezentrum, Kasino). Östlich schließt das zwischen Felsklippen und Buchten gelegene **Rothéneuf** an. In der Rue David Macdonald Stewart steht das Wohnhaus des Kanada-Entdeckers Cartier (Museum). Sehenswert sind die »skurrilen Piraten« des Abbé Fouré, bekannt als Ermite de Rothéneuf (1839 – 1910). Ein Schlaganfall machte ihn im Alter von dreißig Jahren halbseitig gelähmt und stumm, weshalb er sich an diesen schönen Fleck zurückzog und über 25 Jahre lang die Klippen bearbeitete, aus denen er über 300 Piraten, Seeungeheuer und andere Figuren schuf.

★
Rochers Sculptés ▶

Usine marémotrice — Zwischen St-Servan und Dinard schöpft im 750 m langen Damm über die Rance ein **Gezeitenkraftwerk** Energie aus der Strömung (Besichtigung über das Tourismusbüro Dinard; ▶ S. 271).

★★ Savoyen · Savoie

N/O 6–8

Von den sanften Landschaften an Genfer See und Lac d'Annecy bis zu den dramatischen Gipfeln und Gletschern um den Montblanc reicht Savoyen. Zeugnisse einer bedeutenden Geschichte und nicht zuletzt eine vorzügliche Gastronomie machen es zu einem sommers wie winters lohnenden Reiseziel.

Landschaften — Die französischen Alpen gehören den Landschaften Savoyen, ▶Dauphiné, Haute-Provence (▶ Provence) und ▶Côte d'Azur an. Das historische Savoyen, dessen Ausdehnung von 1860 ziemlich genau den Départements Haute-Savoie und Savoie entspricht, wird im Norden vom Genfer See (Lac Leman), im Nordwesten von der Rhône bis zu ihrem Knie bei St-Genix-sur-Guiers begrenzt, im Süden von einer Linie über den Col de la Croix de Fer zum Galibier und weiter nach Nordosten zu den Cime de la Planette. Der Norden (Chablais) und Westen Savoyens ist ein sehr reizvolles Voralpenland. Der Bereich der Hochalpen wird durch drei Flüsse und ihre Talschaften gegliedert, die Arve (Faucigny), die Isère (Tarentaise) und den Arc (Maurienne). Zwischen Arve und Isère liegen die Massive Aravis (Pointe Percée, 2752 m) und Montblanc mit dem höchsten Alpengipfel (4808 m, ▶Chamonix), zwischen Isère und Arc das Massif de la Vanoise (Grande Casse, 3855 m). Das Vanoise-Massiv ist seit 1963 Nationalpark (Fortsetzung im italienischen Parco Nazionale del Gran Paradiso), 1995 wurde das Massif des Bauges südlich des Lac d'Annecy zum Regionalen Naturpark erklärt.

Pässe und Tunnels — Der 11,6 km lange Montblanc-Tunnel verbindet ▶ Chamonix mit dem Aosta-Tal (Courmayeur) in Italien, von dem man über den 2188 m hohen Kleinen St. Bernhard in die Tarentaise zurückkehren

Savoyer Kontraste: Blick von Combloux zum Montblanc

kann (über Beaufort und Megève ist diese »Tour de Montblanc« zu vollenden). Von Bourg St-Maurice führt die D 902 zum Col d'Iseran (2770 m), dem zweithöchsten Alpenpass, der ca. November bis Juni gesperrt ist. Weiter südlich zweigt vor Lanslebourg die Straße zum Mont Cenis (2083 m) ab; bei Susa erreicht man die Autobahn nach Turin. Von Modane schließlich führt der 12,9 km lange Fréjus-Tunnel nach Bardonecchia im Piemont.

Wirtschaft

Die Landwirtschaft spielt mit Rinderzucht sowie Milch- und Käseproduktion, ergänzt durch Obst- und Weinanbau in den Voralpengebieten, die herausragende Rolle. Die Alpenflüsse werden seit 1869 zur Stromerzeugung genutzt; heute liefern die Kraftwerke der Alpes du Nord ein Viertel des in Frankreich durch Wasserkraft erzeugten Stroms. Fast ebenso alt ist die elektrochemische und -metallurgische Industrie, deren riesige Anlagen die Alpentäler verunzieren; in jüngerer Zeit kamen Maschinenbau und Feinmechanik (Uhren) hinzu, die die schwierige Verkehrslage weniger beeinträchtigen.

Tourismus

Seitdem 1741 die Engländer Pococke und Windham das Tal von Chamonix »entdeckten« und 1786 dem Bauern Jacques Balmat mit dem Arzt Michel Paccard die erste Montblanc-Besteigung gelang, sind die Savoyer Alpen zu einem beliebten Urlaubsziel geworden. Wintersportorte wie Chamonix, Megève, Les Arcs, La Plagne, Val d'Isère und Tignes sind international bekannt; die Kletterberge vom Dent du Requin bis zu den Grandes Jorasses gehören zu den schönsten und anspruchsvollsten der Alpen überhaupt. Auch weniger Sportliche können es sich in Badeorten wie Aix-les-Bains, Thonon und Evian gut gehen lassen und die renommierte Küche und die ausgezeichneten Weine Savoyens genießen.

Ein wenig Geschichte

Savoyen ist das Stammland des italienischen Königshauses Sardinien-Piemont, das bis 1945 bestand. Im 6. Jh. v. Chr. wanderten die keltischen Allobroger in das Gebiet ein, 218 v. Chr. überschritt Hannibal hier die Alpen (vermutlich am Mont Cenis), ab 121 v. Chr. wurde es in 60-jährigem Krieg von den Römern besetzt und gehörte dann zur Provincia Gallia Narbonensis. Ab 443 siedelten sich die Burgunder an, die ihr Gebiet »Sapaudia« nannten, von dem sich der Name »Savoyen« ableitet. Nach der Herrschaft der Franken fiel die Oberhoheit 1032 an den deutschen Kaiser Konrad II.; die Grafen von Savoyen, die die Alpenpässe kontrollierten, konnten bis Mitte des 15. Jh.s ihre Herrschaft bis Bourg-en-Bresse, Turin und Nizza vergrößern. Andererseits unterlag Savoyen 1536 der Invasion durch König Franz I. und die Schweizer Eidgenossen, an die es Genf, Waadt und Wallis abgeben musste. Nach 24-jähriger französischer Besetzung verlegte Herzog Emanuel Philibert 1560 seinen Sitz von Chambéry ins piemontesische Turin. Ludwig XIV. hielt Savoyen mehrmals besetzt, bis der Friede von Utrecht 1713 Savoyen das Königreich Sizilien einbrachte; fünf Jahre später wurde es gegen Sardinien eingetauscht. Nach der Einigung Italiens, in der es eine tragende Rolle spielte, trat Sardinien-Piemont 1860 – als Gegenleistung für die Waffenhilfe gegen Österreich – Savoyen und Nizza an Frankreich ab, was durch eine Volksabstimmung bestätigt wurde. Drei Olympische Winterspiele fanden in Savoyen statt: 1924 in Chamonix (die ersten überhaupt), 1968 in Grenoble und 1992 in Albertville.

Highlights Savoyen

Chablais
Liebliche Landschaft zwischen dem Genfer See und den Bergen Savoyens
▶ Seite 755

Savoyisches Venedig
Ein charmantes Ensemble bilden Annecy und sein See.
▶ Seite 757

Mont Revard
Grandioser Ausblick auf Lac du Bourget, Rhône und Montblanc
▶ Seite 758

Chambéry
Schöne alte Hauptstadt Savoyens mit hervorragendem Kunstmuseum
▶ Seite 759

Col d'Iseran
Majestätische-ernste Bergwelt am zweithöchsten Pass der Alpen
▶ Seite 761

Chamonix
Weltberühmter Bergsportort am Fuß des Montblanc
▶ Seite 326

Reiseziele in Savoyen

Der Genfer See (Lac Léman) – 582 km² groß, 72 km lang, 14 km breit und 310 m tief – ist ringsum von einer wunderbar heiteren Landschaft mit atmosphärereichen Orten umgeben. Der Einfluss des Sees sorgt für ein sehr angenehmes Klima; eine Visite lohnt zu jeder Jahreszeit. Eine Schiffsfahrt gehört natürlich dazu, am schönsten mit einem der originalgetreu restaurierten Schaufelraddampfer.

✶✶ **Genfer See**

Ca. 25 km nordöstlich von Genf liegt das mittelalterliche Yvoire mit einer Stadtmauer aus dem 14. Jh. Das Schloss (14. Jh.) am See ist nicht zugänglich; erlebenswert ist aber der **Garten** (Jardin des Cinq Sens). Das benachbarte hübsche Excenevex, das für die Blattgoldherstellung bekannt ist, besitzt einen schönen großen Sandstrand.

✶ **Yvoire**

Excenevex

Thonon (425 m, 31 500 Einw.), ein beliebter Thermalkurort, liegt schön auf einer Terrasse über dem See; von den Anlagen am Felsabsturz hat man einen weiten Blick bis zum Jura. An der Place du Château stand bis 1589 die Burg der Herzöge von Savoyen. Westlich das Château de Sonnaz (17. Jh.) mit dem Musée du Chablais (Volkskunde). Im alten Stadtkern zwei aneinandergebaute Kirchen, St-François-de-Sales (neogotisch, 1889–1930), und St-Hippolyte (12./17. Jh.), in der Franz von Sales predigte. Das Hôtel-Dieu (südlich) wurde in einem Minoritenkloster von 1636 eingerichtet.

Thonon-les-Bains

> ! *Baedeker* TIPP
>
> **Château de Ripaille**
>
> Das Schloss der Savoyer Herzöge, nördlich von Thonon herrlich über dem See gelegen, ist Sitz der renommierten Domaine de Ripaille, deren Wein im Laden (So. geschl.) verkostet werden kann. Von Mitte April bis Mitte Sept. hat das Gartenrestaurant Le Jardin des Cellules geöffnet, wo man eine Führung durch das noble Gemäuer (April – Sept. tägl.) abrunden kann.

Evian-les-Bains (375 – 500 m, 8100 Einw.), die »Perle des Genfer Sees«, ist seit Ende des 18. Jh.s ein **Kurort von internationalem Renommee**; 1962 wurde hier die Unabhängigkeit Algeriens besiegelt. Spielcasino (1912), Hôtel de Ville (Villa Lumière, Ende 19. Jh.), Thermalbad (1900) und Trinkhalle (1903) bilden ein großartiges Belle-Époque-Ensemble, ergänzt durch mächtige Hotelpaläste; im Parc Thermal die neuen Kuranlagen. Die Kirche N.-D.-de-l'Assomption (13. – 15. Jh.) wurde 1926 verlängert, innen ein schönes Chorgestühl (19. Jh.).

Evian-les-Bains

Von Evian lohnt sich der Ausflug ins Tal der **Dranse d'Abondance** (D 22). Es hat seinen Namen von der im 11. Jh. gegründeten Abtei Abondance; besonders schön der Kreuzgang (14. Jh.) mit großartigen Fresken des Piemontesen Giacomo Jacquerio (1420, Leben Mariens). Sehr sehenswert ist auch der Ort **La Chapelle d'Abondance** mit seinen »Schweizer« Holzhäusern.

Abondance

✶

◀ Fresken

SAVOYEN ERLEBEN

AUSKUNFT

Savoie Mont Blanc
24 Blvd de la Colonne
73025 Chambéry Cedex
20 Avenue du Parmelan, BP 348
74012 Annecy Cedex
Tel. 0820 00 73 74
www.savoie-mont-blanc.com

ESSEN

▶ **Erschwinglich / Fein**
Belvédère
Annecy, 7 Chemin du Belvédère
Tel. 04 50 45 04 90
www.belvedere-annecy.com
Die Aussicht ist hier, 2 km südöstlich von Annecy am Boulevard de Corniche, wirklich fabelhaft. Dasselbe gilt auch für die feine, ungewöhnlich fantasievolle Küche (So.-/Di.abend, Mi. sowie Jan. geschl.).

ÜBERNACHTEN

▶ **Luxus**
L'Abbaye de Talloires
Talloires, Chemin des Moines
Tel. 04 50 60 77 33
www.abbaye-talloires.com
Ein herrliches, stilvolles Domizil ist das einstige Benediktinerkonvent am See. Im Saal oder auf der Terrasse genießt man eine exzellente Küche.

▶ **Komfortabel**
Le Manoir
Aix-les-Bains, 37 Rue Georges 1er
Tel. 04 79 61 44 00
www.hotel-lemanoir.com
Hübsches Hotel in der einstigen Dépendance der alten Hotelpaläste Splendide und Royal. Terrasse am Garten, Schwimmbad, Sauna etc. Restaurant mit klassischer Küche.

Morzine — Von Thonon führt die D 902 durch das Tal der Dranse de Morzine – vorbei an den eindrucksvollen **Gorges du Pont de Diable** und den Resten der Abtei Notre-Dame-d'Aulps (12./13. Jh.) – hinauf nach Morzine (1000 m, 3000 Einw.), sommers Stützpunkt für Bergtouren, im Winter mit Avoriaz und Les Gets ein angenehmer Skiort. Eine Rundfahrt über den **Col de la Joux Verte** (1760 m) berührt den besonders bei Schneeschmelze großartigen Wasserfall von Ardent und den 1049 m hoch gelegenen Lac de Montriond.

Faucigny — Von Genf dringt das schöne Tal der Arve, das Faucigny, allmählich enger werdend südöstlich ins Gebiet des Montblanc vor. Ein renommierter Wintersportort ist das gemütlich-mondäne **Megève** ◀ (1113 m, 3900 Einw.). Lohnender Abstecher von Taninges östlich nach Samoëns und zum **Cirque du Fer à Cheval**. Auch in **St-Gervais** ◀ **St-Gervais-les-Bains** (900 m, 5600 Einw.), einem Thermalbad mit herrlichem Blick auf das Montblanc-Massiv, kann man sich im Winter vergnügen. St-Gervais (Kirche des hl. Gervasius, um 1700) ist Hauptausgangspunkt für die Tour auf den Montblanc, wobei die auch für Normaltouristen erlebenswerte **Tramway du Mont-Blanc** auf den Nid d'Aigle (2386 m) benützt wird. Schöner Ausflug nördlich hinauf nach Plateau d'Assy mit seiner modernen, von Braque, Matisse u. a. gestalteten Kirche.

Für die Fahrt von Megève zum Lac d'Annecy ist der Col des Aravis (1498 m) zu empfehlen (weiter über La Clusaz oder den Col de la Croix-Fry). In herrlicher alpiner Landschaft hat man einen großartigen Blick auf das Montblanc-Massiv.

Col des Aravis

In eine reizvolle Berglandschaft gebettet ist der 14 km lange, 3 km breite und 82 m tiefe **Lac d'Annecy**. Das hübsche alte Städtchen Annecy (52 000 Einw.) gibt sich mit neuen Gebäuden ein modernes Gesicht. Von der Brücke bei der Kirche St-François (1645) hat man den Bilderbuchblick auf das **Palais de l'Isle** (12. Jh., später Sitz der Genfer Grafen, Münze und Gericht), das auf einer Insel im von Cafés gesäumten Thiou steht; darin das Historische Museum. Wenige Schritte nördlich die spätgotische Dominikanerkirche St-Maurice (15. Jh.), deren Kapellen von begüterten Familien gestiftet wurden. Weiter westlich die **Kathedrale St-Pierre** (16. Jh.), in der der hl. Franz von Sales wirkte; nebenan der Bischofspalast von 1784. Der nördlich aufragende mächtige Turm (um 1550) gehört zur neoklassizistischen Kirche Notre-Dame-de-Liesse (1851). Vom Bischofspalast nach Westen und über die Brücke gelangt man in die **Rue St-Claire**, Hauptstraße des alten Annecy mit Laubengängen und Häusern aus dem 16.–18. Jh.; Di. ist hier Käsemarkt. Im hochgelegenen mächtigen **Schloss** der Grafen von Genf (Tour de la Reine 12. Jh., sonst 14.–16. Jh.) ist das Regionalmuseum untergebracht; in der schönen Grande Salle finden Konzerte statt. Vom Schloss in südlicher Richtung gelangt man zum Conservatoire d'Art et d'Histoire und zur Basilika

Annecy

Altes Annecy: Grafenburg Palais de l'Isle im Thiou

Am Col de la Forclaz liegt einem der Lac d'Annecy zu Füßen.

»Heimsuchung Mariens« (1930), in der die Reliquien von Franz von Sales und Johanna von Chantal aufbewahrt werden, die 1610 den Orden der Salesianerinnen gründeten.

★
Rundfahrt um den Lac d'Annecy

Ein Muss ist die Rundfahrt um den Lac d'Annecy. In **Sévrier** ist außer einem Museum für savoyische Frauentrachten das Musée de la Cloche interessant, das von der in Annecy ansässigen Glockengießerei Paccard eingerichtet wurde; aus ihr stammt die berühmte »Savoyarde« in der Pariser Sacré-Cœur. **Duingt** mit weinumrankten savoyischen Häusern wird von einer Burg aus dem 11. Jh. überragt. Am anderen Seeufer das idyllisch gelegene Talloires, dessen Benediktinerabtei (17. Jh., Ursprünge um 1000) heute Hotel ist; legendär ist auch die Auberge du Père Bise. Empfehlenswerter Abstecher zur Ermitage de St-Germain. 2 km über Menthon ragt das Bilderbuch-Schloss **Menthon** auf (13.–15. Jh.). Von Veyrier – am See das berühmte Hotelrestaurant von Marc Veyrat, heute unter seinem Schüler Yoann Conte – führt ein Waldpfad auf den **Mont Baron** (1252 m, 4.30 Std. hin und zurück) mit großartiger Aussicht.

Massif des Bauges

Vom Lac d'Annecy zum Lac du Bourget fährt man durch das ca. 2000 m hohe Bergmassiv Les Bauges (Naturpark) mit charakteristischen Holzhäusern. Von Sévrier zunächst nach Süden über den **Col de Leschaux** (897 m) nach La Charniaz (19 km); dann entweder westlich auf der D 911 durch die Chéran-Schlucht mit dem spektakulären **Pont de l'Abime** (weitere 21 km) oder – länger und anstrengender (45 km) – nach Südwesten über den Col de Plainpalais (1173 m), den Mont Revard (1537 m, wunderbares Panorama) und den Col de la Cluse (1184 m) nach Aix-les-Bains (45 km, s. u.).

★★
Mont Revard ▶

▶ Savoyen · Savoie

Der fischreiche Lac du Bourget, der **größte und tiefste See Frankreichs** (18 km lang, 3 km breit, 145 m tief), klemmt sich zwischen den Mont de la Charvaz im Westen und den hohen, steil abfallenden Mont de Corsuet im Osten (Aussicht vom Felsen La Chambotte). Nur durch ein 2 km breites Sumpfland getrennt, fließt im Norden die Rhône vorbei; sie ist mit dem See durch einen Kanal verbunden, dessen Strömung je nach Wasserstand die Richtung ändert. Ein schöner Schiffsausflug führt zur **Abtei Hautecombe** mit den Grabmälern von 42 savoyischen Fürsten und Fürstinnen bis zum letzten italienischen König, Umberto II. († 1983). Die Kirche (1824–1843) der im 12. Jh. gegründeten Abtei ist mit größtem Aufwand (über 300 Statuen), aber wenig Geschmack ausgestattet. Zu sehen außerdem eine ungewöhnliche »Wasserscheune« (12. Jh.). **Le Bourget-du-Lac** (4000 Einw.), das dem See den Namen gab, war im Mittelalter Grafensitz; sehenswert sind die Kirche (13.–15. Jh.) und die Konventsgebäude (11./15. Jh.) des Cluniazenserpriorats.

Lac du Bourget

Aix-les-Bains (27 200 Einw.) unterhalb des Mont Revard ist weltbekannt als Heilbad mit mildem Klima; schon die Römer bauten hier Thermen (Aquae Domitianae). Die beiden Staatsbäder (Thermes Nationaux, 1849/1934, 1972) mit Resten **römischer Anlagen** können besichtigt werden. Andere römische Relikte sind der 9 m hohe Bogen, den L. Pompeius Campanus errichtete, und der Diana-Tempel am Rathaus. Letzteres war das Schloss des Marquis d'Aix (16. Jh.); seine Renaissance-Treppe besteht aus Steinen römischer Bauten. Weiter westlich das grandiose **Casino Grand Cercle** (1847). Von den Thermen bringt die Rue Davat, vorbei an der neobyzantinischen Kirche Notre-Dame, zum Musée Faure (Impressionisten, **zweitgrößte Sammlung von Rodin-Skulpturen in Frankreich**; Di. geschl.).

Aix-les-Bains

◀ Musée Faure

Chambéry (270 m, 57 400 Einw.), 1232–1562 Hauptstadt des unabhängigen Savoyens und seit 1860 des Départements Savoie, liegt im fruchtbaren Talbecken zwischen der Chartreuse (▶ Dauphiné) und dem Bauges-Massiv. Es wird von der **Burg** der Grafen/Herzöge von Savoyen (14./15. Jh., Präfektur) beherrscht; man betritt sie durch die Porte St-Dominique, einst Teil eines Dominikanerkonvents. Die gotische Ste-Chapelle (1408, Fassade 17. Jh.) besitzt ein herrliches Chorgewölbe, Glasfenster (16. Jh.) und Trompe-l'œil-Malereien von Vicario (1831). Östlich der Burg die **Kathedrale St-François-de-Sales** (15./16. Jh.), mit unvollendeter Fassade und ebenfalls von Vicario (1835) ausgemalt. Im Bischofspalast nebenan ist das Musée Savoisien untergebracht (Vorgeschichte, Volkskunde, sakrale Kunst). Den Blvd. du Théâtre ziert der ungewöhnliche **Elefantenbrunnen** von 1838. Nordwestlich das hervorragende Musée des Beaux-Arts (in einem alten Getreidespeicher, Di. geschl.) mit Werken u. a. von Uccello, Tizian, Preti und Watteau. Die Rue Croix-d'Or südlich der Kathedrale ist von aristokratischen Hôtels gesäumt. Neben dem Carré Curial (einst Kaserne, 1802) an der Rue de la République das moderne Kul-

Chambéry

◀ Musée des Beaux-Arts

Les Charmettes ▶ turhaus Espace A.-Malraux (M. Botta, 1987). 2 km östlich (in Fortsetzung der Rue de la République) steht das Landhaus Les Charmettes, in dem J.-J. Rousseau 1736–1742 lebte (Di. geschl.).

Combe de Savoie Der Abschnitt der Isère zwischen Montmélian und Albertville, die Combe de Savoie, wird intensiv landwirtschaftlich genutzt; von Chambéry bis Fréterive reicht das **bedeutendste Weinland Savoyens** (Apremont, Abymes, Chignin, Arbin). Von der malerischen Burg Miolans (14./15. Jh.) hat man einen schönen Blick.

Albertville Albertville (345 m, 17 800 Einw.), Stadt der Olympischen Winterspiele 1992, liegt an der Mündung des Arly in die Isère. Sie entstand 1835 durch die Vereinigung von L'Hôpital und Conflans unter König Charles-Albert von Sardinien. Für die Winterspiele wurde Albertville mit der sterilen Place de l'Europe (Kulturzentrum Le Dôme) und Trompe-l'œil-Fassaden belohnt. Das Museum »Maison des 16es Jeux Olympiques« erfreut sich großer Beliebtheit. Das alte Conflans, auf einem Bergvorsprung über Albertville gelegen, ist der Rest einer vergangenen Zeit mit Stadttoren, mächtigen Mauern und einer Barockkirche (18. Jh., geschnitzte Kanzel). Die Maison Rouge, ein Konvent aus dem 14. Jh., enthält das Ortsmuseum.

★ **Conflans** ▶

Moûtiers Die Tarentaise, das Tal der Isère, ist ein Land der Viehwirtschaft. Ihr Hauptort ist **Moûtiers** (3900 Einw., 480 m), lange Zeit Sitz eines Erzbischofs; die Kathedrale St-Pierre geht auf das 11. Jh. zurück (oft verändert), ausdrucksvoll sind die Grablegungs- und Kreuzigungsgruppen (16. Jh.). Im alten Bischofspalast sind Ausstellungen zum Barock und zur Geschichte der Tarentaise zu sehen.

Von Moûtiers ist das berühmte Skigebiet **Les Trois-Vallées** zu erreichen, mit Les Menuires/Val-Thorens, Méribel und Courchevel. Sie liegen – wie die Gebiete Pralognan, La Plagne, Les Arcs, Tignes und Val d'Isère – im ★★**Massif de la Vanoise**, das etwa ein Drittel der Fläche Savoyens einnimmt und bis 3855 m (Grande Casse) hoch ist. Der Nationalpark La Vanoise bietet viele herrliche Bergwanderungen und Gletschertouren aller Schwierigkeitsgrade.

Winterfreuden in Méribel

Herbstliche Szenerie im oberen Isère-Tal

Bourg-Saint-Maurice
Die beeindruckende Prioratkirche St-Martin (11. Jh.) in Aime passierend erreicht man Bourg-St-Maurice (7700 Einw., 840 m) am Fuß des Kleinen St. Bernhard. Um den 10. Juli findet hier ein großes **internationales Folklorefest** statt (Fêtes de l'Edelweiss).

Tignes
Der bekannte Wintersportort Tignes (2100 Einw.) liegt zwischen 1550 und 2100 m Höhe über dem Stausee Lac du Chevril. Die Betonhochhäuser der 1960er-, 1970er-Jahre wurden durch kleinere, angenehmere Hotelbauten im alpenländischen Stil ergänzt. 48 Liftanlagen erschließen 150 km Pisten aller Schwierigkeitsgrade, darunter auch die **Grande Motte** (Bergstation 3456 m, Sommerskigebiet). Die 180 m hohe Talsperre – mit einem riesigen, verblassten Gemälde – speist ein Kraftwerk, das jährlich über 750 Mio. Kilowattstunden erzeugt. Mit Tignes ist Val d'Isère (1850 m, 1600 Einw.) zum **Espace Killy** verbunden. Das alte Dorf verschwand in den 1970er-Jahren hinter Betonklötzen, auch hier hat die neue Architektur mit rohen Steinen, Holzbalkonen und Schieferdächern Einzug gehalten. Bergbahnen und Lifte bringen u. a. auf den Rocher de Bellevarde (2827 m), die Tête du Solaise (2560 m) und die Pointe de Montet (3300 m).

Val d'Isère

Col d'Iseran
Rasch steigt die 1937 eröffnete Straße zum Col de l'Iseran (2764 m) an. Man passiert den Belvédère de Tarentaise (2528 m) und jenseits der Passhöhe den **Belvédère de la Maurienne** (2503 m) mit Orientierungstafeln für die grandiose Aussicht (für erfahrene Bergwanderer lohnt die Besteigung der Pointe des Lessières, 3041 m, 2.30 Std. hin und zurück). 1835 m hoch liegt das alte Dorf Bonneval (250 Einw.), dessen schönes Ortsbild mit steingedeckten Häusern **von Zeichen moderner Zivilisation freigehalten** wird. Man ist nun im Tal des Arc, der Maurienne; vorbei an Bessans (N.-D.-des-Graces, 17.

◄ Bonneval-sur-Arc

Jh.; Kapelle St-Antoine, 1526, mit Wandmalereien) erreicht man **Lanslevillard** (Kapelle St-Sébastien, herrliche Wandmalereien, 15. Jh.) und Lanslebourg (Espace Baroque in der alten Kirche) am Fuß des **Mont-Cenis**; die Straße (2083 m) nach Italien wurde 1803 – 1811 erbaut. **Avrieux**, wo Karl der Kahle 877 auf der Rückreise von Italien starb, hat eine dem hl. Thomas Becket geweihte Kirche (17. Jh.) mit grandioser barocker Ausstattung. Von Modane gehen der bereits 1857 – 1872 erbaute Eisenbahntunnel (13,6 km) und der 1980 eröffnete Fréjus-Straßentunnel (12,9 km, Gebühr) nach Italien ab.

▶ Modane

Valloire

Von St-Michel-de-Maurienne steigen steile Serpentinen zum Hochtal der **Valloirette** an. Hier liegt Valloire (1430 m, 1300 Einw.), ein beliebter Sommer- und Winterurlaubsort mit reich ausgestatteter Kirche (17. Jh., geschnitzter Hauptaltar 1652). Über den 2646 m hohen **Col du Galibier** erreicht man den **Col du Lautaret** (D 1091) zwischen Grenoble und Briançon (▶Dauphiné).

Saint-Jean-de-Maurienne

Der historische Hauptort der Maurienne (8600 Einw.) war bis 1906 Bischofssitz. Bemerkenswert ist die Kathedrale St-Jean-Baptiste, errichtet 1040 – 1070 und im 15. Jh. gotisch verändert (klassizistische Vorhalle 1771). Innen ein großartiges **gotisches Chorgestühl** (1498) und ein Sakramentshaus in feinem Flamboyant. Interessant sind das Musée des Traditions Populaires im Bischofspalast (18. Jh.) sowie das **Musée Opinel** (bekannte Messer-Manufaktur; So. geschl.).

★ ★ Straßburg · Strasbourg

P 4

Région: Alsace (Elsass)
Département: Bas-Rhin

Höhe: 143 m ü. d. M.
Einwohnerzahl: 272 000

Straßburg nennt sich zu Recht »Carrefour de l'Europe«, »Schnittpunkt Europas«. Die herrliche alte Hauptstadt des ▶Elsass ist in der französischen und in der deutschen Kultur gleichermaßen verwurzelt, und als Sitz zahlreicher europäischer Institutionen ist sie heute politische und kulturelle Mittlerin in einem geeinten Europa.

Europäische Stadt mit Geschichte

Straßburg ist nicht nur Hauptstadt des ▶Elsass und des Départements Bas-Rhin, sondern auch ein Zentrum Europas: Hier haben der Europarat, der Europäische Gerichtshof, die Europäische Menschenrechtskommission und (im Wechsel mit Luxemburg) das Europäische Parlament ihren Sitz. Darüber hinaus ist es mit drei Universitäten, der Nationalen Verwaltungsschule ENA, Museen, Theatern und Opernhäusern sowie dem französisch-deutschen TV-Kanal Arte die Kulturmetropole der Region. Für den Besucher ist Straßburg jedoch in erster Linie die **herrliche alte Reichsstadt**, die mit dem Münster, Fachwerkhäusern aus dem 16./17. Jh. sowie den

▶ Straßburg · ZIELE

repräsentativen Bauten des 18. Jh.s und der wilhelminischen Ära von der UNESCO zum Welterbe erklärt wurde. Nicht zuletzt ist Straßburg Mittelpunkt der kulinarischen Landschaft Elsass – kein Wunder also, dass es bei Touristen ebenso beliebt ist wie bei »Eurokraten«.

Wirtschaft

Bis 1871 war Straßburg Zentrum einer Agrarregion und Garnisonsstadt. Dank der verkehrsgünstigen Lage am Rhein erlebte es einen enormen Aufschwung, Kohle- und Erzumschlag förderten die chemische Industrie, hinzu kamen Metallverarbeitung, Nahrungsmittelindustrie, Holzverarbeitung und in jüngerer Zeit Elektronik und Bekleidung. Auch heute ist der Hafen – nach Duisburg **zweitgrößter Rheinhafen**, nach Paris zweitgrößter Flusshafen Frankreichs – bedeutend. Internationale Kongresse und Messen ziehen eine wachsende Zahl von Teilnehmern an.

Ein wenig Geschichte

Bei einer Keltensiedlung an der Kreuzung wichtiger Straßen legten die Römer 16 n. Chr. an der Ill das Kastell Argentoratum an, das sich zum bedeutenden Handelsplatz entwickelte. 498 kam der Ort ans Frankenreich. Als »Strataburgum«, »Burg an den Straßen«, wurde es erstmals im 6. Jh. erwähnt. 842 verschworen sich hier die Enkel Karls des Großen Ludwig der Deutsche und Karl der Kahle gegen ihren Bruder Lothar I.; ihre **»Straßburger Eide«** sind das älteste Dokument in althochdeutscher und altfranzösischer Sprache. Unter den Staufern erhielt Straßburg 1150 das Stadtrecht, 1262 wurde es Freie Reichsstadt. Zeitweise war es die reichste und glänzendste Stadt des Deutschen Reichs, Kunst und Wissenschaft blühten. Auf die Mystiker Meister Eckhart und Johannes Tauler folgten Humanisten wie Geiler von Kaysersberg und Sebastian Brant. 1434–1444 entwickelte Johannes Gutenberg hier den Druck mit beweglichen Lettern. Nach der ab 1520 eingeführten Reformation lebten hier der Satiriker Johannes Fischart (1546–1590) und der Pädagoge Johannes Sturm (1507 bis 1589), Gründer einer theologischen Akademie, Vorläuferin der Uni-

Highlights Straßburg

Münster
Himmelstürmende Gotik als Ausdruck des bürgerlichen Selbstbewusstseins
▶ Seite 765

Palais Rohan
Prunkvolle Demonstration der neuen »französischen« Zeit
▶ Seite 769

Petite France
Fachwerkidylle an den Kanälen der Ill
▶ Seite 770

Musée d'Art Moderne
Zeitgenössische Kunst, kunstvoll-modern verpackt
▶ Seite 770

Wilhelminische Neustadt
Das andere Straßburg: Preußischer Pomp aus der Zeit nach 1870
▶ Seite 770

Europäisches Parlament
Wo Europa »gemacht« wird.
▶ Seite 771

versität, an der Goethe und Herder studierten. 1681 wurde die Stadt – nachdem im Westfälischen Frieden 1648 das Elsass außer Straßburg und Mülhausen Frankreich zugesprochen worden waren – von Ludwig XIV. annektiert; im 18. Jh. gewann die französische Kultur im Elsass die Vorherrschaft. Im Deutsch-Französischen Krieg wurde die Stadt im August 1871 belagert; mit dem Elsass kam sie wieder zum Deutschen Reich, bei dem sie bis zum Ende des Ersten Weltkriegs blieb. Im Zweiten Weltkrieg war Straßburg 1940–1944 in deutscher Hand, und seit 1949 ist es Sitz des Europarats.

✹✹ Kathedrale Notre-Dame

Baugeschichte

Das historische Zentrum nimmt die Grande Ile zwischen der Ill und der Fossé du Faux Rempart ein. Ihr Mittelpunkt ist das **Münster**, eines der bedeutendsten Denkmäler abendländischer Baukunst. 1176 begann man mit der Erneuerung eines durch Brand zerstörten romanischen Baues. Um 1225 waren Chor und Vierung fertig, 1230

Straßburger Münster Orientierung

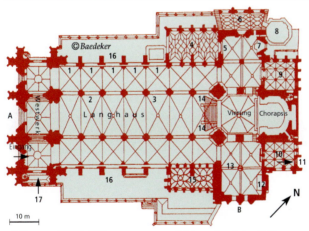

- **A** Hauptportal (1277–1298)
- **B** Uhrenportal (um 1220)
- **1** Kaiserfenster (12.–14. Jh.)
- **2** Orgel (urspr. A. Silbermann, 1716; Gehäuse 1385/1489)
- **3** Kanzel (H. Hammer, 1487)
- **4** Martinskapelle (1515–1520), Altäre 1698
- **5** Ölberg-Gruppe (15. Jh.)
- **6** Laurentiuskapelle (1495–1505)
- **7** Taufstein (J. Dotzinger, 1453)
- **8** Sakristei
- **9** Johanneskapelle (um 1240; darüber Kapitelsaal)
- **10** Andreaskapelle (12. Jh.)
- **11** zur Ausstellung
- **12** Astronomische Uhr (1539–1584/1838–1842)
- **13** Engelspfeiler (1230–1240)
- **14** Treppen zur Krypta
- **15** Katharinenkapelle (1331; Gewölbe 1563)
- **16** Kaufbudenschranken (1772–1778)
- **17** Aufgang zum Turm

STRASSBURG ERLEBEN

AUSKUNFT

Office de Tourisme
17 Place de la Cathédrale, BP 70020
67082 Strasbourg, Tel. 03 88 52 28 28
www.otstrasbourg.fr

Centre d'Information sur les
Institutions Européennes
26 a Avenue de Paix, 67000 Strasbourg
www.strasbourg-europe.com

VERKEHR

Die Innenstadt ist für den Durchgangsverkehr gesperrt. Von den »Relais-Tram«-Parkplätzen an den Stadtzufahrten gelangt man mit der Straßenbahn rasch ins Zentrum (Mo.– Sa. Gebühr incl. Fahrt in Innenstadt und zurück). Hübsche Bootsfahrt auf den Kanälen der Ill.

FESTE & EVENTS

Ganzjährig viele Veranstaltungen, z. B. im Juni Festival International de Musique. Seit 1570 im Advent Weihnachtsmarkt, v. a. vor dem Münster, auf dem Bahnhofsplatz sowie auf den Plätzen Kléber und Broglie.

ESSEN

▶ Fein & teuer

① *Au Crocodile / Buerehiesel*
Kochkunst der Extraklasse wird im Au Crocodile (10 Rue Outre, Tel. 03 88 32 13 02, So./Mo. geschl.) und im Buerehiesel (Parc de l'Orangerie, Tel. 03 88 45 56 65, So./Mo. geschl.) gepflegt; Letzteres ist in Ambiente und Küche eher traditionell elsässisch.

▶ Erschwinglich / Fein

② *La Cambuse*
1 Rue Dentelles, Tel. 03 88 22 10 22
Winziges, gemütliches Lokal in der Petite France. Es gibt nur Meeresgetier, teils mit asiatischem Touch.

③ *Maison Kammerzell*
16 Place de la Cathédrale
Tel. 03 88 32 42 14
Trotz der einzigartigen Lage und des einzigartigen Hauses – mit prachtvollen Räumen – keine Touristenfalle: ausgezeichnete Küche zu angemessenen Preisen. Empfehlenswert und nicht zu teuer ist das Hotel im Haus (www.maison-kammerzell.com).

▶ Preiswert / Erschwinglich

④ *Caveau Gurtlerhoft*
13 Place de la Cathédrale
Tel. 03 88 75 00 75
Im Mittelalter lagerten in den Kellergewölben die Domherren ihren Wein. Gemütliches, rustikales Restaurant mit elsässischen Spezialitäten.

Traditionsreiche »Winstubs«
Munsterstuewel, 8 Pl. du Marché-aux-Cochons-de-Lait
Chez Yvonne, 10 Rue du Sanglier
Le Clou, 3 Rue Chaudron
Hailich Graab, 15 Rue des Orfèvres
Ami Schutz, 1 Rue Ponts Couverts

ÜBERNACHTEN

Während der Sitzungsperioden des Europäischen Parlaments (Mo.– Fr., genaue Zeiten nennt das Tourismusbüro) und im Dezember ist es schwierig, spontan ein Zimmer zu finden. Frühzeitige Buchung ist notwendig.

▶ Luxus

① *Regent Petite France*
5 Rue des Moulins, Tel. 03 88 76 43 43, www.regent-hotels.com
Eine ehemalige Stangeneisfabrik an den Kanälen der Ill, mit traumhaftem Blick auf die Petite France. Avantgardistische Gestaltung, u. a. von Philippe Starck. Durchaus bezahlbares gutes Restaurant (v. a. zu Mittag).

▶ Straßburg **ZIELE**

▶ Komfortabel
② *Best Western Europe*
38 Rue Fossée des Tanneurs
Tel. 03 88 32 17 88
www.hotel-europe.com
Fachwerkhaus aus dem 15. Jh. in einer Seitenstraße der Grand'Rue, komfortable, moderne Gästezimmer. Das Haus hatte viele berühmte Gäste, darunter Voltaire und Goethe.

▶ Günstig / Komfortabel
③ *Gutenberg*
31 Rue des Serruriers
Tel. 03 88 32 17 15
www.hotel-gutenberg.com
Noble, freundliche große Zimmer in einem charmanten Palais von 1745. Sehr gutes Preis-Leistungs-Verhältnis. Wenn möglich, Zimmer 34 oder ein Mansardenzimmer nehmen.

Straßburg Orientierung

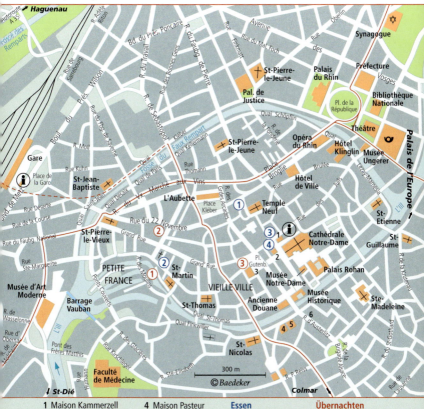

1 Maison Kammerzell
2 Pharmacie du Cerf
3 Hôtel de la Chambre de Commerce
4 Maison Pasteur
5 Musée Alsacien
6 Cour du Corbeau
— Tram

Essen
① Au Crocodile
② La Cambuse
③ Maison Kammerzell
④ Caveau Gurtlerhoft

Übernachten
① Régent Petite France
② Europe
③ Gutenberg

die Querhäuser, um 1275 das Langhaus. Die Westfassade (ab 1277) war als klassisch französische Zweiturmfassade geplant, ausgeführt wurde nur der Nordturm. Als der Baumeister Erwin von Steinbach 1318 starb, war die über 13 m große Fensterrose fertig. Der Mittelteil des dritten Geschosses entstand ab 1384 nach Plänen von Michael Parler. Der Ulmer Münsterbaumeister Ulrich von Ensingen begann 1399 mit dem 142 m hohen Nordturm, den der Kölner Johannes Hültz 1439 beendete. 1793 fielen der Revolution 235 Statuen und unzählige Ornamente zum Opfer. Der Turm sollte abgetragen werden, da er die anderen Gebäude überrage und so die Gleichheit verletze; doch setzte man ihm nur eine Jakobinerhaube aus Blech auf. 329 Stufen sind es zur Aussichtsplattform in 66 m Höhe.

* * Skulpturen Die im 13. Jh. entstandenen Portalskulpturen – überwiegend durch Kopien ersetzt, einige Originale im Musée de l'Œuvre Notre-Dame – wurden sowohl in der Bildidee als auch stilistisch zu Vorbildern. Die Tympana des Hauptportals und des linken Seitenportals zeigen Szenen aus dem Leben Christi. Das rechte Seitenportal wird von den Gewändefiguren der törichten Jungfrauen mit dem Versucher und der klugen Jungfrauen mit Christus als Bräutigam flankiert. Das südliche Querhausportal zeigt im linken Bogenfeld den Tod Marias, im rechten ihre Krönung; die Frauenfiguren eines unbekannten Meisters (um 1220) links und rechts des Königs Salomo stehen für Ecclesia (Christentum) und Synagoge (Judentum).

Auf der Place du Marché-aux-Cochons-de-Lait, dem Milchferkelmarkt, ist der ganze Reichtum der elsässischen Fachwerkbauten zu bewundern.

Gewaltig wirkt der 103 m lange und 41 m breite Innenraum. Schlanke Bündelpfeiler tragen die 31,5 m hohe Gewölbe des Mittelschiffs. Die herrlichen **Glasfenster** des 12.–14. Jh.s bestehen aus 500 000 Teilen. Im nördlichen Seitenschiff zeigen sie 21 deutsche **Kaiser und Könige**. Zu Frühlings- und Herbstanfang fällt ein grüner Lichtstrahl auf den Baldachin über der Christusfigur der Kanzel. Im südlichen Querhaus ist mit dem Engels- oder **Weltgerichtspfeiler** (1230–1240) ein weiteres Meisterwerk gotischer Bildhauerkunst zu sehen. Die berühmte **astronomische Uhr** fertigten bis 1574 Isaac und Josias Habrecht, 1836–1843 baute J.-B. Schwilgué an der genialen Mechanik. Um 12.30 Uhr werden die Figuren in Gang gesetzt. Zu beachten sind auch die spätgotische Kanzel (1486) sowie die Orgel (1716) von Andreas Silbermann, das Gehäuse stammt überwiegend von 1489.

★★
Inneres

Das Gebäude der Dombauhütte (14./16. Jh.) ist Sitz des Frauenwerk-Museums (Mo. geschl.), das gotische Baupläne, zahlreiche Originalskulpturen des Münsters sowie mittelalterliche Glasmalerei aufbewahrt, u. a. den **Christuskopf** aus der Abteikirche von Wissembourg, das älteste Zeugnis abendländischer Glasmalerei (um 1070).

★
Musée de l'Œuvre Notre-Dame

Weitere Sehenswürdigkeiten in Straßburg

Den **Münsterplatz** zieren zwei der schönsten Fachwerkwerkhäuser der Stadt: am Nordeck die Maison Kammerzell (Erdgeschoß 1467, Fachwerkoberbau 1589) mit Butzenscheiben und überreicher Holzschnitzerei, am Eck zur Rue Mercière (Krämergasse) das Gebäude der Hirschapotheke (1567), die seit 1268 besteht.

★
Maison Kammerzell
◀ Pharmacie du Cerf

Am Platz des mittelalterlichen Bischofssitzes entstand 1728–1742 das erzbischöfliche Palais Rohan, entworfen vom Hofbaumeister Robert de Cotte, ein hervorragendes Beispiel für den neuen französischen Geschmack im 18. Jahrhundert. Hier sind gleich drei Museen untergebracht (alle Di. geschl.): das **Musée des Beaux-Arts** mit hervorragenden Gemälden italienischer, spanischer und französischer Meister von der Gotik bis zum 18. Jh., das Musée Archéologique und das Musée des Arts Décoratifs mit elsässischem Kunsthandwerk und einer der schönsten Keramiksammlungen Frankreichs. Vor dem Palais, dessen Schaufront zur Ill gewandt ist, fahren die Boote zur **Hafenrundfahrt** ab (Port Autonome, ▶S. 771).

Palais Rohan

★★
◀ Museen

Südwestlich hinter dem Frauenhaus-Museum erstreckt sich in Richtung Ill der malerische Ferkelmarkt, nordöstlich schließt sich die Place du Marché-aux-Poissons an (Fischmarkt). Samstagvormittags findet hier ein Viktualienmarkt statt. In der um 1586 als Schlachthaus erbauten **Grande Boucherie** (Große Metzig) befindet sich das Stadtgeschichtliche Museum (Di. geschl.). Gegenüber steht die **Ancienne Douane** (»Altes Kaufhüs«, 1358; 1957 rekonstruiert); hier gibt es ein Restaurant mit Terrasse zur Ill und interessanten Ausstellungen.

Place du Marché-aux-Cochons-de-lait

Cour de Corbeau ★

Man überquert die Ill auf dem Pont du Corbeau (Rabenbrücke). Hier liegt der Eingang zum **Cour de Corbeau** (Rabenhof), einem der schönsten Höfe der Stadt; er gehörte zu einem Gasthaus, das bis 1854 bestand und in dem u. v. a. Voltaire, Casanova und Friedrich der Große übernachteten. Flussaufwärts befindet sich in drei Gebäuden des 17./18. Jh.s das Elsässische Museum mit Exponaten zu Brauchtum, Handwerk und Volkskunst.

★ ◄ Musée Alsacien

St-Thomas

Nun wieder über die Ill. Am Weg zur Petite France liegt die Thomaskirche, die einzige **gotische Hallenkirche** im Elsass (9.–14. Jh.). In der heute protestantischen Kirche predigte 1521 der Reformator Martin Bucer. Zu beachten sind das mächtige, pathetische Grabmal für den Marschall Moritz von Sachsen († 1750) von J.-B. Pigalle (1777) und die barocke Silbermann-Orgel (1740), auf der 1778 Mozart ein Konzert gab und Albert Schweitzer oft spielte.

Petite France ★★

Überaus malerisch ist das **Gerberviertel** (Quartier des Tanneurs), das »Klein-Frankreich« mit Fachwerkhäusern und engen Gassen. Am Rand stehen noch vier Türme der mittelalterlichen Stadtbefestigung, zu der auch die **Ponts Couverts** gehörten, gedeckte Holzbrücken über die Arme der Ill (heutige Brücken um 1860). Schöner Blick von der Terrasse der Barrage Vauban; das Stauwerk gehörte zur 1686 bis 1700 unter Ludwig XIV. angelegten Stadtbefestigung.

Musée d'Art Moderne et Contemporaine ★★

Am anderen Ufer der Ill wurde 1998 das Museum für moderne und zeitgenössische Kunst eröffnet (A. Fainsilber). Die Sammlung reicht vom Impressionismus bis in die Gegenwart; ein Schwerpunkt ist das Werk des gebürtigen Straßburgers **Hans Arp**. Geöffnet Di.–Fr. 12.00–19.00 (Do. 21.00), Sa./So. 10.00–18.00 Uhr. Schöner Blick auf die Altstadt von der Skulpturenterrasse und vom schicken Café.

Nördliche Altstadt

Die Place Gutenberg westlich der Kathedrale wird vom **Hôtel du Commerce** beherrscht, dem bedeutendsten Renaissance-Gebäude im Unterelsass, errichtet 1582 bis 1585 als Rathaus. Der Nordteil der Altstadt entstand im 18. Jh.; Zentrum ist die nach dem 1753 in Straßburg geborenen General benannte Place Kléber. An ihrer Nordseite die ehemalige Hauptwache (L'Aubette, 1772). Nordöstlich der Place Kléber wurde 1742 die langgestreckte Place Broglie angelegt. Das **Rathaus** entstand 1736 als Hanauer Hof für den hessischen Landgrafen. Die Ostseite des Platzes nimmt die Opéra du Rhin ein (1822, mit »theatralischem« Café). Die Banque de France steht an der Stelle des Hauses, in dem am 26. April 1792 C.-J. Rouget de Lisle erstmals das Lied gesungen haben soll, das zur »Marseillaise« wurde.

Wilhelminische Viertel ★

Nordöstlich der Altstadtinsel liegen beiderseits der Ill die Viertel der wilhelminischen Zeit mit großspurigen Gebäuden nach Art der Florentiner Renaissance (auch der Bahnhof westlich der Altstadt entstand um 1880; 2007 bekam er seine futuristische Glasvorhalle). An

Das in die Biegung der Ill gebaute Europaparlament

der **Place de la République** mit dem expressiven Denkmal »Mutter Elsass hält ihre für Frankreich und Deutschland gefallenen Söhne« (1936) das **Palais du Rhin**, als Residenz Kaiser Wilhelms I. bis 1889 erbaut. Im **Musee Tomi Ungerer** gegenüber dem Nationaltheater kommen Fans des Zeichners mit der ätzenden Feder auf ihre Kosten (Di. geschl.). An der Post vorbei führt die Avenue de la Liberte über die Ill zur Universität (1884). In den Anlagen hinter ihr sind der Botanische Garten, das Planetarium und das Zoologische Museum zu finden; weiter südlich am Boulevard de la Victoire das herrliche **Jugendstil-Stadtbad**.

Vom Universitätgebäude führt die Allée de la Robertsau nordöstlich zum idyllischen, beliebten Parc de l'Orangerie, angelegt 1804 nach Plänen von Le Nôtre, mit dem Schlösschen der Kaiserin Joséphine (1805). Im Park ist das »Buerehiesel« zu finden, eines der besten Restaurants Frankreichs, in einem alten Fachwerkhaus aus Molsheim, das 1885 hier wieder aufgebaut wurde (▶S. 766).

Parc de l'Orangerie

Westlich des Parks beeindruckt die **Europa-Stadt**. In dem quadratischen Aluminium-Glas-Gebäude das Europa-Palais (Bernard, 1977), hier tagt der Europarat. Jenseits der Ill das Europaparlament mit seiner gekurvten Glasfassade (Architecture Studio Europe, 1998), auf der anderen Seite des Rhein-Marne-Kanals der Europäische Gerichtshof (Richard Rogers, 1994). Info zur Besichtigung und zum Besuch von Sitzungen beim Tourismusbüro und beim Centre d'Information sur les Institutions Européennes (▶S. 766).

Gebäude der EU

Einen Besuch wert ist der nördliche Teil des Port Autonome zwischen der Kernstadt und dem Rhein (nördlich der Europabrücke nach Kehl). Ein ausrangiertes Schubschiff dient dort als Museum der Rheinschifffahrt (**Naviscope**, Rue du Général Picquart).

Port Autonome

Toulon

N 9

Région: Provence – Alpes – Côte d'Azur **Höhe:** 1–10 m ü. d. M.
Département: Var **Einwohner:** 166 500

Toulon, das am südlichsten Punkt der ▶Côte d'Azur liegt, ist nicht gerade ein Mussziel, besitzt aber als bedeutendster Militärhafen Frankreichs eine lebhafte Atmosphäre, besonders in der Altstadt, die nach dem Zweiten Weltkrieg wieder aufgebaut wurde.

Wichtiger Hafen am Mittelmeer — Dank seiner Lage an der von der Halbinsel St-Mandrier geschützten Bucht ist Toulon, Hauptstadt des Départements Var und Zentrum einer Agglomeration mit über 500 000 Einwohnern, ein bedeutender Handels-, Fähr- und Fischereihafen. Mit über 6000 Angestellten ist die Marine der größte Arbeitgeber, sonst spielen Schiffsbau, Rüstungsindustrie und Blumenzucht eine Rolle.

Geschichte — In der Antike war das griechische Telonion bzw. das römische Telo Martius als Hafen und wegen der Gewinnung von Purpur aus Meeresschnecken bedeutend. 441 wird es erstmals als Sitz eines Bischofs erwähnt. 1487 kam Toulon zu Frankreich und wurde wichtiger Flottenstützpunkt. In der Revolution hatten die Royalisten 1793 die Stadt dem englischen Admiral Hood übergeben; sie wurde von der Revolutionsarmee zurückerobert, wobei sich ein 23-jähriger Leutnant, Napoleon Bonaparte, besonders auszeichnete. Im Zweiten Weltkrieg war Toulon Basis der französischen Mittelmeerflotte; im November 1942 wurde die Stadt von den Deutschen bombardiert, die französische Flotte versenkte sich hier am 27. November. Weitere Zerstörung brachten alliierte Luftangriffe 1943/1944. Nachdem in den 1960er-Jahren große Außenbezirke entstanden und die Innenstadt verfiel, besitzt die Stadt – insbesondere im »Vieux Toulon« – heute wieder über eine geschäftig-gemütliche, »provenzalische« Atmosphäre.

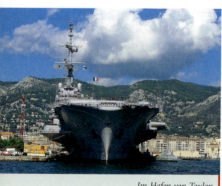

Im Hafen von Toulon

Sehenswertes in Toulon

Quai Cronstadt — An der **Darse Vieille** (Altes Hafenbecken) verläuft die Hauptflaniermeile der Stadt, der Quai Cronstadt. An der Mairie d'Honneur sind die Atlanten von Pierre Puget (1657) zu beachten, die das im Zweiten Weltkrieg zerstörte alte Rathaus schmückten. Am Westende die Préfecture Maritime, dahinter das sehenswerte Marinemuseum. Von der Mairie d'Honneur führt die schmale, lebhafte Rue d'Alger nach Norden, die in die Rue Hoche übergeht; sie endet in der hübschen **Place Puget** mit der Fontaine des Trois Dauphins (1782). Über die Rue Landrin gelangt man zum Cours Lafayette – Di.–So. ist hier vormittags Markt – und zum **Musée du Vieux Toulon** (Stadtgeschichte, sakrale Kunst; Di. geschl.). Nebenan die frühgotische Kathedrale **Ste-Marie-Majeure** (11./12. Jh., im 17. Jh. umgebaut; Turm 1740), in der 1870/1871 die Goldreserven Frankreichs versteckt wurden. Südlich der Kathedrale die Place de la Poissonnerie mit dem Fischmarkt. Am Ostrand der Altstadt ist die Porte d'Italie erhalten, ein Rest der Vaubanschen Befestigung.

Altstadt

Toulon Orientierung

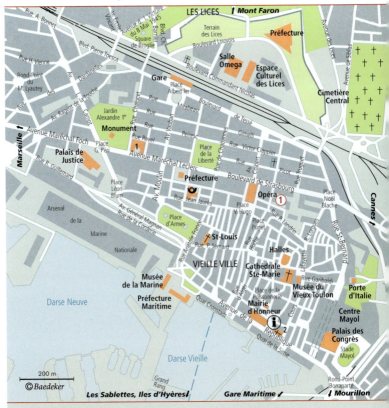

1 Musée d'Art
2 St-François-de-Paule

Übernachten
① Dauphiné

Weitere Sehens-würdigkeiten	Nördlich der Altstadt schließt sich der im 19. Jh. entstandene Stadtbezirk mit der prächtigen **Oper** (1864) an. Nordwestlich die Place de la Liberté mit dem Monument de la Fédération. Weiter westlich (Blvd. Leclerc 113) das **Musée d'Art de Toulon**: hauptsächlich provenzalische Landschaftsmaler der Zeit um 1850, Fauves und Symbolisten bis ins 20. Jh. (Mo. geschl.). Nach dem Museumsbesuch kann man sich im hübschen Jardin Alexandre I ergehen.
Militärhafen	An der 1680–1700 angelegten Darse Neuve dehnen sich die Docks und Magazine der französischen Kriegsmarine aus (nicht zugänglich). Hier lag einst der berüchtigte Bagno, das Gefängnis, das 1748 die Galeerenstrafe ablöste und bis 1874 existierte; bis zu 4000 Gefangene arbeiteten in den Werftanlagen.
Mourillon ★ Corniche Mistral ▶	Im südöstlichen Stadtteil Mourillon steht an der Südspitze der Landzunge die mächtige **Tour Royale** (1514, eindrucksvolle Rundsicht). Östlich schließt der Strand von Toulon mit dem Fort St-Louis (1707) an. Die Corniche Mistral führt weiter an der Grande Rade nach Osten, vorbei am Jardin d'Acclimatation (Botanischer Garten), zur reizvollen Wohngegend des **Cap Brun** (103 m, Aussicht). Unterhalb der Küstenstraße verläuft der »Sentier des Douaniers« (Zöllnerpfad) entlang romantischer Buchten.
★ **Mont Faron**	Auf den 584 m hohen Mont Faron, der die Stadt im Norden überragt, führen eine sehr schmale und steile Straße sowie eine Seilbahn (von der Av. Amiral-Vence). Das Musée Mémorial du Débarquement (Mo. geschl.) informiert über die Landung der alliierten Streitkräfte im August 1944; vom Dach hat man einen grandiosen Blick.

▶ TOULON ERLEBEN

AUSKUNFT

Office du Tourisme
12 Place Louis Blanc, 83000 Toulon
Tel. 04 94 18 53 00
www.toulontourisme.com

ESSEN

▶ **Erschwinglich / Fein**
Bernard
Cap Brun, Calanque de Magaud
Tel. 04 94 27 20 62. Am östlichen Ende des »Sentier des Douaniers« am Meer gelegen, ein wunderbarer Platz, um Meeresgetier zu genießen. Bouillabaisse auf Bestellung. Reservieren. Okt.–März und So.abend/Mo. geschl.

ÜBERNACHTEN

▶ **Günstig**
① *Dauphiné*
Toulon, 10 Rue Berthelot
Tel. 04 94 92 20 28
www.grandhoteldauphine.com
Freundliches, familiäres Haus im provenzalischen Stil. In der Fußgängerzone nahe de Oper.

SCHIFFSVERKEHR

Hafenrundfahrten und Boote zu den Iles d'Hyères, nach La Seyne und St-Mandrier legen vom Quai Cronstadt ab, die Fähren nach Korsika/Sardinien vom südöstlichen Hafenbecken.

★ Toulouse

Région: Midi – Pyrénées
Département: Haute-Garonne
Höhe: 146 m ü. d. M.
Einwohnerzahl: 439 500

Toulouse, Frankreichs viertgrößte Stadt, ist die große Wirtschaftsmetropole des Südwestens. Die freundliche »Ville rose« mit südlicher Atmosphäre ist aber nicht nur Zentrum der französischen Luft- und Raumfahrtindustrie, sondern auch eine Kunststadt mit bedeutenden Bauten, Museen und kulturellen Einrichtungen.

Toulouse gestern und heute

Aufgrund der Ziegelbauweise – Steinbrüche gibt es in der Umgebung nicht – trägt Toulouse den Beinamen »Ville rose«. »Tolosa« nannten die Römer ihre Station an der Straße von Narbonne nach Bordeaux. Von 419 bis 506 war Toulouse Hauptstadt des Westgotenreichs, dann unter den Franken Mittelpunkt Aquitaniens. Von 845 bis 1249 regierten die Grafen von Toulouse, die hier ihren großartigen Hof hatten; sie wurden früh zu Führern der Albigenser (Katharer); Graf Raimund VI. wurde 1207 exkommuniziert, die Stadt mehrmals belagert. Der Vertrag von Paris 1229 beendete die Albigenserkriege (►Baedeker Special S. 450) und band mit dem Languedoc auch Toulouse an die Krone. Im 15. Jh. brachte der Handel mit Färberwaid Reichtum in die Stadt, die rasch die Einflüsse der Florentiner Renaissance aufnahm; ein Niedergang setzte um 1560 mit dem Import von Indigo ein. Ab dem Ersten Weltkrieg entwickelte sich Toulouse zum Zentrum der nationalen Rüstungs- und Luftfahrtindustrie, 1969 fand der erste Flug der Concorde statt. Das Airbus-Unternehmen hat in Toulouse seinen Sitz, auch die Ariane-Rakete wird hier gebaut.

Obwohl historisches Zentrum Okzitaniens und damit des ► Languedoc, wurde es in der Reform der Regionalgrenzen in den 1960er-Jahren aus der Region ausgeschlossen. Schon seit 1233 besitzt Toulouse eine Universität, außerdem gibt es 14 Grandes Écoles und weitere Bildungsinstitutionen mit über 80 000 Studenten.

Tolosaner Romanik: St-Sernin

TOULOUSE ERLEBEN

AUSKUNFT

Office de Tourisme
Donjon du Capitole, 31000 Toulouse
Tel. 05 61 11 02 22
0892 180 180 (0,34 €/Min.)
www.toulouse-tourisme.com

VERKEHR

Flughafen Blagnac 8 km nordwestlich, Busse zum Stadtzentrum. Metro und Busse der Tisseo, Info: Stationen Marengo SNCF, Esquirol, Capitole. Bootsausflüge auf Garonne und Canal du Midi vom Quai de la Daurade.

FESTE & EVENTS

Mitte März: Festival Flamenco. Juli/Aug.: »Toulouse d'Été«, abends Konzerte an schönen Plätzen der Stadt, von Kammermusik bis Gospel. Ca. 20. Sept. – 20. Okt.: Festival Occitania.

ESSEN

▶ Fein & teuer

① *Michel Sarran*
21 Blvd. Armand-Duportal, Tel. 05 61 12 32 32, Sa./So. und Aug. geschl.
Seinen Kochstil bezeichnet Michel Sarran als »italo-espano-gasconne«. Für seine Leistung ist das Lokal mit schlicht-moderner Einrichtung relativ preisgünstig, daher gut besucht. Nördlich dem Pont St-Pierre gelegen.

▶ Preiswert / Erschwinglich

② *Les Halles Victor Hugo*
Im 1. Stock der Markthalle kann man Di. – So. in mehreren Restaurants, in einfachem Ambiente, sehr preiswert und vorzüglich essen.

③ *Brasserie Flo Les Beaux Arts*
1 Quai de la Daurade
Tel. 05 61 21 21 12
Prachtvolle Brasserie der 1930er-Jahre an der Garonne, mit Blick auf den nachts illuminierten Pont Neuf. Traditionelle Küche.

④ *La Bohème*
3 Rue Lafayette, Tel. 05 61 23 24 18
Sa./So. geschl.
Familiäres, gemütliches Restaurant beim Capitol. In Backsteingewölben aus dem 17. Jh. genießt man herzhafte Küche der Region auf der Basis von Gans und Ente, auch Cassoulet.

ÜBERNACHTEN

▶ Luxus

① *Grand Hotel de l'Opéra*
1 Place du Capitole, Tel. 05 61 21 82 66, www.grand-hotel-opera.com
Aus einem Kloster entstand das erste Hotel am Platz in bester Lage (wunderbar der Blick auf die Place du Capitole), etwas »opernhaft« ist auch die Atmosphäre. Unabhängig vom Hotel ist das erstklassige Restaurant »Les Jardins« im Innenhof mit regional inspirierter Küche (So./Mo. geschl.), preiswert isst man im herrlichen Grand Café de l'Opéra.

▶ Komfortabel

② *Hôtel des Beaux-Arts*
1 Place Pont-Neuf, Tel. 05 34 45 42 42
www.hoteldesbeauxarts.com
Kleines, feines Hotel, dezent »englisch« gestaltet. Im obersten Stock das Zimmer 42 mit Terrasse und herrlichem Blick. Essen ▶Brasserie Flo.

▶ Günstig

Chapon Fin
Moissac, Place Récollets
Tel. 05 63 04 04 22
www.lechaponfin-moissac.com
Modernisiertes, komfortables Haus am Marktplatz, wenige Schritte südlich der Abtei St-Pierre. Mit gutem Restaurant und Brasserie.

► Toulouse ZIELE 777

Toulouse *Orientierung*

1 Hôtel-Dieu
2 Bazacle

Essen
① Sarran
② Les Halles
③ Brasserie Flo
④ Bohème

Übernachten
① Grand Hotel de l'Opera
② Beaux-Arts

Sehenswertes in Toulouse

Capitole

Atmosphärereicher Mittelpunkt der Stadt ist die **Place du Capitole** mit hübschen Arkaden. Das 128 m lange, heiter-würdige Capitole von 1753 ist benannt nach den »Capitouls«, den Bürgermeistern der Stadt; hier sind das Rathaus (prächtige Salle des Illustres) und das Theater mit seinem renommierten Orchester untergebracht. Dahinter der Donjon von 1529 mit dem Tourismusbüro. Nördlich des Capitols ist die Kirche Notre-Dame-du-Taur (14. Jh.) interessant, deren Fassade Vorbild für viele Kirchen der Gegend war.

◄ Notre-Dame-du-Taur

★★ St-Sernin

Die Basilika ist eine der großartigsten Pilgerkirchen am Jakobsweg und eines der schönsten romanischen Bauwerke überhaupt (geöffnet ab 8.30, Juni – Sept. Mo. – Sa. bis 19.00, So. bis 19.30 Uhr, Okt. – Mai Mo. – Sa. bis 18.00, So. bis 19.30 Uhr). Ende des 4. Jh.s stand hier eine Basilika mit dem Grab des hl. Saturninus, der anno 250 den Martertod erlitt. Nachdem Karl der Große der Kirche bedeutende Reliquien – darunter von sechs Aposteln! – geschenkt hatte, machte der Pilgerstrom einen Neubau notwendig. Der Ziegelbau wurde um 1080 mit dem Chor begonnen (Weihe 1096) und war 1118 weitestgehend beendet (im 19. Jh. von Viollet-le-Duc restauriert, Hauptfassade 1929). Besonders schön sind die **Ostpartie mit neun Kapellen** und der achteckige, 65 m hohe Vierungsturm (13. Jh.), der im Languedoc und in der Gascogne häufig nachgeahmt wurde. Hervorragend an der Langhaus-Südseite die **Porte Miégeville** (von »mieja vila«, »Mitte der Stadt«) mit romanischen Skulpturen des 12. Jh.s (Tympanon: Himmelfahrt Christi; Türsturz: Apostel; Konsolfigur links: König David) und die Porte des Comtes am südlichen Querhaus (Kapitelle: Geschichte vom armen Lazarus). Innen wirkt der nach dem Vorbild der Pilgerkirchen in Limoges und Conques angelegte Bau schluchtartig eng und tief (115 m lang, 21 m hoch; das fünfschiffige Langhaus ist 32,5 m breit, das Querhaus 64 m). Der kostbare Altartisch (1096) stammt von Bernardus Gelduinus. Im Chorumgang vergoldete Reliquienschreine, hinter dem Altar das Grabmal des hl. Sernin (18. Jh.) und Reliefs von Gelduinus. Schön sind auch Chorgitter (16./17. Jh.) und Chorgestühl (1670).

◄ Inneres

Musée St-Raymond

Das archäologische Stadtmuseum im Kolleg von 1523 stellt neben Funden aus vorgeschichtlicher und römischer Zeit prächtiges Kunstgewerbe aus Mittelalter und Renaissance aus.

★ Eglise des Jacobins

Die gotische Dominikanerkirche (1235) – die Dominikaner waren Vorreiter im Kampf gegen die Katharer – verfügt über einen herrlichen Innenraum: eine lichte Halle, die durch eine Säulenreihe in zwei 28 m hohe Schiffe geteilt wird; die Netzgewölbe werden im Chor zu einem **palmenartigen Fächer**. Ab 1368 und wieder seit 1974 werden hier die Gebeine des hl. **Thomas von Aquin** (1225 –1274) aufbewahrt. Das nahe Hôtel de Bernuy wurde 1509 –1534 für einen

Hôtel de Bernuy

In den Arkaden an der Place du Capitole, dem schönen Herz der Stadt

spanischen Farbenhändler erbaut. Südwestlich geht es zur Garonne; am Kai die barocke Kirche Notre-Dame-de-la-Daurade (1790).

Notre-Dame-de-la-Daurade

Im schönen Hôtel Dumay (16./17. Jh.) ist das Stadtgeschichtliche Museum untergebracht (So. geschl.). An der Rue St-Rome, einer Fußgängerzone mit edlen Geschäften, stehen außer beachtlichen Häusern aus der Renaissance die gotische Tour Séguy, weiter südlich die Tour de Sarta.

Musée du Vieux Toulouse

Das vornehmste Bürgerhaus mit markantem Turm wurde 1555 bis 1557 für den Farbenhändler und Capitoul Pierre d'Assézat erbaut (schöner Hof). Hier zeigt die **Fondation Bemberg** Gemälde aus dem 16.–20. Jh. (u. a. Tintoretto, Gauguin, Dufy; Mo. geschl.). Im Augustinerkloster (14./15. Jh.) sind eine Sammlung sakraler Plastik (frühchristliche Sarkophage, mittelalterliche Skulpturen) sowie Gemälde berühmter Künstler des 15.–20. Jh.s zu sehen (tägl. geöffnet).

Museen

★

◀ Musée des Beaux-Arts

Am Ostrand der Altstadt signalisiert ein mächtiger Turm die Kathedrale St-Étienne, deren grotesk uneinheitliches Bild sich aus der langen Bauzeit (11.–17. Jh.) erklärt. Das Langhaus war das erste Bauwerk in Südfrankreich mit gotischen Elementen und mit 19 m Spannweite damals das weiteste Gewölbe in Europa. Die Rose wurde 1230 in die Westfassade gebrochen. Der dreischiffige Chor war 1272 als Auftakt zu einer neuen Kirche gedacht, das Langhaus sollte abgerissen werden. Beachtenswert sind Chorfenster (15.–17. Jh.), Chorgestühl (1611), Orgel (17. Jh.) und Bildteppiche (16.–18. Jh.).

St-Étienne

Südliche Altstadt Von der Kathedrale führt die **Rue Perchepeinte** – die bekannt ist für ihre Antiquitätenläden – zum Musée Paul Dupuy (Kunsthandwerk seit dem Mittelalter). Dann in die Rue Ozenne mit schönen Häusern des 15. Jh.s und zum Hôtel Béringuier-Maynier, das 1517–1527 als erster »Renaissance-Import« in Toulouse erbaut wurde. Über die Place des Carmes mit der Markthalle gelangt man zur Kirche Notre-Dame-de-la-Dalbade (1503–1545) mit Renaissance-Portal von 1537 (Tympanon 20. Jh.). Sehenswert ist auch die **Rue Dalbade** mit prächtigen Palästen, insbesondere dem Hôtel de Clary (16. Jh.), dessen Fassade im 17. Jh. ganz aus Stein (was damals sehr teuer war) errichtet wurde. Südlich der Allées J.-Guesde liegt das Musée d'Histoire Naturelle mit dem Botanischen Garten.

Westlich der Garonne Der **Pont Neuf** (1544–1632) führt über die Garonne zu einer Pumpstation von 1823 (Château d'Eau, Ausstellungen). Gegenüber das Hôtel-Dieu St-Jacques mit dem Musée de la Médicine. Durch die Rue Viguerie gelangt man zum mächtigen Komplex des Dôme de la Grave. Westlich davon der **Schlachthof** von 1831, der zum Museum für moderne Kunst umfunktioniert wurde (Mo./Di. geschl.); u. a. ist der Theatervorhang »Minotaurus im Harlekinskostüm« von Picasso zu sehen. Im Café isst man gut und preiswert. Dann sollte man die Garonne auf der Brücke St-Pierre überqueren und sich den **Bazacle** ansehen, ein Kraftwerk von 1889 (geöffnet Di.–So. 11.00–19.00/ 18.00 Uhr; Ausstellungen) mit interessanter Fischpassage.

★ Les Abattoirs ▶

EDF Le Bazacle ▶

Umgebung von Toulouse

★ **Airbus** Nördlich von Blagnac (5 km nordwestlich) ist die aufregende Welt der Airbusse zu entdecken. Info/Anmeldung bei Taxiway (Tel. 05 34 39 42 00, www.taxiway.fr) oder im Tourismusbüro von Toulouse.

Montauban Montauban (55 000 Einw.), die Hauptstadt des Départements Tarn-et-Garonne, 50 km nördlich von Toulouse gelegen, wurde 1144 als zweite Bastide Aquitaniens gegründet und ist als **Jazzmetropole** bekannt (Juli Jazzfestival, www.jazzmontauban.com). Vom Pont Vieux (1348) hat man einen schönen Blick auf die fast ganz aus Ziegelstein erbaute Stadt. Am Ostende der Brücke das Bischofspalais (1664), in dem das Musée Ingres (April–Okt. Mo. geschl., sonst auch So.vormittag) Werke – darunter 4000 Zeichnungen – des aus Montauban stammenden Malers **Jean-Auguste-Dominique Ingres** (1780–1867) und Skulpturen von A. Bourdelle (1861–1921) zeigt. Gegenüber die Cour des Aides (17. Jh.) mit volkskundlichem Museum. Östlich gelangt man, vorbei an der Kirche St-Jacques (14./15. Jh.) mit ihrem markanten Turm, zur Place Nationale mit schönen Arkaden (17. Jh.; Markt). Am nordöstlichen Rand der Altstadt (Place Prax-Paris), im Collège des Jesuites (17. Jh.), das Tourismusbüro. Am Südrand der Altstadt steht die kühl klassizistische Kathedrale Notre-Dame von 1732; im linken Querhaus das »Gelübde Ludwigs XIII.« von Ingres.

★ Musée Ingres ▶

Der elegante Kreuzgang von Moissac mit 76 unterschiedlichen Kapitellen

Moissac (12 000 Einw.) 31 km nordwestlich von Montauban ist für die im 7. Jh. gegründete und 1790 aufgehobene **Benediktinerabtei** berühmt. Das um 1120 entstandene **Südportal** der Abteikirche St-Pierre (11./12. Jh.) gehört zu den besten Werken der romanischen Plastik. Das Bildprogramm des Tympanons ist die Wiederkehr Christi als Weltenrichter; die Türen werden von Petrus (links) und Jesaia flankiert, der herrliche Mittelpfeiler zeigt 2 überkreuzte Löwenpaare sowie Paulus und Jeremias. Zu beachten ist das romanische Kruzifix (12. Jh.) im Langhaus. Der Kreuzgang aus dem 11.–13. Jh. besitzt abwechselnd Einzel- und Doppelsäulen; die Gesichter an den Kapitellen wurden in der Revolution zerstört. Geöffnet Juli/Aug. 9.00 bis 19.00, Sept. 9.00 – 18.00, April – Juni, Okt. 9.00 – 12.00, 14.00 – 18.00 (Sa./So. ab 10.00), Nov.–März 10.00–12.00, 14.00–17.00 (Sa./So. nur nachmittags), Zugang durch das Tourismusbüro. Im Palast der Äbte ist das Musée Moissagais (Volkskunde) untergebracht. Vom Turm schöner Blick auf die Altstadt und die Weinberge der Umgebung; bekannt sind die weißen **Chasselas-Tafeltrauben** aus Moissac (AOP).

Moissac

◀ Portal

◀ Kreuzgang

Tours

H 5

Région: Centre
Département: Indre-et-Loire

Höhe: 55 m ü. d. M.
Einwohnerzahl: 136 500

Die Touraine ist berühmt als »Garten Frankreichs«, in dem der Großteil der Loire-Schlösser zu finden ist (▶Loire-Tal). Ihr Zentrum ist das an Loire und Cher gelegene Tours, eine moderne, ein wenig an Paris erinnernde Stadt mit südlich-heiterer Atmosphäre und bedeutenden Zeugnissen der Geschichte.

Tours war im 4. Jh. als Urbs Turonum (nach den gallischen Turonen) Hauptstadt von vier römischen Provinzen. Im 3. Jh. predigte der hl. Gatianus das Christentum, doch erst der **hl. Martin**, der ab 372 Bischof von Tours war, konnte es etablieren. Seine Grabstätte

Tours gestern und heute

▶ Tours

Die Place Plumereau, Zentrum der liebevoll restaurierten Altstadt

wurde zum Nationalheiligtum der Franken; es entstand die Stadt Martinopolis mit Basilika und Kloster, die im 14. Jh. mit der Cité, die auf die römische Niederlassung zurückgeht, vereinigt wurde. Ab 573 war hier Gregor, der Verfasser der »Geschichte der Franken«, Bischof, 732 schlug Karl Martell in der Schlacht bei Tours und Poitiers die Mauren. Karl der Große schickte 796 Alkuin hierher, der eine Universität und eine bedeutende Schreibschule gründete. Von Ludwig XI. bis Franz I. war Tours Hauptstadt des Königreichs; Ersterer führte die Seidenindustrie ein, die bis Mitte des 17. Jh.s blühte. Die reiche Stadt wurde früh protestantisch und damit in die Religionskriege gezogen. 1562 plünderten die Calvinisten das Martinskloster, die Rache kam zehn Jahre später mit einer Art Bartholomäusnacht. Deutsche Bombardements 1940, 1942 und 1944 zerstörten große Teile von Tours. Heute ist der Geburtsort von **Honoré de Balzac** (1799–1850) ein bedeutender Industriestandort (Textilien, Pharmazie, Nahrungsmittel, Druckereien), Handelszentrum für landwirtschaftliche Produkte und Wein sowie Sitz einer Universität mit 20 000 Studenten.

Sehenswertes in Tours

Stadtzentrum Die Innenstadt wird von der 1763 angelegten **Rue Nationale** geteilt, einer lebhaften Shoppingmeile mit Kaufhäusern und schicken Boutiquen. An der Place Jaurès an ihrem Südende das stattliche Rathaus (1905) und der Justizpalast (1843). Westlich der Rue Nationale dehnt

Place Plumereau ▶ sich um die Place Plumereau (Fachwerkhäuser des 15. Jh.s) die Altstadt aus. Von den interessanten Sträßchen sei die vom Nordwesteck

Rue Briçonnet ▶ der Place Plumereau nach Norden führende Rue Briçonnet genannt, mit Fassaden von der Romanik bis zum 18. Jh.; an ihrem Nordende die Maison de Tristan (Ende 15. Jh.). Im Hôtel Raimbault (Rue de Mûrier) zeigt das Musée du Gemmail (Gemmail ist eine Art Glasemail) Arbeiten u. a. von Picasso und Braque. Zu den schönsten Gebäuden gehört das um 1510 nach italienischem Vorbild erbaute

★
Hôtel Goüin ▶ Hôtel Goüin (Foto S. 81), in dem das Musée Archéologique de Touraine untergebracht ist (Vorgeschichte, galloromische Funde, Kunst vom Mittelalter bis zum 18. Jh.).

Südlich der Place Plumereau stand bis 1802 die Basilika St-Martin. **Reste der Basilika St-Martin**
Reste der 110 m langen, fünfschiffigen Kirche, die im 11./13. Jh. über
dem Grab des hl. Martin entstand, sind die **Tour d'Horloge**, die zur
Westfassade gehörte, und die **Tour Charlemagne**, die das Ende des
nördlichen Querschiffs markiert.
Die Rue des Halles zeigt in etwa
den Verlauf des Schiffs an. Die
neue Basilika erbaute Victor Laloux, von dem auch der Pariser
Gare d'Orsay stammt, 1886 bis
1902 im romanisch-byzantinischen
Stil. In der Apsis ein Altar mit der
Schädelreliquie und in der Krypta
– am alten Platz – das **Grabmal
des hl. Martin**. In der Rue Rapin
unterrichtet das Musée St-Martin
über den Heiligen und die Basilika.

Baedeker TIPP

Einkaufen in Tours

In der Rue de la Scellerie findet man nicht nur Kunstgalerien, Antiquitätenläden und Buchhandlungen, sondern auch die herrliche alte Chocolatière Menard, die als bester Pralinentempel der Stadt gilt. Gourmands dürfen den Markt auf der Place du Résistance am ersten Freitag des Monats nicht versäumen.

Südlich des 434 m langen Pont Wilson (1774) steht die Kirche St-Julien (1259), die zu einem Benediktinerkloster gehörte; das interessante **Musée des Vins de Touraine** ist im Weinkeller des Klosters untergebracht, im Kapitelsaal das **Musée du Compagnonnage**, das über Leben und Arbeit der französischen Handwerksgesellen berichtet. Von der Rue Nationale ist der Hof mit den Resten des Hôtel de Beaune-Semblançay (Palais des Finanzministers Ludwigs XII. und Franz' I.) und der Fontaine de Beaune (1511) zugänglich.   **Viertel St-Julien**

◀ Hôtel de Beaune

Im Bereich der Kathedrale lag die antike Römerstadt, die Rue Colbert markiert ihre Hauptachse (schöne Häuser des 15./16. Jh.s). An der Loire steht noch die Tour de Guise, Rest der um 1260 erbauten Burg. Im Schloss das Historial de Touraine (Wachsfiguren) und ein Aquarium, im Logis du Gouverneur eine historische Schau.   **Cité**

◀ Château

Die Kathedrale (Foto S. 785) ist dem ersten Bischof von Tours geweiht. Der Chor der dreischiffigen Basilika war um 1260 fertig, das Langhaus um 1440, die spätgotische Westfassade 1484. Die Türme aus dem 16. Jh. zeigen bereits Formen der Renaissance (vom Südturm herrlicher Ausblick). Prunkstück (Fernglas!) sind die **Glasmalereien** (1260) im Chor. In der ersten Chorkapelle rechts das wunderbare Marmorgrabmal für Charles-Orland und Charles, Söhne Karls VIII. (Anfang 16. Jh.). Im August Mi. und So. Orgelkonzerte. Nördlich schließt sich an die Kathedrale der dreiseitige Kreuzgang (15./16. Jh.) an, »La Psalette« genannt nach der ehedem hier untergebrachten Chorschule; der Treppenturm ist dem in Blois nachgebildet.   ★ **Kathedrale St-Gatien**

Im Erzbischöflichen Palast (17./18. Jh.) zeigt das Kunstmuseum Mobiliar, Gemälde und Skulpturen des 17./18. Jh.s. Zu beachten sind außer den Barbizon-Künstlern und Impressionisten wie Monet und   **Musée des Beaux-Arts**

TOURS ERLEBEN

AUSKUNFT
Office de Tourisme
78/82 Rue B. Palissy, 37000 Tours
Tel. 02 47 70 37 37
www.ligeris.com, www.tours.fr

FESTE & EVENTS
Mai, 1. Sa. bis 2. So.: Foire de Tours. Letzter Sa. im Juli: Knoblauch-Basilikum-Markt. Juni: Fêtes Musicales en Touraine. Sept.: Jazz en Touraine (in Montlouis).

ESSEN
▶ Preiswert / Erschwinglich
① *La Deuvalière*
18 Rue de la Monnaie
Tel. 02 47 64 01 57, So./Mo. geschl.
Gemütliches Lokal in einem schönen Haus aus dem 15. Jh., ausgezeichnete Küche je nach Jahreszeit. Reservieren.

ÜBERNACHTEN
▶ Günstig
① *Du Manoir*
2 Rue Traversière, Tel. 02 47 05 37 37
http://site.voila.fr/hotel.manoir.tours
Innen und außen hübsches Haus aus dem 19. Jh., teils mit altem Mobiliar. Frühstück im Gewölbekeller.

② *Moderne*
1–3 Rue V. Laloux, Tel. 02 47 05 32 81, www.hotelmoderne37.com
Angenehm-komfortables, familiengeführtes Hotel nahe dem Rathaus.

Tours Orientierung

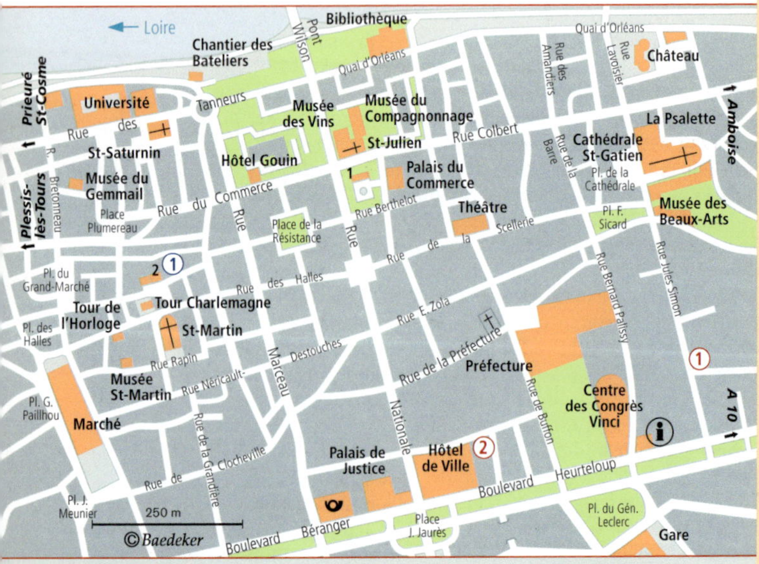

1 Hôtel Beaune-Semblançay
2 Logis des Ducs de Touraine

Essen
① La Deuvalière

Übernachten
① Du Manoir
② Moderne

Dégas die Werke von Rembrandt und Mantegna (Letztere von Napoleon aus San Zeno in Verona geraubt). Im Hof sind eine 1804 gepflanzte Libanonzeder und der ausgestopfte Elefant Fritz des Zirkus Barnum & Bailey zu sehen, der 1904 getötet werden musste.

Am Blvd. Heurteloup stehen sich die »Denkmäler« zweier Epochen gegenüber, der **Bahnhof** (Victor Laloux, 1898) und das **Centre de Congrès Vinci** (Jean Nouvel, 1993; kulturelle Veranstaltungen). Neben dem »Vinci« das Tourismusbüro.

Außenbezirke und Umgebung

Am östlichen Stadtrand, am rechten Loire-Ufer zwischen Autobahn und D 952, existieren Reste der im Jahr 372 vom hl. Martin gegründeten **Abtei Marmoutier**, einst eine der mächtigsten in Frankreich (Führungen des Office de Tourisme). Das beeindruckende Portal stammt von 1220. Zu Marmoutier gehörte die 6 km nördlich stehende **Grange de Meslay** von 1220, eine 60 × 25 m große Scheune mit offenem Kastanienholz-Dachstuhl (15. Jh.). Konzerte im Rahmen der Fêtes Musicales en Touraine.

Kathedrale St-Gatien mit dem Erzbischöflichen Palast

Ein hübsches Plätzchen mit ihrem Rosengarten sind die Reste des 1092 gegründeten **Priorats St-Cosme** im westlichen Außenbezirk La Riche. Pierre de Ronsard (1525–1585), als bedeutendster Vertreter der »Pléiade« einer der großen französischen Dichter, war hier Prior; er ist im Chor beigesetzt. Außer einigen Teilen der Kirche (11./12. Jh.) sind u. a. das Refektorium und das Wohnhaus des Priors erhalten.

Ca. 1 km südlich der Prieuré St-Cosme steht der schlichte erhaltene Flügel des Schlosses, das König Ludwig XI. ab 1474 erbauen ließ und in dem er 1483 starb, mit dem Beistand des hl. Franz von Paula. Es dient einer Theatertruppe als Domizil und ist nicht zugänglich.

Plessis-lès-Tours

⭐⭐ Troyes

M 4

Région: Champagne-Ardenne
Département: Aube
Höhe: 113 m ü. d. M.
Einwohnerzahl: 61 800

Troyes, der alte Hauptort der ▶Champagne, bezaubert durch seine Altstadt mit einem der schönsten Fachwerkviertel Frankreichs. Zahlreiche kostbar ausgestattete Kirchen und Museen zeugen vom traditionellen Wohlstand der Stadt.

Troyes gestern und heute
Troyes – im Süden der Champagne an der Seine gelegen, die sich hier in mehrere Arme teilt – war im Mittelalter eine europaweit bedeutende Messestadt; die heute ca. 15 000 Arbeitsplätze bietende Wirk- und Strickwarenindustrie besteht seit dem 15. Jahrhundert.- Polohemden von Lacoste, Unterwäsche von Dim, Kinderklamotten von Petit Bateau, das alles und noch mehr kommt aus Troyes. Der Hauptort der gallischen Tricassen hieß unter den Römern Augustobona. Auf den Katalaunischen Feldern nördlich von Troyes schlugen im Jahr 451 die mit Burgundern, Franken und Westgoten verbündeten weströmischen Legionen die »Geißel Gottes« Attila. Im 10. Jh. fiel die Stadt an die Grafen der Champagne, die die noch heute stattfindende Messe begründeten. 1284 kam die Grafschaft durch Heirat an die französische Krone. Der Vertrag von Troyes 1420 war ein wichtiges Datum im Hundertjährigen Krieg: Isabeau von Bayern, die Frau des zeitweise regierungsunfähigen Königs Karl VI., machte ihren Schwiegersohn, den englischen König Heinrich V., zum Thronfolger. 1524 zerstörte ein Brand die Stadt. Die Textilindustrie geht auf die (1505 urkundlich erwähnten) »Bonnetiers« zurück, die Hersteller von Mützen und Strümpfen.

! Baedeker TIPP

Einkaufsparadies

Busladungsweise – 3 Mio. pro Jahr – kommen die Schnäppchenjäger nach Troyes, um in den Factory-Outlets einzukaufen. Die wichtigsten sind Marques Avenue und Au Fil des Marques in St-Julien-les-Villas 3 km südöstlich (N 71) sowie McArthur Glen und Marques City in Pointe Ste-Marie 3 km nordöstlich (N 77 / D 960). Mo.–Fr. 10.00–19.00, Sa. 9.30–19.00 Uhr. Info beim Office de Tourisme, www.troyesmagusine.com.

Kunstgeschichte
Troyes' Bedeutung als Kunststadt beruht auf seit dem 13. Jh. existierenden Werkstätten, die dann in der Renaissance einen eigenen Stil entwickelten (**Schule von Troyes**). Ihre hervorragendsten Vertreter waren die Bildhauer Jean Gailde und Jacques Julyot (15./16. Jh.). Hohes Ansehen genoss auch die Glasmalerei vom 14. bis zum 17. Jh., deren Zeugnisse die Kirchen der Stadt schmücken. Zu den bedeutendsten Künstlern gehörten Jean Soudain (16. Jh.) und Linard Gontier (1565–1642). Aus Troyes stammten auch der Maler Pierre Mignard (1612–1695), ein Konkurrent von Le Brun, und der Bildhauer François Girardon (1628–1715).

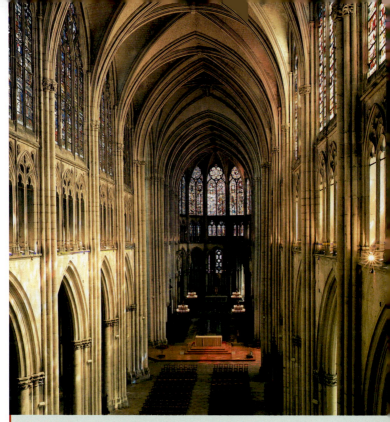

Harmonische Eleganz prägt die Kathedrale St.-Peter-und-Paul.

Sehenswertes in Troyes

Die Altstadt – zwischen den Boulevards Gambetta, Victor Hugo und 14 Juillet sowie dem Seine-Bogen – erinnert an einen Champagnerkorken: Die Bischofs- und Adelsstadt um die Kathedrale (»cité«) bildet den Kopf, die Händler- und Handwerkerstadt (»bourg«) den Stopfen. Die meisten Häuser sind Fachwerkbauten, die schönsten sind im Viertel um St-Jean zu finden; ganz mittelalterlich ist die schmale Ruelle des Chats.

★★ **Altstadt**

Die Kirche St-Nicolas, nach dem Stadtbrand 1524 entstanden, besitzt ein schönes Südportal vom einheimischen François Gentil (16. Jh.; der bewegende »Christus unter dem Kreuz zusammenbrechend« wird dem fast unbekannten Meister von Chaource zugeschrieben) sowie eine ungewöhnliche Empore mit der Chapelle du Calvaire und dem »Christus an der Säule«, ebenfalls von Gentil. Das Chorgestühl stammt aus dem 17. Jahrhundert.

St-Nicolas

TROYES ERLEBEN

AUSKUNFT

Office de Tourisme
16 Boulevard Carnot, 10000 Troyes
Tel. 03 25 82 62 70
www.tourisme-troyes.com
www.ville-troyes.fr

PASS'TROYES

Umfasst Eintritt für alle Museen, Stadtführung, Verkostung lokaler Produkte und Rabatte in den Outlets.

FESTE & EVENTS

Im Sommer, Fr.–So. 22.00 Uhr: »Ville en lumières«. Ende Juni–Mitte Aug., Fr./Sa. 21.00 Uhr: »Ville en musiques« mit allen Arten Musik. Ende Okt./Anfang Nov.: »Nuits de Champagne« (Musikfestival).

ESSEN

▶ Erschwinglich / Fein & teuer

① *Le Valentino*
35 Rue Paillot de Montabert
Tel. 03 25 73 14 14, So.abend/Mo. sowie 2. Aug.hälfte geschl.
In einem malerischen Haus aus dem 16. Jh. mitten in der Altstadt, schöne Terrasse. Feine französische Küche mit interessanten neuen Ideen.

▶ Preiswert

② *Bistrot du Pont*
Pont-Ste-Marie, 5 Place Ch. de Gaulle (3 km nordöstlich), Tel. 03 25 80 90 99, So.abend/Mo. geschl.
So angenehm wie der Rahmen ist die bodenständige Küche in diesem Lokal an einem Seitenarm der Seine. Sehr gutes Preis-Leistungsverhältnis.

ÜBERNACHTEN

▶ Luxus

① *Champ des Oiseaux*
20 Rue Linard Gonthier
Tel. 03 25 80 58 50
www.champdesoiseaux.com
Traumhaft schön: Drei Fachwerkhäuser aus dem 15./16. Jh., nach alter Handwerkskunst restauriert und mit modernem Komfort ausgestattet. Sehr gutes Frühstück, das man im Kaminsalon einnimmt, im Sommer im zauberhaften Hof.

Troyes *Orientierung*

1 St-Pantaleon
2 St-Jean
3 Pharmacie de l'Hôtel-Dieu
4 Musée d'Art Moderne

Essen
① Valentino
② Bistrot du Pont

Übernachten
① Champ des Oiseaux

Die spätgotische Kirche St-Pantaléon mit ungewöhnlichem Schiffs- **St-Pantaléon**
kielgewölbe aus Holz (Ende 17. Jh.) besitzt zahlreiche Skulpturen aus
dem 16. Jh., Werke der Schule von Troyes. Im prächtigen Hôtel Vau- **Hôtel Vauluisant**
luisant (16. Jh.) gegenüber gibt es zwei Museen (Mo. geschl.): das
Musée de la Bonneterie (Geschichte der Strickwarenherstellung in
Troyes) und das Musée Historique de Troyes et de la Champagne
(Kunst des 13.–16. Jh.s, Münzen, Kostüme).

Im Hôtel de Mauroy, einem schönen Patriziergebäude der Renais- **Maison de l'Outil**
sance (1560), ist eine großartige Sammlung von Werkzeugen vergangener Jahrhunderte zu sehen, betreut von den **Compagnons du De-
voir**, der Vereinigung der wandernden Gesellen (tägl. geöffnet).

In der im 14.–16. Jh. erbauten Basilika St-Jean fand 1420 die Hoch- **St-Jean**
zeit von Katharina, Tochter von König Karl VI. und Isabeau, mit
Heinrich V. von England statt. Das Langhaus ist gotisch, der wesentlich höhere Chor stammt aus dem 16. Jahrhundert. Zu beachten der
prunkvolle **Hochaltar** (1667) und die Heimsuchungsgruppe im rech-
ten Seitenschiff (16. Jh.). An der Place du Maréchal Foch das Rathaus **Hôtel de Ville**
im Louis-Treize-Stil (1624–1670, 1935 erweitert).

Ste-Madeleine ist die älteste Kirche der Stadt, gotisches Lang- und **Ste-Madeleine**
Querhaus stammen aus dem 12. Jh., Turm und Chor aus der Renais-
sance (16. Jh.). Der großartige steinerne **Lettner** mit reicher Flam-
boyant-Verzierung ist ein Werk von Jean Gailde (1508–1517); beachtenswert sind die Statue der hl. Martha (15. Jh.) in volkstümli-
cher Tracht im rechten Seitenschiff sowie schöne Fenster im Chor
(Ende 14./Anfang 15. Jh.).

Die Kirche St-Urbain, eines der feinsten gotischen Bauwerke der ★
Champagne, wurde 1262–1286 im Auftrag des aus Troyes stammen- **St-Urbain**
den Papstes Urban IV. erbaut. Im Chor trägt ein filigranes steinernes
»Gerüst« die schönen Glasmalereien aus dem 13. Jh., unter den Statuen ist die »**Madonna mit der Weintraube**« besonders zu beachten,
ein Hauptwerk der Renaissance in Troyes (16. Jh.).

Im Hôtel-Dieu-le-Comte, das von der Universität genützt wird, ist **Hôtel-Dieu**
eine schöne Apotheke von Anfang des 17. Jh.s erhalten (Mo. geschl.).
Ein herrliches schmiedeeisernes Gitter (1760) schließt den Hof ab.

An der Kathedrale, einem Hauptwerk der Gotik in der Champagne, ★
wurde von 1208 bis 1638 gebaut (114 m Länge, 50 m Breite, 28,5 m **St-Pierre-**
Gewölbehöhe). Die Westfassade und das nördliche Querschiff mit **et-St-Paul**
dem herrlichen **Beau Portail** (1546) stammen von Martin Chambiges, der auch an den Kathedralen von Beauvais und Sens wesentlich
beteiligt war. Das fünfschiffige Innere wird durch wunderbare **Fenster** aus dem 13., 15. und 16. Jh. erhellt; im linken Seitenschiff das
Fenster mit dem »Christus in der Kelter« (L. Gontier, 1625). Sehens- ◂ weiter auf S. 792

Der hl. Jakob in einer Druckgrafik des 19. Jahrhunderts

PILGERSTAB UND JAKOBSMUSCHEL

Seit dem frühen Mittelalter zogen – und ziehen heute wieder – Pilger durch Frankreich. Ihr Ziel liegt in Nordwestspanien: das legendäre Grab des Apostels Jakobus des Älteren in Santiago de Compostela.

König Herodes hatte, der Apostelgeschichte zufolge (12,1 f.), Jakobus um das Jahr 44 n. Chr. enthaupten lassen. Wie sein Leichnam auf den »Campus stellae«, das »Sternenfeld«, gekommen sein soll, darüber gibt es viele Legenden, ebenso um die **Entdeckung des Grabs um 830**. Eine der Sagen bezieht den Spanienfeldzug Karls des Großen ein, der auf dem Rückweg bei Roncesvalles von den Mauren attackiert wurde und dabei seinen Recken Roland verlor. Daraus entwickelte sich das »Rolandslied«, das zum französischen Nationalepos wurde. Um 1140 wurde die Rolandssage in ein größeres Werk aufgenommen, das die Wallfahrt nach Santiago berühmt machte. Der Codex Calixtinus, in dem es überliefert ist, gibt u. a. eine genaue Beschreibung des Jakobswegs und viele praktische Hinweise. In ganz Europa machte man sich auf den Weg nach Santiago. Gefördert wurde die Jakobswallfahrt durch zwei einschneidende Ereignisse, die **Eroberung Jerusalems** im Jahr 637 durch die Araber und den Konflikt zwischen Kaiser und Papst, der im **Investiturstreit** im 11. Jh. kulminierte. Da das Heilige Land für viele zu weit entfernt, die Reise zu gefährlich und zu teuer war und weil Rom zeitweise als Pilgerziel ausfiel, zogen viele nach Spanien. Im 12. Jh. erlebte die Wallfahrt ihre erste Blüte, im Jahr kamen schätzungsweise bis zu 300 000 Pilger an ihr Ziel. Neben religiösen Gründen im engeren Sinn, wie Rettung aus leiblicher und seelischer Not, drängten sie darüber hinaus Abenteuerlust, Sorgen zu Hause (Epidemien, Kriege) und Existenzängste dazu. Viele ließen sich unterwegs als Handwerker und Baumeister anwerben. So ist etwa ein »Hans von Köln« bekannt, der neben einigem anderen in Burgos die 84 m hohen Türme der Kathedrale und die Capilla del Condestable errichtete.

Alte Wege

Das westliche Frankenland besaß selbst viele Heiligengräber und damit berühmte **Wallfahrtsorte**: so Tours (Martin), Vézelay (Maria Magdalena), Saint-Gilles (Ägidius) und Le Puy (Fides), den wohl ältesten Marienwallfahrtsort, der aufs 3. Jh. zurückgeht. Diese großen Pilgerziele wurden – sie boten schon wichtige Infrastruk-

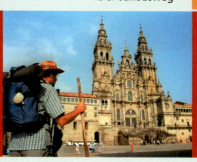

Das ferne Ziel der Unternehmung: die Kathedrale in Santiago de Compostela

tur – Hauptetappenorte des Jakobswegs, und mit der Zeit entstand ein ganzes Netz von Klöstern, die jeweils in einer Tagesreise erreicht werden konnten und für Unterkunft, Verpflegung und Krankenpflege sorgten. Der Pilgerführer des Codex Calixtinus nannte die großen Wallfahrtsorte ebenso wie die vier Hauptwege nach Santiago. Der Paris-Weg oder **Via Turonensis** – die »La Grande Route« – führt über Orléans, Tours, Poitiers, Saintes und Bordeaux. Am Vézelay-Weg, der **Via Lemoviciensis**, liegen Limoges, St-Léonard und Périgueux. Der Le-Puy-Weg oder **Via Podiensis** (von griech. »pus«, »Fuß«, woraus der Ortsname »Le Puy« wurde) berührt Conques, Rocamadour und Moissac. Am Arles-Weg über Toulouse (daher **Via Tolosana**) liegen Arles, St-Gilles und St-Guilhem-le-Désert. Bis auf den Arles-Weg vereinen sich die Jakobswege in den Westpyrenäen in Ostabat, um über den Ibaneta-Pass (1057 m) nach Spanien zu führen. Der Arles-Weg geht über den Somport-Pass (1562 m) und die Bischofsstadt Jaca nach Puente la Reina, wo sich alle Wege zum »Camino de Santiago« vereinen.

Neue Wege

Seit Ende der 1980er-Jahre erlebt die Jakobswallfahrt eine Renaissance, ja einen Boom. Kamen 1990 knapp 5000 Pilger nach Santiago, zählte man 2003 75 000; in den »Heiligen Jahren«, wenn der Jakobstag (25. Juli) auf einen Sonntag fällt, noch deutlich mehr (2004 ca. 160 000). Als erster Papst pilgerte Johannes Paul II. 1982 nach Santiago. Im Jahr 1993 nahm die UNESCO den spanischen Abschnitt in das Welterbe auf, 1998 die Routen in Frankreich (http://whc.-unesco.org). So wie Ausrüstung und Infrastruktur ungleich komfortabler sind als im Mittelalter, unterscheiden sich auch die Motive; statt der Erfüllung eines Gelübdes, einer Sühne oder Ähnlichem steht die spirituelle Erfahrung des Wegs im Vordergrund, der auch ein Weg zu sich sein soll. Das Erlebnis von Natur und Kultur – mittelalterliche Städte mit großartigen Kirchen, Klöster und Brücken reihen sich an den Routen – kommt dabei nicht zu kurz. Jeder aber erlebt die Gemeinschaft der großen Familie der Jakobsbrüder und -schwestern. In vielen Ländern gibt es **Jakobus-Gesellschaften**, die den Wallfahrer unterstützen, zu Hause mit Informationen ebenso wie mit Unterkunft etc. auf dem Weg. Info: Deutsche St.-Jakobus-Gesellschaft, Tel. 02 41 / 47 90-127, www.deutsche-jakobus-gesellschaft. de, Freunde des Jakobsweges (Schweiz), Tel. 0 55 / 2 40 64 35, www.chemin-de-stjacques.ch. Ausgezeichnet ist auch www.jakobus-info.de.

wert ist auch der Domschatz mit Email-, Elfenbein-, Goldschmiede- und Stickarbeiten des 11. bis 19. Jahrhunderts.

Musée d'Art Moderne
Das Bischofspalais (16./17., 19. Jh.) nebenan beherbergt das Museum für Moderne Kunst mit Werken von 1850 bis 1950 (u. a. Bonnard, Cézanne, Degas, Gauguin, Matisse, Picasso u. a.), außerdem eine Sammlung afrikanischer und ozeanischer Kunst (Mo. geschl.).

Abbaye St-Loup
Die Abtei St-Loup (17./18. Jh.) beherbergt das **Musée des Beaux-Arts** (Mo. geschl.) mit Altertümern, französischen, italienischen und flämischen Gemälden des 16. – 19. Jh. sowie Skulpturen aus der Schule von Troyes (13.– 15. Jh.).

Valence

M 8

Région: Rhône-Alpes **Höhe:** 123 m ü. d. M.
Département: Drôme **Einwohnerzahl:** 64 800

Valence ist das Zentrum des mittleren Rhône-Tals, einmal als Verkehrsknotenpunkt zwischen Burgund und Provence, zwischen Alpen und Zentralmassiv, zum anderen in wirtschaftlicher Hinsicht. Die lebhafte Départementshauptstadt besitzt auch eine Universität.

Aus der Geschichte
Valence geht auf die im 2. Jh. v. Chr. gegründete römische Kolonie Valentia zurück. Die 1452 gegründete Universität sah Rabelais unter ihren Studenten. In den Religionskriegen ließ der Protestantenführer

VALENCE ERLEBEN

AUSKUNFT
Office de Tourisme
11 Blvd. Bancel, 26000 Valence
Tel. 0892 70 70 99
www.valencetourisme.com

ÜBERNACHTEN
▶ **Günstig / Komfortabel**
Le Vieux Chene
Le Peage, Tel. 04 75 79 97
Ca. 15 km südwestlich von Valence
http://levieuxchene.fr.st
Kleines provenzalisches Haus aus dem 17. Jh., drei sympathische Zimmer mit Naturstein und Balken.

ESSEN
▶ **Erschwinglich / Fein & teuer**
L'Epicerie
18 Place St-Jean, Tel. 04 75 42 74 46
Sa.mittag/So. und 1.–20. Aug. geschl.
Ausgezeichnete Regionalküche in einem Haus aus dem 16. Jahrhundert.

Bistrot Le 7
285 Avenue V. Hugo, Tel. 04 75 44 53 86, www.pic-valence.com
Das weltberühmte erstklassige Hotelrestaurant Maison Pic (dieselbe Adresse) hat einen eleganten, preiswerteren Ableger. Schöne Terrasse.

Den Mittellauf der Rhône säumen renommierte Weinlagen wie L'Hermitage.

F. de Beaumont 1562 die Katholiken in Vienne ermorden, nachdem der Gouverneur drei Protestanten hatte hinrichten lassen. 1785 war Napoléon Bonaparte als 16-Jähriger Kadett der Artillerieschule.

Sehenswertes in Valence

Kommt man auf der N 7 von Norden oder Süden in die Stadt, kann man beim Parc Jouvet auf dem Champ du Mars parken. Hier steht der kleine Pavillon von 1880, der als Motiv des »Malers der Verliebten« **Raymond Peynet** berühmt wurde. — Champ du Mars

Im Bischofspalast zeigt das Kunstmuseum flämische, holländische, französische und italienische Meister des 16.–19. Jh.s, außerdem interessant sind die Rötelzeichnungen von H. Robert (1733–1808), Gemälde der Barbizon-Schule und gallorömische Mosaiken. — Musée des Beaux-Arts

Die romanische Kathedrale (12. Jh.) wurde im 17. Jh. nach dem Einsturz originalgetreu wieder aufgebaut. Die Chorpartie mit Umgang und Kapellenkranz ist von der auvergnatischen Romanik beeinflusst. Nördlich der Kathedale steht das sog. Pendentif, das Grabmal des Domherrn Mistral und seiner Familie (1548). — St-Apollinaire

Hauptgeschäftsstraße ist die Grande Rue. Haus Nr. 57, die Maison des Têtes (1532), hat seinen Namen nach den die vier Winde verkörpernden Köpfen unter dem Dach. Weiter nördlich die Kirche St-Jean (19. Jh.) mit römischen Kapitelle am Portalvorbau. — Grande Rue

Nördlich des Pendentif (Rue Pérollerie 7) das Haus Dupré-Latour mit einem Renaissance-Hof. Etwas weiter nördlich führt die Rue St-Martin zur Kirche Notre-Dame-de-Soyons (Fassade 17. Jh.). — Maison Dupré-Latour

Umgebung von Valence

Château de Crussol
Von St-Péray jenseits der Rhône steigt man in ca. 1.15 Std. zur Burg von Crussol 230 m über dem Tal auf. Fantastischer Blick auf das Rhône-Tal mit Valence und die Ausläufer des Zentralmassivs.

Tain-l'Hermitage
Ca. 20 km nördlich von Valence liegt einer der berühmtesten Weinberge Frankreichs, der in einem Rhône-Knie aufragende Granitberg **Hermitage**. Hier werden aus der Sorte Syrah kraftvolle Rotweine gemacht. Auch die Rotweine der AOP Crozes-Hermitage, die sich nördlich und südöstlich anschließt, haben einen exzellenten Ruf.

Romans-sur-Isère
Romans (17 km nordöstlich, 33 000 Einw.) verdankt seinen Wohlstand der seit dem 15. Jh. existierenden Zunft der Schuhmacher. Daran erinnert das **Musée International de la Chaussure** im Couvent de la Visitation (Mo. geschl.). Einen Blick wert ist auch die Stiftskirche St-Barnard (12.–14. Jh.) mit flämischen Wandteppichen von 1555.

Vendôme

Région: Centre
Département: Loir-et-Cher
Höhe: 82 m ü. d. M.
Einwohnerzahl: 16 800

Vendôme, das nördlich der mittleren Loire liegt, ist ein idyllisches Kleinod. Seine Altstadt ist von zwei Armen des Loir umgeben und von schmalen Kanälen durchzogen. Die interessante Geschichte hinterließ einige bedeutende, schöne Bauwerke.

Ein wenig Geschichte
Das gallorömische Vindocinum (»Weißer Berg«) wurde im 10. Jh. Grafschaft und bekam vom Grafen Geoffroy Martel eine Benediktinerabtei (geweiht 1040), der er aus Konstantinopel mitgebrachte Reliquien vermachte: eine Träne Christi und einen Arm des hl. Georg; damit wurde sie eine wichtige Station am Jakobsweg (seit 1803 sind die Reliquien im Vatikan). Balzac war 1807–1813 Schüler des Oratorianerkollegs. Heute ist Vendôme für Handschuhproduktion, Elektrotechnik und Maschinenbau bekannt. Bis vor einigen Jahren wurden hier die Bücher der bekannten Presses Universitaires de France gedruckt, die wichtige Werke zu niedrigen Preisen herausbringen.

Sehenswertes in Vendôme

Burgruine
Auf dem Kalkfelsen südlich der Altstadt sind von der Burg, die ins 9. Jh. zurückgeht, noch Türme und Mauern aus dem 13./14. Jh. erhalten, die Tour de Poitiers wurde im 15. Jh. erneuert. Im Garten die Reste der Stiftskirche St-Georges, Grabstätte der Herren von Vendôme. Von der Promenade de Montagne herrlicher Blick.

Die Dreifaltigkeitsabtei wird vom 83 m hohen, freistehenden Turm (12. Jh.) markiert. Die 72 m lange Kirche (12. – 16. Jh.) besitzt eine **herrliche Fassade** in Flamboyantgotik (1506). Innen zu beachten die Glasfenster im Chor (16. Jh.), in der Ostkapelle das Marienfenster von 1140, die älteste Glasmalerei mit diesem Thema, Chorschranken und -gestühl (16. Jh.) sowie die bemalten romanischen Statuen an den Vierungssäulen. Im Mönchshaus am Kreuzgang ein nettes Museum (Geschichte, Volkskunde, sakrale Kunst).

La Trinité

Von Osten (**Brücke über den Loir**) hat man einen schönen Blick auf Dreifaltigkeitskirche und Porte d'Eau. Zurück durch die Rue de l'Abbaye zur Pl. St-Martin mit der Tour St-Martin, dem Rest einer 1857 abgerissenen Renaissancekirche, und einer Rochambeau-Statue. Vom Nordosteck des Platzes führt die Rue du Change zur ehemaligen Chapelle du Lycée (St-Jacques, 1452). Westlich der Chapelle das 1623 gegründete Oratorianerkolleg, heute Rathaus. Schön ist der hier beginnende **Parc Ronsard** mit dem Hôtel du Saillant (15. Jh., Tourismusbüro) und einem alten Waschhaus. Westlich des Rathauses (Rue St-Jacques) steht die Madeleine-Kirche (1474) mit einem Tonnengewölbe aus Holz. Auf der **Rue Poterie** nach Süden zum Stadttor Porte St-Georges (14. Jh., 1807 verbreitert). Von dort über den Loir und links zum Parkplatz, oder nördlich des Loir – vorbei an der Markthalle von 1892, Markt ist am Freitag – zur Rue St-Bié.

Stadtrundgang

Das Tal des Loir ist ein wenig besuchter, entdeckenswerter Landstrich. Bis zur Einmündung in die Sarthe bei ▶Angers sind entlang

Loir-Tal

VENDÔME ERLEBEN

AUSKUNFT

Office de Tourisme
47 Rue Poterie, 41100 Vendôme
Tel. 02 54 77 05 07, www.vendome.eu

ESSEN

▶ Preiswert / Erschwinglich

Le Moulin du Loir
21 – 23 Rue du Change, Tel. 02 54 67 13 51, Mo.mittags geschl.
Freundliches Lokal nahe der Chapelle St-Jacques, mit Terrasse am Kanal.

Le Paris Grill
1 Rue Darreau, Tel. 02 54 77 02 71
So.abend, Mo., Mi.abend geschl.
Kreative Küche, vor allem Meeresfrüchte und Gegrilltes. Hervorragende regionale Weine, charmanter Service.
Im Norden der Stadt, Nähe Bahnhof.

ÜBERNACHTEN

▶ Günstig

Auberge de la Madeleine
Pl. de la Madeleine, Tel. 02 54 77 20 79
Familiäres und familienfreundliches Hotel im Norden der Altstadt, mit Restaurant (Mi. geschl.). Schöne Terrasse am Loir.

Le Vendôme
15 Fbg. Chartrain, Tel. 02 54 77 02 88
www.hotelvendomefrance.com
Recht ansprechendes Mittelklassehaus in altem Gebäude, nördlich des Zentrums. Kein Restaurant.

des Flusses Radwege ausgewiesen, unterwegs sorgen hübsche Orte, idyllische Natur, Weinkeller, Schlösser und andere sehenswerte historische Zeugnisse für Abwechslung. Informationen beim Tourismusbüro Vendôme. Zwei »Schmuckstücke« knapp 20 km südwestlich von Vendôme seien hervorgehoben. Zunächst Lavardin (250 Einw.) mit der Ruine einer Burg des 12.–15. Jh.s, einer mittelalterlichen Brücke (13. Jh.) und der schlichten frühromanischen Prioratkirche St-Genest (11.–13. Jh., bedeutende Fresken des 12.–16. Jh.s).

▶ Lavardin

Hübsch ist der Blick von der Brücke in Montoire (4500 Einw.), in dem am 24. Oktober 1940 Hitler mit Marschall Pétain, dem Chef der Vichy-Regierung, zusammentraf (Beginn der »Kollaboration«); eine Dokumentation ist im kleinen Bahnhof zu sehen. Südlich der Brücke die Kapelle St-Gilles, die einst zu einem Benediktinerpriorat gehörte und hervorragende Fresken aus dem 12./13. Jh. besitzt.

▶ Montoire

Verdun

N 3

Région: Lorraine (Lothringen)
Département: Meuse
Höhe: 119 m ü. d. M.
Einwohnerzahl: 19 200

Der Name von Verdun ist mit der mörderischen Schlacht verbunden, die 1916/1917 im Umland tobte und etwa 0,8 Mio. Menschenleben forderte. Es hat sich zur Stadt des Friedens und der Versöhnung erklärt und zählt das ganze Jahr über viele Besucher.

Geschichte

Auch vor dem Ersten Weltkrieg spielte Verdun, das im Nordwesten ▶ Lothringens im Tal der Meuse (Maas) liegt, in der Geschichte Deutschlands und Frankreichs eine zentrale Rolle. 843 wurde im **Vertrag von Verdun** das Reich Karls des Großen in ein Westreich (Karl der Kahle), ein Mittelreich (Lothar I.) und ein Ostreich (Ludwig der Deutsche) aufgeteilt, die Keimzellen für die späteren Nationen Deutschland und Frankreich. Mit dem Mittelreich kam Verdun 925 zum Heiligen Römischen Reich, das die Bischöfe als weltliche Herren einsetzte; später wurde es Freie Reichsstadt. 1552 besetzte es König Heinrich II., 1648 fiel Verdun endgültig an Frankreich. Im Anschluss daran folgte der Ausbau zur Festung, v. a. durch Vauban (ab 1675); nach 1871 wurden die Bollwerke weiter verstärkt und um die Stadt ein doppelter Gürtel von Forts errichtet.

Schlacht um Verdun 1916

Im Ersten Weltkrieg wurde die Stadt zu einem Hauptpfeiler der französischen Verteidigung. Zwischen dem 21. Februar 1916 und August 1917 verlief die Front 4–15 km nördlich der Stadt, wobei die Angriffe von beiden Seiten mit äußerster Härte vorgetragen wurden. Über die heute »Voie sacrée« (Heiliger Weg) genannte Straße von Bar-le-Duc wurde die umkämpfte Stadt versorgt. Nach deutschen Anfangserfolgen wuchs der Widerstand der Franzosen, und es entwickelte sich auf kleinem Raum ein für beide Gegner mörderischer Stellungskrieg, mit dem Ergebnis von insgesamt rund 800 000 Gefallenen sowie vielen Verwundeten, Vermissten und Gefangenen.

Sehenswertes in Verdun

Verdun besteht aus der alten **Oberstadt** mit Zitadelle und Kathedrale sowie der Unterstadt mit den Geschäftsvierteln. Den höchsten Punkt nimmt die romanische Kathedrale Notre-Dame ein. Von 990 bis 1024 entstand nach dem Vorbild rheinischer Kaiserdome eine Pfeilerbasilika mit zwei Querschiffen und zwei Apsiden; 1136–1140 wurde der Ostteil nach burgundischer Art erneuert. Veränderungen und Ausbau folgten im 14.–16. Jh. sowie nach 1755 (u. a. Westtürme). Beachtenswert sind auch das Barock-Chorgestühl, die Orgel (1762), die Krypta und der Kirchenschatz. An die Südseite der Kathedrale schließt der Kreuzgang an (14./15. Jh.). Im Bischofspalast, erstellt 1725–1754 von den Hofbaumeistern R. und J.-R. de Cotte, ist das **Centre Mondial de la Paix** untergebracht, das Weltzentrum des Friedens, das v. a. junge Menschen ansprechen soll.

★ Notre-Dame

Palais Episcopal

Vauban erbaute die Zitadelle am Platz der 952 gegründeten Abtei St-Vanne, von der noch die Tour de Vanne stammt (12. Jh.). 7 km lange Gänge verbanden die vielfältigen Einrichtungen von der Großbäckerei über Operationsräume bis zu dem Munitionsdepots (Besichtigungsfahrt mit kleinen Zügen, Jan. geschl.).

Zitadelle

Das Ossuaire de Douaumont, Mahnmal und Grab für 130 000 Soldaten

Verdun Schlachtfelder Orientierung

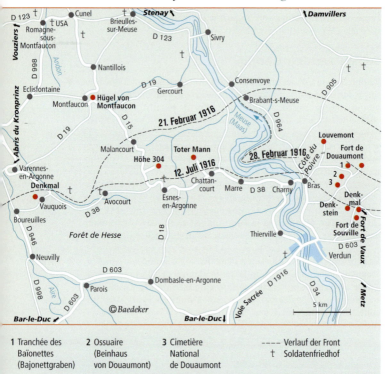

1 Tranchée des Baïonettes (Bajonettgraben)
2 Ossuaire (Beinhaus von Douaumont)
3 Cimetière National de Douaumont
---- Verlauf der Front
† Soldatenfriedhof

Hôtel de la Princerie Im Hôtel de la Princerie (16. Jh.) zeigt das Städtische Museum Exponate von der Vorgeschichte bis zur Renaissance. Das nahe mächtige Siegesdenkmal von 1929 erinnert an die gefallenen Soldaten.

Befestigungen Zur Ringmauer gehörten die Porte Chaussée mit zwei mächtigen Rundtürmen (14. Jh., am linken Maas-Ufer) und die Porte Châtel (15. Jh.; nördlich des Palais Episcopal).

Schlachtfelder und Gedenkstätten

Die Schlachtfelder, die noch heute Beklemmung auslösen (leider verwechseln sie nicht wenige Touristen mit einem Freizeitpark), liegen nördlich der Stadt zu beiden Seiten der Maas. Die Gedenkstätten sind im Januar geschlossen.

Rechts der Maas Man verlässt Verdun auf der D 603 nach Osten und passiert den französischen Soldatenfriedhof Faubourg-Pavé. An der abzweigenden

VERDUN ERLEBEN

AUSKUNFT
Office de Tourisme
Pavillon Japiot, Av. du Gén. Mangin
55100 Verdun
Tel. 03 29 84 55 55, www.verdun.fr
www.tourisme-verdun.com

ESSEN
▶ **Preiswert**
Le Clapier
34 Rue des Gros Degrés
Tel. 03 29 86 20 14, So geschl.

Bodenständiges, unprätentiöses Restaurant mit Lothringer Küche.

ÜBERNACHTEN
▶ **Günstig**
Hôtel Le Montaulbain
4 Rue de la Vieille Prison
Tel. 03 29 86 00 47
Einfaches, aber angenehmes Haus nahe der Kathedrale (Fußgängerzone), gepflegte Zimmer zu unschlagbarem Preis. Kein Restaurant.

D 112 Richtung Dieppe folgen nach 6 km das Denkmal für den Erbauer der Maginot-Linie (▶Baedeker Special S. 514) und das **Fort de Souville**. An der Kreuzung bei der Chapelle Ste-Fine markiert ein steinerner Löwe den südlichsten Punkt der Front 4 km vor Verdun. Weiter östlich führt von der D 913 eine Stichstraße zum **Fort de Vaux** (Museum), dessen Anhöhe einen weiten Ausblick bietet. Zurück geht es auf der D 913 nach Nordwesten. Jenseits des Mémorial de la Bataille de Verdun erinnert eine Stele an das 16-mal eroberte und zurückgewonnene, zerstörte Dorf Fleury-devant-Douaumont.

Den französischen Nationalfriedhof passierend erreicht man das monumentale, schauerliche Beinhaus von Douaumont für die sterblichen Reste von 130 000 unbekannten französischen und deutschen Soldaten. Die 137 m lange Halle mit 46 m hohem Turm ist das bedeutendste französische Denkmal für den Ersten Weltkrieg. | **Ossuaire de Douaumont**

Nordöstlich des Ossuaire liegt eine weitere Gedenkstätte, das 1885 erbaute **Fort de Douaumont**, das am 25. Februar 1916 fiel. Zwischen Beinhaus und Fort liegt die überdachte **Tranchée des Baïonettes**, ein Schützengraben, in dem französische Infanteristen, mit aufgepflanztem Bajonett zum Sturm bereit, verschüttet wurden. Dieses Massengrab blieb unangetastet. | **Fort de Douaumont**

Am linken Maas-Ufer – nordwestlich von Verdun in Richtung Charny – lagen ebenfalls heftig umkämpfte Stellungen, darunter die Doppelhöhe **Toter Mann** (Mort-Homme, 295 / 265 m), die Höhe 304 und der **Hügel von Montfaucon** (Butte de Montfaucon, 336 m), auf dem sich ein 70 m hoher, von den USA errichteter Denkmalturm erhebt. Von der Plattform überblickt man den nordwestlichen Teil des Schlachtfelds. Weiter nordwestlich liegt der riesige US-amerikanische Soldatenfriedhof Romagne-sous-Montfaucon. | **Links der Maas**

VERSAILLES ERLEBEN

AUSKUNFT

Office de Tourisme
2 bis Av. de Paris, 78000 Versailles
Tel. 01 39 24 88 88
www.mairie-versailles.fr
www.versailles-tourisme.com
www.chateauversailles.fr

ANFAHRT VON PARIS

Ca. 20 km südwestlich (A 13, N 10). SNCF-Züge von St-Lazare und La Défense nach Versailles-Rive Droite (1 km vom Schloss), von Montparnasse nach Versailles-Chantiers (1,2 km vom Schloss). RER Linie C nach Versailles-Rive Gauche (600 m). Der RATP-Bus 171 vom Pont de Sèvres fährt bis vors Schloss.

TIPPS FÜR DIE BESICHTIGUNG

Öffnungszeiten ►S. 802. Man sollte mindestens einen ganzen Tag einplanen. Der Andrang ist Sa./So. sowie am Di. am größten, wenn der Louvre in Paris geschlossen ist. Es lohnt sich, früh am Morgen da zu sein; will man sich nur die Grands Appartements ansehen, ist auch 15.30 – 16.00 Uhr eine gute Zeit. Im Park kann man picknicken und Fahrräder mieten.

EINTRITTSKARTEN · ZUGANG

Karten kauft man am besten vor der Anfahrt an einem Schalter der SNCF, in einem FNAC oder übers Internet. Der Paris Museum Pass gilt auch hier. EU-Bürger bis 26 Jahre gehen gratis, als Ticket genügt ein Personalausweis. Info und Karten im Vorhof links. Der »Passeport« umfasst den Eintritt für das Schloss, die Trianons und ggf. die Grandes Eaux Musicales; außerdem gibt es Karten nur für das Schloss oder die Trianons. Ein Audioguide (auch in Deutsch) ist im Preis enthalten. Gegenwärtig wird der Eingangsbereich neu gestaltet; Einzelbesucher nehmen den Eingang A (Cours Royale links).

ESSEN

► Erschwinglich

① *Le Limousin*
1 Rue de Satory, Tel. 01 39 50 21 50
Gediegenes Bistro im Stil des beginnenden 19. Jh.s. Hier gibt es, nomen est omen, vor allem Fleisch, die Spezialität des Hauses ist Lammkeule mit Kräutern. Kein Ruhetag.

► Preiswert

② *À la Ferme*
3 Rue Maréchal Joffre, Tel. 01 39 53 10 81, Mo./Di. geschl.
Neben dem bekannten, aber etwas verblichenen »Potager du Roy« tafelt man hier in weniger förmlichem Rahmen und preisgünstiger. Außer gegrilltem Fleisch stehen Gerichte des Südwestens auf der Karte.

ÜBERNACHTEN

► Luxus

① *Trianon Palace*
1 Blvd. de la Reine, Tel. 01 30 84 50 00
www.starwoodhotels.com
Wahrhaft königlich logiert man hier – am Rand des Trianon-Parks – in elegantem Ambiente von Anfang des 20. Jh.s. Feinste Küche serviert das Restaurant Gordon Ramsay, erschwinglicher ist's im La Veranda.

► Günstig

② *Le Cheval Rouge*
18 Rue André-Chénier
Tel. 01 39 50 03 03
www.chevalrougeversailles.fr
Haus mit historischem Flair 10 Min. vom Schloss, schlicht, aber gepflegt, bester Service. Ein großer Vorteil: Gratis-Parkplatz im eigenen Hof.

► Versailles **ZIELE** 801

Versailles

K 4

Région: Ile de France
Département: Yvelines
Höhe: 132 m ü. d. M.
Einwohnerzahl: 87 000

Der Name dieses Schlosses vor den Toren von Paris steht wie der seines Bauherrn, des Sonnenkönigs Ludwig XIV., für den schier unvorstellbaren Glanz und die Machtfülle der absolutistischen Herrscher im 17./18. Jahrhundert.

✶✶ Schloss Versailles

Für ein Jahrhundert, von 1682 bis 1789, war Versailles die Residenz der französischen Könige. Die Prinzipien absoluter Herrschaft verlangten, dass der Hochadel sich ständig am Hof aufhielt, und die Anlagen des Schlosses boten den angemessenen Rahmen für das Motto des Sonnenkönigs: »L'état c'est moi«, »Der Staat bin ich.« Architektur und Ausstattung des Schlosses, der Park und die prunkvolle Hofhaltung dienten vielen europäischen Königs- und Fürstenhöfen der Zeit als Vorbild. Ludwig XIV. ließ sich ein kleines Jagdschloss seines Vaters, Ludwig XIII., 1661–1710 zur Residenz ausbauen. An dem Projekt, das den Staat an den Rand des Ruins brachte, arbeiteten bis zu 36 000 Menschen und 6000 Pferde gleichzeitig. 1789 wurden die Reichsstände nach Versailles berufen; der dritte Stand, das Bürger-

Ein wenig Geschichte

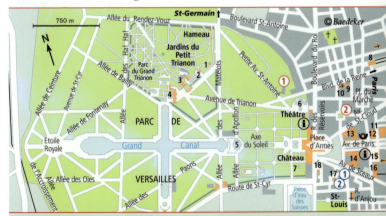

Versailles *Orientierung*

1 Temple de l'Amour	7 Orangerie
2 Petit Trianon	8 Gare Rive Droite
3 Pavillon Français	9 Musée Lambinet
4 Grand Trianon	10 Notre-Dame
5 Bassin d'Apollon	11 Préfecture
6 Bassin de Neptune	12 Palais de Justice
13 Grandes Ecuries Royales	
14 Petites Ecuries Royales	
15 Mairie	
16 Gare Rive Gauche	
17 Jeu de Paume	
18 Bibliothèque	

Essen
① Le Limousin
② À la Ferme

Übernachten
① Trianon Palace
② Le Cheval Rouge

CHÂTEAU DE VERSAILLES

★★ Das größte und berühmteste Schloss in ganz Frankreich entstand als märchenhafte Residenz des Sonnenkönigs. Bis ins 20. Jahrhundert war es das symbolische Zentrum des französischen Staats.

Öffnungszeiten:
Schloss: Di.–So. 9.00–18.30 Uhr, Nov.–März bis 17.30 Uhr. Park: 7.00–12.30 Uhr, im Winter 8.00 bis 16.50 Uhr. Trianon-Schlösser: Di.–So. 12.00–18.30 Uhr, Nov.–März bis 17.00 Uhr. Kassenschluss 0.45 Std. vor Schließung.
Die Termine für die Wasserspiele etc. sind den Veranstaltungskalendern zu entnehmen.

① Chambre du Roi
Im Zentrum des gesamten Schlosskomplexes lag (ab 1701) das Schlafzimmer des Sonnenkönigs, A und O des Lebens bei Hofe – der Schauplatz des »lever (bzw. coucher) du roi«. Enge Vertraute brachten die neuesten Nachrichten, während der König aufstand, vom Hofarzt untersucht, dann rasiert und gepudert wurde. Darauf folgte das Grand Lever mit Dutzenden von »Zuschauern«, bei dem er seine Schokolade nahm und sich fertig ankleidete. Eine Balustrade teilte den »privaten« vom »öffentlichen« Teil des Raums.

② Wasserparterre
Die Wasserbecken vor der Hauptfassade zieren große Bronzefiguren, die die Flüsse Frankreichs darstellen. Im großen Foto auf der Klappe die Rhône (im Französischen »der« Rhône).

③ Boskette
Zu Seiten der Sonnenachse bilden hübsche, unterschiedlich gestaltete »Wäldchen« aus Buchenhecken intime Räume für diverse Festlichkeiten und Vergnügungen.

④ Orangerie
Unterhalb des Südparterres, zwischen den »Treppen der 100 Stufen«, hat Hardouin-Mansart die Orangerie versteckt. Dank der Doppelverglasung sank die Temperatur nie unter 5 °C. Über 1000 in Kübel gepflanzte exotische Bäume geleiten zum fast 700 m langen »Schweizer Teich«.

⑤ Opernhaus
Zur Hochzeit des künftigen Königs Ludwig XVI. wurde der Theatersaal fertiggestellt. Er besteht ganz aus Holz und hat daher eine ausgezeichnete Akustik. Die blaue Bespannung der über 700 Sitze harmoniert schön mit dem Golddekor.

Im Spiegelsaal wurden Bälle gefeiert und Gesandte empfangen, 1871 der deutsche Kaiser proklamiert und 1919 der Friedensvertrag nach dem Ersten Weltkrieg unterzeichnet.

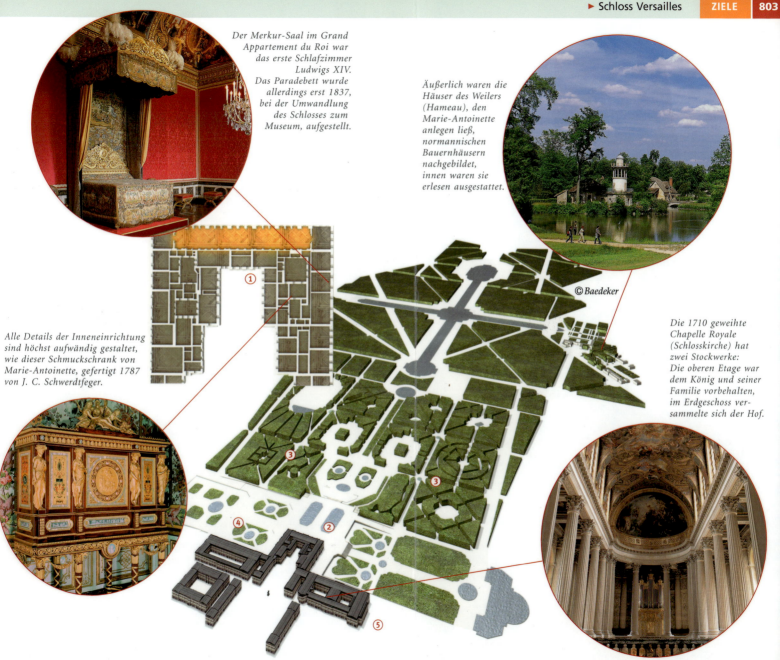

tum, konstituierte sich als Nationalversammlung und schwor im Jeu de Paume (Ballspielsaal), den Saal nicht zu verlassen, bis der König die neue Verfassung akzeptiert hätte, und tat damit den ersten Schritt zur Revolution. Am 5./6. Oktober 1789 wurde Ludwig XVI. gezwungen, nach Paris in die Tuilerien überzusiedeln, womit Versailles seine Bedeutung verlor. 1837 wurde das Schloss Museum. Im Deutsch-Französischen Krieg wurde es am 19. September 1870 von deutschen Truppen besetzt und war bis zum 6. März 1871 deutsches Hauptquartier. Am 18. Januar 1871 wurde im Spiegelsaal – ein Affront ersten Ranges – das Deutsche Reich proklamiert, nach dem Ersten Weltkrieg kam die Retourkutsche: Am 28. Juni 1919 wurde ebenda der Friedensvertrag von Versailles unterzeichnet. Heute zählen das Schloss und seine Parks, die zum UNESCO-Welterbe gehören, im Jahr 5 Mio. Besucher.

Schlossanlage Der Vorhof (Avant-Cour) wird von zwei Gebäuden für die Minister des Königs flankiert, anschließend die **Cour Royale** mit einem Reiterstandbild Ludwigs XIV. (1835). Diese verengt sich zur **Cour de Marbre**, die bis 1830 mit farbigem Marmor ausgelegt war. Die Gebäude um den Marmorhof gehören noch zum Jagdschloss Ludwigs XIII.; im ersten Stock liegen die Privatgemächer des Königs. An die zwei Längsseiten des Jagdschlosses baute Le Vau bis 1670 je einen Flügel für die Repräsentationsräume des Königs (Grand Appartement du Roi) und der Königin (Grand Appartement de la Reine, im ersten Stock; im Parterre die Räume der Thronfolger/innen). Hardouin-Mansart verband ab 1676 die beiden Komplexe an der Parkseite durch den **Spiegelsaal** und erweiterte die Anlage um Nord- und Südflügel. Mit der Schlosskirche (Hardouin-Mansart/Cotte) und der Oper (A.-J. Gabriel) wurde das insgesamt 580 m lange Schloss fertiggestellt. Für die Ausstattung zeichnete **Charles Le Brun** verantwortlich, Maler und Direktor der Königlichen Gobelin-Manufaktur.

Salle du Sacre Von den insgesamt 700 Räumen des Komplexes seien die wichtigsten kurz dargestellt. Der erste Raum im Südflügel des Mittelpavillons ist der Krönungssaal, dem das Gemälde »Krönung Napoleons I. und der Kaiserin Joséphine« von J. L. David (1748–1825) den Namen gab.

Grand Appartement de la Reine Eine prächtige Treppe (1679–1681) führt zu den Gemächern der Königin. Das **Grand Cabinet de la Reine** – Thron- und Audienzsaal der Königin – ließ Marie-Antoinette 1785 umgestalten, nur das Deckengemälde von Michel Corneille (1671) stammt aus der Zeit Maria Theresias (1638–1683), der Gemahlin Ludwigs XIV. Das große Porträt stellt Ludwig XV. dar. Vom Schlafzimmer sind die Privaträume (Cabinets intérieurs) zugänglich, eingerichtet zur Zeit Marie-Antoinettes (1770–1781): Goldenes Kabinett, Bibliothek, Billardsalon etc.

Die Spiegelgalerie wird im Sinne klassischer Symmetrie von zwei Salons eingefasst: anschließend an die Gemächer der Königin der **Salon de la Paix** (Salon des Friedens), auf der Nordseite der **Salon de la Guerre** (Salon des Kriegs). Das Deckengemälde im Salon de la Paix schuf Le Brun, das Bild Ludwigs über dem Kamin Lemoyne. Im weltberühmten Spiegelsaal (73 m lang, 10,5 m breit, 12,3 m hoch) – Spiegel waren damals exorbitant teuer – machten die Höflinge und Kurtisanen ihre Aufwartung. Den 17 Spiegelbogen liegen auf der Parkseite 17 Rundbogenfenster gegenüber. Das Mobiliar wurde originalgetreu rekonstruiert. Die Gemälde im Tonnengewölbe erzählen die Geschichte der Regentschaft Ludwigs XIV.

◀ Galerie des Glaces

Salons

Der Salon de l'Œil de Bœuf, nach dem Ovalfenster (»Ochsenauge«) benannt, diente als Vorzimmer für die Zeremonien des Zubettgehens und Aufstehens des Königs. Es enthält Gemälde von Veronese, bemerkenswert auch der 53 m lange Fries mit spielenden Kindern.

Salon de l'Œil de Bœuf

Das ganz in Gold gehaltene **Schlafzimmer** des Königs wurde 1701 eingerichtet; hier starb Ludwig XIV. am 1. Sept. 1715. Bemerkenswert: Es lag im Zentrum des gesamten Schlossanlage! Erhalten sind hier Gemälde von Valentin de Boulogne, Carracci, Domenichino und Van Dyck. Im folgenden **Ratszimmer** wurden zu Zeiten Ludwigs XV. und XVI. alle wichtigen Beschlüsse gefasst. Die weiß-goldene Ausstattung in meisterhaftem französischem Rokoko stammt von J.-A. Gabriel. Von hier aus sind die Cabinets Intérieurs du Roi zugänglich, die Privatgemächer des Königs, die ebenfalls von Gabriel gestaltet wurden.

Chambre du Roi

Cabinet du Conseil

Nun folgen die **Repräsentationsräume des Königs**: Salon d'Apollon (Deckengemälde von C. de la Fosse); die Salons de Mercure, de Mars, de Diane, de Vénus, de l'Abondance und – schon im Nordflügel – der Salon d'Hercule. Die Decken aller sieben Räume sind mit mythologischen Themen ausgemalt; mit diesem Rückgriff auf die Antike unterstrich Ludwig XIV. seine eigene Größe.

Grand Appartement du Roi

Die im Nordflügel anschließende Kapelle (1699–1710) wurde von Hardouin-Mansart begonnen und von Robert de Cotte ausgestaltet. A.-J. Gabriel entwarf für Ludwig XV. den Opernsaal am Ende des Nordflügels, erst 1770 wurde er fertiggestellt.

La Chapelle

Opéra

Räume in Nord- und Südflügel beherbergen das **Museum der Geschichte Frankreichs**, das 1837 vom »Bürgerkönig« Louis-Philippe gegründet wurde und in bombastischen Gemälden und Plastiken den Ruhm Frankreichs kündet (Niederlagen werden ignoriert). Fast über den ganzen Südflügel ziehen sich die 120 m langen und 13 m breiten **Galeries des Batailles** (Schlachtengalerie) mit 36 Riesengemälden, u. a. von Delacroix. Im Sitzungssaal im Erdgeschoß feiert eine Ausstellung die »Sternstunden des Parlaments«.

Musée de l'Histoire de France

Parc de Versailles ★★ Der Park von Versailles ist das vollendete Beispiel für die französische Gartenbaukunst des 17. Jahrhunderts. **André Le Nôtre** (1613 bis 1700), Sohn eines Gärtners der Tuilerien in Paris, hat hier sein Meisterwerk geschaffen. Symmetrie und auf geometrische Formen zurechtgestutzte Natur entsprachen dem Ideal der französischen Klassik, die Beherrschung der Natur durch den Menschen. Bis zur Allée d'Apollon sind die Gärten mit ihren Wasserbecken und Hunderten von Statuen und Vasen im ursprünglichen Zustand erhalten. Am schönsten ist das Bild von der obersten Terrasse, wenn die Wasserspiele in Betrieb sind. Das **Bassin de Neptune** im Norden stammt von Le Nôtre (1684), seine Skulpturen von Adam, Bouchardon und Lemoyne (ab 1740). Vom Parterre du Midi führen Marmortreppen südlich zur **Orangerie** (Mansart, 1686) hinunter, dahinter der Teich Pièce d'Eau des Suisses, ein schöner Platz zum Picknicken.

> ! *Baedeker* TIPP
>
> **Königliche Gartenfeste**
> Wie der Sonnenkönig seine Feste feierte, lassen die »Grandes Eaux Musicales« ahnen: April bis Ende Okt. begleitet Sa./So. Musik die wunderbaren Wasserspiele (mehrmals tägl., um 21 Uhr mit Feuerwerk). Juni – Ende Sept. gibt's Mi. die »Musikalischen Gärten«. Dazu Konzerte unter freiem Himmel und in der Opéra. Karten: Tel. 01 30 83 78 89, www.chateauversaillesspectacles.fr.

Tapis vert Auf der großen Hauptachse der Schlossanlage, der **Axe du Soleil** (Sonnenachse), verbindet die Allée Royale, auch »Tapis vert« (Grüner Teppich) genannt, die Leto- (Mutter Apollons) und Apollo-Becken.

▶ Bassin d'Apollon Die Figur des Apollo auf dem Sonnenwagen mit seinen ungestümen Pferden (J.-B. Tuby, 1670) soll Ludwig XIV. darstellen.

Grand Canal / Petit Canal Ein Gewässer, auf dem echte Schiffe an die Macht Frankreichs zur See erinnerten und die Sonne über einer großen Wasserfläche unterging, durfte in der Inszenierung nicht fehlen. 1588 m lang und 62 m breit ist der Große Kanal, der vom Kleinen Kanal gekreuzt wird. Heute kann man sich hier im Ruderboot divertieren.

Les Trianons Trianon hieß das Dorf, das Ludwig XIV. kaufte und abtragen ließ, um sich einen Platz zu schaffen, wo er dem strengen Protokoll entfliehen und mit seiner Familie Privatleben pflegen konnte. Mit dem heute zu sehenden **Grand Trianon** (oder »Marmor-Trianon«) ersetzte Hardouin-Mansart 1687/1688 das ursprüngliche »Porzellan«-Trianon. Marie-Antoinette passte es dem Zeitgeschmack an, desgleichen taten Napoleon und Louis-Philippe. Das Schlösschen **Petit Trianon** mit seinem hübschen englischen Garten ließ Ludwig XV. 1766 von Gabriel für Madame Pompadour erstellen, Ludwig XVI. schenkte es später Königin Marie-Antoinette.

Le Hameau 1784 wurde ein Weiler angelegt – ein Bauernhof mit See, Molkerei, Mühle und Taubenhaus –, in dem sich die Damen des Hofs, als Bäuerinnen ausstaffiert, vergnügten.

Sehenswürdigkeiten in der Stadt

Von der Place d'Armes gehen die Hauptachsen der Stadt aus. Die Ostseite des Platzes nehmen die Königlichen Stallungen ein (J. Hardouin-Mansart, 1678–1682). In der **Grande Ecurie** (nördlich) standen bis zu 2500 Pferde, hier erhielten die jungen Adligen und Offiziere die notwendige Reiterausbildung. Heute setzt die Académie du Spectacle Equestre die Tradition fort. Besichtigung ca. 20. Mai–Anf. Juli 10.00–12.00 Uhr; Matinales Sa./So. 11.15 Uhr; La Voie de l'Ecuyer (große Schau) Sa. 18.00 bzw. 20.00, So. 15.00 Uhr.

Ecuries Royales

Unweit südlich der Av. de Sceaux steht die Salle du **Jeu de Paume** (1686), in der 1789 die Nationalversammlung stattfand (Führungen Sa. 15.00 Uhr, Anmeldung im Tourismusbüro). Weiter südlich die **Kathedrale St-Louis** (1754); westlich von ihr die Carrés St-Louis, ein »Geschäftszentrum« von 1755, östlich der Potager du Roi (Königlicher Gemüsegarten), der heute noch Restaurants beliefert. In der Rue de l'Indépendance-Américaine der Grand-Commun, das einstige Außenministerium (Mansart, 1682); hier ist auch die Bibliothèque Municipale mit dem Bestand der Königlichen Bibliothek ansässig. Nördlich der Av. St-Cloud liegen – im lebhaften Geschäftsviertel – die Kirche Notre-Dame (Mansart, 1686), der sehenswerte **Marché Notre-Dame** und das Musée Lambinet (1751), das der Geschichte von Versailles und der Französischen Revolution gewidmet ist.

Weiteres Sehenswerte

Vienne

M 7

Région: Rhône-Alpes
Département: Isère
Höhe: 158 m ü. d. M.
Einwohnerzahl: 30 000

Vienne, das südlich von Lyon an der Rhône liegt, macht mit seinem südlichen Flair schon einen provenzalischen Eindruck. Besuchenswert ist es vor allem aufgrund seiner römischen Baudenkmäler; Gourmets pilgern zu einem der besten Restaurants des Landes.

Der Hauptort der keltischen Allobroger wurde unter dem römischen Kaiser Diokletian Zentrum der Dioecesis Viennensis, die fast ganz Südfrankreich umfasste. Im 3. Jh. wurde Vienna Bischofssitz; unter den Bischöfen, selbstbewussten weltlichen Herren, erlebte es nochmals eine Blütezeit. Im 12. Jh. war Vienne Hauptstadt der Dauphiné. 1450/1451 fiel die Stadt an die französische Krone.

Aus der Geschichte

Sehenswertes in Vienne

Am Rhône-Ufer steht die größtenteils romanische Klosterkirche St-André-le-Bas (12. Jh.), die provenzalische Einflüsse zeigt; Unterbau-

St-André-le-Bas

Jazzkonzert im römischen Theater von Vienne

ten und Apsis stammen noch von einem karolingischen Vorgänger (9. Jh.). Im Kreuzgang (12. Jh.), der nördliche Einflüsse erkennen lässt, einige christliche Sarkophage (5. Jh.) und ein Lapidarium.

Temple d'Auguste et de Livie   Durch die Rue des Clercs erreicht man die Place du Palais mit dem bedeutendsten Baudenkmal, dem **Tempel des Augustus und der Livia** (ca. 20 v. Chr.). Östlich von ihm die Place de l'Hôtel de Ville, der Mittelpunkt der Stadt mit dem Rathaus.

St-Maurice   Die zweitürmige Kathedrale St-Maurice vereint durch ihre Bauzeit vom 12. bis zum 16. Jh. Romanik und Gotik (Flamboyant-Fassade). Im 97 m langen, querschifflosen Inneren bemerkenswert sind romanische Kapitelle, flämische Teppiche (16. Jh.) und schöne Fenster aus dem 16. Jahrhundert.

✳︎
St-Pierre Musée Lapidaire   Südwestlich steht nahe der Rhône die Kirche St-Pierre, Grablege der Bischöfe und eine der ältesten Kirchen Frankreichs (5.–10. Jh., Turm und Portal 12. Jh.); darin ein Lapidarium.

Musée des Beaux-Arts et d'Archéologie   Östlich von St-Maurice zeigt das Musée des Beaux-Arts et d'Archéologie antike Funde (besonders schön das **Silber aus dem 3. Jh.**), französisches Porzellan, Gemälde des 16.–19. Jh.s und alte Möbel. Nordöstlich in der Nähe der Archäologische Park mit einem Doppelbogen vom Forum und Fundamenten eines Kybele-Heiligtums.

Mont Pipet   Am Hang des Mont Pipet, weiter östlich, liegt das **römische Theater** (1. Jh.), das mit 130 m Durchmesser 13 500 Zuschauer aufnehmen konnte. In der schönen Jahreszeit finden hier Konzerte etc. statt. Vom Gipfel des Mont Pipet mit Marienstatue und einer Kapelle aus dem 19. Jh. hat man eine schöne Aussicht.

Im südlich an der Rhône gelegenen Jardin Public ist ein Stück Römerstraße aus dem 4. Jh. erhalten. Noch etwa 500 m weiter südlich die 26 m hohe »Pyramide« (»Aiguille«), die im römischen Zirkus als Wendemarke bei Wagenrennen diente. Westlich der Rhône wurde eine große **gallorömische Siedlung** entdeckt (St-Romain-en-Gal), die vermutlich mit Ste-Colombe und Vienne eine Stadt bildete. Am Eingang ein informatives Museum. Im südlich anschließenden Stadtteil Ste-Colombe weitere römische Ausgrabungen. Am Fluss steht die Tour Philippe de Valois (1353).

Weitere antike Reste

◄ St-Romain-en-Gal

Umgebung von Vienne

Wenige Kilometer südlich von Vienne beginnen die steilen Weinberge der Côte Rôtie, auf denen hervorvorragende Rotweine wachsen (v. a. Syrah). Condrieu ist berühmt für seinen hocharomatischen weißen Viognier, den es bis in die 1990er-Jahre nur hier gab.

Côte Rôtie

◄ Condrieu

Das gut 40 km südöstlich von Vienne (D 538) in der ►Dauphiné gelegene Hauterives ist durch das **Palais Idéal** berühmt, den zu Stein gewordenen Traum des Briefträgers Ferdinand Cheval (1836–1924). Von 1879 bis 1912 erbaute er den surrealistischen »Palast« (tägl. zugänglich); ebenso sehenswert ist sein Grabmal auf dem Friedhof.

Hauterives

VIENNE ERLEBEN

AUSKUNFT

Office de Tourisme
3 Cours Brillier, 38200 Vienne
Tel. 04 74 53 80 30
www.vienne-tourisme.com

EVENTS

Ende Juni – Mitte Juli: Hervorragend bestücktes Jazzfestival im Römischen Theater (www.jazzavienne.com).

ESSEN / ÜBERNACHTEN

► Fein & teuer

Beau Rivage
Condrieu, Tel. 04 74 56 82 82
www.hotel-beaurivage.com
Ein guter Platz, um die Weine der Rhône zu feiner klassischer Küche zu verkosten, ist dieses Hotelrestaurant am Fluss mit schönem Garten. Mittags preisgünstigeres Menü. Edles, gemäßigt antikes Ambiente.

La Pyramide
Vienne, 14 Blvd. Fernand Point, Tel. 04 74 53 01 96, www.lapyramide.com Di./Mi. und um 20. Aug. 1 Woche geschl. Für Feinschmecker so etwas wie ein Mekka, denn hier wirkte bis in die 1950er-Jahre der legendäre Fernand Point, Lehrmeister von Größen wie Bocuse und den Brüdern Troisgros. Küche und Hotel machen ihm auch heute noch Ehre.

► Preiswert / Erschwinglich

Le Bec Fin
Vienne, 7 Place St-Maurice
Tel. 04 74 85 76 72, Mo., Mi.abend sowie 10 Tage Anf. Juli geschl. Wer in regionalen Köstlichkeiten schwelgen will (unter der Woche besonders preiswert), ist hier zwischen Rhône und Kathedrale richtig. Schlichtes Ambiente, im Sommer mit Terrasse.

REGISTER

Abkürzungen
A Andorra
GB Großbritannien
MC Monaco
S Spanien

a

Abbeville **675**
Abers-Küste **277**
Aber Wrac'h **277**
Abondance **755**
Académie Française **641**
ACE **167**
ACE-Notruf **134**
Acheuléen **209**
ADAC **167**
ADAC-Notrufe **134**
ADFC **123**
Adour-Tal **721**
Agay **358**
Agde **443**
Agen **420**
Aguilar **447**
Aigues-Mortes **308**
Aiguille du Midi **329**
Ailefroide **375, 377**
Aime **761**
Ainhoa **727**
Airbus **780**
Aire-sur-la-Lys **675**
Aix-en-Provence **195**
Aix-les-Bains **759**
Albaron **310**
Albertville **760**
Albi **200**
Albigenser ▶ Katharer
Alençon **597**
Alesia **47 f., 287, 290**
Alise-Sainte-Reine **290**
Alleuze, Château d' **233**
Alès **322**
Aloxe-Corton **294**
Alpe d'Huez **373**
Alpen **19**
Alpilles **226**
Altkirch **402**
Altorf **393**
Ambazac **475**
Amboise **203**
Amélie-les-Bains **717**
Amiens **205**
Amnéville **513**
Ampère, A. M. **95**
Ancenis **570**
Ancy-le-Franc **291**
Andilly **515**
Andlau **394**
Andorra **209**
Andorra la Vella (A) **210**
Anduze **322**
Anet **438**
Angers **213**
Angles-sur-l'Anglin **690**
Angoulême **691**
Anjou **213**
Annecy **757**
Ansouis **706**
Anthéor **358**
Antibes **217**
Anyòs (A) **211**
Anzy-le-Duc **302**
Appellation d'Origine **119**
Apt **706**
Arbois **413**
Arc-et-Senans **413**
Arcachon **423**
Arçais **688**
Archéodrome **296**
Ardèche **607**
Ardennen **330 f., 338**
Argelès-Gazost **723, 725**
Argelès-sur-Mer **449**
Argentat **651**
Argentière-la-Bessée **377**
Argenton **476**
Argonnen **332**
Ariège **719**
Arles **220**
Arles-sur-Tech **717**
Armagnac **417**
Ärmelkanal **668**
Armorikanisches Gebirge **267**
Arnac-Pompadour **479**
Arp, Hans Jean **770**
Arras **672**
Arromanches-les-Bains **595**
Artois **666**
Ärztliche Hilfe **128**
Arzviller **403**
Asterix-Park **432**
Aubazine, Abbaye de **481**
Aubusson **477**
Auch **418**
Audinghen **671**
Aulnay **692**
Aulus-les-Bains **720**
Aunis **452**
Aure-Tal **722**
Auribeau **706**
Aurignac **716**
Aurillac **233**
Auskunft **109**
Autobahnen **106**
Automobilclubs **167**
Autoreisezüge **106**
Autun **300**
Auvergne **227**
Auvers-sur-Oise **440**
Auxerre **292**
Avallon **290**
AvD **162, 167**
Aven Armand **324**
Aven de Marzal **607**
Aven d'Orgnac **607**
Avignon **237**
Avioth **515**
Avoine-Chinon **500**
Avolsheim **392**
Avoriaz **756**
Avranches **602**
Avrieux **762**
Ax-les-Thermes **719**
Axat **448**
Azay-le-Rideau **497**

b

Baccarat **516**
Bad Niederbronn **405**
Badestrände **147**
Badoit **745**
Bagatelle, Château **675**
Bages **446**
Bagnères-de-Bigorre **721**
Bagnères-de-Luchon **721**
Bagneux **504**
Baie de la Somme **675**
Bains-les-Bains **518**
Ballon d'Alsace **387, 401**
Balzac, H. de **498, 782, 794**
Bandol **353**
Banne d'Ordanche **231**
Banyuls-sur-Mer **449, 452**
Bar-le-Duc **516**
Bar-sur-Aube **335**
Bar-sur-Seine **334**
Barbizon **435**
Barcelonnette **377, 712**
Barfleur **601**

Barnenez **274**
Barneville-Carteret **601**
Barr **394**
Barrage de Bort **231**
Barrage de Chastang **651**
Barrage de l'Aigle **232**
Barrage de Marèges **232**
Barraques-en-Vercors **380**
Barsac **257**
Bartholdi, F.-A. **347**, **390**
Baskenland **29**, **367**, **715 f.**
Baskisch **29**
Bassac, Abbaye de **693**
Basse-Provence **698**
Bassin d'Arcachon **259**, **423**
Batz-sur-Mer **283**
Baudelaire, Charles **642**
Baugé, Baugeois **504**
Baume-les-Messieurs **415**
Bayeux **595**
Bayonne **369**
Bazeilles **339**
Béarn **716**, **724**
Beaucaire **225**
Beauce **339**, **607**
Beaufour-Druval **594**
Beaugency **490**
Beaujolais **286**
Beaulieu-en-Argonne **332**
Beaulieu-sur-Dordogne **651**
Beaulieu-sur-Mer **363**
Beaumes-de-Venise **703**
Beaumesnil, Château de **595**
Beaune **295**
Beauregard, Château **494**
Beauvais **676**
Becquerel, A. H. **95**
Bédoin **703**
Behindertenhilfe **111**
Belfort **408**
Bellac **475**
Belle-Ile-en-Mer **282**
Bellegarde-sur-Valserine **416**
Belloch, Ermitage de **719**
Belvédère du Moine **412**
Benedikt von Nursia, hl. **490**
Benjamin, Walter **452**
Bénodet **280**
Béout **521**
Bergerac **657**
Bergsteigen **168**
Bergues **669**
Bernadette, hl. **488**, **520**
Bernadotte, J.-B. **724**

Bernay **594**
Bernhard von Clairvaux **95**, **287**, **290**, **335**
Berry **260**
Bertrand de Born **659**
Berzé-la-Ville **299**
Berzé-le-Châtel **299**
Besançon **245**
Bessans **761**
Bessat **745**
Besse-en-Chandesse **231**
Bessin **595**
Betschdorf **404**
Beuvron-en-Auge **594**
Beynac-et-Cazenac **654**
Béziers **443**
Biarritz **367**
Bibracte **73**, **300**
Bidart **369**
Bidassoa **367**, **371**
Bigorre **716**, **721**
Binnenschifffahrt **45**
Biot **220**
Biscarrosse **424**
Bitche / Bitsch **405**
Bizy, Château de **589**
Blaesheim **392**
Blasimon **260**
Blériot, Louis **95**
Bliesbruck-Reinheim **511**
Blockhaus, Le **674**
Blois **248**
Bocage Normand **583**
Bocuse, Paul **522**
Boersch **393**
Bois-Sainte-Marie **302**
Bonaguil, Château de **509**
Bonnebosq **594**
Bonneval, Château **480**
Bonneval-sur-Arc **761**
Bonnieux **706**
Bonson **365**
Bootstourismus **112**
Bordeaux **251**
Bordelais **257**
Bort-les-Orgues **231**
Boscodon, Abbaye de **378**
Botschaften **110**
Boudin, Eugène **592**
Bougival **438**
Boulogne-sur-Mer **671**
Boulouris **358**
Bourbonnais **228**
Bourdaisière, Château de **496**

Bourdeilles **657**
Bourg-d'Oisans **373**
Bourg-en-Bresse **299**
Bourg-Saint-Maurice **761**
Bourganeuf **476**
Bourges **260**
Bourgogne **286**
Bourgueil **500**
Bourne-Schlucht **379**
Bourré **495**
Bozouls **505**
Brancion **297**
Brantôme **658**
Braque, Georges **587**
Brassens, Georges **443**
Brayer, Yves **202**, **227**
Brèche de Roland **723**
Breil-sur-Roya **365**
Bresse **299**
Brest **264**
Bretagne **267**
Bretignolles **689**
Bretonisch **29**
Brévent **327**
Brézé **501**
Briançon **376**
Briare **488**
Brienne-le-Château **334**
Brionnais **302**
Brioude **233**
Brissac-Quincé **504**
Brive-la-Gaillarde **481**
Brou, Monastère Royal de **299**
Brouage **696**
Bruère-Allichamps **264**
Bugatti, Ettore **393**
Burgund **286**
Burgundische Pforte **408 f.**
Busverkehr **106**, **166**
Byrrh (Apéritif-Fabrik) **446**

C

Cabourg **593**
Cabrerets **507**
Cadillac **260**
Cadouin **656**
Caen **303**
Cagnes-sur-Mer **361**
Cahors **508**
Cairn de Barnenez **274**
Calais **670**
Calanques (Marseille) **539**
Calmont, Château de **505**

Calvin, Johann **678**
Camaret-sur-Mer **278**
Camargue **306**
Cambo-les-Bains **727**
Cambrai **672**
Cambremer **594**
Camembert **595**
Camisards **320**
Campan **722**
Camping **150 f.**
Camus, Albert **706**
Canadel-sur-Mer **356**
Canal d'Orléans **610**
Canal de Bourgogne **286, 292**
Canal de la Robine **445**
Canal de la Somme **675**
Canal du Centre **296**
Canal du Midi **315, 318, 443**
Canal du Nivernais **300**
Cancale **271**
Candes-Saint-Martin **501**
Canet-Plage **446**
Canigou, Pic du **718**
Cannes **311**
Cap Béar **452**
Cap Blanc-Nez **670**
Cap Cerbère **452**
Cap Couronne **538**
Cap Croisette **538**
Cap d'Agde **443**
Cap d'Antibes **218**
Cap de la Hague **601**
Cap du Dramont **358**
Cap Ferrat **363**
Cap Ferret **259**
Cap Fréhel **271**
Cap Gris-Nez **670**
Cap Sizun **278**
Capbreton **424**
Carcassonne **314**
Carei-Tal **365**
Carennac **652**
Carnac **281**
Carpentras **703**
Carrouges, Château de **596**
Carsac **653**
Casals, Pablo **717**
Casse Déserte **377**
Cassel **675**
Cassis **539**
Cassoulet **318**
Casteil **718**
Castel Campings **151**
Castelbouc **324**

Castellane **709**
Castellet **706**
Castelnau, Château de **651**
Castelnaud **655**
Castelnaudary **318**
Castillon **721**
Castres **318**
Caudebec-en-Caux **591**
Caudry **673**
Causse de Gramat **652**
Causse de Mende **320**
Causses **319, 324**
Cauterets **724**
Cavaillon **706**
Caze, Château de la **324**
Ceinture Dorée **274**
Celles-sur-Belle **687**
Cellettes **494**
Cerbère **452**
Cerdagne **718**
Cerdagne-Bahn **718**
Céret **716**
Cernay **401**
Cevennen **319**
Cézanne, Paul **195**
Chaalis, Abbaye de **432**
Chablais **415, 752**
Chablis **286, 292**
Chagall, Marc **361 f.**
Chaîne de l'Estaque **538**
Chalon-sur-Saône **296**
Châlons-en-Champagne **333**
Chamalières **465**
Chambolle-Musigny **294**
Chambon-sur-Voueize **478**
Chambéry **759**
Chambord **490, 492**
Chambres d'hôtes **150**
Chamechaude **378**
Chamerolles, Château **610**
Chamonix **326**
Champagne **330**
Champagnole **413, 415**
Champlitte **409**
Champmol, Chartreuse de **384**
Champollion, J.-F. **96, 507**
Champs-sur-Marne **433**
Champsaur **378**
Champtoceaux **570**
Chamrousse **373**
Chanteloup, Pagode von **205**
Chantilly **431**
Chaource **334**
Chapaize **297**

Charente (Fluss) **691, 693**
Charentes **683, 691**
Charleville-Mézières **338**
Charlieu **302**
Charolais-Rinder **302**
Charolles **302**
Charroux, Abbaye de **692**
Chartres **339**
Chartreuse, Grande **378**
Chassay-Grammont, Abbaye de **688**
Chastreix **231**
Château d'Yquem **260**
Château-Chinon **300**
Château-Queyras **377**
Chateaubriand, F.-R. **436, 747**
Châteaudun **342**
Châteaugiron **737**
Châteaulin **278**
Châteauneuf-du-Pape **605**
Châteauneuf-en-Auxois **300**
Châteauneuf-les-Bains **235**
Châteauneuf-s.-Charente **693**
Châteauneuf-sur-Loire **490**
Châtellerault **686**
Châtenay-Malabry **436**
Châtenois **394**
Châtillon-sur-Seine **291**
Chaudefour, Vallée de **231**
Chaumont (Haute-Marne) **335**
Chaumont-sur-Loire **494**
Chausey **602**
Chauvet-Höhle **607**
Chauvigny **685**
Chavignol **488**
Chazelet, Oratoire de **375**
Chenonceau, Château de **494**
Chenonceaux (Ort) **494**
Cherbourg **601**
Cheverny **491**
Chevrette **500**
Chinon **498**
Chizé **687**
Choderlos de Laclos, P. **205**
Chopin, Frédéric **631**
Chorance **380**
Chouans **269**
Ciboure **371**
Cime du Gélas **364**
Cingle de Montfort **653**
Cingle de Tremolat **657**
Circuit de la Sarthe **462**
Circuit de Débarquement **595**

Register

Circuit des Enclos Paroissiaux **275**
Circuit Paul-Ricard **353**
Cirque d'Enfer **721**
Cirque d'Estaube **723**
Cirque de Baume (Jura) **415**
Cirque de Consolation **410**
Cirque de Gavarnie **723**
Cirque de Ladoye **414**
Cirque de Navacelles **325**
Cirque de Troumouse **723**
Cirque des Baumes **324**
Cirque du Falgoux **232**
Cirque du Fer à Cheval **414**
Cité des télécoms **274**
Cîteaux, Abbaye de **294**
Civray **692**
Clairvaux, Abbaye de **335**
Claude Lorrain **562**
Clécy **596**
Clermont-en-Argonne **332**
Clermont-Ferrand **343**
Cléry-Saint-André **490**
Clisson **570**
Clos de Vougeot **294**
Clubs Alpins Français **168**
Cluny **297**
Cluse de Pontarlier **412**
Cocteau, Jean **96, 435**
Cognac **693**
Cogolin **356**
Cointreau (Likörfabrik) **217**
Col Agnèl **377**
Col Bayard **711**
Col d'Allos **712**
Col d'Aspin **722**
Col d'Aubert **722**
Col d'Aubisque **725**
Col d'Illoire **710**
Col d'Iseran **761**
Col d'Izoard **377**
Col de Babaou **355**
Col de Brouis **365**
Col de Ceyssat **229**
Col de Finiels **321**
Col de la Bataille **380**
Col de la Bonette **712**
Col de la Cayolle **712**
Col de la Croix-Fry **757**
Col de la Croix-St-Robert **231**
Col de la Faucille **415**
Col de la Joux Verte **756**
Col de la Machine **380**
Col de la Schlucht **400, 517**

Col de Montgenèvre **376**
Col de Perche **715**
Col de Puymorens **715, 719**
Col de Rousset **380**
Col de Ruillans **375**
Col de Turini **365**
Col de Vars **377**
Col des Aravis **757**
Col des Balitres **452**
Col du Bonhomme **400**
Col du Canadel **356**
Col du Galibier **375, 762**
Col du Granier **379**
Col du Lautaret **375, 762**
Col du Somport **715, 726**
Col du Tourmalet **722**
Col Xatard **717**
Collines Vendéennes **683, 691**
Collioure **449**
Collobrières **355**
Collonges-la-Rouge **481**
Colmar **347**
Colmars **712**
Colombey-les-Deux-Eglises **335**
Colomby de Gex **415**
Colomiers **780**
Combe de Lourmarin **706**
Combe de Queyras **377**
Combe de Savoie **760**
Combe Laval **380**
Combe Lavaux **294**
Commercy **515**
Compiègne **676**
Concarneau **280**
Condom **420**
Condrieu **809**
Conflans **760**
Confolens **692**
Conques **506**
Contrexéville **518**
Corbières **447**
Cordes-sur-Ciel **202**
Cordouan, Phare de **258, 695**
Cormatin **297**
Cormery **498**
Corneilla **718**
Corneille, Pierre **739**
Corniche Basque **371**
Corniche Bretonne **274**
Corniche d'Armorique **274**
Corniche d'Or **358**
Corniche de Goumois **410**
Corniche de l'Esterel **358**

Corniche des Cévennes **322**
Corniche des Crêtes **539**
Corniche des Maures **355**
Corniche Normande **593**
Corniches (Côte d'Azur) **362**
Cornouaille-Küste **278**
Cosne-sur-Loire **488**
Costaéress, Château **274**
Coste, Château de la **510**
Côte Basque **367**
Côte d'Albâtre **587**
Côte d'Argent (Nordteil) **258**
Côte d'Argent (Südteil) **423**
Côte d'Azur **351**
Côte d'Emeraude **271**
Côte d'Opale **670**
Côte d'Or **286, 294**
Côte de Beaune **286, 294**
Côte de Beauté **695**
Côte de la Lumière **684**
Côte de Nacre **595**
Côte de Nuits **286, 294**
Côte des Bars **337**
Côte des Perpignanais **446**
Côte du Goëlo **272**
Côte du Granit Rose **272**
Côte Fleurie **592**
Côte Rôtie **809**
Côte Vermeille **448**
Cotentin **600**
Cougnac **653**
Coulon **689**
Coupole, La **674**
Courances **435**
Courbet, Gustave **408, 411**
Courchevel **760**
Coussac-Bonneval **479**
Coutances **602**
Craponne, Adam de **707**
Crau **224, 306, 707**
Crêt de Chalam **415**
Crêt de l'Œillon **745**
Crêt de la Neige **406, 415**
Crêt de la Perdrix **745**
Creuse-Tal **475**
Creux de Révigny **415**
Cro-Magnon **651, 655**
Croix de Chamrousse **373**
Croix de la Flégère **327**
Croix de la Provence **199**
Crots **378**
Crozant **475**
Crozon **277 f.**
Cruas **701**

Crucuno **281**
Crussol, Château de **794**
Cunault **503**
Cure-Tal **291**
Cuzals **507**
Cyberposte **134**

Dabo **512**
Daguerre, L. J. M. **96**
Dambach-la-Ville **394**
Dampierre **437**
Daoulas **277**
Daumier, Honoré **536**
Dauphin (Titel) **373**
Dauphiné **372**
David d'Angers **215**
David-Néel, A. **711**
Dax **422**
Deauville **593**
Debussy, Claude **439**
Dentelles de Montmirail **703**
Départements **33**
Desgranges, Henri **375**
Dessoubre **410**
Diderot, Denis **335**
Dieppe **587**
Digne-les-Bains **711**
Digoin **302**
Dijon **380**
Dinan **271**
Dinard **271**
Diplomatische
 Vertretungen **110**
Disneyland Paris **385**
Dissignac **283**
Dives-sur-Mer **593**
Dol de Bretagne **271**
Dole **412**
Dom Pérignon **333, 336**
Dôme de la Lauze **375**
Domfront **597**
Domme **654**
Domrémy-la-Pucelle **519**
Donon **402**
Dordogne-Tal **231 f., 649**
Doré, Gustave **390**
Dorres **719**
Douai **673**
Douarnenez **278**
Douaumont **799**
Doubs-Tal **410**
Doué-la-Fontaine **504**

Dover (GB) **670**
Draguignan **709**
Dranse d'Abondance **755**
Dranse de Morzine **756**
Dufy, Raoul **582**
Duingt **758**
Dumas, Alexandre **432, 439**
Dune du Pilat **424**
Dunkerque **668**
Durance **708**

Ebersmunster **395**
Ebreuil **235**
Echelles de la Mort **410**
École Nationale d'Admini-
 stration (ENA) **38**
Ecomusée
 – d'Alsace **399**
 – de la Crau **224**
 – de la Grande Lande **422**
 – de la Vendée **691**
 – du Haut-Pays **366**
 – du Mont Lozère **321**
 – du Pays de Rennes **737**
Ecouen **429**
Eguisheim **398**
Eiffel, Gustave **97, 381, 639**
Ein- und Ausreise **107**
Eisenbahn **106, 164**
El Serrat (A) **212**
Elektrizität **112**
Elne **447**
Elsass **386**
Elsässer Belchen **387. 401**
Elsässische Weinstraße **391**
Embrun **377**
Encamp (A) **211**
Entraygues-sur-Truyère **506**
Entre-Deux-Mers **257**
Entrecasteaux **709**
Entremont, Oppidum d' **198**
Entrevaux **712**
Entrèves-La-Palud **327, 329**
Épernay **332**
Epfig **394**
Épinal **518**
Epoisses **289**
Erckmann-Chatrian **512**
Erdeven **281**
Erdre-Tal **569**
Ergué-Gabéric **280**
Ermenonville **432**

Ernst, Max **205**
Erquy **272**
Erstein **392**
Escaldes-Engordany (A) **211**
Eschau **392**
Escoffier, Auguste **361**
Espalion **505**
Espelette **727**
Essen und trinken **113**
Essoyes **334**
Estaing **505**
Estany d'Engolasters (A) **211**
Etain **799**
Etampes **436**
Etang de Berre **198, 306, 538, 707**
Etang de la Vallée **610**
Etang de Leucate **446**
Etang de Vaccarès **306, 310**
Étretat **588**
Eurolines **106**
Eurotunnel **670**
Euskadi **367**
Evaux-les-Bains **478**
Evenos **353**
Evian-les-Bains **755**
Evreux **590**
Evry **434**
Excenevex **755**
Eze **363**

Fades, Viaduc des **235**
Fahrradurlaub **122**
Fahrzeugpapiere **107**
Falaise **596**
Falkenstein, Burg **405**
Faubourg-Pavé **799**
Faucigny **752, 756**
Fécamp **588**
Feiertage **124**
Feldbach **402**
Felletin **478**
Fenioux **695**
Ferien auf dem Land **150**
Fermes-auberges **400**
Ferrette **402**
Feste, Festivals **124**
Figeac **506**
Firminy **745**
Flagge **31**
Flämisch **29**
Flandres **666**

Flaran, Abbaye de **420**
Flaubert, Gustave **739, 743**
Flavigny-sur-Ozerain **290**
Fleckenstein, Burg **405**
Flégère **327**
Fleurance **419**
Fleury-devant-Douaumont **799**
Florac **321**
Flugverkehr **107, 164, 167**
Foch, Ferdinand **723**
Foix **716, 720**
Folkestone (GB) **670**
Folklore **89**
Font-Romeu **718**
Fontaine-de-Vaucluse **705**
Fontainebleau **434**
Fontenay, Abbaye de **291**
Fontevraud-l'Abbaye **500**
Fontfroide, Abbaye de **445**
Fontvieille **227**
Forez **745**
Forges-les-Eaux **743**
Forêt de Chizé **687**
Forêt de Fontainebleau **435**
Forêt de Huelgoat **276**
Forêt de la Joux **413**
Forêt de Lente **380**
Fort Boyard **697**
Fort de l'Ecluse **415**
Fort Hackenberg **513**
Fort La Latte **271**
Fort Médoc **258**
Fort Saint-Roch **365**
Fort Schœnenbourg **404**
Foucault, Léon **97**
Fouesnant **280**
Fougères **738**
Four-à-Chaux **404**
Fouras **697**
Fragonard, J.-H. **360**
France Miniature **438**
Franche-Comté **406**
Franz von Sales **758**
Französisch **29**
Französische Riviera **351**
Französischer Jura **406**
Freigrafschaft Burgund **406**
Fréjus **358**
Fréjus-Tunnel **753**
Fresselines **476**
Fréterive **760**
Fromentine **689**
Fronsac **257**
Futuroscope (Poitiers) **682**

g

Gabas **725**
Gabin, Jean **97**
Gacholle, Phare de la **310**
Gaillard, Château **590**
Gaillon, Château de **589**
Gallé, Emile **564**
Ganagobie, Abbaye de **708**
Gap **378**
Garabit, Viaduc de **233**
Garde-Epée **693**
Garoupe **218**
Gascogne **417**
Gâtine **686**
Gatteville-Le-Phare **601**
Gauguin, Paul **280**
Gaulle, Ch. de **98, 335, 467**
Gavarnie **723**
Gay-Lussac, J.-L. **476**
Geld **127**
Genfer See **415, 755**
Gérardmer **517**
Gerbier de Jonc **465, 482**
Gergovia **228, 346**
Germigny-des-Prés **489**
Gesundheit **128**
Getränke **117**
Gevrey-Chambertin **294**
Giambologna **674**
Gide, André **576**
Gien **489**
Gigondas **703**
Gilette **365**
Gimel **481**
Gimont **418**
Giono, Jean **708**
Giraudoux, Jean **475**
Gironde **251, 695**
Gisors **590**
Gîtes de France **150**
Giverny **589**
Givet **338**
Glacier des Bossons **329**
Glanum **226**
Gluges **652**
Gogh, V. van **220, 226, 440**
Gordes **705**
Gorges d'Ollioules **353**
Gorges de Daluis **712**
Gorges de Galamus **448**
Gorges de Kakouetta **726**
Gorges de l'Alagnon **233**
Gorges de l'Allier **465**

Gorges de l'Ardèche **607**
Gorges de la Dordogne **232**
Gorges de la Bourne **379**
Gorges de la Fou **717**
Gorges de la Jonte **324**
Gorges de la Loire **465**
Gorges de la Nesque **703**
Gorges de la Sioule **235**
Gorges de la Vésubie **365, 712**
Gorges de Mondony **717**
Gorges du Cians **712**
Gorges du Lot **504 f.**
Gorges du Loup **360**
Gorges du Pont de Diable **756**
Gorges du Tarn **324**
Gorges du Terminet **447**
Gorges du Verdon **709**
Gotein **726**
Gouffre d'Enfer **745**
Gouffre de Padirac **652**
Gourdon (Côte d'Azur) **360**
Gourdon (Périgord) **653**
Gourette **725**
Goya, Francisco de **253**
Gramat **652**
Grand Ballon **387, 400**
Grand Canal d'Alsace **391**
Grand Canyon du Verdon **709**
Grand Colombier **416**
Grand Rhône **220, 306**
Grand Veymont **379**
Grandcamp-Maisy **595**
Grande Brière **282**
Grande Chartreuse **378**
Grande Étoile **539**
Grande Motte **761**
Grande Moucherolle **379**
Grandes Écoles **38**
Grandes Rousses **373**
Grandmont, Abbaye de **476**
Grands Causses **319, 324**
Grands Goulets **380**
Grangent, Château de **746**
Granges d'Astau **721**
Granville **602**
Grasse **359**
Graves **257**
Gray **409**
Grenoble **424**
Grignan **702**
Grimaud **356**
Gros Rognon **329**
Großer Belchen **387, 400**

Grotte de Bédeilhac **720**
Grotte de Dargilan **324**
Grotte de Lascaux **655**
Grotte de Lombrives **720**
Grotte de Médous **722**
Grotte de Niaux **720**
Grotte de Pech-Merle **507**
Grotte de la Luire **380**
Grotte de la Vache **720**
Grottes d'Arcy **287, 291**
Grottes de Bétharram **521**
Grottes de la Choranche **380**
Gruissan **445**
Grünewald, Matthias **347, 390**
Gueberschwihr **398**
Guebwiller **398**
Guédelon **488**
Guérande **283**
Guéret **476**
Guéthary **370**
Guiers Mort / Vif **378**
Guillestre **377**
Guillotin, J. I. **694**
Guimiliau **275**
Guingamp **272**
Guter König René **195, 213, 701**

h

Hackenberg, Fort **513**
Haguenau **404**
Hambye, Abbaye de **602**
Haras du Pin **596**
Harfleur **459**
Hartmannsweilerkopf **401**
Hausbooturlaub **112**
Haussmann, G.-E. **617**
Haustiere **107**
Haut-Folin **300**
Haut-Kœnigsburg **396**
Haut-Médoc **257**
Haute-Provence **699**
Hautecombe, Abbaye de **759**
Hautefort **659**
Hauterives **809**
Hautvillers, Abbaye de **333, 336**
Heine, Heinrich **638**
Heinrich IV. **98**
Helfaut **674**
Hendaye **371**
Hérisson **415**

Hermitage **794**
Hoffen **404**
Hoh-Andlau **394**
Hohneck **387, 400**
Hondschoote **669**
Honfleur **592**
Hossegor **424**
Hotels **149**
Houlgate **593**
Hugo, Victor **246, 591, 635, 644**
Hunawihr **396**
Hunspach **404**
Hyères **354**

i

If, Château d' **538**
Ile d'Aix **697**
Ile d'Hoëdic **282**
Ile d'Houat **282**
Ile d'Oléron **696**
Ile d'Ouessant **277**
Ile de Batz **276**
Ile de Bendor **353**
Ile de Cézembre **749**
Ile de Fédrun **283**
Ile-de-France **427**
Ile de Gavrinis **282**
Ile de Noirmoutier **690**
Ile de Ré **688**
Ile de Yeu **689**
Ile du Levant **355**
Ile Saint-Honorat **314**
Ile Sainte-Marguérite **313**
Ile Tatihou **601**
Iles d'Hyères **355**
Iles de Lérins **313**
INAO **119**
Index (Chamonix) **327**
Indre **498**
Ingres, J. A. D. **780**
Internetadressen **110**
Iroulégy **727**
Isigny-sur-Mer **600**
Ispagnac **324**
Issoire **234**

j

Jacquard, J.-M. **524**
Jakobsweg **168, 251, 290, 307, 442, 462, 471, 477, 482, 488, 508, 684, 686, 692, 694, 718, 726, 778, 794**
Jarnac **693**
Jeanne d'Arc **99, 485, 519, 584, 607, 676, 729, 739, 743**
Jersey (GB) **602**
Josselin **738**
Jouarre **433**
Joux, Château de **412**
Juan-les-Pins **219**
Jugendherbergen **152**
Jugendreisen **129**
Jumièges **591**
Jura **406**
Jurançon **724**

k

Kapetinger **50**
Karneval **89**
Katalanisch **29**
Katalaunische Felder **786**
Katharer **200, 314, 440, 450, 775**
Katharerburgen **447**
Kaysersberg **397**
Kerjean, Château de **276**
Kermaria **272**
Kernascléden **281**
Kerneléhen **274**
Kerzerho **281**
Kestenholz **394**
Kintzheim **395**
Klein, Yves **581**
Klettern **168**
Klima **23**
Konfessionen **28**
Krankenversicherung **108**
Krautergersheim **392**
Kunstgeschichte **73**
Kuren **169**

l

L'Arbresle **529**
L'Escarène **365**
L'Estaque **538**
L'Haÿ-les-Roses **436**
L'Isle-sur-la-Sorgue **705**
La Baule **283**
La Bourboule **231**
La Brigue **366**

La Brède, Château **260**
La Capelière **310**
La Chaise-Dieu **234**
La Chapelle d'Abondance **755**
La Chapelle-aux-Saints **474**
La Chapelle-en-Vercors **380**
La Charité-sur-Loire **487**
La Charniaz **758**
La Châtre **264**
La Ciotat **539**
La Clayette, Château **302**
La Clusaz **757**
La Cortinada (A) **211**
La Franqui **446**
La Garde-Freinet **356**
La Grande-Motte **308**
La Grave **375**
La Guerche-de-Bretagne **738**
La Hague **583**, **601**
La Malène **324**
La Martyre **275**
La Mure **378**
La Napoule-Plage **359**
La Pallice **456**, **688**
La Palmyre **695**
La Palud-sur-Verdon **710**
La Petite-Pierre **403**
La Plagne **760**
La Riche (Tours) **785**
La Roche-Bernard **282**
La Rochefoucauld **692**
La Rochefoucauld, F. de **692**
La Rochelle **452**
La Rochepot, Château **294**
La Romieu **420**
La Roque-Anthéron **707**
La Roque-Gageac **654**
La Salle **376**
La Souterraine **475**
La Tombelaine **556**
La Tour d'Aigues **706**
La Tour d'Auvergne **231**
La Turbie **363**
Labastide-d'Armagnac **421**
Labastide-Murat **506**
Labouiche **720**
Lac Chambon **231**
Lac Chauvet **231**
Lac d'Annecy **757**
Lac d'Artouste **725**
Lac d'Oredon **722**
Lac d'Oô **721**
Lac de Bimont **199**
Lac de Bious-Artigues **725**
Lac de Chaillexon **410**
Lac de Chalain **415**
Lac de Chambon **476**
Lac de Chammet **479**
Lac de Gaube **724**
Lac de Grangent **746**
Lac de la Vaud-Gelade **479**
Lac de Monceaux-la-Virolle **479**
Lac de Montriond **756**
Lac de Sainte-Croix **709** f.
Lac de Serre-Ponçon **378**
Lac de Vassivière **478**
Lac des Settons **300**
Lac du Ballon **400**
Lac du Bouchet **465**
Lac du Bourget **759**
Lac du Der-Chantecoq **334**
Lac du Golinhac **507**
Lac du Plan de l'Aiguille **329**
Lac Léman **755**
Lac Pavin **231**
Lacanau **258** f.
Lachalade **332**
Lacoste **706**
Lacs d'Ayous **725**
Lagrasse **447**
Laguiole **509**
Lamartine, Alphonse **299**
Lampaul-Guimiliau **275**
Lanchères le Hourdel **675**
Ländervorwahlen **135**
Landes **417**, **423**
Landévennec **278**
Landkarten **130**
Langeac **465**
Langeais **497**
Langon **260**
Langres **335**
Langue d'oc **29**, **50**, **441**
Languedoc-Roussillon **440**
Langue d'oil **50**
Lanleff **272**
Lannion **274**
Lanquais **657**
Lans-en-Vercors **379**
Lanslevillard **762**
Lantosque **365**
Laon **677**
Larchant **436**
Laressingle **420**
Larmor **281**
Laruns **725**
Lascaux **655**
Lastours, Châteaux de **318**
Latour-de-Carol **718**
Lautenbach **399**
Lavardin **796**
Le Bar **360**
Le Barroux **703**
Le Bec-Hellouin **594**
Le Béout **521**
Le Bourget **429**
Le Bourget-du-Lac **759**
Le Castellet **353**
Le Cateau-Cambrésis **673**
Le Conquet **277**
Le Corbusier **364**, **409**, **439**, **516**, **529**, **538**, **745**
Le Creusot **301**
Le Croisic **283**
Le Dorat **475**
Le Faouët **281**
Le Folgoët **277**
Le Grau-du-Roi **308**
Le Gurp **259**
Le Havre **456**
Le Mans **459**
Le Mont-Dore **231**
Le Pont-d'Alleyras **465**
Le Pont-de-Montvert **321**
Le Puy-en-Velay **462**
Le Rozier **324**
Le Thot **655**
Le Touquet **672**
Le Trayas **358**
Le Tréport **587**
Le Truel **324**
Lectoure **419**
Ledoux, C.-N. **82**, **413**
Léger, Fernand **220**
Leonardo da Vinci **203**, **491**
Léoncel **380**
Les Andelys **590**
Les Arcs **760**
Les Baux **226**
Les Bossons **329**
Les Cabassols **199**
Les Charmettes **760**
Les Deux-Alpes **373**
Les Eaux-Bonnes **725**
Les Eyzies-de-Tayac **655**
Les Gets **756**
Les Herbiers **691**
Les Houches **329**
Les Islettes **332**
Les Menuires **760**
Les Milles **198**
Les Praz **327**

Les Sables d'Olonne **689**
Les Tines **329**
Les Trois-Epis **397**
Les Vigneaux **377**
Les Vignes **324**
Lescar **725**
Lescun **726**
Lescure **202**
Lessay **601**
Leucate-Village **446**
Lewarde **674**
Lézignan-Corbières **447**
Lichères **692**
Ligugé, Abbaye de **682**
Lille **467**
Lillebonne **591**
Limagne **228**
Limoges **471**
Limousin **473**
Limoux **447**
Lisieux **594**
Lison, Source du **413**
Literaturempfehlungen **130**
Livradois **228**
Llivia (S) **718**
Loches **495**
Locmariaquer **281**
Locquirec **274**
Locronan **278**
Logis de France **149**
Loir-Tal **795**
Loire **482**
Loire-Seitenkanal **286, 488**
Lons-le-Saunier **414**
Lorient **281**
Lothringen **510**
Loti, Pierre **697**
Loudun **500**
Loue (Quelle und Tal) **411**
Lourdes **519**
Lourmarin **706**
Lubéron **706**
Lucéram **365**
Luçon **688**
Ludwig XIV. **99**
Lunéville **517**
Lusignan **686**
Luxeuil-les-Bains **409**
Luynes **496**
Luz-Saint-Sauveur **723**
Luzech **509**
Lyon **522**
Lys **724**

m

Maas **338**
Mâcon **299**
Mâconnais **286, 297**
Madone d'Utelle **365**
Maginot-Linie **404, 514**
Magny-Cours **487**
Maillezais **688**
Maillol, Aristide **452**
Maintenon **437**
Maisons-Laffite **439**
Männelstein **394**
Manosque **708**
Mantes-la-Jolie **439**
Marais Poitevin **687**
Marais Vernier **591**
Marciac **421**
Marennes **696**
Markstein, Le **400**
Marly-le-Roi **439**
Marmoutier (Vogesen) **402**
Marmoutier, Abbaye de (Tours) **785**
Marquenterre **147**
Marseillaise **30, 531, 770**
Marseillan **443**
Marseille **529**
Martel **652**
Martigues **538**
Martin von Tours, hl. **501, 682, 781, 783**
Mas d'Azil **720**
Mas du Pont de Rousty **310**
Mas Soubeyran **320, 322**
Masevaux **401**
Massif Central ▶Zentralmassiv
Massif de Chamrousse **373**
Massif de l'Esterel **358**
Massif des Bauges **758**
Massif des Ecrins **372, 375**
Massif des Maures **353, 355**
Massif du Mercantour **364, 712**
Massif du Pelvoux **372, 375**
Matisse, Henri **582, 673**
Mauléon-Licharre **726**
Maupassant, Guy de **642**
Maurienne **752, 761**
Maury **447**
Meaux **432**
Médoc **257**
Médous, Château de **722**
Megève **756**

Meije **373, 375**
Meillant, Château de **264**
Méjanes **310**
Melle **687**
Mende **320**
Ménerbes **706**
Menez-Hom **278**
Menthon **758**
Menton **364**
Mercantour **364, 712**
Mercuès, Château de **509**
Méribel **760**
Meritxell (A) **211**
Meschers-sur-Gironde **695**
Meslay (Tours) **785**
Métabief **412**
Metz **540**
Meudon **436**
Meursault **294**
Meuse **338**
Meymac **478**
Meyrueis **324**
Mézières **338**
Mietwagen **164, 167**
Millau **325**
Milly-la-Forêt **435**
Mimizan **424**
Minerve, Minervois **318**
Miolans **760**
Mirabeau **644**
Mirande **421**
Mistral **25, 699**
Mistral, Frédéric **222, 701**
Mitterrand, François **99, 300, 645, 693**
Modane **762**
Moissac **781**
Molène **277**
Molines-en-Queyras **377**
Molsheim **393**
Mömpelgard **409**
Monaco (MC) **543**
Monbazillac **657**
Monet, Claude **585, 589, 740**
Monistrol **465**
Monpazier **656**
Mont Aigoual **319, 322**
Mont Auxois **290**
Mont Baron **758**
Mont Bego **366**
Mont Bessou **478**
Mont Beuvray **300**
Mont Cenis **762**
Mont d'Hubert **670**

Mont d'Or **412**
Mont des Alouettes **691**
Mont des Oiseaux **355**
Mont du Bédat **722**
Mont Granier **379**
Mont Lozère **319, 321**
Mont Malgré Tout **338**
Mont Mézenc **465**
Mont Mimat **320**
Mont Pelvoux **375**
Mont Pilat **745**
Mont Prénelay **300**
Mont Revard **758**
Mont Saint-Clair **443**
Mont Saint-Michel **553**
Mont Sainte-Odile **394**
Mont Ventoux **703**
Mont Vinaigre **359**
Mont-Dauphin **377**
Mont-de-Marsan **421**
Mont-Louis **718**
Montagne de la Clape **445**
Montagne du Goulet **504**
Montagne du Lubéron **706**
Montagne Noire **315, 317**
Montagne Saint-Michel **276**
Montagne Sainte-Victoire **199**
Montagnette **244**
Montalivet **258 f.**
Montauban **780**
Montbazon **498**
Montbéliard **409**
Montbenoît **411**
Montblanc **326, 329**
Montblanc-Tunnel **327, 752**
Montbrison **745**
Montceau-les-Mines **301**
Monte Viso **377**
Monte-Carlo (MC) **548**
Montélimar **701**
Montenvers **327, 329**
Montesquieu **260**
Montfort, Château **653**
Montfort-l'Amaury **438**
Montgeoffroy, Château de **217**
Montgolfier, Brüder **100**
Montignac **655**
Montlouis-sur-Loire **496**
Montluçon **236**
Montmajour, Abbaye **225**
Montmédy **513**
Montmorillon **685**
Montoire **796**
Montpellier **549**

Montpellier-le-Vieux **324**
Montréal **420**
Montreuil **672**
Montreuil-Bellay **503**
Montrichard **495**
Monts Albères **452**
Monts d'Ambazac **475**
Monts d'Arrée **276**
Monts d'Aubrac **228, 319**
Monts des Monédières **478**
Monts Dômes **228 f.**
Monts Dore **228, 231**
Monts du Cantal **228, 232**
Monts du Forez **228**
Montségur **448**
Montsoreau **502**
Morbihan, Golf von **282**
Morienval **677**
Morlaix **274**
Mornac-sur-Seudre **696**
Mortagne-sur-Gironde **695**
Morteau **410**
Morvan **300**
Morzine **756**
Mougins **314**
Moulin de Daudet **227**
Moulins **236**
Mourre Nègre **706**
Moustiers-Sainte-Marie **710**
Moutier-d'Ahun **477**
Moûtiers **760**
Mouzon **339**
Mozac **235**
Mulhouse / Mülhausen **557**
Munster / Münster **398**
Murbach **399**
Murol **231**
Museen **132**

n

Nancy **560**
Nantes **565**
Nantua **416**
Naours **209**
Napoléon Bonaparte **101, 640**
Narbonne **445**
Nationalflagge **31**
Nationalhymne **30**
Nationalparks **27, 132**
Nationalversammlung **33**
Naturparks **27, 132**
Naturschutzgebiete **132**
Natzwiller **402**

Navacelles **325**
Naves **480**
Nemours **436**
Neuf-Brisach **398**
Neufchâteau **519**
Neufchâtel-en-Bray **743**
Neuwiller-lès-Saverne **403**
Nevers **486**
Nez-de-Jobourg **601**
Nice / Nizza **577**
Nid d'Aigle **329, 756**
Nideck, Burg **402**
Niederbronn-les-Bains **405**
Niepce, Nicéphore **297**
Nieul-sur-l'Autise, Abbaye **688**
Nîmes **570**
Niolon **538**
Niort **687**
Nizza **577**
Nohant **264**
Noilly Prat (Fabrik) **443**
Noirlac **264**
Noirmoutier-en-l'Ile **690**
Nord, Le (Nordfrankreich) **666**
Normandie **583**
Normannische Schweiz **583, 596**
Nostradamus **225, 708**
Notre-Dame-de-Bliquetuit **591**
Notre-Dame-de-Châtre **693**
Notre-Dame-de-Consolation **410**
Notre-Dame-de-l'Epau **462**
Notre-Dame-de-l'Epine **333**
Notre-Dame-de-la-Salette **378**
Notre-Dame-de-Lorette **672**
Notre-Dame-des-Ardilliers **503**
Notre-Dame-des-Fontaines **366**
Notre-Dame-du-Haut **409**
Notrufe **134**
Nouaillé-Maupertuis **682**
Nouailles-Schlucht **412**
Noyon **678**
Nuits-Saint-Georges **294**
Nyons **702**

o

Obernai **393**
Odeillo **719**
Odilienberg **394**
Okzitanisch **29**
Olette **718**
Ollioules **353**

Oloron-Sainte-Marie **725**
Omaha Beach **595**
One-Tal **721**
Opalküste **670**
Oppède-le-Vieux **706**
Oradour-sur-Glane **474 f.**
Orange **603**
Orcival **229**
Ordino (A) **211**
Orgnac **607**
Orléans **607**
Ornans **411**
Orne **596**
Orthez **725**
Ottmarsheim **560**
Ottrott **393**
Ouistreham **595**
Ourscamps, Abbaye de **678**

P

Padirac **652**
Paimpol **272**
Pain du Sucre **377**
Palalda **717**
Palavas **442**
Pannenhilfe **134**
Paramé (St-Malo) **752**
Paray-le-Monial **301**
Parc Astérix **432**
Parc National
– de la Vanoise **760**
– des Cévennes **319, 321**
– des Ecrins **375, 376, 378**
– des Pyrénées **724**
– du Mercantour **365**
Parc Naturel Régional
– d'Armorique **276**
– de Camargue **308**
– de Chartreuse **378**
– de Normandie-Maine **596**
– des Ballons des Vosges **398**
– des Bauges **758**
– des Boucles de la Seine Normande **591**
– des Grands Causses **319**
– des Marais du Cotentin et du Bessin **600**
– des Volcans d'Auvergne **229**
– des Vosges du Nord **403 f.**
– du Lubéron **706**
– du Vercors **379**
– Livradois-Forez **229**

Parc Phénix (Nizza) **582**
Pardons **89**

Paris **611**
– Arc de Triomphe de l'Etoile **628**
– Arc de Triomphe du Carrousel **627**
– Arènes de Lutèce **645**
– Axe Historique **646**
– Bagatelle-Schlösschen **647**
– Bastille **635**
– Bastille-Viertel **635**
– Beaubourg **633**
– Bibliothèque Nationale **645**
– Bois de Boulogne **647**
– Bois de Vincennes **647**
– Boulevard des Capucines **629**
– Boulevard des Italiens **630**
– Boulevard du Montparnasse **642**
– Boulevard Montmartre **630**
– Boulevard St-Germain **641**
– Boulevard St-Michel **643**
– Bouquinistes **633**
– Butte Montmartre **636**
– Café de la Paix **629**
– Canal St-Martin **636**
– Carrousel du Louvre **627**
– Catacombes **642**
– Centre Pompidou **633**
– Champs de Mars **639**
– Champs-Elysées **628**
– Chinatown **645**
– Cimetière (Friedhof) Montmartre **638**
 Montparnasse **642**
 Père-Lachaise **631**
– Cinémathèque Française **638**
– Cité de la Musique **648**
– Collège de France **643**
– Conciergerie **621**
– Conservatoire **647**
– Dôme des Invalides **640**
– École Militaire **639**
– Égouts de Paris **640**
– Eiffelturm **639**
– Fondation Cartier **642**
– Forum des Halles **632**
– Galeries Lafayette **631**
– Gare de Lyon **636**

– Geschichte **611**
– Grand Écran **645**
– Grand Palais **628**
– Grands Boulevards **629**
– Hôtel de Cluny **643**
– Hôtel de Ville **634**
– Hôtel des Invalides **640**
– Hôtel Lambert **624**
– Hôtel Lauzun **624**
– Hôtel Ritz **631**
– Ile de la Cité **621**
– Ile Saint-Louis **624**
– Institut de France **641**
– Institut du Monde Arabe **645**
– Invalidendom **640**
– Jardin des Plantes **645**
– Jardin des Tuileries **627**
– Jardin du Luxembourg **642**
– Jardin du Palais Royal **632**
– Jeu de Paume **627**
– La Défense **646**
– La Samaritaine **633**
– Le Printemps **631**
– Longchamp **647**
– Louvre **625**
– Manufacture Royale des Gobelins **645**
– Marais **634**
– Marché aux Puces St-Ouen **638**
– Montmartre **637**
– Montmartre-Viertel **636**
– Montparnasse-Viertel **642**
– Mosquée de Paris **645**
– Moulin Rouge **636**
– Musée
 Carnavalet **635**
 d'Art et d'Histoire du Judaïsme **634**
 d'Art Moderne **634**
 d'Art Moderne de la Ville de Paris **638**
 d'Orsay **641**
 de l'Armée **640**
 de l'Erotisme **636**
 de l'Hôtel de Cluny **643**
 de l'Orangerie **627**
 de la Marine **638**
 de la Marine **638**
 de la Mode de la Ville de Paris **638**
 de la Mode et du Textile **627**

- Musée
  - des Arts et Métiers **630**
  - des Arts Décoratifs **627**
  - des Beaux-Arts de la Ville de Paris **628**
  - du Louvre **625**
  - du Quai Branly **640**
  - du Grévin **630**
  - Jacquemart-André **636**
  - Marmottan-Monet **638**
  - Nissim de Camondo **636**
  - Picasso **635**
  - Rodin **640**
  - Picasso **635**
- Muséum National d'Histoire Naturelle **645**
- Notre-Dame **624**
- Obelisk von Luxor **627**
- Olympia **629**
- Opéra de la Bastille **635**
- Opéra Garnier **630**
- Palais Bourbon **641**
- Palais de Chaillot **638**
- Palais de Justice **621**
- Palais de l'Elysée **629**
- Palais de Tokyo **638**
- Palais du Luxembourg **642**
- Palais Royal **632**
- Panthéon **643**
- Parc de la Villette **647**
- Parc des Buttes-Chaumont **638**
- Parc des Princes **154**
- Parc Monceau **636**
- Parc Zoologique **647**
- Paris Story **630**
- Petit Palais **628**
- Place Charles-de-Gaulle **628**
- Place d'Italie **645**
- Place de l'Alma **638**
- Place de la Bastille **635**
- Place de la Concorde **627**
- Place de la République **631**
- Place des Vosges **635**
- Place du Châtelet **633**
- Place du Tertre **637**
- Place du Trocadéro **638**
- Place Pigalle **636**
- Place Vendôme **631**
- Pont au Change **633**
- Pont de l'Alma **638**
- Pont Neuf **633**
- Porte Saint-Denis **630**
- Porte Saint-Martin **630**
- Quai d'Orsay **640**
- Quartier Latin **643**
- Rue de Rivoli **627**
- Rue Montorgueil **632**
- Rue Mouffetard **644**
- Rungis **632**
- Sacré-Cœur **637**
- Saint-Etienne-du-Mont **644**
- Saint-Eustache **632**
- Saint-Germain-des-Prés **641**
- Saint-Louis-des-Invalides **640**
- Saint-Louis-en-l'Ile **624**
- Saint-Roch **632**
- Sainte-Chapelle **621**
- Sainte-Marie-Madeleine **629**
- Sorbonne **643**
- Stade de France **154**
- Stade Roland-Garros **155, 647**
- Théâtre de la Ville **633**
- Théâtre Musical **633**
- Tour Eiffel **639**
- Tour Montparnasse **642**
- Tour Saint-Jacques **633**
- Trocadéro **638**
- Tuilerien **627**
- Viaduc des Arts **635**
- Villette **647**
- Vincennes, Château de **647**

Parthenay **686**
Pas-de-Calais **666**
Pas de Peyrol **232**
Pas de Souci **324**
Pascal, Blaise **343, 644**
Passage du Gois **690**
Pasteur, Louis **101, 412 f.**
Pau **724**
Pays d'Auge **583, 594**
Pays de Bray **743**
Pays de Caux **591**
Peille **363**
Peillon **363**
Pencran **275**
Penmarc'h **278**
Penvern **274**
Périgord **649**
Périgueux **659**
Pernes-les-Fontaines **705**
Peronne **675**
Perpignan **663**
Perros-Guirec **273**
Personalpapiere **107**
Pessac-Léognan **257**
Petit Lubéron **706**
Petit Mont-Rond **415**
Petit Rhône **220, 306**
Petits Goulets **380**
Petrarca, Francesco **703, 705**
Peyrepertuse **447**
Pfaffenheim **398**
Pfaffenhoffen **404**
Phalsbourg **512**
Philipe, Gérard **356**
Pic Blanc (Alpe d'Huez) **373**
Pic Blanc du Galibier **375**
Pic d'Anie **715**
Pic de Bugarach **447**
Pic de Jer **521**
Pic de l'Ours **358**
Pic de la Sagette **725**
Pic de Néouvielle **722**
Pic de Nore **317**
Pic de Pibeste **724**
Pic du Canigou **718**
Pic du Cap Roux **358**
Pic du Midi d'Ossau **725**
Pic du Midi de Bigorre **722**
Picardie **666, 675**
Picasso, Pablo **199, 218, 313, 635**
Pico de Aneto (S) **715**
Piemanson, Plage de **310**
Pierre-Perthuis **291**
Pierrefonds **677**
Pignerolle, Château de **217**
Pioch Badet **308**
Piriac **283**
Plan-du-Var **365**
Plateau de Gergovie **346**
Plateau de la Garoupe **218**
Plateau de Millevaches **478**
Plateau Matheysin **378**
Plessis-Bourré, Château **217**
Plessis-lès-Tours, Château **785**
Plessis-Macé, Château **217**
Pleumeur-Bodou **274**
Pleyben **278**
Plomb du Cantal **232**
Plombières-les-Bains **518**
Ploubazlanec **272**
Plougastel, Presqu'Ile de **277**
Plougrescant **273**

Plouha **272**
Ploumanac'h **273**
Pointe de Barfleur **601**
Pointe de Bihit **274**
Pointe de Corsen **277**
Pointe de Grave **258**
Pointe de l'Arcouest **272**
Pointe de la Coubre **695**
Pointe de Montet **761**
Pointe de Penhir **278**
Pointe de Penmarc'h **278**
Pointe de Primel **274**
Pointe de Saint-Mathieu **277**
Pointe de Suzac **695**
Pointe du Château **273**
Pointe du Raz **278**
Poissy **439**
Poitiers **679**
Poitou **683, 685**
Polignac, Château de **465**
Poligny **414**
Pomerol **257**
Pompadour **479**
Pompadour, Marquise de **102, 479**
Pompon, François **300**
Pont d'Ouilly **596**
Pont de Gau **308**
Pont du Gard **574**
Pont-à-Mousson **513**
Pont-Aven **280**
Pont-en-Royans **380**
Pont-Saint-Esprit **605**
Pontarlier **412**
Pontigny **293**
Porquerolles **355**
Port-Barcarès **446**
Port-Camargue **308**
Port-Cros **355**
Port-Grimaud **357**
Port-Joinville **689**
Port-Leucate **446**
Port-Louis **281**
Port-Royal-des-Champs **437**
Port-Vendres **449**
Portbou **452**
Portsall **277**
Post **134**
Pouilly-Fuissé **299**
Pouilly-sur-Loire **488**
Pouzauges **691**
Prades **717**
Pralognan **760**
Prats-de-Mollo **717**

Pré de Madame Carle **377**
Préhistoparc **656**
Presqu'île de Crozon **277**
Presqu'île de Giens **355**
Presqu'île de Plougastel **277**
Presqu'île de Quiberon **282**
Primel-Trégastel **274**
Proust, Marcel **593**
Provence **698**
Provenzalisch **29**
Provins **433**
Puig de l'Estelle **717**
Puigmal **715**
Puilaurens **447**
Puisaye **488**
Puivert **448**
Puligny-Montrachet **294**
Punta Helbronner **329**
Pupillin **415**
Puy Crapaud **691**
Puy de Dôme **229**
Puy de Sancy **231**
Puy du Fou, Château **691**
Puy Griou **232**
Puy-l'Evêque **508**
Puy Mary **232**
Puy Pendu **478**
Puy-Saint-Vincent **377**
Puyguilhem, Château de **658**
Pyla **424**
Pyrenäen **713**

q

Quaëdypre **669**
Quercy **504, 509, 649, 651**
Quéribus **447**
Queuille **235**
Queyras **377**
Quézac **324**
Quiberon **282**
Quillan **447 f.**
Quimper **278**
Quimperlé **281**
Quintin **272**

r

Rabelais, F. **524**
Racine, J.-B. **644**
Rallye Monte-Carlo **365**
Ramatuelle **356**
Rambouillet **437**
Rambures **676**

Rance **271**
Rasteau **703**
Ratilly, Château **488**
Ravel, Maurice **371, 438**
Raz de Sein **278**
Reculées (Jura) **414**
Regionale Naturparks **132**
Régions **33**
Regionalsprachen **29**
Reims **729**
Reisedokumente **107**
Reisewetter **25**
Reisezeit **136**
Remiremont **518**
Rennes **733**
Renoir, P.-A. **334, 361, 471**
Restaurants **120**
Rétaud **695**
Revin **338**
Rhône **21 f., 306, 415 f.**
Ribeauvillé **396**
Richelieu (Ort) **499**
Richelieu (Kardinal) **54**
Richier, Ligier **515**
Rimbaud, Arthur **338**
Riom **234**
Rioux **695**
Ripaille, Château de **755**
Riquewihr **396**
Riu Madriu (A) **212**
Rivesaltes **446**
Riviera **351**
Rixheim **560**
Robespierre, M. de **672**
Roc de France **717**
Roc'h Trévézel **276**
Rocamadour **652**
Roche-aux-Fées **738**
Roche d'Oëtre **596**
Roche du Prêtre **410**
Rochefort-sur-Mer **697**
Rochemaure, Château **701**
Rochemenier **503**
Rocher de Bellevarde **761**
Rocher de Capluc **324**
Rocher de Dabo **402, 512**
Rochers-Sévigné, Château **738**
Rochetaillée **529**
Rocroi **338**
Rodez **509**
Rodin, Auguste **437**
Rolandslied **716, 727**
Romagne-sous-Montfaucon **799**

Romans-sur-Isère **794**
Ronce-les-Bains **695**
Roncesvalles (S) **727**
Ronchamp **409**
Ronsard, Pierre de **785**
Roquebillière **365**
Roquebrune-Cap-Martin **364**
Roquefavour, Aqueduc de **198**
Roquefort-sur-Soulzon **319, 325**
Roquemaure **605**
Roquetaillade, Château **260**
Roscoff **276**
Rosheim **393**
Rothéneuf **752**
Roubaix **467**
Rouen **739**
Rouffach **398**
Rouget de Lisle, C.-J. **30, 414, 770**
Rougon **710**
Rousseau, J.-J. **432, 644, 760**
Roussillon **440, 706**
Route de la Carpe Frite **401**
Route des Abbayes **588**
Route des Crêtes **400**
Route des Grandes Alpes **188, 372**
Route des Grands Crus **294**
Route des Vins (Elsass) **391**
Route du Camembert **595**
Route du Champagne **337**
Route Napoléon **372, 711**
Route Romane d'Alsace **391 f.**
Roya-Tal **365**
Royan **695**
Royaumont, Abbaye de **429**
Rue **675**
Rueil-Malmaison **438**
Rustrel **707**

S

Sablet **703**
Saché **498**
Saint-Agnan-en-Vercors **380**
Saint-Amand **488**
Saint-Amand-de-Coly **655**
Saint-Amand-Montrond **263**
Saint-Amand-sur-Fion **333**
Saint-Andelain **488**
Saint-Avold **511**
Saint-Barthélemy-d'Anjou **217**
Saint-Benoît-sur-Loire **490**

Saint-Bertrand-de-Comminges **720**
Saint-Brieuc **272**
Saint-Christophe-en-Brionnais **302**
Saint-Cirq-Lapopie **507**
Saint-Cloud **438**
Saint-Cosme, Prieuré (Tours) **785**
Saint-Cyprien-Plage **446**
Saint-Dalmas-de-Tende **366**
Saint-Denis **428**
Saint-Dié **516**
Saint-Dyé-sur-Loire **490**
Saint-Emilion **257, 259**
Saint-Étienne **744**
Saint-Exupéry, A. de **524**
Saint-Fargeau, Château **488**
Saint-Flour **233**
Saint-Galmier **745**
Saint-Génis-des-Fontaines **449**
Saint-Georges-de-Commiers **378**
Saint-Germain, Ermitage de **758**
Saint-Germain-en-Laye **439**
Saint-Gervais **329**
Saint-Gervais-d'Auvergne **235**
Saint-Gervais-les-Bains **756**
Saint-Gilles **307**
Saint-Gilles-Croix-de-Vie **689**
Saint-Girons **720**
Saint-Guénolé **278**
Saint-Guilhem-le-Désert **442**
Saint-Hilaire-Saint-Florent **503**
Saint-Hippolyte (Elsass) **396**
Saint-Hippolyte (Doubs) **410**
Saint-Jean-de-Côle **659**
Saint-Jean-de-Luz **370**
Saint-Jean-de-Maurienne **762**
Saint-Jean-de-Monts **689**
Saint-Jean-du-Doigt **274**
Saint-Jean-du-Gard **322**
Saint-Jean-Pied-de-Port **727**
Saint-Junien **475**
Saint-Lary-Soulan **722**
Saint-Laurent-des-Trèves **322**
Saint-Léon-sur-Vézère **656**
Saint-Léonard-de-Noblat **476**
Saint-Lô **602**
Saint-Louis-Arzviller **403**
Saint-Loup-de-Naud **433**
Saint-Malo **746**
Saint-Martin-de-Boscherville **590**

Saint-Martin-du-Canigou **718**
Saint-Martin-Vésubie **365**
Saint-Maximin-la-Sainte-Baume **199**
Saint-Michel-de-Cuxa **717**
Saint-Michel-de-Frigolet **244**
Saint-Michel-en-Grève **274**
Saint-Michel-Mont-Mercure **691**
Saint-Mihiel **515**
Saint-Nazaire (Bretagne) **283**
Saint-Nazaire (Dordogne) **232**
Saint-Nectaire **231**
Saint-Nicolas-de-Port **565**
Saint-Nizier-du-Moucherotte **379**
Saint-Omer **674**
Saint-Palais **695**
Saint-Paul-de-Fénouillet **448**
Saint-Paul-de-Mausole **226**
Saint-Paul-de-Vence **361**
Saint-Paul-Trois-Châteaux **702**
Saint-Péray **794**
Saint-Pierre-d'Oléron **696**
Saint-Pierre-de-Chartreuse **378**
Saint-Pol-de-Léon **276**
Saint-Quay-Portrieux **272**
Saint-Quentin **678**
Saint-Raphaël **358**
Saint-Rémy-de-Provence **225**
Saint-Riquier **676**
Saint-Romain-en-Gal **809**
Saint-Savin (Argelès) **724**
Saint-Savin (Poitou) **685**
Saint-Servan **749**
Saint-Sever **422**
Saint-Thégonnec **275**
Saint-Tropez **356**
Saint-Tugen **278**
Saint-Uzec **274**
Saint-Vaast-La-Hogue **601**
Saint-Valery-en-Caux **588**
Saint-Valery-sur-Somme **675**
Saint-Véran **377**
Saint-Victor-sur-Loire **746**
Saint-Wandrille **591**
Saint-Yrieix-la-Perche **479**
Sainte-Enimie **324**
Sainte-Fortunade **481**
Sainte-Maxime **358**
Sainte-Mère-Eglise **600**
Saintes **694**
Saintes-Maries-de-la-Mer **309**
Saintonge **683, 691**

Salanque **446**
Salers **232**
Salin-de-Giraud **310**
Salins-les-Bains **413**
Salon-de-Provence **707**
Salses **446**
Samatan **418**
Sanary-sur-Mer **353**
Sancerre **488**
Sand, Georges **264**
Sangatte **670**
Sant Joan de Caselles (A) **211**
Sant Julià de Lòria (A) **212**
Santa Coloma (A) **212**
Santenay **294**
Saorge **366**
Sarkozy, Nicolas **72**
Sarlat **653**
Sarrebourg **512**
Sarreguemines **511**
Sartre, Jean-Paul **102, 642**
Satie, Eric **585, 592**
Saugeais **411**
Saujon **696**
Saulieu **300**
Sault **703**
Saumur **501**
Saut du Doubs **410**
Sauternes **257, 260**
Sauvan, Château de **708**
Sauvette **355**
Saverne **403**
Savoyen **752**
Sceaux **436**
Schickhardt, Heinrich **409**
Schifffahrt **45**
Schlucht ▶ Gorges
Schœnenbourg, Fort **404**
Scholastika, hl. **489**
Schongauer, Martin **347, 390**
Schweitzer, Albert **391, 397, 404**
Sedan **339**
Seealpen **364, 282**
Seebach **404**
Segonzac **693**
Ségur-le-Château **479**
Seguret **703**
Seine-Tal **588**
Sélestat **395**
Semouse **518**
Semur-en-Auxois **289**
Semur-en-Brionnais **302**
Sénanque, Abbaye de **705**

Senlis **432**
Sens **293**
Sept-Iles **274**
Serrabone, Prieuré de **717**
Serrant, Château **217**
Sessenheim **404**
Sète **443**
Seudre **696**
Séviac **420**
Sévigné, Madame de **635, 702, 738**
Sèvres **437**
Sévrier **758**
Seyssel **416**
Sicherheit **140**
Sidobre **318**
Sigolsheim **397**
Silvacane, Abbaye de **707**
Simorre **418**
Siran **318**
Sisteron **712**
Sizun **276**
Smaragdküste **271**
SNCF **44, 167**
Sochaux **410**
Socoa **371**
Soissons **678**
Soldatenfriedhöfe **140**
Solignac **479**
Sologne **491, 607**
Solutré **287, 299**
Somme **675**
Somport **726**
Sophia Antipolis **218**
Sospel **365**
Soubirous, Bernadette **488, 520**
Soufflenheim **404**
Souillac **652**
Soulac-sur-Mer **258**
Soule **726**
Spesburg **394**
Spontour **651**
Sprache **141**
Stendhal **424**
Stierkampf **90**
Strände **147**
Strasbourg / Straßburg **762**
Straßenverkehr **159**
Struthof **402**
Suc-au-May **478**
Suisse Normande **596**
Sully (Burgund) **300**
Sully-sur-Loire **489**

Sundgau **401**
Super-Lioran **233**
Surba **720**
Surbourg **404**

t

Tain-l'Hermitage **794**
Taizé **297**
Talloires **758**
Talmont-sur-Gironde **695**
Tancarville **591**
Tanlay **292**
Tarascon **225**
Tarascon-sur-Ariège **720**
Tarbes **723**
Tarentaise **752, 760**
Tarn-Schlucht **324**
Taureau, Château du **275**
Tautavel **446, 716**
Tavant **499**
Taxi **164**
Telefonieren **135**
Tenda-Bahn **364**
Tenda-Pass **367**
Tende **366**
Térénez **277**
Tête de Chien **363**
Tête du Solaise **761**
Termes **447**
Terra Amata **579, 582**
TGV **44, 165**
Thann **399**
Thomas von Aquin **778**
Thonon-les-Bains **755**
Théoule-sur-Mer **358**
Thoronet, Abbaye de **709**
Thuir **446**
Thumb, Peter **393, 395**
Thury-Harcourt **596**
Tignes **761**
Tigy **490**
Tonnerre **292**
Toul **515**
Toulon **772**
Toulouse **775**
Toulouse-Lautrec, H. de **200**
Tour de France **154, 375**
Tour Madeloc **452**
Tour-sans-Venin **379**
Tourcoing **467**
Tournus **297**
Tours **781**
Trébeurden **274**

Trégastel **274**
Tréguier **273**
Tremolat **657**
Treyne, Château de la **652**
Tricastin **702**
Trigance **709**
Trikolore **31**
Trois-Palis **693**
Trois-Vallées, Les **760**
Tronçais **228**
Tronoën **278**
Trouville **593**
Troyes **786**
Truyère-Tal **233**
Tuchan **447**
Tulle **480**
Turckheim **397**

u

Ubaye **712**
Ungerer, Tomi **770**
Uriage-les-Bains **373**
Ussé **498**
Ussel **479**
Utah Beach **600**
Utelle **365**
Uzerche **479**
Uzès **576**

v

Vacqueyras **703**
Vaison-la-Romaine **702**
Val, Château de **232**
Val d'Isère **761**
Valcabrère **721**
Valchevrière **379**
Valence **792**
Valençay **494**
Valira del Nord (A) **211**
Vallauris **314**
Vallespir **717**
Vallée de la Loire **483**
Vallée de la Meuse **338**
Vallée de la Seine **588**
Vallée de la Somme **675**
Vallée de Mandailles **233**
Vallée des Merveilles **366**
Vallée du Doubs **410**
Vallée du Lot **505**
Vallée du Lys **721**
Valloire **375, 762**

Vallon-Pont-d'Arc **607**
Vallouise **377**
Valognes **601**
Valréas **702**
Valserine **415**
Val-Thorens **760**
Vannes **282**
Vanoise **760**
Var-Tal **365**
Varengeville-sur-Mer **587**
Varennes-en-Argonne **332**
Vasarely, Victor **197**
Vassieux-en-Vercors **380**
Vauquois **332**
Vauvenargues **199**
Vaux-le-Vicomte **433**
Venanson **365**
Vence **362**
Vendée **683, 685**
Vendôme **794**
Ventabren **198**
Veranstaltungskalender **124**
Vercingetorix **47 f., 228, 287, 290, 300, 346**
Vercors **379**
Verdon-Schlucht **709**
Verdon-sur-Mer **258, 695**
Verdun **796**
Vergisson **299**
Verkehr **38, 44**
Verne, Chartreuse de la **355**
Verne, Jules **103, 205, 569**
Vernet-les-Bains **718**
Vernon **589**
Versailles **801**
Vertheuil **258**
Verzenay **332**
Vexin **440, 590**
Veyrier **758**
Vésubie **365**
Vézelay **290**
Vézère **655**
Via **719**
Vichy **235**
Vieil Armand **401**
Vienne **807**
Vieux-Ferrette **402**
Vignemale **724**
Villandry **496**
Villard-de-Lans **379**
Villefranche-de-Conflent **718**
Villefranche-de-Rouergue **509**
Villefranche-sur-Mer **362**
Villeneuve d'Ascq **470**

Villeneuve-lès-Avignon **244**
Villeneuve-Loubet **361**
Villeneuve-sur-Lot **509**
Villequier **591**
Villers-Cotterêts **29, 432, 441**
Villers-le-Lac **410**
Villers-sur-Mer **593**
Villesavin **491**
Villiers-en-Bois **687**
Vimoutiers **595**
Vimy **672**
Vincennes **647**
Vitré **734, 737**
Vitry-le-François **333**
Vittel **518**
Viviers **701**
Vizille **373**
Vix, Schatz von **291**
Vogesen **387**
Vogesenkammstraße **400**
Volnay **294**
Voltaire **436, 644**
Vougeot **294**
Vouvray **496**

w

Waldeck, Burg **405**
Wandern **168**
Wangenbourg **402**
Wein **118**
Weinbau **40**
Weißenburg **405**
Westpyrenäen **724**
Wilhelm der Eroberer **50, 303, 584, 596**
Wintersport **170**
Wissembourg **405**

y

Yquem, Château d' **260**
Yvoire **755**

z

Zabern **403**
Zeit **171**
Zeitungen **171**
Zentralmassiv **19, 21, 22, 227, 462**
Zola, Émile **644**

VERZEICHNIS DER KARTEN & GRAFISCHEN DARSTELLUNGEN

Top-Reiseziele **3**
Landschaften **22**
Klima **24**
Lage Frankreichs in Europa **31**
Staatsflagge **31**
Regionen und Départements **32**
Tourenüberblick **175**
Tour 1 **177**
Tour 2 **180**
Tour 3 **183**
Tour 4 **186**
Tour 5 **188**
Aix-en-Provence (Cityplan) **196**
Albi (Cityplan) **201**
Amiens, Kathedrale (Grundriss) **206**
Amiens (Cityplan) **207**
Andorra, Staatsflagge **209**
Angers (Cityplan) **213**
Arles (Cityplan) **221**
Avignon (Cityplan) **239**
Avignon, Papstpalast (3D) **243**
Besançon (Cityplan) **245**
Blois (Cityplan) **249**
Bordeaux (Cityplan) **254**
Bourges (Cityplan) **263**
Brest (Cityplan) **266**
Caen (Cityplan) **304**
Cannes (Cityplan) **311**
Carcassonne, Cité (Cityplan) **317**
Chambord, Schloss (3D) **492**
Chartres, Kathedrale (Grundriss) **340**
Clermont-Ferrand (Cityplan) **344**
Cluny (Cityplan) **298**
Colmar (Cityplan) **350**
Dijon (Cityplan) **382**
Grasse (Cityplan) **360**
Grenoble (Cityplan) **425**
Ile de France (Übersichtskarte) **430**
La Rochelle (Cityplan) **455**
Le Havre (Cityplan) **458**
Le Puy-en-Velay (Cityplan) **464**
Lille (Cityplan) **468**
Limoges (Cityplan) **470**
Lourdes (Cityplan) **519**
Lyon (Cityplan) **527**
Marseille (Cityplan) **532 / 533**
Metz (Cityplan) **541**
Monaco, Staatsflagge **543**
Monaco (Cityplan) **545 / 546**
Montpellier (Cityplan) **552**
Mont St-Michel (Übersichtsplan) **554**
Mont St-Michel (3D) **555**
Nancy (Cityplan) **563**
Nantes (Cityplan) **566**
Nantes, Schloss (Grundriss) **568**
Nevers (Cityplan) **487**
Nîmes (Cityplan) **574**
Nizza (Cityplan) **580**
Normandie, Landung der Alliierten **599**
Orange (Cityplan) **604**
Orléans (Cityplan) **608**
Paris (Cityplan) **612 / 613**
Paris, Notre-Dame (Grundriss) **622**
Paris, Notre-Dame (3D) **623**
Perpignan (Cityplan) **665**
Poitiers (Cityplan) **681**
Quimper (Cityplan) **279**
Reims (Cityplan) **730**
Rennes (Cityplan) **735**
Rouen (Cityplan) **742**
St-Denis, Kathedrale (Grundriss) **429**
St-Malo, Ville Close (Cityplan) **749**
St-Tropez (Cityplan) **357**
Straßburg, Münster (Grundriss) **765**
Straßburg (Cityplan) **767**
Toulon (Cityplan) **733**
Toulouse (Cityplan) **777**
Tours (Cityplan) **784**
Troyes (Cityplan) **788**
Vannes (Cityplan) **283**
Verdon, Grand Canyon du (Übersichtsplan) **710**
Verdun, Schlachtfelder (Übersichtsplan) **798**
Versailles (Cityplan) **801**
Versailles, Schloss (3D) **803**
Frankreich Überblick **Umschlagklappe hinten**

BILDNACHWEIS

Abend S. 240
akg-images S. 87, 57, 101
akg-images/Da Cunha S. 803 links unten
akg-images/Lessing S. 50
AP/Cironneau S. 71
Atelier Bévalot, Besançon S. 412, 414, 416
Atout France S. 109
Comité Départemental de Tourisme
    Ardenne/Moss S. 338
Comité Départemental de Tourisme
    Dordogne S. 653, 656, 657
Comité Régional de Tourisme
    Aquitaine/L. Reiz S. 423
Comité Régional de Tourisme Lorraine
    S. 513
Comité Régional de Tourisme Midi-Pyrenées
    S. 96, 168, 200, 320, 322, 418, 421, 451, 661,
    715, 719, 775, 781
DuMont Bildarchiv//Böttcher/Tiensch S. 91, 242,
    310, 530, 537, 700, 708
DuMont Bildarchiv//Gaasterland S. 646
DuMont Bildarchiv//Huber/laif S. 16 oben, 255,
    256, 259, 422, 452, 456, 686, 693, 694, 696
DuMont Bildarchiv//Kiedrowski S. 289, 290, 295,
    296, 298, 302, 381, 384, 485, 486
DuMont Bildarchiv//Kirchner S. 92, 348, 349,
    392, 397, 399, 558, 768, 771
DuMont Bildarchiv//Kuypers S. 193, 385, 428,
    623 rechts unten, 628, 641, 648, 802, 803
    links oben, 803 rechts oben
DuMont Bildarchiv//Modrow S. 555 links unten,
    592, 594, 597, 600, 603, 743
DuMont Bildarchiv//Müller S. 323, 325, 444,
    446, 449, 575, 576, 664, 779
DuMont Bildarchiv//Wackenhut S. 16 u., 355,
    366, 544, 549, 772
DuMont Bildarchiv//Wiese S. 555 links oben, 738
Hacker S. 12/13, 48, 104/105, 173, 511, 514,
    151
G. Hartmann S. 556
Huber S. 170, 495, 499
Huber/Belenos S. 115
Huber/Damm S. 192/193, 252, 305, 619, 662,
    722
Huber/Giovanni S. 15 oben, 172/173, 368, 448,
    480, 585, 639, 650, 654, 669, Umschlag-
    klappe hinten
Huber/Gräfenhain S. 561, 571, 757, 758, 760,
    793
Huber/Leimer S. 371
Huber/Pignatelli S. 808

Huber/Radelt S. 620
Huber/Ripani S. 17, 72, 341, 431,
    623 links oben, 623 links unten, 624, 625,
    711, 787
Huber/Schmid S. 387
Huber/Simeone S. 408, 442, 522/523, 753
Huber, G. S. 401
laif S. 725, Umschlag hinten
laif/Celentano vordere Umschlaginnenseite,
    S. 138
laif/Eisermann S. 81, 248, 493 links oben,
    493 rechts unten, 501, 785
laif/Hahn S. 154
laif/Heuer S. 118, 526, 655
laif/Hub S. 28
laif/Huber S. 751
laif/Kirchner S. 125, 347, 395
laif/Krinitz S. 218, 222, 243 rechts unten, 352,
    361, 623 rechts oben, 702
laif/Linke S. 15 unten, 83, 90, 203, 265, 483,
    489, 492 oben, 492 unten, 493 links unten,
    493 rechts oben, 494, 747
laif/Modrow S. 21, 273
laif/Neumann S. 312
laif/Specht S. 20, 74, 157, 230, 234, 235, 507,
    550, 740
laif/Zanettini S. 211, 212, 332
look/Eisele-Hein S. 606
look/Frei S. 4, 228, 278, 280, 539, 590, 593, 604
look/Greune S. 16 Mitte, 120
look/Johaentges S. 14, 15 Mitte, 34, 113, 122,
    139, 165, 223, 618, 631, 633, 634, 636, 642,
    644
look/Limberger S. 331
look/Martini S. 626, 630
look/Müller S. 116, 524
look/Richter S. 26, 197, 199, 226, 237, 308, 356,
    362, 581, 699, 704, 707
look/Rüffler S. 88
look/Werner S. 126, 268, 281, 285, 569, 577
look/Wohner S. 284, 567, 589, 726, 736
look/Wothe S. 313, 359, 548
Mauritius/Bartel S. 40
Mauritius/Benelux Press S. 671
Mauritius/Bibikow S. 457
Mauritius/Gilsdorf S. 461
Mauritius/Higuchi S. 599
Mauritius/Kord S. 258
Mauritius/Leblond S. 337 oben, 337 unten, 424
Mauritius/Mattes S. 282, 374, 376, 564, 734,
    764, 782

Mauritius/Mehlig S. 214
Mauritius/Nägele S. 761
Mauritius/Photononstop S. 39, 206, 243 links oben, 243 links unten, 345, 379, 463, 471, 476, 505, 517, 541, 555 rechts oben, 555 rechts unten, 609, 673, 674, 677, 684, 689, 803 rechts unten, 804
Mauritius/Raga S. 261, 328, 573, 680
Mauritius/Rossenbach S. 105
Mauritius/Terme S. 148
Mauritius/Truffy S. 276
Mauritius/Vidler S. 1, 13 rechts, 216, 275
Mauritius/Winter S. 797
Office de Tourisme Besançon S. 246
Office de Tourisme Villers-le-Lac S. 410
Photopress/Fuhrmann S. 307
Photopress/Master S. 191, 192, 220, 293, 434, 466, 497, 502, 508, 637, 667, 728, 732
Photopress/Oberdorfer S. 301
Photopress/Renz S. 315
Photopress/Steffens S. 75, 76, 405
picture-alliance/akg-images S. 46, 55, 103
picture-alliance/akg-images/Bergmann S. 790
picture-alliance/akg-images/British Library S. 450
picture-alliance/akg-images/Lessing S. 51, 80, 94
picture-alliance/akg-images/Schütze/Rodemann S. 244
picture-alliance/dpa S. 18, 43, 65, 68, 95, 100, 161,162, 750, 791
picture-alliance/KPA S. 97
picture-alliance/EPA/Nic Bothma S. 71
Réunion des Musees Nationaux S. 84
Schleicher/Schliebitz S. 292, 336, 369
Thomas, M. S. 243 rechts oben

Titelbild: picture-alliance/Denkou Images

IMPRESSUM

Ausstattung:
396 Abbildungen, 85 Karten und grafische Darstellungen, eine große Reisekarte
Text:
Dr. Bernhard Abend, Anja Schliebitz mit Beiträgen von Achim Bourmer, Dr. Madeleine Reincke und Walter Rottiers
Bearbeitung:
Dr. Bernhard Abend, Anja Schliebitz
Kartografie:
Franz Huber, München; MAIRDUMONT, Ostfildern (Reisekarte)
3D-Illustrationen:
jangled nerves, Stuttgart
Gestalterisches Konzept:
independent Medien-Design, München; Kathrin Schemel

Chefredaktion:
Rainer Eisenschmid, Baedeker Ostfildern

14. Auflage 2011

Urheberschaft:
Karl Baedeker Verlag, Ostfildern

Nutzungsrecht:
MAIR DUMONT GmbH & Co KG, Ostfildern
Der Name Baedeker ist als Warenzeichen geschützt. Alle Rechte im In- und Ausland sind vorbehalten. Jegliche – auch auszugsweise – Verwertung, Wiedergabe, Vervielfältigung, Übersetzung, Adaption, Mikroverfilmung, Einspeicherung oder Verarbeitung in EDV-Systemen ausnahmslos aller Teile des Werks bedarf der ausdrücklichen Genehmigung durch den Verlag Karl Baedeker GmbH.

Anzeigenvermarktung:
MAIRDUMONT MEDIA
Tel. 0049 711 4502 333
Fax 0049 711 4502 1012
media@mairdumont.com
http://media.mairdumont.com

Printed in China
Gedruckt auf 100 % chlorfrei gebleichtem Papier

i atmosfair

Reisen bereichert und verbindet Menschen und Kulturen. Jedoch wer reist, erzeugt auch CO_2. Dabei trägt der Flugverkehr mit bis zu 10% zur globalen Erwärmung bei. Wer das Klima schützen will, sollte sich somit nach Möglichkeit für die schonendere Reiseform entscheiden (wie z. B. die Bahn). Wenn keine Alternative zum Fliegen besteht, kann man mit atmosfair handeln und klimafördernde Projekte unterstützen.
atmosfair ist eine gemeinnützige Klimaschutzorganisation unter der Schirmherrschaft von Klaus Töpfer. Die Idee: Flugpassagiere spenden einen kilometerabhängigen Beitrag für die von ihnen verursachten

Emissionen und finanzieren damit Projekte in Entwicklungsländern, die dort den Ausstoß von Klimagasen verringern helfen. Dazu berechnet man mit dem Emissionsrechner auf **www.atmosfair.de** wieviel CO_2 der Flug produziert und was es kostet, eine vergleichbare Menge Klimagase einzusparen (z.B. Berlin – London – Berlin 13 Euro). atmosfair garantiert die sorgfältige Verwendung Ihres Beitrags. Auch der Karl Baedeker Verlag fliegt mit *atmosfair*. Unterstützen auch Sie unser Klima. Alle Informationen dazu auf www.atmosfair.de.

BAEDEKER VERLAGSPROGRAMM

- Ägypten
- Algarve
- Allgäu
- Amsterdam
- Andalusien
- Argentinien
- Athen
- Australien
- Australien • Osten
- Bali
- Baltikum
- Barcelona
- Bayerischer Wald
- Belgien
- Berlin • Potsdam
- Bodensee
- Brasilien
- Bretagne
- Brüssel
- Budapest
- Bulgarien
- Burgund
- Chicago • Große Seen
- China
- Costa Blanca
- Costa Brava
- Dänemark
- Deutsche Nordseeküste
- Deutschland
- Deutschland • Osten
- Djerba • Südtunesien
- Dominik. Republik
- Dresden
- Dubai • VAE
- Elba
- Elsass • Vogesen
- Finnland
- Florenz
- Florida
- Franken
- Frankfurt am Main
- Frankreich
- Frankreich • Norden
- Fuerteventura
- Gardasee
- Golf von Neapel
- Gomera
- Gran Canaria
- Griechenland
- Griechische Inseln
- Großbritannien
- Hamburg
- Harz
- Hongkong • Macao
- Indien
- Irland
- Island
- Israel
- Istanbul
- Istrien • Kvarner Bucht
- Italien
- Italien • Norden
- Italien • Süden
- Italienische Adria
- Italienische Riviera
- Japan
- Jordanien
- Kalifornien
- Kanada • Osten
- Kanada • Westen
- Kanalinseln
- Kapstadt • Garden Route
- Kenia
- Köln
- Kopenhagen
- Korfu • Ionische Inseln
- Korsika
- Kos
- Kreta
- Kroatische Adriaküste • Dalmatien
- Kuba
- La Palma
- Lanzarote
- Leipzig • Halle
- Lissabon
- Loire
- London
- Madeira
- Madrid
- Malediven
- Mallorca
- Malta • Gozo • Comino
- Marokko
- Mecklenburg-Vorpommern
- Menorca
- Mexiko
- Moskau
- München

- Namibia
- Neuseeland
- New York
- Niederlande
- Norwegen
- Oberbayern
- Oberital. Seen • Lombardei • Mailand
- Österreich
- Paris
- Peking
- Piemont
- Polen
- Polnische Ostseeküste • Danzig • Masuren
- Portugal
- Prag
- Provence • Côte d'Azur
- Rhodos
- Rom
- Rügen • Hiddensee
- Ruhrgebiet
- Rumänien
- Russland (Europäischer Teil)
- Sachsen
- Salzburger Land
- St. Petersburg
- Sardinien
- Schottland
- Schwäbische Alb
- Schwarzwald
- Schweden
- Schweiz
- Sizilien
- Skandinavien
- Slowenien
- Spanien
- Spanien • Norden • Jakobsweg
- Sri Lanka
- Stuttgart
- Südafrika
- Südengland
- Südschweden • Stockholm
- Südtirol
- Sylt
- Teneriffa
- Tessin
- Thailand
- Thüringen
- Toskana
- Tschechien
- Tunesien
- Türkei
- Türkische Mittelmeerküste
- Umbrien
- Ungarn
- USA
- USA • Nordosten
- USA • Nordwesten
- USA • Südwesten
- Usedom
- Venedig
- Vietnam
- Weimar
- Wien
- Zürich
- Zypern

BAEDEKER ENGLISH

- Andalusia
- Austria
- Bali
- Barcelona
- Berlin
- Brazil
- Budapest
- Cape Town • Garden Route
- China
- Cologne
- Dresden
- Dubai
- Egypt
- Florence
- Florida
- France
- Gran Canaria
- Greece
- Iceland
- India
- Ireland
- Italy
- Japan
- London
- Mexico
- Morocco
- New York
- Norway
- Paris
- Portugal
- Prague
- Rome
- South Africa
- Spain
- Thailand
- Tuscany
- Venice
- Vienna
- Vietnam

LIEBE LESERINNEN, LIEBE LESER,

ein herzliches Dankeschön, dass Sie sich für einen Baedeker Allianz Reiseführer entschieden haben. Er wird Sie zuverlässig auf Ihrer Reise begleiten und Sie nicht im Stich lassen.
Natürlich beschreibt er die wichtigen Sehenswürdigkeiten, aber er empfiehlt auch die nettesten Bistros, dazu Hotels für den großen und kleinen Geldbeutel, gibt Tipps für Restaurants, Shopping und für vieles mehr, was eine Reise zum Erlebnis macht. Dafür haben die Redakteure Dr. Bernhard Abend und Anja Schliebitz Sorge getragen. Sie sind für Sie regelmäßig nach Frankreich gereist und haben ihre Erkenntnisse in diesen Reiseführer gepackt.

Trotzdem: Die Erfahrung zeigt, dass Fehler und Änderungen nach Drucklegung, für die der Verlag keine Haftung übernehmen kann, nicht ausgeschlossen werden können. Für Kritik, Berichtigungen und Verbesserungsvorschläge sind wir Ihnen außerordentlich dankbar. Schreiben Sie uns, mailen Sie uns oder rufen Sie an:

▶ **Verlag Karl Baedeker GmbH**
Redaktion
Postfach 3162
D-73751 Ostfildern
Tel. (0711) 4502-262, Fax -343
E-Mail: info@baedeker.com

Besuchen Sie uns auch im Internet unter www. baedeker.com. Hier finden Sie jeden Monat den aktuellen Reisetipp der Redaktion und das gesamte Verlagsprogramm. Hier können Sie auch lesen, wer Karl Baedeker war und wie er seinen ersten Reiseführer geschrieben hat. Mit seinen über 180 Jahren ist der Karl Baedeker Verlag der älteste Reiseführer-Verlag der Welt.

www.baedeker.com

ZU GEWINNEN: STADTREISE NACH LONDON

Unter allen Einsendungen verlost der Verlag am Jahresende – unter Ausschluss des Rechtswegs – eine Städtekurzreise für zwei Personen nach London.
Freuen Sie sich auf ein spannendes Wochenende in London. Natürlich ist ein Baedeker Allianz Reiseführer London auch dabei!